Versicherungsbedingungen und Tarife

PROXIMUS⁴

PRIVATKUNDEN

Versicherungsbedingungen und Tarife

- Geprüfter Versicherungsfachmann IHK
- Geprüfte Versicherungsfachfrau IHK

- Kaufmann für Versicherungen und Finanzen
- Kauffrau für Versicherungen und Finanzen

- Geprüfter Fachwirt für Versicherungen und Finanzen
- Geprüfte Fachwirtin für Versicherungen und Finanzen

Berufsbildungswerk der Deutschen Versicherungswirtschaft (BWV) e.V.
— HERAUSGEBER —

Impressum

Bibliografische Information der Deutschen Nationalbibliothek
Die Deutsche Nationalbibliothek verzeichnet diese Publikation in der Deutschen Nationalbibliografie; detaillierte bibliografische Daten sind im Internet über ⊕ http://dnb.d-nb.de abrufbar.

Herausgeber
Berufsbildungswerk der Deutschen
Versicherungswirtschaft (BWV) e.V.
Arabellastraße 29, 81925 München

Autorenteam
Die inhaltliche Erarbeitung des vorliegenden Werkes erfolgte durch Experten aus der Branche.

Redaktion
Berufsbildungswerk der Deutschen
Versicherungswirtschaft (BWV) e.V., München

Lektorat
Eva Römer, München

Designkonzeption, Satz und Herstellung
SOFAROBOTNIK GbR, Augsburg und München

Druck und Bindung
Druckerei Joh. Walch GmbH & Co KG, Augsburg

Das Werk einschließlich aller seiner Teile ist urheberrechtlich geschützt. Jede Verwertung, die nicht ausdrücklich vom Urhebergesetz zugelassen ist, bedarf der vorherigen Zustimmung des Berufsbildungswerks der Deutschen Versicherungswirtschaft (BWV) e.V., München.

Jegliche unzulässige Nutzung des Werkes berechtigt das Berufsbildungswerk der Deutschen Versicherungswirtschaft (BWV) e.V. zum Schadenersatz gegen den oder die jeweiligen Nutzer.

Bei jeder autorisierten Nutzung des Werkes ist die folgende Quellenangabe an branchenüblicher Stelle vorzunehmen:

© Auflage 2018 Berufsbildungswerk der Deutschen Versicherungswirtschaft (BWV) e.V., München

Ungeachtet der Sorgfalt, die auf die Erstellung von Text und Abbildungen verwendet wurde, können weder Autoren noch Herausgeber und Redaktion für mögliche Fehler und deren Folgen eine juristische Verantwortung oder irgendeine Haftung übernehmen.

Zur besseren Lesbarkeit haben wir weitgehend auf geschlechtsspezifische Doppelnennungen verzichtet.

ISBN 978-3-00-059557-8

Kapitelüberblick
nach Ausbildungssparten

PROFIL DER PROXIMUS VERSICHERUNG AG ●○○–●●●

HAUSRAT	001–036
WOHNGEBÄUDE	037–074
LEBEN	075–174
UNFALL	175–198
KRANKEN	199–300
HAFTPFLICHT	301–332
KRAFTFAHRT	333–400
RECHTSSCHUTZ	401–422
FINANZPRODUKTE	423–462

Inhalt

HAUSRAT

BEDINGUNGEN

Allgemeine Hausrat Versicherungsbedingungen (VHB 2016 - Versicherungssummenmodell)	002
Was kann zusätzlich zu den Allgemeinen Hausrat Versicherungsbedingungen (VHB 2016 - Versicherungssummenmodell) vereinbart werden?	015
Allgemeine Bedingungen für die Glasversicherung (AGIB 2016)	017

TARIFE & MATERIALIEN

Tarif Hausrat (Basis VHB 2016)	022
Tarif Glasversicherung (Basis AGIB 2016)	030
Antrag auf Hausrat- und Glasversicherung - Auszug	031
Vertragsspiegel Hausratversicherung	035

WOHNGEBÄUDE

BEDINGUNGEN

Allgemeine Wohngebäude Versicherungsbedingungen für Privatkunden (VGB 2016 Privat - Wert 1914 „Gleitender Neuwert")	038
Was kann zusätzlich zu den Allgemeinen Wohngebäude Versicherungsbedingungen für Privatkunden (VGB 2016 Privat - Wert 1914 „Gleitender Neuwert") vereinbart werden?	050

TARIFE & MATERIALIEN

Tarif Wohngebäude (Basis VGB 2016)	055
Tarif Glasversicherung (Basis AGIB 2016)	067
Antrag auf Wohngebäude- und Glasversicherung - Auszug	068
Ermittlung der Versicherungssumme 1914 für Wohngebäude	072
Vertragsspiegel Wohngebäudeversicherung	074

LEBEN

BEDINGUNGEN

Allgemeine Bedingungen für die Rentenversicherung gemäß § 10 Absatz 1 Nr. 2 Buchstabe b aa EStG (Basisrente)	076
Allgemeine Bedingungen für die Hinterbliebenenrenten-Zusatzversicherung zur Rentenversicherung gemäß § 10 Absatz 1 Nr. 2 Buchstabe b aa EStG (Basisrente)	083
Allgemeine Bedingungen für eine Rentenversicherung mit Auszahlung des Deckungskapitals bei Tod als Altersvorsorgevertrag im Sinne des Altersvorsorgeverträge-Zertifizierungsgesetzes (AltZertG) („Zulagen-Rente")	086
Allgemeine Bedingungen für Nichtraucher- und Raucher-Risikolebensversicherungen	095
Allgemeine Bedingungen für die Berufsunfähigkeitsversicherung	101
Allgemeine Bedingungen für die kapitalbildende Lebensversicherung	109
Allgemeine Bedingungen für die Rentenversicherung mit aufgeschobener Rentenzahlung	117
Allgemeine Bedingungen für die Rentenversicherung mit sofort beginnender Rentenzahlung	124
Allgemeine Bedingungen für die fondsgebundene Rentenversicherung	128
Allgemeine Bedingungen für die Rentenversicherung mit aufgeschobener Rentenzahlung mit Indexorientierung	137
Besondere Bedingungen für die Berufsunfähigkeits-Zusatzversicherung	148
Besondere Bedingungen für die Unfalltod-Zusatzversicherung	153
Allgemeine Bedingungen für die Hinterbliebenenrenten-Zusatzversicherung zur Rentenversicherung mit sofort beginnender Rentenzahlung	155
Bedingungen für den vorläufigen Versicherungsschutz	156
Besondere Bedingungen für die planmäßige Erhöhung der Beiträge und Leistungen ohne erneute Gesundheitsprüfung	158

UNFALL

TARIFE & MATERIALIEN

Erläuterung zu den Tarifen	159
Beiträge und Leistungen einer Rentenversicherung gemäß § 10 Absatz 1 Nr. 2 Buchstabe b aa EStG (Basisrente) mit Garantieleistung nach Tarif S 10	160
Beiträge und Leistungen einer Rentenversicherung nach dem AltZertG („Zulagen-Rente") nach Tarif S 20	161
Beiträge und Leistungen einer Rentenversicherung mit aufgeschobener Rentenzahlung mit Garantieleistung nach Tarif S 30	162
Beiträge und Leistungen einer Rentenversicherung mit Garantieleistung nach Tarif S 31	163
Beiträge und Leistungen einer fondsgebundenen Rentenversicherung mit Kapitalwahlrecht nach Tarif S 32	164
Beiträge und Leistungen einer Risikolebensversicherung nach Tarif S 33	165
Beiträge und Leistungen zur kapitalbildenden Lebensversicherung nach Tarif S 34	166
Beiträge und Leistungen einer Berufsunfähigkeitsversicherung nach Tarif S 35	167
Antrag auf Abschluss einer Renten-, Berufsunfähigkeits- oder Risikolebensversicherung – Auszug	168
Vertragsspiegel Lebensversicherung	173
Glossar für die Lebensversicherung	174

BEDINGUNGEN

Allgemeine Unfallversicherungsbedingungen (AUB 2017)	176
Besondere Bedingungen bei vereinbarter Mehrleistung oder progressiver Invaliditätsstaffel	187
Besondere Bedingungen für die Versicherung von Hilfs- und Pflegeleistungen (Assistance-Leistungen) in der Unfallversicherung	188
Besondere Bedingungen für die prämienfreie Kinder-Vorsorge-Unfallversicherung und Unfallversicherung mit Zuwachs von Leistung und Prämie	191

TARIFE & MATERIALIEN

Tarifauszug zur Einzel-Unfallversicherung	192
Antrag auf Unfallversicherung – Auszug	195
Vertragsspiegel Unfallversicherung	198

Inhalt

KRANKEN

BEDINGUNGEN

Allgemeine Versicherungsbedingungen (AVB)	200
Bedingungsteil MB/KK 2009 für die Krankheitskostenversicherung und für die Krankenhaustagegeldversicherung	200
Bedingungsteil MB/KT 2009 für die Krankentagegeldversicherung	207
Bedingungsteil MB/PPV 2017 für die Private Pflegepflichtversicherung	213
Bedingungsteil MB/GEPV 2017 für die staatlich geförderte ergänzende Pflegeversicherung	225
Bedingungsteil MB/EPV 2017 für Ergänzungsversicherungen zur privaten und zur sozialen Pflegepflichtversicherung – Auszug	231
Bedingungsteil MB/ST 2009 für den Standardtarif – Auszug	233
Bedingungsteil AVB/BT 2009 für den Basistarif	234
Bedingungsteil AVB/NLT 2013 für den Notlagentarif	242

TARIFE & MATERIALIEN

Tarifbedingungen für die Krankheitskostenversicherung (A, S, Z, KPT, AEV, SEV, ZEV, BA, BS, BZ) und für die Krankenhaustagegeldversicherung (KHT)	248
Tarifbedingungen für die Krankentagegeldversicherung (KT)	250
Tarifbedingungen für die Pflegeversicherung mit den Tarifstufen PVN und PVB	252
Tarifbedingungen für das Pflegetagegeld (PET)	256
Tarifbedingungen für die Beitragsentlastungsvereinbarung (BEV)	256
Tarifbedingungen für den Standardtarif (ST)	257
Tarifbedingungen für den Basistarif (BT)	258
Tarifbedingungen für den Notlagentarif (NLT)	268
Tarifbedingungen für die Anwartschaftsvereinbarung (AWV)	272
Annahmerichtlinien und Risikoliste der Proximus Krankenversicherung AG – Auszug	273
Tabellarische Übersichten der zu ersetzenden Leistungshöhen und Summenbegrenzungen sämtlicher Tarife	276
Tarife der Krankheitskostenvollversicherung	280
Tarife des Krankentagegeldes	287
Tarife der Krankenergänzungsversicherung	288
Antrag auf Krankenversicherung – Auszug	292
Vertragsspiegel Krankenversicherung	298

HAFTPFLICHT

BEDINGUNGEN

Überblick Haftpflichtversicherung	302
Allgemeine Versicherungsbedingungen für die Haftpflichtversicherung privater Risiken 2016	304
Teil A: Ausgestaltung des Versicherungsschutzes in der Haftpflichtversicherung	305
Teil B: Allgemeine Rechte und Pflichten der Vertragsparteien	322

TARIFE & MATERIALIEN

Tarif für Private Haftpflichtrisiken (Prämien ohne Versicherungsteuer)	326
Antrag auf Private Haftpflichtrisiken – Auszug	328
Vertragsspiegel Private Haftpflichtrisiken	332

KRAFTFAHRT

BEDINGUNGEN

Allgemeine Bedingungen für die Kfz-Versicherung (AKB 2015)	334
A Welche Leistungen umfasst Ihre Kfz-Versicherung?	334
B Beginn des Vertrages und vorläufiger Versicherungsschutz	343
C Prämienzahlung	344
D Welche Pflichten haben Sie beim Gebrauch des Fahrzeugs?	345
E Welche Pflichten haben Sie im Schadenfall?	346
F Rechte und Pflichten der mitversicherten Personen	348
G Laufzeit und Kündigung des Vertrages, Veräußerung des Fahrzeugs, Wagniswegfall	348
H Außerbetriebsetzung, Saisonkennzeichen, Fahrten mit ungestempelten Kennzeichen	350
I Schadenfreiheitsrabatt-System	351
J Individuelle Tarifmerkmale	355
K Prämienänderung aufgrund tariflicher Maßnahmen	356
L Prämienänderung aufgrund eines bei Ihnen eingetretenen Umstands	357
M Meinungsverschiedenheiten und Gerichtsstände	357
N Bedingungsänderung	358

TARIFE & MATERIALIEN

Anhang 1: Tabellen zum Schadenfreiheitsrabatt-System	359
Anhang 2: Tabellen zu den Typklassen	362
Anhang 3: Tabellen zu den Regionalklassen	363
Fahrzeugschein ab dem Jahr 2005	364
Tarif zur Kraftfahrtversicherung	365
Kfz-Haftpflicht und Autoschutzbrief	366
Teilkasko	367
Vollkasko	369
Zweiräder (Haftpflicht/Kasko)	378
Campingfahrzeuge/Wohnmobile (Haftpflicht/Kasko)	379
Auszug aus dem Verzeichnis der amtlichen Kennzeichen mit den Zuordnungen der Zulassungsbezirke zu den Regionalklassen	380
Auszug aus dem Typklassenverzeichnis Pkw	382
Antrag auf Kraftfahrzeugversicherung - Auszug	397
Vertragsspiegel Kraftfahrtversicherung	400

RECHTSSCHUTZ

BEDINGUNGEN

Allgemeine Bedingungen für die Rechtsschutzversicherung (ARB 2012)	402

TARIFE & MATERIALIEN

Prämientarif Rechtsschutz	415
Antrag auf Rechtsschutz - Auszug	419
Vertragsspiegel Rechtsschutz	422

Inhalt

FINANZPRODUKTE

BEDINGUNGEN

Allgemeine Anlagebedingungen (Stand: 01.03.2018)	424
Wesentliche Anlegerinformationen PROXIMUS Bond Invest	430
Besondere Anlagebedingungen PROXIMUS Bond Invest (Stand: 01.03.2018)	432
Wesentliche Anlegerinformationen PROXIMUS Global Invest	434
Besondere Anlagebedingungen PROXIMUS Global Invest (Stand: 01.03.2018)	436
Wesentliche Anlegerinformationen PROXIMUS Balance Invest	438
Besondere Anlagebedingungen PROXIMUS Balance Invest (Stand: 01.03.2018)	440
Wesentliche Anlegerinformationen PROXIMUS Strategic Invest	442
Besondere Anlagebedingungen PROXIMUS Strategic Invest (Stand: 01.03.2018)	444
Spezielle Bedingungen für das Festgeld bei der Süddeutschen Handelsbank AG	446
Spezielle Bedingungen für das Tagesgeld bei der Süddeutschen Handelsbank AG (Stand: 01.03.2018)	448
Bedingungen für den Sparverkehr mit der Süddeutschen Handelsbank AG (Stand: 01.03.2018)	450
Allgemeine Bedingungen für Kredite und Darlehen	452

TARIFE & MATERIALIEN

Verbraucherkredit	457
Vertrauliche Selbstauskunft	460
Preisaushang	462

Danksagung

Dank an unser Expertenteam

Unser außerordentlicher Dank gilt den Experten, die ehrenamtlich an der Erarbeitung von Proximus 4 mitgewirkt haben. Tatkräftig und engagiert brachten sie ihr profundes Fachwissen ein und ermöglichten so die erfolgreiche Veröffentlichung der Publikation.

Balling, Günter	Irmer, Wolfgang	Linssen, Manfred	Röschlein, Hans-Jürgen	Schoppe, Burkard
Bauer, Rainer	Jösch, Angelika	Löbel, Dr. Uwe	Rossmann, Stephan	Schwarz, Hans-Joachim
Bechen, Klemens	Kallmeier, Alexandra	Lohmar, Guido	Rostek, Sonja	Schwarzer, Wolfgang
Bertram, Petra	Knapp, Oliver M.	Lukas, Katharina	Ruprecht, Ferdinand	Stecher, Matthias
Bloch, Marko	Konrad, Sabine	Meier, Raphael	Santowski, Darius	Tegtmeier, Thomas
Brinkmann, Heiko	Kreutzmann, Andreas	Perk, Thomas	Schellert, Martin	Toprak, Rasim
Danielzik, Birgit	Kulik, Carsten	Plicht, Georg	Schenk, StD Markus	Wähnke, Frank
Dicke, Volker	Lange, Manfred	Präger, Alexander	Schlender, Irmtraud	Werner, Frank
Foitzik, Rainer	Lerchl, Thomas	Rank, Harald	Schmidt, Wolfgang	Wübbenhorst, Henrike

Weiterer Dank und Hinweise

Grundlage der in diesem Werk verwendeten Allgemeinen Vertragsbedingungen sind die vom Gesamtverband der Deutschen Versicherungswirtschaft e.V. veröffentlichten und uns freundlicherweise überlassenen unverbindlichen Muster-Vertragsbedingungen zum Stichtag 01.07.2018 für die Ausbildungssparten Hausrat, Wohngebäude, Leben, Unfall, Haftpflicht, Kraftfahrt und Rechtsschutz. Die Vertragsbedingungen sind auch unter ⊕ www.gdv.de kostenlos abrufbar. Soweit innerhalb des vorliegenden Werkes von den Musterbedingungen des Gesamtverbands der Deutschen Versicherungswirtschaft e.V. abgewichen wird, ist dies kenntlich gemacht. Die abgedruckten Vertragsbedingungen und Tarife bezwecken nicht, Vorgaben für tatsächlich verwendete Vertragsbedingungen zu setzen und dienen lediglich zu Ausbildungszwecken.

Wir danken dem Verband der Privaten Krankenversicherung e.V. für die Bereitstellung der Musterbedingungen als Grundlage und Quelle für dieses Werk in der Ausbildungssparte Krankenversicherung. Die PKV-Musterbedingungen wurden für unsere Musterversicherung, die Proximus Versicherung AG (bzw. die Proximus Krankenversicherung AG), gemäß Ausbildungskriterien angepasst. Wir verweisen daher auf die unverbindlichen Musterbedingungen auf den Internetseiten des Verbandes der Privaten Krankenversicherung e.V. (⊕ www.pkv.de) und weisen ausdrücklich darauf hin, dass die Musterbedingungen urheberrechtlich durch den Verband der Privaten Krankenversicherung e.V. geschützt sind. Jede Verwertung bedarf der vorherigen Zustimmung des Verbandes der Privaten Krankenversicherung e.V.

Wir bedanken uns bei den Unternehmen der Versicherungsbranche, die uns ihre Versicherungsbedingungen oder einzelne Abschnitte daraus für das vorliegende Werk zur Verfügung gestellt haben.

Vorwort

Getragen vom Ziel einer bundesweit nach einheitlichen Standards erfolgenden Aus- und Weiterbildung hat das Berufsbildungswerk der Deutschen Versicherungswirtschaft (BWV) e.V. ein Ausbildungsunternehmen, die Proximus Versicherung AG (vgl. Profil), ins Leben gerufen.

Das vorliegende Werk stellt die Bedingungen und Tarife dieses Ausbildungsunternehmens dar.

Proximus 4 wurde von Experten aus der Versicherungswirtschaft unter Koordination des Berufsbildungswerks der Deutschen Versicherungswirtschaft (BWV) e.V. im Rahmen eines breit angelegten Projektes erstellt. Die Ersteller von Proximus 4 sind Kolleginnen und Kollegen unseres Wirtschaftszweiges und als Ausbilder, Dozenten, Fachbereichsleiter und Lehrer an Berufsschulen oder als Studienleiter für die Fachwirtfortbildung tätig.

Proximus 4 dient als einheitliches Bedingungswerk für die überbetriebliche Aus- und Weiterbildung sowie für die Vorbereitung und Durchführung von bundeseinheitlichen Prüfungen.

Geprüfter Versicherungsfachmann IHK / Geprüfte Versicherungsfachfrau IHK

Termin	Der Zeitpunkt der ersten Anwendung in der Prüfung wird auf den Internetseiten www.bwv.de kommuniziert.

Die zusätzlich zu den AVB enthaltenen Tarife und Tarifbestimmungen der Proximus Versicherung AG sind jedoch in der Prüfung Versicherungsfachmann /-frau IHK nicht relevant. Für Berechnungen relevante Werte sind weiterhin in den Aufgaben zum schriftlichen Prüfungsteil angegeben bzw. auf den Informationsseiten zur Prüfung einsehbar. Im praktischen Prüfungsteil bleiben die unternehmensspezifischen Bedingungen und Tarife aus der täglichen Praxis des Prüfungsteilnehmers relevant.

Dies gilt auch für Nachfolger der oben genannten Qualifikation.

Kaufmann für Versicherungen und Finanzen / Kauffrau für Versicherungen und Finanzen

Das vorliegende Bedingungswerk Proximus 4 gilt grundsätzlich für Auszubildende mit Ausbildungsbeginn Sommer 2018 und später.

Dies bedeutet konkret:

	IHK-Zwischenprüfung	IHK-Abschlussprüfung
Erste Prüfung mit Proximus 4	Herbst 2019	Sommer 2020
Letzte Prüfung mit Proximus 3	Frühjahr 2019	Sommer 2021

Geprüfter Fachwirt für Versicherungen und Finanzen / Geprüfte Fachwirtin für Versicherungen und Finanzen

Termin	Der Zeitpunkt der ersten Anwendung in der Prüfung wird auf den Internetseiten www.bwv.de kommuniziert.

Soweit den Prüfungsaufgaben keine anderen Informationsquellen beigefügt sind, ist bei der Bearbeitung der Aufgaben dieses Bedingungswerk zugrunde zu legen.

Weitere Informationen zu Proximus 4 finden Sie auf unserer Internetseite www.bwv.de.

Gutes kann noch besser werden: Deshalb bitten wir Sie um Ihre Rückmeldung – senden Sie Ihre Erfahrungen, Anregungen und Verbesserungsvorschläge zu Proximus 4 an folgende E-Mail-Adresse: proximus@bwv.de.

Unser herzlicher Dank gilt allen, die durch ihre Mitwirkung zur Umsetzung des vorliegenden Bedingungswerks beigetragen haben.

Allen Nutzern von Proximus 4 wünschen wir viel Freude und Erfolg in Ausbildung und Prüfung!

München, im Juli 2018

Ausbildung zum Geprüften Versicherungsfachmann IHK / zur Geprüften Versicherungsfachfrau IHK

Um die Verbindlichkeit und Transparenz der für alle Prüfungsteilnehmer maßgeblichen Lerninhalte und Lernziele zu stärken, haben sich der Deutsche Industrie- und Handelskammertag (DIHK) e.V. und das Berufsbildungswerk der Deutschen Versicherungswirtschaft (BWV) e.V. auf einen Rahmenplan mit Lernzielen verständigt. Diese Dokumentation der prüfungsrelevanten Lernziele und -inhalte ist für ein zielgerichtetes Arbeiten mit diesem Bedingungswerk hilfreich. Der Rahmenplan steht kostenlos zum Download unter ⊕ www.bwv.de zur Verfügung.

Nach dem Rahmenplan gelten nicht alle im vorliegenden Bedingungswerk enthaltenen Seiten. Aus diesem Grunde führen wir die Seiten auf, die für die Vorbereitung auf den schriftlichen Prüfungsteil relevant sind.

Hausrat 002–021

Wohngebäude 038–054,
066 (4. Feuerrohbauversicherung)

Leben 076–158,
164 (Beiträge und Leistungen einer fondsgebundenen Rentenversicherung mit Kapitalwahlrecht nach Tarif S 32)

Unfall 176–187,
191 (Besondere Bedingungen für die Unfallversicherung mit Zuwachs von Leistung und Prämie)

Kranken 200–247,
256 (Tarifbedingungen für die Beitragsentlastungsvereinbarung),
272 (Tarifbedingungen für die Anwartschaftsvereinbarung),
291 (Auslandskrankenversicherung)

Haftpflicht 302–325

Kraftfahrt 334–363

Rechtsschutz 402–415

Es ist trotzdem ratsam, für das Gesamtverständnis in einer Sparte einen Blick in die Tarife sowie die Anwendungsbeispiele bzw. Annahmerichtlinien zu werfen.

Auswirkungen von Proximus 4 auf Proximus Gewerbekunden 1

Das vorliegende Werk Proximus 4 stellt die Bedingungen und Tarife des Ausbildungsunternehmens für Privatkunden als Nachfolger des Bedingungswerks Proximus 3 dar. In einem weiteren Band, Proximus Gewerbekunden 1, sind die Bedingungen rund um den Bereich des gewerblichen Geschäfts des Ausbildungsunternehmens erschienen.

Proximus 4 hat an manchen Stellen Auswirkungen auf Proximus Gewerbekunden 1.

Die folgende Tabelle gibt eine Übersicht, welche Textstellen davon betroffen sind und wie zu verfahren ist. Weitere aktuelle Informationen zu Proximus 4 finden Sie auf unserer Internetseite ⊕ www.bwv.de.

Sparte	Auswirkungen von Proximus 4 auf Proximus Gewerbekunden 1
Sach	Zusatzbedingungen zur Glasversicherung für gewerbliche Objekte auf Seite 70 der Proximus-Bedingungen für Gewerbekunden: • diese Zusatzbedingungen sind nicht mehr notwendig, da in den AGlB 2016 (Proximus 4) gewerblich genutzte Scheiben mitversichert sind.
	Klausel für die Glasversicherung auf Seite 112 der Proximus-Bedingungen für Gewerbekunden: • im Hinweisfeld wird auf die AGlB 2014 in Proximus 3 Bezug genommen. Der Bezug ändert sich mit Proximus 4 auf die AGlB 2016.
	Klausel PK 0753 (10) Werbeanlagen auf Seite 112 der Proximus-Bedingungen für Gewerbekunden: • Punkt 3 muss mit Proximus 4 neu lauten: Abweichend von Abschnitt A2.2.1 AGlB 2016 sind, soweit nichts anderes vereinbart, Schäden durch Brand; Blitzschlag; Überspannung durch Blitz; Explosion; Implosion; Anprall oder Absturz eines Luftfahrzeugs, seiner Teile oder seiner Ladung mitversichert.
Kraftfahrt	Zusatzbedingungen zur Kfz-Haftpflicht- und Kaskoversicherung für gewerblich genutzte Fahrzeuge (Proximus KfzGew. 2016) auf Seite 348 der Proximus-Bedingungen für Gewerbekunden: • hier wird auf die AKB 2014 in Proximus 3 Bezug genommen. Der Bezug ändert sich mit Proximus 4 auf die AKB 2015.
	Sonderbedingungen zur Kfz-Haftpflicht- und Kaskoversicherung für Kfz-Handel und -Handwerk (Proximus KfzSBHH) auf Seite 351 der Proximus-Bedingungen für Gewerbekunden: • hier wird auf die AKB 2014 in Proximus 3 Bezug genommen. Der Bezug ändert sich mit Proximus 4 auf die AKB 2015.
Unfall	Besondere Bedingungen für die Gruppen-Unfallversicherungen von Seite 390 bis einschl. 396 der Proximus-Bedingungen für Gewerbekunden: • in den Bedingungen wird auf die AUB 2014 in Proximus 3 Bezug genommen. Der Bezug ändert sich mit Proximus 4 auf die AUB 2017.
	Ziffer 11 (Sofortleistungen bei Schwerverletzungen) und Ziffer 15 (keine Minderung bei Sofortleistung und Zusatzleistungen) in den Besonderen Bedingungen für die Proximus Gruppen-Unfallversicherungen Proximus 2015 auf Seite 390 und 392 der Proximus-Bedingungen für Gewerbekunden: Mit Bezug auf die AUB 2017 in Proximus 4 ergeben sich folgende Änderungen: • Inhaltsverzeichnis zu Ziffer 11: aus Sofortleistung bei Schwerverletzungen wird Soforthilfe • Inhaltsverzeichnis zu Ziffer 15: aus keine Minderung bei Sofortleistung und Zusatzleistungen wird keine Minderung bei Soforthilfe und Zusatzleistungen • Überschrift zu Ziffer 11: aus Sofortleistung bei Schwerverletzungen ergibt sich eine neue Überschrift: Soforthilfe • Überschrift zu Ziffer 15: aus keine Minderung bei Sofortleistung und Zusatzleistungen ergibt sich eine neue Überschrift: keine Minderung bei Soforthilfe und Zusatzleistungen • zu Ziffer 11: Streichung des kompletten Textes und Einfügung des folgenden Textes: Abweichend von Ziffer 2.3.2 Proximus AUB 2017 wird die Höhe der Soforthilfe aus der Summe von 5.000 € und den unter Ziffer 2.3.1 Proximus AUB 2017 genannten Prozentsätzen ermittelt. • zu Ziffer 15: Streichung des kompletten Textes und Einfügen des folgenden Textes: Bei der Soforthilfe nach Punkt 11 und den Zusatzleistungen nach Punkt 9 bis 13 findet eine Minderung der Leistungen wegen Krankheiten oder Gebrechen nicht statt.
	Ziffer 26 (Verlängerung der Kündigungsfrist nach einem Versicherungsfall) in den Besonderen Bedingungen für die Gruppen-Unfallversicherungen Proximus 2015 auf Seite 393 der Proximus-Bedingungen für Gewerbekunden: • in Ziffer 26 wird auf Ziffer 10.3 in den AUB 2014 Bezug genommen. Der Bezug ändert sich mit Proximus 4 auf die Ziffer 10.4 in den AUB 2017.
	Ziffer 4 (Wann endet der Vertrag?) und Ziffer 6 (Welche Besonderheiten gelten für Minderjährige?) in den Besonderen Bedingungen für die Gruppen-Unfallversicherung mit und ohne Namensangabe Seite 394 der Proximus-Bedingungen für Gewerbekunden: • in Ziffer 4 wird auf Ziffer 10.2.3 in den AUB 2014 Bezug genommen. Der Bezug ändert sich mit Proximus 4 auf die Ziffer 10.3.3 in den AUB 2017. • in Ziffer 6 wird auf die Ziffern 6.1 und 6.11 in den AUB 2014 Bezug genommen. Der Bezug ändert sich mit Proximus 4 auf die Ziffern 6.1 und 11.5 in den AUB 2017.

Proximus Versicherung AG – über 125 Jahre Erfahrung

Historie

1885	Gründung der Dresdner Feuerversicherung AG mit den Geschäftszweigen: Feuer-, Transport- und Haftpflichtversicherung
1924	Übernahme der Chemnitzer Lebensversicherung AG (gegründet 1910)
1945	Verlegung des Gesellschaftssitzes nach München
1951	Fusion der Chemnitzer Lebensversicherung AG mit der Düsseldorfer Lebensversicherung AG neuer Name: Proximus Lebensversicherung AG
1951	Gründung der Proximus Versicherung AG. Umfirmierung der Dresdner Feuerversicherung AG in Proximus Allgemeine Versicherung AG und Aufnahme des Geschäftszweiges Kraftfahrtversicherung
1965	Bestandsübernahme der Ambrosia Lebensversicherung AG (gegründet 1930)
1968	Aufnahme des Geschäftszweiges Unfallversicherung
1970	Gründung der Proximus Krankenversicherung AG als Tochter der Proximus Versicherung AG und der Proximus Lebensversicherung AG
1985	Gründung der Allgemeinen Deutschen Rechtsschutzversicherung AG gemeinsam mit fünf anderen Versicherern
1988	Kauf der Süddeutschen Handelsbank AG
1988	Gründung der Proximus Bausparkasse AG
1990	Gründung der Proximus Assicurazioni S.p.A., Italien
1991	Übernahme der Mehrheitsanteile der Allgemeinen Deutschen Rechtsschutzversicherung AG und Umbenennung zur Proximus Rechtsschutz Versicherung AG
1992	Gründung weiterer Gesellschaften in Belgien, Dänemark, Frankreich, Großbritannien, Niederlande und Polen
1998	Gründung der Proximus Invest GmbH
2008	Gründung der Proximus Kreditversicherung AG und Umbenennung der Proximus Bausparkasse AG in Proximus Bauspar AG
2014	Gründung der Proximus Vertriebs-GmbH

Adressen der Konzerngesellschaften

Proximus Versicherung AG
Proximus-Platz 1, 80333 München

Proximus Allgemeine Versicherung AG
Proximus-Platz 1, 80333 München

Proximus Krankenversicherung AG
Proximus-Allee 6–8, 80333 München

Proximus Lebensversicherung AG
Proximus-Platz 1, 80333 München

Proximus Rechtsschutz Versicherung AG
Proximus-Platz 1, 80333 München

Proximus Kreditversicherung AG
Proximus-Allee 7a, 80333 München

Süddeutsche Handelsbank AG
Proximus-Allee 7–9, 80333 München

Proximus Invest GmbH
Proximus-Allee 4, 80333 München

Proximus Bauspar AG
Proximus-Allee 3–5, 80333 München

Proximus Vertriebs-GmbH
Proximus-Allee 2, 80333 München

Filialnetz

Landesdirektion Nord
22297 Hamburg

Landesdirektion Ost
10333 Berlin

Landesdirektion Süd
70583 Stuttgart

Landesdirektion West
50117 Köln

30 Bezirksdirektionen

Weitere Betriebsstätten

Kunden-Service-Center Hannover
30625 Hannover

Leistungszentrum für die Krankenversicherung
44139 Dortmund

Proximus Akademie
34117 Kassel

Konzernstruktur Proximus Versicherung AG

Proximus Versicherung AG

- 100 % Anteil an der Proximus Allgemeine Versicherung AG
- 100 % Anteil an der Proximus Lebensversicherung AG
- 100 % Anteil an der Proximus Kreditversicherung AG
- 100 % Anteil an allen Auslandsgesellschaften
- 100 % Anteil an der Proximus Vertriebs-GmbH
- 70 % Anteil an der Proximus Rechtsschutz Versicherung AG
- 70 % Anteil an der Proximus Invest GmbH
- 50 % Anteil an der Proximus Krankenversicherung AG
- 10 % Anteil an der Proximus Bauspar AG
- 10 % Anteil an der Süddeutschen Handelsbank AG

Proximus Lebensversicherung AG

- 80 % Anteil an der Proximus Bauspar AG
- 60 % Anteil an der Süddeutschen Handelsbank AG
- 50 % Anteil an der Proximus Krankenversicherung AG
- 25 % Anteil an der Proximus Invest GmbH

Proximus Krankenversicherung AG

- 30 % Anteil an der Süddeutschen Handelsbank
- 10 % Anteil an der Proximus Bauspar AG

Süddeutsche Handelsbank AG

- 5 % Anteil an der Proximus Invest GmbH

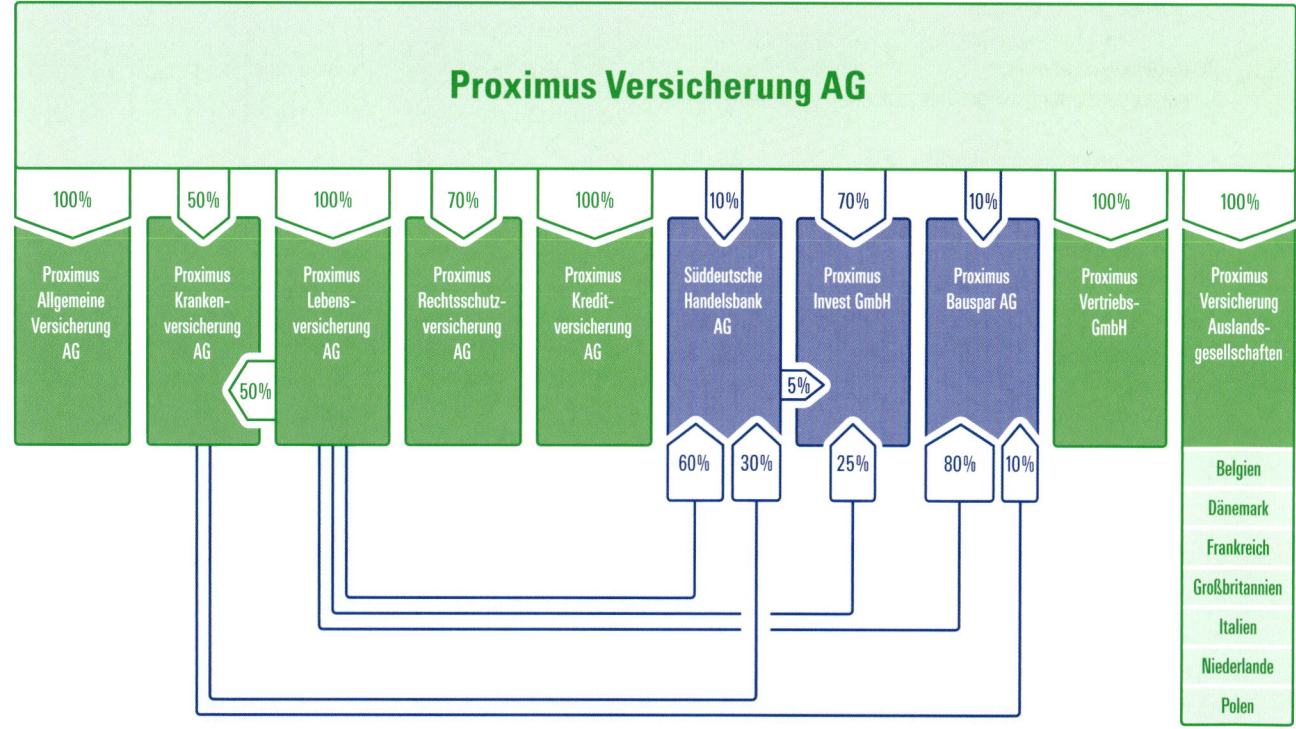

PROFIL

Proximus Versicherung AG – über 125 Jahre Erfahrung

Weitere Angaben

Sitz: München, 3 HR B 62384711 AG, München
Gerichtsstand: München
USt-IdNr.: DE 199998888333
VersSt-Nr.: 1234/110/00011

Zum 31.12.2017 waren 8.473 Mitarbeiterinnen und Mitarbeiter bei der Proximus Gruppe beschäftigt, davon waren 582 Auszubildende.

Hinzu kommen 2.917 selbstständige Handelsvertreter, die ausschließlich für die Proximus Versicherungsgesellschaften vermitteln.

Es bestehen zu 253 Maklern und Mehrfachvermittlern Geschäftsbeziehungen.

Darüber hinaus unterhält die Süddeutsche Handelsbank AG einen eigenen Versicherungsvermittlungsdienst in der Rechtsform einer GmbH, welcher ausschließlich für die Gesellschaften der Proximus Gruppe vermittelt.

Die Süddeutsche Handelsbank AG fungiert als Verwahrstelle der Proximus Invest GmbH.

Die Hauptgeschäftsfelder der Proximus Gruppe sind die Lebens-, Kranken-, Kraftfahrt- und Haftpflichtversicherung. Die Lebensversicherung erzielt 50 % des gesamten Beitragsvolumens.

Die Versicherungsgesellschaften der Proximus Gruppe sind u.a. Mitglied
- des Gesamtverbandes der Deutschen Versicherungswirtschaft e.V. (GDV)
- des Verbandes der Privaten Krankenversicherung e.V. (PKV-Verband, auch Ombudsmann für die Private Kranken- und Pflegeversicherung)
- des Arbeitgeberverbandes der Versicherungsunternehmen in Deutschland e.V.
- des Berufsbildungswerks der Deutschen Versicherungswirtschaft (BWV) e.V.
- des Versicherungsombudsmann e.V.
- der Verkehrsopferhilfe e.V.
- der Deutschen Gesellschaft für Versicherungs- und Finanzmathematik e.V.
- der Deutschen Kernreaktor-Versicherungsgemeinschaft (DKVG)
- der Pharma-Rückversicherungs-Gemeinschaft

Die Finanzdienstleistungsunternehmen der Proximus Gruppe sind u.a. Mitglied
- des Bundesverbandes deutscher Banken e.V.
- des Bundesverbandes Investment und Asset Management e.V.
- der Entschädigungseinrichtung deutscher Banken

Die Versicherungsgesellschaften sind dem
- Regressverzichtsabkommen der Deutschen Feuerversicherer,
- Teilungsabkommen Mieterregress,
- Code of Conduct und
- Verhaltenscodex für den Vertrieb beigetreten.

Rechtliche Auslegung der Proximus Gruppe

Die Gesellschaften der Proximus Gruppe nehmen im Falle der Einlösung der Erstprämie an, dass für den Begriff „unverzüglich" eine Dauer von drei Tagen anzusetzen ist, es sei denn, dass besondere Umstände eine spätere Zahlung entschuldigen.

Ergebnisse der Proximus Gruppe (Gesamt)

Versicherung	2017	2016	2015
Gebuchte Beiträge, brutto, selbst abgeschlossenes Geschäft (in Mio. EUR)	8.189	8.092	8.068
Aufwendungen für Versicherungsfälle, brutto (in Mio. EUR)	7.286	7.236	6.978
Kapitalanlagen (in Mrd. EUR)	55,1	54,9	54,1
Verträge in Mio. Stück	9,16	9,07	9,03
Finanzdienstleistungen			
Proximus Bauspar AG Bausparsumme (in Mio. EUR) Bauspareinlage (in Mio. EUR) Bilanzsumme (in Mio. EUR)	4.781 769 904	4.772 764 902	4.665 758 899
Süddeutsche Handelsbank AG Bilanzsumme (in Mio. EUR)	3.340	3.315	3.386
Proximus Invest GmbH Fondsvermögen (in Mio. EUR)	7.497	7.404	7.234
Vermögensanlagen der Proximus Gruppe (in Mrd. EUR)	73,8	71,2	69,8

Kennzahlen Proximus Lebensversicherung AG	2017	2016	2015
Beitragseinnahmen (in Mio. EUR)	4.107	4.148	4.179
Anzahl Verträge	4.827.604	5.062.185	5.229.651
Bestand VSu (in Mio. EUR)	131.367	131.531	131.665
Eigenkapitalquote	3,1	3,1	3,2
Nettoverzinsung	4,2	4,4	4,3

Kennzahlen Proximus Krankenversicherung AG	2017	2016	2015
Beitragseinnahmen (in Mio. EUR)	510	512,5	512
Aufwendungen für Versicherungsfälle, brutto, (in Mio. EUR)	428	425	424
Versicherte Personen	491.000	490.000	491.000
Deckungsrückstellung (in Mio. EUR)	4,14	4,02	3,72
Stand RfB (in Mio. EUR)	320	316	312
RfB-Quote	62,7	61,7	60,9
Versicherungsgeschäftliche Ergebnisquote	10,3	10,3	11,6
Nettoverzinsung in Prozent	4,2	4,4	4,3

HAUSRAT

BEDINGUNGEN

Allgemeine Hausrat Versicherungsbedingungen (VHB 2016 – Versicherungssummenmodell)	002
Was kann zusätzlich zu den Allgemeinen Hausrat Versicherungsbedingungen (VHB 2016 – Versicherungssummenmodell) vereinbart werden?	015
Allgemeine Bedingungen für die Glasversicherung (AGIB 2016)	017

TARIFE & MATERIALIEN

Tarif Hausrat (Basis VHB 2016)	022
Tarif Glasversicherung (Basis AGIB 2016)	030
Antrag auf Hausrat- und Glasversicherung – Auszug	031
Vertragsspiegel Hausratversicherung	035

Allgemeine Hausrat Versicherungsbedingungen (VHB 2016 – Versicherungssummenmodell)

(Stand: 26.05.2017)

1	Welche Gefahren sind versichert? Welche Gefahren sind zusätzlich versicherbar? Welche Schäden sind versichert?	002	15	Beginn des Versicherungsschutzes, Prämienzahlung ... 008
2	Welche generellen Ausschlüsse gibt es? ... 002		16	Was gilt bei einem Wohnungswechsel? ... 009
3	Was ist unter Brand; Blitzschlag; Überspannung durch Blitz; Explosion; Verpuffung; Implosion; Anprall oder Absturz eines Luftfahrzeuges zu verstehen? Welche Schäden sind hier nicht versichert? ... 003		17	Wie wird die Entschädigung ermittelt? Was gilt bei einer Unterversicherung? ... 009
4	Was ist unter Einbruchdiebstahl, Vandalismus nach einem Einbruch sowie Raub zu verstehen? Welche Schäden sind hier nicht versichert? ... 003		18	Was sind Wertsachen? Was sind Wertschutzschränke? Welche Entschädigungsgrenzen gelten für Wertsachen? ... 010
5	Was ist unter der Gefahr Leitungswasser zu verstehen? Welche Schäden sind hier nicht versichert? ... 004		19	Welche Regeln gelten für das Sachverständigenverfahren? ... 010
6	Was ist unter Naturgefahren (Sturm, Hagel und weitere Naturgefahren) zu verstehen? Welche Schäden sind versichert? Welche Schäden sind hier nicht versichert? ... 005		20	Wann wird die Entschädigung gezahlt und wie wird sie verzinst? ... 011
7	Welche Sachen sind versichert? ... 006		21	Welche vertraglich vereinbarten Sicherheitsvorschriften (zusätzliche Obliegenheiten) hat der Versicherungsnehmer vor dem Versicherungsfall zu erfüllen? ... 012
8	Was gehört zum Hausrat? ... 006		22	Obliegenheiten bei und nach Eintritt des Versicherungsfalles ... 012
9	Was gehört nicht zum Hausrat? ... 006		23	Welche besonderen Umstände erhöhen die Gefahr? ... 012
10	Was ist unter dem Versicherungsort zu verstehen? ... 007		24	Was gilt für wiederherbeigeschaffte Sachen? ... 012
11	Was gilt für Selbstbeteiligungen und Entschädigungsgrenzen im Versicherungsvertrag? ... 007		25	Wegfall des versicherten Interesses ... 013
12	Was ist unter der Außenversicherung zu verstehen? Was beinhaltet sie? ... 007		26	Kündigung nach dem Versicherungsfall ... 013
13	Welche Kosten sind versichert? ... 007		27	Dauer und Ende des Vertrages ... 013
14	Was ist der Versicherungswert und die Versicherungssumme? Was sind die Grundlagen der Anpassung der Versicherungssumme? ... 008		28	Erklärungen und Anzeigen, Anschriftenänderung ... 014
			29	Örtlich zuständiges Gericht ... 014
			30	Anzuwendendes Recht ... 014
			31	Embargobestimmung ... 014

1 Welche Gefahren sind versichert? Welche Gefahren sind zusätzlich versicherbar? Welche Schäden sind versichert?

Der Versicherer entschädigt für versicherte Sachen, die durch folgende Ereignisse (Gefahren) zerstört oder beschädigt werden oder infolge solcher Ereignisse abhandenkommen:

1.1 Brand; Blitzschlag; Überspannung durch Blitz; Explosion; Verpuffung; Implosion; Anprall oder Absturz eines Luftfahrzeuges, seiner Teile oder Ladung;

1.2 Einbruchdiebstahl, Vandalismus nach einem Einbruch sowie Raub oder dem Versuch einer solchen Tat;

1.3 Leitungswasser;

1.4 Naturgefahren

1.4.1 Sturm, Hagel;

1.4.2 soweit zusätzlich vereinbart: Die weiteren Naturgefahren (Elementargefahren) Überschwemmung, Rückstau, Erdbeben, Erdsenkung, Erdrutsch, Schneedruck, Lawinen und Vulkanausbruch.

2 Welche generellen Ausschlüsse gibt es?

2.1 Ausschluss Krieg

Nicht versichert sind Schäden durch Krieg, kriegsähnliche Ereignisse, Bürgerkrieg, Revolution, Rebellion oder Aufstand. Das gilt ohne Berücksichtigung mitwirkender Ursachen.

2.2 Ausschluss Innere Unruhen

Nicht versichert sind Schäden durch Innere Unruhen. Das gilt ohne Berücksichtigung mitwirkender Ursachen.

2.3 Ausschluss Kernenergie

Nicht versichert sind Schäden durch Kernenergie, nukleare Strahlung oder radioaktive Substanzen. Das gilt ohne Berücksichtigung mitwirkender Ursachen.

Allgemeine Hausrat Versicherungsbedingungen (VHB 2016 - Versicherungssummenmodell)

3 Was ist unter Brand; Blitzschlag; Überspannung durch Blitz; Explosion; Verpuffung; Implosion; Anprall oder Absturz eines Luftfahrzeuges zu verstehen? Welche Schäden sind hier nicht versichert?

3.1 Brand

Brand ist ein Feuer, das ohne einen bestimmungsgemäßen Herd entstanden ist oder ihn verlassen hat und das sich aus eigener Kraft auszubreiten vermag.

3.2 Blitzschlag

Blitzschlag ist der unmittelbare Übergang eines Blitzes auf Sachen. Auch Überspannungs-, Überstrom- oder Kurzschlussschäden an elektrischen Einrichtungen und Geräten können Blitzschlagschäden sein. Das ist der Fall, wenn über diese Schäden hinaus auf dem Grundstück des Versicherungsortes der Einschlag eines Blitzes zumindest durch Spuren nachweisbar ist.

3.3 Überspannung durch Blitz

Überspannung durch Blitz ist ein Schaden, der durch Überspannung, Überstrom oder Kurzschluss infolge eines Blitzes oder durch sonstige atmosphärisch bedingte Elektrizität an versicherten elektrischen Einrichtungen und Geräten entsteht.

3.4 Explosion

Explosion ist eine plötzlich verlaufende Kraftäußerung, die auf dem Ausdehnungsbestreben von Gasen oder Dämpfen beruht.

Die Explosion eines Behälters (Kessel, Rohrleitung usw.) liegt nur unter besonderen Voraussetzungen vor. Die Wandung muss in einem solchen Umfang zerrissen werden, dass ein plötzlicher Ausgleich des Druckunterschieds innerhalb und außerhalb des Behälters stattfindet. Wird im Innern eines Behälters eine Explosion durch chemische Reaktion hervorgerufen, so ist ein Zerreißen seiner Wandung nicht erforderlich.

3.5 Verpuffung

Verpuffung ist eine auf dem Ausdehnungsbestreben von Gasen oder Dämpfen beruhende, plötzlich verlaufende Kraftäußerung, die im Gegensatz zur Explosion mit geringerer Intensität verläuft und bei der in der Regel kein Explosionsknall entsteht.

3.6 Implosion

Implosion ist ein plötzlicher, unvorhersehbarer Zusammenfall eines Hohlkörpers durch äußeren Überdruck infolge eines inneren Unterdrucks.

3.7 Anprall oder Absturz eines Luftfahrzeuges, seiner Teile oder Ladung

Versichert ist der Anprall oder Absturz eines Luftfahrzeuges. Gleiches gilt für den Anprall oder Absturz seiner Teile oder seiner Ladung.

3.8 Nicht versicherte Schäden

Nicht versichert sind

3.8.1 Schäden durch Erdbeben. Das gilt ohne Berücksichtigung mitwirkender Ursachen.

3.8.2 Sengschäden. Versicherungsschutz besteht aber, wenn Sengschäden durch eine versicherte Gefahr nach Ziffer 3.1 bis Ziffer 3.7 verursacht wurden.

3.8.3 Schäden an Verbrennungsmotoren durch die im Verbrennungsraum der Maschine auftretenden Explosionen. Ferner Schäden, die an Schaltorganen von elektrischen Schaltern entstehen, und zwar durch den in ihnen auftretenden Gasdruck. Versicherungsschutz besteht aber, wenn diese Schäden Folge eines versicherten Schadenereignisses nach Ziffer 3.1 bis Ziffer 3.7 sind.

4 Was ist unter Einbruchdiebstahl, Vandalismus nach einem Einbruch sowie Raub zu verstehen? Welche Schäden sind hier nicht versichert?

4.1 Einbruchdiebstahl

Einbruchdiebstahl ist in folgenden Fällen gegeben:

4.1.1 Unberechtigtes Eindringen in einen Raum eines Gebäudes

Das liegt vor, wenn der Dieb in einen Raum eines Gebäudes einbricht, einsteigt, mit falschem Schlüssel oder mit Hilfe von anderen Werkzeugen eindringt.

Ein Schlüssel ist falsch, wenn seine Anfertigung für das Schloss nicht von einer dazu berechtigten Person veranlasst oder gebilligt wurde.

Der Gebrauch eines falschen Schlüssels ist nicht schon dann bewiesen, wenn feststeht, dass versicherte Sachen abhandengekommen sind.

4.1.2 Aufbrechen eines Behältnisses in einem Raum eines Gebäudes

Das liegt vor, wenn der Dieb das in einem Raum befindliche Behältnis aufbricht. Das gilt auch, wenn er das Behältnis mit falschem Schlüssel oder mit Hilfe von anderen Werkzeugen öffnet.

Ein Schlüssel ist falsch, wenn seine Anfertigung für das Schloss nicht von einer dazu berechtigten Person veranlasst oder gebilligt wurde.

Der Gebrauch eines falschen Schlüssels ist nicht schon dann bewiesen, wenn feststeht, dass versicherte Sachen abhandengekommen sind.

4.1.3 Einschleichen oder Verborgen halten

Das liegt vor, wenn der Dieb Sachen aus einem verschlossenen Raum eines Gebäudes entwendet, in das er sich zuvor eingeschlichen oder in dem er sich verborgen gehalten hatte.

4.1.4 Gewaltsame Sicherung des Diebesgutes

Der Dieb wird in einem Raum eines Gebäudes auf frischer Tat angetroffen und wendet Gewalt an, um sich den Besitz gestohlener Sachen zu erhalten. Eine Androhung von Gewalt mit Gefahr für Leib oder Leben ist der Anwendung von Gewalt gleichzusetzen.

4.1.5 Unberechtigtes Eindringen mit richtigem Schlüssel

Dies liegt in folgenden Fällen vor:

4.1.5.1 Der Dieb dringt in den Raum eines Gebäudes mit einem richtigen Schlüssel ein oder öffnet dort damit ein Behältnis. Den richtigen Schlüssel hat sich der Dieb vorher durch Einbruchdiebstahl oder Raub nach Ziffer 4.3 beschafft. Der Einbruchdiebstahl oder Raub dieses Schlüssels kann auch außerhalb des Versicherungsortes erfolgt sein.

4.1.5.2 Der Dieb dringt in einen Raum eines Gebäudes mit einem richtigen Schlüssel ein. Den richtigen Schlüssel hat sich der Dieb vorher durch Diebstahl beschafft. Dabei hat weder der Versicherungsnehmer noch der Gewahrsamsinhaber den Diebstahl des Schlüssels durch fahrlässiges Verhalten ermöglicht. Der Diebstahl dieses Schlüssels kann auch außerhalb des Versicherungsortes erfolgt sein.

4.2 Vandalismus nach einem Einbruch

Vandalismus nach einem Einbruch liegt vor, wenn der Täter, wie in Ziffer 4.1.1 oder Ziffer 4.1.5 beschrieben, in den Versicherungsort eindringt und dort versicherte Sachen vorsätzlich zerstört oder beschädigt.

4.3 Raub

Raub ist in folgenden Fällen gegeben:

4.3.1 Anwendung von Gewalt

Der Räuber wendet gegen den Versicherungsnehmer Gewalt an, um dessen Widerstand gegen die Wegnahme versicherter Sachen auszuschalten.

Gewalt liegt nicht vor, wenn versicherte Sachen ohne Überwindung eines bewussten Widerstandes entwendet werden (einfacher Diebstahl/Trickdiebstahl).

4.3.2 Androhung einer Gewalttat mit Gefahr für Leib oder Leben

Der Versicherungsnehmer gibt Sachen heraus oder lässt sie sich wegnehmen, weil der Räuber eine Gewalttat mit Gefahr für Leib oder Leben androht. Dabei soll die angedrohte Gewalttat innerhalb des Versicherungsortes verübt werden.

4.3.3 Wegnahme nach Verlust der Widerstandskraft

Dem Versicherungsnehmer werden versicherte Sachen weggenommen, weil seine Widerstandskraft ausgeschaltet war. Der Verlust der Widerstandskraft muss seine Ursache in einer Beeinträchtigung des körperlichen Zustands des Versicherungsnehmers haben. Diese Beeinträchtigung muss unmittelbar vor der Wegnahme bestanden haben und durch einen Unfall oder eine sonstige nicht verschuldete Ursache wie z. B. eine Ohnmacht oder ein Herzinfarkt entstanden sein.

4.3.4 Dem Versicherungsnehmer stehen Personen gleich, die mit seiner Zustimmung in der Wohnung anwesend sind.

4.4 Nicht versicherte Schäden

4.4.1 Nicht versicherte Schäden bei Einbruchdiebstahl, Vandalismus nach einem Einbruch sowie Raub

Versicherungsschutz besteht nicht für Schäden, die durch weitere Naturgefahren (Überschwemmung, Erdbeben, Erdsenkung, Erdrutsch, Schneedruck, Lawinen, Vulkanausbruch) verursacht werden.

Das gilt ohne Berücksichtigung mitwirkender Ursachen.

4.4.2 Nicht versicherte Schäden bei Raub

Sachen, die erst auf Verlangen des Täters herangeschafft werden, sind nicht versichert. Geschieht dies allerdings innerhalb des Versicherungsortes, an dem die Tathandlungen nach Ziffer 4.3.1 bis Ziffer 4.3.3 verübt werden, sind diese Sachen versichert.

5 Was ist unter der Gefahr Leitungswasser zu verstehen? Welche Schäden sind hier nicht versichert?

5.1 Versicherte Gefahren und Schäden

Unter die Gefahr Leitungswasser fallen Leitungswasserschäden (Ziffer 5.2) und Bruchschäden (Ziffer 5.3).

5.2 Leitungswasserschäden

Leitungswasser ist Wasser, das bestimmungswidrig ausgetreten ist aus:

5.2.1 Rohren der Wasserversorgung (Zu- und Ableitungen) oder damit verbundenen Schläuchen,

5.2.2 den mit diesen Rohren bzw. Schläuchen verbundenen sonstigen Einrichtungen oder deren wasserführenden Teilen,

5.2.3 Heizungs- oder Klimaanlagen,

5.2.4 Wasserlösch- oder Berieselungsanlagen,

5.2.5 Wasserbetten oder Aquarien.

Als Leitungswasser gelten auch Betriebsflüssigkeiten aus Heizungs- oder Klimaanlagen sowie Wasserdampf. Ausgenommen davon sind die Flüssigkeiten, die zur Energieerzeugung bestimmt sind.

5.3 Bruchschäden

Soweit die folgenden Rohre und Installationen zum versicherten Hausrat gehören, sind folgende Bruchschäden innerhalb von Gebäuden versichert:

5.3.1 Frostbedingte und sonstige Bruchschäden an Rohren

5.3.1.1 der Wasserversorgung (Zu- oder Ableitungen) oder den damit verbundenen Schläuchen;

5.3.1.2 von Heizungs- oder Klimaanlagen;

5.3.1.3 von Wasserlösch- oder Berieselungsanlagen.

Das setzt voraus, dass diese Rohre nach Ziffer 5.3.1 kein Bauteil von Heizkesseln, Boilern oder vergleichbaren Anlagen sind.

5.3.2 Frostbedingte Bruchschäden an folgenden Installationen:

5.3.2.1 Badeeinrichtungen, Waschbecken, Spülklosetts, Armaturen (z. B. Wasser- und Absperrhähne, Ventile, Geruchsverschlüsse, Wassermesser) sowie deren Anschlussschläuche;

5.3.2.2 Heizkörper, Heizkessel, Boiler oder vergleichbare Teile von Heizungs- oder Klimaanlagen.

Als innerhalb des Gebäudes gilt der gesamte Baukörper einschließlich der Bodenplatte.

Rohre von Solarheizungsanlagen auf dem Dach gelten als Rohre innerhalb des Gebäudes.

Soweit nicht etwas anderes vereinbart ist, sind Rohre und Installationen unterhalb der Bodenplatte (tragend oder nicht tragend) nicht versichert.

5.4 Nicht versicherte Schäden

Nicht versichert sind ohne Berücksichtigung mitwirkender Ursachen - es sei denn, im Folgenden sind solche genannt - Schäden durch

5.4.1 Plansch- oder Reinigungswasser;

5.4.2 Schwamm;

5.4.3 Grundwasser, stehendes oder fließendes Gewässer, Überschwemmung oder Witterungsniederschläge oder einen durch diese Ursachen hervorgerufenen Rückstau;

5.4.4 Erdbeben, Schneedruck, Lawinen, Vulkanausbruch;

5.4.5 Erdsenkung oder Erdrutsch, es sei denn, dass Leitungswasser nach Ziffer 5.2 die Erdsenkung oder den Erdrutsch verursacht hat;

5.4.6 Öffnen der Sprinkler- oder Bedienen der Berieselungsdüsen wegen eines Brandes, durch Druckproben oder durch Umbauten oder Reparaturarbeiten an dem versicherten Gebäude oder an der Wasserlösch- oder Berieselungsanlage.

Nicht versichert sind Schäden an

5.4.7 Gebäuden oder an Gebäudeteilen, die nicht bezugsfertig sind. Dies gilt auch für die in diesen Gebäuden oder Gebäudeteilen befindlichen Sachen;

5.4.8 dem Inhalt eines Aquariums, die dadurch entstehen, dass Wasser aus dem Aquarium ausgetreten ist.

6 Was ist unter Naturgefahren (Sturm, Hagel und weitere Naturgefahren) zu verstehen? Welche Schäden sind versichert? Welche Schäden sind hier nicht versichert?

6.1 Sturm

Sturm ist eine wetterbedingte Luftbewegung von mindestens Windstärke 8 nach der Beaufortskala (Windgeschwindigkeit mindestens 62 km pro Stunde).

Ist die Windstärke für den Schadenort nicht feststellbar, wird Sturm unterstellt, wenn der Versicherungsnehmer einen der folgenden Sachverhalte nachweist:

6.1.1 Die Luftbewegung hat in der Umgebung des Versicherungsgrundstücks Schäden an Gebäuden in einwandfreiem Zustand oder an ebenso widerstandsfähigen anderen Sachen angerichtet.

6.1.2 Der Schaden kann wegen des einwandfreien Zustands des versicherten Gebäudes oder des Gebäudes, in dem sich die versicherten Sachen befunden haben, nur durch Sturm entstanden sein. Das gilt auch für Gebäude, die baulich mit dem versicherten Gebäude verbunden sind.

6.2 Hagel

Hagel ist ein fester Witterungsniederschlag in Form von Eiskörnern.

6.3 Versicherte Sturm-/Hagelereignisse

Versichert sind nur Schäden, die wie folgt entstehen:

6.3.1 Sturm oder Hagel wirken unmittelbar auf versicherte Sachen oder auf Gebäude ein, in denen sich versicherte Sachen befinden. Daraus entstehende Folgeschäden an versicherten Sachen sind versichert.

6.3.2 Sturm oder Hagel wirken unmittelbar auf Gebäude ein, die mit dem versicherten Gebäude baulich verbunden sind.

6.3.3 Sturm oder Hagel wirken unmittelbar auf Gebäude ein, die mit Gebäuden, in denen sich versicherte Sachen befinden, baulich verbunden sind.

6.3.4 Sturm oder Hagel werfen Gebäudeteile, Bäume oder andere Gegenstände auf versicherte Sachen oder auf Gebäude, in denen sich versicherte Sachen befinden. Daraus entstehende Folgeschäden an versicherten Sachen sind versichert.

6.3.5 Sturm oder Hagel werfen Gebäudeteile, Bäume oder andere Gegenstände auf Gebäude, die mit dem versicherten Gebäude baulich verbunden sind.

6.3.6 Sturm oder Hagel werfen Gebäudeteile, Bäume oder andere Gegenstände auf Gebäude, die mit Gebäuden, in denen sich versicherte Sachen befinden, baulich verbunden sind.

6.4 Weitere Naturgefahren (Elementargefahren), soweit zusätzlich vereinbart

Der Versicherungsschutz beginnt nach Ablauf der Wartezeit von einem Monat ab dem beantragten Versicherungsbeginn.

6.4.1 Überschwemmung

Überschwemmung ist die Überflutung von Grund und Boden des Versicherungsgrundstücks mit erheblichen Mengen von Oberflächenwasser. Dies gilt nur, wenn

6.4.1.1 eine Ausuferung von oberirdischen (stehenden oder fließenden) Gewässern,

6.4.1.2 Witterungsniederschläge

oder

6.4.1.3 ein Austritt von Grundwasser an die Erdoberfläche als Folge von Ziffer 6.4.1.1 oder Ziffer 6.4.1.2

die Überflutung verursacht haben.

6.4.2 Rückstau

Rückstau liegt vor, wenn Wasser aus den gebäudeeigenen Ableitungsrohren oder damit verbundenen Einrichtungen in das Gebäude eindringt. Dies gilt nur, wenn

6.4.2.1 eine Ausuferung von oberirdischen (stehenden oder fließenden) Gewässern

oder

6.4.2.2 Witterungsniederschläge

den Rückstau verursacht haben.

6.4.3 Erdbeben

Erdbeben ist eine naturbedingte Erschütterung des Erdbodens, die durch geophysikalische Vorgänge im Erdinneren ausgelöst wird.

Erdbeben wird unterstellt, wenn der Versicherungsnehmer einen der folgenden Sachverhalte nachweist:

6.4.3.1 Die naturbedingte Erschütterung des Erdbodens hat in der Umgebung des Versicherungsortes Schäden an Gebäuden in einwandfreiem Zustand oder an ebenso widerstandsfähigen anderen Sachen angerichtet.

6.4.3.2 Der Schaden kann wegen des einwandfreien Zustands der versicherten Sachen nur durch ein Erdbeben entstanden sein.

6.4.4 Erdsenkung

Erdsenkung ist eine naturbedingte Absenkung des Erdbodens über naturbedingten Hohlräumen.

6.4.5 Erdrutsch

Erdrutsch ist ein naturbedingtes Abrutschen oder Abstürzen von Erd- oder Gesteinsmassen.

6.4.6 Schneedruck

Schneedruck ist die Wirkung des Gewichts von Schnee- oder Eismassen.

6.4.7 Lawinen

Lawinen sind Schnee- oder Eismassen, die an Berghängen niedergehen.

6.4.8 Vulkanausbruch

Vulkanausbruch ist eine plötzliche Druckentladung beim Aufreißen der Erdkruste, verbunden mit Lavergüssen, Asche-Eruptionen oder dem Austritt von sonstigen Materialien und von Gasen.

Allgemeine Hausrat Versicherungsbedingungen (VHB 2016 – Versicherungssummenmodell)

6.5 Nicht versicherte Schäden

Nicht versichert sind ohne Berücksichtigung mitwirkender Ursachen – es sei denn, im Folgenden sind solche genannt – Schäden durch

6.5.1 Sturmflut;

6.5.2 Eindringen von Regen, Hagel, Schnee oder Schmutz durch nicht ordnungsgemäß geschlossene Fenster, Außentüren oder andere Öffnungen. Dies gilt nicht, wenn diese Öffnungen durch Sturm oder Hagel entstanden sind und einen Gebäudeschaden darstellen;

6.5.3 Grundwasser, soweit nicht infolge von Witterungsniederschlägen oder Ausuferung von oberirdischen Gewässern an die Erdoberfläche gedrungen;

6.5.4 Brand; Blitzschlag; Überspannung durch Blitz; Explosion; Verpuffung; Implosion; Anprall oder Absturz eines Luftfahrzeuges, seiner Teile oder seiner Ladung; dies gilt nicht, soweit diese Gefahren durch ein versichertes Erdbeben ausgelöst wurden;

6.5.5 Trockenheit oder Austrocknung.

Nicht versichert sind Schäden an

6.5.6 Gebäuden oder an Gebäudeteilen, die nicht bezugsfertig sind. Dies gilt auch für die in diesen Gebäuden oder Gebäudeteilen befindlichen Sachen.

6.5.7 Sachen, die sich außerhalb von Gebäuden befinden. Ausgenommen hiervon sind Antennenanlagen und Markisen nach Ziffer 8.3.3.

7 Welche Sachen sind versichert?

Versichert ist der gesamte Hausrat innerhalb des im Versicherungsschein bezeichneten Versicherungsortes.

Hausrat, der anlässlich eines – auch unmittelbar bevorstehenden – Versicherungsfalles aus dem Versicherungsort entfernt und bei dieser Gelegenheit zerstört oder beschädigt wird oder abhandenkommt, ist versichert.

Hausrat außerhalb des im Versicherungsschein bezeichneten Versicherungsortes ist nur im Rahmen der Außenversicherung nach Ziffer 12 versichert. Er ist auch versichert, soweit dies zusätzlich vereinbart ist.

8 Was gehört zum Hausrat?

8.1 Zum Hausrat gehören alle Sachen, die dem Haushalt des Versicherungsnehmers zur privaten Nutzung (Gebrauch bzw. Verbrauch) dienen.

8.2 Wertsachen und Bargeld gehören ebenfalls zum Hausrat. Hierfür gelten besondere Voraussetzungen und Entschädigungsgrenzen nach Ziffer 18.

8.3 Ferner gehören zum Hausrat

8.3.1 alle in das Gebäude eingefügten Sachen (z. B. Einbaumöbel und Einbauküchen). Dies gilt aber nur, wenn der Versicherungsnehmer diese als Mieter oder Wohnungseigentümer auf seine Kosten beschafft oder übernommen hat. Er muss aufgrund dessen hierfür die Gefahr tragen;

8.3.2 Anbaumöbel und Anbauküchen, die serienmäßig vorgefertigt und lediglich mit geringem Einbauaufwand an die Gebäudeverhältnisse angepasst worden sind;

8.3.3 privat genutzte Antennenanlagen und Markisen, die ausschließlich der versicherten Wohnung nach Ziffer 10 dienen. Diese müssen sich auf dem Grundstück befinden, auf dem die versicherte Wohnung liegt;

8.3.4 selbstfahrende Krankenfahrstühle, Rasenmäher (auch Rasenmähroboter), Go-Karts, Pedelecs (mit einer elektromotorischen Tretunterstützung bis 25 km/h und einer max. Motor-Nenndauerleistung von 250 W, soweit eine etwaig vorhandene motorbetriebene Anfahr- oder Schiebehilfe technisch auf max. 6 km/h beschränkt ist), Modell- und Spielfahrzeuge, soweit diese nicht versicherungspflichtig sind;

8.3.5 Kanus, Ruder-, Falt- und Schlauchboote einschließlich ihrer Motoren sowie Surfgeräte;

8.3.6 Fall- und Gleitschirme sowie nicht motorisierte Flugdrachen;

8.3.7 Arbeitsgeräte und Einrichtungsgegenstände, die folgenden Personen ausschließlich zu beruflichen oder gewerblichen Zwecken dienen: Dem Versicherungsnehmer oder einer Person, die mit ihm in häuslicher Gemeinschaft lebt. Handelswaren und Musterkollektionen sind hiervon ausgeschlossen;

8.3.8 Haustiere, d. h. Tiere, die regelmäßig artgerecht in Wohnungen nach Ziffer 10.1 gehalten werden (z. B. Fische, Katzen, Vögel).

8.4 Zum Hausrat gehört auch fremdes Eigentum nach Ziffer 8.1 bis Ziffer 8.3, das sich im Haushalt des Versicherungsnehmers befindet. Das gilt nicht für Sachen von Mietern bzw. Untermietern des Versicherungsnehmers nach Ziffer 9.5.

9 Was gehört nicht zum Hausrat?

Nicht zum Hausrat gehören

9.1 Gebäudebestandteile, es sei denn, sie sind in Ziffer 8.3.1 genannt;

9.2 vom Gebäudeeigentümer eingebrachte oder in sein Eigentum übergegangene Sachen, für die er die Gefahr trägt.

Sofern diese Sachen danach durch den Mieter oder Wohnungseigentümer ersetzt werden, auch höher- oder geringerwertige, sind diese ebenfalls nicht versichert;

9.3 Kraftfahrzeuge aller Art und Anhänger, unabhängig von deren Versicherungspflicht, sowie Teile und Zubehör von Kraftfahrzeugen und Anhängern, soweit nicht unter Ziffer 8.3.4 genannt;

9.4 Luft- und Wasserfahrzeuge, unabhängig von deren Versicherungspflicht, einschließlich nicht eingebauter Teile, soweit nicht unter Ziffer 8.3.4 bis Ziffer 8.3.6 genannt;

9.5 Hausrat von Mietern und Untermietern in der Wohnung des Versicherungsnehmers, es sei denn, dieser wurde ihnen vom Versicherungsnehmer überlassen;

9.6 Sachen im Privatbesitz, die durch einen gesonderten Versicherungsvertrag (z. B. für Schmucksachen und Pelze, Kunstgegenstände, Musikinstrumente bzw. Jagd- und Sportwaffen) versichert sind;

9.7 elektronisch gespeicherte Daten und Programme. Kosten für die technische Wiederherstellung von elektronisch gespeicherten, ausschließlich für die private Nutzung bestimmten Daten und Programmen sind nur versichert, soweit dies zusätzlich vereinbart ist.

Allgemeine Hausrat Versicherungsbedingungen (VHB 2016 - Versicherungssummenmodell)

10 Was ist unter dem Versicherungsort zu verstehen?

Versicherungsort ist die im Versicherungsschein bezeichnete Wohnung. Zur Wohnung gehören

10.1 diejenigen Räume, die Wohnzwecken dienen und eine selbstständige Lebensführung ermöglichen. Dies sind die ausschließlich vom Versicherungsnehmer privat genutzten Flächen eines Gebäudes.

Der Nutzung durch den Versicherungsnehmer steht eine Nutzung durch Personen, die mit dem Versicherungsnehmer in häuslicher Gemeinschaft leben, gleich.

Räume, die ausschließlich beruflich oder gewerblich genutzt werden, gehören nicht zur Wohnung. Davon ausgenommen sind Räume, die ausschließlich über die Wohnung zu betreten sind (sog. Arbeitszimmer in der Wohnung);

10.2 Loggien, Balkone sowie an das Gebäude unmittelbar anschließende Terrassen. Gleiches gilt für ausschließlich vom Versicherungsnehmer zu privaten Zwecken genutzte Räume in Nebengebäuden einschließlich Garagen. Diese müssen sich auf dem Grundstück befinden, auf dem sich die versicherte Wohnung befindet. Der Nutzung durch den Versicherungsnehmer steht eine Nutzung durch Personen, die mit dem Versicherungsnehmer in häuslicher Gemeinschaft leben, gleich;

10.3 gemeinschaftlich genutzte, verschließbare Räume, in dem Hausrat bestimmungsgemäß vorgehalten wird (z. B. ausgewiesene Stellflächen in Fluren, Fahrradkeller, Waschkeller). Diese müssen sich auf demselben Grundstück befinden, auf dem sich die versicherte Wohnung befindet;

10.4 privat genutzte Garagen, soweit sich diese in der Nähe des Versicherungsortes befinden und im Antrag benannt worden sind.

11 Was gilt für Selbstbeteiligungen und Entschädigungsgrenzen im Versicherungsvertrag?

Eine Selbstbeteiligung ist der Anteil der Entschädigung oder der Betrag, den der Versicherungsnehmer je Versicherungsfall selbst zu tragen hat. Eine Entschädigungsgrenze begrenzt die Entschädigungshöhe je Versicherungsfall nach oben.

Selbstbeteiligungen und Entschädigungsgrenzen können individuell vereinbart werden. Sie können sich je nach versicherter Gefahr und Versicherungsleistung voneinander unterscheiden.

12 Was ist unter der Außenversicherung zu verstehen? Was beinhaltet sie?

12.1 Begriff und Geltungsdauer der Außenversicherung

Außerhalb des Versicherungsortes besteht für versicherte Sachen weltweit Versicherungsschutz unter folgenden Voraussetzungen:

12.1.1 Die Sachen sind Eigentum oder dienen dem Gebrauch des Versicherungsnehmers. Dies gilt auch für Sachen der mit ihm in häuslicher Gemeinschaft lebenden Personen;

12.1.2 Die Sachen befinden sich nur vorübergehend außerhalb des Versicherungsortes. Zeiträume von mehr als 3 Monaten gelten nicht als vorübergehend.

12.2 Unselbstständiger Hausstand während Ausbildung und Freiwilligendiensten

Hält sich der Versicherungsnehmer oder eine mit ihm in häuslicher Gemeinschaft lebende Person länger außerhalb der Wohnung auf, besteht Versicherungsschutz während:

12.2.1 der Ausbildung / des Studiums;

12.2.2 einem freiwilligen Wehrdienst;

12.2.3 einem sonstigen gesetzlichen Freiwilligendienst (z. B. Freiwilliges Soziales oder Ökologisches Jahr, Bundesfreiwilligendienst).

Das gilt unabhängig von der Dauer des Aufenthalts, solange die Person keinen eigenen Hausstand gründet.

12.3 Versicherte Gefahren

Versicherungsschutz besteht im Rahmen der Außenversicherung gemäß Ziffer 3 bis Ziffer 6 gegen die versicherten Gefahren und Schäden mit den jeweiligen Ausschlüssen.

12.3.1 Besonderheit bei Raub

Droht der Räuber eine Gewalttat mit Gefahr für Leib oder Leben nach Ziffer 4.3.2 an, besteht Außenversicherungsschutz nur unter folgender Voraussetzung:

Die angedrohte Gewalttat soll an Ort und Stelle verübt werden. Dies gilt auch, wenn der Raub an Personen begangen wird, die mit dem Versicherungsnehmer in häuslicher Gemeinschaft leben.

Sachen, die erst auf Verlangen des Räubers herangeschafft werden, sind nicht versichert.

12.3.2 Besonderheit bei Naturgefahren

Für Schäden durch Naturgefahren besteht Versicherungsschutz nur innerhalb von Gebäuden.

12.4 Entschädigungsgrenzen

Die Entschädigung im Rahmen der Außenversicherung ist insgesamt auf 10 % der Versicherungssumme zuzüglich Vorsorge (Ziffer 17.2), höchstens auf 10.000 € begrenzt.

13 Welche Kosten sind versichert?

Der Versicherer ersetzt folgende Kosten, die infolge eines Versicherungsfalles erforderlich und tatsächlich angefallen sind:

13.1 Aufräumungskosten

Das sind Kosten, die entstehen, um versicherte Sachen aufzuräumen. Dies schließt Aufwendungen ein, um zerstörte und beschädigte Sachen wegzuräumen, zum nächsten Ablagerungsplatz abzutransportieren und sie zu vernichten.

13.2 Bewegungs- und Schutzkosten

Das sind Kosten, die entstehen, um andere Sachen zu bewegen, zu verändern oder zu schützen. Voraussetzung ist, dass diese Maßnahmen dazu dienen, versicherte Sachen wiederherzustellen oder wiederzubeschaffen.

13.3 Hotelkosten

Das sind Kosten, die entstehen, um eine Hotel- oder ähnliche Unterbringung ohne Nebenkosten (z. B. Frühstück) vorzunehmen. Voraussetzung ist, dass die ansonsten ständig bewohnte Wohnung unbewohnbar wurde und dem Versicherungsnehmer die Beschränkung auf einen bewohnbaren Teil nicht zumutbar ist.

Die Kosten werden bis zu dem Zeitpunkt ersetzt, in dem die Wohnung wieder bewohnbar ist. Dies gilt längstens für die Dauer von 100 Tagen. Die Entschädigung ist pro Tag auf 1 ‰ der Versicherungssumme zuzüglich Vorsorge (Ziffer 17.2) begrenzt, soweit nicht etwas anderes vereinbart ist.

13.4 Transport- und Lagerkosten

Das sind Kosten, die entstehen, um versicherten Hausrat zu transportieren und zu lagern. Voraussetzung ist, dass die Wohnung unbenutzbar wurde und dem Versicherungsnehmer auch die Lagerung in einem benutzbaren Teil nicht zumutbar ist.

Die Kosten für die Lagerung werden bis zu dem Zeitpunkt ersetzt, in dem die Wohnung wieder benutzbar oder eine Lagerung in einem benutzbaren Teil der Wohnung wieder zumutbar ist. Dies gilt längstens für die Dauer von 100 Tagen.

13.5 Schlossänderungskosten

Das sind Kosten, die entstehen, um Schlossänderungen vorzunehmen. Voraussetzung ist, dass Schlüssel für Türen der Wohnung oder für dort befindliche Wertschutzschränke durch einen Versicherungsfall abhandengekommen sind.

13.6 Bewachungskosten

Das sind Kosten, die entstehen, um versicherte Sachen zu bewachen, wenn die Wohnung unbewohnbar wurde und Schließvorrichtungen und sonstige Sicherungen keinen ausreichenden Schutz bieten.

Die Kosten werden bis zu dem Zeitpunkt ersetzt, in dem die Schließvorrichtungen oder sonstige Sicherungen wieder voll gebrauchsfähig sind. Dies gilt längstens für die Dauer von 48 Stunden.

13.7 Reparaturkosten für Gebäudeschäden

Das sind Kosten, die entstehen, weil Gebäudeschäden im Bereich der Wohnung repariert werden müssen. Dies setzt voraus, dass die Schäden durch Einbruchdiebstahl, Raub oder dem Versuch einer solchen Tat entstanden sind.

Schäden innerhalb der Wohnung, die durch Vandalismus nach einem Einbruch oder einem Raub verursacht wurden, zählen ebenfalls dazu.

13.8 Reparaturkosten für Leitungswasserschäden in Wohnungen

Das sind Kosten, die entstehen, weil Leitungswasserschäden an Bodenbelägen, Innenanstrichen oder Tapeten repariert werden müssen. Dies setzt voraus, dass der Schaden in einer gemieteten oder in Sondereigentum befindlichen Wohnung entstanden ist.

13.9 Kosten für provisorische Maßnahmen

Das sind Kosten, die für provisorische Maßnahmen entstehen, um versicherte Sachen zu schützen.

14 Was ist der Versicherungswert und die Versicherungssumme? Was sind die Grundlagen der Anpassung der Versicherungssumme?

14.1 Versicherungswert

Der Versicherungswert bildet die Grundlage für die Berechnung der Entschädigung.

14.1.1 Versicherungswert ist der Neuwert. Das ist der Betrag, der aufzuwenden ist, um Sachen gleicher Art und Güte in neuwertigem Zustand wiederzubeschaffen.

14.1.2 Für Kunstgegenstände nach Ziffer 18.1.4 und Antiquitäten nach Ziffer 18.1.5 ist der Versicherungswert der Betrag, der aufzuwenden ist, um Sachen gleicher Art und Güte wiederzubeschaffen.

14.1.3 Sind Sachen für ihren Zweck in dem versicherten Haushalt nicht mehr zu verwenden, ist der Versicherungswert der gemeine Wert. Das ist der Betrag, den der Versicherungsnehmer dafür bei einem Verkauf erzielen kann.

14.1.4 Ist die Entschädigung für Wertsachen auf bestimmte Beträge nach Ziffer 18.3 begrenzt, werden höchstens diese berücksichtigt.

14.2 Versicherungssumme

Die Versicherungssumme wird zwischen Versicherer und Versicherungsnehmer vereinbart. Sie soll dem Versicherungswert nach Ziffer 14.1 ohne Berücksichtigung einer Vorsorge (Ziffer 17.2) entsprechen.

14.3 Grundlagen der Anpassung von Versicherungssumme und Prämie

Es gelten folgende Grundlagen:

14.3.1 Der Versicherer passt den Versicherungsschutz an die Entwicklung der Verbraucherpreise an. Er verändert hierzu die Versicherungssumme.

Für die Anpassung wird der Index „Verbrauchs- und Gebrauchsgüter ohne Nahrungsmittel und ohne die normalerweise nicht in der Wohnung gelagerten Güter" verwendet. Dieser ist Bestandteil des Verbraucherpreisindexes für Deutschland (VPI). Maßgebend ist der jeweils für den Monat September vom Statistischen Bundesamt veröffentlichte Index.

Die Versicherungssumme erhöht oder vermindert sich entsprechend dem Prozentsatz, um den sich der Index im vergangenen Kalenderjahr gegenüber dem davorliegenden Kalenderjahr verändert hat.

Der Veränderungsprozentsatz wird nur bis zur ersten Stelle nach dem Komma berücksichtigt.

Die neue Versicherungssumme verändert sich jeweils mit Beginn einer jeden Versicherungsperiode. Sie wird auf volle 100 € aufgerundet. Der Versicherer gibt dem Versicherungsnehmer die neue Versicherungssumme bekannt.

14.3.2 Aus der neuen Versicherungssumme ergibt sich die neue Prämie.

14.3.3 Der Versicherungsnehmer kann der Anpassung der Versicherungssumme durch Erklärung in Textform (z. B. E-Mail, Telefax oder Brief) widersprechen. Dies muss innerhalb eines Monats geschehen, nachdem ihm die Mitteilung über die neue Versicherungssumme zugegangen ist. Um die Frist zu wahren, genügt es, den Widerspruch rechtzeitig abzusenden. Damit wird die Anpassung nicht wirksam.

15 Beginn des Versicherungsschutzes, Prämienzahlung

15.1 Beginn des Versicherungsschutzes

Der Versicherungsschutz beginnt zu dem im Versicherungsschein angegebenen Zeitpunkt, wenn der Versicherungsnehmer die erste oder einmalige Prämie rechtzeitig im Sinne von Ziffer 15.2 zahlt.

Dies gilt vorbehaltlich der Regelungen über die Folgen verspäteter Zahlungen oder Nichtzahlung der Erst- oder Einmalprämie.

15.2 Fälligkeit der Erst- oder Einmalprämie

15.2.1 Die im Versicherungsschein genannte erste oder einmalige Prämie wird unverzüglich nach Ablauf von 14 Tagen nach Zugang des Versicherungsscheins fällig. Ist die Zahlung der Jahresprämie in Raten vereinbart, gilt als erste Prämie nur die erste Rate der ersten Jahresprämie.

15.2.2 Zahlt der Versicherungsnehmer die erste oder einmalige Prämie nicht rechtzeitig, sondern zu einem späteren Zeitpunkt, beginnt der Versicherungsschutz erst zu diesem Zeitpunkt. Dies gilt nicht, wenn der Versicherungsnehmer die Nichtzahlung nicht zu vertreten hat.

Für Versicherungsfälle, die bis zur Zahlung der Prämie eintreten, ist der Versicherer nur dann nicht zur Leistung verpflichtet, wenn er den Versicherungsnehmer durch gesonderte Mitteilung in Textform durch einen auffälligen Hinweis im Versicherungsschein auf diese Rechtsfolgen der Nichtzahlung der Prämie aufmerksam gemacht hat.

15.2.3 Zahlt der Versicherungsnehmer die Prämie nicht rechtzeitig, kann der Versicherer vom Vertrag zurücktreten, solange die Prämie nicht gezahlt ist. Der Versicherer kann nicht zurücktreten, wenn der Versicherungsnehmer nachweist, dass er die Nichtzahlung nicht zu vertreten hat.

16 Was gilt bei einem Wohnungswechsel?

16.1 Umzug in eine neue Wohnung

Wechselt der Versicherungsnehmer die Wohnung, geht der Versicherungsschutz auf die neue Wohnung über. Während des Wohnungswechsels besteht in beiden Wohnungen Versicherungsschutz. Der Versicherungsschutz in der bisherigen Wohnung erlischt spätestens 2 Monate nach Umzugsbeginn. Der Umzug beginnt mit dem Zeitpunkt, in dem erstmals versicherte Sachen dauerhaft in die neue Wohnung gebracht werden.

16.2 Mehrere Wohnungen

Bewohnt der Versicherungsnehmer neben der neuen weiterhin seine bisherige Wohnung (Doppelwohnsitz), geht der Versicherungsschutz nicht über. Für eine Übergangszeit von 2 Monaten besteht Versicherungsschutz in beiden Wohnungen.

16.3 Umzug ins Ausland

Liegt die neue Wohnung nicht innerhalb der Bundesrepublik Deutschland, geht der Versicherungsschutz nicht auf die neue Wohnung über. Der Versicherungsschutz in der bisherigen Wohnung erlischt spätestens 2 Monate nach Umzugsbeginn.

16.4 Anzeige der neuen Wohnung

16.4.1 Ein Wohnungswechsel muss dem Versicherer spätestens bei Umzugsbeginn angezeigt werden. Dabei ist die neue Wohnfläche in Quadratmetern anzugeben.

16.4.2 Waren für die bisherige Wohnung besondere Sicherungen vereinbart, ist dem Versicherer mitzuteilen, ob auch in der neuen Wohnung entsprechende Sicherungen vorhanden sind. Die Anzeige muss in Textform (z. B. E-Mail, Telefax oder Brief) erfolgen.

16.4.3 Verändert sich nach dem Wohnungswechsel die Wohnfläche oder der Wert des Hausrats, kann das zu Unterversicherung führen, wenn der Versicherungsschutz nicht angepasst wird.

16.5 Festlegung der neuen Prämie, Kündigungsrecht

16.5.1 Mit Umzugsbeginn gelten die Tarifbestimmungen des Versicherers, die am Ort der neuen Wohnung gültig sind.

16.5.2 Wenn sich die Prämie aufgrund veränderter Prämiensätze erhöht, kann der Versicherungsnehmer den Vertrag kündigen. Dies gilt auch, wenn die Selbstbeteiligung erhöht wird.

Kündigt der Versicherungsnehmer, muss er das in Textform (z. B. E-Mail, Telefax oder Brief) tun. Dafür hat er einen Monat nach Zugang der Mitteilung über die Erhöhung Zeit. Maßgeblich für die Wahrung der Frist ist der Zugang beim Versicherer. Die Kündigung wird einen Monat, nachdem sie dem Versicherer zugegangen ist, wirksam.

16.5.3 Dem Versicherer steht im Fall einer Kündigung die Prämie nur in bisheriger Höhe und zeitanteilig bis zur Wirksamkeit der Kündigung zu.

16.6 Aufgabe einer gemeinsamen Ehewohnung

Im Fall einer Trennung von Ehegatten gilt Folgendes:

16.6.1 Zieht der Versicherungsnehmer aus der gemeinsamen Ehewohnung aus und bleibt der Ehegatte dort zurück, gelten als Versicherungsort beide Wohnungen: Die bisherige Ehewohnung und die neue Wohnung des Versicherungsnehmers. Dies gilt solange, bis der Versicherungsvertrag geändert wird, längstens bis zum Ablauf von 3 Monaten nach der auf den Auszug folgenden Hauptfälligkeit der Prämie. Danach besteht Versicherungsschutz nur noch in der neuen Wohnung des Versicherungsnehmers.

16.6.2 Wenn beide Ehegatten Versicherungsnehmer sind und einer von ihnen aus der Ehewohnung auszieht, sind Versicherungsort ebenfalls beide Wohnungen: Die bisherige Ehewohnung und die neue Wohnung des ausziehenden Ehegatten. Dies gilt solange, bis der Versicherungsvertrag geändert wird, längstens bis zum Ablauf von 3 Monaten nach der auf den Auszug folgenden Hauptfälligkeit der Prämie. Danach erlischt der Versicherungsschutz für die neue Wohnung.

16.6.3 Wenn beide Ehegatten Versicherungsnehmer sind und beide in neue Wohnungen ziehen, gilt Ziffer 16.6.2 entsprechend. Nach Ablauf der Frist von 3 Monaten nach der auf den Auszug folgenden Hauptfälligkeit der Prämie erlischt der Versicherungsschutz für beide neuen Wohnungen.

16.7 Lebensgemeinschaften, eingetragene Lebenspartnerschaften

Ziffer 16.6 gilt auch für eheähnliche Lebensgemeinschaften und eingetragene Lebenspartnerschaften, sofern beide Partner am Versicherungsort gemeldet sind.

17 Wie wird die Entschädigung ermittelt? Was gilt bei einer Unterversicherung?

17.1 Der Versicherer ersetzt

17.1.1 bei zerstörten oder abhandengekommenen Sachen den Versicherungswert nach Ziffer 14.1 zum Zeitpunkt des Versicherungsfalles. Der erzielbare Verkaufspreis von Resten wird bei der Entschädigungsberechnung angerechnet;

17.1.2 bei beschädigten Sachen die erforderlichen Reparaturkosten zum Zeitpunkt des Versicherungsfalles. Der Versicherer ersetzt außerdem eine Wertminderung, die durch die Reparatur nicht ausgeglichen wird. Ersetzt wird aber höchstens der Versicherungswert nach Ziffer 14.1 zum Zeitpunkt des Versicherungs-

Allgemeine Hausrat Versicherungsbedingungen (VHB 2016 – Versicherungssummenmodell)

falles. Der erzielbare Verkaufspreis von Resten wird bei der Entschädigungsberechnung angerechnet;

17.1.3 bei beschädigten Sachen, deren Gebrauchsfähigkeit nicht beeinträchtigt ist (Schönheitsschaden), einen Betrag, der dem Minderwert entspricht. Das setzt voraus, dass dem Versicherungsnehmer eine Nutzung dieser Sache ohne Reparatur zumutbar ist.

17.2 Vorsorge

Die Versicherungssumme (Ziffer 14.2) erhöht sich um einen Vorsorgebetrag von 10 %.

17.3 Mehrwertsteuer

Die Mehrwertsteuer wird nur ersetzt, wenn und soweit sie tatsächlich angefallen ist.

17.4 Gesamtentschädigung, Kosten auf Weisung des Versicherers

Die Gesamtentschädigung für versicherte Sachen einschließlich versicherter Kosten ist je Versicherungsfall auf die zum Zeitpunkt des Versicherungsfalles geltende Versicherungssumme einschließlich Vorsorgebetrag nach Ziffer 17.2 begrenzt.

Schadenabwendungs- und Schadenminderungskosten (Aufwendungsersatz gemäß § 83 VVG), die auf Weisung des Versicherers entstanden sind, werden unbegrenzt ersetzt.

Wird die vereinbarte Versicherungssumme einschließlich Vorsorgebetrag für die Entschädigung versicherter Sachen und versicherter Kosten ausgeschöpft, gilt Folgendes:

Versicherte Kosten nach Ziffer 13 werden darüber hinaus bis zu 10 % der Versicherungssumme zuzüglich Vorsorge (Ziffer 17.2) ersetzt.

17.5 Feststellung und Berechnung einer Unterversicherung

Ist die Versicherungssumme (Ziffer 14.2) zum Zeitpunkt des Versicherungsfalles niedriger als der Versicherungswert nach Ziffer 14.1, besteht eine Unterversicherung. In diesem Fall kann die Entschädigung nach Ziffer 17.1 und Ziffer 17.2 in dem Verhältnis von Versicherungssumme zum Versicherungswert nach folgender Berechnungsformel gekürzt werden:

$$\text{Entschädigung} = \frac{\text{Schadenbetrag} \times \text{Versicherungssumme (einschließlich Vorsorge)}}{\text{Versicherungswert}}$$

17.6 Versicherte Kosten

Versicherte Kosten nach Ziffer 13 werden ersetzt, wenn sie nachweislich tatsächlich angefallen sind. Dabei werden die jeweils vereinbarten Entschädigungsgrenzen berücksichtigt.

Die Erstattung von versicherten Kosten nach Ziffer 13 wird nach der gleichen Berechnungsformel in dem Verhältnis von Versicherungssumme zum Versicherungswert gekürzt. Das schließt auch Schadenabwendungs-, Schadenminderungs- (Aufwendungsersatz gemäß § 83 VVG) und Schadenermittlungskosten ein.

Schadenabwendungs- und Schadenminderungskosten (Aufwendungsersatz gemäß § 83 VVG), die auf Weisung des Versicherers entstanden sind, werden unbegrenzt ersetzt.

17.7 Selbstbeteiligung

Im Versicherungsfall wird die im Versicherungsvertrag vereinbarte Selbstbeteiligung abgezogen.

18 Was sind Wertsachen? Was sind Wertschutzschränke? Welche Entschädigungsgrenzen gelten für Wertsachen?

18.1 Wertsachen

Versicherte Wertsachen nach Ziffer 8.2 sind:

18.1.1 Bargeld sowie auf Karten oder sonstige Datenträger geladene Geldbeträge;

18.1.2 Urkunden einschließlich Sparbüchern und sonstigen Wertpapieren;

18.1.3 Schmucksachen, Edelsteine, Perlen, Briefmarken, Münzen, Medaillen sowie alle Sachen aus Gold oder Platin;

18.1.4 Pelze, handgeknüpfte Teppiche, Gobelins und Kunstgegenstände (z. B. Gemälde, Collagen, Zeichnungen, Grafiken und Plastiken) sowie nicht in Ziffer 18.1.3 genannte Sachen aus Silber;

18.1.5 Antiquitäten, die über 100 Jahre alt sind, mit Ausnahme von Möbelstücken.

18.2 Wertschutzschränke

18.2.1 Wertschutzschränke sind Sicherheitsbehältnisse, die durch die VdS Schadenverhütung GmbH oder durch eine gleichermaßen qualifizierte Prüfstelle anerkannt sind.

18.2.2 Zusätzlich gilt:

Freistehende Wertschutzschränke müssen ein Mindestgewicht von 200 kg aufweisen.

Bei geringerem Gewicht müssen sie nach den Herstellervorschriften fachmännisch verankert oder in der Wand oder im Fußboden bündig eingelassen sein.

18.3 Entschädigungsgrenzen

18.3.1 Wertsachen werden je Versicherungsfall bis 20 % der Versicherungssumme entschädigt, sofern nichts anderes vereinbart ist.

18.3.2 Für Wertsachen außerhalb eines verschlossenen Wertschutzschranks nach Ziffer 18.2 gelten folgende Entschädigungsgrenzen je Versicherungsfall, höchstens jedoch der jeweils vereinbarte Betrag:

18.3.2.1 1.500 € insgesamt für Bargeld und auf Karten oder sonstige Datenträger geladene Geldbeträge mit Ausnahme von Münzen, deren Versicherungswert den Nennbetrag übersteigt;

18.3.2.2 3.000 € insgesamt für Urkunden einschließlich Sparbüchern und sonstigen Wertpapieren;

18.3.2.3 20.000 € insgesamt für Schmucksachen, Edelsteine, Perlen, Briefmarken, Münzen, Medaillen sowie alle Sachen aus Gold oder Platin.

19 Welche Regeln gelten für das Sachverständigenverfahren?

19.1 Feststellung der Schadenhöhe

Der Versicherungsnehmer kann nach Eintritt des Versicherungsfalles verlangen, dass die Höhe des Schadens in einem Sachverständigenverfahren festgestellt wird.

Ein solches Sachverständigenverfahren können der Versicherer und der Versicherungsnehmer auch gemeinsam vereinbaren.

19.2 Weitere Feststellungen

Der Versicherungsnehmer und der Versicherer können vereinbaren, das Sachverständigenverfahren auf weitere Feststellungen zum Versicherungsfall auszudehnen.

19.3 Verfahren vor der Feststellung

Für das Sachverständigenverfahren gilt:

19.3.1 Jede Partei hat in Textform (z. B. E-Mail, Telefax oder Brief) einen Sachverständigen zu benennen. Eine Partei, die ihren Sachverständigen benannt hat, kann die andere Partei in Textform (z. B. E-Mail, Telefax oder Brief) auffordern, den zweiten Sachverständigen zu benennen. Dabei muss sie den von ihr benannten Sachverständigen angeben. Der zweite Sachverständige muss innerhalb von 2 Wochen nach Zugang der Aufforderung benannt werden. Wenn das nicht geschieht, kann die auffordernde Partei den Sachverständigen durch das für den Schadenort zuständige Amtsgericht ernennen lassen. In seiner Aufforderung muss der Versicherer den Versicherungsnehmer auf diese Folge hinweisen.

19.3.2 Der Versicherer darf folgende Personen nicht als Sachverständigen benennen:

19.3.2.1 Mitbewerber des Versicherungsnehmers,

19.3.2.2 Personen, die mit dem Versicherungsnehmer in dauernder Geschäftsverbindung stehen,

19.3.2.3 Personen, die bei Mitbewerbern oder Geschäftspartnern des Versicherungsnehmers angestellt sind oder mit ihnen in einem ähnlichen Verhältnis stehen.

19.3.3 Beide Sachverständige benennen in Textform (z. B. E-Mail, Telefax oder Brief) vor Beginn ihrer Feststellungen einen dritten Sachverständigen als Obmann. Die Regelung nach Ziffer 19.3.2 gilt auch für seine Benennung. Wenn sich die Sachverständigen nicht einigen, wird der Obmann durch das für den Schadenort zuständige Amtsgericht ernannt. Dies geschieht auf Antrag einer der beiden Parteien.

19.4 Feststellung

Die Feststellungen der Sachverständigen müssen enthalten:

19.4.1 ein Verzeichnis der abhandengekommenen, der zerstörten und der beschädigten versicherten Sachen mit den dazugehörigen Versicherungswerten zum Zeitpunkt des Versicherungsfalles;

19.4.2 die Wiederherstellungs- und Wiederbeschaffungskosten;

19.4.3 die Restwerte der vom Schaden betroffenen Sachen;

19.4.4 die versicherten Kosten.

Wenn kein Unterversicherungsverzicht gegeben ist, muss zudem der Versicherungswert der nicht vom Schaden betroffenen versicherten Sachen zum Zeitpunkt des Versicherungsfalles enthalten sein.

19.5 Verfahren nach der Feststellung

Jeder Sachverständige übermittelt seine Feststellungen beiden Parteien gleichzeitig. Weichen die Feststellungen der Sachverständigen voneinander ab, übergibt der Versicherer sie unverzüglich dem Obmann. Dieser entscheidet über die darin streitig gebliebenen Punkte. Die Feststellungen der Sachverständigen bilden dabei die Grenzen für den Entscheidungsspielraum des Obmanns. Seine Entscheidung übermittelt der Obmann beiden Parteien gleichzeitig.

Die Feststellungen der Sachverständigen bzw. des Obmanns sind für die Vertragsparteien verbindlich. Sie sind unverbindlich, wenn nachgewiesen wird, dass sie offenbar von der wirklichen Sachlage erheblich abweichen.

Aufgrund von verbindlichen Feststellungen berechnet der Versicherer die Entschädigung.

Wenn die Feststellungen unverbindlich sind, trifft das Gericht eine verbindliche Feststellung.

Dies gilt auch, wenn die Sachverständigen die Feststellung nicht treffen können oder wollen oder sie verzögern.

19.6 Kosten

Sofern nicht etwas anderes vereinbart ist, trägt jede Partei die Kosten ihres Sachverständigen. Die Kosten des Obmanns tragen beide Parteien je zur Hälfte.

19.7 Obliegenheiten

Durch das Sachverständigenverfahren werden die Obliegenheiten des Versicherungsnehmers nicht berührt.

---

20 Wann wird die Entschädigung gezahlt und wie wird sie verzinst?

20.1 Fälligkeit der Entschädigung

Die Entschädigung wird fällig, wenn der Versicherer den Anspruch dem Grund und der Höhe nach abschließend festgestellt hat.

Der Versicherungsnehmer kann einen Monat nach Meldung des Schadens den Betrag als Abschlagszahlung beanspruchen, der voraussichtlich mindestens zu zahlen ist.

20.2 Verzinsung

Für die Verzinsung gelten folgende Regelungen, soweit nicht aus einem anderen Rechtsgrund eine weitergehende Zinspflicht besteht:

20.2.1 Entschädigung

Sie ist ab dem Tag der Schadenmeldung zu verzinsen. Dies gilt nicht, soweit die Entschädigung innerhalb eines Monats geleistet wurde.

20.2.2 Zinssatz

Der Zinssatz liegt 1 % unter dem jeweiligen Basiszinssatz des Bürgerlichen Gesetzbuchs (§ 247 BGB), mindestens aber bei 4 % und höchstens bei 6 % Zinsen pro Jahr.

Die Zinsen werden zusammen mit der Entschädigung fällig.

20.3 Hemmung

Bei der Berechnung der Fristen nach Ziffer 20.1 und Ziffer 20.2.1 gilt: Nicht zu berücksichtigen ist der Zeitraum, für den wegen Verschuldens des Versicherungsnehmers die Entschädigung nicht ermittelt oder nicht gezahlt werden kann.

20.4 Aufschiebung der Zahlung

Der Versicherer kann die Zahlung aufschieben, solange

20.4.1 Zweifel an der Empfangsberechtigung des Versicherungsnehmers bestehen;

20.4.2 ein behördliches oder strafgerichtliches Verfahren gegen den Versicherungsnehmer oder seinen Repräsentanten aus Anlass dieses Versicherungsfalles noch läuft.

Allgemeine Hausrat Versicherungsbedingungen (VHB 2016 - Versicherungssummenmodell)

21 Welche vertraglich vereinbarten Sicherheitsvorschriften (zusätzliche Obliegenheiten) hat der Versicherungsnehmer vor dem Versicherungsfall zu erfüllen?

21.1 Sicherheitsvorschriften in der kalten Jahreszeit

Als vertraglich vereinbarte, zusätzliche Obliegenheiten gelten folgende Sicherheitsvorschriften:

Der Versicherungsnehmer hat in der kalten Jahreszeit die Wohnung nach Ziffer 10 zu beheizen und dies genügend häufig zu kontrollieren.

Alternativ sind dort alle wasserführenden Anlagen und Einrichtungen abzusperren, zu entleeren und entleert zu halten.

21.2 Folgen einer Obliegenheitsverletzung

Verletzt der Versicherungsnehmer eine der in Ziffer 21.1 genannten Obliegenheiten, gilt unter den Voraussetzungen nach § 28 VVG Folgendes: Der Versicherer ist berechtigt zu kündigen. Außerdem kann er ganz oder teilweise leistungsfrei sein.

22 Obliegenheiten bei und nach Eintritt des Versicherungsfalles

22.1 Der Versicherungsnehmer hat bei und nach Eintritt des Versicherungsfalles

22.1.1 nach Möglichkeit für die Abwendung und Minderung des Schadens zu sorgen;

22.1.2 dem Versicherer den Schadeneintritt, nachdem er von ihm Kenntnis erlangt hat, unverzüglich – ggf. auch mündlich oder telefonisch – anzuzeigen;

22.1.3 Weisungen des Versicherers zur Schadenabwendung/-minderung – ggf. auch mündlich oder telefonisch – einzuholen, wenn die Umstände dies gestatten;

22.1.4 Weisungen des Versicherers zur Schadenabwendung/-minderung, soweit für ihn zumutbar, zu befolgen. Erteilen mehrere an dem Versicherungsvertrag beteiligte Versicherer unterschiedliche Weisungen, hat der Versicherungsnehmer nach pflichtgemäßem Ermessen zu handeln;

22.1.5 Schäden durch strafbare Handlungen gegen das Eigentum unverzüglich der Polizei anzuzeigen;

22.1.6 dem Versicherer und der Polizei unverzüglich ein Verzeichnis der abhandengekommenen Sachen einzureichen;

22.1.7 das Schadenbild solange unverändert zu lassen, bis die Schadenstelle oder die beschädigten Sachen durch den Versicherer freigegeben worden sind. Sind Veränderungen unumgänglich, sind das Schadenbild nachvollziehbar zu dokumentieren (z. B. durch Fotos) und die beschädigten Sachen bis zu einer Besichtigung durch den Versicherer aufzubewahren;

22.1.8 soweit möglich dem Versicherer unverzüglich jede Auskunft – auf Verlangen in Schriftform – zu erteilen, die zur Feststellung des Versicherungsfalles oder des Umfanges der Leistungspflicht des Versicherers erforderlich ist, sowie jede Untersuchung über Ursache und Höhe des Schadens und über den Umfang der Entschädigungspflicht zu gestatten;

22.1.9 vom Versicherer angeforderte Belege beizubringen, deren Beschaffung ihm billigerweise zugemutet werden kann;

22.1.10 für zerstörte oder abhandengekommenen Wertpapiere oder sonstige aufgebotsfähige Urkunden unverzüglich das Aufgebotsverfahren einzuleiten und etwaige sonstige Rechte zu wahren, insbesondere abhandengekommenen Sparbücher und andere sperrfähige Urkunden unverzüglich sperren zu lassen.

22.2
Steht das Recht auf die vertragliche Leistung des Versicherers einem Dritten zu, so hat dieser die Obliegenheiten (gemäß Ziffer 22.1.1 bis Ziffer 22.1.10) ebenfalls zu erfüllen – soweit ihm dies nach den tatsächlichen und rechtlichen Umständen möglich ist.

22.3 Folgen einer Obliegenheitsverletzung

Verletzt der Versicherungsnehmer eine Obliegenheit gemäß Ziffer 22.1, gilt unter den Voraussetzungen nach § 28 VVG Folgendes: Der Versicherer kann ganz oder teilweise leistungsfrei sein.

23 Welche besonderen Umstände erhöhen die Gefahr?

23.1 Anzeigepflichtige Gefahrerhöhung

Eine anzeigepflichtige Gefahrerhöhung nach § 23 VVG kann insbesondere in den folgenden Fällen vorliegen:

23.1.1 Es ändert sich ein Umstand, nach dem der Versicherer vor Vertragsschluss gefragt hat.

23.1.2 Anlässlich eines Wohnungswechsels nach Ziffer 16 ändert sich ein Umstand, nach dem im Antrag gefragt worden ist.

23.1.3 Die ansonsten ständig bewohnte Wohnung bleibt länger als 60 Tage oder über eine für den Einzelfall vereinbarte längere Frist hinaus unbewohnt.

Sie ist zudem auch nicht beaufsichtigt oder in geeigneter Weise gesichert.

Beaufsichtigt ist eine Wohnung dann, wenn sich während der Nacht eine dazu berechtigte volljährige Person darin aufhält.

23.1.4 Vereinbarte Sicherungen wurden beseitigt, vermindert oder sind in nicht gebrauchsfähigem Zustand. Das gilt auch bei einem Wohnungswechsel.

23.2 Folgen einer Gefahrerhöhung

Die Folgen einer Gefahrerhöhung sind in den §§ 24 ff. VVG geregelt.

24 Was gilt für wiederherbeigeschaffte Sachen?

24.1 Anzeigepflicht

Erlangt der Versicherer oder der Versicherungsnehmer Kenntnis über den Verbleib abhandengekommener Sachen, hat er dies dem Vertragspartner unverzüglich anzuzeigen.

Die Anzeige muss in Textform (z. B. E-Mail, Telefax oder Brief) erfolgen.

24.2 Entschädigung

Hat der Versicherungsnehmer den Besitz einer abhandengekommenen Sache wiedererhalten, so gilt für die Entschädigung dieser Sache:

24.2.1 Vor Zahlung der abschließenden Entschädigung

Der Versicherungsnehmer behält den Anspruch auf die Entschädigung.

Das setzt voraus, dass er dem Versicherer die Sache innerhalb von zwei Wochen zur Verfügung stellt.

Andernfalls ist eine zwischenzeitlich geleistete Entschädigung für diese Sache zurückzuzahlen. Das gilt auch für eine anteilig geleistete Entschädigung.

24.2.2 Nach Zahlung der abschließenden Entschädigung

Der Versicherungsnehmer kann innerhalb von 2 Wochen nach Empfang einer Aufforderung des Versicherers wählen, die Entschädigung zurückzuzahlen und die Sache zu behalten. Andernfalls gelten folgende Regelungen:

24.2.2.1 Bei Entschädigung der Sache in voller Höhe des Versicherungswertes kann er dem Versicherer die Sache zur Verfügung stellen. Dieses Wahlrecht muss er innerhalb von 2 Wochen nach Empfang der Aufforderung des Versicherers ausüben. Tut der Versicherungsnehmer das nicht, geht das Wahlrecht auf den Versicherer über.

24.2.2.2 Bei Entschädigung der Sache in bedingungsgemäß anteiliger Höhe des Versicherungswerts muss er sie im Einvernehmen mit dem Versicherer öffentlich meistbietend verkaufen lassen.

Der Versicherer erhält von dem Erlös abzüglich der Verkaufskosten höchstens den Anteil, den er bereits für die Sache entschädigt hat.

24.3 Beschädigte Sachen

Behält der Versicherungsnehmer wiederherbeigeschaffte Sachen und sind diese beschädigt worden, kann er auch die bedingungsgemäße Entschädigung in Höhe der Reparaturkosten verlangen oder behalten.

24.4 Mögliche Rückerlangung

Ist es dem Versicherungsnehmer möglich, den Besitz einer abhandengekommenen Sache zurückzuerlangen, ohne dass er davon Gebrauch macht, gilt die Sache als zurückerhalten.

24.5 Übertragung der Rechte

Muss der Versicherungsnehmer dem Versicherer zurückerlangte Sachen zur Verfügung stellen, gilt:

Er hat dem Versicherer den Besitz, das Eigentum und alle sonstigen Rechte zu übertragen, die ihm an diesen Sachen zustehen.

24.6 Rückabwicklung bei kraftlos erklärten Wertpapieren

Ist ein Wertpapier in einem Aufgebotsverfahren für kraftlos erklärt worden, hat der Versicherungsnehmer die gleichen Rechte und Pflichten wie bei Zurückerlangung des Wertpapiers.

Er kann die Entschädigung jedoch behalten, soweit ihm bei der Rückabwicklung durch Verzögerung fälliger Leistungen aus den Wertpapieren ein Zinsverlust entstanden ist.

25 Wegfall des versicherten Interesses

Fällt das versicherte Interesse nach dem Beginn der Versicherung weg, endet der Vertrag zu dem Zeitpunkt, zu dem der Versicherer vom Wegfall des Risikos Kenntnis erlangt.

25.1 Als Wegfall des versicherten Interesses gilt die vollständige und dauerhafte Auflösung des versicherten Hausrates

25.1.1 nach Aufnahme des Versicherungsnehmers in eine stationäre Pflegeeinrichtung;

25.1.2 nach Aufgabe einer Zweit- oder Ferienwohnung.

Wohnungswechsel gilt nicht als Wegfall des versicherten Interesses.

25.2 Das Versicherungsverhältnis endet bei Tod des Versicherungsnehmers zum Zeitpunkt der Kenntniserlangung des Versicherers über die vollständige und dauerhafte Haushaltsauflösung, spätestens jedoch 2 Monate nach dem Tod des Versicherungsnehmers, wenn nicht bis zu diesem Zeitpunkt ein Erbe die Wohnung in derselben Weise nutzt wie der verstorbene Versicherungsnehmer.

26 Kündigung nach dem Versicherungsfall

26.1 Kündigungsrecht

Nach dem Eintritt eines Versicherungsfalles kann jede der Vertragsparteien den Versicherungsvertrag kündigen. Die Kündigung ist in Textform (z. B. E-Mail, Telefax oder Brief) zu erklären. Die Kündigung ist nur bis zum Ablauf eines Monats seit dem Abschluss der Verhandlungen über die Entschädigung zulässig.

26.2 Kündigung durch Versicherungsnehmer

Kündigt der Versicherungsnehmer, wird seine Kündigung mit ihrem Zugang beim Versicherer wirksam. Der Versicherungsnehmer kann jedoch bestimmen, dass die Kündigung zu einem späteren Zeitpunkt, spätestens jedoch zum Ende der laufenden Versicherungsperiode, wirksam wird.

26.3 Kündigung durch Versicherer

Eine Kündigung des Versicherers wird einen Monat nach ihrem Zugang beim Versicherungsnehmer wirksam.

27 Dauer und Ende des Vertrages

27.1 Vertragsdauer

Der Vertrag ist für den im Versicherungsschein angegebenen Zeitraum abgeschlossen.

27.2 Stillschweigende Verlängerung

Bei einer Vertragsdauer von mindestens einem Jahr verlängert sich der Vertrag um jeweils ein Jahr. Er verlängert sich nicht, wenn einer der Vertragsparteien spätestens 3 Monate vor dem Ablauf der jeweiligen Vertragslaufzeit eine Kündigung zugegangen ist.

27.3 Vertragsdauer von weniger als einem Jahr

Bei einer Vertragsdauer von weniger als einem Jahr endet der Vertrag zum vereinbarten Zeitpunkt, ohne dass es einer Kündigung bedarf.

27.4 Kündigung bei mehrjährigen Verträgen

Bei einer Vertragsdauer von mehr als 3 Jahren kann der Versicherungsnehmer den Vertrag zum Ablauf des dritten Jahres oder jedes darauffolgenden Jahres kündigen; die Kündigung muss dem Versicherer spätestens 3 Monate vor dem Ablauf des jeweiligen Jahres zugegangen sein.

28 Erklärungen und Anzeigen, Anschriftenänderung

28.1 Form, zuständige Stelle

Die für den Versicherer bestimmten Erklärungen und Anzeigen, die den Versicherungsvertrag betreffen und die unmittelbar gegenüber dem Versicherer erfolgen, sind in Textform (z. B. E-Mail, Telefax oder Brief) abzugeben. Dies gilt nicht, soweit gesetzlich Schriftform oder in diesem Vertrag etwas anderes bestimmt ist.

Erklärungen und Anzeigen sollen an die Hauptverwaltung des Versicherers oder an die im Versicherungsschein oder in dessen Nachträgen als zuständig bezeichnete Stelle gerichtet werden. Die gesetzlichen Regelungen über den Zugang von Erklärungen und Anzeigen bleiben bestehen.

28.2 Nichtanzeige einer Anschriften- oder Namensänderung

Hat der Versicherungsnehmer eine Änderung seiner Anschrift dem Versicherer nicht mitgeteilt, genügt für eine Willenserklärung, die dem Versicherungsnehmer gegenüber abzugeben ist, die Absendung eines eingeschriebenen Briefes an die letzte dem Versicherer bekannte Anschrift. Die Erklärung gilt 3 Tage nach der Absendung des Briefes als zugegangen. Dies gilt entsprechend für den Fall einer dem Versicherer nicht angezeigten Namensänderung des Versicherungsnehmers.

28.3 Nichtanzeige der Verlegung der gewerblichen Niederlassung

Hat der Versicherungsnehmer die Versicherung unter der Anschrift seines Gewerbebetriebs abgeschlossen, finden bei einer Verlegung der gewerblichen Niederlassung die Bestimmungen nach Ziffer 28.2 entsprechend Anwendung.

29 Örtlich zuständiges Gericht

29.1 Klagen gegen den Versicherer

Für Klagen aus dem Versicherungsvertrag gegen den Versicherer bestimmt sich die gerichtliche Zuständigkeit nach dem Sitz des Versicherers oder seiner für den Versicherungsvertrag zuständigen Niederlassung. Ferner ist auch das Gericht zuständig, in dessen Bezirk der Versicherungsnehmer zur Zeit der Klageerhebung seinen Sitz, den Sitz seiner Niederlassung oder seinen Wohnsitz oder, in Ermangelung eines solchen, seinen gewöhnlichen Aufenthalt hat.

Verlegt jedoch der Versicherungsnehmer nach Vertragsschluss seinen Sitz, den Sitz seiner Niederlassung, seinen Wohnsitz oder, in Ermangelung eines solchen, seinen gewöhnlichen Aufenthalt ins Ausland, sind die Gerichte des Staates zuständig, in dem der Versicherer seinen Sitz hat.

29.2 Klagen gegen Versicherungsnehmer

Für Klagen aus dem Versicherungsvertrag gegen den Versicherungsnehmer bestimmt sich die gerichtliche Zuständigkeit nach dem Sitz, dem Sitz der Niederlassung oder dem Wohnsitz des Versicherungsnehmers; fehlt ein solcher, nach seinem gewöhnlichen Aufenthalt.

Ist der Wohnsitz oder gewöhnliche Aufenthalt im Zeitpunkt der Klageerhebung nicht bekannt, bestimmt sich die gerichtliche Zuständigkeit für Klagen aus dem Versicherungsvertrag gegen den Versicherungsnehmer nach dem Sitz des Versicherers oder seiner für den Versicherungsvertrag zuständigen Niederlassung.

30 Anzuwendendes Recht

Für diesen Vertrag gilt deutsches Recht.

31 Embargobestimmung

Es besteht – unbeschadet der übrigen Vertragsbestimmungen – Versicherungsschutz nur, soweit und solange dem keine auf die Vertragsparteien direkt anwendbaren Wirtschafts-, Handels- oder Finanzsanktionen bzw. Embargos der Europäischen Union oder der Bundesrepublik Deutschland entgegenstehen.

Dies gilt auch für Wirtschafts-, Handels- oder Finanzsanktionen bzw. Embargos, die durch die Vereinigten Staaten von Amerika im Hinblick auf den Iran erlassen werden, soweit dem nicht europäische oder deutsche Rechtsvorschriften entgegenstehen.

Was kann zusätzlich zu den Allgemeinen Hausrat Versicherungsbedingungen (VHB 2016 – Versicherungssummenmodell) vereinbart werden?

PK 7110	Fahrraddiebstahl	015
PK 7112	Datenrettungskosten	015
PK 7213	Hausrat außerhalb der ständigen Wohnung	015
PK 7215	Schäden durch Naturgefahren an Hausrat im Freien	016
PK 7610	Sicherheitsvorschriften (zusätzliche Obliegenheiten)	016
PK 7710	Selbstbehalt bei ungekürzter Hausrat-Versicherungssumme	016
PK 7712	Kein Abzug wegen Unterversicherung	016
PK 7862	Makler	016

PK 7110 Fahrraddiebstahl

1. In Erweiterung zu Ziffer 4.1 VHB 2016 sind Fahrräder auch gegen Diebstahl versichert. Die Regelungen zur Außenversicherung nach Ziffer 12 gelten entsprechend.

Einzuhalten sind folgende Obliegenheiten:

1.1 Der Versicherungsnehmer muss das Fahrrad durch ein verkehrsübliches Schloss gegen Diebstahl sichern, wenn er es nicht zur Fortbewegung einsetzt. Sogenannte „Rahmenschlösser" zählen nicht zu den verkehrsüblichen Schlössern.

1.2 Ist das Fahrrad nicht in Gebrauch, hat der Versicherungsnehmer nach Möglichkeit einen gemeinschaftlichen Fahrradabstellraum zu nutzen. Er muss dort das Fahrrad durch ein verkehrsübliches Schloss gegen Diebstahl sichern.

1.3 Der Versicherungsnehmer hat geeignete Unterlagen, die den Erwerb und die Identität (Hersteller, Marke und Rahmennummer) des Fahrrads belegen, zu beschaffen und aufzubewahren. Soweit dies unverhältnismäßig oder für den Versicherungsnehmer unzumutbar ist, kann er die Entschädigung nur verlangen, wenn er die Merkmale des Fahrrads anderweitig nachweisen kann.

1.4 Der Versicherungsnehmer hat den Diebstahl unverzüglich der Polizei anzuzeigen. Darüber hinaus hat er dem Versicherer einen Nachweis darüber zu erbringen, dass das Fahrrad nicht innerhalb von 3 Wochen seit der Anzeige des Diebstahls wieder herbeigeschafft wurde.

1.5 Rechtsfolgen von Obliegenheitsverletzungen

Verletzt der Versicherungsnehmer eine dieser Obliegenheiten, kann der Versicherer nach § 28 VVG zur Kündigung berechtigt oder auch ganz oder teilweise leistungsfrei sein.

2. Die Entschädigungsgrenze ist je Versicherungsfall auf 1 % der Versicherungssumme nach Ziffer 14.2 VHB 2016 zuzüglich Vorsorge (Ziffer 17.2) begrenzt. Eine andere Entschädigungsgrenze kann vereinbart werden.

PK 7112 Datenrettungskosten

1. Datenrettungskosten

Versichert sind die infolge eines Versicherungsfalles tatsächlich entstandenen und notwendigen Kosten für die technische Wiederherstellung von elektronisch gespeicherten Daten und Programmen. Dies gilt, wenn diese zumindest auch privat genutzt werden. Eine Wiederbeschaffung gilt dabei nicht als Wiederherstellung.

Voraussetzung ist, dass die Daten durch eine Substanzbeschädigung des Datenträgers verloren gegangen, beschädigt oder nicht mehr verfügbar sind.

Ersetzt werden auch die Kosten einer versuchten technischen Wiederherstellung.

2. Ausschlüsse

2.1 Nicht ersetzt werden Wiederherstellungskosten für Daten und Programme in folgenden Fällen:

2.1.1 Der Versicherungsnehmer ist zur Nutzung der Daten oder Programme nicht berechtigt (z. B. Raubkopien).

2.1.2 Der Versicherungsnehmer hält die Daten oder Programme auf einem Sicherungs- oder Installationsmedium vor.

2.2 Der Versicherer leistet keine Entschädigung für die Kosten eines erneuten Lizenzerwerbs.

3. Der Versicherer ersetzt die Datenrettungskosten bis zu einem Betrag von 500 €.

PK 7213 Hausrat außerhalb der ständigen Wohnung

Soweit Hausrat auch außerhalb der ständigen Wohnung versichert ist, gilt abweichend von Ziffer 8 VHB 2016:

Nicht versichert sind

1. In Zweitwohnungen in ständig bewohnten Gebäuden:

1.1 Bargeld sowie auf Karten oder sonstige Datenträger geladene Geldbeträge;

1.2 Urkunden einschließlich Sparbüchern und sonstigen Wertpapieren;

1.3 Schmucksachen, Edelsteine und Perlen;

1.4 Briefmarken, Münzen und Medaillen;

1.5 alle Sachen aus Silber, Gold oder Platin;

1.6 Pelze, handgeknüpfte Teppiche und Gobelins;

1.7 Kunstgegenstände (z. B. Gemälde, Collagen, Zeichnungen, Grafiken und Plastiken).

2. In nicht ständig bewohnten Gebäuden wie z. B. Wochenend-, Ferien-, Land-, Jagd-, Garten- und Weinberghäusern zusätzlich zu Ziffer 1.1 bis Ziffer 1.7:

2.1 Schusswaffen;

2.2 Foto- und optische Apparate;

2.3 Antiquitäten, die über 100 Jahre alt sind, mit Ausnahme von Möbelstücken.

BE 016 — Was kann zusätzlich zu den Allgemeinen Hausrat Versicherungsbedingungen (VHB 2016 - Versicherungssummenmodell) vereinbart werden?

PK 7215 Schäden durch Naturgefahren an Hausrat im Freien

Abweichend von Ziffer 6.5.7 VHB 2016 wird für versicherte Sachen außerhalb von Gebäuden, aber innerhalb des Versicherungsortes nach Ziffer 10 VHB 2016 Entschädigung geleistet.

PK 7610 Sicherheitsvorschriften (zusätzliche Obliegenheiten)

1. Für die Zeit, in der sich niemand in der Wohnung aufhält, müssen alle Schließvorrichtungen und vereinbarten Sicherungen betätigt werden. Vereinbarte Einbruchmeldeanlagen sind einzuschalten. Dies gilt nicht, wenn die Wohnung nur für sehr kurze Zeit verlassen wird. Dazu gehört z. B. der Gang zum häuslichen Briefkasten oder zur Mülltonne.

2. Alle Schließvorrichtungen, vereinbarten Sicherungen und Einbruchmeldeanlagen müssen in gebrauchsfähigem Zustand erhalten werden. Störungen, Mängel und Schäden sind unverzüglich zu beseitigen.

3. Verletzt der Versicherungsnehmer eine dieser Obliegenheiten, kann der Versicherer nach § 28 VVG zur Kündigung berechtigt oder auch ganz oder teilweise leistungsfrei sein.

PK 7710 Selbstbehalt bei ungekürzter Hausrat-Versicherungssumme

Der bedingungsgemäß als ersatzpflichtig errechnete Betrag wird je Versicherungsfall um den vereinbarten Selbstbehalt gekürzt. Das gilt nicht für Aufwendungsersatz, der auf Weisung des Versicherers angefallen ist.

Für den Fall, dass mehrere Selbstbeteiligungen zum Tragen kommen wird einmalig die höchste Selbstbeteiligung berücksichtigt.

PK 7712 Kein Abzug wegen Unterversicherung

1. Unterversicherungsverzicht

Unterversicherungsverzicht bedeutet, dass der Versicherer im Schadenfall auf den Einwand einer Unterversicherung verzichtet.

Eine Unterversicherung besteht, wenn die vereinbarte Versicherungssumme zum Zeitpunkt des Versicherungsfalles niedriger als der Versicherungswert (siehe Ziffer 14.1 VHB 2016) ist. Das kann dazu führen, dass der Versicherer die Entschädigung wegen Unterversicherung nach Ziffer 17.5 VHB 2016 kürzt. Mit dem Verzicht erfolgt bei der Entschädigungsberechnung nach Ziffer 17.4 VHB 2016 kein Abzug, wenn die Entschädigungshöhe die vereinbarte Versicherungssumme inklusive des Vorsorgebetrags nicht übersteigt.

Der Versicherer verzichtet auf den Einwand einer Unterversicherung nach Ziffer 17.5 VHB 2016, wenn folgende Voraussetzung vorliegt:

Es besteht kein weiterer Hausratversicherungsvertrag ohne Unterversicherungsverzicht für denselben Versicherungsort.

2. Kündigung des Unterversicherungsverzichts

Versicherungsnehmer und Versicherer können den Unterversicherungsverzicht mit einer Frist von 3 Monaten zum Ende der Versicherungsperiode in Textform (z. B. E-Mail, Telefax oder Brief) kündigen.

Kündigt der Versicherer, kann der Versicherungsnehmer den Vertrag zum Ende der laufenden Versicherungsperiode kündigen. Dafür hat er nach Zugang der Erklärung des Versicherers einen Monat Zeit.

3. Wohnungswechsel bei vereinbartem Unterversicherungsverzicht

Wechselt der Versicherungsnehmer die Wohnung, geht ein bisher vereinbarter Unterversicherungsverzicht auf die neue Wohnung über.

Verändert sich die Versicherungssumme der neuen Wohnung, gilt:

Der Unterversicherungsverzicht besteht bis zu 2 Monate nach Umzugsbeginn fort. In dieser Zeit muss der Vertrag an die tatsächliche Versicherungssumme angepasst werden. Der Unterversicherungsverzicht entfällt nach Ablauf dieser Frist, wenn bis dahin keine Anpassung erfolgt ist.

PK 7862 Makler

Der Makler, der den Versicherungsvertrag betreut, ist bevollmächtigt, Anzeigen und Willenserklärungen des Versicherungsnehmers entgegenzunehmen. Er ist durch den Maklervertrag verpflichtet, diese unverzüglich an den Versicherer weiterzuleiten.

Allgemeine Bedingungen für die Glasversicherung (AGlB 2016)

1	Was ist der Versicherungsfall? 017	10	Was ist unter einer Entschädigung als Geldleistung zu verstehen? 018
2	Welche Schäden und Gefahren sind nicht versichert? 017	11	Wann wird eine Geldleistung gezahlt und wie wird sie verzinst? 019
3	Welche generellen Ausschlüsse gibt es? 017	12	Was gilt bei einem Wohnungswechsel? 019
4	Welche Sachen sind versichert? Was ist zusätzlich versicherbar? Welche Sachen sind nicht versichert? 017	13	Welche besonderen Umstände erhöhen die Gefahr? ... 020
		14	Obliegenheiten bei und nach Eintritt des Versicherungsfalles 020
5	Welche Kosten sind versichert? Welche Kosten können zusätzlich versichert werden? 018	15	Kündigung nach dem Versicherungsfall 021
6	Was ist unter dem Versicherungsort zu verstehen? 018	16	Dauer und Ende des Vertrages 021
7	Beginn des Versicherungsschutzes, Prämienzahlung ... 018	17	Erklärungen und Anzeigen, Anschriftenänderung 021
8	Was sind die Grundlagen der Anpassung von Versicherungsschutz und Prämie? 018	18	Örtlich zuständiges Gericht 021
		19	Anzuwendendes Recht 021
9	In welcher Form erfolgt die Entschädigung? 018	20	Embargobestimmung 021

1 Was ist der Versicherungsfall?

Der Versicherer entschädigt für versicherte Sachen, die durch Bruch (Zerbrechen) zerstört oder beschädigt werden.

2 Welche Schäden und Gefahren sind nicht versichert?

2.1 Nicht versichert sind folgende Schäden:

2.1.1 Oberflächen oder Kanten werden beschädigt (z. B. durch Schrammen, Kratzer, Muschelausbrüche);

2.1.2 Randverbindungen von Mehrscheiben-Isolierverglasungen werden undicht.

2.2 Nicht versichert ist der Bruch durch folgende Gefahren, soweit für diese Gefahren anderweitiger Versicherungsschutz besteht:

2.2.1 Brand; Blitzschlag; Überspannung durch Blitz; Explosion; Verpuffung; Implosion; Anprall oder Absturz eines Luftfahrzeuges, seiner Teile oder seiner Ladung;

2.2.2 Einbruchdiebstahl, Vandalismus nach einem Einbruch sowie Raub oder dem Versuch einer solchen Tat;

2.2.3 Leitungswasser;

2.2.4 Sturm, Hagel;

2.2.5 weitere Naturgefahren (Elementargefahren) wie Überschwemmung, Erdbeben, Erdsenkung, Erdrutsch, Schneedruck, Lawinen oder Vulkanausbruch.

3 Welche generellen Ausschlüsse gibt es?

3.1 Ausschluss Krieg

Nicht versichert sind Schäden durch Krieg, kriegsähnliche Ereignisse, Bürgerkrieg, Revolution, Rebellion oder Aufstand. Das gilt ohne Berücksichtigung mitwirkender Ursachen.

3.2 Ausschluss Innere Unruhen

Nicht versichert sind Schäden durch Innere Unruhen. Das gilt ohne Berücksichtigung mitwirkender Ursachen.

3.3 Ausschluss Kernenergie

Nicht versichert sind Schäden durch Kernenergie, nukleare Strahlung oder radioaktive Substanzen. Das gilt ohne Berücksichtigung mitwirkender Ursachen.

4 Welche Sachen sind versichert? Was ist zusätzlich versicherbar? Welche Sachen sind nicht versichert?

4.1 Versicherte Sachen

Versichert sind folgende im Versicherungsschein bezeichnete Sachen:

4.1.1 Fertig eingesetzte oder montierte Glasscheiben, Platten und Spiegel aus Glas (Gebäude- und Mobiliarverglasung), Glaskeramikkochflächen;

4.1.2 künstlerisch bearbeitete Glasscheiben, -platten und -spiegel. Die Entschädigung ist je Versicherungsfall auf den vereinbarten Betrag begrenzt.

4.2 Zusätzlich versicherbar

Nur durch zusätzliche Vereinbarung können folgende fertig eingesetzte oder montierte Sachen mitversichert werden:

4.2.1 Scheiben und Platten aus Kunststoff;

4.2.2 Platten aus Glaskeramik;

4.2.3 Glasbausteine und Profilbaugläser;

4.2.4 Lichtkuppeln aus Glas oder Kunststoff;

4.2.5 Scheiben von Sonnenkollektoren einschließlich deren Rahmen;

4.2.6 Aquarien/Terrarien;

4.2.7 sonstige Sachen, die im Versicherungsschein ausdrücklich benannt sind.

4.3 Nicht versicherte Sachen

Nicht versichert sind

4.3.1 optische Gläser, Hohlgläser, Geschirr, Beleuchtungskörper und Handspiegel;

4.3.2 Photovoltaikanlagen;

Allgemeine Bedingungen für die Glasversicherung (AGlB 2016)

4.3.3 Scheiben und Platten aus Glas oder Kunststoff, die Bestandteil elektronischer Daten-, Ton-, Bildwiedergabe- und Kommunikationsgeräte sind (z. B. Bildschirme von Fernsehgeräten und Monitoren, Displays von Tablets und Smartphones);

4.3.4 Sachen, die bereits bei Antragstellung beschädigt sind;

4.3.5 Sachen in gewerblich genutzten Räumen.

5 Welche Kosten sind versichert? Welche Kosten können zusätzlich versichert werden?

5.1 Versicherte Kosten

Der Versicherer ersetzt folgende Kosten, die infolge eines Versicherungsfalles erforderlich und tatsächlich angefallen sind:

5.1.1 für das vorläufige Verschließen von Öffnungen (Notverschalungen, Notverglasungen);

5.1.2 um versicherte Sachen zum nächsten Ablagerungsplatz abzutransportieren und sie zu vernichten (Entsorgungskosten);

5.1.3 für zusätzliche Leistungen, um die sich das Liefern und Montieren von versicherten Sachen durch deren Lage verteuert (z. B. Kran- oder Gerüstkosten);

5.1.4 um Sachen, die das Einsetzen von Ersatzscheiben behindern (z. B. Schutzgitter, Schutzstangen, Markisen usw.), zu beseitigen und wiederanzubringen.

Die Entschädigung für versicherte Kosten nach Ziffer 5.1.3 und Ziffer 5.1.4 ist je Versicherungsfall auf den vereinbarten Betrag begrenzt.

5.2 Zusätzlich versicherbar

Liegt eine entsprechende zusätzliche Vereinbarung vor, ersetzt der Versicherer folgende Kosten, die infolge eines Versicherungsfalles erforderlich und tatsächlich angefallen sind:

5.2.1 um Anstriche, Malereien, Schriften, Verzierungen, Lichtfilterlacke und Folien auf den versicherten Sachen zu erneuern;

5.2.2 um Schäden an Umrahmungen, Beschlägen, Mauerwerk, Schutz- und Alarmeinrichtungen zu beseitigen.

6 Was ist unter dem Versicherungsort zu verstehen?

Der Versicherungsort sind die im Versicherungsschein bezeichneten Gebäude oder Räume von Gebäuden.

Soweit Versicherungsschutz für bewegliche Sachen vereinbart ist, besteht dieser nur innerhalb des Versicherungsortes.

7 Beginn des Versicherungsschutzes, Prämienzahlung

7.1 Beginn des Versicherungsschutzes

Der Versicherungsschutz beginnt zu dem im Versicherungsschein angegebenen Zeitpunkt, wenn der Versicherungsnehmer die erste oder einmalige Prämie rechtzeitig im Sinne von Ziffer 7.2 zahlt. Dies gilt vorbehaltlich der Regelungen über die Folgen verspäteter Zahlungen oder Nichtzahlung der Erst- oder Einmalprämie.

7.2 Fälligkeit der Erst- oder Einmalprämie

7.2.1 Die im Versicherungsschein genannte erste oder einmalige Prämie wird unverzüglich nach Ablauf von 14 Tagen nach Zugang des Versicherungsscheins fällig. Ist die Zahlung der Jahresprämie in Raten vereinbart, gilt als erste Prämie nur die erste Rate der ersten Jahresprämie.

7.2.2 Zahlt der Versicherungsnehmer die erste oder einmalige Prämie nicht rechtzeitig, sondern zu einem späteren Zeitpunkt, beginnt der Versicherungsschutz erst zu diesem Zeitpunkt. Dies gilt nicht, wenn der Versicherungsnehmer die Nichtzahlung nicht zu vertreten hat.

Für Versicherungsfälle, die bis zur Zahlung der Prämie eintreten, ist der Versicherer nur dann nicht zur Leistung verpflichtet, wenn er den Versicherungsnehmer durch gesonderte Mitteilung in Textform durch einen auffälligen Hinweis im Versicherungsschein auf diese Rechtsfolgen der Nichtzahlung der Prämie aufmerksam gemacht hat.

7.2.3 Zahlt der Versicherungsnehmer die Prämie nicht rechtzeitig, kann der Versicherer vom Vertrag zurücktreten, solange die Prämie nicht gezahlt ist. Der Versicherer kann nicht zurücktreten, wenn der Versicherungsnehmer nachweist, dass er die Nichtzahlung nicht zu vertreten hat.

8 Was sind die Grundlagen der Anpassung von Versicherungsschutz und Prämie?

Es gelten folgende Grundlagen:

8.1 Der Versicherer passt den Versicherungsschutz an die Preisentwicklung für Verglasungsarbeiten an. Die Prämie verändert sich entsprechend.

Für eine Prämienanpassung werden die Preisindizes für Verglasungsarbeiten verwendet. Maßgebend sind die für den Monat Mai vom Statistischen Bundesamt veröffentlichten Indizes.

Bei Wohnungen, Ein- und Mehrfamiliengebäude gilt der Index für Wohngebäude insgesamt.

Für gewerbliche Risiken gilt das Mittel aus den Indizes für Wohngebäude insgesamt, Bürogebäude und gewerbliche Betriebsgebäude.

Die Prämie erhöht oder vermindert sich jeweils zum 1. Januar eines jeden Jahres entsprechend dem Prozentsatz, um den sich das jeweilige Mittel der Preisindizes im vergangenen Kalenderjahr gegenüber dem davorliegenden Kalenderjahr verändert hat.

Der Veränderungsprozentsatz wird auf eine Stelle hinter dem Komma gerundet.

8.2 Bei einer Prämienerhöhung nach Ziffer 8.1 kann der Versicherungsnehmer durch Erklärung in Textform (z. B. E-Mail, Telefax oder Brief) mit Wirkung zum Erhöhungszeitpunkt kündigen. Der Versicherer muss den Versicherungsnehmer auf sein Kündigungsrecht hinweisen. Diese Mitteilung muss dem Versicherungsnehmer mindestens einen Monat, bevor die neue Prämie wirksam wird, zugegangen sein.

Der Versicherungsnehmer muss innerhalb eines Monats kündigen, nachdem ihm die Mitteilung über die Prämienerhöhung zugegangen ist. Um die Frist zu wahren, genügt es, die Kündigung rechtzeitig abzusenden. Damit wird die Erhöhung nicht wirksam.

9 In welcher Form erfolgt die Entschädigung?

Die Entschädigung erfolgt als Geldleistung.

10 Was ist unter einer Entschädigung als Geldleistung zu verstehen?

10.1 Geldleistung

10.1.1 Im Versicherungsfall erbringt der Versicherer in ortsüblicher Höhe eine Geldleistung. Diese umfasst Aufwendungen, um zerstörte oder beschädigte Sachen nach Ziffer 4 zu entsorgen, sie in gleicher Art und Güte wiederzubeschaffen, an den Schadenort zu liefern und zu montieren.

10.1.2 Von der Geldleistung ausgenommen sind besondere Aufwendungen, die erforderlich sind, um den Schadenort zu erreichen (z. B. für Gerüste und Kräne). Das Gleiche gilt für besondere Aufwendungen im Zusammenhang mit dem Einsetzen einer Scheibe (z. B. Anstriche, De- und Remontage von Vergitterungen).
Solche Aufwendungen ersetzt der Versicherer nur in der vereinbarten Höhe.

10.1.3 Der Versicherer ersetzt nicht:

10.1.3.1 Aufwendungen, um unbeschädigte Sachen an entschädigte Sachen anzugleichen (z. B. Farbe und Struktur);

10.1.3.2 Aufwendungen, die durch fertigungsbedingte Abweichungen der Ersatzsache im äußeren Erscheinungsbild entstehen.

10.1.4 Die Mehrwertsteuer wird nur ersetzt, wenn und soweit sie tatsächlich angefallen ist. Sie wird nicht ersetzt, wenn der Versicherungsnehmer zum Vorsteuerabzug berechtigt ist.

10.2 Notverglasung / Notverschalung

Der Versicherungsnehmer kann das vorläufige Verschließen von Öffnungen (Notverglasungen und Notverschalungen nach Ziffer 5.1.1) selbst in Auftrag geben. Diese erforderlichen Aufwendungen kann er als versicherte Kosten geltend machen.

10.3 Kosten

10.3.1 Für die Berechnung der versicherten Kosten nach Ziffer 5 ist der Zeitpunkt des Versicherungsfalles maßgeblich. Dabei werden die jeweils vereinbarten Entschädigungsgrenzen berücksichtigt.

10.3.2 Die Mehrwertsteuer wird nur ersetzt, wenn und soweit sie tatsächlich angefallen ist. Sie wird nicht ersetzt, wenn der Versicherungsnehmer zum Vorsteuerabzug berechtigt ist.

10.4 Unterversicherung

Eine Unterversicherung liegt vor, wenn zum Zeitpunkt des Versicherungsfalles die für die Prämienberechnung maßgebliche Wohnfläche von den tatsächlichen Verhältnissen abweicht und deshalb die Prämie zu niedrig bemessen wurde.
Ist Unterversicherung festgestellt worden, wird die Entschädigung im Verhältnis der gezahlten Prämie zu der tatsächlich zu zahlende Prämie nach folgender Berechnungsformel gekürzt:

$$\text{Entschädigung} = \frac{\text{Schadenbetrag} \times \text{gezahlte Versicherungsprämie}}{\text{tatsächlich zu zahlende Versicherungsprämie}}$$

Die Erstattung von versicherten Kosten nach Ziffer 5 wird nach der gleichen Berechnungsformel in dem Verhältnis von gezahlter Versicherungsprämie zur tatsächlich zu zahlenden Versicherungsprämie gekürzt.
Schadenabwendungs- und Schadenminderungskosten (Aufwendungsersatz gemäß § 83 VVG), die auf Weisung des Versicherers entstanden sind, werden unbegrenzt ersetzt.

10.5 Restwerte

Der erzielbare Verkaufspreis von Resten wird bei der Entschädigungsleistung angerechnet.

11 Wann wird eine Geldleistung gezahlt und wie wird sie verzinst?

11.1 Fälligkeit der Geldleistung

Eine Geldleistung wird fällig, wenn der Versicherer den Anspruch dem Grund und der Höhe nach abschließend festgestellt hat.
Der Versicherungsnehmer kann einen Monat nach Meldung des Schadens den Betrag als Abschlagszahlung beanspruchen, der voraussichtlich mindestens zu zahlen ist.

11.2 Verzinsung

Für die Verzinsung gelten folgende Regelungen, soweit nicht aus einem anderen Rechtsgrund eine weitergehende Zinspflicht besteht:

11.2.1 Geldleistung

Sie ist ab dem Tag der Schadenmeldung zu verzinsen. Dies gilt nicht, soweit die Entschädigung innerhalb eines Monats geleistet wurde.

11.2.2 Zinssatz

Der Zinssatz liegt 1 % unter dem jeweiligen Basiszinssatz des Bürgerlichen Gesetzbuchs (§ 247 BGB), mindestens aber bei 4 % und höchstens bei 6 % Zinsen pro Jahr.
Die Zinsen werden zusammen mit der Geldleistung fällig.

11.3 Hemmung

Bei der Berechnung der Fristen nach Ziffer 11.1 und Ziffer 11.2.1 gilt: Nicht zu berücksichtigen ist der Zeitraum, für den wegen Verschuldens des Versicherungsnehmers die Geldleistung nicht ermittelt oder nicht gezahlt werden kann.

11.4 Aufschiebung der Zahlung

Der Versicherer kann die Zahlung aufschieben, solange

11.4.1 Zweifel an der Empfangsberechtigung des Versicherungsnehmers bestehen;

11.4.2 ein behördliches oder strafgerichtliches Verfahren gegen den Versicherungsnehmer oder seinen Repräsentanten aus Anlass dieses Versicherungsfalles noch läuft.

12 Was gilt bei einem Wohnungswechsel?

12.1 Umzug in eine neue Wohnung

Wechselt der Versicherungsnehmer die Wohnung, geht der Versicherungsschutz auf die neue Wohnung über. Während des Wohnungswechsels besteht in beiden Wohnungen Versicherungsschutz. Der Versicherungsschutz in der bisherigen Wohnung erlischt spätestens 2 Monate nach Umzugsbeginn. Der Umzug beginnt mit dem Zeitpunkt, in dem erstmals versicherte Sachen dauerhaft in die neue Wohnung gebracht werden.

12.2 Mehrere Wohnungen

Bewohnt der Versicherungsnehmer neben der neuen weiterhin seine bisherige Wohnung (Doppelwohnsitz), geht der Versicherungsschutz nicht über. Für eine Übergangszeit von 2 Monaten besteht Versicherungsschutz in beiden Wohnungen.

12.3 Umzug ins Ausland

Liegt die neue Wohnung nicht innerhalb der Bundesrepublik Deutschland, geht der Versicherungsschutz nicht auf die neue

Wohnung über. Der Versicherungsschutz in der bisherigen Wohnung erlischt spätestens 2 Monate nach Umzugsbeginn.

12.4 Anzeige der neuen Wohnung

12.4.1 Ein Wohnungswechsel muss dem Versicherer spätestens bei Umzugsbeginn angezeigt werden. Dabei ist die neue Wohnfläche in Quadratmetern anzugeben.

12.4.2 Verändert sich nach dem Wohnungswechsel ein für die Prämienberechnung erforderlicher Umstand, nach dem im Antrag gefragt wurde, kann das zu einer Unterversicherung führen. Der Versicherungsschutz muss in diesem Fall angepasst werden.

12.5 Festlegung der neuen Prämie, Kündigungsrecht

12.5.1 Mit Umzugsbeginn gelten die Tarifbestimmungen des Versicherers, die am Ort der neuen Wohnung gültig sind.

12.5.2 Wenn sich die Prämie aufgrund veränderter Prämiensätze erhöht, kann der Versicherungsnehmer den Vertrag kündigen. Dies gilt auch, wenn die Selbstbeteiligung erhöht wird.

Kündigt der Versicherungsnehmer, muss er das in Textform (z. B. E-Mail, Telefax oder Brief) tun. Dafür hat er einen Monat nach Zugang der Mitteilung über die Erhöhung Zeit. Maßgeblich für die Wahrung der Frist ist der Zugang beim Versicherer. Die Kündigung wird einen Monat, nachdem sie dem Versicherer zugegangen ist, wirksam.

12.5.3 Dem Versicherer steht im Fall einer Kündigung die Prämie nur in bisheriger Höhe und zeitanteilig bis zur Wirksamkeit der Kündigung zu.

12.6 Aufgabe einer gemeinsamen Ehewohnung

12.6.1 Zieht der Versicherungsnehmer aus der gemeinsamen Ehewohnung aus und bleibt der Ehegatte dort zurück, gelten als Versicherungsort beide Wohnungen: Die bisherige Ehewohnung und die neue Wohnung des Versicherungsnehmers. Dies gilt solange, bis der Versicherungsvertrag geändert wird, längstens bis zum Ablauf von 3 Monaten nach der auf den Auszug folgenden Hauptfälligkeit der Prämie. Danach besteht Versicherungsschutz nur noch in der neuen Wohnung des Versicherungsnehmers.

12.6.2 Wenn beide Ehegatten Versicherungsnehmer sind und einer von ihnen aus der Ehewohnung auszieht, sind Versicherungsort ebenfalls beide Wohnungen: Die bisherige Ehewohnung und die neue Wohnung des ausziehenden Ehegatten. Dies gilt solange, bis der Versicherungsvertrag geändert wird, längstens bis zum Ablauf von 3 Monaten nach der auf den Auszug folgenden Hauptfälligkeit der Prämie. Danach erlischt der Versicherungsschutz für die neue Wohnung.

12.6.3 Wenn beide Ehegatten Versicherungsnehmer sind und beide in neue Wohnungen ziehen, gilt Ziffer 12.6.2 entsprechend.

Nach Ablauf der Frist von 3 Monaten nach der auf den Auszug folgenden Hauptfälligkeit der Prämie erlischt der Versicherungsschutz für beide neuen Wohnungen.

12.7 Lebensgemeinschaften, eingetragene Lebenspartnerschaften

Ziffer 12.6 gilt auch für eheähnliche Lebensgemeinschaften und eingetragene Lebenspartnerschaften, sofern beide Partner am Versicherungsort gemeldet sind.

13 Welche besonderen Umstände erhöhen die Gefahr?

13.1 Anzeigepflichtige Gefahrerhöhung

Eine anzeigepflichtige Gefahrerhöhung nach § 23 VVG kann insbesondere in den folgenden Fällen vorliegen:

13.1.1 Es ändert sich ein Umstand, nach dem der Versicherer vor Vertragsschluss gefragt hat.

13.1.2 Die Wohnung ist länger als 60 Tage unbewohnt.

13.1.3 Das Gebäude steht dauernd oder vorübergehend leer.

13.2 Folgen einer Gefahrerhöhung

Die Folgen einer Gefahrerhöhung sind in den §§ 24 ff. VVG geregelt.

14 Obliegenheiten bei und nach Eintritt des Versicherungsfalles

14.1 Der Versicherungsnehmer hat bei und nach Eintritt des Versicherungsfalles

14.1.1 nach Möglichkeit für die Abwendung und Minderung des Schadens zu sorgen;

14.1.2 dem Versicherer den Schadeneintritt, nachdem er von ihm Kenntnis erlangt hat, unverzüglich – ggf. auch mündlich oder telefonisch – anzuzeigen;

14.1.3 Weisungen des Versicherers zur Schadenabwendung/-minderung – ggf. auch mündlich oder telefonisch – einzuholen, wenn die Umstände dies gestatten;

14.1.4 Weisungen des Versicherers zur Schadenabwendung/-minderung, soweit für ihn zumutbar, zu befolgen. Erteilen mehrere an dem Versicherungsvertrag beteiligte Versicherer unterschiedliche Weisungen, hat der Versicherungsnehmer nach pflichtgemäßem Ermessen zu handeln;

14.1.5 Schäden durch strafbare Handlungen gegen das Eigentum unverzüglich der Polizei anzuzeigen;

14.1.6 dem Versicherer und der Polizei unverzüglich ein Verzeichnis der abhandengekommenen Sachen einzureichen;

14.1.7 das Schadenbild so lange unverändert zu lassen, bis die Schadenstelle oder die beschädigten Sachen durch den Versicherer freigegeben worden sind. Sind Veränderungen unumgänglich, sind das Schadenbild nachvollziehbar zu dokumentieren (z. B. durch Fotos) und die beschädigten Sachen bis zu einer Besichtigung durch den Versicherer aufzubewahren;

14.1.8 soweit möglich, dem Versicherer unverzüglich jede Auskunft – auf Verlangen in Schriftform – zu erteilen, die zur Feststellung des Versicherungsfalles oder des Umfanges der Leistungspflicht des Versicherers erforderlich ist, sowie jede Untersuchung über Ursache und Höhe des Schadens und über den Umfang der Entschädigungspflicht zu gestatten;

14.1.9 vom Versicherer angeforderte Belege beizubringen, deren Beschaffung ihm billigerweise zugemutet werden kann.

14.2 Steht das Recht auf die vertragliche Leistung des Versicherers einem Dritten zu, so hat dieser die Obliegenheiten (gemäß Ziffer 14.1.1. bis 14.1.9) ebenfalls zu erfüllen – soweit ihm dies nach den tatsächlichen und rechtlichen Umständen möglich ist.

14.3 Folgen der Obliegenheitsverletzung

Verletzt der Versicherungsnehmer diese Obliegenheiten nach Ziffer 14.1, gilt unter den Voraussetzungen nach § 28 VVG Folgendes: Der Versicherer kann ganz oder teilweise leistungsfrei sein.

Allgemeine Bedingungen für die Glasversicherung (AGIB 2016)

15 Kündigung nach dem Versicherungsfall

15.1 Kündigungsrecht

Nach dem Eintritt eines Versicherungsfalles kann jede der Vertragsparteien den Versicherungsvertrag kündigen.

Die Kündigung ist in Textform (z. B. E-Mail, Telefax oder Brief) zu erklären. Die Kündigung ist nur bis zum Ablauf eines Monats seit dem Abschluss der Verhandlungen über die Entschädigung zulässig.

15.2 Kündigung durch Versicherungsnehmer

Kündigt der Versicherungsnehmer, wird seine Kündigung mit ihrem Zugang beim Versicherer wirksam. Der Versicherungsnehmer kann jedoch bestimmen, dass die Kündigung zu einem späteren Zeitpunkt, spätestens jedoch zum Ende der laufenden Versicherungsperiode, wirksam wird.

15.3 Kündigung durch Versicherer

Eine Kündigung des Versicherers wird einen Monat nach ihrem Zugang beim Versicherungsnehmer wirksam.

16 Dauer und Ende des Vertrages

16.1 Vertragsdauer

Der Vertrag ist für den im Versicherungsschein angegebenen Zeitraum abgeschlossen.

16.2 Stillschweigende Verlängerung

Bei einer Vertragsdauer von mindestens einem Jahr verlängert sich der Vertrag um jeweils ein Jahr. Er verlängert sich nicht, wenn einer der Vertragsparteien spätestens 3 Monate vor dem Ablauf der jeweiligen Vertragslaufzeit eine Kündigung zugegangen ist.

16.3 Vertragsdauer von weniger als einem Jahr

Bei einer Vertragsdauer von weniger als einem Jahr endet der Vertrag zum vereinbarten Zeitpunkt, ohne dass es einer Kündigung bedarf.

16.4 Kündigung bei mehrjährigen Verträgen

Bei einer Vertragsdauer von mehr als 3 Jahren kann der Versicherungsnehmer den Vertrag zum Ablauf des dritten Jahres oder jedes darauffolgenden Jahres kündigen; die Kündigung muss dem Versicherer spätestens 3 Monate vor dem Ablauf des jeweiligen Jahres zugegangen sein.

17 Erklärungen und Anzeigen, Anschriftenänderung

17.1 Form, zuständige Stelle

Die für den Versicherer bestimmten Erklärungen und Anzeigen, die den Versicherungsvertrag betreffen und die unmittelbar gegenüber dem Versicherer erfolgen, sind in Textform (z. B. E-Mail, Telefax oder Brief) abzugeben. Dies gilt nicht, soweit gesetzlich Schriftform oder in diesem Vertrag etwas anderes bestimmt ist.

Erklärungen und Anzeigen sollen an die Hauptverwaltung des Versicherers oder an die im Versicherungsschein oder in dessen Nachträgen als zuständig bezeichnete Stelle gerichtet werden. Die gesetzlichen Regelungen über den Zugang von Erklärungen und Anzeigen bleiben bestehen.

17.2 Nichtanzeige einer Anschriften- oder Namensänderung

Hat der Versicherungsnehmer eine Änderung seiner Anschrift dem Versicherer nicht mitgeteilt, genügt für eine Willenserklärung, die dem Versicherungsnehmer gegenüber abzugeben ist, die Absendung eines eingeschriebenen Briefes an die letzte dem Versicherer bekannte Anschrift. Die Erklärung gilt 3 Tage nach der Absendung des Briefes als zugegangen. Dies gilt entsprechend für den Fall einer dem Versicherer nicht angezeigten Namensänderung des Versicherungsnehmers.

17.3 Nichtanzeige der Verlegung der gewerblichen Niederlassung

Hat der Versicherungsnehmer die Versicherung unter der Anschrift seines Gewerbebetriebs abgeschlossen, finden bei einer Verlegung der gewerblichen Niederlassung die Bestimmungen nach Ziffer 17.2 entsprechende Anwendung.

18 Örtlich zuständiges Gericht

18.1 Klagen gegen den Versicherer

Für Klagen aus dem Versicherungsvertrag gegen den Versicherer bestimmt sich die gerichtliche Zuständigkeit nach dem Sitz des Versicherers oder seiner für den Versicherungsvertrag zuständigen Niederlassung. Ferner ist auch das Gericht zuständig, in dessen Bezirk der Versicherungsnehmer zur Zeit der Klageerhebung seinen Sitz, den Sitz seiner Niederlassung oder seinen Wohnsitz oder, in Ermangelung eines solchen, seinen gewöhnlichen Aufenthalt hat.

Verlegt jedoch der Versicherungsnehmer nach Vertragsschluss seinen Sitz, den Sitz seiner Niederlassung, seinen Wohnsitz oder, in Ermangelung eines solchen, seinen gewöhnlichen Aufenthalt ins Ausland, sind die Gerichte des Staates zuständig, in dem der Versicherer seinen Sitz hat.

18.2 Klagen gegen Versicherungsnehmer

Für Klagen aus dem Versicherungsvertrag gegen den Versicherungsnehmer bestimmt sich die gerichtliche Zuständigkeit nach dem Sitz, dem Sitz der Niederlassung oder dem Wohnsitz des Versicherungsnehmers; fehlt ein solcher, nach seinem gewöhnlichen Aufenthalt.

Ist der Wohnsitz oder gewöhnliche Aufenthalt im Zeitpunkt der Klageerhebung nicht bekannt, bestimmt sich die gerichtliche Zuständigkeit für Klagen aus dem Versicherungsvertrag gegen den Versicherungsnehmer nach dem Sitz des Versicherers oder seiner für den Versicherungsvertrag zuständigen Niederlassung.

19 Anzuwendendes Recht

Für diesen Vertrag gilt deutsches Recht.

20 Embargobestimmung

Es besteht – unbeschadet der übrigen Vertragsbestimmungen – Versicherungsschutz nur, soweit und solange dem keine auf die Vertragsparteien direkt anwendbaren Wirtschafts-, Handels- oder Finanzsanktionen bzw. Embargos der Europäischen Union oder der Bundesrepublik Deutschland entgegenstehen.

Dies gilt auch für Wirtschafts-, Handels- oder Finanzsanktionen bzw. Embargos, die durch die Vereinigten Staaten von Amerika im Hinblick auf den Iran erlassen werden, soweit dem nicht europäische oder deutsche Rechtsvorschriften entgegenstehen.

Tarif Hausrat (Basis VHB 2016)

0. Allgemein

0.1 Mindestjahresprämie

Die Mindestjahresprämie (ohne Versicherungsteuer) darf auch bei Gewährung von Nachlässen (z. B. Dauernachlass, Nachlass für Zahlungsweise) nicht unterschritten werden.
Sie beträgt: .... 40 €

Monatliche Zahlungsweise ist nur bei Vereinbarung eines SEPA-Lastschriftmandats möglich. Die Mindestrate beträgt in diesem Fall 5 €.

0.2 Dauernachlass

Die Vertragsdauer darf höchstens 3 Jahre betragen.
Bei vereinbarter 3-jähriger Laufzeit beträgt der
Dauernachlass .... 10 %

0.3 Ratenzahlung

Als Versicherungsperiode gilt der Zeitraum eines Jahres.
Wird die Jahresprämie in Raten entrichtet, so verringert sich die Prämie wie folgt:

- bei monatlicher Zahlung
  (nur bei Lastschriftverfahren) .... um 0 %
- bei vierteljährlicher Zahlung .... um 2 %
- bei halbjährlicher Zahlung .... um 3 %
- bei jährlicher Zahlung .... um 5 %

0.4 Versicherungsteuer

Den im Tarif genannten Prämien und Zuschlägen
ist die Versicherungsteuer hinzuzurechnen.
Sie beträgt zzt. .... 16,15 %

1. Hausratversicherung

Der Tarif gilt für die Versicherung von Hausrat in ständig und nicht ständig bewohnten Wohnungen sowie im Rahmen der Außenversicherung gegen die Gefahren Feuer, Einbruchdiebstahl, Raub, Vandalismus, Leitungswasser, Sturm und Hagel. Der Ausschluss einzelner Gefahren ist nicht möglich.

1.1 Kein Abzug wegen Unterversicherung (Klausel 7712)

wird gewährt bei mindestens 650 € Versicherungssumme pro m² Wohnfläche. Die Versicherungssumme ist auf 100 € aufzurunden.

1.2 Selbstbehalt bei ungekürzter Hausrat-Versicherungssumme (Klausel 7710)

Wird eine Selbstbeteiligung in Höhe von 500 € je Versicherungsfall vereinbart, so kann die Tarifprämie (einschließlich aller Zuschläge) um 20 % reduziert werden.

1.3 Tarifzoneneinteilung

Tarifzoneneinteilung 01067 - 24615

Bereich	Zone	Bereich	Zone	Bereich	Zone	Bereich	Zone
01067 - 01326	Zone 1	06791 - 06791	Zone 1	16225 - 16277	Zone 3	21522 - 21523	Zone 2
01327 - 01471	Zone 2	06792 - 06885	Zone 2	16278 - 16320	Zone 2	21524 - 21628	Zone 3
01472 - 01474	Zone 1	06886 - 07317	Zone 1	16321 - 16865	Zone 3	21629 - 21634	Zone 4
01475 - 01557	Zone 2	07318 - 07342	Zone 2	16866 - 16867	Zone 2	21635 - 21645	Zone 3
01558 - 01619	Zone 1	07343 - 07348	Zone 1	16868 - 16927	Zone 3	21646 - 21679	Zone 4
01620 - 01689	Zone 2	07349 - 07355	Zone 2	16928 - 17032	Zone 2	21680 - 22040	Zone 3
01690 - 01876	Zone 1	07356 - 07406	Zone 1	17033 - 17038	Zone 4	22041 - 22843	Zone 6
01877 - 01944	Zone 2	07407 - 07553	Zone 2	17039 - 17165	Zone 2	22844 - 22868	Zone 5
01945 - 02624	Zone 1	07554 - 07742	Zone 1	17166 - 17234	Zone 3	22869 - 22884	Zone 4
02625 - 02707	Zone 2	07743 - 07750	Zone 2	17235 - 17247	Zone 2	22885 - 22957	Zone 5
02708 - 02732	Zone 1	07751 - 08106	Zone 1	17248 - 17251	Zone 3	22958 - 22960	Zone 3
02733 - 02735	Zone 2	08107 - 08208	Zone 2	17252 - 17388	Zone 2	22961 - 23551	Zone 5
02736 - 02828	Zone 1	08209 - 08279	Zone 1	17389 - 17488	Zone 3	23552 - 23568	Zone 3
02829 - 02898	Zone 2	08280 - 08296	Zone 2	17489 - 17494	Zone 2	23569 - 23569	Zone 4
02899 - 02905	Zone 1	08297 - 08300	Zone 1	17495 - 18180	Zone 3	23570 - 23610	Zone 3
02906 - 02999	Zone 2	08301 - 08370	Zone 2	18181 - 18245	Zone 2	23611 - 23618	Zone 2
03000 - 03057	Zone 3	08371 - 08411	Zone 1	18246 - 18257	Zone 3	23619 - 23622	Zone 5
03058 - 03099	Zone 2	08412 - 08467	Zone 2	18258 - 18272	Zone 2	23623 - 23626	Zone 2
03100 - 03115	Zone 1	08468 - 09127	Zone 1	18273 - 18310	Zone 3	23627 - 23628	Zone 3
03116 - 03197	Zone 2	09128 - 09129	Zone 2	18311 - 19052	Zone 2	23629 - 23718	Zone 2
03198 - 03237	Zone 1	09130 - 09404	Zone 1	19053 - 19064	Zone 5	23719 - 23729	Zone 5
03238 - 03253	Zone 2	09405 - 09543	Zone 2	19065 - 19068	Zone 3	23730 - 23794	Zone 2
03254 - 04415	Zone 3	09544 - 09547	Zone 1	19069 - 19078	Zone 2	23795 - 23846	Zone 5
04416 - 04602	Zone 2	09548 - 09556	Zone 2	19079 - 19204	Zone 3	23847 - 23857	Zone 3
04603 - 04642	Zone 1	09557 - 09578	Zone 1	19205 - 19369	Zone 2	23858 - 23878	Zone 5
04643 - 04667	Zone 2	09579 - 09598	Zone 2	19370 - 19416	Zone 3	23879 - 23922	Zone 3
04668 - 04837	Zone 1	09599 - 10114	Zone 1	19417 - 20094	Zone 2	23923 - 23965	Zone 2
04838 - 04859	Zone 2	10115 - 12528	Zone 5	20095 - 21216	Zone 6	23966 - 23971	Zone 3
04860 - 04894	Zone 1	12529 - 12554	Zone 2	21217 - 21334	Zone 4	23972 - 24102	Zone 2
04895 - 06107	Zone 2	12555 - 12624	Zone 5	21335 - 21375	Zone 2	24103 - 24118	Zone 3
06108 - 06178	Zone 4	12625 - 12626	Zone 3	21376 - 21378	Zone 4	24119 - 24142	Zone 2
06179 - 06365	Zone 2	12627 - 14466	Zone 5	21379 - 21394	Zone 2	24143 - 24160	Zone 3
06366 - 06405	Zone 1	14467 - 15710	Zone 3	21395 - 21396	Zone 4	24161 - 24533	Zone 2
06406 - 06555	Zone 2	15711 - 15805	Zone 2	21397 - 21422	Zone 2	24534 - 24557	Zone 3
06556 - 06617	Zone 1	15806 - 15867	Zone 3	21423 - 21446	Zone 4	24558 - 24581	Zone 5
06618 - 06666	Zone 2	15868 - 15889	Zone 2	21447 - 21464	Zone 2	24582 - 24597	Zone 2
06667 - 06711	Zone 1	15890 - 15906	Zone 3	21465 - 21480	Zone 5	24598 - 24600	Zone 5
06712 - 06772	Zone 2	15907 - 15935	Zone 2	21481 - 21508	Zone 3	24601 - 24609	Zone 2
06773 - 06773	Zone 1	15936 - 15937	Zone 3	21509 - 21513	Zone 5	24610 - 24612	Zone 5
06774 - 06790	Zone 2	15938 - 16224	Zone 2	21514 - 21521	Zone 3	24613 - 24615	Zone 2

Tarif Hausrat (Basis VHB 2016)

Tarifzoneneinteilung 24616 - 49564

Range	Zone	Range	Zone	Range	Zone	Range	Zone
24616 - 24619	Zone 5	26215 - 26218	Zone 2	32839 - 33097	Zone 1	39517 - 39618	Zone 1
24620 - 24622	Zone 2	26219 - 26315	Zone 4	33098 - 33601	Zone 2	39619 - 39628	Zone 2
24623 - 24624	Zone 5	26316 - 26505	Zone 2	33602 - 33757	Zone 3	39629 - 39637	Zone 1
24625 - 24625	Zone 2	26506 - 26555	Zone 3	33758 - 34116	Zone 2	39638 - 40209	Zone 2
24626 - 24630	Zone 5	26556 - 26570	Zone 2	34117 - 34211	Zone 4	40210 - 40666	Zone 5
24631 - 24631	Zone 2	26571 - 26654	Zone 3	34212 - 34413	Zone 2	40667 - 40698	Zone 4
24632 - 24633	Zone 5	26655 - 26669	Zone 2	34414 - 34430	Zone 1	40699 - 41060	Zone 3
24634 - 24634	Zone 2	26670 - 26688	Zone 4	34431 - 34433	Zone 2	41061 - 42102	Zone 4
24635 - 24636	Zone 5	26689 - 26735	Zone 2	34434 - 34453	Zone 1	42103 - 42476	Zone 3
24637 - 24637	Zone 2	26736 - 26756	Zone 3	34454 - 35509	Zone 2	42477 - 42488	Zone 2
24638 - 24643	Zone 5	26757 - 26758	Zone 4	35510 - 35575	Zone 3	42489 - 42498	Zone 3
24644 - 24648	Zone 2	26759 - 26788	Zone 3	35576 - 36165	Zone 2	42499 - 42548	Zone 2
24649 - 24767	Zone 5	26789 - 26918	Zone 4	36166 - 36166	Zone 1	42549 - 44134	Zone 3
24768 - 24936	Zone 2	26919 - 27210	Zone 2	36167 - 36178	Zone 2	44135 - 44531	Zone 5
24937 - 24954	Zone 3	27211 - 27497	Zone 3	36179 - 36204	Zone 1	44532 - 45524	Zone 4
24955 - 25334	Zone 2	27498 - 27498	Zone 4	36205 - 36207	Zone 2	45525 - 45656	Zone 3
25335 - 25347	Zone 4	27499 - 27567	Zone 6	36208 - 36279	Zone 1	45657 - 45878	Zone 4
25348 - 25354	Zone 3	27568 - 27606	Zone 5	36280 - 36281	Zone 2	45879 - 45963	Zone 5
25355 - 25357	Zone 4	27607 - 27748	Zone 3	36282 - 36303	Zone 1	45964 - 46235	Zone 4
25358 - 25363	Zone 3	27749 - 27776	Zone 4	36304 - 36380	Zone 2	46236 - 46281	Zone 5
25364 - 25367	Zone 4	27777 - 27803	Zone 3	36381 - 36398	Zone 4	46282 - 46324	Zone 4
25368 - 25369	Zone 3	27804 - 28194	Zone 2	36399 - 36403	Zone 2	46325 - 46445	Zone 3
25370 - 25375	Zone 4	28195 - 28789	Zone 5	36404 - 37072	Zone 1	46446 - 47050	Zone 4
25376 - 25420	Zone 3	28790 - 29220	Zone 3	37073 - 37153	Zone 2	47051 - 47440	Zone 5
25421 - 25478	Zone 4	29221 - 29613	Zone 2	37154 - 37212	Zone 1	47441 - 48142	Zone 4
25479 - 25481	Zone 5	29614 - 30158	Zone 3	37213 - 37411	Zone 2	48143 - 48248	Zone 2
25482 - 25485	Zone 4	30159 - 30822	Zone 5	37412 - 37433	Zone 1	48249 - 48290	Zone 3
25486 - 25487	Zone 5	30823 - 31007	Zone 4	37434 - 37440	Zone 2	48291 - 48300	Zone 2
25488 - 25523	Zone 4	31008 - 31072	Zone 2	37441 - 38153	Zone 1	48301 - 48316	Zone 3
25524 - 25540	Zone 3	31073 - 31078	Zone 1	38154 - 38161	Zone 2	48317 - 48328	Zone 2
25541 - 25547	Zone 4	31079 - 31274	Zone 2	38162 - 38164	Zone 1	48329 - 48335	Zone 3
25548 - 25556	Zone 3	31275 - 31541	Zone 4	38165 - 38169	Zone 2	48336 - 48340	Zone 2
25557 - 25559	Zone 2	31542 - 31546	Zone 2	38170 - 38175	Zone 1	48341 - 48345	Zone 3
25560 - 25574	Zone 3	31547 - 31551	Zone 3	38176 - 38270	Zone 2	48346 - 48355	Zone 2
25575 - 25575	Zone 2	31552 - 31581	Zone 2	38271 - 38349	Zone 1	48356 - 48360	Zone 3
25576 - 25584	Zone 3	31582 - 31654	Zone 3	38350 - 38639	Zone 2	48361 - 48365	Zone 2
25585 - 25586	Zone 2	31655 - 31831	Zone 2	38640 - 38819	Zone 1	48366 - 48479	Zone 3
25587 - 25589	Zone 3	31832 - 31839	Zone 4	38820 - 39103	Zone 2	48480 - 48484	Zone 4
25590 - 25590	Zone 2	31840 - 31867	Zone 2	39104 - 39163	Zone 3	48485 - 48487	Zone 3
25591 - 25692	Zone 3	31868 - 32048	Zone 1	39164 - 39166	Zone 1	48488 - 48492	Zone 4
25693 - 25812	Zone 4	32049 - 32311	Zone 2	39167 - 39170	Zone 2	48493 - 48498	Zone 3
25813 - 26168	Zone 2	32312 - 32583	Zone 3	39171 - 39174	Zone 1	48499 - 48526	Zone 4
26169 - 26179	Zone 4	32584 - 32608	Zone 2	39175 - 39364	Zone 2	48527 - 49123	Zone 3
26180 - 26196	Zone 2	32609 - 32656	Zone 3	39365 - 39417	Zone 1	49124 - 49355	Zone 2
26197 - 26214	Zone 3	32657 - 32838	Zone 2	39418 - 39516	Zone 2	49356 - 49564	Zone 3

Tarifzoneneinteilung 49565 - 74905

PLZ	Zone	PLZ	Zone	PLZ	Zone	PLZ	Zone
49565 - 49623	Zone 2	55442 - 55456	Zone 2	60311 - 61117	Zone 6	66386 - 66481	Zone 2
49624 - 49625	Zone 4	55457 - 55468	Zone 1	61118 - 61129	Zone 3	66482 - 66483	Zone 1
49626 - 49631	Zone 2	55469 - 55575	Zone 2	61130 - 61168	Zone 4	66484 - 66662	Zone 2
49632 - 49634	Zone 4	55576 - 55577	Zone 1	61169 - 61249	Zone 3	66663 - 66848	Zone 3
49635 - 49660	Zone 2	55578 - 55607	Zone 2	61250 - 63064	Zone 4	66849 - 66916	Zone 1
49661 - 49823	Zone 4	55608 - 55617	Zone 1	63065 - 63109	Zone 6	66917 - 67058	Zone 2
49824 - 49831	Zone 3	55618 - 55623	Zone 2	63110 - 63449	Zone 5	67059 - 67097	Zone 3
49832 - 49834	Zone 4	55624 - 55626	Zone 1	63450 - 63499	Zone 4	67098 - 67104	Zone 2
49835 - 49837	Zone 3	55627 - 55742	Zone 2	63500 - 63504	Zone 5	67105 - 67145	Zone 3
49838 - 49842	Zone 4	55743 - 56067	Zone 1	63505 - 63511	Zone 4	67146 - 67164	Zone 2
49843 - 49843	Zone 3	56068 - 56111	Zone 2	63512 - 63516	Zone 5	67165 - 67166	Zone 3
49844 - 49845	Zone 4	56112 - 56153	Zone 1	63517 - 63532	Zone 4	67167 - 67239	Zone 2
49846 - 50125	Zone 3	56154 - 56252	Zone 2	63533 - 63537	Zone 5	67240 - 67245	Zone 3
50126 - 50666	Zone 5	56253 - 56268	Zone 1	63538 - 63653	Zone 4	67246 - 67257	Zone 2
50667 - 51370	Zone 6	56269 - 56337	Zone 2	63654 - 63678	Zone 3	67258 - 67268	Zone 3
51371 - 51544	Zone 3	56338 - 56409	Zone 1	63679 - 63682	Zone 2	67269 - 67353	Zone 2
51545 - 51569	Zone 2	56410 - 56592	Zone 2	63683 - 63738	Zone 3	67354 - 67359	Zone 3
51570 - 51579	Zone 3	56593 - 56597	Zone 3	63739 - 64282	Zone 1	67360 - 67372	Zone 2
51580 - 51597	Zone 2	56598 - 56753	Zone 2	64283 - 64384	Zone 2	67373 - 67376	Zone 3
51598 - 51642	Zone 3	56754 - 56766	Zone 1	64385 - 64389	Zone 1	67377 - 67377	Zone 1
51643 - 52061	Zone 2	56767 - 56811	Zone 2	64390 - 64394	Zone 2	67378 - 67432	Zone 2
52062 - 52133	Zone 5	56812 - 56868	Zone 1	64395 - 64396	Zone 1	67433 - 67453	Zone 1
52134 - 53110	Zone 4	56869 - 57071	Zone 2	64397 - 64406	Zone 2	67454 - 67458	Zone 2
53111 - 53423	Zone 3	57072 - 57367	Zone 1	64407 - 64408	Zone 1	67459 - 67465	Zone 3
53424 - 53603	Zone 2	57368 - 57517	Zone 2	64409 - 64520	Zone 2	67466 - 67479	Zone 2
53604 - 53618	Zone 3	57518 - 57626	Zone 3	64521 - 64624	Zone 3	67480 - 67546	Zone 1
53619 - 53638	Zone 2	57627 - 57631	Zone 2	64625 - 64710	Zone 2	67547 - 67582	Zone 2
53639 - 54289	Zone 3	57632 - 57638	Zone 3	64711 - 64806	Zone 1	67583 - 67589	Zone 1
54290 - 54346	Zone 2	57639 - 57640	Zone 2	64807 - 65182	Zone 2	67590 - 67676	Zone 2
54347 - 54410	Zone 1	57641 - 57641	Zone 3	65183 - 65231	Zone 3	67677 - 67713	Zone 1
54411 - 54423	Zone 2	57642 - 58088	Zone 2	65232 - 65238	Zone 2	67714 - 67730	Zone 2
54424 - 54426	Zone 1	58089 - 58238	Zone 3	65239 - 65306	Zone 5	67731 - 67805	Zone 1
54427 - 54469	Zone 2	58239 - 58255	Zone 4	65307 - 65427	Zone 2	67806 - 68158	Zone 2
54470 - 54528	Zone 1	58256 - 58506	Zone 3	65428 - 65438	Zone 3	68159 - 68518	Zone 3
54529 - 54530	Zone 2	58507 - 58729	Zone 2	65439 - 65450	Zone 5	68519 - 68752	Zone 2
54531 - 54549	Zone 1	58730 - 58738	Zone 4	65451 - 65509	Zone 3	68753 - 68765	Zone 1
54550 - 55217	Zone 2	58739 - 59062	Zone 2	65510 - 65557	Zone 2	68766 - 68793	Zone 2
55218 - 55231	Zone 1	59063 - 59173	Zone 3	65558 - 65588	Zone 1	68794 - 68798	Zone 1
55232 - 55245	Zone 2	59174 - 59226	Zone 4	65589 - 65622	Zone 2	68799 - 69426	Zone 2
55246 - 55256	Zone 3	59227 - 59347	Zone 2	65623 - 65626	Zone 1	69427 - 69433	Zone 1
55257 - 55285	Zone 1	59348 - 59367	Zone 3	65627 - 65628	Zone 2	69434 - 69436	Zone 2
55286 - 55293	Zone 2	59368 - 59386	Zone 4	65629 - 65718	Zone 1	69437 - 69468	Zone 1
55294 - 55429	Zone 1	59387 - 59422	Zone 3	65719 - 65928	Zone 5	69469 - 70172	Zone 2
55430 - 55434	Zone 2	59423 - 59456	Zone 4	65929 - 65936	Zone 6	70173 - 74888	Zone 1
55435 - 55441	Zone 1	59457 - 60310	Zone 2	65937 - 66385	Zone 3	74889 - 74905	Zone 2

Tarif Hausrat (Basis VHB 2016)

Tarif Hausrat (Basis VHB 2016)

Tarifzoneneinteilung 74906 - 99999

Range	Zone	Range	Zone	Range	Zone	Range	Zone
74906 - 74908	Zone 1	93167 - 93169	Zone 2	94545 - 94546	Zone 3	96182 - 96183	Zone 1
74909 - 74911	Zone 2	93170 - 93184	Zone 1	94547 - 94547	Zone 2	96184 - 96184	Zone 2
74912 - 74914	Zone 1	93185 - 93185	Zone 2	94548 - 94549	Zone 3	96185 - 96187	Zone 1
74915 - 74927	Zone 2	93186 - 93188	Zone 1	94550 - 94555	Zone 2	96188 - 96190	Zone 2
74928 - 74930	Zone 1	93189 - 93194	Zone 2	94556 - 94556	Zone 3	96191 - 97436	Zone 1
74931 - 74935	Zone 2	93195 - 93198	Zone 1	94557 - 94565	Zone 2	97437 - 97439	Zone 2
74936 - 74936	Zone 1	93199 - 93308	Zone 2	94566 - 94568	Zone 3	97440 - 97460	Zone 1
74937 - 75014	Zone 2	93309 - 93412	Zone 1	94569 - 94571	Zone 2	97461 - 97463	Zone 2
75015 - 76130	Zone 1	93413 - 94031	Zone 2	94572 - 94573	Zone 3	97464 - 97474	Zone 1
76131 - 76274	Zone 2	94032 - 94050	Zone 1	94574 - 94578	Zone 2	97475 - 97487	Zone 2
76275 - 76725	Zone 1	94051 - 94064	Zone 2	94579 - 95027	Zone 3	97488 - 97490	Zone 1
76726 - 76828	Zone 2	94065 - 94071	Zone 3	95028 - 95477	Zone 1	97491 - 97492	Zone 2
76829 - 76845	Zone 1	94072 - 94077	Zone 2	95478 - 95481	Zone 2	97493 - 97493	Zone 1
76846 - 76854	Zone 2	94078 - 94080	Zone 3	95482 - 95504	Zone 1	97494 - 97496	Zone 2
76855 - 76869	Zone 1	94081 - 94088	Zone 2	95505 - 95508	Zone 2	97497 - 97499	Zone 1
76870 - 76876	Zone 2	94089 - 94093	Zone 3	95509 - 95513	Zone 1	97500 - 97501	Zone 2
76877 - 76890	Zone 1	94094 - 94117	Zone 2	95514 - 95514	Zone 2	97502 - 97502	Zone 1
76891 - 77651	Zone 2	94118 - 94120	Zone 3	95515 - 95518	Zone 1	97503 - 97504	Zone 2
77652 - 79097	Zone 1	94121 - 94132	Zone 2	95519 - 95614	Zone 2	97505 - 97513	Zone 1
79098 - 79182	Zone 2	94133 - 94135	Zone 3	95615 - 95642	Zone 1	97514 - 97515	Zone 2
79183 - 80330	Zone 1	94136 - 94136	Zone 2	95643 - 95658	Zone 2	97516 - 97518	Zone 1
80331 - 82007	Zone 2	94137 - 94138	Zone 1	95659 - 95665	Zone 1	97519 - 97519	Zone 2
82008 - 84065	Zone 1	94139 - 94139	Zone 2	95666 - 95679	Zone 2	97520 - 97521	Zone 1
84066 - 84068	Zone 2	94140 - 94141	Zone 1	95680 - 95681	Zone 1	97522 - 97522	Zone 2
84069 - 84081	Zone 1	94142 - 94147	Zone 3	95682 - 95685	Zone 2	97523 - 97530	Zone 1
84082 - 84084	Zone 2	94148 - 94150	Zone 2	95686 - 95687	Zone 1	97531 - 97531	Zone 2
84085 - 91248	Zone 1	94151 - 94151	Zone 3	95688 - 95690	Zone 2	97532 - 97538	Zone 1
91249 - 91256	Zone 2	94152 - 94156	Zone 2	95691 - 95691	Zone 1	97539 - 97615	Zone 2
91257 - 91274	Zone 1	94157 - 94160	Zone 3	95692 - 95693	Zone 2	97616 - 98526	Zone 1
91275 - 91277	Zone 2	94161 - 94162	Zone 2	95694 - 95694	Zone 1	98527 - 98529	Zone 2
91278 - 91280	Zone 1	94163 - 94163	Zone 3	95695 - 95696	Zone 2	98530 - 98738	Zone 1
91281 - 91281	Zone 2	94164 - 94165	Zone 2	95697 - 95697	Zone 1	98739 - 98748	Zone 2
91282 - 92236	Zone 1	94166 - 94166	Zone 1	95698 - 95705	Zone 2	98749 - 99083	Zone 1
92237 - 92282	Zone 2	94167 - 94168	Zone 2	95706 - 96105	Zone 1	99084 - 99099	Zone 2
92283 - 92283	Zone 1	94169 - 94208	Zone 3	96106 - 96109	Zone 2	99100 - 99101	Zone 1
92284 - 92317	Zone 2	94209 - 94404	Zone 2	96110 - 96125	Zone 1	99102 - 99188	Zone 2
92318 - 92420	Zone 1	94405 - 94446	Zone 1	96126 - 96128	Zone 2	99189 - 99197	Zone 1
92421 - 93046	Zone 2	94447 - 94480	Zone 2	96129 - 96150	Zone 1	99198 - 99309	Zone 2
93047 - 93132	Zone 1	94481 - 94485	Zone 3	96151 - 96151	Zone 2	99310 - 99422	Zone 1
93133 - 93137	Zone 2	94486 - 94512	Zone 2	96152 - 96165	Zone 1	99423 - 99427	Zone 2
93138 - 93141	Zone 1	94513 - 94521	Zone 3	96166 - 96166	Zone 2	99428 - 99733	Zone 1
93142 - 93151	Zone 2	94522 - 94525	Zone 1	96167 - 96175	Zone 1	99734 - 99816	Zone 2
93152 - 93157	Zone 1	94526 - 94535	Zone 2	96176 - 96177	Zone 2	99817 - 99999	Zone 1
93158 - 93160	Zone 2	94536 - 94537	Zone 3	96178 - 96180	Zone 1		
93161 - 93166	Zone 1	94538 - 94544	Zone 2	96181 - 96181	Zone 2		

Tarif Hausrat (Basis VHB 2016)

2. Prämien/Zuschläge je 1.000 € Versicherungssumme (ohne Versicherungsteuer)

2.1 Grundprämie

2.1.1 Hausrat in ständig bewohnten Wohnungen

Hauptwohnungen in Zone	‰
H I	1,70
H II	2,00
H III	2,30
H IV	2,70
H V	3,20
H VI	3,90

2.1.2 Hausrat in nicht ständig bewohnten Wohnungen in einem ständig bewohnten Gebäude

Zweit-/Ferienwohnungen in Zone	‰
H I	3,00
H II	4,00
H III	5,00
H IV	6,00
H V	7,00
H VI	8,00

Anm.: Antragsannahme nur bei Vereinbarung der Klausel 7213 möglich.

2.1.3 Hausrat in nicht ständig bewohnten Wohnungen in einem nicht ständig bewohnten Gebäude

Wochenend-/Ferien-/Land-/Jagd-/Garten-/Weinberghäuser sowie Zweit-/Ferienwohnungen	‰
innerhalb eines geschlossenen Wohngebietes	15,00
außerhalb eines geschlossenen Wohngebietes	25,00

Anm.: Antragsannahme nur bei Vereinbarung der Klausel 7213 möglich.

Tarif Hausrat (Basis VHB 2016)

2.2 Prämien für zusätzliche Einschlüsse

je 1.000 € Versicherungssumme Hausrat (ohne Versicherungsteuer)

2.2.1 Erhöhung der Entschädigungsgrenze für Wertsachen (Ziffer 18.3.1 VHB 2016) von 20 %

Tarifzonen						
auf	H I	H II	H III	H IV	H V	H VI
25 %	0,20	0,30	0,40	0,50	0,60	0,70
30 %	0,40	0,60	0,90	1,00	1,10	1,20
35 %	0,60	0,90	1,30	1,50	1,65	1,85
40 %	0,80	1,10	1,50	1,70	1,95	2,20
45 %	0,90	1,20	1,60	1,80	2,05	2,40
50 %	1,00	1,30	1,80	2,10	2,40	2,80

Nachlass für Einbruchmeldeanlagen

Wird die Wohnung durch eine VdS-anerkannte Einbruchmeldeanlage zusätzlich gesichert, so kann der Prämienzuschlag für die Erhöhung der Entschädigungsgrenzen für Wertsachen wie folgt reduziert werden.

Bei Einbruchmeldeanlagen mit

- örtlicher Alarmgabe ohne automatisches Wähl- und Ansagegerät bzw. digitales Wähl- und Übertragungsgerät .... um 25 %
- örtlicher Alarmgabe mit zusätzlichem Wähl- und Ansagegerät bzw. digitalem Wähl- und Übertragungsgerät .... um 40 %
- Anschluss an die Hauptmeldezentrale eines VdS-anerkannten Wach- und Sicherheitsunternehmens oder einer Polizeidienststelle .... um 60 %

2.2.2 Klausel 7110 - Einschluss von Fahrraddiebstahl

Entschädigungsgrenze je 1 % der Versicherungssumme Hausrat

Tarifzonen					
H I	H II	H III	H IV	H V	H VI
0,30	0,40	0,50	0,60	0,70	0,80

2.2.3 Klausel 7112 - Datenrettungskosten

Entschädigungsgrenze 500 € .... 0,02 ‰

2.2.4 Klausel 7215 - Schäden durch Naturgefahren an Hausrat im Freien (auf Anfrage)

2.3 Zuschläge

2.3.1 Länger als 60 Tage ununterbrochen unbewohnt

für jeden angefangenen weiteren Monat .... 1,00 ‰

2.3.2 Gefahrerhöhung

durch feuergefährliche Betriebe innerhalb des Gebäudes .... 1,00 ‰

Tarif Hausrat (Basis VHB 2016)

3. Einschluss weiterer Naturgefahren (Elementargefahren)

3.1 Voraussetzung für die Risikoübernahme
- bestehende oder gleichzeitig beantragte Hausratversicherung
- Versicherungssumme mind. 650 € je m² Wohnfläche

3.2 Wartezeit
Der Versicherungsschutz beginnt nach Ablauf der Wartezeit von einem Monat ab dem beantragten Versicherungsbeginn.

3.3 Selbstbeteiligung
Es gilt eine Selbstbeteiligung von 500 € je Versicherungsfall. Dies gilt nicht für Aufwendungsersatz, der auf Weisung des Versicherers angefallen ist.

3.4 Keine Risikoübernahme
- Wochenend-, Ferien-, Gartenhäuser, Zweitwohnungen
- 2 oder mehr Vorschäden in den letzten 10 Jahren

3.5 Eine vorläufige Deckung wird vom Versicherer nicht gewährt.

3.6 Tarifzoneneinteilung für den Einschluss weiterer Naturgefahren (Elementargefahren)

Zoneneinteilung auf PLZ-Basis					
Zone I	Postleitzahlengebiete, soweit nicht unter Tarifzone II aufgeführt und bei keinem Vorschaden in den letzten 10 Jahren				0,20 ‰
Zone II	Folgende Postleitzahlengebiete oder bei einem Vorschaden in den letzten 10 Jahren				0,50 ‰
	PLZ von bis	PLZ von bis	PLZ von bis	PLZ von bis	
	04626 - 04639	71111	72539 - 72555	78597 - 78603	
	07580	71126	72585	79539 - 79639	
	08248	71149 - 71159	72654	88515	
	08265 - 08267	72070 - 72149	72760 - 72829	88605	
	08393	72181	78554 - 78570	88631	
	08451 - 08459	72336 - 72519	78580 - 78589	88637	
	71083 - 71101	72531 - 72532	78592		

Tarif Glasversicherung (Basis AGIB 2016)

Tarif gilt in Verbindung mit einer Hausrat- oder Wohngebäudeversicherung

0. Allgemein

0.1 Mindestjahresprämie

Die Mindestjahresprämie (ohne Versicherungsteuer) darf auch bei Gewährung von
Nachlässen (z. B. Dauernachlass, Nachlass für Zahlungsweise) nicht unterschritten werden.
Sie beträgt: .... 20 €

Monatliche Zahlungsweise ist nur bei Vereinbarung eines SEPA-Lastschriftmandats möglich. Die Mindestrate beträgt in diesem Fall 5 €.

0.2 Dauernachlass

Die Vertragsdauer darf höchstens 3 Jahre betragen.
Bei vereinbarter 3-jähriger Laufzeit beträgt der Dauernachlass .... 10 %

0.3 Ratenzahlung

Als Versicherungsperiode gilt der Zeitraum eines Jahres.
Wird die Jahresprämie in Raten entrichtet, so verringert sich die Prämie wie folgt:

- bei monatlicher Zahlung (nur bei Lastschriftverfahren) .... um 0 %
- bei vierteljährlicher Zahlung .... um 2 %
- bei halbjährlicher Zahlung .... um 3 %
- bei jährlicher Zahlung .... um 5 %

0.4 Versicherungsteuer

Den im Tarif genannten Prämien und Zuschlägen
ist die Versicherungsteuer hinzuzurechnen. Sie beträgt zzt. .... 19 %

1. Grundprämien ohne Versicherungsteuer für Gebäude- und Mobiliarverglasungen

Die Prämienhöhe für alle versicherten Verglasungen hängt von der Art der Wohnung (Wohnung im Einfamilienhaus oder Mehrfamilienhaus) und von der m²-Wohnfläche der Wohnung oder des Einfamilienhauses ab.

1.1 Einfamilienhaus (Einzel- oder Reihenhaus, Doppelhaushälfte)

Wohnfläche in m²	bis 60	bis 80	bis 100	bis 120	bis 140	bis 160	bis 200	bis 250	bis 300	darüber
Prämie €	36	48	60	65	71	77	96	120	140	auf Anfrage

1.2 Wohnung im Mehrfamilienhaus

Wohnfläche in m²	bis 40	bis 60	bis 80	bis 100	bis 120	bis 140	bis 160	bis 200	bis 250	bis 300	darüber
Prämie €	20	27	36	43	49	57	62	78	96	115	auf Anfrage

2. Besonders zu beantragende Sachen

2.1 Aquarien/Terrarien bis 500 Liter Inhalt .... Prämie je Stück 10 €

2.2 Aquarien/Terrarien über 500 Liter Inhalt .... Prämie je Stück 20 €

2.3 Künstlerisch bearbeitete Scheiben bis 500 €,
Sonderkosten für Gerüste und Kräne bis 500 €
sowie Beseitigung von Hindernissen bis 500 € .... prämienfrei mitversichert
je weitere 100 € .... 5 €

2.4 Gesondert versicherte Sachen gemäß Ziffer 4.2.1 bis Ziffer 4.2.5 und Ziffer 4.2.7 .... auf Anfrage

2.5 Gesondert versicherte Kosten gemäß Ziffer 5.2 .... auf Anfrage

Antrag auf Hausrat- und Glasversicherung – Auszug

Sämtliche verwendete Personenbezeichnungen sind geschlechtsneutral formuliert.

Vermittler/Vermittler-Nr.   Versicherungsschein-Nr.   Antragseingang
                                                      Antragsnummer

Zutreffendes bitte ankreuzen. Striche, sonstige Zeichen oder **Nichtbeantwortung** gelten als **Verneinung**.

Antragsteller/Versicherungsnehmer

Anrede ○ Herr ○ Frau   Besondere Anredetitel

Name   Geburtsname

Vorname   Staatsangehörigkeit   Geburtsdatum

Straße, Haus-Nr.   Geburtsort

Postleitzahl, Wohnort

Berufliche Tätigkeit *(genaue Bezeichnung)*   Branche

○ angestellt   ○ selbstständig   ○ öffentlicher Dienst

Telefon (privat)   Telefon (geschäftlich)   Telefon (mobil)   E-Mail

Vermittlerklausel, Kontaktdaten, Kommunikation:

○ Ich bin damit einverstanden, dass Mitarbeiter der Proximus Versicherung AG und der mich betreuende Vermittler meine Kontaktdaten aus diesem Antrag für die Kommunikation im Rahmen der regelmäßigen Kundenbetreuung nutzen dürfen. Erfasst sind neben allen meinen Versicherungsvertrag betreffenden Kontakten auch solche, die auf die inhaltliche Änderung, insbesondere Verlängerung, Ausweitung oder Ergänzung des bestehenden Vertragsverhältnisses sowie auf den Neuabschluss weiterer Verträge bei der Proximus Versicherung AG gerichtet sind. Die Einwilligung nach diesem Absatz kann ich ohne Einfluss auf den Vertrag auch in Teilen streichen oder jederzeit widerrufen.

Besondere Vereinbarungen bzw. Bemerkungen

Mündliche Vereinbarungen haben keine Gültigkeit. Besondere Vereinbarungen bedürfen der schriftlichen Bestätigung durch die Gesellschaft.

Allgemeine Angaben

1. Sind Sie ○ Mieter oder ○ Eigentümer
   ○ einer Wohnung   ○ eines Einfamilien-/Reihenhauses   ○ oder eines Mehrfamilienhauses?
2. Ist die Wohnung länger als 60 Tage ununterbrochen unbewohnt oder unbeaufsichtigt?   ○ nein   ○ ja
3. Handelt es sich um   innerhalb oder außerhalb eines geschlossenen Wohngebietes?
   ○ eine ständig bewohnte Wohnung/Einfamilienhaus   ○   ○
   ○ eine Zweit-/Ferienwohnung in einem ständig bewohnten Gebäude   ○   ○
   ○ eine Zweit-/Ferienwohnung in einem nicht ständig bewohnten Gebäude   ○   ○

   Straße, Haus-Nr.   Postleitzahl, Wohnort

4. Wie wird die Wohnung genutzt?   ○ Eigennutzung   ○ Vermietung als Ferienwohnung, -haus
5. Handelt es sich um eine Wohngemeinschaft?   ○ ja   ○ nein   Namen der Mitbewohner
6. ○ Garagen außerhalb des Versicherungsgrundstückes sind vorhanden.

   Straße, Haus-Nr.   Postleitzahl, Wohnort

Zahlungsweise   ○ jährlich   ○ halbjährlich   ○ vierteljährlich   ○ monatlich
Nachlass: 5 %   3 %   2 %   0 %

Vertragsdauer Versicherungsbeginn   Versicherungsablauf   Die Verträge verlängern sich stillschweigend nach Ablauf der vereinbarten Dauer
                   - 0:00 Uhr -   - 24:00 Uhr -   jeweils von Jahr zu Jahr, wenn nicht spätestens 3 Monate vor Ablauf der anderen
                   | | | 2 | 0 | | | | 2 | 0 | Partei eine schriftliche Kündigung zugegangen ist.

Bei einer Vertragsdauer von 3 Jahren wird ein Dauernachlass von 10 % gewährt.

TA 032 — Antrag auf Hausrat- und Glasversicherung - Auszug

HAUSRAT

Vorversicherungen / Vorschäden

Besteht oder bestand für Sie oder andere Mitglieder Ihres Haushaltes schon eine Hausrat- oder Glasversicherung? ○ nein ○ ja _____

Wurde die Hausrat- o. Glasversicherung gekündigt?   ○ nein   ○ ja, durch Antragsteller   ○ ja, durch Versicherer

Versicherer _____   Vers.-Nummer _____   Ablauf _____

Sind in den letzten 5 Jahren Schäden eingetreten, auch wenn hierfür keine Leistung erfolgte?   ○ ja   ○ nein   Anzahl der Schäden _____

Schadenjahr _____   Schadenhöhe _____   Schadenursache _____

Schadenjahr _____   Schadenhöhe _____   Schadenursache _____

Hausratversicherung

Unterversicherungsverzicht Wir verzichten, die Entschädigung wegen Unterversicherung zu kürzen, wenn die Versicherungssumme wie folgt ermittelt wird (vgl. Klausel 7712).

m² Wohnfläche (bitte immer angeben)   x   Mindest-Versicherungssumme **650 €**   =   Versicherungssumme gerundet auf volle 100 € _____ €

Von mir frei errechnete Versicherungssumme _____ €

Grundprämiensatz ‰ _____

Tarifzone   ○ H I   ○ H II   ○ H III   ○ H IV   ○ H V   ○ H VI

Zutreffendes ist anzukreuzen. Striche, sonstige Zeichen oder **Nichtbeantwortung** gelten als **Verneinung**.

Erweiterungen des Versicherungsschutzes gegen Prämienzuschlag: Prämiensätze ‰

Wertsachen: Die Entschädigung ist begrenzt auf 20 % der Versicherungssumme.
○ Erhöhung auf _____ (max. 50 %) _____

○ Klausel 7110 Mitversicherung von Fahrrädern gegen einfachen Diebstahl mit
  ○ 1 % ○ 2 % ○ 3 % ○ 4 % oder _____ % der Versicherungssumme _____

○ Gefahrerhöhung durch vorübergehendes Unbewohntsein über die Dauer von 60 Tagen hinaus _____

○ Gefahrerhöhung durch feuergefährliche Betriebe innerhalb des Gebäudes _____

○ Klausel 7112 Datenrettungskosten _____

○ Einschluss weiterer Naturgefahren (gilt nur für ständig bewohnte Wohnungen)   Sind in den letzten 10 Jahren Schäden angefallen? ○ nein ○ ja, Schadendatum, Schadenhergang, _____   Schadenhöhe: _____

Gesamtprämiensatz _____

Nettojahresprämie in € (Mindestjahresprämie 40 €)

Versicherungssumme _____ € x Gesamtprämiensatz _____ ‰   _____ €

○ Klausel 7710 Selbstbehalt: Wird eine Selbstbeteiligung in Höhe von 500 € je Versicherungsfall vereinbart, reduziert sich die Tarifprämie um 20 %.   − _____ €

= _____ €

○ Dauernachlass (3 Jahre 10 %)   − _____ €

= _____ €

○ Abschlag gemäß Zahlungsweise   − _____ €

= _____ €

Nettoprämie gemäß Zahlungsweise   = _____ €

Versicherungsteuer   + _____ €

Bruttoprämie gemäß Zahlungsweise   = _____ €

Antrag auf Hausrat- und Glasversicherung - Auszug

TA 033

HAUSRAT

Glasversicherung
Versichert sind Gebäude- und Mobiliarverglasungen bei Bruchschäden für

Nettojahresprämie in €
(Mindestjahresprämie 20 €)

○ Wohnung im Mehrfamilienhaus _____ Wohnfläche in m² _____ €

○ Einfamilienhaus (Einzel- oder Reihenhaus, Doppelhaushälfte) _____ Wohnfläche in m² _____ €

Erweiterungen des Versicherungsschutzes gegen Prämienzuschlag:

○ Aquarien/Terrarien   ○ bis 500 Liter _____ Stück   ○ über 500 Liter _____ Stück   + _____ €

Zusätzlich sind bis jeweils 500 € je Schadenfall prämienfrei mitversichert:

1. Künstlerisch bearbeitete Glasscheiben, -spiegel, -platten   Erhöhung auf _____ € je Schadenfall   + _____ €

2. Sonderkosten für Gerüste und Kräne   Erhöhung auf _____ € je Schadenfall   + _____ €

3. Beseitigung von Hindernissen wie z. B. Schutzgitter   Erhöhung auf _____ € je Schadenfall   + _____ €

○ Sonstige versicherte Sachen/Kosten (Prämie auf Anfrage) _____   + _____ €

Nettojahresprämie in €   = _____ €

○ Dauernachlass (3 Jahre 10 %)   - _____ €

= _____ €

○ Abschlag gemäß Zahlungsweise   - _____ €

= _____ €

Nettoprämie gemäß Zahlungsweise   = _____ €

Versicherungsteuer   + _____ €

Bruttoprämie gemäß Zahlungsweise   = _____ €

SEPA-Lastschriftmandat – das Mandat für wiederkehrende Zahlungen

Ich ermächtige die Proximus Versicherung AG, die von der Proximus Versicherung AG auf mein Konto gezogenen Lastschriften einzulösen. Die Mandatsreferenz teilt mir/uns die Proximus Versicherung AG vor der ersten Abbuchung mit.
Zahlungsempfänger: Proximus Versicherung AG
Gläubiger-ID: xxxxxxxxxxxxxxxxxxxxxxxxxxxxxxxx

Name, Vorname: Antragsteller _____   Name, Vorname: Kontoinhaber _____
(falls vom Antragsteller abweichend)

Anschrift: Kontoinhaber _____

BIC *(8 oder 11 Stellen)* _____   IBAN *(22 Stellen)* _____

Name des Kreditinstitutes _____

Datum/Unterschrift: Antragsteller _____   Datum/Unterschrift: Kontoinhaber _____

Hinweis Ich kann innerhalb von 8 Wochen, beginnend mit dem Belastungsdatum, die Erstattung des belasteten Betrages verlangen. Es gelten dabei die mit meinem Kreditinstitut vereinbarten Bedingungen.
Vor dem ersten Einzug einer SEPA-Lastschrift wird mich die Proximus Versicherung AG über den Einzug unterrichten.

Antrag auf Hausrat- und Glasversicherung – Auszug

Widerrufsrecht Sie können Ihren Antrag nach Zugang des Versicherungsscheins widerrufen. Nähere Hinweise können Sie den „Versicherungsinformationen" entnehmen. Eine Belehrung über das Widerrufsrecht sowie die Rechtsfolgen des Widerrufs erhalten Sie mit dem Versicherungsschein.

Datenverarbeitung Mit der Datenverarbeitung durch den Versicherer bin ich einverstanden.

Empfangsbestätigung Ich habe die diesem Vertrag zugrunde liegenden Produkt- und Kundeninformationen, das Merkblatt zur Datenverarbeitung, die Versicherungsbedingungen und die Klauseln erhalten. Eine Durchschrift ist mir nach Unterzeichnung ausgehändigt worden. Von den Hinweisen habe ich Kenntnis genommen.

Belehrung über vorvertragliche Anzeigepflicht nach § 19 Versicherungsvertragsgesetz Bitte beachten Sie, dass Sie gemäß § 19 des Versicherungsvertragsgesetzes (VVG) verpflichtet sind, dem Versicherer bis zur Abgabe Ihrer Vertragserklärung alle Ihnen bekannten Umstände, die für die Übernahme des Versicherungsschutzes von Bedeutung sind und nach denen in Textform gefragt wird, nach bestem Wissen sorgfältig, wahrheitsgemäß und vollständig zu beantworten.
Bitte beantworten Sie unsere Fragen unbedingt zutreffend und vollständig, da wir sonst von dem Vertrag zurücktreten oder den Vertrag vorzeitig kündigen können und Sie dann Ihren Versicherungsschutz gefährden.
Ich bestätige die Richtigkeit der Angaben. Die Rechtsfolgen bei Verletzung der vorvertraglichen Anzeigepflicht habe ich gelesen.

Datum/Unterschrift Antragsteller
(bei Minderjährigen Mitunterschrift der gesetzlichen Vertreter)

Datum/Unterschrift Vermittler

Vertragsspiegel Hausratversicherung

TA 035

HAUSRAT

Vertragsspiegel Hausratversicherung

Proximus Versicherung

| Antragsteller/Versicherungsnehmer | Name | Vorname | Geburtsdatum | Beruf | A = angestellt
S = selbstständig
B = öffentlicher Dienst |

| Ehepartner | Name | Vorname | Geburtsdatum | Beruf | A = angestellt
S = selbstständig
B = öffentlicher Dienst |

| Kinder | Name | Vorname | Geburtsdatum | Beruf | A = angestellt
S = selbstständig
B = öffentlicher Dienst |

Anschrift

Versicherungsort

Versicherungsnachweis

Versicherungsnummer

Bedingungen

Beginn

Ablauf

Fälligkeit

Versicherte Gefahren

Wohnfläche (m²)

zusätzliche Einschlüsse

Versicherungssumme

Klauseln

Zahlungsweise

Prämie/Rate (netto)

Prämienkonto

Selbstbeteiligung

besondere Gefahrenverhältnisse

Gebäude- und Mobiliarverglasung

Wohnfläche (m²)

Gebäudetyp

besondere Gegenstände

Schadenquote der letzten 5 Jahre Leistungsfälle

Datum	Beschreibung	Besondere Hinweise	Leistungsbetrag

Proximus Versicherung

TA
036

WOHN-GEBÄUDE

BEDINGUNGEN

Allgemeine Wohngebäude Versicherungsbedingungen für Privatkunden (VGB 2016 Privat – Wert 1914 „Gleitender Neuwert")	038
Was kann zusätzlich zu den Allgemeinen Wohngebäude Versicherungsbedingungen für Privatkunden (VGB 2016 Privat – Wert 1914 „Gleitender Neuwert") vereinbart werden?	050

TARIFE & MATERIALIEN

Tarif Wohngebäude (Basis VGB 2016)	055
Tarif Glasversicherung (Basis AGIB 2016)	067
Antrag auf Wohngebäude- und Glasversicherung – Auszug	068
Ermittlung der Versicherungssumme 1914 für Wohngebäude	072
Vertragsspiegel Wohngebäudeversicherung	074

Allgemeine Wohngebäude Versicherungsbedingungen für Privatkunden (VGB 2016 Privat – Wert 1914 „Gleitender Neuwert")

(Stand: 26.05.2017)

1	Welche Gefahren sind versicherbar? Welche Schäden sind versichert?	038
2	Welche generellen Ausschlüsse gibt es?	038
3	Was ist unter Brand; Blitzschlag; Überspannung durch Blitz; Explosion; Verpuffung; Implosion; Anprall oder Absturz eines Luftfahrzeuges zu verstehen? Welche Schäden sind hier nicht versichert?	039
4	Was ist unter der Gefahr Leitungswasser zu verstehen? Welche Schäden sind hier nicht versichert?	039
5	Was ist unter Naturgefahren (Sturm, Hagel und weitere Naturgefahren) zu verstehen? Welche Schäden sind versichert? Welche Schäden sind hier nicht versichert?	040
6	Welche Sachen sind versichert?	041
7	Was versteht man unter Gebäuden, Gebäudebestandteilen, Gebäudezubehör, Terrassen und weiteren Grundstücksbestandteilen? Welche Sachen sind nicht versichert und welche zusätzlich versicherbar?	041
8	Was ist unter dem Versicherungsort zu verstehen?	042
9	Was gilt für Selbstbeteiligungen im Versicherungsvertrag?	042
10	Welche Regelungen gelten für Wohnungs- und Teileigentum?	042
11	Welche Kosten sind versichert?	042
12	Was ist unter den Aufräumungs- und Abbruchkosten und den Bewegungs- und Schutzkosten zu verstehen?	042
13	Was ist unter Mietausfall und Mietwert zu verstehen? In welchem Umfang sind sie versichert?	043
14	Welche Versicherungswerte gibt es? Was ist die Versicherungssumme?	043
15	Wie wird die Versicherungssumme in der Gleitenden Neuwertversicherung ermittelt? Was ist der Unterversicherungsverzicht?	043
16	Wie wird die Prämie in der Gleitenden Neuwertversicherung ermittelt?	044
17	Was sind die Grundlagen der Anpassung von Versicherungsschutz und Prämie?	044
18	Wie wird die Entschädigung ermittelt?	044
19	Welche Regeln gelten für das Sachverständigenverfahren?	045
20	Wann wird die Entschädigung gezahlt und wie wird sie verzinst?	046
21	Welche vertraglich vereinbarten Sicherheitsvorschriften (zusätzliche Obliegenheiten) hat der Versicherungsnehmer vor dem Versicherungsfall zu erfüllen?	047
22	Obliegenheiten bei und nach Eintritt des Versicherungsfalles	047
23	Welche besonderen Umstände erhöhen die Gefahr?	047
24	Welche Besonderheiten gelten bei Kündigungen und angemeldeten Realrechten?	048
25	Was gilt, wenn versicherte Sachen veräußert werden?	048
26	Kündigung nach dem Versicherungsfall	048
27	Beginn des Versicherungsschutzes, Prämienzahlung	048
28	Dauer und Ende des Vertrages	049
29	Erklärungen und Anzeigen, Anschriftenänderung	049
30	Örtlich zuständiges Gericht	049
31	Anzuwendendes Recht	049
32	Embargobestimmung	049

1 Welche Gefahren sind versicherbar? Welche Schäden sind versichert?

Der Versicherer entschädigt für versicherte Sachen, die durch folgende Ereignisse (Gefahren) zerstört oder beschädigt werden oder infolge solcher Ereignisse abhandenkommen:

1.1 Brand; Blitzschlag; Überspannung durch Blitz; Explosion; Verpuffung; Implosion; Anprall oder Absturz eines Luftfahrzeuges, seiner Teile oder Ladung;

1.2 Leitungswasser;

1.3 Naturgefahren

1.3.1 Sturm, Hagel;

1.3.2 die weiteren Naturgefahren (Elementargefahren) wie Überschwemmung, Rückstau, Erdbeben, Erdsenkung, Erdrutsch, Schneedruck, Lawinen und Vulkanausbruch.

Jede der Gefahrengruppen nach Ziffer 1.1, Ziffer 1.2 und Ziffer 1.3.1 kann auch einzeln versichert werden. Weitere Naturgefahren (Elementargefahren) nach Ziffer 1.3.2 können ausschließlich in Verbindung mit einer oder mehreren unter Ziffer 1.1, Ziffer 1.2 und Ziffer 1.3.1 genannten Gefahren versichert werden.

2 Welche generellen Ausschlüsse gibt es?

2.1 Ausschluss Krieg

Nicht versichert sind Schäden durch Krieg, kriegsähnliche Ereignisse, Bürgerkrieg, Revolution, Rebellion oder Aufstand. Das gilt ohne Berücksichtigung mitwirkender Ursachen.

2.2 Ausschluss Innere Unruhen

Nicht versichert sind Schäden durch Innere Unruhen. Das gilt ohne Berücksichtigung mitwirkender Ursachen.

2.3 Ausschluss Kernenergie

Nicht versichert sind Schäden durch Kernenergie, nukleare Strahlung oder radioaktive Substanzen. Das gilt ohne Berücksichtigung mitwirkender Ursachen.

Allgemeine Wohngebäude Versicherungsbedingungen für Privatkunden (VGB 2016 Privat - Wert 1914 „Gleitender Neuwert")

3 Was ist unter Brand; Blitzschlag; Überspannung durch Blitz; Explosion; Verpuffung; Implosion; Anprall oder Absturz eines Luftfahrzeuges zu verstehen? Welche Schäden sind hier nicht versichert?

3.1 Brand

Brand ist ein Feuer, das ohne einen bestimmungsgemäßen Herd entstanden ist oder ihn verlassen hat und das sich aus eigener Kraft auszubreiten vermag.

3.2 Blitzschlag

Blitzschlag ist der unmittelbare Übergang eines Blitzes auf Sachen.

3.3 Überspannung durch Blitz

Überspannung durch Blitz ist ein Schaden, der durch Überspannung, Überstrom oder Kurzschluss infolge eines Blitzes oder durch sonstige atmosphärisch bedingte Elektrizität an versicherten elektrischen Einrichtungen und Geräten entsteht.

3.4 Explosion

Explosion ist eine plötzlich verlaufende Kraftäußerung, die auf dem Ausdehnungsbestreben von Gasen oder Dämpfen beruht.

Die Explosion eines Behälters (Kessel, Rohrleitung usw.) liegt nur unter besonderen Voraussetzungen vor. Die Wandung muss in einem solchen Umfang zerrissen werden, dass ein plötzlicher Ausgleich des Druckunterschieds innerhalb und außerhalb des Behälters stattfindet. Wird im Innern eines Behälters eine Explosion durch chemische Reaktion hervorgerufen, so ist ein Zerreißen seiner Wandung nicht erforderlich.

3.5 Verpuffung

Verpuffung ist eine auf dem Ausdehnungsbestreben von Gasen oder Dämpfen beruhende, plötzlich verlaufende Kraftäußerung, die im Gegensatz zur Explosion mit geringerer Intensität verläuft und bei der in der Regel kein Explosionsknall entsteht.

3.6 Implosion

Implosion ist ein plötzlicher, unvorhersehbarer Zusammenfall eines Hohlkörpers durch äußeren Überdruck infolge eines inneren Unterdrucks.

3.7 Anprall oder Absturz eines Luftfahrzeuges, seiner Teile oder Ladung

Versichert ist der Anprall oder Absturz eines Luftfahrzeuges. Gleiches gilt für den Anprall oder Absturz seiner Teile oder seiner Ladung.

3.8 Nicht versicherte Schäden

Nicht versichert sind

3.8.1 Schäden durch Erdbeben. Das gilt ohne Berücksichtigung mitwirkender Ursachen.

3.8.2 Sengschäden. Versicherungsschutz besteht aber, wenn Sengschäden durch eine versicherte Gefahr nach Ziffer 3.1 bis Ziffer 3.7 verursacht wurden.

3.8.3 Schäden an Verbrennungsmotoren durch die im Verbrennungsraum der Maschine auftretenden Explosionen. Ferner Schäden, die an Schaltorganen von elektrischen Schaltern entstehen, und zwar durch den in ihnen auftretenden Gasdruck. Versicherungsschutz besteht aber, wenn diese Schäden Folge eines versicherten Schadenereignisses nach Ziffer 3.1 bis Ziffer 3.7 sind.

4 Was ist unter der Gefahr Leitungswasser zu verstehen? Welche Schäden sind hier nicht versichert?

4.1 Versicherte Gefahren und Schäden

Unter die Gefahr Leitungswasser fallen:

4.1.1 Leitungswasserschäden;

4.1.2 Bruchschäden innerhalb von Gebäuden;

4.1.3 Bruchschäden außerhalb von Gebäuden.

4.2 Leitungswasserschäden

Leitungswasser ist Wasser, das bestimmungswidrig ausgetreten ist aus:

4.2.1 Rohren der Wasserversorgung (Zu- und Ableitungen) oder damit verbundenen Schläuchen;

4.2.2 den mit diesen Rohren bzw. Schläuchen verbundenen sonstigen Einrichtungen oder deren wasserführenden Teilen;

4.2.3 Heizungs- oder Klimaanlagen;

4.2.4 Wasserlösch- oder Berieselungsanlagen;

4.2.5 Wasserbetten oder Aquarien.

Als Leitungswasser gelten auch Betriebsflüssigkeiten aus Heizungs- oder Klimaanlagen sowie Wasserdampf. Ausgenommen davon sind die Flüssigkeiten, die zur Energieerzeugung bestimmt sind.

4.3 Bruchschäden innerhalb von Gebäuden

Versichert sind innerhalb von Gebäuden:

4.3.1 Frostbedingte und sonstige Bruchschäden an Rohren

4.3.1.1 der Wasserversorgung (Zu- oder Ableitungen) oder den damit verbundenen Schläuchen;

4.3.1.2 von Heizungs- oder Klimaanlagen;

4.3.1.3 von Wasserlösch- oder Berieselungsanlagen.

Das setzt voraus, dass diese Rohre nach Ziffer 4.3.1 kein Bauteil von Heizkesseln, Boilern oder vergleichbaren Anlagen sind.

4.3.2 Frostbedingte Bruchschäden an folgenden Installationen

4.3.2.1 Badeeinrichtungen, Waschbecken, Spülklosetts, Armaturen (z. B. Wasser- und Absperrhähne, Ventile, Geruchsverschlüsse, Wassermesser) sowie deren Anschlussschläuche;

4.3.2.2 Heizkörper, Heizkessel, Boiler oder vergleichbare Teile von Heizungs- oder Klimaanlagen.

Als innerhalb des Gebäudes gilt der gesamte Baukörper einschließlich der Bodenplatte.

Rohre von Solarheizungsanlagen auf dem Dach gelten als Rohre innerhalb des Gebäudes.

Allgemeine Wohngebäude Versicherungsbedingungen für Privatkunden (VGB 2016 Privat - Wert 1914 „Gleitender Neuwert")

Soweit nicht etwas anderes vereinbart ist, sind Rohre und Installationen unterhalb der Bodenplatte (tragend oder nicht tragend) nicht versichert.

4.4 Bruchschäden außerhalb von Gebäuden

Versichert sind außerhalb von Gebäuden frostbedingte und sonstige Bruchschäden an Zuleitungsrohren der Wasserversorgung oder an Rohren von Heizungs- oder Klimaanlagen.

Dies gilt, soweit

4.4.1 diese Rohre der Versorgung versicherter Gebäude oder Anlagen dienen

und

4.4.2 die Rohre sich auf dem Versicherungsgrundstück befinden

und

4.4.3 der Versicherungsnehmer die Gefahr dafür trägt.

4.5 Nicht versicherte Schäden

Nicht versichert sind ohne Berücksichtigung mitwirkender Ursachen - es sei denn, im Folgenden sind solche genannt - Schäden durch

4.5.1 Regenwasser aus Fallrohren;

4.5.2 Plansch- oder Reinigungswasser;

4.5.3 Schwamm;

4.5.4 Grundwasser, stehendes oder fließendes Gewässer, Überschwemmung oder Witterungsniederschläge oder einen durch diese Ursachen hervorgerufenen Rückstau;

4.5.5 Erdbeben, Schneedruck, Lawinen, Vulkanausbruch;

4.5.6 Erdsenkung oder Erdrutsch, es sei denn, dass Leitungswasser nach Ziffer 4.2 die Erdsenkung oder den Erdrutsch verursacht hat;

4.5.7 Brand; Blitzschlag; Überspannung durch Blitz; Explosion; Verpuffung; Implosion; Anprall oder Absturz eines Luftfahrzeuges, seiner Teile oder seiner Ladung;

4.5.8 Öffnen der Sprinkler- oder Bedienen der Berieselungsdüsen wegen eines Brandes, durch Druckproben oder durch Umbauten oder Reparaturarbeiten an dem versicherten Gebäude oder an der Wasserlösch- oder Berieselungsanlage;

4.5.9 Sturm, Hagel.

Nicht versichert sind Schäden an Gebäuden oder an Gebäudeteilen, die nicht bezugsfertig sind. Dies gilt auch für die in diesen Gebäuden oder Gebäudeteilen befindlichen Sachen.

5 Was ist unter Naturgefahren (Sturm, Hagel und weitere Naturgefahren) zu verstehen? Welche Schäden sind versichert? Welche Schäden sind hier nicht versichert?

5.1 Sturm

Sturm ist eine wetterbedingte Luftbewegung von mindestens Windstärke 8 nach der Beaufortskala (Windgeschwindigkeit mindestens 62 km pro Stunde).

Ist die Windstärke für den Schadenort nicht feststellbar, wird Sturm unterstellt, wenn der Versicherungsnehmer einen der folgenden Sachverhalte nachweist:

5.1.1 Die Luftbewegung hat in der Umgebung des Versicherungsgrundstücks Schäden an Gebäuden in einwandfreiem Zustand oder an ebenso widerstandsfähigen anderen Sachen angerichtet.

5.1.2 Der Schaden kann wegen des einwandfreien Zustands des versicherten Gebäudes oder des Gebäudes, in dem sich die versicherten Sachen befunden haben, nur durch Sturm entstanden sein. Das gilt auch für Gebäude, die baulich mit dem versicherten Gebäude verbunden sind.

5.2 Hagel

Hagel ist ein fester Witterungsniederschlag in Form von Eiskörnern.

5.3 Versicherte Sturm-/Hagelereignisse

Versichert sind nur Schäden, die wie folgt entstehen:

5.3.1 Sturm oder Hagel wirken unmittelbar auf versicherte Sachen oder auf Gebäude ein, in denen sich versicherte Sachen befinden. Daraus entstehende Folgeschäden an versicherten Sachen sind versichert.

5.3.2 Sturm oder Hagel wirken unmittelbar auf Gebäude ein, die mit dem versicherten Gebäude baulich verbunden sind.

5.3.3 Sturm oder Hagel wirken unmittelbar auf Gebäude ein, die mit Gebäuden, in denen sich versicherte Sachen befinden, baulich verbunden sind.

5.3.4 Sturm oder Hagel werfen Gebäudeteile, Bäume oder andere Gegenstände auf versicherte Sachen oder auf Gebäude, in denen sich versicherte Sachen befinden. Daraus entstehende Folgeschäden an versicherten Sachen sind versichert.

5.3.5 Sturm oder Hagel werfen Gebäudeteile, Bäume oder andere Gegenstände auf Gebäude, die mit dem versicherten Gebäude baulich verbunden sind.

5.3.6 Sturm oder Hagel werfen Gebäudeteile, Bäume oder andere Gegenstände auf Gebäude, die mit Gebäuden, in denen sich versicherte Sachen befinden, baulich verbunden sind.

5.4 Weitere Naturgefahren (Elementargefahren), soweit zusätzlich vereinbart

Der Versicherungsschutz beginnt nach Ablauf der Wartezeit von einem Monat ab dem beantragten Versicherungsbeginn.

5.4.1 Überschwemmung

Überschwemmung ist die Überflutung von Grund und Boden des Versicherungsgrundstücks mit erheblichen Mengen von Oberflächenwasser. Dies gilt nur, wenn

5.4.1.1 eine Ausuferung von oberirdischen (stehenden oder fließenden) Gewässern,

5.4.1.2 Witterungsniederschläge

oder

5.4.1.3 ein Austritt von Grundwasser an die Erdoberfläche als Folge von Ziffer 5.4.1.1 oder Ziffer 5.4.1.2

die Überflutung verursacht haben.

5.4.2 Rückstau

Rückstau liegt vor, wenn Wasser aus den gebäudeeigenen Ableitungsrohren oder damit verbundenen Einrichtungen in das Gebäude eindringt. Dies gilt nur, wenn

5.4.2.1 eine Ausuferung von oberirdischen (stehenden oder fließenden) Gewässern

Allgemeine Wohngebäude Versicherungsbedingungen für Privatkunden (VGB 2016 Privat - Wert 1914 „Gleitender Neuwert")

oder

5.4.2.2 Witterungsniederschläge den Rückstau verursacht haben.

5.4.3 Erdbeben

Erdbeben ist eine naturbedingte Erschütterung des Erdbodens, die durch geophysikalische Vorgänge im Erdinneren ausgelöst wird.

Erdbeben wird unterstellt, wenn der Versicherungsnehmer einen der folgenden Sachverhalte nachweist:

5.4.3.1 Die naturbedingte Erschütterung des Erdbodens hat in der Umgebung des Versicherungsortes Schäden an Gebäuden in einwandfreiem Zustand oder an ebenso widerstandsfähigen anderen Sachen angerichtet.

5.4.3.2 Der Schaden kann wegen des einwandfreien Zustands der versicherten Sachen nur durch ein Erdbeben entstanden sein.

5.4.4 Erdsenkung

Erdsenkung ist eine naturbedingte Absenkung des Erdbodens über naturbedingten Hohlräumen.

5.4.5 Erdrutsch

Erdrutsch ist ein naturbedingtes Abrutschen oder Abstürzen von Erd- oder Gesteinsmassen.

5.4.6 Schneedruck

Schneedruck ist die Wirkung des Gewichts von Schnee- oder Eismassen.

5.4.7 Lawinen

Lawinen sind Schnee- oder Eismassen, die an Berghängen niedergehen.

5.4.8 Vulkanausbruch

Vulkanausbruch ist eine plötzliche Druckentladung beim Aufreißen der Erdkruste, verbunden mit Lavaergüssen, Asche-Eruptionen oder dem Austritt von sonstigen Materialien und von Gasen.

5.5 Nicht versicherte Schäden

Nicht versichert sind ohne Berücksichtigung mitwirkender Ursachen – es sei denn, im Folgenden sind solche genannt – Schäden durch

5.5.1 Sturmflut;

5.5.2 Eindringen von Regen, Hagel, Schnee oder Schmutz durch nicht ordnungsgemäß geschlossene Fenster, Außentüren oder andere Öffnungen. Dies gilt nicht, wenn diese Öffnungen durch Sturm oder Hagel entstanden sind und einen Gebäudeschaden darstellen;

5.5.3 Grundwasser, soweit nicht infolge von Witterungsniederschlägen oder Ausuferung von oberirdischen Gewässern an die Erdoberfläche gedrungen;

5.5.4 Brand; Blitzschlag; Überspannung durch Blitz; Explosion; Verpuffung; Implosion; Anprall oder Absturz eines Luftfahrzeuges, seiner Teile oder seiner Ladung. Dies gilt nicht, soweit diese Gefahren durch ein versichertes Erdbeben ausgelöst wurden;

5.5.5 Trockenheit oder Austrocknung.

Nicht versichert sind Schäden an nicht bezugsfertigen Gebäuden und Gebäudeteilen sowie an Sachen, die sich darin befinden.

6 Welche Sachen sind versichert?

Versicherte Sachen sind:

6.1 die im Versicherungsschein bezeichneten Gebäude,

6.2 deren Gebäudebestandteile,

6.3 deren Gebäudezubehör,

6.4 Terrassen auf dem Versicherungsgrundstück, die unmittelbar an das Gebäude anschließen.

Weitere Grundstücksbestandteile sind nur versichert, soweit dies ausdrücklich vereinbart ist.

7 Was versteht man unter Gebäuden, Gebäudebestandteilen, Gebäudezubehör, Terrassen und weiteren Grundstücksbestandteilen? Welche Sachen sind nicht versichert und welche zusätzlich versicherbar?

7.1 Gebäude

Gebäude sind mit dem Erdboden verbundene Bauwerke. Sie müssen gegen äußere Einflüsse schützen können und im Sinne dieser Versicherungsbedingungen für die überwiegende Nutzung zu Wohnzwecken bestimmt sein.

7.2 Gebäudebestandteile

Gebäudebestandteile sind in ein Gebäude eingefügte Sachen, die durch ihre feste Verbindung mit dem Gebäude ihre Selbständigkeit verloren haben. Dazu gehören auch Einbaumöbel bzw. Einbauküchen, die individuell für das Gebäude gefertigt und mit einem großen Einbauaufwand an das Gebäude angepasst sind. Dazu gehören nicht Anbaumöbel oder Anbauküchen, die serienmäßig vorgefertigt sind.

7.3 Gebäudezubehör

Gebäudezubehör sind bewegliche Sachen, die sich im Gebäude befinden oder außen am Gebäude angebracht sind.

Sie müssen der Instandhaltung bzw. überwiegenden Zweckbestimmung des versicherten Gebäudes dienen. Als Gebäudezubehör gelten auch Müllboxen sowie Klingel- und Briefkastenanlagen auf dem Versicherungsgrundstück.

7.4 Terrassen und weitere Grundstücksbestandteile

Terrassen sind befestigte Flächen, die für den Aufenthalt im Freien vorgesehen sind.

Als weitere Grundstücksbestandteile gelten die mit dem Grund und Boden des Versicherungsgrundstücks fest verbundenen Sachen (sofern gesondert vereinbart gemäß Ziffer 7.6.2).

7.5 Nicht versicherte Sachen

Nicht versichert sind

7.5.1 Photovoltaikanlagen sowie deren zugehörige Installationen (z. B. Solarmodule, Montagerahmen, Befestigungselemente, Mess-, Steuer- und Regeltechnik, Wechselrichter und Verkabelung);

Allgemeine Wohngebäude Versicherungsbedingungen für Privatkunden (VGB 2016 Privat - Wert 1914 „Gleitender Neuwert")

7.5.2 alle in das Gebäude nachträglich eingefügten Sachen, die ein Mieter oder ein Wohnungseigentümer

7.5.2.1 auf seine Kosten beschafft oder übernommen hat

und

7.5.2.2 für die er die Gefahr trägt.

Werden Sachen dagegen nur ersetzt, sind diese Sachen, auch höher- oder geringerwertige, versichert.

Eine anderweitige Vereinbarung über die Gefahrtragung ist vom Versicherungsnehmer nachzuweisen.

7.5.3 Elektronisch gespeicherte Daten und Programme. Kosten für die Wiederherstellung von elektronisch gespeicherten Daten und Programmen sind nur versichert, soweit dies zusätzlich im Versicherungsvertrag vereinbart ist.

7.6 Zusätzlich versicherbar

Nur durch zusätzliche Vereinbarung können folgende Sachen mitversichert werden:

7.6.1 Nachträglich eingefügte Sachen des Mieters/Wohnungseigentümers

Abweichend von Ziffer 7.5.2 sind alle in das Gebäude eingefügten Sachen versichert, die ein Mieter oder ein Wohnungseigentümer auf seine Kosten beschafft oder übernommen hat und für die er die Gefahr trägt.

7.6.2 Folgende weitere Grundstücksbestandteile auf dem Versicherungsgrundstück

7.6.2.1 Carports;

7.6.2.2 Gewächs- und Gartenhäuser;

7.6.2.3 Grundstückseinfriedungen (auch Hecken);

7.6.2.4 Hof- und Gehwegbefestigungen;

7.6.2.5 Hundehütten;

7.6.2.6 Masten- und Freileitungen;

7.6.2.7 Wege- und Gartenbeleuchtungen.

8 Was ist unter dem Versicherungsort zu verstehen?

Der Versicherungsort ist das Versicherungsgrundstück. Das Versicherungsgrundstück ist das Flurstück/sind die Flurstücke, auf dem das versicherte Gebäude steht. Stehen auf einem Flurstück mehrere Gebäude, ist derjenige Teil des Flurstücks Versicherungsort, der durch Einfriedung oder anderweitige Abgrenzung ausschließlich zu dem/den versicherten Gebäude(n) gehört.

9 Was gilt für Selbstbeteiligungen im Versicherungsvertrag?

Eine Selbstbeteiligung ist der Anteil der Entschädigung oder der Betrag, den der Versicherungsnehmer je Versicherungsfall selbst zu tragen hat. Selbstbeteiligungen können individuell vereinbart werden. Sie können sich je nach versicherter Gefahr und Versicherungsleistung voneinander unterscheiden. Im Versicherungsschein werden sie jeweils ausgewiesen.

10 Welche Regelungen gelten für Wohnungs- und Teileigentum?

10.1 Bei Verträgen mit Wohnungseigentümergemeinschaften gilt:

Wenn der Versicherer wegen des Verhaltens einzelner Wohnungseigentümer ganz oder teilweise leistungsfrei ist, bleibt er den übrigen Wohnungseigentümern zur Leistung verpflichtet.

Das gilt für deren Sondereigentum und deren Miteigentumsanteile.

10.2 Nicht oder teilweise entschädigt wird der Miteigentumsanteil desjenigen, gegenüber dem der Versicherer ganz oder teilweise leistungsfrei ist.

Die übrigen Wohnungseigentümer können dennoch Entschädigung für diesen Miteigentumsanteil verlangen. Das setzt voraus, dass diese zusätzliche Entschädigung verwendet wird, um das gemeinschaftliche Eigentum wiederherzustellen.

Der Wohnungseigentümer, gegenüber dem der Versicherer ganz oder teilweise leistungsfrei ist, muss dem Versicherer diese zusätzliche Entschädigung ersetzen.

10.3 Für die Gebäudeversicherung bei Teileigentum gelten Ziffer 10.1 und Ziffer 10.2 entsprechend.

11 Welche Kosten sind versichert?

Der Versicherer ersetzt folgende Kosten, die infolge eines Versicherungsfalles erforderlich und tatsächlich angefallen sind:

11.1 Aufräumungs- und Abbruchkosten

11.2 Bewegungs- und Schutzkosten

Der Ersatz versicherter Kosten nach Ziffer 11.1 und Ziffer 11.2 ist je Versicherungsfall begrenzt:

In der Gleitenden Neuwertversicherung (Ziffer 14.1.1) auf 5 % der Versicherungssumme Wert 1914, multipliziert mit dem im Zeitpunkt des Versicherungsfalles für den Vertrag geltenden Anpassungsfaktor (Ziffer 17.2).

In der Gleitenden Zeitwertversicherung und der Versicherung zum gemeinen Wert (Ziffer 14.1.2 und Ziffer 14.1.3) auf 5 % der Versicherungssumme.

12 Was ist unter den Aufräumungs- und Abbruchkosten und den Bewegungs- und Schutzkosten zu verstehen?

12.1 Aufräumungs- und Abbruchkosten

Das sind Kosten, die entstehen, um versicherte Sachen aufzuräumen und abzubrechen. Dies schließt Aufwendungen ein, um Schutt und sonstige Reste dieser Sachen wegzuräumen, zum nächsten Ablagerungsplatz abzutransportieren, sie abzulagern und zu vernichten.

12.2 Bewegungs- und Schutzkosten

Das sind Kosten, die entstehen, um andere Sachen zu bewegen, zu verändern oder zu schützen. Erstattet werden sie, wenn diese Maßnahmen dazu dienen, versicherte Sachen wiederherzustellen oder wiederzubeschaffen.

Allgemeine Wohngebäude Versicherungsbedingungen für Privatkunden (VGB 2016 Privat - Wert 1914 „Gleitender Neuwert")

13 Was ist unter Mietausfall und Mietwert zu verstehen? In welchem Umfang sind sie versichert?

13.1 Mietausfall, Mietwert

Der Versicherer ersetzt

13.1.1 den Mietausfall, wenn Mieter von Wohnräumen wegen eines Versicherungsfalles zu Recht die Zahlung der Miete ganz oder teilweise eingestellt haben. Das schließt die fortlaufenden Betriebskosten im Sinne des Mietrechts ein;

13.1.2 den ortsüblichen Mietwert von Wohnräumen, die der Versicherungsnehmer selbst bewohnt. Das schließt die fortlaufenden Betriebskosten im Sinne des Mietrechts ein.

Voraussetzung für den Ersatz des Mietwerts ist, dass dem Versicherungsnehmer wegen eines Versicherungsfalles nicht zugemutet werden kann, zumindest Teile der Wohnung zu nutzen;

13.1.3 auch einen durch öffentlich-rechtliche Wiederherstellungsbeschränkungen verursachten zusätzlichen Mietausfall nach Ziffer 13.1.1 bzw. Mietwert nach Ziffer 13.1.2.

13.2 Zeitraum für Mietausfall oder Mietwert

13.2.1 Mietausfall oder Mietwert werden für den Zeitraum ersetzt, in dem Räume nicht benutzbar sind, höchstens aber für 12 Monate seit dem Eintritt des Versicherungsfalles.

13.2.2 Mietausfall oder Mietwert werden nur insoweit ersetzt, wie der Versicherungsnehmer die mögliche Wiederbenutzung nicht schuldhaft verzögert.

13.3 Gewerblich genutzte Räume

Für gewerblich genutzte Räume kann die Versicherung des Mietausfalls oder des ortsüblichen Mietwertes vereinbart werden.

14 Welche Versicherungswerte gibt es? Was ist die Versicherungssumme?

14.1 Vereinbarte Versicherungswerte

Der Versicherungswert bildet die Grundlage für die Berechnung der Entschädigung.

Der für das Gebäude vereinbarte Versicherungswert gilt auch für Gebäudezubehör und weitere Grundstücksbestandteile nach Ziffer 7.3 und Ziffer 7.4.

Als Versicherungswert können der Gleitende Neuwert, der Gleitende Zeitwert oder der Gemeine Wert vereinbart werden.

14.1.1 Gleitender Neuwert

14.1.1.1 Der Gleitende Neuwert ist der Betrag, der aufzuwenden ist, um Sachen gleicher Art und Güte in neuwertigem Zustand herzustellen. Maßgebend ist der ortsübliche Neubauwert. Dazu gehören Architektenhonorare sowie sonstige Konstruktions- und Planungskosten. Der Gleitende Neuwert wird ausgedrückt in Preisen des Jahres 1914.

Kann eine Sache wegen Technologiefortschritts in derselben Art und Güte nicht mehr oder nur mit unwirtschaftlichem Aufwand wiederhergestellt werden, umfasst der Gleitende Neuwert auch Aufwendungen für Ersatzgüter. Diese müssen den zu ersetzenden Sachen möglichst nahekommen.

14.1.1.2 Im Gleitenden Neuwert berücksichtigt sind:

Mehrkosten durch öffentlich-rechtliche Wiederherstellungsbeschränkungen, die dadurch entstehen, dass versicherte und vom Schaden betroffene Sachen wegen öffentlich-rechtlicher Vorschriften nicht in derselben Art und Güte wiederhergestellt oder wiederbeschafft werden können.

Mehrkosten durch Preissteigerungen zwischen dem Eintritt des Versicherungsfalles und der unverzüglich veranlassten Wiederherstellung.

14.1.1.3 Der Versicherer passt den Versicherungsschutz nach Ziffer 14.1.1.1 an die Baukostenentwicklung an (Ziffer 17). Insoweit besteht Versicherungsschutz auf der Grundlage des ortsüblichen Neubauwerts zum Zeitpunkt der unverzüglich nach dem Versicherungsfall veranlassten Wiederherstellung.

14.1.1.4 Wenn sich durch bauliche Maßnahmen innerhalb der laufenden Versicherungsperiode der Wert des Gebäudes erhöht, besteht auch insoweit Versicherungsschutz bis zum Schluss dieser Periode.

14.1.2 Gleitender Zeitwert

Der Gleitende Zeitwert ergibt sich aus dem Neuwert des Gebäudes, ermittelt nach Ziffer 14.1.1, abzüglich einer Wertminderung insbesondere durch Alter und Abnutzungsgrad.

14.1.3 Gemeiner Wert

Der Gemeine Wert ist der erzielbare Verkaufspreis für das Gebäude oder für das Altmaterial.

14.2 Abweichender Versicherungswert bei dauerhaft entwerteten Gebäuden

Auch wenn Gleitender Neuwert oder Gleitender Zeitwert vereinbart ist, kann der Gemeine Wert Versicherungswert sein. Das ist dann der Fall, wenn das Gebäude zum Abbruch bestimmt oder sonst dauerhaft entwertet ist. Eine dauerhafte Entwertung liegt insbesondere vor, wenn das Gebäude für seinen Zweck nicht mehr zu verwenden ist.

14.3 Versicherungssumme

14.3.1 Die Versicherungssumme wird zwischen Versicherer und Versicherungsnehmer vereinbart. Sie soll dem Versicherungswert entsprechen.

14.3.2 Ist zum Zeitpunkt des Versicherungsfalles die Versicherungssumme geringer als der Versicherungswert, kann die Regelung über die Unterversicherung zur Anwendung kommen (Ziffer 18.8).

14.3.3 Ist Gemeiner Wert vereinbart, ist der Versicherungsnehmer für die zutreffende Höhe der Versicherungssumme verantwortlich.

15 Wie wird die Versicherungssumme in der Gleitenden Neuwertversicherung ermittelt? Was ist der Unterversicherungsverzicht?

15.1 Ermittlung der Versicherungssumme in der Gleitenden Neuwertversicherung

Die Versicherungssumme ist nach dem ortsüblichen Neubauwert (Ziffer 14.1.1) zu ermitteln. Dieser wird in den Preisen des Jahres 1914 ausgedrückt (Versicherungssumme „Wert 1914").

Die Versicherungssumme gilt unter folgenden Voraussetzungen als richtig ermittelt:

15.1.1 Der Versicherungsnehmer hat die Fragen im Antrag nach Größe, Ausbau und Ausstattung des Gebäudes zutreffend beantwortet

und

15.1.2 der Versicherer hat nach diesen Angaben die Versicherungssumme „Wert 1914" berechnet.

15.2 Geltung und Umfang des Unterversicherungsverzichts

15.2.1 Wenn die Versicherungssumme „Wert 1914" nach Ziffer 15.1 ermittelt und nach Ziffer 14.1.1 vereinbart wird, gilt ein Unterversicherungsverzicht. Der Versicherer verzichtet dann auf einen Abzug wegen Unterversicherung. Das gilt auch für die Kosten und den Mietausfall.

15.2.2 Ein Abzug wegen Unterversicherung erfolgt jedoch, wenn nach Vertragsschluss wertsteigernde bauliche Maßnahmen zu Veränderungen der nach Ziffer 15.1 ermittelten Versicherungssumme führen und dies dem Versicherer nicht unverzüglich angezeigt wurde.

Kein Abzug wegen Unterversicherung erfolgt aber, wenn die wertsteigernden baulichen Maßnahmen in der Versicherungsperiode vorgenommen wurden, in der ein Versicherungsfall eingetreten ist.

15.2.3 Hat der Versicherungsnehmer die Antragsfragen nach Ziffer 15.1 nicht zutreffend beantwortet und wurde dadurch die Versicherungssumme „Wert 1914" zu niedrig bemessen, gilt der Unterversicherungsverzicht nach Ziffer 15.2.1 nicht. Dadurch kann der Versicherer auch einen Abzug wegen Unterversicherung vornehmen.

Die Rechte des Versicherers nach den Regelungen der Anzeigepflichten des Versicherungsnehmers oder seines Vertreters bis zum Vertragsschluss bleiben davon unberührt.

16 Wie wird die Prämie in der Gleitenden Neuwertversicherung ermittelt?

Grundlagen der Berechnung der Prämie sind

16.1 die Versicherungssumme „Wert 1914",

16.2 der Prämiensatz

sowie

16.3 der Anpassungsfaktor.

Die jeweils zu zahlende Jahresprämie wird berechnet durch die Multiplikation dieser Werte.

17 Was sind die Grundlagen der Anpassung von Versicherungsschutz und Prämie?

Es gelten folgende Grundlagen:

17.1 Wird der Versicherungsschutz nach Ziffer 14.1.1.3 angepasst, verändert sich die Prämie. Dazu kommt es, wenn sich der Anpassungsfaktor erhöht oder vermindert.

17.2 Der Anpassungsfaktor verändert sich jeweils zum 1. Januar eines jeden Jahres für die in diesem Jahr beginnende Versicherungsperiode. Er erhöht oder vermindert sich entsprechend dem Prozentsatz, um den sich der jeweils für den Monat Mai des Vorjahres veröffentlichte Baupreisindex für Wohngebäude und der für den Monat April des Vorjahres veröffentlichte Tariflohnindex für das Baugewerbe verändert haben.

Beide Indizes gibt das Statistische Bundesamt bekannt.

Bei dieser Anpassung wird die Änderung des Baupreisindex zu 80 % und die des Tariflohnindex zu 20 % berücksichtigt. Bei der Berechnung der Veränderungsraten zum Vorjahr und der anschließenden Gewichtung beider Veränderungsraten wird jeweils auf zwei Stellen nach dem Komma gerundet.

Der Anpassungsfaktor wird auf zwei Stellen nach dem Komma gerundet.

Soweit bei Rundungen die dritte Zahl nach dem Komma eine 5 oder eine höhere Zahl ist, wird aufgerundet, sonst abgerundet.

18 Wie wird die Entschädigung ermittelt?

18.1 Gleitende Neuwertversicherung

18.1.1 Der Versicherer ersetzt

18.1.1.1 bei zerstörten Gebäuden die ortsüblichen Wiederherstellungskosten nach Ziffer 14.1.1.1 zum Zeitpunkt des Versicherungsfalles. Das schließt Mehrkosten nach Ziffer 14.1.1.2 ein. Architektenhonorare sowie sonstige Konstruktions- und Planungskosten gehören auch zur Entschädigung;

18.1.1.2 bei beschädigten Gebäuden oder sonstigen beschädigten Sachen die erforderlichen Reparaturkosten zum Zeitpunkt des Versicherungsfalles. Der Versicherer ersetzt außerdem eine Wertminderung, die durch die Reparatur nicht ausgeglichen wird. Ersetzt wird aber höchstens der Versicherungswert zum Zeitpunkt des Versicherungsfalles.

18.1.1.3 bei zerstörten oder abhandengekommen sonstigen Sachen den Wiederbeschaffungspreis für Sachen gleicher Art und Güte im neuwertigen Zustand zum Zeitpunkt des Versicherungsfalles;

18.1.2 Wenn wegen öffentlich-rechtlicher Vorschriften technisch noch brauchbare Sachsubstanz der versicherten Sachen für die Wiederherstellung nicht verwendet werden darf, dann erhält der Versicherungsnehmer eine entsprechende Entschädigung nach Ziffer 18.1.1.

Das setzt voraus, dass

18.1.2.1 die behördlichen Anordnungen nicht vor Eintritt des Versicherungsfalles erteilt wurden

oder

18.1.2.2 die Nutzung der Sachen zum Zeitpunkt des Versicherungsfalles nicht aufgrund öffentlich-rechtlicher Vorschriften ganz oder teilweise untersagt war.

18.1.3 Preissteigerungen zwischen dem Versicherungsfall und der Wiederherstellung werden entschädigt, wenn die Wiederherstellung innerhalb von 3 Jahren nach Eintritt des Versicherungsfalles sichergestellt wird.

18.1.4 Der erzielbare Verkaufspreis von Resten wird bei der Entschädigungsberechnung nach Ziffer 18.1.1 angerechnet.

18.2 Gleitender Zeitwert

18.2.1 Der Versicherer ersetzt

18.2.1.1 bei zerstörten Gebäuden den Neuwert zum Zeitpunkt des Versicherungsfalles nach Ziffer 14.1.1 abzüglich der Wertminderung insbesondere durch Alter und Abnutzungsgrad;

Allgemeine Wohngebäude Versicherungsbedingungen für Privatkunden (VGB 2016 Privat - Wert 1914 „Gleitender Neuwert")

18.2.1.2 bei beschädigten Gebäuden oder sonstigen beschädigten Sachen die erforderlichen Reparaturkosten zum Zeitpunkt des Versicherungsfalles. Der Versicherer ersetzt außerdem eine Wertminderung, die durch die Reparatur nicht ausgeglichen wird. Ersetzt wird aber höchstens der Zeitwert zum Zeitpunkt des Versicherungsfalles;

18.2.1.3 bei zerstörten oder abhandengekommen sonstigen Sachen den Wiederbeschaffungspreis von Sachen gleicher Art und Güte im neuwertigen Zustand zum Zeitpunkt des Versicherungsfalles. Davon abgezogen wird die Wertminderung insbesondere durch Alter und Abnutzung.

18.2.2 Der erzielbare Verkaufspreis von Resten wird bei der Entschädigungsberechnung nach Ziffer 18.2.1 angerechnet.

18.3 Gemeiner Wert

Ist ein Gebäude zum Abbruch bestimmt oder sonst dauerhaft entwertet, werden versicherte Sachen zum erzielbaren Verkaufspreis ohne den Grundstücksanteil entschädigt.

18.4 Kosten

Versicherte Kosten nach Ziffer 12 werden ersetzt, wenn sie nachweislich tatsächlich angefallen sind. Dabei werden die jeweils vereinbarten Entschädigungsgrenzen berücksichtigt.

18.5 Mietausfall, Mietwert

Der Versicherer ersetzt den versicherten Mietausfall bzw. Mietwert bis zum Ende des vereinbarten Zeitraums nach Ziffer 13.2.

18.6 Neuwertanteil

In der Gleitenden Neuwertversicherung erwirbt der Versicherungsnehmer den Anspruch auf Zahlung des Teils der Entschädigung, der den Zeitwertschaden nach Ziffer 18.2 übersteigt (Neuwertanteil), nur unter folgenden Voraussetzungen:

18.6.1 Der Versicherungsnehmer stellt sicher, dass er die Entschädigung verwenden wird, um versicherte Sachen in gleicher Art und Zweckbestimmung an der bisherigen Stelle wiederherzustellen oder wiederzubeschaffen,

und

18.6.2 die Wiederherstellung oder Wiederbeschaffung ist innerhalb eines Zeitraums von 3 Jahren nach Eintritt des Versicherungsfalles sichergestellt.

Ist die Wiederherstellung an der bisherigen Stelle rechtlich nicht möglich oder wirtschaftlich nicht zu vertreten, genügt es, das Gebäude an anderer Stelle innerhalb der Bundesrepublik Deutschland zu errichten.

Der Versicherungsnehmer muss den Neuwertanteil zurückzahlen, wenn er verschuldet hat, dass die Sache nicht innerhalb einer angemessenen Frist wiederhergestellt oder wiederbeschafft wurde.

18.7 Gesamtentschädigung, Kosten auf Weisung des Versicherers

In der Zeitwertversicherung ist die Gesamtentschädigung für versicherte Sachen nach Ziffer 6, versicherte Kosten nach Ziffer 12 und versicherten Mietausfall bzw. Mietwert nach Ziffer 13 je Versicherungsfall auf den für den Zeitpunkt des Versicherungsfalles geltenden Versicherungswert begrenzt.

Schadenabwendungs- und Schadenminderungskosten (Aufwendungsersatz gemäß § 83 VVG), die auf Weisung des Versicherers entstanden sind, werden unbegrenzt ersetzt.

18.8 Feststellung und Berechnung einer Unterversicherung

Für die Fälle von Ziffer 15.2.2 und Ziffer 15.2.3 gilt für die Prüfung der Unterversicherung Folgendes:

Ist die Versicherungssumme zum Zeitpunkt des Versicherungsfalles niedriger als der Versicherungswert, besteht eine Unterversicherung. In diesem Fall wird die Entschädigung nach Ziffer 18.1 bis Ziffer 18.3 in dem Verhältnis von Versicherungssumme zum Versicherungswert gekürzt. Es gilt folgende Berechnungsformel:

$$\text{Entschädigung} = \frac{\text{Schadenbetrag} \times \text{Versicherungssumme (Wert 1914)}}{\text{Versicherungswert 1914}}$$

Die Erstattung von versicherten Kosten nach Ziffer 12 und des versicherten Mietausfalles bzw. Mietwertes nach Ziffer 13 wird nach der gleichen Berechnungsformel in dem Verhältnis von Versicherungssumme zum Versicherungswert gekürzt.

18.9 Mehrwertsteuer

Die Mehrwertsteuer wird nur ersetzt, wenn und soweit sie tatsächlich angefallen ist.

18.10 Selbstbeteiligung

Selbstbeteiligungen werden in der vereinbarten Höhe von der Entschädigung abgezogen.

---

19 Welche Regeln gelten für das Sachverständigenverfahren?

19.1 Feststellung der Schadenhöhe

Der Versicherungsnehmer kann nach Eintritt des Versicherungsfalles verlangen, dass die Höhe des Schadens in einem Sachverständigenverfahren festgestellt wird.

Ein solches Sachverständigenverfahren können der Versicherer und der Versicherungsnehmer auch gemeinsam vereinbaren.

19.2 Weitere Feststellungen

Der Versicherungsnehmer und der Versicherer können vereinbaren, das Sachverständigenverfahren auf weitere Feststellungen zum Versicherungsfall auszudehnen.

19.3 Verfahren vor der Feststellung

Für das Sachverständigenverfahren gilt:

19.3.1 Jede Partei hat in Textform (z. B. E-Mail, Telefax oder Brief) einen Sachverständigen zu benennen. Eine Partei, die ihren Sachverständigen benannt hat, kann die andere Partei in Textform (z. B. E-Mail, Telefax oder Brief) auffordern, den zweiten Sachverständigen zu benennen. Dabei muss sie den von ihr benannten Sachverständigen angeben. Der zweite Sachverständige muss innerhalb von 2 Wochen nach Zugang der Aufforderung benannt werden. Wenn das nicht geschieht, kann die auffordernde Partei den Sachverständigen durch das für den Schadenort zuständige Amtsgericht ernennen lassen. In seiner Aufforderung muss der Versicherer den Versicherungsnehmer auf diese Folge hinweisen.

19.3.2 Der Versicherer darf folgende Personen nicht als Sachverständigen benennen:

19.3.2.1 Mitbewerber des Versicherungsnehmers;

19.3.2.2 Personen, die mit dem Versicherungsnehmer in dauernder Geschäftsverbindung stehen;

19.3.2.3 Personen, die bei Mitbewerbern oder Geschäftspartnern des Versicherungsnehmers angestellt sind oder mit ihnen in einem ähnlichen Verhältnis stehen.

19.3.3 Beide Sachverständige benennen in Textform (z. B. E-Mail, Telefax oder Brief) vor Beginn ihrer Feststellungen einen dritten Sachverständigen als Obmann. Die Regelung nach Ziffer 19.3.2 gilt auch für seine Benennung. Wenn sich die Sachverständigen nicht einigen, wird der Obmann durch das für den Schadenort zuständige Amtsgericht ernannt. Dies geschieht auf Antrag einer der beiden Parteien.

19.4 Feststellung

Die Feststellungen der Sachverständigen müssen enthalten:

19.4.1 ein Verzeichnis der abhandengekommen, der zerstörten und der beschädigten versicherten Sachen mit den dazugehörigen Versicherungswerten zum Zeitpunkt des Versicherungsfalles;

19.4.2 die Wiederherstellungs- und Wiederbeschaffungskosten;

19.4.3 die Restwerte der vom Schaden betroffenen Sachen;

19.4.4 die versicherten Kosten und den versicherten Mietausfall bzw. Mietwert.

Wenn kein Unterversicherungsverzicht gegeben ist, muss zudem der Versicherungswert der nicht vom Schaden betroffenen versicherten Sachen zum Zeitpunkt des Versicherungsfalles enthalten sein.

19.5 Verfahren nach der Feststellung

Jeder Sachverständige übermittelt seine Feststellungen beiden Parteien gleichzeitig. Weichen die Feststellungen der Sachverständigen voneinander ab, übergibt der Versicherer sie unverzüglich dem Obmann. Dieser entscheidet über die darin streitig gebliebenen Punkte. Die Feststellungen der Sachverständigen bilden dabei die Grenzen für den Entscheidungsspielraum des Obmanns. Seine Entscheidung übermittelt der Obmann beiden Parteien gleichzeitig.

Die Feststellungen der Sachverständigen bzw. des Obmanns sind für die Vertragsparteien verbindlich. Sie sind unverbindlich, wenn nachgewiesen wird, dass sie offenbar von der wirklichen Sachlage erheblich abweichen.

Aufgrund von verbindlichen Feststellungen berechnet der Versicherer die Entschädigung.

Wenn die Feststellungen unverbindlich sind, trifft das Gericht eine verbindliche Feststellung.

Dies gilt auch, wenn die Sachverständigen die Feststellung nicht treffen können oder wollen oder sie verzögern.

19.6 Kosten

Sofern nicht etwas anderes vereinbart ist, trägt jede Partei die Kosten ihres Sachverständigen. Die Kosten des Obmanns tragen beide Parteien je zur Hälfte.

19.7 Obliegenheiten

Durch das Sachverständigenverfahren werden die Obliegenheiten des Versicherungsnehmers nicht berührt.

20 Wann wird die Entschädigung gezahlt und wie wird sie verzinst?

20.1 Fälligkeit der Entschädigung

20.1.1 Die Entschädigung wird fällig, wenn der Versicherer den Anspruch dem Grund und der Höhe nach abschließend festgestellt hat.

Der Versicherungsnehmer kann einen Monat nach Meldung des Schadens den Betrag als Abschlagszahlung beanspruchen, der voraussichtlich mindestens zu zahlen ist.

20.1.2 Der über den Zeitwertschaden hinausgehende Teil der Entschädigung wird fällig, nachdem der Versicherungsnehmer nachgewiesen hat, dass er die Wiederherstellung oder Wiederbeschaffung sichergestellt hat.

20.2 Rückzahlung des Neuwertanteils

Der Versicherungsnehmer ist zur Rückzahlung der nach Ziffer 20.1.2 geleisteten Entschädigung verpflichtet, wenn die Sache infolge seines Verschuldens nicht innerhalb einer angemessenen Frist wiederhergestellt oder wiederbeschafft worden ist. Das gilt auch für Zinsen, die der Versicherer nach Ziffer 20.3.2 gezahlt hat.

20.3 Verzinsung

Für die Verzinsung gelten folgende Regelungen, soweit nicht aus einem anderen Rechtsgrund eine weitergehende Zinspflicht besteht:

20.3.1 Entschädigung

Sie ist ab der Anzeige des Schadens zu verzinsen. Dies gilt nicht, soweit die Entschädigung innerhalb eines Monats geleistet wurde.

20.3.2 Über den Zeitwertschaden hinausgehender Teil der Entschädigung

Dieser ist ab dem Zeitpunkt zu verzinsen, in dem der Versicherungsnehmer die Sicherstellung für die Wiederherstellung oder Wiederbeschaffung nachgewiesen hat.

20.3.3 Zinssatz

Der Zinssatz liegt 1 % unter dem jeweiligen Basiszinssatz des Bürgerlichen Gesetzbuchs (§ 247 BGB), mindestens aber bei 4 % und höchstens bei 6 % Zinsen pro Jahr.

Die Zinsen werden zusammen mit der Entschädigung fällig.

20.4 Hemmung

Bei der Berechnung der Fristen nach Ziffer 20.1 und Ziffer 20.3.1 und Ziffer 20.3.2 gilt: Nicht zu berücksichtigen ist der Zeitraum, für den wegen Verschuldens des Versicherungsnehmers die Entschädigung nicht ermittelt oder nicht gezahlt werden kann.

20.5 Aufschiebung der Zahlung

Der Versicherer kann die Zahlung aufschieben, solange

20.5.1 Zweifel an der Empfangsberechtigung des Versicherungsnehmers bestehen;

20.5.2 ein behördliches oder strafgerichtliches Verfahren gegen den Versicherungsnehmer oder seinen Repräsentanten aus Anlass dieses Versicherungsfalles noch läuft;

20.5.3 eine gesetzlich vorgesehene Mitwirkung des Realgläubigers nicht erfolgte.

Allgemeine Wohngebäude Versicherungsbedingungen für Privatkunden (VGB 2016 Privat - Wert 1914 „Gleitender Neuwert")

21 Welche vertraglich vereinbarten Sicherheitsvorschriften (zusätzliche Obliegenheiten) hat der Versicherungsnehmer vor dem Versicherungsfall zu erfüllen?

21.1 Sicherheitsvorschriften

Als vertraglich vereinbarte, zusätzliche Obliegenheiten gelten folgende Sicherheitsvorschriften:

21.1.1 Versicherte Sachen sind stets in ordnungsgemäßem Zustand zu erhalten. Dies gilt insbesondere für wasserführende Anlagen und Einrichtungen, Dächer und außen angebrachte Sachen.

Mängel oder Schäden an diesen Sachen müssen unverzüglich beseitigt werden.

21.1.2 Nicht genutzte Gebäude oder Gebäudeteile müssen zu jeder Jahreszeit genügend häufig kontrolliert werden.

Außerdem sind dort alle wasserführenden Anlagen und Einrichtungen abzusperren, zu entleeren und entleert zu halten.

21.1.3 In der kalten Jahreszeit müssen alle Gebäude und Gebäudeteile beheizt werden. Dies ist genügend häufig zu kontrollieren.

Alternativ sind dort alle wasserführenden Anlagen und Einrichtungen abzusperren, zu entleeren und entleert zu halten.

21.1.4 Zur Vermeidung von Überschwemmungs- bzw. Rückstauschäden gilt:

21.1.4.1 Bei rückstaugefährdeten Räumen müssen Rückstausicherungen funktionsbereit gehalten werden.

21.1.4.2 Die Abflussleitungen auf dem Versicherungsgrundstück müssen frei gehalten werden.

21.2 Folgen einer Obliegenheitsverletzung

Verletzt der Versicherungsnehmer vorsätzlich oder grob fahrlässig eine der in Ziffer 21.1 genannten Obliegenheiten, ist der Versicherer zur Kündigung berechtigt oder auch ganz oder teilweise leistungsfrei (gemäß § 28 VVG).

22 Obliegenheiten bei und nach Eintritt des Versicherungsfalles

22.1 Der Versicherungsnehmer hat bei und nach Eintritt des Versicherungsfalles

22.1.1 nach Möglichkeit für die Abwendung und Minderung des Schadens zu sorgen;

22.1.2 dem Versicherer den Schadeneintritt, nachdem er von ihm Kenntnis erlangt hat, unverzüglich - ggf. auch mündlich oder telefonisch - anzuzeigen;

22.1.3 Weisungen des Versicherers zur Schadenabwendung/-minderung - ggf. auch mündlich oder telefonisch - einzuholen, wenn die Umstände dies gestatten;

22.1.4 Weisungen des Versicherers zur Schadenabwendung/-minderung, soweit für ihn zumutbar, zu befolgen. Erteilen mehrere an dem Versicherungsvertrag beteiligte Versicherer unterschiedliche Weisungen, hat der Versicherungsnehmer nach pflichtgemäßem Ermessen zu handeln;

22.1.5 Schäden durch strafbare Handlungen gegen das Eigentum unverzüglich der Polizei anzuzeigen;

22.1.6 dem Versicherer und der Polizei unverzüglich ein Verzeichnis der abhandengekommen Sachen einzureichen;

22.1.7 das Schadenbild so lange unverändert zu lassen, bis die Schadenstelle oder die beschädigten Sachen durch den Versicherer freigegeben worden sind. Sind Veränderungen unumgänglich, sind das Schadenbild nachvollziehbar zu dokumentieren (z. B. durch Fotos) und die beschädigten Sachen bis zu einer Besichtigung durch den Versicherer aufzubewahren;

22.1.8 soweit möglich, dem Versicherer unverzüglich jede Auskunft - auf Verlangen in Schriftform - zu erteilen, die zur Feststellung des Versicherungsfalles oder des Umfanges der Leistungspflicht des Versicherers erforderlich ist sowie jede Untersuchung über Ursache und Höhe des Schadens und über den Umfang der Entschädigungspflicht zu gestatten;

22.1.9 vom Versicherer angeforderte Belege beizubringen, deren Beschaffung ihm billigerweise zugemutet werden kann.

22.2 Steht das Recht auf die vertragliche Leistung des Versicherers einem Dritten zu, so hat dieser die Obliegenheiten (gemäß Ziffer 22.1.1 bis Ziffer 22.1.9) ebenfalls zu erfüllen - soweit ihm dies nach den tatsächlichen und rechtlichen Umständen möglich ist.

22.3 Folgen einer Obliegenheitsverletzung

Verletzt der Versicherungsnehmer eine Obliegenheit gemäß Ziffer 22.1, gilt unter den Voraussetzungen nach § 28 VVG Folgendes: Der Versicherer kann ganz oder teilweise leistungsfrei sein.

23 Welche besonderen Umstände erhöhen die Gefahr?

23.1 Anzeigepflichtige Gefahrerhöhung

Eine anzeigepflichtige Gefahrerhöhung (nach § 23 VVG) kann insbesondere in den folgenden Fällen vorliegen:

23.1.1 Es ändert sich ein Umstand, nach dem der Versicherer vor Vertragsschluss gefragt hat.

23.1.2 Das Gebäude oder der überwiegende Teil des Gebäudes wird nicht mehr genutzt.

23.1.3 Am Gebäude werden Baumaßnahmen durchgeführt, in deren Verlauf das Dach ganz oder teilweise entfernt wird.

23.1.4 Baumaßnahmen am Gebäude führen dazu, dass es überwiegend unbenutzbar wird.

23.1.5 In dem Gebäude wird ein Gewerbebetrieb aufgenommen.

23.1.6 Das Gebäude wird nach Vertragsschluss unter Denkmalschutz gestellt.

23.2 Folgen einer Gefahrerhöhung

Die Folgen einer Gefahrerhöhung sind in den §§ 24ff. VVG geregelt.

24 Welche Besonderheiten gelten bei Kündigungen und angemeldeten Realrechten?

Hat ein Realgläubiger sein Grundpfandrecht angemeldet, ist eine Kündigung des Versicherungsverhältnisses durch den Versicherungsnehmer für die Gefahrengruppe Brand; Blitzschlag; Überspannung durch Blitz; Explosion; Verpuffung; Implosion; Absturz oder Anprall eines Luftfahrzeuges, seiner Teile oder seiner Ladung in folgenden Fällen wirksam:

24.1 Der Versicherungsnehmer hat mindestens einen Monat vor Ablauf des Versicherungsvertrags nachgewiesen, dass zu dem Zeitpunkt, zu dem die Kündigung spätestens zulässig war, das Grundstück nicht mehr mit dem Grundpfandrecht belastet war,

oder

24.2 der Versicherungsnehmer hat mindestens einen Monat vor Ablauf des Versicherungsvertrags nachgewiesen, dass der Realgläubiger der Kündigung zugestimmt hat.

Dies gilt nicht für eine Kündigung nach Veräußerung oder im Versicherungsfall.

25 Was gilt, wenn versicherte Sachen veräußert werden?

25.1 Rechtsverhältnisse nach Eigentumsübergang

25.1.1 Veräußert der Versicherungsnehmer die versicherte Sache, tritt der Erwerber an dessen Stelle in den Versicherungsvertrag ein. Dies geschieht zum Zeitpunkt des Eigentumsübergangs. Bei Immobilien erfolgt dieser zum Datum des Grundbucheintrags. Ab diesem Zeitpunkt übernimmt der Erwerber die Rechte und Pflichten des Versicherungsnehmers aus dem Versicherungsverhältnis.

25.1.2 Der Veräußerer und der Erwerber haften für den Beitrag als Gesamtschuldner. Das gilt für den Beitrag der Versicherungsperiode, in welcher der Eigentumsübergang erfolgt.

25.1.3 Der Versicherer muss den Eintritt des Erwerbers in den Versicherungsvertrag erst gegen sich gelten lassen, wenn er hiervon Kenntnis erlangt.

25.2 Kündigungsrechte

25.2.1 Der Versicherer ist berechtigt, gegenüber dem Erwerber den Versicherungsvertrag zu kündigen. Dabei muss er eine Frist von einem Monat einhalten.

Dieses Kündigungsrecht erlischt, wenn der Versicherer es nicht innerhalb eines Monats ab der Kenntnis von der Veräußerung ausübt.

25.2.2 Der Erwerber ist berechtigt, den Versicherungsvertrag mit sofortiger Wirkung oder mit Wirkung zum Ende der laufenden Versicherungsperiode in Textform (z. B. E-Mail, Telefax oder Brief) zu kündigen. Das Kündigungsrecht erlischt, wenn er es nicht innerhalb eines Monats nach dem Erwerb ausübt. Fehlt dem Erwerber die Kenntnis, dass eine Versicherung besteht, erlischt das Kündigungsrecht einen Monat, nachdem er die Kenntnis erlangt hat.

25.2.3 Im Falle der Kündigung nach Ziffer 25.2.1 und Ziffer 25.2.2 haftet der Veräußerer allein für die Zahlung des Beitrags.

25.2.4 Im Falle der Kündigung nach Ziffer 25.2.1. und Ziffer 25.2.2 erhält der Veräußerer seinen unverbrauchten Prämienanteil erstattet.

25.3 Anzeigepflichten

25.3.1 Die Veräußerung ist dem Versicherer vom Veräußerer oder Erwerber unverzüglich in Textform (z. B. E-Mail, Telefax oder Brief) anzuzeigen.

25.3.2 Ist die Anzeige unterblieben, ist der Versicherer nicht verpflichtet, im Versicherungsfall zu leisten.

Dies gilt nur, wenn die folgenden Voraussetzungen beide vorliegen:

Der Versicherungsfall ist später als einen Monat nach dem Zeitpunkt eingetreten, zu dem die Anzeige hätte zugehen müssen.

Der Versicherer weist nach, dass er den bestehenden Vertrag mit dem Erwerber nicht geschlossen hätte.

25.3.3 Abweichend von Ziffer 25.3.2 ist der Versicherer in folgenden Fällen verpflichtet zu leisten:

Ihm war die Veräußerung zu dem Zeitpunkt bekannt, zu dem ihm die Anzeige hätte zugehen müssen.

Zum Zeitpunkt des Versicherungsfalles war die Frist für die Kündigung des Versicherers bereits abgelaufen, und er hatte nicht gekündigt.

26 Kündigung nach dem Versicherungsfall

26.1 Kündigungsrecht

Nach dem Eintritt eines Versicherungsfalles kann jede der Vertragsparteien den Versicherungsvertrag kündigen.

Die Kündigung ist in Textform (z. B. E-Mail, Telefax oder Brief) zu erklären. Die Kündigung ist nur bis zum Ablauf eines Monats seit dem Abschluss der Verhandlungen über die Entschädigung zulässig.

26.2 Kündigung durch Versicherungsnehmer

Kündigt der Versicherungsnehmer, wird seine Kündigung mit ihrem Zugang beim Versicherer wirksam. Der Versicherungsnehmer kann jedoch bestimmen, dass die Kündigung zu einem späteren Zeitpunkt, spätestens jedoch zum Ende der laufenden Versicherungsperiode, wirksam wird.

26.3 Kündigung durch Versicherer

Eine Kündigung des Versicherers wird einen Monat nach ihrem Zugang beim Versicherungsnehmer wirksam.

27 Beginn des Versicherungsschutzes, Prämienzahlung

27.1 Beginn des Versicherungsschutzes

Der Versicherungsschutz beginnt zu dem im Versicherungsschein angegebenen Zeitpunkt, wenn der Versicherungsnehmer die erste oder einmalige Prämie rechtzeitig im Sinne von Ziffer 27.2 zahlt. Dies gilt vorbehaltlich der Regelungen über die Folgen verspäteter Zahlungen oder Nichtzahlung der Erst- oder Einmalprämie.

27.2 Fälligkeit der Erst- oder Einmalprämie

27.2.1 Die im Versicherungsschein genannte erste oder einmalige Prämie wird unverzüglich nach Ablauf von 14 Tagen nach Zugang des Versicherungsscheins fällig. Ist die Zahlung der Jahresprämie in Raten vereinbart, gilt als erste Prämie nur die erste Rate der ersten Jahresprämie.

27.2.2 Zahlt der Versicherungsnehmer die erste oder einmalige Prämie nicht rechtzeitig, sondern zu einem späteren Zeitpunkt, beginnt der Versicherungsschutz erst zu diesem Zeitpunkt. Dies gilt nicht, wenn der Versicherungsnehmer die Nichtzahlung nicht zu vertreten hat.

Für Versicherungsfälle, die bis zur Zahlung der Prämie eintreten, ist der Versicherer nur dann nicht zur Leistung verpflichtet, wenn er den Versicherungsnehmer durch gesonderte Mitteilung in Textform durch einen auffälligen Hinweis im Versicherungsschein auf diese Rechtsfolgen der Nichtzahlung der Prämie aufmerksam gemacht hat.

27.2.3 Zahlt der Versicherungsnehmer die Prämie nicht rechtzeitig, kann der Versicherer vom Vertrag zurücktreten, solange die Prämie nicht gezahlt ist. Der Versicherer kann nicht zurücktreten, wenn der Versicherungsnehmer nachweist, dass er die Nichtzahlung nicht zu vertreten hat.

28 Dauer und Ende des Vertrages

28.1 Vertragsdauer

Der Vertrag ist für den im Versicherungsschein angegebenen Zeitraum abgeschlossen.

28.2 Stillschweigende Verlängerung

Bei einer Vertragsdauer von mindestens einem Jahr verlängert sich der Vertrag um jeweils ein Jahr. Er verlängert sich nicht, wenn einer der Vertragsparteien spätestens 3 Monate vor dem Ablauf der jeweiligen Vertragslaufzeit eine Kündigung zugegangen ist.

28.3 Vertragsdauer von weniger als einem Jahr

Bei einer Vertragsdauer von weniger als einem Jahr endet der Vertrag zum vereinbarten Zeitpunkt, ohne dass es einer Kündigung bedarf.

28.4 Kündigung bei mehrjährigen Verträgen

Bei einer Vertragsdauer von mehr als 3 Jahren kann der Versicherungsnehmer den Vertrag zum Ablauf des dritten Jahres oder jedes darauffolgenden Jahres kündigen; die Kündigung muss dem Versicherer spätestens 3 Monate vor dem Ablauf des jeweiligen Jahres zugegangen sein.

29 Erklärungen und Anzeigen, Anschriftenänderung

29.1 Form, zuständige Stelle

Die für den Versicherer bestimmten Erklärungen und Anzeigen, die den Versicherungsvertrag betreffen und die unmittelbar gegenüber dem Versicherer erfolgen, sind in Textform (z. B. E-Mail, Telefax oder Brief) abzugeben. Dies gilt nicht, soweit gesetzlich Schriftform oder in diesem Vertrag etwas anderes bestimmt ist.

Erklärungen und Anzeigen sollen an die Hauptverwaltung des Versicherers oder an die im Versicherungsschein oder in dessen Nachträgen als zuständig bezeichnete Stelle gerichtet werden. Die gesetzlichen Regelungen über den Zugang von Erklärungen und Anzeigen bleiben bestehen.

29.2 Nichtanzeige einer Anschriften- oder Namensänderung

Hat der Versicherungsnehmer eine Änderung seiner Anschrift dem Versicherer nicht mitgeteilt, genügt für eine Willenserklärung, die dem Versicherungsnehmer gegenüber abzugeben ist, die Absendung eines eingeschriebenen Briefes an die letzte dem Versicherer bekannte Anschrift. Die Erklärung gilt 3 Tage nach der Absendung des Briefes als zugegangen. Dies gilt entsprechend für den Fall einer dem Versicherer nicht angezeigten Namensänderung des Versicherungsnehmers.

29.3 Nichtanzeige der Verlegung der gewerblichen Niederlassung

Hat der Versicherungsnehmer die Versicherung unter der Anschrift seines Gewerbebetriebs abgeschlossen, finden bei einer Verlegung der gewerblichen Niederlassung die Bestimmungen nach Ziffer 29.2 entsprechend Anwendung.

30 Örtlich zuständiges Gericht

30.1 Klagen gegen den Versicherer

Für Klagen aus dem Versicherungsvertrag gegen den Versicherer bestimmt sich die gerichtliche Zuständigkeit nach dem Sitz des Versicherers oder seiner für den Versicherungsvertrag zuständigen Niederlassung. Ferner ist auch das Gericht zuständig, in dessen Bezirk der Versicherungsnehmer zur Zeit der Klageerhebung seinen Sitz, den Sitz seiner Niederlassung oder seinen Wohnsitz oder, in Ermangelung eines solchen, seinen gewöhnlichen Aufenthalt hat.

Verlegt jedoch der Versicherungsnehmer nach Vertragsschluss seinen Sitz, den Sitz seiner Niederlassung, seinen Wohnsitz oder, in Ermangelung eines solchen, seinen gewöhnlichen Aufenthalt ins Ausland, sind die Gerichte des Staates zuständig, in dem der Versicherer seinen Sitz hat.

30.2 Klagen gegen Versicherungsnehmer

Für Klagen aus dem Versicherungsvertrag gegen den Versicherungsnehmer bestimmt sich die gerichtliche Zuständigkeit nach dem Sitz, dem Sitz der Niederlassung oder dem Wohnsitz des Versicherungsnehmers; fehlt ein solcher, nach seinem gewöhnlichen Aufenthalt.

Ist der Wohnsitz oder gewöhnliche Aufenthalt im Zeitpunkt der Klageerhebung nicht bekannt, bestimmt sich die gerichtliche Zuständigkeit für Klagen aus dem Versicherungsvertrag gegen den Versicherungsnehmer nach dem Sitz des Versicherers oder seiner für den Versicherungsvertrag zuständigen Niederlassung.

31 Anzuwendendes Recht

Für diesen Vertrag gilt deutsches Recht.

32 Embargobestimmung

Es besteht – unbeschadet der übrigen Vertragsbestimmungen – Versicherungsschutz nur, soweit und solange dem keine auf die Vertragsparteien direkt anwendbaren Wirtschafts-, Handels- oder Finanzsanktionen bzw. Embargos der Europäischen Union oder der Bundesrepublik Deutschland entgegenstehen.

Dies gilt auch für Wirtschafts-, Handels- oder Finanzsanktionen bzw. Embargos, die durch die Vereinigten Staaten von Amerika im Hinblick auf den Iran erlassen werden, soweit dem nicht europäische oder deutsche Rechtsvorschriften entgegenstehen.

Was kann zusätzlich zu den Allgemeinen Wohngebäude Versicherungsbedingungen für Privatkunden (VGB 2016 Privat – Wert 1914 „Gleitender Neuwert") vereinbart werden?

PK 7165	Fahrzeuganprall durch Straßen- oder Schienenfahrzeuge	050
PK 7166	Regenfallrohre innerhalb des Gebäudes	050
PK 7167	Kosten für die Beseitigung von Rohrverstopfungen	050
PK 7168	Datenrettungskosten	050
PK 7260	Bruchschäden an weiteren Zuleitungsrohren auf dem Versicherungsgrundstück	051
PK 7261	Bruchschäden an Zuleitungsrohren außerhalb des Versicherungsgrundstücks	051
PK 7262	Weitere Ableitungsrohre auf dem Versicherungsgrundstück	051
PK 7263	Ableitungsrohre außerhalb des Versicherungsgrundstücks	051
PK 7264	Sonstiges Zubehör und sonstige Grundstücksbestandteile	051
PK 7265	Armaturen	051
PK 7361	Gebäudebeschädigungen an Zwei- und Mehrfamilienhäusern durch unbefugte Dritte	051
PK 7362	Dekontamination von Erdreich	052
PK 7363	Beseitigung umgestürzter Bäume	052
PK 7364	Wasserverlust	052
PK 7366	Graffitischäden	052
PK 7367	Behördlich nicht vorgeschriebene energetische Modernisierung	052
PK 7761	Selbstbehalt	053
PK 7799	Wohnflächenmodell	053
PK 7862	Makler	054

PK 7165 Fahrzeuganprall durch Straßen- oder Schienenfahrzeuge

Ziffer 1.1 VGB 2016 wird wie folgt erweitert:

1. Der Versicherer entschädigt für Fahrzeuganprall.

Fahrzeuganprall ist jede unmittelbare Berührung von Gebäuden

1.1 durch Straßenfahrzeuge, die nicht vom Versicherungsnehmer bzw. von Bewohnern oder Besuchern des Gebäudes gelenkt wurden,

oder

1.2 durch Schienenfahrzeuge.

2. Der Versicherer entschädigt für versicherte Sachen, die

2.1 durch Fahrzeuganprall zerstört oder beschädigt werden

oder

2.2 infolgedessen abhandenkommen.

3. Nicht versichert sind Schäden an Fahrzeugen, Grundstückseinfriedungen (auch Hecken), Straßen und Wegen.

PK 7166 Regenfallrohre innerhalb des Gebäudes

1. Ziffer 4.3.1 VGB 2016 wird wie folgt erweitert:

Versichert sind frostbedingte und sonstige Bruchschäden an Regenfallrohren, soweit sie innerhalb des Gebäudes verlaufen.

2. Ziffer 4.5.1 VGB 2016 wird wie folgt erweitert:

Versichert sind Schäden, die durch Wasser entstehen, welches aus innerhalb des Gebäudes verlaufenden Regenfallrohren bestimmungswidrig ausgetreten ist.

PK 7167 Kosten für die Beseitigung von Rohrverstopfungen

Ziffer 11 VGB 2016 wird wie folgt erweitert:

1. Mitversichert sind die erforderlichen Kosten, die tatsächlich angefallen sind, um Verstopfungen von Ableitungsrohren zu beseitigen.

Dies gilt für Ableitungsrohre

1.1 innerhalb versicherter Gebäude

sowie

1.2 außerhalb versicherter Gebäude auf dem Versicherungsgrundstück.

2. Die Entschädigung ist je Versicherungsfall auf den vereinbarten Betrag begrenzt.

PK 7168 Datenrettungskosten

Ziffer 11 VGB 2016 wird wie folgt erweitert:

1. Versichert sind die Kosten für die technische Wiederherstellung von elektronisch gespeicherten Daten (maschinenlesbare Informationen) und Programmen.

Dabei müssen alle folgenden Voraussetzungen erfüllt sein:

1.1 An dem Datenträger muss ein versicherter Sachschaden eingetreten sein.

1.2 Die Kosten sind infolge eines Versicherungsfalles am Versicherungsort tatsächlich entstanden.

1.3 Die Kosten sind für die technische Wiederherstellung erforderlich.

1.4 Die Kosten dienen nicht der Wiederbeschaffung.

1.5 Die Daten und Programme dienen ausschließlich der privaten Nutzung.

2. Ersetzt werden auch die Kosten einer versuchten technischen Wiederherstellung.

3. Nicht ersetzt werden derartige Wiederherstellungskosten für

3.1 Daten und Programme, zu deren Nutzung der Versicherungsnehmer nicht berechtigt ist (z. B. Raubkopien);

3.2 Programme und Daten, die auf einem Rücksicherungs- oder Installationsmedium gespeichert sind und dem Versicherungsnehmer zur Verfügung stehen;

3.3 die Kosten eines neuen Lizenzerwerbs.

4. Entschädigungsgrenzen

Der Versicherer ersetzt die Datenrettungskosten bis zu einem Betrag von 2.000 €.

Was kann zusätzlich zu den Allgemeinen Wohngebäude Versicherungsbedingungen für Privatkunden (VGB 2016 Privat – Wert 1914 „Gleitender Neuwert") vereinbart werden?

PK 7260 Bruchschäden an weiteren Zuleitungsrohren auf dem Versicherungsgrundstück

Ziffer 4.4 VGB 2016 wird wie folgt erweitert:

1. Versichert sind frostbedingte und sonstige Bruchschäden an Zuleitungsrohren der Wasserversorgung oder an Rohren von Heizungs- und Klimaanlagen, die nicht der Versorgung versicherter Gebäude oder Anlagen dienen.

Dies gilt, soweit

1.1 sich diese Rohre außerhalb des Gebäudes auf dem Versicherungsgrundstück befinden

und

1.2 der Versicherungsnehmer die Gefahr dafür trägt.

2. Die Entschädigung ist je Versicherungsfall auf den vereinbarten Betrag begrenzt.

PK 7261 Bruchschäden an Zuleitungsrohren außerhalb des Versicherungsgrundstücks

Ziffer 4.4 VGB 2016 wird wie folgt erweitert:

1. Versichert sind außerhalb des Versicherungsgrundstücks frostbedingte und sonstige Bruchschäden an Zuleitungsrohren der Wasserversorgung oder an Rohren von Heizungs- und Klimaanlagen.

Dies gilt, soweit

1.1 diese Rohre der Versorgung versicherter Gebäude oder Anlagen dienen

und

1.2 der Versicherungsnehmer die Gefahr dafür trägt.

2. Die Entschädigung ist je Versicherungsfall auf den vereinbarten Betrag begrenzt.

PK 7262 Weitere Ableitungsrohre auf dem Versicherungsgrundstück

Ziffer 4.4 VGB 2016 wird wie folgt erweitert:

1. Versichert sind Frost- und sonstige Bruchschäden an Ableitungsrohren der Wasserversorgung außerhalb versicherter Gebäude auf dem Versicherungsgrundstück.

Dies gilt, soweit

1.1 diese Rohre der Entsorgung versicherter Gebäude oder Anlagen dienen

und

1.2 der Versicherungsnehmer die Gefahr dafür trägt.

2. Die Entschädigung ist je Versicherungsfall auf den vereinbarten Betrag begrenzt.

3. Im Rahmen der Klausel 7799 ist die Entschädigung auf 5.000 € begrenzt.

PK 7263 Ableitungsrohre außerhalb des Versicherungsgrundstücks

Ziffer 4.4 VGB 2016 wird wie folgt erweitert:

1. Versichert sind Frost- und sonstige Bruchschäden an Wasserableitungsrohren, die außerhalb des Versicherungsgrundstücks verlegt sind.

Dies gilt, soweit

1.1 diese Rohre der Entsorgung versicherter Gebäude oder Anlagen dienen

und

1.2 der Versicherungsnehmer die Gefahr dafür trägt.

2. Die Entschädigung ist je Versicherungsfall auf den vereinbarten Betrag begrenzt.

3. Im Rahmen der Klausel 7799 ist die Entschädigung auf 5.000 € begrenzt.

PK 7264 Sonstiges Zubehör und sonstige Grundstücksbestandteile

Zu Ziffer 7.6.2. VGB 2016 wird vereinbart:

1. Carports, Gewächs- und Gartenhäuser, Grundstückseinfriedungen (auch Hecken), Hof und Gehwegbefestigungen, Hundehütten, Masten- und Freileitungen sowie Wege- und Gartenbeleuchtungen auf dem im Versicherungsschein bezeichneten Grundstück sind mitversichert.

2. Die Entschädigung ist je Versicherungsfall auf den vereinbarten Betrag begrenzt.

3. Im Rahmen der Klausel 7799 ist die Entschädigung auf 5.000 € begrenzt.

PK 7265 Armaturen

Ziffer 4.3.2 VGB 2016 wird wie folgt erweitert:

1. Der Versicherer ersetzt auch sonstige Bruchschäden an Armaturen (z. B. Wasser- und Absperrhähne, Ventile, Wassermesser, Geruchsverschlüsse).
 Nicht versichert sind Bruchschäden an bereits defekten Armaturen.

2. Ist wegen eines Rohrbruchs nach Ziffer 4.3.1 VGB 2016 der Austausch einer Armatur technisch erforderlich, ersetzt der Versicherer auch die dafür entstehenden Kosten.

3. Die Entschädigung ist auf 500 € begrenzt.

PK 7361 Gebäudebeschädigungen an Zwei- und Mehrfamilienhäusern durch unbefugte Dritte

Ziffer 11 VGB 2016 wird wie folgt erweitert:

1. Der Versicherer ersetzt auch die erforderlichen und tatsächlich angefallenen Kosten, die aus folgendem Grund entstanden sind:
 Ein unbefugter Dritter ist in ein Zwei- oder Mehrfamilienhaus eingebrochen, eingestiegen oder mit falschen Schlüsseln oder anderen Werkzeugen eingedrungen. Das gilt auch, wenn er es versucht hat.
 Versichert sind Kosten, um Schäden an Türen, Schlössern, Fenstern, Rollläden und Schutzgittern zu beseitigen. Das gilt nur, soweit sie dem allgemeinen Gebrauch der Hausgemeinschaft unterliegen.

2. Die Entschädigung ist je Versicherungsfall wie folgt begrenzt:

2.1 In der Gleitenden Neuwertversicherung (Ziffer 14.1.1 VGB 2016) ist die Entschädigung je Versicherungsfall auf 5 % der Versicherungssumme 1914, multipliziert mit dem im Zeitpunkt des Versicherungsfalles für den Vertrag geltenden Anpassungsfaktor (max. 10.000 €) begrenzt.

2.2 In den Fällen der Ziffern 14.1.2 und 14.1.3 VGB 2016 ist die Entschädigung je Versicherungsfall auf 5 % der Versicherungssumme (max. 10.000 €) begrenzt.

2.3 Im Rahmen der Klausel 7799 ist die Entschädigung auf 10.000 € begrenzt.

Was kann zusätzlich zu den Allgemeinen Wohngebäude Versicherungsbedingungen für Privatkunden (VGB 2016 Privat – Wert 1914 „Gleitender Neuwert") vereinbart werden?

PK 7362 Dekontamination von Erdreich

Ziffer 11 VGB 2016 wird wie folgt erweitert:

1. Der Versicherer ersetzt auch die erforderlichen und tatsächlich angefallenen Dekontaminationskosten. Das sind Kosten, die aufgrund von behördlichen Anordnungen infolge eines Versicherungsfalles entstehen. Ersetzt werden Kosten, um

1.1 das Erdreich des Versicherungsgrundstücks zu untersuchen, zu dekontaminieren oder auszutauschen;

1.2 den Aushub in die nächstgelegene, geeignete Deponie zu transportieren und abzulagern oder zu vernichten;

1.3 insoweit den Zustand des Grundstücks vor Eintritt des Versicherungsfalles wiederherzustellen.

2. Die Kosten werden ersetzt, soweit die behördlichen Anordnungen alle folgenden Voraussetzungen erfüllen:

2.1 Sie sind aufgrund von Gesetzen oder Verordnungen ergangen, die vor Eintritt des Versicherungsfalles erlassen waren.

2.2 Sie betreffen eine Kontamination, die nachweislich durch diesen Versicherungsfall entstanden ist.

2.3 Sie sind innerhalb von 9 Monaten seit dem Versicherungsfall ergangen.

3. Ist das Erdreich bereits kontaminiert und wird es durch den Versicherungsfall zusätzlich verunreinigt, gilt Folgendes:
Es werden nur die Aufwendungen ersetzt, die über die Beseitigung der bestehenden Kontamination hinausgehen. Unerheblich ist dabei, ob und wann dieser Betrag ohne den Versicherungsfall aufgewendet worden wäre.

4. Nicht ersetzt werden Aufwendungen wegen sonstiger behördlicher Anordnungen oder wegen sonstiger gesetzlicher oder vertraglicher Verpflichtungen.

5. Die Kosten nach Nr. 1 gelten nicht als Aufräumungskosten nach Ziffer 11 VGB 2016.

6. Der Versicherungsnehmer ist verpflichtet, dem Versicherer unverzüglich zu melden, wenn er eine behördliche Anordnung erhält. Das muss er auch dann unverzüglich tun, wenn längere Rechtsbehelfsfristen bestehen.
Verletzt der Versicherungsnehmer diese Obliegenheit, hat der Versicherer folgende Rechte: Er kann nach § 28 VVG ganz oder teilweise leistungsfrei sein.

7. Die Entschädigung ist je Versicherungsfall wie folgt begrenzt:

7.1 In der Gleitenden Neuwertversicherung (Ziffer 14.1.1 VGB 2016) ist die Entschädigung je Versicherungsfall auf 2 % der Versicherungssumme 1914, multipliziert mit dem im Zeitpunkt des Versicherungsfalles für den Vertrag geltenden Anpassungsfaktor (max. 20.000 €) begrenzt.

7.2 In den Fällen der Ziffern 14.1.2 und 14.1.3 VGB 2016 ist die Entschädigung je Versicherungsfall auf 2 % der Versicherungssumme (max. 20.000 €) begrenzt.

7.3 Im Rahmen der Klausel 7799 ist die Entschädigung auf 20.000 € begrenzt.

PK 7363 Beseitigung umgestürzter Bäume

Ziffer 11 VGB 2016 wird wie folgt erweitert:

Der Versicherer ersetzt die erforderlichen und tatsächlich angefallenen Kosten, um Bäume des Versicherungsgrundstücks oder deren Teile zu entfernen, abzutransportieren und zu entsorgen.

Folgende Voraussetzungen müssen alle erfüllt sein:

1. Es sind Bäume des Versicherungsgrundstücks.

2. Diese Bäume sind durch Blitzschlag oder Sturm umgestürzt, abgeknickt oder derart beschädigt, dass sie entfernt werden müssen.

3. Eine natürliche Regeneration dieser Bäume ist nicht zu erwarten.

Bereits abgestorbene Bäume sind nicht versichert.

Die Entschädigung ist je Versicherungsfall auf 2.000 € begrenzt.

PK 7364 Wasserverlust

Ziffer 11 VGB 2016 wird wie folgt erweitert:

1. Der Versicherer ersetzt die Kosten für den Mehrverbrauch von Frischwasser, der wegen eines Versicherungsfalles entsteht und den das Wasserversorgungsunternehmen in Rechnung stellt.

2. Die Entschädigung ist je Versicherungsfall auf 500 € begrenzt.

PK 7366 Graffitischäden

Ziffer 11 VGB 2016 wird wie folgt erweitert:

1. Der Versicherer ersetzt auch die erforderlichen und tatsächlich angefallenen Kosten, um Schäden durch Graffiti zu beseitigen.
Ein Graffitischaden liegt vor, wenn ein unbefugter Dritter Außenseiten von versicherten Sachen durch Farbe oder Lacke verunstaltet.

2. Der Versicherungsnehmer ist verpflichtet, den Schaden unverzüglich dem Versicherer und der Polizei anzuzeigen.
Verletzt der Versicherungsnehmer diese Obliegenheit, hat der Versicherer folgende Rechte:
Er kann nach § 28 VVG ganz oder teilweise leistungsfrei sein.

3. Versicherungsnehmer und Versicherer können verlangen, dass der Versicherungsschutz für Graffiti mit Beginn der nächsten Versicherungsperiode entfällt.
Das müssen sie in Textform (z. B. E-Mail, Telefax oder Brief) erklären und dabei eine Frist von 3 Monaten zum Ende der laufenden Versicherungsperiode einhalten.

4. Macht der Versicherer von diesem Recht Gebrauch, kann der Versicherungsnehmer den gesamten Vertrag zum Ende der laufenden Versicherungsperiode kündigen. Dafür hat er einen Monat Zeit, nachdem ihm die Erklärung des Versicherers zugegangen ist.

5. Die Entschädigung ist je Versicherungsfall und Versicherungsperiode auf 10.000 € begrenzt.

6. Die Entschädigung wird je Versicherungsfall um die vereinbarte Selbstbeteiligung in Höhe von 500 € gekürzt.

PK 7367 Behördlich nicht vorgeschriebene energetische Modernisierung

Ziffer 11 VGB 2016 wird wie folgt erweitert:

1. Der Versicherer ersetzt bei der Wiederherstellung der versicherten und vom Schaden betroffenen Gebäudeteile auch die tatsächlich angefallenen Mehrkosten für energetische Modernisierungen, die behördlich nicht vorgeschrieben sind.

Sie werden ersetzt, soweit sie

1.1 dem Stand der Technik für Neubauten entsprechen

und

1.2 nicht bereits vor Eintritt des Versicherungsfalles veranlasst wurden.

Was kann zusätzlich zu den Allgemeinen Wohngebäude Versicherungsbedingungen für Privatkunden (VGB 2016 Privat – Wert 1914 „Gleitender Neuwert") vereinbart werden?

2. Die Entschädigung einschließlich der Folgekosten (Ziffer 11 VGB 2016) und des Mietausfalls (Ziffer 13 VGB 2016) ist je Versicherungsfall begrenzt auf 10.000 €.

PK 7761 Selbstbehalt

Der bedingungsgemäß als entschädigungspflichtig errechnete Betrag wird je Versicherungsfall um den vereinbarten Selbstbehalt von 500 € gekürzt. Dies gilt nicht für Aufwendungsersatz, der auf Weisung des Versicherers angefallen ist.

PK 7799 Wohnflächenmodell

1. Versicherungsumfang

Abweichend von Ziffer 14 VGB 2016 gelten hinsichtlich des Versicherungsumfangs folgende Bestimmungen:

1.1 Neubauwert

Versichert ist der ortsübliche Neubauwert der im Versicherungsschein bezeichneten Gebäude zum Zeitpunkt des Versicherungsfalles. Hierzu gehören auch Architektengebühren sowie sonstige Konstruktions- und Planungskosten.

Der Versicherer passt den Versicherungsschutz an die Baukostenentwicklung an (Ziffer 2).

Wenn sich durch bauliche Maßnahmen ein an der Prämienberechnung zugrunde liegender Umstand (Fläche, Gebäudetyp, Bauausführung und/oder sonstige vereinbarte Merkmale) innerhalb der Versicherungsperiode werterhöhend verändert, besteht bis zum Schluss der laufenden Versicherungsperiode auch insoweit Versicherungsschutz.

1.2 Gemeiner Wert

Bei Gebäuden, die zum Abbruch bestimmt oder sonst dauernd entwertet sind, ist nur noch der erzielbare Verkaufspreis ohne Grundstücksanteile versichert (Gemeiner Wert). Eine dauernde Entwertung liegt insbesondere vor, wenn die Gebäude für ihren Zweck nicht mehr zu verwenden sind.

2. Ermittlung und Anpassung der Prämie

Abweichend von Ziffer 16 VGB 2016 und Ziffer 17 VGB 2016 gelten hinsichtlich der Ermittlung und Anpassung der Prämie folgende Bestimmungen:

2.1 Ermittlung der Prämie

Grundlagen der Ermittlung der Prämie sind Fläche, Gebäudetyp, Bauausführung und -ausstattung, Nutzung oder sonstige vereinbarte Merkmale, die für die Prämienberechnung erheblich sind, sowie der Anpassungsfaktor (Ziffer 2.2). Die Grundprämie errechnet sich aus der Wohn- und Nutzfläche multipliziert mit der Prämie je m² Wohn- und Nutzfläche. Die jeweils zu zahlende Jahresprämie wird berechnet durch Multiplikation der vereinbarten Grundprämie mit dem Anpassungsfaktor.

2.2 Anpassung der Prämie

2.2.1 Die Prämie verändert sich entsprechend der Anpassung des Versicherungsschutzes (Ziffer 1) gemäß der Erhöhung oder Verminderung des Anpassungsfaktors.

2.2.2 Der Anpassungsfaktor erhöht oder vermindert sich jeweils zum 1. Januar eines jeden Jahres für das in diesem Jahr beginnende Versicherungsjahr entsprechend dem Prozentsatz, um den sich der jeweils für den Monat Mai des Vorjahres veröffentlichte Baupreisindex für Wohngebäude und der für den Monat April des Vorjahres veröffentlichte Tariflohnindex für das Baugewerbe verändert haben. Beide Indizes gibt das Statistische Bundesamt bekannt. Bei dieser Anpassung wird die Änderung des Baupreisindexes zu 80 % und die des Tariflohnindexes zu 20 % berücksichtigt, und zwar der jeweilige Index auf 2 Stellen nach dem Komma gerundet.

Der Anpassungsfaktor wird auf 2 Stellen nach dem Komma errechnet und gerundet. Soweit bei Rundungen die 3. Zahl nach dem Komma eine 5 oder eine höhere Zahl ist, wird aufgerundet, sonst abgerundet.

2.2.3 Bei der Berechnung des Prozentsatzes, um den sich der Anpassungsfaktor ändert, werden auch sämtliche Anpassungen seit Vertragsbeginn, die aufgrund von einem oder mehreren Widersprüchen des Versicherungsnehmers unterblieben sind, berücksichtigt. Eine nur teilweise Berücksichtigung unterbliebener Anpassungen ist nicht möglich. Der Versicherungsnehmer wird damit so gestellt, als ob seit Vertragsbeginn keinerlei Widersprüche erfolgt wären.

2.3 Der Versicherungsnehmer kann einer Erhöhung der Prämie innerhalb eines Monats, nach dem ihm die Mitteilung über die Erhöhung des Anpassungsfaktors zugegangen ist, durch Erklärung in Textform widersprechen. Zur Wahrung der Frist genügt die rechtzeitige Absendung. Damit wird die Erhöhung nicht wirksam. In diesem Fall wird bei Eintritt des Versicherungsfalles die Entschädigung (einschließlich Kosten und Mietausfall) nur anteilig gezahlt. Über den jeweils geltenden Anteil wird der Versicherungsnehmer informiert.

3. Nachträgliche Änderung eines Prämienmerkmales

3.1 Ändert sich nachträglich ein der Prämienberechnung zugrunde liegender Umstand und würde sich dadurch eine höhere Prämie ergeben, kann der Versicherer die höhere Prämie ab Anzeige der Änderung verlangen.

3.2 Fallen Umstände, für die eine höhere Prämie vereinbart ist, nachträglich weg, ist der Versicherer verpflichtet, die Prämie zu dem Zeitpunkt herabzusetzen, zu dem er hiervon Kenntnis erlangt hat. Das Gleiche gilt, sofern solche prämienrelevanten Umstände ihre Bedeutung verloren haben oder ihr Vorliegen vom Versicherungsnehmer nur irrtümlich angenommen wurde.

4. Entschädigungsberechnung

Abweichend von Ziffer 18 VGB 2016 gelten hinsichtlich der Entschädigungsberechnung folgende Bestimmungen:

4.1 Im Versicherungsfall sind Grundlage der Entschädigungsberechnung

4.1.1 bei zerstörten Gebäuden die ortsüblichen Wiederherstellungskosten für das im Versicherungsvertrag in seiner konkreten Ausgestaltung (Fläche, Gebäudetyp, Bauausführung und -ausstattung oder sonstiger vereinbarter Merkmale, die für die Beitragsberechnung erheblich sind) beschriebene Gebäude (einschließlich der Architektengebühren sowie sonstiger Konstruktions- und Planungskosten) bei Eintritt des Versicherungsfalles;

4.1.2 bei beschädigten Gebäuden oder sonstigen beschädigten Sachen die notwendigen Reparaturkosten in der im Versicherungsvertrag beschriebenen konkreten Ausgestaltung (Fläche, Gebäudetyp, Bauausführung und -ausstattung oder sonstige vereinbarte Merkmale, die für die Beitragsberechnung erheblich sind) bei Eintritt des Versicherungsfalles zuzüglich einer durch die Reparatur nicht ausgeglichenen Wertminderung, höchstens jedoch die ortsüblichen Wiederherstellungskosten;

4.1.3 bei zerstörten oder abhandengekommenen sonstigen Sachen der Wiederbeschaffungspreis von Sachen gleicher Art und Güte im neuwertigen Zustand.

4.1.4 Restwerte werden angerechnet.

4.2 Entschädigungsberechnung bei Gemeinem Wert

BE 054 Was kann zusätzlich zu den Allgemeinen Wohngebäude Versicherungsbedingungen für Privatkunden (VGB 2016 Privat – Wert 1914 „Gleitender Neuwert") vereinbart werden?

Soweit ein Gebäude zum Abbruch bestimmt oder sonst dauerhaft entwertet ist, werden versicherte Sachen nur unter Zugrundelegung des erzielbaren Verkaufspreises ohne Grundstücksanteile (Gemeiner Wert) entschädigt.

4.3 Angezeigte bauliche Veränderungen

Für die Höhe der Entschädigung werden die nach Vertragsschluss gemäß Ziffer 3 angezeigten Veränderungen an den versicherten Gebäuden berücksichtigt.

4.4 Abweichende Bauausgestaltung

4.4.1 Sind im Zeitpunkt des Versicherungsfalles die im Versicherungsvertrag beschriebenen Gebäude in der konkreten Bauausgestaltung geringerwertig beschaffen, so ist der Versicherer nicht verpflichtet, mehr als den tatsächlich eingetretenen Schaden zum ortsüblichen Neubauwert zu ersetzen.

4.4.2 Sollte im Zeitpunkt des Versicherungsfalles die konkrete Bauausgestaltung hingegen höherwertig sein, werden die ortsüblichen Wiederherstellungskosten bzw. die notwendigen Reparaturkosten nur auf der Grundlage des im Versicherungsvertrag in seiner konkreten Bauausgestaltung (Fläche, Gebäudetyp, Bauausführung und -ausstattung oder sonstige vereinbarte Merkmale, die für die Prämienberechnung erheblich sind) beschriebenen Gebäudes ersetzt. Unberührt bleiben die Vorschriften über den Umfang und die Anpassung des Versicherungsschutzes, die Verletzung der vorvertraglichen Anzeigepflicht und der Gefahrerhöhung im Rahmen der Bestimmungen des VVG.

4.5 Kosten

Berechnungsgrundlage für die Entschädigung versicherter Kosten ist der Nachweis tatsächlich angefallener Kosten unter Berücksichtigung der jeweils vereinbarten Entschädigungsgrenzen.

4.6 Mietausfall, Mietwert

Der Versicherer ersetzt den versicherten Mietausfall bzw. Mietwert bis zum Ende der vereinbarten Haftzeit.

4.7 Mehrwertsteuer

4.7.1 Die Mehrwertsteuer wird nicht ersetzt, wenn der Versicherungsnehmer vorsteuerabzugsberechtigt ist; das Gleiche gilt, wenn der Versicherungsnehmer Mehrwertsteuer tatsächlich nicht gezahlt hat.

4.7.2 Für die Berechnung der Entschädigung versicherter Kosten und versicherten Mietausfalles bzw. Mietwertes gilt Ziffer 4.7.1 entsprechend.

4.8 Entschädigung bei Widerspruch gegen Prämienanpassung

Widerspricht der Versicherungsnehmer einer Erhöhung der Prämie, die vor Eintritt des Versicherungsfalles hätte wirksam werden sollen, wird die Entschädigung in dem Verhältnis gekürzt, wie sich der zuletzt berechnete Jahresbeitrag zu dem Jahresbeitrag verhält, den der Versicherungsnehmer ohne Widerspruch gegen jede seit Vertragsbeginn erfolgte Anpassung zu zahlen gehabt hätte.

4.9 Wiederherstellung und Wiederbeschaffung

In der Neuwertversicherung erwirbt der Versicherungsnehmer den Anspruch auf Zahlung des Teils der Entschädigung, der den Zeitwertschaden übersteigt (Neuwertanteil) nur, soweit und sobald er innerhalb von 3 Jahren nach Eintritt des Versicherungsfalles sicherstellt, dass er die Entschädigung verwenden wird, um versicherte Sachen in gleicher Art und Zweckbestimmung an der bisherigen Stelle wiederherzustellen oder wiederzubeschaffen. Ist dies an der bisherigen Stelle rechtlich nicht möglich oder wirtschaftlich nicht zu vertreten, so genügt es, wenn die Gebäude an anderer Stelle innerhalb der Bundesrepublik Deutschland wiederhergestellt werden. Der Versicherungsnehmer ist zur Rückzahlung des entschädigten Neuwertanteiles an den Versicherer verpflichtet, wenn er die auf den Neuwertanteil geleistete Entschädigung schuldhaft nicht zur Wiederherstellung oder Wiederbeschaffung der versicherten Sachen verwendet.

Der Zeitwertschaden errechnet sich aus der Entschädigung nach Ziffer 4.1.1, Ziffer 4.1.2 und Ziffer 4.1.3 abzüglich der Wertminderung durch Alter und Abnutzung. Ziffer 4.7 gilt entsprechend.

PK 7862 Makler

Der Makler, der den Versicherungsvertrag betreut, ist bevollmächtigt, Anzeigen und Willenserklärungen des Versicherungsnehmers entgegenzunehmen. Er ist durch den Maklervertrag vertraglich verpflichtet, diese unverzüglich an den Versicherer weiterzuleiten.

Tarif Wohngebäude (Basis VGB 2016)

0. Allgemein

0.1 Mindestjahresprämie

Die Mindestjahresprämie (ohne Versicherungsteuer) darf auch bei Gewährung von
Nachlässen (z. B. Dauernachlass, Nachlass für Zahlungsweise) nicht unterschritten werden.
Sie beträgt: .... 40 €

Monatliche Zahlungsweise ist nur bei Vereinbarung eines SEPA-Lastschriftmandats möglich. Die Mindestrate beträgt in diesem Fall 5 €.

0.2 Dauernachlass

Die Vertragsdauer darf höchstens 3 Jahre betragen.
Bei vereinbarter 3-jähriger Laufzeit beträgt der
Dauernachlass .... 10 %

0.3 Ratenzahlung

Als Versicherungsperiode gilt der Zeitraum eines Jahres.
Wird die Jahresprämie in Raten entrichtet, so verringert sich die Prämie wie folgt:

- bei monatlicher Zahlung
  (nur bei Lastschriftverfahren) .... um 0 %
- bei vierteljährlicher Zahlung .... um 2 %
- bei halbjährlicher Zahlung .... um 3 %
- bei jährlicher Zahlung .... um 5 %

0.4 Versicherungsteuer

Den im Tarif genannten Prämien und Zuschlägen ist die Versicherungsteuer hinzuzurechnen. Sie beträgt zzt.
- mit Einschluss von Feuer .... 16,34 %
- ohne Einschluss von Feuer .... 19,00 %
- nur Feuer .... 13,20 %

0.5 Anpassungsfaktor

- ab 1. Januar 2018: 17,87
- ab 1. Januar 2019:
- ab 1. Januar 2020:
- ab 1. Januar 2021:
- ab 1. Januar 2022:
- ab 1. Januar 2023:

1. Wohngebäudeversicherung nach den VGB 2016

Der Tarif gilt für die Versicherung normaler Wagnisse und ist anzuwenden für Gebäude, die mindestens zu 50 % Wohnzwecken dienen einschließlich dazugehöriger Garagen und unbedeutender Nebengebäude (z. B. Gartenhäuser).

Tarif Wohngebäude (Basis VGB 2016)

1.1 Tarifzoneneinteilung für die Leitungswasserversicherung
Zoneneinteilung auf PLZ-Basis

PLZ von bis	Zone	PLZ von bis	Zone	PLZ von bis	Zone
01067 - 04938	1	24214	1	25591 - 25799	2
06108 - 06132	2	24217	2	25813 - 25866	3
06179 - 06456	1	24220	1	25868	2
06458	2	24223 - 24226	2	25869 - 25878	3
06463 - 06469	1	24229	1	25879	2
06484 - 06507	2	24232 - 24238	2	25881 - 25999	3
06526 - 06809	1	24239 - 24244	1	26121 - 26160	2
06842 - 06849	2	24245	2	26169	3
06862 - 09669	1	24247	1	26180 - 26215	2
10115 - 12527	2	24248 - 24250	2	26219	3
12529	1	24251	1	26316 - 26389	2
12555 - 12623	2	24253	2	26409	3
12625	1	24254	1	26419	2
12627 - 14199	2	24256 - 24257	2	26427	3
14467 - 17509	1	24259	1	26434 - 26441	2
18055 - 18147	2	24306 - 24329	2	26446	3
18181 - 19417	1	24340 - 24369	1	26452	2
20095 - 21149	3	24376 - 24395	2	26465 - 26474	3
21217 - 21279	2	24398	1	26486	2
21335 - 21371	1	24399 - 24409	2	26487 - 26489	3
21376	2	24534 - 24539	1	26506 - 26553	2
21379 - 21394	1	24558 - 24576	2	26556	3
21395	2	24582 - 24594	1	26571 - 26670	2
21397 - 21409	1	24598 - 24610	2	26676 - 26683	3
21423 - 21445	2	24613	1	26689	2
21447 - 21449	1	24616 - 24620	2	26721 - 26725	3
21465	2	24622	1	26736 - 27333	2
21481 - 21502	1	24623 - 24629	2	27336	1
21509	2	24631	1	27337 - 27449	2
21514 - 21529	1	24632	2	27472 - 27478	3
21614 - 21739	2	24634	1	27498	2
21745 - 22769	3	24635 - 24643	2	27499 - 27638	3
22844 - 22956	2	24644 - 24647	1	27711 - 27809	2
22958 - 22959	1	24649	2	28195 - 28779	3
22961 - 23626	2	24768 - 24802	1	28790 - 28879	2
23627 - 23628	1	24803	2	29221 - 29699	1
23629 - 23845	2	24805 - 24816	1	30159 - 31008	2
23847	1	24817	2	31020	3
23858 - 23869	2	24819	1	31028 - 31749	2
23879 - 23948	1	24837 - 25554	2	31785 - 31812	3
23966 - 23970	2	25557	1	31832	2
23972 - 23999	1	25560 - 25573	2	31840 - 31863	3
24103 - 24118	2	25575	1	31867 - 31868	2
24119	1	25576 - 25584	2		
24143 - 24159	2	25585	1		
24161	1	25587 - 25588	2		
24211	2	25590	1		

Tarif Wohngebäude (Basis VGB 2016)

PLZ von bis	Zone
32049 - 32052	3
32105 - 32108	2
32120 - 32609	3
32657 - 33829	2
34117 - 34329	4
34346 - 34355	2
34359 - 34399	4
34414	2
34431	3
34434 - 34439	2
34454 - 34639	4
35037 - 35043	2
35066	4
35075 - 35085	2
35088	4
35091 - 35096	2
35099	4
35102	2
35104 - 35110	4
35112	2
35114 - 35116	4
35117	2
35119	4
35216 - 35282	2
35285	4
35287 - 35469	2
35510 - 35519	3
35576 - 35768	2
35781 - 35799	3
36037 - 36103	4
36110	2
36115 - 36289	4
36304 - 36358	2
36364	4
36367 - 36369	2
36381 - 36396	3
36399	2
36404 - 36469	1
37073 - 37199	2
37213 - 37299	4
37308 - 37359	1
37412 - 38159	2
38162	3
38165	2
38170 - 38173	3
38176	2
38179	1
38226 - 38268	2
38271 - 38329	3
38350 - 38388	2
38440 - 38448	1

PLZ von bis	Zone
38458 - 38464	2
38465 - 38559	1
38640 - 38729	2
38820 - 38899	1
39104 - 39130	2
39164 - 39649	1
40210 - 40670	4
40699 - 41334	3
41352 - 41363	4
41366 - 41379	3
41460 - 41569	4
41747 - 42399	3
42477	2
42489	3
42499	2
42549 - 42579	3
42651 - 42719	2
42781 - 42799	3
42853 - 42899	2
42929 - 44388	3
44532 - 44581	2
44623 - 45359	3
45468 - 45481	4
45525 - 45772	2
45879 - 45899	3
45964 - 45968	2
46045 - 46149	3
46236 - 46286	2
46325 - 47669	3
47798 - 47839	4
47877 - 47929	3
48143 - 48167	4
48231 - 48249	2
48268 - 48282	3
48291 - 48336	2
48341	3
48346 - 48351	2
48356	3
48361	2
48366 - 48432	3
48455 - 48465	2
48477	3
48480	2
48485	3
48488	2
48493 - 48496	3
48499 - 48531	2
48565 - 48629	3
48653	2
48683 - 48712	3
48720 - 48727	2

PLZ von bis	Zone
48734 - 49090	3
49124 - 49356	2
49377 - 49401	3
49406	2
49413	3
49419	2
49424 - 49439	3
49448	2
49451	3
49453	2
49456	3
49457 - 49459	2
49477 - 49549	3
49565 - 49610	2
49624	3
49626	2
49632	3
49635 - 49638	2
49661 - 49699	3
49716 - 49849	2
50126 - 50389	3
50667 - 51149	4
51371 - 51519	3
51545	2
51570	3
51580 - 51597	2
51598	3
51643 - 52249	2
52349 - 52459	3
52477 - 52499	2
52511 - 53534	3
53539	2
53545 - 53859	3
53879 - 53909	2
53913	3
53919 - 54528	2
54529	3
54531 - 54589	2
54595 - 54610	3
54611	2
54612 - 54689	3
55116 - 55131	4
55218 - 55425	3
55430 - 55432	2
55435 - 55437	3
55442 - 55452	2
55457 - 55459	3
55469 - 55571	2
55576 - 55578	3
55583 - 55596	2
55597 - 55599	3

Tarif Wohngebäude (Basis VGB 2016)

PLZ von bis	Zone
55606	2
55608	1
55618 - 55621	2
55624 - 55626	1
55627 - 55629	2
55743 - 55779	1
56068 - 56133	3
56154 - 56254	2
56269	3
56271	2
56276	3
56281 - 56299	2
56305 - 56317	3
56321 - 56337	2
56338 - 56379	3
56410 - 56479	2
56564 - 56567	3
56575	2
56579 - 56599	3
56626 - 56648	2
56651 - 56659	3
56727 - 56745	2
56746	3
56751 - 57339	2
57368 - 57614	3
57627 - 57629	2
57632 - 57641	3
57642 - 59609	2
59755 - 61479	3
63065 - 63075	4
63110 - 63329	2
63450 - 63486	3
63500	2
63505	3
63512	2
63517 - 63526	3
63533	2
63538 - 63674	3
63679	2
63683 - 63776	3
63785	4
63791 - 63814	3
63820	4
63825 - 63831	3
63834 - 63843	4
63846	3
63849 - 63853	4
63856 - 63860	3
63863	4
63864 - 63867	3
63868	4

PLZ von bis	Zone
63869 - 63879	3
63897 - 63939	4
64283 - 64589	3
64625 - 64658	4
64665	3
64668 - 64689	4
64711 - 66352	3
66359 - 66459	2
66482 - 66509	3
66538 - 66589	2
66606 - 66649	1
66663 - 66862	2
66869 - 66871	1
66877 - 66882	2
66885 - 66887	1
66892 - 66894	2
66901 - 66916	1
66917 - 66999	3
67059 - 67071	2
67098	4
67105 - 67141	2
67146 - 67161	4
67165 - 67166	2
67167 - 67169	4
67227	1
67229	4
67240 - 67245	2
67246 - 67256	4
67258 - 67259	2
67269 - 67283	4
67292 - 67308	3
67310 - 67319	4
67346	1
67354 - 67435	2
67454	4
67459	2
67466 - 67475	4
67480 - 67551	2
67574 - 67599	3
67655 - 67707	2
67714 - 67729	3
67731 - 67737	2
67742 - 67759	1
67806 - 67823	3
67824 - 67829	2
68159 - 69412	4
69427 - 69429	2
69434 - 69436	4
69437 - 69439	2
69469 - 69518	4
70173 - 71287	2

PLZ von bis	Zone
71292 - 71299	3
71332 - 71540	2
71543	3
71546 - 71711	2
71717	3
71720 - 72189	2
72202 - 72229	3
72250 - 72417	2
72419	3
72458 - 72475	2
72477	3
72479	2
72488 - 72519	3
72525 - 74081	2
74172 - 74211	3
74214	2
74219 - 74235	3
74238	2
74239 - 74259	3
74321	2
74336	3
74343	2
74348	3
74354 - 74357	2
74360 - 74363	3
74366 - 74372	2
74374	3
74376 - 74379	2
74382	3
74385	2
74388 - 74389	3
74391 - 74395	2
74397	3
74399 - 74821	2
74831	3
74834 - 74858	2
74861	3
74862 - 74869	2
74889	4
74906	3
74909	4
74912	3
74915 - 74927	4
74928	2
74930	3
74931 - 74934	4
74936	3
74937 - 75015	4
75031	3
75038 - 75045	4
75050	3

Tarif Wohngebäude (Basis VGB 2016)

PLZ von bis	Zone
75053 - 75059	4
75172 - 75181	2
75196 - 75391	3
75392	2
75394 - 75449	3
76131 - 76327	4
76332	3
76337 - 76479	4
76530 - 76534	3
76547 - 76709	4
76726 - 76835	2
76846 - 76848	3
76855 - 76889	2
76891	3
77652 - 77756	4
77761	2
77767 - 77770	4
77773 - 77776	2
77781 - 77978	4
78048 - 78126	2
78132	4
78136 - 79117	2
79183 - 79879	3
80331 - 82069	2
82110	1
82131	2
82140	1
82152 - 82166	2
82178 - 82194	1
82205 - 82211	2
82216 - 82223	1
82229 - 82237	2
82239 - 82256	1
82266 - 82269	2
82272 - 82278	1
82279	2
82281 - 82296	1
82297	2
82299	1
82319 - 82346	2
82347	1
82349	2
82362 - 82409	1
82418 - 82435	2
82436	1
82438 - 83313	2
83317	3
83324 - 83362	2
83364	3
83365 - 83379	2
83395 - 83410	3

PLZ von bis	Zone
83413	2
83416	3
83417	2
83435 - 83489	3
83512	2
83527	1
83530 - 83533	2
83536	1
83539 - 83544	2
83546	1
83547 - 83553	2
83555	1
83556	2
83558 - 83559	1
83561	2
83562	1
83564 - 83565	2
83567	1
83569 - 84036	2
84048	3
84051 - 84066	2
84069	3
84072 - 84082	2
84085	3
84088	2
84089 - 84091	3
84092	2
84094	3
84095	2
84097	3
84098 - 84104	2
84106	3
84107 - 84137	2
84140	3
84144 - 84189	2
84307 - 84389	3
84405 - 84416	2
84419	1
84424 - 84427	2
84428 - 84431	1
84432 - 84435	2
84437	1
84439	2
84453 - 84478	1
84489	2
84494	1
84503 - 84533	2
84539	1
84543	2
84544 - 84546	1
84547 - 84550	2

PLZ von bis	Zone
84552	3
84553	2
84555	1
84556 - 84558	2
84559	1
84561	2
84562 - 84565	1
84567 - 84568	2
84570	1
84571	2
84573 - 84574	1
84576 - 85057	2
85072	3
85077	2
85080	3
85084 - 85088	2
85092 - 85104	3
85107	2
85110 - 85117	3
85119	2
85120 - 85122	3
85123	1
85125	3
85126	2
85128 - 85139	3
85221 - 85778	2
86150 - 86199	1
86200 - 86497	2
86498	1
86500 - 86519	2
86529	1
86551 - 86559	2
86561 - 86565	1
86567 - 86570	2
86571	1
86573 - 86577	2
86579	1
86609	2
86633	1
86637 - 86641	2
86643	1
86647 - 86663	2
86666 - 86669	1
86672	2
86673	1
86674 - 86675	2
86676	1
86678 - 86695	2
86697	1
86698 - 86700	2
86701	1

Tarif Wohngebäude (Basis VGB 2016)

PLZ von bis	Zone	PLZ von bis	Zone	PLZ von bis	Zone
86703 - 86704	2	88605 - 88631	3	94447 - 94469	4
86706	1	88633	2	94474 - 94481	3
86707 - 86759	2	88634 - 88639	3	94486 - 94491	4
86807 - 86825	1	88662 - 90491	2	94496 - 94501	3
86830	2	90513 - 90522	3	94505 - 94508	4
86833 - 86842	1	90530	2	94513 - 94518	3
86845 - 86853	2	90537 - 90579	3	94522	2
86854	1	90584	2	94526 - 94527	4
86856 - 86859	2	90587 - 90592	3	94529	3
86860 - 86862	1	90596 - 90602	2	94530 - 94533	4
86863	2	90607 - 90619	3	94535 - 94538	3
86865	1	90762 - 91058	2	94539 - 94541	4
86866 - 86868	2	91074 - 91099	3	94542 - 94545	3
86869 - 86871	1	91126 - 91189	2	94547	4
86872	2	91207 - 91489	3	94548	3
86874 - 86875	1	91522 - 91592	2	94550 - 94551	4
86877	2	91593	3	94553	2
86879	1	91595 - 91604	2	94554	4
86899 - 86949	2	91605	3	94556	3
86956 - 86972	1	91607 - 91611	2	94557	4
86974	2	91613	3	94559	2
86975 - 86980	1	91614 - 91617	2	94560 - 94563	4
86981	2	91619	3	94565 - 94568	3
86983 - 86989	1	91620 - 91793	2	94569 - 94571	4
87435 - 87452	2	91795	3	94572	3
87459	1	91796 - 91802	2	94574	4
87463 - 87480	2	91804	3	94575	3
87484	1	91805 - 91807	2	94577	4
87487 - 87493	2	91809	3	94579	3
87494 - 87496	1	92224	2	95028 - 95032	2
87497 - 87569	2	92237 - 92281	3	95100	3
87600 - 87679	1	92283	2	95111 - 95152	2
87700	3	92284 - 92289	3	95158 - 95173	3
87719 - 87789	1	92318 - 92334	2	95176 - 95185	2
88045 - 88099	2	92339	3	95186	3
88131 - 88145	1	92342 - 92369	2	95188 - 95194	2
88147	2	92421 - 92559	3	95195	3
88149 - 88179	1	92637	2	95197	2
88212 - 88339	2	92648 - 92676	3	95199	3
88348	3	92681	4	95213 - 95239	2
88353	2	92685 - 92702	3	95326 - 95369	3
88356	3	92703	4	95444 - 95448	2
88361 - 88364	2	92705 - 92715	3	95460 - 95473	3
88367	3	92717	4	95478	4
88368 - 88379	2	92718 - 92729	3	95482 - 95503	3
88400	3	93047 - 93059	2	95505 - 95508	4
88410	2	93073 - 94269	3	95509 - 95632	3
88416 - 88480	3	94315 - 94419	2	95643 - 95652	4
88481	2	94424	3	95659	3
88483 - 88527	3	94428 - 94437	2	95666 - 95679	4
88529	2	94439	3	95680	3

PLZ von bis	Zone
95682 - 95685	4
95686	3
95688 - 95689	4
95691	3
95692	4
95694	3
95695	4
95697	3
95698 - 95704	4
95706 - 95709	3
96047 - 96052	2
96103 - 96142	3
96145	2
96146 - 96231	3
96237 - 96242	2
96247 - 96250	3
96253	2
96257 - 96268	3
96269 - 96271	2
96272	3
96274	2
96275 - 96277	3
96279	2
96317 - 96369	3
96450 - 96489	2
96515 - 96529	1
97070 - 97084	4
97199 - 97526	3
97528	4
97529 - 97539	3
97616 - 97659	4
97688 - 97723	3
97724	4
97725 - 97859	3
97877	2
97892	3
97896 - 97900	2
97901 - 97906	4
97907	3
97909	4
97922 - 97999	2
98527 - 98749	1
99084 - 99099	2
99100	1
99102	2
99189 - 99195	1
99198	2
99310 - 99998	1

Tarif Wohngebäude (Basis VGB 2016)

1.2 Tarifzoneneinteilung für die Sturm-/Hagelversicherung
Zoneneinteilung auf PLZ-Basis

PLZ von bis	Zone	PLZ von bis	Zone	PLZ von bis	Zone
01067 - 16949	1	56856 - 56859	1	83435 - 83489	1
17033 - 17036	2	56861	2	83512 - 83569	2
17039	1	56862 - 57648	1	83607	1
17087 - 17091	2	58089 - 59609	2	83620	2
17094 - 17099	1	59755 - 65936	1	83623 - 83739	1
17109 - 17219	2	66111 - 67489	2	84028 - 84036	2
17235 - 17237	1	67547 - 67599	1	84048	1
17248	2	67655 - 67829	2	84051 - 84066	2
17252 - 17379	1	68159 - 68723	1	84069	1
17389 - 19306	2	68753	2	84072 - 84082	2
19309 - 19357	1	68766 - 68789	1	84085	1
19370 - 27313	2	68794	2	84088	2
27318	1	68799 - 72534	1	84089 - 84091	1
27321	2	72535	2	84092	2
27324	1	72537 - 72587	1	84094	1
27327 - 27330	2	72589	2	84095	2
27333 - 27336	1	72622 - 73337	1	84097	1
27337 - 28879	2	73340	2	84098 - 84104	2
29221 - 32289	1	73342 - 74939	1	84106	1
32312 - 32549	2	75015	2	84107 - 84579	2
32584 - 32602	1	75031	1	85049 - 85072	1
32609	2	75038 - 75045	2	85077	2
32657 - 39649	1	75050	1	85080	1
40210 - 51597	2	75053 - 75059	2	85084 - 85088	2
51598	1	75172 - 75449	1	85092 - 85104	1
51643 - 53539	2	76131 - 76327	2	85107	2
53545 - 53579	1	76332	1	85110 - 85117	1
53604	2	76337 - 76359	2	85119	2
53619	1	76437 - 76599	1	85120 - 85122	1
53639 - 54689	2	76646 - 76891	2	85123	2
55116 - 55437	1	77652 - 79879	1	85125	1
55442 - 55452	2	80331 - 82054	2	85126	2
55457 - 55499	1	82057	1	85128 - 85139	1
55543 - 55571	2	82061 - 82346	2	85221 - 86579	2
55576 - 55578	1	82347	1	86609	1
55583 - 55596	2	82349	2	86633 - 86637	2
55597 - 55599	1	82362 - 82549	1	86641	1
55606 - 55779	2	83022 - 83313	2	86643 - 86647	2
56068 - 56648	1	83317	1	86650 - 86655	1
56651 - 56659	2	83324 - 83362	2	86657	2
56727 - 56745	1	83364	1	86660 - 86663	1
56746	2	83365 - 83379	2	86666 - 86674	2
56751 - 56766	1	83395 - 83410	1	86675	1
56767 - 56769	2	83413	2	86676 - 86679	2
56812 - 56829	1	83416	1	86681 - 86694	1
56841 - 56850	2	83417	2	86695 - 86697	2

PLZ von bis	Zone
86698 - 86700	1
86701	2
86703 - 86704	1
86706 - 86707	2
86709 - 86807	1
86825 - 86859	2
86860 - 86862	1
86863 - 86868	2
86869	1
86871 - 86874	2
86875	1
86877 - 86949	2
86956 - 86972	1
86974	2
86975 - 86980	1
86981	2
86983 - 87679	1
87700 - 87789	2
88045 - 88379	1
88400	2
88410	1
88416 - 88499	2
88512	1
88515	2
88518	1
88521 - 88527	2
88529 - 88719	1
89073 - 89555	2
89558	1
89561 - 89619	2
90402 - 94136	1
94137	2
94139	1
94140	2
94142 - 94164	1
94166	2
94167 - 94269	1
94315 - 94469	2
94474 - 94481	1
94486 - 94491	2
94496 - 94501	1
94505 - 94508	2
94513 - 94518	1
94522 - 94527	2
94529	1
94530 - 94533	2
94535 - 94538	1
94539 - 94541	2
94542 - 94545	1
94547	2

PLZ von bis	Zone
94548	1
94550 - 94554	2
94556	1
94557 - 94563	2
94565 - 94568	1
94569 - 94571	2
94572	1
94574	2
94575	1
94577	2
94579 - 99998	1

TA 064 Tarif Wohngebäude (Basis VGB 2016)

1.3 Tarifzoneneinteilung für den Einschluss weiterer Naturgefahren (Elementargefahren)

Zoneneinteilung auf PLZ-Basis				
Zone I	Postleitzahlengebiete, soweit nicht unter Tarifzone II aufgeführt und bei keinem Vorschaden in den letzten 10 Jahren			
Zone II	Folgende Postleitzahlengebiete oder bei einem Vorschaden in den letzten 10 Jahren			
	PLZ von bis	PLZ von bis	PLZ von bis	PLZ von bis
	04626 - 04639	71111	72539 - 72555	78597 - 78603
	07580	71126	72585	79539 - 79639
	08248	71149 - 71159	72654	88515
	08265 - 08267	72070 - 72149	72760 - 72829	88605
	08393	72181	78554 - 78570	88631
	08451 - 08459	72336 - 72519	78580 - 78589	88637
	71083 - 71101	72531 - 72532	78592	

1.4 Bauweise der Gebäude

Bauartklassen (BAK)

Klasse	Außenwände	Dacheindeckung
I	Massiv (Mauerwerk, Beton)	**hart** (z. B. Ziegel, Schiefer, Betonplatten, Metall, gesandete Dachpappe)
II	Stahl- oder Holzfachwerk mit Stein- oder Glasfüllung, Stahl- oder Stahlbetonkonstruktion mit Wandplattenverkleidung aus nicht brennbarem Material (z. B. Profilblech, Asbestzement)	
III	Holz, Holzfachwerk mit Lehmfüllung, Holzkonstruktion mit Verkleidung jeglicher Art, Stahl- oder Stahlbetonkonstruktion mit Wandplattenverkleidung aus Holz oder Kunststoff, Gebäude mit einer oder mehreren offenen Seiten	
IV	wie Klasse I oder II	**weich** (z. B. vollständige oder teilweise Eindeckung mit Holz, Ried, Schilf, Stroh o. Ä.)
V	wie Klasse III	
	Bei gemischter Bauweise gilt die ungünstigere, wenn auf diese ein Anteil von mehr als 25 % entfällt.	

Fertighausgruppe (FHG)

Gruppe	Außenwände	Dacheindeckung
1	In allen Teilen - einschließlich der tragenden Konstruktion - aus feuerbeständigen Bauteilen (massiv)	**hart** (z. B. Ziegel, Schiefer, Betonplatten, Metall, Asbestzementplatten, gesandete Dachpappe)
2	Fundament massiv, tragende Konstruktion aus Stahl, Holz, Leichtbauteilen oder dergleichen, außen mit feuerhemmenden bzw. nicht brennbaren Baustoffen verkleidet (z. B. Putz, Klinkersteine, Gipsplatten, Profilblech, kein Kunststoff)	
3	wie Gruppe 2, jedoch ohne feuerhemmende Ummantelung bzw. Verkleidung	

Der Tarifgrundprämiensatz gilt für die Bauartklasse I, II und für die Fertighäuser der Gruppe 1.
Für die anderen Bauartklassen und Fertighausgruppen wird in der Feuerversicherung ein Zuschlag berechnet.

2. Prämien / Zuschläge je 1.000 M/€ Versicherungssumme (ohne Versicherungsteuer)

2.1 Grundprämie

	F	LW Tarifzonen				St/Hg Tarifzonen		Elementar Tarifzonen	
		I	II	III	IV	I	II	I	II
Haus der Bauartklasse I, II oder der Fertighausgruppe 1	0,20	0,30	0,35	0,40	0,45	0,25	0,30	0,20	0,50

2.2 Zuschläge zur Grundprämie für besondere Gefahrenverhältnisse

	F	LW	St/Hg
2.2.1 Andere Bauweise • Fertighäuser der Gruppe 2 und 3 • Holz- und ähnliche Gebäude mit harter Dachung (BAK III) • Gebäude aus Stein usw. mit weicher Dachung (BAK IV) • Gebäude aus Holz usw. mit weicher Dachung (BAK V)	0,15 0,80 2,10 2,85	- - - -	- - - -
2.2.2 Ferien- und Wochenendhäuser oder sonstige nicht ständig bewohnte Gebäude	0,55	0,05	-
2.2.3 Schwimmbecken im Gebäude	-	0,15	-

2.3 Prämien für zusätzliche Einschlüsse

jeweils aus der Gebäudeversicherungssumme zu berechnen (in ‰)

	F	LW	St/Hg
2.3.1 Klausel 7167 – Kosten für die Beseitigung von Rohrverstopfungen, je 1 % der Versicherungssumme*	-	0,10	-
2.3.2 Klausel 7168 – Datenrettungskosten in der Privatversicherung bis 2.000 €	0,05		
2.3.3 Klausel 7260 – Frost- und sonstige Bruchschäden an Wasserzuleitungs- und Heizungsrohren, die auf dem Versicherungsgrundstück verlegt sind, aber nicht der Versorgung versicherter Gebäude oder Anlagen dienen, je 1 % der Versicherungssumme*	-	0,10	-
2.3.4 Klausel 7261 – Frost- und sonstige Bruchschäden an Wasserzuleitungs- und Heizungsrohren, die außerhalb des Versicherungsgrundstücks verlegt sind, und der Versorgung versicherter Gebäude oder Anlagen dienen, je 1 % der Versicherungssumme*	-	0,10	-
2.3.5 Klausel 7264 – Weiteres Zubehör sowie sonstige Grundstücksbestandteile, je 1 % der Versicherungssumme* Anmerkung: einzeln deklarieren (z.B. Gartenhäuser, Einfriedungen, Carports)	0,10		
2.3.6 Klausel 7361 – Gebäudebeschädigungen an Zwei- und Mehrfamilienhäusern, die dadurch entstehen, dass unbefugte Dritte in das Gebäude einbrechen, einsteigen oder eindringen, bis 5 % der Versicherungssumme*	0,09		
2.3.7 Klausel 7362 – Kosten für die Dekontamination von Erdreich Versichert sind die Untersuchung, der Aushub, der Transport und die Ablagerung bzw. Vernichtung des kontaminierten Erdreichs und die Wiederherstellung des Grundstücks, je 2 % der Versicherungssumme*, max. 20.000 €	0,15		
2.3.8 Klausel 7363 – Aufräumungskosten für Bäume bis 2.000 €	0,05		
2.3.9 Klausel 7366 – Graffitischäden Kosten für die Beseitigung von Graffiti, max. 10.000 €, Selbstbeteiligung von 500 € je Versicherungsfall	0,10		

* Bei Gleitender Neuwertversicherung: multipliziert mit dem im Zeitpunkt des Versicherungsfalles geltenden Anpassungsfaktor.

2.4 Weitere Einschlüsse (auf Anfrage)

2.4.1 Klausel 7165 – Fahrzeuganprall	auf Anfrage
2.4.2 Klausel 7166 – Regenfallrohre innerhalb des Gebäudes	
2.4.3 Klausel 7262 – Weitere Ableitungsrohre auf dem Versicherungsgrundstück	
2.4.4 Klausel 7263 – Ableitungsrohre außerhalb des Versicherungsgrundstücks	
2.4.5 Klausel 7265 – sonstige Bruchschäden an Armaturen bis 500 €	
2.4.6 Klausel 7364 – Wasserverlust bis 500 €	
2.4.7 Klausel 7367 – Behördlich nicht vorgeschriebene energetische Modernisierung bis 10.000 €	
2.4.8 In das Gebäude nachträglich eingefügte – nicht aber ersetzte – Sachen, die ein Mieter oder Wohnungseigentümer auf seine Kosten beschafft oder übernommen hat und hierfür die Gefahr trägt (Ziffer 7.6.1 VGB 2016)	

Tarif Wohngebäude (Basis VGB 2016)

3. Nachlässe in Prozent der Tarifprämie

3.1 Neubaurabatt

Für Neubauten gewähren wir auf die Tarifprämie (einschließlich aller Zuschläge) einen Neubaurabatt in Höhe von 20 %. Er entfällt mit dem Ende des Versicherungsjahres, in dem das versicherte Gebäude 10 Jahre alt wird. .... 20 %

3.2 Mehrfamilienhausrabatt

Für Mehrfamilienhäuser mit einer Versicherungssumme ab 50.000 M/1914 gewähren wir auf die Tarifprämie (einschließlich aller Zuschläge) einen Mehrfamilienhausrabatt in Höhe von .... 10 %

3.3 Rabatt wegen Selbstbeteiligung (Klausel 7761)

Wird je versicherte Gefahr eine Selbstbeteiligung in Höhe von 500 € je Versicherungsfall vereinbart, reduziert sich die Tarifprämie (einschließlich aller Zuschläge) um einen Rabatt in Höhe von .... 20 %

4. Feuerrohbauversicherung

Bei einer 3-jährigen Vertragsdauer sind in der Feuerversicherung während der Zeit des Rohbaus das Gebäude und die zu seiner Fertigstellung notwendigen auf dem Baugrundstück befindlichen Baustoffe, soweit der VN die Gefahr dafür trägt, bis zur Fertigstellung, längstens jedoch für 12 Monate, prämienfrei versichert. Wird Versicherungsschutz gegen Leitungswasser-, Sturm/Hagel- und weitere Elementarschäden beantragt, tritt dieser frühestens in Kraft, wenn das Gebäude bezugsfertig ist.

5. Gefahrerhöhung

Durch gewerbliche Teilnutzung bis zu 50 % .... 1,3 ‰

6. Einschluss weiterer Naturgefahren (Elementargefahren)

6.1 Voraussetzung für die Risikoübernahme

- bestehende oder gleichzeitig beantragte Wohngebäudeversicherung

6.2 Wartezeit

- Der Versicherungsschutz beginnt nach Ablauf der Wartezeit von einem Monat ab dem beantragten Versicherungsbeginn.

6.3 Selbstbeteiligung

Es gilt eine Selbstbeteiligung von 500 € je Versicherungsfall.
Dies gilt nicht für Aufwendungsersatz, der auf Weisung des Versicherers angefallen ist.

6.4 Keine Risikoübernahme

- Wochenend-, Ferien-, Gartenhäuser, Zweitwohnungen
- zwei oder mehr Vorschäden in den letzten 10 Jahren

6.5 Eine vorläufige Deckung wird vom Versicherer nicht gewährt.

6.6 Für die Tarifzoneneinteilung wird auf Ziffer 1.3 und für die Grundprämie auf Ziffer 2.1 des Tarifes verwiesen.

Tarif Glasversicherung (Basis AGIB 2016)

Tarif gilt in Verbindung mit einer Hausrat- oder Wohngebäudeversicherung

0. Allgemein

0.1 Mindestjahresprämie

Die Mindestjahresprämie (ohne Versicherungsteuer) darf auch bei Gewährung von Nachlässen (z. B. Dauernachlass, Nachlass für Zahlungsweise) nicht unterschritten werden.
Sie beträgt: .... 20 €

Monatliche Zahlungsweise ist nur bei Vereinbarung eines Sepa-Lastschriftmandats möglich. Die Mindestrate beträgt in diesem Fall 5 €.

0.2 Dauernachlass

Die Vertragsdauer darf höchstens 3 Jahre betragen.
Bei vereinbarter 3-jähriger Laufzeit beträgt der Dauernachlass .... 10 %

0.3 Ratenzahlung

Als Versicherungsperiode gilt der Zeitraum eines Jahres.
Wird die Jahresprämie in Raten entrichtet, so verringert sich die Prämie wie folgt:

- bei monatlicher Zahlung (nur bei Lastschriftverfahren) .... um 0 %
- bei vierteljährlicher Zahlung .... um 2 %
- bei halbjährlicher Zahlung .... um 3 %
- bei jährlicher Zahlung .... um 5 %

0.4 Versicherungsteuer

Den im Tarif genannten Prämien und Zuschlägen
ist die Versicherungsteuer hinzuzurechnen. Sie beträgt zzt. .... 19 %

1. Grundprämien ohne Versicherungsteuer für Gebäude- und Mobiliarverglasungen

Die Prämienhöhe für alle versicherten Verglasungen hängt von der Art der Wohnung (Wohnung im Einfamilienhaus oder Mehrfamilienhaus) und von der m²-Wohnfläche der Wohnung oder des Einfamilienhauses ab.

1.1 Einfamilienhaus (Einzel- oder Reihenhaus, Doppelhaushälfte)

Wohnfläche in m²	bis 60	bis 80	bis 100	bis 120	bis 140	bis 160	bis 200	bis 250	bis 300	darüber
Prämie €	36	48	60	65	71	77	96	120	140	auf Anfrage

1.2 Wohnung im Mehrfamilienhaus

Wohnfläche in m²	bis 40	bis 60	bis 80	bis 100	bis 120	bis 140	bis 160	bis 200	bis 250	bis 300	darüber
Prämie €	20	27	36	43	49	57	62	78	96	115	auf Anfrage

2. Besonders zu beantragende Sachen

2.1 Aquarien/Terrarien bis 500 Liter Inhalt .... Prämie je Stück 10 €

2.2 Aquarien/Terrarien über 500 Liter Inhalt .... Prämie je Stück 20 €

2.3 Künstlerisch bearbeitete Scheiben bis 500 €,
   Sonderkosten für Gerüste und Kräne bis 500 €
   sowie Beseitigung von Hindernissen bis 500 € .... prämienfrei mitversichert
   je weitere 100 € .... 5 €

2.4 Gesondert versicherte Sachen gemäß Ziffer 4.2.1 bis Ziffer 4.2.5 und Ziffer 4.2.7 .... auf Anfrage

2.5 Gesondert versicherte Kosten gemäß Ziffer 5.2 .... auf Anfrage

Antrag auf Wohngebäude- und Glasversicherung - Auszug

Sämtliche verwendete Personenbezeichnungen sind geschlechtsneutral formuliert.

Vermittler/Vermittler-Nr.

Versicherungsschein-Nr.

Antragseingang

Antragsnummer

Zutreffendes bitte ankreuzen. Striche, sonstige Zeichen oder **Nichtbeantwortung** gelten als **Verneinung**.

Antragsteller/Versicherungsnehmer

Anrede ○ Herr ○ Frau

Besondere Anredetitel

Name

Geburtsname

Vorname

Staatsangehörigkeit

Geburtsdatum

Straße, Haus-Nr.

Geburtsort

Postleitzahl, Wohnort

Berufliche Tätigkeit *(genaue Bezeichnung)*

Branche

○ angestellt ○ selbstständig ○ öffentlicher Dienst

Telefon (privat)

Telefon (geschäftlich)

Telefon (mobil)

E-Mail

Vermittlerklausel, Kontaktdaten, Kommunikation:

○ Ich bin damit einverstanden, dass Mitarbeiter der Proximus Versicherung AG und der mich betreuende Vermittler meine Kontaktdaten aus diesem Antrag für die Kommunikation im Rahmen der regelmäßigen Kundenbetreuung nutzen dürfen. Erfasst sind neben allen meinen Versicherungsvertrag betreffenden Kontakten auch solche, die auf die inhaltliche Änderung, insbesondere Verlängerung, Ausweitung oder Ergänzung des bestehenden Vertragsverhältnisses sowie auf den Neuabschluss weiterer Verträge bei der Proximus Versicherung AG gerichtet sind. Die Einwilligung nach diesem Absatz kann ich ohne Einfluss auf den Vertrag auch in Teilen streichen oder jederzeit widerrufen.

Besondere Vereinbarungen bzw. Bemerkungen

Mündliche Vereinbarungen haben keine Gültigkeit. Besondere Vereinbarungen bedürfen der schriftlichen Bestätigung durch die Gesellschaft.

Allgemeine Angaben

1. Vers.-Grundstück   ○ wie Anschrift

   Straße, Haus-Nr.   Postleitzahl, Wohnort

2. Gebäude/Nutzungsart   ständig bewohntes
   - ○ Ein-/Zweifamilienhaus   ○ Ferien-/Wochenendhaus   ○ Garagen auf dem Versicherungsgrundstück
   - ○ Mehrfamilienhaus   ○ nicht ständig bewohntes Haus   ○ sonstige Nebengebäude auf dem Versicherungsgrundstück

3. Bauart/Baujahr
   - ○ Normalklasse   ○ Fertighaus   ○ Holz mit harter Dachung   Baujahr
   - ○ Stein mit weicher Dachung   ○ Holz mit weicher Dachung

4. Gebäudeausstattung
   - Lw-Netz/Heizung: ○ neu   ○ gut erhalten   ○ erneuert   ○ reparaturbedürftig
   - ○ Schwimmbecken   ○ Fußboden-, Wand-, Deckenheizung
   - ○ Klimaanlage, Wärmepumpe, Solarheizung
   - Dach: ○ neu   ○ gut erhalten   ○ erneuert   ○ reparaturbedürftig

5. Nutzung   ○ durch Eigentümer   ○ durch Mieter   ○ gewerbliche Teilnutzung von _____ %

Zahlungsweise   Nachlass:
○ jährlich 5%   ○ halbjährlich 3%   ○ vierteljährlich 2%   ○ monatlich 0%

Vertragsdauer   Versicherungsbeginn - 0:00 Uhr - |__|__|2|0|__|__|

Versicherungsablauf - 24:00 Uhr - |__|__|2|0|__|__|

Die Verträge verlängern sich stillschweigend nach Ablauf der vereinbarten Dauer jeweils von Jahr zu Jahr, wenn nicht spätestens 3 Monate vor Ablauf der anderen Partei eine schriftliche Kündigung zugegangen ist.

Bei einer Vertragsdauer von 3 Jahren wird ein Dauernachlass von 10 % gewährt.

Antrag auf Wohngebäude- und Glasversicherung - Auszug

TA 069

Vorversicherungen / Vorschäden

Bestehen oder bestanden bereits eine Wohngebäude- oder Glasversicherung? ○ nein ○ ja _____

Wurde die Wohngebäude- oder Glasversicherung gekündigt? ○ nein ○ ja, durch Antragsteller ○ ja, durch Versicherer

Versicherer _____ Vers.-Nummer _____ Ablauf _____

Sind in den letzten 5 Jahren Schäden eingetreten, auch wenn hierfür keine Leistung erfolgte? ○ ja ○ nein Anzahl der Schäden _____

Schadenjahr _____ Schadenhöhe _____ Schadenursache _____

Schadenjahr _____ Schadenhöhe _____ Schadenursache _____

Bitte nur beantworten, wenn weitere Naturgefahren (Elementargefahren) versichert werden sollen:
Sind auf dem Versicherungsgrundstück an zu versichernden Sachen innerhalb der letzten 10 Jahre bereits weitere Naturgefahren (Elementargefahren) angefallen, auch wenn keine Versicherung hierfür bestand?

○ nein ○ ja, Schadendatum, Schadenhergang, Schadenhöhe in € _____

Wohngebäudeversicherung

Das Gebäude soll gegen folgende Gefahren versichert werden:

○ Feuer ○ Leitungswasser ○ Sturm/Hagel ○ weitere Naturgefahren (Elementargefahren)

○ Feuerrohbauversicherung, wenn das Gebäude noch nicht fertiggestellt ist; voraussichtlicher Fertigstellungstermin: _____
Das Gebäude ist für die Zeit des Rohbaus, längstens 12 Monate, prämienfrei gegen Feuer versichert.

Zutreffendes ist anzukreuzen. Striche, sonstige Zeichen oder **Nichtbeantwortung** gelten als **Verneinung**.

Grundprämiensätze in ‰:

○ F _____ ○ LW _____ ○ St/H _____ ○ weitere Naturgefahren _____ Gesamt: _____ ‰

Erweiterung des Versicherungsschutzes gegen Prämienzuschlag: Prämiensätze

○ Klausel 7167 Kosten für die Beseitigung von Rohrverstopfungen bis 1 % oder ____ % der Versicherungssumme* _____ ‰

○ Klausel 7168 Datenrettungskosten in der Privatversicherung _____ ‰

○ Klausel 7260 Weitere Zuleitungsrohre auf dem Grundstück bis 1 % oder ____ % der Versicherungssumme* _____ ‰

○ Klausel 7261 Weitere Zuleitungsrohre außerhalb des Grundstücks bis 1 % oder ____ % der Versicherungssumme* _____ ‰

○ Klausel 7264 Weiteres Zubehör und sonstige Grundstücksbestandteile bis 1 % oder ____ % der Versicherungssumme* _____ ‰

○ Klausel 7361 Gebäudebeschädigungen durch unbefugte Dritte an Zwei- und Mehrfamilienhäusern bis 5 % der Versicherungssumme* _____ ‰

○ Klausel 7362 Kosten für die Dekontamination von Erdreich bis 2 % oder ____ % der Versicherungssumme*, max. 20.000 € _____ ‰

○ Klausel 7363 Aufräumungskosten für Bäume bis 2.000 € _____ ‰

○ Klausel 7366 Graffitischäden max. 10.000 €; Selbstbeteiligung 500 € je Versicherungsfall _____ ‰

○ weitere Klauseln (Prämien auf Anfrage): _____ _____ ‰

Gesamtprämiensatz _____ ‰

*Bei Gleitender Neuwertversicherung: multipliziert mit dem im Zeitpunkt des Versicherungsfalles geltenden Anpassungsfaktor.

Versicherungssumme 1914 _____ Mark x Gesamtprämiensatz _____ ‰

= Jahresprämie 1914 _____ Mark x Anpassungsfaktor _____ = Nettojahresprämie in € _____ (Mindestjahresprämie 40 €)

TA 070 — Antrag auf Wohngebäude- und Glasversicherung – Auszug

WOHNGEBÄUDE

○ Nettojahresprämie in €	=	€
○ Neubaurabatt	−	€
	=	€
○ Mehrfamilienhausrabatt	−	€
	=	€
○ Rabatt wegen Selbstbeteiligung (Klausel 7761)	−	€
	=	€
○ Dauernachlass (3 Jahre 10 %)	−	€
	=	€
○ Abschlag gemäß Zahlungsweise	−	€
	=	€
Nettoprämie gemäß Zahlungsweise	=	€
Versicherungsteuer	+	€
Bruttoprämie gemäß Zahlungsweise	=	€

Glasversicherung

Versichert sind Gebäude- und Mobiliarverglasungen bei Bruchschäden für

Nettojahresprämie in € (Mindestjahresprämie 20 €)

ein Einfamilienhaus (Einzel- oder Reihenhaus, Doppelhaushälfte) mit _____ m² Wohnfläche		€
Zusätzlich sind bis jeweils 500 € je Schadenfall prämienfrei mitversichert:		
1. Künstlerisch bearbeitete Glasscheiben, -spiegel, -platten — Erhöhung auf _____ € je Schadenfall	+	€
2. Sonderkosten für Gerüste und Kräne — Erhöhung auf _____ € je Schadenfall	+	€
3. Beseitigung von Hindernissen wie z. B. Schutzgitter — Erhöhung auf _____ € je Schadenfall	+	€
○ Sonstige versicherte Sachen/Kosten (Prämie auf Anfrage) _____	+	€
Nettojahresprämie in €	=	€
○ Dauernachlass (3 Jahre 10 %)	−	€
	=	€
○ Abschlag gemäß Zahlungsweise	−	€
	=	€
Nettoprämie gemäß Zahlungsweise	=	€
Versicherungsteuer	+	€
Bruttoprämie gemäß Zahlungsweise	=	€

Antrag auf Wohngebäude- und Glasversicherung – Auszug

TA 071

SEPA-Lastschriftmandat – das Mandat für wiederkehrende Zahlungen	Ich ermächtige die Proximus Versicherung AG, die von der Proximus Versicherung AG auf mein Konto gezogenen Lastschriften einzulösen. Die Mandatsreferenz teilt mir/uns die Proximus Versicherung AG vor der ersten Abbuchung mit. Zahlungsempfänger: Proximus Versicherung AG Gläubiger-ID: xxxxxxxxxxxxxxxxxxxxxxxxxxxxxxxx Name, Vorname: Antragsteller Name, Vorname: Kontoinhaber *(falls vom Antragsteller abweichend)* Anschrift: Kontoinhaber BIC *(8 oder 11 Stellen)* IBAN *(22 Stellen)* Name des Kreditinstitutes Datum/Unterschrift: Antragsteller Datum/Unterschrift: Kontoinhaber
Hinweis	Ich kann innerhalb von 8 Wochen, beginnend mit dem Belastungsdatum, die Erstattung des belasteten Betrages verlangen. Es gelten dabei die mit meinem Kreditinstitut vereinbarten Bedingungen. Vor dem ersten Einzug einer SEPA-Lastschrift wird mich die Proximus Versicherung AG über den Einzug unterrichten.
Widerrufsrecht	Sie können Ihren Antrag nach Zugang des Versicherungsscheins widerrufen. Nähere Hinweise können Sie den „Versicherungsinformationen" entnehmen. Eine Belehrung über das Widerrufsrecht sowie die Rechtsfolgen des Widerrufs erhalten Sie mit dem Versicherungsschein.
Datenverarbeitung	Mit der Datenverarbeitung durch den Versicherer bin ich einverstanden.
Empfangsbestätigung	Ich habe die diesem Vertrag zugrunde liegenden Produkt- und Kundeninformationen, das Merkblatt zur Datenverarbeitung, die Versicherungsbedingungen und die Klauseln erhalten. Eine Durchschrift ist mir nach Unterzeichnung ausgehändigt worden. Von den Hinweisen habe ich Kenntnis genommen.
Belehrung über vorvertragliche Anzeigepflicht nach § 19 Versicherungsvertragsgesetz	Bitte beachten Sie, dass Sie gemäß § 19 des Versicherungsvertragsgesetzes (VVG) verpflichtet sind, dem Versicherer bis zur Abgabe Ihrer Vertragserklärung alle Ihnen bekannten Umstände, die für die Übernahme des Versicherungsschutzes von Bedeutung sind und nach denen in Textform gefragt wird, nach bestem Wissen sorgfältig, wahrheitsgemäß und vollständig zu beantworten. Bitte beantworten Sie unsere Fragen unbedingt zutreffend und vollständig, da wir sonst von dem Vertrag zurücktreten oder den Vertrag vorzeitig kündigen können und Sie dann Ihren Versicherungsschutz gefährden. Ich bestätige die Richtigkeit der Angaben. Die Rechtsfolgen bei Verletzung der vorvertraglichen Anzeigepflicht habe ich gelesen.

Datum/Unterschrift Antragsteller
(bei Minderjährigen Mitunterschrift der gesetzlichen Vertreter)

Datum/Unterschrift Vermittler

WOHNGEBÄUDE

Ermittlung der Versicherungssumme 1914 für Wohngebäude

Sämtliche verwendete Personenbezeichnungen sind geschlechtsneutral formuliert.

nach Wohnfläche und Ausstattungsmerkmalen (nur für Ein- und Zweifamilienhäuser der Bauartklassen I und II oder Fertighausgruppe 1, die mindestens zu 50 % Wohnzwecken dienen)

Vermittler/Vermittler-Nr.

Versicherungsschein-Nr.

Antragseingang

Antragsnummer

Antragsteller/Versicherungsnehmer

Anrede ○ Herr ○ Frau

Besondere Anredetitel

Name

Geburtsname

Vorname

Staatsangehörigkeit   Geburtsdatum

Straße, Haus-Nr.

Geburtsort

Postleitzahl, Wohnort

Berufliche Tätigkeit *(genaue Bezeichnung)*

Branche

○ angestellt   ○ selbstständig   ○ öffentlicher Dienst

Telefon (privat)   Telefon (geschäftlich)   Telefon (mobil)   E-Mail

Versicherungsgrundstück (nur angeben, wenn abweichend von der oben stehenden Anschrift)

Ermittlung des Gebäudetypes

Auch für Reihenhäuser, Häuser in Hanglage und mit anderen als den eingezeichneten Dachneigungen. Anzukreuzen ist der am ehesten passende Gebäudetyp, wenn das Gebäude nicht eindeutig zuzuordnen ist.

Wert 1914

EG = Erdgeschoss   OG = Obergeschoss   DG = Dachgeschoss

ohne Unterkellerung

○ Flachdach EG	○ Flachdach EG+OG	○ DG nicht ausgebaut EG	○ DG ausgebaut EG	○ DG nicht ausgebaut EG+OG	○ DG ausgebaut EG+OG

Wert 1914 pro m² Wohnfläche in Mark (M): 160   160   160   140   140   130   M

mit Unterkellerung (auch Teilunterkellerung)

○ Flachdach EG	○ Flachdach EG+OG	○ DG nicht ausgebaut EG	○ DG ausgebaut EG	○ DG nicht ausgebaut EG+OG	○ DG ausgebaut EG+OG

Wert 1914 pro m² Wohnfläche in Mark (M): 190   190   190   165   165   150   M

Ermittlung der Versicherungssumme 1914 für Wohngebäude

TA 073

WOHNGEBÄUDE

Ermittlung der Bauausführungen und -ausstattungen

Der für den jeweiligen Gebäudetyp angegebene Wert berücksichtigt folgende übliche Bauausführungen und -ausstattungen: Wert 1914

Außenwände mit gefugtem Mauerwerk, Putz, Verkleidung oder Verblendsteinen; Parkett-, Teppich- oder Fliesenböden; Doppelfenster oder Isolierverglasung; Nassräume und Küche gefliest; Bad / Dusche; Zentralheizung und zentrale Warmwasserversorgung

	Bauausführung			Innenausbau			Installation		
	Dach	Außenwände	Decken / Wände	Fußböden	Fenster	Türen	Sanitär	Heizung	
	Naturschieferdach, Kupferdach	Naturstein-, Keramik-, Kunststeinverkleidung, Handstrich-Klinker	Stuckarbeiten, Edelholzverkleidungen	Natursteinböden, Parkett- oder Teppichböden in hochwertiger Qualität	Leichtmetall- oder Holzsprossenfenster	Edelholztüren	hochwertige sanitäre Einrichtungen	Wärmepumpe, Solaranlagen, Fußboden- und Deckenheizung	
Zuschläge Wert 1914 pro m² Wohnfläche in Mark (M)	○ 4	○ 5	○ 6	○ 4	○ 4	○ 3	○ 6	○ 6	_____ M
				PVC-Böden auf Estrich	einfaches Fensterglas		ohne Bad / Dusche	Ofenheizung	
Abschläge Wert 1914 pro m² Wohnfläche in Mark (M)				○ 3	○ 3		○ 4	○ 4	- _____ M

Wert 1914 pro m² Wohnfläche   Summe der Werte 1914 _____ M

Ermittlung der Versicherungssumme 1914

Wohnfläche _____ m² x Wert 1914 pro m² Wohnfläche _____ M   _____ M

Wohnfläche Keller _____ m² x Zuschlag für Wohnflächenausbau 15 M   _____ M

Garagen außerhalb des Wohngebäudes
○ Keine Garage

1 Garage	2 Garagen	3 Garagen
○ 700	○ 1.400	○ 2.100

Wert 1914 in Mark (M)   _____ M

Versicherungssumme 1914 _____ M

Die Versicherungssumme 1914 ist auf volle 100 M aufzurunden _____ M

Vertragsspiegel Wohngebäudeversicherung

Proximus Versicherung

Antragsteller/Versicherungsnehmer	Name	Vorname	Geburtsdatum	Beruf	A = angestellt S = selbstständig B = öffentlicher Dienst
Ehepartner	Name	Vorname	Geburtsdatum	Beruf	A = angestellt S = selbstständig B = öffentlicher Dienst
Kinder	Name	Vorname	Geburtsdatum	Beruf	A = angestellt S = selbstständig B = öffentlicher Dienst

Anschrift

Versicherungsort

Versicherungsnachweis

- Versicherungsnummer
- Bedingungen
- Beginn
- Ablauf
- Fälligkeit
- Versicherte Gefahren
- Gebäudetyp
- Wohnfläche (m²)
- zusätzliche Einschlüsse
- Hypothekendarlehen

- Versicherungssumme
- Klauseln
- Zahlungsweise
- Prämie/Rate (netto)
- Prämienkonto
- VS 1914 (Ermittlungsbogen)
- Baujahr
- besondere Gefahrenverhältnisse
- Selbstbeteiligung

Gebäude- und Mobiliarverglasung

- Wohnfläche (m²)
- Gebäudetyp
- Besondere Gegenstände

Schadenquote der letzten 5 Jahre Leistungsfälle

Datum	Beschreibung	Besondere Hinweise	Leistungsbetrag

LEBEN

BEDINGUNGEN

Allgemeine Bedingungen für die Rentenversicherung gemäß § 10 Absatz 1 Nr. 2 Buchstabe b aa EStG (Basisrente)	076
Allgemeine Bedingungen für die Hinterbliebenenrenten-Zusatzversicherung zur Rentenversicherung gemäß § 10 Absatz 1 Nr. 2 Buchstabe b aa EStG (Basisrente)	083
Allgemeine Bedingungen für eine Rentenversicherung mit Auszahlung des Deckungskapitals bei Tod als Altersvorsorgevertrag im Sinne des Altersvorsorgeverträge-Zertifizierungsgesetzes (AltZertG) („Zulagen-Rente")	086
Allgemeine Bedingungen für Nichtraucher- und Raucher-Risikolebensversicherungen	095
Allgemeine Bedingungen für die Berufsunfähigkeitsversicherung	101
Allgemeine Bedingungen für die kapitalbildende Lebensversicherung	109
Allgemeine Bedingungen für die Rentenversicherung mit aufgeschobener Rentenzahlung	117
Allgemeine Bedingungen für die Rentenversicherung mit sofort beginnender Rentenzahlung	124
Allgemeine Bedingungen für die fondsgebundene Rentenversicherung	128
Allgemeine Bedingungen für die Rentenversicherung mit aufgeschobener Rentenzahlung mit Indexorientierung	137
Besondere Bedingungen für die Berufsunfähigkeits-Zusatzversicherung	148
Besondere Bedingungen für die Unfalltod-Zusatzversicherung	153
Allgemeine Bedingungen für die Hinterbliebenenrenten-Zusatzversicherung zur Rentenversicherung mit sofort beginnender Rentenzahlung	155
Bedingungen für den vorläufigen Versicherungsschutz	156
Besondere Bedingungen für die planmäßige Erhöhung der Beiträge und Leistungen ohne erneute Gesundheitsprüfung	158

TARIFE & MATERIALIEN

Erläuterung zu den Tarifen	159
Beiträge und Leistungen einer Rentenversicherung gemäß § 10 Absatz 1 Nr. 2 Buchstabe b aa EStG (Basisrente) mit Garantieleistung nach Tarif S 10	160
Beiträge und Leistungen einer Rentenversicherung nach dem AltZertG („Zulagen-Rente") nach Tarif S 20	161
Beiträge und Leistungen einer Rentenversicherung mit aufgeschobener Rentenzahlung mit Garantieleistung nach Tarif S 30	162
Beiträge und Leistungen einer Rentenversicherung mit Garantieleistung nach Tarif S 31	163
Beiträge und Leistungen einer fondsgebundenen Rentenversicherung mit Kapitalwahlrecht nach Tarif S 32	164
Beiträge und Leistungen einer Risikolebensversicherung nach Tarif S 33	165
Beiträge und Leistungen zur kapitalbildenden Lebensversicherung nach Tarif S 34	166
Beiträge und Leistungen einer Berufsunfähigkeitsversicherung nach Tarif S 35	167
Antrag auf Abschluss einer Renten-, Berufsunfähigkeits- oder Risikolebensversicherung – Auszug	168
Vertragsspiegel Lebensversicherung	173
Glossar für die Lebensversicherung	174

Allgemeine Bedingungen für die Rentenversicherung gemäß § 10 Absatz 1 Nr. 2 Buchstabe b aa EStG (Basisrente)

Leistung

- § 1 Welche Leistungen erbringen wir? 076
- § 2 Wie erfolgt die Überschussbeteiligung? 076
- § 3 Wann beginnt Ihr Versicherungsschutz? 078
- § 4 Was bedeutet die vorvertragliche Anzeigepflicht bei Zusatzversicherungen und welche Folgen hat ihre Verletzung? 078
- § 5 Was ist zu beachten, wenn eine Leistung verlangt wird? 079
- § 6 Wer erhält die Leistung? 079

Beitrag

- § 7 Was müssen Sie bei der Beitragszahlung beachten? 079
- § 8 Was geschieht, wenn Sie einen Beitrag nicht rechtzeitig zahlen? 080

Kündigung und Beitragsfreistellung

- § 9 Wann können Sie Ihren Vertrag kündigen, und welche Leistungen erbringen wir? 080
- § 10 Wann können Sie Ihren Vertrag beitragsfrei stellen und welche Auswirkungen hat dies auf unsere Leistungen? 080
- § 11 Welche Kosten sind in Ihrem Vertrag vereinbart? 081

Sonstige Vertragsbestimmungen

- § 12 Was gilt bei Änderung Ihrer Postanschrift und Ihres Namens? 081
- § 13 Welche weiteren Auskunftspflichten haben Sie? 081
- § 14 Welche Informationen erhalten Sie während der Vertragslaufzeit? 082
- § 15 Welches Recht findet auf Ihren Vertrag Anwendung? 082
- § 16 Wo ist der Gerichtsstand? 082

§ 1 Welche Leistungen erbringen wir?

Unsere Leistung ab Rentenzahlungsbeginn

(1) Wenn Sie den vereinbarten Rentenzahlungsbeginn erleben, zahlen wir Ihnen die vereinbarte Rente in gleichbleibender Höhe, solange Sie leben. Rentenzahlungen dürfen frühestens mit Vollendung Ihres 62. Lebensjahres beginnen. Die Rente zahlen wir jeweils zum Ersten eines Monats (Fälligkeitstag).

(2) Wir können bis zu 12 Monatsrenten zu einer Auszahlung zusammenfassen, falls die monatliche Rente bei Rentenzahlungsbeginn weniger als 15 € beträgt.

(3) Eine einmalige Leistung statt der Renten können Sie nicht verlangen. Wir sind allerdings berechtigt, zu Rentenzahlungsbeginn eine sog. Kleinbetragsrente im Sinne von § 10 Absatz 1 Nr. 2 Sätze 3 u. 4 i. V. m. § 93 Absatz 3 Satz 2 Einkommensteuergesetz (EStG) abzufinden. Nach dessen derzeitiger Fassung ist eine Kleinbetragsrente eine Rente, die bei gleichmäßiger Verrentung des gesamten zu Rentenzahlungsbeginn zur Verfügung stehenden Kapitals eine monatliche Rente ergibt, die 1 % der monatlichen Bezugsgröße nach § 18 des Vierten Buches Sozialgesetzbuch nicht übersteigt. Dabei sind bei der Berechnung dieses Betrages alle Basisrentenverträge insgesamt zu berücksichtigen, die Sie bei unserem Unternehmen abgeschlossen haben. Mit der Abfindung endet der Vertrag.

(4) Die Regelungen des Absatzes 3 gelten auch, wenn nach dem vereinbarten Rentenzahlungsbeginn ein Versorgungsausgleich durchgeführt wird und sich dadurch die Rente auf eine Kleinbetragsrente verringert.

Keine Leistung bei Tod

(5) Bei Ihrem Tod erbringen wir keine Leistung, und der Vertrag endet.

Grundlagen für die Berechnung der Leistung

(6) Für die Berechnung der vereinbarten Leistungen haben wir die Lebenserwartung nach der der Versicherungsaufsicht angezeigten Sterbetafel Proximus 07/18 und den bei Vertragsabschluss geltenden Höchst-Rechnungszins zugrunde gelegt.

Unsere Leistung aus der Überschussbeteiligung

(7) Es kann sich eine Leistung aus der Überschussbeteiligung ergeben (siehe § 2).

§ 2 Wie erfolgt die Überschussbeteiligung?

Sie erhalten gemäß § 153 Versicherungsvertragsgesetz eine Überschussbeteiligung.

(1) Wir beteiligen Sie an dem Überschuss und an den Bewertungsreserven (Überschussbeteiligung). Die Leistung aus der Überschussbeteiligung kann auch Null Euro betragen. In den nachfolgenden Absätzen erläutern wir Ihnen,

- wie wir den in einem Geschäftsjahr entstandenen Überschuss unseres Unternehmens ermitteln und wie wir diesen verwenden (Absatz 2),
- wie Ihr Vertrag an dem Überschuss beteiligt wird (Absätze 3 und 4),
- wie Bewertungsreserven entstehen und wie wir diese Ihrem Vertrag zuordnen (Absätze 5 und 6),
- warum wir die Höhe der Überschussbeteiligung Ihres Vertrages nicht garantieren können (Absatz 7) und
- wie wir Sie über die Überschussbeteiligung informieren (Absätze 8 und 9).

Wie ermitteln wir den in einem Geschäftsjahr entstandenen Überschuss unseres Unternehmens und wie verwenden wir diesen?

(2) Den in einem Geschäftsjahr entstandenen Überschuss unseres Unternehmens (Rohüberschuss) ermitteln wir nach handels- und aufsichtsrechtlichen Vorschriften. Mit der Feststellung des Jahresabschlusses legen wir fest, welcher Teil des Rohüberschusses für die Überschussbeteiligung aller überschussberechtigten Verträge zur Verfügung steht. Dabei beachten wir die aufsichtsrechtlichen Vorgaben, derzeit insbesondere die Verordnung über die Mindestbeitragsrückerstattung in der Lebensversicherung (Mindestzuführungsverordnung).

Den danach zur Verfügung stehenden Teil des Rohüberschusses führen wir der Rückstellung für Beitragsrückerstattung zu, soweit wir ihn nicht als Direktgutschrift unmittelbar den über-

Allgemeine Bedingungen für die Rentenversicherung gemäß §10 Absatz 1 Nr. 2 Buchstabe b aa EStG (Basisrente)

schussberechtigten Versicherungsverträgen gutgeschrieben haben. Sinn der Rückstellung für Beitragsrückerstattung ist es, Schwankungen des Überschusses über die Jahre auszugleichen. Die Rückstellung für Beitragsrückerstattung dürfen wir grundsätzlich nur für die Überschussbeteiligung der Versicherungsnehmer verwenden. Nur in gesetzlich festgelegten Ausnahmefällen können wir hiervon mit Zustimmung der Aufsichtsbehörde abweichen.

Ansprüche auf eine bestimmte Höhe der Beteiligung Ihres Vertrages am Überschuss ergeben sich aus der Zuführung zur Rückstellung für Beitragsrückerstattung nicht.

Wir haben gleichartige Versicherungen (z. B. Rentenversicherungen, Risikolebensversicherungen, Berufsunfähigkeitsversicherungen) zu Bestandsgruppen zusammengefasst. Bestandsgruppen bilden wir, um die Unterschiede bei den versicherten Risiken zu berücksichtigen.

Wie wird Ihr Vertrag an dem Überschuss beteiligt?

(3) Bei der Verteilung des Überschusses auf die einzelnen Verträge wenden wir ein verursachungsorientiertes Verfahren an. Hierzu bilden wir innerhalb der Bestandsgruppen Gewinnverbände.

Ihr Vertrag ist dem in Ihrem Versicherungsschein genannten Gewinnverband zugeordnet. Wir verteilen den Überschuss in dem Maß, wie die Bestandsgruppen und Gewinnverbände zu seiner Entstehung beigetragen haben. Hat eine Bestandsgruppe oder ein Gewinnverband nicht zur Entstehung des Überschusses beigetragen, besteht insoweit kein Anspruch auf Überschussbeteiligung.

(a) Laufende Überschussanteile

Alle Hauptversicherungen erhalten zu Beginn eines jeden Versicherungsjahres, erstmals zu Beginn des 2. Versicherungsjahres, einen Zinsüberschuss auf das Deckungskapital des abgelaufenen Versicherungsjahres. Zuzahlungen erhöhen ab Zahlungseingang das Deckungskapital und werden dadurch am Zinsüberschuss beteiligt.

Hauptversicherungen mit laufender Beitragszahlung erhalten außerdem während der Beitragszahlung zu Beginn eines jeden Versicherungsjahres, erstmals bei Beginn der Versicherung, einen Kostenüberschuss auf den Kostenbeitragsteil der in einem Versicherungsjahr zu entrichtenden Beiträge und einen Risikoüberschuss auf den jeweiligen Risikobeitragsanteil der in einem Versicherungsjahr zu entrichtenden Beiträge. Zuzahlungen sind keine laufenden Beiträge.

(b) Schlussüberschuss

Zusätzlich zu den Überschussanteilen nach (a) kann bei Ihrer Hauptversicherung – außer bei Einmalbeitragsversicherungen – zum vereinbarten Versicherungsende ein Schlussüberschussanteil in % der Bemessungsgrundlage hinzukommen. Bei Rückkauf oder Tod in den letzten 5 Jahren der Versicherungsdauer erhalten Sie einen Schlussüberschussanteil für Ihre Hauptversicherung, wenn der Versicherungsbeginn zu diesem Zeitpunkt mindestens 5 Jahre zurückliegt. Bemessungsgrundlage ist die Summe aus dem Deckungskapital und dem ggf. vorhandenen Überschussguthaben abzüglich der Summe der bis dahin gezahlten laufenden Beiträge (ohne Stückkosten und ohne Rabatte). Übersteigt die Summe der bis dahin gezahlten laufenden Beiträge (ohne Stückkosten und ohne Rabatte) das Deckungskapital, so besteht die Bemessungsgrundlage aus dem ggf. vorhandenen Überschussguthaben. Haben Sie Zuzahlungen geleistet, wird die Bemessungsgrundlage außerdem um das Deckungskapital, das aus den Zuzahlungen resultiert, gekürzt.

Die Beteiligung am Schlussüberschuss ist vom Kapitalmarkt abhängig und kann Null Euro betragen.

(c) Die zugeteilten laufenden Überschussanteile werden verzinslich angesammelt und bei Vertragsbeendigung zusammen mit der Versicherungsleistung ausgezahlt. Ein möglicher Schlussüberschuss gemäß (b) und Ihre Beteiligung an den Bewertungsreserven (siehe Absatz 5) werden bei Beendigung des Vertrages zugeteilt und zusammen mit den Versicherungsleistungen ausgezahlt.

(4) Der Vorstand legt jedes Jahr auf Vorschlag des Verantwortlichen Aktuars fest, wie der Überschuss auf die Gewinnverbände verteilt wird, und setzt die entsprechenden Überschussanteilsätze fest (Überschussdeklaration). Dabei achtet er darauf, dass die Verteilung verursachungsorientiert erfolgt.

Ihr Vertrag erhält auf der Grundlage der Überschussdeklaration Anteile an dem auf Ihren Gewinnverband entfallenden Teil des Überschusses. Die Mittel hierfür werden bei der Direktgutschrift zulasten des Ergebnisses des Geschäftsjahres finanziert, ansonsten der Rückstellung für Beitragsrückerstattung entnommen.

Wie entstehen Bewertungsreserven und wie ordnen wir diese Ihrem Vertrag zu?

(5) Bewertungsreserven entstehen, wenn der Marktwert der Kapitalanlagen über ihrem jeweiligen handelsrechtlichen Buchwert liegt.

Die Bewertungsreserven, die nach den maßgebenden rechtlichen Vorschriften für die Beteiligung der Verträge zu berücksichtigen sind, ordnen wir den Verträgen anteilig rechnerisch zu. Dabei wenden wir ein verursachungsorientiertes Verfahren an.

Genaue Informationen zu diesem Verfahren finden Sie unter dem Stichwort „Informationen zur Überschussbeteiligung", die Ihnen jeweils als Anlage zum Versicherungsvorschlag und zum Versicherungsschein zur Verfügung gestellt werden.

Die Höhe der Bewertungsreserven ermitteln wir jährlich neu, zusätzlich auch für den Beginn einer Rentenzahlung sowie während der Rentenzahlung jeweils für das Ende eines Versicherungsjahres.

(6) Bei Erleben des vereinbarten Rentenzahlungsbeginns gilt Folgendes:

Wir teilen Ihrem Vertrag dann den für diesen Zeitpunkt zugeordneten Anteil an den Bewertungsreserven gemäß der jeweils geltenden gesetzlichen Regelung zu. Auch **während des Rentenbezuges** werden wir Sie entsprechend an den Bewertungsreserven beteiligen.

Genaue Informationen zum Verteilungsmechanismus finden Sie unter dem Stichwort „Informationen zur Überschussbeteiligung", die Ihnen jeweils als Anlage zum Versicherungsvorschlag und zum Versicherungsschein zur Verfügung gestellt werden.

Aufsichtsrechtliche Regelungen können dazu führen, dass die Beteiligung an den Bewertungsreserven ganz oder teilweise entfällt.

Warum können wir die Höhe der Überschussbeteiligung nicht garantieren?

(7) Die Höhe der Überschussbeteiligung hängt von vielen Einflüssen ab, die nicht vorhersehbar und von uns nur begrenzt beeinflussbar sind. Einflussfaktoren sind insbesondere die Entwicklung des Kapitalmarkts, des versicherten Risikos und der Kosten.

Die Höhe der künftigen Überschussbeteiligung kann also nicht garantiert werden. Sie kann auch Null Euro betragen.

Wie informieren wir über die Überschussbeteiligung?

(8) Die festgelegten Überschussanteilsätze veröffentlichen wir jährlich in unserem Geschäftsbericht. Diesen können Sie bei uns anfordern.

(9) Über den Stand Ihrer Ansprüche unterrichten wir Sie jährlich. Dabei berücksichtigen wir die Überschussbeteiligung Ihres Vertrages.

§3 Wann beginnt Ihr Versicherungsschutz?

Ihr Versicherungsschutz beginnt, wenn Sie den Vertrag mit uns abgeschlossen haben. Jedoch besteht vor dem im Versicherungsschein angegebenen Versicherungsbeginn kein Versicherungsschutz. Allerdings kann unsere Leistungspflicht entfallen, wenn Sie den Beitrag nicht rechtzeitig zahlen (siehe § 7 Absatz 2 und 3 und § 8).

§4 Was bedeutet die vorvertragliche Anzeigepflicht bei Zusatzversicherungen und welche Folgen hat ihre Verletzung?

Vorvertragliche Anzeigepflicht

(1) Bei Einschluss einer Zusatzversicherung sind Sie bis zur Abgabe Ihrer Vertragserklärung verpflichtet, alle Ihnen bekannten gefahrerheblichen Umstände, nach denen wir in Textform (z. B. Papierform oder E-Mail) gefragt haben, wahrheitsgemäß und vollständig anzuzeigen. Gefahrerheblich sind die Umstände, die für unsere Entscheidung, den Vertrag überhaupt oder mit dem vereinbarten Inhalt zu schließen, erheblich sind.

Diese Anzeigepflicht gilt auch für Fragen nach gefahrerheblichen Umständen, die wir Ihnen nach Ihrer Vertragserklärung, aber vor Vertragsannahme, in Textform stellen.

(2) Wenn eine andere Person die Fragen nach gefahrerheblichen Umständen für Sie beantwortet und wenn diese Person den gefahrerheblichen Umstand kennt oder arglistig handelt, werden Sie so behandelt, als hätten Sie selbst davon Kenntnis gehabt oder arglistig gehandelt.

Rechtsfolgen der Anzeigepflichtverletzung

(3) Nachfolgend informieren wir Sie, unter welchen Voraussetzungen wir bei einer Verletzung der Anzeigepflicht
- von der Zusatzversicherung zurücktreten,
- die Zusatzversicherung kündigen,
- die Zusatzversicherung ändern oder
- die Zusatzversicherung wegen arglistiger Täuschung anfechten können.

Rücktritt

(4) Wenn die vorvertragliche Anzeigepflicht verletzt wird, können wir von der Zusatzversicherung zurücktreten. Das Rücktrittsrecht besteht nicht, wenn weder eine vorsätzliche noch eine grob fahrlässige Anzeigepflichtverletzung vorliegt. Selbst wenn die Anzeigepflicht grob fahrlässig verletzt wird, haben wir trotzdem kein Rücktrittsrecht, falls wir die Zusatzversicherung - möglicherweise zu anderen Bedingungen (z. B. höherer Beitrag oder eingeschränkter Versicherungsschutz) - auch bei Kenntnis der nicht angezeigten gefahrerheblichen Umstände geschlossen hätten.

(5) Im Fall des Rücktritts haben Sie keinen Versicherungsschutz aus der Zusatzversicherung. Wenn wir nach Eintritt des Versicherungsfalles zurücktreten, bleibt unsere Leistungspflicht unter folgender Voraussetzung trotzdem bestehen:

Die Verletzung der Anzeigepflicht bezieht sich auf einen gefahrerheblichen Umstand, der
- weder für den Eintritt oder die Feststellung des Versicherungsfalles
- noch für die Feststellung oder den Umfang unserer Leistungspflicht ursächlich war.

Unsere Leistungspflicht entfällt jedoch auch im vorstehend genannten Fall, wenn die Anzeigepflicht arglistig verletzt worden ist.

(6) Wenn die Zusatzversicherung durch Rücktritt aufgehoben wird, endet sie. Das zu diesem Zeitpunkt vorhandene Deckungskapital Ihrer Zusatzversicherung verwenden wir zur Erhöhung Ihrer Rente aus der Hauptversicherung. Die Rückzahlung der Beiträge können Sie nicht verlangen.

Kündigung

(7) Wenn unser Rücktrittsrecht ausgeschlossen ist, weil die Verletzung der Anzeigepflicht weder vorsätzlich noch grob fahrlässig erfolgt ist, können wir die Zusatzversicherung unter Einhaltung einer Frist von einem Monat kündigen.

(8) Unser Kündigungsrecht ist ausgeschlossen, wenn wir die Zusatzversicherung - möglicherweise zu anderen Bedingungen (z. B. höherer Beitrag oder eingeschränkter Versicherungsschutz) - auch bei Kenntnis der nicht angezeigten gefahrerheblichen Umstände geschlossen hätten.

(9) Wenn wir die Zusatzversicherung kündigen, wandelt sie sich in eine beitragsfreie Versicherung um.

Vertragsänderung

(10) Können wir nicht zurücktreten oder kündigen, weil wir die Zusatzversicherung - möglicherweise zu anderen Bedingungen (z. B. höherer Beitrag oder eingeschränkter Versicherungsschutz) - auch bei Kenntnis der nicht angezeigten gefahrerheblichen Umstände geschlossen hätten (Absatz 4 Satz 3 und Absatz 8), werden die anderen Bedingungen auf unser Verlangen rückwirkend Vertragsbestandteil. Haben Sie die Anzeigepflichtverletzung nicht zu vertreten, werden die anderen Bedingungen erst ab der laufenden Versicherungsperiode (siehe § 7 Absatz 2 Satz 3) Vertragsbestandteil.

(11) Sie können die Zusatzversicherung innerhalb eines Monats, nachdem Sie unsere Mitteilung über die Vertragsänderung erhalten haben, fristlos kündigen, wenn
- wir im Rahmen einer Vertragsänderung den Beitrag zu einer Zusatzversicherung um mehr als 10 % erhöhen oder
- wir die Gefahrabsicherung für einen nicht angezeigten Umstand ausschließen.

Auf dieses Recht werden wir Sie in der Mitteilung über die Vertragsänderung hinweisen.

Voraussetzungen für die Ausübung unserer Rechte

(12) Unsere Rechte zum Rücktritt, zur Kündigung oder zur Vertragsänderung stehen uns nur zu, wenn wir Sie durch gesonderte Mitteilung in Textform auf die Folgen einer Anzeigepflichtverletzung hingewiesen haben.

(13) Wir haben kein Recht zum Rücktritt, zur Kündigung oder zur Vertragsänderung, wenn wir den nicht angezeigten Umstand oder die Unrichtigkeit der Anzeige kannten.

(14) Wir können unsere Rechte zum Rücktritt, zur Kündigung oder zur Vertragsänderung nur innerhalb eines Monats geltend machen. Die Frist beginnt mit dem Zeitpunkt, zu dem wir von der Verletzung der Anzeigepflicht, die das von uns geltend gemachte Recht begründet, Kenntnis erlangen. Bei Ausübung unserer Rechte müssen wir die Umstände angeben, auf die wir unsere Erklärung stützen. Zur Begründung können wir nachträglich weitere Umstände angeben, wenn für diese die Frist nach Satz 1 nicht verstrichen ist.

(15) Nach Ablauf von fünf Jahren seit Vertragsschluss erlöschen unsere Rechte zum Rücktritt, zur Kündigung oder zur Vertragsänderung. Ist der Versicherungsfall vor Ablauf dieser Frist eingetreten, können wir die Rechte auch nach Ablauf der Frist geltend machen. Ist die Anzeigepflicht vorsätzlich oder arglistig verletzt worden, beträgt die Frist 10 Jahre.

Anfechtung

(16) Wir können eine Zusatzversicherung auch anfechten, falls unsere Entscheidung zur Annahme des Vertrages durch unrichtige oder unvollständige Angaben bewusst und gewollt beeinflusst worden ist. Absatz 6 gilt entsprechend.

Leistungserweiterung/Wiederherstellung der Versicherung

(17) Die Absätze 1 bis 16 gelten entsprechend, wenn der Versicherungsschutz der Zusatzversicherung nachträglich erweitert oder wiederhergestellt wird und deshalb eine erneute Risikoprüfung vorgenommen wird. Die Fristen nach Absatz 15 beginnen mit der Änderung oder Wiederherstellung der Versicherung bezüglich des geänderten oder wiederhergestellten Teils neu.

Erklärungsempfänger

(18) Unsere Rechte zum Rücktritt, zur Kündigung, zur Vertragsänderung sowie zur Anfechtung üben wir durch eine schriftliche Erklärung aus, die wir Ihnen gegenüber abgeben. Sofern Sie uns keine andere Person als Bevollmächtigten benannt haben, gilt nach Ihrem Tod ein aus einer Zusatzversicherung Bezugsberechtigter als bevollmächtigt, diese Erklärung entgegenzunehmen. Ist kein Bezugsberechtigter vorhanden oder kann sein Aufenthalt nicht ermittelt werden, können wir den Inhaber des Versicherungsscheins als bevollmächtigt ansehen, die Erklärung entgegenzunehmen.

§5 Was ist zu beachten, wenn eine Leistung verlangt wird?

(1) Wird eine Leistung aus dem Vertrag beansprucht, können wir verlangen, dass uns der Versicherungsschein und ein Zeugnis über den Tag Ihrer Geburt sowie die Auskunft nach § 13 vorgelegt werden.

(2) Vor jeder Rentenzahlung können wir auf unsere Kosten eine amtliche Bescheinigung darüber verlangen, dass Sie noch leben.

(3) Ihr Tod muss uns unverzüglich (d. h. ohne schuldhaftes Zögern) mitgeteilt werden. Außerdem muss uns eine amtliche Sterbeurkunde mit Angabe von Alter und Geburtsort vorgelegt werden.

(4) Bei Überweisung von Leistungen in Länder außerhalb des Europäischen Wirtschaftsraumes tragen Sie die damit verbundene Gefahr.

§6 Wer erhält die Leistung?

(1) Als unser Versicherungsnehmer erhalten Sie die Leistung. Die Leistungen aus einer ggf. vereinbarten Hinterbliebenenabsicherung erhalten die von Ihnen benannten steuerlich zulässigen Hinterbliebenen.

(2) Die Ansprüche aus diesem Vertrag sind nicht vererblich, nicht übertragbar, nicht beleihbar, nicht veräußerbar und nicht kapitalisierbar. Sie können sie daher nicht abtreten oder verpfänden und unbeschadet von Absatz 1 auch keinen Bezugsberechtigten benennen. Auch die Übertragung der Versicherungsnehmereigenschaft ist ausgeschlossen. Eine Änderung dieser Verfügungsbeschränkungen ist ebenfalls ausgeschlossen.

§7 Was müssen Sie bei der Beitragszahlung beachten?

(1) Die Beiträge zu Ihrem Vertrag können Sie je nach Vereinbarung in einem Betrag (Einmalbeitrag), monatlich, viertel-, halbjährlich oder jährlich zahlen.

(2) Den ersten Beitrag oder den Einmalbeitrag müssen Sie unverzüglich (d. h. ohne schuldhaftes Zögern) nach Zugang des Versicherungsscheins zahlen, jedoch nicht vor dem mit Ihnen vereinbarten, im Versicherungsschein angegebenen Versicherungsbeginn. Alle weiteren Beiträge (Folgebeiträge) werden jeweils zu Beginn der vereinbarten Versicherungsperiode fällig. Die Versicherungsperiode umfasst bei Einmalbeitrags- und Jahreszahlung ein Jahr, ansonsten entsprechend der Zahlungsweise einen Monat, ein Vierteljahr bzw. ein halbes Jahr.

(3) Sie haben den Beitrag rechtzeitig gezahlt, wenn Sie bis zum Fälligkeitstag (Absatz 2) alles getan haben, damit der Beitrag bei uns eingeht. Wenn die Einziehung des Beitrags von einem Konto vereinbart wurde, gilt die Zahlung in folgendem Fall als rechtzeitig:
- Der Beitrag konnte am Fälligkeitstag eingezogen werden und
- Sie haben einer berechtigten Einziehung nicht widersprochen.

Konnten wir den fälligen Beitrag ohne Ihr Verschulden nicht einziehen, ist die Zahlung auch dann noch rechtzeitig, wenn sie unverzüglich nach unserer Zahlungsaufforderung erfolgt. Haben Sie zu vertreten, dass der Beitrag wiederholt nicht eingezogen werden kann, sind wir berechtigt, künftig die Zahlung außerhalb des Lastschriftverfahrens zu verlangen.

(4) Sie müssen die Beiträge auf Ihre Gefahr und Ihre Kosten zahlen.

(5) Bei Fälligkeit einer Leistung werden wir etwaige Beitragsrückstände verrechnen.

(6) Der Einschluss von Zusatzversicherungen ist nur möglich, wenn mehr als 50 % der Beiträge auf Ihre Altersversorgung entfallen.

(7) Durch eine freiwillige Zuzahlung von mindestens 1.000 € bis zur maximalen steuerlichen Höchstbeitragsgrenze inkl. der laufenden Beitragszahlung können Sie einmal pro Kalenderjahr Ihre Altersrente erhöhen. Die Zuzahlungen gelten als Einmalbeiträge. Für sie gelten die zum Zeitpunkt des Einganges der Zuzahlungen aktuellen Rechnungsgrundlagen. Eine Erhöhung evtl. eingeschlossener Zusatzversicherungen erfolgt nicht.

§ 8 Was geschieht, wenn Sie einen Beitrag nicht rechtzeitig zahlen?

Erster Beitrag oder Einmalbeitrag

(1) Wenn Sie den ersten Beitrag oder den Einmalbeitrag nicht rechtzeitig zahlen, können wir – solange die Zahlung nicht bewirkt ist – vom Vertrag zurücktreten. In diesem Fall können wir von Ihnen die Kosten für ärztliche Untersuchungen im Rahmen einer Gesundheitsprüfung verlangen. Wir sind nicht zum Rücktritt berechtigt, wenn uns nachgewiesen wird, dass Sie die nicht rechtzeitige Zahlung nicht zu vertreten haben.

(2) Ist der erste Beitrag oder der Einmalbeitrag bei Eintritt des Versicherungsfalles noch nicht gezahlt, sind wir nicht zur Leistung verpflichtet. Dies gilt nur, wenn wir Sie durch gesonderte Mitteilung in Textform (z. B. Papierform, E-Mail) oder durch einen auffälligen Hinweis im Versicherungsschein auf diese Rechtsfolge aufmerksam gemacht haben. Unsere Leistungspflicht bleibt jedoch bestehen, wenn Sie uns nachweisen, dass Sie das Ausbleiben der Zahlung nicht zu vertreten haben.

Folgebeitrag

(3) Zahlen Sie einen Folgebeitrag nicht rechtzeitig, können wir Ihnen auf Ihre Kosten in Textform eine Zahlungsfrist setzen. Die Zahlungsfrist muss mindestens 2 Wochen betragen.

(4) Für einen Versicherungsfall, der nach Ablauf der gesetzten Zahlungsfrist eintritt, entfällt oder vermindert sich der Versicherungsschutz, wenn Sie sich bei Eintritt des Versicherungsfalles noch mit der Zahlung in Verzug befinden. Voraussetzung ist, dass wir Sie bereits mit der Fristsetzung auf diese Rechtsfolge hingewiesen haben.

(5) Nach Ablauf der gesetzten Zahlungsfrist können wir den Vertrag ohne Einhaltung einer Kündigungsfrist kündigen, wenn Sie sich noch immer mit den Beiträgen, Zinsen oder Kosten in Verzug befinden. Voraussetzung ist, dass wir Sie bereits mit der Fristsetzung auf diese Rechtsfolge hingewiesen haben. Wir können die Kündigung bereits mit der Fristsetzung erklären. Sie wird dann automatisch mit Ablauf der Frist wirksam, wenn Sie zu diesem Zeitpunkt noch immer mit der Zahlung in Verzug sind. Auf diese Rechtsfolge müssen wir Sie ebenfalls hinweisen.
Im Fall der Kündigung wandelt sich der Vertrag in eine beitragsfreie Versicherung entsprechend § 10 Absatz 1 und 2 um.

(6) Sie können den angeforderten Betrag auch dann noch nachzahlen, wenn unsere Kündigung wirksam geworden ist. Nachzahlen können Sie nur
- innerhalb eines Monats nach der Kündigung
- oder, wenn die Kündigung bereits mit der Fristsetzung verbunden worden ist, innerhalb eines Monats nach Fristablauf.

Zahlen Sie innerhalb dieses Zeitraumes, wird die Kündigung unwirksam, und der Vertrag besteht fort. Für Versicherungsfälle, die zwischen dem Ablauf der Zahlungsfrist und der Zahlung eintreten, besteht kein oder nur ein verminderter Versicherungsschutz.

§ 9 Wann können Sie Ihren Vertrag kündigen, und welche Leistungen erbringen wir?

Kündigung

(1) Sie können Ihren Vertrag jederzeit zum Schluss der laufenden Versicherungsperiode (siehe § 7 Absatz 2 Satz 3) in Textform (z. B. Papierform, E-Mail) kündigen. Nach dem Rentenzahlungsbeginn können Sie nicht mehr kündigen.

(2) Sie können Ihren Vertrag auch teilweise kündigen, wenn die verbleibende Rente mindestens 600 € jährlich beträgt. Ist diese Rente niedriger, hat das zur Folge, dass Ihre Teilkündigung unwirksam ist. Wenn Sie in diesem Fall Ihren Vertrag beenden wollen, müssen Sie diesen ganz kündigen. Es erfolgt keine Auszahlung eines Rückkaufswertes bei Kündigung.

(3) Bei Kündigung (Voll- oder Teilkündigung gemäß Absatz 1 bzw. 2) wandelt sich der Vertrag ganz oder teilweise in einen beitragsfreien Vertrag mit herabgesetzter Rente um. Für die Bemessung der herabgesetzten beitragsfreien Rente gilt § 10. Eine Versicherung gegen Einmalbeitrag wird unverändert fortgeführt. Ein Anspruch auf die Auszahlung eines Rückkaufswerts besteht nicht.

(4) Wenn Sie Ihren Vertrag kündigen, kann das für Sie Nachteile haben. In der Anfangszeit Ihres Vertrages sind wegen der Verrechnung von Abschluss- und Vertriebskosten (siehe § 11 Absatz 2) nur geringe Beträge zur Bildung einer beitragsfreien Rente vorhanden. Auch in den Folgejahren erreichen die Mittel für die Bildung einer beitragsfreien Rente nicht unbedingt die Summe der gezahlten Beiträge. Nähere Informationen zur beitragsfreien Rente und ihrer Höhe können Sie dem Anhang zum Versicherungsschein und unseren jährlichen Informationsschreiben entnehmen.

Keine Beitragsrückzahlung

(5) Die Rückzahlung der Beiträge können Sie nicht verlangen.

§ 10 Wann können Sie Ihren Vertrag beitragsfrei stellen und welche Auswirkungen hat dies auf unsere Leistungen?

(1) Anstelle einer Kündigung nach § 9 können Sie zu dem dort genannten Termin in Textform (z. B. Papierform, E-Mail) verlangen, ganz oder teilweise von der Beitragszahlungspflicht befreit zu werden. In diesem Fall setzen wir die vereinbarte Rente ganz oder teilweise auf eine beitragsfreie Rente herab. Diese wird nach folgenden Gesichtspunkten berechnet:
- nach anerkannten Regeln der Versicherungsmathematik,
- für den Schluss der laufenden Versicherungsperiode und mit den Rechnungsgrundlagen der Beitragskalkulation,
- unter Zugrundelegung des Betrages des Deckungskapitals, das sich bei gleichmäßiger Verteilung der unter Beachtung der aufsichtsrechtlichen Höchstzillmersätze (siehe § 11 Absatz 2 Satz 4) angesetzten Abschluss- und Vertriebskosten auf die ersten 5 Vertragsjahre ergibt. Ist die vereinbarte Beitragszahlungsdauer kürzer als fünf Jahre, verteilen wir diese Kosten auf die Beitragszahlungsdauer.

(2) Der aus Ihrem Vertrag für die Bildung der beitragsfreien Rente zur Verfügung stehende Betrag mindert sich um rückständige Beiträge.

(3) Wenn Sie Ihren Vertrag beitragsfrei stellen, kann das für Sie Nachteile haben. In der Anfangszeit Ihres Vertrages sind wegen der Verrechnung von Abschluss- und Vertriebskosten (siehe § 11 Absatz 2) nur geringe Beträge zur Bildung einer beitragsfreien

Rente vorhanden. Auch in den Folgejahren stehen nicht unbedingt Mittel in Höhe der gezahlten Beiträge für die Bildung einer beitragsfreien Rente zur Verfügung. Nähere Informationen zur beitragsfreien Rente und ihrer Höhe können Sie dem Anhang zum Versicherungsschein und unseren jährlichen Informationsschreiben entnehmen.

(4) Eine teilweise Beitragsfreistellung können Sie nur verlangen, wenn die verbleibende Rente mindestens 600 € beträgt und die beitragsfreie Rente den Mindestbetrag von 60 € erreicht.

§11 Welche Kosten sind in Ihrem Vertrag vereinbart?

(1) Mit Ihrem Vertrag sind Kosten verbunden. Es handelt sich um Abschluss- und Vertriebskosten (Absatz 2), Verwaltungskosten (Absatz 3) und anlassbezogene Kosten (Absatz 5). Die Abschluss- und Vertriebskosten sowie die Verwaltungskosten haben wir in den Beitrag einkalkuliert und müssen von Ihnen daher nicht gesondert gezahlt werden. Die anlassbezogenen Kosten sind von Ihnen zusätzlich zum Beitrag zu entrichten.

(2) Zu den Abschluss- und Vertriebskosten gehören insbesondere Abschlussprovisionen für den Versicherungsvermittler. Außerdem umfassen die Abschluss- und Vertriebskosten z. B. die Kosten für die Antragsprüfung und Ausfertigung der Vertragsunterlagen, Sachaufwendungen, die im Zusammenhang mit der Antragsbearbeitung stehen, sowie Werbeaufwendungen.

Wir belasten Ihren Vertrag mit Abschluss- und Vertriebskosten in Form
- eines festen jährlichen oder monatlichen Eurobetrages,
- eines festen jährlichen Prozentsatzes des Deckungskapitals zuzüglich bereits zugeteilter Überschussanteile,
- eines festen Prozentsatzes jedes Beitrags sowie jeder Zuzahlung,
- eines festen Prozentsatzes der vereinbarten Beitragssumme sowie jeder Zuzahlung.

Wir wenden auf Ihren Vertrag das Verrechnungsverfahren nach § 4 der Deckungsrückstellungsverordnung an. Dies bedeutet, dass wir die ersten Beiträge zur Tilgung eines Teils der Abschluss- und Vertriebskosten heranziehen. Dies gilt jedoch nicht für den Teil der ersten Beiträge, der für Leistungen im Versicherungsfall, Kosten des Versicherungsbetriebes in der jeweiligen Versicherungsperiode und aufgrund von gesetzlichen Regelungen für die Bildung einer Deckungsrückstellung bestimmt ist. Der auf diese Weise zu tilgende Betrag ist nach der Deckungsrückstellungsverordnung auf 2,5 % der von Ihnen während der Laufzeit des Vertrages zu zahlenden Beiträge beschränkt.

Die beschriebene Kostenverrechnung hat zur Folge, dass in der Anfangszeit Ihres Vertrages nur geringe Beträge zur Bildung der beitragsfreien Rente vorhanden sind (siehe §§ 9 und 10). Nähere Informationen zu den beitragsfreien Rentenleistungen sowie ihren jeweiligen Höhen können Sie dem Anhang zum Versicherungsschein und unseren jährlichen Informationsschreiben entnehmen.

(3) Die Verwaltungskosten sind die Kosten für die laufende Verwaltung Ihres Vertrages.

(a) Wir belasten Ihren Vertrag vor Beginn der Rentenzahlung mit Verwaltungskosten in Form
- eines festen jährlichen oder monatlichen Eurobetrages,
- eines festen jährlichen Prozentsatzes des Deckungskapitals zuzüglich bereits zugeteilter Überschussanteile,
- eines festen Prozentsatzes jedes gezahlten Beitrages sowie jeder Zahlung,
- eines festen Prozentsatzes der vereinbarten Beitragssumme sowie jeder Zuzahlung.

(b) Wir belasten Ihren Vertrag ab Beginn der Rentenzahlung mit Verwaltungskosten in Form
- eines festen jährlichen oder monatlichen Eurobetrages,
- eines festen jährlichen Prozentsatzes des Deckungskapitals zuzüglich bereits zugeteilter Überschussanteile,
- eines festen Prozentsatzes der gezahlten Leistung.

Höhe der Kosten

(4) Die Höhe der einkalkulierten Abschluss- und Vertriebskosten sowie der Verwaltungskosten können Sie dem Produktinformationsblatt entnehmen.

Anlassbezogene Kosten

(5) Zusätzlich sind von Ihnen bei folgenden Anlässen Kosten zu entrichten:
- bei Ehescheidung oder Aufhebung einer eingetragenen Lebensgemeinschaft im Zusammenhang mit dem Versorgungsausgleich die vom Gericht aufgrund der Teilungsordnung festgelegten Eurobeträge.

Sonstige Kosten

(6) Über die Absätze 1-5 hinaus belasten wir Sie nur dann mit Kosten, wenn dies nach gesetzlichen Vorschriften ausdrücklich zulässig ist.

§12 Was gilt bei Änderung Ihrer Postanschrift und Ihres Namens?

(1) Eine Änderung Ihrer Postanschrift müssen Sie uns unverzüglich (d. h. ohne schuldhaftes Zögern) mitteilen. Anderenfalls können für Sie Nachteile entstehen. Wir sind berechtigt, eine an Sie zu richtende Erklärung (z. B. Setzen einer Zahlungsfrist) mit eingeschriebenem Brief an Ihre uns zuletzt bekannte Anschrift zu senden. In diesem Fall gilt unsere Erklärung 3 Tage nach Absendung des eingeschriebenen Briefes als zugegangen.

(2) Bei Änderung Ihres Namens gilt Absatz 1 entsprechend.

§13 Welche weiteren Auskunftspflichten haben Sie?

(1) Sofern wir aufgrund gesetzlicher Regelungen zur Erhebung, Speicherung, Verarbeitung und Meldung von Informationen und Daten zu Ihrem Vertrag verpflichtet sind, müssen Sie uns hierfür notwendige Informationen, Daten und Unterlagen
- bei Vertragsabschluss,
- bei Änderung nach Vertragsabschluss oder
- auf Nachfrage

unverzüglich (d. h. ohne schuldhaftes Zögern) zur Verfügung stellen. Sie sind auch zur Mitwirkung verpflichtet, soweit der Status dritter Personen, die Rechte an Ihrem Vertrag haben, für Datenerhebungen und Meldungen maßgeblich ist.

(2) Notwendige Informationen im Sinne von Absatz 1 sind beispielsweise Umstände, die für die Beurteilung
- Ihrer persönlichen steuerlichen Ansässigkeit,
- der steuerlichen Ansässigkeit dritter Personen, die Rechte an Ihrem Vertrag haben, und
- der steuerlichen Ansässigkeit des Leistungsempfängers

maßgebend sein können.

Dazu zählen insbesondere die deutsche oder die ausländische Steueridentifikationsnummer, das Geburtsdatum, der Geburtsort und der Wohnsitz. Welche Umstände dies nach derzeitiger Gesetzeslage im Einzelnen sind, können Sie der Verbraucherinformationen über die geltenden Steuerinformationen entnehmen.

(3) Falls Sie uns die notwendigen Informationen, Daten und Unterlagen nicht oder nicht rechtzeitig zur Verfügung stellen, gilt Folgendes:

Bei einer entsprechenden gesetzlichen Verpflichtung melden wir Ihre Vertragsdaten an die zuständigen in- oder ausländischen Steuerbehörden. Dies gilt auch dann, wenn ggf. keine steuerliche Ansässigkeit im Ausland besteht.

(4) Eine Verletzung Ihrer Auskunftspflichten gemäß den Absätzen 1 und 2 kann dazu führen, dass wir unsere Leistung nicht zahlen. Dies gilt solange, bis Sie uns die für die Erfüllung unserer gesetzlichen Pflichten notwendigen Informationen zur Verfügung gestellt haben.

§ 14 Welche Informationen erhalten Sie während der Vertragslaufzeit?

Wir informieren Sie jährlich über
- die Verwendung der gezahlten Beiträge,
- die Höhe des für die Leistungserbringung zur Verfügung stehenden Deckungskapitals zuzüglich bereits zugeteilter Überschussanteile, nicht garantierter Schlussüberschüsse und nicht garantierter Beteiligung an Bewertungsreserven (Gesamtkapital),
- die im abgelaufenen Beitragsjahr angefallenen tatsächlichen Kosten sowie
- die erwirtschafteten Erträge.

Bis zum Beginn der Auszahlungsphase informieren wir Sie außerdem jährlich über das nach Abzug der Kosten zu Beginn der Rentenzahlung voraussichtlich zur Verfügung stehende Gesamtkapital.

Mit der jährlichen Information werden wir Sie auch darüber unterrichten, ob und wie wir ethische, soziale und ökologische Belange bei der Verwendung der gezahlten Beiträge berücksichtigen.

§ 15 Welches Recht findet auf Ihren Vertrag Anwendung?

Auf Ihren Vertrag findet das Recht der Bundesrepublik Deutschland Anwendung.

§ 16 Wo ist der Gerichtsstand?

(1) Für Klagen aus dem Vertrag gegen uns ist das Gericht zuständig, in dessen Bezirk unser Sitz oder die für den Vertrag zuständige Niederlassung liegt. Zuständig ist auch das Gericht, in dessen Bezirk Sie zur Zeit der Klageerhebung Ihren Wohnsitz haben. Wenn Sie keinen Wohnsitz haben, ist der Ort Ihres gewöhnlichen Aufenthaltes maßgeblich.

(2) Klagen aus dem Vertrag gegen Sie müssen wir bei dem Gericht erheben, das für Ihren Wohnsitz zuständig ist. Wenn Sie eine juristische Person sind, ist auch das Gericht zuständig, in dessen Bezirk Sie Ihren Sitz oder Ihre Niederlassung haben. Wenn Sie keinen Wohnsitz haben, ist der Ort Ihres gewöhnlichen Aufenthaltes maßgeblich. Wenn Sie eine juristische Person sind, ist auch das Gericht zuständig, in dessen Bezirk Sie Ihren Sitz oder Ihre Niederlassung haben.

(3) Verlegen Sie Ihren Wohnsitz oder den Ort Ihres gewöhnlichen Aufenthaltes in das Ausland, sind die Gerichte des Staates zuständig, in dem wir unseren Sitz haben.

Allgemeine Bedingungen für die Hinterbliebenenrenten-Zusatzversicherung zur Rentenversicherung gemäß § 10 Absatz 1 Nr. 2 Buchstabe b aa EStG (Basisrente)

§ 1	Welche Leistungen erbringen wir?	083	§ 5	Was gilt bei Selbsttötung der versicherten Person? ... 084
§ 2	Was geschieht, wenn die mitversicherte Person stirbt?	083	§ 6	Was gilt bei Ehescheidung bzw. bei Aufhebung einer eingetragenen Lebenspartnerschaft? ... 085
§ 3	Wie erfolgt die Überschussbeteiligung für die Zusatzversicherung?	083	§ 7	Was gilt, wenn der Anspruch auf Kindergeld oder einen Kinderfreibetrag entfällt? ... 085
§ 4	Was gilt bei Polizei- oder Wehrdienst, Unruhen, Krieg oder Einsatz bzw. Freisetzen von ABC-Waffen /-Stoffen?	084	§ 8	Wie ist das Verhältnis zur Hauptversicherung? ... 085

§ 1 Welche Leistungen erbringen wir?

Unsere Leistung bei Tod der versicherten Person

(1) Sie sind die versicherte Person. Wenn die mitversicherte Person (das ist die Person, für die nach Ihrem Tod die Hinterbliebenenrente gezahlt werden soll) zum Zeitpunkt Ihres Todes noch lebt, zahlen wir die vereinbarte Hinterbliebenenrente an die mitversicherte Person, solange diese lebt. Mitversicherte Person ist die im Versicherungsschein genannte Person. Das muss Ihr Ehegatte bzw. Ihr eingetragener Lebenspartner im Sinne des Lebenspartnerschaftsgestzes (LPartG) sein oder Ihr Kind, für das Sie Anspruch auf Kindergeld oder einen Kinderfreibetrag nach § 32 Absatz 6 des Einkommensteuergesetzes (EStG) haben. Der Anspruch auf Waisenrente darf längstens für den Zeitraum bestehen, in dem der Rentenberechtigte die Voraussetzungen für die Berücksichtigung als Kind im Sinne des § 32 EStG erfüllt.

Wir zahlen die Hinterbliebenenrente an den gleichen Fälligkeitstagen, die für die Zahlung der Rente aus der Hauptversicherung vereinbart waren (siehe § 1 Absatz 1 Satz 3 der Allgemeinen Bedingungen für die Hauptversicherung), erstmals an dem Fälligkeitstag, der Ihrem Tod folgt.

Grundlagen für die Berechnung der Leistung

(2) Für die Berechnung der vereinbarten Leistungen haben wir die Lebenserwartung nach der der Versicherungsaufsicht angezeigten Sterbetafel Proximus 07/18 und den bei Vertragsabschluss geltenden Höchst-Rechnungszins zugrunde gelegt.

Unsere Leistung aus der Überschussbeteiligung

(3) Es kann sich eine Leistung aus der Überschussbeteiligung ergeben (siehe § 3).

§ 2 Was geschieht, wenn die mitversicherte Person stirbt?

(1) Wenn die mitversicherte Person (das ist die Person, für die nach Ihrem Tod die Hinterbliebenenrente gezahlt werden soll) vor Ihnen stirbt, erbringen wir keine Leistung aus der Zusatzversicherung, und diese endet.

(2) Wenn die mitversicherte Person nach Ihnen stirbt, endet der Anspruch auf die Hinterbliebenenrente, und die Zusatzversicherung endet.

§ 3 Wie erfolgt die Überschussbeteiligung für die Zusatzversicherung?

Sie erhalten gemäß § 153 des Versicherungsvertragsgesetzes eine Überschussbeteiligung.

(1) Wir beteiligen Sie an dem Überschuss und an den Bewertungsreserven (Überschussbeteiligung). Die Leistung aus der Überschussbeteiligung kann auch Null Euro betragen. In den nachfolgenden Absätzen erläutern wir Ihnen,

- wie wir den in einem Geschäftsjahr entstandenen Überschuss unseres Unternehmens ermitteln und wie wir diesen verwenden (Absatz 2),
- wie Ihre Zusatzversicherung an dem Überschuss beteiligt wird (Absätze 3 und 4),
- wie Bewertungsreserven entstehen und wie wir diese Ihrer Zusatzversicherung zuordnen (Absätze 5 und 6),
- warum wir die Höhe der Überschussbeteiligung Ihrer Zusatzversicherung nicht garantieren können (Absatz 7) und
- wie wir Sie über die Überschussbeteiligung informieren (Absätze 8 und 9).

Wie ermitteln wir den in einem Geschäftsjahr entstandenen Überschuss unseres Unternehmens und wie verwenden wir diesen?

(2) Den in einem Geschäftsjahr entstandenen Überschuss unseres Unternehmens (Rohüberschuss) ermitteln wir nach handels- und aufsichtsrechtlichen Vorschriften. Mit der Feststellung des Jahresabschlusses legen wir fest, welcher Teil des Rohüberschusses für die Überschussbeteiligung aller überschussberechtigten Verträge zur Verfügung steht. Dabei beachten wir die aufsichtsrechtlichen Vorgaben, derzeit insbesondere die Verordnung über die Mindestbeitragsrückerstattung in der Lebensversicherung (Mindestzuführungsverordnung).

Den danach zur Verfügung stehenden Teil des Rohüberschusses führen wir der Rückstellung für Beitragsrückerstattung zu, soweit wir ihn nicht als Direktgutschrift unmittelbar den überschussberechtigten Versicherungsverträgen gutgeschrieben haben. Sinn der Rückstellung für Beitragsrückerstattung ist es, Schwankungen des Überschusses über die Jahre auszugleichen. Die Rückstellung für Beitragsrückerstattung dürfen wir grundsätzlich nur für die Überschussbeteiligung der Versicherungsnehmer verwenden. Nur in gesetzlich festgelegten Ausnahmefällen können wir hiervon mit Zustimmung der Aufsichtsbehörde abweichen.

Ansprüche auf eine bestimmte Höhe der Beteiligung Ihrer Zusatzversicherung am Überschuss ergeben sich aus der Zuführung zur Rückstellung für Beitragsrückerstattung nicht.

Wir haben gleichartige Versicherungen (z. B. Rentenversicherungen, Risikolebensversicherungen) zu Bestandsgruppen zusammengefasst. Bestandsgruppen bilden wir, um die Unterschiede bei den versicherten Risiken zu berücksichtigen.

Wie wird Ihre Zusatzversicherung an dem Überschuss beteiligt?

(3) Bei der Verteilung des Überschusses auf die einzelnen Verträge wenden wir ein verursachungsorientiertes Verfahren an. Hierzu bilden wir innerhalb der Bestandsgruppen Gewinnverbände.

Ihre Zusatzversicherung ist dem in Ihrem Versicherungsschein genannten Gewinnverband zugeordnet. Wir verteilen den Überschuss in dem Maß, wie die Bestandsgruppen und Gewinnverbände zu seiner Entstehung beigetragen haben. Hat eine Bestandsgruppe oder ein Gewinnverband nicht zur Entstehung des Überschusses beigetragen, besteht insoweit kein Anspruch auf Überschussbeteiligung.

(4) Der Vorstand legt jedes Jahr auf Vorschlag des Verantwortlichen Aktuars fest, wie der Überschuss auf die Gewinnverbände verteilt wird, und setzt die entsprechenden Überschussanteilsätze fest (Überschussdeklaration). Dabei achtet er darauf, dass die Verteilung verursachungsorientiert erfolgt.

Ihre Zusatzversicherung erhält auf der Grundlage der Überschussdeklaration Anteile an dem auf Ihren Gewinnverband entfallenden Teil des Überschusses. Die Mittel hierfür werden bei der Direktgutschrift zulasten des Ergebnisses des Geschäftsjahres finanziert, ansonsten der Rückstellung für Beitragsrückerstattung entnommen.

Wie entstehen Bewertungsreserven und wie ordnen wir diese Ihrer Zusatzversicherung zu?

(5) Bewertungsreserven entstehen, wenn der Marktwert der Kapitalanlagen über ihrem jeweiligen handelsrechtlichen Buchwert liegt.

Die Bewertungsreserven, die nach den maßgebenden rechtlichen Vorschriften für die Beteiligung der Verträge zu berücksichtigen sind, ordnen wir den Verträgen anteilig rechnerisch zu. Dabei wenden wir ein verursachungsorientiertes Verfahren an.

Genaue Informationen zu diesem Verfahren finden Sie unter dem Stichwort „Informationen zur Überschussbeteiligung", die Ihnen jeweils als Anlage zum Versicherungsvorschlag und zum Versicherungsschein zur Verfügung gestellt werden.

Die Höhe der Bewertungsreserven ermitteln wir jährlich neu, zusätzlich auch
- für den Zeitpunkt der Beendigung Ihrer Zusatzversicherung vor Zahlung einer Hinterbliebenenrente,
- für den Beginn der Zahlung einer Hinterbliebenenrente sowie
- während der Zahlung einer Hinterbliebenenrente jeweils für das Ende eines Versicherungsjahres.

(6) Bei Beginn der Zahlung einer Hinterbliebenenrente gilt Folgendes:

Wir teilen Ihrem Vertrag dann den für diesen Zeitpunkt zugeordneten Anteil an den Bewertungsreserven gemäß der jeweils geltenden gesetzlichen Regelung zu. Auch während des Rentenbezuges werden wir Sie entsprechend an den Bewertungsreserven beteiligen.

Genaue Informationen zum Verteilungsmechanismus finden Sie unter dem Stichwort „Informationen zur Überschussbeteiligung", die Ihnen jeweils als Anlage zum Versicherungsvorschlag und zum Versicherungsschein zur Verfügung gestellt werden.

Aufsichtsrechtliche Regelungen können dazu führen, dass die Beteiligung an den Bewertungsreserven ganz oder teilweise entfällt.

Warum können wir die Höhe der Überschussbeteiligung nicht garantieren?

(7) Die Höhe der Überschussbeteiligung hängt von vielen Einflüssen ab, die nicht vorhersehbar und von uns nur begrenzt beeinflussbar sind. Einflussfaktoren sind insbesondere die Entwicklung des Kapitalmarkts, des versicherten Risikos und der Kosten.

Die Höhe der künftigen Überschussbeteiligung kann also nicht garantiert werden. Sie kann auch Null Euro betragen.

Wie informieren wir über die Überschussbeteiligung?

(8) Die festgelegten Überschussanteilsätze veröffentlichen wir jährlich in unserem Geschäftsbericht. Diesen können Sie bei uns anfordern.

(9) Über den Stand Ihrer Ansprüche unterrichten wir Sie jährlich. Dabei berücksichtigen wir die Überschussbeteiligung Ihre Zusatzversicherung.

§ 4 Was gilt bei Polizei- oder Wehrdienst, Unruhen, Krieg oder Einsatz bzw. Freisetzen von ABC-Waffen /-Stoffen?

(1) Grundsätzlich leisten wir unabhängig davon, auf welcher Ursache der Versicherungsfall beruht. Wir leisten auch dann, wenn Sie in Ausübung des Polizei- oder Wehrdienstes oder bei inneren Unruhen gestorben sind.

(2) Sterben Sie in unmittelbarem oder mittelbarem Zusammenhang mit kriegerischen Ereignissen, ist unsere Leistung eingeschränkt. In diesem Fall vermindert sich die Hinterbliebenenrente auf den Betrag, den wir aus dem für den Todestag berechneten Rückkaufswert Ihrer Zusatzversicherung erbringen können. Unsere Leistung vermindert sich nicht, wenn Sie in unmittelbarem oder mittelbarem Zusammenhang mit kriegerischen Ereignissen sterben, denen Sie während eines Aufenthaltes außerhalb der Bundesrepublik Deutschland ausgesetzt und an denen Sie nicht aktiv beteiligt waren.

(3) In folgenden Fällen vermindern sich unsere Leistungen auf die in Absatz 2 Satz 2 und 3 genannten Leistungen: Sie sterben in unmittelbarem oder mittelbarem Zusammenhang mit
- dem vorsätzlichen Einsatz von atomaren, biologischen oder chemischen Waffen oder
- dem vorsätzlichen Einsatz oder der vorsätzlichen Freisetzung von radioaktiven, biologischen oder chemischen Stoffen.

Der Einsatz bzw. das Freisetzen muss dabei darauf gerichtet gewesen sein, das Leben einer Vielzahl von Personen zu gefährden. Unsere Leistungen vermindern sich nicht, wenn Sie in unmittelbarem oder mittelbarem Zusammenhang mit kriegerischen Ereignissen sterben, denen Sie während eines Aufenthaltes außerhalb der Bundesrepublik Deutschland ausgesetzt und an denen Sie nicht aktiv beteiligt waren.

§ 5 Was gilt bei Selbsttötung der versicherten Person?

(1) Bei Ihrer vorsätzlichen Selbsttötung zahlen wir die vereinbarte Hinterbliebenenrente, wenn seit Abschluss der Zusatzversicherung 3 Jahre vergangen sind.

(2) Bei Ihrer vorsätzlichen Selbsttötung vor Ablauf der Dreijahresfrist besteht kein Versicherungsschutz. In diesem Fall vermindert sich die Hinterbliebenenrente auf den Betrag, den wir aus dem für den Todestag berechneten Rückkaufswert Ihrer Zusatzversicherung erbringen können.

Wenn uns nachgewiesen wird, dass Sie sich in einem die freie Willensbestimmung ausschließenden Zustand krankhafter Störung der Geistestätigkeit selbst getötet haben, besteht Versicherungsschutz.

(3) Wenn unsere Leistungspflicht durch eine Änderung der Zusatzversicherung erweitert oder deren Versicherungsschutz wiederhergestellt wird, beginnt die Dreijahresfrist bezüglich des geänderten oder wiederhergestellten Teils neu.

§ 6 Was gilt bei Ehescheidung bzw. bei Aufhebung einer eingetragenen Lebenspartnerschaft?

(1) Wenn Ihr Ehegatte bzw. Ihr eingetragener Lebenspartner mitversicherte Person (das ist die Person, für die nach Ihrem Tod die Hinterbliebenenrente gezahlt werden soll) ist und Ihre Ehe geschieden bzw. Ihre eingetragene Lebenspartnerschaft aufgehoben wird, endet die Zusatzversicherung zum auf den Monat der rechtskräftigen Scheidung bzw. der rechtskräftigen Aufhebung Ihrer eingetragenen Lebenspartnerschaft folgenden Monatsersten. Die Ehescheidung bzw. die Aufhebung einer eingetragenen Lebenspartnerschaft ist uns mit einem amtlichen Dokument nachzuweisen.

(2) Einen aus Ihrer Zusatzversicherung vorhandenen Betrag verwenden wir nach anerkannten Regeln der Versicherungsmathematik zur Erhöhung der Leistungen aus der Hauptversicherung.

§ 7 Was gilt, wenn der Anspruch auf Kindergeld oder einen Kinderfreibetrag entfällt?

(1) Wenn Ihr Kind mitversicherte Person (das ist die Person, für die nach Ihrem Tod die Hinterbliebenenrente gezahlt werden soll) ist und Ihr Anspruch auf Kindergeld oder einen Kinderfreibetrag nach § 32 Absatz 6 des Einkommensteuergesetzes (EStG) nachträglich entfällt, endet die Zusatzversicherung zum auf den Monat des bestandskräftigen Fortfalls folgenden Monatsersten.

(2) Einen aus Ihrer Zusatzversicherung vorhandenen Betrag verwenden wir nach anerkannten Regeln der Versicherungsmathematik zur Erhöhung der Leistungen aus der Hauptversicherung.

§ 8 Wie ist das Verhältnis zur Hauptversicherung?

(1) Die Zusatzversicherung bildet mit der Hauptversicherung eine Einheit. Sie können die Zusatzversicherung ohne die Hauptversicherung nicht fortsetzen. Wenn die Hauptversicherung endet, endet auch die Zusatzversicherung. Dies gilt nicht bei Ihrem Tod (siehe § 1).

(2) Die Zusatzversicherung ist so gestaltet, dass stets mehr als 50 % der Beiträge auf Ihre Hauptversicherung entfallen.

(3) Wenn Sie für Ihre Zusatzversicherung laufende Beiträge – also keinen Einmalbeitrag – zahlen, können Sie die Zusatzversicherung allein ganz oder teilweise in Textform (z. B. Papierform, E-Mail) kündigen. In diesem Fall setzen wir die versicherte Hinterbliebenenrente entsprechend ganz oder teilweise auf eine beitragsfreie Rente herab.

Die beitragsfreie Hinterbliebenenrente errechnen wir nach den anerkannten Regeln der Versicherungsmathematik. Der aus Ihrer Zusatzversicherung für die Bildung der beitragsfreien Rente zur Verfügung stehende Betrag mindert sich um rückständige Beiträge.

(4) Eine vollständige oder teilweise Befreiung von der Beitragszahlungspflicht für die Zusatzversicherung ist nur möglich, wenn die beitragsfreie Hinterbliebenenrente und ggf. die verbleibende beitragspflichtige Hinterbliebenenrente mindestens 600 € jährlich beträgt. Wird einer der Mindestbeträge nicht erreicht, endet die Zusatzversicherung. Einen aus Ihrer Zusatzversicherung vorhandenen Betrag verwenden wir nach anerkannten Regeln der Versicherungsmathematik zur Erhöhung der Leistungen aus der Hauptversicherung.

(5) Wenn Sie die Hauptversicherung ganz oder teilweise in einen beitragsfreien Vertrag umwandeln, wandelt sich auch die Zusatzversicherung ganz oder teilweise in einen beitragsfreien Vertrag mit herabgesetzter Hinterbliebenenrente um. Das Verhältnis zwischen der Rente der Hauptversicherung und der Hinterbliebenenrente bleibt dabei unverändert. Die Absätze 3 und 4 gelten entsprechend.

(6) Soweit in diesen Allgemeine Bedingungen nichts anderes geregelt ist, gelten die Allgemeinen Bedingungen für die Hauptversicherung sinngemäß.

Allgemeine Bedingungen für eine Rentenversicherung mit Auszahlung des Deckungskapitals bei Tod als Altersvorsorgevertrag im Sinne des Altersvorsorgeverträge-Zertifizierungsgesetzes (AltZertG) („Zulagen-Rente")

§ 1	Welche Leistungen erbringen wir?	086
§ 2	Wie erfolgt die Überschussbeteiligung?	087
§ 3	Wann beginnt Ihr Versicherungsschutz?	088
§ 4	Was bedeutet die vorvertragliche Anzeigepflicht bei Zusatzversicherungen und welche Folgen hat ihre Verletzung?	088
§ 5	Was ist zu beachten, wenn eine Leistung verlangt wird?	090
§ 6	Wer erhält die Leistung?	090
§ 7	Was müssen Sie bei der Beitragszahlung beachten?	090
§ 8	Was geschieht, wenn Sie einen Beitrag nicht rechtzeitig zahlen?	090
§ 9	Wie verwenden wir die staatlichen Zulagen?	091
§ 10	Wann können Sie Ihren Vertrag zur Auszahlung des Rückkaufswertes kündigen?	091
§ 11	Wann können Sie Ihren Vertrag zur Übertragung des gebildeten Kapitals auf einen anderen Vertrag kündigen?	092
§ 12	Wann können Sie Ihren Vertrag beitragsfrei stellen und welche Auswirkungen hat dies auf unsere Leistungen?	092
§ 13	Welche Kosten sind in Ihrem Vertrag vereinbart?	092
§ 14	Wie können Sie gebildetes Kapital für eine selbstgenutzte Wohnung verwenden?	093
§ 15	Was gilt bei Änderung Ihrer Postanschrift und Ihres Namens?	093
§ 16	Welche weiteren Auskunftspflichten haben Sie?	093
§ 17	Welche Informationen erhalten Sie während der Vertragslaufzeit?	094
§ 18	Welches Recht findet auf Ihren Vertrag Anwendung?	094
§ 19	Wo ist der Gerichtsstand?	094

§ 1 Welche Leistungen erbringen wir?

Unsere Leistung ab Rentenzahlungsbeginn

(1) Wenn Sie den vereinbarten Rentenzahlungsbeginn erleben, zahlen wir die vereinbarte Rente, solange Sie leben. Die Rente ist unabhängig vom Geschlecht berechnet. Wir zahlen Ihnen die vereinbarte Rente in gleichbleibender Höhe jeweils zum Ersten eines Monats (Fälligkeitstag).

Rentenzahlungen dürfen frühestens mit Vollendung Ihres 62. Lebensjahres beginnen. Wenn Sie vor Vollendung des 62. Lebensjahres Altersrente aus einem gesetzlichen Alterssicherungssystem beziehen, können Sie eine verminderte Rente auch schon vorher in Anspruch nehmen. Dies setzt voraus, dass zu diesem Zeitpunkt die gezahlten Beiträge und die staatlichen Zulagen zur Bildung der Rente zur Verfügung stehen.

(2) Wir können bis zu 12 Monatsrenten zu einer Auszahlung zusammenfassen, falls die monatliche Rente bei Rentenzahlungsbeginn weniger als 50 € beträgt.

(3) Wenn die monatliche Rente bei Rentenzahlungsbeginn die nach § 93 Absatz 3 Satz 2 und 3 des Einkommensteuergesetzes (EStG) festgelegte Kleinbetragsrente nicht übersteigt, können wir die Rente gegen Auszahlung des zum Rentenzahlungsbeginn zur Verfügung stehenden Kapitals abfinden; in diesem Fall endet der Vertrag. Dabei sind bei der Berechnung der Rente alle Altersvorsorgeverträge insgesamt zu berücksichtigen, die Sie bei unserem Unternehmen abgeschlossen haben. Eine Abfindung erfolgt nicht, wenn die Leistung nur aufgrund einer Teilkapitalauszahlung gemäß Absatz 4 auf eine Kleinbetragsrente sinkt.

Sollten wir beabsichtigen, die Rente gegen Auszahlung des zum Rentenzahlungsbeginn zur Verfügung stehenden Kapitals abzufinden, teilen wir Ihnen dies vorab mit. In diesem Fall können Sie verlangen, dass wir die Abfindung erst zum 1. Januar des darauffolgenden Jahres an Sie zahlen. Wir reservieren den Abfindungsbetrag dann bis zum Auszahlungszeitpunkt kostenfrei und unverzinst. Ihr Antrag auf Verschiebung der Auszahlung muss uns in Textform (z. B. Papierform, E-Mail) innerhalb von einen Monat ab Zugang unserer Mitteilung zugehen.

Diese Regelungen gelten auch, wenn nach dem Beginn der Auszahlungsphase ein Versorgungsausgleich durchgeführt wird und sich dadurch die Rente auf eine Kleinbetragsrente verringert.

(4) Sie können verlangen, dass wir zum Rentenzahlungsbeginn einmalig bis zu 30 % des zu diesem Zeitpunkt zur Verfügung stehenden Kapitals an Sie zahlen (Teilkapitalauszahlung), wenn Sie diesen Termin erleben. Dies führt zu einer Verringerung der Rentenleistungen. Ihr Antrag auf Teilkapitalauszahlung muss uns spätestens einen Monat vor dem Fälligkeitstag der ersten Rente (Absatz 1) vorliegen.

(5) Sie können mit uns bei Rentenzahlungsbeginn eine gesonderte Auszahlung der ab Rentenzahlungsbeginn anfallenden Zinsen und Erträge vereinbaren.

Unsere Leistung bei Tod

(6) Wenn Sie vor dem Rentenzahlungsbeginn sterben, zahlen wir das Deckungskapital. Das Deckungskapital bilden wir, indem wir die gezahlten Beiträge und die uns zugeflossenen staatlichen Zulagen abzüglich der tariflichen Kosten mit dem Rechnungszins (Absatz 11) verzinsen.

(7) Wenn Sie mit uns eine Rentengarantiezeit vereinbart haben und Sie nach dem Rentenzahlungsbeginn sterben, gilt Folgendes: Wir zahlen die vereinbarte Rente auch bei Ihrem Tod bis zum Ende der Rentengarantiezeit. (Beispiel: Haben Sie eine Rentengarantiezeit von 10 Jahren vereinbart, und Sie sterben 3 Jahre nach Rentenzahlungsbeginn, zahlen wir noch 7 Jahre lang die vereinbarte Rente.)

Wenn Sie mit uns keine Rentengarantiezeit vereinbart haben oder Sie nach Ablauf der Rentengarantiezeit sterben, erbringen wir bei Ihrem Tod keine Leistung, und der Vertrag endet.

Allgemeine Bedingungen für eine Rentenversicherung mit Auszahlung des Deckungskapitals bei Tod als Altersvorsorgevertrag im Sinne des Altersvorsorgeverträge-Zertifizierungsgesetzes (AltZertG) („Zulagen-Rente")

Übertragung der Todesfallleistung auf einen anderen Vertrag

(8) Die Todesfallleistung aus Ihrem Altersvorsorgevertrag kann bei Ihrem Tod auf den Namen Ihres überlebenden Ehegatten bzw. eingetragenen Lebenspartners lautenden Altersvorsorgevertrag übertragen werden, soweit Ihr Ehegatte bzw. Ihr eingetragener Lebenspartner aus diesem Vertrag anspruchsberechtigt ist. Dies setzt zusätzlich voraus, dass Sie und Ihr Ehegatte bzw. Ihr eingetragener Lebenspartners im Zeitpunkt des Todes nicht dauernd getrennt gelebt haben und ihren Wohnsitz oder gewöhnlichen Aufenthalt in einem Mitgliedstaat der Europäischen Union oder einem Staat haben, auf den das Abkommen über den Europäischen Wirtschaftsraum anwendbar ist (§ 93 EStG). Der Altersvorsorgevertrag Ihres Ehegatten bzw. Ihres eingetragenen Lebenspartners kann bei uns oder einem anderen Anbieter bestehen, er muss zertifiziert sein und auf den Namen Ihres Ehegatten bzw. Ihres eingetragenen Lebenspartners lauten. Handelt es sich dabei um einen Vertrag bei einem anderen Anbieter, muss Ihr Ehegatte bzw. Ihr eingetragener Lebenspartner uns die Zertifizierung dieses Vertrages nachweisen. Diese Übertragung ist kostenlos.

Umwandlung der Todesfallleistung in eine lebenslange Hinterbliebenenrente

(9) Die Todesfallleistung kann bei Ihrem Tod auch gezahlt werden in Form einer lebenslangen Rente an Ihren überlebenden Ehegatten bzw. Ihren eingetragenen Lebenspartner oder in Form einer abgekürzten Leibrente an Ihre überlebenden Kinder, für die Ihnen zum Zeitpunkt des Eintritts des Versorgungsfalles ein Anspruch auf Kindergeld oder ein Freibetrag nach § 32 Absatz 6 EStG zugestanden hätte, ausgezahlt werden. Weitere Voraussetzung ist, dass Ihr Ehegatte bzw. Ihr eingetragener Lebenspartner beziehungsweise Ihre Kinder aus diesem Vertrag anspruchsberechtigt sind. Der Anspruch auf Waisenrente ist auf den Zeitraum begrenzt, in dem der Rentenberechtigte die Voraussetzungen für die Berücksichtigung als Kind nach § 32 EStG erfüllt. Für die Ermittlung der Rente wird der dann für Neuverträge gültige Tarif verwendet.

Beitragserhaltungsgarantie

(10) Wir garantieren, dass zum Rentenzahlungsbeginn (Beginn der Auszahlungsphase) mindestens die bis dahin gezahlten Beiträge und die uns zugeflossenen staatlichen Zulagen für die vereinbarten Leistungen zur Verfügung stehen. Sofern Sie gemäß § 14 Kapital für eine selbst genutzte Wohnung verwenden oder wir im Rahmen eines Versorgungsausgleichs bei Ehescheidung bei Aufhebung einer eingetragenen Lebenspartnerschaft Kapital entnehmen müssen, verringert sich diese Garantie entsprechend.

Sofern eine Zusatzversicherung zur Absicherung der verminderten Erwerbsfähigkeit oder Dienstunfähigkeit oder der Hinterbliebenen eingeschlossen ist, werden wir die auf die Deckung dieses Risikos entfallenden Beiträge von der Garantie abziehen, höchstens jedoch 20 % der Gesamtbeiträge.

Grundlagen für die Berechnung der Leistung

(11) Für die Berechnung der vereinbarten Leistungen haben wir die Lebenserwartung nach der der Versicherungsaufsicht angezeigten Sterbetafel Proximus 07/18 und den bei Vertragsabschluss geltenden Höchst-Rechnungszins zugrunde gelegt.

(12) Es kann sich eine Leistung aus der Überschussbeteiligung ergeben.

§ 2 Wie erfolgt die Überschussbeteiligung?

Sie erhalten gemäß § 153 des Versicherungsvertragsgesetzes eine Überschussbeteiligung.

(1) Wir beteiligen Sie an dem Überschuss und an den Bewertungsreserven (Überschussbeteiligung). Die Leistung aus der Überschussbeteiligung kann auch Null Euro betragen. In den nachfolgenden Absätzen erläutern wir Ihnen,
- wie wir den in einem Geschäftsjahr entstandenen Überschuss unseres Unternehmens ermitteln und wie wir diesen verwenden (Absatz 2),
- wie Ihr Vertrag an dem Überschuss beteiligt wird (Absätze 3 und 4),
- wie Bewertungsreserven entstehen und wie wir diese Ihrem Vertrag zuordnen (Absätze 5 und 6),
- warum wir die Höhe der Überschussbeteiligung Ihres Vertrages nicht garantieren können (Absatz 7) und
- wie wir Sie über die Überschussbeteiligung informieren (Absätze 8 und 9).

Wie ermitteln wir den in einem Geschäftsjahr entstandenen Überschuss unseres Unternehmens und wie verwenden wir diesen?

(2) Den in einem Geschäftsjahr entstandenen Überschuss unseres Unternehmens (Rohüberschuss) ermitteln wir nach handels- und aufsichtsrechtlichen Vorschriften. Mit der Feststellung des Jahresabschlusses legen wir fest, welcher Teil des Rohüberschusses für die Überschussbeteiligung aller überschussberechtigten Verträge zur Verfügung steht. Dabei beachten wir die aufsichtsrechtlichen Vorgaben, derzeit insbesondere die Verordnung über die Mindestbeitragsrückerstattung in der Lebensversicherung (Mindestzuführungsverordnung).

Den danach zur Verfügung stehenden Teil des Rohüberschusses führen wir der Rückstellung für Beitragsrückerstattung zu, soweit wir ihn nicht als Direktgutschrift unmittelbar den überschussberechtigten Versicherungsverträgen gutgeschrieben haben. Sinn der Rückstellung für Beitragsrückerstattung ist es, Schwankungen des Überschusses über die Jahre auszugleichen. Die Rückstellung für Beitragsrückerstattung dürfen wir grundsätzlich nur für die Überschussbeteiligung der Versicherungsnehmer verwenden. Nur in gesetzlich festgelegten Ausnahmefällen können wir hiervon mit Zustimmung der Aufsichtsbehörde abweichen.

Ansprüche auf eine bestimmte Höhe der Beteiligung Ihres Vertrages am Überschuss ergeben sich aus der Zuführung zur Rückstellung für Beitragsrückerstattung nicht.

Wir haben gleichartige Versicherungen (z. B. Rentenversicherungen, Risikolebensversicherungen, Berufsunfähigkeitsversicherungen) zu Bestandsgruppen zusammengefasst. Bestandsgruppen bilden wir, um die Unterschiede bei den versicherten Risiken zu berücksichtigen.

Wie wird Ihr Vertrag an dem Überschuss beteiligt?

(3) Bei der Verteilung des Überschusses auf die einzelnen Verträge wenden wir ein verursachungsorientiertes Verfahren an. Hierzu bilden wir innerhalb der Bestandsgruppen Gewinnverbände.

Ihr Vertrag ist dem in Ihrem Versicherungsschein genannten Gewinnverband zugeordnet. Wir verteilen den Überschuss in dem Maß, wie die Bestandsgruppen und Gewinnverbände zu seiner Entstehung beigetragen haben. Hat eine Bestandsgruppe oder ein Gewinnverband nicht zur Entstehung des Überschusses beigetragen, besteht insoweit kein Anspruch auf Überschussbeteiligung.

Allgemeine Bedingungen für eine Rentenversicherung mit Auszahlung des Deckungskapitals bei Tod als Altersvorsorgevertrag im Sinne des Altersvorsorgeverträge-Zertifizierungsgesetzes (AltZertG) („Zulagen-Rente")

(a) Laufende Überschussanteile

Alle Hauptversicherungen erhalten zu Beginn eines jeden Versicherungsjahres, erstmals zu Beginn des 2. Versicherungsjahres, einen Zinsüberschuss auf das Deckungskapital des abgelaufenen Versicherungsjahres. Zuzahlungen erhöhen ab Zahlungseingang das Deckungskapital und werden dadurch am Zinsüberschuss beteiligt.

Hauptversicherungen mit laufender Beitragszahlung erhalten außerdem während der Beitragszahlung zu Beginn eines jeden Versicherungsjahres, erstmals bei Beginn der Versicherung, einen Kostenüberschuss auf den Kostenbeitragsteil der in einem Versicherungsjahr zu entrichtenden Beiträge und einen Risikoüberschuss auf den jeweiligen Risikobeitragsanteil der in einem Versicherungsjahr zu entrichtenden Beiträge. Zuzahlungen sind keine laufenden Beiträge.

(b) Schlussüberschuss

Zusätzlich zu den Überschussanteilen nach (a) kann bei Ihrer Hauptversicherung – außer bei Einmalbeitragsversicherungen – zum vereinbarten Versicherungsende ein Schlussüberschussanteil in % der Bemessungsgrundlage hinzukommen. Bei Rückkauf oder Tod in den letzten 5 Jahren der Versicherungsdauer erhalten Sie einen Schlussüberschussanteil für Ihre Hauptversicherung, wenn der Versicherungsbeginn zu diesem Zeitpunkt mindestens 5 Jahre zurückliegt. Bemessungsgrundlage ist die Summe aus dem Deckungskapital und dem ggf. vorhandenen Überschussguthaben abzüglich der Summe der bis dahin gezahlten laufenden Beiträge (ohne Stückkosten und ohne Rabatte). Übersteigt die Summe der bis dahin gezahlten laufenden Beiträge (ohne Stückkosten und ohne Rabatte) das Deckungskapital, so besteht die Bemessungsgrundlage aus dem ggf. vorhandenen Überschussguthaben. Haben Sie Zuzahlungen geleistet, wird die Bemessungsgrundlage außerdem um das Deckungskapital, das aus den Zuzahlungen resultiert, gekürzt.

Die Beteiligung am Schlussüberschuss ist vom Kapitalmarkt abhängig und kann Null Euro sein.

(c) Die zugeteilten laufenden Überschussanteile werden verzinslich angesammelt und bei Vertragsbeendigung zusammen mit der Versicherungsleistung ausgezahlt. Ein möglicher Schlussüberschuss gemäß (b) und Ihre Beteiligung an den Bewertungsreserven (siehe Absatz 5) werden bei Beendigung des Vertrages zugeteilt und zusammen mit den Versicherungsleistungen ausgezahlt.

(4) Der Vorstand legt jedes Jahr auf Vorschlag des Verantwortlichen Aktuars fest, wie der Überschuss auf die Gewinnverbände verteilt wird, und setzt die entsprechenden Überschussanteilsätze fest (Überschussdeklaration). Dabei achtet er darauf, dass die Verteilung verursachungsorientiert erfolgt.

Ihr Vertrag erhält auf der Grundlage der Überschussdeklaration Anteile an dem auf Ihren Gewinnverband entfallenden Teil des Überschusses. Die Mittel hierfür werden bei der Direktgutschrift zulasten des Ergebnisses des Geschäftsjahres finanziert, ansonsten der Rückstellung für Beitragsrückerstattung entnommen.

Wie entstehen Bewertungsreserven und wie ordnen wir diese Ihrem Vertrag zu?

(5) Bewertungsreserven entstehen, wenn der Marktwert der Kapitalanlagen über ihrem jeweiligen handelsrechtlichen Buchwert liegt.

Die Bewertungsreserven, die nach den maßgebenden rechtlichen Vorschriften für die Beteiligung der Verträge zu berücksichtigen sind, ordnen wir den Verträgen anteilig rechnerisch zu. Dabei wenden wir ein verursachungsorientiertes Verfahren an.

Genaue Informationen zu diesem Verfahren finden Sie unter dem Stichwort „Informationen zur Überschussbeteiligung", die Ihnen jeweils als Anlage zum Versicherungsvorschlag und zum Versicherungsschein zur Verfügung gestellt werden.

Die Höhe der Bewertungsreserven ermitteln wir jährlich neu, zusätzlich auch für den Beginn einer Rentenzahlung sowie während der Rentenzahlung jeweils für das Ende eines Versicherungsjahres.

(6) Bei Erleben des vereinbarten Rentenzahlungsbeginns gilt Folgendes:

Wir teilen Ihrem Vertrag dann den für diesen Zeitpunkt zugeordneten Anteil an den Bewertungsreserven gemäß der jeweils geltenden gesetzlichen Regelung zu. Auch **während des Rentenbezuges** werden wir Sie entsprechend an den Bewertungsreserven beteiligen.

Genaue Informationen zum Verteilungsmechanismus finden Sie unter dem Stichwort „Informationen zur Überschussbeteiligung", die Ihnen jeweils als Anlage zum Versicherungsvorschlag und zum Versicherungsschein zur Verfügung gestellt werden.

Aufsichtsrechtliche Regelungen können dazu führen, dass die Beteiligung an den Bewertungsreserven ganz oder teilweise entfällt.

Warum können wir die Höhe der Überschussbeteiligung nicht garantieren?

(7) Die Höhe der Überschussbeteiligung hängt von vielen Einflüssen ab, die nicht vorhersehbar und von uns nur begrenzt beeinflussbar sind. Einflussfaktoren sind insbesondere die Entwicklung des Kapitalmarkts, des versicherten Risikos und der Kosten.

Die Höhe der künftigen Überschussbeteiligung kann also nicht garantiert werden. Sie kann auch Null Euro betragen.

Wie informieren wir über die Überschussbeteiligung?

(8) Die festgelegten Überschussanteilsätze veröffentlichen wir jährlich in unserem Geschäftsbericht. Diesen können Sie bei uns anfordern.

(9) Über den Stand Ihrer Ansprüche unterrichten wir Sie jährlich. Dabei berücksichtigen wir die Überschussbeteiligung Ihres Vertrages.

§ 3 Wann beginnt Ihr Versicherungsschutz?

Ihr Versicherungsschutz beginnt, wenn Sie den Vertrag mit uns abgeschlossen haben. Jedoch besteht vor dem im Versicherungsschein angegebenen Versicherungsbeginn kein Versicherungsschutz. Allerdings kann unsere Leistungspflicht entfallen, wenn Sie den Beitrag nicht rechtzeitig zahlen (siehe § 7 Absatz 2 und 3 und § 8).

§ 4 Was bedeutet die vorvertragliche Anzeigepflicht bei Zusatzversicherungen und welche Folgen hat ihre Verletzung?

Vorvertragliche Anzeigepflicht

(1) Bei Einschluss einer Zusatzversicherung sind Sie bis zur Abgabe Ihrer Vertragserklärung verpflichtet, alle Ihnen bekannten gefahrerheblichen Umstände, nach denen wir in Textform (z. B. Papierform oder E-Mail) gefragt haben, wahrheitsgemäß und vollständig anzuzeigen. Gefahrerheblich sind die Umstände, die für unsere Entscheidung, den Vertrag überhaupt oder mit dem vereinbarten Inhalt zu schließen, erheblich sind.

Diese Anzeigepflicht gilt auch für Fragen nach gefahrerheblichen Umständen, die wir Ihnen nach Ihrer Vertragserklärung, aber vor Vertragsannahme, in Textform stellen.

(2) Wenn eine andere Person die Fragen nach gefahrerheblichen Umständen für Sie beantwortet und wenn diese Person den gefahrerheblichen Umstand kennt oder arglistig handelt, werden Sie so behandelt, als hätten Sie selbst davon Kenntnis gehabt oder arglistig gehandelt.

Rechtsfolgen der Anzeigepflichtverletzung

(3) Nachfolgend informieren wir Sie, unter welchen Voraussetzungen wir bei einer Verletzung der Anzeigepflicht
- von der Zusatzversicherung zurücktreten,
- die Zusatzversicherung kündigen,
- die Zusatzversicherung ändern oder
- die Zusatzversicherung wegen arglistiger Täuschung anfechten können.

Rücktritt

(4) Wenn die vorvertragliche Anzeigepflicht verletzt wird, können wir von der Zusatzversicherung zurücktreten. Das Rücktrittsrecht besteht nicht, wenn weder eine vorsätzliche noch eine grob fahrlässige Anzeigepflichtverletzung vorliegt. Selbst wenn die Anzeigepflicht grob fahrlässig verletzt wird, haben wir trotzdem kein Rücktrittsrecht, falls wir die Zusatzversicherung - möglicherweise zu anderen Bedingungen (z. B. höherer Beitrag oder eingeschränkter Versicherungsschutz) - auch bei Kenntnis der nicht angezeigten gefahrerheblichen Umstände geschlossen hätten.

(5) Im Fall des Rücktritts haben Sie keinen Versicherungsschutz aus der Zusatzversicherung. Wenn wir nach Eintritt des Versicherungsfalles zurücktreten, bleibt unsere Leistungspflicht unter folgender Voraussetzung trotzdem bestehen:
Die Verletzung der Anzeigepflicht bezieht sich auf einen gefahrerheblichen Umstand, der
- weder für den Eintritt oder die Feststellung des Versicherungsfalles
- noch für die Feststellung oder den Umfang unserer Leistungspflicht ursächlich war.

Unsere Leistungspflicht entfällt jedoch auch im vorstehend genannten Fall, wenn die Anzeigepflicht arglistig verletzt worden ist.

(6) Wenn die Zusatzversicherung durch Rücktritt aufgehoben wird, endet sie. Das zu diesem Zeitpunkt vorhandene Deckungskapital Ihrer Zusatzversicherung verwenden wir zur Erhöhung Ihrer Rente aus der Hauptversicherung. Die Rückzahlung der Beiträge können Sie nicht verlangen.

Kündigung

(7) Wenn unser Rücktrittsrecht ausgeschlossen ist, weil die Verletzung der Anzeigepflicht weder vorsätzlich noch grob fahrlässig erfolgt ist, können wir die Zusatzversicherung unter Einhaltung einer Frist von einem Monat kündigen.

(8) Unser Kündigungsrecht ist ausgeschlossen, wenn wir die Zusatzversicherung - möglicherweise zu anderen Bedingungen (z. B. höherer Beitrag oder eingeschränkter Versicherungsschutz) - auch bei Kenntnis der nicht angezeigten gefahrerheblichen Umstände geschlossen hätten.

(9) Wenn wir die Zusatzversicherung kündigen, wandelt sie sich in eine beitragsfreie Versicherung um.

Vertragsänderung

(10) Können wir nicht zurücktreten oder kündigen, weil wir die Zusatzversicherung - möglicherweise zu anderen Bedingungen (z. B. höherer Beitrag oder eingeschränkter Versicherungsschutz) - auch bei Kenntnis der nicht angezeigten gefahrerheblichen Umstände geschlossen hätten (Absatz 4 Satz 3 und Absatz 8), werden die anderen Bedingungen auf unser Verlangen rückwirkend Vertragsbestandteil. Haben Sie die Anzeigepflichtverletzung nicht zu vertreten, werden die anderen Bedingungen erst ab der laufenden Versicherungsperiode (siehe § 7 Absatz 2 Satz 3) Vertragsbestandteil.

(11) Sie können die Zusatzversicherung innerhalb eines Monats, nachdem Sie unsere Mitteilung über die Vertragsänderung erhalten haben, fristlos kündigen, wenn
- wir im Rahmen einer Vertragsänderung den Beitrag zu einer Zusatzversicherung um mehr als 10 % erhöhen oder
- wir die Gefahrabsicherung für einen nicht angezeigten Umstand ausschließen.

Auf dieses Recht werden wir Sie in der Mitteilung über die Vertragsänderung hinweisen.

Voraussetzungen für die Ausübung unserer Rechte

(12) Unsere Rechte zum Rücktritt, zur Kündigung oder zur Vertragsänderung stehen uns nur zu, wenn wir Sie durch gesonderte Mitteilung in Textform auf die Folgen einer Anzeigepflichtverletzung hingewiesen haben.

(13) Wir haben kein Recht zum Rücktritt, zur Kündigung oder zur Vertragsänderung, wenn wir den nicht angezeigten Umstand oder die Unrichtigkeit der Anzeige kannten.

(14) Wir können unsere Rechte zum Rücktritt, zur Kündigung oder zur Vertragsänderung nur innerhalb eines Monats geltend machen. Die Frist beginnt mit dem Zeitpunkt, zu dem wir von der Verletzung der Anzeigepflicht, die das von uns geltend gemachte Recht begründet, Kenntnis erlangen. Bei Ausübung unserer Rechte müssen wir die Umstände angeben, auf die wir unsere Erklärung stützen. Zur Begründung können wir nachträglich weitere Umstände angeben, wenn für diese die Frist nach Satz 1 nicht verstrichen ist.

(15) Nach Ablauf von 5 Jahren seit Vertragsschluss erlöschen unsere Rechte zum Rücktritt, zur Kündigung oder zur Vertragsänderung. Ist der Versicherungsfall vor Ablauf dieser Frist eingetreten, können wir die Rechte auch nach Ablauf der Frist geltend machen. Ist die Anzeigepflicht vorsätzlich oder arglistig verletzt worden, beträgt die Frist 10 Jahre.

Anfechtung

(16) Wir können eine Zusatzversicherung auch anfechten, falls unsere Entscheidung zur Annahme des Vertrages durch unrichtige oder unvollständige Angaben bewusst und gewollt beeinflusst worden ist. Absatz 6 gilt entsprechend.

Leistungserweiterung/Wiederherstellung der Versicherung

(17) Die Absätze 1 bis 16 gelten entsprechend, wenn der Versicherungsschutz der Zusatzversicherung nachträglich erweitert oder wiederhergestellt wird und deshalb eine erneute Risikoprüfung vorgenommen wird. Die Fristen nach Absatz 15 beginnen mit der Änderung oder Wiederherstellung der Versicherung bezüglich des geänderten oder wiederhergestellten Teils neu.

Allgemeine Bedingungen für eine Rentenversicherung mit Auszahlung des Deckungskapitals bei Tod als Altersvorsorgevertrag im Sinne des Altersvorsorgeverträge-Zertifizierungsgesetzes (AltZertG) („Zulagen-Rente")

Erklärungsempfänger

(18) Unsere Rechte zum Rücktritt, zur Kündigung, zur Vertragsänderung sowie zur Anfechtung üben wir durch eine schriftliche Erklärung aus, die wir Ihnen gegenüber abgeben. Sofern Sie uns keine andere Person als Bevollmächtigten benannt haben, gilt nach Ihrem Tod ein aus einer Zusatzversicherung Bezugsberechtigter als bevollmächtigt, diese Erklärung entgegenzunehmen. Ist kein Bezugsberechtigter vorhanden oder kann sein Aufenthalt nicht ermittelt werden, können wir den Inhaber des Versicherungsscheins als bevollmächtigt ansehen, die Erklärung entgegenzunehmen.

§5 Was ist zu beachten, wenn eine Leistung verlangt wird?

(1) Wird eine Leistung aus dem Vertrag beansprucht, können wir verlangen, dass uns der Versicherungsschein und ein Zeugnis über den Tag Ihrer Geburt sowie die Auskunft nach §16 vorgelegt werden.

(2) Wenn Sie eine vorgezogene Altersrente nach §1 Absatz 1 Satz 5 vor Vollendung des 62. Lebensjahres beantragen, müssen Sie uns den Bescheid über den Bezug einer Rente aus einem gesetzlichen Alterssicherungssystem vorlegen.

(3) Vor jeder Rentenzahlung können wir auf unsere Kosten eine amtliche Bescheinigung darüber verlangen, dass Sie noch leben.

(4) Ihr Tod muss uns unverzüglich (d.h. ohne schuldhaftes Zögern) mitgeteilt werden. Außerdem muss uns eine amtliche Sterbeurkunde mit Angabe von Alter und Geburtsort vorgelegt werden. Dies gilt auch, wenn für den Todesfall keine Leistung vereinbart wurde.

(5) Unsere Leistungen werden fällig, nachdem wir die Erhebungen abgeschlossen haben, die zur Feststellung des Versicherungsfalles und des Umfangs unserer Leistungspflicht notwendig sind. Wenn eine der in den Absätzen 1 bis 4 genannten Pflichten nicht erfüllt wird, kann dies zur Folge haben, dass wir nicht feststellen können, ob oder in welchem Umfang wir leistungspflichtig sind. Eine solche Pflichtverletzung kann somit dazu führen, dass unsere Leistung nicht fällig wird.

(6) Bei Überweisung von Leistungen in Länder außerhalb des Europäischen Wirtschaftsraumes trägt die empfangsberechtigte Person die damit verbundene Gefahr.

§6 Wer erhält die Leistung?

(1) Als unser Versicherungsnehmer erhalten Sie die Leistung.

Bezugsberechtigung

(2) Für die Leistung im Todesfall können Sie uns widerruflich eine andere Person benennen, die nach Ihrem Tod die Leistung erhalten soll (Bezugsberechtigter).

Sie können dieses Bezugsrecht jederzeit widerrufen. Nach Ihrem Tod kann das Bezugsrecht nicht mehr widerrufen werden. Die Einräumung und der Widerruf eines Bezugsrechts sind uns gegenüber nur und erst dann wirksam, wenn sie uns von Ihnen in Textform (z.B. Papierform, E-Mail) angezeigt worden sind.

Keine Abtretung, Verpfändung und Übertragung von Forderungen oder Rechten

(3) Die Abtretung von Forderungen und Rechten aus dem Vertrag sowie deren Verpfändung sind ausgeschlossen. Ausgeschlossen ist ferner jede sonstige Übertragung von Forderungen oder Rechten aus dem Vertrag an Dritte, wie z.B. die Einräumung von Bezugsrechten zugunsten Dritter – mit Ausnahme von Bezugsrechten nach Absatz 2.

§7 Was müssen Sie bei der Beitragszahlung beachten?

(1) Die Beiträge zu Ihrem Vertrag können Sie je nach Vereinbarung monatlich, viertel-, halbjährlich oder jährlich zahlen.

(2) Den ersten Beitrag oder den Einmalbeitrag müssen Sie unverzüglich (d.h. ohne schuldhaftes Zögern) nach Zugang des Versicherungsscheins zahlen, jedoch nicht vor dem mit Ihnen vereinbarten, im Versicherungsschein angegebenen Versicherungsbeginn. Alle weiteren Beiträge (Folgebeiträge) werden jeweils zu Beginn der vereinbarten Versicherungsperiode fällig. Die Versicherungsperiode umfasst bei Einmalbeitrags- und Jahreszahlung ein Jahr, ansonsten entsprechend der Zahlungsweise einen Monat, ein Vierteljahr bzw. ein halbes Jahr.

(3) Sie haben den Beitrag rechtzeitig gezahlt, wenn Sie bis zum Fälligkeitstag (Absatz 2) alles getan haben, damit der Beitrag bei uns eingeht. Wenn die Einziehung des Beitrags von einem Konto vereinbart wurde, gilt die Zahlung in folgendem Fall als rechtzeitig:
- Der Beitrag konnte am Fälligkeitstag eingezogen werden und
- Sie haben einer berechtigten Einziehung nicht widersprochen.

Konnten wir den fälligen Beitrag ohne Ihr Verschulden nicht einziehen, ist die Zahlung auch dann noch rechtzeitig, wenn sie unverzüglich nach unserer Zahlungsaufforderung erfolgt. Haben Sie zu vertreten, dass der Beitrag wiederholt nicht eingezogen werden kann, sind wir berechtigt, künftig die Zahlung außerhalb des Lastschriftverfahrens zu verlangen.

(4) Sie müssen die Beiträge auf Ihre Gefahr und Ihre Kosten zahlen.

(5) Bei Fälligkeit einer Leistung werden wir etwaige Beitragsrückstände verrechnen.

§8 Was geschieht, wenn Sie einen Beitrag nicht rechtzeitig zahlen?

Erster Beitrag

(1) Wenn Sie den ersten Beitrag nicht rechtzeitig zahlen, können wir – solange die Zahlung nicht bewirkt ist – vom Vertrag zurücktreten. In diesem Fall können wir von Ihnen die Kosten für ärztliche Untersuchungen im Rahmen einer Gesundheitsprüfung verlangen. Wir sind nicht zum Rücktritt berechtigt, wenn uns nachgewiesen wird, dass Sie die nicht rechtzeitige Zahlung nicht zu vertreten haben.

(2) Ist der erste Beitrag bei Eintritt des Versicherungsfalles noch nicht gezahlt, sind wir nicht zur Leistung verpflichtet. Dies gilt nur, wenn wir Sie durch gesonderte Mitteilung in Textform (z.B. Papierform, E-Mail) oder durch einen auffälligen Hinweis im Versicherungsschein auf diese Rechtsfolge aufmerksam gemacht haben. Unsere Leistungspflicht bleibt jedoch bestehen, wenn Sie uns nachweisen, dass Sie das Ausbleiben der Zahlung nicht zu vertreten haben.

Allgemeine Bedingungen für eine Rentenversicherung mit Auszahlung des Deckungskapitals bei Tod als Altersvorsorgevertrag im Sinne des Altersvorsorgeverträge-Zertifizierungsgesetzes (AltZertG) („Zulagen-Rente")

Folgebeitrag

(3) Zahlen Sie einen Folgebeitrag nicht rechtzeitig, können wir Ihnen auf Ihre Kosten in Textform eine Zahlungsfrist setzen. Die Zahlungsfrist muss mindestens zwei Wochen betragen.

(4) Für einen Versicherungsfall, der nach Ablauf der gesetzten Zahlungsfrist eintritt, vermindert sich der Versicherungsschutz, wenn Sie sich bei Eintritt des Versicherungsfalles noch mit der Zahlung in Verzug befinden. Voraussetzung ist, dass wir Sie bereits mit der Fristsetzung auf diese Rechtsfolge hingewiesen haben.

(5) Nach Ablauf der gesetzten Zahlungsfrist können wir den Vertrag ohne Einhaltung einer Kündigungsfrist kündigen, wenn Sie sich noch immer mit den Beiträgen, Zinsen oder Kosten in Verzug befinden. Voraussetzung ist, dass wir Sie bereits mit der Fristsetzung auf diese Rechtsfolge hingewiesen haben. Wir können die Kündigung bereits mit der Fristsetzung erklären. Sie wird dann automatisch mit Ablauf der Frist wirksam, wenn Sie zu diesem Zeitpunkt noch immer mit der Zahlung in Verzug sind. Auf diese Rechtsfolge müssen wir Sie ebenfalls hinweisen.

Im Fall der Kündigung wandelt sich der Vertrag in eine beitragsfreie Versicherung entsprechend § 12 Absatz 1 und 2 um.

(6) Sie können den angeforderten Betrag auch dann noch nachzahlen, wenn unsere Kündigung wirksam geworden ist. Nachzahlen können Sie nur
- innerhalb eines Monats nach der Kündigung
- oder, wenn die Kündigung bereits mit der Fristsetzung verbunden worden ist, innerhalb eines Monats nach Fristablauf.

Zahlen Sie innerhalb dieses Zeitraumes, wird die Kündigung unwirksam, und der Vertrag besteht fort.

§ 9 Wie verwenden wir die staatlichen Zulagen?

Die uns zugeflossenen staatlichen Zulagen werden wir Ihrem Vertrag unverzüglich gutschreiben und zur Erhöhung der Leistung verwenden. Diese errechnet sich nach Ihrem am Erhöhungstermin erreichten Alter, der restlichen Laufzeit bis zum vereinbarten Auszahlungsbeginn und dem bei Abschluss des Vertrages gültigen Tarif. Erhöhungstermin ist der Erste des Monats, der auf den Eingang der Zulage bei uns folgt.

Soll die Erhöhung nach dem jeweils gültigen Tarif erfolgen, ist dies besonders deutlich herauszustellen.

Wenn wir staatliche Zulagen zurückzahlen müssen, reduzieren sich die Leistungen entsprechend.

§ 10 Wann können Sie Ihren Vertrag zur Auszahlung des Rückkaufswertes kündigen?

Kündigung

(1) Sie können Ihren Vertrag jederzeit zum Schluss der laufenden Versicherungsperiode (siehe § 7 Absatz 2 und 3) in Textform (z. B. Papierform, E-Mail) kündigen. Nach dem Beginn der Auszahlungsphase können Sie nicht mehr kündigen.

Sie können Ihren Vertrag auch teilweise kündigen, wenn die verbleibende Rente mindestens 25 € beträgt. Bei teilweiser Kündigung gelten die folgenden Regelungen nur für den gekündigten Vertragsteil:

Auszahlungsbetrag

(2) Nach Ihrer Kündigung erhalten Sie von uns den Auszahlungsbetrag. Der Auszahlungsbetrag besteht aus
- dem Rückkaufswert (Absätze 3 und 5),
- vermindert um den Abzug (Absatz 4) sowie
- der Überschussbeteiligung (Absatz 6).

Von dem Auszahlungsbetrag werden uns die folgenden Beträge abgezogen:
- Beitragsrückstände sowie
- von Ihnen zurückzuzahlende staatliche Förderungen (Zulagen und Steuerermäßigungen).

Rückkaufswert

(3) Der Rückkaufswert ist nach § 169 des Versicherungsvertragsgesetzes (VVG) das nach anerkannten Regeln der Versicherungsmathematik mit den Rechnungsgrundlagen der Beitragskalkulation zum Schluss der laufenden Versicherungsperiode berechnete Deckungskapital des Vertrages unter Berücksichtigung der Abschluss- und Vertriebskosten gemäß § 13.

Sofern Sie gemäß § 14 Kapital für eine selbstgenutzte Wohnung verwendet haben oder wir im Rahmen eines Versorgungsausgleichs bei Ehescheidung oder bei Aufhebung einer eingetragenen Lebenspartnerschaft Kapital entnehmen mussten, wird dies bei der Berechnung des Rückkaufswertes berücksichtigt.

Abzug

(4) Von dem nach Absatz 3 ermittelten Wert nehmen wir einen Abzug in Höhe von 100 € vor.

Der Abzug ist zulässig, wenn er angemessen ist. Dies ist im Zweifel von uns nachzuweisen. Wir halten den Abzug für angemessen, weil mit ihm die Veränderung der Risikolage des verbleibenden Versicherungsbestandes ausgeglichen wird. Zudem wird damit ein Ausgleich für kollektiv gestelltes Risikokapital vorgenommen. Wenn Sie uns nachweisen, dass der aufgrund Ihrer Kündigung von uns vorgenommene Abzug wesentlich niedriger liegen muss, wird er entsprechend herabgesetzt. Wenn Sie uns nachweisen, dass der Abzug überhaupt nicht gerechtfertigt ist, entfällt er.

Herabsetzung des Rückkaufswertes im Ausnahmefall

(5) Wir sind nach § 169 Absatz 6 VVG berechtigt, den nach Absatz 3 ermittelten Wert angemessen herabzusetzen, soweit dies erforderlich ist, um eine Gefährdung der Belange der Versicherungsnehmer, insbesondere durch eine Gefährdung der dauernden Erfüllbarkeit der sich aus den Versicherungsverträgen ergebenden Verpflichtungen, auszuschließen. Die Herabsetzung ist jeweils auf ein Jahr befristet.

Überschussbeteiligung

(6) Für die Ermittlung des Auszahlungsbetrages setzt sich die Überschussbeteiligung zusammen aus:
- den Ihrem Vertrag bereits zugeteilten Überschussanteilen, soweit sie nicht in dem nach den Absätzen 3 bis 5 berechneten Betrag enthalten sind,
- dem Schlussüberschussanteil nach § 2 Absatz 3b und
- den Ihrem Vertrag gemäß § 2 Absatz 6 zuzuteilenden Bewertungsreserven, soweit bei Kündigung vorhanden.

(7) Wenn Sie Ihren Vertrag kündigen, kann das für Sie Nachteile haben. Der Rückkaufswert erreicht erst nach einem bestimmten Zeitraum die Summe der gezahlten Beiträge und der uns zugeflossenen staatlichen Zulagen, da aus diesen auch Abschluss- und Vertriebskosten sowie Kosten für die Verwaltung des gebildeten Kapitals finanziert werden und der oben erwähnte Abzug

Allgemeine Bedingungen für eine Rentenversicherung mit Auszahlung des Deckungskapitals bei Tod als Altersvorsorgevertrag im Sinne des Altersvorsorgeverträge-Zertifizierungsgesetzes (AltZertG) („Zulagen-Rente")

erfolgt. Nähere Informationen zum Rückkaufswert vor und nach dem Abzug und darüber, in welchem Ausmaß er garantiert ist, können Sie dem Anhang zum Versicherungsschein und unseren jährlichen Informationsschreiben entnehmen.

Darüber hinaus führt die Kündigung steuerlich zu einer schädlichen Verwendung Ihres Altersvorsorgevermögens. Ihnen gewährte staatliche Förderungen sind zurückzuzahlen.

Keine Beitragsrückzahlung

(8) Die Rückzahlung der Beiträge können Sie nicht verlangen.

§ 11 Wann können Sie Ihren Vertrag zur Übertragung des gebildeten Kapitals auf einen anderen Vertrag kündigen?

Kündigung

(1) Sie können Ihren Vertrag mit einer Frist von drei Monaten zum Ende des Kalendervierteljahres in Textform (z. B. Papierform, E-Mail) kündigen, um das gebildete Kapital (Absatz 2) auf einen anderen Altersvorsorgevertrag, der eine Sparkomponente im Sinne des § 1 Absatz 1 Satz 1 Nummer 3 des Altersvorsorgeverträge-Zertifizierungsgesetzes (AltZertG) enthält, übertragen zu lassen. Die Frist zur Kündigung zum Beginn der Auszahlungsphase verkürzt sich auf 14 Tage, wenn wir Sie nicht spätestens 6 Monate vor Beginn der Rentenzahlung über die Form und Höhe der vorgesehenen Auszahlungen sowie die in der Auszahlungsphase anfallenden Kosten informiert haben. Der andere Altersvorsorgevertrag im Sinne des Satzes 1 kann auch ein Altersvorsorgevertrag nach § 1 Absatz 1a Satz 1 Nummer 2 und 3 AltZertG sein. Dieser Vertrag muss zertifiziert sein und auf Ihren Namen lauten. Er kann bei uns oder einem anderen Anbieter bestehen. Nach Beginn der Auszahlungsphase ist eine Übertragung des gebildeten Kapitals nicht mehr möglich. Ein Anspruch auf eine Kapitalübertragung auf einen Altersvorsorgevertrag, der ausschließlich eine Darlehenskomponente enthält, besteht nicht.

(2) Das gebildete Kapital entspricht dem nach den anerkannten Regeln der Versicherungsmathematik mit den Rechnungsgrundlagen der Beitragskalkulation berechneten Deckungskapital Ihres Vertrages. Es erhöht sich um bereits zugeteilte Überschussanteile, den übertragungsfähigen Wert aus Schlussüberschussanteilen sowie den nach § 153 Absatz 1 und 3 des Versicherungsvertragsgesetzes (VVG) zuzuteilenden Bewertungsreserven. Berechnungsstichtag ist das Ende des Kalendervierteljahres, zu dem Sie Ihren Vertrag wirksam gekündigt haben.

Sofern Sie gemäß § 14 Kapital für eine selbst genutzte Wohnung verwendet haben oder wir im Rahmen eines Versorgungsausgleichs bei Ehescheidung oder bei Aufhebung einer eingetragenen Lebenspartnerschaft Kapital entnehmen mussten, wird dies bei der Berechnung des Übertragungswertes berücksichtigt.

Beitragsrückstände werden von dem Übertragungswert abgezogen.

(3) Wenn Sie Ihren Vertrag zur Übertragung des gebildeten Kapitals kündigen, kann das für Sie Nachteile haben. Das gebildete Kapital erreicht erst nach einem bestimmten Zeitraum die Summe der gezahlten Beiträge und uns zugeflossenen staatlichen Zulagen, da aus diesen auch Abschluss- und Vertriebskosten sowie Kosten für die Verwaltung des gebildeten Kapitals finanziert werden.

(4) Im Falle der Übertragung des gebildeten Kapitals entstehen Ihnen Kosten in Höhe von 100 €, die vom gebildeten Kapital abgezogen werden.

(5) Wir übertragen das Kapital direkt auf den neuen Altersvorsorgevertrag. Hierzu müssen Sie uns bei Kündigung mitteilen, auf welchen Vertrag das Kapital übertragen werden soll. Wenn es sich dabei um einen Vertrag bei einem anderen Anbieter handelt, müssen Sie uns die Zertifizierung dieses Vertrages nachweisen. Sie können nicht verlangen, dass wir das Kapital an Sie zahlen.

§ 12 Wann können Sie Ihren Vertrag beitragsfrei stellen und welche Auswirkungen hat dies auf unsere Leistungen?

(1) Sie können vor Rentenzahlungsbeginn jederzeit in Textform (z. B. Papierform, E-Mail) verlangen, zum Schluss der laufenden Versicherungsperiode (siehe § 7 Absatz 2 Satz 3) von der Beitragszahlungspflicht befreit zu werden (Ruhen des Vertrages). In diesem Fall setzen wir die vereinbarte Rente auf eine beitragsfreie Rente herab. Diese wird nach folgenden Gesichtspunkten berechnet:

- nach anerkannten Regeln der Versicherungsmathematik,
- für den Schluss der laufenden Versicherungsperiode und
- unter Zugrundelegung des Rückkaufswertes nach § 10 Absatz 3.

(2) Der aus Ihrem Vertrag für die Bildung der beitragsfreien Rente zur Verfügung stehende Betrag mindert sich um rückständige Beiträge.

(3) Wenn Sie Ihren Vertrag beitragsfrei stellen, kann das für Sie Nachteile haben. Der für die Bildung einer beitragsfreien Rente zur Verfügung stehende Betrag erreicht erst nach einem bestimmten Zeitraum die Summe der gezahlten Beiträge und der uns zugeflossenen Zulagen, da aus diesen auch die Abschluss- und Vertriebskosten sowie die Kosten für die Verwaltung des gebildeten Kapitals finanziert werden. Nähere Informationen zur beitragsfreien Rente und ihrer Höhe können Sie dem Anhang zum Versicherungsschein und unseren jährlichen Informationsschreiben entnehmen.

(4) Ihren Vertrag können Sie jederzeit durch Fortsetzung der Beitragszahlung wieder in Kraft setzen.

(5) Die Beitragserhaltungsgarantie gemäß § 1 Absatz 10 gilt auch bei einer Beitragsfreistellung und bezieht sich auf die gezahlten Beiträge und die zugeflossenen staatlichen Zulagen.

§ 13 Welche Kosten sind in Ihrem Vertrag vereinbart?

(1) Mit Ihrem Vertrag sind Kosten verbunden. Diese sind in Ihren Beitrag einkalkuliert. Es handelt sich um Abschluss- und Vertriebskosten (Absatz 2), Verwaltungskosten (Absatz 3) und anlassbezogene Kosten (Absatz 5). Die Abschluss- und Vertriebskosten sowie die Verwaltungskosten haben wir in den Beitrag einkalkuliert und müssen von Ihnen daher nicht gesondert gezahlt werden. Die anlassbezogenen Kosten sind von Ihnen zusätzlich zum Beitrag zu entrichten.

(2) Zu den Abschluss- und Vertriebskosten gehören insbesondere Abschlussprovisionen für den Versicherungsvermittler. Außerdem umfassen die Abschluss- und Vertriebskosten die Kosten für die Antragsprüfung und Ausfertigung der Vertragsunterlagen, Sachaufwendungen, die im Zusammenhang mit der Antragsbearbeitung stehen, sowie Werbeaufwendungen.

Wir belasten Ihren Vertrag mit Abschluss- und Vertriebskosten in Form
- eines festen jährlichen oder monatlichen Eurobetrages,
- eines festen jährlichen Prozentsatzes des Deckungskapitals zuzüglich bereits zugeteilter Überschussanteile,
- eines festen Prozentsatzes jedes Beitrags sowie jeder Zuzahlung,
- eines festen Prozentsatzes der vereinbarten Beitragssumme sowie jeder Zuzahlung.

Wir verteilen die Abschluss- und Vertriebskosten in gleichmäßigen Jahresbeträgen über einen Zeitraum von mindestens 5 Jahren, aber nicht länger als bis zum Rentenzahlungsbeginn. Von Zulagen und Zuzahlungen ziehen wir die Abschluss- und Vertriebskosten jeweils einmalig zum Zeitpunkt des Zuflusses ab.

Wenn Sie Kapital aus einem anderen Altersvorsorgevertrag in diesen Altersvorsorgevertrag übertragen (siehe § 11), werden bei der Berechnung der Abschluss- und Vertriebskosten 50 Prozent des übertragenen, im Zeitpunkt der Übertragung des nach § 10a oder Abschnitt XI des Einkommensteuergesetzes steuerlich geförderten Kapitals berücksichtigt.

(3) Die Verwaltungskosten sind die Kosten für die laufende Verwaltung Ihres Vertrages.

(a) Wir belasten Ihren Vertrag vor Beginn der Rentenzahlung mit Verwaltungskosten in Form
- eines festen jährlichen oder monatlichen Eurobetrages,
- eines festen jährlichen Prozentsatzes des Deckungskapitals zuzüglich bereits zugeteilter Überschussanteile,
- eines festen Prozentsatzes jedes gezahlten Beitrages sowie jeder Zahlung,
- eines festen Prozentsatzes der vereinbarten Beitragssumme sowie jeder Zuzahlung.

(b) Wir belasten Ihren Vertrag ab Beginn der Rentenzahlung mit Verwaltungskosten in Form
- eines festen jährlichen oder monatlichen Eurobetrages,
- eines festen jährlichen Prozentsatzes des Deckungskapitals zuzüglich bereits zugeteilter Überschussanteile,
- eines festen Prozentsatzes der gezahlten Leistung.

Höhe der Kosten

(4) Die Höhe der einkalkulierten Abschluss- und Vertriebskosten sowie der Verwaltungskosten können Sie dem Produktinformationsblatt entnehmen.

Anlassbezogene Kosten

(5) Zusätzlich sind von Ihnen bei folgenden Anlässen Kosten zu entrichten:
- der Abzug in Höhe von 100 € bei Kündigung Ihres Vertrages und Auszahlung des Rückkaufswertes (siehe § 10 Absatz 4),
- bei Kündigung Ihres Vertrages und Übertragung des gebildeten Kapitals auf einen anderen Vertrag (siehe § 11 Absatz 4),
- bei Auszahlung eines Altersvorsorge-Eigenheimbetrages nach § 92a EStG,
- bei Ehescheidung oder Aufhebung einer eingetragenen Lebensgemeinschaft im Zusammenhang mit dem Versorgungsausgleich die vom Gericht aufgrund der Teilungsordnung festgelegten Eurobeträge.

Sonstige Kosten

(6) Über die Absätze 1-5 hinaus belasten wir Sie nur dann mit Kosten, wenn dies nach gesetzlichen Vorschriften ausdrücklich zulässig ist.

§ 14 Wie können Sie gebildetes Kapital für eine selbstgenutzte Wohnung verwenden?

(1) Sie können bis zum Rentenzahlungsbeginn mit einer Frist von 3 Monaten zum Ende eines Kalendervierteljahres verlangen, dass das gebildete Kapital (siehe § 11 Absatz 2) teilweise für eine Verwendung als Altersvorsorge-Eigenheimbetrag im Sinne des Einkommensteuergesetzes (EStG) ausgezahlt wird. Bei einer teilweisen Entnahme muss das verbleibende, durch Zulagen oder zusätzlichen Sonderausgabenabzug geförderte Restkapital mindestens den in § 92a EStG genannten Betrag betragen. Zudem gelten für die Auszahlung aus diesem Vertrag die in § 92a EStG genannten Mindestbeträge. Dies führt zu einer Verringerung bzw. zum Wegfall des gebildeten Kapitals und der vereinbarten Leistungen. Im Falle einer Rückzahlung werden das gebildete Kapital und die vereinbarten Leistungen sowie die Höhe der Garantie nach § 1 Absatz 11 neu berechnet. Die Berechnung der vereinbarten Leistungen erfolgt jeweils nach anerkannten Regeln der Versicherungsmathematik.

(2) Einzelheiten und Erläuterungen zum Altersvorsorge-Eigenheimbetrag finden Sie in den Steuerhinweisen im Anhang zum Versicherungsschein.

§ 15 Was gilt bei Änderung Ihrer Postanschrift und Ihres Namens?

(1) Eine Änderung Ihrer Postanschrift müssen Sie uns unverzüglich (d. h. ohne schuldhaftes Zögern) mitteilen. Anderenfalls können für Sie Nachteile entstehen. Wir sind berechtigt, eine an Sie zu richtende Erklärung (z. B. Setzen einer Zahlungsfrist) mit eingeschriebenem Brief an Ihre uns zuletzt bekannte Anschrift zu senden. In diesem Fall gilt unsere Erklärung 3 Tage nach Absendung des eingeschriebenen Briefes als zugegangen.

(2) Bei Änderung Ihres Namens gilt Absatz 1 entsprechend.

§ 16 Welche weiteren Auskunftspflichten haben Sie?

(1) Sofern wir aufgrund gesetzlicher Regelungen zur Erhebung, Speicherung, Verarbeitung und Meldung von Informationen und Daten zu Ihrem Vertrag verpflichtet sind, müssen Sie uns hierfür notwendige Informationen, Daten und Unterlagen
- bei Vertragsabschluss,
- bei Änderung nach Vertragsabschluss oder
- auf Nachfrage

unverzüglich (d. h. ohne schuldhaftes Zögern) zur Verfügung stellen. Sie sind auch zur Mitwirkung verpflichtet, soweit der Status dritter Personen, die Rechte an Ihrem Vertrag haben, für Datenerhebungen und Meldungen maßgeblich ist.

(2) Notwendige Informationen im Sinne von Absatz 1 sind beispielsweise Umstände, die für die Beurteilung
- Ihrer persönlichen steuerlichen Ansässigkeit,
- der steuerlichen Ansässigkeit dritter Personen, die Rechte an Ihrem Vertrag haben, und
- der steuerlichen Ansässigkeit des Leistungsempfängers

maßgebend sein können.

Dazu zählen insbesondere die deutsche oder die ausländische Steueridentifikationsnummer, das Geburtsdatum, der Geburtsort und der Wohnsitz. Welche Umstände dies nach derzeitiger Gesetzeslage im Einzelnen sind, können Sie der Verbraucherinformationen über die geltenden Steuerinformationen entnehmen.

(3) Falls Sie uns die notwendigen Informationen, Daten und Unterlagen nicht oder nicht rechtzeitig zur Verfügung stellen, gilt Folgendes:

Bei einer entsprechenden gesetzlichen Verpflichtung melden wir Ihre Vertragsdaten an die zuständigen in- oder ausländischen Steuerbehörden. Dies gilt auch dann, wenn ggf. keine steuerliche Ansässigkeit im Ausland besteht.

(4) Eine Verletzung Ihrer Auskunftspflichten gemäß den Absätzen 1 und 2 kann dazu führen, dass wir unsere Leistung nicht zahlen. Dies gilt solange, bis Sie uns die für die Erfüllung unserer gesetzlichen Pflichten notwendigen Informationen zur Verfügung gestellt haben.

§17 Welche Informationen erhalten Sie während der Vertragslaufzeit?

(1) Wir informieren Sie jährlich über
- die Verwendung der gezahlten Beiträge und der uns zugeflossenen staatlichen Zulagen,
- die Höhe des bisher gebildeten Kapitals (siehe § 11 Absatz 2),
- die im abgelaufenen Beitragsjahr angefallenen tatsächlichen Kosten sowie
- die erwirtschafteten Erträge.

Bis zum Beginn der Auszahlungsphase informieren wir Sie außerdem jährlich über das nach Abzug der Kosten zu Beginn der Rentenzahlung voraussichtlich zur Verfügung stehende Gesamtkapital.

Mit der jährlichen Information werden wir Sie auch darüber unterrichten, ob und wie wir ethische, soziale und ökologische Belange bei der Verwendung der gezahlten Beiträge berücksichtigen.

(2) Wir informieren Sie spätestens 3 Monate vor dem vertraglich vereinbarten Beginn der Rentenzahlung über die Form und Höhe der vorgesehenen Auszahlungen sowie die während der Rentenzahlung anfallenden Kosten.

§18 Welches Recht findet auf Ihren Vertrag Anwendung?

Auf Ihren Vertrag findet das Recht der Bundesrepublik Deutschland Anwendung.

§19 Wo ist der Gerichtsstand?

(1) Für Klagen aus dem Vertrag gegen uns ist das Gericht zuständig, in dessen Bezirk unser Sitz oder die für den Vertrag zuständige Niederlassung liegt. Zuständig ist auch das Gericht, in dessen Bezirk Sie zur Zeit der Klageerhebung Ihren Wohnsitz haben. Wenn Sie keinen festen Wohnsitz haben, ist der Ort Ihres gewöhnlichen Aufenthalts maßgeblich.

Wenn Sie eine juristische Person sind, ist auch das Gericht zuständig, in dessen Bezirk Sie Ihren Sitz oder die für den Vertrag zuständige Niederlassung haben.

(2) Klagen aus dem Vertrag gegen Sie müssen wir bei dem Gericht erheben, das für Ihren Wohnsitz zuständig ist. Wenn Sie keinen Wohnsitz haben, ist der Ort Ihres gewöhnlichen Aufenthalts maßgeblich. Wenn Sie eine juristische Person sind, ist auch das Gericht zuständig, in dessen Bezirk Sie Ihren Sitz oder die für den Vertrag zuständige Niederlassung haben.

(3) Verlegen Sie Ihren Wohnsitz oder den Ort Ihres gewöhnlichen Aufenthalts in das Ausland, sind für Klagen aus dem Vertrag die Gerichte des Staates zuständig, in dem wir unseren Sitz haben.

(4) Verlegen Sie Ihren Wohnsitz in einen Staat außerhalb der Europäischen Union, Islands, Norwegens oder in die Schweiz, sind die Gerichte des Staates zuständig, in dem wir unseren Sitz haben.

Allgemeine Bedingungen für Nichtraucher- und Raucher-Risikolebensversicherungen

Leistung

§ 1 Welche Leistungen erbringen wir? 095
§ 2 Wie erfolgt die Überschussbeteiligung? 095
§ 3 Wann beginnt Ihr Versicherungsschutz? 096
§ 4 Was gilt bei Polizei- oder Wehrdienst, Unruhen, Krieg oder Einsatz bzw. Freisetzen von ABC-Waffen /-Stoffen? 096
§ 5 Was gilt bei Selbsttötung der versicherten Person? ... 096
§ 6 Was bedeutet die vorvertragliche Anzeigepflicht und welche Folgen hat ihre Verletzung? 097
§ 7 Was ist zu beachten, wenn eine Leistung verlangt wird? 098
§ 8 Welche Bedeutung hat der Versicherungsschein? 098
§ 9 Wer erhält die Leistung? 098
§ 10 Unter welchen Voraussetzungen können Sie die Risikolebensversicherung in eine kapitalbildende Versicherung umwandeln? 098

Beitrag

§ 11 Was müssen Sie bei der Beitragszahlung beachten? 098
§ 12 Was geschieht, wenn Sie einen Beitrag nicht rechtzeitig zahlen? 099

Kündigung und Beitragsfreistellung

§ 13 Wann können Sie Ihren Vertrag kündigen? 099
§ 14 Wie werden die Kosten Ihres Vertrages verrechnet? 099

Sonstige Vertragsbestimmungen

§ 15 Was gilt bei Änderung Ihrer Postanschrift und Ihres Namens? 100
§ 16 Welche weiteren Auskunftspflichten haben Sie? 100
§ 17 Welche Kosten stellen wir Ihnen gesondert in Rechnung? 100
§ 18 Welches Recht findet auf Ihren Vertrag Anwendung? ... 100
§ 19 Wo ist der Gerichtsstand? 100

§ 1 Welche Leistungen erbringen wir?

(1) Wenn die versicherte Person während der Versicherungsdauer stirbt, zahlen wir die vereinbarte Versicherungssumme.

(2) In diesem Tarif wird zwischen Nichtrauchern und Rauchern unterschieden. Nichtraucher ist, wer in den letzten 12 Monaten vor Vertragsabschluss weder Zigaretten noch Zigarren, Pfeife oder sonstigen Tabak unter Feuer konsumiert hat und auch künftig nicht beabsichtigt zu rauchen.

(3) Wird die versicherte Person nach Abschluss Raucher, sind Sie – neben der versicherten Person – dazu verpflichtet, uns unverzüglich darüber zu informieren, damit eine Einstufung nach dem Rauchertarif mit dem erforderlichen Beitrag erfolgen kann.

(4) Von dem Zeitpunkt der Änderung des Nichtraucherstatus an wird noch für 2 Monate Versicherungsschutz nach der bisherigen Versicherungssumme geboten. Tritt nach Ablauf dieser Frist der Leistungsfall ein, ohne dass eine Änderungsanzeige erfolgt, vermindert sich die Versicherungssumme im Verhältnis des erforderlichen zum bisherigen Beitrag.

(5) Es kann sich eine Leistung aus der Überschussbeteiligung ergeben (siehe § 2).

§ 2 Wie erfolgt die Überschussbeteiligung?

(1) Wir beteiligen Sie an dem Überschuss und an den Bewertungsreserven (Überschussbeteiligung). Die Leistung aus der Überschussbeteiligung kann auch Null Euro betragen. In den nachfolgenden Absätzen erläutern wir Ihnen,
- wie wir den in einem Geschäftsjahr entstandenen Überschuss unseres Unternehmens ermitteln und wie wir diesen verwenden (Absatz 2),
- wie Ihr Vertrag an dem Überschuss beteiligt wird (Absätze 3 und 4),
- wie Bewertungsreserven entstehen und wie wir diese Ihrem Vertrag zuordnen (Absätze 5 und 6),
- warum wir die Höhe der Überschussbeteiligung Ihres Vertrages nicht garantieren können (Absatz 7) und
- wie wir Sie über die Überschussbeteiligung informieren (Absätze 8 und 9).

Wie ermitteln wir den in einem Geschäftsjahr entstandenen Überschuss unseres Unternehmens und wie verwenden wir diesen?

(2) Den in einem Geschäftsjahr entstandenen Überschuss unseres Unternehmens (Rohüberschuss) ermitteln wir nach handels- und aufsichtsrechtlichen Vorschriften. Mit der Feststellung des Jahresabschlusses legen wir fest, welcher Teil des Rohüberschusses für die Überschussbeteiligung aller überschussberechtigten Verträge zur Verfügung steht. Dabei beachten wir die aufsichtsrechtlichen Vorgaben, derzeit insbesondere die Verordnung über die Mindestbeitragsrückerstattung in der Lebensversicherung (Mindestzuführungsverordnung).

Den danach zur Verfügung stehenden Teil des Rohüberschusses führen wir der Rückstellung für Beitragsrückerstattung zu, soweit wir ihn nicht als Direktgutschrift unmittelbar den überschussberechtigten Versicherungsverträgen gutgeschrieben haben. Sinn der Rückstellung für Beitragsrückerstattung ist es, Schwankungen des Überschusses über die Jahre auszugleichen. Die Rückstellung für Beitragsrückerstattung dürfen wir grundsätzlich nur für die Überschussbeteiligung der Versicherungsnehmer verwenden. Nur in gesetzlich festgelegten Ausnahmefällen können wir hiervon mit Zustimmung der Aufsichtsbehörde abweichen.

Ansprüche auf eine bestimmte Höhe der Beteiligung Ihres Vertrages am Überschuss ergeben sich aus der Zuführung zur Rückstellung für Beitragsrückerstattung nicht.

Wir haben gleichartige Versicherungen (z. B. Rentenversicherungen, Risikolebensversicherungen, Berufsunfähigkeitsversicherungen) zu Bestandsgruppen zusammengefasst. Bestandsgruppen bilden wir, um die Unterschiede bei den versicherten Risiken zu berücksichtigen.

Wie wird Ihr Vertrag an dem Überschuss beteiligt?

(3) Bei der Verteilung des Überschusses auf die einzelnen Verträge wenden wir ein verursachungsorientiertes Verfahren an. Hierzu bilden wir innerhalb der Bestandsgruppen Gewinnverbände.

Ihr Vertrag ist dem in Ihrem Versicherungsschein genannten Gewinnverband zugeordnet. Wir verteilen den Überschuss in dem

Maß, wie die Bestandsgruppen und Gewinnverbände zu seiner Entstehung beigetragen haben. Hat eine Bestandsgruppe oder ein Gewinnverband nicht zur Entstehung des Überschusses beigetragen, besteht insoweit kein Anspruch auf Überschussbeteiligung.

(4) Der Vorstand legt jedes Jahr auf Vorschlag des Verantwortlichen Aktuars fest, wie der Überschuss auf die Gewinnverbände verteilt wird, und setzt die entsprechenden Überschussanteilsätze fest (Überschussdeklaration). Dabei achtet er darauf, dass die Verteilung verursachungsorientiert erfolgt.

Ihr Vertrag erhält auf der Grundlage der Überschussdeklaration Anteile an dem auf Ihren Gewinnverband entfallenden Teil des Überschusses. Die Mittel hierfür werden bei der Direktgutschrift zulasten des Ergebnisses des Geschäftsjahres finanziert, ansonsten der Rückstellung für Beitragsrückerstattung entnommen.

Wie entstehen Bewertungsreserven und wie ordnen wir diese Ihrem Vertrag zu?

(5) Bewertungsreserven entstehen, wenn der Marktwert der Kapitalanlagen über ihrem jeweiligen handelsrechtlichen Buchwert liegt.

Da in der Risikolebensversicherung keine oder allenfalls geringfügige Beträge zur Verfügung stehen, um Kapital zu bilden, entstehen auch keine oder nur geringfügige Bewertungsreserven. Dennoch entstehende Bewertungsreserven, die nach den maßgebenden rechtlichen Vorschriften für die Beteiligung der Verträge zu berücksichtigen sind, ordnen wir den Verträgen anteilig rechnerisch zu. Dabei wenden wir ein verursachungsorientiertes Verfahren an.

Genaue Informationen zu diesem Verfahren finden Sie unter dem Stichwort „Informationen zur Überschussbeteiligung", die Ihnen jeweils als Anlage zum Versicherungsvorschlag und zum Versicherungsschein zur Verfügung gestellt werden.

Die Höhe der Bewertungsreserven ermitteln wir jährlich neu, zusätzlich auch für den Zeitpunkt der Beendigung eines Vertrages.

(6) Bei Beendigung Ihres Vertrages (durch Tod oder Kündigung) gilt Folgendes: Wir teilen Ihrem Vertrag dann den für diesen Zeitpunkt zugeordneten Anteil an den Bewertungsreserven gemäß der jeweils geltenden gesetzlichen Regelung zu.

Genaue Informationen zu diesem Verfahren finden Sie unter dem Stichwort „Informationen zur Überschussbeteiligung", die Ihnen jeweils als Anlage zum Versicherungsvorschlag und zum Versicherungsschein zur Verfügung gestellt werden.

Aufsichtsrechtliche Regelungen können dazu führen, dass die Beteiligung an den Bewertungsreserven ganz oder teilweise entfällt.

Warum können wir die Höhe der Überschussbeteiligung nicht garantieren?

(7) Die Höhe der Überschussbeteiligung hängt von vielen Einflüssen ab, die nicht vorhersehbar und von uns nur begrenzt beeinflussbar sind. Einflussfaktoren sind insbesondere die Entwicklung des Todesfallrisikos, des Kapitalmarkts und der Kosten.

Die Höhe der künftigen Überschussbeteiligung kann also nicht garantiert werden. Sie kann auch Null Euro betragen.

Wie informieren wir über die Überschussbeteiligung?

(8) Die festgelegten Überschussanteilsätze veröffentlichen wir jährlich in unserem Geschäftsbericht. Diesen können Sie bei uns anfordern.

(9) Über den Stand Ihrer Ansprüche unterrichten wir Sie jährlich. Dabei berücksichtigen wir die Überschussbeteiligung Ihres Vertrages.

§ 3 Wann beginnt Ihr Versicherungsschutz?

Ihr Versicherungsschutz beginnt, wenn Sie den Vertrag mit uns abgeschlossen haben. Jedoch besteht vor dem im Versicherungsschein angegebenen Versicherungsbeginn kein Versicherungsschutz. Allerdings kann unsere Leistungspflicht entfallen, wenn Sie den Beitrag nicht rechtzeitig zahlen (siehe § 11 Absatz 2 und 3 und § 12).

§ 4 Was gilt bei Polizei- oder Wehrdienst, Unruhen, Krieg oder Einsatz bzw. Freisetzen von ABC-Waffen / -Stoffen?

(1) Grundsätzlich leisten wir unabhängig davon, auf welcher Ursache der Versicherungsfall beruht. Wir leisten auch dann, wenn die versicherte Person in Ausübung des Polizei- oder Wehrdienstes oder bei inneren Unruhen gestorben ist.

(2) Stirbt die versicherte Person in unmittelbarem oder mittelbarem Zusammenhang mit kriegerischen Ereignissen, besteht kein Versicherungsschutz. Nach Ablauf des ersten Versicherungsjahres leisten wir, wenn die versicherte Person in unmittelbarem oder mittelbarem Zusammenhang mit kriegerischen Ereignissen stirbt, denen sie während eines Aufenthaltes außerhalb der Bundesrepublik Deutschland ausgesetzt und an denen sie nicht aktiv beteiligt war.

(3) In folgenden Fällen besteht kein Versicherungsschutz: Die versicherte Person stirbt in unmittelbarem oder mittelbarem Zusammenhang mit
- dem vorsätzlichen Einsatz von atomaren, biologischen oder chemischen Waffen oder
- dem vorsätzlichen Einsatz oder der vorsätzlichen Freisetzung von radioaktiven, biologischen oder chemischen Stoffen.

Der Einsatz bzw. das Freisetzen muss dabei darauf gerichtet gewesen sein, das Leben einer Vielzahl von Personen zu gefährden. Versicherungsschutz besteht jedoch, wenn die versicherte Person in unmittelbarem oder mittelbarem Zusammenhang mit kriegerischen Ereignissen stirbt, denen sie während eines Aufenthaltes außerhalb der Bundesrepublik Deutschland ausgesetzt und an denen sie nicht aktiv beteiligt war.

§ 5 Was gilt bei Selbsttötung der versicherten Person?

(1) Bei vorsätzlicher Selbsttötung leisten wir, wenn seit Abschluss des Vertrages 3 Jahre vergangen sind.

(2) Bei vorsätzlicher Selbsttötung vor Ablauf der Dreijahresfrist besteht kein Versicherungsschutz.

Wenn uns nachgewiesen wird, dass sich die versicherte Person in einem die freie Willensbestimmung ausschließenden Zustand krankhafter Störung der Geistestätigkeit selbst getötet hat, besteht Versicherungsschutz.

(3) Wenn unsere Leistungspflicht durch eine Änderung des Vertrages erweitert wird oder der Vertrag wiederhergestellt wird, beginnt die Dreijahresfrist bezüglich des geänderten oder wiederhergestellten Teils neu.

Allgemeine Bedingungen für Nichtraucher- und Raucher-Risikolebensversicherungen

§ 6 Was bedeutet die vorvertragliche Anzeigepflicht und welche Folgen hat ihre Verletzung?

Vorvertragliche Anzeigepflicht

(1) Sie sind bis zur Abgabe Ihrer Vertragserklärung verpflichtet, alle Ihnen bekannten gefahrerheblichen Umstände, nach denen wir in Textform gefragt haben, wahrheitsgemäß und vollständig anzuzeigen. Gefahrerheblich sind die Umstände, die für unsere Entscheidung, den Vertrag überhaupt oder mit dem vereinbarten Inhalt zu schließen, erheblich sind.

Diese Anzeigepflicht gilt auch für Fragen nach gefahrerheblichen Umständen, die wir Ihnen nach Ihrer Vertragserklärung, aber vor Vertragsannahme, in Textform stellen.

(2) Soll das Leben einer anderen Person versichert werden, ist auch diese - neben Ihnen - zu wahrheitsgemäßer und vollständiger Beantwortung der Fragen verpflichtet.

(3) Wenn eine andere Person die Fragen nach gefahrerheblichen Umständen für Sie beantwortet und wenn diese Person den gefahrerheblichen Umstand kennt oder arglistig handelt, werden Sie behandelt, als hätten Sie selbst davon Kenntnis gehabt oder arglistig gehandelt.

Rechtsfolgen der Anzeigepflichtverletzung

(4) Nachfolgend informieren wir Sie, unter welchen Voraussetzungen wir bei einer Verletzung der Anzeigepflicht
- vom Vertrag zurücktreten,
- den Vertrag kündigen,
- den Vertrag ändern oder
- den Vertrag wegen arglistiger Täuschung anfechten

können.

Rücktritt

(5) Wenn die vorvertragliche Anzeigepflicht verletzt wird, können wir vom Vertrag zurücktreten. Das Rücktrittsrecht besteht nicht, wenn weder eine vorsätzliche noch eine grob fahrlässige Anzeigepflichtverletzung vorliegt. Selbst wenn die Anzeigepflicht grob fahrlässig verletzt wird, haben wir trotzdem kein Rücktrittsrecht, falls wir den Vertrag - möglicherweise zu anderen Bedingungen (z. B. höherer Beitrag oder eingeschränkter Versicherungsschutz) - auch bei Kenntnis der nicht angezeigten gefahrerheblichen Umstände geschlossen hätten.

(6) Im Fall des Rücktritts haben Sie keinen Versicherungsschutz. Wenn wir nach Eintritt des Versicherungsfalles zurücktreten, bleibt unsere Leistungspflicht unter folgender Voraussetzung trotzdem bestehen: Die Verletzung der Anzeigepflicht bezieht sich auf einen gefahrerheblichen Umstand, der
- weder für den Eintritt oder die Feststellung des Versicherungsfalles
- noch für die Feststellung oder den Umfang unserer Leistungspflicht ursächlich war.

Unsere Leistungspflicht entfällt jedoch auch im vorstehend genannten Fall, wenn die Anzeigepflicht arglistig verletzt worden ist.

(7) Wenn der Vertrag durch Rücktritt aufgehoben wird, erlischt die Versicherung. Die Rückzahlung der Beiträge können Sie nicht verlangen.

Kündigung

(8) Wenn unser Rücktrittsrecht ausgeschlossen ist, weil die Verletzung der Anzeigepflicht weder vorsätzlich noch grob fahrlässig erfolgt ist, können wir den Vertrag unter Einhaltung einer Frist von einem Monat kündigen.

(9) Unser Kündigungsrecht ist ausgeschlossen, wenn wir den Vertrag - möglicherweise zu anderen Bedingungen (z. B. höherer Beitrag oder eingeschränkter Versicherungsschutz) - auch bei Kenntnis der nicht angezeigten gefahrerheblichen Umstände geschlossen hätten.

Vertragsänderung

(10) Können wir nicht zurücktreten oder kündigen, weil wir den Vertrag - möglicherweise zu anderen Bedingungen (z. B. höherer Beitrag oder eingeschränkter Versicherungsschutz) - auch bei Kenntnis der nicht angezeigten gefahrerheblichen Umstände geschlossen hätten (siehe Absatz 5 Satz 3 und Absatz 9), werden die anderen Bedingungen auf unser Verlangen rückwirkend Vertragsbestandteil. Haben Sie die Anzeigepflichtverletzung nicht zu vertreten, werden die anderen Bedingungen erst ab der laufenden Versicherungsperiode (siehe § 11 Absatz 2 Satz 3) Vertragsbestandteil.

(11) Sie können den Vertrag innerhalb eines Monats, nachdem Sie unsere Mitteilung über die Vertragsänderung erhalten haben, fristlos kündigen, wenn
- wir im Rahmen einer Vertragsänderung den Beitrag um mehr als 10 % erhöhen oder
- wir die Gefahrabsicherung für einen nicht angezeigten Umstand ausschließen.

Auf dieses Recht werden wir Sie in der Mitteilung über die Vertragsänderung hinweisen.

Voraussetzungen für die Ausübung unserer Rechte

(12) Unsere Rechte zum Rücktritt, zur Kündigung oder zur Vertragsänderung stehen uns nur zu, wenn wir Sie durch gesonderte Mitteilung in Textform auf die Folgen einer Anzeigepflichtverletzung hingewiesen haben.

(13) Wir haben kein Recht zum Rücktritt, zur Kündigung oder zur Vertragsänderung, wenn wir den nicht angezeigten Umstand oder die Unrichtigkeit der Anzeige kannten.

(14) Wir können unsere Rechte zum Rücktritt, zur Kündigung oder zur Vertragsänderung nur innerhalb eines Monats geltend machen. Die Frist beginnt mit dem Zeitpunkt, zu dem wir von der Verletzung der Anzeigepflicht, die das von uns geltend gemachte Recht begründet, Kenntnis erlangen. Bei Ausübung unserer Rechte müssen wir die Umstände angeben, auf die wir unsere Erklärung stützen. Zur Begründung können wir nachträglich weitere Umstände angeben, wenn für diese die Frist nach Satz 1 nicht verstrichen ist.

(15) Nach Ablauf von 5 Jahren seit Vertragsschluss erlöschen unsere Rechte zum Rücktritt, zur Kündigung oder zur Vertragsänderung. Ist der Versicherungsfall vor Ablauf dieser Frist eingetreten, können wir die Rechte auch nach Ablauf der Frist geltend machen. Ist die Anzeigepflicht vorsätzlich oder arglistig verletzt worden, beträgt die Frist 10 Jahre.

Anfechtung

(16) Wir können den Vertrag auch anfechten, falls unsere Entscheidung zur Annahme des Vertrages durch unrichtige oder unvollständige Angaben bewusst und gewollt beeinflusst worden ist. Handelt es sich um Angaben der versicherten Person, können wir Ihnen gegenüber die Anfechtung erklären, auch wenn Sie von der Verletzung der vorvertraglichen Anzeigepflicht keine Kenntnis hatten. Absatz 7 gilt entsprechend.

Leistungserweiterung / Wiederherstellung der Versicherung

(17) Die Absätze 1 bis 17 gelten entsprechend, wenn der Versicherungsschutz nachträglich erweitert oder wiederhergestellt wird und deshalb eine erneute Risikoprüfung vorgenommen wird. Die Fristen nach Absatz 16 beginnen mit der Änderung oder Wiederherstellung des Vertrages bezüglich des geänderten oder wiederhergestellten Teils neu.

Erklärungsempfänger

(18) Unsere Rechte zum Rücktritt, zur Kündigung, zur Vertragsänderung sowie zur Anfechtung üben wir durch eine schriftliche Erklärung aus, die wir Ihnen gegenüber abgeben. Sofern Sie uns keine andere Person als Bevollmächtigten benannt haben, gilt nach Ihrem Tod ein Bezugsberechtigter als bevollmächtigt, diese Erklärung entgegenzunehmen. Ist kein Bezugsberechtigter vorhanden oder kann sein Aufenthalt nicht ermittelt werden, können wir den Inhaber des Versicherungsscheines als bevollmächtigt ansehen, die Erklärung entgegenzunehmen.

§7 Was ist zu beachten, wenn eine Leistung verlangt wird?

(1) Wird eine Leistung aus dem Vertrag beansprucht, können wir verlangen, dass uns der Versicherungsschein sowie die Auskunft nach §16 vorgelegt werden.

(2) Der Tod der versicherten Person muss uns unverzüglich (d. h. ohne schuldhaftes Zögern) mitgeteilt werden. Außerdem müssen uns vorgelegt werden:
- eine amtliche Sterbeurkunde mit Angabe von Alter und Geburtsort,
- eine ausführliche ärztliche oder amtliche Bescheinigung über die Todesursache. Aus der Bescheinigung müssen sich Beginn und Verlauf der Krankheit, die zum Tod der versicherten Person geführt hat, ergeben.

(3) Wir können weitere Nachweise und Auskünfte verlangen, wenn dies erforderlich ist, um unsere Leistungspflicht zu klären. Die Kosten hierfür muss diejenige Person tragen, die die Leistung beansprucht.

(4) Unsere Leistungen werden fällig, nachdem wir die Erhebungen abgeschlossen haben, die zur Feststellung des Versicherungsfalles und des Umfangs unserer Leistungspflicht notwendig sind. Wenn eine der in den Absätzen 1 bis 3 genannten Pflichten nicht erfüllt wird, kann dies zur Folge haben, dass wir nicht feststellen können, ob oder in welchem Umfang wir leistungspflichtig sind. Eine solche Pflichtverletzung kann somit dazu führen, dass unsere Leistung nicht fällig wird.

(5) Bei Überweisung von Leistungen in Länder außerhalb des Europäischen Wirtschaftsraumes trägt der Empfangsberechtigte die damit verbundene Gefahr.

§8 Welche Bedeutung hat der Versicherungsschein?

(1) Wir können Ihnen den Versicherungsschein in Textform (z. B. Papierform, E-Mail) übermitteln. Stellen wir diesen als Dokument in Papierform aus, dann liegt eine Urkunde vor. Sie können die Ausstellung als Urkunde verlangen.

(2) Den Inhaber der Urkunde können wir als berechtigt ansehen, über die Rechte aus dem Vertrag zu verfügen, insbesondere Leistungen in Empfang zu nehmen. Wir können aber verlangen, dass uns der Inhaber der Urkunde seine Berechtigung nachweist.

§9 Wer erhält die Leistung?

(1) Als unser Versicherungsnehmer können Sie bestimmen, wer die Leistung erhält. Wenn Sie keine Bestimmung treffen, leisten wir an Sie; sind Sie versicherte Person, leisten wir bei Ihrem Tod an Ihre Erben.

Bezugsberechtigung

(2) Sie können uns widerruflich oder unwiderruflich eine andere Person benennen, die die Leistung erhalten soll (Bezugsberechtigter).

Wenn Sie ein Bezugsrecht widerruflich bestimmen, erwirbt der Bezugsberechtigte das Recht auf die Leistung erst mit dem Eintritt des Versicherungsfalles. Deshalb können Sie Ihre Bestimmung bis zum Eintritt des Versicherungsfalles jederzeit widerrufen.

Sie können ausdrücklich bestimmen, dass der Bezugsberechtigte sofort und unwiderruflich das Recht auf die Leistung erhält. Sobald uns Ihre Erklärung zugegangen ist, kann dieses Bezugsrecht nur noch mit Zustimmung des unwiderruflich Bezugsberechtigten geändert werden.

Abtretung und Verpfändung

(3) Sie können das Recht auf die Leistung bis zum Eintritt des Versicherungsfalles grundsätzlich ganz oder teilweise an Dritte abtreten und verpfänden, soweit derartige Verfügungen rechtlich möglich sind.

Anzeige

(4) Die Einräumung und der Widerruf eines Bezugsrechtes (Absatz 2) sowie die Abtretung und die Verpfändung (Absatz 3) sind uns gegenüber nur und erst dann wirksam, wenn sie uns vom bisherigen Berechtigten in Schriftform angezeigt worden sind. Der bisherige Berechtigte sind im Regelfall Sie als unser Versicherungsnehmer. Es können aber auch andere Personen sein, sofern Sie bereits zuvor Verfügungen (z. B. unwiderrufliche Bezugsberechtigung, Abtretung, Verpfändung) getroffen haben.

§10 Unter welchen Voraussetzungen können Sie die Risikolebensversicherung in eine kapitalbildende Versicherung umwandeln?

Eine Risikolebensversicherung mit gleichbleibender Versicherungssumme können Sie jederzeit, spätestens jedoch zum Ende des 10. Versicherungsjahres, ohne erneute Gesundheitsprüfung in eine kapitalbildende Lebensversicherung mit gleicher oder geringerer Versicherungssumme umwandeln.

Bei Versicherungsdauern bis zu 10 Jahren müssen Sie die Umwandlung spätestens 3 Monate vor Ablauf der Risikolebensversicherung ausüben.

§11 Was müssen Sie bei der Beitragszahlung beachten?

(1) Die Beiträge zu Ihrem Vertrag können Sie je nach Vereinbarung in einem Beitrag (Einmalbeitrag) monatlich, viertel-, halbjährlich oder jährlich zahlen.

(2) Den ersten Beitrag oder den Einmalbeitrag müssen Sie unverzüglich (d. h. ohne schuldhaftes Zögern) nach Abschluss des Vertrages zahlen, jedoch nicht vor dem mit Ihnen vereinbarten, im Versicherungsschein angegebenen Versicherungsbeginn. Alle weiteren Beiträge (Folgebeiträge) werden jeweils zu Beginn der vereinbarten Versicherungsperiode fällig. Die Versicherungsperiode umfasst bei Einmalbeitrags- und Jahreszahlung ein Jahr, ansonsten entsprechend der Zahlungsweise einen Monat, ein Vierteljahr bzw. ein halbes Jahr.

(3) Sie haben den Beitrag rechtzeitig gezahlt, wenn Sie bis zum Fälligkeitstag (siehe Absatz 2) alles getan haben, damit der Beitrag bei uns eingeht. Wenn die Einziehung des Beitrags von einem Konto vereinbart wurde, gilt die Zahlung in folgendem Fall als rechtzeitig:
- Der Beitrag konnte am Fälligkeitstag eingezogen werden und
- Sie haben einer berechtigten Einziehung nicht widersprochen.

Konnten wir den fälligen Beitrag ohne Ihr Verschulden nicht einziehen, ist die Zahlung auch dann noch rechtzeitig, wenn sie unverzüglich nach unserer Zahlungsaufforderung erfolgt. Haben Sie zu vertreten, dass der Beitrag wiederholt nicht eingezogen werden kann, sind wir berechtigt, künftig die Zahlung außerhalb des Lastschriftverfahrens zu verlangen.

(4) Sie müssen die Beiträge auf Ihre Gefahr und Ihre Kosten zahlen.

(5) Bei Fälligkeit einer Leistung werden wir etwaige Beitragsrückstände verrechnen.

§12 Was geschieht, wenn Sie einen Beitrag nicht rechtzeitig zahlen?

Erster Beitrag oder Einmalbeitrag

(1) Wenn Sie den ersten Beitrag oder den Einmalbeitrag nicht rechtzeitig zahlen, können wir - solange die Zahlung nicht bewirkt ist - vom Vertrag zurücktreten. In diesem Fall können wir von Ihnen die Kosten für ärztliche Untersuchungen im Rahmen einer Gesundheitsprüfung verlangen. Wir sind nicht zum Rücktritt berechtigt, wenn uns nachgewiesen wird, dass Sie die nicht rechtzeitige Zahlung nicht zu vertreten haben.

(2) Ist der erste Beitrag oder der Einmalbeitrag bei Eintritt des Versicherungsfalles noch nicht gezahlt, sind wir nicht zur Leistung verpflichtet. Dies gilt nur, wenn wir Sie durch gesonderte Mitteilung in Textform (z. B. Papierform, E-Mail) oder durch einen auffälligen Hinweis im Versicherungsschein auf diese Rechtsfolge aufmerksam gemacht haben. Unsere Leistungspflicht bleibt jedoch bestehen, wenn Sie uns nachweisen, dass Sie das Ausbleiben der Zahlung nicht zu vertreten haben.

Folgebeitrag

(3) Zahlen Sie einen Folgebeitrag nicht rechtzeitig, können wir Ihnen auf Ihre Kosten in Textform eine Zahlungsfrist setzen. Die Zahlungsfrist muss mindestens 2 Wochen betragen.

(4) Für einen Versicherungsfall, der nach Ablauf der gesetzten Zahlungsfrist eintritt, entfällt oder vermindert sich der Versicherungsschutz, wenn Sie sich bei Eintritt des Versicherungsfalles noch mit der Zahlung in Verzug befinden. Voraussetzung ist, dass wir Sie bereits mit der Fristsetzung auf diese Rechtsfolge hingewiesen haben.

(5) Nach Ablauf der gesetzten Zahlungsfrist können wir den Vertrag ohne Einhaltung einer Kündigungsfrist kündigen, wenn Sie sich noch immer mit den Beiträgen, Zinsen oder Kosten in Verzug befinden. Voraussetzung ist, dass wir Sie bereits mit der Fristsetzung auf diese Rechtsfolge hingewiesen haben. Wir können die Kündigung bereits mit der Fristsetzung erklären. Sie wird dann automatisch mit Ablauf der Frist wirksam, wenn Sie zu diesem Zeitpunkt noch immer mit der Zahlung in Verzug sind. Auf diese Rechtsfolge müssen wir Sie ebenfalls hinweisen.

(6) Sie können den angeforderten Betrag auch dann noch nachzahlen, wenn unsere Kündigung wirksam geworden ist. Nachzahlen können Sie nur
- innerhalb eines Monats nach der Kündigung
- oder, wenn die Kündigung bereits mit der Fristsetzung verbunden worden ist, innerhalb eines Monats nach Fristablauf.

Zahlen Sie innerhalb dieses Zeitraumes, wird die Kündigung unwirksam und der Vertrag besteht fort. Für Versicherungsfälle, die zwischen dem Ablauf der Zahlungsfrist und der Zahlung eintreten, besteht kein oder nur ein verminderter Versicherungsschutz.

§13 Wann können Sie Ihren Vertrag kündigen?

Kündigung

(1) Sie können Ihre Versicherung jederzeit zum Schluss der laufenden Versicherungsperiode (siehe §11 Absatz 2 Satz 3) in Schriftform kündigen (d. h. durch ein eigenhändig unterschriebenes Schriftstück).

(2) Sie können Ihre Versicherung auch teilweise kündigen. Dies ist jedoch nur dann möglich, wenn die verbleibende beitragspflichtige Versicherungssumme nicht unter die Mindestversicherungssumme von 20.000 € sinkt.

Keine Beitragsrückzahlung

(3) Die Rückzahlung der Beiträge können Sie nicht verlangen.

§14 Wie werden die Kosten Ihres Vertrages verrechnet?

(1) Mit Ihrem Vertrag sind Kosten verbunden. Diese sind in Ihren Beitrag einkalkuliert. Es handelt sich um Abschluss- und Vertriebskosten sowie übrige Kosten.

Zu den Abschluss- und Vertriebskosten gehören insbesondere Abschlussprovisionen für den Versicherungsvermittler. Außerdem umfassen die Abschluss- und Vertriebskosten die Kosten für die Antragsprüfung und Ausfertigung der Vertragsunterlagen, Sachaufwendungen, die im Zusammenhang mit der Antragsbearbeitung stehen, sowie Werbeaufwendungen. Zu den übrigen Kosten gehören insbesondere die Verwaltungskosten.

Die Höhe der einkalkulierten Abschluss- und Vertriebskosten sowie der übrigen Kosten können Sie der Kundeninformation bzw. der Anlage zu Ihrem Versicherungsschein entnehmen.

(2) Wir wenden auf Ihren Vertrag das Verrechnungsverfahren nach § 4 der Deckungsrückstellungsverordnung an. Dies bedeutet, dass wir die ersten Beiträge zur Tilgung eines Teils der Abschluss- und Vertriebskosten heranziehen. Dies gilt jedoch nicht für den Teil der ersten Beiträge, der für Leistungen im Versicherungsfall, Kosten des Versicherungsbetriebs in der jeweiligen Versicherungsperiode und aufgrund von gesetzlichen Regelungen für die Bildung einer Deckungsrückstellung bestimmt ist. Der auf diese Weise zu tilgende Betrag ist nach der Deckungsrückstellungsverordnung auf 2,5 % der von Ihnen während der Laufzeit des Vertrages zu zahlenden Beiträge beschränkt.

(3) Die restlichen Abschluss- und Vertriebskosten werden über die gesamte Beitragszahlungsdauer verteilt, die übrigen Kosten über die gesamte Vertragslaufzeit.

(4) Die beschriebene Kostenverrechnung hat wirtschaftlich zur Folge, dass in der Anfangszeit Ihres Vertrages nur geringe Beträge für einen Rückkaufswert vorhanden sind. Nähere Informationen zu den Rückkaufswerten sowie ihren jeweiligen Höhen können Sie den Kundeninformationen und der Ihnen im Antragsverfahren ausgehändigten Garantiewerttabelle entnehmen.

§ 15 Was gilt bei Änderung Ihrer Postanschrift und Ihres Namens?

(1) Eine Änderung Ihrer Postanschrift müssen Sie uns unverzüglich (d. h. ohne schuldhaftes Zögern) mitteilen. Anderenfalls können für Sie Nachteile entstehen. Wir sind berechtigt, eine an Sie zu richtende Erklärung (z. B. Setzen einer Zahlungsfrist) mit eingeschriebenem Brief an Ihre uns zuletzt bekannte Anschrift zu senden. In diesem Fall gilt unsere Erklärung 3 Tage nach Absendung des eingeschriebenen Briefes als zugegangen. Dies gilt auch, wenn Sie den Vertrag für Ihren Gewerbebetrieb abgeschlossen und Ihre gewerbliche Niederlassung verlegt haben.

(2) Bei Änderung Ihres Namens gilt Absatz 1 entsprechend.

§ 16 Welche weiteren Auskunftspflichten haben Sie?

(1) Sofern wir aufgrund gesetzlicher Regelungen zur Erhebung, Speicherung, Verarbeitung und Meldung von Informationen und Daten zu Ihrem Vertrag verpflichtet sind, müssen Sie uns die hierfür notwendigen Informationen, Daten und Unterlagen
- bei Vertragsabschluss,
- bei Änderung nach Vertragsabschluss oder
- auf Nachfrage

unverzüglich (d. h. ohne schuldhaftes Zögern) zur Verfügung stellen. Sie sind auch zur Mitwirkung verpflichtet, soweit der Status dritter Personen, die Rechte an Ihrem Vertrag haben, für Datenerhebungen und Meldungen maßgeblich ist.

(2) Notwendige Informationen im Sinne von Absatz 1 sind beispielsweise Umstände, die für die Beurteilung
- Ihrer persönlichen steuerlichen Ansässigkeit,
- der steuerlichen Ansässigkeit dritter Personen, die Rechte an Ihrem Vertrag haben, und
- der steuerlichen Ansässigkeit des Leistungsempfängers

maßgebend sein können.
  Dazu zählen insbesondere die deutsche oder die ausländische Steueridentifikationsnummer, das Geburtsdatum, der Geburtsort und der Wohnsitz. Welche Umstände dies nach derzeitiger Gesetzeslage im Einzelnen sind, können Sie den Kundeninformationen entnehmen.

(3) Falls Sie uns die notwendigen Informationen, Daten und Unterlagen nicht oder nicht rechtzeitig zur Verfügung stellen, gilt Folgendes: Bei einer entsprechenden gesetzlichen Verpflichtung melden wir Ihre Vertragsdaten an die zuständigen in- oder ausländischen Steuerbehörden. Dies gilt auch dann, wenn ggf. keine steuerliche Ansässigkeit im Ausland besteht.

(4) Eine Verletzung Ihrer Auskunftspflichten gemäß den Absätzen 1 und 2 kann dazu führen, dass wir unsere Leistung nicht zahlen. Dies gilt solange, bis Sie uns die für die Erfüllung unserer gesetzlichen Pflichten notwendigen Informationen zur Verfügung gestellt haben.

§ 17 Welche Kosten stellen wir Ihnen gesondert in Rechnung?

(1) In folgenden Fällen stellen wir Ihnen zusätzliche Kosten gesondert in Rechnung:

Dienstleistung:	Höhe der Gebühr:
Vom Zahlungspflichtigen zu vertretende fehlgeschlagene Lastschriftabbuchung	10,00 €
Mahngebühr nach § 38 VVG	7,50 €
Adressen-Recherche aufgrund nicht angezeigter Anschriftenänderung	15,00 €
Ausstellung eines Ersatzversicherungsscheines	20,00 €
Bestätigung einer Abtretung oder Verpfändung an den Abtretungsempfänger	20,00 €
Wechsel des Versicherungsnehmers	15,00 €
Vertragsänderungen mit Neuberechnung von Beitrag, vereinbarter Versicherungsleistung oder der Laufzeit	15,00 €

Der Zinssatz für Verzugszinsen richtet sich nach der Situation am Kapitalmarkt. Er liegt jedoch höchstens 5 Prozentpunkte über dem Basiszinssatz nach § 247 Bürgerliches Gesetzbuch (BGB).
  Nicht gezahlte Gebühren, Kosten und Verzugszinsen verrechnen wir mit Ihren Überschussanteilen bzw. dem Deckungskapital.

(2) Wir haben die Abgaben und Gebühren anhand des bei uns regelmäßig entstehenden Aufwandes orientiert. Sofern Sie uns nachweisen, dass die der Bemessung zugrunde liegenden Annahmen in Ihrem Fall dem Grunde nach nicht zutreffen, entfällt die Pauschale. Sofern Sie uns nachweisen, dass die Pauschale der Höhe nach wesentlich niedriger zu beziffern ist, wird sie entsprechend herabgesetzt.

§ 18 Welches Recht findet auf Ihren Vertrag Anwendung?

Auf Ihren Vertrag findet das Recht der Bundesrepublik Deutschland Anwendung.

§ 19 Wo ist der Gerichtsstand?

(1) Für Klagen aus dem Vertrag gegen uns ist das Gericht zuständig, in dessen Bezirk unser Sitz oder die für den Vertrag zuständige Niederlassung liegt. Zuständig ist auch das Gericht, in dessen Bezirk Sie zur Zeit der Klageerhebung Ihren Wohnsitz haben. Wenn Sie keinen Wohnsitz haben, ist der Ort Ihres gewöhnlichen Aufenthalts maßgeblich. Wenn Sie eine juristische Person sind, ist auch das Gericht zuständig, in dessen Bezirk Sie Ihren Sitz oder Ihre Niederlassung haben.

(2) Klagen aus dem Vertrag gegen Sie müssen wir bei dem Gericht erheben, das für Ihren Wohnsitz zuständig ist. Wenn Sie keinen Wohnsitz haben, ist der Ort Ihres gewöhnlichen Aufenthalts maßgeblich. Wenn Sie eine juristische Person sind, ist das Gericht zuständig, in dessen Bezirk Sie Ihren Sitz oder Ihre Niederlassung haben.

(3) Verlegen Sie Ihren Wohnsitz in einen Staat außerhalb der Europäischen Union, nach Island, Norwegen oder in die Schweiz, sind die Gerichte des Staates zuständig, in dem wir unseren Sitz haben.

Allgemeine Bedingungen für die Berufsunfähigkeitsversicherung

Leistung

- § 1 Welche Leistungen erbringen wir? ... 101
- § 2 Was ist Berufsunfähigkeit im Sinne dieser Bedingungen? ... 101
- § 3 Wie erfolgt die Überschussbeteiligung? ... 102
- § 4 Wann beginnt Ihr Versicherungsschutz? ... 103
- § 5 In welchen Fällen ist der Versicherungsschutz ausgeschlossen? ... 104
- § 6 Was bedeutet die vorvertragliche Anzeigepflicht und welche Folgen hat ihre Verletzung? ... 104
- § 7 Was ist zu beachten, wenn eine Leistung verlangt wird? ... 105
- § 8 Wann geben wir eine Erklärung über unsere Leistungspflicht ab? ... 106
- § 9 Was gilt nach Anerkennung der Berufsunfähigkeit? ... 106
- § 10 Was gilt bei einer Verletzung der Mitwirkungspflichten im Rahmen der Nachprüfung? ... 106
- § 11 Welche Bedeutung hat der Versicherungsschein? ... 106
- § 12 Wer erhält die Leistung? ... 106

Beitrag

- § 13 Was müssen Sie bei der Beitragszahlung beachten? ... 107
- § 14 Was geschieht, wenn Sie einen Beitrag nicht rechtzeitig zahlen? ... 107

Kündigung und Beitragsfreistellung

- § 15 Wann können Sie Ihren Vertrag kündigen? ... 107
- § 16 Wie werden die Kosten Ihres Vertrages verrechnet? ... 107

Sonstige Vertragsbestimmungen

- § 17 Was gilt bei Änderung Ihrer Postanschrift und Ihres Namens? ... 108
- § 18 Welche weiteren Auskunftspflichten haben Sie? ... 108
- § 19 Welche Kosten stellen wir Ihnen gesondert in Rechnung? ... 108
- § 20 Welches Recht findet auf Ihren Vertrag Anwendung? ... 108
- § 21 Wo ist der Gerichtsstand? ... 108

§ 1 Welche Leistungen erbringen wir?

Unsere Leistung bei Berufsunfähigkeit

(1) Wird die versicherte Person (das ist die Person, auf deren Berufsfähigkeit die Versicherung abgeschlossen ist) während der Versicherungsdauer berufsunfähig (siehe § 2 Absatz 1 oder 2), erbringen wir folgende Leistungen:

(a) Wir zahlen die vereinbarte Berufsunfähigkeitsrente, längstens für die vereinbarte Leistungsdauer.

(b) Wir befreien Sie von der Beitragszahlungspflicht für die Berufsunfähigkeitsversicherung, längstens für die vereinbarte Leistungsdauer.

Die Versicherungsdauer ist der Zeitraum, innerhalb dessen Versicherungsschutz besteht. Mit Leistungsdauer wird der Zeitraum bezeichnet, bis zu dessen Ablauf eine während der Versicherungsdauer anerkannte Leistung längstens erbracht wird.

Unsere Leistung bei Berufsunfähigkeit infolge Pflegebedürftigkeit

(2) Wird die versicherte Person während der Versicherungsdauer berufsunfähig infolge Pflegebedürftigkeit (siehe § 2 Absatz 4 bis 8), ohne dass Berufsunfähigkeit im Sinne von § 2 Absatz 1 oder 2 vorliegt, erbringen wir folgende Leistungen:

(a) Wir zahlen eine Berufsunfähigkeitsrente, längstens für die vereinbarte Leistungsdauer
- in Höhe von 100 % der vereinbarten Berufsunfähigkeitsrente bei Pflegestufe III
- in Höhe von 70 % der vereinbarten Berufsunfähigkeitsrente bei Pflegestufe II
- in Höhe von 40 % der vereinbarten Berufsunfähigkeitsrente bei Pflegestufe I.

(b) Wir befreien Sie von der Beitragszahlungspflicht für die Berufsunfähigkeitsversicherung, längstens für die vereinbarte Leistungsdauer.

Weitere Regelungen zu unseren Leistungen

(3) Der Anspruch auf Beitragsbefreiung und Rentenzahlung entsteht mit Ablauf des Monats, in dem die Berufsunfähigkeit eingetreten ist. Sie müssen uns die Berufsunfähigkeit in Textform (z. B. Papierform oder E-Mail) mitteilen. Wird uns die Berufsunfähigkeit später als 3 Monate nach ihrem Eintritt mitgeteilt, entsteht der Anspruch auf die Leistung erst mit Beginn des Monates der Mitteilung. Diese Einschränkung gilt nicht, wenn die verspätete Mitteilung nicht verschuldet worden ist. Der Anspruch auf eine Erhöhung der Berufsunfähigkeitsrente wegen einer höheren Pflegestufe entsteht frühestens mit Beginn des Monats, in dem uns die Erhöhung der Pflegestufe mitgeteilt wird.

(4) Der Anspruch auf Beitragsbefreiung und Rente endet,
- wenn Berufsunfähigkeit im Sinne dieser Bedingungen nicht mehr vorliegt,
- wenn die versicherte Person stirbt oder
- die vereinbarte Leistungsdauer abläuft.

(5) Bis zur Entscheidung über die Leistungspflicht müssen Sie die Beiträge in voller Höhe weiter entrichten; wir werden diese jedoch bei Anerkennung der Leistungspflicht zurückzahlen.

(6) Der Versicherungsschutz besteht weltweit.

(7) Die Rente zahlen wir monatlich im Voraus.

(8) Es kann sich eine Leistung aus der Überschussbeteiligung ergeben (siehe § 3).

§ 2 Was ist Berufsunfähigkeit im Sinne dieser Bedingungen?

Berufsunfähigkeit

(1) Berufsunfähigkeit liegt vor, wenn die versicherte Person infolge Krankheit, Körperverletzung oder mehr als altersentsprechenden Kräfteverfalls, die ärztlich nachzuweisen sind, voraussichtlich mindestens 6 Monate ununterbrochen ihren zuletzt ausgeübten Beruf, so wie er ohne gesundheitliche Beeinträchti-

Allgemeine Bedingungen für die Berufsunfähigkeitsversicherung

gung ausgestaltet war, nicht mehr zu mindestens 50 % ausüben kann und auch keine andere Tätigkeit ausübt, die ihrer bisherigen Lebensstellung entspricht. Der bisherigen Lebensstellung entspricht nur eine Tätigkeit, die in ihrer Vergütung und sozialen Wertschätzung nicht spürbar unter das Niveau der bislang ausgeübten Tätigkeit absinkt.

(2) Ist die versicherte Person 6 Monate ununterbrochen infolge Krankheit, Körperverletzung oder mehr als altersentsprechenden Kräfteverfalls, die ärztlich nachzuweisen sind, zu mindestens 50 % außerstande gewesen, ihren zuletzt ausgeübten Beruf, so wie er ohne gesundheitliche Beeinträchtigung ausgestaltet war, auszuüben, und hat sie in dieser Zeit auch keine andere Tätigkeit ausgeübt, die ihrer bisherigen Lebensstellung entspricht, gilt die Fortdauer dieses Zustandes als Berufsunfähigkeit.

(3) Scheidet die versicherte Person aus dem Berufsleben aus und werden später Leistungen wegen Berufsunfähigkeit beantragt, kommt es bei der Anwendung der Absätze 1 und 2 darauf an, dass die versicherte Person außerstande ist, eine Tätigkeit auszuüben, zu der sie aufgrund ihrer Ausbildung und Fähigkeiten in der Lage ist und die ihrer bisherigen Lebensstellung entspricht.

Berufsunfähigkeit infolge Pflegebedürftigkeit

(4) Berufsunfähigkeit infolge Pflegebedürftigkeit liegt vor, wenn die versicherte Person infolge Krankheit, Körperverletzung oder mehr als altersentsprechenden Kräfteverfalls, die ärztlich nachzuweisen sind, voraussichtlich auf Dauer für die in Absatz 6 genannten gewöhnlichen und regelmäßig wiederkehrenden Verrichtungen im Ablauf des täglichen Lebens täglich der Hilfe einer anderen Person bedarf.

(5) Ist die versicherte Person 6 Monate ununterbrochen pflegebedürftig mindestens im Rahmen der Pflegestufe I (siehe Absätze 6 bis 8) gewesen, gilt die Fortdauer dieses Zustandes als Berufsunfähigkeit infolge Pflegebedürftigkeit. Die Pflegebedürftigkeit ist ärztlich nachzuweisen.

(6) Bewertungsmaßstab für die Einstufung des Pflegefalls ist die Art und der Umfang der erforderlichen täglichen Hilfe durch eine andere Person. Die Bestimmung der Pflegestufe orientiert sich nicht an den gesetzlichen Vorgaben des SGB XI. Bei der Bewertung wird die nachstehende Punktetabelle zugrunde gelegt:

Die versicherte Person benötigt Hilfe beim
- Fortbewegen im Zimmer .... 1 Punkt

Hilfebedarf liegt vor, wenn die versicherte Person – auch bei Inanspruchnahme einer Gehhilfe oder eines Rollstuhls – die Unterstützung einer anderen Person für die Fortbewegung benötigt.

- Aufstehen und Zubettgehen .... 1 Punkt

Hilfebedarf liegt vor, wenn die versicherte Person nur mithilfe einer anderen Person das Bett verlassen oder in das Bett gelangen kann.

- An- und Auskleiden .... 1 Punkt

Hilfebedarf liegt vor, wenn die versicherte Person – auch bei Benutzung krankengerechter Kleidung – sich nicht ohne Hilfe einer anderen Person an- oder auskleiden kann.

- Einnehmen von Mahlzeiten und Getränken .... 1 Punkt

Hilfebedarf liegt vor, wenn die versicherte Person – auch bei Benutzung krankengerechter Essbestecke und Trinkgefäße – nicht ohne Hilfe einer anderen Person essen oder trinken kann.

- Waschen, Kämmen oder Rasieren .... 1 Punkt

Hilfebedarf liegt vor, wenn die versicherte Person von einer anderen Person gewaschen, gekämmt oder rasiert werden muss, da sie selbst nicht mehr fähig ist, die dafür erforderlichen Körperbewegungen auszuführen.

- Verrichten der Notdurft .... 1 Punkt

Hilfebedarf liegt vor, wenn die versicherte Person die Unterstützung einer anderen Person benötigt, weil sie
- sich nach dem Stuhlgang nicht allein säubern kann,
- ihre Notdurft nur unter Zuhilfenahme einer Bettschüssel verrichten kann oder
- weil der Darm bzw. die Blase nur mit fremder Hilfe entleert werden kann.

Besteht allein eine Inkontinenz des Darms bzw. der Blase, die durch die Verwendung von Windeln oder speziellen Einlagen ausgeglichen werden kann, liegt hinsichtlich der Verrichtung der Notdurft keine Pflegebedürftigkeit vor.

(7) Der Pflegefall wird nach der Anzahl der Punkte eingestuft. Wir leisten
- aus der Pflegestufe I: bei 1 Punkt
- aus der Pflegestufe II: bei 2 Punkten

Unabhängig von der Bewertung aufgrund der Punktetabelle liegt die Pflegestufe II vor, wenn die versicherte Person wegen einer seelischen Erkrankung oder geistigen Behinderung sich oder andere gefährdet und deshalb täglicher Beaufsichtigung bedarf;

- aus der Pflegestufe III: bei 3 Punkten

Unabhängig von der Bewertung aufgrund der Punktetabelle liegt die Pflegestufe III vor, wenn die versicherte Person dauernd bettlägerig ist und nicht ohne Hilfe einer anderen Person aufstehen kann oder wenn die versicherte Person der Bewahrung bedarf.

Bewahrung liegt vor, wenn die versicherte Person wegen einer seelischen Erkrankung oder geistigen Behinderung sich oder andere in hohem Maße gefährdet und deshalb nicht ohne ständige Beaufsichtigung bei Tag und Nacht versorgt werden kann.

(8) Vorübergehende akute Erkrankungen führen zu keiner höheren Einstufung. Vorübergehende Besserungen bleiben ebenfalls unberücksichtigt. Eine Erkrankung oder Besserung gilt dann nicht als vorübergehend, wenn sie nach 6 Monaten noch anhält.

Berufsunfähigkeit bei Dienstunfähigkeit

(9) Bei Beamten gilt abweichend von § 2 Abs. 1 Folgendes:

Ist die versicherte Person Beamter des Öffentlichen Dienstes, so gilt sie als vollständig berufsunfähig, wenn sie – vor Erreichen der gesetzlich vorgesehenen Altersgrenze – aufgrund eines amtsärztlichen Zeugnisses, wegen allgemeiner Dienstunfähigkeit entlassen bzw. wegen allgemeiner Dienstunfähigkeit in den Ruhestand versetzt wird. Bei Vorliegen der allgemeinen Dienstunfähigkeit in Verbindung mit einer Versetzung in den Ruhestand, verzichten wir auf eine konkrete Verweisung gemäß § 2 Abs. 1.

§ 3 Wie erfolgt die Überschussbeteiligung?

(1) Wir beteiligen Sie an dem Überschuss und an den Bewertungsreserven (Überschussbeteiligung). Die Leistung aus der Überschussbeteiligung kann auch Null Euro betragen. In den nachfolgenden Absätzen erläutern wir Ihnen,
- wie wir den in einem Geschäftsjahr entstandenen Überschuss unseres Unternehmens ermitteln und wie wir diesen verwenden (Absatz 2),
- wie Ihr Vertrag an dem Überschuss beteiligt wird (Absätze 3 und 4),
- wie Bewertungsreserven entstehen und wie wir diese Ihrem Vertrag zuordnen (Absätze 5 und 6),

- warum wir die Höhe der Überschussbeteiligung Ihres Vertrages nicht garantieren können (Absatz 7) und
- wie wir Sie über die Überschussbeteiligung informieren (Absätze 8 und 9).

Wie ermitteln wir den in einem Geschäftsjahr entstandenen Überschuss unseres Unternehmens und wie verwenden wir diesen?

(2) Den in einem Geschäftsjahr entstandenen Überschuss unseres Unternehmens (Rohüberschuss) ermitteln wir nach handels- und aufsichtsrechtlichen Vorschriften. Mit der Feststellung des Jahresabschlusses legen wir fest, welcher Teil des Rohüberschusses für die Überschussbeteiligung aller überschussberechtigten Verträge zur Verfügung steht. Dabei beachten wir die aufsichtsrechtlichen Vorgaben, derzeit insbesondere die Verordnung über die Mindestbeitragsrückerstattung in der Lebensversicherung (Mindestzuführungsverordnung).

Den danach zur Verfügung stehenden Teil des Rohüberschusses führen wir der Rückstellung für Beitragsrückerstattung zu, soweit wir ihn nicht als Direktgutschrift unmittelbar den überschussberechtigten Versicherungsverträgen gutgeschrieben haben. Sinn der Rückstellung für Beitragsrückerstattung ist es, Schwankungen des Überschusses über die Jahre auszugleichen. Die Rückstellung für Beitragsrückerstattung dürfen wir grundsätzlich nur für die Überschussbeteiligung der Versicherungsnehmer verwenden. Nur in gesetzlich festgelegten Ausnahmefällen können wir hiervon mit Zustimmung der Aufsichtsbehörde abweichen.

Ansprüche auf eine bestimmte Höhe der Beteiligung Ihres Vertrages am Überschuss ergeben sich aus der Zuführung zur Rückstellung für Beitragsrückerstattung nicht.

Wir haben gleichartige Versicherungen (z.B. Rentenversicherungen, Risikolebensversicherungen, Berufsunfähigkeitsversicherungen) zu Bestandsgruppen zusammengefasst. Bestandsgruppen bilden wir, um die Unterschiede bei den versicherten Risiken zu berücksichtigen.

Wie wird Ihr Vertrag an dem Überschuss beteiligt?

(3) Bei der Verteilung des Überschusses auf die einzelnen Verträge wenden wir ein verursachungsorientiertes Verfahren an. Hierzu bilden wir innerhalb der Bestandsgruppen Gewinnverbände.

Ihr Vertrag ist dem in Ihrem Versicherungsschein genannten Gewinnverband zugeordnet. Wir verteilen den Überschuss in dem Maß, wie die Bestandsgruppen und Gewinnverbände zu seiner Entstehung beigetragen haben. Hat eine Bestandsgruppe oder ein Gewinnverband nicht zur Entstehung des Überschusses beigetragen, besteht insoweit kein Anspruch auf Überschussbeteiligung.

(4) Der Vorstand legt jedes Jahr auf Vorschlag des Verantwortlichen Aktuars fest, wie der Überschuss auf die Gewinnverbände verteilt wird, und setzt die entsprechenden Überschussanteilsätze fest (Überschussdeklaration). Dabei achtet er darauf, dass die Verteilung verursachungsorientiert erfolgt.

Ihr Vertrag erhält auf der Grundlage der Überschussdeklaration Anteile an dem auf Ihren Gewinnverband entfallenden Teil des Überschusses. Die Mittel hierfür werden bei der Direktgutschrift zulasten des Ergebnisses des Geschäftsjahres finanziert, ansonsten der Rückstellung für Beitragsrückerstattung entnommen.

Wie entstehen Bewertungsreserven und wie ordnen wir diese Ihrem Vertrag zu?

(5) Bewertungsreserven entstehen, wenn der Marktwert der Kapitalanlagen über ihrem jeweiligen handelsrechtlichen Buchwert liegt.

Da in der Berufsunfähigkeitsversicherung keine oder allenfalls geringfügige Beträge zur Verfügung stehen, um Kapital zu bilden, entstehen auch keine oder nur geringfügige Bewertungsreserven. Dennoch entstehende Bewertungsreserven, die nach den maßgebenden rechtlichen Vorschriften für die Beteiligung der Verträge zu berücksichtigen sind, ordnen wir den Verträgen anteilig rechnerisch zu. Dabei wenden wir ein verursachungsorientiertes Verfahren an.

Genaue Informationen zu diesem Verfahren finden Sie unter dem Stichwort „Informationen zur Überschussbeteiligung", die Ihnen jeweils als Anlage zum Versicherungsvorschlag und zum Versicherungsschein zur Verfügung gestellt werden.

Die Höhe der Bewertungsreserven ermitteln wir jährlich neu, zusätzlich auch

- für den Zeitpunkt der Beendigung Ihres Vertrages vor dem Eintritt einer Berufsunfähigkeit,
- für den Beginn einer Rentenzahlung wegen Berufsunfähigkeit sowie
- während einer Rentenzahlung wegen Berufsunfähigkeit jeweils für das Ende eines Versicherungsjahres.

(6) Bei Beendigung Ihres Vertrages vor dem Eintritt einer Berufsunfähigkeit oder bei Beginn einer Rentenzahlung wegen Berufsunfähigkeit gilt Folgendes:

Wir teilen Ihrem Vertrag dann den für diesen Zeitpunkt zugeordneten Anteil an den Bewertungsreserven gemäß der jeweils geltenden gesetzlichen Regelung zu. Auch während des Rentenbezuges werden wir Sie entsprechend an den Bewertungsreserven beteiligen.

Genaue Informationen zu diesem Verfahren finden Sie unter dem Stichwort „Informationen zur Überschussbeteiligung", die Ihnen jeweils als Anlage zum Versicherungsvorschlag und zum Versicherungsschein zur Verfügung gestellt werden.

Aufsichtsrechtliche Regelungen können dazu führen, dass die Beteiligung an den Bewertungsreserven ganz oder teilweise entfällt.

Warum können wir die Höhe der Überschussbeteiligung nicht garantieren?

(7) Die Höhe der Überschussbeteiligung hängt von vielen Einflüssen ab, die nicht vorhersehbar und von uns nur begrenzt beeinflussbar sind. Einflussfaktoren sind insbesondere die Entwicklung des Todesfallrisikos, des Kapitalmarkts und der Kosten.

Die Höhe der künftigen Überschussbeteiligung kann also nicht garantiert werden. Sie kann auch Null Euro betragen.

Wie informieren wir über die Überschussbeteiligung?

(8) Die festgelegten Überschussanteilsätze veröffentlichen wir jährlich in unserem Geschäftsbericht. Diesen können Sie bei uns anfordern.

(9) Über den Stand Ihrer Ansprüche unterrichten wir Sie jährlich. Dabei berücksichtigen wir die Überschussbeteiligung Ihres Vertrages.

§ 4 Wann beginnt Ihr Versicherungsschutz?

Ihr Versicherungsschutz beginnt, wenn Sie den Vertrag mit uns abgeschlossen haben. Jedoch besteht vor dem im Versicherungsschein angegebenen Versicherungsbeginn kein Versicherungsschutz. Allerdings kann unsere Leistungspflicht entfallen, wenn Sie den Beitrag nicht rechtzeitig zahlen (siehe § 13 Absatz 2 und 3 und § 14).

§ 5 In welchen Fällen ist der Versicherungsschutz ausgeschlossen?

Grundsätzlich besteht unsere Leistungspflicht unabhängig davon, auf welcher Ursache die Berufsunfähigkeit beruht. Es besteht kein Versicherungsschutz, wenn die Berufsunfähigkeit verursacht ist:

(a) durch vorsätzliche Ausführung oder den Versuch einer Straftat durch die versicherte Person;

(b) durch innere Unruhen, sofern die versicherte Person aufseiten der Unruhestifter teilgenommen hat;

(c) durch folgende von der versicherten Person vorgenommene Handlungen
- absichtliche Herbeiführung von Krankheit,
- absichtliche Herbeiführung von mehr als altersentsprechenden Kräfteverfalls,
- absichtliche Selbstverletzung oder
- versuchte Selbsttötung.

Wir werden jedoch leisten, wenn uns nachgewiesen wird, dass die versicherte Person diese Handlungen in einem die freie Willensbestimmung ausschließenden Zustand krankhafter Störung der Geistestätigkeit begangen hat;

(d) durch eine widerrechtliche Handlung, mit der Sie als Versicherungsnehmer vorsätzlich die Berufsunfähigkeit der versicherten Person herbeigeführt haben;

(e) durch Strahlen infolge Kernenergie, die das Leben oder die Gesundheit zahlreicher Menschen derart gefährden, dass zur Abwehr der Gefährdung eine Katastrophenschutzbehörde oder vergleichbare Behörde tätig wurde;

(f) unmittelbar oder mittelbar durch Kriegsereignisse. Unsere Leistungen sind nicht ausgeschlossen, wenn die versicherte Person in unmittelbarem oder mittelbarem Zusammenhang mit kriegerischen Ereignissen berufsunfähig wird, denen sie während eines Aufenthalts außerhalb der Bundesrepublik Deutschland ausgesetzt und an denen sie nicht aktiv beteiligt war;

(g) unmittelbar oder mittelbar durch den vorsätzlichen Einsatz von atomaren, biologischen oder chemischen Waffen oder den vorsätzlichen Einsatz oder die vorsätzliche Freisetzung von radioaktiven, biologischen oder chemischen Stoffen, sofern der Einsatz oder das Freisetzen darauf gerichtet sind, das Leben oder die Gesundheit einer Vielzahl von Personen zu gefährden. Unsere Leistungen sind nicht ausgeschlossen, wenn die versicherte Person in unmittelbarem oder mittelbarem Zusammenhang mit kriegerischen Ereignissen berufsunfähig wird, denen sie während eines Aufenthalts außerhalb der Bundesrepublik Deutschland ausgesetzt und an denen sie nicht aktiv beteiligt war.

§ 6 Was bedeutet die vorvertragliche Anzeigepflicht und welche Folgen hat ihre Verletzung?

Vorvertragliche Anzeigepflicht

(1) Sie sind bis zur Abgabe Ihrer Vertragserklärung verpflichtet, alle Ihnen bekannten gefahrerheblichen Umstände, nach denen wir in Textform (z. B. Papierform oder E-Mail) gefragt haben, wahrheitsgemäß und vollständig anzuzeigen. Gefahrerheblich sind die Umstände, die für unsere Entscheidung, den Vertrag überhaupt oder mit dem vereinbarten Inhalt zu schließen, erheblich sind.

Diese Anzeigepflicht gilt auch für Fragen nach gefahrerheblichen Umständen, die wir Ihnen nach Ihrer Vertragserklärung, aber vor Vertragsannahme, in Textform stellen.

(2) Soll eine andere Person für den Fall einer Berufsunfähigkeit versichert werden, ist auch diese - neben Ihnen - zu wahrheitsgemäßer und vollständiger Beantwortung der Fragen verpflichtet.

(3) Wenn eine andere Person die Fragen nach gefahrerheblichen Umständen für Sie beantwortet und wenn diese Person den gefahrerheblichen Umstand kennt oder arglistig handelt, werden Sie behandelt, als hätten Sie selbst davon Kenntnis gehabt oder arglistig gehandelt.

Rechtsfolgen der Anzeigepflichtverletzung

(4) Nachfolgend informieren wir Sie, unter welchen Voraussetzungen wir bei einer Verletzung der Anzeigepflicht
- vom Vertrag zurücktreten,
- den Vertrag kündigen,
- den Vertrag ändern oder
- den Vertrag wegen arglistiger Täuschung anfechten

können.

Rücktritt

(5) Wenn die vorvertragliche Anzeigepflicht verletzt wird, können wir vom Vertrag zurücktreten. Das Rücktrittsrecht besteht nicht, wenn weder eine vorsätzliche noch eine grob fahrlässige Anzeigepflichtverletzung vorliegt. Selbst wenn die Anzeigepflicht grob fahrlässig verletzt wird, haben wir trotzdem kein Rücktrittsrecht, falls wir den Vertrag - möglicherweise zu anderen Bedingungen (z. B. höherer Beitrag oder eingeschränkter Versicherungsschutz) - auch bei Kenntnis der nicht angezeigten gefahrerheblichen Umstände geschlossen hätten.

(6) Im Fall des Rücktritts haben Sie keinen Versicherungsschutz. Wenn wir nach Eintritt des Versicherungsfalles zurücktreten, bleibt unsere Leistungspflicht unter folgender Voraussetzung trotzdem bestehen: Die Verletzung der Anzeigepflicht bezieht sich auf einen gefahrerheblichen Umstand, der
- weder für den Eintritt oder die Feststellung des Versicherungsfalles
- noch für die Feststellung oder den Umfang unserer Leistungspflicht ursächlich war.

Unsere Leistungspflicht entfällt jedoch auch im vorstehend genannten Fall, wenn die Anzeigepflicht arglistig verletzt worden ist.

(7) Wenn der Vertrag durch Rücktritt aufgehoben wird, zahlen wir den Rückkaufswert gemäß § 15 Absatz 5. Die Rückzahlung der Beiträge können Sie nicht verlangen.

Kündigung

(8) Wenn unser Rücktrittsrecht ausgeschlossen ist, weil die Verletzung der Anzeigepflicht weder vorsätzlich noch grob fahrlässig erfolgt ist, können wir den Vertrag unter Einhaltung einer Frist von einem Monat kündigen.

(9) Unser Kündigungsrecht ist ausgeschlossen, wenn wir den Vertrag - möglicherweise zu anderen Bedingungen (z. B. höherer Beitrag oder eingeschränkter Versicherungsschutz) auch bei Kenntnis der nicht angezeigten gefahrerheblichen Umstände geschlossen hätten.

(10) Wenn wir den Vertrag kündigen, wandelt er sich in einen beitragsfreien Vertrag um (siehe § 15).

Vertragsänderung

(11) Können wir nicht zurücktreten oder kündigen, weil wir den Vertrag - möglicherweise zu anderen Bedingungen (z. B. höherer Beitrag oder eingeschränkter Versicherungsschutz) auch bei Kenntnis der nicht angezeigten gefahrerheblichen Umstände geschlossen hätten (siehe Absatz 5 Satz 3 und Absatz 9), werden die

anderen Bedingungen auf unser Verlangen rückwirkend Vertragsbestandteil. Haben Sie die Anzeigepflichtverletzung nicht zu vertreten, werden die anderen Bedingungen erst ab der laufenden Versicherungsperiode (siehe § 13 Absatz 2 Satz 3) Vertragsbestandteil.

(12) Sie können den Vertrag innerhalb eines Monats, nachdem Sie unsere Mitteilung über die Vertragsänderung erhalten haben, fristlos kündigen, wenn
- wir im Rahmen einer Vertragsänderung den Beitrag um mehr als 10 % erhöhen oder
- wir die Gefahrabsicherung für einen nicht angezeigten Umstand ausschließen.

Auf dieses Recht werden wir Sie in der Mitteilung über die Vertragsänderung hinweisen.

Voraussetzungen für die Ausübung unserer Rechte

(13) Unsere Rechte zum Rücktritt, zur Kündigung oder zur Vertragsänderung stehen uns nur zu, wenn wir Sie durch gesonderte Mitteilung in Textform auf die Folgen einer Anzeigepflichtverletzung hingewiesen haben.

(14) Wir haben kein Recht zum Rücktritt, zur Kündigung oder zur Vertragsänderung, wenn wir den nicht angezeigten Umstand oder die Unrichtigkeit der Anzeige kannten.

(15) Wir können unsere Rechte zum Rücktritt, zur Kündigung oder zur Vertragsänderung nur innerhalb eines Monats schriftlich geltend machen. Die Frist beginnt mit dem Zeitpunkt, zu dem wir von der Verletzung der Anzeigepflicht, die das von uns geltend gemachte Recht begründet, Kenntnis erlangen. Bei Ausübung unserer Rechte müssen wir die Umstände angeben, auf die wir unsere Erklärung stützen. Zur Begründung können wir nachträglich weitere Umstände angeben, wenn für diese die Frist nach Satz 1 nicht verstrichen ist.

(16) Nach Ablauf von 5 Jahren seit Vertragsschluss erlöschen unsere Rechte zum Rücktritt, zur Kündigung oder zur Vertragsänderung. Ist der Versicherungsfall vor Ablauf dieser Frist eingetreten, können wir die Rechte auch nach Ablauf der Frist geltend machen. Ist die Anzeigepflicht vorsätzlich oder arglistig verletzt worden, beträgt die Frist 10 Jahre.

Anfechtung

(17) Wir können den Vertrag auch anfechten, falls unsere Entscheidung zur Annahme des Vertrages durch unrichtige oder unvollständige Angaben bewusst und gewollt beeinflusst worden ist. Handelt es sich um Angaben der versicherten Person, können wir Ihnen gegenüber die Anfechtung erklären, auch wenn Sie von der Verletzung der vorvertraglichen Anzeigepflicht keine Kenntnis hatten. Absatz 7 gilt entsprechend.

Leistungserweiterung / Wiederherstellung der Versicherung

(18) Die Absätze 1 bis 17 gelten entsprechend, wenn der Versicherungsschutz nachträglich erweitert oder wiederhergestellt wird und deshalb eine erneute Risikoprüfung vorgenommen wird. Die Fristen nach Absatz 16 beginnen mit der Änderung oder Wiederherstellung des Vertrages bezüglich des geänderten oder wiederhergestellten Teils neu.

Erklärungsempfänger

(19) Unsere Rechte zum Rücktritt, zur Kündigung, zur Vertragsänderung sowie zur Anfechtung üben wir durch eine schriftliche Erklärung aus, die wir Ihnen gegenüber abgeben. Sofern Sie uns keine andere Person als Bevollmächtigten benannt haben, gilt nach Ihrem Tod ein Bezugsberechtigter als bevollmächtigt, diese Erklärung entgegenzunehmen. Ist kein Bezugsberechtigter vorhanden oder kann sein Aufenthalt nicht ermittelt werden, können wir den Inhaber des Versicherungsscheins als bevollmächtigt ansehen, die Erklärung entgegenzunehmen.

§ 7 Was ist zu beachten, wenn eine Leistung verlangt wird?

(1) Wird eine Leistung aus dem Vertrag beansprucht, müssen uns auf Kosten des Anspruchserhebenden folgende Auskünfte, die zur Feststellung unserer Leistungspflicht erforderlich sind, gegeben und Nachweise vorgelegt werden:

(a) ein Zeugnis über den Tag der Geburt der versicherten Person;

(b) eine Darstellung der Ursache für den Eintritt der Berufsunfähigkeit;

(c) ausführliche Berichte der Ärzte, die die versicherte Person gegenwärtig behandeln bzw. behandelt oder untersucht haben, über Ursache, Beginn, Art, Verlauf und voraussichtliche Dauer des Leidens der versicherten Person sowie über den Grad der Berufsunfähigkeit oder über die Pflegestufe;

(d) eine Beschreibung des zuletzt ausgeübten Berufs der versicherten Person, deren Stellung und Tätigkeit im Zeitpunkt des Eintritts der Berufsunfähigkeit sowie über danach eingetretene Veränderungen;

(e) Angaben über Einkommen aus beruflicher Tätigkeit;

(f) bei Berufsunfähigkeit infolge Pflegebedürftigkeit zusätzlich eine Bescheinigung der Person oder der Einrichtung, die mit der Pflege betraut ist, über Art und Umfang der Pflege;

(g) eine Aufstellung
- der Ärzte, Krankenhäuser, Krankenanstalten, Pflegeeinrichtungen oder Pflegepersonen, bei denen die versicherte Person in Behandlung war, ist oder - sofern bekannt - sein wird;
- der Versicherungsgesellschaften, Sozialversicherungsträger oder sonstiger Versorgungsträger, bei denen die versicherte Person ebenfalls Leistungen wegen Berufsunfähigkeit geltend machen könnte;
- über den derzeitigen Arbeitgeber und frühere Arbeitgeber der versicherten Person.

Darüber hinaus können wir verlangen, dass uns die Auskunft nach § 18 vorgelegt wird.

(2) Wir können außerdem auf unsere Kosten weitere ärztliche Untersuchungen durch von uns beauftragte Ärzte sowie notwendige Nachweise - auch über die wirtschaftlichen Verhältnisse und ihre Veränderungen - verlangen, insbesondere zusätzliche Auskünfte und Aufklärungen.

(3) Wird eine Erhöhung der Berufsunfähigkeitsrente wegen einer höheren Pflegestufe verlangt, gelten die Absätze 1 und 2 sinngemäß.

(4) Unsere Leistungen werden fällig, nachdem wir die Erhebungen abgeschlossen haben, die zur Feststellung des Versicherungsfalles und des Umfangs unserer Leistungspflicht notwendig sind. Wenn Sie eine der genannten Pflichten nicht erfüllen, kann dies zur Folge haben, dass wir nicht feststellen können, ob oder in welchem Umfang wir leistungspflichtig sind. Eine Pflichtverletzung kann somit dazu führen, dass unsere Leistung nicht fällig wird.

(5) Bei Überweisung von Leistungen in Länder außerhalb des Europäischen Wirtschaftsraums trägt die empfangsberechtigte Person die damit verbundene Gefahr.

§ 8 Wann geben wir eine Erklärung über unsere Leistungspflicht ab?

(1) Nach Prüfung der uns eingereichten sowie der von uns beigezogenen Unterlagen erklären wir in Textform (z. B. Papierform oder E-Mail), ob und in welchem Umfang wir eine Leistungspflicht anerkennen.

(2) Wir können unsere Leistungspflicht einmalig zeitlich befristet anerkennen, wenn hierfür ein sachlicher Grund besteht, den wir Ihnen mitteilen werden. Bis zum Ablauf der Frist ist dieses Anerkenntnis für uns bindend.

§ 9 Was gilt nach Anerkennung der Berufsunfähigkeit?

Nachprüfung

(1) Wenn wir unsere Leistungspflicht unbefristet anerkannt haben oder sie gerichtlich festgestellt worden ist, sind wir berechtigt, das Fortbestehen der Berufsunfähigkeit oder die Pflegestufe nachzuprüfen. Dabei können wir erneut prüfen, ob die versicherte Person eine andere Tätigkeit im Sinne von § 2 ausübt, wobei neu erworbene berufliche Fähigkeiten zu berücksichtigen sind.

(2) Zur Nachprüfung können wir jederzeit sachdienliche Auskünfte anfordern und einmal jährlich verlangen, dass sich die versicherte Person durch von uns beauftragte Ärzte umfassend untersuchen lässt. Hierbei anfallende Kosten sind von uns zu tragen. Die Bestimmungen des § 7 Absatz 2 und 3 gelten entsprechend.

Mitteilungspflicht

(3) Sie müssen uns unverzüglich (d. h. ohne schuldhaftes Zögern) mitteilen, wenn sich die Berufsunfähigkeit oder die Pflegebedürftigkeit mindern oder wegfallen oder eine berufliche Tätigkeit wieder aufgenommen wird bzw. sich ändert.

Leistungsfreiheit

(4) Wir sind leistungsfrei, wenn wir feststellen, dass die in § 1 und § 2 genannten Voraussetzungen der Leistungspflicht entfallen sind und wir Ihnen diese Veränderung in Textform (z. B. Papierform oder E-Mail) darlegen. Unsere Leistungen können wir mit Ablauf des 3. Monats nach Zugang unserer Erklärung bei Ihnen einstellen. Ab diesem Zeitpunkt müssen Sie auch die Beiträge wieder zahlen.

(5) Liegt Berufsunfähigkeit infolge Pflegebedürftigkeit vor und hat sich die Art des Pflegefalls geändert oder sein Umfang gemindert, setzen wir unsere Leistungen herab oder stellen sie ein. Absatz 4 Satz 2 und 3 gelten entsprechend, wenn wir unsere Leistungen einstellen.

§ 10 Was gilt bei einer Verletzung der Mitwirkungspflichten im Rahmen der Nachprüfung?

Solange eine Mitwirkungspflicht nach § 9 von Ihnen, der versicherten Person oder dem Anspruchserhebenden vorsätzlich nicht erfüllt wird, leisten wir nicht. Bei grob fahrlässiger Verletzung einer Mitwirkungspflicht sind wir berechtigt, unsere Leistung in einem der Schwere des Verschuldens entsprechenden Verhältnis zu kürzen. Beides gilt nur, wenn wir durch gesonderte Mitteilung in Textform (z. B. Papierform oder E-Mail) auf diese Rechtsfolgen hingewiesen haben.

Weisen Sie nach, dass die Mitwirkungspflicht nicht grob fahrlässig verletzt worden ist, bleibt unsere Leistungspflicht bestehen.

Die Ansprüche bleiben auch bestehen, soweit Sie uns nachweisen, dass die Verletzung ohne Einfluss auf die Feststellung oder den Umfang unserer Leistungspflicht ist. Das gilt nicht, wenn die Mitwirkungspflicht arglistig verletzt wird.

Wenn die Mitwirkungspflicht später erfüllt wird, sind wir ab Beginn des laufenden Monats nach Maßgabe dieser Bedingungen zur Leistung verpflichtet.

§ 11 Welche Bedeutung hat der Versicherungsschein?

(1) Wir können Ihnen den Versicherungsschein in Textform (z. B. Papierform oder E-Mail) übermitteln. Stellen wir diesen als Dokument in Papierform aus, dann liegt eine Urkunde vor. Sie können die Ausstellung als Urkunde verlangen.

(2) Den Inhaber der Urkunde können wir als berechtigt ansehen, über die Rechte aus dem Vertrag zu verfügen, insbesondere Leistungen in Empfang zu nehmen. Wir können aber verlangen, dass uns der Inhaber der Urkunde seine Berechtigung nachweist.

§ 12 Wer erhält die Leistung?

(1) Als unser Versicherungsnehmer können Sie bestimmen, wer die Leistung erhält. Wenn Sie keine Bestimmung treffen, leisten wir an die versicherte Person.

Bezugsberechtigung

(2) Sie können uns widerruflich oder unwiderruflich eine andere Person benennen, die die Leistung erhalten soll (Bezugsberechtigter).

Wenn Sie ein Bezugsrecht **widerruflich** bestimmen, erwirbt der Bezugsberechtigte das Recht auf die Leistung erst mit dem Eintritt des jeweiligen Versicherungsfalles. Deshalb können Sie Ihre Bestimmung bis zum Eintritt des jeweiligen Versicherungsfalles jederzeit widerrufen. Wenn wir Renten zahlen, tritt mit jeder Fälligkeit einer Rente ein eigener Versicherungsfall ein.

Sie können ausdrücklich bestimmen, dass der Bezugsberechtigte sofort und **unwiderruflich** das Recht auf die Leistung erhält. Sobald uns Ihre Erklärung zugegangen ist, kann dieses Bezugsrecht nur noch mit Zustimmung des unwiderruflich Bezugsberechtigten geändert werden.

Abtretung und Verpfändung

(3) Sie können das Recht auf die Leistung bis zum Eintritt des jeweiligen Versicherungsfalles grundsätzlich ganz oder teilweise an Dritte abtreten und verpfänden, soweit derartige Verfügungen rechtlich möglich sind.

Anzeige

(4) Die Einräumung und der Widerruf eines Bezugsrechts (Absatz 2) sowie die Abtretung und die Verpfändung (Absatz 3) sind uns gegenüber nur und erst dann wirksam, wenn sie uns vom bisherigen Berechtigten in Textform (z. B. Papierform, E-Mail) angezeigt worden sind. Der bisherige Berechtigte sind im Regelfall Sie als unser Versicherungsnehmer. Es können aber auch andere Personen sein, sofern Sie bereits zuvor Verfügungen (z. B. unwiderrufliche Bezugsberechtigung, Abtretung, Verpfändung) getroffen haben.

§ 13 Was müssen Sie bei der Beitragszahlung beachten?

(1) Die Beiträge zu Ihrem Vertrag können Sie je nach Vereinbarung in einem Betrag (Einmalbeitrag) monatlich, viertel-, halbjährlich oder jährlich zahlen.

(2) Den ersten Beitrag oder den Einmalbeitrag müssen Sie unverzüglich (d.h. ohne schuldhaftes Zögern) nach Abschluss des Vertrages zahlen, jedoch nicht vor dem mit Ihnen vereinbarten, im Versicherungsschein angegebenen Versicherungsbeginn. Alle weiteren Beiträge (Folgebeiträge) werden jeweils zu Beginn der vereinbarten Versicherungsperiode fällig. Die Versicherungsperiode umfasst bei Einmalbeitrags- und Jahreszahlung ein Jahr, ansonsten entsprechend der Zahlungsweise einen Monat, ein Vierteljahr bzw. ein halbes Jahr.

(3) Sie haben den Beitrag **rechtzeitig** gezahlt, wenn Sie bis zum Fälligkeitstag (Absatz 2) alles getan haben, damit der Beitrag bei uns eingeht. Wenn die Einziehung des Beitrags von einem Konto vereinbart wurde, gilt die Zahlung in folgendem Fall als rechtzeitig:
- Der Beitrag konnte am Fälligkeitstag eingezogen werden und
- Sie haben einer berechtigten Einziehung nicht widersprochen.

Konnten wir den fälligen Beitrag ohne Ihr Verschulden nicht einziehen, ist die Zahlung auch dann noch rechtzeitig, wenn sie unverzüglich nach unserer Zahlungsaufforderung erfolgt. Haben Sie zu vertreten, dass der Beitrag wiederholt nicht eingezogen werden kann, sind wir berechtigt, künftig die Zahlung außerhalb des Lastschriftverfahrens zu verlangen.

(4) Sie müssen die Beiträge auf Ihre Gefahr und Ihre Kosten zahlen.

(5) Bei Fälligkeit einer Leistung werden wir etwaige Beitragsrückstände verrechnen.

§ 14 Was geschieht, wenn Sie einen Beitrag nicht rechtzeitig zahlen?

Erster Beitrag oder Einmalbeitrag

(1) Wenn Sie den ersten Beitrag oder den Einmalbeitrag nicht rechtzeitig zahlen, können wir - solange die Zahlung nicht bewirkt ist - vom Vertrag zurücktreten. In diesem Fall können wir von Ihnen die Kosten für ärztliche Untersuchungen im Rahmen einer Gesundheitsprüfung verlangen. Wir sind nicht zum Rücktritt berechtigt, wenn uns nachgewiesen wird, dass Sie die nicht rechtzeitige Zahlung nicht zu vertreten haben.

(2) Ist der erste Beitrag oder der Einmalbeitrag bei Eintritt des Versicherungsfalles noch nicht gezahlt, sind wir nicht zur Leistung verpflichtet. Dies gilt nur, wenn wir Sie durch gesonderte Mitteilung in Textform (z.B. Papierform, E-Mail) oder durch einen auffälligen Hinweis im Versicherungsschein auf diese Rechtsfolge aufmerksam gemacht haben. Unsere Leistungspflicht bleibt jedoch bestehen, wenn Sie uns nachweisen, dass Sie das Ausbleiben der Zahlung nicht zu vertreten haben.

Folgebeitrag

(3) Zahlen Sie einen Folgebeitrag nicht rechtzeitig, können wir Ihnen auf Ihre Kosten in Textform eine Zahlungsfrist setzen. Die Zahlungsfrist muss mindestens 2 Wochen betragen.

(4) Für einen Versicherungsfall, der nach Ablauf der gesetzten Zahlungsfrist eintritt, entfällt oder vermindert sich der Versicherungsschutz, wenn Sie sich bei Eintritt des Versicherungsfalles noch mit der Zahlung in Verzug befinden. Voraussetzung ist, dass wir Sie bereits mit der Fristsetzung auf diese Rechtsfolge hingewiesen haben.

(5) Nach Ablauf der gesetzten Zahlungsfrist können wir den Vertrag ohne Einhaltung einer Kündigungsfrist kündigen, wenn Sie sich noch immer mit den Beiträgen, Zinsen oder Kosten in Verzug befinden. Voraussetzung ist, dass wir Sie bereits mit der Fristsetzung auf diese Rechtsfolge hingewiesen haben. Wir können die Kündigung bereits mit der Fristsetzung erklären. Sie wird dann automatisch mit Ablauf der Frist wirksam, wenn Sie zu diesem Zeitpunkt noch immer mit der Zahlung in Verzug sind. Auf diese Rechtsfolge müssen wir Sie ebenfalls hinweisen.

(6) Sie können den angeforderten Betrag auch dann noch nachzahlen, wenn unsere Kündigung wirksam geworden ist. Nachzahlen können Sie nur
- innerhalb eines Monats nach der Kündigung
- oder, wenn die Kündigung bereits mit der Fristsetzung verbunden worden ist, innerhalb eines Monats nach Fristablauf.

Zahlen Sie innerhalb dieses Zeitraumes, wird die Kündigung unwirksam, und der Vertrag besteht fort. Für Versicherungsfälle, die zwischen dem Ablauf der Zahlungsfrist und der Zahlung eintreten, besteht kein oder nur ein verminderter Versicherungsschutz.

§ 15 Wann können Sie Ihren Vertrag kündigen?

Kündigung

(1) Wenn Sie laufende Beiträge, also keinen Einmalbeitrag zahlen, können Sie Ihre Berufsunfähigkeitsversicherung jederzeit zum Schluss der laufenden Versicherungsperiode (siehe § 13 Absatz 2 Satz 3) in Schriftform (d.h. durch ein eigenhändig unterschriebenes Schriftstück) kündigen. Nach dem Beginn der Zahlung von Renten wegen Berufsunfähigkeit können Sie nicht mehr kündigen.

(2) Sie können Ihren Vertrag auch **teilweise** kündigen, wenn die verbleibende Berufsunfähigkeitsrente mindestens 50 € monatlich beträgt. Ist diese Rente niedriger, hat das zur Folge, dass Ihre Teilkündigung unwirksam ist. Wenn Sie in diesem Fall Ihren Vertrag beenden wollen, müssen Sie diesen also ganz kündigen.

Keine Beitragsrückzahlung

(3) Die Rückzahlung der Beiträge können Sie nicht verlangen.

§ 16 Wie werden die Kosten Ihres Vertrages verrechnet?

(1) Mit Ihrem Vertrag sind Kosten verbunden. Diese sind in Ihren Beitrag einkalkuliert. Es handelt sich um Abschluss- und Vertriebskosten sowie übrige Kosten.

Zu den Abschluss- und Vertriebskosten gehören insbesondere Abschlussprovisionen für den Versicherungsvermittler. Außerdem umfassen die Abschluss- und Vertriebskosten die Kosten für die Antragsprüfung und Ausfertigung der Vertragsunterlagen, Sachaufwendungen, die im Zusammenhang mit der Antragsbearbeitung stehen, sowie Werbeaufwendungen. Zu den übrigen Kosten gehören insbesondere die Kosten für die laufende Verwaltung.

(2) Wir wenden auf Ihren Vertrag das Verrechnungsverfahren nach § 4 der Deckungsrückstellungsverordnung an. Dies bedeutet, dass wir die ersten Beiträge zur Tilgung eines Teils der Abschluss- und Vertriebskosten heranziehen. Dies gilt jedoch nicht für den Teil der ersten Beiträge, der für Leistungen im Versicherungsfall, Kosten des Versicherungsbetriebes in der jeweiligen Versicherungsperiode und aufgrund von gesetzlichen Regelun-

Allgemeine Bedingungen für die Berufsunfähigkeitsversicherung

gen für die Bildung einer Deckungsrückstellung bestimmt ist. Der auf diese Weise zu tilgende Betrag ist nach der Deckungsrückstellungsverordnung auf 2,5 % der von Ihnen während der Laufzeit des Vertrages zu zahlenden Beiträge beschränkt.

(3) Die restlichen Abschluss- und Vertriebskosten werden über die gesamte Beitragszahlungsdauer verteilt, die übrigen Kosten über die gesamte Vertragslaufzeit.

§ 17 Was gilt bei Änderung Ihrer Postanschrift und Ihres Namens?

(1) Eine Änderung Ihrer Postanschrift müssen Sie uns unverzüglich (d. h. ohne schuldhaftes Zögern) mitteilen. Anderenfalls können für Sie Nachteile entstehen. Wir sind berechtigt, eine an Sie zu richtende Erklärung (z. B. Setzen einer Zahlungsfrist) mit eingeschriebenem Brief an Ihre uns zuletzt bekannte Anschrift zu senden. In diesem Fall gilt unsere Erklärung 3 Tage nach Absendung des eingeschriebenen Briefes als zugegangen. Dies gilt auch, wenn Sie den Vertrag für Ihren Gewerbebetrieb abgeschlossen und Ihre gewerbliche Niederlassung verlegt haben.

(2) Bei Änderung Ihres Namens gilt Absatz 1 entsprechend.

§ 18 Welche weiteren Auskunftspflichten haben Sie?

(1) Sofern wir aufgrund gesetzlicher Regelungen zur Erhebung, Speicherung, Verarbeitung und Meldung von Informationen und Daten zu Ihrem Vertrag verpflichtet sind, müssen Sie uns die hierfür notwendigen Informationen, Daten und Unterlagen
- bei Vertragsabschluss,
- bei Änderung nach Vertragsabschluss oder
- auf Nachfrage

unverzüglich (d. h. ohne schuldhaftes Zögern) zur Verfügung stellen. Sie sind auch zur Mitwirkung verpflichtet, soweit der Status dritter Personen, die Rechte an Ihrem Vertrag haben, für Datenerhebungen und Meldungen maßgeblich ist.

(2) Notwendige Informationen im Sinne von Absatz 1 sind beispielsweise Umstände, die für die Beurteilung
- Ihrer persönlichen steuerlichen Ansässigkeit,
- der steuerlichen Ansässigkeit dritter Personen, die Rechte an Ihrem Vertrag haben, und
- der steuerlichen Ansässigkeit des Leistungsempfängers

maßgebend sein können.

Dazu zählen insbesondere die deutsche oder die ausländische Steueridentifikationsnummer, das Geburtsdatum, der Geburtsort und der Wohnsitz. Welche Umstände dies nach derzeitiger Gesetzeslage im Einzelnen sind, können Sie den Kundeninformationen entnehmen.

(3) Falls Sie uns die notwendigen Informationen, Daten und Unterlagen nicht oder nicht rechtzeitig zur Verfügung stellen, gilt Folgendes: Bei einer entsprechenden gesetzlichen Verpflichtung melden wir Ihre Vertragsdaten an die zuständigen in- oder ausländischen Steuerbehörden. Dies gilt auch dann, wenn ggf. keine steuerliche Ansässigkeit im Ausland besteht.

(4) Eine Verletzung Ihrer Auskunftspflichten gemäß den Absätzen 1 und 2 kann dazu führen, dass wir unsere Leistung nicht zahlen. Dies gilt solange, bis Sie uns die für die Erfüllung unserer gesetzlichen Pflichten notwendigen Informationen zur Verfügung gestellt haben.

§ 19 Welche Kosten stellen wir Ihnen gesondert in Rechnung?

(1) In folgenden Fällen stellen wir Ihnen pauschal zusätzliche Kosten gesondert in Rechnung:

Dienstleistung:	Höhe der Gebühr:
Vom Zahlungspflichtigen zu vertretende fehlgeschlagene Lastschriftabbuchung	10,00 €
Mahngebühr nach § 38 VVG	7,50 €
Adressen-Recherche aufgrund nicht angezeigter Anschriftenänderung	15,00 €
Ausstellung eines Ersatzversicherungsscheines	20,00 €
Bestätigung einer Abtretung oder Verpfändung an den Abtretungsempfänger	20,00 €

Der Zinssatz für Verzugszinsen richtet sich nach der Situation am Kapitalmarkt. Er liegt jedoch höchstens 5 Prozentpunkte über dem Basiszinssatz nach § 247 Bürgerliches Gesetzbuch (BGB).

Nicht gezahlte Gebühren, Kosten und Verzugszinsen verrechnen wir mit dem Deckungskapital bzw. stellen diese gesondert in Rechnung.

(2) Wir haben uns bei der Bemessung der Pauschalen an dem bei uns regelmäßig entstehenden Aufwand orientiert. Sofern Sie uns nachweisen, dass die der Bemessung zugrunde liegenden Annahmen in Ihrem Fall dem Grunde nach nicht zutreffen, entfällt die Pauschale. Sofern Sie uns nachweisen, dass die Pauschale der Höhe nach wesentlich niedriger zu beziffern ist, wird sie entsprechend herabgesetzt.

§ 20 Welches Recht findet auf Ihren Vertrag Anwendung?

Auf Ihren Vertrag findet das Recht der Bundesrepublik Deutschland Anwendung.

§ 21 Wo ist der Gerichtsstand?

(1) Für Klagen aus dem Vertrag **gegen uns** ist das Gericht zuständig, in dessen Bezirk unser Sitz oder die für den Vertrag zuständige Niederlassung liegt. Zuständig ist auch das Gericht, in dessen Bezirk Sie zur Zeit der Klageerhebung Ihren Wohnsitz haben. Wenn Sie keinen Wohnsitz haben, ist der Ort Ihres gewöhnlichen Aufenthaltes maßgeblich. Wenn Sie eine juristische Person sind, ist auch das Gericht zuständig, in dessen Bezirk Sie Ihren Sitz oder Ihre Niederlassung haben.

(2) Klagen aus dem Vertrag **gegen Sie** müssen wir bei dem Gericht erheben, das für Ihren Wohnsitz zuständig ist. Wenn Sie keinen Wohnsitz haben, ist der Ort Ihres gewöhnlichen Aufenthaltes maßgeblich. Wenn Sie eine juristische Person sind, ist das Gericht zuständig, in dessen Bezirk Sie Ihren Sitz oder Ihre Niederlassung haben.

(3) Verlegen Sie Ihren Wohnsitz oder den Ort Ihres gewöhnlichen Aufenthalts in das Ausland, sind für Klagen aus dem Vertrag die Gerichte des Staates zuständig, in dem wir unseren Sitz haben.

Allgemeine Bedingungen für die kapitalbildende Lebensversicherung

Leistung

§ 1 Welche Leistungen erbringen wir? 109
§ 2 Wie erfolgt die Überschussbeteiligung? 109
§ 3 Wann beginnt Ihr Versicherungsschutz? 110
§ 4 Was gilt bei Polizei- oder Wehrdienst, Unruhen, Krieg oder Einsatz bzw. Freisetzen von ABC-Waffen /-Stoffen? 111
§ 5 Was gilt bei Selbsttötung der versicherten Person? 111
§ 6 Was bedeutet die vorvertragliche Anzeigepflicht und welche Folgen hat ihre Verletzung? 111
§ 7 Was ist zu beachten, wenn eine Leistung verlangt wird? 112
§ 8 Welche Bedeutung hat der Versicherungsschein? 112
§ 9 Wer erhält die Leistung? 113

Beitrag

§ 10 Was müssen Sie bei der Beitragszahlung beachten? 113
§ 11 Was geschieht, wenn Sie einen Beitrag nicht rechtzeitig zahlen? 113

Kündigung und Beitragsfreistellung

§ 12 Wann können Sie Ihren Vertrag kündigen und welche Leistungen erbringen wir? 114
§ 13 Wann können Sie Ihren Vertrag beitragsfrei stellen und welche Folgen hat dies auf unsere Leistungen? 114
§ 14 Wie werden die Kosten Ihres Vertrages verrechnet? 115

Sonstige Vertragsbestimmungen

§ 15 Was gilt bei Änderung Ihrer Postanschrift und Ihres Namens? 115
§ 16 Welche weiteren Auskunftspflichten haben Sie? 115
§ 17 Welche Kosten stellen wir Ihnen gesondert in Rechnung? 115
§ 18 Welches Recht findet auf Ihren Vertrag Anwendung? 116
§ 19 Wo ist der Gerichtsstand? 116

§ 1 Welche Leistungen erbringen wir?

Variante

- Kapitalversicherung auf den Todes- und Erlebensfall

Unsere Leistung zum vereinbarten Ablauftermin oder bei Tod der versicherten Person

(1a) Wenn die versicherte Person (das ist die Person, auf deren Leben die Versicherung abgeschlossen ist) den vereinbarten Ablauftermin erlebt oder wenn sie vor diesem Termin stirbt, zahlen wir die vereinbarte Versicherungssumme.

Variante

- Kapitalversicherung mit festem Auszahlungszeitpunkt, Termfixversicherung

Unsere Leistung zum vereinbarten Ablauftermin oder bei Tod der versicherten Person

(1b) Wir zahlen die vereinbarte Versicherungssumme zu dem vereinbarten Ablauftermin, unabhängig davon, ob die versicherte Person diesen Zeitpunkt erlebt. Die Beitragszahlung endet, wenn die versicherte Person stirbt, spätestens mit Ablauf der vereinbarten Versicherungsdauer.

§ 2 Wie erfolgt die Überschussbeteiligung?

(1) Wir beteiligen Sie an dem Überschuss und an den Bewertungsreserven (Überschussbeteiligung). Die Leistung aus der Überschussbeteiligung kann auch Null Euro betragen. In den nachfolgenden Absätzen erläutern wir Ihnen,
- wie wir den in einem Geschäftsjahr entstandenen Überschuss unseres Unternehmens ermitteln und wie wir diesen verwenden (Absatz 2),
- wie Ihr Vertrag an dem Überschuss beteiligt wird (Absätze 3 und 4),
- wie Bewertungsreserven entstehen und wie wir diese Ihrem Vertrag zuordnen (Absätze 5 und 6),
- warum wir die Höhe der Überschussbeteiligung Ihres Vertrages nicht garantieren können (Absatz 7) und
- wie wir Sie über die Überschussbeteiligung informieren (Absätze 8 und 9).

Wie ermitteln wir den in einem Geschäftsjahr entstandenen Überschuss unseres Unternehmens und wie verwenden wir diesen?

(2) Den in einem Geschäftsjahr entstandenen Überschuss unseres Unternehmens (Rohüberschuss) ermitteln wir nach handels- und aufsichtsrechtlichen Vorschriften. Mit der Feststellung des Jahresabschlusses legen wir fest, welcher Teil des Rohüberschusses für die Überschussbeteiligung aller überschussberechtigten Verträge zur Verfügung steht. Dabei beachten wir die aufsichtsrechtlichen Vorgaben, derzeit insbesondere die Verordnung über die Mindestbeitragsrückerstattung in der Lebensversicherung (Mindestzuführungsverordnung).

Den danach zur Verfügung stehenden Teil des Rohüberschusses führen wir der Rückstellung für Beitragsrückerstattung zu, soweit wir ihn nicht als Direktgutschrift unmittelbar den überschussberechtigten Versicherungsverträgen gutgeschrieben haben. Sinn der Rückstellung für Beitragsrückerstattung ist es, Schwankungen des Überschusses über die Jahre auszugleichen. Die Rückstellung für Beitragsrückerstattung dürfen wir grundsätzlich nur für die Überschussbeteiligung der Versicherungsnehmer verwenden. Nur in gesetzlich festgelegten Ausnahmefällen können wir hiervon mit Zustimmung der Aufsichtsbehörde abweichen.

Ansprüche auf eine bestimmte Höhe der Beteiligung Ihres Vertrages am Überschuss ergeben sich aus der Zuführung zur Rückstellung für Beitragsrückerstattung nicht.

Wir haben gleichartige Versicherungen (z. B. Kapitalversicherungen auf den Todes- und Erlebensfall) zu Bestandsgruppen zusammengefasst. Bestandsgruppen bilden wir, um die Unterschiede bei den versicherten Risiken zu berücksichtigen.

Allgemeine Bedingungen für die kapitalbildende Lebensversicherung

Wie wird Ihr Vertrag an dem Überschuss beteiligt?

(3) Bei der Verteilung des Überschusses auf die einzelnen Verträge wenden wir ein verursachungsorientiertes Verfahren an. Hierzu bilden wir innerhalb der Bestandsgruppen Gewinnverbände.

Ihr Vertrag ist dem in Ihrem Versicherungsschein genannten Gewinnverband zugeordnet. Wir verteilen den Überschuss in dem Maß, wie die Bestandsgruppen und Gewinnverbände zu seiner Entstehung beigetragen haben. Hat eine Bestandsgruppe oder ein Gewinnverband nicht zur Entstehung des Überschusses beigetragen, besteht insoweit kein Anspruch auf Überschussbeteiligung.

(a) Laufende Überschussanteile

Alle Hauptversicherungen erhalten zu Beginn eines jeden Versicherungsjahres, erstmals zu Beginn des 2. Versicherungsjahres, einen Zinsüberschuss auf das Deckungskapital des abgelaufenen Versicherungsjahres. Zuzahlungen erhöhen ab Zahlungseingang das Deckungskapital und werden dadurch am Zinsüberschuss beteiligt.

Hauptversicherungen mit laufender Beitragszahlung erhalten außerdem während der Beitragszahlung zu Beginn eines jeden Versicherungsjahres, erstmals bei Beginn der Versicherung, einen Kostenüberschuss auf den Kostenbeitragsteil der in einem Versicherungsjahr zu entrichtenden Beiträge und einen Risikoüberschuss auf den jeweiligen Risikobeitragsanteil der in einem Versicherungsjahr zu entrichtenden Beiträge. Zuzahlungen sind keine laufenden Beiträge.

(b) Schlussüberschuss

Zusätzlich zu den Überschussanteilen nach (a) kann bei Ihrer Hauptversicherung – außer bei Einmalbeitragsversicherungen – zum vereinbarten Versicherungsende ein Schlussüberschussanteil in % der Bemessungsgrundlage hinzukommen. Bei Rückkauf oder Tod in den letzten 5 Jahren der Versicherungsdauer erhalten Sie einen Schlussüberschussanteil für Ihre Hauptversicherung, wenn der Versicherungsbeginn zu diesem Zeitpunkt mindestens 5 Jahre zurückliegt. Bemessungsgrundlage ist die Summe aus dem Deckungskapital und dem ggf. vorhandenen Überschussguthaben abzüglich der Summe der bis dahin gezahlten laufenden Beiträge (ohne Stückkosten und ohne Rabatte). Übersteigt die Summe der bis dahin gezahlten laufenden Beiträge (ohne Stückkosten und ohne Rabatte) das Deckungskapital, so besteht die Bemessungsgrundlage aus dem ggf. vorhandenen Überschussguthaben. Haben Sie Zuzahlungen geleistet, wird die Bemessungsgrundlage außerdem um das Deckungskapital, das aus den Zuzahlungen resultiert, gekürzt.

Die Beteiligung am Schlussüberschuss ist vom Kapitalmarkt abhängig und kann auch Null Euro betragen.

(c) Die zugeteilten laufenden Überschussanteile werden verzinslich angesammelt und bei Vertragsbeendigung zusammen mit der Versicherungsleistung ausgezahlt. Ein möglicher Schlussüberschuss gemäß (b) und Ihre Beteiligung an den Bewertungsreserven (siehe Absatz 5) werden bei Beendigung des Vertrages zugeteilt und zusammen mit den Versicherungsleistungen ausgezahlt.

(4) Der Vorstand legt jedes Jahr auf Vorschlag des Verantwortlichen Aktuars fest, wie der Überschuss auf die Gewinnverbände verteilt wird, und setzt die entsprechenden Überschussanteilsätze fest (Überschussdeklaration). Dabei achtet er darauf, dass die Verteilung verursachungsorientiert erfolgt.

Ihr Vertrag erhält auf der Grundlage der Überschussdeklaration Anteile an dem auf Ihren Gewinnverband entfallenden Teil des Überschusses. Die Mittel hierfür werden bei der Direktgutschrift zulasten des Ergebnisses des Geschäftsjahres finanziert, ansonsten der Rückstellung für Beitragsrückerstattung entnommen.

Wie entstehen Bewertungsreserven und wie ordnen wir diese Ihrem Vertrag zu?

(5) Bewertungsreserven entstehen, wenn der Marktwert der Kapitalanlagen über ihrem jeweiligen handelsrechtlichen Buchwert liegt.

Die Bewertungsreserven, die nach den maßgebenden rechtlichen Vorschriften für die Beteiligung der Verträge zu berücksichtigen sind, ordnen wir den Verträgen anteilig rechnerisch zu. Dabei wenden wir ein verursachungsorientiertes Verfahren an.

Genaue Informationen zu diesem Verfahren finden Sie unter dem Stichwort „Informationen zur Überschussbeteiligung", die Ihnen jeweils als Anlage zum Versicherungsvorschlag und zum Versicherungsschein zur Verfügung gestellt werden.

Die Höhe der Bewertungsreserven ermitteln wir jährlich neu, zusätzlich auch für den Zeitpunkt der Beendigung eines Vertrages.

(6) Bei Beendigung des Vertrages (durch Tod, Kündigung oder Erleben des vereinbarten Ablauftermins) gilt Folgendes:

Wir teilen Ihrem Vertrag dann den für diesen Zeitpunkt zugeordneten Anteil an den Bewertungsreserven gemäß der jeweils geltenden gesetzlichen Regelung zu.

Genaue Informationen zum Verteilungsmechanismus finden Sie unter dem Stichwort „Informationen zur Überschussbeteiligung", die Ihnen jeweils als Anlage zum Versicherungsvorschlag und zum Versicherungsschein zur Verfügung gestellt werden.

Aufsichtsrechtliche Regelungen können dazu führen, dass die Beteiligung an den Bewertungsreserven ganz oder teilweise entfällt.

Warum können wir die Höhe der Überschussbeteiligung nicht garantieren?

(7) Die Höhe der Überschussbeteiligung hängt von vielen Einflüssen ab, die nicht vorhersehbar und von uns nur begrenzt beeinflussbar sind. Einflussfaktoren sind insbesondere die Entwicklung des Kapitalmarkts, des versicherten Risikos und der Kosten.

Die Höhe der künftigen Überschussbeteiligung kann also nicht garantiert werden. Sie kann auch Null Euro betragen.

Wie informieren wir über die Überschussbeteiligung?

(8) Die festgelegten Überschussanteilsätze veröffentlichen wir jährlich in unserem Geschäftsbericht. Diesen können Sie bei uns anfordern.

(9) Über den Stand Ihrer Ansprüche unterrichten wir Sie jährlich. Dabei berücksichtigen wir die Überschussbeteiligung Ihres Vertrages.

§ 3 Wann beginnt Ihr Versicherungsschutz?

Ihr Versicherungsschutz beginnt, wenn Sie den Vertrag mit uns abgeschlossen haben. Jedoch besteht vor dem im Versicherungsschein angegebenen Versicherungsbeginn kein Versicherungsschutz. Allerdings kann unsere Leistungspflicht entfallen, wenn Sie den Beitrag nicht rechtzeitig zahlen (siehe § 10 Absatz 2 und 3 und § 11).

Allgemeine Bedingungen für die kapitalbildende Lebensversicherung

§ 4 Was gilt bei Polizei- oder Wehrdienst, Unruhen, Krieg oder Einsatz bzw. Freisetzen von ABC-Waffen / -Stoffen?

(1) Grundsätzlich leisten wir unabhängig davon, auf welcher Ursache der Versicherungsfall beruht. Wir leisten auch dann, wenn die versicherte Person in Ausübung des Polizei- oder Wehrdienstes oder bei inneren Unruhen gestorben ist.

(2) Stirbt die versicherte Person in unmittelbarem oder mittelbarem Zusammenhang mit kriegerischen Ereignissen, ist unsere Leistung eingeschränkt. In diesem Fall vermindert sich die Auszahlung auf den für den Todestag berechneten Rückkaufswert (siehe § 12 Absatz 3 bis 5) zuzüglich der Überschussbeteiligung (siehe § 12 Absatz 6). Unsere Leistung vermindert sich nicht, wenn die versicherte Person in unmittelbarem oder mittelbarem Zusammenhang mit kriegerischen Ereignissen stirbt, denen sie während eines Aufenthaltes außerhalb der Bundesrepublik Deutschland ausgesetzt und an denen sie nicht aktiv beteiligt war.

(3) In folgenden Fällen vermindern sich unsere Leistungen auf die in Absatz 2 Satz 2 und 3 genannten Leistungen: Die versicherte Person stirbt in unmittelbarem oder mittelbarem Zusammenhang mit
- dem vorsätzlichen Einsatz von atomaren, biologischen oder chemischen Waffen oder
- dem vorsätzlichen Einsatz oder der vorsätzlichen Freisetzung von radioaktiven, biologischen oder chemischen Stoffen.

Der Einsatz bzw. das Freisetzen muss dabei darauf gerichtet gewesen sein, das Leben einer Vielzahl von Personen zu gefährden. Unsere Leistung vermindert sich nicht, wenn die versicherte Person in unmittelbarem oder mittelbarem Zusammenhang mit kriegerischen Ereignissen stirbt, denen sie während eines Aufenthaltes außerhalb der Bundesrepublik Deutschland ausgesetzt und an denen sie nicht aktiv beteiligt war.

§ 5 Was gilt bei Selbsttötung der versicherten Person?

(1) Bei vorsätzlicher Selbsttötung erbringen wir eine für den Todesfall vereinbarte Leistung, wenn seit Abschluss des Vertrages 3 Jahre vergangen sind.

(2) Bei vorsätzlicher Selbsttötung vor Ablauf der Dreijahresfrist besteht kein Versicherungsschutz. In diesem Fall zahlen wir den für den Todestag berechneten Rückkaufswert Ihres Vertrages (siehe § 12 Absatz 3 bis 5) zuzüglich der Überschussbeteiligung (siehe § 12 Absatz 6).
Wenn uns nachgewiesen wird, dass sich die versicherte Person in einem die freie Willensbestimmung ausschließenden Zustand krankhafter Störung der Geistestätigkeit selbst getötet hat, besteht Versicherungsschutz.

(3) Wenn unsere Leistungspflicht durch eine Änderung des Vertrages erweitert wird oder der Vertrag wiederhergestellt wird, beginnt die Dreijahresfrist bezüglich des geänderten oder wiederhergestellten Teils neu.

§ 6 Was bedeutet die vorvertragliche Anzeigepflicht und welche Folgen hat ihre Verletzung?

Vorvertragliche Anzeigepflicht

(1) Sie sind bis zur Abgabe Ihrer Vertragserklärung verpflichtet, alle Ihnen bekannten gefahrerheblichen Umstände, nach denen wir in Textform (z. B. Papierform oder E-Mail) gefragt haben, wahrheitsgemäß und vollständig anzuzeigen. Gefahrerheblich sind die Umstände, die für unsere Entscheidung, den Vertrag überhaupt oder mit dem vereinbarten Inhalt zu schließen, erheblich sind.
Diese Anzeigepflicht gilt auch für Fragen nach gefahrerheblichen Umständen, die wir Ihnen nach Ihrer Vertragserklärung, aber vor unserer Vertragsannahme, in Textform stellen.

(2) Soll das Leben einer anderen Person versichert werden, ist auch diese – neben Ihnen – zu wahrheitsgemäßer und vollständiger Beantwortung der Fragen verpflichtet.

(3) Wenn eine andere Person die Fragen nach gefahrerheblichen Umständen für Sie beantwortet und wenn diese Person den gefahrerheblichen Umstand kennt oder arglistig handelt, werden Sie behandelt, als hätten Sie selbst davon Kenntnis gehabt oder arglistig gehandelt.

Rechtsfolgen der Anzeigepflichtverletzung

(4) Nachfolgend informieren wir Sie, unter welchen Voraussetzungen wir bei einer Verletzung der Anzeigepflicht
- vom Vertrag zurücktreten,
- den Vertrag kündigen,
- den Vertrag ändern oder
- den Vertrag wegen arglistiger Täuschung anfechten

können.

Rücktritt

(5) Wenn die vorvertragliche Anzeigepflicht verletzt wird, können wir vom Vertrag zurücktreten. Das Rücktrittsrecht besteht nicht, wenn weder eine vorsätzliche noch eine grob fahrlässige Anzeigepflichtverletzung vorliegt. Selbst wenn die Anzeigepflicht grob fahrlässig verletzt wird, haben wir trotzdem kein Rücktrittsrecht, falls wir den Vertrag – möglicherweise zu anderen Bedingungen – auch bei Kenntnis der nicht angezeigten gefahrerheblichen Umstände geschlossen hätten.

(6) Im Fall des Rücktritts haben Sie keinen Versicherungsschutz. Wenn wir nach Eintritt des Versicherungsfalles zurücktreten, bleibt unsere Leistungspflicht unter folgender Voraussetzung trotzdem bestehen:
Die Verletzung der Anzeigepflicht bezieht sich auf einen gefahrerheblichen Umstand, der
- weder für den Eintritt oder die Feststellung des Versicherungsfalles
- noch für die Feststellung oder den Umfang unserer Leistungspflicht ursächlich war.

Unsere Leistungspflicht entfällt jedoch auch im vorstehend genannten Fall, wenn die Anzeigepflicht arglistig verletzt worden ist.

(7) Wenn der Vertrag durch Rücktritt aufgehoben wird, zahlen wir den Rückkaufswert gemäß § 12 Absatz 3 bis 5; die Regelung des § 12 Absatz 3 Satz 2 bis 3 gilt nicht. Die Rückzahlung der Beiträge können Sie nicht verlangen.

Allgemeine Bedingungen für die kapitalbildende Lebensversicherung

Kündigung

(8) Wenn unser Rücktrittsrecht ausgeschlossen ist, weil die Verletzung der Anzeigepflicht weder vorsätzlich noch grob fahrlässig erfolgt ist, können wir den Vertrag unter Einhaltung einer Frist von einem Monat kündigen.

(9) Unser Kündigungsrecht ist ausgeschlossen, wenn wir den Vertrag – möglicherweise zu anderen Bedingungen – auch bei Kenntnis der nicht angezeigten gefahrerheblichen Umstände geschlossen hätten.

(10) Wenn wir den Vertrag kündigen, wandelt er sich nach Maßgabe des § 13 in einen beitragsfreien Vertrag um.

Vertragsänderung

(11) Können wir nicht zurücktreten oder kündigen, weil wir den Vertrag – möglicherweise zu anderen Bedingungen – auch bei Kenntnis der nicht angezeigten gefahrerheblichen Umstände geschlossen hätten (Absatz 5 Satz 3 und Absatz 9), werden die anderen Bedingungen auf unser Verlangen rückwirkend Vertragsbestandteil. Haben Sie die Anzeigepflichtverletzung nicht zu vertreten, werden die anderen Bedingungen erst ab der laufenden Versicherungsperiode (siehe § 10 Absatz 2 Satz 3) Vertragsbestandteil.

(12) Sie können den Vertrag innerhalb eines Monats, nachdem Sie unsere Mitteilung über die Vertragsänderung erhalten haben, fristlos kündigen, wenn
- wir im Rahmen einer Vertragsänderung den Beitrag um mehr als 10 % erhöhen oder
- wir die Gefahrabsicherung für einen nicht angezeigten Umstand ausschließen.

Auf dieses Recht werden wir Sie in der Mitteilung über die Vertragsänderung hinweisen.

Voraussetzungen für die Ausübung unserer Rechte

(13) Unsere Rechte zum Rücktritt, zur Kündigung oder zur Vertragsänderung stehen uns nur zu, wenn wir Sie durch gesonderte Mitteilung in Textform auf die Folgen einer Anzeigepflichtverletzung hingewiesen haben.

(14) Wir haben kein Recht zum Rücktritt, zur Kündigung oder zur Vertragsänderung, wenn wir den nicht angezeigten Umstand oder die Unrichtigkeit der Anzeige kannten.

(15) Wir können unsere Rechte zum Rücktritt, zur Kündigung oder zur Vertragsänderung nur innerhalb eines Monats geltend machen. Die Frist beginnt mit dem Zeitpunkt, zu dem wir von der Verletzung der Anzeigepflicht, die das von uns geltend gemachte Recht begründet, Kenntnis erlangen. Bei Ausübung unserer Rechte müssen wir die Umstände angeben, auf die wir unsere Erklärung stützen. Zur Begründung können wir nachträglich weitere Umstände angeben, wenn für diese die Frist nach Satz 1 nicht verstrichen ist.

(16) Nach Ablauf von 5 Jahren seit Vertragsschluss erlöschen unsere Rechte zum Rücktritt, zur Kündigung oder zur Vertragsänderung. Ist der Versicherungsfall vor Ablauf dieser Frist eingetreten, können wir die Rechte auch nach Ablauf der Frist geltend machen. Ist die Anzeigepflicht vorsätzlich oder arglistig verletzt worden, beträgt die Frist 10 Jahre.

Anfechtung

(17) Wir können den Vertrag auch anfechten, falls unsere Entscheidung zur Annahme des Vertrages durch unrichtige oder unvollständige Angaben bewusst und gewollt beeinflusst worden ist. Handelt es sich um Angaben der versicherten Person, können wir Ihnen gegenüber die Anfechtung erklären, auch wenn Sie von der Verletzung der vorvertraglichen Anzeigepflicht keine Kenntnis hatten. Absatz 7 gilt entsprechend.

Leistungserweiterung/Wiederherstellung des Vertrages

(18) Die Absätze 1 bis 17 gelten entsprechend, wenn der Versicherungsschutz nachträglich erweitert oder wiederhergestellt wird und deshalb eine erneute Risikoprüfung vorgenommen wird. Die Fristen nach Absatz 16 beginnen mit der Änderung oder Wiederherstellung des Vertrages bezüglich des geänderten oder wiederhergestellten Teils neu.

Erklärungsempfänger

(19) Unsere Rechte zum Rücktritt, zur Kündigung, zur Vertragsänderung sowie zur Anfechtung üben wir durch eine schriftliche Erklärung aus, die wir Ihnen gegenüber abgeben. Sofern Sie uns keine andere Person als Bevollmächtigten benannt haben, gilt nach Ihrem Tod ein Bezugsberechtigter als bevollmächtigt, diese Erklärung entgegenzunehmen. Ist kein Bezugsberechtigter vorhanden oder kann sein Aufenthalt nicht ermittelt werden, können wir den Inhaber des Versicherungsscheins als bevollmächtigt ansehen, die Erklärung entgegenzunehmen.

§ 7 Was ist zu beachten, wenn eine Leistung verlangt wird?

(1) Wird eine Leistung aus dem Vertrag beansprucht, können wir verlangen, dass uns der Versicherungsschein und ein Zeugnis über den Tag der Geburt der versicherten Person sowie die Auskunft nach § 16 vorgelegt werden.

(2) Der Tod der versicherten Person muss uns unverzüglich (d. h. ohne schuldhaftes Zögern) mitgeteilt werden. Außerdem muss uns eine amtliche Sterbeurkunde mit Angabe von Alter und Geburtsort vorgelegt werden. Zusätzlich muss uns eine ausführliche ärztliche oder amtliche Bescheinigung über die Todesursache vorgelegt werden. Aus der Bescheinigung müssen sich Beginn und Verlauf der Krankheit, die zum Tod der versicherten Person geführt hat, ergeben.

(3) Wir können weitere Nachweise und Auskünfte verlangen, wenn dies erforderlich ist, um unsere Leistungspflicht zu klären. Die Kosten hierfür muss diejenige Person tragen, die die Leistung beansprucht.

(4) Unsere Leistungen werden fällig, nachdem wir die Erhebungen abgeschlossen haben, die zur Feststellung des Versicherungsfalles und des Umfangs unserer Leistungspflicht notwendig sind. Wenn eine der in den Absätzen 1 bis 3 genannten Pflichten nicht erfüllt wird, kann dies zur Folge haben, dass wir nicht feststellen können, ob oder in welchem Umfang wir leistungspflichtig sind. Eine solche Pflichtverletzung kann somit dazu führen, dass unsere Leistung nicht fällig wird.

(5) Bei Überweisung von Leistungen in Länder außerhalb des Europäischen Wirtschaftsraumes trägt die empfangsberechtigte Person die damit verbundenen Gefahren und Kosten.

§ 8 Welche Bedeutung hat der Versicherungsschein?

(1) Wir können Ihnen den Versicherungsschein in Textform (z. B. Papierform, E-Mail) übermitteln. Stellen wir diesen als Dokument in Papierform aus, dann liegt eine Urkunde vor. Sie können die Ausstellung als Urkunde verlangen.

(2) Den Inhaber der Urkunde können wir als berechtigt ansehen, über die Rechte aus dem Vertrag zu verfügen, insbesondere Leistungen in Empfang zu nehmen. Wir können aber verlangen, dass uns der Inhaber der Urkunde seine Berechtigung nachweist.

§ 9 Wer erhält die Leistung?

(1) Als unser Versicherungsnehmer können Sie bestimmen, wer die Leistung erhält. Wenn Sie keine Bestimmung treffen, leisten wir an Sie.

Bezugsberechtigung

(2) Sie können uns widerruflich oder unwiderruflich eine andere Person benennen, die die Leistung erhalten soll (Bezugsberechtigter).

Wenn Sie ein Bezugsrecht widerruflich bestimmen, erwirbt der Bezugsberechtigte das Recht auf die Leistung erst mit dem Eintritt des Versicherungsfalles. Deshalb können Sie Ihre Bestimmung bis zum Eintritt des Versicherungsfalles jederzeit widerrufen.

Sie können ausdrücklich bestimmen, dass der Bezugsberechtigte sofort und unwiderruflich das Recht auf die Leistung erhält. Sobald uns Ihre Erklärung zugegangen ist, kann dieses Bezugsrecht nur noch mit Zustimmung des unwiderruflich Bezugsberechtigten geändert werden.

Abtretung und Verpfändung

(3) Sie können das Recht auf die Leistung bis zum Eintritt des Versicherungsfalles grundsätzlich ganz oder teilweise an Dritte abtreten und verpfänden, soweit derartige Verfügungen rechtlich möglich sind.

Anzeige

(4) Die Einräumung und der Widerruf eines Bezugsrechtes (Absatz 2) sowie die Abtretung und die Verpfändung (Absatz 3) sind uns gegenüber nur und erst dann wirksam, wenn sie uns vom bisherigen Berechtigten in Textform (z. B. Papierform, E-Mail) angezeigt worden sind. Der bisherige Berechtigte sind im Regelfall Sie als unser Versicherungsnehmer. Es können aber auch andere Personen sein, sofern Sie bereits zuvor Verfügungen (z. B. unwiderrufliche Bezugsberechtigung, Abtretung, Verpfändung) getroffen haben.

§ 10 Was müssen Sie bei der Beitragszahlung beachten?

(1) Die Beiträge zu Ihrem Vertrag können Sie je nach Vereinbarung in einem Betrag (Einmalbeitrag) monatlich, viertel-, halbjährlich oder jährlich zahlen.

(2) Den ersten Beitrag oder den Einmalbeitrag müssen Sie unverzüglich (d. h. ohne schuldhaftes Zögern) nach Abschluss des Vertrages zahlen, jedoch nicht vor dem mit Ihnen vereinbarten, im Versicherungsschein angegebenen Versicherungsbeginn. Alle weiteren Beiträge (Folgebeiträge) werden jeweils zu Beginn der vereinbarten Versicherungsperiode fällig. Die Versicherungsperiode umfasst bei Einmalbeitrags- und Jahreszahlung ein Jahr, ansonsten entsprechend der Zahlungsweise einen Monat, ein Vierteljahr bzw. ein halbes Jahr.

(3) Sie haben den Beitrag rechtzeitig gezahlt, wenn Sie bis zum Fälligkeitstag (siehe Absatz 2) alles getan haben, damit der Beitrag bei uns eingeht. Wenn die Einziehung des Beitrages von einem Konto vereinbart wurde, gilt die Zahlung in folgendem Fall als rechtzeitig:
- Der Beitrag konnte am Fälligkeitstag eingezogen werden und
- Sie haben einer berechtigten Einziehung nicht widersprochen.

Konnten wir den fälligen Beitrag ohne Ihr Verschulden nicht einziehen, ist die Zahlung auch dann noch rechtzeitig, wenn sie unverzüglich nach unserer Zahlungsaufforderung erfolgt. Haben Sie zu vertreten, dass der Beitrag wiederholt nicht eingezogen werden kann, sind wir berechtigt, künftig die Zahlung außerhalb des Lastschriftverfahrens zu verlangen.

(4) Sie müssen die Beiträge auf Ihre Gefahr und Ihre Kosten zahlen.

(5) Bei Fälligkeit einer Leistung werden wir etwaige Beitragsrückstände verrechnen.

§ 11 Was geschieht, wenn Sie einen Beitrag nicht rechtzeitig zahlen?

Erster Beitrag oder Einmalbeitrag

(1) Wenn Sie den ersten Beitrag oder den Einmalbeitrag nicht rechtzeitig zahlen, können wir - solange die Zahlung nicht bewirkt ist - vom Vertrag zurücktreten. In diesem Fall können wir von Ihnen die Kosten für ärztliche Untersuchungen im Rahmen einer Gesundheitsprüfung verlangen. Wir sind nicht zum Rücktritt berechtigt, wenn uns nachgewiesen wird, dass Sie die nicht rechtzeitige Zahlung nicht zu vertreten haben.

(2) Ist der erste Beitrag oder der Einmalbeitrag bei Eintritt des Versicherungsfalles noch nicht gezahlt, sind wir nicht zur Leistung verpflichtet. Dies gilt nur, wenn wir Sie durch gesonderte Mitteilung in Textform (z. B. Papierform, E-Mail) oder durch einen auffälligen Hinweis im Versicherungsschein auf diese Rechtsfolge aufmerksam gemacht haben. Unsere Leistungspflicht bleibt jedoch bestehen, wenn Sie uns nachweisen, dass Sie das Ausbleiben der Zahlung nicht zu vertreten haben.

Folgebeitrag

(3) Zahlen Sie einen Folgebeitrag nicht rechtzeitig, können wir Ihnen auf Ihre Kosten in Textform eine Zahlungsfrist setzen. Die Zahlungsfrist muss mindestens 2 Wochen betragen.

(4) Für einen Versicherungsfall, der nach Ablauf der gesetzten Zahlungsfrist eintritt, entfällt oder vermindert sich der Versicherungsschutz, wenn Sie sich bei Eintritt des Versicherungsfalles noch mit der Zahlung in Verzug befinden. Voraussetzung ist, dass wir Sie bereits mit der Fristsetzung auf diese Rechtsfolge hingewiesen haben.

(5) Nach Ablauf der gesetzten Zahlungsfrist können wir den Vertrag ohne Einhaltung einer Kündigungsfrist kündigen, wenn Sie sich noch immer mit den Beiträgen, Zinsen oder Kosten in Verzug befinden. Voraussetzung ist, dass wir Sie bereits mit der Fristsetzung auf diese Rechtsfolge hingewiesen haben. Wir können die Kündigung bereits mit der Fristsetzung erklären. Sie wird dann automatisch mit Ablauf der Frist wirksam, wenn Sie zu diesem Zeitpunkt noch immer mit der Zahlung in Verzug sind. Auf diese Rechtsfolge müssen wir Sie ebenfalls hinweisen.

(6) Sie können den angeforderten Betrag auch dann noch nachzahlen, wenn unsere Kündigung wirksam geworden ist. Nachzahlen können Sie nur
- innerhalb eines Monats nach der Kündigung
- oder, wenn die Kündigung bereits mit der Fristsetzung verbunden worden ist, innerhalb eines Monats nach Fristablauf.

Zahlen Sie innerhalb dieses Zeitraums, wird die Kündigung unwirksam, und der Vertrag besteht fort. Für Versicherungsfälle, die zwischen dem Ablauf der Zahlungsfrist und der Zahlung eintreten, besteht kein oder nur ein verminderter Versicherungsschutz.

§ 12 Wann können Sie Ihren Vertrag kündigen und welche Leistungen erbringen wir?

Kündigung

(1) Sie können Ihren Vertrag jederzeit zum Schluss der laufenden Versicherungsperiode (siehe § 10 Absatz 2 Satz 3) in Textform (z. B. Papierform, E-Mail) kündigen.

Sie können Ihren Vertrag auch teilweise kündigen, wenn die verbleibende Versicherungssumme mindestens 20.000 € oder der verbleibende Beitrag 240 € jährlich beträgt. Bei teilweiser Kündigung gelten die folgenden Regelungen nur für den gekündigten Vertragsteil.

Auszahlungsbetrag

(2) Nach Kündigung zahlen wir
- den Rückkaufswert (Absätze 3 und 5),
- die Überschussbeteiligung (Absatz 6).

Beitragsrückstände werden von dem Auszahlungsbetrag abgezogen.

Rückkaufswert

(3) Der Rückkaufswert ist nach § 169 des Versicherungsvertragsgesetzes (VVG) das nach anerkannten Regeln der Versicherungsmathematik mit den Rechnungsgrundlagen der Beitragskalkulation zum Schluss der laufenden Versicherungsperiode berechnete Deckungskapital des Vertrages. Bei einem Vertrag mit laufender Beitragszahlung ist der Rückkaufswert mindestens jedoch der Betrag des Deckungskapitals, das sich bei gleichmäßiger Verteilung der angesetzten Abschluss- und Vertriebskosten auf die ersten 5 Vertragsjahre ergibt. Ist die vereinbarte Beitragszahlungsdauer kürzer als 5 Jahre, verteilen wir diese Kosten auf die Beitragszahlungsdauer. In jedem Fall beachten wir die aufsichtsrechtlichen Höchstzillmersätze (siehe § 14 Absatz 2).

Abzug

(4) Den Abzug einer Stornogebühr nehmen wir nicht vor.

Herabsetzung des Rückkaufswertes im Ausnahmefall

(5) Wir sind nach § 169 Absatz 6 VVG berechtigt, den nach Absatz 3 Satz 1 bis 3 ermittelten Wert angemessen herabzusetzen, soweit dies erforderlich ist, um eine Gefährdung der Belange der Versicherungsnehmer, insbesondere durch eine Gefährdung der dauernden Erfüllbarkeit der sich aus den Versicherungsverträgen ergebenden Verpflichtungen, auszuschließen. Die Herabsetzung ist jeweils auf ein Jahr befristet.

Überschussbeteiligung

(6) Für die Ermittlung des Auszahlungsbetrages setzt sich die Überschussbeteiligung zusammen aus:
- den Ihrem Vertrag bereits zugeteilten Überschussanteilen, soweit sie nicht in dem nach den Absätzen 3 bis 5 berechneten Betrag enthalten sind,
- dem Schlussüberschussanteil nach § 2 Absatz 3 und
- den Ihrem Vertrag gemäß § 2 Absatz 6 zuzuteilenden Bewertungsreserven, soweit bei Kündigung vorhanden.

(7) Wenn Sie Ihren Vertrag kündigen, kann das für Sie Nachteile haben. In der Anfangszeit Ihres Vertrages ist wegen der Verrechnung von Abschluss- und Vertriebskosten (siehe § 14) nur der Mindestwert gemäß Absatz 3 Satz 2 als Rückkaufswert vorhanden. Der Rückkaufswert erreicht auch in den Folgejahren nicht unbedingt die Summe der gezahlten Beiträge. Nähere Informationen zum Rückkaufswert vor und nach Abzug und darüber, in welchem Ausmaß er garantiert ist, können Sie dem Anhang zum Versicherungsschein und unseren jährlichen Informationsschreiben entnehmen.

Keine Beitragsrückzahlung

(8) Die Rückzahlung der Beiträge können Sie nicht verlangen.

§ 13 Wann können Sie Ihren Vertrag beitragsfrei stellen und welche Folgen hat dies auf unsere Leistungen?

(1) Anstelle einer Kündigung nach § 12 können Sie zu dem dort genannten Termin in Textform (z. B. Papierform, E-Mail) verlangen, ganz oder teilweise von der Beitragszahlungspflicht befreit zu werden. In diesem Fall setzen wir die vereinbarte Versicherungssumme ganz oder teilweise auf eine beitragsfreie Versicherungssumme herab. Diese wird nach folgenden Gesichtspunkten berechnet:
- nach anerkannten Regeln der Versicherungsmathematik mit den Rechnungsgrundlagen der Beitragskalkulation,
- für den Schluss der laufenden Versicherungsperiode und
- unter Zugrundelegung des Rückkaufswertes nach § 12 Absatz 3.

(2) Der aus Ihrem Vertrag für die Bildung der beitragsfreien Versicherungssumme zur Verfügung stehende Betrag mindert sich um rückständige Beiträge.

Den Abzug einer Stornogebühr nehmen wir nicht vor.

(3) Wenn Sie Ihren Vertrag beitragsfrei stellen, kann das für Sie Nachteile haben. In der Anfangszeit Ihres Vertrages ist wegen der Verrechnung von Abschluss- und Vertriebskosten (siehe § 14) nur der Mindestwert gemäß § 12 Absatz 3 Satz 2 zur Bildung einer beitragsfreien Versicherungssumme vorhanden. Auch in den Folgejahren stehen nicht unbedingt Mittel in Höhe der gezahlten Beiträge für die Bildung einer beitragsfreien Versicherungssumme zur Verfügung. Nähere Informationen zur beitragsfreien Versicherungssumme und ihrer Höhe können Sie dem Anhang zum Versicherungsschein und unserem jährlichen Informationsschreiben entnehmen.

(4) Haben Sie die vollständige Befreiung von der Beitragszahlungspflicht verlangt und erreicht die nach Absatz 1 zu berechnende beitragsfreie Versicherungssumme den Mindestbetrag von 500 € nicht, erhalten Sie den Auszahlungsbetrag nach § 12 Absatz 2, und der Vertrag endet. Eine teilweise Befreiung von der Beitragszahlungspflicht können Sie nur verlangen, wenn der fortzuzahlende Beitrag mindestens 20 € monatlich beträgt und die beitragsfreie Versicherungssumme den Mindestbetrag von 500 € erreicht.

§ 14 Wie werden die Kosten Ihres Vertrages verrechnet?

(1) Mit Ihrem Vertrag sind Kosten verbunden. Diese sind in Ihren Beitrag einkalkuliert. Es handelt sich um Abschluss- und Vertriebskosten sowie übrige Kosten.

Zu den Abschluss- und Vertriebskosten gehören insbesondere Abschlussprovisionen für den Versicherungsvermittler. Außerdem umfassen die Abschluss- und Vertriebskosten die Kosten für die Antragsprüfung und Ausfertigung der Vertragsunterlagen, Sachaufwendungen, die im Zusammenhang mit der Antragsbearbeitung stehen, sowie Werbeaufwendungen. Zu den übrigen Kosten gehören insbesondere die Verwaltungskosten.

Die Höhe der einkalkulierten Abschluss- und Vertriebskosten sowie der übrigen Kosten und der darin enthaltenen Verwaltungskosten können Sie dem Versorgungsvorschlag entnehmen.

(2) Wir wenden auf Ihren Vertrag das Verrechnungsverfahren nach § 4 der Deckungsrückstellungsverordnung an. Dies bedeutet, dass wir die ersten Beiträge zur Tilgung eines Teils der Abschluss- und Vertriebskosten heranziehen. Dies gilt jedoch nicht für den Teil der ersten Beiträge, der für Leistungen im Versicherungsfall, Kosten des Versicherungsbetriebes in der jeweiligen Versicherungsperiode und aufgrund von gesetzlichen Regelungen für die Bildung einer Deckungsrückstellung bestimmt ist. Der auf diese Weise zu tilgende Betrag ist nach der Deckungsrückstellungsverordnung auf 2,5 % der von Ihnen während der Laufzeit des Vertrages zu zahlenden Beiträge beschränkt.

(3) Die restlichen Abschluss- und Vertriebskosten werden über die gesamte Beitragszahlungsdauer verteilt, die übrigen Kosten über die gesamte Vertragslaufzeit.

(4) Die beschriebene Kostenverrechnung hat zur Folge, dass in der Anfangszeit Ihres Vertrages nur geringe Beträge für einen Rückkaufswert oder zur Bildung der beitragsfreien Versicherungssumme vorhanden sind (siehe §§ 12 und 13). Nähere Informationen zu den Rückkaufswerten und beitragsfreien Versicherungssummen sowie ihren jeweiligen Höhen können Sie dem Anhang zum Versicherungsschein und unserem jährlichen Informationsschreiben entnehmen.

§ 15 Was gilt bei Änderung Ihrer Postanschrift und Ihres Namens?

(1) Eine Änderung Ihrer Postanschrift müssen Sie uns unverzüglich mitteilen. Anderenfalls können für Sie Nachteile entstehen. Wir sind berechtigt, eine an Sie zu richtende Erklärung (z. B. Setzen einer Zahlungsfrist) mit eingeschriebenem Brief an Ihre uns zuletzt bekannte Anschrift zu senden. In diesem Fall gilt unsere Erklärung 3 Tage nach Absendung des eingeschriebenen Briefes als zugegangen.

(2) Bei Änderung Ihres Namens gilt Absatz 1 entsprechend.

§ 16 Welche weiteren Auskunftspflichten haben Sie?

(1) Sofern wir aufgrund gesetzlicher Regelungen zur Erhebung, Speicherung, Verarbeitung und Meldung von Informationen und Daten zu Ihrem Vertrag verpflichtet sind, müssen Sie uns die hierfür notwendigen Informationen, Daten und Unterlagen

- bei Vertragsabschluss,
- bei Änderung nach Vertragsabschluss oder
- auf Nachfrage

unverzüglich (d. h. ohne schuldhaftes Zögern) zur Verfügung stellen. Sie sind auch zur Mitwirkung verpflichtet, soweit der Status dritter Personen, die Rechte an Ihrem Vertrag haben, für Datenerhebungen und Meldungen maßgeblich ist.

(2) Notwendige Informationen im Sinne von Absatz 1 sind beispielsweise Umstände, die für die Beurteilung
- Ihrer persönlichen steuerlichen Ansässigkeit,
- der steuerlichen Ansässigkeit dritter Personen, die Rechte an Ihrem Vertrag haben, und
- der steuerlichen Ansässigkeit des Leistungsempfängers

maßgebend sein können.

Dazu zählen insbesondere die deutsche oder die ausländische Steueridentifikationsnummer, das Geburtsdatum, der Geburtsort und der Wohnsitz. Welche Umstände dies nach derzeitiger Gesetzeslage im Einzelnen sind, können Sie dem Versicherungsschein und unserem jährlichen Informationsschreiben entnehmen.

(3) Falls Sie uns die notwendigen Informationen, Daten und Unterlagen nicht oder nicht rechtzeitig zur Verfügung stellen, gilt Folgendes:

Bei einer entsprechenden gesetzlichen Verpflichtung melden wir Ihre Vertragsdaten an die zuständigen in- oder ausländischen Steuerbehörden. Dies gilt auch dann, wenn ggf. keine steuerliche Ansässigkeit im Ausland besteht.

(4) Eine Verletzung Ihrer Auskunftspflichten gemäß den Absätzen 1 und 2 kann dazu führen, dass wir unsere Leistung nicht zahlen. Dies gilt solange, bis Sie uns die für die Erfüllung unserer gesetzlichen Pflichten notwendigen Informationen zur Verfügung gestellt haben.

§ 17 Welche Kosten stellen wir Ihnen gesondert in Rechnung?

(1) In folgenden Fällen stellen wir Ihnen zusätzliche Kosten gesondert in Rechnung:

Dienstleistung:	Höhe der Gebühr:
Vom Zahlungspflichtigen zu vertretende fehlgeschlagene Lastschriftabbuchung	10,00 €
Mahngebühr nach § 38 VVG	7,50 €
Adressen-Recherche aufgrund nicht angezeigter Anschriftenänderung	15,00 €
Ausstellung eines Ersatzversicherungsscheines	20,00 €
Bestätigung einer Abtretung oder Verpfändung an den Abtretungsempfänger	20,00 €
Wechsel des Versicherungsnehmers	15,00 €
Vertragsänderungen mit Neuberechnung von Beitrag, vereinbarter Versicherungsleistung oder der Laufzeit	15,00 €
Einzelermächtigung zur Schweigepflichtsentbindung	15,00 €

Der Zinssatz für Verzugszinsen richtet sich nach der Situation am Kapitalmarkt. Er liegt jedoch höchstens 5 Prozentpunkte über dem Basiszinssatz nach § 247 Bürgerliches Gesetzbuch (BGB).

Nicht gezahlte Gebühren, Kosten und Verzugszinsen verrechnen wir mit Ihren Überschussanteilen bzw. dem Deckungskapital.

Wir haben uns bei der Bemessung der Gebühren an dem bei uns regelmäßig entstehenden Aufwand orientiert. Sofern Sie uns nachweisen, dass die der Bemessung zugrunde liegenden Annahmen in Ihrem Fall dem Grunde nach nicht zutreffen, entfällt die jeweilige Gebühr. Sofern Sie uns nachweisen, dass die jeweilige Gebühr der Höhe nach wesentlich niedriger zu beziffern ist, wird sie entsprechend herabgesetzt.

§18 Welches Recht findet auf Ihren Vertrag Anwendung?

Auf Ihren Vertrag findet das Recht der Bundesrepublik Deutschland Anwendung.

§19 Wo ist der Gerichtsstand?

(1) Für Klagen aus dem Vertrag gegen uns ist das Gericht zuständig, in dessen Bezirk unser Sitz liegt. Zuständig ist auch das Gericht, in dessen Bezirk Sie zur Zeit der Klageerhebung Ihren Wohnsitz haben. Wenn Sie keinen Wohnsitz haben, ist der Ort Ihres gewöhnlichen Aufenthaltes maßgeblich. Wenn Sie eine juristische Person sind, ist auch das Gericht zuständig, in dessen Bezirk Sie Ihren Sitz oder Ihre Niederlassung haben.

(2) Klagen aus dem Vertrag gegen Sie müssen wir bei dem Gericht erheben, das für Ihren Wohnsitz zuständig ist. Wenn Sie keinen Wohnsitz haben, ist der Ort Ihres gewöhnlichen Aufenthaltes maßgeblich. Wenn Sie eine juristische Person sind, ist das Gericht zuständig, in dessen Bezirk Sie Ihren Sitz oder Ihre Niederlassung haben.

(3) Verlegen Sie Ihren Wohnsitz oder den Ort Ihres gewöhnlichen Aufenthalts in das Ausland, sind für Klagen aus dem Vertrag die Gerichte des Staates zuständig, in dem wir unseren Sitz haben.

Allgemeine Bedingungen für die Rentenversicherung mit aufgeschobener Rentenzahlung

Leistung

§ 1 Welche Leistungen erbringen wir? 117
§ 2 Wie erfolgt die Überschussbeteiligung? 117
§ 3 Wann beginnt Ihr Versicherungsschutz? 119
§ 4 Was bedeutet die vorvertragliche Anzeigepflicht und welche Folgen hat ihre Verletzung? 119
§ 5 Was ist zu beachten, wenn eine Leistung verlangt wird? 120
§ 6 Welche Bedeutung hat der Versicherungsschein? 120
§ 7 Wer erhält die Leistung? 120

Beitrag

§ 8 Was müssen Sie bei der Beitragszahlung beachten? 121
§ 9 Was geschieht, wenn Sie einen Beitrag nicht rechtzeitig zahlen? 121

Kündigung und Beitragsfreistellung

§ 10 Wann können Sie Ihren Vertrag kündigen und welche Leistungen erbringen wir? 121
§ 11 Wann können Sie Ihren Vertrag beitragsfrei stellen und welche Auswirkungen hat dies auf unsere Leistungen? 122
§ 12 Wie werden die Kosten Ihres Vertrages verrechnet? 122

Sonstige Vertragsbestimmungen

§ 13 Was gilt bei Änderung Ihrer Postanschrift und Ihres Namens? 123
§ 14 Welche weiteren Auskunftspflichten haben Sie? 123
§ 15 Welche Kosten stellen wir Ihnen gesondert in Rechnung? 123
§ 16 Welches Recht findet auf Ihren Vertrag Anwendung? 123
§ 17 Wo ist der Gerichtsstand? 123

§ 1 Welche Leistungen erbringen wir?

Unsere Leistung ab Rentenzahlungsbeginn

(1) Wenn die versicherte Person (das ist die Person, auf deren Leben die Versicherung abgeschlossen ist) den vereinbarten Rentenzahlungsbeginn erlebt, zahlen wir die vereinbarte Rente, solange die versicherte Person lebt. Wir zahlen die Rente je nach Vereinbarung jährlich, halbjährlich, vierteljährlich oder monatlich an den vereinbarten Fälligkeitstagen. Die Höhe der Rente wird zum Zeitpunkt des Rentenbeginns aus dem zum Rentenbeginn vorhandenen Deckungskapital nach den anerkannten Regeln der Versicherungsmathematik mit den zu diesem Zeitpunkt maßgebenden Rechnungsgrundlagen berechnet.

(2) Sie können verlangen, dass wir statt der Renten eine einmalige Leistung (Kapitalabfindung) zum Fälligkeitstag der ersten Rente zahlen. Dazu muss die versicherte Person diesen Termin erleben. Ihr Antrag auf Kapitalabfindung muss uns spätestens einen Monat vor dem Fälligkeitstag der ersten Rente vorliegen. Mit Zahlung der Kapitalabfindung endet der Vertrag.

Unsere Leistung bei Tod der versicherten Person

(3) Wenn die versicherte Person vor dem vereinbarten Rentenzahlungsbeginn stirbt, zahlen wir die bis zum Todestag gezahlten Beiträge ohne Beiträge für etwa eingeschlossene Zusatzversicherungen zurück, und der Vertrag endet.

(4) Wenn Sie mit uns eine Rentengarantiezeit vereinbart haben und die versicherte Person nach dem Rentenzahlungsbeginn stirbt, gilt Folgendes:
Wir zahlen die vereinbarte Rente auch bei Tod der versicherten Person bis zum Ende der Rentengarantiezeit. (Beispiel: Haben Sie eine Rentengarantiezeit von 10 Jahren vereinbart und die versicherte Person stirbt 3 Jahre nach Rentenzahlungsbeginn, zahlen wir noch 7 Jahre lang die vereinbarte Rente.) Wenn Sie mit uns keine Rentengarantiezeit vereinbart haben oder die versicherte Person nach Ablauf der Rentengarantiezeit stirbt, erbringen wir bei Tod der versicherten Person keine Leistung, und der Vertrag endet.

Unsere Leistung aus der Überschussbeteiligung

(5) Es kann sich eine Leistung aus der Überschussbeteiligung ergeben (siehe § 2).

§ 2 Wie erfolgt die Überschussbeteiligung?

(1) Wir beteiligen Sie an dem Überschuss und an den Bewertungsreserven (Überschussbeteiligung). Die Leistung aus der Überschussbeteiligung kann auch Null Euro betragen. In den nachfolgenden Absätzen erläutern wir Ihnen,
- wie wir den in einem Geschäftsjahr entstandenen Überschuss unseres Unternehmens ermitteln und wie wir diesen verwenden (Absatz 2),
- wie Ihr Vertrag an dem Überschuss beteiligt wird (Absätze 3 und 4),
- wie Bewertungsreserven entstehen und wie wir diese Ihrem Vertrag zuordnen (Absätze 5 und 6),
- warum wir die Höhe der Überschussbeteiligung Ihres Vertrages nicht garantieren können (Absatz 7) und
- wie wir Sie über die Überschussbeteiligung informieren (Absätze 8 und 9).

Wie ermitteln wir den in einem Geschäftsjahr entstandenen Überschuss unseres Unternehmens und wie verwenden wir diesen?

(2) Den in einem Geschäftsjahr entstandenen Überschuss unseres Unternehmens (Rohüberschuss) ermitteln wir nach handels- und aufsichtsrechtlichen Vorschriften. Mit der Feststellung des Jahresabschlusses legen wir fest, welcher Teil des Rohüberschusses für die Überschussbeteiligung aller überschussberechtigten Verträge zur Verfügung steht. Dabei beachten wir die aufsichtsrechtlichen Vorgaben, derzeit insbesondere die Verordnung über die Mindestbeitragsrückerstattung in der Lebensversicherung (Mindestzuführungsverordnung).
Den danach zur Verfügung stehenden Teil des Rohüberschusses führen wir der Rückstellung für Beitragsrückerstattung zu, soweit wir ihn nicht als Direktgutschrift unmittelbar den überschussberechtigten Versicherungsverträgen gutgeschrieben haben. Sinn der Rückstellung für Beitragsrückerstattung ist es,

Schwankungen des Überschusses über die Jahre auszugleichen. Die Rückstellung für Beitragsrückerstattung dürfen wir grundsätzlich nur für die Überschussbeteiligung der Versicherungsnehmer verwenden. Nur in gesetzlich festgelegten Ausnahmefällen können wir hiervon mit Zustimmung der Aufsichtsbehörde abweichen.

Ansprüche auf eine bestimmte Höhe der Beteiligung Ihres Vertrages am Überschuss ergeben sich aus der Zuführung zur Rückstellung für Beitragsrückerstattung nicht.

Wir haben gleichartige Versicherungen (z. B. aufgeschobene Rentenversicherungen, Risikolebensversicherungen, Berufsunfähigkeitsversicherungen) zu Bestandsgruppen zusammengefasst. Bestandsgruppen bilden wir, um die Unterschiede bei den versicherten Risiken zu berücksichtigen.

Wie wird Ihr Vertrag an dem Überschuss beteiligt?

(3) Bei der Verteilung des Überschusses auf die einzelnen Verträge wenden wir ein verursachungsorientiertes Verfahren an. Hierzu bilden wir innerhalb der Bestandsgruppen Gewinnverbände.

Ihr Vertrag ist dem in Ihrem Versicherungsschein genannten Gewinnverband zugeordnet. Wir verteilen den Überschuss in dem Maß, wie die Bestandsgruppen und Gewinnverbände zu seiner Entstehung beigetragen haben. Hat eine Bestandsgruppe oder ein Gewinnverband nicht zur Entstehung des Überschusses beigetragen, besteht insoweit kein Anspruch auf Überschussbeteiligung.

(a) Laufende Überschussanteile vor Rentenzahlungsbeginn

Alle Hauptversicherungen erhalten jeweils zu Beginn eines Versicherungsjahres, erstmals zu Beginn des 2. Versicherungsjahres, einen laufenden Zinsüberschuss zugeteilt. Bemessungsgrundlage ist das zum jeweiligen Zuteilungszeitpunkt vorhandene Deckungskapital.

Alle Hauptversicherungen mit laufender Beitragszahlung erhalten außerdem während der Beitragszahlung zu Beginn eines jeden Versicherungsjahres, erstmals bei Beginn der Versicherung, einen Kostenüberschuss auf den Kostenbeitragsteil der in einem Versicherungsjahr zu entrichtenden Beiträge.

Die zugeteilten laufenden Überschussanteile werden verzinslich angesammelt. Bei Beendigung des Vertrages durch Kündigung oder Tod, spätestens jedoch zu Beginn der Rentenzahlung, wird das Ansammlungsguthaben fällig und zur Erhöhung der Versicherungsleistung bzw. des Rückkaufswertes verwendet.

Im Falle einer Kapitalabfindung anstelle einer Rentenzahlung wird das Ansammlungsguthaben ausgezahlt.

Die laufenden Überschussanteilsätze sind vom Kapitalmarkt abhängig und können auch Null Euro betragen. Die genaue Höhe wird jeweils ein Jahr im Voraus festgelegt und im Geschäftsbericht veröffentlicht. Diesen können Sie bei uns anfordern.

(b) Schlussüberschuss vor Rentenzahlungsbeginn

Zusätzlich zu den Überschussanteilen nach (a) kann bei Ihrer Hauptversicherung – außer bei Einmalbeitragsversicherungen – zum vereinbarten Rentenzahlungsbeginn bzw. bei Rückkauf durch Kündigung oder Tod in den letzten 5 Jahren vor dem vereinbarten Rentenzahlungsbeginn ein Schlussüberschuss fällig werden.

Er wird zur Erhöhung der Versicherungsleistung bzw. des Rückkaufswertes verwendet bzw. – im Falle einer Kapitalabfindung – ausgezahlt.

Bemessungsgrundlagen sind hier das vorhandene Deckungskapital in den jeweiligen Versicherungsjahren und die in diesen Jahren jeweils geltenden Schlussüberschussanteilsätze.

Die Schlussüberschussanteilsätze sind vom Kapitalmarkt abhängig und können auch Null Euro betragen. Die genaue Höhe wird jeweils ein Jahr im Voraus festgelegt und im Geschäftsbericht veröffentlicht. Diesen können Sie bei uns anfordern.

(c) Laufende Überschussanteile nach Rentenzahlungsbeginn

Auch während der Rentenzahlungszeit können für alle Hauptversicherungen noch Überschüsse und eine Beteiligung an den Bewertungsreserven (siehe Absatz 6) fällig werden. Diese werden jeweils zum Jahrestag des tatsächlichen Rentenbeginns zugeteilt und in Form einer nicht garantierten zusätzlichen Rente gezahlt.

Diese zusätzliche Rente kann aufgrund der möglichen Schwankungen der Bewertungsreserven und einer möglichen Änderung der Überschussbeteiligung steigen oder sinken – sie kann auch komplett entfallen.

Sofern Sie statt einer Rentenzahlung eine Kapitalabfindung gewählt haben, entfallen die laufenden Überschussanteile nach Rentenzahlungsbeginn.

(4) Der Vorstand legt jedes Jahr auf Vorschlag des Verantwortlichen Aktuars fest, wie der Überschuss auf die Gewinnverbände verteilt wird, und setzt die entsprechenden Überschussanteilsätze fest (Überschussdeklaration). Dabei achtet er darauf, dass die Verteilung verursachungsorientiert erfolgt.

Ihr Vertrag erhält auf der Grundlage der Überschussdeklaration Anteile an dem auf Ihren Gewinnverband entfallenden Teil des Überschusses. Die Mittel hierfür werden bei der Direktgutschrift zulasten des Ergebnisses des Geschäftsjahres finanziert, ansonsten der Rückstellung für Beitragsrückerstattung entnommen.

Wie entstehen Bewertungsreserven und wie ordnen wir diese Ihrem Vertrag zu?

(5) Bewertungsreserven entstehen, wenn der Marktwert der Kapitalanlagen über ihrem jeweiligen handelsrechtlichen Buchwert liegt.

Die Bewertungsreserven, die nach den maßgebenden rechtlichen Vorschriften für die Beteiligung der Verträge zu berücksichtigen sind, ordnen wir den Verträgen anteilig rechnerisch zu. Dabei wenden wir ein verursachungsorientiertes Verfahren an.

Genaue Informationen zu diesem Verfahren finden Sie unter dem Stichwort „Informationen zur Überschussbeteiligung", die Ihnen jeweils als Anlage zum Versicherungsvorschlag und zum Versicherungsschein zur Verfügung gestellt werden.

Die Höhe der Bewertungsreserven ermitteln wir jährlich neu, zusätzlich auch

- für den Zeitpunkt der Beendigung eines Vertrages vor Rentenzahlungsbeginn,
- für den Beginn einer Rentenzahlung sowie
- während der Rentenzahlung jeweils für das Ende eines Versicherungsjahres.

(6) Bei Beendigung der Ansparphase (durch Tod, Kündigung oder Erleben des vereinbarten Rentenzahlungsbeginns) gilt Folgendes: Wir teilen Ihrem Vertrag dann den für diesen Zeitpunkt zugeordneten Anteil an den Bewertungsreserven gemäß der jeweils geltenden gesetzlichen Regelung zu. Auch während des Rentenbezuges werden wir Sie entsprechend an den Bewertungsreserven beteiligen.

Genaue Informationen zum Verteilungsmechanismus finden Sie unter dem Stichwort „Informationen zur Überschussbeteiligung", die Ihnen jeweils als Anlage zum Versicherungsvorschlag und zum Versicherungsschein zur Verfügung gestellt werden.

Aufsichtsrechtliche Regelungen können dazu führen, dass die Beteiligung an den Bewertungsreserven ganz oder teilweise entfällt.

Warum können wir die Höhe der Überschussbeteiligung nicht garantieren?

(7) Die Höhe der Überschussbeteiligung hängt von vielen Einflüssen ab, die nicht vorhersehbar und von uns nur begrenzt beeinflussbar sind. Einflussfaktoren sind insbesondere die Entwicklung des Kapitalmarkts, des versicherten Risikos und der Kosten.

Die Höhe der künftigen Überschussbeteiligung kann also nicht garantiert werden. Sie kann auch Null Euro betragen.

Wie informieren wir über die Überschussbeteiligung?

(8) Die festgelegten Überschussanteilsätze veröffentlichen wir jährlich in unserem Geschäftsbericht. Diesen können Sie bei uns anfordern.

(9) Über den Stand Ihrer Ansprüche unterrichten wir Sie jährlich. Dabei berücksichtigen wir die Überschussbeteiligung Ihres Vertrages.

§ 3 Wann beginnt Ihr Versicherungsschutz?

Ihr Versicherungsschutz beginnt, wenn Sie den Vertrag mit uns abgeschlossen haben. Jedoch besteht vor dem im Versicherungsschein angegebenen Versicherungsbeginn kein Versicherungsschutz. Allerdings kann unsere Leistungspflicht entfallen, wenn Sie den Beitrag nicht rechtzeitig zahlen (siehe § 8 Absätze 2 und 3 und § 9).

§ 4 Was bedeutet die vorvertragliche Anzeigepflicht und welche Folgen hat ihre Verletzung?

Vorvertragliche Anzeigepflicht

(1) Sie sind bis zur Abgabe Ihrer Vertragserklärung verpflichtet, alle Ihnen bekannten gefahrerheblichen Umstände, nach denen wir in Textform (z. B. Papierform oder E-Mail) gefragt haben, wahrheitsgemäß und vollständig anzuzeigen. Gefahrerheblich sind die Umstände, die für unsere Entscheidung, den Vertrag überhaupt oder mit dem vereinbarten Inhalt zu schließen, erheblich sind.

Diese Anzeigepflicht gilt auch für Fragen nach gefahrerheblichen Umständen, die wir Ihnen nach Ihrer Vertragserklärung, aber vor Vertragsannahme, in Textform stellen.

(2) Soll das Leben einer anderen Person versichert werden, ist auch diese - neben Ihnen - zu wahrheitsgemäßer und vollständiger Beantwortung der Fragen verpflichtet.

(3) Wenn eine andere Person die Fragen nach gefahrerheblichen Umständen für Sie beantwortet und wenn diese Person den gefahrerheblichen Umstand kennt oder arglistig handelt, werden Sie behandelt, als hätten Sie selbst davon Kenntnis gehabt oder arglistig gehandelt.

Rechtsfolgen der Anzeigepflichtverletzung

(4) Nachfolgend informieren wir Sie, unter welchen Voraussetzungen wir bei einer Verletzung der Anzeigepflicht
- vom Vertrag zurücktreten,
- den Vertrag kündigen,
- den Vertrag ändern oder
- den Vertrag wegen arglistiger Täuschung anfechten

können.

Rücktritt

(5) Wenn die vorvertragliche Anzeigepflicht verletzt wird, können wir vom Vertrag zurücktreten. Das Rücktrittsrecht besteht nicht, wenn weder eine vorsätzliche noch eine grob fahrlässige Anzeigepflichtverletzung vorliegt. Selbst wenn die Anzeigepflicht grob fahrlässig verletzt wird, haben wir trotzdem kein Rücktrittsrecht, falls wir den Vertrag - möglicherweise zu anderen Bedingungen - auch bei Kenntnis der nicht angezeigten gefahrerheblichen Umstände geschlossen hätten.

(6) Im Fall des Rücktritts haben Sie keinen Versicherungsschutz. Wenn wir nach Eintritt des Versicherungsfalles zurücktreten, bleibt unsere Leistungspflicht unter folgender Voraussetzung trotzdem bestehen:

Die Verletzung der Anzeigepflicht bezieht sich auf einen gefahrerheblichen Umstand, der
- weder für den Eintritt oder die Feststellung des Versicherungsfalles
- noch für die Feststellung oder den Umfang unserer Leistungspflicht ursächlich war.

Unsere Leistungspflicht entfällt jedoch auch im vorstehend genannten Fall, wenn die Anzeigepflicht arglistig verletzt worden ist.

(7) Wenn der Vertrag durch Rücktritt aufgehoben wird, zahlen wir den Rückkaufswert gemäß § 10 Absätze 3 bis 5; die Regelung des § 10 Absatz 3 Satz 2 bis 4 gilt nicht. Die Rückzahlung der Beiträge können Sie nicht verlangen.

Kündigung

(8) Wenn unser Rücktrittsrecht ausgeschlossen ist, weil die Verletzung der Anzeigepflicht weder vorsätzlich noch grob fahrlässig erfolgt ist, können wir den Vertrag unter Einhaltung einer Frist von einem Monat kündigen.

(9) Unser Kündigungsrecht ist ausgeschlossen, wenn wir den Vertrag - möglicherweise zu anderen Bedingungen - auch bei Kenntnis der nicht angezeigten gefahrerheblichen Umstände geschlossen hätten.

(10) Wenn wir den Vertrag kündigen, wandelt er sich nach Maßgabe des § 11 in einen beitragsfreien Vertrag um.

Vertragsänderung

(11) Können wir nicht zurücktreten oder kündigen, weil wir den Vertrag - möglicherweise zu anderen Bedingungen - auch bei Kenntnis der nicht angezeigten gefahrerheblichen Umstände geschlossen hätten (Absatz 5 Satz 3 und Absatz 9), werden die anderen Bedingungen auf unser Verlangen rückwirkend Vertragsbestandteil. Haben Sie die Anzeigepflichtverletzung nicht zu vertreten, werden die anderen Bedingungen erst ab der laufenden Versicherungsperiode (siehe § 8 Absatz 2 Satz 3) Vertragsbestandteil.

(12) Sie können den Vertrag innerhalb eines Monats, nachdem Sie unsere Mitteilung über die Vertragsänderung erhalten haben, fristlos kündigen, wenn
- wir im Rahmen einer Vertragsänderung den Beitrag um mehr als 10 % erhöhen oder
- wir die Gefahrabsicherung für einen nicht angezeigten Umstand ausschließen.

Auf dieses Recht werden wir Sie in der Mitteilung über die Vertragsänderung hinweisen.

Allgemeine Bedingungen für die Rentenversicherung mit aufgeschobener Rentenzahlung

Voraussetzungen für die Ausübung unserer Rechte

(13) Unsere Rechte zum Rücktritt, zur Kündigung oder zur Vertragsänderung stehen uns nur zu, wenn wir Sie durch gesonderte Mitteilung in Textform auf die Folgen einer Anzeigepflichtverletzung hingewiesen haben.

(14) Wir haben kein Recht zum Rücktritt, zur Kündigung oder zur Vertragsänderung, wenn wir den nicht angezeigten Umstand oder die Unrichtigkeit der Anzeige kannten.

(15) Wir können unsere Rechte zum Rücktritt, zur Kündigung oder zur Vertragsänderung nur innerhalb eines Monats geltend machen. Die Frist beginnt mit dem Zeitpunkt, zu dem wir von der Verletzung der Anzeigepflicht, die das von uns geltend gemachte Recht begründet, Kenntnis erlangen. Bei Ausübung unserer Rechte müssen wir die Umstände angeben, auf die wir unsere Erklärung stützen. Zur Begründung können wir nachträglich weitere Umstände angeben, wenn für diese die Frist nach Satz 1 nicht verstrichen ist.

(16) Nach Ablauf von 5 Jahren seit Vertragsschluss erlöschen unsere Rechte zum Rücktritt, zur Kündigung oder zur Vertragsänderung. Ist der Versicherungsfall vor Ablauf dieser Frist eingetreten, können wir die Rechte auch nach Ablauf der Frist geltend machen. Ist die Anzeigepflicht vorsätzlich oder arglistig verletzt worden, beträgt die Frist 10 Jahre.

Anfechtung

(17) Wir können den Vertrag auch anfechten, falls unsere Entscheidung zur Annahme des Vertrages durch unrichtige oder unvollständige Angaben bewusst und gewollt beeinflusst worden ist. Handelt es sich um Angaben der versicherten Person, können wir Ihnen gegenüber die Anfechtung erklären, auch wenn Sie von der Verletzung der vorvertraglichen Anzeigepflicht keine Kenntnis hatten. Absatz 7 gilt entsprechend.

Leistungserweiterung/Wiederherstellung des Vertrages

(18) Die Absätze 1 bis 17 gelten entsprechend, wenn der Versicherungsschutz nachträglich erweitert oder wiederhergestellt wird und deshalb eine erneute Risikoprüfung vorgenommen wird. Die Fristen nach Absatz 16 beginnen mit der Änderung oder Wiederherstellung des Vertrages bezüglich des geänderten oder wiederhergestellten Teils neu.

Erklärungsempfänger

(19) Unsere Rechte zum Rücktritt, zur Kündigung, zur Vertragsänderung sowie zur Anfechtung üben wir durch eine schriftliche Erklärung aus, die wir Ihnen gegenüber abgeben. Sofern Sie uns keine andere Person als Bevollmächtigten benannt haben, gilt nach Ihrem Tod ein Bezugsberechtigter als bevollmächtigt, diese Erklärung entgegenzunehmen. Ist kein Bezugsberechtigter vorhanden oder kann sein Aufenthalt nicht ermittelt werden, können wir den Inhaber des Versicherungsscheines als bevollmächtigt ansehen, die Erklärung entgegenzunehmen.

§ 5 Was ist zu beachten, wenn eine Leistung verlangt wird?

(1) Wird eine Leistung aus dem Vertrag beansprucht, können wir verlangen, dass uns der Versicherungsschein und ein Zeugnis über den Tag der Geburt der versicherten Person sowie die Auskunft nach § 14 vorgelegt werden.

(2) Vor jeder Rentenzahlung können wir auf unsere Kosten eine amtliche Bescheinigung darüber verlangen, dass die versicherte Person noch lebt.

(3) Der Tod der versicherten Person muss uns unverzüglich (d. h. ohne schuldhaftes Zögern) mitgeteilt werden. Außerdem muss uns eine amtliche Sterbeurkunde mit Angabe von Alter und Geburtsort vorgelegt werden.

(4) Unsere Leistungen werden fällig, nachdem wir die Erhebungen abgeschlossen haben, die zur Feststellung des Versicherungsfalles und des Umfanges unserer Leistungspflicht notwendig sind. Wenn eine der in den Absätzen 1 bis 3 genannten Pflichten nicht erfüllt wird, kann dies zur Folge haben, dass wir nicht feststellen können, ob oder in welchem Umfang wir leistungspflichtig sind. Eine solche Pflichtverletzung kann somit dazu führen, dass unsere Leistung nicht fällig wird.

(5) Bei Überweisung von Leistungen in Länder außerhalb des Europäischen Wirtschaftsraumes trägt die empfangsberechtigte Person die damit verbundenen Gefahren und Kosten.

§ 6 Welche Bedeutung hat der Versicherungsschein?

(1) Wir können Ihnen den Versicherungsschein in Textform (z. B. Papierform, E-Mail) übermitteln. Stellen wir diesen als Dokument in Papierform aus, dann liegt eine Urkunde vor. Sie können die Ausstellung als Urkunde verlangen.

(2) Den Inhaber der Urkunde können wir als berechtigt ansehen, über die Rechte aus dem Vertrag zu verfügen, insbesondere Leistungen in Empfang zu nehmen. Wir können aber verlangen, dass uns der Inhaber der Urkunde seine Berechtigung nachweist.

§ 7 Wer erhält die Leistung?

(1) Als unser Versicherungsnehmer können Sie bestimmen, wer die Leistung erhält. Wenn Sie keine Bestimmung treffen, leisten wir an Sie.

Bezugsberechtigung

(2) Sie können uns widerruflich oder unwiderruflich eine andere Person benennen, die die Leistung erhalten soll (Bezugsberechtigter).

Wenn Sie ein Bezugsrecht widerruflich bestimmen, erwirbt der Bezugsberechtigte das Recht auf die Leistung erst mit dem Eintritt des jeweiligen Versicherungsfalles. Deshalb können Sie Ihre Bestimmung bis zum Eintritt des jeweiligen Versicherungsfalles jederzeit widerrufen. Wenn wir Renten zahlen, tritt mit jeder Fälligkeit einer Rente ein eigener Versicherungsfall ein.

Sie können ausdrücklich bestimmen, dass der Bezugsberechtigte sofort und unwiderruflich das Recht auf die Leistung erhält. Sobald uns Ihre Erklärung zugegangen ist, kann dieses Bezugsrecht nur noch mit Zustimmung des unwiderruflich Bezugsberechtigten geändert werden.

Abtretung und Verpfändung

(3) Sie können das Recht auf die Leistung bis zum Eintritt des jeweiligen Versicherungsfalles grundsätzlich ganz oder teilweise an Dritte abtreten und verpfänden, soweit derartige Verfügungen rechtlich möglich sind.

Allgemeine Bedingungen für die Rentenversicherung mit aufgeschobener Rentenzahlung

Anzeige

(4) Die Einräumung und der Widerruf eines Bezugsrechtes (Absatz 2) sowie die Abtretung und die Verpfändung (Absatz 3) sind uns gegenüber nur und erst dann wirksam, wenn sie uns vom bisherigen Berechtigten in Textform (z. B. Papierform, E-Mail) angezeigt worden sind. Der bisherige Berechtigte sind im Regelfall Sie als unser Versicherungsnehmer. Es können aber auch andere Personen sein, sofern Sie bereits zuvor Verfügungen (z. B. unwiderrufliche Bezugsberechtigung, Abtretung, Verpfändung) getroffen haben.

§ 8 Was müssen Sie bei der Beitragszahlung beachten?

(1) Die Beiträge zu Ihrem Vertrag können Sie je nach Vereinbarung in einem Betrag (Einmalbeitrag) monatlich, viertel-, halbjährlich oder jährlich zahlen.

(2) Den ersten Beitrag müssen Sie unverzüglich (d. h. ohne schuldhaftes Zögern) nach Abschluss des Vertrages zahlen, jedoch nicht vor dem mit Ihnen vereinbarten, im Versicherungsschein angegebenen Versicherungsbeginn. Alle weiteren Beiträge (Folgebeiträge) werden jeweils zu Beginn der vereinbarten Versicherungsperiode fällig. Die Versicherungsperiode umfasst bei Jahreszahlung ein Jahr, ansonsten entsprechend der Zahlungsweise einen Monat, ein Vierteljahr bzw. ein halbes Jahr.

(3) Sie haben den Beitrag rechtzeitig gezahlt, wenn Sie bis zum Fälligkeitstag (Absatz 2) alles getan haben, damit der Beitrag bei uns eingeht. Wenn die Einziehung des Beitrags von einem Konto vereinbart wurde, gilt die Zahlung in folgendem Fall als rechtzeitig:
- Der Beitrag konnte am Fälligkeitstag eingezogen werden und
- Sie haben einer berechtigten Einziehung nicht widersprochen.

Konnten wir den fälligen Beitrag ohne Ihr Verschulden nicht einziehen, ist die Zahlung auch dann noch rechtzeitig, wenn sie unverzüglich nach unserer Zahlungsaufforderung erfolgt. Haben Sie zu vertreten, dass der Beitrag wiederholt nicht eingezogen werden kann, sind wir berechtigt, künftig die Zahlung außerhalb des Lastschriftverfahrens zu verlangen.

(4) Sie müssen die Beiträge auf Ihre Gefahr und Ihre Kosten zahlen.

(5) Bei Fälligkeit einer Leistung werden wir etwaige Beitragsrückstände verrechnen.

§ 9 Was geschieht, wenn Sie einen Beitrag nicht rechtzeitig zahlen?

Erster Beitrag oder Einmalbeitrag

(1) Wenn Sie den ersten Beitrag oder den Einmalbeitrag nicht rechtzeitig zahlen, können wir - solange die Zahlung nicht bewirkt ist - vom Vertrag zurücktreten. Wir sind nicht zum Rücktritt berechtigt, wenn uns nachgewiesen wird, dass Sie die nicht rechtzeitige Zahlung nicht zu vertreten haben.

(2) Ist der erste Beitrag oder der Einmalbeitrag bei Eintritt des Versicherungsfalles noch nicht gezahlt, sind wir nicht zur Leistung verpflichtet. Dies gilt nur, wenn wir Sie durch gesonderte Mitteilung in Textform oder durch einen auffälligen Hinweis im Versicherungsschein auf diese Rechtsfolge aufmerksam gemacht haben. Unsere Leistungspflicht bleibt jedoch bestehen, wenn Sie uns nachweisen, dass Sie das Ausbleiben der Zahlung nicht zu vertreten haben.

Folgebeitrag

(3) Zahlen Sie einen Folgebeitrag nicht rechtzeitig, können wir Ihnen auf Ihre Kosten in Textform eine Zahlungsfrist setzen. Die Zahlungsfrist muss mindestens 2 Wochen betragen.

(4) Für einen Versicherungsfall, der nach Ablauf der gesetzten Zahlungsfrist eintritt, entfällt oder vermindert sich der Versicherungsschutz, wenn Sie sich bei Eintritt des Versicherungsfalles noch mit der Zahlung in Verzug befinden. Voraussetzung ist, dass wir Sie bereits mit der Fristsetzung auf diese Rechtsfolge hingewiesen haben.

(5) Nach Ablauf der gesetzten Zahlungsfrist können wir den Vertrag ohne Einhaltung einer Kündigungsfrist kündigen, wenn Sie sich noch immer mit den Beiträgen, Zinsen oder Kosten in Verzug befinden. Voraussetzung ist, dass wir Sie bereits mit der Fristsetzung auf diese Rechtsfolge hingewiesen haben. Wir können die Kündigung bereits mit der Fristsetzung erklären. Sie wird dann automatisch mit Ablauf der Frist wirksam, wenn Sie zu diesem Zeitpunkt noch immer mit der Zahlung in Verzug sind. Auf diese Rechtsfolge müssen wir Sie ebenfalls hinweisen.

(6) Sie können den angeforderten Betrag auch dann noch nachzahlen, wenn unsere Kündigung wirksam geworden ist. Nachzahlen können Sie nur
- innerhalb eines Monats nach der Kündigung
- oder, wenn die Kündigung bereits mit der Fristsetzung verbunden worden ist, innerhalb eines Monats nach Fristablauf.

Zahlen Sie innerhalb dieses Zeitraumes, wird die Kündigung unwirksam, und der Vertrag besteht fort. Für Versicherungsfälle, die zwischen dem Ablauf der Zahlungsfrist und der Zahlung eintreten, besteht kein oder nur ein verminderter Versicherungsschutz, der sich nach den Regelungen von § 11 (Leistungen bei Beitragsfreistellung) berechnet.

§ 10 Wann können Sie Ihren Vertrag kündigen und welche Leistungen erbringen wir?

Kündigung

(1) Sie können Ihren Vertrag jederzeit zum Schluss der laufenden Versicherungsperiode (siehe § 8 Absatz 2 Satz 3) in Textform (z. B. Papierform, E-Mail) kündigen. Nach dem Rentenzahlungsbeginn können Sie nicht mehr kündigen.

Sie können Ihren Vertrag auch teilweise kündigen, wenn die verbleibende Rente mindestens 600 € pro Jahr und der Beitrag mindestens 20 € monatlich beträgt. Bei teilweiser Kündigung gelten die folgenden Regelungen nur für den gekündigten Vertragsteil.

Auszahlungsbetrag

(2) Wir zahlen nach Kündigung
- den Rückkaufswert (Absätze 3 und 5) sowie
- die Überschussbeteiligung (Absatz 6).

Beitragsrückstände werden von dem Auszahlungsbetrag abgezogen.

Rückkaufswert

(3) Der Rückkaufswert ist nach § 169 des Versicherungsvertragsgesetzes (VVG) das nach anerkannten Regeln der Versicherungsmathematik mit den Rechnungsgrundlagen der Beitragskalkulation zum Schluss der laufenden Versicherungsperiode berechnete Deckungskapital des Vertrages. Bei einem Vertrag mit laufender Beitragszahlung ist der Rückkaufswert, mindestens jedoch der Betrag des Deckungskapitals, das sich bei gleichmäßiger Verteilung der angesetzten Abschluss- und Vertriebskosten auf die ersten 5 Vertragsjahre ergibt. Ist die vereinbarte Beitragszahlungsdauer kürzer als 5 Jahre, verteilen wir diese Kosten auf die Beitragszahlungsdauer. In jedem Fall beachten wir die aufsichtsrechtlichen Höchstzillmersätze (siehe § 12 Absatz 2 Satz 4).

Für die Ermittlung des Auszahlungsbetrages nach Absatz 2 legen wir jedoch höchstens die bei Tod fällig werdende Leistung zugrunde. Wenn ein Restbetrag vorhanden ist, bilden wir hieraus nach anerkannten Regeln der Versicherungsmathematik eine beitragsfreie Rente. Diese wird nur dann fällig, wenn die versicherte Person den vereinbarten Rentenzahlungsbeginn erlebt. Wird die beitragsfreie Mindestrente von jährlich 600 € nicht erreicht, legen wir den vollen Rückkaufswert zugrunde.

Abzug

(4) Den Abzug einer Stornogebühr nehmen wir nicht vor.

Herabsetzung des Rückkaufswertes im Ausnahmefall

(5) Wir sind nach § 169 Absatz 6 VVG berechtigt, den nach Absatz 3 ermittelten Wert angemessen herabzusetzen, soweit dies erforderlich ist, um eine Gefährdung der Belange der Versicherungsnehmer, insbesondere durch eine Gefährdung der dauernden Erfüllbarkeit der sich aus den Versicherungsverträgen ergebenden Verpflichtungen, auszuschließen. Die Herabsetzung ist jeweils auf ein Jahr befristet.

Überschussbeteiligung

(6) Für die Ermittlung des Auszahlungsbetrages setzt sich die Überschussbeteiligung zusammen aus:
- den Ihrem Vertrag bereits zugeteilten Überschussanteilen, soweit sie nicht in dem nach den Absätzen 3 bis 5 berechneten Betrag enthalten sind,
- dem Schlussüberschussanteil nach § 2 Absatz 3 (b), und
- den Ihrem Vertrag gemäß § 2 Absatz 6 zuzuteilenden Bewertungsreserven, soweit bei Kündigung vorhanden.

(7) Wenn Sie Ihren Vertrag kündigen, kann das für Sie Nachteile haben. In der Anfangszeit Ihres Vertrages ist wegen der Verrechnung von Abschluss- und Vertriebskosten (siehe § 12) nur der Mindestwert gemäß Absatz 3 Satz 2 als Rückkaufswert vorhanden. Der Rückkaufswert erreicht auch in den Folgejahren nicht unbedingt die Summe der gezahlten Beiträge. Nähere Informationen zum Rückkaufswert vor und nach dem Abzug und darüber, in welchem Ausmaß er garantiert ist, können Sie dem Anhang zum Versicherungsschein und unseren jährlichen Informationsschreiben entnehmen.

Keine Beitragsrückzahlung

(8) Die Rückzahlung der Beiträge können Sie nicht verlangen.

§ 11 Wann können Sie Ihren Vertrag beitragsfrei stellen und welche Auswirkungen hat dies auf unsere Leistungen?

(1) Anstelle einer Kündigung nach § 10 können Sie zu dem dort genannten Termin in Textform (z. B. Papierform, E-Mail) verlangen, von der Beitragszahlungspflicht ganz oder teilweise befreit zu werden. In diesem Fall setzen wir die vereinbarte Rente ganz oder teilweise auf eine beitragsfreie Rente herab. Diese wird nach folgenden Gesichtspunkten berechnet:

- nach anerkannten Regeln der Versicherungsmathematik mit den Rechnungsgrundlagen der Beitragskalkulation,
- für den Schluss der laufenden Versicherungsperiode und
- unter Zugrundelegung des Rückkaufswertes nach § 10 Absatz 3.

(2) Der aus Ihrem Vertrag für die Bildung der beitragsfreien Rente zur Verfügung stehende Betrag mindert sich um rückständige Beiträge.

Den Abzug einer Stornogebühr nehmen wir nicht vor.

(3) Wenn Sie Ihren Vertrag beitragsfrei stellen, kann das für Sie Nachteile haben. In der Anfangszeit Ihres Vertrages ist wegen der Verrechnung von Abschluss- und Vertriebskosten (siehe § 12) nur der Mindestwert gemäß § 10 Absatz 3 Satz 2 zur Bildung einer beitragsfreien Rente vorhanden. Auch in den Folgejahren stehen nicht unbedingt Mittel in Höhe der gezahlten Beiträge für die Bildung einer beitragsfreien Rente zur Verfügung. Nähere Informationen zur beitragsfreien Rente und ihrer Höhe können Sie dem Anhang zum Versicherungsschein und unserem jährlichen Informationsschreiben entnehmen.

(4) Haben Sie die vollständige Befreiung von der Beitragszahlungspflicht verlangt, und erreicht die nach Absatz 1 zu berechnende beitragsfreie Rente den Mindestbetrag von jährlich 600 € nicht, erhalten Sie den Auszahlungsbetrag nach § 10 Absatz 2, und der Vertrag endet. Eine teilweise Befreiung von der Beitragszahlungspflicht können Sie nur verlangen, wenn der fortzuzahlende Beitrag mindestens 20 € monatlich beträgt.

§ 12 Wie werden die Kosten Ihres Vertrages verrechnet?

(1) Mit Ihrem Vertrag sind Kosten verbunden. Diese sind in Ihren Beitrag einkalkuliert. Es handelt sich um Abschluss- und Vertriebskosten sowie übrige Kosten.

Zu den Abschluss- und Vertriebskosten gehören insbesondere Abschlussprovisionen für den Versicherungsvermittler. Außerdem umfassen die Abschluss- und Vertriebskosten die Kosten für die Antragsprüfung und Ausfertigung der Vertragsunterlagen, Sachaufwendungen, die im Zusammenhang mit der Antragsbearbeitung stehen, sowie Werbeaufwendungen. Zu den übrigen Kosten gehören insbesondere die Verwaltungskosten.

Die Höhe der einkalkulierten Abschluss- und Vertriebskosten sowie der übrigen Kosten sind Ihnen vor Antragstellung bekannt gegeben worden. Außerdem können sie dem Anhang zum Versicherungsschein und unseren jährlichen Informationsschreiben entnommen werden.

(2) Wir wenden auf Ihren Vertrag das Verrechnungsverfahren nach § 4 der Deckungsrückstellungsverordnung an. Dies bedeutet, dass wir die ersten Beiträge zur Tilgung eines Teils der Abschluss- und Vertriebskosten heranziehen. Dies gilt jedoch nicht für den Teil der ersten Beiträge, der für Leistungen im Versicherungsfall, Kosten des Versicherungsbetriebs in der jeweiligen Versicherungsperiode und aufgrund von gesetzlichen Regelungen für die Bildung einer Deckungsrückstellung bestimmt ist. Der auf diese Weise zu tilgende Betrag ist nach der Deckungsrückstellungsverordnung auf 2,5 % der von Ihnen während der Laufzeit des Vertrages zu zahlenden Beiträge beschränkt.

(3) Die restlichen Abschluss- und Vertriebskosten werden über die gesamte Beitragszahlungsdauer verteilt, die übrigen Kosten über die gesamte Vertragslaufzeit.

(4) Die beschriebene Kostenverrechnung hat zur Folge, dass in der Anfangszeit Ihres Vertrages nur der Mindestwert gemäß § 10 Absatz 3 Satz 2 für einen Rückkaufswert oder zur Bildung der beitragsfreien Rente vorhanden ist (siehe §§ 10 und 11). Nähere Informationen zu den Rückkaufswerten und beitragsfreien Rentenleistungen sowie ihren jeweiligen Höhen können Sie dem Anhang zum Versicherungsschein und unseren jährlichen Informationsschreiben entnehmen.

§ 13 Was gilt bei Änderung Ihrer Postanschrift und Ihres Namens?

(1) Eine Änderung Ihrer Postanschrift müssen Sie uns unverzüglich (d. h. ohne schuldhaftes Zögern) mitteilen. Anderenfalls können für Sie Nachteile entstehen. Wir sind berechtigt, eine an Sie zu richtende Erklärung (z. B. Setzen einer Zahlungsfrist) mit eingeschriebenem Brief an Ihre uns zuletzt bekannte Anschrift zu senden. In diesem Fall gilt unsere Erklärung 3 Tage nach Absendung des eingeschriebenen Briefes als zugegangen. Dies gilt auch, wenn Sie den Vertrag für Ihren Gewerbebetrieb abgeschlossen und Ihre gewerbliche Niederlassung verlegt haben.

(2) Bei Änderung Ihres Namens gilt Absatz 1 entsprechend.

§ 14 Welche weiteren Auskunftspflichten haben Sie?

(1) Sofern wir aufgrund gesetzlicher Regelungen zur Erhebung, Speicherung, Verarbeitung und Meldung von Informationen und Daten zu Ihrem Vertrag verpflichtet sind, müssen Sie uns die hierfür notwendigen Informationen, Daten und Unterlagen
- bei Vertragsabschluss,
- bei Änderung nach Vertragsabschluss oder
- auf Nachfrage

unverzüglich (d. h. ohne schuldhaftes Zögern) zur Verfügung stellen. Sie sind auch zur Mitwirkung verpflichtet, soweit der Status dritter Personen, die Rechte an Ihrem Vertrag haben, für Datenerhebungen und Meldungen maßgeblich ist.

(2) Notwendige Informationen im Sinne von Absatz 1 sind beispielsweise Umstände, die für die Beurteilung
- Ihrer persönlichen steuerlichen Ansässigkeit,
- der steuerlichen Ansässigkeit dritter Personen, die Rechte an Ihrem Vertrag haben, und
- der steuerlichen Ansässigkeit des Leistungsempfängers

maßgebend sein können.
Dazu zählen insbesondere die deutsche oder die ausländische Steueridentifikationsnummer, das Geburtsdatum, der Geburtsort und der Wohnsitz. Welche Umstände dies nach derzeitiger Gesetzeslage im Einzelnen sind, können Sie dem Versicherungsschein und unserem jährlichen Informationsschreiben entnehmen.

(3) Falls Sie uns die notwendigen Informationen, Daten und Unterlagen nicht oder nicht rechtzeitig zur Verfügung stellen, gilt Folgendes:
Bei einer entsprechenden gesetzlichen Verpflichtung melden wir Ihre Vertragsdaten an die zuständigen in- oder ausländischen Steuerbehörden. Dies gilt auch dann, wenn ggf. keine steuerliche Ansässigkeit im Ausland besteht.

(4) Eine Verletzung Ihrer Auskunftspflichten gemäß den Absätzen 1 und 2 kann dazu führen, dass wir unsere Leistung nicht zahlen. Dies gilt solange, bis Sie uns die für die Erfüllung unserer gesetzlichen Pflichten notwendigen Informationen zur Verfügung gestellt haben.

§ 15 Welche Kosten stellen wir Ihnen gesondert in Rechnung?

(1) In folgenden Fällen stellen wir Ihnen zusätzliche Kosten gesondert in Rechnung:

Dienstleistung:	Höhe der Gebühr:
Vom Zahlungspflichtigen zu vertretende fehlgeschlagene Lastschriftabbuchung	10,00 €
Mahngebühr nach § 38 VVG	7,50 €
Adressen-Recherche aufgrund nicht angezeigter Anschriftenänderung	15,00 €
Ausstellung eines Ersatzversicherungsscheines	20,00 €
Bestätigung einer Abtretung oder Verpfändung an den Abtretungsempfänger	20,00 €
Wechsel des Versicherungsnehmers	15,00 €
Vertragsänderungen mit Neuberechnung von Beitrag, vereinbarter Versicherungsleistung oder der Laufzeit	15,00 €

Der Zinssatz für Verzugszinsen richtet sich nach der Situation am Kapitalmarkt. Er liegt jedoch höchstens 5 Prozentpunkte über dem Basiszinssatz nach § 247 Bürgerliches Gesetzbuch (BGB).
Nicht gezahlte Gebühren, Kosten und Verzugszinsen verrechnen wir mit Ihren Überschussanteilen bzw. dem Deckungskapital.

(2) Wir haben uns bei der Bemessung der Gebühren an dem bei uns regelmäßig entstehenden Aufwand orientiert. Sofern Sie uns nachweisen, dass die der Bemessung zugrunde liegenden Annahmen in Ihrem Fall dem Grunde nach nicht zutreffen, entfällt die jeweilige Gebühr. Sofern Sie uns nachweisen, dass die jeweilige Gebühr der Höhe nach wesentlich niedriger zu beziffern ist, wird sie entsprechend herabgesetzt.

§ 16 Welches Recht findet auf Ihren Vertrag Anwendung?

Auf Ihren Vertrag findet das Recht der Bundesrepublik Deutschland Anwendung.

§ 17 Wo ist der Gerichtsstand?

(1) Für Klagen aus dem Vertrag gegen uns ist das Gericht zuständig, in dessen Bezirk unser Sitz liegt. Zuständig ist auch das Gericht, in dessen Bezirk Sie zur Zeit der Klageerhebung Ihren Wohnsitz haben. Wenn Sie keinen Wohnsitz haben, ist der Ort Ihres gewöhnlichen Aufenthalts maßgeblich. Wenn Sie eine juristische Person sind, ist auch das Gericht zuständig, in dessen Bezirk Sie Ihren Sitz oder Ihre Niederlassung haben.

(2) Klagen aus dem Vertrag gegen Sie müssen wir bei dem Gericht erheben, das für Ihren Wohnsitz zuständig ist. Wenn Sie keinen Wohnsitz haben, ist der Ort Ihres gewöhnlichen Aufenthalts maßgeblich. Wenn Sie eine juristische Person sind, ist das Gericht zuständig, in dessen Bezirk Sie Ihren Sitz oder Ihre Niederlassung haben.

(3) Verlegen Sie Ihren Wohnsitz oder den Ort Ihres gewöhnlichen Aufenthalts in das Ausland, sind für Klagen aus dem Vertrag die Gerichte des Staates zuständig, in dem wir unseren Sitz haben.

Allgemeine Bedingungen für die Rentenversicherung mit sofort beginnender Rentenzahlung

Leistung

§ 1 Welche Leistungen erbringen wir? 124
§ 2 Wie erfolgt die Überschussbeteiligung? 124
§ 3 Wann beginnt Ihr Versicherungsschutz? 125
§ 4 Was ist zu beachten, wenn eine Leistung verlangt wird? 125
§ 5 Welche Bedeutung hat der Versicherungsschein? 125
§ 6 Wer erhält die Leistung? 125

Beitrag

§ 7 Was müssen Sie bei der Beitragszahlung beachten? 126
§ 8 Was geschieht, wenn Sie den Einmalbeitrag nicht rechtzeitig zahlen? 126

Kündigung

§ 9 Können Sie Ihre Versicherung kündigen? 126

Sonstige Vertragsbestimmungen

§ 10 Was gilt bei Änderung Ihrer Postanschrift und Ihres Namens? 126
§ 11 Welche weiteren Auskunftspflichten haben Sie? 126
§ 12 Welches Recht findet auf Ihren Vertrag Anwendung? 127
§ 13 Wo ist der Gerichtsstand? 127

§ 1 Welche Leistungen erbringen wir?

Unsere Leistung ab Rentenzahlungsbeginn

Ab dem vereinbarten Rentenzahlungsbeginn zahlen wir die vereinbarte Rente, solange die versicherte Person (das ist die Person, auf deren Leben die Versicherung abgeschlossen ist) lebt. Wir zahlen die Rente je nach Vereinbarung jährlich, halbjährlich, vierteljährlich oder monatlich an den vereinbarten Fälligkeitstagen.

Unsere Leistung bei Tod der versicherten Person

(1) Wenn Sie mit uns eine Rentengarantiezeit vereinbart haben, zahlen wir die vereinbarte Rente auch bei Tod der versicherten Person bis zum Ende der Rentengarantiezeit. (Beispiel: Haben Sie eine Rentengarantiezeit von 10 Jahren vereinbart und die versicherte Person stirbt 3 Jahre nach Rentenzahlungsbeginn, zahlen wir noch 7 Jahre lang die vereinbarte Rente.) Wenn Sie mit uns keine Rentengarantiezeit vereinbart haben oder die versicherte Person nach Ablauf der Rentengarantiezeit stirbt, erbringen wir bei Tod der versicherten Person keine Leistung, und der Vertrag endet.

Unsere Leistung aus der Überschussbeteiligung

(2) Es kann sich eine Leistung aus der Überschussbeteiligung ergeben (siehe § 2).

§ 2 Wie erfolgt die Überschussbeteiligung?

(1) Wir beteiligen Sie an dem Überschuss und an den Bewertungsreserven (Überschussbeteiligung). Die Leistung aus der Überschussbeteiligung kann auch Null Euro betragen. In den nachfolgenden Absätzen erläutern wir Ihnen,
- wie wir den in einem Geschäftsjahr entstandenen Überschuss unseres Unternehmens ermitteln und wie wir diesen verwenden (Absatz 2),
- wie Ihr Vertrag an dem Überschuss beteiligt wird (Absätze 3 und 4),
- wie Bewertungsreserven entstehen und wie wir diese Ihrem Vertrag zuordnen (Absatz 5),
- warum wir die Höhe der Überschussbeteiligung Ihres Vertrages nicht garantieren können (Absatz 6) und
- wie wir Sie über die Überschussbeteiligung informieren (Absätze 7 und 8).

Wie ermitteln wir den in einem Geschäftsjahr entstandenen Überschuss unseres Unternehmens und wie verwenden wir diesen?

(2) Den in einem Geschäftsjahr entstandenen Überschuss unseres Unternehmens (Rohüberschuss) ermitteln wir nach handels- und aufsichtsrechtlichen Vorschriften. Mit der Feststellung des Jahresabschlusses legen wir fest, welcher Teil des Rohüberschusses für die Überschussbeteiligung aller überschussberechtigten Verträge zur Verfügung steht. Dabei beachten wir die aufsichtsrechtlichen Vorgaben, derzeit insbesondere die Verordnung über die Mindestbeitragsrückerstattung in der Lebensversicherung (Mindestzuführungsverordnung).

Den danach zur Verfügung stehenden Teil des Rohüberschusses führen wir der Rückstellung für Beitragsrückerstattung zu, soweit wir ihn nicht als Direktgutschrift unmittelbar den überschussberechtigten Versicherungsverträgen gutgeschrieben haben. Sinn der Rückstellung für Beitragsrückerstattung ist es, Schwankungen des Überschusses über die Jahre auszugleichen. Die Rückstellung für Beitragsrückerstattung dürfen wir grundsätzlich nur für die Überschussbeteiligung der Versicherungsnehmer verwenden. Nur in gesetzlich festgelegten Ausnahmefällen können wir hiervon mit Zustimmung der Aufsichtsbehörde abweichen.

Ansprüche auf eine bestimmte Höhe der Beteiligung Ihres Vertrages am Überschuss ergeben sich aus der Zuführung zur Rückstellung für Beitragsrückerstattung nicht.

Wir haben gleichartige Versicherungen (z. B. sofort beginnende Rentenversicherungen, Risikolebensversicherungen, Berufsunfähigkeitsversicherungen) zu Bestandsgruppen zusammengefasst. Bestandsgruppen bilden wir, um die Unterschiede bei den versicherten Risiken zu berücksichtigen.

Wie wird Ihr Vertrag an dem Überschuss beteiligt?

(3) Bei der Verteilung des Überschusses auf die einzelnen Verträge wenden wir ein verursachungsorientiertes Verfahren an. Hierzu bilden wir innerhalb der Bestandsgruppen Gewinnverbände.

Ihr Vertrag ist dem in Ihrem Versicherungsschein genannten Gewinnverband zugeordnet. Wir verteilen den Überschuss in dem Maß, wie die Bestandsgruppen und Gewinnverbände zu seiner Entstehung beigetragen haben. Hat eine Bestandsgruppe oder ein Gewinnverband nicht zur Entstehung des Überschusses beigetragen, besteht insoweit kein Anspruch auf Überschussbeteiligung.

Die möglichen Überschüsse und eine Beteiligung an den Bewertungsreserven (siehe Absatz 5) werden jeweils zum Jahrestag des tatsächlichen Rentenbeginns zugeteilt und in Form einer nicht garantierten zusätzlichen Rente gezahlt.

Diese zusätzliche Rente kann aufgrund der möglichen Schwankungen der Bewertungsreserven und einer möglichen Änderung der Überschussbeteiligung steigen oder sinken – sie kann auch komplett entfallen.

(4) Der Vorstand legt jedes Jahr auf Vorschlag des Verantwortlichen Aktuars fest, wie der Überschuss auf die Gewinnverbände verteilt wird, und setzt die entsprechenden Überschussanteilsätze fest (Überschussdeklaration). Dabei achtet er darauf, dass die Verteilung verursachungsorientiert erfolgt.

Ihr Vertrag erhält auf der Grundlage der Überschussdeklaration Anteile an dem auf Ihren Gewinnverband entfallenden Teil des Überschusses. Die Mittel hierfür werden bei der Direktgutschrift zulasten des Ergebnisses des Geschäftsjahres finanziert, ansonsten der Rückstellung für Beitragsrückerstattung entnommen.

Wie entstehen Bewertungsreserven und wie ordnen wir diese Ihrem Vertrag zu?

(5) Bewertungsreserven entstehen, wenn der Marktwert der Kapitalanlagen über ihrem jeweiligen handelsrechtlichen Buchwert liegt.

Die Bewertungsreserven, die nach den maßgebenden rechtlichen Vorschriften für die Beteiligung der Verträge zu berücksichtigen sind, ordnen wir den Verträgen anteilig rechnerisch zu. Dabei wenden wir ein verursachungsorientiertes Verfahren an.

Genaue Informationen zu diesem Verfahren finden Sie unter dem Stichwort „Informationen zur Überschussbeteiligung", die Ihnen jeweils als Anlage zum Versicherungsvorschlag und zum Versicherungsschein zur Verfügung gestellt werden.

Die Höhe der Bewertungsreserven ermitteln wir jährlich jeweils für das Ende eines Versicherungsjahres. Wir teilen Ihrem Vertrag den für diesen Zeitpunkt zugeordneten Anteil an den Bewertungsreserven gemäß der jeweils geltenden gesetzlichen Regelung zu.

Genaue Informationen zum Verteilungsmechanismus finden Sie unter dem Stichwort „Informationen zur Überschussbeteiligung", die Ihnen jeweils als Anlage zum Versicherungsvorschlag und zum Versicherungsschein zur Verfügung gestellt werden.

Aufsichtsrechtliche Regelungen können dazu führen, dass die Beteiligung an den Bewertungsreserven ganz oder teilweise entfällt.

Warum können wir die Höhe der Überschussbeteiligung nicht garantieren?

(6) Die Höhe der Überschussbeteiligung hängt von vielen Einflüssen ab, die nicht vorhersehbar und von uns nur begrenzt beeinflussbar sind. Einflussfaktoren sind insbesondere die Entwicklung des Kapitalmarkts, des versicherten Risikos und der Kosten.

Die Höhe der künftigen Überschussbeteiligung kann also nicht garantiert werden. Sie kann auch Null Euro betragen.

Wie informieren wir über die Überschussbeteiligung?

(7) Die festgelegten Überschussanteilsätze veröffentlichen wir jährlich in unserem Geschäftsbericht. Diesen können Sie bei uns anfordern.

(8) Über den Stand Ihrer Ansprüche unterrichten wir Sie jährlich. Dabei berücksichtigen wir die Überschussbeteiligung Ihres Vertrages.

§ 3 Wann beginnt Ihr Versicherungsschutz?

Ihr Versicherungsschutz beginnt, wenn Sie den Vertrag mit uns abgeschlossen haben. Jedoch besteht vor dem im Versicherungsschein angegebenen Versicherungsbeginn kein Versicherungsschutz. Allerdings kann unsere Leistungspflicht entfallen, wenn Sie den Beitrag nicht rechtzeitig zahlen (siehe § 7 und § 8).

§ 4 Was ist zu beachten, wenn eine Leistung verlangt wird?

(1) Wird eine Leistung aus dem Vertrag beansprucht, können wir verlangen, dass uns der Versicherungsschein und ein Zeugnis über den Tag der Geburt der versicherten Person sowie die Auskunft nach § 11 vorgelegt werden.

(2) Vor jeder Rentenzahlung können wir auf unsere Kosten eine amtliche Bescheinigung darüber verlangen, dass die versicherte Person noch lebt.

(3) Der Tod der versicherten Person muss uns unverzüglich (d. h. ohne schuldhaftes Zögern) mitgeteilt werden. Außerdem muss uns eine amtliche Sterbeurkunde mit Angabe von Alter und Geburtsort vorgelegt werden. Dies gilt auch, wenn für den Todesfall keine Leistung vereinbart wurde. Wenn eine Leistung für den Todesfall vereinbart wurde, muss uns zusätzlich eine ausführliche ärztliche oder amtliche Bescheinigung über die Todesursache vorgelegt werden. Aus der Bescheinigung müssen sich Beginn und Verlauf der Krankheit, die zum Tod der versicherten Person geführt hat, ergeben.

(4) Wir können weitere Nachweise und Auskünfte verlangen, wenn dies erforderlich ist, um unsere Leistungspflicht zu klären. Die Kosten hierfür muss diejenige Person tragen, die die Leistung beansprucht.

(5) Unsere Leistungen werden fällig, nachdem wir die Erhebungen abgeschlossen haben, die zur Feststellung des Versicherungsfalles und des Umfangs unserer Leistungspflicht notwendig sind. Wenn eine der in den Absätzen 1 bis 4 genannten Pflichten nicht erfüllt wird, kann dies zur Folge haben, dass wir nicht feststellen können, ob oder in welchem Umfang wir leistungspflichtig sind. Eine solche Pflichtverletzung kann somit dazu führen, dass unsere Leistung nicht fällig wird.

(6) Bei Überweisung von Leistungen in Länder außerhalb des Europäischen Wirtschaftsraumes trägt die empfangsberechtigte Person die damit verbundenen Gefahren und Kosten.

§ 5 Welche Bedeutung hat der Versicherungsschein?

(1) Wir können Ihnen den Versicherungsschein in Textform (z. B. Papierform, E-Mail) übermitteln. Stellen wir Ihnen diesen als Dokument in Papierform aus, dann liegt eine Urkunde vor. Sie können die Ausstellung als Urkunde verlangen.

(2) Den Inhaber der Urkunde können wir als berechtigt ansehen, über die Rechte aus dem Vertrag zu verfügen, insbesondere Leistungen in Empfang zu nehmen. Wir können aber verlangen, dass uns der Inhaber der Urkunde seine Berechtigung nachweist.

§ 6 Wer erhält die Leistung?

(1) Als unser Versicherungsnehmer können Sie bestimmen, wer die Leistung erhält. Wenn Sie keine Bestimmung treffen, leisten wir an Sie.

Allgemeine Bedingungen für die Rentenversicherung mit sofort beginnender Rentenzahlung

Bezugsberechtigung

(2) Sie können uns widerruflich oder unwiderruflich eine andere Person benennen, die die Leistung erhalten soll (Bezugsberechtigter).

Wenn Sie ein Bezugsrecht widerruflich bestimmen, erwirbt der Bezugsberechtigte das Recht auf die Leistung erst mit dem Eintritt des jeweiligen Versicherungsfalles. Deshalb können Sie Ihre Bestimmung bis zum Eintritt des jeweiligen Versicherungsfalles jederzeit widerrufen. Wenn wir Renten zahlen, tritt mit jeder Fälligkeit einer Rente ein eigener Versicherungsfall ein.

Sie können ausdrücklich bestimmen, dass der Bezugsberechtigte sofort und unwiderruflich das Recht auf die Leistung erhält. Sobald uns Ihre Erklärung zugegangen ist, kann dieses Bezugsrecht nur noch mit Zustimmung des unwiderruflich Bezugsberechtigten geändert werden.

Abtretung und Verpfändung

(3) Sie können das Recht auf die Leistung bis zum Eintritt des jeweiligen Versicherungsfalles grundsätzlich ganz oder teilweise an Dritte abtreten und verpfänden, soweit derartige Verfügungen rechtlich möglich sind.

Anzeige

(4) Die Einräumung und der Widerruf eines Bezugsrechtes (Absatz 2) sowie die Abtretung und die Verpfändung (Absatz 3) sind uns gegenüber nur und erst dann wirksam, wenn sie uns vom bisherigen Berechtigten in Textform (z. B. Papierform, E-Mail) angezeigt worden sind. Der bisherige Berechtigte sind im Regelfall Sie als unser Versicherungsnehmer. Es können aber auch andere Personen sein, sofern Sie bereits zuvor Verfügungen (z. B. unwiderrufliche Bezugsberechtigung, Abtretung, Verpfändung) getroffen haben.

§ 7 Was müssen Sie bei der Beitragszahlung beachten?

(1) Den Einmalbeitrag müssen Sie unverzüglich (d. h. ohne schuldhaftes Zögern) nach Abschluss des Vertrages zahlen, jedoch nicht vor dem mit Ihnen vereinbarten, im Versicherungsschein angegebenen Versicherungsbeginn.

(2) Sie haben den Einmalbeitrag rechtzeitig gezahlt, wenn Sie bis zum Fälligkeitstag (Absatz 1) alles getan haben, damit der Beitrag bei uns eingeht. Wenn die Einziehung des Einmalbeitrages von einem Konto vereinbart wurde, gilt die Zahlung in folgendem Fall als rechtzeitig:
- Der Beitrag konnte am Fälligkeitstag eingezogen werden und
- Sie haben einer berechtigten Einziehung nicht widersprochen.

Konnten wir den fälligen Einmalbeitrag ohne Ihr Verschulden nicht einziehen, ist die Zahlung auch dann noch rechtzeitig, wenn sie unverzüglich nach unserer Zahlungsaufforderung erfolgt.

(3) Sie müssen den Einmalbeitrag auf Ihre Gefahr und Ihre Kosten zahlen.

§ 8 Was geschieht, wenn Sie den Einmalbeitrag nicht rechtzeitig zahlen?

(1) Wenn Sie den Einmalbeitrag nicht rechtzeitig zahlen, können wir – solange die Zahlung nicht bewirkt ist – vom Vertrag zurücktreten. Wir sind nicht zum Rücktritt berechtigt, wenn uns nachgewiesen wird, dass Sie die nicht rechtzeitige Zahlung nicht zu vertreten haben.

(2) Ist der Einmalbeitrag bei Eintritt des Versicherungsfalles noch nicht gezahlt, sind wir nicht zur Leistung verpflichtet. Dies gilt nur, wenn wir Sie durch gesonderte Mitteilung in Textform (z. B. Papierform, E-Mail) oder durch einen auffälligen Hinweis im Versicherungsschein auf diese Rechtsfolge aufmerksam gemacht haben. Unsere Leistungspflicht bleibt jedoch bestehen, wenn Sie uns nachweisen, dass Sie das Ausbleiben der Zahlung nicht zu vertreten haben.

§ 9 Können Sie Ihre Versicherung kündigen?

Sie können Ihren Vertrag nicht kündigen. Die Rückzahlung des Einmalbeitrages können Sie nicht verlangen.

§ 10 Was gilt bei Änderung Ihrer Postanschrift und Ihres Namens?

(1) Eine Änderung Ihrer Postanschrift müssen Sie uns unverzüglich (d. h. ohne schuldhaftes Zögern) mitteilen. Anderenfalls können für Sie Nachteile entstehen. Wir sind berechtigt, eine an Sie zu richtende Erklärung (z. B. Setzen einer Zahlungsfrist) mit eingeschriebenem Brief an Ihre uns zuletzt bekannte Anschrift zu senden. In diesem Fall gilt unsere Erklärung 3 Tage nach Absendung des eingeschriebenen Briefes als zugegangen.

(2) Bei Änderung Ihres Namens gilt Absatz 1 entsprechend.

§ 11 Welche weiteren Auskunftspflichten haben Sie?

(1) Sofern wir aufgrund gesetzlicher Regelungen zur Erhebung, Speicherung, Verarbeitung und Meldung von Informationen und Daten zu Ihrem Vertrag verpflichtet sind, müssen Sie uns die hierfür notwendigen Informationen, Daten und Unterlagen
- bei Vertragsabschluss,
- bei Änderung nach Vertragsabschluss oder
- auf Nachfrage

unverzüglich (d. h. ohne schuldhaftes Zögern) zur Verfügung stellen. Sie sind auch zur Mitwirkung verpflichtet, soweit der Status dritter Personen, die Rechte an Ihrem Vertrag haben, für Datenerhebungen und Meldungen maßgeblich ist.

(2) Notwendige Informationen im Sinne von Absatz 1 sind beispielsweise Umstände, die für die Beurteilung
- Ihrer persönlichen steuerlichen Ansässigkeit,
- der steuerlichen Ansässigkeit dritter Personen, die Rechte an Ihrem Vertrag haben, und
- der steuerlichen Ansässigkeit des Leistungsempfängers

maßgebend sein können.

Dazu zählen insbesondere die deutsche oder die ausländische Steueridentifikationsnummer, das Geburtsdatum, der Geburtsort und der Wohnsitz. Welche Umstände dies nach derzeitiger Gesetzeslage im Einzelnen sind, können Sie dem Versicherungsschein und unserem jährlichen Informationsschreiben entnehmen.

(3) Falls Sie uns die notwendigen Informationen, Daten und Unterlagen nicht oder nicht rechtzeitig zur Verfügung stellen, gilt Folgendes:

Bei einer entsprechenden gesetzlichen Verpflichtung melden wir Ihre Vertragsdaten an die zuständigen in- oder ausländischen Steuerbehörden. Dies gilt auch dann, wenn ggf. keine steuerliche Ansässigkeit im Ausland besteht.

(4) Eine Verletzung Ihrer Auskunftspflichten gemäß den Absätzen 1 und 2 kann dazu führen, dass wir unsere Leistung nicht zahlen. Dies gilt solange, bis Sie uns die für die Erfüllung unserer gesetzlichen Pflichten notwendigen Informationen zur Verfügung gestellt haben.

§12 Welches Recht findet auf Ihren Vertrag Anwendung?

Auf Ihren Vertrag findet das Recht der Bundesrepublik Deutschland Anwendung.

§13 Wo ist der Gerichtsstand?

(1) Für Klagen aus dem Vertrag gegen uns ist das Gericht zuständig, in dessen Bezirk unser Sitz liegt. Zuständig ist auch das Gericht, in dessen Bezirk Sie zur Zeit der Klageerhebung Ihren Wohnsitz haben. Wenn Sie keinen Wohnsitz haben, ist der Ort Ihres gewöhnlichen Aufenthaltes maßgeblich. Wenn Sie eine juristische Person sind, ist auch das Gericht zuständig, in dessen Bezirk Sie Ihren Sitz oder Ihre Niederlassung haben.

(2) Klagen aus dem Vertrag gegen Sie müssen wir bei dem Gericht erheben, das für Ihren Wohnsitz zuständig ist. Wenn Sie keinen Wohnsitz haben, ist der Ort Ihres gewöhnlichen Aufenthalts maßgeblich. Wenn Sie eine juristische Person sind, ist das Gericht zuständig, in dessen Bezirk Sie Ihren Sitz oder Ihre Niederlassung haben.

(3) Verlegen Sie Ihren Wohnsitz oder den Ort Ihres gewählten Aufenthaltes in das Ausland, sind für Klagen aus dem Vertrag die Gerichte des Staates zuständig, in dem wir unseren Sitz haben.

Allgemeine Bedingungen für die fondsgebundene Rentenversicherung

Leistung

- §1 Was ist eine fondsgebundene Rentenversicherung? 128
- §2 Welche Leistungen erbringen wir? 128
- §3 Wie erfolgt die Überschussbeteiligung? 129
- §4 Wann beginnt Ihr Versicherungsschutz? 130
- §5 Was gilt bei Selbsttötung der versicherten Person? 130
- §6 Was bedeutet die vorvertragliche Anzeigepflicht und welche Folgen hat ihre Verletzung? 130
- §7 Was ist zu beachten, wenn eine Leistung verlangt wird? 132
- §8 Welche Bedeutung hat der Versicherungsschein? 132
- §9 Wer erhält die Leistung? 132

Beitrag

- §10 Wie verwenden wir Ihre Beiträge? 132
- §11 Was müssen Sie bei der Beitragszahlung beachten? .. 133
- §12 Was geschieht, wenn Sie einen Beitrag nicht rechtzeitig zahlen? 133

Besonderheiten der Fondsanlage

- §13 Wie können Sie Fonds wechseln? 133
- §14 Was geschieht bei unplanmäßigen Veränderungen der Fonds? 133

Kündigung/Beitragsfreistellung/Umwandlung

- §15 Wann können Sie Ihren Vertrag kündigen und welche Leistungen erbringen wir? 134
- §16 Wann können Sie Ihren Vertrag beitragsfrei stellen und welche Auswirkungen hat dies auf unsere Leistungen? 134
- §17 Unter welchen Voraussetzungen können Sie Ihre fondsgebundene Rentenversicherung in eine auf Euro lautende Rentenversicherung umwandeln? 135
- §18 Wie verteilen wir die Kosten Ihres Vertrages? 135

Sonstige Vertragsbestimmungen

- §19 Wie können Sie den Wert Ihrer Versicherung erfahren? 135
- §20 Was gilt bei Änderung Ihrer Postanschrift und Ihres Namens? 135
- §21 Welche weiteren Auskunftspflichten haben Sie? 136
- §22 Welche Kosten stellen wir Ihnen gesondert in Rechnung? 136
- §23 Welches Recht findet auf Ihren Vertrag Anwendung? 136
- §24 Wo ist der Gerichtsstand? 136

§1 Was ist eine fondsgebundene Rentenversicherung?

(1) Die fondsgebundene Rentenversicherung bietet vor Rentenzahlungsbeginn Versicherungsschutz unter unmittelbarer Beteiligung an der Wertentwicklung eines Sondervermögens (Anlagestock). Der Anlagestock besteht aus Anteilen von Fonds, an die die Leistungen aus Ihrem Vertrag gebunden sind, und wird gesondert von unserem sonstigen Vermögen angelegt. Die auf Ihren Vertrag anfallenden Anteileinheiten bilden das fondsgebundene Deckungskapital.

Mit Rentenzahlungsbeginn entnehmen wir dem Anlagestock die auf Ihren Vertrag entfallenden Anteile und legen deren Wert in unserem sonstigen Vermögen an. Anteile von Investmentfonds werden mit dem Rücknahmepreis angesetzt.

(2) Soweit die Erträge aus den im Anlagestock enthaltenen Vermögenswerten nicht ausgeschüttet werden, fließen sie unmittelbar dem Anlagestock zu und erhöhen damit den Wert der Anteileinheiten. Erträge, die ausgeschüttet werden, und Steuererstattungen rechnen wir in Anteileinheiten um und schreiben sie den einzelnen Versicherungsverträgen gut.

(3) Da die Entwicklung der Vermögenswerte des Anlagestocks nicht vorauszusehen ist, können wir vor Rentenzahlungsbeginn die Höhe der Rente nicht garantieren. Sie haben die Chance, insbesondere bei Kurssteigerungen der Wertpapiere des Anlagestocks, einen Wertzuwachs zu erzielen; bei Kursrückgängen tragen Sie im Gegenzug auch das Risiko der Wertminderung. Wertminderungen bis hin zum Totalverlust können auch bei unplanmäßigen Veränderungen der Fonds (siehe §14) entstehen, beispielsweise kann die Kapitalanlagegesellschaft die Rücknahme der Anteile aussetzen. Bei Werten, die nicht in Euro geführt werden, können Schwankungen der Währungskurse den Wert der Anlage zusätzlich beeinflussen. Das bedeutet, dass die Rente je nach Entwicklung der Vermögenswerte des Anlagestocks höher oder niedriger ausfallen wird.

(4) Die Höhe der Rente ist vom Wert des Deckungskapitals abhängig. Das Deckungskapital ergibt sich aus der Anzahl der auf Ihren Vertrag entfallenden Anteileinheiten. Den Wert des fondsgebundenen Deckungskapitals ermitteln wir dadurch, dass wir die Anzahl der auf Ihren Vertrag entfallenden Anteileinheiten mit dem am jeweiligen Stichtag ermittelten Wert einer Anteileinheit multiplizieren.

§2 Welche Leistungen erbringen wir?

Unsere Leistungen ab Rentenzahlungsbeginn

(1) Wenn die versicherte Person (das ist die Person, auf deren Leben die Versicherung abgeschlossen ist) den vereinbarten Rentenzahlungsbeginn erlebt, zahlen wir die gemäß Absatz 2 ermittelte Rente, solange die versicherte Person lebt. Wir zahlen die Rente je nach Vereinbarung jährlich, halbjährlich, vierteljährlich oder monatlich an den vereinbarten Fälligkeitstagen.

(2) Die Höhe der Rente wird aus dem zum Rentenzahlungsbeginn vorhandenen Wert des Deckungskapitals (siehe §1 Absatz 4) und dem vereinbarten Rentenfaktor ermittelt. Die Höhe des Deckungskapitals ermitteln wir am letzten Börsentag vor Beginn der Rentenzahlung. Der garantierte Rentenfaktor gibt an, wie viel Rente wir Ihnen je 10.000 € Deckungskapital, das zu Rentenzahlungsbeginn in Ihrem Vertrag vorhanden ist, zahlen. Sollte zum Zeitpunkt des Rentenzahlungsbeginns der aktuelle Rentenfaktor über dem garantierten Rentenfaktor liegen, verwenden wir den dann aktuellen Rentenfaktor. Ergibt sich bei Rentenzahlungsbeginn eine Jahresrente von unter 600 €, wird anstelle einer Rente eine Kapitalabfindung gemäß Absatz 3 erbracht.

(3) Sie können verlangen, dass wir statt der Renten eine einmalige Leistung (Kapitalabfindung) zum Fälligkeitstag der ersten Rente zahlen. Dazu muss die versicherte Person diesen Termin erleben. Ihr Antrag auf Kapitalabfindung muss uns spätestens 2 Börsentage vor dem Fälligkeitstag der ersten Rente vorliegen. Mit Zahlung der Kapitalabfindung endet der Vertrag.

Unsere Leistung bei Tod der versicherten Person

(4) Wenn die versicherte Person vor dem vereinbarten Rentenzahlungsbeginn stirbt, zahlen wir den Wert des Deckungskapitals. Dabei erfolgt die Ermittlung des Wertes des Deckungskapitals zum zweiten Börsentag nach Eingang der Meldung des Todesfalles.

(5) Wenn Sie mit uns eine Rentengarantiezeit vereinbart haben und die versicherte Person nach dem Rentenzahlungsbeginn stirbt, gilt Folgendes:
Wir zahlen die ermittelte Rente bis zum Ende der Rentengarantiezeit. Wenn Sie mit uns keine Rentengarantiezeit vereinbart haben oder die versicherte Person nach Ablauf der Rentengarantiezeit stirbt, erbringen wir bei Tod der versicherten Person keine Leistung, und der Vertrag endet.

Art unserer Leistung

(6) Die Leistungen erbringen wir grundsätzlich in Geld. Sie können jedoch abweichend hiervon die Kapitalabfindung nach Absatz 3 in Anteileinheiten des Anlagestocks verlangen.
Über dieses Wahlrecht werden wir Sie unterrichten, sobald uns Ihr Antrag auf Kapitalabfindung vorliegt. Ihr Wahlrecht können Sie dann innerhalb einer Frist von 14 Tagen ausüben. Liegt uns innerhalb dieser Frist kein entsprechender Antrag vor, leisten wir die Kapitalabfindung in Geld. Einen Deckungskapitalwert von unter 1.000 € leisten wir immer in Euro. Bei Übertragung der Anteileinheiten fällt eine Gebühr in Höhe von 50 € an. Die Verrechnung der Gebühr erfolgt über die Reduzierung der Fondsanteile. Bruchteile von Fondsanteilen erbringen wir in Euro.
Als Stichtag zur Ermittlung des Wertes des Deckungskapitals für die Kapitalabfindung legen wir den letzten Börsentag vor Beginn der Rentenzahlung zugrunde.

Unsere Leistung aus der Überschussbeteiligung

(7) Es kann sich eine Leistung aus der Überschussbeteiligung ergeben (siehe § 3). Entscheidend für den Gesamtertrag des Vertrages ist bis zum Rentenzahlungsbeginn aber die Wertentwicklung des Anlagestocks (siehe § 1 Absatz 1).

§ 3 Wie erfolgt die Überschussbeteiligung?

(1) Wir beteiligen Sie an dem Überschuss und an den Bewertungsreserven (Überschussbeteiligung). Die Leistung aus der Überschussbeteiligung kann auch Null Euro betragen. In den nachfolgenden Absätzen erläutern wir Ihnen,
- wie wir den in einem Geschäftsjahr entstandenen Überschuss unseres Unternehmens ermitteln und wie wir diesen verwenden (Absatz 2),
- wie Ihr Vertrag an dem Überschuss beteiligt wird (Absätze 3 und 4),
- wie Bewertungsreserven entstehen und wie wir diese Ihrem Vertrag zuordnen (Absätze 5 und 6),
- warum wir die Höhe der Überschussbeteiligung Ihres Vertrages nicht garantieren können (Absatz 7) und
- wie wir Sie über die Überschussbeteiligung informieren (Absätze 8 und 9).

Wie ermitteln wir den in einem Geschäftsjahr entstandenen Überschuss unseres Unternehmens und wie verwenden wir diesen?

(2) Den in einem Geschäftsjahr entstandenen Überschuss unseres Unternehmens (Rohüberschuss) ermitteln wir nach handels- und aufsichtsrechtlichen Vorschriften. Mit der Feststellung des Jahresabschlusses legen wir fest, welcher Teil des Rohüberschusses für die Überschussbeteiligung aller überschussberechtigten Verträge zur Verfügung steht. Dabei beachten wir die aufsichtsrechtlichen Vorgaben, derzeit insbesondere die Verordnung über die Mindestbeitragsrückerstattung in der Lebensversicherung (Mindestzuführungsverordnung).

Den danach zur Verfügung stehenden Teil des Rohüberschusses führen wir der Rückstellung für Beitragsrückerstattung zu, soweit wir ihn nicht als Direktgutschrift unmittelbar den überschussberechtigten Versicherungsverträgen gutgeschrieben haben. Sinn der Rückstellung für Beitragsrückerstattung ist es, Schwankungen des Überschusses über die Jahre auszugleichen. Die Rückstellung für Beitragsrückerstattung dürfen wir grundsätzlich nur für die Überschussbeteiligung der Versicherungsnehmer verwenden. Nur in gesetzlich festgelegten Ausnahmefällen können wir hiervon mit Zustimmung der Aufsichtsbehörde abweichen.

Ansprüche auf eine bestimmte Höhe der Beteiligung Ihres Vertrages am Überschuss ergeben sich aus der Zuführung zur Rückstellung für Beitragsrückerstattung nicht.

Wir haben gleichartige Versicherungen (z. B. Kapitalversicherungen auf den Todes- und Erlebensfall) zu Bestandsgruppen zusammengefasst. Bestandsgruppen bilden wir, um die Unterschiede bei den versicherten Risiken zu berücksichtigen.

Wie wird Ihr Vertrag an dem Überschuss beteiligt?

(3) Bei der Verteilung des Überschusses auf die einzelnen Verträge wenden wir ein verursachungsorientiertes Verfahren an. Hierzu bilden wir innerhalb der Bestandsgruppen Gewinnverbände.

Ihr Vertrag ist dem in Ihrem Versicherungsschein genannten Gewinnverband zugeordnet. Wir verteilen den Überschuss in dem Maß, wie die Bestandsgruppen und Gewinnverbände zu seiner Entstehung beigetragen haben. Hat eine Bestandsgruppe oder ein Gewinnverband nicht zur Entstehung des Überschusses beigetragen, besteht insoweit kein Anspruch auf Überschussbeteiligung.

(a) Laufende Überschussanteile

Alle Hauptversicherungen erhalten zu Beginn eines jeden Versicherungsjahres, erstmals zu Beginn des 2. Versicherungsjahres, einen Zinsüberschuss auf das Deckungskapital des abgelaufenen Versicherungsjahres. Zuzahlungen erhöhen ab Zahlungseingang das Deckungskapital und werden dadurch am Zinsüberschuss beteiligt.

Hauptversicherungen mit laufender Beitragszahlung erhalten außerdem während der Beitragszahlung zu Beginn eines jeden Versicherungsjahres, erstmals bei Beginn der Versicherung, einen Kostenüberschuss auf den Kostenbeitragsteil der in einem Versicherungsjahr zu entrichtenden Beiträge und einen Risikoüberschuss auf den jeweiligen Risikobeitragsanteil der in einem Versicherungsjahr zu entrichtenden Beiträge. Zuzahlungen sind keine laufenden Beiträge.

(b) Schlussüberschuss

Zusätzlich zu den Überschussanteilen nach (a) kann bei Ihrer Hauptversicherung – außer bei Einmalbeitragsversicherungen – zum vereinbarten Versicherungsende ein Schlussüberschussanteil in % der Bemessungsgrundlage hinzukommen. Bei Rückkauf oder Tod in den letzten 5 Jahren der Versicherungsdauer erhalten

Sie einen Schlussüberschussanteil für Ihre Hauptversicherung, wenn der Versicherungsbeginn zu diesem Zeitpunkt mindestens 5 Jahre zurückliegt. Bemessungsgrundlage ist die Summe aus dem Deckungskapital und dem ggf. vorhandenen Überschussguthaben abzüglich der Summe der bis dahin gezahlten laufenden Beiträge (ohne Stückkosten und ohne Rabatte). Übersteigt die Summe der bis dahin gezahlten laufenden Beiträge (ohne Stückkosten und ohne Rabatte) das Deckungskapital, so besteht die Bemessungsgrundlage aus dem ggf. vorhandenen Überschussguthaben. Haben Sie Zuzahlungen geleistet, wird die Bemessungsgrundlage außerdem um das Deckungskapital, das aus den Zuzahlungen resultiert, gekürzt.

Die Beteiligung am Schlussüberschuss ist vom Kapitalmarkt abhängig und kann auch Null Euro betragen.

(c) Ihr Vertrag erhält auf der Grundlage der Überschussdeklaration Anteile an dem auf Ihren Gewinnverband entfallenden Teil des Überschusses. Die Mittel hierfür werden bei der Direktgutschrift zulasten des Ergebnisses des Geschäftsjahres finanziert, ansonsten der Rückstellung für Beitragsrückerstattung entnommen. Ein möglicher Schlussüberschuss gemäß (b) und Ihre Beteiligung an den Bewertungsreserven (siehe Absatz 5) werden bei Beendigung des Vertrages zugeteilt und zusammen mit den Versicherungsleistungen ausgezahlt.

(4) Der Vorstand legt jedes Jahr auf Vorschlag des Verantwortlichen Aktuars fest, wie der Überschuss auf die Gewinnverbände verteilt wird, und setzt die entsprechenden Überschussanteilsätze fest (Überschussdeklaration). Dabei achtet er darauf, dass die Verteilung verursachungsorientiert erfolgt.

Ihr Vertrag erhält auf der Grundlage der Überschussdeklaration Anteile an dem auf Ihren Gewinnverband entfallenden Teil des Überschusses. Die Mittel hierfür werden bei der Direktgutschrift zulasten des Ergebnisses des Geschäftsjahres finanziert, ansonsten der Rückstellung für Beitragsrückerstattung entnommen.

Wie entstehen Bewertungsreserven und wie ordnen wir diese Ihrem Vertrag zu?

(5) Bewertungsreserven entstehen, wenn der Marktwert der Kapitalanlagen über ihrem jeweiligen handelsrechtlichen Buchwert liegt.

Die Bewertungsreserven, die nach den maßgebenden rechtlichen Vorschriften für die Beteiligung der Verträge zu berücksichtigen sind, ordnen wir den Verträgen anteilig rechnerisch zu. Dabei wenden wir ein verursachungsorientiertes Verfahren an.

Genaue Informationen zu diesem Verfahren finden Sie unter dem Stichwort „Informationen zur Überschussbeteiligung", die Ihnen jeweils als Anlage zum Versicherungsvorschlag und zum Versicherungsschein zur Verfügung gestellt werden.

Die Höhe der Bewertungsreserven ermitteln wir jährlich neu, zusätzlich auch für den Zeitpunkt der Beendigung eines Vertrages.

(6) Bei Beendigung des Vertrages (durch Tod, Kündigung oder Erleben des vereinbarten Ablauftermins) gilt Folgendes:

Wir teilen Ihrem Vertrag dann den für diesen Zeitpunkt zugeordneten Anteil an den Bewertungsreserven gemäß der jeweils geltenden gesetzlichen Regelung zu.

Genaue Informationen zum Verteilungsmechanismus finden Sie unter dem Stichwort „Informationen zur Überschussbeteiligung", die Ihnen jeweils als Anlage zum Versicherungsvorschlag und zum Versicherungsschein zur Verfügung gestellt werden.

Aufsichtsrechtliche Regelungen können dazu führen, dass die Beteiligung an den Bewertungsreserven ganz oder teilweise entfällt.

Warum können wir die Höhe der Überschussbeteiligung nicht garantieren?

(7) Die Höhe der Überschussbeteiligung hängt von vielen Einflüssen ab, die nicht vorhersehbar und von uns nur begrenzt beeinflussbar sind. Einflussfaktoren sind insbesondere die Entwicklung des Kapitalmarkts, des versicherten Risikos und der Kosten.

Die Höhe der künftigen Überschussbeteiligung kann also nicht garantiert werden. Sie kann auch Null Euro betragen.

Wie informieren wir über die Überschussbeteiligung?

(8) Die festgelegten Überschussanteilsätze veröffentlichen wir jährlich in unserem Geschäftsbericht. Diesen können Sie bei uns anfordern.

(9) Über den Stand Ihrer Ansprüche unterrichten wir Sie jährlich. Dabei berücksichtigen wir die Überschussbeteiligung Ihres Vertrages.

§ 4 Wann beginnt Ihr Versicherungsschutz?

Ihr Versicherungsschutz beginnt, wenn Sie den Vertrag mit uns abgeschlossen haben. Jedoch besteht vor dem im Versicherungsschein angegebenen Versicherungsbeginn kein Versicherungsschutz. Allerdings kann unsere Leistungspflicht entfallen, wenn Sie den Beitrag nicht rechtzeitig zahlen (siehe § 11 Absatz 2 und 3 und § 12).

§ 5 Was gilt bei Selbsttötung der versicherten Person?

(1) Bei vorsätzlicher Selbsttötung erbringen wir eine für den Todesfall vereinbarte Leistung, wenn seit Abschluss des Vertrages 3 Jahre vergangen sind.

(2) Bei vorsätzlicher Selbsttötung vor Ablauf der Dreijahresfrist besteht kein Versicherungsschutz. In diesem Fall zahlen wir den für den Todestag berechneten Rückkaufwert Ihres Vertrages (siehe § 15 Absätze 3 und 4)
- ohne den dort vorgesehenen Abzug,
- allerdings nicht mehr als eine für den Todesfall vereinbarte Kapitalleistung.

Wenn für den Todesfall eine Rentenleistung vereinbart wurde, vermindern sich diese Rentenleistungen auf den Betrag, den wir aus dem für den Todestag berechneten Rückkaufwert erbringen können.

Wenn uns nachgewiesen wird, dass sich die versicherte Person in einem die freie Willensbestimmung ausschließenden Zustand krankhafter Störung der Geistestätigkeit selbst getötet hat, besteht Versicherungsschutz.

(3) Wenn unsere Leistungspflicht durch eine Änderung des Vertrages erweitert wird oder der Vertrag wiederhergestellt wird, beginnt die Dreijahresfrist bezüglich des geänderten oder wiederhergestellten Teils neu.

§ 6 Was bedeutet die vorvertragliche Anzeigepflicht und welche Folgen hat ihre Verletzung?

Vorvertragliche Anzeigepflicht

(1) Sie sind bis zur Abgabe Ihrer Vertragserklärung verpflichtet, alle Ihnen bekannten gefahrerheblichen Umstände, nach denen wir in Textform (z. B. Papierform oder E-Mail) gefragt haben, wahrheitsgemäß und vollständig anzuzeigen. Gefahrerheblich sind die

Umstände, die für unsere Entscheidung, den Vertrag überhaupt oder mit dem vereinbarten Inhalt zu schließen, erheblich sind.

Diese Anzeigepflicht gilt auch für Fragen nach gefahrerheblichen Umständen, die wir Ihnen nach Ihrer Vertragserklärung, aber vor Vertragsannahme, in Textform stellen.

(2) Soll das Leben einer anderen Person versichert werden, ist auch diese – neben Ihnen – zu wahrheitsgemäßer und vollständiger Beantwortung der Fragen verpflichtet.

(3) Wenn eine andere Person die Fragen nach gefahrerheblichen Umständen für Sie beantwortet und wenn diese Person den gefahrerheblichen Umstand kennt oder arglistig handelt, werden Sie behandelt, als hätten Sie selbst davon Kenntnis gehabt oder arglistig gehandelt.

Rechtsfolgen der Anzeigepflichtverletzung

(4) Nachfolgend informieren wir Sie, unter welchen Voraussetzungen wir bei einer Verletzung der Anzeigepflicht
- vom Vertrag zurücktreten,
- den Vertrag kündigen,
- den Vertrag ändern oder
- den Vertrag wegen arglistiger Täuschung anfechten

können.

Rücktritt

(5) Wenn die vorvertragliche Anzeigepflicht verletzt wird, können wir vom Vertrag zurücktreten. Das Rücktrittsrecht besteht nicht, wenn weder eine vorsätzliche noch eine grob fahrlässige Anzeigepflichtverletzung vorliegt. Selbst wenn die Anzeigepflicht grob fahrlässig verletzt wird, haben wir trotzdem kein Rücktrittsrecht, falls wir den Vertrag – möglicherweise zu anderen Bedingungen – auch bei Kenntnis der nicht angezeigten gefahrerheblichen Umstände geschlossen hätten.

(6) Im Fall des Rücktritts haben Sie keinen Versicherungsschutz. Wenn wir nach Eintritt des Versicherungsfalles zurücktreten, bleibt unsere Leistungspflicht unter folgender Voraussetzung trotzdem bestehen:

Die Verletzung der Anzeigepflicht bezieht sich auf einen gefahrerheblichen Umstand, der
- weder für den Eintritt oder die Feststellung des Versicherungsfalles
- noch für die Feststellung oder den Umfang unserer Leistungspflicht ursächlich war.

Unsere Leistungspflicht entfällt jedoch auch im vorstehend genannten Fall, wenn die Anzeigepflicht arglistig verletzt worden ist.

(7) Wenn der Vertrag durch Rücktritt aufgehoben wird, zahlen wir den Rückkaufswert gemäß § 15 Absatz 3 und 4; die Regelung des § 15 Absatz 3 Satz 2 bis 3 gilt nicht. Die Rückzahlung der Beiträge können Sie nicht verlangen.

Kündigung

(8) Wenn unser Rücktrittsrecht ausgeschlossen ist, weil die Verletzung der Anzeigepflicht weder vorsätzlich noch grob fahrlässig erfolgt ist, können wir den Vertrag unter Einhaltung einer Frist von einem Monat kündigen.

(9) Unser Kündigungsrecht ist ausgeschlossen, wenn wir den Vertrag – möglicherweise zu anderen Bedingungen – auch bei Kenntnis der nicht angezeigten gefahrerheblichen Umstände geschlossen hätten.

(10) Wenn wir den Vertrag kündigen, wandelt er sich in einen beitragsfreien Vertrag um (siehe § 16 Absatz 2 bis 4).

Vertragsänderung

(11) Können wir nicht zurücktreten oder kündigen, weil wir den Vertrag – möglicherweise zu anderen Bedingungen – auch bei Kenntnis der nicht angezeigten gefahrerheblichen Umstände geschlossen hätten (Absatz 5 Satz 3 und Absatz 9), werden die anderen Bedingungen auf unser Verlangen rückwirkend Vertragsbestandteil. Haben Sie die Anzeigepflichtverletzung nicht zu vertreten, werden die anderen Bedingungen erst ab der laufenden Versicherungsperiode (siehe § 11 Absatz 2 Satz 3) Vertragsbestandteil.

(12) Sie können den Vertrag innerhalb eines Monats, nachdem Sie unsere Mitteilung über die Vertragsänderung erhalten haben, fristlos kündigen, wenn
- wir im Rahmen einer Vertragsänderung den Beitrag um mehr als 10 % erhöhen oder
- wir die Gefahrabsicherung für einen nicht angezeigten Umstand ausschließen.

Auf dieses Recht werden wir Sie in der Mitteilung über die Vertragsänderung hinweisen.

Voraussetzungen für die Ausübung unserer Rechte

(13) Unsere Rechte zum Rücktritt, zur Kündigung oder zur Vertragsänderung stehen uns nur zu, wenn wir Sie durch gesonderte Mitteilung in Textform auf die Folgen einer Anzeigepflichtverletzung hingewiesen haben.

(14) Wir haben kein Recht zum Rücktritt, zur Kündigung oder zur Vertragsänderung, wenn wir den nicht angezeigten Umstand oder die Unrichtigkeit der Anzeige kannten.

(15) Wir können unsere Rechte zum Rücktritt, zur Kündigung oder zur Vertragsänderung nur innerhalb eines Monats geltend machen. Die Frist beginnt mit dem Zeitpunkt, zu dem wir von der Verletzung der Anzeigepflicht, die das von uns geltend gemachte Recht begründet, Kenntnis erlangen. Bei Ausübung unserer Rechte müssen wir die Umstände angeben, auf die wir unsere Erklärung stützen. Zur Begründung können wir nachträglich weitere Umstände angeben, wenn für diese die Frist nach Satz 1 nicht verstrichen ist.

(16) Nach Ablauf von 5 Jahren seit Vertragsschluss erlöschen unsere Rechte zum Rücktritt, zur Kündigung oder zur Vertragsänderung. Ist der Versicherungsfall vor Ablauf dieser Frist eingetreten, können wir die Rechte auch nach Ablauf der Frist geltend machen. Ist die Anzeigepflicht vorsätzlich oder arglistig verletzt worden, beträgt die Frist 10 Jahre.

Anfechtung

(17) Wir können den Vertrag auch anfechten, falls unsere Entscheidung zur Annahme des Vertrages durch unrichtige oder unvollständige Angaben bewusst und gewollt beeinflusst worden ist. Handelt es sich um Angaben der versicherten Person, können wir Ihnen gegenüber die Anfechtung erklären, auch wenn Sie von der Verletzung der vorvertraglichen Anzeigepflicht keine Kenntnis hatten. Absatz 7 gilt entsprechend.

Leistungserweiterung/Wiederherstellung der Versicherung

(18) Die Absätze 1 bis 17 gelten entsprechend, wenn der Versicherungsschutz nachträglich erweitert oder wiederhergestellt wird und deshalb eine erneute Risikoprüfung vorgenommen wird. Die Fristen nach Absatz 16 beginnen mit der Änderung oder Wiederherstellung des Vertrages bezüglich des geänderten oder wiederhergestellten Teils neu.

Erklärungsempfänger

(19) Wir üben unsere Rechte durch eine schriftliche Erklärung aus, die wir Ihnen gegenüber abgeben. Sofern Sie uns keine andere Person als Bevollmächtigten benannt haben, gilt nach Ihrem Tod ein Bezugsberechtigter als bevollmächtigt, diese Erklärung entgegenzunehmen. Ist kein Bezugsberechtigter vorhanden oder kann sein Aufenthalt nicht ermittelt werden, können wir den Inhaber des Versicherungsscheines als bevollmächtigt ansehen, die Erklärung entgegenzunehmen.

§ 7 Was ist zu beachten, wenn eine Leistung verlangt wird?

(1) Wird eine Leistung aus dem Vertrag beansprucht, können wir verlangen, dass uns der Versicherungsschein und ein Zeugnis über den Tag der Geburt der versicherten Person sowie die Auskunft nach § 21 vorgelegt werden.

(2) Vor jeder Rentenzahlung können wir auf unsere Kosten eine amtliche Bescheinigung darüber verlangen, dass die versicherte Person noch lebt.

(3) Der Tod der versicherten Person muss uns unverzüglich (d. h. ohne schuldhaftes Zögern) mitgeteilt werden. Außerdem muss uns eine amtliche Sterbeurkunde mit Angabe von Alter und Geburtsort vorgelegt werden. Dies gilt auch, wenn für den Todesfall keine Leistung vereinbart wurde. Wenn eine Leistung für den Todesfall vor dem vereinbarten Rentenzahlungsbeginn vereinbart wurde, muss uns zusätzlich eine ausführliche ärztliche oder amtliche Bescheinigung über die Todesursache vorgelegt werden. Aus der Bescheinigung müssen sich Beginn und Verlauf der Krankheit, die zum Tod der versicherten Person geführt hat, ergeben.

(4) Wir können weitere Nachweise und Auskünfte verlangen, wenn dies erforderlich ist, um unsere Leistungspflicht zu klären. Die Kosten hierfür muss diejenige Person tragen, die die Leistung beansprucht.

(5) Unsere Leistungen werden fällig, nachdem wir die Erhebungen abgeschlossen haben, die zur Feststellung des Versicherungsfalles und des Umfangs unserer Leistungspflicht notwendig sind. Wenn eine der in den Absätzen 1 bis 3 genannten Pflichten nicht erfüllt wird, kann dies zur Folge haben, dass wir nicht feststellen können, ob oder in welchem Umfang wir leistungspflichtig sind. Eine solche Pflichtverletzung kann somit dazu führen, dass unsere Leistung nicht fällig wird.

(6) Bei Überweisung von Leistungen in Länder außerhalb des Europäischen Wirtschaftsraumes trägt die empfangsberechtigte Person die damit verbundenen Gefahren und Kosten.

§ 8 Welche Bedeutung hat der Versicherungsschein?

(1) Wir können Ihnen den Versicherungsschein in Textform übermitteln. Stellen wir diesen als Dokument in Papierform aus, dann liegt eine Urkunde vor. Sie können die Ausstellung als Urkunde verlangen.

(2) Den Inhaber der Urkunde können wir als berechtigt ansehen, über die Rechte aus dem Vertrag zu verfügen, insbesondere Leistungen in Empfang zu nehmen. Wir können aber verlangen, dass uns der Inhaber der Urkunde seine Berechtigung nachweist.

§ 9 Wer erhält die Leistung?

(1) Als unser Versicherungsnehmer können Sie bestimmen, wer die Leistung erhält. Wenn Sie keine Bestimmung treffen, leisten wir an Sie.

Bezugsberechtigung

(2) Sie können uns widerruflich oder unwiderruflich eine andere Person benennen, die die Leistung erhalten soll (Bezugsberechtigter).

Wenn Sie ein Bezugsrecht widerruflich bestimmen, erwirbt der Bezugsberechtigte das Recht auf die Leistung erst mit dem Eintritt des jeweiligen Versicherungsfalles. Deshalb können Sie Ihre Bestimmung bis zum Eintritt des jeweiligen Versicherungsfalles jederzeit widerrufen. Wenn wir Renten zahlen, tritt mit jeder Fälligkeit einer Rente ein eigener Versicherungsfall ein.

Sie können ausdrücklich bestimmen, dass der Bezugsberechtigte sofort und unwiderruflich das Recht auf die Leistung erhält. Sobald uns Ihre Erklärung zugegangen ist, kann dieses Bezugsrecht nur noch mit Zustimmung des unwiderruflich Bezugsberechtigten geändert werden.

Abtretung und Verpfändung

(3) Sie können das Recht auf die Leistung bis zum Eintritt des jeweiligen Versicherungsfalles grundsätzlich ganz oder teilweise an Dritte abtreten und verpfänden, soweit derartige Verfügungen rechtlich möglich sind.

Anzeige

(4) Die Einräumung und der Widerruf eines Bezugsrechts (Absatz 2) sowie die Abtretung und die Verpfändung (Absatz 3) sind uns gegenüber nur und erst dann wirksam, wenn sie uns vom bisherigen Berechtigten in Schriftform (d. h. durch ein eigenhändig unterschriebenes Schriftstück) angezeigt worden sind. Der bisherige Berechtigte sind im Regelfall Sie als unser Versicherungsnehmer. Es können aber auch andere Personen sein, sofern Sie bereits zuvor Verfügungen (z. B. unwiderrufliche Bezugsberechtigung, Abtretung, Verpfändung) getroffen haben.

§ 10 Wie verwenden wir Ihre Beiträge?

(1) Wir führen Ihre Beiträge, soweit sie nicht zur Deckung von Kosten bestimmt sind, dem Anlagestock (siehe § 1 Absatz 1) zu und rechnen sie zum Zeitpunkt der Beitragsfälligkeit in Anteileinheiten des gewählten Fonds um. Wenn Sie mehrere Fonds gewählt haben, teilen wir den anzulegenden Betrag gleichmäßig auf die von Ihnen gewählten Fonds auf.

Einen Teil Ihrer Beiträge benötigen wir zur Deckung des Todesfallrisikos (Risikobeiträge). Die Risikobeiträge berechnen wir nach anerkannten Regeln der Versicherungsmathematik und entnehmen sie monatlich zum Zeitpunkt der Beitragsfälligkeit dem Deckungskapital.

Bei Versicherungen gegen Einmalbeitrag sowie bei beitragsfreien Versicherungen entnehmen wir die für die Deckung von Kosten bestimmten Beträge ebenfalls zum Stichtag dem Deckungskapital.

(2) Bei Versicherungen gegen Einmalbetrag und beitragsfreien Versicherungen kann die in Absatz 1 genannte monatliche Entnahme der Beträge, die für die Deckung von Kosten bestimmt sind, bei extrem ungünstiger Entwicklung der im Anlagestock enthaltenen Werte dazu führen, dass das gesamte Deckungskapital vor Rentenbeginn aufgebraucht ist und der Versicherungsschutz damit endet. In einem solchen Fall werden wir Sie rechtzeitig darauf hinweisen und Ihnen Maßnahmen vorschlagen, wie Sie den Versicherungsschutz aufrechterhalten können.

§ 11 Was müssen Sie bei der Beitragszahlung beachten?

(1) Die Beiträge zu Ihrem Vertrag können Sie je nach Vereinbarung in einem Betrag (Einmalbeitrag) monatlich, viertel-, halbjährlich oder jährlich zahlen.

(2) Den ersten Beitrag oder den Einmalbeitrag müssen Sie unverzüglich nach Abschluss des Vertrages zahlen, jedoch nicht vor dem mit Ihnen vereinbarten, im Versicherungsschein angegebenen Versicherungsbeginn. Alle weiteren Beiträge (Folgebeiträge) werden jeweils zu Beginn der vereinbarten Versicherungsperiode fällig. Die Versicherungsperiode umfasst bei Einmalbeitrags- und Jahreszahlung ein Jahr, ansonsten entsprechend der Zahlungsweise einen Monat, ein Vierteljahr bzw. ein halbes Jahr.

(3) Sie haben den Beitrag rechtzeitig gezahlt, wenn Sie bis zum Fälligkeitstag (Absatz 2) alles getan haben, damit der Beitrag bei uns eingeht. Wenn die Einziehung des Beitrages von einem Konto vereinbart wurde, gilt die Zahlung in folgendem Fall als rechtzeitig:
- Der Beitrag konnte am Fälligkeitstag eingezogen werden und
- Sie haben einer berechtigten Einziehung nicht widersprochen.

Konnten wir den fälligen Beitrag ohne Ihr Verschulden nicht einziehen, ist die Zahlung auch dann noch rechtzeitig, wenn sie unverzüglich nach unserer Zahlungsaufforderung erfolgt. Haben Sie zu vertreten, dass der Beitrag wiederholt nicht eingezogen werden kann, sind wir berechtigt, künftig die Zahlung außerhalb des Lastschriftverfahrens zu verlangen.

(4) Sie müssen die Beiträge auf Ihre Gefahr und Ihre Kosten zahlen.

(5) Bei Fälligkeit einer Leistung werden wir etwaige Beitragsrückstände verrechnen.

§ 12 Was geschieht, wenn Sie einen Beitrag nicht rechtzeitig zahlen?

Erster Beitrag oder Einmalbeitrag

(1) Wenn Sie den ersten Beitrag nicht rechtzeitig zahlen, können wir - solange die Zahlung nicht bewirkt ist - vom Vertrag zurücktreten. In diesem Fall können wir von Ihnen die Kosten für ärztliche Untersuchungen im Rahmen einer Gesundheitsprüfung verlangen. Wir sind nicht zum Rücktritt berechtigt, wenn uns nachgewiesen wird, dass Sie die nicht rechtzeitige Zahlung nicht zu vertreten haben.

(2) Ist der erste Beitrag oder der Einmalbeitrag bei Eintritt des Versicherungsfalles noch nicht gezahlt, sind wir nicht zur Leistung verpflichtet. Dies gilt nur, wenn wir Sie durch gesonderte Mitteilung in Textform oder durch einen auffälligen Hinweis im Versicherungsschein auf diese Rechtsfolge aufmerksam gemacht haben. Unsere Leistungspflicht bleibt jedoch bestehen, wenn Sie uns nachweisen, dass Sie das Ausbleiben der Zahlung nicht zu vertreten haben.

Folgebeitrag

(3) Zahlen Sie einen Folgebeitrag nicht rechtzeitig, können wir Ihnen auf Ihre Kosten in Textform eine Zahlungsfrist setzen. Die Zahlungsfrist muss mindestens 2 Wochen betragen.

(4) Für einen Versicherungsfall, der nach Ablauf der gesetzten Zahlungsfrist eintritt, entfällt oder vermindert sich der Versicherungsschutz, wenn Sie sich bei Eintritt des Versicherungsfalles noch mit der Zahlung in Verzug befinden. Voraussetzung ist, dass wir Sie bereits mit der Fristsetzung auf diese Rechtsfolge hingewiesen haben.

(5) Nach Ablauf der gesetzten Zahlungsfrist können wir den Vertrag ohne Einhaltung einer Kündigungsfrist kündigen, wenn Sie sich noch immer mit den Beiträgen, Zinsen oder Kosten in Verzug befinden. Voraussetzung ist, dass wir Sie bereits mit der Fristsetzung auf diese Rechtsfolge hingewiesen haben. Wir können die Kündigung bereits mit der Fristsetzung erklären. Sie wird dann automatisch mit Ablauf der Frist wirksam, wenn Sie zu diesem Zeitpunkt noch immer mit der Zahlung in Verzug sind. Auf diese Rechtsfolge müssen wir Sie ebenfalls hinweisen.

(6) Sie können den angeforderten Betrag auch dann noch nachzahlen, wenn unsere

Kündigung wirksam geworden ist. Nachzahlen können Sie nur
- innerhalb eines Monats nach der Kündigung
- oder, wenn die Kündigung bereits mit der Fristsetzung verbunden worden ist, innerhalb eines Monats nach Fristablauf.

Zahlen Sie innerhalb dieses Zeitraumes, wird die Kündigung unwirksam, und der Vertrag besteht fort. Für Versicherungsfälle, die zwischen dem Ablauf der Zahlungsfrist und der Zahlung eintreten, besteht kein oder nur ein verminderter Versicherungsschutz, der sich nach den Regelungen von § 16 (Leistungen bei Beitragsfreistellung) berechnet.

§ 13 Wie können Sie Fonds wechseln?

(1) Sie können vor Rentenzahlungsbeginn das Deckungskapital Ihres Vertrages in andere Fonds, die wir jeweils hierfür anbieten, umschichten (shiften). Die Umschichtung führen wir mit einer Frist von 2 Börsentagen durch, sobald uns Ihr Antrag in Textform (z. B. Papierform, E-Mail) vorliegt. Ihre künftigen Beiträge legen wir dann in den von Ihnen gewählten Fonds an, wenn Sie uns nichts anderes mitgeteilt haben. Sie können während der Aussetzung und bei endgültiger Einstellung der Rücknahme von Fondsanteilen nicht umschichten.

(2) Sie können vor Rentenzahlungsbeginn auch bestimmen, dass wir nur Ihre künftigen Beiträge in anderen von uns angebotenen Fonds anlegen (switchen). Die Änderung erfolgt zu dem von Ihnen angegebenen Termin bzw. dem darauffolgenden Börsentag, frühestens jedoch zum zweiten Börsentag nach Eingang des Antrags auf Übertragung bei uns. Haben Sie keinen Zeitpunkt genannt, ist der zweite Börsentag maßgebend, der auf den Eingang Ihres Schreibens folgt.

§ 14 Was geschieht bei unplanmäßigen Veränderungen der Fonds?

(1) Wenn die Kapitalanlagegesellschaft die Ausgabe von Anteilen eines in Ihrem Vertrag enthaltenen Fonds beschränkt, aussetzt oder endgültig einstellt, informieren wir Sie.

Ist Ihre laufende Beitragszahlung von dieser Änderung betroffen, werden wir Ihnen als Ersatz einen neuen Fonds vorschlagen. Der neue Fonds soll dabei in Anlageziel und Anlagepolitik dem bisherigen Fonds weitgehend entsprechen (Ersatzfonds). Sofern Sie unserem Vorschlag nicht innerhalb von 4 Wochen nach unserer Information widersprechen, werden wir Ihre für die Anlage vorgesehenen Beitragsteile ab dem von uns genannten Termin in den Ersatzfonds anlegen.

Im Fall eines Widerspruchs müssen Sie uns einen anderen Ersatzfonds aus unserem Fondsangebot benennen. Die jeweils aktuelle Liste der Fonds, die für Ihren Vertrag infrage kommen, ist bei uns jederzeit erhältlich.

Wenn wir Sie nicht rechtzeitig informieren können, weil die Ausgabe von Fondsanteilen kurzfristig beschränkt, ausgesetzt oder endgültig eingestellt worden ist, werden wir Ihre für die Anlage vorgesehenen Beitragsteile in den von uns vorgeschlagenen Ersatzfonds anlegen. Sie haben das Recht, einen Fondswechsel nach § 13 durchzuführen.

(2) Wenn die Kapitalanlagegesellschaft einen Fonds auflöst, gelten die Regeln des Absatzes 1 entsprechend. Sofern aus der Auflösung des Fonds Zahlungen zu späteren Zeitpunkten resultieren, werden wir diese gemäß Ihrer zum jeweiligen Rückzahlungszeitpunkt aktuellen Aufteilung der Beiträge in den zu diesem Zeitpunkt gewählten Fonds anlegen.

(3) Wenn die Kapitalanlagegesellschaft einen Fonds mit einem anderen Fonds zusammenlegt, gelten die Regeln des Absatzes 1 für zukünftige Anlagebeträge entsprechend. In diesem Fall wird jedoch auch der vorhandene Wert des Fondsguthabens auf den Ersatzfonds übertragen.

(4) Wenn die Rücknahme von Anteilen eines in Ihrem Vertrag enthaltenen Fonds ausgesetzt oder endgültig eingestellt wird, informieren wir Sie.

Bei Leistung oder Rückkauf kann der Rücknahmepreis zur Ermittlung des Wertes einer Anteileinheit nicht angesetzt werden, da wir die Anteile nicht an die Kapitalanlagegesellschaft zurückgeben können. In diesen Fällen bieten wir an, die entsprechenden Anteileinheiten anstelle der sonst vorgesehenen Geldleistung auf ein Depot Ihrer Wahl zu übertragen. Nehmen Sie dieses Angebot nicht an, werden wir den Wert einer Anteileinheit anhand des aktuellen Preises am Kapitalmarkt ermitteln. Der Preis kann aufgrund der verminderten Veräußerbarkeit der Fondsanteile geringer sein als der zuletzt von der Kapitalanlagegesellschaft gestellte Rücknahmepreis. Diese Wertminderung kann auch zu einem Totalverlust führen.

Ein Fondswechsel gemäß § 13 Absatz 1 ist während der Aussetzung und bei endgültiger Einstellung der Rücknahme von Fondsanteilen durch die Kapitalanlagegesellschaft nicht möglich.

(5) Treten darüber hinaus bei einem in Ihrem Vertrag enthaltenen Fonds erhebliche Änderungen ein, die wir nicht beeinflussen können und die die unveränderte Fortführung dieses Vertrages unmöglich machen, sind wir berechtigt, den betroffenen Fonds durch einen anderen Fonds zu ersetzen. Eine erhebliche Änderung kann sich auch aus Gesetzen oder aufsichtsrechtlichen Anforderungen ergeben. Absätze 1 bis 4 gelten entsprechend.

§ 15 Wann können Sie Ihren Vertrag kündigen und welche Leistungen erbringen wir?

Kündigung

(1) Sie können Ihren Vertrag jederzeit zum Schluss der laufenden Versicherungsperiode (siehe § 11 Absatz 2 Satz 3) in Textform (z. B. Papierform, E-Mail) kündigen. Nach dem Rentenzahlungsbeginn können Sie nicht mehr kündigen.

Sie können Ihren Vertrag auch teilweise kündigen, wenn der fortzuzahlende Beitrag monatlich mindestens 25 € beträgt. Bei teilweiser Kündigung gelten die folgenden Regelungen nur für den gekündigten Vertragsteil.

Auszahlungsbetrag

(2) Wenn für den Todesfall eine Leistung vereinbart ist, zahlen wir nach Kündigung
- den Rückkaufswert (Absatz 3),
- vermindert um den Abzug (Absatz 4) sowie
- die Überschussbeteiligung (Absatz 5).

Beitragsrückstände werden von dem Auszahlungsbetrag abgezogen.

Rückkaufswert

(3) Bei Kündigung zahlen wir nach § 169 des Versicherungsvertragsgesetzes (VVG) den Rückkaufswert. Der Rückkaufswert ist das zum Kündigungstermin vorhandene Deckungskapital (siehe § 1 Absatz 4). Den Wert des Deckungskapitals ermitteln wir zu dem Börsentag, der mit dem von Ihnen angegebenen Kündigungstermin zusammenfällt bzw. ihm folgt. Bei einem Vertrag mit laufender Beitragszahlung ist der Rückkaufswert mindestens der Betrag des Deckungskapitals, das sich bei gleichmäßiger Verteilung der angesetzten Abschluss- und Vertriebskosten auf die ersten 5 Vertragsjahre ergibt. Ist die vereinbarte Beitragszahlungsdauer kürzer als 5 Jahre, verteilen wir diese Kosten auf die Beitragszahlungsdauer. In jedem Fall beachten wir die aufsichtsrechtlichen Höchstzillmersätze (siehe § 18 Absatz 2 Satz 3).

Für die Ermittlung des Auszahlungsbetrages nach Absatz 2 legen wir jedoch höchstens die bei Tod fällig werdende Leistung zugrunde. Wenn ein Restbetrag vorhanden ist, bilden wir hieraus nach anerkannten Regeln der Versicherungsmathematik eine beitragsfreie Rente. Diese wird nur dann fällig, wenn die versicherte Person den vereinbarten Rentenzahlungsbeginn erlebt. Wird die beitragsfreie Mindestrente von 600 € pro Jahr nicht erreicht, legen wir den vollen Rückkaufswert zugrunde.

Abzug

Den Abzug einer Stornogebühr nehmen wir nicht vor.

Überschussbeteiligung

(4) Für die Ermittlung des Auszahlungsbetrages setzt sich die Überschussbeteiligung zusammen aus:
- den Ihrem Vertrag bereits zugeteilten Überschussanteilen, soweit sie nicht in dem nach Absatz 3 berechneten Betrag enthalten sind,
- dem Schlussüberschussanteil nach § 3 Absatz 3 (c) und
- den Ihrem Vertrag gemäß § 3 Absatz 3b zuzuteilenden Bewertungsreserven, soweit bei Kündigung vorhanden.

(5) Wenn Sie Ihren Vertrag kündigen, kann das für Sie Nachteile haben. In der Anfangszeit Ihres Vertrages ist wegen der Verrechnung von Abschluss- und Vertriebskosten (siehe § 18) nur ein geringer Rückkaufswert vorhanden. Der Rückkaufswert erreicht auch in den Folgejahren nicht unbedingt die Summe der gezahlten Beiträge.

Keine Beitragsrückzahlung

(6) Die Rückzahlung der Beiträge können Sie nicht verlangen.

§ 16 Wann können Sie Ihren Vertrag beitragsfrei stellen und welche Auswirkungen hat dies auf unsere Leistungen?

(1) Anstelle einer Kündigung nach § 15 können Sie zu dem dort genannten Termin in Textform (z. B. Papierform, E-Mail) verlangen, von der Beitragszahlungspflicht ganz oder teilweise befreit zu werden.

In diesem Fall setzen wir die vereinbarte Rente ganz oder teilweise auf eine beitragsfreie Rente herab. Diese wird nach folgenden Gesichtspunkten berechnet:
- nach anerkannten Regeln der Versicherungsmathematik mit den Rechnungsgrundlagen der Beitragskalkulation,
- für den Schluss der laufenden Versicherungsperiode und
- unter Zugrundelegung des Rückkaufswertes nach § 15 Absatz 3.

(2) Der Wert des Deckungskapitals (siehe § 1 Absatz 4) Ihres Vertrages mindert sich um rückständige Beiträge.
Den Abzug einer Stornogebühr nehmen wir nicht vor.

(3) Wenn Sie Ihren Vertrag beitragsfrei stellen, kann das für Sie Nachteile haben. In der Anfangszeit Ihres Vertrages ist das Deckungskapital nach Beitragsfreistellung in der Regel deutlich niedriger als die Summe der gezahlten Beiträge, da aus diesen auch Abschluss- und Vertriebskosten (siehe § 18) sowie Verwaltungskosten finanziert werden und der oben erwähnte Abzug erfolgt. Auch in den Folgejahren stehen nicht unbedingt Mittel in Höhe der gezahlten Beiträge als Deckungskapital zur Verfügung.

(4) Haben Sie die vollständige Befreiung von der Beitragszahlungspflicht verlangt und erreicht das Deckungskapital den Mindestbetrag von 2.500 € nicht, erhalten Sie den Auszahlungsbetrag nach § 15 Absatz 3. Eine teilweise Befreiung von der Beitragszahlungspflicht können Sie nur verlangen, wenn der fortzuzahlende Beitrag mindestens 25 € monatlich beträgt.

(5) Die Rückzahlung der Beiträge können Sie nicht verlangen.

§ 17 Unter welchen Voraussetzungen können Sie Ihre fondsgebundene Rentenversicherung in eine auf Euro lautende Rentenversicherung umwandeln?

(1) Sie können Ihre fondsgebundene Rentenversicherung vor Rentenzahlungsbeginn in eine von uns zu diesem Zeitpunkt angebotene, auf Euro lautende Rentenversicherung umwandeln. Dies müssen Sie mit einer Frist von einem Monat zum Schluss einer jeden Versicherungsperiode in Schriftform bei uns beantragen. Die Umwandlung ist frühestens zum Ende des ersten Versicherungsjahres möglich.

(2) Bei der Umwandlung bleiben Ihre Beitragszahlungsweise und die Höhe Ihres Beitrages unverändert. Auch der bisher vorgesehene Rentenzahlungsbeginn ändert sich nicht. Die Leistungen berechnen wir nach anerkannten Regeln der Versicherungsmathematik auf Basis des neuen Tarifs. Dabei legen wir den Geldwert des Deckungskapitals gemäß § 1 Absatz 4 zugrunde, der sich an dem von Ihnen angegebenen Termin bzw. dem nächstfolgenden Börsentag, frühestens jedoch zum zweiten Börsentag nach Eingang des Antrags auf Übertragung bei uns, errechnet.

§ 18 Wie verteilen wir die Kosten Ihres Vertrages?

(1) Mit Ihrem Vertrag sind Kosten verbunden. Diese sind in Ihren Beitrag einkalkuliert. Es handelt sich um Abschluss- und Vertriebskosten sowie übrige Kosten.
Zu den Abschluss- und Vertriebskosten gehören insbesondere Abschlussprovisionen für den Versicherungsvermittler. Außerdem umfassen die Abschluss- und Vertriebskosten die Kosten für die Antragsprüfung und Ausfertigung der Vertragsunterlagen, Sachaufwendungen, die im Zusammenhang mit der Antragsbearbeitung stehen, sowie Werbeaufwendungen. Zu den übrigen Kosten gehören insbesondere die Kosten für die laufende Verwaltung.

Die Höhe der einkalkulierten Abschluss- und Vertriebskosten sowie der übrigen Kosten sind Ihnen vor Antragstellung bekannt gegeben worden. Außerdem können sie dem Anhang zum Versicherungsschein und unseren jährlichen Informationsschreiben entnommen werden.

(2) Wir wenden auf Ihren Vertrag das Verrechnungsverfahren nach § 4 der Deckungsrückstellungsverordnung an. Dies bedeutet, dass wir die ersten Beiträge zur Tilgung eines Teils der Abschluss- und Vertriebskosten heranziehen. Dies gilt jedoch nicht für den Teil der ersten Beiträge, der für Leistungen im Versicherungsfall, Kosten des Versicherungsbetriebs in der jeweiligen Versicherungsperiode und, aufgrund von gesetzlichen Regelungen, für die Bildung einer Deckungsrückstellung bestimmt ist. Der auf diese Weise zu tilgende Betrag ist nach der Deckungsrückstellungsverordnung auf 2,5 % der von Ihnen während der Laufzeit des Vertrages zu zahlenden Beiträge beschränkt.

(3) Die restlichen Abschluss- und Vertriebskosten werden über die gesamte Beitragszahlungsdauer verteilt, die übrigen Kosten über die gesamte Vertragslaufzeit.

(4) Die beschriebene Kostenverrechnung hat zur Folge, dass in der Anfangszeit Ihres Vertrages nur geringe Beträge für einen Rückkaufswert oder zur Bildung der beitragsfreien Rente vorhanden sind (siehe §§ 15 und 16). Nähere Informationen zu den Rückkaufswerten und beitragsfreien Rentenleistungen sowie ihren jeweiligen Höhen können Sie dem Anhang im Versicherungsschein entnehmen.

§ 19 Wie können Sie den Wert Ihrer Versicherung erfahren?

(1) Zum Ende eines jeden Versicherungsjahres erhalten Sie von uns eine Mitteilung, der Sie den Wert der Anteileinheiten sowie den Wert des Deckungskapitals Ihrer Versicherung entnehmen können; der Wert des Deckungskapitals wird in Anteileinheiten und als (Geld)-Betrag aufgeführt.

(2) Auf Wunsch teilen wir Ihnen den Wert Ihres Vertrages jederzeit mit.

§ 20 Was gilt bei Änderung Ihrer Postanschrift und Ihres Namens?

(1) Eine Änderung Ihrer Postanschrift müssen Sie uns unverzüglich mitteilen. Anderenfalls können für Sie Nachteile entstehen. Wir sind berechtigt, eine an Sie zu richtende Erklärung (z. B. Setzen einer Zahlungsfrist) mit eingeschriebenem Brief an Ihre uns zuletzt bekannte Anschrift zu senden. In diesem Fall gilt unsere Erklärung 3 Tage nach Absendung des eingeschriebenen Briefes als zugegangen. Dies gilt auch, wenn Sie den Vertrag für Ihren Gewerbebetrieb abgeschlossen und Ihre gewerbliche Niederlassung verlegt haben.

(2) Bei Änderung Ihres Namens gilt Absatz 1 entsprechend.

Allgemeine Bedingungen für die fondsgebundene Rentenversicherung

§ 21 Welche weiteren Auskunftspflichten haben Sie?

(1) Sofern wir aufgrund gesetzlicher Regelungen zur Erhebung, Speicherung, Verarbeitung und Meldung von Informationen und Daten zu Ihrem Vertrag verpflichtet sind, müssen Sie uns die hierfür notwendigen Informationen, Daten und Unterlagen
- bei Vertragsabschluss,
- bei Änderung nach Vertragsabschluss oder
- auf Nachfrage

unverzüglich (d. h. ohne schuldhaftes Zögern) zur Verfügung stellen. Sie sind auch zur Mitwirkung verpflichtet, soweit der Status dritter Personen, die Rechte an Ihrem Vertrag haben, für Datenerhebungen und Meldungen maßgeblich ist.

(2) Notwendige Informationen im Sinne von Absatz 1 sind beispielsweise Umstände, die für die Beurteilung
- Ihrer persönlichen steuerlichen Ansässigkeit,
- der steuerlichen Ansässigkeit dritter Personen, die Rechte an Ihrem Vertrag haben, und
- der steuerlichen Ansässigkeit des Leistungsempfängers

maßgebend sein können.

Dazu zählen insbesondere die deutsche oder die ausländische Steueridentifikationsnummer, das Geburtsdatum, der Geburtsort und der Wohnsitz.

(3) Falls Sie uns die notwendigen Informationen, Daten und Unterlagen nicht oder nicht rechtzeitig zur Verfügung stellen, gilt Folgendes:

Bei einer entsprechenden gesetzlichen Verpflichtung melden wir Ihre Vertragsdaten an die zuständigen in- oder ausländischen Steuerbehörden. Dies gilt auch dann, wenn ggf. keine steuerliche Ansässigkeit im Ausland besteht.

(4) Eine Verletzung Ihrer Auskunftspflichten gemäß den Absätzen 1 und 2 kann dazu führen, dass wir unsere Leistung nicht zahlen. Dies gilt solange, bis Sie uns die für die Erfüllung unserer gesetzlichen Pflichten notwendigen Informationen zur Verfügung gestellt haben.

§ 22 Welche Kosten stellen wir Ihnen gesondert in Rechnung?

(1) In folgenden Fällen stellen wir Ihnen zusätzliche Kosten gesondert in Rechnung:

Dienstleistung:	Höhe der Gebühr:
Vom Zahlungspflichtigen zu vertretende fehlgeschlagene Lastschriftabbuchung	10,00 €
Mahngebühr nach § 38 VVG	7,50 €
Adressen-Recherche aufgrund nicht angezeigter Anschriftenänderung	15,00 €
Ausstellung eines Ersatzversicherungsscheines	20,00 €
Bestätigung einer Abtretung oder Verpfändung an den Abtretungsempfänger	20,00 €
Wechsel des Versicherungsnehmers	15,00 €
Vertragsänderungen mit Neuberechnung von Beitrag, vereinbarter Versicherungsleistung oder der Laufzeit	15,00 €

Der Zinssatz für Verzugszinsen richtet sich nach der Situation am Kapitalmarkt. Er liegt jedoch höchstens 5 Prozentpunkte über dem Basiszinssatz nach § 247 Bürgerliches Gesetzbuch (BGB).

Nicht gezahlte Gebühren, Kosten und Verzugszinsen verrechnen wir mit Ihren Überschussanteilen bzw. dem Deckungskapital.

Folgende Optionen sind kostenfrei:
- Fondswechsel für künftige Beiträge (switch),
- Übertragung von Deckungskapital in einen anderen Fonds (shift).

(2) Wir haben uns bei der Bemessung der Pauschalen an dem bei uns regelmäßig entstehenden Aufwand orientiert. Sofern Sie uns nachweisen, dass die der Bemessung zugrunde liegenden Annahmen in Ihrem Fall dem Grunde nach nicht zutreffen, entfällt die Pauschale. Sofern Sie uns nachweisen, dass die Pauschale der Höhe nach wesentlich niedriger zu beziffern ist, wird sie entsprechend herabgesetzt.

§ 23 Welches Recht findet auf Ihren Vertrag Anwendung?

Auf Ihren Vertrag findet das Recht der Bundesrepublik Deutschland Anwendung.

§ 24 Wo ist der Gerichtsstand?

(1) Für Klagen aus dem Vertrag gegen uns ist das Gericht zuständig, in dessen Bezirk unser Sitz liegt. Wenn Sie eine natürliche Person sind, ist auch das Gericht zuständig, in dessen Bezirk Sie zur Zeit der Klageerhebung Ihren Wohnsitz haben. Wenn Sie keinen Wohnsitz haben, ist der Ort Ihres gewöhnlichen Aufenthaltes maßgeblich.

(2) Klagen aus dem Vertrag gegen Sie müssen wir bei dem Gericht erheben, das für Ihren Wohnsitz zuständig ist. Wenn Sie keinen Wohnsitz haben, ist der Ort Ihres gewöhnlichen Aufenthaltes maßgeblich. Wenn Sie eine juristische Person sind, ist das Gericht zuständig, in dessen Bezirk Sie Ihren Sitz oder Ihre Niederlassung haben.

(3) Verlegen Sie Ihren Wohnsitz oder den Ort Ihres gewöhnlichen Aufenthalts in das Ausland, sind für Klagen aus dem Vertrag die Gerichte des Staates zuständig, in dem wir unseren Sitz haben.

Allgemeine Bedingungen für die Rentenversicherung mit aufgeschobener Rentenzahlung mit Indexorientierung

Leistung

§ 1 Was sind die besonderen Merkmale einer Rentenversicherung mit aufgeschobener Rentenzahlung mit Indexorientierung? 137
§ 2 Welche Leistungen erbringen wir? 138
§ 3 Wie sind Beitragsverwendung, Kostenentnahmen, Wertsicherungskonzept und die Wertermittlung der Anteile ausgestaltet? 140
§ 4 Wie erfolgt die Überschussbeteiligung? 140
§ 5 Wann beginnt Ihr Versicherungsschutz? 141
§ 6 Was gilt bei Polizei- oder Wehrdienst, Unruhen, Krieg oder Einsatz bzw. Freisetzen von ABC-Waffen/-Stoffen? 141
§ 7 Was gilt bei Selbsttötung der versicherten Person? 142
§ 8 Was ist zu beachten, wenn eine Leistung verlangt wird? 142
§ 9 Welche Bedeutung hat der Versicherungsschein? 142
§ 10 Wer erhält die Leistung? 142
§ 11 Wann können die Beiträge und Leistungen angepasst werden? 143

Beitrag

§ 12 Was müssen Sie bei der Beitragszahlung beachten? 143
§ 13 Was geschieht, wenn wir einen Beitrag nicht rechtzeitig einziehen können? 143

Kündigung und Beitragsfreistellung

§ 14 Wann können Sie Ihren Vertrag kündigen und welche Leistungen erbringen wir? 144
§ 15 Wann können Sie Ihren Vertrag beitragsfrei stellen, und welche Auswirkungen hat dies auf unsere Leistungen? 145
§ 16 Wie werden die Kosten Ihres Vertrags verrechnet? 145

Fonds und indexorientierte Kapitalanlage

§ 17 Was geschieht, wenn die Anlage in Anteilen an der indexorientierten Kapitalanlage eingestellt oder sie aufgelöst wird? 145
§ 18 Was geschieht, wenn die Ausgabe oder Rücknahme von Fondsanteilen eingestellt oder ein Fonds aufgelöst wird? 146

Weitere Regelungen

§ 19 Wie können Sie den Wert Ihres Vertrags erfahren? 146
§ 20 Was gilt bei Änderung Ihrer Postanschrift und Ihres Namens? 146
§ 21 Welche Auskunftpflichten haben Sie? 146
§ 22 Welche Kosten und Abgaben stellen wir Ihnen gesondert in Rechnung und welche tarifabhängigen Begrenzungen gelten? 147
§ 23 Welches Recht findet auf Ihren Vertrag Anwendung? 147
§ 24 Wo ist der Gerichtsstand? 147

§ 1 Was sind die besonderen Merkmale einer Rentenversicherung mit aufgeschobener Rentenzahlung mit Indexorientierung?

(1) Sie ist eine Rentenversicherung mit aufgeschobener, lebenslanger Rentenzahlung. Sie bietet Ihnen für den Erlebensfall Versicherungsschutz unter unmittelbarer Beteiligung an der Wertentwicklung eines bei uns eingerichteten Sondervermögens (Anlagestock). Der Anlagestock wird gesondert von unserem übrigen Vermögen geführt und in Anteilen an der indexorientierten Kapitalanlage (IOK) angelegt. Guthabenteile legen wir aber auch in unserem übrigen Vermögen an. Um die garantierte Mindestrente (siehe § 2 Absatz 4) oder das garantierte Mindestkapital (siehe § 2 Absatz 5) erbringen zu können bzw. die für den Vertrag anfallenden Verwaltungskosten zu decken, teilen wir das Deckungskapital zwischen diesen Anlageformen entsprechend dem Wertsicherungskonzept (siehe § 3 Absatz 3) laufend neu auf.

Mit Beginn der Rentenzahlung entnehmen wir dem Anlagestock die auf Ihren Vertrag entfallenden Anteile an der IOK und legen den zugehörigen Geldwert in unserem übrigen Vermögen an. Die Bindung an die IOK entfällt; die Höhe der lebenslangen Rente ist dann nicht mehr von der Wertentwicklung der IOK beeinflusst.

(2) Sie haben vor Beginn der Rentenzahlung die Chance, insbesondere bei Kurssteigerungen der IOK, einen Wertzuwachs zu erzielen; bei Kursrückgängen tragen Sie im Gegenzug auch das Risiko der Wertminderung. Wertminderungen können auch bei unplanmäßigen Veränderungen der IOK (siehe §§ 17 und 18) entstehen; beispielsweise kann die Kapitalverwaltungsgesellschaft die Rücknahme der Anteile aussetzen. Bei Werten, die nicht in Euro geführt werden, können Schwankungen der Währungskurse den Wert der Anlage zusätzlich beeinflussen. Das bedeutet, dass die lebenslange Rente je nach Entwicklung der Vermögenswerte des Anlagestocks höher oder niedriger ausfallen wird. Für die Berechnung der lebenslangen Rente steht als Deckungskapital zum voraussichtlichen Beginn der Rentenzahlung jedoch mindestens die Summe der gezahlten Beiträge zu Ihrer Rentenversicherung zur Verfügung (garantierter Beitragserhalt zum voraussichtlichen Beginn der Rentenzahlung).

(3) Wir berechnen die Höhe der lebenslangen Rente erst bei Beginn der Rentenzahlung
- aus dem zu diesem Zeitpunkt vorhandenen Deckungskapital (einschließlich zugeteilten Überschussguthaben) und
- unter Verwendung der Rechnungsgrundlagen, die bei Beginn der Rentenzahlung für Neuabschlüsse vergleichbarer Rentenversicherungen mit sofort beginnender Rentenzahlung gelten (siehe § 2 Absatz 3).

Da für die Verrentung die für Neuabschlüsse geltenden Rechnungsgrundlagen verwendet werden (siehe § 2 Absatz 3), fällt durch die zugeteilte Überschussbeteiligung die lebenslange Rente nicht zwingend höher aus als die garantierte Mindestrente nach § 2 Absatz 4.

(4) Die Berechnung der lebenslangen Rente erst zum Beginn der Rentenzahlung mit dann maßgeblichen Rechnungsgrundlagen eröffnet die Chance auf eine höhere Rente als bei konventionellen Rentenversicherungen. Eine erhebliche Veränderung der Rechnungsgrundlagen kann jedoch auch dazu führen, dass zugeteilte

Überschussguthaben zum Beginn der Rentenzahlung ganz oder teilweise zur Sicherung der garantierten Mindestrente herangezogen werden müssen. Dies gilt nicht, wenn Sie die Kapitalleistung (siehe § 2 Absatz 13) wählen. Die garantierte Mindestrente bleibt jedoch stets garantiert.

(5) Das Deckungskapital ist die Summe des Wertes des Sicherungskapitals und des Anteildeckungskapitals. Den Wert der Anteile ermitteln wir börsentäglich dadurch, dass die Anzahl der Ihrem Vertrag zugeordneten Anteile mit dem Wert eines Anteils multipliziert wird. Der Wert der Anteile wird auf Basis der Kurse der darin enthaltenen Vermögenswerte börsentäglich festgestellt. Dabei ermitteln wir den Wert für jeden Teil des Anteildeckungskapitals getrennt.

Indexorientierte Kapitalanlage (IOK)

(6) Sie haben die Möglichkeit, Ihre Kapitalleistung zu erhöhen, da ein Teil der Beiträge in unsere indexorientierte Kapitalanlage (IOK) investiert wird. Unsere Anlagespezialisten kümmern sich um die Verteilung der Gelder und orientieren sich an dividendenstarken Unternehmen aus dem bekannten Index STOXX (R) Global Select Dividend 100 Net Return (Euro) (ISIN US26063Y1120). Ihre Erträge werden anteilig jeden Monat gesichert (Wachstumssicherung) und erhöhen so Ihre garantierte Kapitalleistung zum Rentenbeginn.

(7) Die IOK ist eine speziell auf die Rentenversicherung mit aufgeschobener Rentenzahlung mit Indexorientierung zugeschnittene Kapitalanlage, die zusammen mit dem Sicherungskapital zur Sicherstellung des garantierten Mindestkapitals zum voraussichtlichen Beginn der Rentenzahlung und der garantierten Mindestrente bzw. zur Deckung der für den Vertrag anfallenden Verwaltungskosten dient. Das Anlagekonzept der IOK soll einen möglichen Wertverlust der darin enthaltenen Anteile innerhalb eines festgelegten Sicherungszeitraums begrenzen. Der Sicherungszeitraum umfasst jeweils einen Monat. Innerhalb der IOK schichten wir das Kapital zu diesem Zweck laufend marktabhängig um. Zusätzlich erfolgen Sicherungsgeschäfte.

Wachstumssicherung

(8) 10 Prozent eines laufenden Wertzuwachses der IOK werden monatlich als Ertrag automatisch gesichert: Sie erhöhen das garantierte Mindestkapital (siehe § 2 Absatz 5). Ein laufender Wertzuwachs ist die in einem Kalendermonat der Aufschubdauer gegebene positive Wertentwicklung der ihrem Vertrag zugeordneten Anteile an der IOK. Ob eine positive Wertentwicklung vorliegt, ermitteln wir durch Vergleich des Wertes zu Beginn eines jeden Monats mit dem Wert zu Beginn des vorangegangenen Monats.

Kosten der IOK

(9) Die Kosten der IOK setzen sich zusammen aus Kosten für ihre Verwaltung sowie die IOK-interne Umschichtung und Kosten für Sicherungsgeschäfte. Diese Kosten sowie zusätzlich von Dritten in Rechnung gestellte Kosten im Zusammenhang mit dem Erwerb und der Veräußerung von Vermögenswerten, banktägliche Kosten für die Verwahrung von Wertpapieren sowie die im Zusammenhang mit den Kosten für die Verwaltung und Verwahrung eventuell entstehenden Steuern gehen zu Lasten der IOK.

Zusatzversicherungen

(10) Der Einschluss von Zusatzversicherungen ist nicht möglich.

§ 2 Welche Leistungen erbringen wir?

Unsere Leistung ab Beginn der Rentenzahlung

Lebenslange Rente

(1) Wenn die versicherte Person – das ist die Person, auf deren Leben die Versicherung abgeschlossen ist – den Beginn der Rentenzahlung erlebt, zahlen wir eine Rente, solange die versicherte Person lebt. Wir zahlen die Rente je nach Vereinbarung jährlich, halbjährlich, vierteljährlich oder monatlich zu den vereinbarten Fälligkeitstagen.

Berechnung der lebenslangen Rente

(2) Zum Beginn der Rentenzahlung berechnen wir aus dem zu diesem Zeitpunkt vorhandenem
- Deckungskapital zuzüglich
- der zugeteilten Schlussüberschussanteile sowie
- der zugeteilten Bewertungsreserven

oder einer etwaigen zugeteilten Mindestbeteiligung an den Bewertungsreserven eine ab diesem Zeitpunkt garantierte lebenslange Rente. Maßgeblich für die Wertermittlung der Anteile an der IOK ist der Börsentag, der dem 15. des Monats vor Beginn der Rentenzahlung vorausgeht. Maßgeblich für die Anzahl der Anteile ist der Tag des Beginns der Rentenzahlung.

Ob und in welcher Höhe Schlussüberschussanteile und eine Mindestbeteiligung an Bewertungsreserven zugeteilt werden, richtet sich ausschließlich nach dem Überschussverteilungsplan für den Zeitraum, in den der Beginn der Rentenzahlung fällt. Schlussüberschussanteile und eine Mindestbeteiligung an Bewertungsreserven können ganz oder teilweise entfallen. Für die Zuteilung von Bewertungsreserven werden nur die Bewertungsreserven berücksichtigt, die nach gesetzlichen und aufsichtsrechtlichen Vorschriften für die Beteiligung der Verträge zum Zuteilungszeitpunkt zu berücksichtigen sind (maßgebende Bewertungsreserven). Der rechnerische Betrag der maßgebenden Bewertungsreserven kann sich von dem der tatsächlichen Bewertungsreserven unterscheiden, der Höhe nach jederzeit ändern, auch starken Schwankungen unterliegen und sogar ganz entfallen. Die Höhe der zu zahlenden Rente muss unseren „Bestimmungen über Kosten und tarifabhängige Begrenzungen nach § 22" entsprechen. Anderenfalls zahlen wir eine Kapitalleistung entsprechend Absatz 13, und der Vertrag endet.

(3) Bei der Berechnung verwenden wir die Rechnungsgrundlagen, die bei Beginn der Rentenzahlung für Neuabschlüsse vergleichbarer Rentenversicherungen mit sofort beginnender Rentenzahlung gelten.

Vergleichbare Rentenversicherungen mit sofort beginnender Rentenzahlung sind solche, die
- ab Beginn der Rentenzahlung eine lebenslange garantierte Rente und eine Leistung bei Tod vorsehen,
- keine weiteren Zusatzleistungen im Rentenbezug vorsehen,
- keine Risikoprüfung für den Rentenbezug vorsehen und
- ab Beginn der Rentenzahlung Regelungen zur Überschussbeteiligung vorsehen, die denen Ihrer Rentenversicherung mit aufgeschobener Rentenzahlung inhaltlich entsprechen.

Wenn wir zum Beginn der Rentenzahlung keine vergleichbaren Rentenversicherungen mit sofort beginnender Rentenzahlung anbieten, werden wir für die Berechnung der lebenslangen Rente die Rechnungsgrundlagen verwenden, die wir zu diesem Zeitpunkt für eine vergleichbare Rentenversicherung mit sofort beginnender Rentenzahlung für das Neugeschäft zugrunde legen würden. Diese Rechnungsgrundlagen werden wir nach anerkannten Regeln der Versicherungsmathematik und unter der Voraussetzung ermitteln, dass sie nach den jeweils gültigen aufsichtsrechtlichen Rechtsnormen und sonstigen Bestimmungen bzw. den offiziellen Stellungnahmen der Deutschen Aktuarvereinigung e. V. (DAV) oder den Stellungnahmen einer vergleichbaren unabhängigen Organisation für die Berechnung der Deckungsrückstellung von neu abzuschließenden vergleichbaren Versicherungen die gebotenen Rechnungsgrundlagen bei entsprechenden Neuabschlüssen darstellen.

Garantierte Mindestrente

(4) Wenn die lebenslange Rente nach Absatz 2 geringer ist als die im Versicherungsschein genannte garantierte Rente, zahlen wir Ihnen stattdessen diese garantierte Mindestrente. Wenn die zu zahlende garantierte Mindestrente den Mindestbetrag nach unseren „Bestimmungen über Kosten und tarifabhängige Begrenzungen nach § 22" nicht erreicht, zahlen wir eine Kapitalleistung entsprechend Absatz 13, und der Vertrag endet.

Garantiertes Mindestkapital zum voraussichtlichen Beginn der Rentenzahlung

(5) Für die Berechnung der lebenslangen Rente nach Absatz 2 steht als Deckungskapital zum voraussichtlichen Beginn der Rentenzahlung mindestens zur Verfügung:
- die Summe der gezahlten Beiträge zu Ihrer Rentenversicherung (garantierter Beitragserhalt zum voraussichtlichen Beginn der Rentenzahlung) zuzüglich
- vorhandener Erträge aus der Wachstumssicherung zum voraussichtlichen Beginn der Rentenzahlung (Absatz 6) zuzüglich
- vorhandener Bonusbeiträge (Absatz 7; siehe Bestimmungen zur Überschussbeteiligung nach § 4 Absatz 3 (a)).

Ein darüber hinausgehendes Deckungskapital können wir nicht garantieren. Die tatsächlich zum Beginn der Rentenzahlung geltenden Rechnungsgrundlagen, die für die Berechnung der lebenslangen Rente maßgeblich sind, sind nicht bekannt. Sollten sich diese im Vergleich zu den bei Vertragsabschluss geltenden Rechnungsgrundlagen ungünstiger darstellen - in Form eines niedrigeren Rechnungszinses oder deutlich gestiegener Lebenserwartung - können sich niedrigere Werte ergeben.

Wachstumssicherung zum voraussichtlichen Beginn der Rentenzahlung

(6) Durch Kurssteigerungen der Anteile an der indexorientierten Kapitalanlage (IOK) vor Beginn der Rentenzahlung können Wertzuwächse erzielt werden. Wir prüfen monatlich, ob ein Wertzuwachs vorhanden ist. Hierzu vergleichen wir den Wert der Ihrem Vertrag zugeordneten Anteile an der IOK am ersten Börsentag des jeweils aktuellen Kalendermonats mit deren Wert am ersten Börsentag des vorangegangenen Kalendermonats. Ein Wertzuwachs liegt vor, wenn der Wert am Monatsende höher ist als am Monatsbeginn. In diesem Fall erhöht sich das garantierte Mindestkapital zum voraussichtlichen Beginn der Rentenzahlung um 10 Prozent des jeweiligen Wertzuwachses (Wachstumssicherung zum voraussichtlichen Beginn der Rentenzahlung). Durch die Wachstumssicherung erhöht sich die garantierte Mindestrente (Absatz 4) nicht.

Bonusbeiträge zum voraussichtlichen Beginn der Rentenzahlung

(7) Das garantierte Mindestkapital erhöht sich vor Beginn der Rentenzahlung um Bonusbeiträge nach den Bestimmungen zur Überschussbeteiligung nach § 4 Absatz 3 (a). Durch Bonusbeiträge erhöht sich die garantierte Mindestrente (Absatz 4) nicht.

Garantierte Rentensteigerung

(8) Wenn Sie eine Steigerung der Renten nach Beginn der Rentenzahlung vereinbart haben, erhöht sich die jeweils erreichte garantierte Rente jährlich um den vereinbarten Prozentsatz. Die erste Erhöhung erfolgt zu Beginn des zweiten Jahres der Rentenzahlung.

Kapitalleistung

(9) Sie können verlangen, dass wir statt der Renten das vorhandene Deckungskapital als einmalige Leistung (Kapitalleistung) zum Fälligkeitstag der ersten Rente zahlen, wenn die versicherte Person diesen Termin erlebt. Voraussetzung ist, dass uns der Antrag auf Kapitalleistung spätestens 2 Monate vor dem Fälligkeitstag der ersten Rente vorliegt. Mit Zahlung der Kapitalleistung endet der Vertrag. Die Kapitalleistung erbringen wir auf Basis des Wertes des Deckungskapitals (siehe § 1 Absatz 5). Maßgeblich für die Wertermittlung der Anteile ist der Börsentag, der dem 15. des Monats vor Kapitalleistung vorausgeht. Maßgebend für die Feststellung der Anzahl der Anteile ist der Termin der Kapitalleistung. Mindestens erbringen wir jedoch die garantierte Kapitalleistung (siehe Absatz 5 Satz 2).

Unsere Leistung bei Tod der versicherten Person

Leistung bei Tod vor Beginn der Rentenzahlung

(10) Wenn die versicherte Person vor Beginn der Rentenzahlung stirbt, zahlen wir das an dem dem Todesmonat folgenden Monatsersten vorhandene Deckungskapital, mindestens aber die Summe der bis dahin gezahlten Beiträge und Zuzahlungen. Beitragsanteile für etwaige Bonusbeiträge (siehe Absatz 7) werden hierbei nicht berücksichtigt. Für die Berechnung der Todesfallleistung ermitteln wir die Werte des Anteildeckungskapitals zum letzten Börsentag vor dem 15. des Monats des Todesfalls. Liegt uns die Meldung des Todesfalls erst nach diesem Zeitpunkt vor, ist der nächste Börsentag nach Eingang der Meldung maßgeblich. Das Sicherungskapital ermitteln wir zum auf den Todesfallmonat folgenden Monatsersten. Für die Feststellung der Anzahl der jeweiligen Anteile ist der Todestag maßgeblich.

Leistung bei Tod nach Beginn der Rentenzahlung

(11) Wenn die versicherte Person nach Beginn der Rentenzahlung stirbt, zahlen wir das für den Todesfall vereinbarte Kapital abzüglich der bis zum Tod gezahlten garantierten Renten (verbleibendes Kapital bei Tod). Wenn Sie mit uns keine Leistung bei Tod vereinbart haben, erbringen wir keine Leistung, und der Vertrag endet.

Unsere Leistung aus der Überschussbeteiligung

(12) Entscheidend für den Gesamtertrag des Vertrags vor Beginn der Rentenzahlung ist die Entwicklung des Anlagestocks. Darüber hinaus beteiligen wir Sie an dem Überschuss und an den Bewertungsreserven (siehe § 4).

Rechnungsgrundlagen

(13) Das Sicherungskapital wird mit dem zum Vertragsabschluss gültigen Höchstrechnungszins jährlich verzinst.

(14) Zur Berechnung der garantierten Mindestrente (Absatz 4) verwenden wir die Rechnungsgrundlagen zum Zeitpunkt des Vertragsschlusses.

(15) Für die Berechnung der lebenslangen Rente zum Beginn der Rentenzahlung gilt Absatz 3.

§ 3 Wie sind Beitragsverwendung, Kostenentnahmen, Wertsicherungskonzept und die Wertermittlung der Anteile ausgestaltet?

Beitragsabhängige Kosten

(1) Wir führen Ihre Beiträge und Zuzahlungen nach Abzug der für die Beitragskalkulation tariflich festgelegten Abschluss- und beitragsabhängigen Verwaltungskosten dem Deckungskapital entsprechend dem Wertsicherungskonzept (Absatz 3) zum Zeitpunkt der Beitragsfälligkeit zu.

Deckungskapitalabhängige Verwaltungskosten

(2) Die tariflich festgelegten, nicht beitragsabhängigen Verwaltungskosten entnehmen wir zu Beginn eines jeden Monats anteilig dem Sicherungskapital und dem Anteildeckungskapital (siehe § 1 Absatz 5).

Wertsicherungskonzept

(3) Das Deckungskapital setzt sich aus dem Sicherungskapital und dem Anteildeckungskapital zusammen. Das Anteildeckungskapital besteht aus Anteilen an der IOK (siehe § 1 Absatz 5). Jeweils zum Ersten eines Monats werden das Deckungskapital sowie die zu diesem Zeitpunkt fälligen Beiträge gemäß einem festgelegten Wertsicherungskonzept nach versicherungsmathematischen Grundsätzen auf die genannten Deckungskapitale derart aufgeteilt, dass das garantierte Mindestkapital zum voraussichtlichen Rentenbeginn erbracht bzw. die anfallenden Verwaltungskosten gedeckt werden können. Die Aufteilung ist z. B. abhängig von der Höhe des Deckungskapitals, der verbleibenden Zeit bis zum voraussichtlichen Rentenbeginn und von den jeweiligen Kursentwicklungen der Anteileinheiten. Bei der ersten Aufteilung zu Versicherungsbeginn wird der für das Anteildeckungskapital bestimmte Wert statt in den genannten Anteilen für einen Monat in einem geldmarktnahen Fonds angelegt. Die Kursentwicklung der IOK kann dazu führen, dass Teile des Anteildeckungskapitals in das Sicherungskapital umgeschichtet werden, wenn dies erforderlich ist, um das garantierte Mindestkapital dauerhaft zu sichern oder um Verwaltungskosten zu decken. Die Aufteilung erfolgt in der Form, dass die Summe aus dem Sicherungskapital zuzüglich der bis zum Monatsende anfallenden rechnungsmäßigen Zinsen und dem Wert des zum Monatsende mindestens erwarteten Anteildeckungskapitals der IOK mindestens dem Barwert des garantierten Mindestkapitals zum Ende des Monats entspricht. Dabei berücksichtigen wir nur bis dahin gezahlte Beiträge und vorhandene Erträge aus der Wachstumssicherung sowie vorhandene Bonusbeiträge. Bei der Bestimmung des Barwerts werden zum Teil auch zukünftig aus dem Deckungskapital zu entnehmende Kosten berücksichtigt. Wurde das Kapital einmal dem Sicherungskapital zugeteilt, verbleibt es dort bis zum Beginn der Rentenzahlung. Eine Umschichtung in die IOK kann insoweit nicht mehr erfolgen. Das Deckungskapital kann vollständig im Sicherungskapital, aber auch vollständig im Anteildeckungskapital investiert sein.

Wertermittlung der im Anlagestock geführten Anteile

(4) Der Geldwert der Ihrem Vertrag zugeordneten Anteile im Anlagestock ergibt sich durch Multiplikation der Anzahl der Anteile mit dem Wert eines Anteils. Der Wert eines Anteils richtet sich nach der Wertentwicklung der jeweils zugrunde liegenden Vermögenswerte. Dabei wird der von uns börsentäglich ermittelte Anteilswert zugrunde gelegt. Für die Bewertung ist der Börsentag maßgebend, der mit dem jeweiligen Zeitpunkt der Zuführung bzw. der Entnahme zusammenfällt oder ihm folgt.

(5) Soweit die Erträge aus den im Anlagestock enthaltenen Anteilen nicht ausgeschüttet werden, fließen sie unmittelbar der IOK zu und erhöhen damit den Wert der Anteile.

§ 4 Wie erfolgt die Überschussbeteiligung?

(1) Ihr Vertrag ist an der Wertentwicklung des Anlagestocks unmittelbar beteiligt (siehe § 1 Absatz 1). Darüber hinaus ist Ihr Vertrag grundsätzlich überschussberechtigt. Umfang und Bemessungsgrundlagen der Überschussbeteiligung richten sich nach der jeweils zum Zeitpunkt einer Zuteilung geltenden Fassung der maßgeblichen gesetzlichen Regelungen, derzeit § 153 des Versicherungsvertragsgesetzes (VVG). Die Überschussbeteiligung umfasst nach der derzeitigen Fassung des § 153 VVG eine Beteiligung an den Überschüssen und an den Bewertungsreserven. Die Überschüsse und die Bewertungsreserven ermitteln wir nach den Vorschriften des Handelsgesetzbuches und veröffentlichen sie jährlich im Geschäftsbericht. Die Überschussbeteiligung kann auch Null Euro betragen (Absatz 4).

Wir erläutern Ihnen,
- wie wir die Überschussbeteiligung für die Versicherungsnehmer in ihrer Gesamtheit ermitteln (Absatz 2),
- wie die Überschussbeteiligung Ihres konkreten Vertrags erfolgt (Absatz 3) und
- warum wir die Höhe der Überschussbeteiligung nicht garantieren können und diese auch Null Euro sein kann (Absatz 4).

(2) Wie ermitteln wir die Überschussbeteiligung für die Versicherungsnehmer in ihrer Gesamtheit?

Dazu erklären wir Ihnen
- aus welchen Quellen die Überschüsse stammen (a),
- wie wir mit diesen Überschüssen verfahren (b) und
- wie Bewertungsreserven entstehen und wir diese zuordnen (c).

Ansprüche auf eine bestimmte Höhe der Beteiligung Ihres Vertrags an den Überschüssen ergeben sich hieraus noch nicht.

(a) Überschüsse können aus 3 verschiedenen Quellen entstehen:
- den Kapitalerträgen (aa),
- dem Risikoergebnis (ab) und
- dem übrigen Ergebnis (ac).

Wir beteiligen unsere Versicherungsnehmer in ihrer Gesamtheit an diesen Überschüssen; dabei beachten wir die Verordnung über die Mindestbeitragsrückerstattung in der Lebensversicherung (Mindestzuführungsverordnung) in der jeweils geltenden Fassung.

(aa) Kapitalerträge

Von den Nettoerträgen der nach dieser Verordnung maßgeblichen Kapitalanlagen erhalten die Versicherungsnehmer insgesamt mindestens den dort genannten prozentualen Anteil. In der derzeitigen Fassung der Mindestzuführungsverordnung sind grundsätzlich 90 % vorgeschrieben. Aus diesem Betrag werden zunächst die Mittel entnommen, die für die garantierte Leistung benötigt werden. Die verbleibenden Mittel verwenden wir für die Überschussbeteiligung der Versicherungsnehmer.

(ab) Risikoergebnis

Weitere Überschüsse entstehen insbesondere, wenn die tatsächliche Lebensdauer der Versicherten kürzer ist, als die bei der Tarifkalkulation zugrunde gelegte. In diesem Fall müssen wir weniger Renten als ursprünglich angenommen zahlen und können daher die Versicherungsnehmer an dem entstehenden Risikoergebnis beteiligen. An diesen Überschüssen werden die Versicherungsnehmer nach der derzeitigen Fassung der Mindestzuführungsverordnung grundsätzlich zu mindestens 90 % beteiligt.

(ac) Übriges Ergebnis

Am übrigen Ergebnis werden die Versicherungsnehmer nach der derzeitigen Fassung der Mindestzuführungsverordnung grundsätzlich zu mindestens 50 % beteiligt. Überschüsse aus dem übrigen Ergebnis können beispielsweise entstehen, wenn
- die Kosten niedriger sind als bei der Tarifkalkulation angenommen,
- wir andere Einnahmen als aus dem Versicherungsgeschäft haben, z. B. Erträge aus Dienstleistungen, die wir für andere Unternehmen erbringen.

(b) Die auf die Versicherungsnehmer entfallenden Überschüsse führen wir der Rückstellung für Beitragsrückerstattung zu oder schreiben sie unmittelbar den überschussberechtigten Verträgen gut (Direktgutschrift). Die Rückstellung für Beitragsrückerstattung dient dazu, Schwankungen der Überschüsse auszugleichen. Sie darf grundsätzlich nur für die Überschussbeteiligung der Versicherungsnehmer verwendet werden. Nur in Ausnahmefällen und mit Zustimmung der Aufsichtsbehörde können wir hiervon nach § 140 des Versicherungsaufsichtsgesetzes (VAG) abweichen. Dies dürfen wir, soweit die Rückstellung für Beitragsrückerstattung nicht auf bereits festgelegte Überschussanteile entfällt. Nach der derzeitigen Fassung des § 140 VAG können wir im Interesse der Versicherten die Rückstellung für Beitragsrückerstattung heranziehen:
- zur Abwendung eines drohenden Notstandes,
- um unvorhersehbare Verluste aus den überschussberechtigten Verträgen auszugleichen, die auf allgemeine Änderungen der Verhältnisse zurückzuführen sind, oder
- um die Deckungsrückstellung zu erhöhen, wenn die Rechnungsgrundlagen aufgrund einer unvorhersehbaren und nicht nur vorübergehenden Änderung der Verhältnisse angepasst werden müssen. Wenn wir die Rückstellung für Beitragsrückerstattung danach zum Verlustausgleich oder zur Erhöhung der Deckungsrückstellung heranziehen, belasten wir die Versichertenbestände verursachungsorientiert.

(c) Bewertungsreserven entstehen, wenn der Marktwert der Kapitalanlagen, die für künftige Leistungen vorgesehen sind, über dem Wert liegt, mit dem die Kapitalanlagen im Geschäftsbericht ausgewiesen sind. Die Höhe der Bewertungsreserven ermitteln wir jährlich neu, zusätzlich auch für den Zeitpunkt der Beendigung eines Vertrags vor Rentenbeginn, für den Beginn einer Rentenzahlung sowie während einer Rentenzahlung jeweils für das Ende eines Versicherungsjahres. Die Bewertungsreserven, die nach gesetzlichen und aufsichtsrechtlichen Vorschriften für die Beteiligung der Verträge zu berücksichtigen sind, ordnen wir den Verträgen anteilig rechnerisch zu (siehe Absatz 3 a).

(3) Wie erfolgt die Überschussbeteiligung Ihres Vertrags?

(a) Wir haben gleichartige Versicherungen (zum Beispiel Rentenversicherung, Risikoversicherung) zu Abrechnungsverbänden zusammengefasst und teilweise nach engeren Gleichartigkeitskriterien innerhalb der Abrechnungsverbände Untergruppen (Überschussverbände) gebildet. Abrechnungsverbände bilden wir, um die Unterschiede bei den versicherten Risiken zu berücksichtigen. Die Überschüsse verteilen wir auf die einzelnen Abrechnungs- und Überschussverbände nach einem verursachungsorientierten Verfahren, und zwar in dem Maß, wie die Abrechnungs- und Überschussverbände zur Entstehung von Überschüssen beigetragen haben. Ihr Vertrag erhält Anteile an den Überschüssen desjenigen Abrechnungs- und Überschussverbands, die in Ihrem Versicherungsschein genannt sind. Wenn bei der Ermittlung der lebenslangen Rente nach § 2 Absatz 2 andere Rechnungsgrundlagen als bei der Berechnung der garantierten Mindestrente nach § 2 Absatz 4 zur Anwendung kommen, ordnen wir Ihren Vertrag dem für Neuabschlüsse vergleichbarer Rentenversicherungen (siehe § 2 Absatz 3) entsprechenden Überschussverband zu. Dies teilen wir Ihnen mit Beginn der Rentenzahlung mit. Die Mittel für die Überschussanteile werden bei der Direktgutschrift zulasten des Ergebnisses des Geschäftsjahres finanziert, ansonsten der Rückstellung für Beitragsrückerstattung entnommen. Die Höhe der Überschussanteilsätze legen wir jedes Jahr fest. Wir veröffentlichen die Überschussanteilsätze in unserem Geschäftsbericht. Diesen können Sie auf unserer Homepage einsehen. Haben ein Abrechnungs- und Überschussverband nicht zur Entstehung von Überschüssen beigetragen, bekommen sie keine Überschüsse zugewiesen.

(b) Bei Beendigung des Vertrags durch Tod, Kündigung oder bei Erleben des Beginns der Rentenzahlung gilt Folgendes:
Wir teilen Ihrem Vertrag dann den für diesen Zeitpunkt zugeordneten Anteil an den Bewertungsreserven entsprechend den jeweils geltenden gesetzlichen (§ 153 VVG) und aufsichtsrechtlichen Regelungen zu. Auch während des Rentenbezuges werden wir Sie entsprechend an den Bewertungsreserven beteiligen. Gesetzliche und aufsichtsrechtliche Regelungen können dazu führen, dass die Beteiligung an den Bewertungsreserven ganz oder teilweise entfällt.

(c) Die für die Überschussbeteiligung geltenden Berechnungsgrundsätze sind in den „Bestimmungen zur Überschussbeteiligung nach § 4 Absatz 3" enthalten. Diese Bestimmungen sind Bestandteil dieser Bedingungen.

(4) Warum können wir die Höhe der Überschussbeteiligung nicht garantieren?

Die Höhe der Überschussbeteiligung hängt von vielen Einflüssen ab, die nicht vorhersehbar und von uns nur begrenzt beeinflussbar sind. Wichtigster Einflussfaktor ist die Entwicklung des Kapitalmarkts. Aber auch die Entwicklung des versicherten Risikos und der Kosten sind von Bedeutung. Die Höhe der künftigen Überschussbeteiligung kann also nicht garantiert werden und kann auch Null Euro betragen. Über die Entwicklung Ihrer Überschussbeteiligung werden wir Sie jährlich unterrichten.

§ 5 Wann beginnt Ihr Versicherungsschutz?

Ihr Versicherungsschutz beginnt, wenn Sie den Vertrag mit uns abgeschlossen haben. Jedoch besteht vor dem im Versicherungsschein angegebenen Versicherungsbeginn kein Versicherungsschutz. Allerdings kann unsere Leistungspflicht entfallen, wenn Sie den Beitrag nicht rechtzeitig zahlen (siehe § 12 Absätze 2 und 3 und § 13 Absatz 2).

§ 6 Was gilt bei Polizei- oder Wehrdienst, Unruhen, Krieg oder Einsatz bzw. Freisetzen von ABC-Waffen/-Stoffen?

(1) Grundsätzlich leisten wir unabhängig davon, auf welcher Ursache der Versicherungsfall beruht. Wir leisten auch dann, wenn die versicherte Person – das ist die Person, auf deren Leben die Versicherung abgeschlossen ist – in Ausübung des Polizei- oder Wehrdienstes oder bei inneren Unruhen gestorben ist.

(2) Stirbt die versicherte Person in unmittelbarem oder mittelbarem Zusammenhang mit kriegerischen Ereignissen, ist unsere Leistung eingeschränkt. In diesem Fall vermindert sich eine für den Todesfall vereinbarte Kapitalleistung auf den für den Todestag berechneten Rückkaufswert (siehe § 14 Absätze 4 bis 7), ohne den dort vorgesehenen Abzug und unter Berücksichtigung der Abschlusskosten in voller Höhe. Maßgeblich bei der Ermittlung des Rückkaufswerts ist für die Anteile der IOK der letzte Börsentag vor dem 15. des Monats des Todesfalls. Wenn uns die Meldung des Todesfalls erst nach diesem Zeitpunkt zugeht, ist der nächste Börsentag nach Eingang der Meldung maßgeblich. Für die Feststellung der Anzahl der Anteile der IOK ist der Todestag maßgeblich. § 14 Absatz 6 gilt entsprechend. Unsere Leistungen vermindern sich nicht, wenn die versicherte Person in unmittelbarem oder mittelbarem Zusammenhang mit kriegerischen Ereignissen stirbt, denen sie während eines Aufenthaltes außerhalb der Bundesrepublik Deutschland ausgesetzt und an denen sie nicht aktiv beteiligt war.

(3) In folgenden Fällen vermindern sich unsere Leistungen auf die in Absatz 2 Satz 2 genannte Leistung: Die versicherte Person stirbt in unmittelbarem oder mittelbarem Zusammenhang mit
- dem vorsätzlichen Einsatz von atomaren, biologischen oder chemischen Waffen oder
- dem vorsätzlichen Einsatz oder der vorsätzlichen Freisetzung von radioaktiven, biologischen oder chemischen Stoffen.

Der Einsatz bzw. das Freisetzen muss dabei darauf gerichtet gewesen sein, das Leben einer Vielzahl von Personen zu gefährden. Unsere Leistungen vermindern sich nicht, wenn die versicherte Person in unmittelbarem oder mittelbarem Zusammenhang mit kriegerischen Ereignissen stirbt, denen sie während eines Aufenthaltes außerhalb der Bundesrepublik Deutschland ausgesetzt und an denen sie nicht aktiv beteiligt war.

§ 7 Was gilt bei Selbsttötung der versicherten Person?

(1) Bei vorsätzlicher Selbsttötung erbringen wir eine für den Todesfall vereinbarte Leistung, wenn seit Abschluss des Vertrags 3 Jahre vergangen sind.

(2) Bei vorsätzlicher Selbsttötung vor Ablauf der Dreijahresfrist besteht kein Versicherungsschutz. In diesem Fall zahlen wir den für den Todestag berechneten Rückkaufswert Ihres Vertrags (siehe § 14 Absätze 4 bis 7), ohne den dort vorgesehenen Abzug und unter Berücksichtigung der Abschlusskosten in voller Höhe. Maßgeblich bei der Ermittlung des Rückkaufswerts ist für die Anteile der IOK der letzte Börsentag vor dem 15. des Monats des Todesfalls. Geht uns die Meldung des Todesfalls erst nach diesem Zeitpunkt zu, ist der nächste Börsentag nach Eingang der Meldung maßgeblich. Für die Feststellung der Anzahl der Anteile an der IOK als Basis für deren Wert ist der Todestag maßgeblich. § 14 Absatz 6 gilt entsprechend. Wenn uns nachgewiesen wird, dass sich die versicherte Person - das ist die Person, auf deren Leben die Versicherung abgeschlossen ist - in einem die freie Willensbestimmung ausschließenden Zustand krankhafter Störung der Geistestätigkeit selbst getötet hat, besteht Versicherungsschutz.

(3) Wenn unsere Leistungspflicht durch eine Änderung des Vertrags erweitert wird oder der Vertrag nach § 15 Absatz 4 wiederhergestellt wird, beginnt die Dreijahresfrist bezüglich des geänderten oder wiederhergestellten Teils neu.

§ 8 Was ist zu beachten, wenn eine Leistung verlangt wird?

(1) Werden Leistungen aus dem Vertrag beansprucht, können wir verlangen, dass uns der Versicherungsschein und ein Zeugnis über den Tag der Geburt der versicherten Person - das ist die Person, auf deren Leben die Versicherung abgeschlossen ist - sowie die Auskunft nach § 21 vorgelegt werden.

(2) Vor jeder Rentenzahlung können wir auf unsere Kosten eine amtliche Bescheinigung darüber verlangen, dass die versicherte Person noch lebt.

(3) Der Tod der versicherten Person muss uns unverzüglich (d. h. ohne schuldhaftes Zögern) mitgeteilt werden. Außerdem muss uns eine amtliche Sterbeurkunde mit Angabe von Alter und Geburtsort vorgelegt werden. Dies gilt auch, wenn für den Todesfall keine Leistung vereinbart wurde. Wenn für den Todesfall eine Leistung vereinbart wurde, muss uns zusätzlich eine ausführliche ärztliche oder amtliche Bescheinigung über die Todesursache vorgelegt werden. Aus der Bescheinigung müssen sich Beginn und Verlauf der Krankheit, die zum Tod der versicherten Person geführt hat, ergeben.

(4) Wir können weitere Nachweise und Auskünfte verlangen, wenn dies erforderlich ist, um unsere Leistungspflicht zu klären. Die Kosten hierfür muss diejenige Person tragen, die die Leistung beansprucht.

(5) Unsere Leistungen werden fällig, nachdem wir die Erhebungen abgeschlossen haben, die zur Feststellung des Versicherungsfalles und des Umfangs unserer Leistungspflicht notwendig sind. Wenn eine der in den Absätzen 1 bis 4 genannten Pflichten nicht erfüllt wird, kann dies zur Folge haben, dass wir nicht feststellen können, ob oder in welchem Umfang wir leistungspflichtig sind. Eine solche Pflichtverletzung kann somit dazu führen, dass unsere Leistung nicht fällig wird.

(6) Bei Überweisung von Leistungen in Länder außerhalb des Europäischen Wirtschaftsraumes trägt die empfangsberechtigte Person die damit verbundene Gefahr.

§ 9 Welche Bedeutung hat der Versicherungsschein?

(1) Wir können Ihnen den Versicherungsschein in Textform (z. B. Papierform oder E-Mail) übermitteln. Stellen wir Ihnen diesen als Dokument in Papierform aus, dann liegt eine Urkunde vor. Sie können die Ausstellung als Urkunde verlangen.

(2) Den Inhaber der Urkunde können wir als berechtigt ansehen, über die Rechte aus dem Vertrag zu verfügen, insbesondere Leistungen in Empfang zu nehmen. Wir können aber verlangen, dass uns der Inhaber der Urkunde seine Berechtigung nachweist.

§ 10 Wer erhält die Leistung?

(1) Als unser Versicherungsnehmer können Sie bestimmen, wer die Leistung erhält. Wenn Sie keine Bestimmung treffen, leisten wir an Sie.

Allgemeine Bedingungen für die Rentenversicherung mit aufgeschobener Rentenzahlung mit Indexorientierung

Bezugsberechtigung

(2) Sie können uns widerruflich oder unwiderruflich eine andere Person benennen, die die Leistung erhalten soll (Bezugsberechtigter). Wenn Sie ein Bezugsrecht widerruflich bestimmen, erwirbt der Bezugsberechtigte das Recht auf die Leistung erst mit dem Eintritt des jeweiligen Versicherungsfalles. Deshalb können Sie Ihre Bestimmung bis zum Eintritt des jeweiligen Versicherungsfalles jederzeit widerrufen. Wenn wir Renten zahlen, tritt mit jeder Fälligkeit einer Rente ein eigener Versicherungsfall ein. Sie können ausdrücklich bestimmen, dass der Bezugsberechtigte sofort und unwiderruflich das Recht auf die Leistung erhält. Sobald uns Ihre Erklärung zugegangen ist, kann dieses Bezugsrecht nur noch mit Zustimmung des unwiderruflich Bezugsberechtigten geändert werden.

Abtretung und Verpfändung

(3) Sie können das Recht auf die Leistung bis zum Eintritt des jeweiligen Versicherungsfalles grundsätzlich ganz oder teilweise an Dritte abtreten und verpfänden, soweit derartige Verfügungen rechtlich möglich sind.

Anzeige

(4) Die Einräumung und der Widerruf eines Bezugsrechts (Absatz 2) sowie die Abtretung und die Verpfändung (Absatz 3) sind uns gegenüber nur und erst dann wirksam, wenn sie uns vom bisherigen Berechtigten in Textform (z. B. Papierform oder E-Mail) angezeigt worden sind. Der bisherige Berechtigte sind im Regelfall Sie als unser Versicherungsnehmer. Es können aber auch andere Personen sein, sofern Sie bereits zuvor Verfügungen (z. B. unwiderrufliche Bezugsberechtigung, Abtretung, Verpfändung) getroffen haben.

§ 11 Wann können die Beiträge und Leistungen angepasst werden?

(1) Wir sind zu einer Neufestsetzung des vereinbarten Beitrags berechtigt, wenn
- sich der Leistungsbedarf nicht nur vorübergehend und nicht voraussehbar gegenüber den Rechnungsgrundlagen des vereinbarten Beitrags geändert hat,
- der nach den berichtigten Rechnungsgrundlagen neu festgesetzte Beitrag angemessen und erforderlich ist, um die dauernde Erfüllbarkeit der Leistung zu gewährleisten, und
- ein unabhängiger Treuhänder die Rechnungsgrundlagen und die vorstehenden Voraussetzungen überprüft und bestätigt hat.

Eine Neufestsetzung des Beitrags ist insoweit ausgeschlossen, als die Leistungen zum Zeitpunkt der Erst- oder Neukalkulation unzureichend kalkuliert waren und ein ordentlicher und gewissenhafter Aktuar dies insbesondere anhand der zu diesem Zeitpunkt verfügbaren statistischen Kalkulationsgrundlagen hätte erkennen müssen.

(2) Sie können verlangen, dass anstelle einer Erhöhung des Beitrags nach Absatz 1 die Leistungen entsprechend herabgesetzt werden. Bei einem beitragsfreien Vertrag sind wir unter den Voraussetzungen des Absatzes 1 zur Herabsetzung der Leistungen berechtigt.

(3) Die Neufestsetzung des Beitrags und die Herabsetzung der Leistungen werden zu Beginn des zweiten Monats wirksam, der auf die Mitteilung der Neufestsetzung oder der Herabsetzung und der hierfür maßgeblichen Gründe an Sie folgt.

§ 12 Was müssen Sie bei der Beitragszahlung beachten?

(1) Die Beiträge zu Ihrem Vertrag können Sie je nach Vereinbarung in einem Betrag (Einmalbeitrag) monatlich, viertel-, halbjährlich oder jährlich zahlen.

(2) Den ersten Beitrag oder den Einmalbeitrag müssen Sie unverzüglich nach Abschluss des Vertrages zahlen, jedoch nicht vor dem mit Ihnen vereinbarten, im Versicherungsschein angegebenen Versicherungsbeginn. Alle weiteren Beiträge (Folgebeiträge) werden jeweils zu Beginn der vereinbarten Versicherungsperiode fällig. Die Versicherungsperiode umfasst bei Einmalbeitrags- und Jahreszahlung ein Jahr, ansonsten entsprechend der Zahlungsweise einen Monat, ein Vierteljahr bzw. ein halbes Jahr.

(3) Sie haben den Beitrag rechtzeitig gezahlt, wenn Sie bis zum Fälligkeitstag (Absatz 2) alles getan haben, damit der Beitrag bei uns eingeht. Wenn die Einziehung des Beitrages von einem Konto vereinbart wurde, gilt die Zahlung in folgendem Fall als rechtzeitig:
- Der Beitrag konnte am Fälligkeitstag eingezogen werden und
- Sie haben einer berechtigten Einziehung nicht widersprochen.

Konnten wir den fälligen Beitrag ohne Ihr Verschulden nicht einziehen, ist die Zahlung auch dann noch rechtzeitig, wenn sie unverzüglich nach unserer Zahlungsaufforderung erfolgt. Haben Sie zu vertreten, dass der Beitrag wiederholt nicht eingezogen werden kann, sind wir berechtigt, künftig die Zahlung außerhalb des Lastschriftverfahrens zu verlangen.

(4) Sie müssen die Beiträge auf Ihre Gefahr und Ihre Kosten zahlen.

(5) Bei Fälligkeit einer Leistung werden wir etwaige Beitragsrückstände verrechnen.

§ 13 Was geschieht, wenn wir einen Beitrag nicht rechtzeitig einziehen können?

Erster Beitrag oder Einmalbeitrag

(1) Können wir den ersten Beitrag oder den Einmalbeitrag nicht rechtzeitig einziehen, können wir – solange die Zahlung nicht bewirkt ist – vom Vertrag zurücktreten. In diesem Fall können wir von Ihnen die Kosten für ärztliche Untersuchungen im Rahmen einer Prüfung der Gesundheits- und sonstigen Risikoverhältnisse (Gesundheitsprüfung) verlangen. Wir sind nicht zum Rücktritt berechtigt, wenn uns nachgewiesen wird, dass Sie die nicht rechtzeitige Zahlung nicht zu vertreten haben.

(2) Ist der erste Beitrag oder der Einmalbeitrag bei Eintritt des Versicherungsfalles noch nicht gezahlt, sind wir nicht zur Leistung verpflichtet. Dies gilt nur, wenn wir Sie durch gesonderte Mitteilung in Textform (z. B. Papierform oder E-Mail) oder durch einen auffälligen Hinweis im Versicherungsschein auf diese Rechtsfolge aufmerksam gemacht haben. Unsere Leistungspflicht bleibt jedoch bestehen, wenn Sie uns nachweisen, dass Sie das Ausbleiben der Zahlung nicht zu vertreten haben.

Folgebeitrag

(3) Können wir einen Folgebeitrag nicht rechtzeitig einziehen, können wir Ihnen auf Ihre Kosten in Textform eine Zahlungsfrist setzen. Die Zahlungsfrist muss mindestens 2 Wochen betragen.

(4) Für einen Versicherungsfall, der nach Ablauf der gesetzten Zahlungsfrist eintritt, entfällt oder vermindert sich der Versicherungsschutz, wenn Sie sich bei Eintritt des Versicherungsfalles noch mit der Zahlung in Verzug befinden. Voraussetzung ist, dass wir Sie bereits mit der Fristsetzung auf diese Rechtsfolge hingewiesen haben.

(5) Nach Ablauf der gesetzten Zahlungsfrist können wir den Vertrag ohne Einhaltung einer Kündigungsfrist kündigen, wenn Sie sich noch immer mit den Beiträgen, Zinsen oder Kosten in Verzug befinden. Voraussetzung ist, dass wir Sie bereits mit der Fristsetzung auf diese Rechtsfolge hingewiesen haben. Wir können die Kündigung bereits mit der Fristsetzung erklären. Sie wird dann automatisch mit Ablauf der Frist wirksam, wenn Sie zu diesem Zeitpunkt noch immer mit der Zahlung in Verzug sind. Auf diese Rechtsfolge müssen wir Sie ebenfalls hinweisen.

(6) Sie können den angeforderten Betrag auch dann noch nachzahlen, wenn unsere Kündigung wirksam geworden ist. Nachzahlen können Sie nur
- innerhalb eines Monats nach der Kündigung
- oder, wenn die Kündigung bereits mit der Fristsetzung verbunden worden ist, innerhalb eines Monats nach Fristablauf.

Zahlen Sie innerhalb dieses Zeitraums, wird die Kündigung unwirksam und der Vertrag besteht fort. Für Versicherungsfälle, die zwischen dem Ablauf der Zahlungsfrist und der Zahlung eintreten, besteht kein oder nur ein verminderter Versicherungsschutz, der sich nach den Regelungen von §15 (Leistungen bei Beitragsfreistellung) berechnet.

§14 Wann können Sie Ihren Vertrag kündigen und welche Leistungen erbringen wir?

Kündigung

(1) Sie können Ihren Vertrag jederzeit zum nächsten oder einem folgenden Monatsersten in Textform (z. B. Papierform oder E-Mail) kündigen. Nach dem Beginn der Rentenzahlung können Sie nicht mehr kündigen. Die Kündigung wird zu dem von Ihnen angegebenen Kündigungstermin wirksam. Wenn Sie einen davon abweichenden oder keinen Zeitpunkt genannt haben oder der angegebene Kündigungstermin bereits verstrichen ist, gilt als Kündigungstermin der nächste Monatserste nach Vorliegen Ihres Kündigungsschreibens.

(2) Sie können Ihren Vertrag auch teilweise kündigen, wenn das verbleibende Deckungskapital nicht unter den Mindestbetrag sinkt, der in unseren „Bestimmungen über Kosten und tarifabhängige Begrenzungen nach § 22" festgelegt ist. Ist das verbleibende Deckungskapital niedriger, hat dies zur Folge, dass Ihre Teilkündigung unwirksam ist. Wenn Sie in diesem Fall Ihren Vertrag beenden wollen, müssen Sie diesen also ganz kündigen. Bei teilweiser Kündigung gelten die folgenden Regelungen nur für den gekündigten Vertragsteil. Bei einer teilweisen Kündigung verringert sich das für die Bildung der Rente zur Verfügung stehende Deckungskapital. Die garantierte Mindestrente (siehe § 2 Absatz 4) und das garantierte Mindestkapital werden zum voraussichtlichen Beginn der Rentenzahlung (siehe § 2 Absatz 5) im gleichen Verhältnis herabgesetzt, wie sich das Deckungskapital durch die Teilkündigung verringert. Gleiches gilt für die mindestens zu zahlende Todesfallleistung (siehe § 2 Absatz 15).

Auszahlungsbetrag

(3) Nach Kündigung zahlen wir
- den Rückkaufswert (Absätze 4 und 6),
- vermindert um den Abzug (Absatz 5),
- zuzüglich der Überschussbeteiligung (Absatz 7).

Beitragsrückstände werden von dem Auszahlungsbetrag abgezogen. Öffentliche Abgaben (z. B. Steuern und Sozialversicherungsbeiträge), die von uns für Ihren Vertrag abzuführen sind, werden ebenfalls von dem Auszahlungsbetrag abgezogen (siehe § 22).

Auszahlung des Rückkaufswertes

(4) Bei Kündigung zahlen wir - soweit vorhanden – den Rückkaufswert nach § 169 des Versicherungsvertragsgesetzes (VVG). Dieser entspricht nicht der Summe der von Ihnen gezahlten Beiträge, sondern dem Deckungskapital zum Wirksamkeitstermin der Kündigung nach Absatz 1. Stichtag für die Anzahl der Anteile ist der Wirksamkeitstermin der Kündigung nach Absatz 1. Stichtag für die Bewertung der Anteile ist der Börsentag, der dem 15. des Monats vor dem Wirksamkeitstermin der Kündigung vorausgeht. Wenn uns Ihr Kündigungsschreiben nach diesem Zeitpunkt vorliegt, ist Stichtag der nächste Börsentag nach Eingang Ihres Kündigungsschreibens.

Herabsetzung des Rückkaufswertes im Ausnahmefall

(5) Wir sind nach § 169 Absatz 6 VVG berechtigt, den Teil des nach Absatz 4 berechneten Betrags, der dem Sicherungskapital entspricht, angemessen herabzusetzen, soweit dies erforderlich ist, um eine Gefährdung der Belange der Versicherungsnehmer, insbesondere durch eine Gefährdung der dauernden Erfüllbarkeit der sich aus den Versicherungsverträgen ergebenden Verpflichtungen, auszuschließen. Die Herabsetzung ist jeweils auf ein Jahr befristet.

Überschussbeteiligung

(6) Für die Ermittlung des Auszahlungsbetrags nach Absatz 3 setzt sich die Überschussbeteiligung zusammen aus
- den Ihrem Vertrag bereits zugeteilten Überschussanteilen, soweit sie nicht bereits in dem nach den Absätzen 4 bis 6 berechneten Betrag enthalten sind,
- dem Schlussüberschussanteil nach den „Bestimmungen zur Überschussbeteiligung nach § 4 Absatz 3" dieser Bedingungen und
- den Ihrem Vertrag nach § 4 Absatz 3 zuzuteilenden Bewertungsreserven oder einer etwaigen Mindestbeteiligung an Bewertungsreserven, soweit bei Kündigung vorhanden.

(7) Wenn Sie Ihren Vertrag kündigen, kann das für Sie Nachteile haben. In der Anfangszeit Ihres Vertrags können wir bei Kündigung in der Regel deutlich weniger als die gezahlten Beiträge zahlen, da
- dem Deckungskapital nur die um die Abschlusskosten sowie um die beitragsabhängigen Verwaltungskosten verminderten Beitragsteile zufließen (siehe § 3 Absatz 1),
- dem Deckungskapital monatlich die deckungskapitalabhängigen Verwaltungskosten entnommen werden (siehe § 3 Absatz 2) und

Wenn wir im Ausnahmefall von unserem Recht nach Absatz 6 Gebrauch machen, kann sich ein geringerer Wert ergeben. Auch in den Folgejahren kann der Rückkaufswert insbesondere wegen der Abhängigkeit von der Kursentwicklung der Anteile an der IOK niedriger sein als die Summe der gezahlten Beiträge.

Nähere Informationen zum Rückkaufswert vor und nach dem Abzug und darüber, in welchem Ausmaß er garantiert ist, können Sie Ihrem Informationspaket unter Ziffer III.3 (Ergänzende Versicherungsinformation „Rückkaufswerte, beitragsfreie Versicherungsleistungen sowie das Ausmaß, in dem diese Leistungen garantiert sind") und dem Versicherungsschein entnehmen.

Keine Beitragsrückzahlung

(8) Die Rückzahlung der Beiträge können Sie nicht verlangen.

Allgemeine Bedingungen für die Rentenversicherung mit aufgeschobener Rentenzahlung mit Indexorientierung

§ 15 Wann können Sie Ihren Vertrag beitragsfrei stellen, und welche Auswirkungen hat dies auf unsere Leistungen?

Beitragsfreistellung

(1) Anstelle einer Kündigung nach § 14 Absatz 1 können Sie zu dem dort genannten Termin in Textform (z. B. Papierform oder E-Mail) verlangen, ganz oder teilweise von der Beitragszahlungspflicht befreit zu werden. In diesem Fall setzen wir die garantierte Mindestrente herab. Das dafür zur Verfügung stehende Deckungskapital mindert sich um rückständige Beiträge. Wenn Sie Ihren Vertrag innerhalb der ersten 10 Jahre ab Vertragsabschluss vollständig beitragsfrei stellen, verringert sich der garantierte Beitragserhalt zum voraussichtlichen Beginn der Rentenzahlung (siehe § 2 Absatz 6) auf 90 % der Summe der gezahlten Beiträge. Der garantierte Beitragserhalt zum voraussichtlichen Beginn der Rentenzahlung verringert sich entsprechend anteilig, wenn Sie Ihren Vertrag innerhalb der ersten 10 Jahre ab Vertragsabschluss teilweise beitragsfrei stellen.

(2) Haben Sie die vollständige Befreiung von der Beitragszahlungspflicht verlangt und erreicht das nach Beitragsfreistellung vorhandene Deckungskapital den Mindestwert nach unseren „Bestimmungen über Kosten und tarifabhängige Begrenzungen nach § 22" nicht, erhalten Sie den Auszahlungsbetrag nach § 14 Absatz 3, und der Vertrag endet. Eine teilweise Befreiung von der Beitragszahlungspflicht können Sie nur verlangen, wenn der verbleibende Beitrag nicht unter den Mindestbetrag sinkt, der in unseren „Bestimmungen über Kosten und tarifabhängige Begrenzungen nach § 22" festgelegt ist.

(3) Wenn Sie Ihren Vertrag beitragsfrei stellen, kann das für Sie Nachteile haben. In der Anfangszeit Ihres Vertrags ist der Wert des Deckungskapitals nach Beitragsfreistellung in der Regel deutlich niedriger als die gezahlten Beiträge,
- da dem Deckungskapital nur die um die Abschlusskosten sowie um die beitragsabhängigen Verwaltungskosten verminderten Beitragsteile zufließen (siehe § 3 Absatz 1) und
- dem Deckungskapital monatlich die deckungskapitalabhängigen Verwaltungskosten entnommen werden (siehe § 3 Absatz 4).

Wenn wir im Ausnahmefall von unserem Recht nach § 14 Absatz 6 Gebrauch machen, kann sich ein geringerer Wert ergeben. Auch in den Folgejahren kann der Wert des Deckungskapitals nach Beitragsfreistellung insbesondere wegen der Abhängigkeit von der Kursentwicklung der Anteile an der IOK niedriger sein als die gezahlten Beiträge.

Nähere Informationen zu den beitragsfreien Leistungen und ihrer Höhe im Fall einer vollständigen Beitragsfreistellung können Sie Ihrem Informationspaket unter Ziffer III.3 (Ergänzende Versicherungsinformation „Rückkaufswerte, beitragsfreie Versicherungsleistungen sowie das Ausmaß, in dem diese Leistungen garantiert sind") und dem Versicherungsschein entnehmen. Bei teilweiser Beitragsfreistellung hängt die Höhe der herabgesetzten Leistungen von der Höhe des verbleibenden Beitrags und vom Zeitpunkt der Vertragsumstellung ab. Sofern Sie eine teilweise Beitragsfreistellung wünschen, werden wir Ihnen die Höhe der herabgesetzten Leistungen auf Anfrage mitteilen.

§ 16 Wie werden die Kosten Ihres Vertrags verrechnet?

(1) Mit Ihrem Vertrag sind Kosten verbunden. Diese sind in Ihren Beitrag einkalkuliert. Es handelt sich um Abschlusskosten sowie übrige Kosten. Zu den Abschlusskosten gehören insbesondere Abschlussprovisionen für den Versicherungsvermittler. Die übrigen Kosten umfassen die Kosten für die Antragsprüfung und Ausfertigung der Vertragsunterlagen, Sachaufwendungen, die im Zusammenhang mit der Antragsbearbeitung stehen, sowie Werbeaufwendungen und die Kosten für die laufende Verwaltung. Die Höhe der einkalkulierten Abschlusskosten sowie der übrigen Kosten können Sie Ihrem Informationspaket unter Ziffer I.3. (Produktinformationsblatt „Wie hoch ist Ihr Beitrag und wann müssen Sie ihn bezahlen? Welche Kosten sind in Ihren Beitrag einkalkuliert und welche können zusätzlich entstehen? Was passiert, wenn Sie Ihren Beitrag verspätet oder gar nicht bezahlen?") und dem Versicherungsschein entnehmen.

(2) Bei laufender Beitragszahlung wird ein Teil der Abschlusskosten von uns vorfinanziert; zu ihrer Gegenfinanzierung werden bei der Beitragskalkulation höchstens 25 ‰ der Beitragssumme gleichmäßig über einen Zeitraum von 5 Jahren, höchstens jedoch über die vereinbarte Beitragszahlungsdauer, verteilt und den Beiträgen entnommen. Bei der Bildung der Beitragssumme werden die bis zum voraussichtlichen Altersrentenbeginn zu zahlenden Beiträge – maximal jedoch die in den ersten 30 Jahren zu zahlenden Beiträge – berücksichtigt.

(3) Bei einem Einmalbeitrag (siehe § 12 Absatz 1) werden die Abschlusskosten diesem entnommen.

(4) Die übrigen Kosten entnehmen wir teilweise während der gesamten Beitragszahlungsdauer, teilweise während der gesamten Vertragslaufzeit.

(5) Die beschriebene Kostenverrechnung hat zur Folge, dass in der Anfangszeit Ihres Vertrags nur geringe Beträge für einen Rückkaufswert oder zur Bildung der beitragsfreien Leistungen vorhanden sind (siehe §§ 14 und 15). Nähere Informationen zu den Rückkaufswerten und beitragsfreien Leistungen sowie ihren jeweiligen Höhen können Sie und Ihrem Informationspaket unter Ziffer III.3 (Ergänzende Versicherungsinformation „Rückkaufswerte, beitragsfreie Versicherungsleistungen sowie das Ausmaß, in dem diese Leistungen garantiert sind") und dem Versicherungsschein entnehmen.

§ 17 Was geschieht, wenn die Anlage in Anteilen an der indexorientierten Kapitalanlage eingestellt oder sie aufgelöst wird?

Sollten wir die Anlage in Anteilen an der IOK zeitweilig beschränken, aussetzen oder endgültig einstellen, werden wir Sie über diese unplanmäßigen Veränderungen unverzüglich schriftlich informieren. Soweit Ihre laufende Beitragszahlung von dieser Änderung betroffen sein wird, werden wir Ihnen als Ersatz ein anderes Anlagekonzept oder einen Investmentfonds vorschlagen (Ersatzfonds). Der Ersatzfonds soll dabei in Anlageziel und Anlagepolitik der IOK weitgehend entsprechen und für die Abbildung des Wertsicherungskonzeptes (siehe § 3 Absatz 3) geeignet sein. Sofern Sie unserem Vorschlag innerhalb von 4 Wochen nach unserer Information nicht widersprechen, werden wir Ihre hiervon betroffenen Anlagebeiträge ab dem von uns genannten Termin frühestens nach Ablauf dieser Frist in den Ersatzfonds investieren. Im Fall eines Widerspruchs werden wir den Vertrag in eine konventionelle Rentenversicherung umwandeln, da in diesem Fall die Voraussetzungen für die Durchführung des Wertsicherungskonzeptes entfallen. Bei einer kurzfristigen Einstellung der IOK werden wir die Beiträge, die vor Ablauf dieser Vier-Wochen-Frist fällig werden, in den von uns vorgeschlagenen Ersatzfonds investieren. Sollte die IOK aufgelöst werden, gelten diese Regeln entsprechend. In diesem Fall wird jedoch auch der Wert des Deckungskapitals auf den Ersatzfonds übertragen. Gleiches gilt für einen nochmaligen Austausch des Anlagekonzeptes.

§ 18 Was geschieht, wenn die Ausgabe oder Rücknahme von Fondsanteilen eingestellt oder ein Fonds aufgelöst wird?

(1) Sollte die IOK aufgelöst worden und eine Übertragung des Deckungskapitals in einen Investmentfonds erfolgt sein (siehe § 17), gilt das Folgende:

Sollte die Kapitalverwaltungsgesellschaft die Ausgabe von Anteilen des Investmentfonds zeitweilig beschränken, aussetzen oder endgültig einstellen, werden wir Sie über diese unplanmäßigen Veränderungen unverzüglich schriftlich informieren. Soweit Ihre laufende Beitragszahlung von dieser Änderung betroffen sein wird, werden wir Ihnen als Ersatz einen neuen Fonds vorschlagen. Der neue Fonds soll dabei in Anlageziel und Anlagepolitik dem bisherigen Fonds weitgehend entsprechen. Sofern Sie unserem Vorschlag innerhalb von 4 Wochen nach unserer Information nicht widersprechen, werden wir Ihre hiervon betroffenen Anlagebeiträge ab dem von uns genannten Termin frühestens nach Ablauf dieser Frist in diesen neuen Fonds investieren. Im Fall eines Widerspruchs müssen Sie uns einen anderen, neuen Fonds aus unserem Fondsangebot benennen. Die jeweils aktuelle Liste der Fonds, die Sie Ihrem Vertrag zugrunde legen können, ist bei uns jederzeit erhältlich. Kosten für Sie entstehen hierbei nicht. Bei einer kurzfristigen Einstellung der Ausgabe von Fondsanteilen werden wir die Beiträge, die vor Ablauf dieser Vier-Wochen-Frist fällig werden, in den von uns vorgeschlagenen Ersatzfonds investieren.

(2) Sollte der neue Fonds aufgelöst oder mit einem anderen Fonds zusammengelegt werden, gelten die Regeln des Absatz 1 entsprechend. Sofern aus der Auflösung Zahlungen zu späteren Zeitpunkten resultieren, werden wir diese nach Ihrer zum jeweiligen Rückzahlungszeitpunkt aktuellen Aufteilung der Beiträge in den zu diesem Zeitpunkt gewählten Fonds anlegen.

(3) Wenn die Rücknahme von Anteilen eines in Ihrem Vertrag enthaltenen Fonds ausgesetzt oder endgültig eingestellt wird, kann bei Leistung oder Kündigung der Rücknahmepreis zur Ermittlung des Wertes einer Anteileinheit nicht angesetzt werden, da wir die Anteile nicht an die Kapitalverwaltungsgesellschaft zurückgeben können. In diesen Fällen werden wir den Wert einer Anteileinheit anhand des aktuellen Preises am Kapitalmarkt ermitteln. Dieser kann aufgrund der verminderten Veräußerbarkeit der Fondsanteile geringer sein als der zuletzt von der Kapitalverwaltungsgesellschaft gestellte Rücknahmepreis. Diese Wertminderung kann auch zu einem Totalverlust führen. Absatz 1 gilt entsprechend; insbesondere werden wir Sie über eine Aussetzung oder endgültige Einstellung der Rücknahme unverzüglich schriftlich informieren.

(4) Treten bei einem in Ihrem Vertrag enthaltenen Fonds andere erhebliche Änderungen ein, die wir nicht beeinflussen können und die die unveränderte Fortführung dieses Vertrags unmöglich machen, sind wir berechtigt, den betroffenen Fonds durch einen anderen Fonds zu ersetzen. Solche erheblichen Änderungen können beispielsweise eintreten, wenn die Kapitalverwaltungsgesellschaft Kosten einführt oder erhöht, die uns beim Fondseinkauf bzw. -verkauf belasten, ihre vertraglichen Pflichten erheblich verletzt oder bei Beendigung der Kooperation mit der entsprechenden Fondsgesellschaft. Eine erhebliche Änderung kann sich auch aus Gesetzen oder aufsichtsrechtlichen Anforderungen ergeben. Absätze 1 bis 3 gelten entsprechend. Darüber hinaus können wir einen Fonds ersetzen, wenn das Fondsvolumen über alle bei uns bestehenden Verträge mit Fondsbindung zwischen 2 Bilanzstichtagen weniger als 100.000 € beträgt. Absatz 1 gilt entsprechend.

§ 19 Wie können Sie den Wert Ihres Vertrags erfahren?

(1) Sie erhalten jährlich von uns eine Mitteilung, der Sie den Wert Ihrer Anteile am Anteildeckungskapital sowie den Wert des Sicherungskapitals entnehmen können. Den Wert des Anteildeckungskapitals nennen wir in Anteilen und in Euro.

(2) Auf Wunsch teilen wir Ihnen den Wert Ihres Vertrags jederzeit mit.

§ 20 Was gilt bei Änderung Ihrer Postanschrift und Ihres Namens?

(1) Eine Änderung Ihrer Postanschrift müssen Sie uns unverzüglich (d. h. ohne schuldhaftes Zögern) mitteilen. Anderenfalls können für Sie Nachteile entstehen. Wir sind berechtigt, eine an Sie zu richtende Erklärung (z. B. Setzen einer Zahlungsfrist) mit eingeschriebenem Brief an Ihre uns zuletzt bekannte Anschrift zu senden. In diesem Fall gilt unsere Erklärung 3 Tage nach Absendung des eingeschriebenen Briefes als zugegangen. Dies gilt auch, wenn Sie den Vertrag für Ihren Gewerbebetrieb abgeschlossen und Ihre gewerbliche Niederlassung verlegt haben.

(2) Bei Änderung Ihres Namens gilt Absatz 1 entsprechend.

§ 21 Welche Auskunftspflichten haben Sie?

(1) Sofern wir aufgrund gesetzlicher Regelungen zur Erhebung, Speicherung, Verarbeitung und Meldung von Informationen und Daten zu Ihrem Vertrag verpflichtet sind, müssen Sie uns die hierfür notwendigen Informationen, Daten und Unterlagen
- bei Vertragsabschluss,
- bei Änderung nach Vertragsabschluss oder
- auf Nachfrage

unverzüglich (d. h. ohne schuldhaftes Zögern) zur Verfügung stellen. Ihre Auskunftspflicht gilt entsprechend für Angaben zu Umständen dritter Personen, die Rechte an Ihrem Vertrag haben.

(2) Notwendige Informationen im Sinne von Absatz 1 sind beispielsweise Umstände, die für die Beurteilung
- Ihrer persönlichen steuerlichen Ansässigkeit,
- der steuerlichen Ansässigkeit dritter Personen, die Rechte an Ihrem Vertrag haben, und
- der steuerlichen Ansässigkeit des Leistungsempfängers maßgebend sein können.

Dazu zählen insbesondere die deutsche oder die ausländische Steueridentifikationsnummer, das Geburtsdatum, der Geburtsort und der Wohnsitz. Welche Umstände dies nach derzeitiger Gesetzeslage im Einzelnen sind, können Sie der „Verbraucherinformation über die geltenden Steuerregelungen" entnehmen.

Allgemeine Bedingungen für die Rentenversicherung mit aufgeschobener Rentenzahlung mit Indexorientierung

(3) Falls Sie uns die notwendigen Informationen, Daten und Unterlagen nicht oder nicht rechtzeitig zur Verfügung stellen, gilt Folgendes:
Bei einer entsprechenden gesetzlichen Verpflichtung melden wir Ihre Vertragsdaten an die zuständigen in- oder ausländischen Steuerbehörden. Dies gilt auch dann, wenn ggf. keine steuerliche Ansässigkeit im Ausland besteht.

(4) Eine Verletzung Ihrer Auskunftspflichten gemäß den Absätzen 1 und 2 kann dazu führen, dass wir unsere Leistung nicht zahlen. Dies gilt solange, bis Sie uns die für die Erfüllung unserer gesetzlichen Pflichten notwendigen Informationen zur Verfügung gestellt haben.

§ 22 Welche Kosten und Abgaben stellen wir Ihnen gesondert in Rechnung und welche tarifabhängigen Begrenzungen gelten?

(1) In folgenden Fällen stellen wir Ihnen zusätzliche Kosten gesondert in Rechnung:

Dienstleistung:	Höhe der Gebühr:
Vom Zahlungspflichtigen zu vertretende fehlgeschlagene Lastschriftabbuchung	10,00 €
Mahngebühr nach § 38 VVG	7,50 €
Adressen-Recherche aufgrund nicht angezeigter Anschriftenänderung	15,00 €
Ausstellung eines Ersatzversicherungsscheines	20,00 €
Bestätigung einer Abtretung oder Verpfändung an den Abtretungsempfänger	20,00 €
Wechsel des Versicherungsnehmers	15,00 €
Vertragsänderungen mit Neuberechnung von Beitrag, vereinbarter Versicherungsleistung oder der Laufzeit	15,00 €

Der Zinssatz für Verzugszinsen richtet sich nach der Situation am Kapitalmarkt. Er liegt jedoch höchstens 5 Prozentpunkte über dem Basissatz nach § 247 Bürgerliches Gesetzbuch (BGB).
Nicht gezahlte Gebühren, Kosten und Verzugszinsen verrechnen wir mit Ihren Überschussanteilen bzw. dem Deckungskapital.

(2) Wir haben uns bei der Bemessung der Pauschale an dem bei uns regelmäßig entstehenden Aufwand orientiert. Sofern Sie uns nachweisen, dass die der Bemessung zugrunde liegenden Annahmen in Ihrem Fall dem Grunde nach nicht zutreffen, entfällt die Pauschale. Sofern Sie uns nachweisen, dass die Pauschale der Höhe nach wesentlich niedriger zu beziffern ist, wird sie entsprechend herabgesetzt.

(3) Alle etwaigen öffentlichen Abgaben (zum Beispiel Steuern), die von uns für Ihren Vertrag abzuführen sind, verrechnen wir mit den Leistungen bzw. sind uns zu erstatten.

Tarifabhängige Begrenzungen

(4) Für Ihren Vertrag gelten bestimmte tarifabhängige Begrenzungen. Die derzeit gültigen Begrenzungen können Sie den „Bestimmungen über Kosten und tarifabhängige Begrenzungen nach § 22" entnehmen. Diese Bestimmungen sind Bestandteil dieser Bedingungen. Wir können Begrenzungen in angemessener Weise neu festlegen. Über künftige Änderungen werden wir Sie jeweils schriftlich unterrichten.

§ 23 Welches Recht findet auf Ihren Vertrag Anwendung?

Auf Ihren Vertrag findet das Recht der Bundesrepublik Deutschland Anwendung.

§ 24 Wo ist der Gerichtsstand?

(1) Für Klagen aus dem Vertrag gegen uns ist das Gericht zuständig, in dessen Bezirk unser Sitz oder die für den Vertrag zuständige Niederlassung liegt. Zuständig ist auch das Gericht, in dessen Bezirk Sie zur Zeit der Klageerhebung Ihren Wohnsitz haben. Wenn Sie keinen Wohnsitz haben, ist der Ort Ihres gewöhnlichen Aufenthalts maßgeblich. Wenn Sie eine juristische Person sind, ist auch das Gericht zuständig, in dessen Bezirk Sie Ihren Sitz oder Ihre Niederlassung haben.

(2) Klagen aus dem Vertrag gegen Sie müssen wir bei dem Gericht erheben, das für Ihren Wohnsitz zuständig ist. Wenn Sie keinen Wohnsitz haben, ist der Ort Ihres gewöhnlichen Aufenthalts maßgeblich. Wenn Sie eine juristische Person sind, ist auch das Gericht zuständig, in dessen Bezirk Sie Ihren Sitz oder Ihre Niederlassung haben.

(3) Verlegen Sie Ihren Wohnsitz oder den Ort Ihres gewöhnlichen Aufenthalts in das Ausland, sind für Klagen aus dem Versicherungsvertrag die Gerichte des Staates zuständig, in dem wir unseren Sitz haben.

Besondere Bedingungen für die Berufsunfähigkeits-Zusatzversicherung

§ 1	Welche Leistungen erbringen wir? ... 148		§ 6	Was gilt nach Anerkennung der Berufsunfähigkeit? ... 150
§ 2	Was ist Berufsunfähigkeit im Sinne dieser Bedingungen? ... 148		§ 7	Was gilt bei einer Verletzung der Mitwirkungspflichten im Rahmen der Nachprüfung? ... 151
§ 3	In welchen Fällen ist der Versicherungsschutz ausgeschlossen? ... 149		§ 8	Wie erfolgt die Überschussbeteiligung für Ihre Zusatzversicherung? ... 151
§ 4	Was ist zu beachten, wenn eine Leistung verlangt wird? ... 150		§ 9	Wie ist das Verhältnis zur Hauptversicherung? ... 152
§ 5	Wann geben wir eine Erklärung über unsere Leistungspflicht ab? ... 150			

§ 1 Welche Leistungen erbringen wir?

Unsere Leistung bei Berufsunfähigkeit

(1) Wird die versicherte Person (das ist die Person, auf deren Berufsfähigkeit die Versicherung abgeschlossen ist) während der Versicherungsdauer dieser Zusatzversicherung berufsunfähig (siehe § 2 Absatz 1 oder 2), erbringen wir folgende Leistungen:

(a) Wir befreien Sie von der Beitragszahlungspflicht für die Hauptversicherung und die eingeschlossenen Zusatzversicherungen, längstens für die vereinbarte Leistungsdauer.

(b) Wir zahlen die Berufsunfähigkeitsrente, wenn diese mitversichert ist, längstens für die vereinbarte Leistungsdauer.
Die Versicherungsdauer ist der Zeitraum, innerhalb dessen Versicherungsschutz besteht. Mit Leistungsdauer wird der Zeitraum bezeichnet, bis zu dessen Ablauf eine während der Versicherungsdauer anerkannte Leistung längstens erbracht wird.

Unsere Leistung bei Berufsunfähigkeit infolge Pflegebedürftigkeit

(2) Wird die versicherte Person während der Versicherungsdauer dieser Zusatzversicherung berufsunfähig infolge Pflegebedürftigkeit (siehe § 2 Absatz 4 bis 8), ohne dass Berufsunfähigkeit im Sinne von § 2 Absatz 1 oder 2 vorliegt, erbringen wir folgende Versicherungsleistungen:

(a) Wir befreien Sie von der Beitragszahlungspflicht für die Hauptversicherung und die eingeschlossenen Zusatzversicherungen, längstens für die vereinbarte Leistungsdauer.

(b) Wir zahlen eine Berufsunfähigkeitsrente, wenn diese mitversichert ist, längstens für die vereinbarte Leistungsdauer
- in Höhe von 100 % der vereinbarten Berufsunfähigkeitsrente bei Pflegestufe III,
- in Höhe von 70 % der vereinbarten Berufsunfähigkeitsrente bei Pflegestufe II,
- in Höhe von 40 % der vereinbartne Berufsunfähigkeitsrente bei Pflegestufe I.

Weitere Regelungen zu unseren Leistungen

(3) Der Anspruch auf Beitragsbefreiung und Rentenzahlung entsteht mit Ablauf des Monats, in dem die Berufsunfähigkeit eingetreten ist. Sie müssen uns die Berufsunfähigkeit in Textform (z. B. Papierform oder E-Mail) mitteilen. Wird uns die Berufsunfähigkeit später als 3 Monate nach ihrem Eintritt mitgeteilt, entsteht der Anspruch auf die Leistung erst mit Beginn des Monats der Mitteilung. Diese Einschränkung gilt nicht, wenn die verspätete Mitteilung nicht verschuldet worden ist. Der Anspruch auf eine Erhöhung der Berufsunfähigkeitsrente wegen einer höheren Pflegestufe entsteht frühestens mit Beginn des Monats, in dem uns die Erhöhung der Pflegestufe mitgeteilt wird.

(4) Der Anspruch auf Beitragsbefreiung und Rente endet,
- wenn Berufsunfähigkeit im Sinne dieser Bedingungen nicht mehr vorliegt,
- wenn die versicherte Person stirbt,
- die vereinbarte Leistungsdauer abläuft.

(5) Bis zur Entscheidung über die Leistungspflicht müssen Sie die Beiträge in voller Höhe weiter entrichten; wir werden diese jedoch bei Anerkennung der Leistungspflicht zurückzahlen.

(6) Der Versicherungsschutz besteht weltweit.

(7) Renten zahlen wir monatlich im Voraus.

(8) Es kann sich eine Leistung aus der Überschussbeteiligung ergeben (siehe § 8).

§ 2 Was ist Berufsunfähigkeit im Sinne dieser Bedingungen?

Berufsunfähigkeit

(1) Berufsunfähigkeit liegt vor, wenn die versicherte Person infolge Krankheit, Körperverletzung oder mehr als altersentsprechenden Kräfteverfalls, die ärztlich nachzuweisen sind, voraussichtlich mindestens 6 Monate ununterbrochen ihren zuletzt ausgeübten Beruf, so wie er ohne gesundheitliche Beeinträchtigung ausgestaltet war, nicht mehr zu mindestens 50 % ausüben kann und auch keine andere Tätigkeit ausübt, die ihrer bisherigen Lebensstellung entspricht. Der bisherigen Lebensstellung entspricht nur eine Tätigkeit, die in ihrer Vergütung und sozialen Wertschätzung nicht spürbar unter das Niveau der bislang ausgeübten Tätigkeit absinkt.

(2) Ist die versicherte Person 6 Monate ununterbrochen infolge Krankheit, Körperverletzung oder mehr als altersentsprechenden Kräfteverfalls, die ärztlich nachzuweisen sind, zu mindestens 50 % außerstande gewesen, ihren zuletzt ausgeübten Beruf, so wie er ohne gesundheitliche Beeinträchtigung ausgestaltet war, auszuüben und hat sie in dieser Zeit auch keine andere Tätigkeit ausgeübt, die ihrer bisherigen Lebensstellung entspricht, gilt die Fortdauer dieses Zustandes als Berufsunfähigkeit.

(3) Scheidet die versicherte Person aus dem Berufsleben aus und werden später Leistungen wegen Berufsunfähigkeit beantragt, kommt es bei der Anwendung der Absätze 1 und 2 darauf an, dass die versicherte Person außerstande ist, eine Tätigkeit auszuüben, zu der sie aufgrund ihrer Ausbildung und Fähigkeiten in der Lage ist und die ihrer bisherigen Lebensstellung entspricht.

Berufsunfähigkeit infolge Pflegebedürftigkeit

(4) Berufsunfähigkeit infolge Pflegebedürftigkeit liegt vor, wenn die versicherte Person infolge Krankheit, Körperverletzung oder mehr als altersentsprechenden Kräfteverfalls, die ärztlich nachzuweisen sind, voraussichtlich auf Dauer für die in Absatz 6 genannten gewöhnlichen und regelmäßig wiederkehrenden Verrichtungen im Ablauf des täglichen Lebens täglich der Hilfe einer anderen Person bedarf.

(5) Ist die versicherte Person 6 Monate ununterbrochen pflegebedürftig mindestens im Rahmen der Pflegestufe I (siehe Absätze 6 bis 8) gewesen, gilt die Fortdauer dieses Zustands als Berufsunfähigkeit infolge Pflegebedürftigkeit. Die Pflegebedürftigkeit ist ärztlich nachzuweisen.

(6) Bewertungsmaßstab für die Einstufung des Pflegefalls ist die Art und der Umfang der erforderlichen täglichen Hilfe durch eine andere Person. Die Bestimmung der Pflegestufe orientiert sich nicht an den gesetzlichen Vorgaben des SGB XI. Bei der Bewertung wird die nachstehende Punktetabelle zugrunde gelegt:

Die versicherte Person benötigt Hilfe beim

- Fortbewegen im Zimmer .... 1 Punkt

Hilfebedarf liegt vor, wenn die versicherte Person – auch bei Inanspruchnahme einer Gehhilfe oder eines Rollstuhls – die Unterstützung einer anderen Person für die Fortbewegung benötigt.

- Aufstehen und Zubettgehen .... 1 Punkt

Hilfebedarf liegt vor, wenn die versicherte Person nur mithilfe einer anderen Person das Bett verlassen oder in das Bett gelangen kann.

- An- und Auskleiden .... 1 Punkt

Hilfebedarf liegt vor, wenn die versicherte Person – auch bei Benutzung krankengerechter Kleidung – sich nicht ohne Hilfe einer anderen Person an- oder auskleiden kann.

- Einnehmen von Mahlzeiten und Getränken .... 1 Punkt

Hilfebedarf liegt vor, wenn die versicherte Person – auch bei Benutzung krankengerechter Essbestecke und Trinkgefäße – nicht ohne Hilfe einer anderen Person essen oder trinken kann.

- Waschen, Kämmen oder Rasieren .... 1 Punkt

Hilfebedarf liegt vor, wenn die versicherte Person von einer anderen Person gewaschen, gekämmt oder rasiert werden muss, da sie selbst nicht mehr fähig ist, die dafür erforderlichen Körperbewegungen auszuführen.

- Verrichten der Notdurft .... 1 Punkt

Hilfebedarf liegt vor, wenn die versicherte Person die Unterstützung einer anderen Person benötigt, weil sie
- sich nach dem Stuhlgang nicht allein säubern kann,
- ihre Notdurft nur unter Zuhilfenahme einer Bettschüssel verrichten kann oder weil
- der Darm bzw. die Blase nur mit fremder Hilfe entleert werden kann.

Besteht allein eine Inkontinenz des Darms bzw. der Blase, die durch die Verwendung von Windeln oder speziellen Einlagen ausgeglichen werden kann, liegt hinsichtlich der Verrichtung der Notdurft keine Pflegebedürftigkeit vor.

(7) Der Pflegefall wird nach der Anzahl der Punkte eingestuft. Wir leisten
- aus der Pflegestufe I: bei 1 Punkt
- aus der Pflegestufe II: bei 2 Punkten.

Unabhängig von der Bewertung aufgrund der Punktetabelle liegt die Pflegestufe II vor, wenn die versicherte Person wegen einer seelischen Erkrankung oder geistigen Behinderung sich oder andere gefährdet und deshalb täglicher Beaufsichtigung bedarf.

- aus der Pflegestufe III: bei 3 Punkten

Unabhängig von der Bewertung aufgrund der Punktetabelle liegt die Pflegestufe III vor, wenn die versicherte Person dauernd bettlägerig ist und nicht ohne Hilfe einer anderen Person aufstehen kann oder wenn die versicherte Person der Bewahrung bedarf.

Bewahrung liegt vor, wenn die versicherte Person wegen einer seelischen Erkrankung oder geistigen Behinderung sich oder andere in hohem Maße gefährdet und deshalb nicht ohne ständige Beaufsichtigung bei Tag und Nacht versorgt werden kann.

(8) Vorübergehende akute Erkrankungen führen zu keiner höheren Einstufung. Vorübergehende Besserungen bleiben ebenfalls unberücksichtigt. Eine Erkrankung oder Besserung gilt dann nicht als vorübergehend, wenn sie nach 6 Monaten noch anhält.

§3 In welchen Fällen ist der Versicherungsschutz ausgeschlossen?

Grundsätzlich besteht unsere Leistungspflicht unabhängig davon, auf welcher Ursache die Berufsunfähigkeit beruht. Es besteht kein Versicherungsschutz, wenn die Berufsunfähigkeit verursacht ist

(a) durch vorsätzliche Ausführung oder den Versuch einer Straftat durch die versicherte Person;

(b) durch innere Unruhen, sofern die versicherte Person auf Seiten der Unruhestifter teilgenommen hat;

(c) durch folgende von der versicherten Person vorgenommene Handlungen:
- absichtliche Herbeiführung von Krankheit,
- absichtliche Herbeiführung von mehr als altersentsprechenden Kräfteverfalls,
- absichtliche Selbstverletzung oder
- versuchte Selbsttötung.

Wir werden jedoch leisten, wenn uns nachgewiesen wird, dass die versicherte Person diese Handlungen in einem die freie Willensbestimmung ausschließenden Zustand krankhafter Störung der Geistestätigkeit begangen hat.

(d) durch eine widerrechtliche Handlung, mit der Sie als Versicherungsnehmer vorsätzlich die Berufsunfähigkeit der versicherten Person herbeigeführt haben;

(e) durch Strahlen infolge Kernenergie, die das Leben oder die Gesundheit zahlreicher Menschen derart gefährden, dass zur Abwehr der Gefährdung eine Katastrophenschutzbehörde oder vergleichbare Behörde tätig wurde;

(f) unmittelbar oder mittelbar durch Kriegsereignisse. Unsere Leistungen sind nicht ausgeschlossen, wenn die versicherte Person in unmittelbarem oder mittelbarem Zusammenhang mit kriegerischen Ereignissen berufsunfähig wird, denen sie während eines Aufenthalts außerhalb der Bundesrepublik Deutschland ausgesetzt und an denen sie nicht aktiv beteiligt war;

(g) unmittelbar oder mittelbar durch den vorsätzlichen Einsatz von atomaren, biologischen oder chemischen Waffen oder den vorsätzlichen Einsatz oder die vorsätzliche Freisetzung von radioaktiven, biologischen oder chemischen Stoffen, sofern der Einsatz oder das Freisetzen darauf gerichtet sind, das Leben oder die Gesundheit einer Vielzahl von Personen zu gefährden. Unsere Leistungen sind nicht ausgeschlossen, wenn die versicherte Person in unmittelbarem oder mittelbarem Zusammenhang mit kriegerischen Ereignissen berufsunfähig wird, denen sie während eines Aufenthalts außerhalb der Bundesrepublik Deutschland ausgesetzt und an denen sie nicht aktiv beteiligt war.

§ 4 Was ist zu beachten, wenn eine Leistung verlangt wird?

(1) Wird eine Leistung aus der Berufsunfähigkeits-Zusatzversicherung beansprucht, müssen uns auf Kosten des Anspruchserhebenden folgende Auskünfte, die zur Feststellung unserer Leistungspflicht erforderlich sind, gegeben und Nachweise vorgelegt werden:

(a) ein Zeugnis über den Tag der Geburt der versicherten Person;

(b) eine Darstellung der Ursache für den Eintritt der Berufsunfähigkeit;

(c) ausführliche Berichte der Ärzte, die die versicherte Person gegenwärtig behandeln bzw. behandelt oder untersucht haben, über Ursache, Beginn, Art, Verlauf und voraussichtliche Dauer des Leidens der versicherten Person sowie über den Grad der Berufsunfähigkeit oder über die Pflegestufe;

(d) eine Beschreibung des zuletzt ausgeübten Berufs der versicherten Person, deren Stellung und Tätigkeit im Zeitpunkt des Eintritts der Berufsunfähigkeit sowie über danach eingetretene Veränderungen;

(e) Angaben über Einkommen aus beruflicher Tätigkeit;

(f) bei Berufsunfähigkeit infolge Pflegebedürftigkeit zusätzlich eine Bescheinigung der Person oder der Einrichtung, die mit der Pflege betraut ist, über Art und Umfang der Pflege;

(g) eine Aufstellung
- der Ärzte, Krankenhäuser, Krankenanstalten, Pflegeeinrichtungen oder Pflegepersonen, bei denen die versicherte Person in Behandlung war, ist oder - sofern bekannt - sein wird,
- der Versicherungsgesellschaften, Sozialversicherungsträger oder sonstiger Versorgungsträger, bei denen die versicherte Person ebenfalls Leistungen wegen Berufsunfähigkeit geltend machen könnte,
- über den derzeitigen Arbeitgeber und frühere Arbeitgeber der versicherten Person.

(2) Wir können außerdem auf unsere Kosten weitere ärztliche Untersuchungen durch von uns beauftragte Ärzte sowie notwendige Nachweise - auch über die wirtschaftlichen Verhältnisse und ihre Veränderungen - verlangen, insbesondere zusätzliche Auskünfte und Aufklärungen.

(3) Wird eine Erhöhung der Berufsunfähigkeitsrente wegen einer höheren Pflegestufe verlangt, gelten die Absätze 1 und 2 sinngemäß.

(4) Unsere Leistungen werden fällig, nachdem wir die Erhebungen abgeschlossen haben, die zur Feststellung des Versicherungsfalles und des Umfangs unserer Leistungspflicht notwendig sind. Wenn Sie eine der genannten Pflichten nicht erfüllen, kann dies zur Folge haben, dass wir nicht feststellen können, ob oder in welchem Umfang wir leistungspflichtig sind. Eine Pflichtverletzung kann somit dazu führen, dass unsere Leistung nicht fällig wird.

(5) Bei Überweisung von Leistungen in Länder außerhalb des Europäischen Wirtschaftsraumes trägt die empfangsberechtigte Person die damit verbundene Gefahr.

§ 5 Wann geben wir eine Erklärung über unsere Leistungspflicht ab?

(1) Nach Prüfung der uns eingereichten sowie der von uns beigezogenen Unterlagen erklären wir in Textform (z. B. Papierform oder E-Mail), ob und in welchem Umfang wir eine Leistungspflicht anerkennen.

(2) Wir können unsere Leistungspflicht einmalig zeitlich befristet anerkennen, wenn hierfür ein sachlicher Grund besteht, den wir Ihnen mitteilen werden. Bis zum Ablauf der Frist ist dieses Anerkenntnis für uns bindend.

§ 6 Was gilt nach Anerkennung der Berufsunfähigkeit?

Nachprüfung

(1) Wenn wir unsere Leistungspflicht unbefristet anerkannt haben oder sie gerichtlich festgestellt worden ist, sind wir berechtigt, das Fortbestehen der Berufsunfähigkeit oder die Pflegestufe nachzuprüfen. Dabei können wir erneut prüfen, ob die versicherte Person eine andere Tätigkeit im Sinne von § 2 ausübt, wobei neu erworbene berufliche Fähigkeiten zu berücksichtigen sind.

(2) Zur Nachprüfung können wir jederzeit sachdienliche Auskünfte anfordern und einmal jährlich verlangen, dass sich die versicherte Person durch von uns beauftragte Ärzte umfassend untersuchen lässt. Hierbei anfallende Kosten sind von uns zu tragen. Die Bestimmungen des § 4 Absatz 2 und 3 gelten entsprechend.

Mitteilungspflicht

(3) Sie müssen uns unverzüglich (d. h. ohne schuldhaftes Zögern) mitteilen, wenn sich die Berufsunfähigkeit oder die Pflegebedürftigkeit mindern oder wegfallen oder eine berufliche Tätigkeit wiederaufgenommen wird bzw. sich ändert.

Leistungsfreiheit

(4) Wir sind leistungsfrei, wenn wir feststellen, dass die in § 1 und § 2 genannten Voraussetzungen der Leistungspflicht entfallen sind und wir Ihnen diese Veränderung in Textform (z. B. Papierform oder E-Mail) darlegen. Unsere Leistungen können wir mit Ablauf des 3. Monats nach Zugang unserer Erklärung bei Ihnen einstellen. Ab diesem Zeitpunkt müssen Sie auch die Beiträge wieder zahlen. Ist keine Berufsunfähigkeitsrente mitversichert, muss die Beitragszahlung zu Beginn des darauffolgenden Beitragszahlungsabschnitts wieder aufgenommen werden.

(5) Liegt Berufsunfähigkeit infolge Pflegebedürftigkeit vor und hat sich die Art des Pflegefalls geändert oder sein Umfang gemindert, setzen wir unsere Leistungen herab oder stellen sie ein. Absatz 4 Satz 2 bis 4 gelten entsprechend, wenn wir unsere Leistungen einstellen.

§ 7 Was gilt bei einer Verletzung der Mitwirkungspflichten im Rahmen der Nachprüfung?

Solange eine Mitwirkungspflicht nach § 6 von Ihnen, der versicherten Person oder dem Anspruch erhebenden vorsätzlich nicht erfüllt wird, leisten wir nicht. Bei grob fahrlässiger Verletzung einer Mitwirkungspflicht sind wir berechtigt, unsere Leistung in einem der Schwere des Verschuldens entsprechenden Verhältnis zu kürzen. Beides gilt nur, wenn wir durch gesonderte Mitteilung in Textform (z. B. Papierform oder E-Mail) auf diese Rechtsfolgen hingewiesen haben.

Weisen Sie nach, dass die Mitwirkungspflicht nicht grob fahrlässig verletzt worden ist, bleibt unsere Leistungspflicht bestehen.

Die Ansprüche aus der Zusatzversicherung bleiben auch bestehen, soweit Sie uns nachweisen, dass die Verletzung ohne Einfluss auf die Feststellung oder den Umfang unserer Leistungspflicht ist. Das gilt nicht, wenn die Mitwirkungspflicht arglistig verletzt wird.

Wenn die Mitwirkungspflicht später erfüllt wird, sind wir ab Beginn des laufenden Monats nach Maßgabe dieser Bedingungen zur Leistung verpflichtet.

§ 8 Wie erfolgt die Überschussbeteiligung für Ihre Zusatzversicherung?

(1) Wir beteiligen Sie an dem Überschuss und an den Bewertungsreserven (Überschussbeteiligung). Die Leistung aus der Überschussbeteiligung kann auch Null Euro betragen. In den nachfolgenden Absätzen erläutern wir Ihnen,
- wie wir den in einem Geschäftsjahr entstandenen Überschuss unseres Unternehmens ermitteln und wie wir diesen verwenden (Absatz 2),
- wie Ihre Zusatzversicherung an dem Überschuss beteiligt wird (Absätze 3 und 4),
- wie Bewertungsreserven entstehen und wie wir diese Ihrer Zusatzversicherung zuordnen (Absätze 5 und 6),
- warum wir die Höhe der Überschussbeteiligung Ihrer Zusatzversicherung nicht garantieren können (Absatz 7) und
- wie wir Sie über die Überschussbeteiligung informieren (Absätze 8 und 9).

Wie ermitteln wir den in einem Geschäftsjahr entstandenen Überschuss unseres Unternehmens und wie verwenden wir diesen?

(2) Den in einem Geschäftsjahr entstandenen Überschuss unseres Unternehmens (Rohüberschuss) ermitteln wir nach handels- und aufsichtsrechtlichen Vorschriften. Mit der Feststellung des Jahresabschlusses legen wir fest, welcher Teil des Rohüberschusses für die Überschussbeteiligung aller überschussberechtigten Verträge zur Verfügung steht. Dabei beachten wir die aufsichtsrechtlichen Vorgaben, derzeit insbesondere die Verordnung über die Mindestbeitragsrückerstattung in der Lebensversicherung (Mindestzuführungsverordnung).

Den danach zur Verfügung stehenden Teil des Rohüberschusses führen wir der Rückstellung für Beitragsrückerstattung zu, soweit wir ihn nicht als Direktgutschrift unmittelbar den überschussberechtigten Versicherungsverträgen gutgeschrieben haben. Sinn der Rückstellung für Beitragsrückerstattung ist es, Schwankungen des Überschusses über die Jahre auszugleichen. Die Rückstellung für Beitragsrückerstattung dürfen wir grundsätzlich nur für die Überschussbeteiligung der Versicherungsnehmer verwenden. Nur in gesetzlich festgelegten Ausnahmefällen können wir hiervon mit Zustimmung der Aufsichtsbehörde abweichen.

Ansprüche auf eine bestimmte Höhe der Beteiligung Ihrer Zusatzversicherung am Überschuss ergeben sich aus der Zuführung zur Rückstellung für Beitragsrückerstattung nicht.

Wir haben gleichartige Versicherungen (z. B. Risikolebensversicherungen, Berufsunfähigkeitsversicherungen) zu Bestandsgruppen zusammengefasst. Bestandsgruppen bilden wir, um die Unterschiede bei den versicherten Risiken zu berücksichtigen.

Wie wird Ihre Zusatzversicherung an dem Überschuss beteiligt?

(3) Bei der Verteilung des Überschusses auf die einzelnen Verträge wenden wir ein verursachungsorientiertes Verfahren an. Hierzu bilden wir innerhalb der Bestandsgruppen Gewinnverbände.

Ihre Zusatzversicherung ist dem in Ihrem Versicherungsschein genannten Gewinnverband zugeordnet. Wir verteilen den Überschuss in dem Maß, wie die Bestandsgruppen und Gewinnverbände zu seiner Entstehung beigetragen haben. Hat eine Bestandsgruppe oder ein Gewinnverband nicht zur Entstehung des Überschusses beigetragen, besteht insoweit kein Anspruch auf Überschussbeteiligung.

(4) Der Vorstand legt jedes Jahr auf Vorschlag des Verantwortlichen Aktuars fest, wie der Überschuss auf die Gewinnverbände verteilt wird, und setzt die entsprechenden Überschussanteilsätze fest (Überschussdeklaration). Dabei achtet er darauf, dass die Verteilung verursachungsorientiert erfolgt.

Ihre Zusatzversicherung erhält auf der Grundlage der Überschussdeklaration Anteile an dem auf Ihren Gewinnverband entfallenden Teil des Überschusses. Die Mittel hierfür werden bei der Direktgutschrift zulasten des Ergebnisses des Geschäftsjahres finanziert, ansonsten der Rückstellung für Beitragsrückerstattung entnommen.

Wie entstehen Bewertungsreserven und wie ordnen wir diese Ihrer Zusatzversicherung zu?

(5) Bewertungsreserven entstehen, wenn der Marktwert der Kapitalanlagen über ihrem jeweiligen handelsrechtlichen Buchwert liegt.

Da vor Eintritt einer Berufsunfähigkeit keine oder allenfalls geringfügige Beträge zur Verfügung stehen, um Kapital zu bilden, entstehen auch keine oder nur geringfügige Bewertungsreserven. Dennoch entstehende Bewertungsreserven, die nach den maßgebenden rechtlichen Vorschriften für die Beteiligung der Verträge zu berücksichtigen sind, ordnen wir den Verträgen anteilig rechnerisch zu. Dabei wenden wir ein verursachungsorientiertes Verfahren an.

Die Höhe der Bewertungsreserven ermitteln wir jährlich neu, zusätzlich auch
- für den Zeitpunkt der Beendigung Ihrer Zusatzversicherung vor dem Eintritt einer Berufsunfähigkeit,
- für den Beginn einer Rentenzahlung wegen Berufsunfähigkeit sowie
- während einer Rentenzahlung wegen Berufsunfähigkeit jeweils für das Ende eines Versicherungsjahres.

(6) Bei Beendigung Ihrer Zusatzversicherung vor dem Eintritt einer Berufsunfähigkeit oder bei Beginn einer Rentenzahlung wegen Berufsunfähigkeit gilt Folgendes:

Wir teilen Ihrer Zusatzversicherung dann den für diesen Zeitpunkt zugeordneten Anteil an den Bewertungsreserven gemäß der jeweils geltenden gesetzlichen Regelung zu. Auch während des Rentenbezuges werden wir Sie entsprechend an den Bewertungsreserven beteiligen.

Aufsichtsrechtliche Regelungen können dazu führen, dass die Beteiligung an den Bewertungsreserven ganz oder teilweise entfällt.

BE Besondere Bedingungen für die Berufsunfähigkeits-Zusatzversicherung

Warum können wir die Höhe der Überschussbeteiligung nicht garantieren?

(7) Die Höhe der Überschussbeteiligung hängt von vielen Einflüssen ab, die nicht vorhersehbar und von uns nur begrenzt beeinflussbar sind. Einflussfaktoren sind insbesondere die Entwicklung des Berufsunfähigkeitsrisikos, des Kapitalmarkts und der Kosten.

Die Höhe der künftigen Überschussbeteiligung kann also nicht garantiert werden. Sie kann auch Null Euro betragen.

Wie informieren wir über die Überschussbeteiligung?

(8) Die festgelegten Überschussanteilsätze veröffentlichen wir jährlich in unserem Geschäftsbericht. Diesen können Sie bei uns anfordern.

(9) Über den Stand Ihrer Ansprüche unterrichten wir Sie jährlich. Dabei berücksichtigen wir die Überschussbeteiligung Ihrer Zusatzversicherung.

§ 9 Wie ist das Verhältnis zur Hauptversicherung?

(1) Die Berufsunfähigkeits-Zusatzversicherung bildet mit der Versicherung, zu der sie abgeschlossen worden ist (Hauptversicherung), eine Einheit; sie kann ohne die Hauptversicherung nicht fortgesetzt werden. Spätestens wenn der Versicherungsschutz aus der Hauptversicherung endet, bei Rentenversicherungen spätestens mit dem vereinbarten Rentenzahlungsbeginn, endet die Zusatzversicherung.

(2) Wenn Sie für Ihre Berufsunfähigkeits-Zusatzversicherung laufende Beiträge, also keinen Einmalbeitrag zahlen, können Sie die Zusatzversicherung allein ganz oder teilweise in Textform (z. B. Papierform oder E-Mail) kündigen. In den letzten 5 Versicherungsjahren vor Ablauf der Hauptversicherung, bei Rentenversicherungen in den letzten 5 Jahren vor dem vereinbarten Rentenbeginn, kann die Berufsunfähigkeits-Zusatzversicherung nur zusammen mit der Hauptversicherung gekündigt werden. Einen Rückkaufswert aus der Berufsunfähigkeits-Zusatzversicherung – soweit vorhanden – erhalten Sie nur, wenn Sie die Zusatzversicherung zusammen mit der Hauptversicherung kündigen.

(3) Eine Berufsunfähigkeits-Zusatzversicherung, für die keine Beiträge mehr zu zahlen sind (beitragsfreie Berufsunfähigkeits-Zusatzversicherung), können Sie nur zusammen mit der Hauptversicherung kündigen.

(4) Die Berufsunfähigkeits-Zusatzversicherung können Sie nur zusammen mit der Hauptversicherung in eine beitragsfreie Versicherung umwandeln, und nur dann, wenn die beitragsfreie Mindestrente von 50 € pro Monat erreicht wird. Das Verhältnis zwischen der Berufsunfähigkeitsrente und der Leistung aus der Hauptversicherung wird durch die Umwandlung in eine beitragsfreie Versicherung nicht verändert. Die beitragsfreie Berufsunfähigkeitsrente errechnen wir nach anerkannten Regeln der Versicherungsmathematik für den Schluss der laufenden Versicherungsperiode. Wird die Mindestrente nicht erreicht, verwenden wir das durch die Beitragsfreistellung zur Verfügung stehende Kapital nach Abzug gemäß Absatz 5 zur Erhöhung der beitragsfreien Leistung der Hauptversicherung.

(5) Der Rückkaufswert nach den Absätzen 2 und 3 bzw. der aus der Berufsunfähigkeits-Zusatzversicherung für die Bildung der beitragsfreien Berufsunfähigkeitsrente zur Verfügung stehende Betrag nach Absatz 4 mindert sich um rückständige Beiträge.

(6) Bei Herabsetzung der versicherten Leistung aus der Hauptversicherung gelten die Absätze 2 bis 5 entsprechend.

(7) Erbringen wir Leistungen aus der Berufsunfähigkeits-Zusatzversicherung, berechnen wir die Leistung aus der Hauptversicherung (Rückkaufswert, beitragsfreie Versicherungsleistung und Überschussbeteiligung der Hauptversicherung) so, als ob Sie den Beitrag unverändert weitergezahlt hätten.

(8) Ansprüche aus der Berufsunfähigkeits-Zusatzversicherung, die auf bereits vor der Kündigung oder Beitragsfreistellung der Hauptversicherung eingetretener Berufsunfähigkeit beruhen, werden durch Kündigung oder Beitragsfreistellung der Hauptversicherung nicht berührt.

(9) Ansprüche aus der Berufsunfähigkeits-Zusatzversicherung können Sie nicht abtreten oder verpfänden.

(10) Soweit in diesen Bedingungen nichts anderes bestimmt ist, finden die Allgemeinen Bedingungen für die Hauptversicherung sinngemäß Anwendung.

Besondere Bedingungen für die Unfalltod-Zusatzversicherung

§1	Welche Leistungen erbringen wir? ... 153		§6	Wann geben wir eine Erklärung über unsere Leistungspflicht ab? ... 154
§2	Was ist ein Unfall im Sinne dieser Bedingungen? ... 153		§7	Welche Besonderheit gilt für die Überschussbeteiligung? ... 154
§3	In welchen Fällen ist der Versicherungsschutz ausgeschlossen? ... 153		§8	Wie ist das Verhältnis zur Hauptversicherung? ... 154
§4	Welche Rolle spielen Erkrankungen und Gebrechen der versicherten Person? ... 154			
§5	Was ist nach dem Unfalltod der versicherten Person zu beachten? ... 154			

§1 Welche Leistungen erbringen wir?

(1) Stirbt die versicherte Person (das ist die Person, auf deren Leben die Versicherung abgeschlossen ist) an den Folgen eines Unfalls, zahlen wir die vereinbarte Zusatzversicherungssumme, wenn Unfall und Tod während der Versicherungsdauer dieser Zusatzversicherung eingetreten sind.

Zwischen dem Unfall und dem Tod darf nicht mehr als ein Jahr vergangen sein. Die Versicherungsdauer ist der Zeitraum, innerhalb dessen Versicherungsschutz besteht.

(2) Bei einer Erhöhung der Zusatzversicherungssumme nach Eintritt des Unfalls bleibt die zum Unfallzeitpunkt vereinbarte Zusatzversicherungssumme für Leistungen aufgrund dieses Unfalls maßgeblich.

§2 Was ist ein Unfall im Sinne dieser Bedingungen?

Ein Unfall liegt vor, wenn die versicherte Person durch ein plötzlich von außen auf ihren Körper wirkendes Ereignis (Unfallereignis) unfreiwillig eine Gesundheitsbeschädigung erleidet.

§3 In welchen Fällen ist der Versicherungsschutz ausgeschlossen?

(1) Grundsätzlich besteht unsere Leistungspflicht unabhängig davon, wie es zu dem Unfall gekommen ist.

(2) Unter den Versicherungsschutz fallen jedoch nicht:

(a) Unfälle durch Geistes- oder Bewusstseinsstörungen, auch soweit diese auf Trunkenheit beruhen, sowie durch Schlaganfälle, epileptische Anfälle oder andere Krampfanfälle, die den ganzen Körper der versicherten Person ergreifen.

Versicherungsschutz besteht jedoch, wenn diese Störungen oder Anfälle durch ein unter diesen Vertrag fallendes Unfallereignis verursacht waren.

(b) Unfälle, die der versicherten Person dadurch zustoßen, dass sie vorsätzlich eine Straftat ausführt oder es versucht.

(c) Unfälle, die unmittelbar oder mittelbar durch Kriegs- oder Bürgerkriegsereignisse verursacht sind; Unfälle durch innere Unruhen, wenn die versicherte Person auf Seiten der Unruhestifter teilgenommen hat.

(d) Unfälle der versicherten Person
- als Luftfahrzeugführer (auch Luftsportgeräteführer), soweit dieser nach deutschem Recht dafür eine Erlaubnis benötigt, sowie als sonstiges Besatzungsmitglied eines Luftfahrzeuges;
- bei einer mithilfe eines Luftfahrzeuges auszuübenden beruflichen Tätigkeit;
- bei der Benutzung von Raumfahrzeugen.

(e) Unfälle, die der versicherten Person dadurch zustoßen, dass sie sich als Fahrer, Beifahrer oder Insasse eines Motorfahrzeuges an Fahrtveranstaltungen einschließlich der dazugehörigen Übungsfahrten beteiligt, bei denen es auf die Erzielung von Höchstgeschwindigkeiten ankommt.

(f) Unfälle, die unmittelbar oder mittelbar durch Kernenergie verursacht sind.

(g) Gesundheitsschädigungen durch Strahlen.

Versicherungsschutz besteht jedoch, wenn es sich um Folgen eines unter diesen Vertrag fallenden Unfallereignisses handelt.

(h) Gesundheitsschädigungen durch Heilmaßnahmen oder Eingriffe am Körper der versicherten Person.

Versicherungsschutz besteht jedoch, wenn die Eingriffe oder Heilmaßnahmen, auch strahlendiagnostische und -therapeutische, durch einen unter diesen Vertrag fallenden Unfall veranlasst waren.

(i) Infektionen.

Sie sind auch dann ausgeschlossen, wenn sie durch Haut- oder Schleimhautverletzungen, die als solche geringfügig sind, verursacht wurden und durch die Krankheitserreger sofort oder später in den Körper gelangen. Für Infektionen, die durch Heilmaßnahmen verursacht sind, gilt § 3h Satz 2 entsprechend.

Versicherungsschutz besteht jedoch, wenn die Krankheitserreger durch eine unter diesen Vertrag fallende Unfallverletzung in den Körper gelangt sind sowie für Tollwut und Wundstarrkrampf.

(j) Vergiftungen infolge Einnahme fester oder flüssiger Stoffe durch den Schlund.

Versicherungsschutz besteht jedoch, wenn es sich um Folgen eines unter diesen Vertrag fallenden Unfallereignisses handelt.

(k) Unfälle infolge psychischer Reaktionen, gleichgültig, wodurch diese verursacht sind.

(l) Selbsttötung, und zwar auch dann, wenn die versicherte Person die Tat in einem die freie Willensbestimmung ausschließenden Zustand krankhafter Störung der Geistestätigkeit begangen hat.

Versicherungsschutz besteht jedoch, wenn jener Zustand durch ein unter diesen Vertrag fallendes Unfallereignis hervorgerufen wurde.

BE

Besondere Bedingungen für die Unfalltod-Zusatzversicherung

(m) Unfälle, die unmittelbar oder mittelbar durch vorsätzlichen Einsatz von atomaren, biologischen oder chemischen Waffen oder den vorsätzlichen Einsatz oder die vorsätzliche Freisetzung von radioaktiven, biologischen oder chemischen Stoffen verursacht sind, sofern der Einsatz oder das Freisetzen darauf gerichtet sind, das Leben einer Vielzahl von Personen zu gefährden.

§ 4 Welche Rolle spielen Erkrankungen und Gebrechen der versicherten Person?

Haben neben dem Unfall Krankheiten oder Gebrechen zur Herbeiführung des Todes mitgewirkt, vermindert sich unsere Leistung entsprechend dem Anteil der Mitwirkung. Beträgt der Anteil der Mitwirkung weniger als 25 %, unterbleibt die Minderung.

§ 5 Was ist nach dem Unfalltod der versicherten Person zu beachten?

(1) Der Unfalltod der versicherten Person ist uns unverzüglich – möglichst innerhalb von 48 Stunden – mitzuteilen. An Unterlagen sind uns die notwendigen Nachweise zum Unfallhergang und zu den Unfallfolgen einzureichen.

(2) Zur Klärung unserer Leistungspflicht können wir notwendige weitere Nachweise und Auskünfte verlangen.

(3) Uns ist das Recht zu verschaffen, ggf. eine Obduktion durch einen von uns beauftragten Arzt vornehmen zu lassen. Wird die Zustimmung zur Obduktion verweigert, sind wir von unserer Leistungspflicht befreit, es sei denn, dieses Verhalten ist ohne Einfluss auf die Feststellung oder den Umfang unserer Leistungspflicht.

(4) Wird vorsätzlich die Mitteilungs- und Aufklärungspflicht (Absätze 1 und 2) verletzt, sind wir von unserer Leistungspflicht befreit. Bei grob fahrlässigem Verhalten sind wir berechtigt, unsere Leistung in einem der Schwere des Verschuldens entsprechenden Verhältnis zu kürzen. Beides gilt nur, wenn wir durch gesonderte Mitteilung in Textform (z. B. Papierform, E-Mail) auf diese Rechtsfolgen hingewiesen haben. Wenn uns nachgewiesen wird, dass die Mitteilungs- oder Aufklärungspflicht nicht grob fahrlässig verletzt worden ist, bleibt unsere Leistungspflicht bestehen. Wir bleiben auch zur Leistung verpflichtet, soweit uns nachgewiesen wird, dass die Verletzung der Mitteilungs- bzw. Aufklärungspflicht ohne Einfluss auf die Feststellung oder den Umfang unserer Leistungspflicht ist. Dies gilt nicht, wenn die Obliegenheit arglistig verletzt wird.

§ 6 Wann geben wir eine Erklärung über unsere Leistungspflicht ab?

Wir sind verpflichtet, innerhalb eines Monats zu erklären, ob und in welcher Höhe wir einen Anspruch anerkennen. Die Frist beginnt, sobald uns die notwendigen Nachweise und Auskünfte vorliegen.

§ 7 Welche Besonderheit gilt für die Überschussbeteiligung?

Die Zusatzversicherung ist nicht überschussberechtigt.

§ 8 Wie ist das Verhältnis zur Hauptversicherung?

(1) Die Zusatzversicherung bildet mit der Versicherung, zu der sie abgeschlossen worden ist (Hauptversicherung), eine Einheit; sie kann ohne die Hauptversicherung nicht fortgesetzt werden. Wenn der Versicherungsschutz aus der Hauptversicherung endet, endet auch die Zusatzversicherung. Bei Versicherungen mit Berufsunfähigkeits-Zusatzversicherung besteht die Unfalltod-Zusatzversicherung auch dann fort, wenn die Hauptversicherung wegen Berufsunfähigkeit der versicherten Person beitragsfrei wird.

(2) Wird die Leistung der Hauptversicherung herabgesetzt, vermindert sich auch der Versicherungsschutz aus der Zusatzversicherung entsprechend. Sollte sich dabei die Zusatzversicherungssumme stärker als die Leistung aus der Hauptversicherung vermindern, können Sie innerhalb von 3 Monaten verlangen, dass die Zusatzversicherungssumme gegen Zahlung eines Einmalbeitrages soweit erhöht wird, dass ihr bisheriges Verhältnis zur Leistung aus der Hauptversicherung wiederhergestellt wird.

(3) Wenn Sie für Ihre Zusatzversicherung laufende Beiträge, also keinen Einmalbeitrag zahlen, können Sie die Zusatzversicherung allein in Textform (z. B. Papierform, E-Mail) kündigen. Eine Zusatzversicherung, für die keine Beiträge mehr zu zahlen sind (beitragsfreie Zusatzversicherung, Zusatzversicherung gegen Einmalbeitrag), können Sie nur zusammen mit der Hauptversicherung kündigen.

(4) Wenn Sie die Zusatzversicherung kündigen, haben Sie weder Anspruch auf einen Rückkaufswert noch auf eine beitragsfreie Leistung.

(5) Soweit in diesen Bedingungen nichts anderes bestimmt ist, finden die Allgemeinen Bedingungen für die Hauptversicherung sinngemäß Anwendung.

Allgemeine Bedingungen für die Hinterbliebenenrenten-Zusatzversicherung zur Rentenversicherung mit sofort beginnender Rentenzahlung

§ 1 Welche Leistungen erbringen wir? ... 155	§ 3 Welche Besonderheiten gelten für die Überschussbeteiligung? ... 155
§ 2 Was geschieht, wenn die mitversicherte Person stirbt? ... 155	§ 4 Wie ist das Verhältnis zur Hauptversicherung? ... 155

§ 1 Welche Leistungen erbringen wir?

Unsere Leistung bei Tod der versicherten Person

(1) Wenn die mitversicherte Person (das ist die Person, für die nach dem Tode der versicherten Person die Hinterbliebenenrente gezahlt werden soll) zum Zeitpunkt des Todes der versicherten Person noch lebt, zahlen wir die vereinbarte Hinterbliebenenrente.

Wir zahlen die Hinterbliebenenrente, solange die mitversicherte Person lebt. Wir zahlen die Hinterbliebenenrente an den gleichen Fälligkeitstagen, die für die Zahlung der Rente aus der Hauptversicherung vereinbart waren (siehe § 1 Absatz 1 der Allgemeinen Versicherungsbedingungen für die Hauptversicherung), erstmals an dem Fälligkeitstag, der auf den Tod der versicherten Person folgt.

(2) Wenn die versicherte Person stirbt und für die Rente aus der Hauptversicherung eine Rentengarantiezeit vereinbart ist, zahlen wir die Hinterbliebenenrente erst nach Ablauf der Rentengarantiezeit. (Beispiel: Haben Sie eine Rentengarantiezeit von 10 Jahren vereinbart und die versicherte Person stirbt 3 Jahre nach Rentenbeginn, zahlen wir zunächst noch 7 Jahre lang die vereinbarte Rente und dann die Hinterbliebenenrente.)

Unsere Leistung aus der Überschussbeteiligung

(3) Wir beteiligen Sie an den Überschüssen und an den Bewertungsreserven (siehe § 3).

§ 2 Was geschieht, wenn die mitversicherte Person stirbt?

(1) Wenn die mitversicherte Person vor der versicherten Person stirbt, erbringen wir keine Leistung aus der Zusatzversicherung, und diese endet.

(2) Wenn die mitversicherte Person nach der versicherten Person stirbt, endet der Anspruch auf die Hinterbliebenenrente, und die Zusatzversicherung endet.

§ 3 Welche Besonderheiten gelten für die Überschussbeteiligung?

(1) Sie erhalten gemäß § 153 des Versicherungsvertragsgesetzes (VVG) eine Überschussbeteiligung. Dafür gelten die Regelungen zur Überschussbeteiligung in den Allgemeinen Bedingungen Ihrer Hauptversicherung. Nachfolgend erläutern wir Ihnen die Besonderheiten der Überschussbeteiligung dieser Zusatzversicherung.

(2) Wichtigster Einflussfaktor für die Höhe der Überschussbeteiligung ist vor Zahlung der Hinterbliebenenrente die Entwicklung des versicherten Risikos und der Kosten.

Überschüsse entstehen insbesondere, wenn die Aufwendungen für das Todesfallrisiko und die Kosten sich günstiger entwickeln als bei der Tarifkalkulation zugrunde gelegt. Wenn wir weniger Leistungen zahlen als angenommen, werden wir die Versicherungsnehmer an diesen Überschüssen beteiligen.

(3) Bewertungsreserven entstehen, wenn der Marktwert der Kapitalanlagen über dem Wert liegt, mit dem die Kapitalanlagen im Geschäftsbericht ausgewiesen sind. Da vor Zahlung der Hinterbliebenenrente keine oder allenfalls geringfügige Beträge zur Verfügung stehen, um Kapital zu bilden, entstehen auch keine oder nur geringfügige Bewertungsreserven. Soweit Bewertungsreserven überhaupt entstehen, ermitteln wir deren Höhe jährlich neu und ordnen den ermittelten Wert den Verträgen nach einem verursachungsorientierten Verfahren anteilig rechnerisch zu. Zusätzlich ermitteln wir die Höhe der Bewertungsreserven auch
- für den Zeitpunkt der Beendigung Ihres Vertrages vor Zahlung der Hinterbliebenenrente,
- für den Rentenzahlungsbeginn sowie
- während einer Rentenzahlung jeweils für das Ende eines Versicherungsjahres.

§ 4 Wie ist das Verhältnis zur Hauptversicherung?

(1) Die Zusatzversicherung bildet mit der Hauptversicherung eine Einheit. Eine Kündigung der Zusatzversicherung ist nicht möglich.

(2) Soweit in diesen Besonderen Bedingungen nichts anderes vereinbart ist, gelten die Allgemeinen Bedingungen für die Hauptversicherung sinngemäß.

Bedingungen für den vorläufigen Versicherungsschutz

§1	Was ist vorläufig versichert? 156	§5	Was kostet Sie der vorläufige Versicherungsschutz? 157
§2	Unter welchen Voraussetzungen besteht vorläufiger Versicherungsschutz? 156	§6	Wie ist das Verhältnis zur beantragten Versicherung, und wer erhält die Leistungen aus dem vorläufigen Versicherungsschutz? 157
§3	Wann beginnt und endet der vorläufige Versicherungsschutz? 156		
§4	In welchen Fällen ist der vorläufige Versicherungsschutz ausgeschlossen? 156		

§1 Was ist vorläufig versichert?

(1) Der vorläufige Versicherungsschutz erstreckt sich auf die für den Todesfall beantragten Kapitalleistungen aus der Risikoversicherung und der kapitalbildenden Lebensversicherung als Hauptversicherung zu jedem Antrag.

(2) Aufgrund des vorläufigen Versicherungsschutzes zahlen wir die beantragte Versicherungssumme.

(3) Wir zahlen jedoch höchstens 100.000 €, auch wenn Sie höhere Leistungen beantragt haben. Diese Begrenzung gilt auch dann, wenn mehrere Anträge auf das Leben derselben Person bei uns gestellt worden sind.

§2 Unter welchen Voraussetzungen besteht vorläufiger Versicherungsschutz?

Sofern nichts anderes vereinbart ist, ist Voraussetzung für den vorläufigen Versicherungsschutz, dass

(a) der beantragte Versicherungsbeginn nicht später als 2 Monate nach der Unterzeichnung des Antrags liegt;

(b) uns eine Ermächtigung zum Beitragseinzug erteilt worden ist;

(c) Sie das Zustandekommen der beantragten Versicherung nicht von einer besonderen Bedingung abhängig gemacht haben;

(d) Ihr Antrag nicht von den von uns gebotenen Tarifen und Bedingungen abweicht;

(e) die versicherte Person bei Unterzeichnung des Antrags das 7. Lebensjahr schon und das 65. Lebensjahr noch nicht vollendet hat;

(f) frühere Anträge der versicherten Person von uns nicht abgelehnt, nicht zurückgestellt wurden oder nicht zu erschwerten Bedingungen (Mehrbeitrag oder Ausschlussklausel) zustande gekommen sind;

(g) frühere Verträge durch uns nicht wegen Nichtzahlung oder Zahlungsrückständen gekündigt wurden;

(h) wir bei früheren Verträgen keinen Rücktritt bzw. keine Anfechtung erklärt haben.

§3 Wann beginnt und endet der vorläufige Versicherungsschutz?

(1) Der vorläufige Versicherungsschutz beginnt mit dem Tag, an dem Ihr Antrag bei uns eingeht.

(2) Der vorläufige Versicherungsschutz endet, wenn

(a) zwei Monate nach Unterzeichnung des Antrags vergangen sind;

(b) der Versicherungsschutz aus der beantragten Hauptversicherung begonnen hat;

(c) Sie Ihren Antrag angefochten oder zurückgenommen haben;

(d) Sie von Ihrem Widerrufsrecht nach §8 VVG Gebrauch gemacht haben;

(e) Sie einer Ihnen gemäß §5 Abs. 1 und 2 VVG mitgeteilten Abweichung des Versicherungsscheines von Ihrem Antrag widersprochen haben;

(f) der Einzug des Einlösungsbeitrages aus von Ihnen zu vertretenden Gründen nicht möglich war oder dem Einzug widersprochen worden ist, sofern wir Sie durch gesonderte Mitteilung in Textform oder durch einen auffälligen Hinweis im Versicherungsschein auf diese Rechtsfolge aufmerksam gemacht haben;

(g) wir Ihren Antrag abgelehnt oder zurückgestellt haben;

(h) Sie den Vertrag über die Hauptversicherung oder einen weiteren Vertrag über den vorläufigen Versicherungsschutz mit einem anderen Versicherer schließen. Über den Vertragsschluss mit einem anderen Versicherer haben Sie uns unverzüglich zu informieren.

§4 In welchen Fällen ist der vorläufige Versicherungsschutz ausgeschlossen?

(1) Unsere Leistungspflicht ist – soweit nichts anderes vereinbart ist – ausgeschlossen für die Versicherungsfälle aufgrund von Ursachen (Krankheiten, Beschwerden oder Gesundheitsstörungen), nach denen im Antrag gefragt ist und von denen die versicherte Person oder der Versicherungsnehmer vor seiner Unterzeichnung Kenntnis hatte, auch wenn diese im Antrag angegeben wurden. Wir sind jedoch dann leistungspflichtig, wenn uns nachgewiesen wird, dass diese Ursachen für den Eintritt des Versicherungsfalles nur mitursächlich geworden sind.

(2) Bei vorsätzlicher Selbsttötung der versicherten Person besteht Versicherungsschutz nur dann, wenn uns nachgewiesen wird, dass die Tat in einem die freie Willensbestimmung ausschließenden Zustand krankhafter Störung der Geistestätigkeit begangen worden ist.

(3) Bei Ableben der versicherten Person in unmittelbarem und mittelbarem Zusammenhang mit kriegerischen Ereignissen oder inneren Unruhen, soweit die versicherte Person auf Seiten der Unruhestifter teilgenommen hat, entfällt unsere Leistungspflicht.

(4) Bei Ableben der versicherten Person in unmittelbarem oder mittelbarem Zusammenhang mit dem vorsätzlichen Einsatz von atomaren, biologischen oder chemischen Waffen oder dem vorsätzlichen Einsatz oder der vorsätzlichen Freisetzung von radioaktiven, biologischen oder chemischen Stoffen entfällt unsere Leistungspflicht, sofern der Einsatz oder das Freisetzen darauf gerichtet sind, das Leben einer Vielzahl von Personen zu gefährden.

§ 5 Was kostet Sie der vorläufige Versicherungsschutz?

Für den vorläufigen Versicherungsschutz erheben wir keinen gesonderten Beitrag. Erbringen wir aber Leistungen aufgrund des vorläufigen Versicherungsschutzes, behalten wir ein Entgelt ein. Das Entgelt entspricht dem Beitrag für das erste Versicherungsjahr des beantragten Versicherungsvertrages. Bei Einmalbeitragsversicherungen ist dies der einmalige Beitrag. Wir berechnen jedoch nicht mehr als den Tarifbeitrag für die Höchstsumme gemäß § 1 Abs. 2.

§ 6 Wie ist das Verhältnis zur beantragten Versicherung, und wer erhält die Leistungen aus dem vorläufigen Versicherungsschutz?

(1) Soweit in diesen Bedingungen nichts anderes bestimmt ist, finden die Allgemeinen und Besonderen Bedingungen für die beantragte Versicherung Anwendung, einschließlich derjenigen für eine mitbeantragte Unfalltod-Zusatzversicherung. Dies gilt insbesondere für die dort enthaltenen Einschränkungen und Ausschlüsse.

(2) Haben Sie im Antrag ein Bezugsrecht festgelegt, gilt dieses auch für die Leistungen aus dem vorläufigen Versicherungsschutz.

Besondere Bedingungen für die planmäßige Erhöhung der Beiträge und Leistungen ohne erneute Gesundheitsprüfung

§1	Nach welchem Maßstab erfolgt die planmäßige Erhöhung der Beiträge? ... 158	§3	Wie berechnen wir die erhöhten Leistungen? ... 158
§2	Zu welchem Zeitpunkt erhöhen sich Beiträge und Versicherungsleistungen? ... 158	§4	Welche sonstigen Bestimmungen gelten für die Erhöhung der Versicherungsleistungen? ... 158
		§5	Wann entfallen die Erhöhungen? ... 158

§1 Nach welchem Maßstab erfolgt die planmäßige Erhöhung der Beiträge?

(1) Die Beiträge für diesen Vertrag einschließlich etwaiger Zusatzversicherungen erhöhen sich jeweils im selben Verhältnis, in dem sich der an Ihrem Wohnort geltende Höchstbeitrag in der Deutschen Rentenversicherung erhöht.
Alternativ kann eine gleichbleibende Steigerung zwischen 2 und 10 % p. a. auf den Beitrag des Vorjahres gewählt werden.

(2) Jede Beitragserhöhung führt zu einer Erhöhung der Leistungen ohne erneute Gesundheitsprüfung.

(3) Die Beiträge erhöhen sich bis zum Ablauf der Beitragszahlungsdauer, jedoch nicht länger als bis zur Vollendung des 65. Lebensjahres der versicherten Person.
Ein bereits begonnenes, aber noch nicht vollendetes Lebensjahr wird hinzugerechnet, falls davon mehr als 6 Monate vergangen sind.

§2 Zu welchem Zeitpunkt erhöhen sich Beiträge und Versicherungsleistungen?

(1) Die Erhöhungen der Beiträge und der Leistungen erfolgen jeweils zu dem Jahrestag des Versicherungsbeginns, der auf eine Erhöhung des Höchstbeitrages in der Deutschen Rentenversicherung folgt oder mit ihr zusammenfällt.

(2) Sie erhalten rechtzeitig vor dem Erhöhungstermin eine Mitteilung über die Erhöhung. Der Versicherungsschutz aus der jeweiligen Erhöhung beginnt am Erhöhungstermin.

§3 Wie berechnen wir die erhöhten Leistungen?

(1) Wir errechnen die Erhöhung der Leistungen nach dem am Erhöhungstermin erreichten Alter der versicherten Person(en), der restlichen Beitragszahlungsdauer, dem bei Abschluss des Vertrages gültigen Tarif und den ursprünglichen Annahmebedingungen. Die Leistungen erhöhen sich nicht im gleichen Verhältnis wie die Beiträge.

(2) Haben Sie Zusatzversicherungen eingeschlossen, erhöhen wir deren Leistungen im selben Verhältnis wie die Leistungen der Hauptversicherung.

§4 Welche sonstigen Bestimmungen gelten für die Erhöhung der Versicherungsleistungen?

(1) Alle im Rahmen des Versicherungsvertrages getroffenen Vereinbarungen, auch die Bestimmung des Bezugsberechtigten, gelten für die Erhöhung der Leistungen.

(2) Die Erhöhung der Leistungen aus dem Versicherungsvertrag setzt die Fristen in den Paragrafen der Allgemeinen und Besonderen Bedingungen für die Verletzung der vorvertraglichen Anzeigepflicht und der Selbsttötung nicht erneut in Lauf.

§5 Wann entfallen die Erhöhungen?

(1) Eine Erhöhung entfällt rückwirkend, wenn Sie ihr bis zum Ende des 1. Monats nach dem Erhöhungstermin widersprechen oder den 1. erhöhten Beitrag nicht innerhalb von 2 Monaten nach dem Erhöhungstermin zahlen.

(2) Entfallene Erhöhungen können Sie mit unserer Zustimmung nachholen.

(3) Ist die Erhöhung dreimal hintereinander entfallen, erfolgt keine weitere Erhöhung.

(4) Haben Sie in Ihren Vertrag eine Berufsunfähigkeits-Zusatzversicherung mit eingeschlossen, erhöhen sich die Beiträge nicht, solange Ihre Beitragszahlungspflicht wegen Berufsunfähigkeit oder Pflegebedürftigkeit ganz oder teilweise entfällt.

Erläuterung zu den Tarifen

Allgemeine Tarifbestimmungen

Der Mindestbeitrag beträgt bei Risikolebens-, Kapitalbildenden- und Rentenversicherungen 240 € p. a. und bei fondsgebundenen Versicherungen 300 € p. a bei Verträgen mit laufender Beitragszahlung.

Für die Zulagenrenten gilt diese Regelung nicht.

Bei Einmalbeitrags-Versicherungen beträgt der Mindestbeitrag 5.000 €.

Berechnung des Eintrittsalters

Eintrittsalter = Beginn **minus** Geburtsjahr

Abschlusskosten

Diese sind mit 2,5 % in der Nettobeitragssumme enthalten und werden auf 5 Jahre verteilt.

Rechnungszins

In unseren Tarifen ist der gesetzliche Höchstzinssatz entsprechend § 2 der Deckungsrückstellungsverordnung berücksichtigt.

Stückkosten

Stückkosten betragen bei:
- Jährlicher Zahlung .... 24 €
- Halbjährlicher Zahlung .... 12 €
- Vierteljährlicher Zahlung .... 6 €
- Monatlicher Zahlung .... 2 €

Die Stückkosten sind feste einmalige Kosten, die für jeden Vertrag unabhängig von der Ausgestaltung des Vertrages anfallen. Die Stückkosten unterliegen nicht der nachstehend beschriebenen Beitrags-Nachkalkulation.

Beitragskalkulation

Die Beiträge wurden auf Basis einer jährlichen Beitragszahlung kalkuliert. Bei unterjährigen Zahlungsweisen ist eine Nachkalkulation mit den nachfolgenden Umrechnungsfaktoren erforderlich:
- Halbjährliche Zahlung 1,9607843
- Vierteljährliche Zahlung 3,8834951
- Monatliche Zahlung 11,4285710

Ausgenommen von dieser Regelung sind fondsgebundene Rentenversicherungen und die Zulagenrente.
 Bei diesen beiden Produkten erfolgte die Beitragskalkulation auf der Basis einer monatlichen Zahlungsweise.

Zusatzversicherungen

Die Zusatzversicherungen bilden mit der Hauptversicherung eine Einheit. Folgende Zusatzversicherungen können eingeschlossen werden in den jeweiligen Schichten:

Erstellung von Versorgungsvorschlägen

Für folgende Tarife sind Versorgungsvorschläge bei unserem Kunden-Service-Center in Hannover anzufordern:
- Rentenversicherung mit aufgeschobener Rentenzahlung mit Indexorientierung
- Berufsunfähigkeits-Zusatzversicherung
- Hinterbliebenenrenten-Zusatzversicherung
- Unfalltod-Zusatzversicherung

	Produkte der 1. Schicht	Produkte der 2. Schicht	Produkte der 3. Schicht*
Unfalltod-Zusatzversicherung			X
Berufsunfähigkeits-Zusatzversicherung	X	X	X
Hinterbliebenenrenten-Zusatzversicherung	X		X

X = Einschluss möglich
 * = Außer bei einer Rentenversicherung mit aufgeschobener Rentenzahlung mit Indexorientierung und einer selbstständigen Berufsunfähigkeitsversicherung

Beiträge und Leistungen einer Rentenversicherung gemäß §10 Absatz 1 Nr. 2 Buchstabe b aa EStG (Basisrente) mit Garantieleistung nach Tarif S10

Aufgeschobene Rentenversicherung ohne Todesfallleistung (Basisrente)
Rentenbeginnalter 63 Jahre bis 67 Jahre

Vorgabe: Beitrag von jährlich 1.200 € einschließlich Stückkosten

Zugrunde liegende Bedingungen:
Allgemeine Bedingungen für die Rentenversicherung gemäß §10 Absatz 1 Nr. 2 Buchstabe b aa EStG (Basisrente)

Überschussbeteiligung:
- während der Aufschubzeit: verzinsliche Ansammlung
- während des Rentenbezuges: variable Gewinnrente

Alle Werte in €

	Lebenslange mtl. Leibrente			
	Rentenbeginnalter 63		Rentenbeginnalter 67	
EA	garantiert	gesamt	garantiert	gesamt
20	200,67	426,09	245,83	559,67
21	195,25	407,42	239,75	536,17
22	189,83	389,91	233,75	513,83
23	184,50	371,75	227,75	492,33
24	179,17	355,01	221,83	471,00
25	173,92	338,92	215,92	450,42
26	168,75	323,17	210,08	430,49
27	163,58	307,58	204,33	411,50
28	158,50	293,09	198,58	393,50
29	153,42	279,25	192,83	375,67
30	148,33	264,91	187,17	359,00
31	143,33	252,08	181,58	342,41
32	138,42	238,75	176,00	325,17
33	133,50	226,42	170,50	309,66
34	128,58	214,66	165,00	294,67
35	123,75	202,67	159,50	280,09
36	118,92	191,58	154,08	266,33
37	114,17	180,75	148,67	252,00
38	109,42	170,17	143,33	238,75
39	104,67	160,01	138,00	226,08
40	100,00	150,17	132,67	214,00
41	95,33	140,92	127,42	201,59
42	90,75	132,00	122,25	190,25
43	86,17	123,26	117,00	179,00
44	81,58	114,50	111,83	168,08
45	77,00	106,17	106,75	157,75
46	72,50	98,42	101,58	147,50
47	68,08	90,66	96,50	137,92
48	63,58	83,16	91,50	128,59
49	59,17	76,25	86,42	119,18
50	54,83	69,42	81,42	110,50

Beiträge und Leistungen einer Rentenversicherung nach dem AltZertG („Zulagen-Rente") nach Tarif S 20

Aufgeschobene Rentenversicherung ohne Todesfallleistung (Zulagenrente)
- Rentenbeginnalter 63 Jahre bis 67 Jahre
- Rentengarantiezeit 10 Jahre

Vorgabe: Konstanter Eigenbeitrag (ohne Zulage) von jährlich 1.200 € einschließlich Stückkosten

Zugrunde liegende Bedingungen:
Allgemeine Bedingungen für eine Rentenversicherung mit Auszahlung des Deckungskapitals bei Tod als Altersvorsorgevertrag im Sinne des Altersvorsorgeverträge-Zertifizierungsgesetzes

Überschussbeteiligung:
- während der Aufschubzeit: verzinsliche Ansammlung
- während des Rentenbezuges: variable Gewinnrente

Alle Werte in €

	Max. Kapitalabfindung (30 %)				Lebenslange mtl. Leibrente			
	Rentenbeginnalter 63		Rentenbeginnalter 67		Rentenbeginnalter 63		Rentenbeginnalter 67	
EA	garantiert	gesamt	garantiert	gesamt	garantiert	gesamt	garantiert	gesamt
20	15.480,00	35.327,40	16.920,00	42.403,50	211,75	453,43	259,75	591,77
21	15.120,00	33.702,30	16.560,00	40.533,30	205,50	433,29	252,75	566,77
22	14.760,00	32.151,30	16.200,00	38.731,50	199,42	414,00	245,83	542,71
23	14.400,00	30.657,90	15.840,00	36.994,80	193,42	395,46	239,00	519,51
24	14.040,00	29.220,30	15.480,00	35.321,70	187,50	377,52	232,25	497,21
25	13.680,00	27.824,10	15.120,00	33.710,10	181,58	357,28	225,58	471,95
26	13.320,00	26.480,10	14.760,00	32.157,60	175,75	340,54	219,00	451,12
27	12.960,00	25.199,70	14.400,00	30.663,00	170,08	324,55	212,50	431,12
28	12.600,00	23.955,60	14.040,00	29.211,90	164,42	309,17	206,00	411,48
29	12.240,00	22.747,50	13.680,00	27.825,90	158,75	294,03	199,67	392,74
30	11.880,00	21.597,30	13.320,00	26.481,00	153,25	279,49	193,33	374,60
31	11.520,00	20.491,50	12.960,00	25.197,30	147,83	265,62	187,17	357,16
32	11.160,00	19.417,50	12.600,00	23.951,70	142,42	252,19	181,00	340,20
33	10.800,00	18.385,20	12.240,00	22.753,20	137,08	238,98	174,92	323,84
34	10.440,00	17.382,60	11.880,00	21.600,00	131,75	226,32	168,92	308,09
35	10.080,00	16.430,10	11.520,00	20.491,20	126,58	214,32	163,00	292,81
36	9.720,00	15.504,90	11.160,00	19.414,50	121,42	202,49	157,08	278,06
37	9.360,00	14.606,10	10.800,00	18.379,80	116,25	191,00	151,25	263,66
38	9.000,00	13.753,50	10.440,00	17.384,70	111,25	180,10	145,50	249,92
39	8.640,00	12.925,50	10.080,00	16.428,60	106,25	169,54	139,83	236,78
40	8.280,00	12.130,50	9.720,00	15.500,70	101,33	159,24	134,17	223,72
41	7.920,00	11.358,90	9.360,00	14.609,10	96,42	149,46	128,58	211,25
42	7.560,00	10.618,50	9.000,00	13.753,20	91,58	139,89	123,08	199,30
43	7.200,00	9.909,00	8.640,00	12.921,90	86,83	130,63	117,58	187,51
44	6.840,00	9.219,60	8.280,00	12.123,90	82,08	121,76	112,17	176,41
45	6.480,00	8.559,30	7.920,00	11.358,30	77,42	113,17	106,83	165,38
46	6.120,00	7.917,60	7.560,00	10.623,90	72,75	104,82	101,58	155,03
47	5.760,00	7.303,20	7.200,00	9.902,10	68,17	96,72	96,25	144,78
48	5.400,00	6.706,50	6.840,00	9.218,70	63,58	88,88	91,08	134,94
49	5.040,00	6.305,20	6.480,00	8.555,10	59,57	80,04	85,92	125,53
50	4.680,00	5.852,70	6.120,00	7.918,80	55,96	73,14	80,83	116,37

Beiträge und Leistungen einer Rentenversicherung mit aufgeschobener Rentenzahlung mit Garantieleistung nach Tarif S 30

Aufgeschobene Rentenversicherung mit Beitragsrückgewähr
Rentenbeginnalter 63 Jahre bis 67 Jahre
Rentengarantiezeit 10 Jahre

Vorgabe: Beitrag von jährlich 1.200 € einschließlich Stückkosten

Zugrunde liegende Bedingungen:
Allgemeine Bedingungen für die Rentenversicherung mit aufgeschobener Rentenzahlung

Überschussbeteiligung:
- während der Aufschubzeit: verzinsliche Ansammlung
- während des Rentenbezuges: nicht garantierte zusätzliche Rente

Alle Werte in €

	Kapitalabfindung				Lebenslange mtl. Leibrente			
	Rentenbeginnalter 63		Rentenbeginnalter 67		Rentenbeginnalter 63		Rentenbeginnalter 67	
EA	garantiert	gesamt	garantiert	gesamt	garantiert	gesamt	garantiert	gesamt
20	63.585,00	135.476,00	71.581,00	163.674,00	194,33	414,00	236,58	541,00
21	61.670,00	129.112,00	69.571,00	156.294,00	189,08	395,83	230,75	518,41
22	59.765,00	122.974,00	67.571,00	149.188,00	183,83	378,32	224,92	496,59
23	57.896,00	117.103,00	65.583,00	142.274,00	178,67	361,43	219,08	475,24
24	56.038,00	111.338,00	63.631,00	135.652,00	173,50	344,66	213,33	454,83
25	54.216,00	105.827,00	61.715,00	129.280,00	168,42	328,76	207,67	435,09
26	52.431,00	100.620,00	59.811,00	123.107,00	163,42	313,58	202,00	415,75
27	50.655,00	95.527,00	57.917,00	117.125,00	158,42	298,76	196,33	397,00
28	48.890,00	90.601,00	56.084,00	111.421,00	153,42	284,34	190,83	379,09
29	47.160,00	85.853,00	54.238,00	105.902,00	148,50	270,34	185,25	361,67
30	45.441,00	81.341,00	52.452,00	100.622,00	143,58	257,00	179,83	345,00
31	43.758,00	76.971,00	50.653,00	95.518,00	138,75	244,09	174,33	328,75
32	42.084,00	72.749,00	48.913,00	90.685,00	133,92	231,50	169,00	313,33
33	40.447,00	68.712,00	47.185,00	85.966,00	129,17	219,51	163,67	298,17
34	38.820,00	64.814,00	45.467,00	81.379,00	124,42	207,68	158,33	283,33
35	37.228,00	61.091,00	43.761,00	76.968,00	119,75	196,50	153,00	269,16
36	35.646,00	57.499,00	42.114,00	72.829,00	115,08	185,58	147,83	255,67
37	34.100,00	54.048,00	40.454,00	68.725,00	110,50	175,16	142,58	242,16
38	32.563,00	50.748,00	38.829,00	64.845,00	105,92	165,08	137,42	229,51
39	31.037,00	47.543,00	37.238,00	61.112,00	101,33	155,25	132,33	217,16
40	29.545,00	44.466,00	35.659,00	57.511,00	96,83	145,74	127,25	205,25
41	28.064,00	41.509,00	34.091,00	54.037,00	92,33	136,58	122,17	193,67
42	26.593,00	38.662,00	32.558,00	50.724,00	87,83	127,66	117,17	182,59
43	25.156,00	35.984,00	31.035,00	47.530,00	83,42	119,34	112,17	171,76
44	23.730,00	33.337,00	29.547,00	44.465,00	79,00	110,99	107,25	161,41
45	22.339,00	30.851,00	28.070,00	41.539,00	74,67	103,09	102,33	151,41
46	20.957,00	28.440,00	26.604,00	38.701,00	70,33	95,49	97,42	141,75
47	19.586,00	26.127,00	25.149,00	35.949,00	66,00	88,00	92,50	132,25
48	18.249,00	23.940,00	23.729,00	33.334,00	61,75	81,00	87,67	123,17
49	16.922,00	21.821,00	22.342,00	30.850,00	57,50	74,09	82,92	114,50
50	15.606,00	19.794,00	20.944,00	28.414,00	53,25	67,50	78,08	105,91

Beiträge und Leistungen einer Rentenversicherung mit Garantieleistung nach Tarif S 31

Sofort beginnende Rentenversicherung mit Rentengarantiezeit gegen Einmalbeitrag
- Eintrittsalter 50 bis 70 Jahre
- Rentengarantiezeit 10 Jahre oder 20 Jahre

Vorgabe: Beitrag von einmalig 100.000 € einschließlich Stückkosten

Zugrunde liegende Bedingungen:
Allgemeine Bedingungen für die Rentenversicherung mit sofort beginnender Rentenzahlung

Überschussbeteiligung: nicht garantierte zusätzliche Rente
Erhöhung der Gesamtrente jährlich um 0,75 % ab dem zweiten Jahr (zzt.)

Alle Werte in €

EA	Garantierte mtl. Altersrente	
	RGZ* 10 Jahre	RGZ* 20 Jahre
50	260,50	258,17
51	265,17	262,58
52	270,08	267,17
53	275,33	272,00
54	280,75	277,00
55	286,50	282,33
56	292,50	287,83
57	298,92	293,58
58	305,67	299,58
59	312,75	305,83
60	320,25	312,42
61	328,25	319,25
62	336,67	326,33
63	345,67	333,67
64	355,17	341,25
65	365,33	349,08
66	376,17	357,08
67	387,67	365,25
68	400,00	373,42
69	413,00	381,58
70	426,92	389,67

*RGZ = Rentengarantiezeit

Beiträge und Leistungen einer fondsgebundenen Rentenversicherung mit Kapitalwahlrecht nach Tarif S 32

Fondsgebundene Rentenversicherung mit Kapitalwahlrecht
- Rentenbeginnalter 67 Jahre
- Rentengarantiezeit 10 Jahre

Vorgabe: Beitrag von jährlich 1.200 € einschließlich Stückkosten

Zugrunde liegende Bedingungen:
Allgemeine Bedingungen für die fondsgebundene Rentenversicherung

Überschussbeteiligung gemäß Risikoklasse:
- sicherheitsorientiert (2 %)   PROXIMUS Bond Invest WKN / ISIN: MI261105 / DE0026112005
- renditeorientiert (4 %)   PROXIMUS Balance Invest WKN / ISIN: MI1104 / DE0011041980
- chancenorientiert (6 %)   PROXIMUS Global Invest WKN / ISIN: WI2311 / DE0023111977

Alle Werte in €

	Risikoklasse: sicherheitsorientiert		Risikoklasse: renditeorientiert		Risikoklasse: chancenorientiert	
	Kapitalabfindung Rentenbeginnalter 67	Lebenslange Rentenbeginnalter 67	Kapitalabfindung Rentenbeginnalter 67	Lebenslange Leibrente Rentenbeginnalter 67	Kapitalabfindung Rentenbeginnalter 67	Lebenslange Leibrente Rentenbeginnalter 67
EA	einmalig	monatlich	einmalig	monatlich	einmalig	monatlich
20	239.810,00	1.242,25	445.578,00	2.308,00	613.230,00	3.176,42
21	225.179,00	1.167,33	411.520,00	2.133,08	561.549,00	2.911,17
22	211.374,00	1.096,67	379.978,00	1.971,33	514.126,00	2.667,08
23	199.257,00	1.034,58	352.599,00	1.830,67	473.206,00	2.457,08
24	187.782,00	975,67	327.106,00	1.699,83	435.455,00	2.262,58
25	176.895,00	920,00	303.373,00	1.577,50	400.615,00	2.083,50
26	166.573,00	867,17	281.290,00	1.464,33	368.486,00	1.918,08
27	156.788,00	816,92	260.721,00	1.358,25	338.823,00	1.765,08
28	147.512,00	769,25	241.576,00	1.259,67	311.457,00	1.624,25
29	138.722,00	724,00	223.751,00	1.167,83	286.206,00	1.493,92
30	130.388,00	681,33	207.158,00	1.082,33	262.908,00	1.373,75
31	122.491,00	640,58	191.710,00	1.002,67	241.412,00	1.262,58
32	115.021,00	602,25	177.374,00	928,75	221.653,00	1.160,33
33	107.940,00	565,75	164.029,00	859,67	203.413,00	1.066,17
34	101.228,00	531,17	151.604,00	795,50	186.585,00	979,00
35	94.864,00	498,33	140.032,00	735,58	171.052,00	898,50
36	88.831,00	467,25	129.261,00	679,92	156.721,00	824,17
37	83.112,00	437,58	119.236,00	627,92	143.499,00	755,67
38	77.691,00	409,67	109.898,00	579,42	131.295,00	692,08
39	72.552,00	382,92	101.208,00	534,17	120.036,00	633,75
40	67.678,00	357,75	93.116,00	492,25	109.647,00	579,67
41	63.062,00	333,75	85.584,00	452,92	100.062,00	529,67
42	58.683,00	310,92	78.571,00	416,42	91.216,00	483,58
43	54.534,00	289,42	72.044,00	382,42	83.055,00	440,83
44	50.610,00	269,00	65.986,00	350,83	75.554,00	401,50
45	46.891,00	249,58	60.347,00	321,08	68.630,00	365,17
46	43.365,00	231,17	55.096,00	293,67	62.242,00	331,58
47	40.023,00	213,50	50.208,00	267,83	56.346,00	300,58
48	36.853,00	196,75	45.656,00	244,00	50.905,00	272,00
49	33.849,00	180,83	41.417,00	221,50	45.883,00	245,42
50	31.000,00	166,00	37.471,00	200,58	41.250,00	221,08

Beiträge und Leistungen einer Risikolebensversicherung nach Tarif S 33

Risikolebensversicherung
Versicherungsdauer (VD) 15 Jahre oder Endalter 60

Vorgabe: Beitrag von jährlich 1.200 € einschließlich Stückkosten

Zugrunde liegende Bedingungen:
Allgemeine Bedingungen für Nichtraucher- und Raucher-Risikolebensversicherungen

Überschussbeteiligung: Beitragsverrechnung (zzt. 30 %)

Alle Werte in €

EA	Risikoklasse: Nichtraucher Garantierte Versicherungssumme		Risikoklasse: Raucher Garantierte Versicherungssumme	
	VD 15 Jahre	Endalter 60	VD 15 Jahre	Endalter 60
20	2.121.429,00	747.170,00	1.485.000,00	320.216,00
21	2.160.000,00	733.333,00	1.431.325,00	312.632,00
22	2.160.000,00	720.000,00	1.381.395,00	303.836,00
23	2.121.429,00	707.143,00	1.305.495,00	296.259,00
24	2.084.211,00	690.698,00	1.224.742,00	287.651,00
25	2.048.276,00	675.000,00	1.142.308,00	279.529,00
26	1.980.000,00	660.000,00	1.060.714,00	271.233,00
27	1.885.714,00	642.162,00	965.854,00	262.832,00
28	1.773.134,00	625.263,00	873.529,00	254.390,00
29	1.650.000,00	609.231,00	792.000,00	246.473,00
30	1.542.857,00	591.045,00	707.143,00	238.076,00
31	1.414.286,00	573.913,00	635.294,00	230.233,00
32	1.291.304,00	557.746,00	565.714,00	222.056,00
33	1.176.238,00	540.000,00	501.266,00	214.440,00
34	1.070.270,00	523.348,00	446.617,00	206.609,00
35	965.854,00	505.532,00	397.324,00	198.995,00
36	873.529,00	488.889,00	353.571,00	191.613,00
37	781.579,00	471.429,00	314.286,00	184.186,00
38	707.143,00	453.435,00	280.189,00	177.049,00
39	635.294,00	436.765,00	250.105,00	169.957,00
40	571.154,00	421.277,00	223.308,00	162.963,00
41	514.286,00	404.082,00	200.000,00	156.110,00
42	464.063,00	388.235,00	179.186,00	149.434,00
43	418.310,00	372.414,00	161.194,00	143.133,00
44	378.344,00	357.831,00	145.232,00	137.024,00
45	343.353,00	343.353,00	131.126,00	131.126,00
46	311.811,00	330.000,00	118.563,00	125.581,00
47	282.185,00	316.800,00	107.220,00	120.243,00
48	255.484,00	303.836,00	96.664,00	115.116,00
49	229.787,00	291.892,00	86.905,00	110.204,00
50	205.536,00	279.529,00	77.799,00	105.506,00

Beiträge und Leistungen zur kapitalbildenden Lebensversicherung nach Tarif S 34

Kapitallebensversicherung auf den Todes- und Erlebensfall
Endalter 63 Jahre oder 67 Jahre

Vorgabe: Beitrag von jährlich 1.200 € einschließlich Stückkosten

Zugrunde liegende Bedingungen:
Allgemeine Bedingungen für die kapitalbildende Lebensversicherung

Überschussbeteiligung: verzinsliche Ansammlung

Alle Werte in €

	Ablaufleistung			
	Rentenbeginnalter 63		Rentenbeginnalter 67	
EA	garantiert	gesamt	garantiert	gesamt
20	59.727	130.881	65.923	156.167
21	57.998	124.859	64.134	149.266
22	56.285	119.042	62.342	142.519
23	54.570	113.366	60.584	136.061
24	52.886	107.958	58.835	129.791
25	51.213	102.693	57.101	123.766
26	49.560	97.650	55.389	117.940
27	47.893	92.688	53.678	112.261
28	46.262	87.972	52.002	106.841
29	44.654	83.425	50.319	101.584
30	43.060	79.027	48.662	96.505
31	41.474	74.779	47.017	91.590
32	39.919	70.714	45.392	86.872
33	38.364	66.766	43.794	82.329
34	36.845	62.995	42.214	77.966
35	35.336	59.358	40.660	73.767
36	33.849	55.862	39.113	69.715
37	32.383	52.500	37.583	65.808
38	30.934	49.271	36.092	62.086
39	29.498	46.163	34.602	58.475
40	28.089	43.186	33.137	55.016
41	26.694	40.322	31.697	51.696
42	25.316	37.572	30.277	48.514
43	23.961	34.937	28.871	45.445
44	22.626	32.415	27.495	42.517
45	21.309	29.994	26.133	39.699
46	20.007	27.668	24.795	37.006
47	18.726	25.441	23.476	34.420
48	17.462	23.308	22.172	31.938
49	16.214	21.261	20.891	29.563
50	14.983	19.299	19.628	27.286

Beiträge und Leistungen einer Berufsunfähigkeitsversicherung nach Tarif S 35

Berufsunfähigkeitsversicherung
Endalter 63 Jahre oder 67 Jahre

Vorgabe: Beitrag von jährlich 1.200 € einschließlich Stückkosten

Zugrunde liegende Bedingungen:
Allgemeine Bedingungen für die Berufsunfähigkeitsversicherung

Berufsgruppe:
- kaufmännische Berufe = Normaltarif
- akademische Berufe = 20 % Abschlag auf den Normaltarif
- handwerkliche Berufe = 30 % Zuschlag auf den Normaltarif

Dienstunfähigkeit:
Absicherung der Dienstunfähigkeit bei Beamten, Soldaten 50 % Zuschlag auf den Normaltarif

Überschussbeteiligung: Bonusrente (zzt. 43 %)

Alle Werte in €

| | mtl. BU-Rente | | | |
| | Endalter 63 | | Endalter 67 | |
EA	garantiert	gesamt	garantiert	gesamt
20	2.064,58	2.952,35	1.456,92	2.083,40
21	2.016,42	2.883,48	1.421,17	2.032,27
22	1.969,58	2.816,50	1.385,92	1.981,87
23	1.924,17	2.751,56	1.351,50	1.932,65
24	1.879,42	2.687,57	1.317,75	1.884,38
25	1.834,92	2.623,94	1.284,25	1.836,48
26	1.790,92	2.561,02	1.251,08	1.789,04
27	1.747,42	2.498,81	1.218,33	1.742,21
28	1.704,42	2.437,32	1.186,00	1.695,98
29	1.662,17	2.376,90	1.154,17	1.650,46
30	1.620,58	2.317,43	1.122,92	1.605,78
31	1.580,00	2.259,40	1.092,25	1.561,92
32	1.540,50	2.202,92	1.062,25	1.519,02
33	1.502,42	2.148,46	1.033,00	1.477,19
34	1.465,75	2.096,02	1.004,58	1.436,55
35	1.430,25	2.045,26	977,00	1.397,11
36	1.396,17	1.996,52	950,00	1.358,50
37	1.362,92	1.948,98	923,67	1.320,85
38	1.330,50	1.902,62	897,75	1.283,78
39	1.298,58	1.856,97	872,25	1.247,32
40	1.267,00	1.811,81	847,00	1.211,21
41	1.235,92	1.767,37	822,08	1.175,57
42	1.205,17	1.723,39	797,42	1.140,31
43	1.174,83	1.680,01	773,08	1.105,50
44	1.145,08	1.637,46	749,08	1.071,18
45	1.116,17	1.596,12	725,67	1.037,71
46	1.088,25	1.556,20	702,83	1.005,05
47	1.063,92	1.521,41	681,58	974,66
48	1.042,33	1.490,53	661,67	946,19
49	1.020,64	1.459,12	643,17	919,73
50	1.001,88	1.427,19	626,58	896,01

Antrag auf Abschluss einer Renten-, Berufsunfähigkeits- oder Risikolebensversicherung – Auszug

Sämtliche verwendete Personenbezeichnungen sind geschlechtsneutral formuliert.

Vermittler/Vermittler-Nr. Versicherungsschein-Nr. Antragseingang
Antragsnummer

Zutreffendes bitte ankreuzen. Striche, sonstige Zeichen oder **Nichtbeantwortung** gelten als **Verneinung**.

Antragsteller/Versicherungsnehmer

- Anrede: ◯ Herr ◯ Frau
- Name
- Vorname
- Straße, Haus-Nr.
- Postleitzahl, Wohnort
- Berufliche Tätigkeit *(genaue Bezeichnung)*
- ◯ angestellt ◯ selbstständig ◯ öffentlicher Dienst
- Telefon (privat)
- Telefon (geschäftlich)

- Besondere Anredetitel
- Geburtsname
- Staatsangehörigkeit
- Geburtsdatum
- Geburtsort
- Branche
- Steuer-Identifikations-Nr. *(zwingend bei sofort beginnender Rente und in der Basisversorgung)*
- Telefon (mobil)
- E-Mail

Vermittlerklausel, Kontaktdaten, Kommunikation:

◯ Ich bin damit einverstanden, dass Mitarbeiter der Proximus Lebensversicherung AG und der mich betreuende Vermittler meine Kontaktdaten aus diesem Antrag für die Kommunikation im Rahmen der regelmäßigen Kundenbetreuung nutzen dürfen. Erfasst sind neben allen meinen Versicherungsvertrag betreffenden Kontakten auch solche, die auf die inhaltliche Änderung, insbesondere Verlängerung, Ausweitung oder Ergänzung des bestehenden Vertragsverhältnisses sowie auf den Neuabschluss weiterer Verträge bei der Proximus Lebensversicherung AG gerichtet sind. Die Einwilligung nach diesem Absatz kann ich ohne Einfluss auf den Vertrag auch in Teilen streichen oder jederzeit widerrufen.

Besondere Vereinbarungen bzw. Bemerkungen

Mündliche Vereinbarungen haben keine Gültigkeit. Besondere Vereinbarungen bedürfen der schriftlichen Bestätigung durch die Gesellschaft.

Zu versichernde Person *(nicht wiederholen, wenn mit Antragsteller identisch)*

- Anrede: ◯ Herr ◯ Frau
- Name
- Vorname
- Straße, Haus-Nr.
- Postleitzahl, Wohnort
- Berufliche Tätigkeit *(genaue Bezeichnung)*

- Besondere Anredetitel
- Geburtsname
- Staatsangehörigkeit
- Geburtsdatum
- Geburtsort
- ◯ angestellt ◯ selbstständig ◯ öffentlicher Dienst
- Branche

Vorsorge- und Vermögensplan *(bitte nur eine Auswahl treffen)*

- ◯ Basis-Rente (nachgelagert Kohortenbesteuerung der Renten)
- ◯ Zulagen-Rente (nachgelagert volle Besteuerung der Rente)
- ◯ Privatversorgung (Besteuerung der Renten mit dem Ertragsanteil)

Der beantragte Versicherungsschutz ist dem beigefügten Angebot vom _____ zu entnehmen.

Antrag auf Abschluss einer Renten-, Berufsunfähigkeits- oder Risikolebensversicherung - Auszug

TA 169

Antrag auf
(bitte nur eine Auswahl treffen)

○ **Fondsgebundene Rentenversicherung**

Tarif

Rentenzahlweise
○ ¹⁄₁₂ ○ ¼ ○ ½ ○ ¹⁄₁

Versicherungsbeginn

Versicherungsablauf

Endalter für die Beitragszahlung

○ Rentengarantiezeit

_____ Jahre

_____ Jahre

vorgesehene Rente

Kapitalabfindung

_____ €

_____ €

○ **Private Rentenversicherung**
(einschließlich Basis-Rente und Zulagen-Rente)

Tarif

Rentenzahlweise
○ ¹⁄₁₂ ○ ¼ ○ ½ ○ ¹⁄₁

Versicherungsbeginn

vorgesehener Rentenbeginn

Endalter für die Beitragszahlung

○ Rentengarantiezeit

_____ Jahre

_____ Jahre

vorgesehene Rente

Kapitalabfindung

_____ €

_____ €

Überschuss-verwendung

vor Rentenbeginn
Anlage in den ausgewählten Fonds

○ **sicherheitsorientiert**
PROXIMUS Bond Invest WKN / ISIN: MI261105 / DE0026112005

○ **renditeorientiert**
PROXIMUS Balance Invest WKN / ISIN: MI1104 / DE0011041980

○ **chancenorientiert**
PROXIMUS Global Invest WKN / ISIN: WI2311 / DE0023111977

nach Rentenbeginn
Dynamische Gewinnrente

○ Erhöhte Startrente

vor Rentenbeginn
Verzinsliche Ansammlung

nach Rentenbeginn
Dynamische Gewinnrente

○ Erhöhte Startrente
○ Variable Gewinnrente
○ Dynamische Gewinnrente

Antrag auf

○ **Risikolebensversicherung**

Tarif

Versicherungssumme

Versicherungsbeginn

Versicherungsablauf

Endalter für die Versicherung

○ Nichtraucher
○ Raucher

_____ Jahre

○ **Kapitalbildende Lebensversicherung**

Tarif

Versicherungssumme

Versicherungsbeginn

Versicherungsablauf

Endalter für die Versicherung

Endalter für die Beitragszahlung

_____ Jahre

_____ Jahre

Überschuss-verwendung

Beitragsverrechnung

Verzinsliche Ansammlung

Antrag auf Zusatz-versicherung

○ Unfalltod-Zusatzversicherung (UZV)

Versicherungssumme: _____

○ Hinterbliebenenrenten-Zusatzversicherung (HRZ)
_____ % der Altersrente
Mitzuversichernde Person: _____   geboren am: _____

Dynamik

Dynamikform: AV-Anpassung entsprechend der Besonderen Bedingungen für die planmäßige Erhöhung der Beiträge und Leistungen
○ Abweichend lineare dynamische Anpassung mit einer gleichbleibenden Steigerung um _____ % (mind. 2 % / max. 10 %) des Beitrages
○ keine dynamische Anpassung gewünscht

Zahlungsweise

Beitragszahlung
○ jährlich   ○ halbjährlich   ○ vierteljährlich
○ monatlich   ○ einmalig

Beitrag gemäß Zahlungsweise
_____ €

TA 170 — Antrag auf Abschluss einer Renten-, Berufsunfähigkeits- oder Risikolebensversicherung – Auszug

Leistungs-empfänger *(bitte nur eine Verfügung treffen)*	**Basis-Rente**		**Privat- und Zulagen-Rente**	
	1. Erlebensfall	2. Todesfall	1. Erlebensfall	2. Todesfall
	Versicherungsnehmer	○ Ehegatte bzw. eingetragener Lebenspartner, mit dem der Versicherte im Zeitpunkt seines Todes verheiratet ist	○ Versicherungsnehmer	○ Versicherungsnehmer
			○ der Versicherte	○ Ehegatte, mit dem der Versicherte im Zeitpunkt seines Todes verheiratet ist
		○ Kinder, für die der versicherten Person oder deren Ehegatten Kindergeld oder ein Freibetrag nach § 32 EStG zum Zeitpunkt des Todes zustand		○ eheliche bzw. gesetzlich gleichgestellte Kinder des Versicherten
				○ Die kindergeldberechtigten Kinder nach § 32 Abs. 3 und 4 EStG
				○ Eltern des Versicherten; falls der Versicherte im Zeitpunkt seines Todes verheiratet ist, der Ehegatte
	○ eine andere Person		○ eine andere Person	
	Name und Anschrift		Name und Anschrift	

Gilt für die Zulagen-Rente: Die Auswahl eines Todesfallbezugsrechtes, das nicht den in gültiger in Ehe lebenden Ehepartner bzw. nicht die kindergeldberechtigten Kinder nach § 32 Abs. 3 und 4 berücksichtigt, ist zulagenschädlich.

Antrag auf Berufsunfähigkeitsversicherung *(Privatversorgung)*

Tarif | garantierte monatliche BU-Rente € | Versicherungsbeginn | Versicherungsablauf

○ Anstelle der Berufsunfähigkeit soll die Dienstunfähigkeit versichert werden.

Leistungsempfänger: Bezugsberechtigt bei Berufsunfähigkeit ist der Versicherte.

Überschussverwendung: Bonussystem

Berufsunfähigkeits-Zusatzvers.:
○ Einschluss als Berufsunfähigkeits-Zusatzversicherung nur mit Beitragsbefreiung
○ Einschluss als Berufsunfähigkeits-Zusatzversicherung mit der vorbeschriebenen garantierten monatlichen BU-Rente und Beitragsbefreiung

---

Angaben zur Risikobeurteilung des Versicherten (VI)
Wird einer der nachfolgend genannten Tarife beantragt, so ist die Erklärung zur Gesundheit zwingend erforderlicher Bestandteil dieses Antrages.
- Fonds-Rente mit Zusatzversicherung und/oder Todesfallleistung
- Risikolebensversicherung (ggf. mit Zusatzversicherung)
- Konventionelle Rentenversicherung mit Zuatzversicherung und/oder Todesfallleistung
- Selbstständige Berufsunfähigkeitsversicherung

Angaben zur Risikobeurteilung des Versicherten

1. Wie groß und wie schwer sind Sie? _____ cm _____ kg
2. Sind oder waren Sie in den letzten 5 Jahren in Beratung, Behandlung und Untersuchung bei Ärzten, Heilpraktikern, Physio-, Psycho- oder sonstigen nicht ärztlichen Therapeuten wegen Krankheiten oder Unfallfolgen
   a) des Herzens, des Kreislaufs, der Blutgefäße, der Atemorgane (z. B. Asthma, Allergien), des Magens, der Speiseröhre, des Darms, der Leber, der Bauchspeicheldrüse, der Galle, der Milz, der Nieren, der Harmwege, der Blase, der Geschlechtsorgane?   ○ nein ○ ja
   b) des Stoffwechsels (z. B. Diabetes/Zucker, Cholesterin, Gicht), der Schilddrüse, des Blutes, Tumor-, Bindegewebe- oder entzündliche Gelenkserkrankungen, Infektions-, Geschlechts-, Tropenkrankheiten?   ○ nein ○ ja
   c) der Psyche, des Gehirns oder des Nervensystems (z. B. Depressionen, Psychotherapien, Essstörungen, Suizidversuch)?   ○ nein ○ ja
   d) der Sinnesorgane/Ohren, der Haut (z. B. Allergien) oder der Augen?   ○ nein ○ ja
      (ggf. Dioptrienwerte   Dioptrienwert links _____   Dioptrienwert rechts _____)
   e) des Rückens, der Wirbelsäule, der Bandscheiben, des Bewegungsapparates, der Knochen, Gelenke, Muskeln, Bänder oder Sehnen?   ○ nein ○ ja
   f) aufgrund des Konsums von Alkohol, Nikotin, Drogen oder Medikamenten?   ○ nein ○ ja
3. Sind Sie besonderen Gefahren ausgesetzt
   3.1 im Beruf (z. B. Explosion, Strahlung)?   ○ nein ○ ja, welchen _____
   3.2 in der Freizeit (z. B. Wettfahren, Flugsport)?   ○ nein ○ ja, welchen _____
4. Beabsichtigen Sie einen Aufenthalt von mehr als 2 Monaten außerhalb Europas?   ○ nein ○ ja, wo, wann, wie lange _____
5. Bestehen bereits Lebens-, Berufsunfähigkeits- bzw. Pflegeversicherungen oder sind solche beantragt?   ○ nein ○ ja
6. Wurden Anträge zu erschwerten Bedingungen angenommen, zurückgestellt oder abgelehnt?
   ○ nein   ○ ja, Art der Versicherung, Gesellschaft; Höhe und Erschwerung _____

Antrag auf Abschluss einer Renten-, Berufsunfähigkeits- oder Risikolebensversicherung - Auszug

TA 171

Zusätzliche Fragen bei einer jährlichen Berufsunfähigkeitsrente von mehr als 25.200 €:

1. Haben Sie für den Fall der Berufs- oder Dienstunfähigkeit Renten zu erwarten (ohne gesetzliche Rente)? ○ nein ○ ja, wie hoch, woher (z. B. betriebl. Altersversorgung)

2. Wie viel Prozent Ihres Bruttoeinkommens betragen diese Renten? _____ %

Erklärungen zum Gesundheitszustand
Bitte alle Fragen beantworten. Angaben, die Sie hier nicht machen möchten, sind unmittelbar und unverzüglich schriftlich nachzureichen.

Antrag ○ ohne ärztliche Untersuchung ○ mit ärztlicher Untersuchung, veranlasst am _____

Informationen zur Prämienzahlung
○ Selbstzahler (per Rechnung)
○ Antragsteller ist Prämienzahler und erteilt ein neues SEPA-Lastschriftmandat
○ Antragsteller ist Prämienzahler und bestehendes SEPA-Lastschriftmandat zu folgender Bankverbindung soll genutzt werden:

IBAN _____ BIC _____

Bei Basisversorgung nicht zulässig:
○ Prämienzahler ist **nicht** Antragsteller und stimmt der Abbuchung zu
(Bitte hier unterschreiben und angehängtes SEPA-Lastschriftmandat ausfüllen)

Beitragszahler (Name, Vorname) _____ Datum/Unterschrift _____

Bankverbindung für Rentenzahlungen
Nur auszufüllen bei Abschluss einer **sofort beginnenden Rentenversicherung!**
Die Rente soll überwiesen werden an:

IBAN _____ BIC _____ Geldinstitut (Name und Ort) _____

Name, Vorname (Hinweis Basisversorgung: Antragsteller und Kontoinhaber müssen identisch sein!) _____

Identifizierung nach dem Geldwäschegesetz
(nicht für Basisversorgung auszufüllen)

Wirtschaftlich Berechtigter: Der Antragsteller gibt an, er handelt:
○ auf eigene Veranlassung
○ auf Veranlassung von (falls Vertragspartner und Beitragszahler nicht identisch sind, ist von einem abweichenden wirtschaftlichen Berechtigten auszugehen)

Name, Vorname _____ Geburtsdatum, Geburtsort _____

Anschrift (PLZ, Wohnort, Straße, Hausnummer) _____ Staatsangehörigkeit _____

Angaben zur Steuerpflicht
○ Der Antragsteller und der ggf. abweichend Berechtigte bestätigen, dass sie ausschließlich in Deutschland einkommensteuerpflichtig sind.

Diese Angaben sind zwingend erforderlich!
Der Antragsteller bzw. wirtschaftlich Berechtigter hat sich ausgewiesen durch **(auch bei Einzugsermächtigung vom eigenen Konto des Antragstellers)**:

○ Personalausweis Ausweisnummer _____ gütig bis _____ ausstellende Behörde _____
○ Reisepass

Eine Kopie des Identifizierungsdokuments ist diesem Antrag beizufügen.

Der Antragsteller und die zu versichernde Person geben mit Unterzeichnung dieses Antrages die Einwilligung in die Erhebung und Verwendung von Gesundheitsdaten und die Schweigepflichtenbindungserklärung ab.

Sie umfassen:
1. Erhebung, Speicherung und Nutzung der von Ihnen mitgeteilten Gesundheitsdaten durch die Proximus Lebensversicherung AG
2. Weitergabe Ihrer Gesundheitsdaten und weiterer nach § 203 StGB geschützter Daten an Stellen außerhalb der Proximus Lebensversicherung AG
2.1 Übertragung von Aufgaben auf andere Stellen (Unternehmen oder Personen)
2.2 Datenweitergabe an Rückversicherungen
2.3 Datenaustausch mit dem Hinweis- und Informationssystem (HIS)
2.4 Datenweitergabe an selbstständige Vermittler
3. Speicherung und Verwendung Ihrer Gesundheitsdaten, wenn der Vertrag nicht zustande kommt.

Einwilligungen zur Bonitätsprüfung und zu Scorewerten sowie Meldung nach EStG
Sie können der Verarbeitung und Nutzung Ihrer personenbezogenen Daten für Zwecke der Werbung jederzeit formlos und ohne Angabe von Gründen widersprechen. Der Widerspruch ist zu richten an die Proximus Lebensversicherung AG.

TA 172 — Antrag auf Abschluss einer Renten-, Berufsunfähigkeits- oder Risikolebensversicherung - Auszug

Dieser Antrag mit dem entsprechenden Versorgungsvorschlag und ggf. die Erklärung zur Gesundheit und zur finanziellen Situation werden Bestandteile des Versicherungsvertrages.

Informationen und weitere Hinweise zu Risiken der gewählten Fondsanlage finden Sie in Ihrem Versorgungsvorschlag.

Die Widerrufsbelehrung entnehmen Sie bitte dem Abschnitt Widerrufsrecht für den Antrag auf Abschluss eines Versicherungsvertrages. Sie stimmen zu, dass der Versicherungsschutz zu Ihrem Vertrag bereits vor dem Ende der Widerrufsfrist beginnt.

Unterschriften

Vermittler/Vermittlerin | Ort/Datum | Unterschrift Antragsteller *(bei Minderjährigen Mitunterschrift der gesetzlichen Vertreter)*

Unterschrift aller mitzuversichernden Personen bezogen auf alle obigen Erläuterungen (frühestens mit Alter 14 – ggf. gesetzlicher Vertreter) | Zu versichernde und mitzuversichernde Person(en) – ggf. gesetzliche Vertreter

Bestätigung des Dokumentenerhalts

Ich habe die „Übersicht zu den Bestimmungen und Informationen zum Vertrag" und alle dort aufgelisteten Unterlagen
○ elektronisch ○ per Datenträger ○ in Papierform erhalten.

Einwilligungs- und Schweigepflichtentbindungserklärung

Ich bestätige den Erhalt der abgedruckten Einwilligungs- und Schweigepflichtentbindungserklärungen.

Ort/Datum | Unterschrift des Antragstellers | Zu versichernde Personen

SEPA-Lastschriftmandat – das Mandat für wiederkehrende Zahlungen

Ich ermächtige die Proximus Lebensversicherung AG, die von der Proximus Lebensversicherung AG auf mein Konto gezogenen Lastschriften einzulösen.
Die Mandatsreferenz teilt mir/uns die Proximus Lebensversicherung AG vor der ersten Abbuchung mit.
Zahlungsempfänger: Proximus Lebensversicherung AG
Gläubiger-ID: xxxxxxxxxxxxxxxxxxxxxxxxxxxxxxxx

Name, Vorname: Antragsteller | Name, Vorname: Kontoinhaber *(falls vom Antragsteller abweichend)*

Anschrift: Kontoinhaber

BIC *(8 oder 11 Stellen)* | IBAN *(22 Stellen)*

Name des Kreditinstitutes

Datum/Unterschrift: Antragsteller | Datum/Unterschrift: Kontoinhaber

Hinweis

Ich kann innerhalb von 8 Wochen, beginnend mit dem Belastungsdatum, die Erstattung des belasteten Betrages verlangen. Es gelten dabei die mit meinem Kreditinstitut vereinbarten Bedingungen.
Vor dem ersten Einzug einer SEPA-Lastschrift wird mich die Proximus Lebensversicherung AG über den Einzug unterrichten.

Widerrufsrecht

Sie können Ihren Antrag nach Zugang des Versicherungsscheins widerrufen. Nähere Hinweise können Sie den „Versicherungsinformationen" entnehmen. Eine Belehrung über das Widerrufsrecht sowie die Rechtsfolgen des Widerrufs erhalten Sie mit dem Versicherungsschein.

Datenverarbeitung

Mit der Datenverarbeitung durch den Versicherer bin ich einverstanden.

Empfangsbestätigung

Ich habe die diesem Vertrag zugrunde liegenden Produkt- und Kundeninformationen, das Merkblatt zur Datenverarbeitung, die Versicherungsbedingungen und die Klauseln erhalten. Eine Durchschrift ist mir nach Unterzeichnung ausgehändigt worden. Von den Hinweisen habe ich Kenntnis genommen.

Belehrung über vorvertragliche Anzeigepflicht nach § 19 Versicherungsvertragsgesetz

Bitte beachten Sie, dass Sie gemäß § 19 des Versicherungsvertragsgesetzes (VVG) verpflichtet sind, dem Versicherer bis zur Abgabe Ihrer Vertragserklärung alle Ihnen bekannten Umstände, die für die Übernahme des Versicherungsschutzes von Bedeutung sind und nach denen in Textform gefragt wird, nach bestem Wissen sorgfältig, wahrheitsgemäß und vollständig zu beantworten.
Bitte beantworten Sie unsere Fragen unbedingt zutreffend und vollständig, da wir sonst von dem Vertrag zurücktreten oder den Vertrag vorzeitig kündigen können und Sie dann Ihren Versicherungsschutz gefährden.
Ich bestätige die Richtigkeit der Angaben. Die Rechtsfolgen bei Verletzung der vorvertraglichen Anzeigepflicht habe ich gelesen.

Datum/Unterschrift Antragsteller *(bei Minderjährigen Mitunterschrift der gesetzlichen Vertreter)* | Datum/Unterschrift Vermittler

Vertragsspiegel Lebensversicherung

Proximus Versicherung

Antragsteller/ Versicherungsnehmer	Name	Vorname	Geburtsdatum	Beruf	Sozialversicherungspflichtiges Einkommen Vorjahr	A = angestellt S = selbstständig B = öffentlicher Dienst
Ehepartner	Name	Vorname	Geburtsdatum	Beruf	Sozialversicherungspflichtiges Einkommen Vorjahr	A = angestellt S = selbstständig B = öffentlicher Dienst
Kinder	Name	Vorname	Geburtsdatum			
Anschrift						

	Tarif	Tarif	Tarif
Versicherungsnummer			
Versicherte Person, Geburtsdatum			
Mitversicherte Person, Geburtsdatum			
Bedingungen			
Beginn			
Ablauf			
Beitrag, netto			
Zahlungsweise			
Beitragszahlungsdauer			
Beitragskonto			
Mahnverfahren eingeleitet seit			
Versicherungssumme/Rente			
Überschussverwendung			
Aktueller Wertstand			
Fondssumme/-anteile/-Kurs			
Geflossene Zulage seit Vertragsbeginn			
Überschussguthaben (sofern vorhanden)			
Rentengarantiezeit (Jahre)			
Dynamikform			
Zusatzversicherungen			
Vorgemerkte Rechte (z. B. Abtretungen)			
Bezugsrechtsverfügung			
Erlebensfall			
Ablebensfall			
	○ widerruflich ○ unwiderruflich ○ Raucher ○ Nichtraucher	○ widerruflich ○ unwiderruflich ○ Raucher ○ Nichtraucher	○ widerruflich ○ unwiderruflich ○ Raucher ○ Nichtraucher
Anmerkungen			

Glossar für die Lebensversicherung

Kurze Erläuterung einiger wichtiger Begriffe

Diese Erläuterung ist nicht abschließend. Für den Vertragsinhalt sind nur die Versicherungsbedingungen maßgeblich.

Anlagestock: Bis zum Beginn der Rentenzahlung führen wir die auf Ihren Vertrag entfallenden Anteile an den von Ihnen gewählten Fonds in einer gesonderten Abteilung unseres Sicherungsvermögens, dem sog. Anlagestock. Mit Beginn der Rentenzahlung werden die auf Ihren Vertrag entfallenden Anteile dem Anlagestock entnommen und der Wert der Anteile in das allgemeine Sicherungsvermögen überführt.

Beitragserhaltungsgarantie bedeutet bei steuerlich geförderten Altersvorsorgeverträgen (sog. Zulagen-Rente), dass zu Beginn der Auszahlungsphase mindestens die bis dahin gezahlten Beiträge und die zugeflossenen staatlichen Zulagen für die Leistung zur Verfügung stehen.

Als **Bewertungsreserven** bezeichnen wir den Wert, der entsteht, wenn der Marktwert der Kapitalanlagen über dem Wert liegt, mit dem die Kapitalanlagen im Geschäftsbericht ausgewiesen sind.

Börsentage sind die Tage, an denen an einer bestimmten Börse Handel stattfindet.

Bei kapitalbildenden Lebensversicherungen und Rentenversicherungen wird aus den mit dem Rechnungszins verzinsten Sparbeiträgen ein **Deckungskapital** gebildet, das am Ende der Vertragslaufzeit die erforderliche Höhe erreicht, um die vereinbarte Versicherungssumme oder garantierte Rente bzw. Kapitalabfindung erbringen zu können.

Die Deckungsrückstellung steht auf der Passivseite der Bilanz und bringt die aus sämtlichen Verträgen des Lebensversicherungsgeschäfts entstandenen finanziellen Verpflichtungen des Versicherers zum Ausdruck. Die Bildung der Deckungsrückstellung ist gesetzlich geregelt.

Direktgutschrift ist eine Möglichkeit der Zuteilung von Überschüssen. Bei ihr wird den Versicherungsverträgen die Beteiligung am Überschuss des Unternehmens direkt in dem Jahr gutgeschrieben, in dem sie tatsächlich auch entstanden ist.

Leistungsdauer bei der Berufsunfähigkeitsversicherung ist der Zeitraum, bis zu dessen Ablauf eine während der Versicherungsdauer anerkannte Leistung längstens erbracht wird.

Rechnungsgrundlagen sind die Grundlagen für die Kalkulation Ihres Vertrages. Diese sind in der Regel die Annahmen zur Entwicklung der versicherten Risiken, der Zinsen und der Kosten.

Ein **Rentenfaktor** gibt an, welche lebenslange Rente sich zu einem bestimmten Rentenbeginn und für eine bestimmte Person je x Euro Wert des Deckungskapitals ergibt.

Die **Rückstellung für Beitragsrückerstattung** ist ein Posten in der Bilanz eines Versicherungsunternehmens, der die Beträge umfasst, die grundsätzlich für die Ausschüttung an die Versicherungsnehmer reserviert sind.

Ist **Textform** vorgesehen, muss die Erklärung zum Beispiel per Brief, Fax oder E-Mail abgegeben werden.

Versicherungsperiode ist der Zeitabschnitt, für den die Zahlung des Beitrages vereinbart ist. Bei Versicherungen gegen Einmalbeitrag beträgt die Versicherungsperiode ein Jahr.

UNFALL

BEDINGUNGEN

Allgemeine Unfallversicherungsbedingungen (AUB 2017)	176
Besondere Bedingungen bei vereinbarter Mehrleistung oder progressiver Invaliditätsstaffel	187
Besondere Bedingungen für die Versicherung von Hilfs- und Pflegeleistungen (Assistance-Leistungen) in der Unfallversicherung	188
Besondere Bedingungen für die prämienfreie Kinder-Vorsorge-Unfallversicherung und Unfallversicherung mit Zuwachs von Leistung und Prämie	191

TARIFE & MATERIALIEN

Tarifauszug zur Einzel-Unfallversicherung	192
Antrag auf Unfallversicherung – Auszug	195
Vertragsspiegel Unfallversicherung	198

Allgemeine Unfallversicherungsbedingungen (AUB 2017)

Sehr geehrte Kundin, sehr geehrter Kunde,

Unfälle passieren im Haushalt, im Beruf und in der Freizeit. Dann hilft Ihre Unfallversicherung. Egal wo und wann sich der Unfall ereignet.

Grundlage für Ihren Vertrag sind diese Allgemeinen Unfallversicherungsbedingungen (AUB) und – wenn mit Ihnen vereinbart – weitere Bedingungen. Zusammen mit dem Antrag und dem Versicherungsschein legen diese den Inhalt Ihrer Unfallversicherung fest, sie sind wichtige Dokumente.

Bitte lesen Sie die AUB daher vollständig und gründlich durch und bewahren Sie sie sorgfältig auf. So können Sie auch später, besonders nach einem Unfall, alles Wichtige noch einmal nachlesen.

Wenn ein Unfall passiert ist, benachrichtigen Sie uns bitte möglichst schnell. Wir klären dann mit Ihnen das weitere Vorgehen.

Auch wir als Versicherer kommen nicht ganz ohne Fachbegriffe aus. Diese sind nicht immer leicht verständlich. Wir möchten aber, dass Sie Ihre Versicherung gut verstehen. Deshalb erklären wir bestimmte Fachbegriffe.

Ihre Unfallversicherung

Der Versicherungsumfang

1 Was ist versichert? ... 177
   1.1 Grundsatz ... 177
   1.2 Geltungsbereich ... 177
   1.3 Unfallbegriff ... 177
   1.4 Erweiterter Unfallbegriff ... 177
   1.5 Einschränkungen unserer Leistungspflicht ... 177

2 Welche Leistungsarten können vereinbart werden? Welche Fristen und sonstigen Voraussetzungen gelten für die einzelnen Leistungsarten? ... 177
   2.1 Invaliditätsleistung ... 177
   2.2 Unfallrente 50/90 ... 178
   2.3 Soforthilfe ... 178
   2.4 Tagegeld ... 179
   2.5 Krankenhaustagegeld, ambulante Operationen ... 179
   2.6 Todesfallleistung ... 179
   2.7 Kosten für kosmetische Operationen ... 179
   2.8 Kosten für Such-, Bergungs- oder Rettungseinsätze ... 179

3 Was passiert, wenn Unfallfolgen mit Krankheiten oder Gebrechen zusammentreffen? ... 180
   3.1 Krankheiten und Gebrechen ... 180
   3.2 Mitwirkung ... 180

4 Nicht versicherbare Personen ... 180

5 Was ist nicht versichert? ... 180
   5.1 Ausgeschlossene Risiken ... 180
   5.2 Ausgeschlossene Gesundheitsschäden ... 180

6 Was müssen Sie bei einem Kinder-Tarif, bei Änderung der Berufstätigkeit oder Beschäftigung und bei altersbedingter Tarifänderung (Wechsel von Tarif 30 in Tarif 50) beachten? ... 181
   6.1 Umstellung des Kinder-Tarifs ... 181
   6.2 Änderung der Berufstätigkeit ... 181
   6.3 Altersbedingte Tarifänderung (Wechsel von Tarif 30 in Tarif 50) ... 181

Der Leistungsfall

7 Was ist nach einem Unfall zu beachten (Obliegenheiten)? ... 182

8 Welche Folgen hat die Nichtbeachtung von Obliegenheiten? ... 182

9 Wann sind die Leistungen fällig? ... 182
   9.1 Erklärung über die Leistungspflicht ... 182
   9.2 Fälligkeit der Leistung ... 182
   9.3 Vorschüsse ... 182
   9.4 Neubemessung des Invaliditätsgrades ... 182

Die Vertragsdauer

10 Wann beginnt und wann endet der Vertrag? ... 183
   10.1 Beginn des Versicherungsschutzes ... 183
   10.2 Fälligkeit der Erst- oder Einmalprämie ... 183
   10.3 Dauer und Ende des Vertrages ... 183
   10.4 Kündigung nach Versicherungsfall ... 183
   10.5 Versicherungsjahr ... 183

Die Versicherungsprämie

11 Was müssen Sie bei der Prämienzahlung beachten? Was geschieht, wenn Sie eine Prämie nicht rechtzeitig bezahlen? ... 183
   11.1 Prämie und Versicherungsteuer ... 183
   11.2 Zahlung und Folgen verspäteter Zahlung/Folgeprämie ... 183
   11.3 Rechtzeitige Zahlung bei SEPA-Lastschriftmandat ... 184
   11.4 Prämie bei vorzeitiger Vertragsbeendigung ... 184
   11.5 Prämienbefreiung bei der Versicherung von Kindern ... 184

Allgemeine Unfallversicherungsbedingungen (AUB 2017)

Weitere Bestimmungen

12 Wie sind die Rechtsverhältnisse der am Vertrag beteiligten Personen zueinander? ... 184
  12.1 Fremdversicherung ... 184
  12.2 Rechtsnachfolger und sonstige Anspruchsteller ... 184
  12.3 Übertragung und Verpfändung von Ansprüchen ... 184

13 Was bedeutet die vorvertragliche Anzeigepflicht und welche Folgen hat ihre Verletzung? ... 184
  13.1 Vorvertragliche Anzeigepflicht ... 184
  13.2 Mögliche Folgen einer Anzeigepflichtverletzung ... 184
  13.3 Voraussetzungen für die Ausübung unserer Rechte ... 185
  13.4 Anfechtung ... 185
  13.5 Erweiterung des Versicherungsschutzes ... 185

14 Gestrichen ... 185

15 Wann verjähren die Ansprüche aus diesem Vertrag? ... 185
  15.1 Gesetzliche Verjährung ... 185
  15.2 Aussetzung der Verjährung ... 185

16 Welches Gericht ist zuständig? ... 185
  16.1 Für Klagen gegen uns ... 185
  16.2 Für Klagen gegen Sie ... 185

17 Was ist bei Mitteilungen an uns zu beachten? Was gilt bei Änderung Ihrer Anschrift? ... 185
  17.1 Anzeigen oder Erklärungen an uns ... 185
  17.2 Änderungen Ihrer Anschrift ... 186

18 Welches Recht findet Anwendung? ... 186

Der Versicherungsumfang

1 Was ist versichert?

1.1 Grundsatz

Wir bieten den vereinbarten Versicherungsschutz bei Unfällen der versicherten Person.

1.2 Geltungsbereich

Versicherungsschutz besteht während der Wirksamkeit des Vertrages:
- weltweit
- rund um die Uhr

1.3 Unfallbegriff

Ein Unfall liegt vor, wenn die versicherte Person durch
- ein plötzlich von außen auf ihren Körper wirkendes Ereignis (Unfallereignis)
- unfreiwillig

eine Gesundheitsschädigung erleidet.

Als unfreiwillig gelten auch Gesundheitsschädigungen, die die versicherte Person bei der rechtmäßigen Verteidigung oder der Rettung von Menschenleben erleidet.

1.4 Erweiterter Unfallbegriff

Als Unfall gilt auch, wenn sich die versicherte Person durch eine erhöhte Kraftanstrengung ein Gelenk an Gliedmaßen oder der Wirbelsäule verrenkt. Muskeln, Sehnen, Bänder oder Kapseln an Gliedmaßen oder der Wirbelsäule zerrt oder zerreißt.

Meniskus und Bandscheiben sind weder Muskeln, Sehnen, Bänder noch Kapseln. Deshalb werden sie von dieser Regelung nicht erfasst.

Eine erhöhte Kraftanstrengung ist eine Bewegung, deren Muskeleinsatz über die normalen Handlungen des täglichen Lebens im Alltag, Beruf oder beim Sport hinausgeht. Maßgeblich sind dabei die individuellen körperlichen Verhältnisse der versicherten Person.

1.5 Einschränkungen unserer Leistungspflicht

Für bestimmte Unfälle und Gesundheitsschädigungen können wir keine oder nur eingeschränkt Leistungen erbringen.

Bitte beachten Sie daher die Regelungen zur Mitwirkung von Krankheiten und Gebrechen (Ziffer 3) und zu den Ausschlüssen (Ziffer 5) sowie eine mögliche Vertragsbeendigung (Ziffer 4).

2 Welche Leistungsarten können vereinbart werden? Welche Fristen und sonstigen Voraussetzungen gelten für die einzelnen Leistungsarten?

Im Folgenden beschreiben wir die verschiedenen Arten von Leistungen, die wir in der Unfallversicherung anbieten.

Es gelten immer nur die Leistungsarten, die Sie mit uns vereinbart haben und die in Ihrem Versicherungsschein genannt sind.

2.1 Invaliditätsleistung

2.1.1 Voraussetzungen für die Leistung

2.1.1.1 Invalidität

Die versicherte Person hat eine Invalidität erlitten.
Eine Invalidität liegt vor, wenn unfallbedingt
- die körperliche oder geistige Leistungsfähigkeit
- dauerhaft

beeinträchtigt ist.

Dauerhaft ist eine Beeinträchtigung, wenn
- sie voraussichtlich länger als 3 Jahre bestehen wird und
- eine Änderung dieses Zustands nicht zu erwarten ist.

2.1.1.2 Eintritt und ärztliche Feststellung der Invalidität

Die Invalidität ist innerhalb von 15 Monaten nach dem Unfall
- eingetreten und
- von einem Arzt schriftlich festgestellt worden.

Ist eine dieser Voraussetzungen nicht erfüllt, besteht kein Anspruch auf Invaliditätsleistung.

2.1.1.3 Geltendmachung der Invalidität

Sie müssen die Invalidität innerhalb von 15 Monaten nach dem Unfall bei uns geltend machen. Geltend machen heißt: Sie teilen uns mit, dass Sie von einer Invalidität ausgehen.

Versäumen Sie diese Frist, ist der Anspruch auf Invaliditätsleistung ausgeschlossen.

Nur in besonderen Ausnahmefällen lässt es sich entschuldigen, wenn Sie die Frist versäumt haben.

Allgemeine Unfallversicherungsbedingungen (AUB 2017)

2.1.1.4 Keine Invaliditätsleistung bei Unfalltod im ersten Jahr

Stirbt die versicherte Person unfallbedingt innerhalb eines Jahres nach dem Unfall, besteht kein Anspruch auf Invaliditätsleistung.

In diesem Fall zahlen wir eine Todesfallleistung (Ziffer 2.6), sofern diese vereinbart ist.

2.1.2 Art und Höhe der Leistung

2.1.2.1 Berechnung der Invaliditätsleistung

Die Invaliditätsleistung erhalten Sie als Einmalzahlung. Grundlagen für die Berechnung der Leistung sind
- die vereinbarte Versicherungssumme und
- der unfallbedingte Invaliditätsgrad.

2.1.2.2 Bemessung des Invaliditätsgrades

Der Invaliditätsgrad richtet sich
- nach der Gliedertaxe (Ziffer 2.1.2.2.1), sofern die betroffenen Körperteile oder Sinnesorgane dort genannt sind,
- ansonsten danach, in welchem Umfang die normale körperliche oder geistige Leistungsfähigkeit beeinträchtigt ist (Ziffer 2.1.2.2.2).

Maßgeblich ist der unfallbedingte Gesundheitszustand, der spätestens am Ende des 3. Jahres nach dem Unfall erkennbar ist. Dies gilt sowohl für die erste als auch für spätere Bemessungen der Invalidität (Ziffer 9.4).

2.1.2.2.1 Gliedertaxe

Bei Verlust oder vollständiger Funktionsunfähigkeit der folgenden Körperteile oder Sinnesorgane gelten ausschließlich die hier genannten Invaliditätsgrade:

- Arm .... 70 %
- Arm bis oberhalb des Ellenbogengelenks .... 65 %
- Arm unterhalb des Ellenbogengelenks .... 60 %
- Hand .... 55 %
- Daumen .... 20 %
- Zeigefinger .... 10 %
- anderer Finger .... 5 %
- Bein über der Mitte des Oberschenkels .... 70 %
- Bein bis zur Mitte des Oberschenkels .... 60 %
- Bein bis unterhalb des Knies .... 50 %
- Bein bis zur Mitte des Unterschenkels .... 45 %
- Fuß .... 40 %
- große Zehe .... 5 %
- andere Zehe .... 2 %
- Auge .... 50 %
- Gehör auf einem Ohr .... 30 %
- Geruchssinn .... 10 %
- Geschmackssinn .... 5 %

Bei Teilverlust oder teilweiser Funktionsbeeinträchtigung gilt der entsprechende Teil der genannten Invaliditätsgrade.

2.1.2.2.2 Bemessung außerhalb der Gliedertaxe

Für andere Körperteile oder Sinnesorgane richtet sich der Invaliditätsgrad danach, in welchem Umfang die normale körperliche oder geistige Leistungsfähigkeit insgesamt beeinträchtigt ist.

Diese Bemessung erfolgt ausschließlich nach medizinischen Gesichtspunkten. Maßstab ist eine durchschnittliche Person gleichen Alters und Geschlechts.

2.1.2.2.3 Minderung bei Vorinvalidität

Eine Vorinvalidität besteht, wenn betroffene Körperteile oder Sinnesorgane schon vor dem Unfall dauerhaft beeinträchtigt waren. Sie wird nach Ziffer 2.1.2.2.1 und Ziffer 2.1.2.2.2 bemessen.

Der Invaliditätsgrad mindert sich um diese Vorinvalidität.

2.1.2.2.4 Invaliditätsgrad bei Beeinträchtigung mehrerer Körperteile oder Sinnesorgane

Durch einen Unfall können mehrere Körperteile oder Sinnesorgane beeinträchtigt sein. Dann werden die nach den vorstehenden Bestimmungen ermittelten Invaliditätsgrade zusammengerechnet.

Mehr als 100 % werden jedoch nicht berücksichtigt.

2.1.2.3 Invaliditätsleistung bei Tod der versicherten Person

Stirbt die versicherte Person vor der Bemessung der Invalidität, zahlen wir eine Invaliditätsleistung unter folgenden Voraussetzungen:
- Die versicherte Person ist nicht unfallbedingt innerhalb des ersten Jahres nach dem Unfall verstorben (Ziffer 2.1.1.4).
- Die sonstigen Voraussetzungen für die Invaliditätsleistung nach Ziffer 2.1.1 sind erfüllt.

Wir leisten nach dem Invaliditätsgrad, mit dem aufgrund der ärztlichen Befunde zu rechnen gewesen wäre.

2.2 Unfallrente 50/90

2.2.1 Voraussetzungen für die Leistung

Der unfallbedingte Invaliditätsgrad beträgt mindestens 50 %.

Ab einem unfallbedingten Invaliditätsgrad von mindestens 90 % verdoppelt sich die monatliche Rente, es sei denn, zum Unfallzeitpunkt bestand Versicherungsschutz nach Tarif 50.

Es gelten die Bestimmungen der Ziffern 2.1.1 sowie 2.1.2.2. und 2.1.2.3.

2.2.2 Art und Höhe der Leistung

Die Unfallrente erhalten Sie als monatliche Zahlung in Höhe der vereinbarten Versicherungssumme.

2.2.3 Beginn und Dauer der Leistung

2.2.3.1 Wir zahlen die Unfallrente
- rückwirkend ab Beginn des Monats, in dem sich der Unfall ereignet hat und danach
- monatlich im Voraus.

2.2.3.2 Wir zahlen die Unfallrente bis zum Ende des Monats, in dem
- die versicherte Person stirbt oder
- wir Ihnen mitteilen, dass aufgrund einer Neubemessung nach Ziffer 9.4 der unfallbedingte Invaliditätsgrad unter 50 % gesunken ist.

Die Verdoppelung der Unfallrente entfällt zum Ende des Monats, wenn wir Ihnen mitteilen, dass aufgrund einer Neubemessung nach Ziffer 9.4 der unfallbedingte Invaliditätsgrad unter 90 % gesunken ist.

Wir sind berechtigt, zur Prüfung der Voraussetzungen für den Rentenbezug Lebensbescheinigungen anzufordern.

Wenn Sie uns die Bescheinigung nicht unverzüglich zusenden, ruht die Rentenzahlung ab der nächsten Fälligkeit.

2.3 Soforthilfe

2.3.1 Voraussetzungen für die Leistung

Wir zahlen bei den im Folgenden aufgeführten unfallbedingten Verletzungen der versicherten Person eine Soforthilfe.

- Bruch von
  - Becken .... 100 %
  - Schädeldach, Schädelbasis .... 75 %
  - Arm (einschl. Schulter), Bein (einschl. Hüfte) ... 75 %
  - Hand, Fuß .... 50 %
  - Wirbelsäule .... 50 %
  - Rippen (mindestens 3) .... 40 %

- Kiefer, Jochbein, Felsenbein, Nasenbein .... 30 %
- Brustbein .... 30 %
- Schulterblatt, Schlüsselbein .... 20 %
- Rippe, Finger, Zehe .... 10 %

- Verbrennungen, Verbrühungen, jeweils mindestens zweiten Grades und Verätzungen. Hierbei müssen jeweils mehr als 25 cm² der Hautoberfläche betroffen sein .... 70 %
- Verätzungen, perforierende (durchbohrende) Verletzung der Hornhaut des Auges
    - einseitig .... 20 %
    - beidseitig .... 50 %
- Quetschung eines inneren Organs .... 30 %
- Schädelhirntrauma, mindestens zweiten Grades .... 20 %
- Zerreißung oder Durchtrennung von Muskeln (nicht Muskelfaserriss), Sehnen, Bändern oder Kapseln an Gliedmaßen oder Wirbelsäule .... 10 %

2.3.2 Art und Höhe der Leistung

Die Höhe der Soforthilfe berechnen wir aus der Versicherungssumme und den unter Ziffer 2.3.1. genannten Prozentsätzen. Sind durch den Unfall mehrere der aufgeführten Verletzungen entstanden, so rechnen wir die entsprechenden Prozentsätze für die Leistung zusammen. Mehr als 100 % werden jedoch nicht berücksichtigt. Mehrere Verletzungen an einem Körperteil (Gliedmaße) gelten als eine Verletzung. Die Höhe der Leistung richtet sich in diesem Fall nach der eingetretenen Verletzung, für die der höchste Prozentsatz festgelegt ist.

2.4 Tagegeld

2.4.1 Voraussetzungen für die Leistung

Die versicherte Person ist unfallbedingt
- in ihrer Arbeitsfähigkeit beeinträchtigt und
- in ärztlicher Behandlung.

2.4.2 Höhe und Dauer der Leistung

Grundlagen für die Berechnung der Leistung sind
- die vereinbarte Versicherungssumme und
- der unfallbedingte Grad der Beeinträchtigung der Arbeitsfähigkeit.

Der Grad der Beeinträchtigung bemisst sich
- nach der Fähigkeit der versicherten Person, ihrem bis zu dem Unfall ausgeübten Beruf weiter nachzugehen,
- nach der allgemeinen Fähigkeit der versicherten Person, Arbeit zu leisten, sofern sie zum Zeitpunkt des Unfalles nicht berufstätig war.

Das Tagegeld wird nach dem Grad der Beeinträchtigung abgestuft.

Wir zahlen das Tagegeld für die Dauer der ärztlichen Behandlung, längstens für ein Jahr ab dem Tag des Unfalles.

2.5 Krankenhaustagegeld, ambulante Operationen

2.5.1 Voraussetzungen für die Leistung

Die versicherte Person
- ist unfallbedingt in medizinisch notwendiger vollstationärer Heilbehandlung oder
- unterzieht sich unfallbedingt einer ambulanten chirurgischen Operation und ist deswegen für mindestens 7 Tage ununterbrochen und vollständig in der Ausübung ihres Berufs beeinträchtigt. War die versicherte Person zum Zeitpunkt des Unfalles nicht berufstätig, kommt es auf die allgemeine Fähigkeit an, Arbeit zu leisten.

Kuren oder Aufenthalte in Sanatorien und Erholungsheimen gelten nicht als medizinisch notwendige Heilbehandlung.

2.5.2 Höhe und Dauer der Leistung

Wir zahlen das vereinbarte Krankenhaustagegeld
- für jeden Kalendertag der vollstationären Behandlung, längstens für 2 Jahre ab dem Tag des Unfalles,
- für 7 Tage bei ambulanten chirurgischen Operationen.

2.6 Todesfallleistung

2.6.1 Voraussetzungen für die Leistung

Die versicherte Person stirbt unfallbedingt innerhalb eines Jahres nach dem Unfall.
Beachten Sie dazu die Verhaltensregeln nach Ziffer 7.5.

2.6.2 Art und Höhe der Leistung

Wir zahlen die Todesfallleistung in Höhe der vereinbarten Versicherungssumme.

2.7 Kosten für kosmetische Operationen

2.7.1 Voraussetzungen für die Leistung

Die versicherte Person hat sich einer kosmetischen Operation unterzogen, um eine unfallbedingte Beeinträchtigung des äußeren Erscheinungsbilds zu beheben.
Soweit Zähne betroffen sind, gehören nur Schneide- und Eckzähne zum äußeren Erscheinungsbild.

Die kosmetische Operation erfolgt
- durch einen Arzt,
- nach Abschluss der Heilbehandlung und
- bei Erwachsenen innerhalb von 3 Jahren nach dem Unfall, bei Minderjährigen vor Vollendung des 21. Lebensjahres.

Es besteht kein Anspruch, wenn ein Dritter (z. B. Krankenkasse oder Haftpflichtversicherer) zur Leistung verpflichtet ist. Es besteht jedoch ein Anspruch, wenn ein Dritter seine Leistungspflicht bestreitet.

2.7.2 Art und Höhe der Leistung

Wir erstatten nachgewiesene und nicht von Dritten übernommene
- Arzthonorare und sonstige Operationskosten,
- notwendige Kosten für Unterbringung und Verpflegung in einem Krankenhaus,
- Zahnbehandlungs- und Zahnersatzkosten.

Der Ersatz ist insgesamt je Unfall auf die vereinbarte Versicherungssumme begrenzt.

2.8 Kosten für Such-, Bergungs- oder Rettungseinsätze

2.8.1 Voraussetzungen für die Leistung

2.8.1.1 Der versicherten Person sind nach einem Unfall Kosten
- für Such-, Bergungs- oder Rettungseinsätze von öffentlich- oder privatrechtlich organisierten Rettungsdiensten oder
- für den ärztlich angeordneten Transport der verletzten Person zum Krankenhaus oder zur Spezialklinik

entstanden.

Einem Unfall steht gleich, wenn ein solcher unmittelbar drohte oder nach den konkreten Umständen zu vermuten war.

2.8.1.2 Es besteht kein Anspruch, wenn ein Dritter (z. B. Krankenkasse oder Haftpflichtversicherer) zur Leistung verpflichtet ist. Es besteht jedoch ein Anspruch, wenn ein Dritter seine Leistungspflicht bestreitet.

2.8.2 Art und Höhe der Leistung

Wir leisten Ersatz für nachgewiesene Kosten je Unfall bis zu 25.000 €.

3 Was passiert, wenn Unfallfolgen mit Krankheiten oder Gebrechen zusammentreffen?

3.1 Krankheiten und Gebrechen

Wir leisten ausschließlich für Unfallfolgen. Dies sind Gesundheitsschädigungen und ihre Folgen, die durch das Unfallereignis verursacht wurden.

Wir leisten nicht für Krankheiten oder Gebrechen.

3.2 Mitwirkung

Treffen Unfallfolgen mit Krankheiten oder Gebrechen zusammen, gilt Folgendes:

3.2.1 Entsprechend dem Umfang, in dem Krankheiten oder Gebrechen an der Gesundheitsschädigung oder ihren Folgen mitgewirkt haben (Mitwirkungsanteil), mindert sich
- bei den Leistungsarten Invaliditätsleistung und Unfallrente der Prozentsatz des Invaliditätsgrades,
- bei der Todesfallleistung und, soweit nicht etwas anderes bestimmt ist, bei den anderen Leistungsarten die Leistung selbst.

3.2.2 Beträgt der Mitwirkungsanteil weniger als 25 %, nehmen wir keine Minderung vor.

4 Nicht versicherbare Personen

4.1 Kein Versicherungsschutz besteht für Pflegebedürftige mit einem Pflegegrad 4 oder höher im Sinne der sozialen Pflegeversicherung.

Sobald die versicherte Person die Voraussetzung erfüllt, endet für diese Person diese Versicherung.

4.2 Beiträge und Leistungen, die über diesen Zeitpunkt hinaus gezahlt wurden, werden zurückerstattet.

5 Was ist nicht versichert?

5.1 Ausgeschlossene Risiken

Kein Versicherungsschutz besteht für folgende Unfälle:

5.1.1 Unfälle der versicherten Person durch Bewusstseinsstörungen sowie durch Schlaganfälle, epileptische Anfälle oder andere Krampfanfälle, die den ganzen Körper der versicherten Person ergreifen.

Eine Bewusstseinsstörung liegt vor, wenn die versicherte Person in ihrer Aufnahme- und Reaktionsfähigkeit so beeinträchtigt ist, dass sie den Anforderungen der konkreten Gefahrenlage nicht mehr gewachsen ist.

Ursachen für die Bewusstseinsstörung können sein:
- eine gesundheitliche Beeinträchtigung,
- die Einnahme von Medikamenten,
- Konsum von Alkohol, Drogen oder sonstigen Mitteln.

Ausnahme: Die Bewusstseinsstörung oder der Anfall wurde durch ein Unfallereignis nach Ziffer 1.3 verursacht, für das nach diesem Vertrag Versicherungsschutz besteht.

In diesen Fällen gilt der Ausschluss nicht.

5.1.2 Unfälle, die der versicherten Person dadurch zustoßen, dass sie vorsätzlich eine Straftat ausführt oder versucht.

5.1.3 Unfälle, die unmittelbar oder mittelbar durch Kriegs- oder Bürgerkriegsereignisse verursacht sind.

Ausnahme: Die versicherte Person wird auf Reisen im Ausland überraschend von Kriegs- oder Bürgerkriegsereignissen betroffen.

In diesem Fall gilt der Ausschluss nicht.

Der Versicherungsschutz erlischt dann am Ende des 7. Tages nach Beginn eines Krieges oder Bürgerkrieges auf dem Gebiet des Staates, in dem sich die versicherte Person aufhält.

Diese Ausnahme gilt nicht
- bei Reisen in oder durch Staaten, auf deren Gebiet bereits Krieg oder Bürgerkrieg herrscht,
- für die aktive Teilnahme am Krieg oder Bürgerkrieg,
- für Unfälle durch atomare, biologische oder chemische Waffen.

In diesen Fällen gilt der Ausschluss.

5.1.4 Unfälle der versicherten Person
- als Führer eines Luftfahrzeuges oder Luftsportgerätes, soweit er nach deutschem Recht dafür eine Erlaubnis benötigt,
- als sonstiges Besatzungsmitglied eines Luftfahrzeuges,
- bei beruflichen Tätigkeiten, die mithilfe eines Luftfahrzeuges ausgeübt werden.

5.1.5 Unfälle der versicherten Person durch die Teilnahme an Rennen mit Motorfahrzeugen.

Teilnehmer ist jeder Fahrer, Beifahrer oder Insasse des Motorfahrzeuges.

Rennen sind solche Wettfahrten oder dazugehörige Übungsfahrten, bei denen es auf die Erzielung von Höchstgeschwindigkeiten ankommt.

5.1.6 Unfälle, die unmittelbar oder mittelbar durch Kernenergie verursacht sind.

5.2 Ausgeschlossene Gesundheitsschäden

Kein Versicherungsschutz besteht außerdem für folgende Gesundheitsschäden:

5.2.1 Schäden an Bandscheiben sowie Blutungen aus inneren Organen und Gehirnblutungen.

Ausnahme:
- Ein Unfallereignis nach Ziffer 1.3 hat diese Gesundheitsschäden überwiegend (d. h. zu mehr als 50 %) verursacht, und
- für dieses Unfallereignis besteht Versicherungsschutz nach diesem Vertrag.

In diesem Fall gilt der Ausschluss nicht.

5.2.2 Gesundheitsschäden durch Strahlen.

Ausnahme: Es besteht Versicherungsschutz für Gesundheitsschädigungen durch Röntgen-, Laser- und künstlich erzeugte ultraviolette Strahlen, die sich als Unfälle im Sinne der Ziffer 1.3 AUB 2017 darstellen. Vom Versicherungsschutz ausgeschlossen sind demnach Schäden, die Folge regelmäßigen Hantierens mit Röntgen- und Laserapparaten und Berufskrankheiten sind.

5.2.3 Gesundheitsschäden durch Heilmaßnahmen oder Eingriffe am Körper der versicherten Person. Als Heilmaßnahmen oder Eingriffe gelten auch strahlendiagnostische und -therapeutische Handlungen.

Ausnahme:
- Die Heilmaßnahmen oder Eingriffe waren durch einen Unfall nach Ziffer 1.3 oder 1.4 veranlasst und
- für diesen Unfall besteht Versicherungsschutz nach diesem Vertrag.

In diesem Fall gilt der Ausschluss nicht.

5.2.4 Infektionen

Ausnahmen: Sie infizieren sich
- mit Tollwut oder Wundstarrkrampf oder
- weil die Krankheitserreger durch Unfallverletzungen in den Körper gelangten, die nicht geringfügig sind. Geringfügig sind Unfallverletzungen, die ohne eine Infektion und deren Folgen keiner ärztlichen Behandlung bedürfen, oder
- mit einer durch Zeckenbiss übertragenen Frühsommer-Meningo-Enzephalitis (FSME) oder Lyme-Borreliose. Voraussetzung ist, dass die Erkrankung frühestens 15 Tage nach Beginn oder spätestens 15 Tage nach Erlöschen dieses Versicherungsvertrages ausbricht. Bei den in diesen Bedingungen beschriebenen Leistungsarten beginnen die dort genannten Fristen nicht mit dem Unfall (Zeckenstich), sondern erst mit der erstmaligen Diagnose der Infektion durch einen Arzt, oder
- durch unfallbedingte Heilmaßnahmen oder Eingriffe (siehe hierzu Ziffer 5.2.3, Ausnahme).

Durch Impfungen gegen Tollwut, Wundstarrkrampf oder FSME kommt es zu Gesundheitsschädigungen.

In diesen Fällen gilt der Ausschluss nicht.

5.2.5 Vergiftungen infolge Einnahme fester oder flüssiger Stoffe durch den Schlund (Eingang der Speiseröhre).

Ausnahme: Die versicherte Person hat zum Zeitpunkt des Unfalles das 10. Lebensjahr noch nicht vollendet. Für diesen Fall gilt der Ausschluss nicht, es sei denn, die Vergiftung ist durch Nahrungsmittel verursacht.

5.2.6 Krankhafte Störungen infolge psychischer Reaktionen, auch wenn diese durch einen Unfall verursacht wurden.

5.2.7 Bauch- oder Unterleibsbrüche.

Ausnahme:
- Sie sind durch eine gewaltsame, von außen kommende Einwirkung entstanden und
- für die Einwirkung besteht Versicherungsschutz nach diesem Vertrag.

In diesem Fall gilt der Ausschluss nicht.

6 Was müssen Sie bei einem Kinder-Tarif, bei Änderung der Berufstätigkeit oder Beschäftigung und bei altersbedingter Tarifänderung (Wechsel von Tarif 30 in Tarif 50) beachten?

6.1 Umstellung des Kinder-Tarifs

6.1.1 Nach Ablauf des Versicherungsjahres (Ziffer 10.5), in dem das Kind das 18. Lebensjahr vollendet, stellen wir die Versicherung auf den bei Abschluss des Vertrages gültigen Erwachsenentarif um.

Dabei haben Sie folgendes Wahlrecht:
- Sie zahlen die bisherige Prämie, und wir reduzieren die Versicherungssummen entsprechend oder
- Sie behalten die bisherigen Versicherungssummen und wir berechnen eine entsprechend höhere Prämie.

6.1.2 Wir werden Sie rechtzeitig über Ihr Wahlrecht informieren. Haben Sie bis spätestens 2 Monate nach Beginn des neuen Versicherungsjahres noch keine Wahl getroffen, führen wir den Vertrag mit reduzierten Versicherungssummen fort.

6.2 Änderung der Berufstätigkeit

Die Höhe der Prämie hängt maßgeblich von der Berufstätigkeit oder der Beschäftigung der versicherten Person ab.

Grundlage für die Bemessung der Prämie ist das für Ihren Vertrag geltende Berufsgruppenverzeichnis (siehe Tarifauszug zur Einzelunfallversicherung).

6.2.1 Mitteilung der Berufsänderung

Eine Änderung der Berufstätigkeit oder Beschäftigung der versicherten Person müssen Sie uns unverzüglich mitteilen. Freiwilliger Wehrdienst, militärische Reserveübungen und befristete freiwillige soziale Dienste (z. B. Bundesfreiwilligendienst) fallen nicht darunter.

6.2.2 Auswirkungen der Berufsänderung

Errechnen sich bei gleichbleibender Prämie nach dem vereinbarten Tarif niedrigere Versicherungssummen, gelten diese nach Ablauf eines Monats ab der Änderung.

Errechnen sich dagegen höhere Versicherungssummen, gelten diese, sobald uns Ihre Mitteilung zugeht, spätestens jedoch nach Ablauf eines Monats ab der Änderung. Die gültigen Höchstversicherungssummen sind dabei zu berücksichtigen.

Auch die neu errechneten Versicherungssummen gelten für berufliche und außerberufliche Unfälle.

Auf Ihren Wunsch führen wir den Vertrag auch mit den bisherigen Versicherungssummen bei erhöhter oder gesenkter Prämie weiter, sobald uns Ihre Mitteilung zugeht.

6.3 Altersbedingte Tarifänderung (Wechsel von Tarif 30 in Tarif 50)

Zum Ablauf des Versicherungsjahres, in dem die versicherte Person das 67. Lebensjahr vollendet, stellen wir bei der versicherten Person den Tarif 30 auf den Tarif 50 um.

Dabei haben Sie folgendes Wahlrecht:
- Sie zahlen die bisherige Prämie und wir berechnen die neuen Versicherungssummen unter Berücksichtigung der gültigen Höchstversicherungssummen entsprechend, oder
- Sie behalten die bisherigen Versicherungssummen unter Berücksichtigung der gültigen Höchstversicherungssummen und wir berechnen eine entsprechend neue Prämie.

Wir werden Sie rechtzeitig über Ihr Wahlrecht informieren. Haben Sie bis zum Beginn des Versicherungsjahres noch keine Wahl getroffen, behalten Sie die bisherigen Versicherungssummen unter Berücksichtigung der gültigen Höchstversicherungssummen und wir berechnen eine entsprechend neue Prämie.

Sie können das Versicherungsverhältnis hinsichtlich der betroffenen versicherten Personen innerhalb eines Monats nach Zugang der Mitteilung zum Zeitpunkt des Wirksamwerdens der Änderung kündigen.

Der Leistungsfall

7 Was ist nach einem Unfall zu beachten (Obliegenheiten)?

Ohne Ihre Mithilfe und die der versicherten Person können wir unsere Leistung nicht erbringen.

Im Folgenden beschreiben wir einige Verhaltensregeln (Obliegenheiten), die Sie oder die versicherte Person nach einem Unfall beachten müssen.

7.1 Nach einem Unfall, der voraussichtlich zu einer Leistung führt, müssen Sie oder die versicherte Person unverzüglich einen Arzt hinzuziehen, seine Anordnungen befolgen und uns unterrichten.

7.2 Sämtliche Angaben, um die wir Sie oder die versicherte Person bitten, müssen wahrheitsgemäß, vollständig und unverzüglich erteilt werden.

7.3 Wir beauftragen Ärzte, falls dies für die Prüfung unserer Leistungspflicht erforderlich ist.

Von diesen Ärzten muss sich die versicherte Person untersuchen lassen.

Wir tragen die notwendigen Kosten und den Verdienstausfall, der durch die Untersuchung entsteht.

7.4 Für die Prüfung unserer Leistungspflicht benötigen wir möglicherweise Auskünfte von
- Ärzten, die die versicherte Person vor oder nach dem Unfall behandelt oder untersucht haben,
- anderen Versicherern, Versicherungsträgern und Behörden.

Sie oder die versicherte Person müssen es uns ermöglichen, die erforderlichen Auskünfte zu erhalten.

Dazu kann die versicherte Person die Ärzte und die genannten Stellen ermächtigen, uns die Auskünfte direkt zu erteilen. Ansonsten muss die versicherte Person die Auskünfte selbst einholen und uns zur Verfügung stellen.

7.5 Führt der Unfall zum Tod der versicherten Person, so ist uns dies innerhalb von 48 Stunden zu melden.

Soweit zur Prüfung unserer Leistungspflicht erforderlich, ist uns das Recht zu verschaffen, eine Obduktion – durch einen von uns beauftragten Arzt – durchführen zu lassen.

8 Welche Folgen hat die Nichtbeachtung von Obliegenheiten?

Wenn Sie oder die versicherte Person eine der in Ziffer 7 genannten Obliegenheiten vorsätzlich verletzen, verlieren Sie Ihren Versicherungsschutz.

Bei grob fahrlässiger Verletzung einer Obliegenheit sind wir berechtigt, unsere Leistung in einem der Schwere Ihres Verschuldens entsprechenden Verhältnis zu kürzen.

Beides gilt nur, wenn wir Sie durch gesonderte Mitteilung in Textform auf diese Rechtsfolgen hingewiesen haben.

Weisen Sie nach, dass Sie die Obliegenheit nicht grob fahrlässig verletzt haben, bleibt der Versicherungsschutz bestehen.

Der Versicherungsschutz bleibt auch bestehen, wenn Sie nachweisen, dass die Verletzung der Obliegenheit weder für den Eintritt oder die Feststellung des Versicherungsfalles noch für die Feststellung oder den Umfang der Leistung ursächlich war.

Das gilt für vorsätzliche und grob fahrlässige Obliegenheitsverletzungen, nicht aber, wenn Sie oder die versicherte Person die Obliegenheit arglistig verletzt haben.

9 Wann sind die Leistungen fällig?

Unsere Leistungen werden fällig, nachdem wir die Erhebungen abgeschlossen haben, die zur Feststellung des Versicherungsfalles und des Umfangs unserer Leistungspflicht notwendig sind.

9.1 Erklärung über die Leistungspflicht

Wir sind verpflichtet, innerhalb eines Monats in Textform zu erklären, ob und in welchem Umfang wir unsere Leistungspflicht anerkennen. Bei Invaliditätsleistung und Unfallrente beträgt die Frist 3 Monate.

Die Fristen beginnen mit dem Eingang folgender Unterlagen:
- Nachweis des Unfallhergangs und der Unfallfolgen. Beachten Sie dabei auch die Verhaltensregeln nach Ziffer 7,
- bei Invaliditätsleistung und Unfallrente zusätzlich der Nachweis über den Abschluss des Heilverfahrens, soweit dies für die Bemessung des Invaliditätsgrades notwendig ist.

Die ärztlichen Gebühren, die Ihnen zur Begründung des Leistungsanspruchs entstehen, übernehmen wir je Leistungsart bis zu 100 €. Sonstige Kosten übernehmen wir nicht.

9.2 Fälligkeit der Leistung

Erkennen wir den Anspruch an oder haben wir uns mit Ihnen über Grund und Höhe geeinigt, leisten wir innerhalb von 14 Tagen.

9.3 Vorschüsse

Steht die Leistungspflicht zunächst nur dem Grunde nach fest, zahlen wir – auf Ihren Wunsch – angemessene Vorschüsse.

Vor Abschluss des Heilverfahrens kann eine Invaliditätsleistung innerhalb eines Jahres nach dem Unfall nur bis zur Höhe einer vereinbarten Todesfallsumme beansprucht werden.

Ein Vorschuss auf eine Unfallrente ist nicht möglich.

9.4 Neubemessung des Invaliditätsgrades

Nach der Bemessung des Invaliditätsgrades können sich Veränderungen des Gesundheitszustands ergeben.

Sie und wir sind berechtigt, den Grad der Invalidität jährlich erneut ärztlich bemessen zu lassen.

Dieses Recht steht Ihnen und uns längstens bis zu 3 Jahren nach dem Unfall zu. Bei Kindern bis zur Vollendung des 14. Lebensjahres verlängert sich diese Frist von 3 auf 5 Jahre.
- Wenn wir eine Neubemessung wünschen, teilen wir Ihnen dies zusammen mit der Erklärung über unsere Leistungspflicht mit.
- Wenn Sie eine Neubemessung wünschen, müssen Sie uns dies vor Ablauf der Frist mitteilen.

Ergibt die endgültige Bemessung eine höhere Invaliditätsleistung, als wir bereits gezahlt haben, ist der Mehrbetrag mit 5 % jährlich zu verzinsen.

Ergibt die endgültige Bemessung eine höhere Rentenzahlung (ab 90 %), als wir bereits erbracht haben, gilt diese erst ab dem Zeitpunkt der endgültigen Bemessung.

Allgemeine Unfallversicherungsbedingungen (AUB 2017)

Die Vertragsdauer

10 Wann beginnt und wann endet der Vertrag?

10.1 Beginn des Versicherungsschutzes

Der Versicherungsschutz beginnt zu dem im Versicherungsschein angegebenen Zeitpunkt, wenn der Versicherungsnehmer die erste oder einmalige Prämie rechtzeitig im Sinne von Ziffer 10.2 zahlt. Dies gilt vorbehaltlich der Regelungen über die Folgen verspäteter Zahlungen oder Nichtzahlung der Erst- oder Einmalprämie.

10.2 Fälligkeit der Erst- oder Einmalprämie

Die im Versicherungsschein genannte erste oder einmalige Prämie wird unverzüglich nach Ablauf von 14 Tagen nach Zugang des Versicherungsscheins fällig. Ist die Zahlung der Jahresprämie in Raten vereinbart, gilt als erste Prämie nur die erste Rate der ersten Jahresprämie.

Zahlt der Versicherungsnehmer die erste oder einmalige Prämie nicht rechtzeitig, sondern zu einem späteren Zeitpunkt, beginnt der Versicherungsschutz erst zu diesem Zeitpunkt. Dies gilt nicht, wenn der Versicherungsnehmer die Nichtzahlung nicht zu vertreten hat.

Für Versicherungsfälle, die bis zur Zahlung der Prämie eintreten, ist der Versicherer nur dann nicht zur Leistung verpflichtet, wenn er den Versicherungsnehmer durch gesonderte Mitteilung in Textform durch einen auffälligen Hinweis im Versicherungsschein auf diese Rechtsfolgen der Nichtzahlung der Prämie aufmerksam gemacht hat.

Zahlt der Versicherungsnehmer die Prämie nicht rechtzeitig, kann der Versicherer vom Vertrag zurücktreten, solange die Prämie nicht gezahlt ist. Der Versicherer kann nicht zurücktreten, wenn der Versicherungsnehmer nachweist, dass er die Nichtzahlung nicht zu vertreten hat.

10.3 Dauer und Ende des Vertrages

10.3.1 Vertragsdauer

Der Vertrag ist für die im Versicherungsschein angegebene Zeit abgeschlossen.

10.3.2 Stillschweigende Verlängerung

Bei einer Vertragsdauer von mindestens einem Jahr verlängert sich der Vertrag um jeweils ein weiteres Jahr, wenn der Vertrag nicht gekündigt wird. Kündigen können sowohl Sie als auch wir. Die Kündigung muss Ihnen oder uns spätestens 3 Monate vor dem Ablauf der Vertragszeit zugehen.

10.3.3 Vertragsbeendigung

Bei einer Vertragsdauer von weniger als einem Jahr endet der Vertrag zum vorgesehenen Zeitpunkt, ohne dass es einer Kündigung bedarf.

Bei einer Vertragsdauer von mehr als 3 Jahren können Sie den Vertrag schon zum Ablauf des 3. Jahres oder jedes darauffolgenden Jahres kündigen. Ihre Kündigung muss uns spätestens 3 Monate vor Ablauf des jeweiligen Jahres zugehen.

10.4 Kündigung nach Versicherungsfall

Sie oder wir können den Vertrag kündigen, wenn wir eine Leistung erbracht haben oder wenn Sie gegen uns Klage auf eine Leistung erhoben haben.

Die Kündigung muss Ihnen oder uns spätestens einen Monat nach Leistung oder Beendigung des Rechtsstreits zugegangen sein.

Wenn Sie kündigen, wird Ihre Kündigung wirksam, sobald sie uns zugeht. Sie können jedoch bestimmen, dass die Kündigung zu einem späteren Zeitpunkt wirksam wird; spätestens jedoch am Ende des Versicherungsjahres. Unsere Kündigung wird einen Monat, nachdem Sie sie erhalten haben, wirksam.

10.5 Versicherungsjahr

Das Versicherungsjahr dauert 12 Monate.

Ausnahme: Besteht die vereinbarte Vertragsdauer nicht aus ganzen Jahren, wird das erste Versicherungsjahr entsprechend verkürzt. Die folgenden Versicherungsjahre bis zum vereinbarten Vertragsablauf sind jeweils ganze Jahre.

Die Versicherungsprämie

11 Was müssen Sie bei der Prämienzahlung beachten? Was geschieht, wenn Sie eine Prämie nicht rechtzeitig bezahlen?

11.1 Prämie und Versicherungsteuer

11.1.1 Prämienzahlung und Versicherungsperiode

Die Prämien können Sie je nach Vereinbarung monatlich, vierteljährlich, halbjährlich oder jährlich bezahlen.

Die Dauer der Versicherungsperiode beträgt, unabhängig von der Zahlungsweise, ein Jahr.

11.1.2 Versicherungsteuer

Die in Rechnung gestellte Prämie enthält die Versicherungsteuer. Diese haben Sie in der jeweils vom Gesetz bestimmten Höhe zu bezahlen.

11.2 Zahlung und Folgen verspäteter Zahlung/ Folgeprämie

11.2.1 Fälligkeit und Rechtzeitigkeit der Zahlung

Die Folgeprämien werden zu dem jeweils vereinbarten Zeitpunkt fällig.

11.2.2 Verzug

Wenn Sie eine Folgeprämie nicht rechtzeitig bezahlen, geraten Sie in Verzug, auch ohne dass Sie eine Mahnung von uns erhalten haben.

Dies gilt nicht, wenn Sie die verspätete Zahlung nicht verschuldet haben.

Bei Verzug sind wir berechtigt, Ersatz für den Schaden zu verlangen, der uns durch den Verzug entstanden ist (Ziffer 11.3.3).

11.2.3 Zahlungsfrist

Wenn Sie eine Folgeprämie nicht rechtzeitig bezahlen, können wir Ihnen auf Ihre Kosten in Textform eine Zahlungsfrist setzen. Die Zahlungsfrist muss mindestens 14 Tage betragen.

Unsere Zahlungsaufforderung ist nur wirksam wenn sie folgende Informationen enthält:
- Die ausstehenden Prämien, die Zinsen und die Kosten müssen im Einzelnen beziffert sein, und
- die Rechtsfolgen müssen angegeben sein, die nach Ziffer 11.3.4 mit der Fristüberschreitung verbunden sind.

11.2.4 Verlust des Versicherungsschutzes und Kündigung

Wenn Sie nach Ablauf der Zahlungsfrist den angemahnten Betrag nicht bezahlt haben,
- besteht ab diesem Zeitpunkt bis zur Zahlung kein Versicherungsschutz,

- können wir den Vertrag kündigen, ohne eine Frist einzuhalten. Wenn Sie nach unserer Kündigung innerhalb eines Monats den angemahnten Betrag bezahlen, besteht der Vertrag fort. Für Versicherungsfälle zwischen dem Ablauf der Zahlungsfrist und Ihrer Zahlung besteht kein Versicherungsschutz.

11.3 Rechtzeitige Zahlung bei SEPA-Lastschriftmandat

Wenn wir die Einziehung der Prämie von einem Konto vereinbart haben, gilt die Zahlung als rechtzeitig, wenn die Prämie zu dem Fälligkeitstag eingezogen werden kann und Sie der Einziehung nicht widersprechen.

Die Zahlung gilt auch als rechtzeitig, wenn die fällige Prämie ohne Ihr Verschulden nicht eingezogen werden kann und Sie nach einer Aufforderung in Textform unverzüglich zahlen.

Wenn Sie es zu vertreten haben, dass die fällige Prämie nicht eingezogen werden kann, sind wir berechtigt, künftig eine andere Zahlungsweise zu verlangen.

Sie müssen allerdings erst dann zahlen, wenn wir Sie hierzu in Textform aufgefordert haben.

11.4 Prämie bei vorzeitiger Vertragsbeendigung

Bei vorzeitiger Beendigung des Vertrages haben wir nur Anspruch auf den Teil der Prämie, der dem Zeitraum des Versicherungsschutzes entspricht.

11.5 Prämienbefreiung bei der Versicherung von Kindern

Wenn Sie während der Versicherungsdauer sterben und
- es sich bei den versicherten Kindern um leibliche, adoptierte oder Enkelkinder handelt,
- Sie bei Versicherungsbeginn das 50. Lebensjahr noch nicht vollendet hatten,
- die Versicherung nicht gekündigt war und
- Ihr Tod nicht durch Kriegs- oder Bürgerkriegsereignisse verursacht wurde,

gilt Folgendes:

11.5.1 Wir führen die Versicherung mit dem zu diesem Zeitpunkt geltenden Leistungsumfang bis zum Ablauf des Versicherungsjahres prämienfrei weiter, in dem das versicherte Kind das 18. Lebensjahr vollendet.

11.5.2 Der gesetzliche Vertreter des Kindes wird neuer Versicherungsnehmer, wenn nichts anderes vereinbart ist.

Weitere Bestimmungen

12 Wie sind die Rechtsverhältnisse der am Vertrag beteiligten Personen zueinander?

12.1 Fremdversicherung

Die Ausübung der Rechte aus diesem Vertrag steht ausschließlich Ihnen als Versicherungsnehmer zu. Das gilt auch, wenn die Versicherung gegen Unfälle abgeschlossen ist, die einem anderen zustoßen (Fremdversicherung).

Wir zahlen Leistungen aus dem Versicherungsvertrag auch dann an Sie aus, wenn der Unfall nicht Ihnen, sondern einer anderen versicherten Person zugestoßen ist.

Sie sind neben der versicherten Person für die Erfüllung der Obliegenheiten verantwortlich.

12.2 Rechtsnachfolger und sonstige Anspruchsteller

Alle für Sie geltenden Bestimmungen sind auf Ihren Rechtsnachfolger und sonstige Anspruchsteller entsprechend anzuwenden.

12.3 Übertragung und Verpfändung von Ansprüchen

Die Ansprüche aus dem Versicherungsvertrag können vor Fälligkeit ohne unsere Zustimmung weder übertragen noch verpfändet werden.

13 Was bedeutet die vorvertragliche Anzeigepflicht und welche Folgen hat ihre Verletzung?

13.1 Vorvertragliche Anzeigepflicht

Sie sind bis zur Abgabe Ihrer Vertragserklärung verpflichtet, alle Ihnen bekannten gefahrerheblichen Umstände, nach denen wir in Textform gefragt haben, wahrheitsgemäß und vollständig anzuzeigen. Gefahrerheblich sind die Umstände, die für unsere Entscheidung, den Vertrag überhaupt oder mit dem vereinbarten Inhalt zu schließen, erheblich sind.

Diese Anzeigepflicht gilt auch für Fragen nach gefahrerheblichen Umständen, die wir
- nach Ihrer Vertragserklärung,
- aber noch vor Vertragsannahme

in Textform stellen.

Soll eine andere Person als Sie selbst versichert werden, ist auch diese – neben Ihnen – zu wahrheitsgemäßer und vollständiger Beantwortung der Fragen verpflichtet.

Wenn eine andere Person die Fragen nach gefahrerheblichen Umständen für Sie beantwortet und wenn diese Person den gefahrerheblichen Umstand kennt oder arglistig handelt, werden Sie so behandelt, als hätten Sie selbst davon Kenntnis gehabt oder arglistig gehandelt.

13.2 Mögliche Folgen einer Anzeigepflichtverletzung

Eine Verletzung der Anzeigepflicht kann erhebliche Auswirkungen auf Ihren Versicherungsschutz haben. Wir können in einem solchen Fall
- vom Vertrag zurücktreten,
- den Vertrag kündigen,
- den Vertrag ändern oder
- den Vertrag wegen arglistiger Täuschung anfechten.

13.2.1 Rücktritt

Wird die vorvertragliche Anzeigepflicht verletzt, können wir vom Vertrag zurücktreten.

Kein Rücktrittsrecht besteht, wenn
- weder eine vorsätzliche
- noch eine grob fahrlässige

Anzeigepflichtverletzung vorliegt.

Auch wenn die Anzeigepflicht grob fahrlässig verletzt wird, haben wir trotzdem kein Rücktrittsrecht, wenn wir den Vertrag – möglicherweise zu anderen Bedingungen (z. B. höhere Prämie oder eingeschränkter Versicherungsschutz) – auch bei Kenntnis der nicht angezeigten gefahrerheblichen Umstände geschlossen hätten.

Im Fall des Rücktritts haben Sie keinen Versicherungsschutz. Wenn wir nach Eintritt des Versicherungsfalles zurücktreten, bleibt unsere Leistungspflicht unter folgender Voraussetzung bestehen:

Die Verletzung der Anzeigepflicht bezieht sich auf einen gefahrerheblichen Umstand, der
- weder für den Eintritt oder die Feststellung des Versicherungsfalles
- noch für die Feststellung oder den Umfang unserer Leistungspflicht

ursächlich war.

Wird die Anzeigepflicht arglistig verletzt, entfällt unsere Leistungspflicht.

13.2.2 Kündigung

Wenn unser Rücktrittsrecht ausgeschlossen ist, weil die Verletzung der Anzeigepflicht weder vorsätzlich noch grob fahrlässig erfolgte, können wir den Vertrag unter Einhaltung einer Frist von einem Monat kündigen.

Unser Kündigungsrecht ist ausgeschlossen, wenn wir den Vertrag - möglicherweise zu anderen Bedingungen (z. B. höhere Prämie oder eingeschränkter Versicherungsschutz) - auch bei Kenntnis der nicht angezeigten gefahrerheblichen Umstände geschlossen hätten.

13.2.3 Vertragsänderung

Können wir nicht zurücktreten oder kündigen, weil wir den Vertrag möglicherweise zu anderen Bedingungen (z. B. höhere Prämie oder eingeschränkter Versicherungsschutz) auch bei Kenntnis der nicht angezeigten gefahrerheblichen Umstände geschlossen hätten, werden die anderen Bedingungen auf unser Verlangen hin rückwirkend Vertragsbestandteil.

Haben Sie die Anzeigepflichtverletzung nicht zu vertreten, werden die anderen Bedingungen erst ab der laufenden Versicherungsperiode (Ziffer 11.1.1) Vertragsbestandteil.

Sie können den Vertrag innerhalb eines Monats, nachdem Sie unsere Mitteilung erhalten haben, fristlos kündigen, wenn
- wir im Rahmen einer Vertragsänderung die Prämie um mehr als 10 % erhöhen oder
- wir die Gefahrabsicherung für einen nicht angezeigten Umstand ausschließen.

Auf dieses Recht werden wir Sie in der Mitteilung über die Vertragsänderung hinweisen.

13.3 Voraussetzungen für die Ausübung unserer Rechte

Unsere Rechte zum Rücktritt, zur Kündigung oder zur Vertragsänderung stehen uns nur zu, wenn wir Sie durch gesonderte Mitteilung in Textform auf die Folgen einer Anzeigepflichtverletzung hingewiesen haben.

Wir haben kein Recht zum Rücktritt, zur Kündigung oder zur Vertragsänderung, wenn wir den nicht angezeigten Umstand oder die Unrichtigkeit der Anzeige kannten.

Wir können unsere Rechte zum Rücktritt, zur Kündigung oder zur Vertragsänderung nur innerhalb eines Monats schriftlich geltend machen. Die Frist beginnt mit dem Zeitpunkt, zu dem wir von der Verletzung der Anzeigepflicht, die das von uns geltend gemachte Recht begründet, Kenntnis erlangen.

Bei Ausübung unserer Rechte müssen wir die Umstände angeben, auf die wir unsere Erklärung stützen. Zur Begründung können wir nachträglich weitere Umstände angeben, wenn für diese die Monatsfrist noch nicht verstrichen ist.

Nach Ablauf von 5 Jahren seit Vertragsschluss erlöschen unsere Rechte zum Rücktritt, zur Kündigung oder zur Vertragsänderung. Ist der Versicherungsfall vor Ablauf dieser Frist eingetreten, können wir die Rechte auch nach Ablauf der Frist geltend machen.

Ist die Anzeigepflicht vorsätzlich oder arglistig verletzt worden, beträgt die Frist 10 Jahre.

13.4 Anfechtung

Wir können den Vertrag auch anfechten, falls unsere Entscheidung zur Annahme des Vertrages durch unrichtige oder unvollständige Angaben bewusst und gewollt beeinflusst worden ist.

Im Fall der Anfechtung steht uns der Teil der Prämie zu, der bis zum Wirksamwerden der Anfechtungserklärung abgelaufenen Vertragszeit entspricht.

13.5 Erweiterung des Versicherungsschutzes

Die Absätze 13.1. bis 13.4 gelten entsprechend, wenn der Versicherungsschutz nachträglich erweitert wird und deshalb eine erneute Risikoprüfung erforderlich ist.

14 Gestrichen

15 Wann verjähren die Ansprüche aus diesem Vertrag?

15.1 Gesetzliche Verjährung

Die Ansprüche aus dem Versicherungsvertrag verjähren in 3 Jahren. Die Fristberechnung richtet sich nach den allgemeinen Vorschriften des Bürgerlichen Gesetzbuchs.

15.2 Aussetzung der Verjährung

Ist ein Anspruch aus dem Versicherungsvertrag bei uns geltend gemacht worden, ist die Verjährung gehemmt. Dies gilt von der Geltendmachung bis zu dem Zeitpunkt, zu dem Ihnen unsere Entscheidung in Textform zugeht.

16 Welches Gericht ist zuständig?

16.1 Für Klagen gegen uns:

Für Klagen aus dem Versicherungsvertrag gegen uns sind folgende Gerichte zuständig:
- das Gericht am Sitz unseres Unternehmens oder unserer Niederlassung, die für Ihren Vertrag zuständig ist,
- das Gericht Ihres Wohnortes oder, wenn Sie keinen festen Wohnsitz haben, am Ort Ihres gewöhnlichen Aufenthaltes.

16.2 Für Klagen gegen Sie:

Für Klagen aus dem Versicherungsvertrag gegen Sie ist das Gericht Ihres Wohnortes oder, wenn Sie keinen festen Wohnsitz haben, das Gericht Ihres gewöhnlichen Aufenthaltes zuständig.

17 Was ist bei Mitteilungen an uns zu beachten? Was gilt bei Änderung Ihrer Anschrift?

17.1 Anzeigen oder Erklärungen an uns:

Anzeigen oder Erklärungen sollen an folgende Stellen gerichtet werden:
- an unsere Hauptverwaltung oder
- an die Landesdirektion, die für Sie zuständig ist. Welche Landesdirektion dies ist, ergibt sich aus Ihrem Versicherungsschein oder aus dessen Nachträgen.

Allgemeine Unfallversicherungsbedingungen (AUB 2017)

17.2 Änderungen Ihrer Anschrift

Änderungen Ihrer Anschrift müssen Sie uns mitteilen.

Wenn Sie dies nicht tun und wir Ihnen gegenüber eine rechtliche Erklärung abgeben wollen, gilt Folgendes:

Die Erklärung gilt 3 Tage nach der Absendung als zugegangen, wenn wir sie per Einschreiben an Ihre letzte uns bekannte Anschrift geschickt haben.

Das gilt auch, wenn Sie uns eine Änderung Ihres Namens nicht mitteilen.

18 Welches Recht findet Anwendung?

Für diesen Vertrag gilt deutsches Recht.

Besondere Bedingungen bei vereinbarter Mehrleistung oder progressiver Invaliditätsstaffel

Besondere Bedingungen für Mehrleistungen bei einer Invalidität ab 70 %

Ziffer 2.1. AUB 2017 wird wie folgt ergänzt:
- Die tarifliche Leistung setzt sich zusammen aus der einfachen Invaliditätsleistung (= Grundleistung) und der Mehrleistung.
- Die Mehrleistung wird in doppelter Höhe der einfachen Invaliditätsleistung gezahlt, wenn folgende Voraussetzungen vorliegen:
  - Der Unfall führt zu einem Invaliditätsgrad von mindestens 70 %.
  - Der Unfall hat sich vor Vollendung des 67. Lebensjahres der versicherten Person ereignet.
- Die jeweilige Mehrleistung zur Grundleistung nach Ziffer 2.1.2.1 ist - auch bei Bestehen mehrerer Verträge bei unserer Gesellschaft - auf 300.000 € begrenzt.

Bei einer Umstellung in den Tarif 50 kann eine Mehrleistung bei einem Invaliditätsgrad ab 70 % nicht fortgeführt werden. Es erfolgt ein Wechsel auf die Leistungsart einfache Invaliditätsleistung.

Besondere Bedingungen für Mehrleistungen bei einer Invalidität ab 90 %

Ziffer 2.1. AUB 2017 wird wie folgt ergänzt:
- Die tarifliche Leistung setzt sich zusammen aus der einfachen Invaliditätsleistung (= Grundleistung) und der Mehrleistung.
- Die Mehrleistung wird in einfacher Höhe der Invaliditätsleistung gezahlt, wenn folgende Voraussetzungen vorliegen:
  - Der Unfall führt zu einem Invaliditätsgrad von mindestens 90 %.
  - Der Unfall hat sich vor Vollendung des 67. Lebensjahres der versicherten Person ereignet.
- Die jeweilige Mehrleistung zur Grundleistung nach Ziffer 2.1.2.1 ist - auch bei Bestehen mehrerer Verträge bei unserer Gesellschaft - auf 300.000 € begrenzt.

Bei einer Umstellung in den Tarif 50 kann eine Mehrleistung bei einem Invaliditätsgrad ab 90 % nicht fortgeführt werden. Es erfolgt ein Wechsel auf die Leistungsart einfache Invaliditätsleistung.

Besondere Bedingungen für die Unfallversicherung mit progressiver Invaliditätsstaffel U 225

Sie haben mit uns eine Unfallversicherung mit progressiver Invaliditätsstaffel vereinbart. Der Invaliditätsgrad wird nach Ziffer 2.1 und Ziffer 3 der Allgemeinen Unfallversicherungsbedingungen (AUB 2017) ermittelt.

Ziffer 2.1 AUB 2017 wird wie folgt ergänzt:
- Bei einem Invaliditätsgrad von über 25 % steigt die Invaliditätsleistung progressiv mit dem Invaliditätsgrad.
- Für den 25 % nicht übersteigenden Teil des Invaliditätsgrades ist Berechnungsgrundlage die im Versicherungsschein festgelegte Invaliditätssumme,
- für den 25 %, nicht aber 50 % übersteigenden Teil des Invaliditätsgrades die doppelte Invaliditätssumme,
- für den 50 % übersteigenden Teil des Invaliditätsgrades die dreifache Invaliditätssumme.

Bei einer Umstellung in Tarif 50 kann eine progressive Invaliditätsstaffel nicht fortgesetzt werden. Es erfolgt ein Wechsel auf die Leistungsart einfache Leistung.

Besondere Bedingungen für die Unfallversicherung mit progressiver Invaliditätsstaffel U 350

Sie haben mit uns eine Unfallversicherung mit progressiver Invaliditätsstaffel vereinbart. Der Invaliditätsgrad wird nach Ziffer 2.1 und Ziffer 3 der Allgemeinen Unfallversicherungsbedingungen (AUB 2017) ermittelt.

Ziffer 2.1 AUB 2017 wird wie folgt ergänzt:
- Bei einem Invaliditätsgrad von über 25 % steigt die Invaliditätsleistung progressiv mit dem Invaliditätsgrad.
- Für den 25 % nicht übersteigenden Teil des Invaliditätsgrades ist Berechnungsgrundlage die im Versicherungsschein festgelegte Invaliditätssumme,
- für den 25 %, nicht aber 50 % übersteigenden Teil des Invaliditätsgrades die dreifache Invaliditätssumme,
- für den 50 % übersteigenden Teil des Invaliditätsgrades die fünffache Invaliditätssumme.

Bei einer Umstellung in Tarif 50 kann eine progressive Invaliditätsstaffel nicht fortgesetzt werden. Es erfolgt ein Wechsel auf die Leistungsart einfache Leistung.

Besondere Bedingungen für die Unfallversicherung mit progressiver Invaliditätsstaffel U 500

Sie haben mit uns eine Unfallversicherung mit progressiver Invaliditätsstaffel vereinbart. Der Invaliditätsgrad wird nach Ziffer 2.1 und Ziffer 3 der Allgemeinen Unfallversicherungsbedingungen (AUB 2017) ermittelt.

Ziffer 2.1 AUB 2017 wird wie folgt ergänzt:
- Bei einem Invaliditätsgrad von über 25 % steigt die Invaliditätsleistung progressiv mit dem Invaliditätsgrad.
- Für den 25 % nicht übersteigenden Teil des Invaliditätsgrades ist Berechnungsgrundlage die im Versicherungsschein festgelegte Invaliditätssumme,
- für den 25 %, nicht aber 50 % übersteigenden Teil des Invaliditätsgrades die fünffache Invaliditätssumme,
- für den 50 % übersteigenden Teil des Invaliditätsgrades die siebenfache Invaliditätssumme.

Bei einer Umstellung in Tarif 50 kann eine progressive Invaliditätsstaffel nicht fortgesetzt werden. Es erfolgt ein Wechsel auf die Leistungsart einfache Leistung.

Besondere Bedingungen für die Versicherung von Hilfs- und Pflegeleistungen (Assistance-Leistungen) in der Unfallversicherung

Sie haben mit uns eine Unfallversicherung vereinbart, deren Leistungen ergänzend zu Ziffer 2 der Allgemeinen Unfallversicherungsbedingungen (AUB 2017) um Hilfs- und Pflegeleistungen erweitert werden.

1	Was ist versichert?	188
2	Wann und in welchem Umfang erhalten Sie Hilfs- und Pflegeleistungen (Assistance-Leistungen)?	188
3	Welche Leistungen sind versichert?	188
4	Dauer der Leistung und Verhältnis zur sozialen Pflegeversicherung	189
5	Hilfe und Pflege eines pflegebedürftigen Partners/Verwandten 1. Grades	189
6	Was ist nach einem Unfall zu beachten? (Obliegenheiten)	189
7	Rechtsverhältnis versicherte Person und Dienstleister	190

1 Was ist versichert?

1.1 Führt ein Unfall der versicherten Person zu einer Hilfsbedürftigkeit, erbringen wir als Versicherer im Rahmen des nachstehend beschriebenen Umfangs Hilfs- und Pflegeleistungen. Wir bedienen uns dazu qualifizierter Dienstleister.

1.2 Die Hilfs- und Pflegeleistungen werden ausschließlich über eine von uns beauftragte Hilfsorganisation und innerhalb von Deutschland erbracht.

1.3 Als Unfall gilt auch, wenn die versicherte Person, unabhängig von der Ursache, eine Oberschenkelhalsfraktur erleidet. Bei einem diagnostizierten Oberschenkelhalsbruch zahlen wir hierfür eine Leistung in Höhe von 1.000 €.

2 Wann und in welchem Umfang erhalten Sie Hilfs- und Pflegeleistungen (Assistance-Leistungen)?

2.1 Voraussetzungen für die Leistung

Die versicherte Person ist durch den Unfall in ihrer körperlichen oder geistigen Leistungsfähigkeit beeinträchtigt.
Sie bedarf daher für die gewöhnlichen und regelmäßig wiederkehrenden Verrichtungen im Ablauf des täglichen Lebens der Hilfe (Hilfsbedürftigkeit).

2.2 Umfang der Leistung

Wir ermitteln den durch den Unfall entstandenen individuellen Bedarf an Hilfs- und Pflegeleistungen aus Art und Umfang der Hilfsbedürftigkeit. Diesen Bedarf decken wir mit den in Ziffer 3 aufgeführten Leistungen.

2.3 Mitwirkung von Krankheiten oder Gebrechen

Haben Krankheiten oder Gebrechen bei der durch das Unfallereignis verursachten Hilfsbedürftigkeit mitgewirkt, schränken wir abweichend von Ziffer 3 AUB unsere Hilfs- und Pflegeleistungen nicht ein.

3 Welche Leistungen sind versichert?

Die folgenden Leistungen werden durch einen von uns beauftragten Dienstleister erbracht:

3.1 Erstgespräch

Der von uns beauftragte Dienstleister führt mit der versicherten Person bzw. ihren Angehörigen und bei Bedarf in Abstimmung mit dem behandelnden Arzt ein telefonisches Erstgespräch zur Feststellung der Hilfs- oder Pflegebedürftigkeit sowie gegebenenfalls ein persönliches Gespräch zur Feststellung der Ressourcen des Hilfs- und Pflegebedürftigen und der Ermittlung der im Einzelnen zu erbringenden Leistungen und Termine.

3.2 Hilfsleistungen

3.2.1 Menüservice

Diese Leistung umfasst die Anlieferung von 7 Hauptmahlzeiten pro Woche an die versicherte Person nach vorheriger freier Auswahl aus dem angebotenen Menüsortiment. Die Menüs werden bei Bedarf für bis zu 6 Monate täglich warm angeliefert. Soweit dies örtlich nicht möglich ist, werden die Menüs wochenweise (7 Mahlzeiten, tiefgekühlt) angeliefert.

3.2.2 Einkäufe und Besorgungen

Wir kaufen für die versicherte Person einmal wöchentlich bis zu 2 Stunden Waren des täglichen Bedarfes ein und erledigen notwendige Besorgungen. Hierzu zählen das Zusammenstellen des Einkaufszettels für Gegenstände des täglichen Bedarfes, das Einkaufen inkl. Arzneimittelbeschaffung und notwendiger Besorgungen, z. B. Bankgänge, die Unterbringung und Versorgung der eingekauften Lebensmittel, die Anleitung zur Beachtung von Genieß- und Haltbarkeit von Lebensmitteln und ggf. das Bringen von Wäsche zur Reinigung und das Abholen. Die Kosten für die eingekauften Lebensmittel und für die Gegenstände des täglichen Bedarfes sowie anfallende Gebühren trägt der Versicherungsnehmer bzw. die versicherte Person.

3.2.3 Begleitung bei Arzt- und Behördengängen

Wir bringen und begleiten die versicherte Person zu notwendigen Arzt-, Therapie- und Behördenterminen bis zu zweimal in der Woche in einem Umkreis von bis zu 25 Kilometern von ihrem Aufenthaltsort.

3.2.4 Wohnungsreinigung

Einmal wöchentlich wird bei Bedarf der übliche Lebensbereich der Wohnung (z. B. Wohnraum, Bad, Toilette, Küche, Schlafraum) der versicherten Person im üblichen Umfang gereinigt. Diese Leistung kann nur erbracht werden, wenn ein Zugang zur Wohnung gewährleistet ist und die Wohnung vor Beginn der Hilfs- oder Pflegebedürftigkeit in einem ordnungsgemäßen Zustand war. Die Reinigung der Wohnung ist jeweils auf einen dreistündigen Zeitaufwand begrenzt.

3.2.5 Wäscheservice

Wir waschen, trocknen und bügeln die Wäsche der versicherten Person bis zu einmal wöchentlich. Der zeitliche Aufwand ist auf wöchentlich 3 Stunden begrenzt. Die Kosten für die Reinigung der Wäsche trägt der Versicherungsnehmer bzw. die versicherte Person.

3.2.6 Hausnotruf

Wir versorgen die versicherte Person mit einer Hausnotrufanlage, über die eine Rufzentrale 24 Stunden am Tag erreichbar ist. Die Kosten für die Hausnotrufanlage übernehmen wir. Entstehende Nebenkosten, z.B. für einen Telefonanschluss, trägt der Versicherungsnehmer bzw. die versicherte Person.

3.3 Organisation von Hilfsleistungen

Zusätzlich zu den in Ziffern 3.2.1 bis 3.2.6 aufgeführten Leistungen organisieren wir auf Ihren Wunsch

die folgenden Hilfsleistungen:

3.3.1 Vermittlung von Pflegehilfsmitteln

Die erforderlichen Pflegehilfsmittel (z.B. Rollstuhl, Gehhilfen usw.) werden der versicherten Person vermittelt. Die Kosten für die erforderlichen Pflegehilfsmittel trägt der Versicherungsnehmer bzw. die versicherte Person.

3.3.2 Vermittlung einer Tierbetreuung

Für die gewöhnlichen Haustiere der versicherten Person (z.B. Hunde, Katzen, Fische, Vögel usw.) wird eine Tierbetreuung vermittelt. Die Kosten für die Tierbetreuung trägt der Versicherungsnehmer bzw. die versicherte Person.

3.3.3 Gartenpflege, Kehrwochen- und Schneeräumdienst

Wir organisieren die Pflege des Gartens der versicherten Person sowie Kehrwochen- und Schneeräumdienste. Die Kosten für die Gartenpflege, Kehrwochen- und Schneeräumdienst trägt der Versicherungsnehmer bzw. die versicherte Person.

3.4 Pflegeleistungen

3.4.1 Grundpflege

Die versicherte Person erhält von uns täglich bis zu 3 Stunden eine Grundpflege. Zur Grundpflege gehören Körperpflege einschließlich Teil- oder Ganzwaschungen, An- und Auskleiden, Hilfe beim Verrichten der Notdurft, Hilfe bei der Durchführung von Bewegungsübungen, Lagern und Betten, Zubereitung von Mahlzeiten und die Hilfe bei der Nahrungsaufnahme.

3.4.2 Pflegeberatung

Vor Aufnahme der Grundpflege findet einmalig eine Pflegeberatung im Rahmen eines persönlichen Gespräches statt: Zur Feststellung der Pflegeprobleme und der noch vorhandenen Fähigkeiten des Pflegebedürftigen, zur Planung der Pflegeeinsätze und zur Prüfung von erforderlichen Pflegehilfsmitteln. Die versicherte Person wird dabei auch zu möglichen Ansprüchen auf Leistungen aus der Pflegeversicherung oder Pflegekasse informiert und beraten.

4 Dauer der Leistung und Verhältnis zur sozialen Pflegeversicherung

4.1 Wir erbringen die Hilfs- und Pflegeleistungen, solange die Voraussetzungen nach Ziffer 2.1 erfüllt sind, längstens für einen Zeitraum von 6 Monaten, vom Unfalltag an gerechnet.

4.2 Wird ein Pflegegrad im Sinne der sozialen Pflegeversicherung anerkannt, hat dies Auswirkungen auf die Leistungen.

Werden ausschließlich Sachleistungen gewählt, erbringen wir ergänzend zur sozialen Pflegeversicherung im Umfang von Ziffer 3 und 4.1 Hilfs- und Pflegeleistungen, soweit zusätzlicher Bedarf besteht.

Werden Geldleistungen gewählt, lässt sich der zusätzliche Bedarf nicht objektiv feststellen. Unsere Leistungen enden dann insgesamt.

5 Hilfe und Pflege eines pflegebedürftigen Partners/Verwandten 1. Grades

5.1 Voraussetzungen und Umfang der Leistung

Wir erbringen die Hilfs- und Pflegeleistungen im Umfang von Ziffer 3 auch für Ehe-, Lebenspartner und Verwandte 1. Grades der versicherten Person, sofern und soweit die versicherte Person sie gepflegt hat und wegen des Unfalles hierzu nicht mehr in der Lage ist.

Es müssen folgende Voraussetzungen vorliegen:
- Die zu pflegende Person lebt in häuslicher Gemeinschaft mit der versicherten Person.
- Für sie wurde ein Pflegegrad im Sinne der sozialen Pflegeversicherung anerkannt.

5.2 Dauer der Leistung

5.2.1 Wir erbringen die Leistungen nach Ziffer 3 ergänzend zu den Sachleistungen der sozialen Pflegeversicherung, solange die versicherte Person die Voraussetzungen nach Ziffer 5.1 erfüllt.

5.2.2 Hat die zu pflegende Person vor dem Unfall Geldleistungen aus der sozialen Pflegeversicherung erhalten, erbringen wir unsere Hilfs- und Pflegeleistungen bis zu einem Monat. Werden die Geldleistungen innerhalb dieses Zeitraumes auf Sachleistungen umgestellt, gilt Ziffer 5.2.4.

5.2.3 Wird für die versicherte Person ein Pflegegrad im Sinne der sozialen Pflegeversicherung anerkannt, enden unsere Leistungen 2 Monate nach der Anerkennung. Dies gilt auch bei Tod der versicherten Person.

5.2.4 Unsere Leistungen nach Ziffer 5 enden spätestens 6 Monate nach dem Unfall der versicherten Person.

6 Was ist nach einem Unfall zu beachten? (Obliegenheiten)

Ergänzend zu Ziffer 7 AUB gelten folgende Obliegenheiten:

6.1 Zu Beginn der Leistungserbringung sind wir über den aktuellen Gesundheitszustand der versicherten Person umfassend zu informieren. Auch während der Leistungserbringung sind uns Veränderungen des Gesundheitszustandes mitzuteilen. Dies gilt auch für die Personen, die gemäß Ziffer 5 unsere Leistungen erhalten.

6.2 Nach einem Unfall der versicherten Person, der zu einer Pflegebedürftigkeit im Sinne der sozialen Pflegeversicherung führen kann, sind beim zuständigen Versicherungsträger Leistungen unverzüglich zu beantragen.

6.3 Die Anerkennung eines Pflegegrades sowie der Bezug von Leistungen aus der sozialen Pflegeversicherung sind uns unverzüglich anzuzeigen.

Wird eine dieser Obliegenheiten verletzt, gilt Ziffer 8 AUB entsprechend.

7 Rechtsverhältnis versicherte Person und Dienstleister

Wir beauftragen qualifizierte Dienstleister, um unsere Leistungspflicht zu erfüllen. Dadurch werden keine vertraglichen Beziehungen zwischen Ihnen oder der versicherten Person und den von uns beauftragten Dienstleistern begründet.

Kosten für von Ihnen oder der versicherten Person in Auftrag gegebene Dienstleistungen werden von uns nicht getragen.

Besondere Bedingungen für die prämienfreie Kinder-Vorsorge-Unfallversicherung und Unfallversicherung mit Zuwachs von Leistung und Prämie

Besondere Bedingungen für die prämienfreie Kinder-Vorsorge-Unfallversicherung

I. Voraussetzungen für den Versicherungsschutz

Für während der Wirksamkeit des Vertrages neugeborene leibliche Kinder der versicherten Person gewähren wir für 6 Monate nach Vollendung der Geburt prämienfreien Versicherungsschutz. Dieser Versicherungsschutz verlängert sich um weitere 6 Monate, wenn Sie die Geburt während der ersten 6 Monate anzeigen.

II. Versicherungssummen

Die Versicherungssummen betragen für:

- Invalidität mit progressiver Invaliditätsstaffel U 500 .... 25.000,00 €
- bei Vollinvalidität .... 125.000,00 €
- Soforthilfe .... 1.000,00 €
- Krankenhaus-Tagegeld .... 12,50 €
- Todesfallleistung .... 1.250,00 €
- Kosmetische Operationen .... 10.000,00 €
- Kosten für Such-, Bergungs- und Rettungseinsätze .... 25.000,00 €

III. Keine Mehrfachversicherung durch mehrere Verträge

Bestehen bei uns mehrere Kinder-Vorsorge-Unfallversicherungen, gewähren wir Leistungen für neugeborene leibliche Kinder nur aus einem dieser Verträge.

Besondere Bedingungen für die Unfallversicherung mit Zuwachs von Leistung und Prämie

Sie haben mit uns eine Unfallversicherung vereinbart, deren Summen und Prämie angepasst werden.

(1) Die Versicherungssummen erhöhen sich jeweils um den Prozentsatz, um den sich der an Ihrem Wohnort geltende Höchstbeitrag in der Deutschen Rentenversicherung erhöht, mindestens aber um 5 %, maximal um 10 %. Die Erhöhung erfolgt jeweils zum Beginn des Versicherungsjahres, das dem Stichtag der Anhebung des Höchstbeitrages folgt oder mit ihm übereinstimmt.

(2) Dabei werden die Versicherungssummen wie folgt aufgerundet:
- für den Invaliditäts- und Todesfall auf volle 1.000 €,
- für die Versicherung der Kosten für kosmetische Operationen auf volle 100 €,
- für die Unfall-Rente auf volle 10 €,
- für die Soforthilfe auf volle 10 €,
- für Tagegeld und Krankenhaustagegeld auf volle 1 Euro.

(3) Folgende Leistungsarten werden nicht erhöht:
- Kosten für Such-, Bergungs- und Rettungskosten
- Assistance-Leistungen

(4) Die erhöhten Versicherungssummen gelten für alle nach dem Erhöhungstermin eintretenden Leistungsfälle. Die Regelungen über die Höchstversicherungssummen sind zu beachten.

(5) Die Prämie erhöht sich im gleichen Verhältnis wie die Versicherungssummen.

(6) Vor dem Erhöhungstermin erhalten Sie eine schriftliche Mitteilung über die Erhöhung. Die Erhöhung entfällt, wenn Sie ihr innerhalb von 6 Wochen nach unserer Mitteilung schriftlich widersprechen. Auf die Frist werden wir Sie hinweisen.

(7) Sie und wir können diese Zuwachsvereinbarung auch für die gesamte Restlaufzeit des Vertrages widerrufen. Der Widerruf muss schriftlich spätestens 3 Monate vor Ablauf des Versicherungsjahres vorliegen.

Tarifauszug zur Einzel-Unfallversicherung

Versicherungsumfang

Unfälle innerhalb und außerhalb des Berufes, Unfälle des täglichen Lebens.

Aufnahmealter/versicherbarer Personenkreis

Tarif 10

Die Versicherung kann abgeschlossen werden für Kinder ab Geburt bis zum vollendeten 16. Lebensjahr. Ziffer 6.1 AUB 2017 ist zu beachten.

Tarif 30

Vollzeitschutz für Personen vom vollendeten 16. bis zum vollendeten 67. Lebensjahr.

Zum Ablauf des Versicherungsjahres, in dem die versicherte Person das 67. Lebensjahr vollendet, wird der Tarif automatisch in den Tarif 50 umgewandelt. Ziffer 6.2 und 6.3 AUB 2017 sind zu beachten.

Tarif 50

Für Rentner/Pensionäre oder gleichgestellte Senioren ab dem vollendeten 50. Lebensjahr.

Tarifbestimmungen für den Einschluss von Unfall-Tagegeld

- Unfall-Tagegeld ab 1. Tag: Abschluss für Selbstständige im Tarif 30 möglich.
- Unfall-Tagegeld ab 15. Tag: Abschluss für Selbstständige und Hausfrauen/-männer im Tarif 30 möglich.
- Unfall-Tagegeld ab 43. Tag: Abschluss für Selbstständige und Arbeitnehmer sowie Hausfrauen/-männer im Tarif 30 möglich.

Bei einem Wechsel der Beschäftigung bleibt das abgeschlossene Tagegeld unverändert, bis längstens die Umstellung in den Tarif 50 erfolgt. Mit der Umstellung in Tarif 50 entfällt das Tagegeld bedingungsgemäß.

Prämien

In der Unfallversicherung hängt die Höhe der Prämien von der beruflichen Tätigkeit ab, denn nicht in jedem Beruf ist das Gefahrenpotenzial gleich groß.

Zu versichernde Personen werden je nach ihrer Berufstätigkeit in die Gefahrengruppe „A" oder „B" eingestuft. Dabei ist es nicht von Belang, ob sie selbstständig, angestellt oder verbeamtet sind.

Für die korrekte Eingruppierung ist der momentan ausgeübte und nicht der erlernte Beruf maßgeblich.

Tätigkeiten wie freiwilliger Wehrdienst, militärische Reserveübungen und befristete soziale Dienste (z. B. Bundesfreiwilligendienst) ändern eine bestehende Gefahrengruppe nicht.

Der Übersichtlichkeit halber haben wir nur die männliche Berufsbezeichnung genannt. Sie gilt auch für Frauen.

---- Auszug aus dem Berufsgruppenverzeichnis ----

GEFAHRENGRUPPE A

Zur Gefahrengruppe A gehören Personen mit kaufmännischer oder verwaltender Berufstätigkeit im Innen- oder Außendienst, Personen mit leitender oder Aufsicht führender Tätigkeit im Betrieb oder auf Baustellen sowie Personen, die im Gesundheitswesen oder in der Schönheitspflege tätig sind, Schüler, Studenten, Arbeitsuchende und Hausmänner.

Zur Gefahrengruppe A gehören insbesondere folgende und vergleichbare Berufe:

- **Kaufmännische Berufe:** Manager, Unternehmer, Geschäftsführer, Kaufleute, Vertreter, Vermittler (z. B. für Banken, Versicherungen), Angestellte der freien Wirtschaft oder der Kirche, Ein- und Verkäufer, Disponenten, Informatiker, IT-/EDV-Fachleute
- **Geistes-, Natur-, Kunst-, Wirtschaftswissenschaftler:** Pädagogen, Physiker, Mathematiker, Juristen, Pastoren, Volks- und Betriebswirte
- **Darstellende und künstlerische Berufe:** Kunstmaler, Musiker, Schriftsteller, Schauspieler
- **Schönheitspflege:** Friseure, Kosmetiker
- **Gesundheitswesen:** Ärzte (auch in Ausbildung), Pfleger, Masseure, Zahntechniker
- **Öffentlicher Dienst:** Angestellte und Beamte ausschließlich mit Verwaltungsaufgaben

GEFAHRENGRUPPE B

Zur Gefahrengruppe B gehören Personen mit körperlicher oder handwerklicher Berufstätigkeit sowie Personen, die mit ätzenden, giftigen, leicht entzündlichen oder explosiblen Stoffen tätig sind. Hierbei erhöht sich die Prämie um 50 %.

Zur Gefahrengruppe B gehören insbesondere folgende und vergleichbare Berufe:

- **Verarbeitung und Produktion:** Baugeräteführer, Bauarbeiter, Betonbauer, Straßenbauer, Tiefbauarbeiter, Dachdecker, Fliesenleger, Gerüstbauer, Klempner, Schlosser, Maurer, Maler, Monteure, Anstreicher, Lackierer, Kfz-Mechaniker, Kfz-Schlosser, Kfz-Elektriker, Zimmerer, Elektriker, Schweißer, Schreiner, Installateure, Pflasterer, Metallarbeiter, Maschinenschlosser, Tischler, Werkzeugmacher, Produktionsarbeiter, Metallbauer, Heizungs-/Lüftungsbauer, Montagearbeiter, Dreher, Industriearbeiter
- **Nahrungs- und Genussmittel:** Bäcker, Fleischer, Brauer
- **Öffentlicher Dienst:** alle Tätigkeiten im Truppen-, Einsatz-, Polizei- oder Vollzugsdienst bei den Hoheitskräften der Bundesrepublik Deutschland, der Länder, Gemeinden und Kommunen, der Justiz und der Feuerwehr, die nicht unter Gefahrengruppe A aufgeführt sind, also nicht ausschließlich mit Verwaltungsaufgaben betraut sind
- **Gastronomie:** Kantinen- und Gastwirte, Kellner, Köche, Servicepersonal, Küchenhilfen
- **Dienstleistung:** Hausmeister
- **Land-/Forstwirtschaft:** Land-/Forstwirte, Landschaftspfleger, Gärtner, Winzer, Tierpfleger, Züchter, Förster, Jäger, Holzfäller
- **Verkehr:** Fahrlehrer, Chauffeure, Kraftfahrer, Busfahrer

Werden planmäßig oder regelmäßig, also nicht nur ausnahmsweise, Tätigkeiten nach Gefahrengruppen A und B ausgeübt, gilt Gefahrengruppe B.

Anfragepflichtige Berufe

Bei folgenden Berufen bzw. Tätigkeiten besteht eine Anfragepflicht bei der Landesdirektion:

- Berufstaucher, Piloten und beruflich fliegendes Personal

Nicht versichert werden Personen mit folgenden Berufstätigkeiten/Beschäftigungen:

- Artisten
- Berufs-, Vertrags- und Lizenzsportler
- Rennfahrer
- Sprengpersonal (einschließlich Munitionssuche und -räumung)
- Stuntmen
- Tierbändiger

Der Vertrag endet automatisch mit Aufnahme der nicht versicherbaren Berufstätigkeit/Beschäftigung. Die ab diesem Zeitpunkt gezahlten Prämien erstatten wir.

Die Mindestprämie, Gebühr

Die Mindestmonatsprämie beträgt 2,50 €, die Mindestjahresprämie 30 €. Eine Ausfertigungsgebühr für den Versicherungsschein wird nicht erhoben.

Ratenzahlung

Als Versicherungsperiode gilt der Zeitraum eines Jahres. Wird die Jahresprämie in Raten entrichtet, so verringert sich die Prämie wie folgt:
- bei monatlicher Zahlung (nur bei Lastschriftverfahren) .... um 0 %
- bei vierteljährlicher Zahlung .... um 2 %
- bei halbjährlicher Zahlung .... um 3 %
- bei jährlicher Zahlung .... um 5 %

Junge-Leute-Nachlass (JuLe)

Personen, die nach dem Tarif 30 versichert sind und das 25. Lebensjahr noch nicht vollendet haben, erhalten einen Junge-Leute-Nachlass in Höhe von 20 %. Der Nachlass endet zum Ablauf des Versicherungsjahres, in dem die versicherte Person das 25. Lebensjahr vollendet.
Wir informieren den Versicherungsnehmer 2 Monate vor Ablauf des Versicherungsjahres über den Wegfall des Junge-Leute-Nachlasses.

Personennachlass

Ab 3 Personen in einem Vertrag wird unabhängig vom abgeschlossenen Tarif ein Nachlass von 15 % gewährt.

Dauernachlass

Die Vertragslaufzeit darf höchstens 3 Jahre betragen. Bei einer 3-jährigen Vertragslaufzeit wird ein Dauernachlass von 10 % gewährt.

Versicherungsteuer

Den im Tarif genannten Prämien ist die gültige Versicherungsteuer hinzuzurechnen. Diese beträgt zzt. 19 %.

Tarifauszug zur Einzel-Unfallversicherung

Höchstversicherungssummen			
Leistungsarten	Höchstversicherungssummen je Person in €		
	Tarif 10	Tarif 30	Tarif 50
Invaliditätsleistung			
• einfache Invaliditätsleistung	750.000	750.000	250.000
• Mehrleistung ab 90 % Inv.-Grad	750.000	750.000	–
• Mehrleistung ab 70 % Inv.-Grad	750.000	750.000	–
• Prog. Invaliditässtaffel Modell 225, 350, 500	500.000	500.000	–
Unfallrente 50/90	3.000	3.000	2.000
Soforthilfe	5.000	5.000	3.000
Tagegeld	–	100	* –
Krankenhaustagegeld	50	100	25
Todesfallleistung	25.000	100.000	25.000
Kosten für kosmetische Operationen	25.000	25.000	25.000
Kosten für Such-, Bergungs- und Rettungseinsätze	25.000	25.000	25.000

* Tagegeld entfällt bei Umstellung in Tarif 50

Auszug aus dem Tarif:

Voraussetzung für einen Vertragsabschluss ist der Abschluss
- einer Invaliditätsleistung in Höhe von mindestens 20.000 € oder
- einer Unfallrente in Höhe von mindestens 200 €.

Eine vereinbarte dynamische Anpassung ermöglicht nicht die Erhöhung über die genannten Höchstversicherungssummen hinaus: Weitere Anpassungen werden für die betreffenden Leistungsarten ausgesetzt.

Bei bedingungsgemäßen Umstellungen versicherter Tarife sind die jeweilig gültigen Höchstversicherungssummen zu berücksichtigen. Notwendige Summenreduzierungen auf die maximale Höchstversicherungssumme erfolgen automatisch.

Prämien zur Unfallversicherung p. a. ohne VST					
Versicherungssummen in €		Tarif 10 Kinder ab Geburt bis zum vollendeten 16. Lj.	Tarif 30 Vollzeitschutz für Personen ab dem vollendeten 16. Lj. bis zum vollendeten 67 Lj.		Tarif 50 Personen ab dem vollendeten 50. Lj.
			Gefahrengruppe A	Gefahrengruppe B	
Invalidität d. Unfall					
• einfache Invaliditätsleistung	1.000,00	0,80	1,32	1,98	2,10
• Mehrleistung ab 90 % Inv.-Grad	1.000,00	0,99	1,66	2,49	–
• Mehrleistung ab 70 % Inv.-Grad	1.000,00	1,09	1,82	2,73	–
• mit Progression					
Staffel Modell 225	1.000,00	1,29	2,16	3,24	–
Staffel Modell 350	1.000,00	1,62	2,70	4,05	–
Staffel Modell 500	1.000,00	1,76	2,94	4,41	–
Unfallrente 50/90	10,00	1,20	2,00	3,00	2,40
Soforthilfe	1.000,00	24,00	24,00	36,00	48,00
Tagegeld					
ab 1. Tag	1,00	–	10,60	15,90	* –
ab 15. Tag	1,00	–	8,40	12,60	* –
ab 43. Tag	1,00	–	6,68	10,02	* –
Krankenhaustagegeld	1,00	0,49	0,82	1,23	0,98
Todesfallleistung	1.000,00	0,99	1,66	2,49	1,99
Kosten für kosmetische Operationen	1.000,00	0,51	0,86	1,29	1,03
Assistance-Leistungen		–	–	–	86,52
Kosten für Such-, Bergungs- oder Rettungseinsätze		bis 25.000 in allen Tarifen prämienfrei			

* Tagegeld entfällt bei Umstellung in Tarif 50

Antrag auf Unfallversicherung - Auszug

Sämtliche verwendete Personenbezeichnungen sind geschlechtsneutral formuliert.

Proximus Versicherung

Vermittler/Vermittler-Nr. Versicherungsschein-Nr. Antragseingang

Antragsnummer

Zutreffendes bitte ankreuzen. Striche, sonstige Zeichen oder **Nichtbeantwortung** gelten als **Verneinung**.

Antragsteller/Versicherungsnehmer

Anrede ○ Herr ○ Frau

Besondere Anredetitel

Name

Geburtsname

Vorname

Staatsangehörigkeit   Geburtsdatum

Straße, Haus-Nr.

Geburtsort

Postleitzahl, Wohnort

Berufliche Tätigkeit *(genaue Bezeichnung)*

Branche

○ angestellt   ○ selbstständig   ○ öffentlicher Dienst

Telefon (privat)   Telefon (geschäftlich)   Telefon (mobil)   E-Mail

Vermittlerklausel, Kontaktdaten, Kommunikation:

○ Ich bin damit einverstanden, dass Mitarbeiter der Proximus Versicherung AG und der mich betreuende Vermittler meine Kontaktdaten aus diesem Antrag für die Kommunikation im Rahmen der regelmäßigen Kundenbetreuung nutzen dürfen. Erfasst sind neben allen meinen Versicherungsvertrag betreffenden Kontakten auch solche, die auf die inhaltliche Änderung, insbesondere Verlängerung, Ausweitung oder Ergänzung des bestehenden Vertragsverhältnisses sowie auf den Neuabschluss weiterer Verträge bei der Proximus Versicherung AG gerichtet sind. Die Einwilligung nach diesem Absatz kann ich ohne Einfluss auf den Vertrag auch in Teilen streichen oder jederzeit widerrufen.

Besondere Vereinbarungen bzw. Bemerkungen

Mündliche Vereinbarungen haben keine Gültigkeit. Besondere Vereinbarungen bedürfen der schriftlichen Bestätigung durch die Gesellschaft.

Zu versichernde Personen

	Vorname, Name	m	w	Geburtsdatum	Berufliche Tätigkeit	selbstständig	Gefahrengruppe	
1		○	○			○	○ A	○ B
2		○	○			○	○ A	○ B
3		○	○			○	○ A	○ B

Beantragter Tarif

Tarif-Variante	Person 1	Person 2	Person 3	Person 4
10	○	○	○	○
30	○	○	○	○
50	○	○	○	○

Beantragter Versicherungsschutz

mit Zuwachs von Leistung und Prämie (Dynamik)

○ Ich wünsche keine Dynamik

Leistungsarten	Person 1		Person 2		Person 3		Person 4	
	Vers.-Summe	Prämie	Vers.-Summe	Prämie	Vers.-Summe	Prämie	Vers.-Summe	Prämie
einfache Invaliditätsleistung								
Invalidität Mehrleistung 70 %								
Invalidität Mehrleistung 90 %								
Invalidität mit Progression 225								
Invalidität mit Progression 350								
Invalidität mit Progression 500								
Unfallrente 50/90								
Soforthilfe								

Fortführung auf Seite 2

TA
Antrag auf Unfallversicherung – Auszug

Leistungsarten	Person 1		Person 2		Person 3		Person 4	
	Vers.-Summe	Prämie	Vers.-Summe	Prämie	Vers.-Summe	Prämie	Vers.-Summe	Prämie
Tagegeld ab 1. Tag								
Tagegeld ab 15. Tag								
Tagegeld ab 43. Tag								
Krankenhaustagegeld								
Todesfallleistung								
Kosmetische Operationen								
Assistance								
Kosten für Such-, Bergungs- und Rettungseinsätze	25.000 € prämienfrei		25.000 € prämienfrei		25.000 € prämienfrei		25.000 € prämienfrei	
Nettojahresprämie								
Prämienberechnung	Gesamtjahresnettoprämie aller versicherten Personen							
	– Junge-Leute-Nachlass 20 %							
	– Personennachlass (ab 3 Personen 15 %)							
	– Dauernachlass (3 Jahre 10 %)							
	– Abschlag gemäß Zahlungsweise							
	+ Versicherungsteuer							
	Gesamtjahresbruttoprämie in €							
	Gesamtbruttoprämie gemäß Zahlungsweise in €							

Antragsfragen Leiden oder litten Sie an einer der folgenden Erkrankungen, Gebrechen oder Funktionsstörungen?

	Person 1		Person 2		Person 3		Person 4	
	ja	nein	ja	nein	ja	nein	ja	nein
Pflegebedürftigkeit (ab Pflegegrad 1)	○	○	○	○	○	○	○	○
Psychosen	○	○	○	○	○	○	○	○
Morbus Parkinson	○	○	○	○	○	○	○	○
Manische Depression	○	○	○	○	○	○	○	○
Demenz	○	○	○	○	○	○	○	○
Angeborene erhöhte Blutungsneigung (Bluter)	○	○	○	○	○	○	○	○
Glasknochenkrankheit	○	○	○	○	○	○	○	○
Ausgeprägte Osteoporose (Knochenschwund)	○	○	○	○	○	○	○	○
Diabetes	○	○	○	○	○	○	○	○
Sehbeeinträchtigung von mind. 6 Dioptrien	○	○	○	○	○	○	○	○

Bei Vorliegen einer dieser Erkrankungen, Gebrechen oder Funktionsstörungen ist eine individuelle Risikoprüfung durch die Direktion erforderlich.

Bezugsberechtigung bei Tod durch Unfall

Für versicherte Person* soll widerruflich bezugsberechtigt sein: Vorname, Name, Geburtsdatum

1 _____

2 _____

3 _____

4 _____

* Bei der Versicherung von Minderjährigen ist die gesetzliche Erbfolge zu vereinbaren oder die Zustimmung des Vormundschaftsgerichtes erforderlich.

Zahlungsweise	Nachlass:	○ jährlich 5 %	○ halbjährlich 3 %	○ vierteljährlich 2 %	○ monatlich 0 %

Vertragsdauer Versicherungsbeginn - 0:00 Uhr - | | | 2 | 0 | | Versicherungsablauf - 24:00 Uhr - | | | 2 | 0 | |

Die Verträge verlängern sich stillschweigend nach Ablauf der vereinbarten Dauer jeweils von Jahr zu Jahr, wenn nicht spätestens 3 Monate vor Ablauf der anderen Partei eine schriftliche Kündigung zugegangen ist.

Bei einer Vertragsdauer von 3 Jahren wird ein Dauernachlass von 10 % gewährt.

SEPA-Lastschriftmandat – das Mandat für wiederkehrende Zahlungen

Ich ermächtige die Proximus Versicherung AG, die von der Proximus Versicherung AG auf mein Konto gezogenen Lastschriften einzulösen. Die Mandatsreferenz teilt mir/uns die Proximus Versicherung AG vor der ersten Abbuchung mit.

Zahlungsempfänger: Proximus Versicherung AG
Gläubiger-ID: xxxxxxxxxxxxxxxxxxxxxxxxxxxxxxx

Name, Vorname: Antragsteller

Name, Vorname: Kontoinhaber
(falls vom Antragsteller abweichend)

Anschrift: Kontoinhaber

BIC *(8 oder 11 Stellen)*

IBAN *(22 Stellen)*

Name des Kreditinstitutes

Datum/Unterschrift: Antragsteller

Datum/Unterschrift: Kontoinhaber

Hinweis Ich kann innerhalb von 8 Wochen, beginnend mit dem Belastungsdatum, die Erstattung des belasteten Betrages verlangen. Es gelten dabei die mit meinem Kreditinstitut vereinbarten Bedingungen.
Vor dem ersten Einzug einer SEPA-Lastschrift wird mich die Proximus Versicherung AG über den Einzug unterrichten.

Datenverarbeitung Mit der Datenverarbeitung durch den Versicherer bin ich einverstanden.

Widerrufsrecht Sie können Ihren Antrag nach Zugang des Versicherungsscheins widerrufen. Nähere Hinweise können Sie den „Versicherungsinformationen" entnehmen. Eine Belehrung über das Widerrufsrecht sowie die Rechtsfolgen des Widerrufs erhalten Sie mit dem Versicherungsschein.

Empfangsbestätigung Ich habe die diesem Vertrag zugrunde liegenden Produkt- und Kundeninformationen, das Merkblatt zur Datenverarbeitung, die Versicherungsbedingungen und die Klauseln erhalten. Eine Durchschrift ist mir nach Unterzeichnung ausgehändigt worden. Von den Hinweisen habe ich Kenntnis genommen.

Belehrung über vorvertragliche Anzeigepflicht nach § 19 Versicherungsvertragsgesetz

Bitte beachten Sie, dass Sie gemäß § 19 des Versicherungsvertragsgesetzes (VVG) verpflichtet sind, dem Versicherer bis zur Abgabe Ihrer Vertragserklärung alle Ihnen bekannten Umstände, die für die Übernahme des Versicherungsschutzes von Bedeutung sind und nach denen in Textform gefragt wird, nach bestem Wissen sorgfältig, wahrheitsgemäß und vollständig zu beantworten.
Bitte beantworten Sie unsere Fragen unbedingt zutreffend und vollständig, da wir sonst von dem Vertrag zurücktreten oder den Vertrag vorzeitig kündigen können und Sie dann Ihren Versicherungsschutz gefährden.
Ich bestätige die Richtigkeit der Angaben. Die Rechtsfolgen bei Verletzung der vorvertraglichen Anzeigepflicht habe ich gelesen.

Datum/Unterschrift Antragsteller
(bei Minderjährigen Mitunterschrift der gesetzlichen Vertreter)

Datum/Unterschrift Vermittler

Datum/Unterschrift versicherte Person/en
(bei Fremdversicherung)

Vertragsspiegel Unfallversicherung

Antragsteller/Versicherungsnehmer	Name	Vorname	Geburtsdatum	Beruf	A = angestellt S = selbstständig B = öffentlicher Dienst
Ehepartner	Name	Vorname	Geburtsdatum	Beruf	A = angestellt S = selbstständig B = öffentlicher Dienst
Kinder	Name	Vorname	Geburtsdatum	Beruf	A = angestellt S = selbstständig B = öffentlicher Dienst
Anschrift					

Versicherungsnachweis

Versicherungsnummer		Zahlungsweise	
Bedingungen		Prämie	
Beginn		Fälligkeit	
Ablauf		Prämienkonto	

Versicherte Personen

	Person 1	Person 2	Person 3	Person 4
Vorname				
Name				
Geburtsdatum				
Berufliche Tätigkeit				
Gefahrengruppe				
Tarif				

Versicherungsleistungen/-summen

	Person 1	Person 2	Person 3	Person 4
Invaliditätsleistungen				
Einfache Invaliditätsleistung				
Mehrleistung ab 90 % Inv.-Grad				
Mehrleistung ab 70 % Inv.-Grad				
225 Prog.				
350 Prog.				
500 Prog.				
Unfallrente 50/90				
Soforthilfe				
Tagegeld				
ab 1. Tag				
ab 15. Tag				
ab 43. Tag				
Krankenhaus-Tagegeld				
Todesfallleistung				
Kosten für kosmetische Operationen				
Kosten für Such,- Bergungs- oder Rettungseinsätze max. 25.000 € pro Versicherungsfall				
Assistance-Leistungen	○ ja ○ nein	○ ja ○ nein	○ ja ○ nein	○ ja ○ nein
Dynamik				
Schriftwechsel der letzten 6 Monate				
Vorerkrankungen/Vorinvalidität/Gebrechen				
Besondere Risiken durch Hobby/Beruf				

KRANKEN

BEDINGUNGEN

Allgemeine Versicherungsbedingungen (AVB)	200
Bedingungsteil MB/KK 2009 für die Krankheitskostenversicherung und für die Krankenhaustagegeldversicherung	200
Bedingungsteil MB/KT 2009 für die Krankentagegeldversicherung	207
Bedingungsteil MB/PPV 2017 für die Private Pflegepflichtversicherung	213
Bedingungsteil MB/GEPV 2017 für die staatlich geförderte ergänzende Pflegeversicherung	225
Bedingungsteil MB/EPV 2017 für Ergänzungsversicherungen zur privaten und zur sozialen Pflegepflichtversicherung – Auszug	231
Bedingungsteil MB/ST 2009 für den Standardtarif – Auszug	233
Bedingungsteil AVB/BT 2009 für den Basistarif	234
Bedingungsteil AVB/NLT 2013 für den Notlagentarif	242

TARIFE & MATERIALIEN

Tarifbedingungen für die Krankheitskostenversicherung (A, S, Z, KPT, AEV, SEV, ZEV, BA, BS, BZ) und für die Krankenhaustagegeldversicherung (KHT)	248
Tarifbedingungen für die Krankentagegeldversicherung (KT)	250
Tarifbedingungen für die Pflegeversicherung mit den Tarifstufen PVN und PVB	252
Tarifbedingungen für das Pflegetagegeld (PET)	256
Tarifbedingungen für die Beitragsentlastungsvereinbarung (BEV)	256
Tarifbedingungen für den Standardtarif (ST)	257
Tarifbedingungen für den Basistarif (BT)	258
Tarifbedingungen für den Notlagentarif (NLT)	268
Tarifbedingungen für die Anwartschaftsvereinbarung (AWV)	272
Annahmerichtlinien und Risikoliste der Proximus Krankenversicherung AG - Auszug	273
Tabellarische Übersichten der zu ersetzenden Leistungshöhen und Summenbegrenzungen sämtlicher Tarife	276
Tarife der Krankheitskostenvollversicherung	280
Tarife des Krankentagegeldes	287
Tarife der Krankenergänzungsversicherung	288
Antrag auf Krankenversicherung - Auszug	292
Vertragsspiegel Krankenversicherung	298

Allgemeine Versicherungsbedingungen (AVB)

Bedingungsteil MB/KK 2009 für die Krankheitskostenversicherung und für die Krankenhaustagegeldversicherung

Die AVB umfassen Musterbedingungen 2009 – MB/KK 2009 – des Verbandes der Privaten Krankenversicherung (Stand: Januar 2017)

Der Versicherungsschutz

§ 1 Gegenstand, Umfang und Geltungsbereich des Versicherungsschutzes 200
§ 2 Beginn des Versicherungsschutzes 201
§ 3 Wartezeiten 201
§ 4 Umfang der Leistungspflicht 201
§ 5 Einschränkung der Leistungspflicht 202
§ 6 Auszahlung der Versicherungsleistungen 202
§ 7 Ende des Versicherungsschutzes 202

Pflichten des Versicherungsnehmers

§ 8 Beitragszahlung 202
§ 8a Beitragsberechnung 203
§ 8b Beitragsanpassung 203
§ 9 Obliegenheiten 204
§ 10 Folgen von Obliegenheitsverletzungen 204
§ 11 Obliegenheiten und Folgen bei Obliegenheitsverletzungen bei Ansprüchen gegen Dritte 204
§ 12 Aufrechnung 204

Ende der Versicherung

§ 13 Kündigung durch den Versicherungsnehmer 204
§ 14 Kündigung durch den Versicherer 205
§ 15 Sonstige Beendigungsgründe 205

Sonstige Bestimmungen

§ 16 Willenserklärungen und Anzeigen 205
§ 17 Gerichtsstand 205
§ 18 Änderungen der Allgemeinen Versicherungsbedingungen 206
§ 19 Wechsel in den Standardtarif 206
§ 20 Wechsel in den Basistarif 206

Der Versicherungsschutz

§ 1 Gegenstand, Umfang und Geltungsbereich des Versicherungsschutzes

(1) Der Versicherer bietet Versicherungsschutz für Krankheiten, Unfälle und andere im Vertrag genannte Ereignisse. Er erbringt, sofern vereinbart, damit unmittelbar zusammenhängende zusätzliche Dienstleistungen. Im Versicherungsfall erbringt der Versicherer

(a) in der Krankheitskostenversicherung Ersatz von Aufwendungen für Heilbehandlung und sonst vereinbarte Leistungen,

(b) in der Krankenhaustagegeldversicherung bei stationärer Heilbehandlung ein Krankenhaustagegeld.

(2) Versicherungsfall ist die medizinisch notwendige Heilbehandlung einer versicherten Person wegen Krankheit oder Unfallfolgen. Der Versicherungsfall beginnt mit der Heilbehandlung; er endet, wenn nach medizinischem Befund Behandlungsbedürftigkeit nicht mehr besteht. Muss die Heilbehandlung auf eine Krankheit oder Unfallfolge ausgedehnt werden, die mit der bisher behandelten nicht ursächlich zusammenhängt, so entsteht insoweit ein neuer Versicherungsfall. Als Versicherungsfall gelten auch

(a) Untersuchung und medizinisch notwendige Behandlung wegen Schwangerschaft und die Entbindung,

(b) ambulante Untersuchungen zur Früherkennung von Krankheiten nach gesetzlich eingeführten Programmen (gezielte Vorsorgeuntersuchungen),

(c) Tod, soweit hierfür Leistungen vereinbart sind.

(3) Der Umfang des Versicherungsschutzes ergibt sich aus dem Versicherungsschein, späteren schriftlichen Vereinbarungen, den Allgemeinen Versicherungsbedingungen (Musterbedingungen mit Anhang, Tarif mit Tarifbedingungen) sowie den gesetzlichen Vorschriften. Das Versicherungsverhältnis unterliegt deutschem Recht.

(4) Der Versicherungsschutz erstreckt sich auf Heilbehandlung in Europa. Er kann durch Vereinbarung auf außereuropäische Länder ausgedehnt werden (vgl. aber § 15 Abs. 3). Während des ersten Monats eines vorübergehenden Aufenthaltes im außereuropäischen Ausland besteht auch ohne besondere Vereinbarung Versicherungsschutz. Muss der Aufenthalt wegen notwendiger Heilbehandlung über einen Monat hinaus ausgedehnt werden, besteht Versicherungsschutz, solange die versicherte Person die Rückreise nicht ohne Gefährdung ihrer Gesundheit antreten kann, längstens aber für weitere 2 Monate.

(5) Verlegt eine versicherte Person ihren gewöhnlichen Aufenthalt in einen anderen Mitgliedstaat der Europäischen Union oder in einen anderen Vertragsstaat des Abkommens über den Europäischen Wirtschaftsraum, so setzt sich das Versicherungsverhältnis mit der Maßgabe fort, dass der Versicherer höchstens zu denjenigen Leistungen verpflichtet bleibt, die er bei einem Aufenthalt im Inland zu erbringen hätte.

(6) Der Versicherungsnehmer kann die Umwandlung der Versicherung in einen gleichartigen Versicherungsschutz verlangen, sofern die versicherte Person die Voraussetzungen für die Versicherungsfähigkeit erfüllt. Der Versicherer nimmt den Antrag auf Umwandlung in angemessener Frist an. Die erworbenen Rechte bleiben erhalten; die nach den technischen Berechnungsgrundlagen gebildete Rückstellung für das mit dem Alter der versicherten Person wachsende Wagnis (Alterungsrückstellung) wird nach Maßgabe dieser Berechnungsgrundlagen angerechnet. Soweit der neue Versicherungsschutz höher oder umfassender ist, kann insoweit ein Risikozuschlag (§ 8a Abs. 3 und 4) verlangt oder ein Leistungsausschluss vereinbart werden; ferner sind für den hinzukommenden Teil des Versicherungsschutzes Wartezeiten (§ 3 Abs. 6) einzuhalten. Der Umwandlungsanspruch besteht bei Anwartschafts- und Ruhensversicherungen nicht, solange der Anwartschaftsgrund bzw. der Ruhensgrund nicht entfallen ist, und nicht bei befristeten Versicherungsverhältnissen. Die Umwandlung des Versicherungsschutzes aus einem Tarif, bei dem die Beiträge geschlechtsunabhängig kalkuliert werden, in einen Tarif, bei dem dies nicht der Fall ist, ist ausgeschlossen. Eine Umwandlung des Versicherungsschutzes in den Notlagentarif nach § 153 Versicherungsaufsichtsgesetz (VAG) ist ebenfalls ausgeschlossen.

§ 2 Beginn des Versicherungsschutzes

(1) Der Versicherungsschutz beginnt mit dem im Versicherungsschein bezeichneten Zeitpunkt (Versicherungsbeginn), jedoch nicht vor Abschluss des Versicherungsvertrages (insbesondere Zugang des Versicherungsscheines oder einer schriftlichen Annahmeerklärung) und nicht vor Ablauf von Wartezeiten. Für Versicherungsfälle, die vor Beginn des Versicherungsschutzes eingetreten sind, wird nicht geleistet. Nach Abschluss des Versicherungsvertrages eingetretene Versicherungsfälle sind nur für den Teil von der Leistungspflicht ausgeschlossen, der in die Zeit vor Versicherungsbeginn oder in Wartezeiten fällt. Bei Vertragsänderungen gelten die Sätze 1 bis 3 für den hinzukommenden Teil des Versicherungsschutzes.

(2) Bei Neugeborenen beginnt der Versicherungsschutz ohne Risikozuschläge und ohne Wartezeiten ab Vollendung der Geburt, wenn am Tage der Geburt ein Elternteil mindestens 3 Monate beim Versicherer versichert ist und die Anmeldung zur Versicherung spätestens 2 Monate nach dem Tage der Geburt rückwirkend erfolgt. Der Versicherungsschutz darf nicht höher oder umfassender als der eines versicherten Elternteils sein.

(3) Der Geburt eines Kindes steht die Adoption gleich, sofern das Kind im Zeitpunkt der Adoption noch minderjährig ist. Mit Rücksicht auf ein erhöhtes Risiko ist die Vereinbarung eines Risikozuschlages bis zur einfachen Beitragshöhe zulässig.

§ 3 Wartezeiten

(1) Die Wartezeiten rechnen vom Versicherungsbeginn an.

(2) Die allgemeine Wartezeit beträgt 3 Monate.

Sie entfällt

(a) bei Unfällen;

(b) für den Ehegatten oder den Lebenspartner gemäß § 1 Lebenspartnerschaftsgesetz einer mindestens seit 3 Monaten versicherten Person, sofern eine gleichartige Versicherung innerhalb von 2 Monaten nach der Eheschließung bzw. Eintragung der Lebenspartnerschaft beantragt wird.

(3) Die besonderen Wartezeiten betragen für Entbindung, Psychotherapie, Zahnbehandlung, Zahnersatz und Kieferorthopädie 8 Monate.

(4) Sofern der Tarif es vorsieht, können die Wartezeiten aufgrund besonderer Vereinbarung erlassen werden, wenn ein ärztliches Zeugnis über den Gesundheitszustand vorgelegt wird.

(5) Personen, die aus der gesetzlichen Krankenversicherung oder aus einem anderen Vertrag über eine Krankheitskostenvollversicherung ausgeschieden sind, wird die nachweislich dort ununterbrochen zurückgelegte Versicherungszeit auf die Wartezeiten angerechnet. Voraussetzung ist, dass die Versicherung spätestens 2 Monate nach Beendigung der Vorversicherung beantragt wurde und der Versicherungsschutz in Abweichung von § 2 Abs. 1 in unmittelbarem Anschluss beginnen soll. Entsprechendes gilt beim Ausscheiden aus einem öffentlichen Dienstverhältnis mit Anspruch auf Heilfürsorge.

(6) Bei Vertragsänderungen gelten die Wartezeitregelungen für den hinzukommenden Teil des Versicherungsschutzes.

§ 4 Umfang der Leistungspflicht

(1) Art und Höhe der Versicherungsleistungen ergeben sich aus dem Tarif mit Tarifbedingungen.

(2) Der versicherten Person steht die Wahl unter den niedergelassenen approbierten Ärzten und Zahnärzten frei. Soweit die Tarifbedingungen nichts anderes bestimmen, dürfen Heilpraktiker im Sinne des deutschen Heilpraktikergesetzes in Anspruch genommen werden.

(3) Arznei-, Verband-, Heil- und Hilfsmittel müssen von den in Abs. 2 genannten Behandelnden verordnet, Arzneimittel außerdem aus der Apotheke bezogen werden.

(4) Bei medizinisch notwendiger stationärer Heilbehandlung hat die versicherte Person freie Wahl unter den öffentlichen und privaten Krankenhäusern, die unter ständiger ärztlicher Leitung stehen, über ausreichende diagnostische und therapeutische Möglichkeiten verfügen und Krankengeschichten führen.

(5) Für medizinisch notwendige stationäre Heilbehandlung in Krankenanstalten, die auch Kuren bzw. Sanatoriumsbehandlung durchführen oder Rekonvaleszenten aufnehmen, im Übrigen aber die Voraussetzungen von Abs. 4 erfüllen, werden die tariflichen Leistungen nur dann gewährt, wenn der Versicherer diese vor Beginn der Behandlung schriftlich zugesagt hat. Bei Tbc-Erkrankungen wird in vertraglichem Umfange auch für die stationäre Behandlung in Tbc-Heilstätten und -Sanatorien geleistet.

(6) Der Versicherer leistet im vertraglichen Umfang für Untersuchungs- oder Behandlungsmethoden und Arzneimittel, die von der Schulmedizin überwiegend anerkannt sind. Er leistet darüber hinaus für Methoden und Arzneimittel, die sich in der Praxis als ebenso erfolgversprechend bewährt haben oder die angewandt werden, weil keine schulmedizinischen Methoden oder Arzneimittel zur Verfügung stehen; der Versicherer kann jedoch seine Leistungen auf den Betrag herabsetzen, der bei der Anwendung vorhandener schulmedizinischer Methoden oder Arzneimittel angefallen wäre.

(7) Vor Beginn einer Heilbehandlung, deren Kosten voraussichtlich 2.000 € überschreiten werden, kann der Versicherungsnehmer in Textform Auskunft über den Umfang des Versicherungsschutzes für die beabsichtigte Heilbehandlung verlangen. Der Versicherer erteilt die Auskunft spätestens nach 4 Wochen; ist die Durchführung der Heilbehandlung dringend, wird die Auskunft unverzüglich, spätestens nach 2 Wochen, erteilt. Der Versicherer geht dabei auf einen vorgelegten Kostenvoranschlag und andere Unterlagen ein. Die Frist beginnt mit Eingang des Auskunftsverlangens beim Versicherer. Ist die Auskunft innerhalb der Frist nicht erteilt, wird bis zum Beweis des Gegenteils durch den Versicherer vermutet, dass die beabsichtigte medizinische Heilbehandlung notwendig ist.

(8) Der Versicherer gibt auf Verlangen des Versicherungsnehmers oder der versicherten Person Auskunft über und Einsicht in Gutachten oder Stellungnahmen, die der Versicherer bei der Prüfung der Leistungspflicht über die Notwendigkeit einer medizinischen Behandlung eingeholt hat. Wenn der Auskunft an oder der Einsicht durch den Versicherungsnehmer oder die versicherte Person erhebliche therapeutische Gründe oder sonstige erhebliche Gründe entgegenstehen, kann nur verlangt werden, einem benannten Arzt oder Rechtsanwalt Auskunft oder Einsicht zu geben. Der Anspruch kann nur von der jeweils betroffenen Person oder ihrem gesetzlichen Vertreter geltend gemacht werden. Hat der Versicherungsnehmer das Gutachten oder die Stellungnahme auf Veranlassung des Versicherers eingeholt, erstattet der Versicherer die entstandenen Kosten.

Allgemeine Versicherungsbedingungen (AVB)
Bedingungsteil MB/KK 2009 für die Krankheitskostenversicherung und für die Krankenhaustagegeldversicherung

§ 5 Einschränkung der Leistungspflicht

(1) Keine Leistungspflicht besteht

(a) für solche Krankheiten einschließlich ihrer Folgen sowie für Folgen von Unfällen und für Todesfälle, die durch Kriegsereignisse verursacht oder als Wehrdienstbeschädigung anerkannt und nicht ausdrücklich in den Versicherungsschutz eingeschlossen sind;

(b) für auf Vorsatz beruhende Krankheiten und Unfälle einschließlich deren Folgen sowie für Entziehungsmaßnahmen einschließlich Entziehungskuren;

(c) für Behandlung durch Ärzte, Zahnärzte, Heilpraktiker und in Krankenanstalten, deren Rechnungen der Versicherer aus wichtigem Grunde von der Erstattung ausgeschlossen hat, wenn der Versicherungsfall nach der Benachrichtigung des Versicherungsnehmers über den Leistungsausschluss eintritt. Sofern im Zeitpunkt der Benachrichtigung ein Versicherungsfall schwebt, besteht keine Leistungspflicht für die nach Ablauf von 3 Monaten seit der Benachrichtigung entstandenen Aufwendungen;

(d) für Kur- und Sanatoriumsbehandlung sowie für Rehabilitationsmaßnahmen der gesetzlichen Rehabilitationsträger, wenn der Tarif nichts anderes vorsieht;

(e) für ambulante Heilbehandlung in einem Heilbad oder Kurort. Die Einschränkung entfällt, wenn die versicherte Person dort ihren ständigen Wohnsitz hat oder während eines vorübergehenden Aufenthaltes durch eine vom Aufenthaltszweck unabhängige Erkrankung oder einen dort eingetretenen Unfall Heilbehandlung notwendig wird;

(f) Gestrichen

(g) für Behandlungen durch Ehegatten, Lebenspartner gemäß § 1 Lebenspartnerschaftsgesetz, Eltern oder Kinder. Nachgewiesene Sachkosten werden tarifgemäß erstattet;

(h) für eine durch Pflegebedürftigkeit oder Verwahrung bedingte Unterbringung.

(2) Übersteigt eine Heilbehandlung oder sonstige Maßnahme, für die Leistungen vereinbart sind, das medizinisch notwendige Maß, so kann der Versicherer seine Leistungen auf einen angemessenen Betrag herabsetzen. Stehen die Aufwendungen für die Heilbehandlung oder sonstigen Leistungen in einem auffälligen Missverhältnis zu den erbrachten Leistungen, ist der Versicherer insoweit nicht zur Leistung verpflichtet.

(3) Besteht auch Anspruch auf Leistungen aus der gesetzlichen Unfallversicherung oder der gesetzlichen Rentenversicherung, auf eine gesetzliche Heilfürsorge oder Unfallfürsorge, so ist der Versicherer, unbeschadet der Ansprüche des Versicherungsnehmers auf Krankenhaustagegeld, nur für die Aufwendungen leistungspflichtig, welche trotz der gesetzlichen Leistungen notwendig bleiben.

(4) Hat die versicherte Person wegen desselben Versicherungsfalles einen Anspruch gegen mehrere Erstattungsverpflichtete, darf die Gesamterstattung die Gesamtaufwendungen nicht übersteigen.

§ 6 Auszahlung der Versicherungsleistungen

(1) Der Versicherer ist zur Leistung nur verpflichtet, wenn die von ihm geforderten Nachweise erbracht sind; diese werden Eigentum des Versicherers.

(2) Im Übrigen ergeben sich die Voraussetzungen für die Fälligkeit der Leistungen des Versicherers aus § 14 VVG.

(3) Der Versicherer ist verpflichtet, an die versicherte Person zu leisten, wenn der Versicherungsnehmer ihm diese in Textform als Empfangsberechtigte für deren Versicherungsleistungen benannt hat. Liegt diese Voraussetzung nicht vor, kann nur der Versicherungsnehmer die Leistung verlangen.

(4) Die in ausländischer Währung entstandenen Krankheitskosten werden zum Kurs des Tages, an dem die Belege beim Versicherer eingehen, in Euro umgerechnet.

(5) Kosten für die Überweisung der Versicherungsleistungen und für Übersetzungen können von den Leistungen abgezogen werden.

(6) Ansprüche auf Versicherungsleistungen können weder abgetreten noch verpfändet werden.

§ 7 Ende des Versicherungsschutzes

Der Versicherungsschutz endet – auch für schwebende Versicherungsfälle – mit der Beendigung des Versicherungsverhältnisses.

Pflichten des Versicherungsnehmers

§ 8 Beitragszahlung

(1) Der Beitrag ist ein Jahresbeitrag und wird vom Versicherungsbeginn an berechnet. Er ist zu Beginn eines jeden Versicherungsjahres zu entrichten, kann aber auch in gleichen monatlichen Beitragsraten gezahlt werden, die jeweils bis zur Fälligkeit der Beitragsrate als gestundet gelten. Die Beitragsraten sind am Ersten eines jeden Monats fällig. Wird der Jahresbeitrag während des Versicherungsjahres neu festgesetzt, so ist der Unterschiedsbetrag vom Änderungszeitpunkt an bis zum Beginn des nächsten Versicherungsjahres nachzuzahlen bzw. zurückzuzahlen.

(2) Wird der Vertrag für eine bestimmte Zeit mit der Maßgabe geschlossen, dass sich das Versicherungsverhältnis nach Ablauf dieser bestimmten Zeit stillschweigend um jeweils ein Jahr verlängert, sofern der Versicherungsnehmer nicht fristgemäß gekündigt hat, so kann der Tarif anstelle von Jahresbeiträgen Monatsbeiträge vorsehen. Diese sind am Ersten eines jeden Monats fällig.

(3) Wird der Versicherungsvertrag über eine der Erfüllung der Pflicht zur Versicherung dienende Krankheitskostenversicherung (§ 193 Abs. 3 VVG) später als einen Monat nach Entstehen der Pflicht zur Versicherung beantragt, ist ein Beitragszuschlag in Höhe eines Monatsbeitrags für jeden weiteren angefangenen Monat der Nichtversicherung zu entrichten, ab dem sechsten Monat der Nichtversicherung für jeden weiteren angefangenen Monat der Nichtversicherung ein Sechstel des Monatsbeitrags. Kann die Dauer der Nichtversicherung nicht ermittelt werden, ist davon auszugehen, dass der Versicherte mindestens 5 Jahre nicht versichert war; Zeiten vor dem 1. Januar 2009 werden nicht berücksichtigt. Der Beitragszuschlag ist einmalig zusätzlich zum laufenden Beitrag zu entrichten. Der Versicherungsnehmer kann vom Versicherer die Stundung des Beitragszuschlags verlangen, wenn den Interessen des Versicherers durch die Vereinbarung einer angemessenen Ratenzahlung Rechnung getragen werden kann. Der gestundete Betrag wird verzinst.

(4) Der erste Beitrag bzw. die erste Beitragsrate ist, sofern nicht anders vereinbart, unverzüglich nach Ablauf von 14 Tagen nach Zugang des Versicherungsscheines zu zahlen.

(5) Kommt der Versicherungsnehmer mit der Zahlung einer Beitragsrate in Verzug, so werden die gestundeten Beitragsraten des laufenden Versicherungsjahres fällig. Sie gelten jedoch erneut als gestundet, wenn der rückständige Beitragsteil einschließlich der Beitragsrate für den am Tage der Zahlung laufenden Monat und die Mahnkosten entrichtet sind.

(6) Ist der Versicherungsnehmer bei einer der Erfüllung der Pflicht zur Versicherung dienenden Krankheitskostenversicherung (§ 193 Abs. 3 VVG) mit einem Betrag in Höhe von Beitragsanteilen für 2 Monate im Rückstand, mahnt ihn der Versicherer. Der Versicherungsnehmer hat für jeden angefangenen Monat eines Beitragsrückstandes einen Säumniszuschlag von 1 % des Beitragsrückstandes sowie Mahnkosten in nachgewiesener Höhe, mindestens 5 € je Mahnung, zu entrichten. Ist der Beitragsrückstand einschließlich der Säumniszuschläge 2 Monate nach Zugang dieser Mahnung noch höher als der Beitragsanteil für einen Monat, mahnt der Versicherer unter Hinweis auf das mögliche Ruhen des Versicherungsvertrages ein zweites Mal. Ist der Beitragsrückstand einschließlich der Säumniszuschläge einen Monat nach Zugang der zweiten Mahnung höher als der Beitragsanteil für einen Monat, ruht der Versicherungsvertrag ab dem ersten Tag des nachfolgenden Monats. Solange der Versicherungsvertrag ruht, gilt die versicherte Person als im Notlagentarif nach § 153 VAG versichert. Es gelten insoweit die Allgemeinen Versicherungsbedingungen für den Notlagentarif (AVB/NLT) in der jeweils geltenden Fassung.

Das Ruhen des Versicherungsvertrages tritt nicht ein oder endet, wenn der Versicherungsnehmer oder die versicherte Person hilfebedürftig im Sinne des Zweiten oder des Zwölften Buchs Sozialgesetzbuch ist oder wird. Unbeschadet davon wird der Vertrag ab dem ersten Tag des übernächsten Monats in dem Tarif fortgesetzt, in dem der Versicherungsnehmer oder die versicherte Person vor Eintritt des Ruhens versichert war, wenn alle rückständigen Prämienanteile einschließlich der Säumniszuschläge und der Beitreibungskosten gezahlt sind. In den Fällen der Sätze 7 und 8 ist der Versicherungsnehmer oder die versicherte Person so zu stellen, wie der Versicherungsnehmer oder die versicherte Person vor der Versicherung im Notlagentarif nach § 153 VAG stand, abgesehen von den während der Ruhenszeit verbrauchten Anteilen der Alterungsrückstellung. Während der Ruhenszeit vorgenommene Beitragsanpassungen und Änderungen der Allgemeinen Versicherungsbedingungen in dem Tarif, in dem der Versicherungsnehmer oder die versicherte Person vor Eintritt des Ruhens versichert war, gelten ab dem Tag der Fortsetzung der Versicherung in diesem Tarif. Die Hilfebedürftigkeit ist durch eine Bescheinigung des zuständigen Trägers nach dem Zweiten oder Zwölften Buch Sozialgesetzbuch nachzuweisen; der Versicherer kann in angemessenen Abständen die Vorlage einer neuen Bescheinigung verlangen.

(7) Bei anderen als den in Abs. 6 genannten Versicherungen kann die nicht rechtzeitige Zahlung des Erstbeitrages oder eines Folgebeitrages unter den Voraussetzungen der §§ 37 und 38 VVG zum Verlust des Versicherungsschutzes führen. Ist ein Beitrag bzw. eine Beitragsrate nicht rechtzeitig gezahlt und wird der Versicherungsnehmer in Textform gemahnt, so ist er zur Zahlung der Mahnkosten verpflichtet, deren Höhe sich aus dem Tarif ergibt.

(8) Wird das Versicherungsverhältnis vor Ablauf der Vertragslaufzeit beendet, steht dem Versicherer für diese Vertragslaufzeit nur derjenige Teil des Beitrags bzw. der Beitragsrate zu, der dem Zeitraum entspricht, in dem der Versicherungsschutz bestanden hat. Wird das Versicherungsverhältnis durch Rücktritt aufgrund des § 19 Abs. 2 VVG oder durch Anfechtung des Versicherers wegen arglistiger Täuschung beendet, steht dem Versicherer der Beitrag bzw. die Beitragsrate bis zum Wirksamwerden der Rücktritts- oder Anfechtungserklärung zu. Tritt der Versicherer zurück, weil der erste Beitrag bzw. die erste Beitragsrate nicht rechtzeitig gezahlt wird, kann er eine angemessene Geschäftsgebühr verlangen.

(9) Die Beiträge sind an die vom Versicherer zu bezeichnende Stelle zu entrichten.

§ 8a Beitragsberechnung

(1) Die Berechnung der Beiträge erfolgt nach Maßgabe der Vorschriften des VAG und ist in den technischen Berechnungsgrundlagen des Versicherers festgelegt.

(2) Bei einer Änderung der Beiträge, auch durch Änderung des Versicherungsschutzes, wird das Geschlecht und das (die) bei Inkrafttreten der Änderung erreichte tarifliche Lebensalter (Lebensaltersgruppe) der versicherten Person berücksichtigt; dies gilt in Ansehung des Geschlechts nicht für Tarife, deren Beiträge geschlechtsunabhängig erhoben werden. Dabei wird dem Eintrittsalter der versicherten Person dadurch Rechnung getragen, dass eine Alterungsrückstellung gemäß den in den technischen Berechnungsgrundlagen festgelegten Grundsätzen angerechnet wird. Eine Erhöhung der Beiträge oder eine Minderung der Leistungen des Versicherers wegen des Älterwerdens der versicherten Person ist jedoch während der Dauer des Versicherungsverhältnisses ausgeschlossen, soweit eine Alterungsrückstellung zu bilden ist.

(3) Bei Beitragsänderungen kann der Versicherer auch besonders vereinbarte Risikozuschläge entsprechend ändern.

(4) Liegt bei Vertragsänderungen ein erhöhtes Risiko vor, steht dem Versicherer für den hinzukommenden Teil des Versicherungsschutzes zusätzlich zum Beitrag ein angemessener Zuschlag zu. Dieser bemisst sich nach den für den Geschäftsbetrieb des Versicherers zum Ausgleich erhöhter Risiken maßgeblichen Grundsätzen.

§ 8b Beitragsanpassung

(1) Im Rahmen der vertraglichen Leistungszusage können sich die Leistungen des Versicherers z. B. wegen steigender Heilbehandlungskosten, einer häufigeren Inanspruchnahme medizinischer Leistungen oder aufgrund steigender Lebenserwartung ändern. Dementsprechend vergleicht der Versicherer zumindest jährlich für jeden Tarif die erforderlichen mit den in den technischen Berechnungsgrundlagen kalkulierten Versicherungsleistungen und Sterbewahrscheinlichkeiten. Ergibt diese Gegenüberstellung für eine Beobachtungseinheit eines Tarifs eine Abweichung von mehr als dem gesetzlich oder tariflich festgelegten Vomhundertsatz, werden alle Beiträge dieser Beobachtungseinheit vom Versicherer überprüft und, soweit erforderlich, mit Zustimmung des Treuhänders angepasst. Unter den gleichen Voraussetzungen kann auch eine betragsmäßig festgelegte Selbstbeteiligung angepasst und ein vereinbarter Risikozuschlag entsprechend geändert werden. Im Zuge einer Beitragsanpassung werden auch der für die Beitragsgarantie im Standardtarif erforderliche Zuschlag (§ 19 Abs. 1 Satz 2) sowie der für die Beitragsbegrenzungen im Basistarif erforderliche Zuschlag (§ 20 Satz 2) mit den jeweils kalkulierten Zuschlägen verglichen und, soweit erforderlich, angepasst.

Allgemeine Versicherungsbedingungen (AVB)
Bedingungsteil MB/KK 2009 für die Krankheitskostenversicherung und für die Krankenhaustagegeldversicherung

(2) Von einer Beitragsanpassung kann abgesehen werden, wenn nach übereinstimmender Beurteilung durch den Versicherer und den Treuhänder die Veränderung der Versicherungsleistungen als vorübergehend anzusehen ist.

(3) Beitragsanpassungen sowie Änderungen von Selbstbeteiligungen und evtl. vereinbarten Risikozuschlägen werden zu Beginn des zweiten Monats wirksam, der auf die Benachrichtigung des Versicherungsnehmers folgt.

§9 Obliegenheiten

(1) Jede Krankenhausbehandlung ist binnen 10 Tagen nach ihrem Beginn anzuzeigen.

(2) Der Versicherungsnehmer und die als empfangsberechtigt benannte versicherte Person (vgl. § 6 Abs. 3) haben auf Verlangen des Versicherers jede Auskunft zu erteilen, die zur Feststellung des Versicherungsfalles oder der Leistungspflicht des Versicherers und ihres Umfanges erforderlich ist.

(3) Auf Verlangen des Versicherers ist die versicherte Person verpflichtet, sich durch einen vom Versicherer beauftragten Arzt untersuchen zu lassen.

(4) Die versicherte Person hat nach Möglichkeit für die Minderung des Schadens zu sorgen und alle Handlungen zu unterlassen, die der Genesung hinderlich sind.

(5) Wird für eine versicherte Person bei einem weiteren Versicherer ein Krankheitskostenversicherungsvertrag abgeschlossen oder macht eine versicherte Person von der Versicherungsberechtigung in der gesetzlichen Krankenversicherung Gebrauch, ist der Versicherungsnehmer verpflichtet, den Versicherer von der anderen Versicherung unverzüglich zu unterrichten.

(6) Eine weitere Krankenhaustagegeldversicherung darf nur mit Einwilligung des Versicherers abgeschlossen werden.

§10 Folgen von Obliegenheitsverletzungen

(1) Der Versicherer ist mit den in § 28 Abs. 2 bis 4 VVG vorgeschriebenen Einschränkungen ganz oder teilweise von der Verpflichtung zur Leistung frei, wenn eine der in § 9 Abs. 1 bis 6 genannten Obliegenheiten verletzt wird.

(2) Wird eine der in § 9 Abs. 5 und 6 genannten Obliegenheiten verletzt, so kann der Versicherer ein Versicherungsverhältnis, das nicht der Erfüllung der Pflicht zur Versicherung (§ 193 Abs. 3 VVG) dient, unter der Voraussetzung des § 28 Abs. 1 VVG innerhalb eines Monats nach dem Bekanntwerden der Obliegenheitsverletzung ohne Einhaltung einer Frist auch kündigen.

(3) Die Kenntnis und das Verschulden der versicherten Person stehen der Kenntnis und dem Verschulden des Versicherungsnehmers gleich.

§11 Obliegenheiten und Folgen bei Obliegenheitsverletzungen bei Ansprüchen gegen Dritte

(1) Hat der Versicherungsnehmer oder eine versicherte Person Ersatzansprüche gegen Dritte, so besteht, unbeschadet des gesetzlichen Forderungsüberganges gemäß § 86 VVG, die Verpflichtung, diese Ansprüche bis zur Höhe, in der aus dem Versicherungsvertrag Ersatz (Kostenerstattung sowie Sach- und Dienstleistung) geleistet wird, an den Versicherer schriftlich abzutreten.

(2) Der Versicherungsnehmer oder die versicherte Person hat seinen (ihren) Ersatzanspruch oder ein zur Sicherung dieses Anspruchs dienendes Recht unter Beachtung der geltenden Form- und Fristvorschriften zu wahren und bei dessen Durchsetzung durch den Versicherer soweit erforderlich mitzuwirken.

(3) Verletzt der Versicherungsnehmer oder eine versicherte Person vorsätzlich die in den Absätzen 1 und 2 genannten Obliegenheiten, ist der Versicherer zur Leistung insoweit nicht verpflichtet, als er infolgedessen keinen Ersatz von dem Dritten erlangen kann. Im Falle einer grob fahrlässigen Verletzung der Obliegenheit ist der Versicherer berechtigt, seine Leistung in einem der Schwere des Verschuldens entsprechenden Verhältnis zu kürzen.

(4) Steht dem Versicherungsnehmer oder einer versicherten Person ein Anspruch auf Rückzahlung ohne rechtlichen Grund gezahlter Entgelte gegen den Erbringer von Leistungen zu, für die der Versicherer aufgrund des Versicherungsvertrages Erstattungsleistungen erbracht hat, sind die Absätze 1 bis 3 entsprechend anzuwenden.

§12 Aufrechnung

Der Versicherungsnehmer kann gegen Forderungen des Versicherers nur aufrechnen, soweit die Gegenforderung unbestritten oder rechtskräftig festgestellt ist. Gegen eine Forderung aus der Beitragspflicht kann jedoch ein Mitglied eines Versicherungsvereins nicht aufrechnen.

Ende der Versicherung

§13 Kündigung durch den Versicherungsnehmer

(1) Der Versicherungsnehmer kann das Versicherungsverhältnis zum Ende eines jeden Versicherungsjahres, frühestens aber zum Ablauf einer vereinbarten Vertragsdauer von bis zu 2 Jahren, mit einer Frist von 3 Monaten kündigen.

(2) Die Kündigung kann auf einzelne versicherte Personen oder Tarife beschränkt werden.

(3) Wird eine versicherte Person kraft Gesetzes in der gesetzlichen Krankenversicherung versicherungspflichtig, so kann der Versicherungsnehmer binnen 3 Monaten nach Eintritt der Versicherungspflicht eine Krankheitskostenversicherung oder eine dafür bestehende Anwartschaftsversicherung rückwirkend zum Eintritt der Versicherungspflicht kündigen. Die Kündigung ist unwirksam, wenn der Versicherungsnehmer den Eintritt der Versicherungspflicht nicht innerhalb von 2 Monaten nachweist, nachdem der Versicherer ihn hierzu in Textform aufgefordert hat, es sei denn, der Versicherungsnehmer hat die Versäumung dieser Frist nicht zu vertreten. Macht der Versicherungsnehmer von seinem Kündigungsrecht Gebrauch, steht dem Versicherer der Beitrag nur bis zum Zeitpunkt des Eintritts der Versicherungspflicht zu. Später kann der Versicherungsnehmer die Krankheitskostenversicherung oder eine dafür bestehende Anwartschaftsversicherung zum Ende des Monats kündigen, in dem er den Eintritt der Versicherungspflicht nachweist. Dem Versicherer steht der Beitrag in diesem Fall bis zum Ende des Versicherungsvertrages zu. Der Versicherungspflicht steht gleich der gesetzliche Anspruch auf Familienversicherung oder der nicht nur vorübergehende Anspruch auf Heilfürsorge aus einem beamtenrechtlichen oder ähnlichen Dienstverhältnis.

(4) Hat eine Vereinbarung im Versicherungsvertrag zur Folge, dass bei Erreichen eines bestimmten Lebensalters oder bei Eintritt anderer dort genannter Voraussetzungen der Beitrag für ein anderes Lebensalter oder eine andere Altersgruppe gilt oder der Beitrag unter Berücksichtigung einer Alterungsrückstellung berechnet wird, kann der Versicherungsnehmer das Versicherungsverhältnis hinsichtlich der betroffen versicherten Person binnen 2 Monaten nach der Änderung zum Zeitpunkt deren Inkrafttretens kündigen, wenn sich der Beitrag durch die Änderung erhöht.

(5) Erhöht der Versicherer die Beiträge aufgrund der Beitragsanpassungsklausel oder vermindert er seine Leistungen gemäß § 18 Abs. 1, so kann der Versicherungsnehmer das Versicherungsverhältnis hinsichtlich der betroffenen versicherten Person innerhalb von 2 Monaten nach Zugang der Änderungsmitteilung zum Zeitpunkt des Wirksamwerdens der Änderung kündigen. Bei einer Beitragserhöhung kann der Versicherungsnehmer das Versicherungsverhältnis auch bis und zum Zeitpunkt des Wirksamwerdens der Erhöhung kündigen.

(6) Der Versicherungsnehmer kann, sofern der Versicherer die Anfechtung, den Rücktritt oder die Kündigung nur für einzelne versicherte Personen oder Tarife erklärt, innerhalb von 2 Wochen nach Zugang dieser Erklärung die Aufhebung des übrigen Teils der Versicherung zum Schlusse des Monats verlangen, in dem ihm die Erklärung des Versicherers zugegangen ist, bei Kündigung zu dem Zeitpunkt, in dem diese wirksam wird.

(7) Dient das Versicherungsverhältnis der Erfüllung der Pflicht zur Versicherung (§ 193 Abs. 3 VVG), setzt die Kündigung nach den Absätzen 1, 2, 4, 5 und 6 voraus, dass für die versicherte Person bei einem anderen Versicherer ein neuer Vertrag abgeschlossen wird, der den Anforderungen an die Pflicht zur Versicherung genügt. Die Kündigung wird nur wirksam, wenn der Versicherungsnehmer innerhalb von 2 Monaten nach der Kündigungserklärung nachweist, dass die versicherte Person bei einem neuen Versicherer ohne Unterbrechung versichert ist; liegt der Zeitpunkt, zu dem die Kündigung ausgesprochen wurde, mehr als 2 Monate nach der Kündigungserklärung, muss der Nachweis bis zu diesem Zeitpunkt erbracht werden.

(8) Bei Kündigung einer Krankheitskostenvollversicherung und gleichzeitigem Abschluss eines neuen substitutiven Vertrages (§ 195 Abs. 1 VVG), kann der Versicherungsnehmer verlangen, dass der Versicherer die kalkulierte Alterungsrückstellung der versicherten Person in Höhe des nach dem 31. Dezember 2008 ab Beginn der Versicherung im jeweiligen Tarif aufgebauten Übertragungswertes nach Maßgabe von § 146 Abs. 1 Nr. 5 VAG auf deren neuen Versicherer überträgt. Dies gilt nicht für vor dem 1. Januar 2009 abgeschlossene Verträge.

(9) Bestehen bei Beendigung des Versicherungsverhältnisses Beitragsrückstände, kann der Versicherer den Übertragungswert bis zum vollständigen Beitragsausgleich zurückbehalten.

(10) Kündigt der Versicherungsnehmer das Versicherungsverhältnis insgesamt oder für einzelne versicherte Personen, haben die versicherten Personen das Recht, das Versicherungsverhältnis unter Benennung des künftigen Versicherungsnehmers fortzusetzen. Die Erklärung ist innerhalb von 2 Monaten nach der Kündigung abzugeben. Die Kündigung ist nur wirksam, wenn der Versicherungsnehmer nachweist, dass die betroffen versicherten Personen von der Kündigungserklärung Kenntnis erlangt haben.

(11) Soweit die Krankenversicherung nach Art der Lebensversicherung betrieben wird, haben der Versicherungsnehmer und die versicherten Personen das Recht, einen gekündigten Vertrag in Form einer Anwartschaftsversicherung fortzusetzen.

§ 14 Kündigung durch den Versicherer

(1) In einer der Erfüllung der Pflicht zur Versicherung dienenden Krankheitskostenversicherung (§ 193 Abs. 3 VVG) sowie in der substitutiven Krankheitskostenversicherung gemäß § 195 Abs. 1 VVG ist das ordentliche Kündigungsrecht ausgeschlossen. Dies gilt auch für eine Krankenhaustagegeldversicherung, die neben einer Krankheitskostenvollversicherung besteht.

(2) Liegen bei einer Krankenhaustagegeldversicherung oder einer Krankheitskostenteilversicherung die Voraussetzungen nach Abs. 1 nicht vor, so kann der Versicherer das Versicherungsverhältnis nur innerhalb der ersten 3 Versicherungsjahre mit einer Frist von 3 Monaten zum Ende eines Versicherungsjahres kündigen.

(3) Die gesetzlichen Bestimmungen über das außerordentliche Kündigungsrecht bleiben unberührt.

(4) Die Kündigung kann auf einzelne versicherte Personen oder Tarife beschränkt werden.

(5) Kündigt der Versicherer das Versicherungsverhältnis insgesamt oder für einzelne versicherte Personen, gilt § 13 Abs. 10 Sätze 1 und 2 entsprechend.

§ 15 Sonstige Beendigungsgründe

(1) Das Versicherungsverhältnis endet mit dem Tod des Versicherungsnehmers. Die versicherten Personen haben jedoch das Recht, das Versicherungsverhältnis unter Benennung des künftigen Versicherungsnehmers fortzusetzen. Die Erklärung ist innerhalb von 2 Monaten nach dem Tode des Versicherungsnehmers abzugeben.

(2) Beim Tod einer versicherten Person endet insoweit das Versicherungsverhältnis.

(3) Verlegt eine versicherte Person ihren gewöhnlichen Aufenthalt in einen anderen Staat als die in § 1 Absatz 5 genannten, endet insoweit das Versicherungsverhältnis, es sei denn, dass es aufgrund einer anderweitigen Vereinbarung fortgesetzt wird. Der Versicherer kann im Rahmen dieser anderweitigen Vereinbarung einen angemessenen Beitragszuschlag verlangen. Bei nur vorübergehender Verlegung des gewöhnlichen Aufenthaltes in einen anderen Staat als die in § 1 Abs. 5 genannten, kann verlangt werden, das Versicherungsverhältnis in eine Anwartschaftsversicherung umzuwandeln.

Sonstige Bestimmungen

§ 16 Willenserklärungen und Anzeigen

Willenserklärungen und Anzeigen gegenüber dem Versicherer bedürfen der Textform.

§ 17 Gerichtsstand

(1) Für Klagen aus dem Versicherungsverhältnis gegen den Versicherungsnehmer ist das Gericht des Ortes zuständig, an dem der Versicherungsnehmer seinen Wohnsitz oder in Ermangelung eines solchen seinen gewöhnlichen Aufenthalt hat.

Allgemeine Versicherungsbedingungen (AVB)
Bedingungsteil MB/KK 2009 für die Krankheitskostenversicherung und für die Krankenhaustagegeldversicherung

(2) Klagen gegen den Versicherer können bei dem Gericht am Wohnsitz oder gewöhnlichen Aufenthalt des Versicherungsnehmers oder bei dem Gericht am Sitz des Versicherers anhängig gemacht werden.

(3) Verlegt der Versicherungsnehmer nach Vertragsschluss seinen Wohnsitz oder gewöhnlichen Aufenthalt in einen Staat, der nicht Mitgliedstaat der Europäischen Union oder Vertragsstaat des Abkommens über den Europäischen Wirtschaftsraum ist, oder ist sein Wohnsitz oder gewöhnlicher Aufenthalt im Zeitpunkt der Klageerhebung nicht bekannt, ist das Gericht am Sitz des Versicherers zuständig.

§18 Änderungen der Allgemeinen Versicherungsbedingungen

(1) Bei einer nicht nur als vorübergehend anzusehenden Veränderung der Verhältnisse des Gesundheitswesens können die Allgemeinen Versicherungsbedingungen und die Tarifbestimmungen den veränderten Verhältnissen angepasst werden, wenn die Änderungen zur hinreichenden Wahrung der Belange der Versicherungsnehmer erforderlich erscheinen und ein unabhängiger Treuhänder die Voraussetzungen für die Änderungen überprüft und ihre Angemessenheit bestätigt hat. Die Änderungen werden zu Beginn des zweiten Monats wirksam, der auf die Mitteilung der Änderungen und der hierfür maßgeblichen Gründe an den Versicherungsnehmer folgt.

(2) Ist eine Bestimmung in den Allgemeinen Versicherungsbedingungen durch höchstrichterliche Entscheidung oder durch einen bestandskräftigen Verwaltungsakt für unwirksam erklärt worden, kann sie der Versicherer durch eine neue Regelung ersetzen, wenn dies zur Fortführung des Vertrags notwendig ist oder wenn das Festhalten an dem Vertrag ohne neue Regelung für eine Vertragspartei auch unter Berücksichtigung der Interessen der anderen Vertragspartei eine unzumutbare Härte darstellen würde. Die neue Regelung ist nur wirksam, wenn sie unter Wahrung des Vertragsziels die Belange der Versicherungsnehmer angemessen berücksichtigt. Sie wird 2 Wochen, nachdem die neue Regelung und die hierfür maßgeblichen Gründe dem Versicherungsnehmer mitgeteilt worden sind, Vertragsbestandteil.

§19 Wechsel in den Standardtarif

(1) Der Versicherungsnehmer kann verlangen, dass versicherte Personen seines Vertrages, die die in § 257 Abs. 2a Nr. 2, 2 a und 2 b SGB V in der bis zum 31. Dezember 2008 geltenden Fassung genannten Voraussetzungen erfüllen, in den Standardtarif mit Höchstbeitragsgarantie wechseln können. Zur Gewährleistung dieser Beitragsgarantie wird der in den technischen Berechnungsgrundlagen festgelegte Zuschlag erhoben. Neben dem Standardtarif darf gemäß Nr. 1 Abs. 5 und Nr. 9 der Tarifbedingungen für den Standardtarif für eine versicherte Person keine weitere Krankheitskostenteil- oder -vollversicherung bestehen. Der Wechsel ist jederzeit nach Erfüllung der gesetzlichen Voraussetzungen möglich; die Versicherung im Standardtarif beginnt zum Ersten des Monats, der auf den Antrag des Versicherungsnehmers auf Wechsel in den Standardtarif folgt.

(2) Absatz 1 gilt nicht für ab dem 1. Januar 2009 abgeschlossene Verträge.

§20 Wechsel in den Basistarif

Der Versicherungsnehmer kann verlangen, dass versicherte Personen seines Vertrages in den Basistarif mit Höchstbeitragsgarantie und Beitragsminderung bei Hilfebedürftigkeit wechseln können, wenn der erstmalige Abschluss der bestehenden Krankheitskostenvollversicherung ab dem 1. Januar 2009 erfolgte oder die versicherte Person das 55. Lebensjahr vollendet hat oder das 55. Lebensjahr noch nicht vollendet hat, aber die Voraussetzungen für den Anspruch auf eine Rente der gesetzlichen Rentenversicherung erfüllt und diese Rente beantragt hat oder ein Ruhegehalt nach beamtenrechtlichen oder vergleichbaren Vorschriften bezieht oder hilfebedürftig nach dem Zweiten oder Zwölften Buch Sozialgesetzbuch ist. Zur Gewährleistung dieser Beitragsbegrenzungen wird der in den technischen Berechnungsgrundlagen festgelegte Zuschlag erhoben. §19 Abs. 1 Satz 4 gilt entsprechend.

Allgemeine Versicherungsbedingungen (AVB)

Bedingungsteil MB/KT 2009 für die Krankentagegeldversicherung

Die AVB umfassen Musterbedingungen 2009 – MB/KT 2009 – des Verbandes der Privaten Krankenversicherung (Stand: Januar 2018)

Der Versicherungsschutz

- § 1 Gegenstand, Umfang und Geltungsbereich des Versicherungsschutzes ... 207
- § 1a Krankentagegeld während der Mutterschutzfristen und am Entbindungstag ... 208
- § 2 Beginn des Versicherungsschutzes ... 208
- § 3 Wartezeiten ... 208
- § 4 Umfang der Leistungspflicht ... 208
- § 5 Einschränkung der Leistungspflicht ... 209
- § 6 Auszahlung der Versicherungsleistungen ... 209
- § 7 Ende des Versicherungsschutzes ... 209

Pflichten des Versicherungsnehmers

- § 8 Beitragszahlung ... 210
- § 8a Beitragsberechnung ... 210
- § 8b Beitragsanpassung ... 210
- § 9 Obliegenheiten ... 210
- § 10 Folgen von Obliegenheitsverletzungen ... 211
- § 11 Anzeigepflicht bei Wegfall der Versicherungsfähigkeit ... 211
- § 12 Aufrechnung ... 211

Ende der Versicherung

- § 13 Kündigung durch den Versicherungsnehmer ... 211
- § 14 Kündigung durch den Versicherer ... 212
- § 15 Sonstige Beendigungsgründe ... 212

Sonstige Bestimmungen

- § 16 Willenserklärungen und Anzeigen ... 212
- § 17 Gerichtsstand ... 212
- § 18 Änderungen der Allgemeinen Versicherungsbedingungen ... 212

Der Versicherungsschutz

§ 1 Gegenstand, Umfang und Geltungsbereich des Versicherungsschutzes

(1) Der Versicherer bietet Versicherungsschutz gegen Verdienstausfall als Folge von Krankheiten oder Unfällen, soweit dadurch Arbeitsunfähigkeit verursacht wird. Er zahlt im Versicherungsfall für die Dauer einer Arbeitsunfähigkeit ein Krankentagegeld in vertraglichem Umfang.

(2) Versicherungsfall ist die medizinisch notwendige Heilbehandlung einer versicherten Person wegen Krankheit oder Unfallfolgen, in deren Verlauf Arbeitsunfähigkeit ärztlich festgestellt wird. Der Versicherungsfall beginnt mit der Heilbehandlung; er endet, wenn nach medizinischem Befund keine Arbeitsunfähigkeit und keine Behandlungsbedürftigkeit mehr bestehen. Eine während der Behandlung neu eingetretene und behandelte Krankheit oder Unfallfolge, in deren Verlauf Arbeitsunfähigkeit ärztlich festgestellt wird, begründet nur dann einen neuen Versicherungsfall, wenn sie mit der ersten Krankheit oder Unfallfolge in keinem ursächlichen Zusammenhang steht. Wird Arbeitsunfähigkeit gleichzeitig durch mehrere Krankheiten oder Unfallfolgen hervorgerufen, so wird das Krankentagegeld nur einmal gezahlt.

(3) Arbeitsunfähigkeit im Sinne dieser Bedingungen liegt vor, wenn die versicherte Person ihre berufliche Tätigkeit nach medizinischem Befund vorübergehend in keiner Weise ausüben kann, sie auch nicht ausübt und keiner anderweitigen Erwerbstätigkeit nachgeht.

(4) Der Umfang des Versicherungsschutzes ergibt sich aus dem Versicherungsschein, späteren schriftlichen Vereinbarungen, den Allgemeinen Versicherungsbedingungen (Musterbedingungen mit Anhang, Tarif mit Tarifbedingungen) sowie den gesetzlichen Vorschriften. Das Versicherungsverhältnis unterliegt deutschem Recht.

(5) Der Versicherungsnehmer kann die Umwandlung der Versicherung in einen gleichartigen Versicherungsschutz verlangen, sofern die versicherte Person die Voraussetzungen für die Versicherungsfähigkeit erfüllt. Der Versicherer nimmt einen Antrag auf Umwandlung in angemessener Frist an. Die erworbenen Rechte bleiben erhalten; die nach den technischen Berechnungsgrundlagen gebildete Rückstellung für das mit dem Alter der versicherten Person wachsende Wagnis (Alterungsrückstellung) wird nach Maßgabe dieser Berechnungsgrundlagen angerechnet. Soweit der neue Versicherungsschutz höher oder umfassender ist, kann insoweit ein Risikozuschlag (§ 8a Abs. 3 und 4) verlangt oder ein Leistungsausschluss vereinbart werden; ferner sind für den hinzukommenden Teil des Versicherungsschutzes Wartezeiten einzuhalten. Der Umwandlungsanspruch besteht bei Anwartschafts- und Ruhensversicherungen nicht, solange der Anwartschaftsgrund bzw. der Ruhensgrund nicht entfallen ist; mit Ausnahme einer Befristung nach § 196 VVG besteht der Umwandlungsanspruch auch nicht bei befristeten Versicherungsverhältnissen. Die Umwandlung des Versicherungsschutzes aus einem Tarif, bei dem die Beiträge geschlechtsunabhängig kalkuliert werden, in einen Tarif, bei dem dies nicht der Fall ist, ist ausgeschlossen.

(6) Der Versicherungsschutz erstreckt sich auf Deutschland.

(7) Bei einem vorübergehenden Aufenthalt im europäischen Ausland wird für im Ausland akut eingetretene Krankheiten oder Unfälle das Krankentagegeld in vertraglichem Umfang für die Dauer einer medizinisch notwendigen stationären Heilbehandlung in einem öffentlichen Krankenhaus gezahlt. Für einen vorübergehenden Aufenthalt im außereuropäischen Ausland können besondere Vereinbarungen getroffen werden.

(8) Verlegt eine versicherte Person ihren gewöhnlichen Aufenthalt in einen anderen Mitgliedstaat der Europäischen Union oder einen anderen Vertragsstaat des Abkommens über den Europäischen Wirtschaftsraum, wird für in diesem Staat akut eingetretene Krankheiten oder Unfälle das Krankentagegeld in vertraglichem Umfang für die Dauer einer medizinisch notwendigen stationären Heilbehandlung in einem öffentlichen Krankenhaus gezahlt.

Allgemeine Versicherungsbedingungen (AVB) Bedingungsteil MB/KT 2009 für die Krankentagegeldversicherung

§ 1a Krankentagegeld während der Mutterschutzfristen und am Entbindungstag

(1) Versicherungsfall ist auch der Verdienstausfall der weiblichen Versicherten, der während der Schutzfristen nach § 3 Absatz 2 und § 6 Absatz 1 des Mutterschutzgesetzes sowie am Entbindungstag entsteht, wenn die Versicherte in diesem Zeitraum nicht oder nur eingeschränkt beruflich tätig ist. Für diesen Versicherungsfall gelten die Bestimmungen der § 1 und §§ 2 bis 18 sinngemäß, soweit sich aus den nachfolgenden Absätzen keine Abweichungen ergeben.

(2) Der Versicherer zahlt für die Dauer dieser Schutzfristen und am Entbindungstag ein Krankentagegeld in vertraglichem Umfang ungeachtet der Leistungsausschlüsse nach § 5. Soweit der versicherten Person in diesem Zeitraum ein Anspruch auf Mutterschaftsgeld nach dem Sozialgesetzbuch Fünftes Buch oder nach dem Mutterschutzgesetz, auf Elterngeld nach dem Bundeselterngeld- und Elternzeitgesetz oder auf einen anderen anderweitigen angemessenen Ersatz für den während dieser Zeit verursachten Verdienstausfall zusteht, wird dieser auf das vereinbarte Krankentagegeld angerechnet. Wenn die versicherte Person während der gesetzlichen Mutterschutzfristen oder am Entbindungstag arbeitsunfähig mit Anspruch auf Bezug von Krankentagegeld ist oder wird, wird das Krankentagegeld nur einmal bis zur vereinbarten Höhe gezahlt.

(3) Das während der Mutterschutzfristen und am Entbindungstag gezahlte Krankentagegeld darf zusammen mit dem Mutterschaftsgeld nach dem Sozialgesetzbuch Fünftes Buch und nach dem Mutterschutzgesetz, dem Elterngeld nach dem Bundeselterngeld- und Elternzeitgesetz und anderen Ersatzleistungen für den während dieser Zeit verursachten Verdienstausfall das auf den Kalendertag umgerechnete, aus der beruflichen Tätigkeit herrührende Nettoeinkommen nicht übersteigen. Maßgebend für die Berechnung des Nettoeinkommens ist der Durchschnittsverdienst der letzten 12 Monate vor Beginn der Mutterschutzfrist nach § 3 Absatz 1 des Mutterschutzgesetzes.

(4) Der Eintritt und die Dauer der Schutzfristen nach § 3 Absatz 1 und Absatz 2 des Mutterschutzgesetzes und der Tag der Entbindung sind durch den Versicherungsnehmer nachzuweisen. Dieser trägt etwaige Kosten des Nachweises.

(5) Die Wartezeit beträgt 8 Monate ab Versicherungsbeginn.

§ 2 Beginn des Versicherungsschutzes

Der Versicherungsschutz beginnt mit dem im Versicherungsschein bezeichneten Zeitpunkt (Versicherungsbeginn), jedoch nicht vor Abschluss des Versicherungsvertrages (insbesondere Zugang des Versicherungsscheines oder einer schriftlichen Annahmeerklärung) und nicht vor Ablauf von Wartezeiten. Für Versicherungsfälle, die vor Beginn des Versicherungsschutzes eingetreten sind, wird nicht geleistet. Nach Abschluss des Versicherungsvertrages eingetretene Versicherungsfälle sind nur für den Teil von der Leistungspflicht ausgeschlossen, der in die Zeit vor Versicherungsbeginn oder in Wartezeiten fällt. Bei Vertragsänderungen gelten die Sätze 1 bis 3 für den hinzukommenden Teil des Versicherungsschutzes.

§ 3 Wartezeiten

(1) Die Wartezeiten rechnen vom Versicherungsbeginn an.

(2) Die allgemeine Wartezeit beträgt 3 Monate. Sie entfällt bei Unfällen.

(3) Die besonderen Wartezeiten betragen für Psychotherapie, Zahnbehandlung, Zahnersatz und Kieferorthopädie 8 Monate.

(4) Sofern der Tarif es vorsieht, können die Wartezeiten aufgrund besonderer Vereinbarung erlassen werden, wenn ein ärztliches Zeugnis über den Gesundheitszustand vorgelegt wird.

(5) Personen, die aus der privaten oder gesetzlichen Krankenversicherung ausgeschieden sind, wird bis zur Höhe des bisherigen Krankentagegeld- oder Krankengeldanspruchs die nachweislich dort ununterbrochen zurückgelegte Versicherungszeit auf die Wartezeiten angerechnet. Voraussetzung ist, dass die Versicherung spätestens 2 Monate nach Beendigung der Vorversicherung zusammen mit einer Krankheitskostenversicherung beantragt wurde und der Versicherungsschutz in Abweichung von § 2 in unmittelbarem Anschluss beginnen soll. Entsprechendes gilt beim Ausscheiden aus einem öffentlichen Dienstverhältnis mit Anspruch auf Heilfürsorge.

(6) Bei Vertragsänderungen gelten die Wartezeitenregelungen für den hinzukommenden Teil des Versicherungsschutzes.

§ 4 Umfang der Leistungspflicht

(1) Höhe und Dauer der Versicherungsleistungen ergeben sich aus dem Tarif mit Tarifbedingungen.

(2) Das Krankentagegeld darf zusammen mit sonstigen Krankentage- und Krankengeldern das auf den Kalendertag umgerechnete, aus der beruflichen Tätigkeit herrührende Nettoeinkommen nicht übersteigen. Maßgebend für die Berechnung des Nettoeinkommens ist der Durchschnittsverdienst der letzten 12 Monate vor Antragstellung bzw. vor Eintritt der Arbeitsunfähigkeit, sofern der Tarif keinen anderen Zeitraum vorsieht.

(3) Der Versicherungsnehmer ist verpflichtet, dem Versicherer unverzüglich eine nicht nur vorübergehende Minderung des aus der Berufstätigkeit herrührenden Nettoeinkommens mitzuteilen.

(4) Sinkt das durchschnittliche Nettoeinkommen der versicherten Person in einem Zeitraum von 12 Monaten unter die Höhe des dem Vertrage zugrunde gelegten Nettoeinkommens, kann der Versicherer, auch wenn der Versicherungsfall bereits eingetreten ist, das Krankentagegeld und den Beitrag entsprechend dem geminderten Nettoeinkommen herabsetzen.

Für einen Arbeitnehmer sind die letzten 12 Monate vor der Kenntniserlangung des Versicherers der maßgebende Zeitraum. Ist bei Kenntniserlangung des Versicherers bereits Arbeitsunfähigkeit eingetreten, ist auf die letzten 12 Monate vor Beginn der Arbeitsunfähigkeit als maßgebenden Zeitraum abzustellen.

Für selbstständig Tätige ist das letzte abgelaufene Kalenderjahr vor Kenntniserlangung des Versicherers der maßgebende Zeitraum. Ist bei Kenntniserlangung des Versicherers bereits Arbeitsunfähigkeit eingetreten, ist auf das letzte abgelaufene Kalenderjahr vor Beginn der Arbeitsunfähigkeit als maßgebenden Zeitraum abzustellen.

Zeiten, in denen Arbeitsunfähigkeit oder ein Beschäftigungsverbot aufgrund von Schutzvorschriften bestand, bleiben dabei außer Betracht. Die Bestimmung des Nettoeinkommens richtet sich ungeachtet des Absatzes 2 nach den Tarifbedingungen. Die Herabsetzung des Krankentagegelds und des Beitrags werden

Allgemeine Versicherungsbedingungen (AVB) Bedingungsteil MB/KT 2009 für die Krankentagegeldversicherung

von Beginn des zweiten Monats nach Zugang der Herabsetzungserklärung beim Versicherungsnehmer wirksam. Bis zum Zeitpunkt der Herabsetzung wird die Leistungspflicht im bisherigen Umfang auch für eine bereits eingetretene Arbeitsunfähigkeit nicht berührt.

(5) Die Zahlung von Krankentagegeld setzt voraus, dass die versicherte Person während der Dauer der Arbeitsunfähigkeit durch einen niedergelassenen approbierten Arzt oder Zahnarzt bzw. im Krankenhaus behandelt wird.

(6) Der versicherten Person steht die Wahl unter den niedergelassenen approbierten Ärzten und Zahnärzten frei.

(7) Eintritt und Dauer der Arbeitsunfähigkeit sind durch Bescheinigung des behandelnden Arztes oder Zahnarztes nachzuweisen. Etwaige Kosten derartiger Nachweise hat der Versicherungsnehmer zu tragen. Bescheinigungen von Ehegatten, Lebenspartnern gemäß § 1 Lebenspartnerschaftsgesetz, Eltern oder Kindern reichen zum Nachweis der Arbeitsunfähigkeit nicht aus.

(8) Bei medizinisch notwendiger stationärer Heilbehandlung hat die versicherte Person freie Wahl unter den öffentlichen und privaten Krankenhäusern, die unter ständiger ärztlicher Leitung stehen, über ausreichende diagnostische und therapeutische Möglichkeiten verfügen und Krankengeschichten führen.

(9) Bei medizinisch notwendiger stationärer Heilbehandlung in Krankenanstalten, die auch Kuren bzw. Sanatoriumsbehandlung durchführen oder Rekonvaleszenten aufnehmen, im Übrigen aber die Voraussetzungen von Abs. 8 erfüllen, werden die tariflichen Leistungen nur dann erbracht, wenn der Versicherer diese vor Beginn der Behandlung schriftlich zugesagt hat. Bei Tbc-Erkrankungen wird in vertraglichem Umfange auch bei stationärer Behandlung in Tbc-Heilstätten und -Sanatorien geleistet.

(10) Der Versicherer gibt auf Verlangen des Versicherungsnehmers oder der versicherten Person Auskunft über und Einsicht in Gutachten oder Stellungnahmen, die der Versicherer bei der Prüfung der Leistungspflicht, für die Feststellung einer Arbeitsunfähigkeit oder einer Berufsunfähigkeit (vgl. § 15 Abs. 1 Buchstabe b) eingeholt hat. Wenn der Auskunft an oder der Einsicht durch den Versicherungsnehmer oder die versicherte Person erhebliche therapeutische Gründe oder sonstige erhebliche Gründe entgegenstehen, kann nur verlangt werden, einem benannten Arzt oder Rechtsanwalt Auskunft oder Einsicht zu geben. Der Anspruch kann nur von der jeweils betroffenen Person oder ihrem gesetzlichen Vertreter geltend gemacht werden. Hat der Versicherungsnehmer das Gutachten oder die Stellungnahme auf Veranlassung des Versicherers eingeholt, erstattet der Versicherer die entstandenen Kosten.

§ 5 Einschränkung der Leistungspflicht

(1) Keine Leistungspflicht besteht bei Arbeitsunfähigkeit

(a) wegen solcher Krankheiten einschließlich ihrer Folgen sowie wegen Folgen von Unfällen, die durch Kriegsereignisse verursacht oder als Wehrdienstbeschädigungen anerkannt und nicht ausdrücklich in den Versicherungsschutz eingeschlossen sind;

(b) wegen auf Vorsatz beruhender Krankheiten und Unfälle einschließlich deren Folgen sowie wegen Entziehungsmaßnahmen einschließlich Entziehungskuren;

(c) wegen Krankheiten und Unfallfolgen, die auf eine durch Alkoholgenuss bedingte Bewusstseinsstörung zurückzuführen sind;

(d) ausschließlich wegen Schwangerschaft, ferner wegen Schwangerschaftsabbruch, Fehlgeburt und Entbindung;

(e) während der gesetzlichen Beschäftigungsverbote für werdende Mütter und Wöchnerinnen in einem Arbeitsverhältnis (Mutterschutz). Diese befristete Einschränkung der Leistungspflicht gilt sinngemäß auch für selbstständig Tätige, es sei denn, dass die Arbeitsunfähigkeit in keinem Zusammenhang mit den unter d) genannten Ereignissen steht;

(f) wenn sich die versicherte Person nicht an ihrem gewöhnlichen Aufenthalt in Deutschland aufhält, es sei denn, dass sie sich – unbeschadet des Absatzes 2 – in medizinisch notwendiger stationärer Heilbehandlung befindet (vgl. § 4 Abs. 8 und 9). Wird die versicherte Person in Deutschland außerhalb ihres gewöhnlichen Aufenthalts arbeitsunfähig, so steht ihr das Krankentagegeld auch zu, solange die Erkrankung oder Unfallfolge nach medizinischem Befund eine Rückkehr ausschließt;

(g) während Kur- und Sanatoriumsbehandlung sowie während Rehabilitationsmaßnahmen der gesetzlichen Rehabilitationsträger, wenn der Tarif nichts anderes vorsieht.

(2) Während des Aufenthaltes in einem Heilbad oder Kurort - auch bei einem Krankenhausaufenthalt - besteht keine Leistungspflicht. Die Einschränkung entfällt, wenn die versicherte Person dort ihren gewöhnlichen Aufenthalt hat oder während eines vorübergehenden Aufenthaltes durch eine vom Aufenthaltszweck unabhängige akute Erkrankung oder einen dort eingetretenen Unfall arbeitsunfähig wird, solange dadurch nach medizinischem Befund die Rückkehr ausgeschlossen ist.

§ 6 Auszahlung der Versicherungsleistungen

(1) Der Versicherer ist zur Leistung nur verpflichtet, wenn die von ihm geforderten Nachweise erbracht sind; diese werden Eigentum des Versicherers.

(2) Im Übrigen ergeben sich die Voraussetzungen für die Fälligkeit der Leistungen des Versicherers aus § 14 VVG.

(3) Der Versicherer ist verpflichtet, an die versicherte Person zu leisten, wenn der Versicherungsnehmer ihm diese in Textform als Empfangsberechtigte für deren Versicherungsleistungen benannt hat. Liegt diese Voraussetzung nicht vor, kann nur der Versicherungsnehmer die Leistung verlangen.

(4) Kosten für die Überweisung der Versicherungsleistungen und für Übersetzungen können von den Leistungen abgezogen werden.

(5) Ansprüche auf Versicherungsleistungen können weder abgetreten noch verpfändet werden.

§ 7 Ende des Versicherungsschutzes

Der Versicherungsschutz endet – auch für schwebende Versicherungsfälle – mit der Beendigung des Versicherungsverhältnisses (§§ 13 bis 15). Kündigt der Versicherer das Versicherungsverhältnis gemäß § 14 Abs. 1, so endet der Versicherungsschutz für schwebende Versicherungsfälle erst am dreißigsten Tage nach Beendigung des Versicherungsverhältnisses. Endet das Versicherungsverhältnis wegen Wegfalls einer der im Tarif bestimmten Voraussetzungen für die Versicherungsfähigkeit oder wegen Eintritts der Berufsunfähigkeit, so bestimmt sich die Leistungspflicht nach § 15 Buchstabe a oder b.

Pflichten des Versicherungsnehmers

§8 Beitragszahlung

(1) Der Beitrag ist ein Jahresbeitrag und wird vom Versicherungsbeginn an berechnet. Er ist zu Beginn eines jeden Versicherungsjahres zu entrichten, kann aber auch in gleichen monatlichen Beitragsraten gezahlt werden, die jeweils bis zur Fälligkeit der Beitragsrate als gestundet gelten. Die Beitragsraten sind am Ersten eines jeden Monats fällig. Wird der Jahresbeitrag während des Versicherungsjahres neu festgesetzt, so ist der Unterschiedsbetrag vom Änderungszeitpunkt an bis zum Beginn des nächsten Versicherungsjahres nachzuzahlen bzw. zurückzuzahlen.

(2) Wird der Vertrag für eine bestimmte Zeit mit der Maßgabe geschlossen, dass sich das Versicherungsverhältnis nach Ablauf dieser bestimmten Zeit stillschweigend um jeweils ein Jahr verlängert, sofern der Versicherungsnehmer nicht fristgemäß gekündigt hat, so kann der Tarif anstelle von Jahresbeiträgen Monatsbeiträge vorsehen. Diese sind am Ersten eines jeden Monats fällig.

(3) Der erste Beitrag bzw. die erste Beitragsrate ist, sofern nicht anders vereinbart, unverzüglich nach Ablauf von 14 Tagen nach Zugang des Versicherungsscheines zu zahlen.

(4) Kommt der Versicherungsnehmer mit der Zahlung einer Beitragsrate in Verzug, so werden die gestundeten Beitragsraten des laufenden Versicherungsjahres fällig. Sie gelten jedoch erneut als gestundet, wenn der rückständige Beitragsteil einschließlich der Beitragsrate für den am Tage der Zahlung laufenden Monat und die Mahnkosten entrichtet sind.

(5) Nicht rechtzeitige Zahlung des Erstbeitrages oder eines Folgebeitrages kann unter den Voraussetzungen der §§ 37 und 38 VVG zum Verlust des Versicherungsschutzes führen. Ist ein Beitrag bzw. eine Beitragsrate nicht rechtzeitig gezahlt und wird der Versicherungsnehmer in Textform gemahnt, so ist er zur Zahlung der Mahnkosten verpflichtet, deren Höhe sich aus dem Tarif ergibt.

(6) Wird das Versicherungsverhältnis vor Ablauf der Vertragslaufzeit beendet, steht dem Versicherer für diese Vertragslaufzeit nur derjenige Teil des Beitrags bzw. der Beitragsrate zu, der dem Zeitraum entspricht, in dem der Versicherungsschutz bestanden hat. Wird das Versicherungsverhältnis durch Rücktritt aufgrund des § 19 Abs. 2 VVG oder durch Anfechtung des Versicherers wegen arglistiger Täuschung beendet, steht dem Versicherer der Beitrag bzw. die Beitragsrate bis zum Wirksamwerden der Rücktritts- oder Anfechtungserklärung zu. Tritt der Versicherer zurück, weil der erste Beitrag bzw. die erste Beitragsrate nicht rechtzeitig gezahlt wird, kann er eine angemessene Geschäftsgebühr verlangen.

(7) Die Beiträge sind an die vom Versicherer zu bezeichnende Stelle zu entrichten.

§8a Beitragsberechnung

(1) Die Berechnung der Beiträge erfolgt nach Maßgabe der Vorschriften des Versicherungsaufsichtsgesetzes (VAG) und ist in den technischen Berechnungsgrundlagen des Versicherers festgelegt.

(2) Bei einer Änderung der Beiträge, auch durch Änderung des Versicherungsschutzes, wird das Geschlecht und das (die) bei Inkrafttreten der Änderung erreichte tarifliche Lebensalter (Lebensaltersgruppe) der versicherten Person berücksichtigt; dies gilt in Ansehung des Geschlechts nicht für Tarife, deren Beiträge geschlechtsunabhängig erhoben werden. Dabei wird dem Eintrittsalter der versicherten Person dadurch Rechnung getragen, dass eine Alterungsrückstellung gemäß den in den technischen Berechnungsgrundlagen festgelegten Grundsätzen angerechnet wird. Eine Erhöhung der Beiträge oder eine Minderung der Leistungen des Versicherers wegen des Älterwerdens der versicherten Person ist jedoch während der Dauer des Versicherungsverhältnisses ausgeschlossen, soweit eine Alterungsrückstellung zu bilden ist.

(3) Bei Beitragsänderungen kann der Versicherer auch besonders vereinbarte Risikozuschläge entsprechend ändern.

(4) Liegt bei Vertragsänderungen ein erhöhtes Risiko vor, steht dem Versicherer für den hinzukommenden Teil des Versicherungsschutzes zusätzlich zum Beitrag ein angemessener Zuschlag zu. Dieser bemisst sich nach den für den Geschäftsbetrieb des Versicherers zum Ausgleich erhöhter Risiken maßgeblichen Grundsätzen.

§8b Beitragsanpassung

(1) Im Rahmen der vertraglichen Leistungszusage können sich die Leistungen des Versicherers z. B. wegen häufigerer Arbeitsunfähigkeit der Versicherten, wegen längerer Arbeitsunfähigkeitszeiten oder aufgrund steigender Lebenserwartung ändern. Dementsprechend vergleicht der Versicherer zumindest jährlich für jeden Tarif die erforderlichen mit den in den technischen Berechnungsgrundlagen kalkulierten Versicherungsleistungen und Sterbewahrscheinlichkeiten. Ergibt diese Gegenüberstellung für eine Beobachtungseinheit eines Tarifs eine Abweichung von mehr als dem gesetzlich oder tariflich festgelegten Vomhundertsatz, werden alle Beiträge dieser Beobachtungseinheit vom Versicherer überprüft und, soweit erforderlich, mit Zustimmung des Treuhänders angepasst. Unter den gleichen Voraussetzungen kann auch ein vereinbarter Risikozuschlag entsprechend geändert werden.

(2) Von einer Beitragsanpassung kann abgesehen werden, wenn nach übereinstimmender Beurteilung durch den Versicherer und den Treuhänder die Veränderung der Versicherungsleistungen als vorübergehend anzusehen ist.

(3) Beitragsanpassungen sowie Änderungen von evtl. vereinbarten Risikozuschlägen werden zu Beginn des zweiten Monats wirksam, der auf die Benachrichtigung des Versicherungsnehmers folgt.

§9 Obliegenheiten

(1) Die ärztlich festgestellte Arbeitsunfähigkeit ist dem Versicherer unverzüglich, spätestens aber innerhalb der im Tarif festgesetzten Frist, durch Vorlage eines Nachweises (§ 4 Abs. 7) anzuzeigen. Bei verspätetem Zugang der Anzeige kann das Krankentagegeld bis zum Zugangstage nach Maßgabe des § 10 gekürzt werden oder ganz entfallen; eine Zahlung vor dem im Tarif vorgesehenen Zeitpunkt erfolgt jedoch nicht. Fortdauernde Arbeitsunfähigkeit ist dem Versicherer innerhalb der im Tarif festgesetzten Frist nachzuweisen. Die Wiederherstellung der Arbeitsfähigkeit ist dem Versicherer binnen 3 Tagen anzuzeigen.

(2) Der Versicherungsnehmer und die als empfangsberechtigt benannte versicherte Person (vgl. § 6 Abs. 3) haben auf Verlangen des Versicherers jede Auskunft zu erteilen, die zur Feststellung des Versicherungsfalles oder der Leistungspflicht des Versicherers und ihres Umfanges erforderlich ist. Die geforderten

Auskünfte sind auch einem Beauftragten des Versicherers zu erteilen.

(3) Auf Verlangen des Versicherers ist die versicherte Person verpflichtet, sich durch einen vom Versicherer beauftragten Arzt untersuchen zu lassen.

(4) Die versicherte Person hat für die Wiederherstellung der Arbeitsfähigkeit zu sorgen; sie hat insbesondere die Weisungen des Arztes gewissenhaft zu befolgen und alle Handlungen zu unterlassen, die der Genesung hinderlich sind.

(5) Jeder Berufswechsel der versicherten Person ist unverzüglich anzuzeigen.

(6) Der Neuabschluss einer weiteren oder die Erhöhung einer anderweitig bestehenden Versicherung mit Anspruch auf Krankentagegeld darf nur mit Einwilligung des Versicherers vorgenommen werden.

§10 Folgen von Obliegenheitsverletzungen

(1) Der Versicherer ist mit den in § 28 Abs. 2 bis 4 VVG vorgeschriebenen Einschränkungen ganz oder teilweise von der Verpflichtung zur Leistung frei, wenn eine der in § 9 Abs. 1 bis 6 genannten Obliegenheiten verletzt wird.

(2) Wird eine der in § 9 Abs. 5 und 6 genannten Obliegenheiten verletzt, so kann der Versicherer unter der Voraussetzung des § 28 Abs. 1 VVG innerhalb eines Monats nach dem Bekanntwerden der Obliegenheitsverletzung ohne Einhaltung einer Frist auch kündigen.

(3) Die Kenntnis und das Verschulden der versicherten Person stehen der Kenntnis und dem Verschulden des Versicherungsnehmers gleich.

§11 Anzeigepflicht bei Wegfall der Versicherungsfähigkeit

Der Wegfall einer im Tarif bestimmten Voraussetzung für die Versicherungsfähigkeit oder der Eintritt der Berufsunfähigkeit (vgl. § 15 Buchstabe b) einer versicherten Person ist dem Versicherer unverzüglich anzuzeigen. Erlangt der Versicherer von dem Eintritt dieses Ereignisses erst später Kenntnis, so sind beide Teile verpflichtet, die für die Zeit nach Beendigung des Versicherungsverhältnisses empfangenen Leistungen einander zurückzugewähren.

§12 Aufrechnung

Der Versicherungsnehmer kann gegen Forderungen des Versicherers nur aufrechnen, soweit die Gegenforderung unbestritten oder rechtskräftig festgestellt ist. Gegen eine Forderung aus der Beitragspflicht kann jedoch ein Mitglied eines Versicherungsvereins nicht aufrechnen.

Ende der Versicherung

§13 Kündigung durch den Versicherungsnehmer

(1) Der Versicherungsnehmer kann das Versicherungsverhältnis zum Ende eines jeden Versicherungsjahres mit einer Frist von 3 Monaten kündigen.

(2) Die Kündigung kann auf einzelne versicherte Personen oder Tarife beschränkt werden.

(3) Wird eine versicherte Person in der gesetzlichen Krankenversicherung versicherungspflichtig, so kann der Versicherungsnehmer binnen 3 Monaten nach Eintritt der Versicherungspflicht die Krankentagegeldversicherung oder eine dafür bestehende Anwartschaftsversicherung rückwirkend zum Eintritt der Versicherungspflicht kündigen. Die Kündigung ist unwirksam, wenn der Versicherungsnehmer den Eintritt der Versicherungspflicht nicht innerhalb von 2 Monaten nachweist, nachdem der Versicherer ihn hierzu in Textform aufgefordert hat, es sei denn, der Versicherungsnehmer hat die Versäumung dieser Frist nicht zu vertreten. Macht der Versicherungsnehmer von seinem Kündigungsrecht Gebrauch, steht dem Versicherer der Beitrag nur bis zum Zeitpunkt des Eintritts der Versicherungspflicht zu. Später kann der Versicherungsnehmer die Krankentagegeldversicherung oder eine dafür bestehende Anwartschaftsversicherung nur zum Ende des Monats kündigen, in dem er den Eintritt der Versicherungspflicht nachweist. Dem Versicherer steht der Beitrag in diesem Fall bis zum Ende des Versicherungsvertrages zu. Der Versicherungspflicht steht gleich der gesetzliche Anspruch auf Familienversicherung oder der nicht nur vorübergehende Anspruch auf Heilfürsorge aus einem beamtenrechtlichen oder ähnlichen Dienstverhältnis.

(4) Erhöht der Versicherer die Beiträge aufgrund der Beitragsanpassungsklausel oder vermindert er seine Leistungen gemäß § 18 Abs. 1 oder macht er von seinem Recht auf Herabsetzung gemäß § 4 Abs. 4 Gebrauch, so kann der Versicherungsnehmer das Versicherungsverhältnis hinsichtlich der betroffenen versicherten Person innerhalb von 2 Monaten vom Zugang der Änderungsmitteilung an zum Zeitpunkt des Wirksamwerdens der Änderung kündigen. Bei einer Beitragserhöhung kann der Versicherungsnehmer das Versicherungsverhältnis auch bis und zum Zeitpunkt des Wirksamwerdens der Erhöhung kündigen.

(5) Der Versicherungsnehmer kann, sofern der Versicherer die Anfechtung, den Rücktritt oder die Kündigung nur für einzelne versicherte Personen oder Tarife erklärt, innerhalb von 2 Wochen nach Zugang dieser Erklärung die Aufhebung des übrigen Teils der Versicherung zum Schlusse des Monats verlangen, in dem ihm die Erklärung des Versicherers zugegangen ist, bei Kündigung zu dem Zeitpunkt, in dem diese wirksam wird.

(6) Kündigt der Versicherungsnehmer das Versicherungsverhältnis insgesamt oder für einzelne versicherte Personen, haben die versicherten Personen das Recht, das Versicherungsverhältnis unter Benennung des künftigen Versicherungsnehmers fortzusetzen. Die Erklärung ist innerhalb von 2 Monaten nach der Kündigung abzugeben. Die Kündigung ist nur wirksam, wenn der Versicherungsnehmer nachweist, dass die betroffenen versicherten Personen von der Kündigungserklärung Kenntnis erlangt haben.

Allgemeine Versicherungsbedingungen (AVB) Bedingungsteil MB/KT 2009 für die Krankentagegeldversicherung

§14 Kündigung durch den Versicherer

(1) Der Versicherer kann das Versicherungsverhältnis zum Ende eines jeden der ersten 3 Versicherungsjahre mit einer Frist von 3 Monaten kündigen, sofern kein gesetzlicher Anspruch auf einen Beitragszuschuss des Arbeitgebers besteht.

(2) Die gesetzlichen Bestimmungen über das außerordentliche Kündigungsrecht bleiben unberührt.

(3) Die Kündigung kann auf einzelne versicherte Personen, Tarife oder auf nachträgliche Erhöhungen des Krankentagegeldes beschränkt werden.

(4) Der Versicherer kann, sofern der Versicherungsnehmer die Kündigung nur für einzelne versicherte Personen oder Tarife erklärt, innerhalb von 2 Wochen nach Zugang der Kündigung die Aufhebung des übrigen Teils der Versicherung zu dem Zeitpunkt verlangen, in dem diese wirksam wird. Das gilt nicht für den Fall des §13 Abs. 3.

§15 Sonstige Beendigungsgründe

(1) Das Versicherungsverhältnis endet hinsichtlich der betroffenen versicherten Personen

(a) bei Wegfall einer im Tarif bestimmten Voraussetzung für die Versicherungsfähigkeit zum Ende des Monats, in dem die Voraussetzung weggefallen ist. Besteht jedoch zu diesem Zeitpunkt in einem bereits eingetretenen Versicherungsfall Arbeitsunfähigkeit, so endet das Versicherungsverhältnis nicht vor dem Zeitpunkt, bis zu dem der Versicherer seine im Tarif aufgeführten Leistungen für diese Arbeitsunfähigkeit zu erbringen hat, spätestens aber 3 Monate nach Wegfall der Voraussetzung;

(b) mit Eintritt der Berufsunfähigkeit. Berufsunfähigkeit liegt vor, wenn die versicherte Person nach medizinischem Befund im bisher ausgeübten Beruf auf nicht absehbare Zeit mehr als 50 % erwerbsunfähig ist. Besteht jedoch zu diesem Zeitpunkt in einem bereits eingetretenen Versicherungsfall Arbeitsunfähigkeit, so endet das Versicherungsverhältnis nicht vor dem Zeitpunkt, bis zu dem der Versicherer seine im Tarif aufgeführten Leistungen für diese Arbeitsunfähigkeit zu erbringen hat, spätestens aber 3 Monate nach Eintritt der Berufsunfähigkeit;

(c) mit dem Bezug von Altersrente, spätestens, sofern tariflich vereinbart, mit Vollendung des 65. Lebensjahres. Sofern eine Beendigung mit Vollendung des 65. Lebensjahres vereinbart ist, hat die versicherte Person das Recht, nach Maßgabe von §196 VVG den Abschluss einer neuen Krankentagegeldversicherung zu verlangen;

(d) mit dem Tod. Beim Tode des Versicherungsnehmers haben die versicherten Personen das Recht, das Versicherungsverhältnis unter Benennung des künftigen Versicherungsnehmers fortzusetzen. Die Erklärung ist innerhalb von 2 Monaten nach dem Tode des Versicherungsnehmers abzugeben;

(e) bei Verlegung des gewöhnlichen Aufenthaltes in einen anderen Staat als die in §1 Abs. 8 genannten, es sei denn, dass das Versicherungsverhältnis aufgrund einer anderweitigen Vereinbarung fortgesetzt wird.

(2) Der Versicherungsnehmer und die versicherten Personen haben das Recht, einen von ihnen gekündigten oder einen wegen Eintritts der Berufsunfähigkeit gemäß Abs. 1 Buchstabe b) beendeten Vertrag nach Maßgabe des Tarifs in Form einer Anwartschaftsversicherung fortzusetzen, sofern mit einer Wiederaufnahme der Erwerbstätigkeit zu rechnen ist.

Sonstige Bestimmungen

§16 Willenserklärungen und Anzeigen

Willenserklärungen und Anzeigen gegenüber dem Versicherer bedürfen der Textform.

§17 Gerichtsstand

(1) Für Klagen aus dem Versicherungsverhältnis gegen den Versicherungsnehmer ist das Gericht des Ortes zuständig, an dem der Versicherungsnehmer seinen Wohnsitz oder in Ermangelung eines solchen seinen gewöhnlichen Aufenthalt hat.

(2) Klagen gegen den Versicherer können bei dem Gericht am Wohnsitz oder gewöhnlichen Aufenthalt des Versicherungsnehmers oder bei dem Gericht am Sitz des Versicherers anhängig gemacht werden.

(3) Verlegt der Versicherungsnehmer nach Vertragsschluss seinen Wohnsitz oder gewöhnlichen Aufenthalt in einen Staat, der nicht Mitgliedstaat der Europäischen Union oder Vertragsstaat des Abkommens über den Europäischen Wirtschaftsraum ist oder ist sein Wohnsitz oder gewöhnlicher Aufenthalt im Zeitpunkt der Klageerhebung nicht bekannt, ist das Gericht am Sitz des Versicherers zuständig.

§18 Änderungen der Allgemeinen Versicherungsbedingungen

(1) Bei einer nicht nur als vorübergehend anzusehenden Veränderung der Verhältnisse des Gesundheitswesens können die Allgemeinen Versicherungsbedingungen und die Tarifbestimmungen den veränderten Verhältnissen angepasst werden, wenn die Änderungen zur hinreichenden Wahrung der Belange der Versicherungsnehmer erforderlich erscheinen und ein unabhängiger Treuhänder die Voraussetzungen für die Änderungen überprüft und ihre Angemessenheit bestätigt hat. Die Änderungen werden zu Beginn des zweiten Monats wirksam, der auf die Mitteilung der Änderungen und der hierfür maßgeblichen Gründe an den Versicherungsnehmer folgt.

(2) Ist eine Bestimmung in den Allgemeinen Versicherungsbedingungen durch höchstrichterliche Entscheidung oder durch einen bestandskräftigen Verwaltungsakt für unwirksam erklärt worden, kann sie der Versicherer durch eine neue Regelung ersetzen, wenn dies zur Fortführung des Vertrags notwendig ist oder wenn das Festhalten an dem Vertrag ohne neue Regelung für eine Vertragspartei auch unter Berücksichtigung der Interessen der anderen Vertragspartei eine unzumutbare Härte darstellen würde. Die neue Regelung ist nur wirksam, wenn sie unter Wahrung des Vertragsziels die Belange der Versicherungsnehmer angemessen berücksichtigt. Sie wird 2 Wochen, nachdem die neue Regelung und die hierfür maßgeblichen Gründe dem Versicherungsnehmer mitgeteilt worden sind, Vertragsbestandteil.

Allgemeine Versicherungsbedingungen (AVB)

Bedingungsteil MB/PPV 2017 für die Private Pflegepflichtversicherung

Die AVB umfassen Musterbedingungen 2017 – MB/PPV 2017 – des Verbandes der Privaten Krankenversicherung (Stand: April 2017)

Der Versicherungsschutz

§ 1 Gegenstand, Umfang und Geltungsbereich des Versicherungsschutzes ... 213
§ 2 Beginn des Versicherungsschutzes ... 215
§ 3 Wartezeit ... 215
§ 4 Umfang der Leistungspflicht ... 215
§ 5 Einschränkung der Leistungspflicht ... 219
§ 5a Leistungsausschluss ... 219
§ 6 Auszahlung der Versicherungsleistung ... 220
§ 7 Ende des Versicherungsschutzes ... 220

Pflichten des Versicherungsnehmers

§ 8 Beitragszahlung ... 221
§ 8a Beitragsberechnung ... 221
§ 8b Beitragsänderungen ... 222
§ 9 Obliegenheiten ... 222
§ 10 Folgen von Obliegenheitsverletzungen ... 222
§ 11 Obliegenheiten und Folgen von Obliegenheitsverletzungen bei Ansprüchen gegen Dritte ... 222
§ 12 Aufrechnung ... 223

Ende der Versicherung

§ 13 Kündigung durch den Versicherungsnehmer ... 223
§ 14 Kündigung durch den Versicherer ... 223
§ 15 Sonstige Beendigungsgründe ... 223

Sonstige Bestimmungen

§ 16 Willenserklärungen und Anzeigen ... 224
§ 17 Gerichtsstand ... 224
§ 18 Änderungen der Allgemeinen Versicherungsbedingungen ... 224
§ 19 Beitragsrückerstattung ... 224

Der Versicherungsschutz

§ 1 Gegenstand, Umfang und Geltungsbereich des Versicherungsschutzes

(1) Der Versicherer leistet im Versicherungsfall in vertraglichem Umfang Ersatz von Aufwendungen für Pflege oder ein Pflegegeld sowie sonstige Leistungen. Aufwendungen für Unterkunft und Verpflegung einschließlich besonderer Komfortleistungen, für zusätzliche pflegerisch-betreuende Leistungen sowie für berechnungsfähige Investitions- und sonstige betriebsnotwendige Kosten sind nicht erstattungsfähig.

(2) Versicherungsfall ist die Pflegebedürftigkeit einer versicherten Person. Pflegebedürftig sind Personen, die gesundheitlich bedingte Beeinträchtigungen der Selbstständigkeit oder der Fähigkeiten aufweisen und deshalb der Hilfe durch andere bedürfen. Es muss sich um Personen handeln, die körperliche, kognitive oder psychische Beeinträchtigungen oder gesundheitlich bedingte Belastungen oder Anforderungen nicht selbstständig kompensieren oder bewältigen können. Die Pflegebedürftigkeit muss auf Dauer, voraussichtlich für mindestens 6 Monate, und mit mindestens der in Absatz 6 festgelegten Schwere bestehen.

Ein Versicherungsfall für Leistungen nach § 4 Abs. 14 i. V. m. § 3 Abs. 6 Pflegezeitgesetz liegt auch dann vor, wenn eine Erkrankung der versicherten Person im Sinne des § 3 Abs. 6 Pflegezeitgesetz besteht.

(3) Maßgeblich für das Vorliegen von gesundheitlich bedingten Beeinträchtigungen der Selbstständigkeit oder der Fähigkeiten sind die in den folgenden 6 Bereichen genannten pflegefachlich begründeten Kriterien:

1. Mobilität: Positionswechsel im Bett, Halten einer stabilen Sitzposition, Umsetzen, Fortbewegen innerhalb des Wohnbereichs, Treppensteigen;

2. kognitive und kommunikative Fähigkeiten: Erkennen von Personen aus dem näheren Umfeld, örtliche Orientierung, zeitliche Orientierung, Erinnern an wesentliche Ereignisse oder Beobachtungen, Steuern von mehrschrittigen Alltagshandlungen, Treffen von Entscheidungen im Alltagsleben, Verstehen von Sachverhalten und Informationen, Erkennen von Risiken und Gefahren, Mitteilen von elementaren Bedürfnissen, Verstehen von Aufforderungen, Beteiligen an einem Gespräch;

3. Verhaltensweisen und psychische Problemlagen: motorisch geprägte Verhaltensauffälligkeiten, nächtliche Unruhe, selbstschädigendes und autoaggressives Verhalten, Beschädigen von Gegenständen, physisch aggressives Verhalten gegenüber anderen Personen, verbale Aggression, andere pflegerelevante vokale Auffälligkeiten, Abwehr pflegerischer und anderer unterstützender Maßnahmen, Wahnvorstellungen, Ängste, Antriebslosigkeit bei depressiver Stimmungslage, sozial inadäquate Verhaltensweisen, sonstige pflegerelevante inadäquate Handlungen;

4. Selbstversorgung: Waschen des vorderen Oberkörpers, Körperpflege im Bereich des Kopfes, Waschen des Intimbereichs, Duschen und Baden einschließlich Waschen der Haare, An- und Auskleiden des Oberkörpers, An- und Auskleiden des Unterkörpers, mundgerechtes Zubereiten der Nahrung und Eingießen von Getränken, Essen, Trinken, Benutzen einer Toilette oder eines Toilettenstuhls, Bewältigen der Folgen einer Harninkontinenz und Umgang mit Dauerkatheter und Urostoma, Bewältigen der Folgen einer Stuhlinkontinenz und Umgang mit Stoma, Ernährung parenteral oder über Sonde, Bestehen gravierender Probleme bei der Nahrungsaufnahme bei Kindern bis zu 18 Monaten, die einen außergewöhnlich pflegeintensiven Hilfebedarf auslösen;

5. Bewältigung von und selbstständiger Umgang mit krankheits- oder therapiebedingten Anforderungen und Belastungen:

(a) in Bezug auf Medikation, Injektionen, Versorgung intravenöser Zugänge, Absaugen und Sauerstoffgabe, Einreibungen sowie Kälte- und Wärmeanwendungen, Messung und Deutung von Körperzuständen, körpernahe Hilfsmittel;

(b) in Bezug auf Verbandswechsel und Wundversorgung, Versorgung mit Stoma, regelmäßige Einmalkatheterisierung und Nutzung von Abführmethoden, Therapiemaßnahmen in häuslicher Umgebung;

(c) in Bezug auf zeit- und technikintensive Maßnahmen in häuslicher Umgebung, Arztbesuche, Besuche anderer medizinischer oder therapeutischer Einrichtungen, zeitlich ausgedehnte Besuche medizinischer oder therapeutischer Einrichtungen, Besuch von Einrichtungen zur Frühförderung bei Kindern sowie

(d) in Bezug auf das Einhalten einer Diät oder anderer krankheits- oder therapiebedingter Verhaltensvorschriften;

6. Gestaltung des Alltagslebens und sozialer Kontakte: Gestaltung des Tagesablaufs und Anpassung an Veränderungen, Ruhen und Schlafen, Sichbeschäftigen, Vornehmen von in die Zukunft gerichteten Planungen, Interaktion mit Personen im direkten Kontakt, Kontaktpflege zu Personen außerhalb des direkten Umfelds.

Beeinträchtigungen der Selbstständigkeit oder der Fähigkeiten, die dazu führen, dass die Haushaltsführung nicht mehr ohne Hilfe bewältigt werden kann, werden bei den Kriterien der vorstehend genannten Bereiche berücksichtigt.

(4) Voraussetzung für die Leistungserbringung ist, dass die versicherte Person nach der Schwere der Beeinträchtigungen der Selbstständigkeit oder der Fähigkeiten einem Grad der Pflegebedürftigkeit (Pflegegrad) zugeordnet wird. Der Pflegegrad wird mithilfe eines pflegefachlich begründeten Begutachtungsinstruments ermittelt.

(5) Das Begutachtungsinstrument ist in 6 Module gegliedert, die den 6 Bereichen in Absatz 3 entsprechen. In jedem Modul sind für die in den Bereichen genannten Kriterien die in Anlage 1 zu § 15 Sozialgesetzbuch (SGB) - Elftes Buch (XI) - dargestellten Kategorien vorgesehen. Die Kategorien stellen die in ihnen zum Ausdruck kommenden verschiedenen Schweregrade der Beeinträchtigungen der Selbstständigkeit oder der Fähigkeiten dar. Den Kategorien werden in Bezug auf die einzelnen Kriterien pflegefachlich fundierte Einzelpunkte zugeordnet, die aus Anlage 1 zu § 15 SGB XI ersichtlich sind. In jedem Modul werden die jeweils erreichbaren Summen aus Einzelpunkten nach den in der Anlage 2 zu § 15 SGB XI festgelegten Punktbereichen gegliedert. Die Summen der Punkte werden nach den in ihnen zum Ausdruck kommenden Schweregraden der Beeinträchtigungen der Selbstständigkeit oder der Fähigkeiten wie folgt bezeichnet:

1. Punktbereich 0: keine Beeinträchtigungen der Selbstständigkeit oder der Fähigkeiten,

2. Punktbereich 1: geringe Beeinträchtigungen der Selbstständigkeit oder der Fähigkeiten,

3. Punktbereich 2: erhebliche Beeinträchtigungen der Selbstständigkeit oder der Fähigkeiten,

4. Punktbereich 3: schwere Beeinträchtigungen der Selbstständigkeit oder der Fähigkeiten

und

5. Punktbereich 4: schwerste Beeinträchtigungen der Selbstständigkeit oder der Fähigkeiten.

Jedem Punktbereich in einem Modul werden unter Berücksichtigung der in ihm zum Ausdruck kommenden Schwere der Beeinträchtigungen der Selbstständigkeit oder der Fähigkeiten sowie der folgenden Gewichtung der Module die in der Anlage 2 zu § 15 SGB XI festgelegten, gewichteten Punkte zugeordnet. Die Module des Begutachtungsinstruments werden wie folgt gewichtet:

1. Mobilität mit 10 %,

2. kognitive und kommunikative Fähigkeiten sowie Verhaltensweisen und psychische Problemlagen zusammen mit 15 %,

3. Selbstversorgung mit 40 %,

4. Bewältigung von und selbstständiger Umgang mit krankheits- oder therapiebedingten Anforderungen und Belastungen mit 20 %,

5. Gestaltung des Alltagslebens und sozialer Kontakte mit 15 %.

(6) Zur Ermittlung des Pflegegrads sind die bei der Begutachtung festgestellten Einzelpunkte in jedem Modul zu addieren und dem in der Anlage 1 zu § 15 SGB XI festgelegten Punktbereich sowie den sich daraus ergebenden gewichteten Punkten zuzuordnen. Den Modulen 2 und 3 ist ein gemeinsamer gewichteter Punkt zuzuordnen, der aus den höchsten gewichteten Punkten entweder des Moduls 2 oder des Moduls 3 besteht. Aus den gewichteten Punkten aller Module sind durch Addition die Gesamtpunkte zu bilden. Auf der Basis der erreichten Gesamtpunkte sind pflegebedürftige Personen in einen der nachfolgenden Pflegegrade einzuordnen:

1. ab 12,5 bis unter 27 Gesamtpunkten in den Pflegegrad 1: geringe Beeinträchtigungen der Selbstständigkeit oder der Fähigkeiten,

2. ab 27 bis unter 47,5 Gesamtpunkten in den Pflegegrad 2: erhebliche Beeinträchtigungen der Selbstständigkeit oder der Fähigkeiten,

3. ab 47,5 bis unter 70 Gesamtpunkten in den Pflegegrad 3: schwere Beeinträchtigungen der Selbstständigkeit oder der Fähigkeiten,

4. ab 70 bis unter 90 Gesamtpunkten in den Pflegegrad 4: schwerste Beeinträchtigungen der Selbstständigkeit oder der Fähigkeiten,

5. ab 90 bis 100 Gesamtpunkten in den Pflegegrad 5: schwerste Beeinträchtigungen der Selbstständigkeit oder der Fähigkeiten mit besonderen Anforderungen an die pflegerische Versorgung.

(7) Pflegebedürftige mit besonderen Bedarfskonstellationen, die einen spezifischen, außergewöhnlich hohen Hilfebedarf mit besonderen Anforderungen an die pflegerische Versorgung aufweisen, können aus pflegefachlichen Gründen dem Pflegegrad 5 zugeordnet werden, auch wenn ihre Gesamtpunkte unter 90 liegen.

(8) Bei der Begutachtung sind auch solche Kriterien zu berücksichtigen, die zu einem Hilfebedarf führen, für den Leistungen aus der Krankenversicherung vorgesehen sind. Dies gilt auch für krankheitsspezifische Pflegemaßnahmen. Krankheitsspezifische Pflegemaßnahmen sind Maßnahmen der Behandlungspflege, bei denen der behandlungspflegerische Hilfebedarf aus medizinisch-pflegerischen Gründen regelmäßig und auf Dauer untrennbarer Bestandteil einer pflegerischen Maßnahme in den in Absatz 3 genannten 6 Bereichen ist oder mit einer solchen notwendig in einem unmittelbaren zeitlichen und sachlichen Zusammenhang steht.

(9) Bei pflegebedürftigen Kindern wird der Pflegegrad durch einen Vergleich der Beeinträchtigungen ihrer Selbstständigkeit und ihrer Fähigkeiten mit altersentsprechend entwickelten Kindern ermittelt. Im Übrigen gelten die Absätze 4 bis 8 entsprechend.

(10) Pflegebedürftige Kinder im Alter bis zu 18 Monaten werden abweichend von den Absätzen 6, 7 und 9 Satz 2 wie folgt eingestuft:

1. ab 12,5 bis unter 27 Gesamtpunkten in den Pflegegrad 2,

2. ab 27 bis unter 47,5 Gesamtpunkten in den Pflegegrad 3,

3. ab 47,5 bis unter 70 Gesamtpunkten in den Pflegegrad 4,

4. ab 70 bis 100 Gesamtpunkten in den Pflegegrad 5.

Allgemeine Versicherungsbedingungen (AVB) Bedingungsteil MB/PPV 2017 für die private Pflegepflichtversicherung

(11) Der Versicherungsfall beginnt mit der Feststellung der Pflegebedürftigkeit durch einen vom Versicherer beauftragten Arzt oder durch den medizinischen Dienst der privaten Pflegepflichtversicherung. Er endet, wenn Pflegebedürftigkeit nicht mehr besteht. Der Versicherungsfall beginnt für Leistungen bei kurzzeitiger Arbeitsverhinderung (§ 4 Abs. 14a und 14b) frühestens mit dem in der ärztlichen Bescheinigung nach § 2 Abs. 2 Satz 2 Pflegezeitgesetz angegebenen Zeitpunkt der Arbeitsverhinderung. Für Leistungen bei Pflegezeit der Pflegeperson nach § 4 Abs. 14 i. V. m. § 3 Abs. 6 Pflegezeitgesetz beginnt der Versicherungsfall frühestens mit der Freistellung nach § 3 Abs. 6 Pflegezeitgesetz.

(12) Der Umfang des Versicherungsschutzes ergibt sich aus dem Versicherungsschein, ergänzenden schriftlichen Vereinbarungen, den Allgemeinen Versicherungsbedingungen (Bedingungsteil MB/PPV 2017, Tarif PV, Überleitungsregelungen) sowie den gesetzlichen Vorschriften, insbesondere dem SGB XI. Wenn und soweit sich die gesetzlichen Bestimmungen ändern, werden die dem SGB XI gleichwertigen Teile der AVB gemäß § 18 geändert.

(13) Entfällt bei versicherten Personen der Tarifstufe PVB der Beihilfeanspruch, werden sie nach Tarifstufe PVN weiterversichert. Stellt der Versicherungsnehmer innerhalb von 6 Monaten seit dem Wegfall des Beihilfeanspruchs einen entsprechenden Antrag, erfolgt die Erhöhung des Versicherungsschutzes ohne Risikoprüfung und Wartezeiten zum Ersten des Monats, in dem der Beihilfeanspruch entfallen ist. Werden versicherte Personen der Tarifstufe PVN beihilfeberechtigt, wird die Versicherung nach Tarifstufe PVB weitergeführt. Der Versicherungsnehmer und die versicherte Person sind verpflichtet, dem Versicherer unverzüglich den Erwerb eines Beihilfeanspruchs anzuzeigen.

(14) Das Versicherungsverhältnis unterliegt deutschem Recht.

(15) Der Versicherungsschutz erstreckt sich auf Pflege in der Bundesrepublik Deutschland, soweit sich nicht aus § 5 Abs. 1 etwas anderes ergibt.

§ 2 Beginn des Versicherungsschutzes

(1) Der Versicherungsschutz beginnt mit dem im Versicherungsschein bezeichneten Zeitpunkt (technischer Versicherungsbeginn), jedoch nicht vor Abschluss des Versicherungsvertrages, nicht vor Zahlung des ersten Beitrags und nicht vor Ablauf der Wartezeit.

(2) Bei Neugeborenen beginnt der Versicherungsschutz ohne Risikozuschläge ab Vollendung der Geburt, wenn am Tage der Geburt für einen Elternteil eine Versicherungsdauer von mindestens 3 Monaten erfüllt ist. Die Wartezeit nach § 3 gilt bei Neugeborenen als erfüllt, wenn am Tag der Geburt für einen Elternteil die Wartezeit gemäß § 3 erfüllt ist. Die Anmeldung zur Versicherung soll spätestens 2 Monate nach dem Tag der Geburt rückwirkend erfolgen.

(3) Der Geburt eines Kindes steht die Adoption gleich, sofern das Kind im Zeitpunkt der Adoption noch minderjährig ist. Mit Rücksicht auf ein erhöhtes Risiko ist, sofern nicht Beitragsfreiheit gemäß § 8 Abs. 2 bis 4 besteht sowie vorbehaltlich der Höchstbeitragsgarantie des § 8 Abs. 5, die Vereinbarung eines Risikozuschlages bis zur einfachen Beitragshöhe zulässig.

§ 3 Wartezeit

(1) Die Wartezeit rechnet vom technischen Versicherungsbeginn (§ 2 Abs. 1) an.

(2) Sie beträgt bei erstmaliger Stellung eines Leistungsantrages 2 Jahre, wobei das Versicherungsverhältnis innerhalb der letzten 10 Jahre vor Stellung des Leistungsantrages mindestens 2 Jahre bestanden haben muss.

(3) Für versicherte Kinder gilt die Wartezeit als erfüllt, wenn ein Elternteil sie erfüllt.

(4) Personen, die aus der sozialen Pflegeversicherung ausscheiden oder von einer privaten Pflegepflichtversicherung zu einer anderen wechseln, wird die nachweislich dort ununterbrochen zurückgelegte Versicherungszeit auf die Wartezeit angerechnet.

§ 4 Umfang der Leistungspflicht

A. Leistungen bei häuslicher Pflege

(1) Versicherte Personen der Pflegegrade 2 bis 5 erhalten bei häuslicher Pflege Ersatz von Aufwendungen für körperbezogene Pflegemaßnahmen und pflegerische Betreuungsmaßnahmen sowie für Hilfe bei der Haushaltsführung (häusliche Pflegehilfe) gemäß Nr. 1 des Tarifs PV. Der Anspruch umfasst pflegerische Maßnahmen in den in § 1 Abs. 3 genannten Bereichen. Leistungen der häuslichen Pflegehilfe werden auch erbracht, wenn die versicherte Person nicht in ihrem eigenen Haushalt gepflegt wird; keine Leistungspflicht besteht jedoch bei häuslicher Pflege in einer stationären Pflegeeinrichtung (Pflegeheim), in einer stationären Einrichtung, in der die medizinische Vorsorge oder medizinische Rehabilitation, die Teilhabe am Arbeitsleben und am Leben in der Gemeinschaft, die schulische Ausbildung oder die Erziehung kranker oder behinderter Menschen im Vordergrund des Zweckes der Einrichtung (vollstationäre Einrichtung der Hilfe für behinderte Menschen) stehen, sowie im Krankenhaus.

Häusliche Pflegehilfe umfasst Leistungen, die darauf abzielen, Beeinträchtigungen der Selbstständigkeit oder der Fähigkeiten der versicherten Person so weit wie möglich durch pflegerische Maßnahmen zu beseitigen oder zu mindern und eine Verschlimmerung der Pflegebedürftigkeit zu verhindern. Bestandteil der häuslichen Pflegehilfe ist auch die pflegefachliche Anleitung von Pflegebedürftigen und Pflegepersonen. Pflegerische Betreuungsmaßnahmen umfassen Unterstützungsleistungen zur Bewältigung und Gestaltung des alltäglichen Lebens im häuslichen Umfeld, insbesondere

1. bei der Bewältigung psychosozialer Problemlagen oder von Gefährdungen,

2. bei der Orientierung, bei der Tagesstrukturierung, bei der Kommunikation, bei der Aufrechterhaltung sozialer Kontakte und bei bedürfnisgerechten Beschäftigungen im Alltag sowie

3. durch Maßnahmen zur kognitiven Aktivierung.

Die häusliche Pflegehilfe muss durch geeignete Pflegekräfte erbracht werden, die entweder von einer Pflegekasse der sozialen Pflegeversicherung oder bei ambulanten Pflegeeinrichtungen, mit denen die Pflegekasse einen Versorgungsvertrag abgeschlossen hat, angestellt sind oder die als Einzelpflegekräfte die Voraussetzungen des § 71 Abs. 3 SGB XI erfüllen und deshalb von einer Pflegekasse der sozialen Pflegeversicherung nach § 77 Abs. 1 SGB XI oder einem privaten Versicherungsunternehmen, das die private Pflegepflichtversicherung betreibt, anerkannt worden sind. Verwandte oder Verschwägerte der versicherten Person bis zum dritten Grad sowie Personen, die mit der versicherten Person in häuslicher Gemeinschaft leben, werden nicht als Einzelpflegekräfte anerkannt.

Mehrere versicherte Personen können häusliche Pflegehilfe gemeinsam in Anspruch nehmen.

(2) Anstelle von Aufwendungsersatz für häusliche Pflegehilfe gemäß Absatz 1 können versicherte Personen der Pflegegrade 2 bis 5 ein Pflegegeld gemäß Nr. 2.1 des Tarifs PV beantragen. Der Anspruch setzt voraus, dass die versicherte Person mit dem Pflegegeld, dessen Umfang entsprechend, die erforderlichen körperbezogenen Pflegemaßnahmen und pflegerischen Betreuungsmaßnahmen sowie Hilfen bei der Haushaltsführung in geeigneter Weise selbst sicherstellt. Die Hälfte des bisher bezogenen Pflegegeldes wird während einer Verhinderungspflege nach Absatz 6 für bis zu 6 Wochen und während einer Kurzzeitpflege nach Absatz 10 für bis zu 8 Wochen je Kalenderjahr fortgewährt.

(3) Bestehen die Voraussetzungen für die Zahlung des Pflegegeldes nach Absatz 2 nicht für den vollen Kalendermonat, wird der Geldbetrag entsprechend gekürzt; dabei wird der Kalendermonat mit 30 Tagen angesetzt. Das Pflegegeld wird bis zum Ende des Kalendermonats geleistet, in dem die versicherte Person gestorben ist.

(3a) Versicherte Personen in vollstationären Einrichtungen der Hilfe für behinderte Menschen (§ 43a SGB XI) haben Anspruch auf Pflegegeld gemäß Nr. 2.1 des Tarifs PV anteilig für die Tage, an denen sie sich in häuslicher Pflege befinden.

(4) Versicherte Personen, die Pflegegeld nach Absatz 2 beziehen, sind verpflichtet,

(a) bei Pflegegrad 2 und 3 einmal halbjährlich,

(b) bei Pflegegrad 4 und 5 einmal vierteljährlich

eine Beratung in der eigenen Häuslichkeit durch eine Pflegeeinrichtung, mit der ein Versorgungsvertrag nach dem SGB XI besteht oder die von Trägern der privaten Pflegepflichtversicherung anerkannt worden ist, oder, sofern dies durch eine solche Pflegeeinrichtung vor Ort nicht gewährleistet werden kann, durch eine von dem Träger der privaten Pflegepflichtversicherung beauftragte, jedoch von ihm nicht beschäftigte Pflegefachkraft abzurufen. Die Beratung kann auch durch von den Landesverbänden der Pflegekassen anerkannte Beratungsstellen mit nachgewiesener pflegefachlicher Kompetenz, Beratungspersonen der kommunalen Gebietskörperschaften, die die erforderliche pflegefachliche Kompetenz aufweisen, sowie durch Pflegeberater der privaten Pflegepflichtversicherung gemäß Absatz 18 erfolgen. Aufwendungen für die Beratung werden gemäß Nr. 2.2 des Tarifs PV erstattet. Ruft die versicherte Person die Beratung nicht ab, so wird das Pflegegeld angemessen gekürzt und im Wiederholungsfall die Zahlung eingestellt.

Versicherte Personen mit Pflegegrad 1 und versicherte Personen, die häusliche Pflegehilfe nach Absatz 1 beziehen, können halbjährlich einen Beratungsbesuch in Anspruch nehmen. Die Aufwendungen werden gemäß Nr. 2.2 des Tarifs PV erstattet.

(5) Nimmt die versicherte Person Aufwendungsersatz nach Absatz 1 nur teilweise in Anspruch, erhält sie unter den in Absatz 2 genannten Voraussetzungen daneben ein anteiliges Pflegegeld. Das Pflegegeld wird um den Prozentsatz vermindert, in dem die versicherte Person Aufwendungsersatz in Anspruch genommen hat. An die Entscheidung, in welchem Verhältnis sie Pflegegeld und Aufwendungsersatz in Anspruch nehmen will, ist die versicherte Person für die Dauer von 6 Monaten gebunden. Eine Minderung erfolgt insoweit nicht, als die versicherte Person Leistungen nach Nr. 7.2 des Tarifs PV erhalten hat.

(6) Ist eine Pflegeperson wegen Erholungsurlaubs, Krankheit oder aus anderen Gründen an der Pflege gehindert, werden Aufwendungen einer notwendigen Ersatzpflege für längstens 6 Wochen je Kalenderjahr gemäß Nr. 3 des Tarifs PV erstattet. Voraussetzung ist, dass die Pflegeperson die versicherte Person vor der erstmaligen Verhinderung mindestens 6 Monate in ihrer häuslichen Umgebung gepflegt hat und zum Zeitpunkt der Verhinderung bei der versicherten Person mindestens Pflegegrad 2 vorliegt.

(7) Versicherte Personen haben gemäß Nr. 4 des Tarifs PV Anspruch auf Ersatz von Aufwendungen für Pflegehilfsmittel oder deren leihweise Überlassung, wenn und soweit die Pflegehilfsmittel zur Erleichterung der Pflege oder zur Linderung der Beschwerden der versicherten Person beitragen oder ihr eine selbstständigere Lebensführung ermöglichen und die Versorgung notwendig ist. Entscheiden sich versicherte Personen für eine Ausstattung des Pflegehilfsmittels, die über das Maß des Notwendigen hinausgeht, haben sie die Mehrkosten und die dadurch bedingten Folgekosten selbst zu tragen. § 33 Abs. 6 und 7 Sozialgesetzbuch (SGB) - Fünftes Buch (V) - gilt entsprechend.

Der Anspruch umfasst auch den Ersatz von Aufwendungen für die notwendige Änderung, Instandsetzung und Ersatzbeschaffung von Pflegehilfsmitteln sowie die Ausbildung in ihrem Gebrauch.

Die Auszahlung der Versicherungsleistungen für Pflegehilfsmittel oder deren leihweise Überlassung kann von dem Versicherer davon abhängig gemacht werden, dass die versicherte Person sich das Pflegehilfsmittel anpassen oder sich selbst oder die Pflegeperson in deren Gebrauch ausbilden lässt.

Für Maßnahmen zur Verbesserung des individuellen Wohnumfeldes der versicherten Person, beispielsweise für technische Hilfen im Haushalt, können gemäß Nr. 4.3 des Tarifs PV subsidiär finanzielle Zuschüsse gezahlt werden, wenn dadurch im Einzelfall die häusliche Pflege ermöglicht oder erheblich erleichtert oder eine möglichst selbstständige Lebensführung der versicherten Person wiederhergestellt wird.

(7a) Versicherte pflegebedürftige Personen haben einen Anspruch auf einen pauschalen Zuschlag gemäß Nr. 13 des Tarifs PV, wenn

1. sie mit mindestens 2 und höchstens 11 weiteren Personen in einer ambulant betreuten Wohngruppe in einer gemeinsamen Wohnung zum Zweck der gemeinschaftlich organisierten pflegerischen Versorgung leben und davon mindestens 2 weitere Personen pflegebedürftig sind,

2. sie Leistungen nach Absatz 1, 2, 5, 16 oder 17 beziehen; pflegebedürftige Personen in Pflegegrad 1 müssen diese Voraussetzung nicht erfüllen,

3. in der ambulant betreuten Wohngruppe eine Person durch die Mitglieder der Wohngruppe gemeinschaftlich beauftragt ist, unabhängig von der individuellen pflegerischen Versorgung allgemeine organisatorische, verwaltende, betreuende oder das Gemeinschaftsleben fördernde Tätigkeiten zu verrichten oder hauswirtschaftliche Unterstützung zu leisten, und

4. keine Versorgungsform einschließlich teilstationärer Pflege vorliegt, in der ein Anbieter der Wohngruppe oder ein Dritter den Pflegebedürftigen Leistungen anbietet oder gewährleistet, die dem im jeweiligen Rahmenvertrag nach § 75 Abs. 1 SGB XI für vollstationäre Pflege vereinbarten Leistungsumfang weitgehend entsprechen.

Leistungen nach Absatz 8 können zusätzlich zu diesem Zuschlag nur in Anspruch genommen werden, wenn sich aus den Feststellungen nach § 6 ergibt, dass die Pflege in einer ambulant betreuten Wohngruppe ohne teilstationäre Pflege nicht in ausreichendem Umfang sichergestellt ist.

B. Teilstationäre Pflege (Tages- und Nachtpflege)

(8) Versicherte Personen der Pflegegrade 2 bis 5 haben bei teilstationärer Pflege in Einrichtungen der Tages- oder Nachtpflege, wenn häusliche Pflege nicht in ausreichendem Umfang sichergestellt werden kann oder wenn dies zur Ergänzung oder Stärkung der häuslichen Pflege erforderlich ist, Anspruch auf Ersatz von Aufwendungen für allgemeine Pflegeleistungen sowie für sonstige Leistungen gemäß Nr. 5 des Tarifs PV. Allgemeine Pflegeleistungen sind die pflegebedingten Aufwendungen einschließlich der Aufwendungen für Betreuung für alle für die Versorgung der Pflegebedürftigen nach Art und Schwere der Pflegebedürftigkeit erforderlichen Pflegeleistungen der Pflegeeinrichtung. Der Anspruch setzt voraus, dass stationäre Pflegeeinrichtungen (Pflegeheime) in Anspruch genommen werden. Das sind selbstständig wirtschaftende Einrichtungen, in denen Pflegebedürftige unter ständiger Verantwortung einer ausgebildeten Pflegefachkraft gepflegt werden und ganztägig (vollstationär) oder tagsüber oder nachts (teilstationär) untergebracht und verpflegt werden können. Aufwendungen für Unterkunft und Verpflegung einschließlich besonderer Komfortleistungen, für zusätzliche pflegerisch-betreuende Leistungen sowie für betriebsnotwendige Investitions- und sonstige Kosten gemäß § 82 Abs. 2 SGB XI sind nicht erstattungsfähig.

(9) Versicherte Personen der Pflegegrade 2 bis 5 können Leistungen nach Absatz 8 zusätzlich zu den Leistungen nach den Absätzen 1, 2 und 5 in Anspruch nehmen, ohne dass eine Anrechnung auf diese Ansprüche erfolgt.

C. Kurzzeitpflege

(10) Kann häusliche Pflege zeitweise nicht, noch nicht oder nicht in erforderlichem Umfang erbracht werden und reicht auch teilstationäre Pflege nicht aus, besteht für versicherte Personen der Pflegegrade 2 bis 5 gemäß Nr. 6 des Tarifs PV Anspruch auf Ersatz von Aufwendungen für allgemeine Pflegeleistungen sowie sonstige Leistungen in einer vollstationären Einrichtung. Absatz 8 Satz 2 bis 5 gilt entsprechend. Der Anspruch besteht auch in Einrichtungen, die stationäre Leistungen zur medizinischen Vorsorge oder Rehabilitation erbringen, wenn während einer Maßnahme der medizinischen Vorsorge oder Rehabilitation für eine Pflegeperson eine gleichzeitige Unterbringung und Pflege der versicherten Person erforderlich ist. Pflegebedürftige, die zu Hause gepflegt werden, haben in begründeten Einzelfällen Anspruch auf Kurzzeitpflege auch in geeigneten Einrichtungen der Hilfe für behinderte Menschen und anderen geeigneten Einrichtungen, wenn die Pflege in einer zur Kurzzeitpflege zugelassenen Pflegeeinrichtung nicht möglich ist oder nicht zumutbar erscheint.

Die Leistungen werden

(a) für eine Übergangszeit im Anschluss an eine stationäre Behandlung der versicherten Person oder

(b) in sonstigen Krisensituationen, in denen vorübergehend häusliche oder teilstationäre Pflege nicht möglich oder nicht ausreichend ist,

erbracht.

Der Anspruch auf Kurzzeitpflege ist auf 8 Wochen pro Kalenderjahr beschränkt.

D. Vollstationäre Pflege und Pflege in vollstationären Einrichtungen der Hilfe für behinderte Menschen

(11) Versicherte Personen der Pflegegrade 2 bis 5 haben gemäß Nr. 7.1 und 7.2 des Tarifs PV Anspruch auf Ersatz von Aufwendungen für allgemeine Pflegeleistungen einschließlich der Aufwendungen für Betreuung sowie sonstige Leistungen in vollstationären Einrichtungen. Absatz 8 Satz 2 bis 5 gilt entsprechend. Erstattungsfähig ist gemäß Nr. 7.3 des Tarifs PV auch ein von der vollstationären Pflegeeinrichtung berechnetes zusätzliches Entgelt, wenn die versicherte Person nach der Durchführung aktivierender oder rehabilitativer Maßnahmen in einen niedrigeren Pflegegrad zurückgestuft wurde oder keine Pflegebedürftigkeit mehr vorliegt.

Die vorübergehende Abwesenheit der versicherten Person aus der Pflegeeinrichtung unterbricht den Leistungsanspruch nicht, solange der Pflegeplatz bis zu 42 Tage im Kalenderjahr für die versicherte Person freigehalten wird; dieser Abwesenheitszeitraum verlängert sich bei Krankenhausaufenthalten und Aufenthalten in Rehabilitationseinrichtungen um die Dauer dieser Aufenthalte.

Versicherte Personen mit Pflegegrad 1 haben Anspruch auf Ersatz von Aufwendungen für allgemeine Pflegeleistungen gemäß Nr. 7.5 des Tarifs PV.

(12) Versicherte Personen in stationärer Pflege haben Anspruch auf Ersatz von Aufwendungen für zusätzliche Betreuung und Aktivierung, die über die nach Art und Schwere der Pflegebedürftigkeit notwendige Versorgung hinausgeht, gemäß Nr. 7.4 des Tarifs PV.

E. Leistungen zur sozialen Sicherung der Pflegepersonen

(13) Für Pflegepersonen, die regelmäßig nicht mehr als 30 Stunden wöchentlich erwerbstätig sind und eine oder mehrere pflegebedürftige Personen mit mindestens Pflegegrad 2 ehrenamtlich wenigstens 10 Stunden wöchentlich, verteilt auf regelmäßig mindestens 2 Tage in der Woche in ihrer häuslichen Umgebung pflegen, zahlt der Versicherer Beiträge an den zuständigen Träger der gesetzlichen Rentenversicherung oder auf Antrag an die zuständige berufsständische Versorgungseinrichtung sowie an die Bundesagentur für Arbeit gemäß Nr. 8 des Tarifs PV. Die Feststellungen nach § 6 Abs. 2 umfassen dazu auch Ermittlungen, ob die Pflegeperson eine oder mehrere pflegebedürftige Personen wenigstens zehn Stunden wöchentlich, verteilt auf regelmäßig mindestens 2 Tage in der Woche, pflegt. Wird die Pflege eines Pflegebedürftigen von mehreren Pflegepersonen erbracht (Mehrfachpflege), wird zudem der Umfang der jeweiligen Pflegetätigkeit je Pflegeperson im Verhältnis zum Umfang der von den Pflegepersonen zu leistenden Pflegetätigkeit insgesamt (Gesamtpflegeaufwand) ermittelt. Dabei werden die Angaben der beteiligten Pflegepersonen zugrunde gelegt. Werden keine oder keine übereinstimmenden Angaben gemacht, erfolgt eine Aufteilung zu gleichen Teilen. Die Feststellungen zu den Pflegezeiten und zum Pflegeaufwand der Pflegeperson sowie bei Mehrfachpflege zum Einzel- und Gesamtpflegeaufwand trifft der Versicherer. Erholungsurlaub der Pflegeperson von bis zu 6 Wochen im Kalenderjahr unterbricht die Beitragszahlung nicht. Üben mehrere Pflegepersonen die Pflege gemeinsam aus, richtet sich die Höhe des vom Versicherer zu entrichtenden Beitrags nach dem Verhältnis des Umfanges der jeweiligen Pflegetätigkeit der Pflegeperson zum Umfang der Pflegetätigkeit insgesamt.

Ferner meldet der Versicherer die Pflegepersonen zwecks Einbeziehung in den Versicherungsschutz der gesetzlichen Unfallversicherung an den zuständigen Unfallversicherungsträger.

Für Pflegepersonen, die eine oder mehrere pflegebedürftige Personen mit mindestens Pflegegrad 2 ehrenamtlich wenigstens 10 Stunden wöchentlich, verteilt auf regelmäßig mindestens 2 Tage in der Woche in ihrer häuslichen Umgebung pflegen, zahlt der Versicherer Beiträge an die Bundesagentur für Arbeit gemäß Nr. 8 des Tarifs PV.

F. Leistungen bei Pflegezeit der Pflegeperson und kurzzeitiger Arbeitsverhinderung

(14) Für Pflegepersonen, die als Beschäftigte gemäß § 3 Pflegezeitgesetz von der Arbeitsleistung vollständig freigestellt werden oder deren Beschäftigung durch Reduzierung der Arbeitszeit zu einer geringfügigen Beschäftigung im Sinne von § 8 Abs. 1 Nr. 1 Sozialgesetzbuch (SGB) – Viertes Buch (IV) – wird, zahlt der Versicherer nach Maßgabe von Nr. 9.1 des Tarifs PV auf Antrag Zuschüsse zur Kranken- und Pflegepflichtversicherung.

(a) Für Beschäftigte im Sinne des § 7 Abs. 1 Pflegezeitgesetz, die für kurzzeitige Arbeitsverhinderung nach § 2 Pflegezeitgesetz für diesen Zeitraum keine Entgeltfortzahlung von ihrem Arbeitgeber und kein Kranken- oder Verletztengeld bei Erkrankung oder Unfall eines Kindes nach § 45 SGB V oder nach § 45 Abs. 4 Sozialgesetzbuch (SGB) – Siebtes Buch (VII) – beanspruchen können und nahe Angehörige nach § 7 Abs. 3 Pflegezeitgesetz der versicherten Person sind, zahlt der Versicherer einen Ausgleich für entgangenes Arbeitsentgelt (Pflegeunterstützungsgeld) für bis zu insgesamt 10 Arbeitstage nach Nr. 9.2 des Tarifs PV.

(b) Für landwirtschaftliche Unternehmer im Sinne des § 2 Abs. 1 Nr. 1 und 2 KVLG 1989, die an der Führung des Unternehmens gehindert sind, weil sie für einen pflegebedürftigen nahen Angehörigen (versicherte Person) in einer akut aufgetretenen Pflegesituation eine bedarfsgerechte Pflege organisieren oder eine pflegerische Versorgung in dieser Zeit sicherstellen, zahlt der Versicherer anstelle des Pflegeunterstützungsgeldes bis zu 10 Arbeitstage Betriebshilfe nach Nr. 9.3 des Tarifs PV.

G. Pflegekurse für Angehörige und ehrenamtliche Pflegepersonen

(15) Angehörige und sonstige an einer ehrenamtlichen Pflegetätigkeit interessierte Personen können Schulungskurse besuchen. Diese dienen dem Ziel, soziales Engagement im Bereich der Pflege zu fördern und zu stärken, Pflege und Betreuung zu erleichtern und zu verbessern sowie pflegebedingte körperliche und seelische Belastungen zu mindern und ihrer Entstehung vorzubeugen. Die Kurse sollen Fertigkeiten für eine eigenständige Durchführung der Pflege vermitteln. Die Schulung soll auf Wunsch der Pflegeperson und der pflegebedürftigen Person auch in der häuslichen Umgebung der pflegebedürftigen Person stattfinden. Der Umfang der Leistungen des Versicherers ergibt sich aus Nr. 10 des Tarifs PV.

H. Angebote zur Unterstützung im Alltag und Anspruch auf einen Entlastungsbetrag

(16) Versicherte Personen in häuslicher Pflege haben Anspruch auf Ersatz von Aufwendungen für qualitätsgesicherte und entsprechend zertifizierte Leistungen zur Entlastung pflegender Angehöriger und vergleichbar Nahestehender in ihrer Eigenschaft als Pflegende sowie zur Förderung der Selbstständigkeit und Selbstbestimmtheit der versicherten Personen bei der Gestaltung des Alltags gemäß Nr. 11 des Tarifs PV.

Der Ersatz der Aufwendungen erfolgt auch, wenn für Leistungen nach Nr. 11 a) bis d) des Tarifs PV Mittel der Ersatzpflege (Absatz 6) eingesetzt werden.

(17) Soweit Versicherte mit mindestens Pflegegrad 2 in dem jeweiligen Kalendermonat keine Leistungen der häuslichen Pflegehilfe nach Nr. 1 des Tarifs PV bezogen haben, können sie Leistungen der nach Landesrecht anerkannten Angebote zur Unterstützung im Alltag in Anspruch nehmen. Solche Leistungen werden auf den Anspruch des Versicherten auf häusliche Pflegehilfe angerechnet. Der verwendete Betrag darf je Kalendermonat nicht mehr als 40 % des für den jeweiligen Pflegegrad vorgesehenen Höchstleistungsbetrages für Leistungen der häuslichen Pflegehilfe betragen. Die Leistungen der häuslichen Pflegehilfe sind vorrangig abzurechnen. Im Rahmen der Kombinationsleistungen nach Absatz 5 gilt die Erstattung der Aufwendungen als Inanspruchnahme derjenigen Leistungen, die der versicherten Person bei häuslicher Pflege nach Nr. 1 des Tarifs PV zustehen. Bezieht die versicherte Person die Leistung nach Satz 1, so gilt die Beratungspflicht nach Absatz 4 entsprechend. Wenn die versicherte Person die Beratung nicht abruft, gilt Absatz 4 Satz 4 mit der Maßgabe, dass eine Kürzung oder Entziehung in Bezug auf die Kostenerstattung nach Satz 1 erfolgt.

I. Pflegeberatung

(18) Versicherte Personen haben Anspruch auf individuelle Beratung und Hilfestellung bei der Auswahl und Inanspruchnahme von Versicherungs- und Sozialleistungen sowie sonstigen Hilfsangeboten, die auf die Unterstützung von Menschen mit Pflege-, Versorgungs- oder Betreuungsbedarf ausgerichtet sind.

Der Anspruch umfasst insbesondere

(a) die systematische Erfassung und Analyse des Hilfebedarfs unter Berücksichtigung der Ergebnisse der Begutachtung nach § 6 Abs. 2 sowie, wenn die versicherte Person zustimmt, der Beratung nach Absatz 4;

(b) die Erstellung eines individuellen Pflege- und Hilfekonzepts mit den im Einzelfall erforderlichen Versicherungs- und Sozialleistungen und gesundheitsfördernden, präventiven, kurativen, rehabilitativen oder sonstigen medizinischen sowie pflegerischen und sozialen Hilfen;

(c) das Hinwirken auf die für die Durchführung des Pflege- und Hilfekonzepts erforderlichen Maßnahmen;

(d) die Überwachung der Durchführung des Pflege- und Hilfekonzepts und erforderlichenfalls eine Anpassung an eine veränderte Bedarfslage;

(e) bei besonders komplexen Fallgestaltungen die Auswertung und Dokumentation des Hilfeprozesses sowie

(f) die Information über Leistungen zur Entlastung der Pflegepersonen.

Zur Sicherstellung des Anspruchs auf Pflegeberatung bedient sich der Versicherer entsprechend qualifizierter, unabhängiger Pflegeberater. Der Versicherer ist berechtigt, personenbezogene Daten, insbesondere Gesundheitsdaten, für Zwecke der Pflegeberatung zu erheben, zu verarbeiten und zu nutzen, soweit dies zur Durchführung der Pflegeberatung erforderlich ist. Dies umfasst auch die Übermittlung personenbezogener Daten an die vom Versicherer beauftragten Pflegeberater.

Versicherte Personen haben Anspruch darauf, dass der Versicherer ihnen unmittelbar nach Eingang eines Antrags auf Leistungen aus dieser Versicherung entweder

(a) unter Angabe einer Kontaktperson einen konkreten Beratungstermin anbietet, der spätestens innerhalb von 2 Wochen nach Antragseingang durchzuführen ist,

oder

(b) einen Beratungsgutschein ausstellt, in dem Beratungsstellen benannt sind, bei denen er zu Lasten des Versicherers innerhalb von 2 Wochen nach Antragseingang eingelöst werden kann.

Die Pflegeberatung kann auf Wunsch der versicherten Person dort, wo die Pflege durchgeführt wird, oder telefonisch erfolgen, dies auch nach Ablauf der zuvor genannten Frist. Auf Wunsch der versicherten Person erfolgt die Pflegeberatung auch gegenüber ihren Angehörigen oder weiteren Personen oder unter deren Einbeziehung.

J. Förderung der Gründung von ambulant betreuten Wohngruppen

(19) Versicherte Personen, die Anspruch auf Leistungen nach Absatz 7a haben und die an der gemeinsamen Gründung einer ambulant betreuten Wohngruppe beteiligt sind, haben zusätzlich zu dem Betrag nach Nr. 13 des Tarifs PV einmalig zur altersgerechten und barrierearmen Umgestaltung der gemeinsamen Wohnung einen Anspruch auf einen Förderbetrag nach Nr. 14 des Tarifs PV. Der Antrag ist innerhalb eines Jahres nach Vorliegen der Anspruchsvoraussetzungen zu stellen und die Gründung nachzuweisen. Die Umgestaltungsmaßnahme kann auch vor der Gründung und dem Einzug erfolgen. Der Anspruch endet mit Ablauf des Monats, in dem das Bundesversicherungsamt den Pflegekassen und dem Verband der Privaten Krankenversicherung e. V. mitteilt, dass mit der Förderung eine Gesamthöhe von 30 Millionen € erreicht worden ist.

§ 5 Einschränkung der Leistungspflicht

(1) Keine Leistungspflicht besteht:

(a) solange sich versicherte Personen im Ausland aufhalten. Bei vorübergehendem Auslandsaufenthalt von bis zu insgesamt 6 Wochen im Kalenderjahr werden Pflegegeld gemäß § 4 Abs. 2 oder anteiliges Pflegegeld gemäß § 4 Abs. 5 sowie Leistungen zur sozialen Sicherung von Pflegepersonen und Leistungen bei Pflegezeit von Pflegepersonen jedoch weiter erbracht; der Anspruch auf Pflegegeld gemäß § 4 Abs. 2 oder anteiliges Pflegegeld nach § 4 Abs. 5 ruht nicht bei Aufenthalt der versicherten Person in einem Mitgliedstaat der Europäischen Union, einem Vertragsstaat des Abkommens über den Europäischen Wirtschaftsraum oder der Schweiz. Aufwendungsersatz gemäß § 4 Abs. 1 wird nur geleistet, soweit die Pflegekraft, die ansonsten die Pflege durchführt, die versicherte Person während des vorübergehenden Auslandsaufenthaltes begleitet;

(b) soweit versicherte Personen Entschädigungsleistungen wegen Pflegebedürftigkeit unmittelbar nach § 35 Bundesversorgungsgesetz oder nach den Gesetzen, die eine entsprechende Anwendung des Bundesversorgungsgesetzes vorsehen, aus der gesetzlichen Unfallversicherung oder aus öffentlichen Kassen aufgrund gesetzlich geregelter Unfallversorgung oder Unfallfürsorge erhalten. Dies gilt auch, wenn vergleichbare Leistungen aus dem Ausland oder von einer zwischenstaatlichen oder überstaatlichen Einrichtung bezogen werden.

(2) Bei häuslicher Pflege entfällt die Leistungspflicht ferner:

(a) soweit versicherte Personen aufgrund eines Anspruchs auf häusliche Krankenpflege auch Anspruch auf Leistungen nach § 4 Abs. 1 Satz 1 haben. Pflegegeld nach § 4 Abs. 2 oder anteiliges Pflegegeld nach § 4 Abs. 5 in den ersten 4 Wochen der häuslichen Krankenpflege sowie Leistungen zur sozialen Sicherung von Pflegepersonen und Leistungen bei Pflegezeit von Pflegepersonen werden jedoch im tariflichen Umfang erbracht; bei Pflegebedürftigen, die ihre Pflege durch von ihnen beschäftigte besondere Pflegekräfte sicherstellen und bei denen § 63b Abs. 6 Satz 1 Sozialgesetzbuch (SGB) - Zwölftes Buch (XII) - anzuwenden ist, wird das Pflegegeld gemäß § 4 Abs. 2 oder anteiliges Pflegegeld gemäß § 4 Abs. 5 auch über die ersten 4 Wochen hinaus weiter gezahlt;

(b) während der Durchführung einer vollstationären Heilbehandlung im Krankenhaus sowie von stationären Leistungen zur medizinischen Rehabilitation, Kur- oder Sanatoriumsbehandlungen, für die Dauer des stationären Aufenthaltes in einer vollstationären Einrichtung der Hilfe für behinderte Menschen gemäß § 4 Abs. 1 Satz 2 Halbsatz 2 und während der Unterbringung aufgrund richterlicher Anordnung, es sei denn, dass diese ausschließlich auf Pflegebedürftigkeit beruht. Pflegegeld gemäß § 4 Abs. 2 oder anteiliges Pflegegeld gemäß § 4 Abs. 5 sowie Leistungen zur sozialen Sicherung von Pflegepersonen und Leistungen bei Pflegezeit von Pflegepersonen werden in den ersten 4 Wochen einer vollstationären Krankenhausbehandlung oder einer stationären Leistung zur medizinischen Rehabilitation jedoch weitergezahlt, dies gilt für das Pflegegeld nach § 4 Abs. 2 oder anteiliges Pflegegeld nach § 4 Abs. 5 auch bei einer Aufnahme in Vorsorge- oder Rehabilitationseinrichtungen nach § 107 Abs. 2 SGB V; bei Pflegebedürftigen, die ihre Pflege durch von ihnen beschäftigte besondere Pflegekräfte sicherstellen und bei denen § 63b Abs. 6 Satz 1 SGB XII anzuwenden ist, wird das Pflegegeld gemäß § 4 Abs. 2 oder anteiliges Pflegegeld gemäß § 4 Abs. 5 auch über die ersten 4 Wochen hinaus weitergezahlt;

(c) für Aufwendungen aus Pflege durch Pflegekräfte oder Einrichtungen, deren Rechnungen der Versicherer aus wichtigem Grunde von der Erstattung ausgeschlossen hat, wenn diese Aufwendungen nach der Benachrichtigung des Versicherungsnehmers über den Leistungsausschluss entstehen. Sofern im Zeitpunkt der Benachrichtigung ein Versicherungsfall schwebt, besteht keine Leistungspflicht für die nach Ablauf von 3 Monaten seit der Benachrichtigung entstandenen Aufwendungen. Findet der Pflegebedürftige innerhalb dieser 3 Monate keine andere geeignete Pflegekraft, benennt der Versicherer eine solche;

(d) für Aufwendungen für Pflegehilfsmittel oder deren leihweise Überlassung, soweit die Krankenversicherung oder andere zuständige Leistungsträger wegen Krankheit oder Behinderung für diese Hilfsmittel zu leisten haben.

(3) Übersteigt eine Pflegemaßnahme das notwendige Maß oder ist die geforderte Vergütung nicht angemessen, so kann der Versicherer seine Leistungen auf einen angemessenen Betrag herabsetzen.

(4) Hat die versicherte Person wegen desselben Versicherungsfalles einen Anspruch gegen mehrere Erstattungsverpflichtete, darf die Gesamterstattung die Gesamtaufwendungen nicht übersteigen.

§ 5a Leistungsausschluss

Auf Leistungen besteht kein Anspruch, wenn sich Personen nach Deutschland begeben, um in einer privaten Pflegepflichtversicherung, in die sie aufgrund einer nach § 315 SGB V abgeschlossenen privaten Krankenversicherung oder aufgrund einer Versicherung im Basistarif gemäß § 193 Abs. 5 Versicherungsvertragsgesetz (VVG) aufgenommen worden sind, missbräuchlich Leistungen in Anspruch zu nehmen.

Allgemeine Versicherungsbedingungen (AVB) Bedingungsteil MB/PPV 2017 für die private Pflegepflichtversicherung

§ 6 Auszahlung der Versicherungsleistung

(1) Der Versicherungsnehmer erhält die Leistungen auf Antrag. Die Leistungen werden ab Antragstellung erbracht, frühestens jedoch von dem Zeitpunkt an, in dem die Anspruchsvoraussetzungen vorliegen. Wird der Antrag nach Ablauf des Monats gestellt, in dem die Pflegebedürftigkeit eingetreten ist, werden die Leistungen vom Beginn des Monats der Antragstellung an erbracht. In allen Fällen ist Voraussetzung, dass eine vorgesehene Wartezeit (vgl. § 3) erfüllt ist.

(2) Eintritt, Grad und Fortdauer der Pflegebedürftigkeit, die Eignung, Notwendigkeit und Zumutbarkeit von Maßnahmen zur Beseitigung, Minderung oder Verhütung einer Verschlimmerung der Pflegebedürftigkeit sind durch einen von dem Versicherer beauftragten Arzt festzustellen. Hierbei hat dieser auch konkrete Empfehlungen zur Hilfsmittel- und Pflegehilfsmittelversorgung abzugeben. Die Empfehlung gilt hinsichtlich Hilfsmitteln und Pflegehilfsmitteln, die den Zielen gemäß § 4 Abs. 7 Satz 1 dienen, jeweils als entsprechender Leistungsantrag, sofern der Versicherungsnehmer bzw. die als empfangsberechtigt benannte versicherte Person zustimmt. Die Feststellungen nach Satz 1 enthalten ggf. auch solche nach § 4 Abs. 7a Satz 2 zur teilstationären Pflege in ambulant betreuten Wohngruppen oder Ergebnisse der zu Leistungen der sozialen Sicherung von Pflegepersonen erhobenen Ermittlungen nach § 4 Abs. 13. Die Feststellungen zur Prävention und zur medizinischen Rehabilitation sind dabei in einer gesonderten Präventions- und Rehabilitationsempfehlung zu dokumentieren. Die Feststellung wird in angemessenen Abständen wiederholt. Mit der Durchführung der Untersuchungen kann der medizinische Dienst der privaten Pflegepflichtversicherung beauftragt werden. Die Untersuchung erfolgt grundsätzlich im Wohnbereich der versicherten Person. Auf Verlangen des Versicherers ist die versicherte Person verpflichtet, sich auch außerhalb ihres Wohnbereichs durch einen vom Versicherer beauftragten Arzt oder den Gutachter des medizinischen Dienstes der privaten Pflegepflichtversicherung untersuchen zu lassen, wenn die gemäß Satz 1 erforderlichen Feststellungen im Wohnbereich nicht möglich sind. Erteilt die versicherte Person zu den Untersuchungen nicht ihr Einverständnis, kann der Versicherer die beantragten Leistungen verweigern oder einstellen. Die Untersuchung im Wohnbereich kann ausnahmsweise unterbleiben, wenn aufgrund einer eindeutigen Aktenlage das Ergebnis der medizinischen Untersuchung bereits feststeht.

Die Kosten der genannten Untersuchungen, Feststellungen und Ermittlungen trägt der Versicherer, es sei denn, es wird innerhalb eines Zeitraumes von 6 Monaten erneut der Eintritt eines Versicherungsfalles behauptet, ohne dass der Versicherer seine Leistungspflicht anerkennt.

Die versicherte Person hat gegen den Versicherer Anspruch auf Übermittlung der schriftlichen Ergebnisse nach den Sätzen 1 und 2, der gesonderten Präventions- und Rehabilitationsempfehlung nach Satz 5 und einer auf die Präventions- und Rehabilitationsempfehlung bezogenen umfassenden und begründeten Stellungnahme des Versicherers.

(2a) Erfolgt die Leistungsmitteilung durch den Versicherer nicht innerhalb von 25 Arbeitstagen nach Eingang des Antrages auf Feststellung der Pflegebedürftigkeit oder wird eine der nachstehend in Satz 5 genannten Begutachtungsfristen nicht eingehalten, hat der Versicherte für jede begonnene Woche der Fristüberschreitung Anspruch auf eine zusätzliche Zahlung gemäß Nr. 12 des Tarifs PV. Dies gilt nicht, wenn der Versicherer die Verzögerung nicht zu vertreten hat oder wenn sich die versicherte Person in vollstationärer Pflege befindet und bei ihr bereits mindestens erhebliche Beeinträchtigungen der Selbstständigkeit oder der Fähigkeiten (mindestens Pflegegrad 2) festgestellt worden sind. Die Sätze 1 und 2 finden vom 1. November 2016 bis 31. Dezember 2017 keine Anwendung. Der Antrag gilt im Sinne von Satz 1 als eingegangen, wenn alle Unterlagen und Angaben, die der Versicherer beim Versicherten angefordert hat und die für die Beauftragung des Arztes oder medizinischen Dienstes durch den Versicherer erforderlich sind, dort eingegangen sind.

Befindet sich die versicherte Person in stationärer Krankenhaus-/Rehabilitationsbehandlung und liegen Hinweise vor, dass zur Sicherstellung der ambulanten oder stationären Weiterversorgung und Betreuung eine Begutachtung in der Einrichtung erforderlich ist, beträgt die Begutachtungsfrist eine Woche nach Eingang des Antrags (§ 18 Abs. 3 Satz 3 Nr. 1 SGB XI);

befindet sich die versicherte Person in stationärer Krankenhaus-/Rehabilitationsbehandlung und wurde gegenüber dem Arbeitgeber der Pflegeperson die Inanspruchnahme von Pflegezeit angekündigt (§ 18 Abs. 3 Satz 3 Nr. 2 SGB XI) bzw. wurde Familienpflegezeit mit dem Arbeitgeber der Pflegeperson vereinbart (§ 18 Abs. 3 Satz 3 Nr. 3 SGB XI), so beträgt die Begutachtungsfrist eine Woche nach Eingang des Antrags, dieselbe Frist gilt bei Hospiz- oder ambulanter Palliativversorgung (§ 18 Abs. 3 Satz 4 SGB XI);

wird die versicherte Person häuslich ohne Palliativversorgung gepflegt und wurde gegenüber dem Arbeitgeber der Pflegeperson die Inanspruchnahme von Pflegezeit angekündigt oder wurde mit dem Arbeitgeber der Pflegeperson Familienpflegezeit vereinbart, so beträgt die Begutachtungsfrist 2 Wochen nach Eingang des Antrags (§ 18 Abs. 3 Satz 5 SGB XI). Bei versicherten Personen nach Satz 5 besteht jedoch kein Anspruch auf die Zusatzzahlung nach Satz 1, wenn der Versicherer innerhalb einer Woche (Satz 5 Halbsatz 1 und 2) bzw. 2 Wochen (Satz 5 Halbsatz 3) nach Antragseingang aufgrund einer Vorabeinstufung eine vorläufige Leistungsentscheidung getroffen hat.

(3) Wenn und soweit im Rahmen der Feststellungen nach Absatz 2 eine Verringerung der Beeinträchtigungen der Selbstständigkeit oder der Fähigkeiten zu erwarten ist, können die Zuordnung zu einem Pflegegrad und die Bewilligung von Leistungen befristet werden und enden dann mit Ablauf der Frist. Die Befristung kann wiederholt werden und schließt Änderungen bei der Zuordnung zu einem Pflegegrad und bewilligter Leistungen nicht aus. Der Befristungszeitraum beträgt insgesamt höchstens 3 Jahre.

(4) Der Versicherer ist zur Leistung nur verpflichtet, wenn die erforderlichen Nachweise erbracht sind; diese werden Eigentum des Versicherers.

(5) Der Versicherer ist verpflichtet, an die versicherte Person zu leisten, wenn der Versicherungsnehmer ihm diese in Textform als Empfangsberechtigte für deren Versicherungsleistungen benannt hat. Liegt diese Voraussetzung nicht vor, kann nur der Versicherungsnehmer die Leistung verlangen.

(6) Von den Leistungen können die Kosten abgezogen werden, die dadurch entstehen, dass der Versicherer auf Verlangen des Versicherungsnehmers besondere Überweisungsformen wählt.

(7) Ansprüche auf Versicherungsleistungen können weder abgetreten noch verpfändet werden.

§ 7 Ende des Versicherungsschutzes

Der Versicherungsschutz endet – auch für schwebende Versicherungsfälle – mit der Beendigung des Versicherungsverhältnisses.

Allgemeine Versicherungsbedingungen (AVB) Bedingungsteil MB/PPV 2017 für die private Pflegepflichtversicherung

Pflichten des Versicherungsnehmers

§ 8 Beitragszahlung

(1) Vorbehaltlich der Absätze 2 und 3 ist für jede versicherte Person ein Beitrag zu zahlen. Der Beitrag ist ein Monatsbeitrag und am Ersten eines jeden Monats fällig. Der Beitrag ist an die vom Versicherer bezeichnete Stelle zu entrichten.

(2) Kinder einer in der privaten Pflegepflichtversicherung versicherten Person sowie die Kinder von beitragsfrei versicherten Kindern sind beitragsfrei versichert, wenn sie

(a) nicht nach § 20 Abs. 1 Nr. 1 bis 8 oder 11 oder § 20 Abs. 3 SGB XI versicherungspflichtig sind;

(b) nicht nach § 22 SGB XI von der Versicherungspflicht befreit sind;

(c) keinen Anspruch auf Familienversicherung in der sozialen Pflegeversicherung nach § 25 SGB XI haben;

(d) nicht hauptberuflich selbstständig erwerbstätig sind und

(e) kein Gesamteinkommen haben, das regelmäßig im Monat ein Siebtel der monatlichen Bezugsgröße nach § 18 SGB IV überschreitet; bei Renten wird der Zahlbetrag ohne den auf Entgeltpunkte für Kindererziehungszeiten entfallenden Teil berücksichtigt; das Einkommen eines Kindes aus einem landwirtschaftlichen Unternehmen, in dem es Mitunternehmer ist, ohne als landwirtschaftlicher Unternehmer im Sinne des Zweiten Gesetzes über die Krankenversicherung der Landwirte zu gelten, bleibt außer Betracht; für geringfügig Beschäftigte nach § 8 Abs. 1 Nr. 1, § 8a SGB IV beträgt das zulässige Gesamteinkommen 450 €.

(3) Unter den Voraussetzungen des Absatzes 2 besteht Anspruch auf Beitragsfreiheit bei Kindern

(a) bis zur Vollendung des 18. Lebensjahres,

(b) bis zur Vollendung des 23. Lebensjahres, wenn sie nicht erwerbstätig sind,

(c) bis zur Vollendung des 25. Lebensjahres, wenn sie sich in Schul- oder Berufsausbildung befinden oder ein Freiwilliges Soziales Jahr oder ein Freiwilliges Ökologisches Jahr im Sinne des Jugendfreiwilligendienstegesetzes oder Bundesfreiwilligendienst leisten; wird die Schul- oder Berufsausbildung durch Erfüllung einer gesetzlichen Dienstpflicht des Kindes unterbrochen oder verzögert, besteht die Beitragsfreiheit auch für einen der Dauer dieses Dienstes entsprechenden Zeitraum über das 25. Lebensjahr hinaus; dies gilt ab dem 1. Juli 2011 auch bei einer Unterbrechung für die Dauer von höchstens 12 Monaten durch den freiwilligen Wehrdienst nach § 58b des Soldatengesetzes, einen Freiwilligendienst nach dem Bundesfreiwilligendienstgesetz, dem Jugendfreiwilligendienstegesetz oder einen vergleichbaren anerkannten Freiwilligendienst oder durch eine Tätigkeit als Entwicklungshelfer im Sinne des § 1 Abs. 1 des Entwicklungshelfergesetzes,

(d) ohne Altersgrenze, wenn sie wegen körperlicher, geistiger oder seelischer Behinderung (§ 2 Abs. 1 Sozialgesetzbuch (SGB) - Neuntes Buch (IX) - außerstande sind, sich selbst zu unterhalten; Voraussetzung ist, dass die Behinderung zu einem Zeitpunkt vorlag, in dem das Kind nach Buchstaben a), b) oder c) versichert war.

Als Kinder im Sinne der Allgemeinen Versicherungsbedingungen gelten auch Stiefkinder und Enkel, die die versicherte Person überwiegend unterhält, sowie Personen, die mit der versicherten Person durch ein auf längere Dauer angelegtes Pflegeverhältnis mit häuslicher Gemeinschaft wie Kinder mit Eltern verbunden sind (Pflegekinder). Kinder, die mit dem Ziel der Annahme als Kind in die Obhut des Annehmenden aufgenommen sind und für die die zur Annahme erforderliche Einwilligung der Eltern erteilt ist, gelten als Kinder des Annehmenden und nicht als Kinder der leiblichen Eltern. Die Beitragsfreiheit nach Buchstaben a), b) und c) bleibt bei Personen, die aufgrund gesetzlicher Pflicht Wehrdienst oder Zivildienst leisten, für die Dauer des Dienstes bestehen.

(4) Die Beitragsfreiheit nach den Absätzen 2 und 3 besteht auch dann, wenn die Eltern und das Kind bei unterschiedlichen privaten Versicherern versichert sind. Die Beitragsfreiheit für Kinder endet zum Ersten des Monats, in dem sie eine Erwerbstätigkeit aufnehmen.

(5) Für versicherte Personen, die über eine ununterbrochene Vorversicherungszeit von mindestens 5 Jahren in der privaten Pflegepflichtversicherung oder in der privaten Krankenversicherung mit Anspruch auf allgemeine Krankenhausleistungen verfügen, wird der zu zahlende Beitrag auf den jeweiligen Höchstbeitrag der sozialen Pflegeversicherung begrenzt; dieser bemisst sich nach dem durch Gesetz festgesetzten bundeseinheitlichen Beitragssatz und der Beitragsbemessungsgrenze gemäß § 55 Abs. 1 und 2 SGB XI. Für Personen, die nach beamtenrechtlichen Vorschriften oder Grundsätzen bei Pflegebedürftigkeit Anspruch auf Beihilfe oder auf freie Heilfürsorge haben, wird der Beitrag unter den Voraussetzungen des Satzes 1 auf 50 % des Höchstbeitrages der sozialen Pflegeversicherung begrenzt.

(6) Der erste Beitrag bzw. die erste Beitragsrate ist, sofern nicht anders vereinbart, unverzüglich nach Ablauf von 14 Tagen nach Zugang des Versicherungsscheins zu zahlen.

(7) Wird ein Beitrag nicht oder nicht rechtzeitig gezahlt, ist der Versicherungsnehmer zum Ausgleich der Kosten verpflichtet, die dem Versicherer im Rahmen der Beitreibung entstehen.

(8) Gerät der Versicherungsnehmer bei der privaten Pflegepflichtversicherung mit 6 oder mehr Monatsbeiträgen in Verzug, kann von der zuständigen Verwaltungsbehörde ein Bußgeld bis zu 2.500 € verhängt werden. Gerät der Versicherungsnehmer bei einer aufgrund besonderer Vereinbarung gemäß § 15 Abs. 3 abgeschlossenen Auslandsversicherung in Verzug, kann der Versicherer das Versicherungsverhältnis unter den Voraussetzungen des § 38 VVG kündigen.

(9) Der Beitrag ist bis zum Ablauf des Tages zu zahlen, an dem das Versicherungsverhältnis endet.

§ 8a Beitragsberechnung

(1) Die Berechnung der Beiträge erfolgt nach Maßgabe des § 110 SGB XI und ist in den technischen Berechnungsgrundlagen des Versicherers festgelegt.

(2) Der erste Beitrag wird bei Abschluss des Versicherungsvertrages nach dem Eintrittsalter und dem Gesundheitszustand der versicherten Person festgesetzt. Als Eintrittsalter gilt der Unterschied zwischen dem Jahr der Geburt und dem Jahr des Versicherungsbeginns.

(3) Bei einer Änderung der Beiträge, auch durch Änderung des Versicherungsschutzes, wird das bei Inkrafttreten der Änderung erreichte tarifliche Lebensalter der versicherten Person berücksichtigt. Dabei wird dem Eintrittsalter der versicherten Person dadurch Rechnung getragen, dass eine Alterungsrückstellung gemäß den in den technischen Berechnungsgrundlagen festgelegten Grundsätzen angerechnet wird.

Eine Erhöhung der Beiträge oder eine Minderung der Leistungen des Versicherers wegen des Älterwerdens der versicherten Person ist jedoch während der Dauer des Versicherungsverhältnisses ausgeschlossen, soweit eine Alterungsrückstellung zu bilden ist.

(4) Bei Beitragsänderungen kann der Versicherer auch besonders vereinbarte Risikozuschläge entsprechend dem erforderlichen Beitrag ändern.

§ 8b Beitragsänderungen

(1) Im Rahmen der vertraglichen Leistungszusage können sich die Leistungen des Versicherers z. B. aufgrund von Veränderungen der Pflegekosten, der Pflegedauern, der Häufigkeit von Pflegefällen, aufgrund steigender Lebenserwartung ändern. Dementsprechend werden anhand einer Statistik der Pflegepflichtversicherung jährlich die erforderlichen mit den in den technischen Berechnungsgrundlagen kalkulierten Versicherungsleistungen und Sterbewahrscheinlichkeiten verglichen. Ergibt diese Gegenüberstellung eine Veränderung von mehr als 5 %, so werden die Beiträge überprüft und, soweit erforderlich sowie vorbehaltlich der Höchstbeitragsgarantie gemäß § 8 Abs. 5, mit Zustimmung eines unabhängigen Treuhänders angepasst.

Ändert sich die vertragliche Leistungszusage des Versicherers aufgrund der dem Versicherungsverhältnis zugrunde liegenden gesetzlichen Bestimmungen (vgl. § 1 Abs. 12), ist der Versicherer berechtigt, die Beiträge im Rahmen der Höchstbeitragsgarantie mit Zustimmung eines unabhängigen Treuhänders entsprechend dem veränderten Bedarf zu erhöhen oder zu verringern. Bei verringertem Bedarf ist der Versicherer zur Anpassung insoweit verpflichtet.

(2) Von einer Beitragsanpassung kann abgesehen werden, wenn nach übereinstimmender Beurteilung durch den Versicherer und den Treuhänder die Veränderung der Versicherungsleistungen als vorübergehend anzusehen ist.

(3) Anpassungen nach Absatz 1 sowie Änderungen von eventuell vereinbarten Risikozuschlägen werden zu Beginn des zweiten Monats wirksam, der auf die Benachrichtigung der Versicherungsnehmer folgt.

(4) Sind die monatlichen Beiträge infolge der Höchstbeitragsgarantie gegenüber den nach den technischen Berechnungsgrundlagen notwendigen Beiträgen gekürzt, so können diese Beiträge abweichend von Absatz 1 bei einer Veränderung der Beitragsbemessungsgrenzen oder des Beitragssatzes in der sozialen Pflegeversicherung an den daraus sich ergebenden geänderten Höchstbeitrag angeglichen werden.

(5) Angleichungen gemäß Absatz 4 an den geänderten Höchstbeitrag der sozialen Pflegeversicherung werden zum Zeitpunkt des Inkrafttretens des geänderten Höchstbeitrags wirksam, sofern nicht mit Zustimmung des Treuhänders ein anderer Zeitpunkt bestimmt wird.

§ 9 Obliegenheiten

(1) Eintritt, Wegfall und jede Minderung der Pflegebedürftigkeit sind dem Versicherer unverzüglich in Textform anzuzeigen. Anzuzeigen sind auch Änderungen in der Person und im Umfang der Pflegetätigkeit einer Pflegeperson, für die der Versicherer Leistungen zur sozialen Sicherung gemäß § 4 Abs. 13 oder Leistungen bei Pflegezeit gemäß § 4 Abs. 14 erbringt.

(2) Nach Eintritt des Versicherungsfalles gemäß § 1 Abs. 2 sind ferner anzuzeigen jede Krankenhausbehandlung, stationäre Leistung zur medizinischen Rehabilitation, Kur- oder Sanatoriumsbehandlung, jede Unterbringung aufgrund richterlicher Anordnung, das Bestehen eines Anspruchs auf häusliche Krankenpflege (Grund- und Behandlungspflege sowie hauswirtschaftliche Versorgung) aus der gesetzlichen Krankenversicherung nach § 37 SGB V sowie der Bezug von Leistungen gemäß § 5 Abs. 1 b).

(3) Der Versicherungsnehmer und die als empfangsberechtigt benannte versicherte Person (vgl. § 6 Abs. 5) haben auf Verlangen des Versicherers jede Auskunft zu erteilen, die zur Feststellung des Versicherungsfalles, der Leistungspflicht des Versicherers und ihres Umfanges sowie für die Beitragseinstufung der versicherten Person erforderlich ist. Die Auskünfte sind auch einem Beauftragten des Versicherers zu erteilen.

(4) Der Versicherungsnehmer hat die Aufnahme einer Erwerbstätigkeit durch beitragsfrei mitversicherte Kinder unverzüglich in Textform anzuzeigen.

(5) Der Abschluss einer weiteren privaten Pflegepflichtversicherung bei einem anderen Versicherer ist nicht zulässig. Tritt für eine versicherte Person Versicherungspflicht in der sozialen Pflegeversicherung ein, ist der Versicherer unverzüglich in Textform zu unterrichten.

(6) Die versicherte Person ist verpflichtet, dem Versicherer die Ermittlung und Verwendung der individuellen Krankenversichertennummer gemäß § 290 SGB V zu ermöglichen.

§ 10 Folgen von Obliegenheitsverletzungen

(1) Unbeschadet des Kündigungsrechtes gemäß § 14 Abs. 2 ist der Versicherer mit den in § 28 Abs. 2 bis 4 VVG vorgeschriebenen Einschränkungen ganz oder teilweise von der Verpflichtung zur Leistung frei, wenn und solange eine der in § 9 Abs. 1 bis 5 genannten Obliegenheiten verletzt ist.

(2) Die Kenntnis und das Verschulden der versicherten Person stehen der Kenntnis und dem Verschulden des Versicherungsnehmers gleich.

(3) Entstehen dem Versicherer durch eine Verletzung der Pflichten nach § 9 Abs. 3, 4 und 6 zusätzliche Aufwendungen, kann er vom Versicherungsnehmer oder von der als empfangsberechtigt benannten versicherten Person dafür Ersatz verlangen.

§ 11 Obliegenheiten und Folgen von Obliegenheitsverletzungen bei Ansprüchen gegen Dritte

(1) Hat der Versicherungsnehmer oder eine versicherte Person Ersatzansprüche gegen Dritte, so besteht, unbeschadet des gesetzlichen Forderungsüberganges gemäß § 86 VVG, die Verpflichtung, diese Ansprüche bis zur Höhe, in der aus dem Versicherungsvertrag Ersatz (Kostenerstattung sowie Sach- und Dienstleistung) geleistet wird, an den Versicherer schriftlich abzutreten.

(2) Der Versicherungsnehmer oder die versicherte Person hat seinen (ihren) Ersatzanspruch oder ein zur Sicherung dieses Anspruchs dienendes Recht unter Beachtung der geltenden Form- und Fristvorschriften zu wahren und bei dessen Durchsetzung durch den Versicherer soweit erforderlich mitzuwirken.

(3) Verletzt der Versicherungsnehmer oder eine versicherte Person vorsätzlich die in den Absätzen 1 und 2 genannten Obliegenheiten, ist der Versicherer zur Leistung insoweit nicht verpflichtet, als er infolgedessen keinen Ersatz von dem Dritten erlangen kann. Im Falle einer grob fahrlässigen Verletzung der Obliegenheit ist der Versicherer berechtigt, seine Leistung in einem der Schwere des Verschuldens entsprechenden Verhältnis zu kürzen.

(4) Steht dem Versicherungsnehmer oder einer versicherten Person ein Anspruch auf Rückzahlung ohne rechtlichen Grund gezahlter Entgelte gegen den Erbringer von Leistungen zu, für die der Versicherer aufgrund des Versicherungsvertrages Erstattungsleistungen erbracht hat, sind die Absätze 1 bis 3 entsprechend anzuwenden.

§ 12 Aufrechnung

Der Versicherungsnehmer kann gegen Forderungen des Versicherers nur aufrechnen, soweit die Gegenforderung unbestritten oder rechtskräftig festgestellt ist. Gegen eine Forderung aus der Beitragspflicht kann jedoch ein Mitglied eines Versicherungsvereins nicht aufrechnen.

Ende der Versicherung

§ 13 Kündigung durch den Versicherungsnehmer

(1) Endet die für eine versicherte Person bestehende Versicherungspflicht in der privaten Pflegepflichtversicherung, z. B. wegen Eintritts der Versicherungspflicht in der sozialen Pflegeversicherung nach § 20 oder § 21 SGB XI, wegen Beendigung der privaten Krankenversicherung mit Anspruch auf allgemeine Krankenhausleistungen oder wegen Beendigung einer der Pflicht zur Versicherung (§ 193 Abs. 3 VVG) genügenden privaten Krankenversicherung, deren Fortführung bei einem anderen Versicherer oder wegen Wegfall sonstiger die Versicherungspflicht der versicherten Person begründender Voraussetzungen, so kann der Versicherungsnehmer die private Pflegepflichtversicherung dieser Person binnen 3 Monaten seit Beendigung der Versicherungspflicht rückwirkend zu deren Ende kündigen. Die Kündigung ist unwirksam, wenn der Versicherungsnehmer den Eintritt der Versicherungspflicht in der sozialen Pflegeversicherung nicht innerhalb von 2 Monaten nachweist, nachdem der Versicherer ihn hierzu in Textform aufgefordert hat, es sei denn, der Versicherungsnehmer hat die Versäumung dieser Frist nicht zu vertreten. Macht der Versicherungsnehmer von seinem Kündigungsrecht Gebrauch, steht dem Versicherer der Beitrag nur bis zum Zeitpunkt des Eintritts der Versicherungspflicht in der sozialen Pflegeversicherung zu. Später kann der Versicherungsnehmer das Versicherungsverhältnis der betroffenen versicherten Person nur zum Ende des Monats kündigen, in dem er das Ende der Versicherungspflicht nachweist. Dem Versicherer steht der Beitrag in diesem Fall bis zum Ende des Versicherungsverhältnisses zu. Der Versicherungspflicht steht der gesetzliche Anspruch auf Familienversicherung gleich.

(2) Bei fortbestehender Versicherungspflicht wird eine Kündigung erst wirksam, wenn der Versicherungsnehmer innerhalb der Kündigungsfrist nachweist, dass die versicherte Person bei einem neuen Versicherer ohne Unterbrechung versichert ist.

(3) Bei Kündigung des Versicherungsverhältnisses und gleichzeitigem Abschluss eines neuen Vertrages der privaten Pflegepflichtversicherung kann der Versicherungsnehmer verlangen, dass der Versicherer die für die versicherte Person kalkulierte Alterungsrückstellung in Höhe des Übertragungswertes nach Maßgabe von § 14 Abs. 6 Krankenversicherungsaufsichtsverordnung an den neuen Versicherer überträgt.

Bestehen bei Beendigung des Versicherungsverhältnisses Beitragsrückstände, kann der Versicherer die zu übertragende Alterungsrückstellung bis zum vollständigen Beitragsausgleich zurückbehalten.

(4) Ein wegen Auslandsaufenthalt auf einer besonderen Vereinbarung gemäß § 15 Abs. 3 beruhendes Versicherungsverhältnis kann der Versicherungsnehmer zum Ende eines jeden Versicherungsjahres, frühestens aber zum Ablauf einer vereinbarten Vertragsdauer von bis zu 2 Jahren, mit einer Frist von 3 Monaten kündigen. Der Versicherungsnehmer kann ein Versicherungsverhältnis gemäß Satz 1 ferner auch unter den Voraussetzungen des § 205 Abs. 3 und 4 VVG kündigen. Die Kündigung kann auf einzelne versicherte Personen beschränkt werden.

(5) Ein durch das Beitrittsrecht gemäß § 26a SGB XI begründetes Versicherungsverhältnis kann der Versicherungsnehmer ferner mit einer Frist von 2 Monaten zum Monatsende kündigen.

(6) Das erste Versicherungsjahr beginnt mit dem im Versicherungsschein bezeichneten Zeitpunkt (technischer Versicherungsbeginn); es endet am 31. Dezember des betreffenden Kalenderjahres. Die folgenden Versicherungsjahre fallen mit dem Kalenderjahr zusammen.

§ 14 Kündigung durch den Versicherer

(1) Eine Beendigung der privaten Pflegepflichtversicherung durch Kündigung oder Rücktritt seitens des Versicherers ist nicht möglich, solange der Kontrahierungszwang gemäß § 110 Abs. 1 Nr. 1, Abs. 3 Nr. 1 SGB XI besteht. Bei einer Verletzung der dem Versicherungsnehmer bei Schließung des Vertrages obliegenden Anzeigepflicht kann der Versicherer jedoch, falls mit Rücksicht auf ein erhöhtes Risiko ein Beitragszuschlag erforderlich ist, vom Beginn des Versicherungsvertrages an den höheren Beitrag verlangen. § 8 Abs. 5 bleibt unberührt.

(2) In den Fällen des § 9 Abs. 5, § 13 Abs. 1 sowie beim Wegfall des Kontrahierungszwanges gemäß Absatz 1 Satz 1 aus sonstigen Gründen kann der Versicherer die private Pflegepflichtversicherung auch seinerseits mit den für den Versicherungsnehmer geltenden Fristen und zu dem für diesen maßgeblichen Zeitpunkt kündigen. Später kann der Versicherer nur mit einer Frist von 3 Monaten zum Ende des Versicherungsjahres (§ 13 Abs. 6) kündigen.

(3) Bei einem wegen Auslandsaufenthalt auf einer besonderen Vereinbarung gemäß § 15 Abs. 3 beruhenden Versicherungsverhältnis verzichtet der Versicherer auf das ordentliche Kündigungsrecht. Die gesetzlichen Bestimmungen über das außerordentliche Kündigungsrecht bleiben unberührt. Die Kündigung kann auf einzelne versicherte Personen beschränkt werden.

§ 15 Sonstige Beendigungsgründe

(1) Das Versicherungsverhältnis endet mit dem Tod des Versicherungsnehmers. Die versicherten Personen haben jedoch die Pflicht, das Versicherungsverhältnis unter Benennung des künftigen Versicherungsnehmers fortzusetzen, wenn und solange für sie eine private Krankenversicherung mit Anspruch auf Kostenerstattung für allgemeine Krankenhausleistungen besteht. Die Erklärung ist innerhalb von 2 Monaten nach dem Tode des Versicherungsnehmers abzugeben.

(2) Bei Tod einer versicherten Person endet insoweit das Versicherungsverhältnis.

(3) Das Versicherungsverhältnis endet mit der Verlegung des Wohnsitzes oder gewöhnlichen Aufenthaltes des Versicherungsnehmers ins Ausland, es sei denn, dass insoweit eine besondere Vereinbarung getroffen wird. Ein diesbezüglicher Antrag ist spätestens innerhalb eines Monats nach Verlegung des Wohnsitzes oder des gewöhnlichen Aufenthaltes zu stellen. Der Versicherer verpflichtet sich, den Antrag anzunehmen, falls er innerhalb der vorgenannten Frist gestellt wurde.

Für die Dauer der besonderen Vereinbarung ist der für die private Pflegepflichtversicherung maßgebliche Beitrag zu zahlen; die Leistungspflicht des Versicherers ruht gemäß § 5 Abs. 1 a).

Für versicherte Personen, die ihren Wohnsitz oder gewöhnlichen Aufenthalt in Deutschland beibehalten, gilt Absatz 1 Satz 2 und 3 entsprechend.

(4) Bei Verlegung des Wohnsitzes oder gewöhnlichen Aufenthaltes einer versicherten Person ins Ausland endet insoweit das Versicherungsverhältnis, es sei denn, dass eine besondere Vereinbarung getroffen wird. Absatz 3 Satz 2 bis 4 gilt entsprechend.

Sonstige Bestimmungen

§ 16 Willenserklärungen und Anzeigen

Willenserklärungen und Anzeigen gegenüber dem Versicherer bedürfen der Textform.

§ 17 Gerichtsstand

Für Klagen aus dem Versicherungsverhältnis ist der Rechtsweg zu den Sozialgerichten eröffnet. Örtlich zuständig ist das Sozialgericht, in dessen Bezirk der Versicherungsnehmer zur Zeit der Klageerhebung seinen Sitz oder Wohnsitz oder in Ermangelung dessen seinen Aufenthaltsort hat. Steht der Versicherungsnehmer in einem Beschäftigungsverhältnis, kann er auch vor dem für den Beschäftigungsort zuständigen Sozialgericht klagen.

§ 18 Änderungen der Allgemeinen Versicherungsbedingungen

(1) Bei einer nicht nur als vorübergehend anzusehenden Veränderung der Verhältnisse des Gesundheitswesens können die Allgemeinen Versicherungsbedingungen und die Tarifbestimmungen den veränderten Verhältnissen angepasst werden, wenn die Änderungen zur hinreichenden Wahrung der Belange der Versicherungsnehmer erforderlich erscheinen und ein unabhängiger Treuhänder die Voraussetzungen für die Änderungen überprüft und ihre Angemessenheit bestätigt hat. Die Änderungen werden zu Beginn des zweiten Monats wirksam, der auf die Mitteilung der Änderungen und der hierfür maßgeblichen Gründe an den Versicherungsnehmer folgt.

(2) Ist eine Bestimmung in den Allgemeinen Versicherungsbedingungen durch höchstrichterliche Entscheidung oder durch einen bestandskräftigen Verwaltungsakt für unwirksam erklärt worden, kann sie der Versicherer durch eine neue Regelung ersetzen, wenn dies zur Fortführung des Vertrags notwendig ist oder wenn das Festhalten an dem Vertrag ohne neue Regelung für eine Vertragspartei auch unter Berücksichtigung der Interessen der anderen Vertragspartei eine unzumutbare Härte darstellen würde. Die neue Regelung ist nur wirksam, wenn sie unter Wahrung des Vertragsziels die Belange der Versicherungsnehmer angemessen berücksichtigt. Sie wird 2 Wochen, nachdem die neue Regelung und die hierfür maßgeblichen Gründe dem Versicherungsnehmer mitgeteilt worden sind, Vertragsbestandteil.

§ 19 Beitragsrückerstattung

Die aus dem „Abrechnungsverband private Pflegepflichtversicherung" der Rückstellung für Beitragsrückerstattung zugeführten Mittel werden insbesondere zur Limitierung der Beiträge der versicherten Personen und zur Finanzierung von Leistungsverbesserungen verwendet.

Allgemeine Versicherungsbedingungen (AVB)

Bedingungsteil MB/GEPV 2017 für die staatlich geförderte ergänzende Pflegeversicherung

Die AVB umfassen Musterbedingungen 2017 - MB/GEPV 2017 - des Verbandes der Privaten Krankenversicherung (Stand: Januar 2017)

Der Versicherungsschutz

- § 1 Versicherungsfähigkeit 225
- § 2a Besondere Mitwirkungspflichten des Versicherten 225
- § 2b Hinweispflichten des Versicherers 225
- § 3 Gegenstand und Umfang des Versicherungsschutzes 225
- § 4 Beginn des Versicherungsschutzes 226
- § 5 Wartezeit 226
- § 6 Beginn und Umfang der Leistungspflicht 226
- § 7 Auszahlung der Versicherungsleistungen 226
- § 8 Ende des Versicherungsschutzes 226

Pflichten des Versicherungsnehmers

- § 9 Beitragszahlung 226
- § 10 Beitragsberechnung 227
- § 11 Beitragsanpassung 227
- § 12 Überschussbeteiligung 227
- § 13 Erhalt der Förderfähigkeit 227
- § 14 Obliegenheiten 227
- § 15 Folgen von Obliegenheitsverletzungen 228
- § 16 Aufrechnung 228

Ende der Versicherung

- § 17 Kündigung durch den Versicherungsnehmer 228
- § 18 Kündigung durch den Versicherer 228
- § 19 Sonstige Beendigungsgründe 228

Sonstige Bestimmungen

- § 20 Willenserklärungen und Anzeigen 229
- § 21 Gerichtsstand 229
- § 22 Änderungen der Allgemeinen Versicherungsbedingungen 229
- § 23 Ruhen bei Hilfebedürftigkeit 229
- § 24 Kindernachversicherung 229
- § 25 Mehrfachversicherung 230
- § 26 Anwartschaft 230
- § 27 Übergangsregelung 230

Der Versicherungsschutz

§ 1 Versicherungsfähigkeit

(1) Versicherungsfähig nach diesen Bedingungen sind Personen, die
- in der gesetzlichen Pflegeversicherung (soziale Pflegeversicherung und private Pflegepflichtversicherung) versichert sind und
- für diesen Vertrag eine Pflegevorsorgezulage gemäß § 126 SGB XI erhalten.

Die §§ 23 Absatz 2 Nr. 6, 24 und 26 Absatz 4 bleiben unberührt.

(2) Nicht versicherungsfähig sind Personen, die
- vor Abschluss des Versicherungsvertrags bereits Leistungen wegen Pflegebedürftigkeit nach dem Vierten Kapitel des SGB XI aus der sozialen Pflegeversicherung oder gleichwertige Vertragsleistungen aus der privaten Pflegepflichtversicherung beziehen oder bezogen haben oder
- das 18. Lebensjahr noch nicht vollendet haben.

§ 2a Besondere Mitwirkungspflichten des Versicherten

(1) Bei Abschluss des Vertrages hat der Versicherte zu bestätigen, dass die Voraussetzungen der Versicherungsfähigkeit nach § 1 vorliegen. Die Bestätigung erfolgt in Textform, soweit nicht eine andere Form vereinbart ist.

(2) Jede Änderung der Verhältnisse, die zu einem Wegfall der Versicherungsfähigkeit führt, insbesondere auch das Ende der Versicherung in der gesetzlichen Pflegeversicherung, ist dem Versicherer unverzüglich in Textform anzuzeigen, es sei denn, es wurde eine erleichterte Form vereinbart.

§ 2b Hinweispflichten des Versicherers

(1) Vergibt die zentrale Stelle nach § 128 Absatz 2 SGB XI die Zulagennummer für die geförderte ergänzende Pflegeversicherung auf Antrag des Versicherers gemäß § 128 Absatz 1 Satz 3 SGB XI, teilt der Versicherer diese Zulagennummer dem Versicherungsnehmer in Textform mit. Die Mitteilung an den Versicherungsnehmer gilt gleichzeitig als Mitteilung an sämtliche mitversicherte Personen.

(2) Teilt die zentrale Stelle dem Versicherer mit, dass für eine versicherte Person kein Anspruch auf Zulage besteht, informiert der Versicherer hierüber innerhalb eines Monats nach Eingang des entsprechenden Datensatzes unter Hinweis auf die Rechte nach § 25. Absatz 1 Satz 2 gilt entsprechend.

§ 3 Gegenstand und Umfang des Versicherungsschutzes

(1) Der Versicherer leistet im Versicherungsfall in vertraglichem Umfang ein Pflegemonatsgeld oder Pflegetagegeld.

(2) Der Versicherungsfall liegt vor, wenn die versicherte Person pflegebedürftig im Sinne von § 14 SGB XI ist.

(3) Der Versicherungsfall beginnt mit der Feststellung der Pflegebedürftigkeit gemäß § 14 SGB XI; bei Versicherten der privaten Pflegepflichtversicherung sind die entsprechenden Feststellungen des Versicherers zugrunde zu legen, bei dem die private Pflegepflichtversicherung besteht. Der Versicherungsfall endet, wenn keine Pflegebedürftigkeit nach § 14 SGB XI mehr vorliegt.

(4) Der Umfang des Versicherungsschutzes ergibt sich aus dem Versicherungsschein, ergänzenden schriftlichen Vereinbarungen, den Allgemeinen Versicherungsbedingungen (Musterbedingungen mit Anhang, Tarif mit Tarifbedingungen) sowie den gesetzlichen Vorschriften.

(5) Das Versicherungsverhältnis unterliegt deutschem Recht.

(6) Der Versicherungsnehmer kann die Umwandlung der Versicherung nur in eine andere mit einer Pflegevorsorgezulage nach § 127 Absatz 1 SGB XI förderfähige Versicherung bei dem gleichen Versicherer verlangen. Die erworbenen Rechte bleiben bei der Umwandlung erhalten; die nach den technischen Berechnungsgrundlagen gebildete Rückstellung für das mit dem Alter der versicherten Person wachsende Wagnis (Alterungsrückstellung) wird nach Maßgabe dieser Berechnungsgrundlagen angerechnet. Der Umwandlungsanspruch besteht bei Anwartschaftsversicherung und ruhender Versicherung solange nicht, wie der Anwartschaftsgrund bzw. der Ruhensgrund fortbesteht. Die Umwandlung einer nicht geförderten ergänzenden Pflegeversicherung in eine geförderte ergänzende Pflegeversicherung kann nicht verlangt werden.

§ 4 Beginn des Versicherungsschutzes

Der Versicherungsschutz beginnt mit dem im Versicherungsschein bezeichneten Zeitpunkt (Versicherungsbeginn), jedoch nicht vor Abschluss des Versicherungsvertrages (insbesondere durch Zugang des Versicherungsscheines oder einer schriftlichen Annahmeerklärung) und nicht vor Ablauf der vereinbarten Wartezeit nach § 5. An Stelle einer schriftlichen Annahmeerklärung kann eine erleichterte Form vereinbart werden. Bei Vertragsänderungen gilt Satz 1 für den hinzukommenden Teil des Versicherungsschutzes.

§ 5 Wartezeit

(1) Die Wartezeit rechnet vom Versicherungsbeginn an.

(2) Die Wartezeit beträgt 5 Jahre, soweit nicht eine kürzere Wartezeit vereinbart ist.

(3) Bei Vertragsänderungen gelten die Wartezeitregelungen für den hinzukommenden Teil des Versicherungsschutzes.

§ 6 Beginn und Umfang der Leistungspflicht

(1) Art und Höhe der Versicherungsleistungen ergeben sich aus dem Tarif mit Tarifbedingungen. Das Pflegemonatsgeld beträgt bei Pflegegrad 5 mindestens 600 €. Bei Pflegegrad 1 beträgt das Pflegemonatsgeld mindestens 10 %, bei Pflegegrad 2 mindestens 20 %, bei Pflegegrad 3 mindestens 30 % und bei Pflegegrad 4 mindestens 40 % des Pflegemonatsgeldes des Pflegegrades 5. Wird ein Pflegetagegeld vereinbart, darf die Summe der monatlich erbrachten Tagegelder die vorgenannten Beträge nicht unterschreiten.

(2) Das vereinbarte Pflegemonats- oder Pflegetagegeld wird gezahlt, wenn der Versicherungsfall nach § 3 Absatz 3 festgestellt wurde und die versicherte Person für diesen Versicherungsfall Leistungen aus der sozialen Pflegeversicherung für einen der Pflegegrade 1 bis 5 gemäß § 15 SGB XI oder nach den entsprechenden Versicherungsbedingungen in der privaten Pflegepflichtversicherung bezieht. Davon abweichend besteht die Leistungspflicht auch dann, wenn die Leistung der sozialen Pflegeversicherung nach § 34 Absatz 1 Nr. 2 und Absatz 2 SGB XI oder nach den entsprechenden Versicherungsbedingungen in der privaten Pflegepflichtversicherung ruht. Für die Zuordnung einer versicherten Person zu einem der Pflegegrade 1 bis 5 sind die Feststellungen nach § 3 Absatz 3 verbindlich.

(3) Von der gesetzlichen Pflegeversicherung festgestellte pflegegradrelevante Änderungen der Pflegebedürftigkeit gemäß § 14 SGB XI sind dem Versicherer anzuzeigen.

(4) Die Versicherungsleistungen dürfen die zum Zeitpunkt des Vertragsabschlusses geltende Höhe der Leistungen nach dem Elften Buch Sozialgesetzbuch (SGB XI) nicht überschreiten. Eine Dynamisierung bis zur Höhe der allgemeinen Inflationsrate ist zulässig.

§ 7 Auszahlung der Versicherungsleistungen

(1) Der Versicherungsnehmer erhält die Leistungen auf Antrag. Voraussetzung ist, dass die vereinbarte Wartezeit (vgl. § 5) erfüllt ist. Die Leistungen werden vom Beginn der Leistungen in der gesetzlichen Pflegeversicherung an erbracht. Sie werden jedoch frühestens ab dem Zeitpunkt ausgezahlt, in dem die Feststellungen nach § 3 Absatz 3 und der Beginn des Anspruchs auf Leistungen der gesetzlichen Pflegeversicherung schriftlich nachgewiesen werden.

(2) Bei untermonatlichem Beginn oder Ende des Versicherungsfalles werden Pflegemonats- oder Pflegetagegeld jeweils für den vollen Monat gezahlt.

(3) Im Übrigen ergeben sich die Voraussetzungen für die Fälligkeit der Leistungen des Versicherers aus § 14 VVG.

(4) Das Pflegemonats- oder Pflegetagegeld wird ohne Kostennachweis jeweils zum Ende eines jeden Monats gezahlt, in dem Pflegebedürftigkeit nach § 14 SGB XI besteht, soweit der Tarif mit Tarifbedingungen nichts Abweichendes regelt.

(5) Grundsätzlich wird an den Versicherungsnehmer geleistet. Etwas anderes gilt nur dann, wenn der Versicherungsnehmer die versicherte Person in Textform oder in einer anderen vereinbarten erleichterten Form als Empfangsberechtigte benannt hat.

(6) Ansprüche auf Versicherungsleistungen können weder abgetreten noch verpfändet werden.

§ 8 Ende des Versicherungsschutzes

Der Versicherungsschutz endet – auch für schwebende Versicherungsfälle – mit der Beendigung des Versicherungsverhältnisses.

Pflichten des Versicherungsnehmers

§ 9 Beitragszahlung

(1) Der Beitrag ist, sofern nichts Abweichendes vereinbart ist, ein Monatsbeitrag und wird vom Versicherungsbeginn an berechnet. Er ist am Ersten eines jeden Monats fällig. Der Beitrag setzt sich aus einem Eigenanteil von mindestens 10 € und der Zulage in Höhe von 5 € zusammen. Der Zulagenanteil des Beitrags wird vom Versicherer bis zur Zahlung der Zulage durch die zentrale Stelle nach § 128 Absatz 2 SGB XI an den Versicherer gestundet.

(2) Der erste Beitrag ist, sofern nicht anders vereinbart, unverzüglich nach Ablauf von 14 Tagen nach Zugang des Versicherungsscheins zu zahlen. Die Erteilung eines Auftrags zum Beitragseinzug gilt als Zahlung des Beitrags, sofern die Lastschrift eingelöst und der Einlösung nicht widersprochen wird.

(3) Wird ein Beitrag nicht oder nicht rechtzeitig gezahlt, ist der Versicherungsnehmer zum Ausgleich der Kosten verpflichtet, die dem Versicherer im Rahmen der Beitreibung entstehen.

(4) Nicht rechtzeitige Zahlung eines Beitrages kann unter den Voraussetzungen der §§ 37 und 38 VVG zum Verlust des Versicherungsschutzes führen. Ist ein Beitrag bzw. eine Beitragsrate nicht rechtzeitig gezahlt und wird der Versicherungsnehmer in Textform gemahnt, so ist er zur Zahlung der im Tarif mit Tarifbedingungen festgelegten Mahnkosten verpflichtet. Tritt der Versicherer vom Vertrag zurück, weil der erste Beitrag bzw. die erste Beitragsrate nicht rechtzeitig gezahlt wird, kann er eine angemessene Geschäftsgebühr verlangen.

(5) Wird das Versicherungsverhältnis vor Ablauf der Versicherungsperiode beendet, steht dem Versicherer für diese Versicherungsperiode nur der Teil des Beitrags bzw. der Beitragsrate zu, der dem Zeitraum entspricht, in dem der Versicherungsschutz bestanden hat.

(6) Der Beitrag ist bis zum Ablauf des Tages zu zahlen, an dem das Versicherungsverhältnis endet.

(7) Die Beiträge sind an die vom Versicherer zu bezeichnende Stelle zu entrichten.

§ 10 Beitragsberechnung

(1) Die Berechnung der Beiträge erfolgt nach Maßgabe der Vorschriften des Versicherungsaufsichtsgesetzes (VAG) und ist in den technischen Berechnungsgrundlagen des Versicherers festgelegt.

(2) Bei einer Änderung der Beiträge, auch durch Änderung des Versicherungsschutzes, wird das bei Inkrafttreten der Änderung erreichte tarifliche Lebensalter der versicherten Person berücksichtigt. Dabei wird dem Eintrittsalter der versicherten Person dadurch Rechnung getragen, dass eine Alterungsrückstellung gemäß den in den technischen Berechnungsgrundlagen festgelegten Grundsätzen angerechnet wird. Eine Erhöhung der Beiträge oder eine Minderung der Leistungen des Versicherers wegen des Älterwerdens der versicherten Person ist jedoch ausgeschlossen, soweit eine Alterungsrückstellung zu bilden ist.

(3) Eine Gesundheitsprüfung findet nicht statt. Risikozuschläge werden nicht erhoben. Leistungsausschlüsse werden nicht vereinbart.

§ 11 Beitragsanpassung

(1) Im Rahmen der vertraglichen Leistungszusage können sich die Leistungen des Versicherers, z. B. aufgrund von Veränderungen der Pflegedauer, der Häufigkeit von Pflegefällen oder aufgrund steigender Lebenserwartung, ändern. Dementsprechend vergleicht der Versicherer zumindest jährlich für jeden Tarif die erforderlichen mit den in den technischen Berechnungsgrundlagen kalkulierten Versicherungsleistungen und Sterbewahrscheinlichkeiten. Ergibt diese Gegenüberstellung für eine Beobachtungseinheit eine Abweichung von mehr als 5 %, werden alle Beiträge dieser Beobachtungseinheit vom Versicherer überprüft und, soweit erforderlich, mit Zustimmung eines unabhängigen Treuhänders angepasst, wenn die Abweichung als nicht nur vorübergehend anzusehen ist.

Ändert sich die vertragliche Leistungszusage des Versicherers aufgrund der dem Versicherungsverhältnis zugrunde liegenden gesetzlichen Bestimmungen, ist der Versicherer berechtigt, die Beiträge mit Zustimmung eines unabhängigen Treuhänders entsprechend dem veränderten Bedarf zu erhöhen oder zu verringern. Bei verringertem Bedarf ist der Versicherer zur Anpassung insoweit verpflichtet. Erhöht der Versicherer die Beiträge, hat der Versicherungsnehmer ein Sonderkündigungsrecht gemäß § 17 Absatz 4.

(2) Beitragsanpassungen werden zu Beginn des zweiten Monats wirksam, der auf die Benachrichtigung des Versicherungsnehmers folgt.

§ 12 Überschussbeteiligung

(1) Nach Maßgabe der gesetzlichen Vorschriften wird aus dem Abrechnungsverband der geförderten ergänzenden Pflegeversicherung eine Rückstellung für erfolgsabhängige Beitragsrückerstattung gebildet, welche ausschließlich den Versicherungsnehmern zugutekommt. Dies kann in folgender Form geschehen:

(a) Limitierung von Beitragsanstiegen bei Beitragsanpassungen,

(b) Anrechnung auf den Beitrag,

(c) Erhöhung der Leistung oder

(d) Zuführung zur Alterungsrückstellung, wobei diese Beträge ab Vollendung des 65. Lebensjahres des Versicherten zur zeitlich unbefristeten Finanzierung der Mehrbeiträge aus Beitragserhöhungen oder eines Teils der Mehrbeiträge zu verwenden sind, soweit die vorhandenen Mittel für eine vollständige Finanzierung der Mehrbeiträge nicht ausreichen. Nicht verbrauchte Beträge sind mit Vollendung des 80. Lebensjahres des Versicherten zur Prämiensenkung einzusetzen.

(2) Die Form und der Zeitpunkt der Verwendung erfolgt nach Zustimmung eines unabhängigen Treuhänders.

§ 13 Erhalt der Förderfähigkeit

Sollte der vereinbarte Beitrag für eine versicherte Person unter 15 € monatlich sinken (vgl. § 9 Absatz 1), setzt der Versicherer zum Erhalt der Förderfähigkeit den Beitrag neu fest und erhöht insoweit das Pflegemonats- oder Pflegetagegeld. Der Versicherer teilt dies dem Versicherungsnehmer in Textform mit. Der Versicherungsnehmer kann den Änderungen innerhalb von 2 Monaten nach Mitteilung widersprechen. In diesem Fall werden die Änderungen nicht wirksam und die Versicherungsfähigkeit (§ 1 Absatz 1) entfällt mit der Folge, dass der Vertrag endet (§ 19 Absatz 3). Für die Kindernachversicherung gilt § 24.

§ 14 Obliegenheiten

Der Versicherungsnehmer und die als empfangsberechtigt benannte versicherte Person (vgl. § 7 Absatz 5) haben auf Verlangen des Versicherers jede Auskunft zu erteilen, die zur Feststellung des Versicherungsfalles oder der Leistungspflicht des Versicherers und ihres Umfangs erforderlich ist. Die Auskünfte sind auch einem Beauftragten des Versicherers zu erteilen.

§15 Folgen von Obliegenheitsverletzungen

(1) Der Versicherer ist mit den in § 28 Absatz 2 bis 4 VVG vorgeschriebenen Einschränkungen ganz oder teilweise von der Verpflichtung zur Leistung frei, wenn die in § 14 genannte Obliegenheit verletzt wird.

(2) Entstehen dem Versicherer durch eine Verletzung der Obliegenheit nach § 14 zusätzliche Aufwendungen, kann er vom Versicherungsnehmer dafür Ersatz verlangen.

(3) Die Kenntnis und das Verschulden der versicherten Person stehen der Kenntnis und dem Verschulden des Versicherungsnehmers gleich.

§16 Aufrechnung

Der Versicherungsnehmer kann gegen Forderungen des Versicherers nur aufrechnen, soweit die Gegenforderung unbestritten oder rechtskräftig festgestellt ist. Gegen eine Forderung aus der Beitragspflicht kann jedoch ein Mitglied eines Versicherungsvereins nicht aufrechnen.

Ende der Versicherung

§17 Kündigung durch den Versicherungsnehmer

(1) Der Versicherungsnehmer kann das Versicherungsverhältnis zum Ende eines jeden Versicherungsjahres, frühestens aber zum Ablauf einer vereinbarten Vertragsdauer von bis zu 2 Jahren, mit einer Frist von 3 Monaten kündigen.

(2) Ist der Versicherungsnehmer hilfebedürftig im Sinne des Zweiten oder Zwölften Buches Sozialgesetzbuch oder würde er allein durch die Zahlung des Beitrags hilfebedürftig, kann er die Versicherung binnen einer Frist von 3 Monaten nach Eintritt der Hilfebedürftigkeit rückwirkend zum Zeitpunkt ihres Eintritts kündigen. Die Hilfebedürftigkeit ist durch eine Bescheinigung des zuständigen Trägers nach dem Zweiten oder dem Zwölften Buch Sozialgesetzbuch nachzuweisen. Für den Fall der Vereinbarung einer Ruhenszeit nach § 23 beginnt die Dreimonatsfrist mit dem Ende der Ruhenszeit, wenn Hilfebedürftigkeit weiter vorliegt. Später kann der Versicherungsnehmer die Versicherung zum Ende des Monats kündigen, in dem der Nachweis der Hilfebedürftigkeit vorgelegt wird.

(3) Die Kündigung kann auf einzelne versicherte Personen beschränkt werden.

(4) Erhöht der Versicherer die Beiträge gemäß § 11 oder vermindert er seine Leistungen gemäß § 22 Absatz 1, kann der Versicherungsnehmer das Versicherungsverhältnis hinsichtlich der betroffenen versicherten Person innerhalb von 2 Monaten vom Zugang der Änderungsmitteilung an zum Zeitpunkt des Wirksamwerdens der Änderung kündigen. Bei einer Beitragserhöhung kann der Versicherungsnehmer das Versicherungsverhältnis auch bis und zum Zeitpunkt des Wirksamwerdens der Erhöhung kündigen.

(5) Der Versicherungsnehmer kann, sofern der Versicherer die Anfechtung, den Rücktritt oder die Kündigung nur für einzelne versicherte Personen erklärt, innerhalb von 2 Wochen nach Zugang dieser Erklärung die Aufhebung des übrigen Teils der Versicherung zum Schluss des Monats verlangen, in dem ihm die Erklärung des Versicherers zugegangen ist, bei Kündigung zu dem Zeitpunkt, in dem diese wirksam wird.

(6) Hat eine Vereinbarung im Versicherungsvertrag zur Folge, dass bei Erreichen eines bestimmten Lebensalters oder bei Eintritt anderer dort genannter Voraussetzungen der Beitrag für ein anderes Lebensalter oder eine andere Altersgruppe gilt oder der Beitrag unter Berücksichtigung einer Alterungsrückstellung berechnet wird, kann der Versicherungsnehmer das Versicherungsverhältnis hinsichtlich der betroffenen versicherten Person binnen 2 Monaten nach der Änderung zum Zeitpunkt deren Inkrafttretens kündigen, wenn sich der Beitrag durch die Änderung erhöht.

(7) Kündigt der Versicherungsnehmer das Versicherungsverhältnis insgesamt oder für einzelne versicherte Personen, haben die versicherten Personen das Recht, das Versicherungsverhältnis unter Benennung des künftigen Versicherungsnehmers fortzusetzen. Die Erklärung ist innerhalb von 2 Monaten nach der Kündigung abzugeben. Die Kündigung ist nur wirksam, wenn der Versicherungsnehmer nachweist, dass die betroffenen versicherten Personen von der Kündigungserklärung Kenntnis erlangt haben.

§18 Kündigung durch den Versicherer

(1) Der Versicherer verzichtet auf das ordentliche Kündigungsrecht.

(2) Die gesetzlichen Bestimmungen über das außerordentliche Kündigungsrecht bleiben unberührt.

(3) Die Kündigung kann auf einzelne versicherte Personen beschränkt werden.

(4) Kündigt der Versicherer das Versicherungsverhältnis insgesamt oder für einzelne versicherte Personen, gilt § 17 Absatz 7 Satz 1 und 2 entsprechend.

§19 Sonstige Beendigungsgründe

(1) Das Versicherungsverhältnis endet mit dem Tod des Versicherungsnehmers. Die versicherten Personen haben jedoch das Recht, das Versicherungsverhältnis unter Benennung des künftigen Versicherungsnehmers fortzusetzen. Die Erklärung ist innerhalb von 2 Monaten nach dem Tode des Versicherungsnehmers abzugeben.

(2) Beim Tod einer versicherten Person endet insoweit das Versicherungsverhältnis.

(3) Das Versicherungsverhältnis endet, wenn eine der in § 1 Absatz 1 genannten Voraussetzungen für die Versicherungsfähigkeit entfällt. Besteht kein Anspruch auf Pflegevorsorgezulage, da die zentrale Stelle nach § 128 Absatz 2 SGB XI die Pflegevorsorgezulage einem anderen Vertrag zugeteilt hat, bleibt das Versicherungsverhältnis abweichend von Satz 1 bestehen, wenn der Versicherungsnehmer gegenüber dem Versicherer innerhalb von 3 Monaten nach Zugang der Mitteilung über das Ermittlungsergebnis nach § 2b Absatz 2 Satz 2 nachweist, dass der andere Vertrag, für den die Pflegevorsorgezulage gewährt wurde, aufgehoben und der Antrag auf Zulage hierfür storniert wurde.

(4) Die §§ 37 und 38 VVG sowie § 9 Absatz 4 bleiben unberührt.

(5) Verlegt eine versicherte Person ihren gewöhnlichen Aufenthalt in einen Staat, der nicht Mitgliedstaat der Europäischen Union oder Vertragsstaat des Abkommens über den Europäischen Wirtschaftsraum ist, endet das Versicherungsverhältnis, es sei denn, dass es aufgrund einer anderweitigen Vereinbarung fortgesetzt wird.

Sonstige Bestimmungen

§20 Willenserklärungen und Anzeigen

Willenserklärungen und Anzeigen gegenüber dem Versicherer bedürfen der Textform, sofern nicht eine erleichterte Form vereinbart ist.

§21 Gerichtsstand

(1) Für Klagen aus dem Versicherungsverhältnis gegen den Versicherungsnehmer ist das Gericht des Ortes zuständig, an dem der Versicherungsnehmer seinen Wohnsitz oder, in Ermangelung eines solchen, seinen gewöhnlichen Aufenthalt hat.

(2) Klagen gegen den Versicherer können bei dem Gericht am Wohnsitz oder gewöhnlichen Aufenthalt des Versicherungsnehmers oder bei dem Gericht am Sitz des Versicherers anhängig gemacht werden.

(3) Verlegt der Versicherungsnehmer nach Vertragsschluss seinen Wohnsitz oder gewöhnlichen Aufenthalt in einen Staat, der nicht Mitgliedstaat der Europäischen Union oder Vertragsstaat des Abkommens über den Europäischen Wirtschaftsraum ist, oder ist sein Wohnsitz oder gewöhnlicher Aufenthalt im Zeitpunkt der Klageerhebung nicht bekannt, ist das Gericht am Sitz des Versicherers zuständig.

§22 Änderungen der Allgemeinen Versicherungsbedingungen

(1) Bei einer nicht nur als vorübergehend anzusehenden Veränderung der Verhältnisse des Gesundheitswesens können die Allgemeinen Versicherungsbedingungen den veränderten Verhältnissen angepasst werden, wenn die Änderungen zur hinreichenden Wahrung der Belange der Versicherungsnehmer erforderlich erscheinen. Ein unabhängiger Treuhänder muss die Voraussetzungen für die Änderungen vorher überprüft und ihre Angemessenheit bestätigt haben. Die Änderungen werden zu Beginn des zweiten Monats wirksam, der auf die Mitteilung der Änderungen und der hierfür maßgebenden Gründe an den Versicherungsnehmer folgt. Vermindert der Versicherer die Leistungen, hat der Versicherungsnehmer ein Sonderkündigungsrecht gemäß §17 Absatz 4.

(2) Ist eine Bestimmung in den Allgemeinen Versicherungsbedingungen durch höchstrichterliche Entscheidung oder durch einen bestandskräftigen Verwaltungsakt für unwirksam erklärt worden, kann sie der Versicherer durch eine neue Regelung ersetzen, wenn dies zur Fortführung des Vertrages notwendig ist oder wenn das Festhalten an dem Vertrag ohne neue Regelung für eine Vertragspartei auch unter Berücksichtigung der Interessen der anderen Vertragspartei eine unzumutbare Härte darstellen würde. Die neue Regelung ist nur wirksam, wenn sie unter Wahrung des Vertragsziels die Belange der Versicherungsnehmer angemessen berücksichtigt. Sie wird 2 Wochen, nachdem die neue Regelung und die hierfür maßgeblichen Gründe dem Versicherungsnehmer mitgeteilt worden sind, Vertragsbestandteil.

(3) Ändern sich die gesetzlichen Voraussetzungen für die staatliche Förderung der geförderten ergänzenden Pflegeversicherung, ist der Versicherer berechtigt, die Allgemeinen Versicherungsbedingungen nach Maßgabe des Absatzes 1 entsprechend anzupassen.

§23 Ruhen bei Hilfebedürftigkeit

(1) Ist der Versicherungsnehmer hilfebedürftig im Sinne des Zweiten oder Zwölften Buches Sozialgesetzbuch oder würde er allein durch die Zahlung des Beitrags hilfebedürftig, kann er den Versicherungsvertrag 3 Jahre ruhen lassen. Der Tarif mit Tarifbedingungen kann einen längeren Zeitraum vorsehen. Die Hilfebedürftigkeit ist durch eine Bescheinigung des zuständigen Trägers nach dem Zweiten oder dem Zwölften Buch Sozialgesetzbuch nachzuweisen.

(2) In der Ruhenszeit gelten die Allgemeinen Versicherungsbedingungen mit folgenden Änderungen fort:

1. Leistungen des Versicherers werden nicht erbracht; für während der Ruhenszeit eingetretene Versicherungsfälle besteht die Leistungspflicht erst nach Wiederaufleben der Versicherung.

2. Es sind keine Beiträge zu zahlen.

3. Der Lauf von Fristen und der Wartezeit nach §5 wird nicht unterbrochen.

4. Die Ruhenszeit endet, wenn Hilfebedürftigkeit nicht mehr besteht, spätestens mit Ablauf der vereinbarten Laufzeit. Das Ende der Hilfebedürftigkeit ist unverzüglich anzuzeigen und auf Verlangen nachzuweisen.

5. Mit der Beendigung der Ruhenszeit tritt die ursprüngliche Versicherung wieder in Kraft. Als Beitrag ist der Neugeschäftsbeitrag zum erreichten Alter unter Anrechnung der vor der Ruhenszeit aufgebauten Alterungsrückstellungen zu zahlen.

6. In Abweichung zu §1 Absatz 1 ist der Anspruch auf Pflegevorsorgezulage während des Ruhens keine Voraussetzung für die Versicherungsfähigkeit.

§24 Kindernachversicherung

(1) Bei Neugeborenen beginnt der Versicherungsschutz ohne Wartezeit ab Vollendung der Geburt, wenn am Tag der Geburt ein Elternteil mindestens 3 Monate beim Versicherer versichert ist und die Anmeldung zur Versicherung spätestens 2 Monate nach dem Tag der Geburt rückwirkend erfolgt. Der Versicherungsschutz darf nicht höher oder umfassender als der eines versicherten Elternteils sein und nicht geringer als der Versicherungsschutz nach §6 Absatz 1.

(2) Der Geburt eines Kindes steht die Adoption gleich, sofern das Kind im Zeitpunkt der Adoption noch minderjährig ist.

(3) Bis zur Vollendung des 18. Lebensjahres ist der Anspruch auf Pflegevorsorgezulage keine Voraussetzung für die Versicherungsfähigkeit. Der Beitrag darf 15 € monatlich unterschreiten; eine Stundung gemäß §9 Absatz 1 Satz 4 erfolgt nicht.

(4) Ab Vollendung des 18. Lebensjahres richtet sich die Versicherungsfähigkeit nach §1. Liegt der Beitrag unter 15 € monatlich, gilt §13. Werden in diesem Zeitpunkt bereits Leistungen wegen Pflegebedürftigkeit nach dem Vierten Kapitel des SGB XI aus der sozialen Pflegeversicherung oder gleichwertige Vertragsleistungen aus der privaten Pflegepflichtversicherung bezogen, gilt abweichend von Satz 1 Absatz 3; §13 findet keine Anwendung.

Allgemeine Versicherungsbedingungen (AVB)
Bedingungsteil MB/GEPV 2017 für die staatlich geförderte ergänzende Pflegeversicherung

§ 25 Mehrfachversicherung

Bestehen für eine versicherte Person bei verschiedenen Versicherern Versicherungsverträge über die geförderte ergänzende Pflegeversicherung, kann der Versicherungsnehmer vom Versicherer unter der Voraussetzung, dass der Versicherungsvertrag nicht als erster abgeschlossen wurde, die Stornierung des Antrags auf Pflegevorsorgezulage und die Aufhebung des Versicherungsvertrages verlangen. Stornierung und Aufhebung können nur zusammen verlangt werden. Der Versicherer bestätigt dem Versicherungsnehmer unverzüglich die Aufhebung des Vertrages und die Stornierung des Antrags auf Zulage. Er kann im Fall der Aufhebung des Versicherungsvertrages und Stornierung des Antrags auf Zulage eine angemessene Geschäftsgebühr verlangen.

§ 26 Anwartschaft

(1) Für die Anwartschaftsversicherung gelten die Regelungen der §§ 1 bis 25, soweit sie nicht durch nachstehende Bestimmungen geändert oder ergänzt werden.

(2) Während der Anwartschaftsversicherung darf der Beitrag den Mindestbeitrag von 15 € (vgl. § 9 Absatz 1 Satz 3) unterschreiten. Eine Stundung gemäß § 9 Absatz 1 Satz 4 erfolgt nicht. Ein Antrag auf Zulage wird für den Zeitraum der Anwartschaftsversicherung nicht gestellt.

(3) Endet die Versicherungsfähigkeit, weil der Anspruch auf Pflegevorsorgezulage nach § 126 SGB XI in den Fällen des § 19 Absatz 3 Satz 2 entfällt oder weil die Versicherung in der gesetzlichen Pflegeversicherung endet (vgl. § 1 Absatz 1), wird die beendete Versicherung auf Antrag des Versicherungsnehmers als Anwartschaft fortgesetzt. Das Gleiche gilt, wenn der Versicherungsnehmer nach Vertragsschluss seinen Wohnsitz oder gewöhnlichen Aufenthalt in einen Staat verlegt, der nicht Mitgliedstaat der Europäischen Union oder Vertragsstaat des Abkommens über den Europäischen Wirtschaftsraum ist. Der Antrag ist innerhalb von 3 Monaten nach Beendigung der Versicherung oder der Verlegung des Wohnsitzes oder des gewöhnlichen Aufenthalts zu stellen.

(4) In Abweichung zu § 1 Absatz 1 sind in der Anwartschaftsversicherung auch Personen versicherungsfähig, die keinen Anspruch auf Pflegevorsorgezulage haben.

(5) Durch den Abschluss einer Anwartschaftsversicherung erwirbt die versicherte Person das Recht, die Versicherung in der geförderten ergänzenden Pflegeversicherung in Kraft zu setzen, wenn die Voraussetzungen dafür erfüllt sind. Der Beitrag nach Aufleben des Versicherungsschutzes richtet sich nach dem erreichten Alter unter Anrechnung vorhandener Alterungsrückstellungen.

(6) Für die Dauer der Anwartschaft ist monatlich ein Beitrag zu zahlen. Es besteht kein Anspruch auf Pflegevorsorgezulage nach § 127 Absatz 1 SGB XI.

(7) Bei einer Änderung der Beiträge in der der Anwartschaftsversicherung zugrunde liegenden geförderten ergänzenden Pflegeversicherung gemäß § 11 werden die Beiträge für die Anwartschaftsversicherung zum selben Zeitpunkt neu festgesetzt.

(8) Für die Dauer der Anwartschaft besteht kein Anspruch auf Versicherungsleistungen. Während der Anwartschaft eingetretene Versicherungsfälle sind für den Teil von der Leistungspflicht ausgeschlossen, der in die Zeit der Anwartschaft fällt. Zeiten einer Anwartschaft werden auf die Wartezeit nach § 5 angerechnet.

(9) Die Anwartschaftsversicherung endet, wenn die Voraussetzungen nach Absatz 3 nicht mehr vorliegen. Die Versicherung wird in diesen Fällen rückwirkend zum Ersten des Monats, in dem der Versicherungsnehmer die Wiedererlangung der Förderfähigkeit nachweist, in der geförderten ergänzenden Pflegeversicherung fortgeführt.

§ 27 Übergangsregelung

(1) Versicherte, bei denen am 31. Dezember 2016 die Voraussetzungen für einen Anspruch auf eine vertragliche Versicherungsleistung vorliegen, werden gemäß der nachfolgenden Tabelle einem Pflegegrad zugeordnet:

Einstufung am 31. Dezember 2016	Einstufung ab 01. Januar 2017
Erheblich eingeschränkte Alltagskompetenz ohne Pflegestufe	Pflegegrad 2
Pflegestufe I	Pflegegrad 2
Pflegestufe I und erheblich eingeschränkte Alltagskompetenz	Pflegegrad 3
Pflegestufe II	Pflegegrad 3
Pflegestufe II und erheblich eingeschränkte Alltagskompetenz	Pflegegrad 4
Pflegestufe III	Pflegegrad 4
Pflegestufe III und erheblich eingeschränkte Alltagskompetenz	Pflegegrad 5
Pflegestufe III als Härtefall	Pflegegrad 5
Pflegestufe III und erheblich eingeschränkte Alltagskompetenz, auch als Härtefall	Pflegegrad 5

(2) Der Versicherer teilt dem Versicherungsnehmer bzw. der als empfangsberechtigt benannten versicherten Person (§ 7 Abs. 5) die Zuordnung nach Absatz 1 schriftlich mit. Weicht die Zuordnung des Versicherers von derjenigen der gesetzlichen Pflegeversicherung ab, gilt deren Zuordnung.

(3) Das Pflegemonats- oder Pflegetagegeld richtet sich nach dem ab 1. Januar 2017 gültigen Tarif. Es wird jedoch mindestens in der bisher bezogenen Höhe erbracht. Satz 2 gilt auch für den Fall, dass nachträglich festgestellt wird, dass am 31. Dezember 2016 ein Anspruch auf Leistung bestand. Satz 2 gilt nicht mehr, wenn die Pflegebedürftigkeit endet oder nach einer Umwandlung nach § 3 Absatz 6.

(4) Sofern die gesetzliche Pflegeversicherung ab dem 1. Januar 2017 feststellt, dass bereits vor diesem Zeitpunkt die Voraussetzungen für die Einstufung in einen höheren Pflegegrad bestanden, als denjenigen, in den gesetzlich übergeleitet worden ist, richten sich die Leistungen aus dieser Versicherung ab dem Zeitpunkt, den die gesetzliche Pflegeversicherung festgestellt hat, für den Zeitraum vom 1. November bis zum 31. Dezember 2016 nach dem ab 1. Januar 2017 geltenden Tarif.

Allgemeine Versicherungsbedingungen (AVB)

Bedingungsteil MB/EPV 2017 für Ergänzungsversicherungen zur privaten und zur sozialen Pflegepflichtversicherung – Auszug

Die AVB umfassen Musterbedingungen 2017 - MB/EPV 2017 - des Verbandes der Privaten Krankenversicherung (Stand: Januar 2017)

Der Versicherungsschutz
- § 1 Gegenstand, Umfang und Geltungsbereich des Versicherungsschutzes ... 231
- § 2 Beginn des Versicherungsschutzes ... 231
- § 3 Wartezeit ... 231
- § 4 Umfang der Leistungspflicht ... 231
- § 5 Einschränkung der Leistungspflicht ... 232

Der Versicherungsschutz

§ 1 Gegenstand, Umfang und Geltungsbereich des Versicherungsschutzes

(1) Der Versicherer leistet im Versicherungsfall in vertraglichem Umfang Ersatz von Aufwendungen für Pflege [oder ein Pflegegeld] (Pflegekostenversicherung) oder ein Pflegetagegeld sowie sonstige im Tarif vorgesehene Leistungen. Er erbringt, sofern vereinbart, in der Pflegekostenversicherung damit unmittelbar zusammenhängende zusätzliche Dienstleistungen.

(2) Versicherungsfall ist die Pflegebedürftigkeit einer versicherten Person nach Maßgabe von § 1a. Der Versicherungsfall beginnt mit der Feststellung der Pflegebedürftigkeit. Er endet, wenn Pflegebedürftigkeit nicht mehr besteht.

(3) Der Umfang des Versicherungsschutzes ergibt sich aus dem Versicherungsschein, ergänzenden schriftlichen Vereinbarungen, den Allgemeinen Versicherungsbedingungen (Musterbedingungen mit Anhang, Tarif mit Tarifbedingungen) sowie den gesetzlichen Vorschriften.

(4) Das Versicherungsverhältnis unterliegt deutschem Recht.

(5) Der Versicherungsschutz erstreckt sich in der Pflegekostenversicherung und in der Pflegetagegeldversicherung auf Pflege in der Bundesrepublik Deutschland. Darüber hinaus erstreckt er sich in der Pflegekostenversicherung auf Mitgliedstaaten der Europäischen Union und Vertragsstaaten des Abkommens über den Europäischen Wirtschaftsraum. Der Versicherer bleibt höchstens zu denjenigen Leistungen verpflichtet, die er auch bei Pflege in der Bundesrepublik Deutschland zu erbringen hätte.

(6) Der Versicherungsnehmer kann die Umwandlung der Versicherung in einen gleichartigen Versicherungsschutz verlangen, sofern die versicherte Person die Voraussetzungen für die Versicherungsfähigkeit erfüllt. Der Versicherer nimmt einen Antrag auf Umwandlung in angemessener Frist an. Die erworbenen Rechte bleiben erhalten; die nach den technischen Berechnungsgrundlagen gebildete Rückstellung für das mit dem Alter der versicherten Person wachsende Wagnis (Alterungsrückstellung) wird nach Maßgabe dieser Berechnungsgrundlagen angerechnet. Soweit der neue Versicherungsschutz höher oder umfassender ist, kann insoweit ein Risikozuschlag (§ 8a Abs. 3 und 4) verlangt oder ein Leistungsausschluss vereinbart werden; ferner ist für den hinzukommenden Teil des Versicherungsschutzes die Wartezeit (§ 3 Abs. 3) einzuhalten. Der Umwandlungsanspruch besteht bei Anwartschafts- und Ruhensversicherungen nicht, solange der Anwartschaftsgrund bzw. der Ruhensgrund nicht entfallen ist, und nicht bei befristeten Versicherungsverhältnissen. Die Umwandlung des Versicherungsschutzes aus einem Tarif, bei dem die Beiträge geschlechtsunabhängig kalkuliert werden, in einen Tarif, bei dem dies nicht der Fall ist, ist ausgeschlossen.

§ 2 Beginn des Versicherungsschutzes

(1) Der Versicherungsschutz beginnt mit dem im Versicherungsschein bezeichneten Zeitpunkt (Versicherungsbeginn), jedoch nicht vor Abschluss des Versicherungsvertrages (insbesondere Zugang des Versicherungsscheines oder einer schriftlichen Annahmeerklärung) und nicht vor Ablauf der Wartezeit. Für Versicherungsfälle, die vor Beginn des Versicherungsschutzes eingetreten sind, wird nicht geleistet. Nach Abschluss des Versicherungsvertrages eingetretene Versicherungsfälle sind nur für den Teil von der Leistungspflicht ausgeschlossen, der in die Zeit vor Versicherungsbeginn oder in die Wartezeit fällt. Bei Vertragsänderungen gelten die Sätze 1 bis 3 für den hinzukommenden Teil des Versicherungsschutzes.

(2) Bei Neugeborenen beginnt der Versicherungsschutz ohne Risikozuschläge und ohne Wartezeit ab Vollendung der Geburt, wenn am Tage der Geburt ein Elternteil mindestens 3 Monate beim Versicherer versichert ist und die Anmeldung zur Versicherung spätestens 2 Monate nach dem Tage der Geburt rückwirkend erfolgt. Der Versicherungsschutz darf nicht höher oder umfassender als der eines versicherten Elternteils sein.

(3) Der Geburt eines Kindes steht die Adoption gleich, sofern das Kind im Zeitpunkt der Adoption noch minderjährig ist. Mit Rücksicht auf ein erhöhtes Risiko ist die Vereinbarung eines Risikozuschlages bis zur einfachen Beitragshöhe zulässig.

§ 3 Wartezeit

(1) Die Wartezeit rechnet vom Versicherungsbeginn an.

(2) Die Wartezeit beträgt 3 Jahre.

(3) Bei Vertragsänderungen gelten die Wartezeitregelungen für den hinzukommenden Teil des Versicherungsschutzes.

§ 4 Umfang der Leistungspflicht

(1) Art und Höhe der Versicherungsleistungen ergeben sich aus dem Tarif mit Tarifbedingungen.

(2) Der Versicherer gibt auf Verlangen des Versicherungsnehmers oder der versicherten Person Auskunft über und Einsicht in Gutachten oder Stellungnahmen, die der Versicherer bei der Prüfung der Leistungspflicht eingeholt hat. Wenn der Auskunft an oder der Einsicht durch den Versicherungsnehmer oder die versicherte Person erhebliche therapeutische Gründe oder sonstige erhebliche Gründe entgegenstehen, kann nur verlangt werden, einem benannten Arzt oder Rechtsanwalt Auskunft oder Einsicht zu geben. Der Anspruch kann nur von der jeweils betroffenen Person oder ihrem gesetzlichen Vertreter geltend gemacht werden. Hat der Versicherungsnehmer das Gutachten oder die Stellungnahme auf Veranlassung des Versicherers eingeholt, erstattet der Versicherer die entstandenen Kosten.

§ 5 Einschränkung der Leistungspflicht

(1) Keine Leistungspflicht besteht

(a) für Versicherungsfälle, die durch Kriegsereignisse verursacht oder deren Ursachen als Wehrdienstbeschädigung anerkannt und nicht ausdrücklich in den Versicherungsschutz eingeschlossen sind;

(b) für Versicherungsfälle, die auf Vorsatz oder Sucht beruhen;

(c) vorbehaltlich der Regelung des § 1 Abs. 5, solange sich versicherte Personen im Ausland aufhalten, und zwar auch dann, wenn sie dort während eines vorübergehenden Aufenthaltes pflegebedürftig werden;

(d) soweit versicherte Personen Entschädigungsleistungen wegen Pflegebedürftigkeit unmittelbar nach § 35 des Bundesversorgungsgesetzes oder nach den Gesetzen, die eine entsprechende Anwendung des Bundesversorgungsgesetzes vorsehen, aus der gesetzlichen Unfallversicherung oder aus öffentlichen Kassen aufgrund gesetzlich geregelter Unfallversorgung oder Unfallfürsorge erhalten. Dies gilt auch, wenn vergleichbare Leistungen aus dem Ausland oder von einer zwischenstaatlichen oder überstaatlichen Einrichtung bezogen werden;

(e) soweit ein Versicherter der gesetzlichen Krankenversicherung aufgrund eines Anspruchs auf häusliche Krankenpflege auch Anspruch auf Grundpflege und hauswirtschaftliche Versorgung hat;

(f) während der Durchführung einer vollstationären Heilbehandlung im Krankenhaus sowie von stationären Rehabilitationsmaßnahmen, Kur- oder Sanatoriumsbehandlungen und während der Unterbringung aufgrund richterlicher Anordnung, es sei denn, dass diese ausschließlich auf Pflegebedürftigkeit beruht;

(g) bei Pflege durch Pflegekräfte oder Einrichtungen, deren Rechnungen der Versicherer aus wichtigem Grunde von der Erstattung ausgeschlossen hat, wenn der Versicherungsfall nach der Benachrichtigung des Versicherungsnehmers über den Leistungsausschluss eintritt. Sofern im Zeitpunkt der Benachrichtigung ein Versicherungsfall schwebt, besteht keine Leistungspflicht nach Ablauf von 3 Monaten seit der Benachrichtigung. Findet der Pflegebedürftige innerhalb dieser 3 Monate keine andere geeignete Pflegekraft, benennt der Versicherer eine solche;

(h) für Aufwendungen für Pflegehilfsmittel und technische Hilfen, soweit die Krankenversicherung oder andere zuständige Leistungsträger wegen Krankheit oder Behinderung für diese Hilfsmittel zu leisten haben.

(2) Übersteigt eine Pflegemaßnahme das medizinisch notwendige Maß oder ist die geforderte Vergütung nicht angemessen, so kann der Versicherer seine Leistungen auf einen angemessenen Betrag herabsetzen.

(3) Hat die versicherte Person wegen desselben Versicherungsfalles einen Anspruch gegen mehrere Erstattungsverpflichtete, darf die Gesamterstattung die Gesamtaufwendungen nicht übersteigen.

Allgemeine Versicherungsbedingungen (AVB)

Bedingungsteil MB/ST 2009 für den Standardtarif – Auszug

Die AVB umfassen Musterbedingungen 2009 – MB/ST 2009- des Verbandes der Privaten Krankenversicherung (Stand: Januar 2017)

Präambel

Aufnahme- und versicherungsfähig sind die in Nr. 1 TB/ST genannten Personen, wenn ihr substitutiver Krankenversicherungsvertrag in einem anderen Tarif als dem Standardtarif vor dem 1. Januar 2009 abgeschlossen worden ist. Der Standardtarif garantiert dem aufnahme- und versicherungsfähigen Privatversicherten, dass er als Einzelperson keinen höheren Beitrag zahlen muss als den Höchstbeitrag der Gesetzlichen Krankenversicherung (GKV); Ehegatten und Lebenspartner zahlen unter bestimmten Voraussetzungen (s. § 8a Abs. 2 MB/ST) insgesamt höchstens 150 v. H. dieses Höchstbeitrags. Für Personen, die nach beamtenrechtlichen Vorschriften oder Grundsätzen bei Krankheit Anspruch auf Beihilfe haben, verringert sich der garantierte Höchstbeitrag für Einzelpersonen und Ehegatten und Lebenspartner beihilfesatzkonform, das heißt auf den vom Beihilfesatz nicht gedeckten Vom-Hundert-Anteil.

Das Leistungsversprechen des Standardtarifs ist dem der GKV vergleichbar und kann auch künftig angepasst werden (s. Nr. 10 TB/ST). Für Personen mit Beihilfeanspruch werden die den Leistungen der GKV vergleichbaren Leistungen des Standardtarifs in Höhe des vom Beihilfesatz nicht gedeckten Vom-Hundert-Anteils erbracht. Die im Standardtarif erstattungsfähigen Gebührensätze können durch Verträge zwischen dem Verband der Privaten Krankenversicherung e.V. im Einvernehmen mit den Trägern der Kosten in Krankheits-, Pflege- und Geburtsfällen nach beamtenrechtlichen Vorschriften einerseits und den Kassenärztlichen bzw. Kassenzahnärztlichen Vereinigungen und Kassenärztlichen bzw. Kassenzahnärztlichen Bundesvereinigungen andererseits geändert werden.

Der in den Allgemeinen Versicherungsbedingungen des Standardtarifs verwendete Begriff „Lebenspartner" bezieht sich auf „Lebenspartner" gemäß § 1 Lebenspartnerschaftsgesetz.

§ 1 Gegenstand, Umfang und Geltungsbereich des Versicherungsschutzes

(1) Der Versicherer bietet Versicherungsschutz für Krankheiten, Unfälle und andere im Vertrag genannte Ereignisse. Er erbringt, sofern vereinbart, damit unmittelbar zusammenhängende zusätzliche Dienstleistungen. Im Versicherungsfall erbringt der Versicherer Ersatz von Aufwendungen für Heilbehandlung und sonst vereinbarte Leistungen.

§§ 2-8 nicht abgedruckt

§ 8a Beitragsberechnung, -begrenzung, -angleichung und -anpassung

(1) Die Berechnung der Beiträge erfolgt nach Maßgabe der Vorschriften des VAG und ist in den technischen Berechnungsgrundlagen des Versicherers festgelegt.

(2) Der zu zahlende Beitrag ist für Einzelpersonen begrenzt auf die Höhe des Höchstbeitrages der gesetzlichen Krankenversicherung (GKV) und für Ehegatten oder Lebenspartner insgesamt auf 150 v. H. des Höchstbeitrages der GKV, sofern das jährliche Gesamteinkommen der Ehegatten oder Lebenspartner die Jahresarbeitsentgeltgrenze nicht übersteigt. In die Beitragsbegrenzung wird bis zur Vollendung des 65. Lebensjahres des Versicherten auch der Beitrag für eine Krankentagegeldversicherung einbezogen, soweit sie Leistungen von höchstens 70 v. H. der Beitragsbemessungsgrenze in der GKV frühestens ab dem 43. Tag einer Arbeitsunfähigkeit vorsieht.

Der Höchstbeitrag der GKV bemisst sich nach dem allgemeinen Beitragssatz der Krankenkassen vom 1. Januar des Vorjahres und der Beitragsbemessungsgrenze.

§ 9-19 nicht abgedruckt

Allgemeine Versicherungsbedingungen (AVB)

Bedingungsteil AVB/BT 2009 für den Basistarif

Die AVB umfassen Bedingungsteil AVB/BT 2009 des Verbandes der Privaten Krankenversicherung (Stand: Juli 2017)

Allgemeine Versicherungsbedingungen 2009 für den Basistarif

Präambel

A. Aufnahme- und Versicherungsfähigkeit 234
B. Allgemeine Versicherungsbedingungen 2009 für den Basistarif (AVB/BT 2009) §§ 1-18 235

Der Versicherungsschutz

§ 1 Gegenstand, Umfang und Geltungsbereich des Versicherungsschutzes 235
§ 2 Beginn des Versicherungsschutzes 236
§ 3 Wartezeiten 236
§ 4 Umfang der Leistungspflicht 236
§ 5 Einschränkung der Leistungspflicht 237
§ 6 Auszahlung der Versicherungsleistungen 237
§ 7 Ende des Versicherungsschutzes 238

Pflichten des Versicherungsnehmers

§ 8 Beitragszahlung 238
§ 8a Beitragsberechnung und -begrenzung 238
§ 8b Beitragsanpassung 239
§ 9 Obliegenheiten 239
§ 10 Folgen von Obliegenheitsverletzungen 240
§ 11 Obliegenheiten und Folgen bei Obliegenheitsverletzungen bei Ansprüchen gegen Dritte 240
§ 12 Aufrechnung 240

Ende der Versicherung

§ 13 Kündigung durch den Versicherungsnehmer 240
§ 14 Kündigung durch den Versicherer 241
§ 15 Sonstige Beendigungsgründe 241

Sonstige Bestimmungen

§ 16 Willenserklärungen und Anzeigen 241
§ 17 Gerichtsstand 241
§ 18 Änderungen der Allgemeinen Versicherungsbedingungen 241

Präambel

Der Basistarif wird von den Unternehmen der privaten Krankenversicherung aufgrund gesetzlicher Verpflichtung und in einheitlicher Form angeboten und folgt den nachstehend aufgeführten, ebenfalls durch Gesetz vorgegebenen Rahmenbedingungen:

- Aufnahme- und versicherungsfähig im Basistarif sind ausschließlich die in Abschnitt A. Absätze 2 und 3 genannten Personen. Krankenversicherungsunternehmen unterliegen unter bestimmten gesetzlichen Voraussetzungen einem Annahmezwang. Eine Risikoprüfung wird durchgeführt, auch wenn für die Dauer der Versicherung im Basistarif keine Risikozuschläge erhoben werden.

Die Vertragsleistungen des Basistarifs sind in Art, Umfang und Höhe den Leistungen nach dem Dritten Kapitel des Fünften Buches Sozialgesetzbuch, auf die ein Anspruch besteht, jeweils vergleichbar.

- Der Beitrag für den Basistarif darf den Höchstbeitrag der gesetzlichen Krankenversicherung nicht übersteigen. Für Personen mit Anspruch auf Beihilfe tritt an die Stelle des Höchstbeitrags der gesetzlichen Krankenversicherung ein Höchstbeitrag, der dem prozentualen Anteil des die Beihilfe ergänzenden Leistungsanspruchs für ambulante Heilbehandlung entspricht.

A. Aufnahme- und Versicherungsfähigkeit

(1) Der Basistarif wird als

Tarifstufe BTN ohne Selbstbehalt sowie mit Selbstbehalten von 300, 600, 900 oder 1.200 € sowie als

Tarifstufe BTB ohne Selbstbehalt sowie mit Selbstbehalten in Höhe des durch den Beihilfesatz für ambulante Heilbehandlung nicht gedeckten Prozentsatzes von 300, 600, 900 oder 1.200 €

angeboten.

(2) Aufnahme- und versicherungsfähig in Tarifstufe BTN sind Personen mit Wohnsitz in Deutschland, die nicht beihilfeberechtigt sind und auch keine vergleichbaren Ansprüche haben, wenn sie:

(a) freiwillig in der gesetzlichen Krankenversicherung versichert sind und den Abschluss des Versicherungsvertrages im Basistarif innerhalb von 6 Monaten nach Beginn der im Fünften Buch Sozialgesetzbuch (SGB V) vorgesehenen erstmaligen Wechselmöglichkeit im Rahmen ihres freiwilligen Versicherungsverhältnisses zum nächstmöglichen Termin beantragen;

(b) nicht in der gesetzlichen Krankenversicherung versicherungspflichtig sind und nicht zum Personenkreis nach a) gehören, keinen Anspruch nach dem Asylbewerberleistungsgesetz haben, keinen Anspruch auf laufende Leistungen nach dem Dritten, Vierten, Sechsten und Siebten Kapitel des Zwölften Buches Sozialgesetzbuch (SGB XII) haben und noch keine private Krankheitskostenversicherung mit einem in Deutschland zum Geschäftsbetrieb zugelassenen Versicherungsunternehmen vereinbart haben, die der Pflicht zur Versicherung genügt. Bei Empfängern von Leistungen nach dem Dritten, Vierten, Sechsten und Siebten Kapitel des SGB XII gilt der Leistungsbezug bei Zeiten einer Unterbrechung von weniger als einem Monat als fortbestehend, wenn er vor dem 1. Januar 2009 begonnen hat;

(c) eine private Krankheitskostenvollversicherung mit einem in Deutschland zum Geschäftsbetrieb zugelassenen Versicherungsunternehmen vereinbart haben und der Vertrag erstmals nach dem 31. Dezember 2008 abgeschlossen wurde;

(d) eine private Krankheitskostenvollversicherung mit einem in Deutschland zum Geschäftsbetrieb zugelassenen Versicherungsunternehmen vereinbart haben und dieser Vertrag vor dem 1. Januar 2009 abgeschlossen wurde, wenn die zu versichernde Person das 55. Lebensjahr vollendet hat oder das 55. Lebensjahr noch nicht vollendet hat, aber die Voraussetzungen für den Anspruch auf eine Rente der gesetzlichen Rentenversicherung erfüllt und diese Rente beantragt hat oder ein Ruhegehalt nach beamtenrechtlichen oder vergleichbaren Vorschriften bezieht oder hilfebedürftig nach dem Zweiten Buch Sozialgesetzbuch (SGB II) oder dem SGB XII ist;

(e) in der Zeit vom 1. Juli 2007 bis 31. Dezember 2008 als Personen ohne Versicherungsschutz in den modifizierten Standardtarif aufgenommen worden sind;

(f) im Standardtarif nach § 257 Abs. 2a SGB V in der bis zum 31. Dezember 2008 geltenden Fassung versichert sind.

Die Aufnahme- und Versicherungsfähigkeit der Personenkreise nach den Buchstaben d) bis f) beschränkt sich auf den Basistarif des Versicherungsunternehmens, bei dem das bisherige Versicherungsverhältnis bestand.

(3) Aufnahme- und versicherungsfähig in Tarifstufe BTB sind Personen, die beihilfeberechtigt sind oder vergleichbare Ansprüche haben, sowie ihre bei der Beihilfe berücksichtigungsfähigen Angehörigen, wenn sie zu den in Absatz 2 genannten Personenkreisen gehören und ergänzenden beihilfekonformen Versicherungsschutz zur Erfüllung der Pflicht zur Versicherung benötigen.

B. Allgemeine Versicherungsbedingungen 2009 für den Basistarif (AVB/BT 2009) §§ 1-18

Der Versicherungsschutz

§ 1 Gegenstand, Umfang und Geltungsbereich des Versicherungsschutzes

(1) Im Basistarif bietet der Versicherer Versicherungsschutz für Krankheiten, Unfälle und andere im Vertrag genannte Ereignisse. Er erbringt im Versicherungsfall Ersatz von Aufwendungen für Heilbehandlung und sonst vereinbarte Leistungen. Der Versicherer ist berechtigt, anstelle des Aufwendungsersatzes auch die unmittelbare Abrechnung der medizinischen Versorgung mit dem jeweiligen Leistungserbringer vorzusehen.

Die Erstattungspflicht des Versicherers beschränkt sich nach Grund und Höhe auf ausreichende, zweckmäßige und wirtschaftliche Leistungen.

(2) Der Versicherer bietet ferner Versicherungsschutz gegen Verdienstausfall als Folge von Krankheiten oder Unfällen, soweit dadurch Arbeitsunfähigkeit verursacht wird. Er zahlt im Versicherungsfall für die Dauer einer Arbeitsunfähigkeit ein Krankentagegeld.

(3) Versicherungsfall für die Leistungen nach Absatz 1 ist die medizinisch notwendige Heilbehandlung einer versicherten Person wegen Krankheit oder Unfallfolgen. Der Versicherungsfall beginnt mit der Heilbehandlung; er endet, wenn nach medizinischem Befund Behandlungsbedürftigkeit nicht mehr besteht. Muss die Heilbehandlung auf eine Krankheit oder Unfallfolge ausgedehnt werden, die mit der bisher behandelten nicht ursächlich zusammenhängt, so entsteht insoweit ein neuer Versicherungsfall. Als Versicherungsfall gelten auch

(a) Untersuchung und medizinisch notwendige Behandlung wegen Schwangerschaft und die Entbindung, ärztliche Beratung über Fragen der Empfängnisverhütung einschließlich Untersuchung und Verordnung von empfängnisregelnden Mitteln, eine durch Krankheit erforderliche Sterilisation und ein nicht rechtswidriger Schwangerschaftsabbruch durch einen Arzt sowie medizinische Maßnahmen zur Herbeiführung einer Schwangerschaft bei einer verheirateten versicherten Person,

(b) ambulante Untersuchungen zur Früherkennung von Krankheiten nach gesetzlich eingeführten Programmen (gezielte Vorsorgeuntersuchungen) und Schutzimpfungen,

(c) medizinische Vorsorgeleistungen,

(d) Leistungen zur medizinischen Rehabilitation sowie Vorsorgeleistungen im Zusammenhang mit Behinderung oder Pflegebedürftigkeit,

(e) stationäre Versorgung in einem Hospiz.

(4) Versicherungsfall für die Leistungen nach Absatz 2 ist die medizinisch notwendige Heilbehandlung einer versicherten Person wegen Krankheit oder Unfallfolgen, in deren Verlauf Arbeitsunfähigkeit ärztlich festgestellt wird. Der Versicherungsfall beginnt bei Krankenhausbehandlung oder Behandlung in einer Vorsorge- oder Rehabilitationseinrichtung mit deren Beginn, im Übrigen mit dem Tag der ärztlichen Feststellung der Arbeitsunfähigkeit. Er endet, wenn nach medizinischem Befund Arbeitsunfähigkeit und Behandlungsbedürftigkeit nicht mehr bestehen, spätestens mit Ablauf der im Tarif genannten Höchstdauer. Eine während der Behandlung neu eingetretene und behandelte Krankheit oder Unfallfolge, in deren Verlauf Arbeitsunfähigkeit ärztlich festgestellt wird, begründet nur dann einen neuen Versicherungsfall, wenn sie mit der ersten Krankheit oder Unfallfolge in keinem ursächlichen Zusammenhang steht. Wird Arbeitsunfähigkeit gleichzeitig durch mehrere Krankheiten oder Unfallfolgen hervorgerufen, so wird das Krankentagegeld nur einmal gezahlt.

(5) Der Umfang des Versicherungsschutzes ergibt sich aus dem Versicherungsschein, späteren schriftlichen Vereinbarungen, den Allgemeinen Versicherungsbedingungen (Bedingungsteil MB/BT 2009, Tarif BT) sowie den gesetzlichen Vorschriften, insbesondere dem Dritten Kapitel des SGB V, soweit auf die Leistungen ein Anspruch besteht, sowie den jeweils geltenden Richtlinien und Empfehlungen des Gemeinsamen Bundesausschusses gemäß § 92 SGB V für die Versorgung in der gesetzlichen Krankenversicherung.

(6) Das Versicherungsverhältnis unterliegt deutschem Recht.

(7) Der Versicherungsschutz erstreckt sich auf Heilbehandlung in der Bundesrepublik Deutschland. Unter den im Tarif genannten Voraussetzungen können auch Leistungserbringer in einem anderen Mitgliedstaat der Europäischen Union oder in einem anderen Vertragsstaat des Abkommens über den Europäischen Wirtschaftsraum sowie in der Schweiz in Anspruch genommen werden. Anspruch auf Krankenhausleistungen besteht nur, wenn eine vorherige schriftliche Leistungszusage des Versicherers erteilt worden ist. Anspruch auf Krankentagegeld besteht nur für in einem der in Satz 2 genannten Länder akut eingetretene Krankheiten oder Unfälle und nur für die Dauer einer medizinisch notwendigen Heilbehandlung in einem öffentlichen Krankenhaus unter Berücksichtigung von Karenzzeit und Höchstdauer.

(8) Der Versicherungsnehmer hat unter den Voraussetzungen und mit den Rechtsfolgen der §§ 204 Abs. 1 Nr. 1 Versicherungsvertragsgesetz (VVG), 13 Abs. 2 Krankenversicherungsaufsichtsverordnung (KVAV) das Recht, für sich oder für die in seinem Ver-

trag versicherten Personen den Wechsel in einen anderen Tarif mit gleichartigem Versicherungsschutz zu verlangen. Im neuen Tarif können Risikozuschläge, die während der Dauer der Versicherung im Basistarif nicht erhoben werden, aktiviert werden. Ein Wechsel in den Notlagentarif nach § 153 Versicherungsaufsichtsgesetz (VAG) ist ausgeschlossen.

(9) An eine gewählte Selbstbehaltstufe ist die versicherte Person 3 Jahre gebunden; der Wechsel in eine andere Selbstbehaltstufe kann frühestens mit einer Frist von 3 Monaten zum Ablauf der Dreijahresfrist beantragt werden. Durch einen zwischenzeitlichen Wechsel des Versicherers wird die Dreijahresfrist nicht berührt. Danach kann der Wechsel derselben Selbstbehaltstufe mit einer Frist von 3 Monaten jeweils zum Ablauf eines Jahres beantragt werden. Wird durch den vereinbarten Selbstbehalt keine oder nur eine geringe Reduzierung des Beitrages erreicht, kann der Versicherungsnehmer jederzeit die Umstellung des Vertrages in den Basistarif ohne Selbstbehalt verlangen. Der Versicherer nimmt die Umstellung innerhalb von 3 Monaten vor.

§ 2 Beginn des Versicherungsschutzes

(1) Der Versicherungsschutz beginnt mit dem im Versicherungsschein bezeichneten Zeitpunkt (Versicherungsbeginn), jedoch nicht vor Abschluss des Versicherungsvertrages (insbesondere Zugang des Versicherungsscheines oder einer schriftlichen Annahmeerklärung). Vor und nach Abschluss des Versicherungsvertrages eingetretene Versicherungsfälle sind für den Teil von der Leistungspflicht ausgeschlossen, der in die Zeit vor Versicherungsbeginn fällt. Bei Vertragsänderungen gelten die Sätze 1 und 2 für den hinzukommenden Teil des Versicherungsschutzes. Mit Rücksicht auf ein erhöhtes Risiko ist die Vereinbarung eines Risikozuschlages zulässig; während der Dauer der Versicherung im Basistarif wird der Risikozuschlag nicht erhoben.

(2) Bei Neugeborenen beginnt der Versicherungsschutz ohne Risikozuschläge und ohne Wartezeiten ab Vollendung der Geburt, wenn die Anmeldung zur Versicherung im Basistarif spätestens 2 Monate nach dem Tage der Geburt rückwirkend erfolgt.

(3) Der Geburt eines Kindes steht die Adoption gleich, sofern das Kind im Zeitpunkt der Adoption noch minderjährig ist. Mit Rücksicht auf ein erhöhtes Risiko ist die Vereinbarung eines Risikozuschlages bis zur einfachen Beitragshöhe zulässig; während der Dauer der Versicherung im Basistarif wird der Risikozuschlag nicht erhoben.

§ 3 Wartezeiten

Die Wartezeiten entfallen.

§ 4 Umfang der Leistungspflicht

(1) Art, Höhe, Umfang und Dauer der Versicherungsleistungen ergeben sich aus dem Tarif.

(2) Der versicherten Person steht die Wahl unter den Ärzten und Zahnärzten frei, die zur vertragsärztlichen bzw. -zahnärztlichen Versorgung in der gesetzlichen Krankenversicherung zugelassen sind (Vertragsärzte bzw. Vertragszahnärzte). Die Mit- oder Weiterbehandlung durch einen anderen als den zuerst in Anspruch genommenen Vertragsarzt bzw. -zahnarzt ist nur zulässig aufgrund einer Überweisung mittels eines in der vertragsärztlichen bzw. -zahnärztlichen Versorgung geltenden Überweisungsscheins. Erfolgt die Inanspruchnahme des Vertragsarztes bzw. -zahnarztes aufgrund einer Überweisung gemäß Satz 2, ist vor Behandlungsbeginn der Überweisungsschein vorzulegen. Bei psychotherapeutischer Behandlung dürfen auch Psychologische Psychotherapeuten sowie in der Kinder- und Jugendlichenpsychotherapie Kinder- und Jugendlichenpsychotherapeuten in Anspruch genommen werden, die zur vertragsärztlichen Versorgung in der gesetzlichen Krankenversicherung zugelassen sind. Bei medizinisch notwendiger ambulanter Heilbehandlung kann auch ein Krankenhaus, ein medizinisches Versorgungszentrum oder eine sonstige Einrichtung in Anspruch genommen werden, wenn die Einrichtung zur vertragsärztlichen oder -zahnärztlichen Versorgung in der gesetzlichen Krankenversicherung zugelassen ist und ihre Rechnungen nach der Gebührenordnung für Ärzte oder der Gebührenordnung für Zahnärzte erstellt.

(3) Arznei-, Verband-, Heil- und Hilfsmittel müssen von den in Absatz 2 Satz 1 genannten Leistungserbringern verordnet, Arzneimittel außerdem aus der Apotheke bezogen werden. Heilmittel dürfen nur von Therapeuten angewandt werden, die zur Versorgung in der gesetzlichen Krankenversicherung zugelassen sind.

(4) Bei medizinisch notwendiger stationärer Heilbehandlung hat die versicherte Person Anspruch auf Behandlung in zugelassenen Krankenhäusern und Rehabilitationseinrichtungen nach Maßgabe von Abschnitt D. des Tarifs BT.

(5) Als Krankentagegeld ersetzt der Versicherer den durch Arbeitsunfähigkeit als Folge von Krankheit oder Unfall verursachten Verdienstausfall nach Maßgabe von Abschnitt F. des Tarifs BT.

(6) Vor Beginn einer Heilbehandlung, deren Kosten voraussichtlich 2.000 € überschreiten werden, kann der Versicherungsnehmer in Textform Auskunft über den Umfang des Versicherungsschutzes für die beabsichtigte Heilbehandlung verlangen. Der Versicherer erteilt die Auskunft spätestens nach 4 Wochen; ist die Durchführung der Heilbehandlung dringend, wird die Auskunft unverzüglich, spätestens nach 2 Wochen erteilt. Der Versicherer geht dabei auf einen vorgelegten Kostenvoranschlag und andere Unterlagen ein. Die Frist beginnt mit Eingang des Auskunftsverlangens beim Versicherer. Ist die Auskunft innerhalb der Frist nicht erteilt, wird bis zum Beweis des Gegenteils durch den Versicherer vermutet, dass die beabsichtigte medizinische Heilbehandlung notwendig ist.

(7) Der Versicherer gibt auf Verlangen des Versicherungsnehmers oder der versicherten Person Auskunft über und Einsicht in Gutachten oder Stellungnahmen, die der Versicherer bei der Prüfung der Leistungspflicht eingeholt hat. Wenn der Auskunft an oder der Einsicht durch den Versicherungsnehmer oder die versicherte Person erhebliche therapeutische Gründe oder sonstige erhebliche Gründe entgegenstehen, kann nur verlangt werden, einem benannten Arzt oder Rechtsanwalt Auskunft oder Einsicht zu geben. Der Anspruch kann nur von der jeweils betroffenen Person oder ihrem gesetzlichen Vertreter geltend gemacht werden. Hat der Versicherungsnehmer das Gutachten oder die Stellungnahme auf Veranlassung des Versicherers eingeholt, erstattet der Versicherer die entstandenen Kosten.

§ 5 Einschränkung der Leistungspflicht

(1) Keine Leistungspflicht besteht

(a) für solche Krankheiten einschließlich ihrer Folgen sowie für Folgen von Unfällen und für Todesfälle, die durch Kriegsereignisse verursacht oder als Wehrdienstbeschädigung anerkannt und nicht ausdrücklich in den Versicherungsschutz eingeschlossen sind;

(b) für auf Vorsatz beruhende Krankheiten und Unfälle einschließlich deren Folgen sowie für Krankheiten, die sich die versicherte Person bei einem von ihr begangenen Verbrechen oder vorsätzlichen Vergehen oder durch eine medizinisch nicht indizierte Maßnahme (z. B. Sterilisation, ästhetische Operationen, Tätowierungen, Piercings) zugezogen hat. Beim Krankentagegeld gilt der Leistungsausschluss auch für Krankheiten und Unfallfolgen, die auf eine durch Alkoholgenuss bedingte Bewusstseinsstörung zurückzuführen sind;

(c) für Behandlung durch Ärzte, Zahnärzte, Psychologische Psychotherapeuten in medizinischen Versorgungszentren und in Krankenanstalten, deren Rechnungen der Versicherer aus wichtigem Grunde von der Erstattung ausgeschlossen hat, wenn der Versicherungsfall nach der Benachrichtigung des Versicherungsnehmers über den Leistungsausschluss eintritt. Sofern im Zeitpunkt der Benachrichtigung ein Versicherungsfall schwebt, besteht keine Leistungspflicht für die nach Ablauf von 3 Monaten seit der Benachrichtigung entstandenen Aufwendungen;

(d) für Kur- und Sanatoriumsbehandlung sowie für Rehabilitationsmaßnahmen der gesetzlichen Rehabilitationsträger, wenn der Tarif nichts anderes vorsieht;

(e) für Behandlungen durch Ehegatten, Lebenspartner i.S.v. § 1 Lebenspartnerschaftsgesetz, Eltern oder Kinder. Nachgewiesene Sachkosten werden tarifgemäß erstattet;

(f) für eine durch Pflegebedürftigkeit oder Verwahrung bedingte Unterbringung;

(g) für Krankentagegeld ferner auch bei Arbeitsunfähigkeit

  (aa) ausschließlich wegen Schwangerschaft und Entbindung, wenn diese nicht im Krankenhaus erfolgt;

  (bb) während der gesetzlichen Beschäftigungsverbote für werdende Mütter und Wöchnerinnen in einem Arbeitsverhältnis (Mutterschutz). Diese befristete Einschränkung gilt sinngemäß auch für selbstständig Tätige, es sei denn, dass die Arbeitsunfähigkeit in keinem Zusammenhang mit den unter aa) genannten Ereignissen steht;

  (cc) wenn die versicherte Person sich nicht an ihrem Wohnsitz in Deutschland aufhält, es sei denn, dass sie sich in medizinisch notwendiger stationärer Heilbehandlung befindet (§ 1 Abs. 7, § 4 Abs. 4);

  (dd) wenn und soweit die versicherte Person Anspruch auf Arbeitsentgelt, Lohnersatzleistungen, Ruhegehalt nach beamtenrechtlichen Vorschriften oder Grundsätzen, Verletztengeld oder Übergangsgeld der gesetzlichen Unfallversicherung oder vergleichbare Leistungen hat;

  (ee) vor dem 43. Tag der Arbeitsunfähigkeit.

(2) Auf Leistungen besteht ferner auch dann kein Anspruch, wenn sich die versicherte Person in den Geltungsbereich des Versicherungsvertragsgesetzes begeben hat, um aufgrund einer Versicherung als bisher nicht versicherte Person (vgl. Teil A. Abs. 2 c)) missbräuchlich Leistungen in Anspruch zu nehmen.

(3) Besteht auch Anspruch auf Leistungen aus der gesetzlichen Krankenversicherung, aus der gesetzlichen Unfallversicherung oder der gesetzlichen Rentenversicherung, auf eine gesetzliche Heilfürsorge oder Unfallfürsorge, so ist der Versicherer, unbeschadet etwaiger Ansprüche des Versicherungsnehmers auf Krankenhaustagegeld, nur für die Aufwendungen leistungspflichtig, welche trotz der gesetzlichen Leistungen notwendig bleiben.

(4) Hat die versicherte Person wegen desselben Versicherungsfalles einen Anspruch gegen mehrere Erstattungsverpflichtete, darf die Gesamterstattung die Gesamtaufwendungen nicht übersteigen.

§ 6 Auszahlung der Versicherungsleistungen

(1) Der Versicherer ist zur Leistung nur verpflichtet, wenn die folgenden Nachweise, die Eigentum des Versicherers werden, erbracht sind:

(a) Es sind Rechnungsoriginale oder deren beglaubigte Zweitschriften mit einer Bestätigung eines anderen Kostenträgers über die erbrachten Leistungen einzureichen.

(b) Die Belege der Leistungserbringer müssen Namen und Geburtsdatum der behandelten Person, die Krankheitsbezeichnung, die einzelnen ärztlichen oder zahnärztlichen Leistungen mit Bezeichnung und Nummer gemäß der angewandten Gebührenordnung, die gesondert berechnungsfähigen Entschädigungen und Auslagen sowie die jeweiligen Behandlungsdaten, ferner die Vertragsarztnummer sowie das Institutionskennzeichen des Krankenhauses enthalten.

(c) Arzneimittelverordnungen sollen zusammen mit der dazugehörigen Rechnung des Leistungserbringers eingereicht werden, es sei denn, dass der Leistungserbringer die Krankheitsbezeichnung auf der Verordnung vermerkt hat. Der Preis für die bezogenen Arzneimittel muss durch Stempelaufdruck der Apotheke mit Datumsangabe quittiert sein; außerdem muss die Pharmazentralnummer aufgedruckt werden. Rechnungen über Heil- und Hilfsmittel sind zusammen mit den Verordnungen der Leistungserbringer einzureichen, Hilfsmittelrechnungen müssen die Hilfsmittelnummern des Hilfsmittelverzeichnisses der gesetzlichen Krankenversicherung ausweisen. Die Verordnungen müssen den Namen der behandelten Person enthalten.

(d) Die nach Buchstaben a) bis c) geforderten Nachweise sollen spätestens bis zum 31.03. des auf die Rechnungsstellung folgenden Jahres eingereicht werden.

(e) Der Anzeige der Arbeitsunfähigkeit ist das Original der ärztlichen Bescheinigung über die Arbeitsunfähigkeit mit Bezeichnung der Krankheit und der Nachweis über die Höhe des Nettoeinkommens beizufügen.

(2) Im Übrigen ergeben sich die Voraussetzungen für die Fälligkeit der Leistungen des Versicherers aus § 14 VVG.

(3) Der Versicherer ist berechtigt, in vertraglichem Umfang unmittelbar an den Rechnungssteller zu leisten, wenn dieser ihm die den Anforderungen von Absatz 1 genügende Rechnung übersendet. Der vertragliche Anspruch des Versicherungsnehmers ist insoweit erfüllt.

(4) Reicht der Versicherungsnehmer die Rechnung zur Erstattung ein, ohne einen Nachweis darüber beizufügen, dass er die Forderung des Rechnungstellers erfüllt hat, ist der Versicherer berechtigt, unmittelbar an den Rechnungssteller zu leisten. Der vertragliche Anspruch des Versicherungsnehmers ist insoweit erfüllt.

(5) Der Versicherer ist verpflichtet, an die versicherte Person zu leisten, wenn der Versicherungsnehmer ihm diese in Textform als Empfangsberechtigte für deren Versicherungsleistungen benannt hat. In diesem Fall ist die versicherte Person auch zur Erbringung des Nachweises gemäß Absatz 4 verpflichtet. Liegt keine Benennung nach Satz 1 vor, kann vorbehaltlich von Absatz 3 nur der Versicherungsnehmer die Leistung verlangen.

(6) Die in ausländischer Währung entstandenen Krankheitskosten werden zum Kurs des Tages, an dem die Belege beim Versicherer eingehen, in Euro umgerechnet.

(7) Kosten für die Überweisung der Versicherungsleistungen und für Übersetzungen können von den Leistungen abgezogen werden.

(8) Ansprüche auf Versicherungsleistungen können weder abgetreten noch verpfändet werden.

§ 7 Ende des Versicherungsschutzes

Der Versicherungsschutz endet - auch für schwebende Versicherungsfälle - mit der Beendigung des Versicherungsverhältnisses.

Pflichten des Versicherungsnehmers

§ 8 Beitragszahlung

(1) Der Beitrag ist ein Monatsbeitrag und wird vom Versicherungsbeginn an berechnet. Der Beitrag ist am Ersten eines jeden Monats fällig.

(2) Der erste Beitrag ist, sofern nicht anders vereinbart, unverzüglich nach Ablauf von 14 Tagen nach Zugang des Versicherungsscheines zu zahlen.

(3) Ist der Versicherungsnehmer mit einem Betrag in Höhe von Beitragsanteilen für 2 Monate im Rückstand, mahnt ihn der Versicherer. Der Versicherungsnehmer hat für jeden angefangenen Monat eines Beitragsrückstandes einen Säumniszuschlag von 1 % des Beitragsrückstandes sowie Mahnkosten in nachgewiesener Höhe, mindestens 5 € je Mahnung, zu entrichten. Ist der Beitragsrückstand einschließlich der Säumniszuschläge 2 Monate nach Zugang dieser Mahnung noch höher als der Beitragsanteil für einen Monat, mahnt der Versicherer unter Hinweis auf das mögliche Ruhen des Versicherungsvertrages ein zweites Mal. Ist der Beitragsrückstand einschließlich der Säumniszuschläge einen Monat nach Zugang der zweiten Mahnung höher als der Beitragsanteil für einen Monat, ruht der Versicherungsvertrag ab dem ersten Tag des nachfolgenden Monats. Solange der Versicherungsvertrag ruht, gilt die versicherte Person als im Notlagentarif nach § 153 VAG versichert. Es gelten insoweit die Allgemeinen Versicherungsbedingungen für den Notlagentarif (AVB/NLT) in der jeweils geltenden Fassung.

Das Ruhen des Versicherungsvertrages tritt nicht ein oder endet, wenn der Versicherungsnehmer oder die versicherte Person hilfebedürftig im Sinne des Zweiten oder des Zwölften Buchs Sozialgesetzbuch ist oder wird. Unbeschadet davon wird der Vertrag ab dem ersten Tag des übernächsten Monats in dem Tarif fortgesetzt, in dem der Versicherungsnehmer oder die versicherte Person vor Eintritt des Ruhens versichert war, wenn alle rückständigen Prämienanteile einschließlich der Säumniszuschläge und der Beitreibungskosten gezahlt sind. In den Fällen der Sätze 7 und 8 ist der Versicherungsnehmer oder die versicherte Person so zu stellen, wie der Versicherungsnehmer oder die versicherte Person vor der Versicherung im Notlagentarif nach § 153 VAG stand, abgesehen von den während der Ruhenszeit verbrauchten Anteilen der Alterungsrückstellung. Während der Ruhenszeit vorgenommene Beitragsanpassungen und Änderungen der allgemeinen Versicherungsbedingungen in dem Tarif, in dem der Versicherungsnehmer oder die versicherte Person vor Eintritt des Ruhens versichert war, gelten ab dem Tag der Fortsetzung der Versicherung in diesem Tarif.

Die Hilfebedürftigkeit ist durch eine Bescheinigung des zuständigen Trägers nach dem Zweiten oder Zwölften Buch Sozialgesetzbuch nachzuweisen; der Versicherer kann in angemessenen Abständen die Vorlage einer neuen Bescheinigung verlangen.

(4) Wird das Versicherungsverhältnis vor Ablauf der Vertragslaufzeit beendet, steht dem Versicherer für diese Vertragslaufzeit nur derjenige Teil des Beitrags bzw. der Beitragsrate zu, der dem Zeitraum entspricht, in dem der Versicherungsschutz bestanden hat.

(5) Die Beiträge sind an die vom Versicherer zu bezeichnende Stelle zu entrichten.

§ 8a Beitragsberechnung und -begrenzung

(1) Die Berechnung der Beiträge erfolgt nach Maßgabe der Vorschriften des VAG und ist in den technischen Berechnungsgrundlagen des Versicherers festgelegt.

(2) Die Höhe des Tarifbeitrags richtet sich nach dem Versicherungsumfang, dem Geschlecht und dem Eintrittsalter der versicherten Person; dies gilt in Ansehung des Geschlechts nicht für Verträge über den Basistarif, dessen Beiträge geschlechtsunabhängig erhoben werden. Als Eintrittsalter gilt der Unterschied zwischen dem Jahr des Eintritts in den Basistarif und dem Geburtsjahr. Ist bei Abschluss des Basistarifes eine Alterungsrückstellung zu berücksichtigen, wird diese gemäß den in den technischen Berechnungsgrundlagen festgelegten Grundsätzen angerechnet. Dabei darf der Beitrag eines Erwachsenen den halben Neugeschäftsbeitrag zum jüngsten Erwachsenenalter in der jeweils versicherten Tarifstufe nicht unterschreiten.

(3) Für Kinder und Jugendliche richtet sich der Beitrag nach dem jeweils vollendeten Lebensjahr. Von dem auf die Vollendung des 15. Lebensjahres folgenden Kalenderjahr an ist der Beitrag für Jugendliche (Frauen, Männer) und von dem auf die Vollendung des 20. Lebensjahres folgenden Kalenderjahr an der für Erwachsene (Frauen, Männer) der versicherten Leistungsstufe zu entrichten. Die Differenzierung des Beitrags für Jugendliche und Erwachsene nach dem Geschlecht gilt nicht für Verträge über den Basistarif, dessen Beiträge geschlechtsunabhängig erhoben werden.

(4) Risikozuschläge werden für die Dauer der Versicherung im Basistarif nicht erhoben.

(5) Der zu zahlende Beitrag ist für die versicherte Person begrenzt auf die Höhe des Höchstbeitrages der gesetzlichen Krankenversicherung. Dieser Höchstbeitrag ergibt sich aus der Multiplikation des allgemeinen Beitragssatzes zuzüglich des durchschnittlichen Zusatzbeitragssatzes nach § 242a Abs. 2 SGB V mit der jeweils geltenden Beitragsbemessungsgrenze in der gesetzlichen Krankenversicherung.

Für Personen mit Anspruch auf Beihilfe oder mit vergleichbaren Ansprüchen sowie deren berücksichtigungsfähige Angehörige tritt an die Stelle des Höchstbeitrages der gesetzlichen Krankenversicherung ein Höchstbeitrag, der dem prozentualen Anteil des die Beihilfe ergänzenden Leistungsanspruchs für ambulante Heilbehandlung entspricht.

(6) Entsteht allein durch die Zahlung des Beitrags nach Absatz 5 Satz 1 oder Satz 3 Hilfebedürftigkeit im Sinne des Zweiten oder des Zwölften Buches Sozialgesetzbuch, vermindert sich der zu zahlende Beitrag für die Dauer der Hilfebedürftigkeit auf die Hälfte. Besteht unabhängig von der Höhe des zu zahlenden Beitrags Hilfebedürftigkeit nach dem Zweiten oder Zwölften Buch Sozialgesetzbuch, vermindert sich der Beitrag ebenfalls auf die Hälfte.

Die Hilfebedürftigkeit ist durch eine Bescheinigung des zuständigen Trägers nach dem Zweiten oder dem Zwölften Buch Sozialgesetzbuch nachzuweisen; der Versicherer kann in angemessenen Abständen die Vorlage einer neuen Bescheinigung verlangen.

(7) Wenn und solange eine versicherte Person auf die Halbierung des Beitrags nach Absatz 6 angewiesen ist, kann der Versicherer verlangen, dass zum Basistarif abgeschlossene Zusatzversicherungen ruhen.

(8) Bei einer Änderung der Beiträge, auch durch Änderung des Versicherungsschutzes, wird das Geschlecht und das (die) bei Inkrafttreten der Änderung erreichte tarifliche Lebensalter (Lebensaltersgruppe) der versicherten Person berücksichtigt; dies gilt in Ansehung des Geschlechts nicht für Verträge über den Basistarif, dessen Beiträge geschlechtsunabhängig erhoben werden. Dabei wird dem Eintrittsalter der versicherten Person dadurch Rechnung getragen, dass eine Alterungsrückstellung gemäß den in den technischen Berechnungsgrundlagen festgelegten Grundsätzen angerechnet wird. Eine Erhöhung der Beiträge oder eine Minderung der Leistungen des Versicherers wegen des Älterwerdens der versicherten Person ist jedoch während der Dauer des Versicherungsverhältnisses ausgeschlossen, soweit eine Alterungsrückstellung zu bilden ist.

(9) Wird der Versicherungsvertrag im Basistarif für eine versicherte Person später als einen Monat nach Entstehen der Pflicht zur Versicherung abgeschlossen, ist ein Beitragszuschlag in Höhe eines Monatsbeitrags für jeden weiteren Monat der Nichtversicherung zu entrichten, ab dem sechsten Monat der Nichtversicherung für jeden weiteren angefangenen Monat der Nichtversicherung ein Sechstel des Monatsbeitrags. Kann die Dauer der Nichtversicherung nicht ermittelt werden, ist davon auszugehen, dass die versicherte Person mindestens 5 Jahre nicht versichert war; Zeiten vor dem 1. Januar 2009 werden nicht berücksichtigt. Der Beitragszuschlag ist einmalig zusätzlich zum laufenden Beitrag zu entrichten und fällt nicht unter die Höchstbeitragsbegrenzung gemäß den Absätzen 5 und 6. Der Versicherungsnehmer kann vom Versicherer die Stundung des Beitragszuschlags verlangen, wenn den Interessen des Versicherers durch die Vereinbarung einer angemessenen Ratenzahlung Rechnung getragen werden kann. Der gestundete Betrag wird mit 5 Prozentpunkten über dem Basiszinssatz verzinst.

§ 8b Beitragsanpassung

(1) Im Rahmen der vertraglichen Leistungszusage können sich die Leistungen des Versicherers z. B. wegen steigender Heilbehandlungskosten, einer häufigeren Inanspruchnahme medizinischer Leistungen oder aufgrund steigender Lebenserwartung ändern. Dementsprechend werden zumindest jährlich die erforderlichen mit den in den technischen Berechnungsgrundlagen kalkulierten Versicherungsleistungen und Sterbewahrscheinlichkeiten verglichen. Dies geschieht jeweils getrennt für die Tarifstufen BTN und BTB anhand der Gemeinschaftsstatistik der den Basistarif anbietenden Versicherer gemäß den Festlegungen in den technischen Berechnungsgrundlagen. Ergibt diese Gegenüberstellung für eine Beobachtungseinheit eines Tarifs eine Abweichung von mehr als 5 %, werden alle Beiträge dieser Beobachtungseinheit überprüft und, soweit erforderlich, mit Zustimmung des Treuhänders angepasst. Von einer solchen Beitragsanpassung wird abgesehen, wenn die Veränderung der Versicherungsleistungen als vorübergehend anzusehen ist.

Ändert sich die vertragliche Leistungszusage des Versicherers aufgrund der dem Versicherungsverhältnis zugrunde liegenden gesetzlichen Bestimmungen (vgl. § 1 Abs. 5), ist der Versicherer berechtigt, die Beiträge im Rahmen der Höchstbeitragsgarantie mit Zustimmung eines unabhängigen Treuhänders entsprechend dem veränderten Bedarf zu erhöhen oder zu verringern. Bei verringertem Bedarf wird der Versicherer insoweit eine entsprechende Anpassung vornehmen.

(2) Sind die zu zahlenden Beiträge infolge der Höchstbeitragsgarantie gegenüber den nach den technischen Berechnungsgrundlagen notwendigen Beiträgen gekürzt, so können diese Beiträge abweichend von Absatz 1 bei einer Veränderung des Höchstbeitrags angeglichen werden.

(3) Beitragsanpassungen gemäß Absatz 1 werden zu Beginn des zweiten Monats wirksam, der auf die Benachrichtigung des Versicherungsnehmers folgt; Beitragsangleichungen gemäß Absatz 2 werden zum Zeitpunkt des Inkrafttretens des geänderten Höchstbeitrages wirksam.

§ 9 Obliegenheiten

(1) Der Versicherungsnehmer und die als empfangsberechtigt benannte versicherte Person (vgl. § 6 Abs. 5) haben auf Verlangen des Versicherers jede Auskunft zu erteilen, die zur Feststellung des Versicherungsfalles oder der Leistungspflicht des Versicherers und ihres Umfanges erforderlich ist. Die geforderten Auskünfte sind auch einem Beauftragten des Versicherers zu erteilen.

(2) Auf Verlangen des Versicherers ist die versicherte Person verpflichtet, sich durch einen vom Versicherer beauftragten Arzt untersuchen zu lassen. Die versicherte Person muss die Nachuntersuchung innerhalb von 3 Tagen nach Erhalt der Aufforderung durchführen lassen. Verweigert sie die Nachuntersuchung, kann das Krankentagegeld für die Dauer der Weigerung entzogen werden.

(3) Die versicherte Person hat nach Möglichkeit für die Minderung des Schadens und die Wiederherstellung der Arbeitsfähigkeit zu sorgen; sie hat insbesondere die Weisungen des Arztes gewissenhaft zu befolgen und alle Handlungen zu unterlassen, die der Genesung hinderlich sind.

(4) Für den Bezug von Krankentagegeld

(a) ist die ärztlich festgestellte Arbeitsunfähigkeit dem Versicherer unverzüglich, spätestens aber ab dem 43. Tag, durch Vorlage eines Nachweises (§ 6 Abs. 1) anzuzeigen. Bei verspätetem Zugang der Anzeige wird das Krankentagegeld erst vom Zugangstage an gezahlt, jedoch nicht vor dem 43. Tag. Bei länger als 2 Wochen fortdauernder Arbeitsunfähigkeit muss der Nachweis unaufgefordert alle 2 Wochen erneuert werden. Die Wiederherstellung der Arbeitsfähigkeit ist dem Versicherer binnen 3 Tagen anzuzeigen;

(b) darf der Neuabschluss einer weiteren oder die Erhöhung einer anderweitig bestehenden Versicherung mit Anspruch auf Krankentagegeld nur mit Einwilligung des Versicherers vorgenommen werden.

(5) Die versicherten Personen sind verpflichtet, gegenüber den in § 4 Absätzen 2 bis 4 genannten Leistungserbringern unter Vorlage des vom Versicherer ausgehändigten Ausweises auf ihren Versicherungsschutz im Basistarif hinzuweisen.

Händigt der Versicherer der bei ihm versicherten Person statt des Ausweises eine elektronische Gesundheitskarte aus, ist deren Vorlage beim Leistungserbringer für die versicherte Person zwingend.

(6) Die versicherte Person ist verpflichtet, dem Versicherer die Ermittlung und Verwendung der individuellen Krankenversichertennummer gemäß § 290 SGB V zu ermöglichen.

§ 10 Folgen von Obliegenheitsverletzungen

(1) Der Versicherer ist mit den in § 28 Abs. 2 bis 4 VVG vorgeschriebenen Einschränkungen ganz oder teilweise von der Verpflichtung zur Leistung frei, wenn eine der in § 9 Abs. 1 bis 4 genannten Obliegenheiten verletzt wird.

(2) Wird die in § 9 Abs. 5 genannte Obliegenheit verletzt, ist der Versicherer berechtigt, bei jedem zur Erstattung eingereichten Beleg vom Erstattungsbetrag einen Verwaltungskostenabschlag in Höhe von 5 €, höchstens 50 € im Kalenderjahr, abzuziehen.

(3) Die Kenntnis und das Verschulden der versicherten Person stehen der Kenntnis und dem Verschulden des Versicherungsnehmers gleich.

§ 11 Obliegenheiten und Folgen bei Obliegenheitsverletzungen bei Ansprüchen gegen Dritte

(1) Hat der Versicherungsnehmer oder eine versicherte Person Ersatzansprüche gegen Dritte, so besteht, unbeschadet des gesetzlichen Forderungsüberganges gemäß § 86 VVG, die Verpflichtung, diese Ansprüche bis zur Höhe, in der aus dem Versicherungsvertrag Ersatz (Kostenerstattung sowie Sach- und Dienstleistung) geleistet wird, an den Versicherer schriftlich abzutreten.

(2) Der Versicherungsnehmer oder die versicherte Person hat seinen (ihren) Ersatzanspruch oder ein zur Sicherung dieses Anspruchs dienendes Recht unter Beachtung der geltenden Form- und Fristvorschriften zu wahren und bei dessen Durchsetzung durch den Versicherer soweit erforderlich mitzuwirken.

(3) Verletzt der Versicherungsnehmer oder eine versicherte Person vorsätzlich die in den Absätzen 1 und 2 genannten Obliegenheiten, ist der Versicherer zur Leistung insoweit nicht verpflichtet, als er infolgedessen keinen Ersatz von dem Dritten erlangen kann. Im Falle einer grob fahrlässigen Verletzung der Obliegenheit ist der Versicherer berechtigt, seine Leistung in einem der Schwere des Verschuldens entsprechenden Verhältnis zu kürzen.

(4) Steht dem Versicherungsnehmer oder einer versicherten Person ein Anspruch auf Rückzahlung ohne rechtlichen Grund gezahlter Entgelte gegen den Erbringer von Leistungen zu, für die der Versicherer aufgrund des Versicherungsvertrages Erstattungsleistungen erbracht hat, sind die Absätze 1 bis 3 entsprechend anzuwenden.

§ 12 Aufrechnung

Der Versicherungsnehmer kann gegen Forderungen des Versicherers nur aufrechnen, soweit die Gegenforderung unbestritten oder rechtskräftig festgestellt ist. Gegen eine Forderung aus der Beitragspflicht kann jedoch ein Mitglied eines Versicherungsvereins nicht aufrechnen.

Ende der Versicherung

§ 13 Kündigung durch den Versicherungsnehmer

(1) Der Versicherungsnehmer kann das Versicherungsverhältnis zum Ende eines jeden Versicherungsjahres, frühestens aber zum Ablauf der vereinbarten Vertragsdauer von 18 Monaten, mit einer Frist von 3 Monaten kündigen. Das Versicherungsjahr beginnt mit dem im Versicherungsschein bezeichneten Zeitpunkt (Versicherungsbeginn). Werden weitere Personen in dem bestehenden Versicherungsverhältnis versichert, so endet ihr erstes Versicherungsjahr mit dem laufenden Versicherungsjahr des Versicherungsnehmers. Die weiteren Versicherungsjahre fallen mit denjenigen des Versicherungsnehmers zusammen.

(2) Die Kündigung kann auf einzelne versicherte Personen oder Tarife beschränkt werden.

(3) Wird eine versicherte Person kraft Gesetzes in der gesetzlichen Krankenversicherung versicherungspflichtig, so kann der Versicherungsnehmer binnen 3 Monaten nach Eintritt der Versicherungspflicht das Versicherungsverhältnis rückwirkend zum Eintritt der Versicherungspflicht kündigen. Die Kündigung ist unwirksam, wenn der Versicherungsnehmer den Eintritt der Versicherungspflicht nicht innerhalb von 2 Monaten nachweist, nachdem der Versicherer ihn hierzu in Textform aufgefordert hat, es sei denn, der Versicherungsnehmer hat die Versäumung dieser Frist nicht zu vertreten. Macht der Versicherungsnehmer von seinem Kündigungsrecht Gebrauch, steht dem Versicherer der Beitrag nur bis zum Zeitpunkt des Eintritts der Versicherungspflicht zu. Später kann der Versicherungsnehmer das Versicherungsverhältnis zum Ende des Monats kündigen, in dem er den Eintritt der Versicherungspflicht nachweist. Dem Versicherer steht der Beitrag in diesem Fall bis zum Ende des Versicherungsvertrages zu. Der Versicherungspflicht steht gleich der gesetzliche Anspruch auf Familienversicherung oder der nicht nur vorübergehende Anspruch auf Heilfürsorge aus einem beamtenrechtlichen oder ähnlichen Dienstverhältnis.

(4) Hat eine Vereinbarung im Versicherungsvertrag zur Folge, dass bei Erreichen eines bestimmten Lebensalters oder bei Eintritt anderer dort genannter Voraussetzungen der Beitrag für ein anderes Lebensalter oder eine andere Altersgruppe gilt oder der Beitrag unter Berücksichtigung einer Alterungsrückstellung berechnet wird, kann der Versicherungsnehmer das Versicherungsverhältnis hinsichtlich der betroffenen versicherten Person binnen 2 Monaten nach der Änderung zum Zeitpunkt deren Inkrafttretens kündigen, wenn sich der Beitrag durch die Änderung erhöht.

(5) Erhöht der Versicherer die Beiträge aufgrund der Beitragsanpassungsklausel, so kann der Versicherungsnehmer das Versicherungsverhältnis hinsichtlich der betroffenen versicherten Person innerhalb von 2 Monaten nach Zugang der Änderungsmitteilung zum Zeitpunkt des Wirksamwerdens der Änderung kündigen. Bei einer Beitragserhöhung kann der Versicherungsnehmer das Versicherungsverhältnis auch bis und zum Zeitpunkt des Wirksamwerdens der Erhöhung kündigen.

(6) Die Kündigung nach den Absätzen 1, 2, 4 und 5 setzt voraus, dass für die versicherte Person bei einem anderen Versicherer ein neuer Vertrag abgeschlossen wird, der den Anforderungen an die Pflicht zur Versicherung genügt. Die Kündigung wird nur wirksam, wenn der Versicherungsnehmer innerhalb von 2 Monaten nach der Kündigungserklärung nachweist, dass die versicherte Person bei einem neuen Versicherer ohne Unterbrechung versichert ist; liegt der Zeitpunkt, zu dem die Kündigung ausgesprochen wurde, mehr als 2 Monate nach der Kündigungserklärung, muss der Nachweis bis zu diesem Zeitpunkt erbracht werden.

(7) Bei Kündigung des Versicherungsverhältnisses und gleichzeitigem Abschluss eines neuen, der Pflicht zur Versicherung genügenden Vertrages kann der Versicherungsnehmer verlangen, dass der Versicherer die kalkulierte Alterungsrückstellung der versicherten Person in Höhe des nach dem 1. Januar 2009 aufgebauten Übertragungswertes nach Maßgabe von § 146 Abs. 1 Nr. 5 VAG auf deren neuen Versicherer überträgt.

(8) Bestehen bei Beendigung des Versicherungsverhältnisses Beitragsrückstände, ist der Versicherer berechtigt, den Übertragungswert bis zum Ausgleich des Rückstandes zurückzubehalten.

(9) Der Versicherungsnehmer und die versicherte Person haben das Recht, einen gekündigten Vertrag in Form einer Anwartschaftsversicherung fortzusetzen.

§ 14 Kündigung durch den Versicherer

(1) Das ordentliche Kündigungsrecht ist ausgeschlossen.

(2) Die gesetzlichen Bestimmungen über das außerordentliche Kündigungsrecht bleiben unberührt.

(3) Die Kündigung kann auf einzelne versicherte Personen oder Tarife beschränkt werden.

§ 15 Sonstige Beendigungsgründe

(1) Das Versicherungsverhältnis endet mit dem Tod des Versicherungsnehmers. Die versicherten Personen haben jedoch die Pflicht, das Versicherungsverhältnis unter Benennung des künftigen Versicherungsnehmers fortzusetzen. Die Erklärung ist innerhalb von 2 Monaten nach dem Tode des Versicherungsnehmers abzugeben.

(2) Beim Tod einer versicherten Person endet insoweit das Versicherungsverhältnis.

(3) Gibt eine versicherte Person ihren Wohnsitz oder gewöhnlichen Aufenthalt in der Bundesrepublik Deutschland auf, endet insoweit das Versicherungsverhältnis.

(4) Entfällt eine der in Abschnitt A. Absatz 2 bestimmten Voraussetzungen für die Versicherungsfähigkeit und entfällt damit auch die Pflicht zur Versicherung, endet das Versicherungsverhältnis zum Ende des Monats, in dem die Voraussetzung weggefallen ist.

Sonstige Bestimmungen

§ 16 Willenserklärungen und Anzeigen

Willenserklärungen und Anzeigen gegenüber dem Versicherer bedürfen der Textform.

§ 17 Gerichtsstand

(1) Für Klagen aus dem Versicherungsverhältnis gegen den Versicherungsnehmer ist das Gericht des Ortes zuständig, an dem der Versicherungsnehmer seinen Wohnsitz oder, in Ermangelung eines solchen, seinen gewöhnlichen Aufenthalt hat.

(2) Klagen gegen den Versicherer können bei dem Gericht am Wohnsitz oder gewöhnlichen Aufenthalt des Versicherungsnehmers oder bei dem Gericht am Sitz des Versicherers anhängig gemacht werden.

(3) Verlegt der Versicherungsnehmer nach Vertragsschluss seinen Wohnsitz oder gewöhnlichen Aufenthalt in einen Staat, der nicht Mitgliedstaat der Europäischen Union oder Vertragsstaat des Abkommens über den Europäischen Wirtschaftsraum ist, oder ist sein Wohnsitz oder gewöhnlicher Aufenthalt im Zeitpunkt der Klageerhebung nicht bekannt, ist das Gericht am Sitz des Versicherers zuständig.

§ 18 Änderungen der Allgemeinen Versicherungsbedingungen

(1) Bei einer nicht nur als vorübergehend anzusehenden Veränderung der Verhältnisse des Gesundheitswesens können die Allgemeinen Versicherungsbedingungen des Basistarifs einschließlich des Tarifs BT den veränderten Verhältnissen angepasst werden, wenn die Änderungen zur hinreichenden Wahrung der Belange der Versicherungsnehmer erforderlich erscheinen und ein unabhängiger Treuhänder die Voraussetzungen für die Änderungen überprüft und ihre Angemessenheit bestätigt hat. Die Änderungen werden zu Beginn des zweiten Monats wirksam, der auf die Mitteilung der Änderungen und der hierfür maßgeblichen Gründe an den Versicherungsnehmer folgt.

(2) Ist eine Bestimmung in den Allgemeinen Versicherungsbedingungen durch höchstrichterliche Entscheidung oder durch einen bestandskräftigen Verwaltungsakt für unwirksam erklärt worden, kann sie der Versicherer durch eine neue Regelung ersetzen, wenn dies zur Fortführung des Vertrags notwendig ist oder wenn das Festhalten an dem Vertrag ohne neue Regelung für eine Vertragspartei auch unter Berücksichtigung der Interessen der anderen Vertragspartei eine unzumutbare Härte darstellen würde. Die neue Regelung ist nur wirksam, wenn sie unter Wahrung des Vertragsziels die Belange der Versicherungsnehmer angemessen berücksichtigt. Sie wird 2 Wochen, nachdem die neue Regelung und die hierfür maßgeblichen Gründe dem Versicherungsnehmer mitgeteilt worden sind, Vertragsbestandteil.

(3) Ändern sich die leistungsbezogenen Vorschriften des SGB V, ist der Versicherer berechtigt, die Leistungen des Basistarifs mit Wirkung für bestehende Versicherungsverhältnisse, auch für den noch nicht abgelaufenen Teil des Versicherungsschutzes, nach den Vorgaben des insoweit beliehenen (§ 158 Abs. 2 VAG) Verbandes der Privaten Krankenversicherung e.V. entsprechend anzupassen. Dabei können auch im Tarif BT genannte betraglich festgelegte Zuzahlungen der versicherten Person, betraglich festgelegte Zuschüsse des Versicherers und erstattungsfähige Höchstbeträge bei Anhebung und bei Absenkung der entsprechenden Leistungsgrenzen der gesetzlichen Krankenversicherung angeglichen werden. Die im Basistarif erstattungsfähigen Gebührensätze können durch Verträge zwischen dem Verband der Privaten Krankenversicherung e.V. im Einvernehmen mit den Trägern der Kosten in Krankheits-, Pflege- und Geburtsfällen nach beamtenrechtlichen Vorschriften einerseits und den Kassenärztlichen bzw. Kassenzahnärztlichen Vereinigungen oder den Kassenärztlichen bzw. Kassenzahnärztlichen Bundesvereinigungen andererseits ganz oder teilweise abweichend geregelt werden. Absatz 1 Satz 2 gilt entsprechend.

Allgemeine Versicherungsbedingungen (AVB)

Bedingungsteil AVB/NLT 2013 für den Notlagentarif

Die AVB umfassen Bedingungsteil AVB/NLT 2013 des Verbandes der Privaten Krankenversicherung (Stand: Januar 2017)

A. Versicherungsfähigkeit

B. Allgemeine Versicherungsbedingungen 2013 für den Notlagentarif (AVB/NLT 2013) §§ 1-18

Der Versicherungsschutz

§ 1	Gegenstand, Umfang und Geltungsbereich des Versicherungsschutzes	242
§ 2	Beginn des Versicherungsschutzes	243
§ 3	Wartezeiten	243
§ 4	Umfang der Leistungspflicht	243
§ 5	Einschränkung der Leistungspflicht	244
§ 6	Auszahlung der Versicherungsleistungen	244
§ 7	Ende des Versicherungsschutzes im Notlagentarif	244

Pflichten des Versicherungsnehmers

§ 8	Prämienzahlung	245
§ 8a	Prämienberechnung und -begrenzung	245
§ 8b	Prämienanpassung	245
§ 9	Obliegenheiten und Pflichten	245
§ 10	Folgen von Obliegenheitsverletzungen	245
§ 11	Obliegenheiten und Folgen bei Obliegenheitsverletzungen bei Ansprüchen gegen Dritte	246
§ 12	Aufrechnung	246

Ende der Versicherung

§ 13	Kündigung durch den Versicherungsnehmer	246
§ 14	Kündigung durch den Versicherer	246
§ 15	Sonstige Beendigungsgründe	247

Sonstige Bestimmungen

§ 16	Willenserklärungen und Anzeigen	247
§ 17	Gerichtsstand	247
§ 18	Änderungen der Allgemeinen Versicherungsbedingungen	247

A. Versicherungsfähigkeit

(1) Der Notlagentarif wird von den Unternehmen der Privaten Krankenversicherung aufgrund gesetzlicher Verpflichtung und in einheitlicher Form als
- Tarifstufe NLTN sowie als
- Tarifstufe NLTB mit einer Erstattung der Behandlungskosten zu 20, 30 oder 50 %

unterhalten.

(2) Versicherungsfähig in Tarifstufe NLTN sind Personen, wenn ihre der Pflicht nach § 193 Abs. 3 Versicherungsvertragsgesetz (VVG) genügende Versicherung nach den gesetzlichen Vorschriften des § 193 Abs. 6 VVG ruht.

(3) Versicherungsfähig in Tarifstufe NLTB sind Personen, die beihilfeberechtigt sind oder vergleichbare Ansprüche haben, sowie ihre bei der Beihilfe berücksichtigungsfähigen Angehörigen, wenn ihre der Pflicht nach § 193 Abs. 3 VVG genügende Versicherung nach den gesetzlichen Vorschriften des § 193 Abs. 6 VVG ruht.

(4) Versicherungsfähig in den Tarifstufen NLTN und NLTB sind zudem Versicherte, deren Leistungen aus dem Vertrag am 1. August 2013 gemäß § 193 Abs. 6 VVG in der bis dahin geltenden Fassung ruhend gestellt sind.

B. Allgemeine Versicherungsbedingungen 2013 für den Notlagentarif (AVB/NLT 2013) §§ 1-18

Der Versicherungsschutz

§ 1 Gegenstand, Umfang und Geltungsbereich des Versicherungsschutzes

(1) Der Versicherer leistet im Rahmen der nachfolgenden Regelungen ausschließlich für Aufwendungen, die zur Heilbehandlung akuter Erkrankungen und Schmerzzustände sowie bei Schwangerschaft und Mutterschaft erforderlich sind, und für sonstige Leistungen des Notlagentarifs.

Die Erstattungspflicht des Versicherers beschränkt sich nach Grund und Höhe auf ausreichende, zweckmäßige und wirtschaftliche Leistungen.

(2) Versicherungsfall für die Leistungen nach Absatz 1 ist die medizinisch notwendige Heilbehandlung einer versicherten Person wegen einer akuten Erkrankung oder eines Schmerzzustands; bei versicherten Kindern und Jugendlichen die medizinisch notwendige Heilbehandlung wegen Krankheit oder Unfallfolgen. Der Versicherungsfall beginnt mit der Heilbehandlung. Der Versicherungsfall endet bei Kindern und Jugendlichen, wenn nach medizinischem Befund Behandlungsbedürftigkeit nicht mehr besteht; bei anderen versicherten Personen endet der Versicherungsfall, wenn nach medizinischem Befund Behandlungsbedürftigkeit wegen der akuten Erkrankung bzw. des Schmerzzustands nicht mehr besteht. Muss die Heilbehandlung auf eine akute Krankheit ausgedehnt werden, die mit der bisher behandelten nicht ursächlich zusammenhängt, so entsteht insoweit ein neuer Versicherungsfall. Als Versicherungsfall gelten auch

(a) Untersuchung und medizinisch notwendige Behandlung wegen Schwangerschaft und Mutterschaft und ein nicht rechtswidriger Schwangerschaftsabbruch nach Maßgabe des § 218a Abs. 2 und 3 Strafgesetzbuch durch einen Arzt einschließlich jeweils gesetzlich vorgeschriebener Begutachtungs- und Beratungsleistungen;

(b) für Kinder und Jugendliche Vorsorgeuntersuchungen zur Früherkennung von Krankheiten nach gesetzlich eingeführten Programmen sowie Schutzimpfungen, die die Ständige Impfkommission beim Robert-Koch-Institut gemäß § 20 Abs. 2 Infektionsschutzgesetz empfiehlt;

(c) teilstationäre und stationäre Versorgung in einem Hospiz;

(d) die spezialisierte ambulante Palliativversorgung;

(e) die medizinisch notwendige Heilbehandlung einer versicherten Person wegen chronischer Erkrankung, deren Nichtbehandlung nach medizinischem Befund in einem absehbaren Zeitraum zu einer erheblichen Verschlechterung des Gesundheitszustands und damit zu einer akuten Erkrankung führt.

(3) Der Umfang des Versicherungsschutzes ergibt sich aus dem Versicherungsschein, späteren schriftlichen Vereinbarungen, den Allgemeinen Versicherungsbedingungen (Bedingungsteil AVB/NLT 2013, Tarif NLT) sowie den gesetzlichen Vorschriften, insbesondere § 153 Abs. 1 Versicherungsaufsichtsgesetz (VAG).

(4) Das Versicherungsverhältnis unterliegt deutschem Recht.

(5) Der Versicherungsschutz erstreckt sich auf die Heilbehandlung in der Bundesrepublik Deutschland. Unter den im Tarif genannten Voraussetzungen können auch Leistungserbringer in einem anderen Mitgliedstaat der Europäischen Union oder in einem anderen Vertragsstaat des Abkommens über den Europäischen Wirtschaftsraum in Anspruch genommen werden.

(6) Verlegt eine versicherte Person ihren gewöhnlichen Aufenthalt in einen anderen Mitgliedstaat der Europäischen Union oder in einen anderen Vertragsstaat des Abkommens über den Europäischen Wirtschaftsraum, so setzt sich das Versicherungsverhältnis mit der Maßgabe fort, dass der Versicherer höchstens zu denjenigen Leistungen verpflichtet bleibt, die er bei einem Aufenthalt im Inland zu erbringen hätte.

(7) Ein Wechsel aus dem Notlagentarif in einen anderen Tarif ist ausgeschlossen.

§ 2 Beginn des Versicherungsschutzes

(1) Der Versicherungsschutz in diesem Tarif beginnt mit dem Ruhen des Vertrages. Tritt der Versicherungsfall vor diesem Zeitpunkt ein, bestimmt sich die Leistungspflicht ab diesem Zeitpunkt nach diesen Bedingungen. Für nicht teilbare Kostenpositionen von Heilbehandlungen, die vor dem Beginn des Versicherungsschutzes nach Satz 1 begonnen haben und danach fortgesetzt werden, bestimmt sich die Leistungspflicht gemäß den Bedingungen des Notlagentarifs zeitanteilig. Dies gilt auch, wenn der Versicherer für die Heilbehandlung vor dem Zeitpunkt der Versicherung im Notlagentarif eine Leistungszusage erteilt hat.

(2) Bei Neugeborenen beginnt der Versicherungsschutz ab Vollendung der Geburt in dem Tarif, in dem der Elternteil versichert war, bevor er als im Notlagentarif versichert gilt, ohne Risikozuschläge und ohne Wartezeiten, wenn die Anmeldung zur Versicherung spätestens 2 Monate nach dem Tage der Geburt rückwirkend erfolgt.

(3) Der Geburt eines Kindes steht die Adoption gleich, sofern das Kind im Zeitpunkt der Adoption noch minderjährig ist. Mit Rücksicht auf ein erhöhtes Risiko ist die Vereinbarung eines Risikozuschlages bis zur einfachen Prämienhöhe zulässig.

§ 3 Wartezeiten

Im Notlagentarif bestehen keine Wartezeiten.

§ 4 Umfang der Leistungspflicht

(1) Art, Höhe, Umfang und Dauer der Versicherungsleistungen ergeben sich aus dem Tarif.

(2) Der versicherten Person steht die Wahl unter den Ärzten und Zahnärzten frei, die zur vertragsärztlichen bzw. -zahnärztlichen Versorgung in der Gesetzlichen Krankenversicherung zugelassen sind (Vertragsärzte bzw. Vertragszahnärzte).

(3) Arznei-, Verband- und Hilfsmittel müssen von den in Absatz 2 genannten Leistungserbringern vor deren Bezug verordnet, Arzneimittel außerdem aus der Apotheke bezogen werden.

(4) Bei medizinisch notwendiger stationärer Heilbehandlung, einschließlich der Behandlung wegen Schwangerschaft und Mutterschaft, hat die versicherte Person Anspruch auf Behandlung in zugelassenen Krankenhäusern nach Maßgabe der Abschnitte B und D des Tarifs NLT.

(5) Für medizinisch notwendige stationäre Heilbehandlung sowie bei stationärer Behandlung wegen Schwangerschaft und Mutterschaft in Krankenanstalten, die auch Kuren bzw. Sanatoriumsbehandlung durchführen oder Rekonvaleszenten aufnehmen, im Übrigen aber die Voraussetzungen von Absatz 4 erfüllen, werden die tariflichen Leistungen nur dann gewährt, wenn der Versicherer diese vor Beginn der Behandlung schriftlich zugesagt hat.

(6) Der Versicherer leistet im vertraglichem Umfang nur für Untersuchungs- oder Behandlungsmethoden und Arzneimittel, die von der Schulmedizin überwiegend anerkannt sind.

(7) Vor Beginn einer Heilbehandlung, deren Kosten voraussichtlich 2.000 € überschreiten werden, kann der Versicherungsnehmer in Textform Auskunft über den Umfang des Versicherungsschutzes für die beabsichtigte Heilbehandlung verlangen. Der Versicherer erteilt die Auskunft spätestens nach 4 Wochen; ist die Durchführung der Heilbehandlung dringend, wird die Auskunft unverzüglich, spätestens nach 2 Wochen, erteilt. Der Versicherer geht dabei auf einen vorgelegten Kostenvoranschlag und andere Unterlagen ein. Die Frist beginnt mit Eingang des Auskunftsverlangens beim Versicherer. Ist die Auskunft innerhalb der Frist nicht erteilt, wird bis zum Beweis des Gegenteils durch den Versicherer vermutet, dass die beabsichtigte medizinische Heilbehandlung notwendig ist.

(8) Der Versicherer gibt auf Verlangen des Versicherungsnehmers oder der versicherten Person Auskunft über und Einsicht in Gutachten oder Stellungnahmen, die der Versicherer bei der Prüfung der Leistungspflicht über die Notwendigkeit einer medizinischen Behandlung eingeholt hat. Wenn der Auskunft an oder der Einsicht durch den Versicherungsnehmer oder die versicherte Person erhebliche therapeutische Gründe oder sonstige erhebliche Gründe entgegenstehen, kann nur verlangt werden, einem benannten Arzt oder Rechtsanwalt Auskunft oder Einsicht zu geben. Der Anspruch kann nur von der jeweils betroffenen Person oder ihrem gesetzlichen Vertreter geltend gemacht werden. Hat der Versicherungsnehmer das Gutachten oder die Stellungnahme auf Veranlassung des Versicherers eingeholt, erstattet der Versicherer die entstandenen Kosten.

Allgemeine Versicherungsbedingungen (AVB) Bedingungsteil AVB/NLT 2013 für den Notlagentarif

§ 5 Einschränkung der Leistungspflicht

(1) Keine Leistungspflicht besteht

(a) für solche Krankheiten einschließlich ihrer Folgen sowie für Folgen von Unfällen und für Todesfälle, die durch Kriegsereignisse verursacht oder als Wehrdienstbeschädigung anerkannt sind;

(b) für auf Vorsatz beruhende Krankheiten und Unfälle einschließlich deren Folgen, sowie für Krankheiten, die sich die versicherte Person bei einem von ihr begangenen Verbrechen oder vorsätzlichen Vergehen oder durch eine medizinisch nicht indizierte Maßnahme (z. B. Sterilisation, ästhetische Operationen, Tätowierungen, Piercings) zugezogen hat, sowie für Entziehungsmaßnahmen einschließlich Entziehungskuren;

(c) für Behandlung durch Ärzte, Zahnärzte und in Krankenanstalten, deren Rechnungen der Versicherer aus wichtigem Grunde von der Erstattung ausgeschlossen hat, wenn der Versicherungsfall nach der Benachrichtigung des Versicherungsnehmers über den Leistungsausschluss eintritt. Sofern im Zeitpunkt der Benachrichtigung ein Versicherungsfall schwebt, besteht keine Leistungspflicht für die nach Ablauf von 3 Monaten seit der Benachrichtigung entstandenen Aufwendungen;

(d) für Behandlungen durch Ehegatten, Lebenspartner i.S.v. § 1 Lebenspartnerschaftsgesetz, Eltern oder Kinder. Nachgewiesene Sachkosten werden tarifgemäß erstattet;

(e) für eine durch Pflegebedürftigkeit oder Verwahrung bedingte Unterbringung;

(f) für ambulante Psychotherapie;

(g) für Heilmittel, soweit der Tarif nichts anderes vorsieht;

(h) für Kur- und Sanatoriumsbehandlung sowie für Rehabilitationsmaßnahmen der gesetzlichen Rehabilitationsträger;

(i) für Kosten des Rücktransports aus dem Ausland.

(2) Besteht auch Anspruch auf Leistungen aus der Gesetzlichen Krankenversicherung, aus der gesetzlichen Unfallversicherung oder der gesetzlichen Rentenversicherung, auf eine gesetzliche Heilfürsorge oder Unfallfürsorge, so ist der Versicherer nur für die Aufwendungen leistungspflichtig, welche trotz der gesetzlichen Leistungen notwendig bleiben.

(3) Hat die versicherte Person wegen desselben Versicherungsfalles einen Anspruch gegen mehrere Erstattungsverpflichtete, darf die Gesamterstattung die Gesamtaufwendungen nicht übersteigen.

§ 6 Auszahlung der Versicherungsleistungen

(1) Der Versicherer ist zur Leistung nur verpflichtet, wenn die folgenden Nachweise, die Eigentum des Versicherers werden, erbracht sind:

(a) Es sind Rechnungsoriginale oder gegebenenfalls deren beglaubigte Zweitschriften mit einer Bestätigung eines anderen Kostenträgers über die erbrachten Leistungen einzureichen.

(b) Die Belege der Leistungserbringer müssen Namen und Geburtsdatum der behandelten Person, die Krankheitsbezeichnung, die einzelnen ärztlichen oder zahnärztlichen Leistungen mit Bezeichnung und Nummer gemäß der angewandten Gebührenordnung, die gesondert berechnungsfähigen Entschädigungen und Auslagen sowie die jeweiligen Behandlungsdaten, die Vertragsarztnummer und das Institutionskennzeichen des Krankenhauses enthalten.

(c) Arzneimittelverordnungen sollen zusammen mit der dazugehörigen Rechnung des Leistungserbringers eingereicht werden, es sei denn, dass der Leistungserbringer die Krankheitsbezeichnung auf der Verordnung vermerkt hat. Der Preis für die bezogenen Arzneimittel muss durch Stempelaufdruck der Apotheke mit Datumsangabe quittiert sein; außerdem müssen die Pharmazentralnummer und das Apothekenkennzeichen aufgedruckt werden. Rechnungen über Hilfsmittel sind zusammen mit den Verordnungen der Leistungserbringer einzureichen, Hilfsmittelrechnungen müssen die Hilfsmittelnummern des Hilfsmittelverzeichnisses der Gesetzlichen Krankenversicherung ausweisen. Die Verordnungen müssen den Namen der behandelten Person enthalten.

(d) Die nach Buchstaben a) bis c) geforderten Nachweise sollen spätestens bis zum 31.03. des auf die Rechnungsstellung folgenden Jahres eingereicht werden.

(2) Im Übrigen ergeben sich die Voraussetzungen für die Fälligkeit der Leistungen des Versicherers aus § 14 VVG.

(3) Der Versicherer ist verpflichtet, an die versicherte Person zu leisten, wenn der Versicherungsnehmer ihm diese in Textform als Empfangsberechtigte für deren Versicherungsleistungen benannt hat. Liegt keine Benennung nach Satz 1 vor, kann nur der Versicherungsnehmer die Leistung verlangen.

(4) Die in ausländischer Währung entstandenen Krankheitskosten werden zum Kurs des Tages, an dem die Belege beim Versicherer eingehen, in Euro umgerechnet.

(5) Kosten für die Überweisung der Versicherungsleistungen und für Übersetzungen können von den Leistungen abgezogen werden.

(6) Ansprüche auf Versicherungsleistungen können weder abgetreten noch verpfändet werden.

§ 7 Ende des Versicherungsschutzes im Notlagentarif

(1) Der Versicherungsschutz im Notlagentarif endet – auch für schwebende Versicherungsfälle – mit der Beendigung des Versicherungsverhältnisses.

(2) Sind alle rückständigen Prämienanteile einschließlich der Säumniszuschläge und Beitreibungskosten gezahlt, wird der Vertrag ab dem ersten Tag des übernächsten Monats in dem Tarif fortgesetzt, in dem die versicherte Person vor Eintritt des Ruhens versichert war. Wird der Versicherungsnehmer oder die versicherte Person hilfebedürftig im Sinne des Zweiten oder Zwölften Sozialgesetzbuches, wird der Vertrag ab dem Eintritt der Hilfebedürftigkeit in dem Tarif fortgesetzt, in dem die versicherte Person vor Eintritt des Ruhens versichert war; der Eintritt der Hilfebedürftigkeit ist durch Bescheinigung des zuständigen Trägers nach dem Zweiten oder Zwölften Buch Sozialgesetzbuch nachzuweisen. In den Fällen der Sätze 1 und 2 ist die versicherte Person so zu stellen, wie sie vor der Versicherung im Notlagentarif stand, abgesehen von den während der Ruhenszeit verbrauchten Anteilen der Alterungsrückstellung. Während der Ruhenszeit durchgeführte Prämienanpassungen, Anpassungen des Selbstbehaltes sowie des Risikozuschlages und Änderungen der Allgemeinen Versicherungsbedingungen gelten ab diesem Zeitpunkt auch für die versicherte Person.

Pflichten des Versicherungsnehmers

§ 8 Prämienzahlung

(1) Die Prämie ist eine Monatsprämie und wird vom Versicherungsbeginn an berechnet. Die Prämie ist am Ersten eines jeden Monats fällig.

(2) Die Pflicht zum Ausgleich der im Zeitpunkt der Umstellung bestehenden Prämienrückstände aus der ursprünglichen, die Pflicht zur Versicherung gemäß § 193 Abs. 3 VVG erfüllende Krankenversicherung zuzüglich der Säumniszuschläge und Beitreibungskosten bleibt von der Prämienzahlungspflicht im Notlagentarif unberührt und besteht auch nach Beendigung des Versicherungsschutzes im Notlagentarif fort.

(3) Die Prämien sind an die vom Versicherer zu bezeichnende Stelle zu entrichten.

(4) Der Versicherungsnehmer hat für jeden angefangenen Monat eines Prämienrückstandes gemäß § 193 Abs. 6 S. 2 VVG einen Säumniszuschlag in Höhe von 1 % des Prämienrückstandes zu entrichten.

§ 8a Prämienberechnung und -begrenzung

(1) Die Berechnung der Prämien erfolgt nach Maßgabe der Vorschriften des Versicherungsaufsichtsgesetzes und ist in den technischen Berechnungsgrundlagen des Versicherers festgelegt. Für die für den Versicherten zu zahlenden Prämien wird im Notlagentarif die Alterungsrückstellung gemäß § 153 Abs. 2 S. 6 VAG in der Weise angerechnet, dass bis zu 25 % der monatlichen Prämie durch Entnahme aus der Alterungsrückstellung geleistet werden.

(2) Für die Dauer der Versicherung im Notlagentarif entfallen Risikozuschläge, Leistungsausschlüsse und Selbstbehalte.

(3) Die zu zahlende Prämie ist für die versicherte Person begrenzt auf die Höhe des Höchstbeitrages der Gesetzlichen Krankenversicherung. Dieser Höchstbeitrag ergibt sich aus der Multiplikation des allgemeinen Beitragssatzes der Gesetzlichen Krankenversicherung und der jeweils geltenden Beitragsbemessungsgrenze; der durchschnittliche Zusatzbeitrag in der vom Bundesministerium für Gesundheit gemäß § 242a Abs. 2 Fünftes Buch Sozialgesetzbuch jeweils bekannt gegebenen Höhe wird hinzugerechnet.

Für Personen mit Anspruch auf Beihilfe oder mit vergleichbaren Ansprüchen sowie deren berücksichtigungsfähige Angehörige tritt an die Stelle des Höchstbeitrages der Gesetzlichen Krankenversicherung ein Höchstbeitrag, der dem prozentualen Anteil des die Beihilfe ergänzenden Leistungsanspruchs für ambulante Heilbehandlung entspricht.

(4) Solange eine Versicherung nach dem Notlagentarif besteht, kann der Versicherer verlangen, dass Zusatzversicherungen ruhen.

§ 8b Prämienanpassung

(1) Im Rahmen der vertraglichen Leistungszusage können sich die Leistungen des Versicherers z. B. wegen steigender Heilbehandlungskosten, einer häufigeren Inanspruchnahme medizinischer Leistungen oder aufgrund steigender Lebenserwartung ändern. Dementsprechend werden zumindest jährlich die erforderlichen mit den in den technischen Berechnungsgrundlagen kalkulierten Versicherungsleistungen und Sterbewahrscheinlichkeiten verglichen. Ergibt diese Gegenüberstellung eine Abweichung von mehr als 5 %, werden alle Prämien überprüft und, soweit erforderlich, mit Zustimmung eines Treuhänders angepasst. Von einer solchen Prämienanpassung wird abgesehen, wenn die Veränderung der Versicherungsleistungen als vorübergehend anzusehen ist.

(2) Sind die zu zahlenden Prämien infolge der Höchstbeitragsgarantie gegenüber den nach den technischen Berechnungsgrundlagen notwendigen Prämien gekürzt, so können diese Beiträge abweichend von Absatz 1 bei einer Veränderung des Höchstbeitrags angeglichen werden.

(3) Prämienanpassungen gemäß Absatz 1 werden zu Beginn des zweiten Monats wirksam, der auf die Benachrichtigung des Versicherungsnehmers folgt; Prämienangleichungen gemäß Absatz 2 werden zum Zeitpunkt des Inkrafttretens des geänderten Höchstbeitrages wirksam.

§ 9 Obliegenheiten und Pflichten

(1) Der Versicherungsnehmer und die als empfangsberechtigt benannte versicherte Person (vgl. § 6 Abs. 3) haben auf Verlangen des Versicherers jede Auskunft zu erteilen, die zur Feststellung des Versicherungsfalles oder der Leistungspflicht des Versicherers und ihres Umfanges erforderlich ist. Die geforderten Auskünfte sind auch einem Beauftragten des Versicherers zu erteilen.

(2) Auf Verlangen des Versicherers ist die versicherte Person verpflichtet, sich durch einen vom Versicherer beauftragten Arzt untersuchen zu lassen.

(3) Die versicherte Person hat nach Möglichkeit für die Minderung des Schadens zu sorgen; sie hat insbesondere die Weisungen des Arztes gewissenhaft zu befolgen und alle Handlungen zu unterlassen, die der Genesung hinderlich sind.

(4) Die versicherte Person ist vor Behandlungsbeginn verpflichtet, gegenüber den in § 4 Abs. 2 und 4 genannten Leistungserbringern unter Vorlage des vom Versicherer ausgehändigten Nachweises auf ihren Versicherungsschutz im Notlagentarif hinzuweisen.

Händigt der Versicherer der bei ihm versicherten Person statt des Nachweises eine elektronische Gesundheitskarte aus, ist deren Vorlage beim Leistungserbringer für die versicherte Person zwingend.

Ein vom Versicherer ausgegebener Ausweis über den Versicherungsschutz (Card für Privatversicherte) darf mit Beginn der Versicherung im Notlagentarif nicht mehr verwendet werden; er ist dem Versicherer unverzüglich zurückzugeben.

(5) Hilfebedürftigkeit im Sinne des Zweiten oder Zwölften Buches Sozialgesetzbuch ist dem Versicherer unverzüglich anzuzeigen.

§ 10 Folgen von Obliegenheitsverletzungen

(1) Der Versicherer ist mit den in § 28 Abs. 2 bis 4 VVG vorgeschriebenen Einschränkungen ganz oder teilweise von der Verpflichtung zur Leistung frei, wenn eine der in § 9 Abs. 1 bis 3 genannten Obliegenheiten verletzt wird.

(2) Die Kenntnis und das Verschulden der versicherten Person stehen der Kenntnis und dem Verschulden des Versicherungsnehmers gleich.

§11 Obliegenheiten und Folgen bei Obliegenheitsverletzungen bei Ansprüchen gegen Dritte

(1) Hat der Versicherungsnehmer oder eine versicherte Person Ersatzansprüche gegen Dritte, so besteht, unbeschadet des gesetzlichen Forderungsüberganges gemäß § 86 VVG, die Verpflichtung, diese Ansprüche bis zur Höhe, in der aus dem Versicherungsvertrag Ersatz (Kostenerstattung sowie Sach- und Dienstleistung) geleistet wird, an den Versicherer schriftlich abzutreten.

(2) Der Versicherungsnehmer oder die versicherte Person hat seinen (ihren) Ersatzanspruch oder ein zur Sicherung dieses Anspruchs dienendes Recht unter Beachtung der geltenden Form- und Fristvorschriften zu wahren und bei dessen Durchsetzung durch den Versicherer, soweit erforderlich, mitzuwirken.

(3) Verletzt der Versicherungsnehmer oder eine versicherte Person vorsätzlich die in den Absätzen 1 und 2 genannten Obliegenheiten, ist der Versicherer zur Leistung insoweit nicht verpflichtet, als er infolgedessen keinen Ersatz von dem Dritten erlangen kann. Im Falle einer grob fahrlässigen Verletzung der Obliegenheit ist der Versicherer berechtigt, seine Leistung in einem der Schwere des Verschuldens entsprechenden Verhältnis zu kürzen.

(4) Steht dem Versicherungsnehmer oder einer versicherten Person ein Anspruch auf Rückzahlung ohne rechtlichen Grund gezahlter Entgelte gegen den Erbringer von Leistungen zu, für die der Versicherer aufgrund des Versicherungsvertrages Erstattungsleistungen erbracht hat, sind die Absätze 1 bis 3 entsprechend anzuwenden.

§12 Aufrechnung

Der Versicherungsnehmer kann gegen Forderungen des Versicherers nur aufrechnen, soweit die Gegenforderung unbestritten oder rechtskräftig festgestellt ist. Gegen eine Forderung aus der Prämienzahlungspflicht kann jedoch ein Mitglied eines Versicherungsvereins nicht aufrechnen.

Ende der Versicherung

§13 Kündigung durch den Versicherungsnehmer

(1) Der Versicherungsnehmer kann das Versicherungsverhältnis zum Ende eines jeden Versicherungsjahres mit einer Frist von 3 Monaten kündigen. Der Lauf des Versicherungsjahres bemisst sich nach den Bestimmungen des Ursprungstarifs.

(2) Die Kündigung kann auf einzelne versicherte Personen beschränkt werden.

(3) Wird eine versicherte Person kraft Gesetzes in der Gesetzlichen Krankenversicherung versicherungspflichtig, so kann der Versicherungsnehmer binnen 3 Monaten nach Eintritt der Versicherungspflicht das Versicherungsverhältnis rückwirkend zum Eintritt der Versicherungspflicht kündigen. Die Kündigung ist unwirksam, wenn der Versicherungsnehmer den Eintritt der Versicherungspflicht nicht innerhalb von 2 Monaten nachweist, nachdem der Versicherer ihn hierzu in Textform aufgefordert hat, es sei denn, der Versicherungsnehmer hat die Versäumung dieser Frist nicht zu vertreten. Macht der Versicherungsnehmer von seinem Kündigungsrecht Gebrauch, steht dem Versicherer die Prämie nur bis zum Zeitpunkt des Eintritts der Versicherungspflicht zu. Später kann der Versicherungsnehmer das Versicherungsverhältnis zum Ende des Monats kündigen, in dem er den Eintritt der Versicherungspflicht nachweist. Dem Versicherer steht die Prämie in diesem Fall bis zum Ende des Versicherungsvertrages zu. Der Versicherungspflicht steht gleich der gesetzliche Anspruch auf Familienversicherung oder der nicht nur vorübergehende Anspruch auf Heilfürsorge aus einem beamtenrechtlichen oder ähnlichen Dienstverhältnis.

(4) Erhöht der Versicherer die Prämien aufgrund der Prämienanpassungsklausel oder vermindert er seine Leistungen gemäß § 18 Abs. 1, so kann der Versicherungsnehmer das Versicherungsverhältnis hinsichtlich der betroffenen versicherten Person innerhalb von 2 Monaten nach Zugang der Änderungsmitteilung zum Zeitpunkt des Wirksamwerdens der Änderung kündigen. Bei einer Prämienerhöhung kann der Versicherungsnehmer das Versicherungsverhältnis auch bis und zum Zeitpunkt des Wirksamwerdens der Erhöhung kündigen.

(5) Die Kündigung nach den Absätzen 1, 2 und 4 setzt voraus, dass für die versicherte Person bei einem anderen Versicherer ein neuer Vertrag abgeschlossen wird, der den Anforderungen an die Pflicht zur Versicherung genügt. Die Kündigung wird nur wirksam, wenn der Versicherungsnehmer innerhalb von 2 Monaten nach der Kündigungserklärung nachweist, dass die versicherte Person bei einem neuen Versicherer ohne Unterbrechung versichert ist; liegt der Zeitpunkt, zu dem die Kündigung ausgesprochen wurde, mehr als 2 Monate nach der Kündigungserklärung, muss der Nachweis bis zu diesem Zeitpunkt erbracht werden.

(6) Kündigt der Versicherungsnehmer das Versicherungsverhältnis insgesamt oder für einzelne versicherte Personen, haben die versicherten Personen das Recht, das Versicherungsverhältnis in dem Tarif, in dem die versicherte Person vor Eintritt des Ruhens versichert war, fortzusetzen. Die Erklärung ist innerhalb von 2 Monaten nach der Kündigung abzugeben. Die Kündigung ist nur wirksam, wenn der Versicherungsnehmer nachweist, dass die betroffenen versicherten Personen von der Kündigungserklärung Kenntnis erlangt haben.

(7) Die Kündigung erstreckt sich auch auf den Tarif, in dem die versicherte Person vor Eintritt des Ruhens versichert war.

(8) Bei Kündigung des Versicherungsverhältnisses und gleichzeitigem Abschluss eines neuen, der Pflicht zur Versicherung genügenden Vertrages kann der Versicherungsnehmer verlangen, dass der Versicherer die kalkulierte Alterungsrückstellung der versicherten Person in Höhe des nach dem 1. Januar 2009 aufgebauten Übertragungswertes nach Maßgabe von § 146 Abs. 1 Nr. 5 VAG auf den neuen Versicherer überträgt.

(9) Bestehen bei Beendigung des Versicherungsverhältnisses Beitragsrückstände, ist der Versicherer berechtigt, den Übertragungswert bis zum Ausgleich des Rückstandes zurückzubehalten.

§14 Kündigung durch den Versicherer

(1) Die gesetzlichen Bestimmungen über das außerordentliche Kündigungsrecht bleiben für den Fall unberührt, dass dem Versicherer unter Berücksichtigung aller Umstände des Einzelfalls und unter Abwägung der beiderseitigen Interessen, insbesondere der Verpflichtung gemäß § 193 Abs. 3 Satz 1 VVG, die Fortsetzung des Vertragsverhältnisses nicht zugemutet werden kann.

(2) Das Kündigungsrecht nach § 38 VVG bleibt unberührt, wenn der Versicherte nicht mehr der Pflicht zur Versicherung nach § 193 Abs. 3 Satz 1 VVG unterliegt.

(3) Die Kündigung kann auf einzelne versicherte Personen beschränkt werden.

§ 15 Sonstige Beendigungsgründe

(1) Das Versicherungsverhältnis endet mit dem Tod des Versicherungsnehmers. Die versicherten Personen haben jedoch das Recht, das Versicherungsverhältnis, in dem die versicherte Person vor Eintritt des Ruhens versichert war, unter Benennung des künftigen Versicherungsnehmers fortzusetzen. Die Erklärung ist innerhalb von 2 Monaten nach dem Tode des Versicherungsnehmers abzugeben.

(2) Beim Tod einer versicherten Person endet insoweit das Versicherungsverhältnis.

(3) Verlegt eine versicherte Person ihren gewöhnlichen Aufenthalt in einen anderen Staat als die in § 1 Abs. 6 genannten, endet insoweit das Versicherungsverhältnis.

Sonstige Bestimmungen

§ 16 Willenserklärungen und Anzeigen

Willenserklärungen und Anzeigen gegenüber dem Versicherer bedürfen der Textform.

§ 17 Gerichtsstand

(1) Für Klagen aus dem Versicherungsverhältnis gegen den Versicherungsnehmer ist das Gericht des Ortes zuständig, an dem der Versicherungsnehmer seinen Wohnsitz oder in Ermangelung eines solchen seinen gewöhnlichen Aufenthalt hat.

(2) Klagen gegen den Versicherer können bei dem Gericht am Wohnsitz oder gewöhnlichen Aufenthalt des Versicherungsnehmers oder bei dem Gericht am Sitz des Versicherers anhängig gemacht werden.

(3) Verlegt der Versicherungsnehmer nach Vertragsschluss seinen Wohnsitz oder gewöhnlichen Aufenthalt in einen Staat, der nicht Mitgliedstaat der Europäischen Union oder Vertragsstaat des Abkommens über den Europäischen Wirtschaftsraum ist, oder ist sein Wohnsitz oder gewöhnlicher Aufenthalt im Zeitpunkt der Klageerhebung nicht bekannt, ist das Gericht am Sitz des Versicherers zuständig.

§ 18 Änderungen der Allgemeinen Versicherungsbedingungen

(1) Bei einer nicht nur als vorübergehend anzusehenden Veränderung der Verhältnisse des Gesundheitswesens können die Allgemeinen Versicherungsbedingungen des Notlagentarifs und die Tarifbestimmungen den veränderten Verhältnissen angepasst werden, wenn die Änderungen zur hinreichenden Wahrung der Belange der Versicherungsnehmer erforderlich erscheinen und ein unabhängiger Treuhänder die Voraussetzungen für die Änderungen überprüft und ihre Angemessenheit bestätigt hat. Die Änderungen werden zu Beginn des zweiten Monats wirksam, der auf die Mitteilung der Änderungen und der hierfür maßgeblichen Gründe an den Versicherungsnehmer folgt.

(2) Ist eine Bestimmung in den Allgemeinen Versicherungsbedingungen durch höchstrichterliche Entscheidung oder durch einen bestandskräftigen Verwaltungsakt für unwirksam erklärt worden, kann sie der Versicherer durch eine neue Regelung ersetzen, wenn dies zur Fortführung des Vertrags notwendig ist oder wenn das Festhalten an dem Vertrag ohne neue Regelung für eine Vertragspartei auch unter Berücksichtigung der Interessen der anderen Vertragspartei eine unzumutbare Härte darstellen würde. Die neue Regelung ist nur wirksam, wenn sie unter Wahrung des Vertragsziels die Belange der Versicherungsnehmer angemessen berücksichtigt. Sie wird 2 Wochen, nachdem die neue Regelung und die hierfür maßgeblichen Gründe dem Versicherungsnehmer mitgeteilt worden sind, Vertragsbestandteil.

(3) Die im Notlagentarif erstattungsfähigen Gebührensätze können durch Verträge gemäß § 75 Abs. 3b Fünftes Buch Sozialgesetzbuch zwischen dem Verband der Privaten Krankenversicherung e.V. einheitlich mit Wirkung für die Unternehmen der Privaten Krankenversicherung und im Einvernehmen mit den Trägern der Kosten in Krankheits-, Pflege- und Geburtsfällen nach beamtenrechtlichen Vorschriften einerseits und den Kassenärztlichen bzw. Kassenzahnärztlichen Vereinigungen oder den Kassenärztlichen bzw. Kassenzahnärztlichen Bundesvereinigungen andererseits ganz oder teilweise abweichend geregelt werden. Absatz 1 Satz 2 gilt entsprechend.

Tarifbedingungen für die Krankheitskostenversicherung (A, S, Z, KPT, AEV, SEV, ZEV, BA, BS, BZ) und für die Krankenhaustagegeldversicherung (KHT)

Die Tarifbedingungen gelten im Zusammenhang mit den MB/KK (Stand: 2017)

§ 1 Gegenstand, Umfang und Geltungsbereich des Versicherungsschutzes

2ba) die Versorgung in einem stationären Hospiz, sofern eine Krankheitskostenvollversicherung besteht (nicht bei Ergänzungsversicherungen zur gesetzlichen Krankenversicherung),

2bb) Zahnprophylaxe,

2bc) Impfungen, die jeweils aktuell von der Ständigen Impfkommission (STIKO) am Robert-Koch-Institut in Abhängigkeit von Alter und Geschlecht empfohlen werden, einschließlich Impfstoff. Ausgenommen sind Impfungen aus Anlass einer Auslandsreise oder aus beruflichen Gründen.

4.1 Abweichend von § 1 Abs. 4 Satz 3 und 4 besteht während der ersten 2 Monate eines vorübergehenden Aufenthalts im außereuropäischen Ausland Versicherungsschutz ohne besondere Vereinbarung. Muss der Aufenthalt wegen notwendiger Heilbehandlung über 2 Monate hinaus ausgedehnt werden, besteht Versicherungsschutz, solange die versicherte Person die Rückreise nicht ohne Gefährdung ihrer Gesundheit antreten kann, längstens aber für weitere 2 Monate.

5.1 Die Versicherung kann auf Verlangen des Versicherungsnehmers insoweit auch im Rahmen einer Anwartschaftsversicherung fortgesetzt werden.

§ 3 Wartezeiten

4.1 Die allgemeine Wartezeit kann erlassen werden, wenn dies gesondert gegenüber dem Versicherer beantragt und der darin geforderte ärztliche Untersuchungsbericht vorgelegt wird.

Geht der Untersuchungsbericht nicht innerhalb von 2 Wochen nach der Antragstellung ein, gilt der Antrag für den Abschluss einer Versicherung mit bedingungsgemäßen Wartezeiten. Die Kosten für den Untersuchungsbericht sind vom Antragsteller zu tragen. Der Bericht wird Eigentum der Proximus Krankenversicherung AG.

§ 4 Umfang der Leistungspflicht

2.1 Bei Psychotherapie wird geleistet, wenn zur Psychotherapie ein niedergelassener approbierter Arzt mit einer Facharzt- oder Zusatzbezeichnung (z. B. Psychiater und Psychotherapeut) gewählt wird. Nicht erstattungsfähig sind Aufwendungen für Psychotherapie durch andere Behandler.

Bei ambulanter und bei stationärer Psychotherapie wird nur geleistet, wenn und soweit der Versicherer vor der Behandlung eine schriftliche Zusage gegeben hat, abhängig vom Tarif, bis zu 50 Sitzungen im Kalenderjahr.

2.2 Es können auch nicht niedergelassene Ärzte, Zahnärzte und Psychotherapeuten gewählt werden, die ansonsten die Voraussetzungen des § 4 Abs. 2 bzw. 2.1 erfüllen und die Behandlung in einem für die vertragsärztliche Versorgung zugelassenen medizinischen Versorgungszentrum oder einer ärztlich geleiteten Einrichtung erbringen und diese entsprechend der jeweils gültigen amtlichen Gebührenordnung abrechnen.

2.3 Wird von einem nicht ortsansässigen Arzt Wegegeld oder Reiseentschädigung berechnet, so können diese Kosten nach Maßgabe des Weges gekürzt werden, den der nächsterreichbare, für die Behandlung zuständige Arzt zurücklegen müsste.

2.4 Der Transport zur ambulanten Notfallbehandlung im Kranken- oder Rettungswagen sowie mit dem Rettungshubschrauber wird erstattet.

3.1 Nährmittel, Stärkungsmittel, Mineralwässer, kosmetische Mittel, Mittel zur Hygiene und Körperpflege sowie Badezusätze gelten nicht als Arzneimittel.

3.2 Als Heilmittel gelten

(a) physikalisch-medizinische Leistungen nach Abschnitt E des Gebührenverzeichnisses der amtlichen deutschen Gebührenordnung für Ärzte und medizinische Bäder, wenn sie vom in eigener Praxis tätigen Masseur, Masseur und medizinischen Bademeister, Krankengymnasten oder Physiotherapeuten ausgeführt worden sind,

(b) Stimm-, Sprech- und Sprachübungsbehandlung, wenn sie vom Logopäden ausgeführt worden ist.

(c) Nicht erstattungsfähig sind Aufwendungen für sonstige Leistungen (wie zum Beispiel Thermal-, Sauna- und ähnliche Bäder) sowie Mehraufwendungen für Behandlung in der Wohnung der versicherten Person.

3.3 Als Hilfsmittel gelten, soweit im Tarif nicht anders geregelt:

(a) Bandagen, Bruchbänder, Einlagen zur Fußkorrektur, Gehstützen, Hörgeräte, Kompressionsstrümpfe, Kontaktlinsen, Korrekturschienen, Kunstglieder, Liege- und Sitzschalen, orthopädische Rumpf-, Arm- und Beinstützapparate, orthopädische Maßschuhe, orthopädische Zurichtungen an Konfektionsschuhen, Sprechgeräte (elektronischer Kehlkopf),

(b) Krankenfahrstühle, Beatmungsgeräte, Sauerstoffgeräte, Absauggeräte, Pulsoximeter, Inhalationsgeräte, Geräte zur Schlafapnoebehandlung, Überwachungsmonitore für Säuglinge, Infusionspumpen, Ernährungspumpen, elektronische Lesehilfen, Blindenstock, Blindenleitgerät und Blindenführhund (einschließlich Orientierungs- und Mobilitätstraining), wenn und soweit der Versicherer vor dem Bezug eine schriftliche Leistungszusage gegeben hat. Nach Möglichkeit werden diese Hilfsmittel vom Versicherer vorrangig leihweise zum Gebrauch überlassen. Nicht mehr benötigte Hilfsmittel gemäß (b) sind auf Verlangen an den Versicherer herauszugeben.

(c) Aufwendungen für die Reparatur von Hilfsmitteln, ausgenommen an Sohlen und Absätzen von orthopädischen Maßschuhen, sind im Rahmen der vorstehenden Regelungen erstattungsfähig.

(d) Sehhilfen (Brillengläser und -fassungen oder Kontaktlinsen) werden bei einer Veränderung der Sehschärfe um mindestens 0,5 Dioptrien auf einem Auge, sonst alle 2 Jahre, erstattet. Alternativ kann nach Ablauf von 4 Kalenderjahren seit Tarifbeginn eine Sehschärfenkorrektur (Lasik) erfolgen. Im Anschluss an diese besteht 5 Jahre kein Anspruch auf Sehhilfen.

(e) Nicht erstattungsfähig sind Aufwendungen für alle anderen Hilfsmittel, medizinische Apparate und sanitäre Bedarfsartikel (zum Beispiel Heizkissen, Massagegeräte) sowie für Gebrauch und Pflege von Hilfsmitteln.

3.4 Kosten für den medizinisch notwendigen Hin- und Rücktransport oder die medizinisch notwendige Verlegung zum nächstgelegenen geeigneten Krankenhaus im Kranken-, Unfall- oder Rettungswagen sowie mit dem Rettungshubschrauber werden übernommen.

4.1 Bei Verzicht auf die versicherten Leistungen Ein- oder Zweibettzimmer (sofern vereinbart) und privatärztliche Behandlung (sofern vereinbart) wird ein Ersatzkrankenhaustagegeld in Höhe von 50 € je Kalendertag des stationären Aufenthaltes gezahlt. Bei ausschließlichem Verzicht auf eine dieser versicherten Leistungen wird ein Ersatzkrankenhaustagegeld in Höhe von 25 € je Tag des stationären Aufenthaltes gezahlt.

5.1 Die tariflichen Leistungen werden für Aufwendungen einer medizinisch notwendigen Weiterbehandlung nach einem Aufenthalt im Akutkrankenhaus erstattet, wenn die Proximus Krankenversicherung AG dies vorher schriftlich zugesagt hat. Voraussetzung ist, dass die Anschlussheilbehandlung vom Krankenhausarzt veranlasst wurde und innerhalb von 14 Tagen nach Entlassung aus dem Krankenhaus beginnt.

§ 5 Einschränkung der Leistungspflicht

1ba) Für insgesamt 3 ambulante oder stationäre Entziehungsmaßnahmen, für die anderweitig ein Anspruch auf Kostenerstattung oder Sachleistung nicht geltend gemacht werden kann, werden die tariflichen Leistungen gewährt, wenn der Versicherer dies vor Beginn der Maßnahme schriftlich zugesagt hat. Die Zusage kann von einer Begutachtung über die Erfolgsaussichten durch einen vom Versicherer beauftragten Arzt abhängig gemacht werden.

1da) Bei einer ärztlich verordneten Kur- bzw. Sanatoriumsbehandlung wird für Arzt, Kurmittelaufwendungen (z. B. Heilmittel, Kurtaxe) und Unterbringung für maximal bis zu 28 Tage innerhalb von drei aufeinanderfolgenden Kalenderjahren ein Kurtagegeld von 40,00 €/Tag erstattet.

§ 6 Auszahlung der Versicherungsleistungen

1.1 Kostenbelege sind in Urschrift einzureichen. Der Versicherer kann den Nachweis vorheriger Bezahlung verlangen. Hat sich ein anderer Krankenversicherer an den Kosten beteiligt, genügen Zweitschriften, auf denen der andere Versicherer den Erstattungsbetrag vermerkt hat.

1.2 Rechnungen müssen enthalten: den Namen des behandelnden Arztes, der behandelten Person, die Behandlungszeit, die einzelnen Leistungen, die Angabe der angewendeten Gebührenordnung, die jeweiligen Gebühren- und Steigerungssätze und die Krankheitsbezeichnungen. Rezepte sind zusammen mit der dazugehörigen Arztrechnung, Rechnungen über Heil- und Hilfsmittel zusammen mit der Verordnung einzureichen.

Auf den Rezepten muss der Preis für die bezogenen Arzneimittel durch Stempelaufdruck der Apotheke mit Datumsangabe quittiert sein.

Beim Folgebezug einer Brille oder von Kontaktlinsen wegen veränderter Sehschärfe genügt die Angabe des Brechkraftwertes in der Optikerrechnung.

Bei stationärer Behandlung sind die Art der Unterkunft (Ein-, Zwei- oder Mehrbettzimmer) und die Fallpauschalen nachzuweisen.

1.3 Für die Zahlung des Krankenhaustagegeldes ist eine Bescheinigung/Rechnung der Krankenanstalt erforderlich, aus der Beginn und Ende der stationären Behandlung sowie die Krankheitsbezeichnungen hervorgehen.

4.1 Als Kurs des Tages gilt für gehandelte Währungen der amtliche Devisenkurs, Frankfurt/Main, für nicht gehandelte Währungen der Kurs gemäß „Währungen der Welt", Veröffentlichungen der Deutschen Bundesbank, Frankfurt/Main, nach jeweils neuestem Stand, es sei denn, die versicherte Person weist durch Bankbeleg nach, dass sie die zur Bezahlung der Rechnungen notwendigen Devisen zu einem ungünstigeren Kurs erworben hat.

6.1 Soweit die Proximus Krankenversicherung AG in einer für die versicherte Person ausgehändigten Krankenhaus-Card für Privatversicherte die Übernahme von Aufwendungen bei stationärem Krankenhausaufenthalt garantiert, gilt das Abtretungsverbot nicht.

§ 8 Beitragszahlung

1.1 Beginnt die Versicherung nicht am 1. eines Kalendermonats, ist für den 1. Vertragsmonat nur der anteilige Betrag der monatlichen Beitragsrate zu zahlen. Der 1. Vertragsmonat beginnt mit dem im Versicherungsschein bezeichneten Zeitpunkt (Versicherungsbeginn); er endet mit dem letzten Kalendertag dieses Monats. Die folgenden Vertragsmonate beginnen jeweils mit dem 1. Kalendertag. Diese Definition findet auch dann Anwendung, wenn Fristen und Termine, die in Tarifen geregelt sind, auf Vertragsmonate abstellen.

2.1 Der Beitrag wird bei Abschluss des Versicherungsvertrages nach dem Eintrittsalter der versicherten Person festgesetzt. Als Eintrittsalter gilt der Unterschied zwischen dem Jahr der Geburt und dem Jahr des Versicherungsbeginns.

2.2 Bei Vorauszahlung der monatlichen Beitragsraten im Lastschriftverfahren bietet der Versicherer einen Beitragsnachlass von 5 % bei einer Vorauszahlung für 12 Monate, 3 % bei einer Vorauszahlung für 6 Monate und 2 % bei einer Vorauszahlung für 3 Monate.

§ 8b Beitragsanpassung

1.1 Ergibt die Gegenüberstellung nach Absatz 1 Satz 2 bei den Versicherungsleistungen eine Abweichung

1.2 von mehr als 10 %, müssen alle Beiträge dieser Beobachtungseinheit vom Versicherer überprüft und, soweit erforderlich, mit Zustimmung des Treuhänders angepasst werden;

1.3 bei einer Abweichung von mehr als 5 % können alle Beiträge dieser Beobachtungseinheit vom Versicherer überprüft und, soweit erforderlich, mit Zustimmung des Treuhänders angepasst werden.

1.4 Ergibt die Gegenüberstellung nach Absatz 1 Satz 2 bei der Sterbewahrscheinlichkeit eine Abweichung von mehr als 5 %, müssen alle Beiträge dieser Beobachtungseinheit vom Versicherer überprüft und mit Zustimmung des Treuhänders angepasst werden.

§ 8c Beitragsrückerstattung (Gewinnbeteiligung des Versicherungsnehmers)

1. Von dem satzungsgemäß ermittelten Überschuss eines Geschäftsjahres (Kalenderjahres) werden mindestens 90 % einer Rückstellung zugeführt, die ausschließlich zugunsten der Versicherungsnehmer für Zwecke der Beitragsrückerstattung verwendet wird (Rückstellung für erfolgsabhängige Beitragsrückerstattung).

Der Versicherer kann außer der Auszahlung auch die Verwendung zur Beitragssenkung oder zur Abwendung bzw. Milderung von Beitragserhöhungen wählen. Welche Tarife oder Tarifkombinationen an der Beitragsrückerstattung teilnehmen und in welcher Höhe, wird vom Versicherer jährlich mit Zustimmung des Treuhänders entschieden.

2. Wird für die vereinbarten Tarife eine Beitragsrückerstattung in Form der Auszahlung vorgesehen, besteht ein Anspruch für jede versicherte Person, wenn

(a) aus ihrer Versicherung für das Geschäftsjahr keine Versicherungsleistungen erbracht worden sind und

(b) ihre Versicherung während des ganzen Geschäftsjahres in dem betreffenden Tarifverband bestanden hat und am 30. Juni des Folgejahres noch immer besteht. Der Anspruch bleibt erhalten, wenn die Versicherung nach Ablauf des Geschäftsjahres durch Eintritt der Pflichtversicherung oder des Todes endet.

(c) Die Beiträge für das leistungsfrei verlaufende Kalenderjahr müssen entrichtet worden sein.

3. Die Beitragsrückerstattung nach Absatz 2 kann nach der Anzahl der aufeinanderfolgenden Jahre, in denen die vorgenannten Voraussetzungen erfüllt worden sind, gestaffelt werden.

4. Eine Beitragsrückerstattung nach Absatz 2 erfolgt nicht vor dem 1. Juli des Folgejahres.

§9 Obliegenheiten

6.1 Die Erhöhung einer anderweitig bestehenden Krankenhaustagegeldversicherung bedarf ebenfalls der Einwilligung des Versicherers.

§13 Kündigung durch den Versicherungsnehmer

1.1 Der Versicherungsvertrag ist zunächst auf die Dauer von 2 Versicherungsjahren abgeschlossen. Er verlängert sich jeweils um ein weiteres Versicherungsjahr, wenn der Versicherungsnehmer ihn nicht fristgemäß nach Absatz 1 kündigt.

1.2 Das 1. Versicherungsjahr beginnt mit dem im Versicherungsschein bezeichneten Zeitpunkt (Versicherungsbeginn); es endet am 31. Dezember des betreffenden Kalenderjahres. Die folgenden Versicherungsjahre fallen mit dem Kalenderjahr zusammen.

§14 Kündigung durch den Versicherer

1.1 Eine Krankheitskostenvollversicherung liegt vor, wenn Tarife versichert sind, die Kostenerstattung für ambulante und stationäre Heilbehandlung vorsehen.

1.2 Sofern im Tarif nichts anderes bestimmt ist, ist das ordentliche Kündigungsrecht auch für eine nicht substitutive Krankenversicherung, die als Ergänzungsversicherung zur gesetzlichen Krankenversicherung nach Art der Lebensversicherung kalkuliert ist, ausgeschlossen.

2.1 Bei nachträglicher Erhöhung des Krankenhaustagegeldes kann der Versicherer die Vereinbarung über diese Erhöhung entsprechend Absatz 2 bis zum Ende des 3. Versicherungsjahres nach dem Umwandlungstermin kündigen.

Tarifbedingungen für die Krankentagegeldversicherung (KT)

Die Tarifbedingungen gelten im Zusammenhang mit den MB/KT (Stand: 2017)

§3 Wartezeiten

4.1 Die allgemeine Wartezeit kann erlassen werden, wenn dies auf einem besonderen Vordruck des Versicherers beantragt und der darin geforderte ärztliche Untersuchungsbericht vorgelegt wird.

Geht der Untersuchungsbericht nicht innerhalb von 2 Wochen nach der Antragstellung ein, gilt der Antrag für den Abschluss einer Versicherung mit bedingungsgemäßen Wartezeiten. Die Kosten für den Untersuchungsbericht sind vom Antragsteller zu tragen. Der Bericht wird Eigentum der Proximus Krankenversicherung AG.

5.1 Für die Anrechnung der Versicherungszeit kommt es nicht auf die Höhe des bisherigen Krankengeldanspruches an.

Die Regelung in Absatz 5 gilt entsprechend, wenn Personen mit Anspruch auf Heilfürsorge bzw. Beamte ihren Beruf aufgeben; in diesen Fällen wird die bisherige Dienstzeit auf die Wartezeiten angerechnet.

§4 Umfang der Leistungspflicht

2.1 Zahlungen jeder Art, die an die Stelle des Krankengeldes der gesetzlichen Krankenversicherung treten, sind dem Bezug von Krankengeld gleichgestellt.

2.2 Nehmen Arbeitnehmer nach vollständiger Arbeitsunfähigkeit (§1 Abs. 3) ihre berufliche Tätigkeit mit ärztlicher Zustimmung stufenweise auf, wird das Krankentagegeld für die Dauer der teilweisen Arbeitsunfähigkeit unter Abzug des während dieser Zeit erzielten Nettoeinkommens gezahlt, im Versicherungsfall jedoch längstens für 182 Tage.

2.3 Bei Tarifen für Selbstständige und für freiberuflich Tätige gilt als Nettoeinkommen der Gewinn (§2 Abs. 2.1 Einkommensteuergesetz) aus der im Versicherungsantrag angegebenen Tätigkeit.

5.1 Es können auch nicht niedergelassene Ärzte oder Zahnärzte gewählt werden, die die Behandlung in einem für die vertragsärztliche Versorgung zugelassenen medizinischen Versorgungszentrum oder einer ärztlich geleiteten Einrichtung erbringen und diese entsprechend der jeweils gültigen amtlichen Gebührenordnung abrechnen.

§5 Einschränkung der Leistungspflicht

1ba) Für eine erstmalige Entziehungsmaßnahme, für die kein anderweitiger Anspruch bei Verdienstausfall (Krankengeld, Übergangsgeld, Krankentagegeld, Leistungen des Arbeitgebers oder Ähnliches) besteht, wird das vereinbarte Krankentagegeld gezahlt, wenn der Versicherer dies vor Beginn der Maßnahme schriftlich zugesagt hat. Die Zusage kann von einer Begutachtung über die Erfolgsaussichten durch einen vom Versicherer beauftragten Arzt abhängig gemacht werden.

1ga) Ist im Verlaufe einer Arbeitsunfähigkeit eine stationäre medizinische Rehabilitation erforderlich, wird Krankentagegeld gezahlt, wenn und soweit der Versicherer zuvor eine schriftliche Zusage gegeben hat.

§8 Beitragszahlung

1.1 Beginnt die Versicherung nicht am 1. eines Kalendermonats, ist für den 1. Vertragsmonat nur der anteilige Betrag der monatlichen Beitragsrate zu zahlen. Der 1. Vertragsmonat beginnt mit dem im Versicherungsschein bezeichneten Zeitpunkt (Versicherungsbeginn); er endet mit dem letzten Kalendertag dieses Monats. Die folgenden Vertragsmonate beginnen jeweils mit dem 1. Kalendertag. Diese Definition findet auch dann Anwendung, wenn Fristen und Termine, die in Tarifen geregelt sind, auf Vertragsmonate abstellen.

2.1 Der Beitrag wird bei Abschluss des Versicherungsvertrages nach dem Eintrittsalter der versicherten Person festgesetzt. Als Eintrittsalter gilt der Unterschied zwischen dem Jahr der Geburt und dem Jahr des Versicherungsbeginns.

2.2 Bei Vorauszahlung der monatlichen Beitragsraten im Lastschriftverfahren bietet der Versicherer einen Beitragsnachlass von 5 % bei einer Vorauszahlung für 12 Monate, 3 % bei einer Vorauszahlung für 6 Monate und 2 % bei einer Vorauszahlung für 3 Monate.

§8b Beitragsanpassung

1.1 Ergibt die Gegenüberstellung nach Absatz 1 Satz 2 bei den Versicherungsleistungen eine Abweichung

1.2 von mehr als 10 %, müssen alle Beiträge dieser Beobachtungseinheit vom Versicherer überprüft und, soweit erforderlich, mit Zustimmung des Treuhänders angepasst werden;

1.3 bei einer Abweichung von mehr als 5 % können alle Beiträge dieser Beobachtungseinheit vom Versicherer überprüft und, soweit erforderlich, mit Zustimmung des Treuhänders angepasst werden.

1.4 Ergibt die Gegenüberstellung nach Absatz 1 Satz 2 bei der Sterbewahrscheinlichkeit eine Abweichung von mehr als 5 %, müssen alle Beiträge dieser Beobachtungseinheit vom Versicherer überprüft und mit Zustimmung des Treuhänders angepasst werden.

§9 Obliegenheiten

1.1 Die Arbeitsunfähigkeit ist spätestens 3 Tage nach dem vereinbarten Leistungsbeginn anzuzeigen. Bei länger als 2 Wochen dauernder Arbeitsunfähigkeit muss der Nachweis unaufgefordert alle 2 Wochen erneuert werden, sofern ihn der Versicherer nicht in anderen Abständen anfordert.

3.1 Die versicherte Person muss die Nachuntersuchung innerhalb von 3 Tagen nach Erhalt der Aufforderung durchführen lassen. Verweigert sie die Nachuntersuchung, kann das Krankentagegeld für die Dauer der Weigerung entzogen werden.

§11 Anzeigepflicht bei Wegfall der Versicherungsfähigkeit

Der Bezug von Altersrente (vgl. § 15 Buchst. c) ist dem Versicherer ebenfalls unverzüglich anzuzeigen. Im Übrigen gilt auch hier Satz 2 der obigen Bestimmung.

§13 Kündigung durch den Versicherungsnehmer

1.1 Das 1. Versicherungsjahr beginnt mit dem im Versicherungsschein bezeichneten Zeitpunkt (Versicherungsbeginn); es endet mit Ablauf des 11. darauffolgenden Monats. Die folgenden Versicherungsjahre beginnen jeweils am 1. des Monats, der auf den Ablauf des 1. Versicherungsjahres folgt.

§14 Kündigung durch den Versicherer

1.1 Besteht kein gesetzlicher Anspruch auf einen Beitragszuschuss des Arbeitgebers, wurde jedoch eine Vorversicherung nach § 3 Abs. 5 angerechnet, so verzichtet der Versicherer während der ersten 3 Versicherungsjahre in Höhe des früheren Krankengeldanspruches auf sein ordentliches Kündigungsrecht.

1.2 Bei nachträglicher Erhöhung des Krankentagegeldes kann der Versicherer die Vereinbarung über diese Erhöhung zum Ende des laufenden Versicherungsjahres oder zum Ende eines der folgenden 2 Versicherungsjahre mit einer Frist von 3 Monaten kündigen, sofern kein gesetzlicher Anspruch auf einen Beitragszuschuss des Arbeitgebers besteht.

§15 Sonstige Beendigungsgründe

1ca) spätestens mit Vollendung des 70. Lebensjahres. Es kann bis zum Ende des Monats, in dem das 75. Lebensjahr vollendet wird, fortgeführt werden, sofern weiterhin Versicherungsfähigkeit besteht. Die Fortführung ist gegenüber dem Versicherer spätestens bis zum Ablauf von 2 Monaten nach Vollendung des 70. Lebensjahres zu erklären. Bei Berufsunfähigkeit im Sinne von Absatz 1 Buchstabe (b) endet das fortgeführte Versicherungsverhältnis mit Ablauf des Monats, in dem die Berufsunfähigkeit eingetreten ist.

2.1 Fortsetzung des Versicherungsverhältnisses

Wird das Versicherungsverhältnis wegen Aufgabe einer Erwerbstätigkeit oder wegen Bezuges einer Berufsunfähigkeitsrente beendet, kann der Versicherungsnehmer das Versicherungsverhältnis für die Dauer der Unterbrechung der Erwerbstätigkeit oder die Dauer des Bezuges von Berufsunfähigkeitsrente hinsichtlich der betroffenen versicherten Person im Rahmen einer Anwartschaftsversicherung fortsetzen. Der Antrag auf diese Umwandlung des Versicherungsverhältnisses ist innerhalb von 2 Monaten seit Aufgabe einer Erwerbstätigkeit oder seit Bezug der Berufsunfähigkeitsrente, bei erst späterem Bekanntwerden des Ereignisses gerechnet, ab diesem Zeitpunkt zu stellen.

Bei Wechsel der beruflichen Tätigkeit hat der Versicherungsnehmer das Recht, die Fortsetzung der Versicherung hinsichtlich der betroffenen versicherten Person in demselben oder einem anderen Krankentagegeldtarif zu verlangen, soweit die Voraussetzungen für die Versicherungsfähigkeit erfüllt sind. Der Versicherer kann diese Weiterversicherung von besonderen Vereinbarungen abhängig machen.

Bei nur vorübergehendem Wegzug aus Deutschland kann der Versicherungsnehmer verlangen, das Versicherungsverhältnis im Rahmen einer Anwartschaftsversicherung fortzusetzen.

Tarifbedingungen für die Pflegeversicherung mit den Tarifstufen PVN und PVB

Die Tarifbedingungen umfassen Tarifteil PV 2017 des Verbandes der Privaten Krankenversicherung (Stand: April 2017)

Die Tarifbedingungen gelten im Zusammenhang mit den MB/PPV

- Leistungen der Versicherer ... 252
- Tarifstufe PVN für versicherte Personen ohne Anspruch auf Beihilfe ... 252
- Tarifstufe PVB für versicherte Personen mit Anspruch auf Beihilfe oder Heilfürsorge bei Pflegebedürftigkeit ... 252
  1. Häusliche Pflege ... 252
  2. Pflegegeld ... 253
  3. Häusliche Pflege bei Verhinderung einer Pflegeperson (Ersatzpflege) ... 253
  4. Pflegehilfsmittel und wohnumfeldverbessernde Maßnahmen ... 253
  5. Teilstationäre Pflege (Tages- und Nachtpflege) ... 253
  6. Kurzzeitpflege ... 254
  7. Vollstationäre Pflege und Pflege in vollstationären Einrichtungen der Hilfe für behinderte Menschen ... 254
  8. Leistungen zur sozialen Sicherung der Pflegepersonen ... 254
  9. Leistungen bei Pflegezeit der Pflegepersonen und kurzzeitiger Arbeitsverhinderung ... 254
  10. Pflegekurse für Angehörige und ehrenamtliche Pflegepersonen ... 255
  11. Angebote zur Unterstützung im Alltag und Anspruch auf einen Entlastungsbetrag ... 255
  12. Zahlung bei Verzögerung der Leistungsmitteilung ... 255
  13. Zusätzliche Leistungen für Versicherte in ambulant betreuten Wohngruppen ... 255
  14. Förderung der Gründung ambulant betreuter Wohngruppen ... 255

Dieser Tarif gilt in Verbindung mit dem Bedingungsteil (MB/PPV 2017) der Allgemeinen Versicherungsbedingungen für die private Pflegepflichtversicherung.

Leistungen der Versicherer

Tarifstufe PVN für versicherte Personen ohne Anspruch auf Beihilfe

Die Tarifleistungen betragen 100 % der nach den Nummern 1–14 vorgesehenen Beträge.

Tarifstufe PVB für versicherte Personen mit Anspruch auf Beihilfe oder Heilfürsorge bei Pflegebedürftigkeit

Versicherungsfähig sind Personen, die nach beamtenrechtlichen Vorschriften oder Grundsätzen bei Pflegebedürftigkeit Anspruch auf Beihilfe oder Heilfürsorge haben.

Die Tarifleistungen betragen gemäß § 23 Abs. 3 Satz 2 SGB XI i. V. m. § 46 Abs. 2 und 3 Bundesbeihilfeverordnung (BBhV) für

1. Beihilfeberechtigte 50 %,

2. Personen nach Nr. 1 mit zwei oder mehr berücksichtigungsfähigen Kindern 30 %,

3. Empfängerinnen und Empfänger von Versorgungsbezügen mit Ausnahme der Waisen und für entpflichtete Hochschullehrerinnen und Hochschullehrer, denen nach § 46 Abs. 3 Satz 6 BBhV ein Beihilfebemessungssatz von 70 % zusteht, 30 %,

4. bei der Beihilfe berücksichtigungsfähige Ehegattinnen und Ehegatten, Lebenspartnerinnen und Lebenspartner und beihilfeberechtigte Witwen und Witwer 30 %,

5. bei der Beihilfe berücksichtigungsfähige Kinder und beihilfeberechtigte Waisen 20 %, der in Tarifstufe PVN nach den Nummern 1–14 vorgesehenen Beträge.

Sehen die Beihilfevorschriften eines Landes bei Zahlung eines Zuschusses in Höhe von mindestens 41 € aufgrund von Rechtsvorschriften oder eines Beschäftigungsverhältnisses zum Krankenversicherungsbeitrag der unter Nr. 1–5 genannten Personen eine Absenkung des Beihilfebemessungssatzes vor, so erhöhen sich die Tarifleistungen um den der Absenkung entsprechenden Prozentsatz, höchstens jedoch um 20 Prozentpunkte.

Bei der leihweisen Überlassung von technischen Pflegehilfsmitteln werden diese entweder vom Träger der Beihilfe oder vom Versicherer zur Verfügung gestellt; die dem Versicherungsnehmer insoweit gegen den anderen Kostenträger zustehenden Ansprüche gehen auf den Träger der Beihilfe oder den Versicherer über, der das technische Pflegehilfsmittel bereitgestellt hat.

1. Häusliche Pflege

Die Aufwendungen für häusliche Pflegehilfe werden je Kalendermonat

(a) für Pflegebedürftige des Pflegegrades 2 bis zu 689 €,

(b) für Pflegebedürftige des Pflegegrades 3 bis zu 1.298 €,

(c) für Pflegebedürftige des Pflegegrades 4 bis zu 1.612 €,

(d) für Pflegebedürftige des Pflegegrades 5 bis zu 1.995 €

erstattet.

Erstattungsfähig sind die zwischen den Trägern des Pflegedienstes und den Leistungsträgern der sozialen Pflegeversicherung gemäß § 89 Abs. 1 SGB XI vereinbarten Vergütungen, soweit nicht die vom Bundesministerium für Gesundheit nach § 90 SGB XI erlassene Gebührenordnung für die Vergütung der ambulanten Pflegeleistungen und der hauswirtschaftlichen Versorgung der Pflegebedürftigen Anwendung findet. Zugelassene Pflegeeinrichtungen, die auf eine vertragliche Regelung der Pflegevergütung verzichten oder mit denen eine solche Regelung nicht zustande kommt, können den Preis für ihre ambulanten Leistungen unmittelbar mit der versicherten Person vereinbaren; es werden in diesem Fall jedoch höchstens 80 % der in Satz 1 vorgesehenen Beträge erstattet.

In Tarifstufe PVB werden die Beträge auf den tariflichen Prozentsatz gekürzt.

2. Pflegegeld

2.1 Das Pflegegeld beträgt je Kalendermonat

(a) 316 € für Pflegebedürftige des Pflegegrades 2,

(b) 545 € für Pflegebedürftige des Pflegegrades 3,

(c) 728 € für Pflegebedürftige des Pflegegrades 4,

(d) 901 € für Pflegebedürftige des Pflegegrades 5.

Das Pflegegeld wird in monatlichen Raten jeweils für den zurückliegenden Monat gezahlt.

In Tarifstufe PVB werden die Beträge auf den tariflichen Prozentsatz gekürzt.

2.2 Für die Beratung werden in den Pflegegraden 1, 2 und 3 bis zu 23 €, in den Pflegegraden 4 und 5 bis zu 33 € erstattet.

In Tarifstufe PVB werden die Beträge auf den tariflichen Prozentsatz gekürzt.

3. Häusliche Pflege bei Verhinderung einer Pflegeperson (Ersatzpflege)

Aufwendungen werden im Einzelfall mit bis zu 1.612 € je Kalenderjahr erstattet.

Bei einer Ersatzpflege durch Pflegepersonen, die mit der versicherten Person bis zum zweiten Grade verwandt oder verschwägert sind oder mit ihr in häuslicher Gemeinschaft leben, wird die Erstattung auf den Betrag des Pflegegeldes für den festgestellten Pflegegrad gemäß Nr. 2.1 des Tarifs PV begrenzt. Zusätzlich können auf Nachweis notwendige Aufwendungen, die der Pflegeperson im Zusammenhang mit der Ersatzpflege entstanden sind, erstattet werden. Die Erstattungen nach den Sätzen 2 und 3 sind zusammen auf die in Satz 1 genannten Beträge begrenzt.

Wird die Ersatzpflege erwerbsmäßig ausgeübt, erfolgt die Erstattung in Höhe des in Satz 1 genannten Betrages.

Der Leistungsbetrag kann sich um bis zu 806 € auf insgesamt bis zu 2.418 € im Kalenderjahr erhöhen, soweit im Kalenderjahr für diesen Betrag noch keine Leistung nach Nr. 6 des Tarifs PV (Kurzzeitpflege) in Anspruch genommen wurde. Bei Inanspruchnahme des Erhöhungsbetrages vermindern sich die Leistungen nach Nr. 6 des Tarifs PV entsprechend. Wurde bei den Leistungen nach Nr. 6 des Tarifs PV bereits der Erhöhungsbetrag in Anspruch genommen, wird dieser auf die Leistungen der Ersatzpflege angerechnet, d.h. der Leistungsbetrag kann sich auch vermindern (vgl. Nr. 6 des Tarifs PV).

In Tarifstufe PVB werden die Beträge auf den tariflichen Prozentsatz gekürzt.

4. Pflegehilfsmittel und wohnumfeldverbessernde Maßnahmen

Der Versicherer erstattet die im Pflegehilfsmittelverzeichnis der privaten Pflegepflichtversicherung aufgeführten Pflegehilfsmittel. Das Pflegehilfsmittelverzeichnis wird vom Verband der Privaten Krankenversicherung e.V. regelmäßig unter Berücksichtigung des medizinisch-technischen Fortschritts, der pflegewissenschaftlichen Erkenntnisse und der Rechtsprechung des Bundessozialgerichts fortgeschrieben. Im Einzelfall sind Aufwendungen für im Pflegehilfsmittelverzeichnis nicht aufgeführte Pflegehilfsmittel nur dann erstattungsfähig, wenn die Voraussetzungen in § 4 Abs. 7 Satz 1 Halbsatz 2 erfüllt sind und die Pflegehilfsmittel nicht wegen Krankheit oder Behinderung von der Krankenversicherung oder anderen zuständigen Leistungsträgern zu leisten sind. Dabei können Pflegehilfsmittel grundsätzlich nur im Hinblick auf solche Betätigungen beansprucht werden, die für die Lebensführung im häuslichen Umfeld erforderlich sind. Von der Erstattung aus der Pflegeversicherung ausgeschlossen sind Pflegehilfsmittel, die nicht allein oder jedenfalls schwerpunktmäßig der Pflege, sondern vorwiegend dem Behinderungsausgleich dienen.

4.1 Technische Pflegehilfsmittel werden in allen geeigneten Fällen vorrangig leihweise überlassen. Lehnen versicherte Personen die leihweise Überlassung eines technischen Pflegehilfsmittels ohne zwingenden Grund ab, haben sie die Aufwendungen für das technische Pflegehilfsmittel in vollem Umfang selbst zu tragen.

Soweit Leihe nicht möglich ist, werden Aufwendungen für technische Pflegehilfsmittel zu

100 %

erstattet. Dabei tragen Versicherte, die das 18. Lebensjahr vollendet haben, eine Selbstbeteiligung von 10 % der Aufwendungen, höchstens jedoch 25 € je Pflegehilfsmittel; in Härtefällen kann der Versicherer von der Selbstbeteiligung absehen.

4.2 Aufwendungen für zum Verbrauch bestimmte Pflegehilfsmittel werden bis zu

40 €

je Kalendermonat erstattet.

4.3 Die Zuschüsse für Maßnahmen zur Verbesserung des individuellen Wohnumfeldes sind auf

4.000 €

je Maßnahme begrenzt.

Leben mehrere Pflegebedürftige in einer gemeinsamen Wohnung und dient der Zuschuss der Verbesserung des gemeinsamen Wohnumfeldes, ist der Zuschuss auf den Betrag begrenzt, der sich ergibt, wenn die Kosten der Maßnahme durch die Anzahl der zuschussberechtigten Bewohner geteilt wird. Dabei werden Kosten der Maßnahme von bis zu 16.000 € berücksichtigt. Satz 1 gilt entsprechend.

In Tarifstufe PVB werden die vorgesehenen Leistungen auf den tariflichen Prozentsatz gekürzt.

5. Teilstationäre Pflege (Tages- und Nachtpflege)

Im Rahmen der gültigen Pflegesätze werden Aufwendungen für allgemeine Pflegeleistungen je Kalendermonat

(a) bei Pflegebedürftigen des Pflegegrades 2 bis zu 689 €,

(b) bei Pflegebedürftigen des Pflegegrades 3 bis zu 1.298 €,

(c) bei Pflegebedürftigen des Pflegegrades 4 bis zu 1.612 €,

(d) bei Pflegebedürftigen des Pflegegrades 5 bis zu 1.995 €

erstattet.

Im Rahmen des jeweiligen Höchstbetrages sind auch die Aufwendungen für die notwendige Beförderung der versicherten Person zu und von der Wohnung zur Einrichtung der Tagespflege oder der Nachtpflege sowie die Aufwendungen für Betreuung und für die in der Einrichtung notwendigen Leistungen der medizinischen Behandlungspflege erstattungsfähig.

Erstattungsfähig sind die zwischen den Trägern der Pflegeheime und den Leistungsträgern der sozialen Pflegeversicherung bzw. in den Pflegesatzkommissionen vereinbarten Pflegesätze. Zugelassene Pflegeeinrichtungen, die auf eine vertragliche Regelung der Pflegevergütung verzichten oder mit denen eine solche Regelung nicht zustande kommt, können den Preis für die allgemeinen Pflegeleistungen unmittelbar mit der versicherten

Person vereinbaren; es werden in diesem Fall jedoch höchstens 80 % der in Satz 1 vorgesehenen Beträge erstattet.

In Tarifstufe PVB werden die Beträge auf den tariflichen Prozentsatz gekürzt.

6. Kurzzeitpflege

Der Anspruch auf Kurzzeitpflege ist auf 8 Wochen pro Kalenderjahr beschränkt. Im Rahmen der gültigen Pflegesätze werden die pflegebedingten Aufwendungen einschließlich der Aufwendungen für Betreuung sowie für Leistungen der medizinischen Behandlungspflege bis zu einem Gesamtbetrag von
1.612 €
pro Kalenderjahr ersetzt.

Nr. 5 Satz 3 und 4 des Tarifs PV gilt entsprechend. Enthalten die Entgelte der Einrichtungen gemäß § 4 Abs. 10 Satz 4 Aufwendungen für Unterkunft und Verpflegung sowie für Investitionen, die nicht gesondert ausgewiesen sind, wird das erstattungsfähige Entgelt auf 60 % gekürzt. In begründeten Einzelfällen kann der Versicherer davon abweichende pauschale Abschläge vornehmen.

Der Leistungsbetrag kann sich um bis zu 1.612 € auf insgesamt bis zu 3.224 € im Kalenderjahr erhöhen, soweit im Kalenderjahr für diesen Betrag noch keine Leistung nach Nr. 3 des Tarifs PV (Ersatzpflege) in Anspruch genommen wurde. Bei Inanspruchnahme des Erhöhungsbetrages vermindern sich die Leistungen nach Nr. 3 des Tarifs PV entsprechend. Wurde bei den Leistungen nach Nr. 3 des Tarifs PV bereits der Erhöhungsbetrag in Anspruch genommen, wird dieser auf die Leistungen der Kurzzeitpflege angerechnet, d.h. der Leistungsbetrag kann sich auch vermindern (vgl. Nr. 3 des Tarifs PV).

In Tarifstufe PVB werden die Beträge auf den tariflichen Prozentsatz gekürzt.

7. Vollstationäre Pflege und Pflege in vollstationären Einrichtungen der Hilfe für behinderte Menschen

7.1 Bei vollstationären Pflegeeinrichtungen werden im Rahmen der gültigen Pflegesätze pflegebedingte Aufwendungen einschließlich der Aufwendungen für Betreuung und für medizinische Behandlungspflege pauschal

(a) für Pflegebedürftige des Pflegegrades 2 in Höhe von 770 € je Kalendermonat,

(b) für Pflegebedürftige des Pflegegrades 3 in Höhe von 1.262 € je Kalendermonat,

(c) für Pflegebedürftige des Pflegegrades 4 in Höhe von 1.775 € je Kalendermonat,

(d) für Pflegebedürftige des Pflegegrades 5 in Höhe von 2.005 € je Kalendermonat

erstattet. Aufwendungen für Unterkunft und Verpflegung werden insoweit übernommen, als der jeweils nach Satz 1 zustehende Leistungsbetrag die pflegebedingten Aufwendungen einschließlich der Aufwendungen für Betreuung und für medizinische Behandlungspflege übersteigt.

Nr. 5 Satz 3 und 4 gilt entsprechend.

In Tarifstufe PVB werden die Beträge auf den tariflichen Prozentsatz gekürzt.

7.2 Versicherten Personen der Pflegegrade 2 bis 5 werden bei Pflege in vollstationären Einrichtungen der Hilfe für behinderte Menschen (vgl. § 4 Abs. 1 Satz 3 Halbsatz 2) die Aufwendungen gemäß Nr. 7.1 Satz 1 mit einem Betrag in Höhe von 10 % des nach § 75 Abs. 3 SGB XII vereinbarten Heimentgelts, im Einzelfall höchstens 266 € je Kalendermonat, abgegolten. Wird für die Tage, an denen die versicherte Person zu Hause gepflegt und betreut wird, anteiliges Pflegegeld beansprucht, gelten die Tage der An- und Abreise als volle Tage der häuslichen Pflege.

Nr. 5 Satz 3 und 4 gilt entsprechend.

In Tarifstufe PVB wird der Betrag auf den tariflichen Prozentsatz gekürzt.

7.3 Erstattungsfähig gemäß § 4 Abs. 11 Satz 3 ist ein Betrag von 2.952 €.

In Tarifstufe PVB wird der Betrag auf den tariflichen Prozentsatz gekürzt.

7.4 Erstattungsfähig sind die gemäß § 84 Abs. 8 SGB XI und § 85 Abs. 8 SGB XI vereinbarten Vergütungszuschläge.

In Tarifstufe PVB wird der Betrag auf den tariflichen Prozentsatz gekürzt.

7.5 Für Pflegebedürftige des Pflegegrades 1 werden pflegebedingte Aufwendungen einschließlich der Aufwendungen für Betreuung und für medizinische Behandlungspflege pauschal in Höhe von 125 € je Kalendermonat erstattet.

Nr. 5 Satz 4 gilt entsprechend.

In Tarifstufe PVB wird der Betrag auf den tariflichen Prozentsatz gekürzt.

8. Leistungen zur sozialen Sicherung der Pflegepersonen

Die Zahlung der Beiträge an den zuständigen Träger der Rentenversicherung oder an die zuständige berufsständische Versorgungseinrichtung erfolgt nach Maßgabe der §§ 3, 137, 166 und 170 Sozialgesetzbuch (SGB) - Sechstes Buch (VI) - in Abhängigkeit von der jährlich neu festzusetzenden Bezugsgröße, dem Pflegegrad und dem sich daraus ergebenden Umfang notwendiger Pflegetätigkeit.

Die Zahlung der Beiträge an die Bundesagentur für Arbeit erfolgt nach Maßgabe der §§ 26, 345, 347 und 349 Sozialgesetzbuch (SGB) - Drittes Buch (III).

In Tarifstufe PVB werden die Beiträge auf den tariflichen Prozentsatz gekürzt.

9. Leistungen bei Pflegezeit der Pflegepersonen und kurzzeitiger Arbeitsverhinderung

9.1 Die Zahlung der Zuschüsse zur Kranken- und Pflegepflichtversicherung erfolgt bei Freistellungen nach § 3 Pflegezeitgesetz nach Maßgabe von § 44a Abs. 1 SGB XI; ihrer Höhe nach sind sie begrenzt auf die Mindestbeiträge, die von freiwillig in der gesetzlichen Krankenversicherung versicherten Personen zur gesetzlichen Krankenversicherung und zur sozialen Pflegeversicherung zu entrichten sind, und dort die tatsächlich gezahlten Beiträge nicht übersteigen.

In Tarifstufe PVB werden die Zuschüsse und Beiträge auf den tariflichen Prozentsatz gekürzt.

9.2 Die Höhe des Pflegeunterstützungsgeldes bei kurzzeitiger Arbeitsverhinderung nach § 2 Pflegezeitgesetz richtet sich nach § 45 Abs. 2 Satz 3 bis 5 SGB V.

Die Beiträge zur gesetzlichen Krankenversicherung aus dem Pflegeunterstützungsgeld werden nach Maßgabe der §§ 232b, 249c, 252 SGB V bzw. zur Krankenversicherung der Landwirte nach Maßgabe der §§ 48a, 49 KVLG 1989 gezahlt.

Die Zahlung der Zuschüsse zur Krankenversicherung für eine Versicherung bei einer privaten Krankenversicherung, bei der Postbeamtenkrankenkasse oder der Krankenversorgung der Bundesbahnbeamten erfolgt während der Dauer des Bezuges von Pflegeunterstützungsgeld nach Maßgabe von § 44a Abs. 4 SGB XI. Die Zuschüsse zu den Beiträgen belaufen sich auf den Betrag, der bei Versicherungspflicht in der gesetzlichen Krankenversicherung als Arbeitgeberanteil nach § 249c SGB V aufzubringen wäre, und dürfen die tatsächliche Höhe der Beiträge nicht übersteigen.

Die Beiträge zur Arbeitslosenversicherung aus dem Pflegeunterstützungsgeld werden nach Maßgabe der §§ 26, 345, 347, 349 SGB III gezahlt.

Die Beiträge zur Rentenversicherung aus dem Pflegeunterstützungsgeld werden nach Maßgabe der §§ 3, 137, 166, 173, 176, 191 SGB VI gezahlt.

Für Pflichtmitglieder in einem berufsständischen Versorgungswerk werden die Beiträge nach Maßgabe des § 44a Abs. 4 Satz 5 SGB XI gezahlt.

In Tarifstufe PVB werden die Zuschüsse und Beiträge auf den tariflichen Prozentsatz gekürzt.

9.3 Landwirtschaftliche Unternehmer erhalten Betriebshilfe entsprechend § 9 KVLG 1989. Diese Kosten werden der landwirtschaftlichen Pflegekasse erstattet. Für privat pflegeversicherte landwirtschaftliche Unternehmer wird stattdessen ein pauschaler Betrag in Höhe von 200 € täglich für bis zu 10 Arbeitstage Betriebshilfe gezahlt.

In Tarifstufe PVB werden die Zahlungen auf den tariflichen Prozentsatz gekürzt.

10. Pflegekurse für Angehörige und ehrenamtliche Pflegepersonen

Soweit der Versicherer die Kurse nicht selbst oder gemeinsam mit anderen Krankenversicherern durchführt, erstattet er, entsprechend dem tariflichen Prozentsatz, die Aufwendungen für den Besuch eines Pflegekurses, der von einer anderen vom Versicherer beauftragten Einrichtung durchgeführt wird.

11. Angebote zur Unterstützung im Alltag und Anspruch auf einen Entlastungsbetrag

Zweckgebundene Aufwendungen für qualitätsgesicherte Leistungen zur Entlastung nahestehender Pflegepersonen sowie zur selbstbestimmten Entlastung des Alltags im Zusammenhang mit der Inanspruchnahme von Leistungen

(a) der teilstationären Pflege,

(b) der Kurzzeitpflege,

(c) der Pflegekräfte gemäß § 4 Abs. 1 Satz 7, in den Pflegegraden 2 bis 5 jedoch nicht von Leistungen im Bereich der Selbstversorgung, oder

(d) der nach Landesrecht anerkannten Angebote zur Unterstützung im Alltag im Sinne von § 45a SGB XI

werden bis zu

125 €

monatlich erstattet. Wird der Betrag nach Satz 1 in einem Kalenderjahr nicht ausgeschöpft, kann der nicht verbrauchte Betrag in das folgende Kalenderhalbjahr übertragen werden.

In Tarifstufe PVB wird der jeweils zu zahlende Betrag auf den tariflichen Prozentsatz gekürzt.

12. Zahlung bei Verzögerung der Leistungsmitteilung

Bei Verzögerung der Leistungsmitteilung nach § 6 Abs. 2a beträgt die Zusatzzahlung je begonnene Woche der Fristüberschreitung 70 €.

13. Zusätzliche Leistungen für Versicherte in ambulant betreuten Wohngruppen

Der monatliche pauschale Zuschlag für Versicherte in ambulant betreuten Wohngruppen nach § 4 Abs. 7a beträgt 214 €.

In Tarifstufe PVB wird der Vergütungszuschlag auf den tariflichen Prozentsatz gekürzt.

14. Förderung der Gründung ambulant betreuter Wohngruppen

Der Anspruch des Versicherten beläuft sich auf den Betrag, der sich ergibt, wenn man den Höchstförderbetrag je Wohngruppe von 10.000 € durch die Anzahl der förderberechtigten Bewohner teilt, höchstens aber 2.500 €.

In Tarifstufe PVB wird der Vergütungszuschlag auf den tariflichen Prozentsatz gekürzt.

Tarifbedingungen für das Pflegetagegeld (PET)

Die Tarifbedingungen gelten im Zusammenhang mit den MB/EPV (Stand: 2017)

1. Umfang der Leistungspflicht

(1) Die Leistungspflicht des Versicherers beginnt mit dem Beginn und endet mit dem Ende der Leistungspflicht des Trägers der Pflegepflichtversicherung gemäß SGB XI.

(2) Beginn und Fortdauer der Leistungspflicht des Trägers der Pflegepflichtversicherung sowie dessen Zuordnung der versicherten Person in einen der Pflegegrade sind nachzuweisen.

(3) Für häusliche, teilstationäre Pflege bzw. Kurzzeitpflege und vollstationäre Pflege werden insgesamt

- (a) Pflegegrad 1: 10 %
- (b) Pflegegrad 2: 30 %
- (c) Pflegegrad 3: 60 %
- (d) Pflegegrad 4: 90 %
- (e) Pflegegrad 5: 100 %

des vereinbarten Tagessatzes gezahlt.

(4) Besteht mindestens Pflegegrad 3, entfällt die Beitragszahlungspflicht für die versicherte Person. Dieser Anspruch erlischt mit Ende des Monats, in dem für die versicherte Person nicht mehr Pflegegrad 3 oder ein höherer Pflegegrad festgestellt wird.

Tarifbedingungen für die Beitragsentlastungsvereinbarung (BEV)

(Stand: 2017)

Sie können die Beitragsentlastungsvereinbarung ab dem Eintrittsalter 20 und spätestens bis zur Vollendung des 59. Lebensjahres der versicherten Person mit uns treffen.

1. Was ist vereinbart?

1.1 Wann und in welcher Höhe reduzieren wir den Monatsbeitrag der Krankheitskostenvollversicherung?

Ab Beginn des Monats, der auf die Vollendung des 65. Lebensjahres folgt, setzt die Beitragsentlastung aus dieser Vereinbarung ein: Der Monatsbeitrag, der für die Krankheitskostenvollversicherung der versicherten Person zu zahlen ist, wird um den vereinbarten monatlichen Entlastungsbetrag reduziert. Der Monatsbeitrag für die Beitragsentlastungsvereinbarung ist bis zum Ende der Vertragslaufzeit der Krankheitskostenvollversicherung zu entrichten.

1.2 Wie hoch kann der Entlastungsbetrag sein?

Sie können einen monatlichen Entlastungsbetrag in Stufen von jeweils 50 € vereinbaren. Diesen können Sie jederzeit bis zur Vollendung des 59. Lebensjahres der versicherten Person erhöhen. Der Entlastungsbetrag darf den zu zahlenden Beitrag für die Krankheitskostenvollversicherung der versicherten Person nicht übersteigen.

Sinkt der Monatsbeitrag für die Krankheitskostenvollversicherung unter den Entlastungsbetrag, setzen wir diesen zum gleichen Zeitpunkt ebenfalls herab. Wir reduzieren den Entlastungsbetrag so weit, dass seine nächstliegende Stufe den Beitrag für die Krankheitskostenvollversicherung nicht mehr übersteigt. Wir rechnen die Alterungsrückstellung, die wir für den entfallenden Teil des Entlastungsbetrages gebildet haben, auf den verbleibenden Beitrag an. Dies gilt auch, wenn wir auf Ihren Wunsch den vereinbarten Entlastungsbetrag reduzieren.

Tarifbedingungen für den Standardtarif (ST)

Die Tarifbedingungen umfassen Tarifteil ST 2009 des Verbandes der Privaten Krankenversicherung (Stand: Januar 2017)

Die Tarifbedingungen gelten im Zusammenhang mit den MB/ST

Tarifstufen, Aufnahme- und Versicherungsfähigkeit, Nachweispflichten

(1) Der Standardtarif wird in der Variante ST in 2 Tarifstufen angeboten:
- Tarifstufe STN,
- Tarifstufe STB.

(2) Aufnahme- und versicherungsfähig in Tarifstufe STN sind Personen, die bei Krankheit keinen Beihilfeanspruch nach beamtenrechtlichen Vorschriften und Grundsätzen haben und die über eine Vorversicherungszeit von mindestens 10 Jahren in einem substitutiven Versicherungsschutz (§ 146 VAG) verfügen, wenn sie

(a) das 65. Lebensjahr vollendet haben,

(b) das 55. Lebensjahr vollendet haben und ihr jährliches Gesamteinkommen (§ 16 SGB IV) die Jahresarbeitsentgeltgrenze nach § 6 Abs. 7 SGB V nicht übersteigt,

(c) vor Vollendung des 55. Lebensjahres eine Rente der gesetzlichen Rentenversicherung beziehen oder die Voraussetzungen für diese Rente erfüllen und sie beantragt haben und ihr jährliches Gesamteinkommen (§ 16 SGB IV) die Jahresarbeitsentgeltgrenze (§ 6 Abs. 7 SGB V) nicht übersteigt. Aufnahmefähig sind auch deren Familienangehörige, die bei Versicherungspflicht des Standardtarifversicherten in der GKV nach § 10 SGB V familienversichert wären.

(3) Aufnahme- und versicherungsfähig in Tarifstufe STB sind Personen, die nach beamtenrechtlichen Vorschriften oder Grundsätzen bei Krankheit Anspruch auf Beihilfe haben sowie deren im Sinne der Beihilfevorschriften des Bundes oder eines Bundeslandes berücksichtigungsfähige Angehörige, wenn sie über eine Vorversicherungszeit von mindestens 10 Jahren in einem substitutiven Versicherungsschutz (§ 146 VAG) verfügen und die Voraussetzungen nach Absatz 2a und b erfüllen.

Außerdem sind in Tarifstufe STB Personen aufnahme- und versicherungsfähig, die über eine Vorversicherungszeit von mindestens 10 Jahren in einem substitutiven Versicherungsschutz (§ 146 VAG) verfügen und vor Vollendung des 55. Lebensjahres ein Ruhegehalt nach beamtenrechtlichen oder vergleichbaren Vorschriften beziehen und deren jährliches Gesamteinkommen (§ 16 SGB IV) die Jahresarbeitsentgeltgrenze nach § 6 Abs. 7 SGB V nicht übersteigt; dies gilt auch für deren Familienangehörige, die bei Versicherungspflicht des Standardtarifversicherten in der GKV nach § 10 SGB V familienversichert wären.

(4) Neben dem Standardtarif darf für eine versicherte Person keine weitere Krankheitskostenteil- oder -vollversicherung bestehen oder abgeschlossen werden; auch nicht bei einem anderen Versicherungsunternehmen.

(5) War zu Beginn der Versicherung das Risiko durch Vorerkrankungen erhöht, wird bei Versicherten nach Absatz 2 und 3 ein vereinbarter Risikozuschlag bei Fortbestehen der Risikoerhöhung in gleicher prozentualer Höhe auch im Standardtarif erhoben. Ist der Versicherungsschutz des Standardtarifes aber höher oder umfassender als der bisherige, kann insoweit ein Risikozuschlag verlangt werden; ferner sind für den hinzukommenden Teil des Versicherungsschutzes Wartezeiten einzuhalten. Ein zu Beginn der Versicherung vereinbarter Leistungsausschluss wird bei Fortbestehen der Risikoerhöhung in einen Risikozuschlag umgewandelt. Der sich mit dem Risikozuschlag ergebende Beitrag darf jedoch die Beitragsbegrenzung nach § 8a Abs. 2 MB/ST nicht übersteigen.

Tarifbedingungen für den Basistarif (BT)

Die Tarifbedingungen umfassen Tarifteil BT 2013 des Verbandes der Privaten Krankenversicherung (Stand: Juli 2017)

Die Tarifbedingungen gelten im Zusammenhang mit den AVB/BT

	Leistungen des Versicherers	258
A.	Ambulante Heilbehandlung	258
B.	Maßnahmen nach § 1 Abs. 3a) MB/BT 2009	262
C.	Zahnbehandlung und -ersatz, Kieferorthopädie	262
D.	Stationäre Heilbehandlung	264
E.	Fahrkosten	265
F.	Krankentagegeld	265
G.	Mutterschaftsgeld	266
H.	Auslandsbehandlung	266
I.	Zuzahlungen und Selbstbehalte	267

Leistungen des Versicherers

Die Höhe der Versicherungsleistungen hängt davon ab, welcher Tarifstufe und welcher Leistungsstufe innerhalb der Tarifstufe die versicherte Person angehört. Die versicherbaren Leistungsstufen ergeben sich aus der Beitragstabelle.

Bei Tarifstufe BTN beträgt die Höhe der Versicherungsleistungen 100 % der Leistungszusage nach den Abschnitten A bis I.

Bei Tarifstufe BTB hängt die Höhe der Versicherungsleistungen von der Leistungsstufe ab, der die versicherte Person zugeordnet ist; die Zuordnung zu den verschiedenen Leistungsstufen wird bestimmt durch den für die versicherte Person geltenden Beihilfebemessungssatz. Beihilfebemessungssatz und Erstattungssatz des Basistarifes dürfen insgesamt 100 % nicht überschreiten.

A. Ambulante Heilbehandlung

1. Ärztliche Behandlung

(1) Erstattungsfähig sind die Aufwendungen für ärztliche Leistungen einschließlich gezielter Vorsorgeuntersuchungen und Schutzimpfungen durch Vertragsärzte, die für die vertragsärztliche Versorgung im Bundesmantelvertrag-Ärzte/Ersatzkassen bzw. einem diesen ersetzenden Nachfolgevertrag, dem Einheitlichen Bewertungsmaßstab und den Richtlinien des Gemeinsamen Bundesausschusses festgelegt sind. Aufwendungen für neue Untersuchungs- und Behandlungsmethoden sind nur erstattungsfähig, wenn der Gemeinsame Bundesausschuss diese in die Versorgung in der gesetzlichen Krankenversicherung einbezogen hat.

(2) Die erstattungsfähigen Aufwendungen werden bis zu den im Folgenden genannten Höchstsätzen zu 100 % ersetzt, sofern nicht Abzüge für einen vertraglich vereinbarten Selbstbehalt vorzunehmen sind:

(a) 1,16-facher Satz der Gebührenordnung für Ärzte (GOÄ) für Leistungen nach Abschnitt M sowie für die Leistung nach Ziffer 437 des Gebührenverzeichnisses der GOÄ,

(b) 1,38-facher Satz GOÄ für Leistungen nach den Abschnitten A, E und O des Gebührenverzeichnisses der GOÄ,

(c) 1,8-facher Satz GOÄ für alle übrigen Leistungen des Gebührenverzeichnisses der GOÄ.

Ersetzt werden auch Aufwendungen für pauschalierte Entgelte, wenn sie die Höchstsätze nach Satz 1 nicht übersteigen.

(3) Werden die Vergütungen für die ärztliche Behandlung gemäß Absatz 1 durch Verträge zwischen dem Verband der Privaten Krankenversicherung e.V. im Einvernehmen mit den Trägern der Kosten in Krankheits-, Pflege- und Geburtsfällen nach beamtenrechtlichen Vorschriften einerseits und den Kassenärztlichen Vereinigungen oder der Kassenärztlichen Bundesvereinigung andererseits ganz oder teilweise abweichend geregelt, gelten die jeweils vertraglich vereinbaren Vergütungen.

2. Psychotherapie

(1) Erstattungsfähig sind Aufwendungen für ambulante Psychotherapie, wenn und soweit der Versicherer zuvor im Rahmen eines Konsiliar- und Gutachterverfahrens eine schriftliche Leistungszusage erteilt hat. Leistungen werden nur für die in der gesetzlichen Krankenversicherung entsprechend den Richtlinien des Gemeinsamen Bundesausschusses in Abhängigkeit von bestimmten Diagnosen

(a) zugelassenen Verfahren

(b) bei Inanspruchnahme entsprechend qualifizierter Vertragsärzte oder zugelassener Psychologischer Psychotherapeuten

(c) bis zum jeweils festgelegten Höchstumfang zugesagt.

(2) Für die folgenden Maßnahmen ist eine Zusage ausgeschlossen:

Maßnahmen zur beruflichen Anpassung und Berufsförderung, Erziehungsberatung, Sexualberatung, körperbezogene Therapieverfahren, darstellende Gestaltungstherapie sowie heilpädagogische oder sonstige Maßnahmen, für die die gesetzliche Krankenversicherung keine Leistungen vorsieht.

(3) Die erstattungsfähigen Aufwendungen werden, sofern nicht Abzüge für einen vertraglich vereinbarten Selbstbehalt vorzunehmen sind, zu 100 % ersetzt

(a) bei Ärzten bis zu den in Nr. 1 Abs. 2 und 3 genannten Höchstsätzen,

(b) bei Psychotherapeuten gemäß § 4 Abs. 2 Satz 2 MB/BT 2009 bis zum 1,8-fachen des Gebührensatzes der Gebührenordnung für Psychotherapeuten und Kinder- und Jugendlichenpsychotherapeuten (GOP); Nr. 1 Abs. 3 gilt entsprechend.

3. Gestrichen

4. Soziotherapie

(1) Erstattungsfähig sind Aufwendungen für Soziotherapie entsprechend den Richtlinien des Gemeinsamen Bundesausschusses, wenn die versicherte Person wegen schwerer psychischer Erkrankungen nicht in der Lage ist, ärztliche oder ärztlich verordnete Leistungen selbstständig in Anspruch zu nehmen und wenn dadurch Krankenhausbehandlung vermieden oder verkürzt wird, oder wenn Krankenhausbehandlung geboten, aber nicht ausführbar ist. Voraussetzung ist eine vorherige schriftliche Leistungszusage des Versicherers. Die Verordnung muss durch einen von der Kassenärztlichen Vereinigung hierzu befugten Vertragsarzt erfolgen.

(2) Der Anspruch besteht für höchstens 120 Stunden innerhalb von 3 Jahren je Versicherungsfall. Die Dreijahresfrist wird durch einen zwischenzeitlichen Wechsel des Versicherers nicht berührt. Die versicherte Person ist verpflichtet, auf Verlangen des Versicherers einen Nachweis über die Inanspruchnahme zu führen.

(3) Die erstattungsfähigen Aufwendungen werden zu 100 % ersetzt

(a) bei Ärzten bis zu den in Nr. 1 Abs. 2 und 3 genannten Höchstsätzen,

(b) bei Fachkräften für Soziotherapie nicht mehr als der Betrag, der für die Versorgung eines Versicherten der gesetzlichen Krankenversicherung aufzuwenden wäre,

sofern nicht Abzüge für einen vertraglich vereinbarten Selbstbehalt und für Zuzahlungen vorzunehmen sind. Die Zuzahlung beträgt 8 € je Behandlungstag. Kinder und Jugendliche bis zum vollendeten 18. Lebensjahr sind von der Zuzahlung befreit.

5. Häusliche Krankenpflege

(1) Erstattungsfähig sind Aufwendungen für ärztlich verordnete häusliche Krankenpflege entsprechend den Richtlinien des Gemeinsamen Bundesausschusses durch geeignete Pflegekräfte, wenn Krankenhausbehandlung geboten, aber nicht ausführbar ist oder wenn sie durch die häusliche Krankenpflege vermieden oder verkürzt wird. Die häusliche Krankenpflege umfasst die im Einzelfall erforderliche Grund- und Behandlungspflege sowie hauswirtschaftliche Versorgung.

Ist die häusliche Krankenpflege zur Sicherung des Zieles der ärztlichen Behandlung erforderlich, sind nur die Aufwendungen für Behandlungspflege erstattungsfähig.

(2) Der Anspruch auf häusliche Krankenpflege besteht nur, soweit eine im Haushalt lebende Person die versicherte Person nicht wie notwendig pflegen und versorgen kann. Leistungen werden nur erbracht, wenn und soweit der Versicherer eine vorherige schriftliche Zusage erteilt hat.

(3) Der Anspruch gemäß Absatz 1 Satz 1 besteht bis zu 4 Wochen je Versicherungsfall.

(4) Die erstattungsfähigen Aufwendungen werden zu 100 % ersetzt

(a) bei Ärzten bis zu den in Nr. 1 Abs. 2 und 3 genannten Höchstsätzen,

(b) bei Pflegefachkräften nicht mehr als der Betrag, der für die Versorgung eines Versicherten der gesetzlichen Krankenversicherung aufzuwenden wäre,

sofern nicht Abzüge für einen vertraglich vereinbarten Selbstbehalt und für Zuzahlungen vorzunehmen sind. Die Zuzahlung beträgt 8 € je Tag, begrenzt auf die für die ersten 28 Kalendertage je Kalenderjahr anfallenden Kosten, sowie 10 € je Verordnung. Kinder und Jugendliche bis zum vollendeten 18. Lebensjahr sind von der Zuzahlung befreit.

6. Haushaltshilfe

(1) Erstattungsfähig sind Aufwendungen für Haushaltshilfe, wenn der versicherten Person die Weiterführung des Haushaltes nicht möglich ist wegen

(a) Krankenhausbehandlung,

(b) Anschlussheilbehandlung und Rehabilitation,

(c) medizinischer Vorsorgeleistungen,

(d) medizinischer Vorsorge für Mütter und Väter,

(e) medizinischer Rehabilitation für Mütter und Väter,

(f) Schwangerschaft und Entbindung,

(g) häuslicher Krankenpflege.

(2) Der Anspruch setzt voraus, dass im Haushalt der versicherten Person ein Kind lebt, das bei Beginn der Haushaltshilfe das 12. Lebensjahr noch nicht vollendet hat oder das behindert und auf Hilfe angewiesen ist, und keine im Haushalt lebende Person den Haushalt weiterführen kann.

(3) Die erstattungsfähigen Aufwendungen werden, sofern nicht Abzüge für einen vertraglich vereinbarten Selbstbehalt und für eine Zuzahlung vorzunehmen sind, zu 100 % ersetzt, jedoch nicht mehr als der Betrag, der für einen Versicherten der gesetzlichen Krankenversicherung aufzuwenden wäre. Die Zuzahlung beträgt 8 € je Kalendertag. Kinder und Jugendliche bis zum vollendeten 18. Lebensjahr sind von der Zuzahlung befreit.

7. Arznei- und Verbandmittel

(1) Erstattungsfähig sind Aufwendungen für verschreibungspflichtige Arzneimittel, die von einem Vertragsarzt verordnet worden sind und innerhalb eines Monats nach Ausstellung der Verordnung aus der Apotheke (auch Internet- und Versandapotheke) bezogen werden. Erstattungsfähig sind ferner nicht verschreibungspflichtige Arzneimittel, die nach den Arzneimittel-Richtlinien des Gemeinsamen Bundesausschusses durch den behandelnden Vertragsarzt ausnahmsweise zulasten der gesetzlichen Krankenversicherung verordnet werden können.

Stehen für das verordnete Arzneimittel mehrere wirkstoffgleiche Arzneimittel zur Verfügung, sind nur Aufwendungen für eines der 3 preisgünstigsten Arzneimittel erstattungsfähig, es sei denn die Verordnung eines bestimmten Arzneimittels ist medizinisch notwendig oder keines der 3 preisgünstigsten Arzneimittel ist zeitgerecht lieferbar.

(2) Bei versicherten Personen, die das 12. Lebensjahr noch nicht vollendet haben, sowie bei versicherten Jugendlichen bis zum vollendeten 18. Lebensjahr mit Entwicklungsstörungen sind auch verordnete, nicht verschreibungspflichtige Arzneimittel erstattungsfähig.

(3) Als Arzneimittel gelten nicht: Nährmittel, Stärkungsmittel, Genussmittel, Mineralwässer, kosmetische Mittel, Mittel zur Hygiene und Körperpflege, Mittel zur Potenzsteigerung, zur Raucherentwöhnung, zur Gewichtsreduzierung oder gegen Haarausfall sowie sonstige Mittel, für die die gesetzliche Krankenversicherung keine Leistungen vorsieht.

Sondennahrung, Aminosäuremischungen, Eiweißhydrolysate und Elementardiäten gelten als Arzneimittel, wenn aufgrund einer medizinischen Indikation eine normale Nahrungsaufnahme nicht möglich ist. Die dafür entstehenden Aufwendungen sind in den Fällen erstattungsfähig, die in den Arzneimittel-Richtlinien des Gemeinsamen Bundesausschusses als medizinisch notwendig festgelegt sind.

(4) Keine Leistungspflicht besteht für Arzneimittel, die wegen Unwirtschaftlichkeit oder weil sie ihrer Zweckbestimmung nach üblicherweise bei geringfügigen Gesundheitsstörungen verordnet werden, durch Rechtsverordnung für die Versorgung in der gesetzlichen Krankenversicherung ausgeschlossen sind, sowie für nicht verordnungsfähige Arzneimittel im Sinne der Richtlinien des Gemeinsamen Bundesausschusses.

(5) Aufwendungen für verschreibungspflichtige Fertigarzneimittel sind nur bis zur Höhe des Apothekenverkaufspreises gemäß Arzneimittelpreisverordnung oder, im Falle von vom Spitzenverband Bund der Krankenkassen festgesetzter Fest- bzw. Höchstbeträge, bis zu dem jeweiligen Betrag erstattungsfähig.

(6) Aufwendungen für nicht verschreibungspflichtige Fertigarzneimittel sind nur bis zur Höhe des Apothekenverkaufspreises gemäß der am 31.12.2003 gültigen Arzneimittelpreisverordnung oder, im Falle von vom Spitzenverband Bund der Krankenkassen festgesetzter Fest- bzw. Höchstbeträge, bis zu dem jeweiligen Betrag erstattungsfähig.

(7) Aufwendungen für in der Apotheke individuell hergestellte Arzneimittel (Rezepturen) sind nur bis zu den Preisen erstattungsfähig, die sich aus der sachgerechten Anwendung der Hilfstaxe für Apotheken ergeben würden.

(8) Aufwendungen für Verbandmittel, Harn- und Blutteststreifen, die innerhalb eines Monats nach Verordnung aus der Apotheke (auch Internet- und Versandapotheke) bezogen werden müssen, sind bis zur Höhe des Apothekeneinkaufspreises, der am Tag der Abgabe in der Großen Deutschen Spezialitäten-Taxe gelistet ist, zuzüglich des durchschnittlichen in der gesetzlichen Krankenversicherung üblichen Preisaufschlages erstattungsfähig.

(9) Die erstattungsfähigen Aufwendungen werden, sofern nicht Abzüge für einen vertraglich vereinbarten Selbstbehalt und für eine Zuzahlung vorzunehmen sind, zu 100 % ersetzt. Die Zuzahlung beträgt 6 € für jedes Arznei- und Verbandmittel, jedoch nicht mehr als die tatsächlichen Aufwendungen. Kinder und Jugendliche bis zum vollendeten 18. Lebensjahr sind von der Zuzahlung befreit.

8. Heilmittel

(1) Erstattungsfähig sind Aufwendungen für die im Heilmittelverzeichnis des Basistarifes aufgeführten Leistungen. Diese müssen von einem Vertragsarzt verordnet und von einem für die Versorgung in der gesetzlichen Krankenversicherung zugelassenen Therapeuten erbracht werden. Die Behandlung muss bei Physiotherapie innerhalb von 10 Tagen, Ergo- und Logotherapie innerhalb von 14 Tagen und bei Podologie innerhalb von 28 Tagen nach Ausstellung der Verordnung begonnen werden, es sei denn, der Arzt hat einen späteren Beginn auf der Verordnung vermerkt.

(2) Der Anspruch ist begrenzt auf die jeweilige Höchstmenge der nach dem Heilmittelkatalog der gesetzlichen Krankenversicherung indikationsbezogen verordnungsfähigen Heilmittel. Wird die entsprechend den Heilmittelrichtlinien des Gemeinsamen Bundesausschusses bestimmte Gesamtverordnungsmenge des Regelfalles überschritten, sind weitere Verordnungen zu begründen und vor Fortsetzung der Therapie vom Versicherer zu genehmigen.

(3) Keine Leistungspflicht besteht für nicht verordnungsfähige Heilmittel entsprechend den Richtlinien des Gemeinsamen Bundesausschusses und für durch Rechtsverordnung für die Versorgung in der gesetzlichen Krankenversicherung ausgeschlossene Heilmittel von geringem oder umstrittenem therapeutischen Nutzen.

(4) Die erstattungsfähigen Aufwendungen werden, sofern nicht Abzüge für einen vertraglich vereinbarten Selbstbehalt und für eine Zuzahlung vorzunehmen sind, zu 100 % ersetzt. Die Zuzahlung beträgt 2 € je Heilmittel sowie 10 € je Verordnung. Kinder und Jugendliche bis zum vollendeten 18. Lebensjahr sind von der Zuzahlung befreit.

9. Hilfsmittel

(1) Erstattungsfähig sind Aufwendungen für die Versorgung mit im Hilfsmittelverzeichnis der gesetzlichen Krankenversicherung in der jeweils geltenden Fassung aufgelisteten Hilfsmitteln in Standardausführung einschließlich der Aufwendungen für Reparatur und Unterweisung im Gebrauch sowie für Gebrauch und Pflege. Die Wartung und Kontrolle von Hilfsmitteln sind nur erstattungsfähig, wenn sie zum Schutz des Versicherten vor unvertretbaren Gesundheitsrisiken erforderlich oder nach dem Stand der Technik zur Erhaltung der Funktionsfähigkeit und der technischen Sicherheit notwendig sind. Hilfsmittel müssen von einem Vertragsarzt verordnet und innerhalb eines Monats nach Ausstellung der Verordnung bei einem Leistungserbringer, der Vertragspartner eines Trägers der gesetzlichen Krankenversicherung ist, bezogen werden. Vor dem Bezug eines Hilfsmittels ist die Genehmigung des Versicherers einzuholen. Hilfsmittel können vom Versicherer auch leihweise überlassen werden.

Ist im Einzelfall eine über Satz 1 hinausgehende Hilfsmittelversorgung medizinisch notwendig, um den Erfolg einer Krankheitsbehandlung zu sichern, einer drohenden Behinderung vorzubeugen oder eine Behinderung auszugleichen, sind die Aufwendungen erstattungsfähig, wenn und soweit der Versicherer eine vorherige schriftliche Leistungszusage erteilt hat.

(2) Aufwendungen für Brillengläser sind erstattungsfähig bis zu den Festbeträgen der gesetzlichen Krankenversicherung, soweit die versicherte Person das 18. Lebensjahr noch nicht vollendet hat. Nach Vollendung des 14. Lebensjahres besteht ein erneuter Anspruch auf Erstattung von Kosten für Brillengläser nur bei einer ärztlich festgestellten Änderung der Sehfähigkeit - bezogen auf ein Auge - um mindestens 0,5 Dioptrien.

(3) Bei versicherten Personen, die das 18. Lebensjahr vollendet haben, sind Aufwendungen für Brillengläser bis zu den Festbeträgen der gesetzlichen Krankenversicherung erstattungsfähig, wenn bei ihnen aufgrund ihrer Sehschwäche oder Blindheit, entsprechend der von der Weltgesundheitsorganisation empfohlenen Klassifikation des Schweregrades der Sehbeeinträchtigung, auf beiden Augen eine schwere Sehbeeinträchtigung mindestens der Stufe 1 besteht. Wenn Augenverletzungen oder Augenerkrankungen behandelt werden müssen, sind auch Aufwendungen für eine nach den Richtlinien des Gemeinsamen Bundesausschusses indizierte therapeutische Sehhilfe erstattungsfähig.

(4) Ein Anspruch auf Kontaktlinsen besteht nur bei Vorliegen einer vom Gemeinsamen Bundesausschuss in den Hilfsmittel-Richtlinien festgelegten Indikation.

(5) Keine Leistungspflicht besteht für nicht verordnungsfähige Hilfsmittel im Sinne der Richtlinien des Gemeinsamen Bundesausschusses und für durch Rechtsverordnung für die Versorgung in der gesetzlichen Krankenversicherung ausgeschlossene Hilfsmittel von geringem therapeutischem Nutzen oder geringem Abgabepreis. Brillengestelle sowie Aufwendungen für Kontaktlinsenpflegemittel werden nicht ersetzt.

(6) Aufwendungen sind nur bis zur Höhe eines der 3 preisgünstigsten Hilfsmittel erstattungsfähig, die für die Versorgung eines Versicherten der gesetzlichen Krankenversicherung zur Verfügung stehen, oder, im Falle bestehender Festbeträge, bis zu dem jeweiligen Betrag. Abzüglich eines vertraglich vereinbarten Selbstbehaltes und einer Zuzahlung werden die erstattungsfähigen Aufwendungen zu 100 % ersetzt. Die Zuzahlung beträgt 8 € je Hilfsmittel. Bei zum Verbrauch bestimmten Hilfsmitteln beträgt die Zuzahlung 10 € für den gesamten Monatsbedarf des jeweiligen Hilfsmittels, jedoch nicht mehr als die tatsächlichen Aufwendungen. Kinder und Jugendliche bis zum vollendeten 18. Lebensjahr sind von der Zuzahlung befreit. Sofern das Hilfsmittel nicht leihweise überlassen wird, benennt der Versicherer mit der Genehmigung gemäß Absatz 1 Satz 4 einen Hilfsmittelanbieter, der den Hilfsmittelbezug in zumutbarer Weise gewährleistet, ohne dass die versicherte Person über die Zuzahlung und einen vertraglich vereinbarten Selbstbehalt hinausgehende Eigenanteile aufzubringen hat.

10. Ambulante medizinische Vorsorgeleistungen

(1) Erstattungsfähig sind auch Aufwendungen für ärztliche Behandlung und Versorgung mit Arznei-, Verband-, Heil- und Hilfsmitteln, wenn diese medizinisch notwendig sind, um

(a) eine Schwächung der Gesundheit, die in absehbarer Zeit voraussichtlich zu einer Krankheit führen würde, zu beseitigen,

(b) einer Gefährdung der gesundheitlichen Entwicklung eines Kindes entgegenzuwirken,

(c) Krankheiten zu verhüten oder deren Verschlimmerung zu vermeiden oder

(d) Pflegebedürftigkeit zu vermeiden,

wenn und soweit der Versicherer eine vorherige schriftliche Leistungszusage erteilt hat.

(2) Erstattungsfähig sind auch ambulante Vorsorgemaßnahmen in anerkannten Kurorten, wenn die Vorsorgeleistungen nach Absatz 1 nicht ausreichen und der Versicherer eine vorherige schriftliche Leistungszusage erteilt hat. Die übrigen im Zusammenhang mit dieser Leistung entstehenden Kosten sind nicht erstattungsfähig. Der Anspruch kann erst nach Ablauf von 3 Jahren erneut geltend gemacht werden, es sei denn, vorzeitige Leistungen sind aus medizinischen Gründen dringend erforderlich. Die Dreijahresfrist wird durch einen zwischenzeitlichen Wechsel des Versicherers nicht berührt. Die versicherte Person ist verpflichtet, auf Verlangen des Versicherers einen Nachweis über die Inanspruchnahme zu führen.

(3) Die erstattungsfähigen Aufwendungen werden, sofern nicht Abzüge für einen vertraglich vereinbarten Selbstbehalt und für Zuzahlungen vorzunehmen sind, zu 100 % ersetzt.

11. Ambulante Rehabilitation

(1) Erstattungsfähig sind Aufwendungen für ambulante Rehabilitationsmaßnahmen in einer Rehabilitationseinrichtung, die einen Versorgungsvertrag mit den Landesverbänden der Krankenkassen und den Verbänden der Ersatzkassen abgeschlossen hat, wenn eine Behandlung nach Nr. 1 nicht ausreicht, das medizinisch erforderliche Behandlungsziel zu erreichen. Voraussetzung ist, dass der Versicherer zuvor eine schriftliche Leistungszusage erteilt hat.

(2) Abweichend von § 4 Abs. 2 MB/BT 2009 bestimmt der Versicherer die Rehabilitationseinrichtung sowie Art, Dauer, Umfang, Beginn und Durchführung der Leistungen nach pflichtgemäßem Ermessen anhand der medizinischen Erfordernisse des Einzelfalles.

(3) Der Anspruch auf ambulante Rehabilitationsleistungen ist begrenzt auf höchstens 20 Behandlungstage und kann erst nach Ablauf von 4 Jahren erneut geltend gemacht werden, es sei denn, eine Verlängerung ist aus medizinischen Gründen dringend erforderlich. Die Vierjahresfrist wird durch einen zwischenzeitlichen Wechsel des Versicherers nicht berührt. Die versicherte Person ist verpflichtet, auf Verlangen des Versicherers einen Nachweis über die Inanspruchnahme zu führen.

(4) Die erstattungsfähigen Aufwendungen werden, sofern nicht Abzüge für einen vertraglich vereinbarten Selbstbehalt und für eine Zuzahlung vorzunehmen sind, zu 100 % ersetzt. Die Zuzahlung beträgt für versicherte Personen, die das 18. Lebensjahr vollendet haben, 10 € je Behandlungstag.

12. Ergänzende Leistungen zur Rehabilitation

(1) Erstattungsfähig sind Aufwendungen für

(a) ärztlich verordneten Rehabilitationssport in Gruppen unter ärztlicher Betreuung und Überwachung,

(b) ärztlich verordnetes Funktionstraining in Gruppen unter fachkundiger Anleitung und Überwachung,

(c) Reisekosten,

(d) Betriebs- oder Haushaltshilfe und Kinderbetreuungskosten,

(e) solche Leistungen, die unter Berücksichtigung von Art oder Schwere der Behinderung erforderlich sind, um das Ziel der Rehabilitation zu erreichen oder zu sichern, die aber nicht zu den Leistungen zur Teilhabe am Arbeitsleben oder zu den Leistungen zur allgemeinen sozialen Eingliederung führen,

(f) wirksame und effiziente Patientenschulungsmaßnahmen für chronisch kranke versicherte Personen,

wenn zuletzt der Versicherer Leistungen für ärztliche Behandlung erbracht hat oder erbringt; ferner für

(g) aus medizinischen Gründen in unmittelbarem Anschluss an eine Krankenhausbehandlung oder stationäre Rehabilitation erforderliche sozialmedizinische Nachsorgemaßnahmen für chronisch kranke oder schwerstkranke Kinder, die das 12. Lebensjahr noch nicht vollendet haben, wenn die Nachsorge wegen der Art, Schwere und Dauer der Erkrankung notwendig ist, um den stationären Aufenthalt zu verkürzen oder die anschließende ambulante ärztliche Behandlung zu sichern.

(2) Die erstattungsfähigen Aufwendungen werden, sofern nicht ein Abzug für vertraglich vereinbarten Selbstbehalt vorzunehmen ist, zu 100 % ersetzt, wenn und soweit der Versicherer zuvor eine schriftliche Leistungszusage erteilt hat.

13. Spezialisierte ambulante Palliativversorgung

(1) Erstattungsfähig sind Aufwendungen für spezialisierte ambulante Palliativversorgung entsprechend den Richtlinien des Gemeinsamen Bundesausschusses, die darauf abzielen, die Betreuung der versicherten Person in der vertrauten häuslichen Umgebung zu ermöglichen. Anspruchsberechtigt ist eine versicherte Person mit einer nicht heilbaren, fortschreitenden und weit fortgeschrittenen Erkrankung bei einer zugleich begrenzten Lebenserwartung, die eine besonders aufwendige Versorgung benötigt.

(2) Anspruch auf Erstattung der Leistungen für spezialisierte ambulante Palliativversorgung haben auch Versicherte in stationären Pflegeeinrichtungen.

(3) Die erstattungsfähigen Aufwendungen werden zu 100 % ersetzt

(a) bei Ärzten bis zu den in Nr. 1 Abs. 2 und 3 genannten Vergütungssätzen,

(b) bei Fachkräften für spezialisierte ambulante Palliativversorgung, jedoch nicht mehr als der Betrag, der für die Versorgung eines Versicherten der gesetzlichen Krankenversicherung aufzuwenden wäre,

sofern nicht Abzüge für einen vertraglich vereinbarten Selbstbehalt vorzunehmen sind.

B. Maßnahmen nach § 1 Abs. 3a) MB/BT 2009

1. Schwangerschaft und Entbindung

(1) Erstattungsfähig sind die Aufwendungen für

(a) gezielte Vorsorgeuntersuchungen bei Schwangerschaft,

(b) Schwangerschafts-, Entbindungs- und Wöchnerinnenbetreuung durch Arzt und Hebamme sowie für ergänzende, medizinisch notwendige häusliche Pflege ohne hauswirtschaftliche Versorgung,

(c) Haushaltshilfe, wenn der versicherten Person die Weiterführung des Haushaltes nicht möglich ist und keine im Haushalt lebende Person den Haushalt weiterführen kann,

(d) stationäre Entbindung in einem zugelassenen Krankenhaus oder einer anderen stationären Vertragseinrichtung, in der Geburtshilfe geleistet wird.

(2) Die erstattungsfähigen Aufwendungen werden, sofern nicht Abzüge für einen vertraglich vereinbarten Selbstbehalt vorzunehmen sind, zu 100 % ersetzt.

2. Künstliche Herbeiführung einer Schwangerschaft

(1) Erstattungsfähig sind Aufwendungen für Insemination bzw. künstliche Befruchtung bei einer versicherten Person entsprechend den Richtlinien des Gemeinsamen Bundesausschusses, wenn die jeweilige Maßnahme nach ärztlicher Feststellung die einzig Erfolg versprechende Möglichkeit zur Herbeiführung einer Schwangerschaft darstellt, vor Behandlungsbeginn nach Durchführung eines unabhängigen ärztlichen Beratungsverfahrens eine schriftliche Leistungszusage des Versicherers erteilt wurde und

(a) die Behandlung bei einer verheirateten versicherten Person und ihrem Ehepartner erfolgt,

(b) zum Zeitpunkt der Behandlung die Frau mindestens 25 Jahre alt ist und sie das 40. und der Mann das 50. Lebensjahr noch nicht vollendet haben,

(c) ausschließlich Ei- und Samenzellen der Ehepartner verwendet werden,

(d) eine hinreichende Erfolgsaussicht für die gewählte Behandlungsmethode besteht; eine hinreichende Aussicht besteht nicht mehr, wenn die Maßnahme dreimal ohne Erfolg durchgeführt worden ist.

(2) Die erstattungsfähigen Aufwendungen werden, sofern nicht Abzüge für einen vertraglich vereinbarten Selbstbehalt vorzunehmen sind, zu 50 % ersetzt.

3. Empfängnisverhütung

(1) Erstattungsfähig sind Aufwendungen für ärztliche Beratung und Untersuchung wegen Empfängnisregelung. Für versicherte weibliche Personen bis zum vollendeten 20. Lebensjahr sind auch die Aufwendungen für ärztlich verordnete, verschreibungspflichtige empfängnisverhütende Mittel einschließlich der Kosten für die ärztliche Verordnung erstattungsfähig.

(2) Die erstattungsfähigen Aufwendungen werden, sofern nicht Abzüge für einen vertraglich vereinbarten Selbstbehalt und für Zuzahlungen nach Abschnitt A. Nr. 7 Abs. 9 vorzunehmen sind, zu 100 % ersetzt.

4. Schwangerschaftsabbruch und Sterilisation

(1) Erstattungsfähig sind Aufwendungen für eine durch Krankheit erforderliche Sterilisation sowie für einen nicht rechtswidrigen Abbruch der Schwangerschaft durch einen Arzt einschließlich jeweils gesetzlich vorgeschriebener Begutachtungs- und Beratungsleistungen. Ein Anspruch auf Leistungen bei einem nicht rechtswidrigen Schwangerschaftsabbruch besteht nur, wenn er in einer dem Schwangerschaftskonfliktgesetz genügenden Einrichtung vorgenommen wird.

(2) Die erstattungsfähigen Aufwendungen werden, sofern nicht Abzüge für einen vertraglich vereinbarten Selbstbehalt vorzunehmen sind, zu 100 % ersetzt.

C. Zahnbehandlung und -ersatz, Kieferorthopädie

1. Zahnärztliche Behandlung

(1) Erstattungsfähig sind die Aufwendungen für zahnärztliche und -technische Leistungen durch Vertragszahnärzte, die für die vertragszahnärztliche Versorgung im Ersatzkassenvertrag-Zahnärzte bzw. einem diesen ersetzenden Nachfolgevertrag, dem Bewertungsmaßstab zahnärztlicher Leistungen und den Richtlinien des Gemeinsamen Bundesausschusses festgelegt sind. Sie umfassen insbesondere

(a) gezielte Vorsorgeuntersuchungen zur Früherkennung von Zahn-, Mund- und Kieferkrankheiten,

(b) Erstellung eines Therapie- und Kostenplanes,

(c) Individualprophylaxe nach den Richtlinien des Gemeinsamen Bundesausschusses bei Kindern und Jugendlichen bis zum vollendeten 18. Lebensjahr,

(d) konservierend-chirurgische Leistungen und Röntgenleistungen, die im Zusammenhang mit Zahnersatz einschließlich Zahnkronen und Suprakonstruktionen oder einer kieferorthopädischen Behandlung erbracht werden.

Aufwendungen für neue Untersuchungs- und Behandlungsmethoden sind nur erstattungsfähig, wenn der Gemeinsame Bundesausschuss diese in die Versorgung in der gesetzlichen Krankenversicherung einbezogen hat.

(2) Die erstattungsfähigen Aufwendungen werden bis zum 2,0-fachen Satz der Gebührenordnung für Zahnärzte (GOZ) ersetzt. Erbringt der Zahnarzt Leistungen, die in den in § 6 Abs. 2 GOZ genannten Abschnitten der Gebührenordnung für Ärzte (GOÄ) aufgeführt sind, werden die Vergütungen für diese Leistungen bis zu den in Abschnitt A Nr. 1 Absatz 2 genannten Höchstsätzen ersetzt.

(3) Werden die Gebührensätze gemäß Absatz 2 durch Verträge zwischen dem Verband der Privaten Krankenversicherung e.V. im Einvernehmen mit den Trägern der Kosten in Krankheits-, Pflege- und Geburtsfällen nach beamtenrechtlichen Vorschriften einerseits und den Kassenzahnärztlichen Vereinigungen oder der Kassenzahnärztlichen Bundesvereinigung andererseits ganz oder teilweise abweichend geregelt, gelten die jeweils vertraglich vereinbarten Vergütungen.

(4) Wählt der Versicherte bei Zahnfüllungen eine über die Richtlinien des Gemeinsamen Bundesausschusses hinausgehende Versorgung, hat er die über die vergleichbare preisgünstigste plastische Füllung hinausgehenden Mehrkosten selbst zu tragen. Wird eine intakte plastische Füllung ausgetauscht, entsteht kein Leistungsanspruch, auch nicht anteilig.

(5) Nicht erstattungsfähig sind Aufwendungen für

(a) funktionsanalytische und funktionstherapeutische Maßnahmen,

(b) implantologische Leistungen, es sei denn, es liegt eine Ausnahmeindikation für besonders schwere Fälle vor, die der Gemeinsame Bundesausschuss festgelegt hat.

(6) Die erstattungsfähigen Aufwendungen werden, sofern nicht Abzüge für einen vertraglich vereinbarten Selbstbehalt vorzunehmen sind, zu 100 % ersetzt.

(7) Leistungen für Schienentherapien und Aufbissbehelfe sowie für systematische Parodontalbehandlungen werden nur erbracht, wenn die versicherte Person dem Versicherer vor Behandlungsbeginn einen Therapie- und Kostenplan vorlegt. Der Versicherer prüft den Plan und gibt der versicherten Person über die zu erwartenden Leistungen Auskunft.

2. Zahnersatz einschließlich Kronen und Suprakonstruktionen

(1) Erstattungsfähig sind die Aufwendungen für

(a) zahnärztliche Leistungen durch Vertragszahnärzte, die für die vertragszahnärztliche Versorgung im Ersatzkassenvertrag-Zahnärzte bzw. einem diesen ersetzenden Nachfolgevertrag, dem Bewertungsmaßstab zahnärztlicher Leistungen und den Richtlinien des Gemeinsamen Bundesausschusses festgelegt sind, und

(b) zahntechnische Leistungen, die in dem zwischen dem Spitzenverband Bund der Krankenkassen und dem Verband Deutscher Zahntechniker-Innungen vereinbarten bundeseinheitlichen Verzeichnis enthalten sind,

bei der Versorgung mit Zahnersatz einschließlich Kronen und Suprakonstruktionen, wenn eine zahnprothetische Versorgung notwendig ist und die geplante Versorgung einer Methode entspricht, die vom Gemeinsamen Bundesausschuss bei dem vorliegenden Befund anerkannt ist. Erstattungsfähig sind nur Aufwendungen für Leistungen, die der vertragszahnärztlichen Regelversorgung entsprechen. Wählt die versicherte Person einen über die Regelversorgung hinausgehenden gleichartigen oder davon abweichenden andersartigen Zahnersatz, hat sie die Mehrkosten selbst zu tragen.

(2) Die erstattungsfähigen Aufwendungen für zahnärztliche Leistungen werden bis zum 2,0-fachen Gebührensatz der GOZ ersetzt. Nr. 1 Abs. 3 gilt entsprechend.

(3) Die erstattungsfähigen Aufwendungen für zahntechnische Leistungen werden ersetzt auf der Grundlage der von den Landesverbänden der gesetzlichen Krankenkassen und den Innungsverbänden der Zahntechniker vereinbarten Höchstpreise für zahntechnische Leistungen. Werden die zahntechnischen Leistungen von Zahnärzten erbracht, vermindern sich die entsprechenden Preise um 5 %.

(4) Der Aufwendungsersatz beträgt 50 % der erstattungsfähigen Aufwendungen. Er erhöht sich auf 60 %, wenn der Gebisszustand der versicherten Person regelmäßige Zahnpflege erkennen lässt und sie nachweisen kann, dass sie während der letzten 5 Jahre vor Behandlungsbeginn

(a) sich vor Vollendung des 18. Lebensjahres zweimal in jedem Kalenderjahr

(b) sich nach Vollendung des 18. Lebensjahres einmal in jedem Kalenderjahr

hat zahnärztlich untersuchen lassen. Bei ununterbrochener 10-jähriger Inanspruchnahme der jeweils vorgesehenen Untersuchungen erhöht sich der Aufwendungsersatz um weitere 5 % der erstattungsfähigen Aufwendungen. Bei einer Unterbrechung des Fünf- oder Zehnjahreszeitraums vermindert sich der Aufwendungsersatz wieder auf 50 %.

(5) Weist die versicherte Person nach, dass sie durch den ihr nach Absatz 4 verbleibenden Eigenanteil entsprechend § 55 Abs. 2 SGB V unzumutbar belastet würde, werden die erstattungsfähigen Aufwendungen zu 100 % ersetzt.

(6) Zur Vermeidung von Härten wird der versicherten Person bei entsprechendem Nachweis von dem nach Absatz 4 verbleibenden Eigenanteil ein weiterer Betrag nach Maßgabe von § 55 Abs. 3 SGB V ersetzt.

(7) Leistungen werden nur erbracht, wenn die versicherte Person dem Versicherer vor Behandlungsbeginn einen Therapie- und Kostenplan vorlegt, der die Regelversorgung und die tatsächlich geplante Versorgung nach Art, Umfang und Kosten beinhaltet. Der Versicherer prüft den Plan und gibt der versicherten Person über die zu erwartende Leistung schriftlich Auskunft.

3. Kieferorthopädische Behandlung

(1) Erstattungsfähig sind die Aufwendungen für

(a) zahnärztliche Leistungen durch Vertragszahnärzte, die im Ersatzkassenvertrag-Zahnärzte bzw. einem diesen ersetzenden Nachfolgevertrag dem Bewertungsmaßstab zahnärztlicher Leistungen und den Richtlinien des Gemeinsamen Bundesausschusses festgelegt sind, und

(b) zahntechnische Leistungen, die in dem zwischen dem Spitzenverband Bund der Krankenkassen und dem Verband Deutscher Zahntechniker-Innungen vereinbarten bundeseinheitlichen Verzeichnis enthalten sind,

für eine kieferorthopädische Versorgung in den durch den Gemeinsamen Bundesausschuss medizinisch begründeten Indikationsgruppen, bei denen eine Kiefer- oder Zahnfehlstellung vorliegt, die das Kauen, Beißen, Sprechen oder Atmen erheblich beeinträchtigt oder zu beeinträchtigen droht.

(2) Leistungen kann nur eine versicherte Person beanspruchen, die bei Behandlungsbeginn das 18. Lebensjahr noch nicht vollendet hat. Diese Einschränkung gilt nicht, wenn die versicherte Person unter einer vom Gemeinsamen Bundesausschuss anerkannten schweren Kieferanomalie leidet, die kombinierte kieferchirurgische und kieferorthopädische Behandlungsmaßnahmen erfordert.

(3) Die erstattungsfähigen Aufwendungen für zahnärztliche Leistungen werden bis zum 2,0-fachen Gebührensatz der GOZ ersetzt. Nr. 1 Abs. 3 gilt entsprechend.

(4) Die erstattungsfähigen Aufwendungen für zahntechnische Leistungen werden ersetzt auf der Grundlage der von den Landesverbänden der gesetzlichen Krankenkassen und den Innungsverbänden der Zahntechniker vereinbarten Höchstpreise für zahntechnische Leistungen. Werden die zahntechnischen Leistungen von Zahnärzten erbracht, vermindern sich die entsprechenden Preise um 5 %.

(5) Der Aufwendungsersatz ist zunächst begrenzt auf 80 % der erstattungsfähigen Aufwendungen. Er erhöht sich auf 90 % der erstattungsfähigen Aufwendungen für das 2. und jedes weitere versicherte Kind, das sich gleichzeitig in kieferorthopädischer Behandlung befindet, bei Beginn der Behandlung das 18. Lebensjahr noch nicht vollendet hat und mit seinem Erziehungsberechtigten in einem gemeinsamen Haushalt lebt. Ist die Behandlung in dem durch den Therapie- und Kostenplan bestimmten medizinisch erforderlichen Umfang abgeschlossen, ersetzt der Versicherer die erstattungsfähigen Restkosten.

(6) Leistungen werden nur erbracht, wenn die versicherte Person dem Versicherer vor Behandlungsbeginn einen Therapie- und Kostenplan vorlegt, der insbesondere umfassende Angaben zum Befund und zur geplanten Versorgung nach Art, Umfang und Kosten beinhaltet. Der Versicherer prüft den Plan und gibt der versicherten Person über die zu erwartende Leistung schriftlich Auskunft.

4. Selbstbehalt bei den Nummern 1 bis 3

Vom Erstattungsbetrag wird ein vertraglich vereinbarter Selbstbehalt abgezogen.

D. Stationäre Heilbehandlung

1. Krankenhausbehandlung

(1) Erstattungsfähig sind Aufwendungen für Allgemeine Krankenhausleistungen gemäß den Krankenhausbehandlungsrichtlinien des Gemeinsamen Bundesausschusses in Krankenhäusern, die

(a) nach den landesrechtlichen Vorschriften als Hochschulklinik anerkannt sind,

(b) in den Krankenhausplan eines Landes aufgenommen sind (Plankrankenhäuser) oder

(c) einen Versorgungsvertrag mit den Landesverbänden der Krankenkassen und den Verbänden der Ersatzkassen abgeschlossen haben,

wenn die versicherte Person ein solches Krankenhaus aufgrund einer ärztlichen Einweisung aufsucht. Wählt die versicherte Person ohne zwingenden Grund ein anderes als das in der Einweisung genannte Krankenhaus, sind die Mehrkosten von der versicherten Person selbst zu tragen. Aufwendungen für Untersuchungs- und Behandlungsmethoden im Krankenhaus, die der Gemeinsame Bundesausschuss von der Versorgung in der gesetzlichen Krankenversicherung ausgeschlossen hat, werden nicht erstattet.

(2) Für stationäre Psychotherapie wird geleistet, wenn und soweit der Versicherer zuvor eine schriftliche Leistungszusage erteilt hat.

(3) Die Leistungen umfassen auch die aus medizinischen Gründen notwendige Mitaufnahme einer Begleitperson der versicherten Person, wenn und soweit der Versicherer zuvor eine schriftliche Leistungszusage erteilt hat.

(4) Erstattungsfähig sind außerdem die Aufwendungen für belegärztliche Leistungen in Krankenhäusern nach Absatz 1 bis zu den in Abschnitt A. Nr. 1 Absatz 2 und 3 genannten Höchstsätzen.

2. Stationäre medizinische Vorsorgeleistungen

(1) Reichen ambulante medizinische Vorsorgeleistungen nach Abschnitt A Nr. 10 nicht aus, sind Aufwendungen für Behandlung, Unterkunft und Verpflegung in Vorsorgeeinrichtungen, die einen Versorgungsvertrag mit den Landesverbänden der Krankenkassen und den Verbänden der Ersatzkassen abgeschlossen haben, erstattungsfähig, wenn und soweit der Versicherer zuvor eine schriftliche Leistungszusage erteilt hat.

(2) Der Anspruch ist begrenzt auf höchstens 3 Wochen, es sei denn, eine Verlängerung ist aus medizinischen Gründen dringend erforderlich. Der Anspruch kann erst nach Ablauf von 4 Jahren erneut geltend gemacht werden, es sei denn, vorzeitige Leistungen sind aus medizinischen Gründen dringend erforderlich. Die Vierjahresfrist wird durch einen zwischenzeitlichen Wechsel des Versicherers nicht berührt. Die versicherte Person ist verpflichtet, auf Verlangen des Versicherers einen Nachweis über die Inanspruchnahme zu führen.

3. Medizinische Vorsorge für Mütter und Väter

(1) Reichen ambulante medizinische Vorsorgeleistungen nach Abschnitt A Nr. 10 nicht aus, sind für versicherte Mütter und Väter auch Aufwendungen zur medizinischen Vorsorge in Form einer Mutter- bzw. Vater-Kind-Maßnahme in einer Einrichtung des Müttergenesungswerkes oder einer gleichartigen Einrichtung, die über einen Versorgungsvertrag mit einem Träger der gesetzlichen Krankenversicherung verfügt, erstattungsfähig.

(2) Abweichend von § 4 Abs. 4 MB/BT 2009 bestimmt der Versicherer aufgrund einer vorherigen schriftlichen Leistungszusage die Einrichtung sowie Art, Dauer, Umfang, Beginn und Durchführung der Leistungen nach pflichtgemäßem Ermessen anhand der medizinischen Erfordernisse des Einzelfalles.

(3) Der Anspruch ist begrenzt auf höchstens 3 Wochen, es sei denn, eine Verlängerung ist aus medizinischen Gründen dringend erforderlich. Der Anspruch kann erst nach Ablauf von 4 Jahren er-

neut geltend gemacht werden, es sei denn, vorzeitige Leistungen sind aus medizinischen Gründen dringend erforderlich. Die Vierjahresfrist wird durch einen zwischenzeitlichen Wechsel des Versicherers nicht berührt. Die versicherte Person ist verpflichtet, auf Verlangen des Versicherers einen Nachweis über die Inanspruchnahme zu führen.

4. Anschlussheilbehandlung und Rehabilitation

(1) Reicht eine ambulante Rehabilitationsmaßnahme nach Abschnitt A. Nr. 11 nicht aus, sind Aufwendungen für Anschlussheilbehandlungs- und Rehabilitationsleistungen mit Unterkunft und Verpflegung in Einrichtungen, die einen Versorgungsvertrag mit den Landesverbänden der Krankenkassen und den Verbänden der Ersatzkassen abgeschlossen haben, erstattungsfähig, wenn und soweit der Versicherer zuvor eine schriftliche Leistungszusage erteilt hat.

(2) Anschlussheilbehandlungen müssen in der Regel spätestens 14 Tage nach einer stationären Krankenhausbehandlung beginnen.

(3) Der Anspruch ist begrenzt auf höchstens 3 Wochen, es sei denn, eine Verlängerung ist aus medizinischen Gründen dringend erforderlich. Der Anspruch kann erst nach Ablauf von 4 Jahren erneut geltend gemacht werden, es sei denn, vorzeitige Leistungen sind aus medizinischen Gründen dringend erforderlich. Die Vierjahresfrist wird durch einen zwischenzeitlichen Wechsel des Versicherers nicht berührt. Die versicherte Person ist verpflichtet, auf Verlangen des Versicherers einen Nachweis über die Inanspruchnahme zu führen.

5. Medizinische Rehabilitation für Mütter und Väter

(1) Erstattungsfähig sind Aufwendungen für Leistungen zur medizinischen Rehabilitation für versicherte Mütter und Väter in Form einer Mutter- bzw. Vater-Kind-Maßnahme in einer Einrichtung des Müttergenesungswerkes oder einer gleichartigen Einrichtung, die über einen Versorgungsvertrag mit einem Träger der gesetzlichen Krankenversicherung verfügt.

(2) Abweichend von § 4 Abs. 4 MB/BT 2009 bestimmt der Versicherer aufgrund einer vorherigen schriftlichen Leistungszusage die Einrichtung sowie Art, Dauer, Umfang, Beginn und Durchführung der Leistungen nach pflichtgemäßem Ermessen anhand der medizinischen Erfordernisse des Einzelfalles.

(3) Der Anspruch ist begrenzt auf höchstens 3 Wochen, es sei denn, eine Verlängerung ist aus medizinischen Gründen dringend erforderlich. Der Anspruch kann erst nach Ablauf von 4 Jahren erneut geltend gemacht werden, es sei denn, vorzeitige Leistungen sind aus medizinischen Gründen dringend erforderlich. Die Vierjahresfrist wird durch einen zwischenzeitlichen Wechsel des Versicherers nicht berührt. Die versicherte Person ist verpflichtet, auf Verlangen des Versicherers einen Nachweis über die Inanspruchnahme zu führen.

6. Umfang des Aufwendungsersatzes nach Nr. 1 bis 5

Die erstattungsfähigen Aufwendungen werden, sofern nicht Abzüge für vereinbarte Selbstbehalte sowie für die folgenden Zuzahlungen und Begrenzungen vorzunehmen sind, zu 100 % ersetzt:

(a) Zuzahlungen

Die Zuzahlung beträgt für versicherte Personen, die das 18. Lebensjahr vollendet haben, 10 € je Kalendertag. Die Zuzahlungen bei Leistungen nach Abschnitt D. Nr. 1 sowie bei Anschlussheilbehandlungen nach Abschnitt D. Nr. 4, nicht jedoch bei Rehabilitationsmaßnahmen sind begrenzt auf insgesamt 280 € je Kalenderjahr. Aufnahme- und Entlassungstag zählen als ein Tag.

(b) Begrenzungen

Die erstattungsfähigen Leistungen sind begrenzt auf den Betrag, der für die Behandlung eines Versicherten der gesetzlichen Krankenversicherung aufzuwenden wäre.

7. Stationäre Hospizleistung

(1) Erstattungsfähig sind Aufwendungen für stationäre oder teilstationäre Versorgung in einem von der gesetzlichen Krankenversicherung zugelassenen Hospiz, in dem palliativmedizinische Behandlung erbracht wird, wenn die versicherte Person keiner Krankenhausbehandlung bedarf und eine ambulante Versorgung im Haushalt oder der Familie der versicherten Person nicht erbracht werden kann.

(2) Die erstattungsfähigen Aufwendungen werden bis zu der Höhe erstattet, die für die Versorgung eines Versicherten der gesetzlichen Krankenversicherung aufzuwenden wäre.

E. Fahrkosten

(1) Erstattungsfähig sind Aufwendungen für den Transport

(a) zum nächsterreichbaren geeigneten Krankenhaus nach einem Unfall bzw. Notfall, auch wenn eine stationäre Behandlung nicht erforderlich ist,

(b) zum nächsterreichbaren geeigneten Arzt oder Krankenhaus, wenn während der Fahrt eine fachliche Betreuung oder die besonderen Einrichtungen eines Krankenwagens benötigt werden,

(c) bei Verlegung in ein anderes Krankenhaus, wenn diese aus zwingenden medizinischen Gründen erforderlich ist oder nach vorheriger schriftlicher Genehmigung des Versicherers bei Verlegung in ein wohnortnahes Krankenhaus,

(d) für Fahrten zur ambulanten Krankenbehandlung in den nach den Richtlinien des Gemeinsamen Bundesausschusses festgelegten Fällen, wenn der Versicherer zuvor eine schriftliche Leistungszusage erteilt hat.

(2) Die erstattungsfähigen Aufwendungen werden, sofern nicht Abzüge für einen vertraglich vereinbarten Selbstbehalt und für Zuzahlungen vorzunehmen sind, zu 100 % ersetzt, jedoch nicht mehr als der Betrag, der für die Versorgung eines Versicherten der gesetzlichen Krankenversicherung aufzuwenden wäre. Die Zuzahlung beträgt 10 € je Transport.

F. Krankentagegeld

(1) Anspruchsberechtigt sind versicherte Personen, die bei Eintritt der Arbeitsunfähigkeit

(a) als Arbeitnehmer gegen Arbeitsentgelt beschäftigt sind,

(b) Arbeitslosengeld beziehen,

(c) Einkommen aus hauptberuflicher selbstständiger oder freiberuflicher Erwerbstätigkeit beziehen, soweit sie Krankentagegeld gewählt haben.

(2) Arbeitsunfähigkeit liegt vor, wenn die versicherte Person ihre berufliche Tätigkeit nach medizinischem Befund vorübergehend in keiner Weise ausüben kann, sie auch nicht ausübt und keiner anderweitigen Erwerbstätigkeit nachgeht.

(3) Für die Dauer einer Arbeitsunfähigkeit nach § 1 Abs. 4 MB/BT 2009 wird ab dem 43. Tag ein Krankentagegeld in folgender Höhe gezahlt:

(a) bei Arbeitnehmern, Selbstständigen und freiberuflich Tätigen nicht mehr als 70 % des auf den Kalendertag umgerechneten Arbeitsentgeltes und Arbeitseinkommens bis zur Höhe der Beitragsbemessungsgrenze in der gesetzlichen Krankenversicherung. Das aus dem Arbeitsentgelt berechnete Krankentagegeld darf 90 % des Nettoeinkommens nicht übersteigen. Maßgebend ist das Nettoeinkommen der letzten 12 Monate vor Eintritt des Versicherungsfalles. Bei Selbstständigen und freiberuflich Tätigen gilt als Nettoeinkommen der Gewinn (§ 2 Abs. 2.1 Einkommensteuergesetz) aus der im Versicherungsantrag bzw. nachträglich als Berufswechsel angegebenen Tätigkeit. Bei Arbeitnehmern werden Zeiten wiederholter Arbeitsunfähigkeit, die der Arbeitgeber bei der Lohn- oder Gehaltsfortzahlung berechtigterweise zusammengerechnet hat, bei der Ermittlung des Leistungsbeginnes ebenfalls zusammengefasst,

(b) bei Beziehern von Arbeitslosengeld nicht mehr als das bei Einstellung der Zahlungen durch die Bundesagentur für Arbeit bezogene kalendertägliche Arbeitslosengeld.

Bei versicherten Personen der Tarifstufe BTB wird, sofern ein tariflicher Anspruch besteht, das Krankentagegeld auf den tariflichen Prozentsatz gekürzt.

Die versicherte Person hat die Höhe des Nettoeinkommens bei jedem Antrag auf Zahlung von Krankentagegeld nachzuweisen.

(4) Die versicherte Person hat im Falle der Arbeitsunfähigkeit wegen derselben Krankheit Anspruch auf Krankentagegeld für längstens 78 Wochen innerhalb von 3 Jahren, gerechnet vom Tage des Beginnes der Arbeitsunfähigkeit an. Zeiten, in denen die Zahlung von Krankentagegeld entsprechend § 49 SGB V ruht, werden auf die Frist angerechnet. Tritt während der Arbeitsunfähigkeit eine weitere Krankheit hinzu, wird die Leistungsdauer nicht verlängert. Nach Ablauf des Dreijahreszeitraums lebt der Anspruch auf Krankentagegeld wieder auf, wenn die versicherte Person bei Eintritt der erneuten Arbeitsunfähigkeit mit Anspruch auf Krankentagegeld versichert ist und in der Zwischenzeit mindestens 6 Monate nicht wegen dieser Krankheit arbeitsunfähig war und entweder erwerbstätig war oder der Arbeitsvermittlung zur Verfügung stand.

(5) Versicherte Personen nach Absatz 1 Buchstabe a) haben ferner Anspruch auf Krankentagegeld, wenn es nach ärztlichem Zeugnis erforderlich ist, dass sie zur Beaufsichtigung, Betreuung oder Pflege ihres erkrankten und privat krankheitskostenvollversicherten Kindes der Arbeit fernbleiben, eine andere in ihrem Haushalt lebende Person das Kind nicht beaufsichtigen, betreuen oder pflegen kann und das Kind das 12. Lebensjahr noch nicht vollendet hat oder behindert und auf Hilfe angewiesen ist. Anspruch besteht in jedem Kalenderjahr für jedes Kind längstens für 10 Arbeitstage, jedoch für nicht mehr als insgesamt 25 Arbeitstage. Bei alleinerziehenden versicherten Personen besteht der Anspruch für jedes privat krankheitskostenvollversicherte Kind für längstens 20 Arbeitstage, insgesamt für nicht mehr als 50 Arbeitstage je Kalenderjahr. Die zeitliche Begrenzung der Krankentagegeldzahlung entfällt, wenn das Kind nach ärztlichem Zeugnis an einer Erkrankung leidet,

(a) die progredient verläuft und bereits ein weit fortgeschrittenes Stadium erreicht hat,

(b) bei der eine Heilung ausgeschlossen und eine palliativmedizinische Behandlung notwendig oder von einem Elternteil erwünscht ist und

(c) die lediglich eine begrenzte Lebenserwartung von Wochen oder wenigen Monaten erwarten lässt.

(6) Der Anspruch nach Absatz 5 entfällt, wenn gegen den Arbeitgeber ein Anspruch auf bezahlte Freistellung von der Arbeitsleistung besteht. Arbeitnehmer haben einen Nachweis ihres Arbeitgebers über unbezahlte Freistellung vorzulegen.

(7) Der Anspruch auf Krankentagegeld endet

(a) mit dem Ende der Arbeitsunfähigkeit,

(b) mit dem Ende der Bezugsdauer nach Absatz 4,

(c) mit dem Ruhen der Leistungen nach § 8 Abs. 3 MB/BT 2009,

(d) wenn die Voraussetzungen für den Bezug von Arbeitslosengeld aus einem anderen Grund als Arbeitsunfähigkeit nicht oder nicht mehr gegeben sind,

(e) mit Beendigung der beruflichen Tätigkeit,

(f) mit Eintritt der Berufsunfähigkeit. Berufsunfähigkeit liegt vor, wenn die versicherte Person nach medizinischem Befund im bisher ausgeübten Beruf auf nicht absehbare Zeit mehr als 50 % erwerbsunfähig ist,

(g) mit dem Bezug von Alters-, Erwerbsminderungs-, Erwerbsunfähigkeits- oder Berufsunfähigkeitsrente und vergleichbarer beamtenrechtlicher Versorgungen, spätestens mit dem Erreichen des gesetzlichen Rentenalters der versicherten Person.

G. Mutterschaftsgeld

(1) Versicherte weibliche Personen haben Anspruch auf Mutterschaftsgeld, wenn

(a) sie bei Arbeitsunfähigkeit Anspruch auf Krankentagegeld haben oder

(b) ihnen wegen der Mutterschutzfristen kein Arbeitsentgelt gezahlt wird oder

(c) ihr Arbeitsverhältnis während der Schwangerschaft oder der Mutterschutzfrist nach der Entbindung nach Maßgabe von § 9 Abs. 3 Mutterschutzgesetz aufgelöst worden ist.

(2) Das Mutterschaftsgeld wird in Höhe von höchstens 13 € je Kalendertag, bei versicherten Personen der Tarifstufe BTB, sofern ein tariflicher Anspruch besteht, auf den tariflichen Prozentsatz gekürzt, für die letzten 6 Wochen vor der Entbindung, den Entbindungstag und für die ersten 8 Wochen, bei Mehrlings- und Frühgeburten für die ersten 12 Wochen nach der Entbindung gezahlt. Die Auszahlung des Mutterschaftsgeldes erfolgt nach Vorlage eines Nachweises über die erfolgte Entbindung.

H. Auslandsbehandlung

(1) Soweit in den folgenden Absätzen nichts anderes vorgesehen ist, ruht der Leistungsanspruch, solange die versicherte Person sich im Ausland aufhält.

(2) Bei vorübergehendem Aufenthalt in einem anderen Mitgliedstaat der Europäischen Union oder in einem anderen Vertragsstaat des Europäischen Wirtschaftsraumes sowie in der Schweiz sind erstattungsfähig die Aufwendungen für medizinisch notwendige ambulante Heilbehandlung durch Leistungserbringer im Sinne von § 4 Absatz 2 MB/BT 2009, die aufgrund einer EG-Richtlinie approbiert oder die im jeweiligen nationalen System der Krankenversicherung des Aufenthaltsstaates zur Versorgung zugelassen sind. Die erstattungsfähigen Aufwendungen werden zu 80 %

ersetzt, jedoch nicht mehr als die Vergütung, die bei Behandlung im Inland angefallen wäre.

(3) Für stationäre Heilbehandlungen in einem der in Absatz 2 Satz 1 genannten Staaten werden die erstattungsfähigen Aufwendungen ersetzt, wenn und soweit der Versicherer eine vorherige schriftliche Leistungszusage erteilt hat.

(4) Aufwendungen für eine während eines vorübergehenden Aufenthaltes in einem anderen als einem der in Absatz 2 Satz 1 genannten Staaten medizinisch notwendige Heilbehandlung, die auch im Inland möglich wäre, sind nur erstattungsfähig, wenn der versicherten Person wegen einer Vorerkrankung oder wegen ihres Alters der Abschluss einer Auslandsreisekrankenversicherung nicht möglich ist und dies dem Versicherer vor Beginn der Reise nachgewiesen worden ist. Die erstattungsfähigen Aufwendungen werden zu 100 % ersetzt, jedoch nicht mehr als die Vergütung, die bei Behandlung im Inland angefallen wäre. Der Anspruch besteht für längstens 6 Wochen im Kalenderjahr. Keine Erstattung erfolgt, wenn sich die versicherte Person zur Behandlung ins Ausland begibt.

(5) Kosten eines Rücktransportes aus dem Ausland sind nicht erstattungsfähig.

(6) Der Anspruch auf Krankentagegeld ruht während eines Auslandsaufenthaltes, es sei denn, dass die versicherte Person sich nach Eintritt der Arbeitsunfähigkeit mit Zustimmung des Versicherers im Ausland aufhält.

I. Zuzahlungen und Selbstbehalte

(1) Bei der Ermittlung des Erstattungsbetrages werden zunächst tariflich vorgesehene Zuzahlungen abgezogen. Auszahlungen erfolgen nach Überschreiten eines vereinbarten Selbstbehaltes.

(2) Bei der Ermittlung eines Selbstbehaltes werden die Aufwendungen dem Kalenderjahr zugerechnet, in dem der Leistungserbringer in Anspruch genommen, die Arznei-, Verband- und Hilfsmittel bezogen worden sind.

(3) Beginnt die Versicherung nicht am 1. Januar, wird ein Selbstbehalt für das 1. Kalenderjahr um jeweils ein Zwölftel für jeden nicht versicherten Monat gemindert. Endet die Versicherung während eines Kalenderjahres, mindert sich ein Selbstbehalt nicht.

(4) In der Tarifstufe BTB entfallen tarifliche Zuzahlungen, soweit diese bei der Bemessung der Beihilfe Berücksichtigung finden.

(5) Der Versicherer erfasst kalenderjährlich die bei den Versicherungsleistungen in Abzug gebrachten Zuzahlungen. Weist der Versicherungsnehmer nach, dass die Summe der Abzüge die für ihn geltende Belastungsgrenze gemäß § 62 SGB V übersteigt, leistet der Versicherer entsprechende Nachzahlungen.

Tarifbedingungen für den Notlagentarif (NLT)

Die Tarifbedingungen umfassen Tarifteil NLT 2013 des Verbandes der Privaten Krankenversicherung (Stand: Januar 2017)

Die Tarifbedingungen gelten im Zusammenhang mit den AVB/NLT

Leistungsrahmen	268
A. Ambulante Heilbehandlung	268
B. Leistungen bei Schwangerschaft und Mutterschaft	269
C. Zahnärztliche Behandlung und kieferorthopädische Behandlung für Kinder und Jugendliche	270
D. Stationäre Heilbehandlung	270
E. Fahrkosten	271
F. Auslandsbehandlung	271
G. Vorsorgeuntersuchungen und Impfungen für Kinder und Jugendliche	271
H. Stationäre Hospizleistung	271
I. Spezialisierte ambulante Palliativversorgung	271

Leistungsrahmen

Im Notlagentarif leistet der Versicherer im Rahmen der nachfolgenden Regelungen für Aufwendungen, die zur Behandlung akuter Erkrankungen und Schmerzzustände sowie bei Schwangerschaft und Mutterschaft medizinisch notwendig und erforderlich sind. Für Kinder und Jugendliche leistet der Versicherer im Rahmen der nachfolgenden Regelungen für Aufwendungen, die medizinisch notwendig und erforderlich sind. Die Erstattungspflicht des Versicherers beschränkt sich nach Grund und Höhe auf ausreichende, zweckmäßige und wirtschaftliche Leistungen. Der Tarif umfasst die Tarifstufe N und für Beihilfeberechtigte die Tarifstufe B. Die Höhe der Versicherungsleistungen hängt davon ab, welcher Tarifstufe und welcher Leistungsstufe innerhalb der Tarifstufe die versicherte Person angehört. Bei Tarifstufe N beträgt die Höhe der Versicherungsleistungen 100 % der Leistungszusage nach den Abschnitten A bis I. Bei Tarifstufe B hängt die Höhe der Versicherungsleistungen von der Leistungsstufe (20 %, 30 % und 50 %) ab, der die versicherte Person zugeordnet ist.

A. Ambulante Heilbehandlung

1. Ärztliche Behandlung

(1) Erstattungsfähig sind die Aufwendungen für ärztliche Leistungen durch Vertragsärzte, die für die vertragsärztliche Versorgung im Bundesmantelvertrag - Ärzte/Ersatzkassen bzw. einem diesen ersetzenden Nachfolgevertrag, dem Einheitlichen Bewertungsmaßstab oder den Richtlinien des Gemeinsamen Bundesausschusses festgelegt sind.

(2) Die erstattungsfähigen Aufwendungen werden bis zu den im Folgenden genannten Höchstsätzen zu 100 % ersetzt:

(a) 1,16-facher Satz der Gebührenordnung für Ärzte (GOÄ) für Leistungen nach Abschnitt M sowie für die Leistung nach Ziffer 437 des Gebührenverzeichnisses der GOÄ,

(b) 1,38-facher Satz GOÄ für Leistungen nach den Abschnitten A, E und O des Gebührenverzeichnisses der GOÄ,

(c) 1,8-facher Satz GOÄ für alle übrigen Leistungen des Gebührenverzeichnisses der GOÄ.

(3) Soweit die Vergütungen für die ärztliche Behandlung gemäß Absatz 1 durch Verträge gemäß § 75 Absatz 3b SGB V zwischen dem Verband der Privaten Krankenversicherung e.V. einheitlich mit Wirkung für die Unternehmen der Privaten Krankenversicherung und im Einvernehmen mit den Trägern der Kosten in Krankheits-, Pflege- und Geburtsfällen nach beamtenrechtlichen Vorschriften einerseits und den Kassenärztlichen Vereinigungen oder der Kassenärztlichen Bundesvereinigung andererseits ganz oder teilweise abweichend geregelt sind, gelten die jeweils vertraglich vereinbarten Vergütungen.

2. Arznei- und Verbandmittel

(1) Erstattungsfähig sind Aufwendungen für Verbandmittel und verschreibungspflichtige Arzneimittel, die von einem Vertragsarzt verordnet und innerhalb von 10 Tagen nach Ausstellung der Verordnung aus der Apotheke bezogen wurden. Erstattungsfähig sind ferner verordnete, nicht verschreibungspflichtige Arzneimittel, die nach der Arzneimittel-Richtlinie des Gemeinsamen Bundesausschusses durch den behandelnden Vertragsarzt ausnahmsweise zulasten der gesetzlichen Krankenversicherung verordnet werden können. Stehen für das verordnete, verschreibungspflichtige Arzneimittel mehrere wirkstoffgleiche Arzneimittel zur Verfügung, sind nur Aufwendungen für eines der 3 preisgünstigsten Arzneimittel erstattungsfähig, es sei denn, die Verordnung eines bestimmten Arzneimittels ist medizinisch notwendig oder keines der 3 preisgünstigsten Arzneimittel ist rechtzeitig lieferbar.

(2) Als Arzneimittel gelten nicht: Nährmittel, Stärkungsmittel, Genussmittel, Mineralwässer, kosmetische Mittel, Mittel zur Hygiene und Körperpflege, Mittel zur Potenzsteigerung, zur Raucherentwöhnung, zur Gewichtsreduzierung oder gegen Haarausfall, sowie sonstige Mittel, für die die gesetzliche Krankenversicherung keine Leistungen vorsieht. Sondennahrung, Aminosäuremischungen, Eiweißhydrolysate und Elementardiäten gelten als Arzneimittel, wenn aufgrund einer medizinischen Indikation eine normale Nahrungsaufnahme nicht möglich ist. Die dafür entstehenden Aufwendungen sind in den Fällen erstattungsfähig, die in den Arzneimittel-Richtlinien des Gemeinsamen Bundesausschusses als medizinisch notwendig festgelegt sind.

(3) Keine Leistungspflicht besteht für Arzneimittel, die wegen Unwirtschaftlichkeit oder weil sie ihrer Zweckbestimmung nach üblicherweise bei geringfügigen Gesundheitsstörungen verordnet werden, durch Rechtsverordnung für die Versorgung in der gesetzlichen Krankenversicherung ausgeschlossen sind, sowie für nicht verordnungsfähige und von Verordnungseinschränkungen betroffene Arzneimittel im Sinne der Richtlinien des Gemeinsamen Bundesausschusses.

(4) Aufwendungen für verschreibungspflichtige Fertigarzneimittel sind nur bis zur Höhe des Apothekenverkaufspreises gemäß Arzneimittelpreisverordnung oder, im Falle von vom GKV-Spitzenverband festgesetzter Fest- bzw. Höchstbeträge, bis zu dem jeweiligen Betrag erstattungsfähig.

(5) Aufwendungen für nicht verschreibungspflichtige Fertigarzneimittel sind nur bis zur Höhe des Apothekenverkaufspreises gemäß der am 31.12.2003 gültigen Arzneimittelpreisverordnung oder, im Falle von vom GKV-Spitzenverband festgesetzter Fest- bzw. Höchstbeträge, bis zu dem jeweiligen Betrag erstattungsfähig.

(6) Aufwendungen für in der Apotheke individuell hergestellte, verschreibungspflichtige Arzneimittel (Rezepturen) sind nur bis zu den Preisen erstattungsfähig, die sich aus der sachgerechten Anwendung der Hilfstaxe für Apotheken ergeben würden.

(7) Aufwendungen für Harn- und Blutzuckerteststreifen für an Diabetes erkrankte Versicherte, die mit Insulin behandelt werden und die von einem Vertragsarzt verordnet und innerhalb eines Monats nach Verordnung aus der Apotheke bezogen wurden, sind bis zur Höhe des Apothekeneinkaufspreises, der am Tag der Abgabe in der Großen Deutschen Spezialitäten-Taxe gelistet ist, zuzüglich des durchschnittlichen in der gesetzlichen Krankenversicherung üblichen Preisaufschlages erstattungsfähig. Für Harn- und Blutzuckerteststreifen für Versicherte mit Diabetes mellitus Typ 2, die nicht mit Insulin behandelt werden, gelten die Verordnungseinschränkungen gemäß der Richtlinien des Gemeinsamen Bundesausschusses.

3. Heilmittel für Kinder und Jugendliche

(1) Erstattungsfähig sind Aufwendungen für medizinisch notwendige Heilmittel zur Behandlung von Kindern und Jugendlichen wegen Krankheit oder Unfallfolgen, deren Nichtbehandlung nach medizinischem Befund ihre körperliche oder geistige Entwicklung in nicht geringfügigem Maße gefährden würde, wenn die Behandlung bereits vor der Versicherung im Notlagentarif begonnen wurde und ein maßgeblicher Teil der Behandlung bereits erfolgt ist. Die Heilmittel müssen von einem Vertragsarzt verordnet und von einem für die Versorgung in der gesetzlichen Krankenversicherung zugelassenen Therapeuten erbracht werden.

(2) Der Anspruch ist begrenzt auf die jeweilige Höchstmenge der nach dem Heilmittelkatalog der gesetzlichen Krankenversicherung indikationsbezogen verordnungsfähigen Heilmittel. Wird die entsprechend den Heilmittelrichtlinien des Gemeinsamen Bundesausschusses bestimmte Gesamtverordnungsmenge des Regelfalles überschritten, sind weitere Verordnungen zu begründen und ist vor Fortsetzung der Therapie eine Kostenzusage des Versicherers einzuholen. Die Behandlung muss innerhalb von 14 Tagen nach Ausstellung der Verordnung begonnen werden, es sei denn, der Arzt hat einen späteren Beginn auf der Verordnung vermerkt.

(3) Keine Leistungspflicht besteht für nicht verordnungsfähige Heilmittel entsprechend den Richtlinien des Gemeinsamen Bundesausschusses und für durch Rechtsverordnung für die Versorgung in der gesetzlichen Krankenversicherung ausgeschlossene Heilmittel von geringem oder umstrittenem therapeutischen Nutzen.

(4) Die erstattungsfähigen Aufwendungen werden ersetzt auf der Grundlage der Preisvereinbarungen zwischen den gesetzlichen Krankenkassen, ihren Landesverbänden oder Arbeitsgemeinschaften mit Leistungserbringern oder Verbänden oder sonstigen Zusammenschlüssen der Leistungserbringer. Der Aufwendungsersatz beträgt 80 % der erstattungsfähigen Aufwendungen.

4. Hilfsmittel

Erstattungsfähig sind Aufwendungen für vertragsärztlich verordnete Hilfsmittel in Standardausführung, sofern für diese Hilfsmittel oder die Aufwendungen ihrer Reparatur innerhalb von 10 Tagen nach Verordnung eine Zusage des Versicherers beantragt worden ist. Vor dem Bezug eines Hilfsmittels ist die Zusage des Versicherers einzuholen. Der Versicherer hat das Recht, den Versicherungsnehmer auf den Bezug bei einem seiner Kooperationspartner zu verweisen oder Hilfsmittel ggf. auch leihweise zu überlassen.

5. Ambulante Anschlussheilbehandlung

(1) Erstattungsfähig sind Aufwendungen für im Anschluss an eine aus Gründen eines medizinischen Notfalles medizinisch notwendige akute Krankenhausbehandlung erforderliche ambulante Anschlussheilbehandlung einschließlich Heilmitteln, wenn sie wegen der Art, Schwere und Dauer der Erkrankung notwendig ist, um den stationären Aufenthalt zu verkürzen oder zu ermöglichen, dass die anschließende ambulante ärztliche Behandlung ausreicht.

(2) Der Anspruch auf ambulante Anschlussheilbehandlung ist ausgeschlossen, soweit ein anderer Kostenträger einstandspflichtig ist.

(3) Die Anschlussheilbehandlung muss in Einrichtungen erfolgen, die einen Versorgungsvertrag mit den Landesverbänden der Krankenkassen und den Ersatzkassen gemeinsam abgeschlossen haben. Die erstattungsfähigen Aufwendungen werden bis zu der Höhe ersetzt, die für die Versorgung einer in der gesetzlichen Krankenversicherung versicherten Person aufzuwenden wäre, wenn und soweit der Versicherer zuvor eine schriftliche Leistungszusage erteilt hat.

(4) Der Anspruch auf ambulante Anschlussheilbehandlung ist begrenzt auf das medizinisch zwingend gebotene Maß und auf eine Behandlungsdauer von 3 Wochen, es sei denn, der Versicherer hat die Kostenübernahme für einen längeren Zeitraum schriftlich zugesagt.

B. Leistungen bei Schwangerschaft und Mutterschaft

1. Schwangerschaft und Mutterschaft

Erstattungsfähig sind die Aufwendungen für

(a) gezielte Vorsorgeuntersuchungen nach gesetzlich eingeführten Programmen bei Schwangerschaft,

(b) Schwangerschafts-, Entbindungs- und Wöchnerinnenbetreuung durch Arzt und Hebamme sowie für ergänzende, medizinisch notwendige häusliche Pflege ohne hauswirtschaftliche Versorgung,

(c) Entbindung in einem zugelassenen Krankenhaus oder einer anderen stationären Vertragseinrichtung, in der Geburtshilfe geleistet wird.

Erstattungsfähig sind die Aufwendungen für ärztliche Leistungen durch Vertragsärzte bis zur Höhe nach A. Nr. 1 Abs. 3 Notlagentarif (NLT), Abs. 4 gilt entsprechend. Für Leistungen durch Hebammen werden die erstattungsfähigen Aufwendungen bis zu der Höhe ersetzt, die für die Versorgung einer in der gesetzlichen Krankenversicherung Versicherten aufzuwenden wäre.

2. Schwangerschaftsabbruch

Erstattungsfähig sind Aufwendungen für einen nicht rechtswidrigen Abbruch der Schwangerschaft nach Maßgabe des § 218a Abs. 2 bis 3 des Strafgesetzbuches (medizinische und kriminologische Indikation) durch einen Arzt einschließlich jeweils gesetzlich vorgeschriebener Begutachtungs- und Beratungsleistungen.

C. Zahnärztliche Behandlung und kieferorthopädische Behandlung für Kinder und Jugendliche

1. Zahnärztliche Behandlung

(1) Erstattungsfähig sind die Aufwendungen für schmerzstillende Zahnbehandlung und die damit in Verbindung stehenden notwendigen Zahnfüllungen in einfacher Ausführung durch Vertragszahnärzte, die für die vertragszahnärztliche Versorgung zugelassen sind, soweit die Aufwendungen im Ersatzkassenvertrag-Zahnärzte bzw. einem diesen ersetzenden Nachfolgevertrag, dem Bewertungsmaßstab zahnärztlicher Leistungen oder den Richtlinien des Gemeinsamen Bundesausschusses festgelegt sind.

(2) Keine Leistungspflicht besteht für die Versorgung mit Zahnersatz (auch Einzelkronen, Implantate), Einlagefüllungen (Inlays), mehrschichtige Kompositfüllungen, funktionsanalytische und -therapeutische Leistungen sowie für kieferorthopädische Behandlung.

(3) Die erstattungsfähigen Aufwendungen werden bis zum 2,0-fachen Satz der Gebührenordnung für Zahnärzte (GOZ) ersetzt. Erbringt der Zahnarzt Leistungen, die in den in § 6 Abs. 2 GOZ genannten Abschnitten der Gebührenordnung für Ärzte (GOÄ) aufgeführt sind, werden die Vergütungen für diese Leistungen bis zu den in Abschnitt A Nr. 1 Abs. 2 und 3 genannten Höchstsätzen ersetzt.

(4) Werden die Gebührensätze gemäß Absatz 3 durch Verträge gemäß § 75 Abs. 3b SGB V zwischen dem Verband der Privaten Krankenversicherung e.V. einheitlich mit Wirkung für die Unternehmen der Privaten Krankenversicherung und im Einvernehmen mit den Trägern der Kosten in Krankheits-, Pflege- und Geburtsfällen nach beamtenrechtlichen Vorschriften einerseits und den Kassenzahnärztlichen Vereinigungen oder der Kassenzahnärztlichen Bundesvereinigung andererseits ganz oder teilweise abweichend geregelt, gelten die jeweils vertraglich vereinbarten Vergütungen.

2. Kieferorthopädische Behandlung für Kinder und Jugendliche

(1) Erstattungsfähig sind Aufwendungen für eine medizinisch notwendige kieferorthopädische Behandlung, wenn diese unaufschiebbar ist, die Behandlung fortlaufend erfolgt und sofern ein maßgeblicher Teil der Behandlung bereits vor der Versicherung im Notlagentarif erfolgt ist.

(2) Erstattungsfähig sind die Aufwendungen nach Absatz 1 für

(a) zahnärztliche Leistungen durch Vertragszahnärzte, die im Ersatzkassenvertrag-Zahnärzte bzw. einem diesen ersetzenden Nachfolgevertrag, dem Bewertungsmaßstab zahnärztlicher Leistungen und den Richtlinien des Gemeinsamen Bundesausschusses festgelegt sind, und

(b) zahntechnische Leistungen, die in dem zwischen dem Spitzenverband Bund der Krankenkassen und dem Verband Deutsche Zahntechniker-Innungen vereinbarten bundeseinheitlichen Verzeichnis enthalten sind, für eine kieferorthopädische Versorgung in den durch den Gemeinsamen Bundesausschuss medizinisch begründeten Indikationsgruppen (KIG), bei denen eine Kiefer- oder Zahnfehlstellung vorliegt, die das Kauen, Beißen, Sprechen oder Atmen erheblich beeinträchtigt oder zu beeinträchtigen droht.

(3) Keine Leistungspflicht besteht für Behandlungen, die vor Umstellung in den Notlagentarif begonnen wurden, wenn diese zum Zeitpunkt des Behandlungsbeginnes nach dem Schema zur Einstufung des kieferorthopädischen Behandlungsbedarfes (KIG) nicht erstattungsfähig gewesen wären.

(4) Leistungen kann nur eine versicherte Person beanspruchen, die bei Behandlungsbeginn das 18. Lebensjahr noch nicht vollendet hat.

(5) Die erstattungsfähigen Aufwendungen für zahnärztliche Leistungen werden bis zum 2,0-fachen Gebührensatz der GOZ ersetzt. Nr. 1 Abs. 4 gilt entsprechend.

(6) Die erstattungsfähigen Aufwendungen für zahntechnische Leistungen werden ersetzt auf der Grundlage der von den Landesverbänden der gesetzlichen Krankenkassen und den Innungsverbänden der Zahntechniker vereinbarten Höchstpreisen für zahntechnische Leistungen. Werden die zahntechnischen Leistungen von Zahnärzten erbracht, vermindern sich die Höchstpreise nach Satz 1 um 5 %.

(7) Der Aufwendungsersatz beträgt 80 % für erstattungsfähige Aufwendungen gemäß Absatz 5 und Absatz 6.

(8) Leistungen werden nur erbracht, wenn die versicherte Person dem Versicherer vor Fortsetzung der Behandlung im Notlagentarif einen Therapie- und Kostenplan vorlegt, der insbesondere umfassende Angaben zum Befund und zur geplanten Versorgung nach Art, Umfang und Kosten beinhaltet. Der Versicherer prüft den Plan und gibt der versicherten Person über die zu erwartende Leistung schriftlich Auskunft.

D. Stationäre Heilbehandlung

1. Krankenhausbehandlung

(1) Erstattungsfähig sind Aufwendungen für Allgemeine Krankenhausleistungen im nächstgelegenen, für die Behandlung geeigneten Krankenhaus gemäß der Richtlinie des Gemeinsamen Bundesausschusses zu Untersuchungs- und Behandlungsmethoden im Krankenhaus, das

(a) nach den landesrechtlichen Vorschriften als Hochschulklinik anerkannt ist,

(b) in den Krankenhausplan eines Landes aufgenommen ist (Plankrankenhaus) oder

(c) einen Versorgungsvertrag mit den Landesverbänden der Krankenkassen und den Verbänden der Ersatzkassen abgeschlossen hat.

Wählt die versicherte Person ohne zwingenden Grund ein anderes zugelassenes Krankenhaus als das nächstgelegene, für die Behandlung geeignete Krankenhaus, sind die Mehrkosten von der versicherten Person selbst zu tragen.

(2) Erstattungsfähig sind außerdem die Aufwendungen für belegärztliche Leistungen in Krankenhäusern nach Absatz 1 bis zu den in Abschnitt A Nr. 1 Abs. 2 und 3 genannten Höchstsätzen.

2. Stationäre Anschlussheilbehandlung

(1) Erstattungsfähig sind Aufwendungen für im Anschluss an eine aus Gründen eines medizinischen Notfalles medizinisch notwendige akute Krankenhausbehandlung erforderliche stationäre Anschlussheilbehandlung, wenn sie wegen der Art, Schwere und Dauer der Erkrankung notwendig ist. Die ambulante Anschlussheilbehandlung hat stets Vorrang vor der stationären Anschlussheilbehandlung, sofern der Gesundheitszustand des Versicherten die ambulante Anschlussheilbehandlung zulässt.

(2) Der Anspruch auf stationäre Anschlussheilbehandlung ist ausgeschlossen, soweit ein anderer Kostenträger einstandspflichtig ist.

(3) Die Anschlussheilbehandlung muss in Einrichtungen erfolgen, die einen Versorgungsvertrag mit den Landesverbänden der Krankenkassen und den Ersatzkassen gemeinsam abgeschlossen haben. Die erstattungsfähigen Aufwendungen werden bis zu der Höhe ersetzt, die für die Versorgung einer in der gesetzlichen Krankenversicherung versicherten Person aufzuwenden wäre, wenn und soweit der Versicherer zuvor eine schriftliche Leistungszusage erteilt hat.

(4) Der Anspruch auf stationäre Anschlussheilbehandlung ist begrenzt auf das medizinisch zwingend gebotene Maß und auf eine Behandlungsdauer von 3 Wochen, es sei denn, der Versicherer hat die Kostenübernahme für einen längeren Zeitraum schriftlich zugesagt.

E. Fahrkosten

(1) Erstattungsfähig sind Aufwendungen für den Transport zum nächstgelegenen Arzt oder Krankenhaus, wenn während der Fahrt eine fachliche Betreuung oder die besonderen Einrichtungen eines Krankenwagens benötigt werden.

(2) Erstattungsfähig sind Aufwendungen für Fahrten zur ambulanten Krankenbehandlung in den nach den Richtlinien des Gemeinsamen Bundesausschusses festgelegten Fällen, wenn der Versicherer zuvor eine schriftliche Leistungszusage erteilt hat.

F. Auslandsbehandlung

(1) Bei vorübergehendem Aufenthalt in einem Mitgliedstaat der Europäischen Union oder in einem anderen Vertragsstaat des Europäischen Wirtschaftsraumes sind erstattungsfähig die Aufwendungen durch Leistungserbringer im Sinne von § 4 Abs. 2 AVB/NLT 2013, die aufgrund einer EG-Richtlinie approbiert oder die im jeweiligen nationalen System der Krankenversicherung des Aufenthaltsstaates zur Versorgung zugelassen sind.

(2) Für stationäre Heilbehandlungen in einem der in Absatz 1 Satz 1 genannten Staaten werden die erstattungsfähigen Aufwendungen ersetzt, wenn und soweit der Versicherer eine schriftliche Leistungszusage erteilt hat.

(3) Die erstattungsfähigen Aufwendungen werden ersetzt, jedoch nicht mehr als die Vergütung, die bei Behandlung im Inland angefallen wäre.

G. Vorsorgeuntersuchungen und Impfungen für Kinder und Jugendliche

Erstattungsfähig sind für Kinder und Jugendliche die Aufwendungen für ambulante Vorsorgeuntersuchungen zur Früherkennung von Krankheiten nach gesetzlich eingeführten Programmen und für Schutzimpfungen, die die Ständige Impfkommission beim Robert-Koch-Institut gemäß § 20 Abs. 2 des Infektionsschutzgesetzes empfiehlt.

H. Stationäre Hospizleistung

Erstattungsfähig sind Aufwendungen für stationäre oder teilstationäre Versorgung in einem von der gesetzlichen Krankenversicherung zugelassenen Hospiz, in dem palliativmedizinische Behandlung erbracht wird, wenn die versicherte Person keiner Krankenhausbehandlung bedarf und eine ambulante Versorgung im Haushalt oder der Familie der versicherten Person nicht erbracht werden kann. Die erstattungsfähigen Aufwendungen werden bis zu der Höhe erstattet, die für die Versorgung eines Versicherten der gesetzlichen Krankenversicherung aufzuwenden wäre.

I. Spezialisierte ambulante Palliativversorgung

(1) Erstattungsfähig sind Aufwendungen für spezialisierte ambulante Palliativversorgung entsprechend den Richtlinien des Gemeinsamen Bundesausschusses, die darauf abzielen, die Betreuung der versicherten Person in der vertrauten häuslichen Umgebung zu ermöglichen. Anspruchsberechtigt ist eine versicherte Person mit einer nicht heilbaren, fortschreitenden und weit fortgeschrittenen Erkrankung bei einer zugleich begrenzten Lebenserwartung, die eine besonders aufwendige Versorgung benötigt.

(2) Anspruch auf Erstattung der Leistungen für spezialisierte ambulante Palliativversorgung haben auch Versicherte in stationären Pflegeeinrichtungen.

(3) Die erstattungsfähigen Aufwendungen werden zu 100 % ersetzt,

(a) bei Leistungen von Ärzten bis zu den in A Nr. 1 Abs. 2 und 3 genannten Vergütungssätzen,

(b) bei Leistungen von Fachkräften für spezialisierte ambulante Palliativversorgung, jedoch nicht mehr als der Betrag, der für die Versorgung eines Versicherten der gesetzlichen Krankenversicherung aufzuwenden wäre.

Tarifbedingungen für die Anwartschaftsvereinbarung (AWV)
(Stand: 2017)

Mit einer Anwartschaftsvereinbarung erhält der Versicherte das Recht, eine private Krankenversicherung mit bestimmten Bedingungen zu einem späteren Zeitpunkt neu abzuschließen oder wieder aufleben zu lassen.

Für die Dauer der Anwartschaft besteht kein Anspruch auf Versicherungsleistungen aus der Grundversicherung.

Die Dauer der Anwartschaft wird auf die Wartezeit angerechnet.

A Versicherungsfähigkeit

(1) Zu den Personen, die langfristig einen Anspruch auf Heilfürsorge haben, zählen Berufssoldaten, Angehörige der Bundespolizei sowie Polizei- und Feuerwehrbeamte entsprechend den Regelungen der einzelnen Bundesländer.

(2) Die Heilfürsorge gewährt während der aktiven Dienstzeit kostenlos medizinische Versorgung. Ehepartner und Kinder haben dagegen Anspruch auf Beihilfe. Die Heilfürsorge entfällt bei Eintritt in den Ruhestand. Dann sind auch diese Beamten beihilfeberechtigt.

(3) Die Empfänger von Heilfürsorge können daher bereits zu Beginn der aktiven Dienstzeit bedarfsgerechte Krankheitskosten-Tarife abschließen. Es sind diejenigen Tarife/-Stufen abzuschließen, die nach dem Ausscheiden aus dem Dienst (als Versorgungsempfänger) benötigt werden.

(4) Personen, die aufgrund einer Versicherungspflicht oder Familienversicherung in der GKV die Krankheitskostenvollversicherung und/oder Krankentagegeldversicherung vorübergehend nicht benötigen. Dies gilt auch bei der Verlegung des gewöhnlichen Aufenthaltes ins Ausland bzw. bei einem Auslandsaufenthalt ab 6 Monaten.

B Arten der Anwartschaften

B.1 Große Anwartschaftsvereinbarung (AWV – Groß)

(1) Bei der „Großen" Anwartschaftsversicherung werden weiterhin Alterungsrückstellungen aufgebaut, daher sind die AWV-Groß-Beiträge höher als in der AWV – Klein.

(2) Nach Aufleben der Grundversicherung ist unter Zugrundelegung des ursprünglichen Eintrittsalters und unter Berücksichtigung zwischenzeitlicher Beitragsanpassungen der volle Beitrag zu zahlen.

(3) Weitere Ergänzungsversicherungen können abgeschlossen werden.

(4) Die Höhe der Beiträge beträgt 30 % des monatlichen Beitrages der zugrunde liegenden Versicherung.

(5) Bei Umstellung der Anwartschaftsvereinbarung auf die entsprechenden Grundtarife entfällt eine Gesundheitsprüfung. Während der Anwartschaftsversicherung eventuell eingetretene Erkrankungen sind dann mitversichert.

B.2 Kleine Anwartschaftsvereinbarung (AWV – Klein)

(1) Bei der „Kleinen" Anwartschaftsvereinbarung werden keine Alterungsrückstellungen aufgebaut; die bisherigen Alterungsrückstellungen bleiben erhalten und werden bei laufender Verzinsung nicht weiter bespart (die Verzinsung läuft weiter).

(2) Nach Aufleben der Grundversicherung wird der Beitrag nach dem dann aktuellen Eintrittsalter berechnet. Zuvor erworbene Altersrückstellungen werden berücksichtigt.

(3) Weitere Ergänzungsversicherungen können abgeschlossen werden.

(4) Die Höhe der Beiträge beträgt 5 % des monatlichen Beitrages der zugrunde liegenden Versicherung.

Annahmerichtlinien und Risikoliste der Proximus Krankenversicherung AG
– Auszug

Die Annahmerichtlinien enthalten die Bedingungen und Richtlinien für die Aufnahme in der Krankenversicherung der Proximus Krankenversicherung AG.

Im Folgenden sind die wesentlichen Aussagen als Grundlage für die Risikoprüfung zusammengefasst.

1. Allgemeines	Diese Übersicht enthält beispielhaft Diagnosen, Diagnoseschlüssel, Rezidivfristen, Texte für Erschwerungen, Risikozuschläge, besondere Vermerke zur Beurteilung eines Risikos und Bearbeitungshinweise.
2. Rezidivfristen	Ein Rezidiv (von lat. *recidere*, „zurückfallen") ist das Wiederauftreten („Rückfall") einer Krankheit, einer psychischen Störung oder ihrer Symptome nach einer Behandlung, die zeitweilig erfolgreich war, oder nach spontaner Genesung. Eine Rezidivfrist entspricht daher der Wahrscheinlichkeit, dass in der angegebenen Zeit ein Krankheitsrückfall auftritt.
Auswahl von **0-5**	Ist als Rezidivfrist eine „0" angegeben, ist die Wahrscheinlichkeit 0. Eine Erschwerung ist nicht notwendig. Sind die Ziffern von **1** bis **5** angegeben, so geben die einzelnen Ziffern die Anzahl der erforderlichen behandlungs- und beschwerdefreien Jahre an, die seit dem Ende der letzten Behandlung / dem letzten Auftreten von Beschwerden bis zum Versicherungs- bzw. Umwandlungsbeginn verstrichen sein müssen, bevor eine Annahme ohne Erschwerungen erfolgen kann. Ist dieser Zeitraum kleiner als die in der Risikoliste angegebene Rezidivfrist, muss eine Erschwerung vereinbart werden. Von der Rezidivfrist wird die Zeit abgezogen, die seit der letzten Behandlung bzw. seit dem letzten Auftreten von Beschwerden bis zum Versicherungsbeginn bzw. Umwandlungsbeginn verstrichen sind. **N** = Neuaufnahme; **U** = Umschreibung
Ermittlung der Dauer	Vor Abzug muss dabei die behandlungs- und beschwerdefreie Zeit auf volle Jahre ab- oder aufgerundet werden. Bis zu 6 Monaten wird abgerundet, ab 7 Monaten wird aufgerundet. Die sich durch die Subtraktion ergebende Differenz stellt die zu vereinbarende Erschwerungsdauer dar. 1 ¼ Jahr behandlungs- und beschwerdefrei = 1 Jahr Abzug; 1 ¾ Jahr behandlungs- und beschwerdefrei = 2 Jahre Abzug. Da das Versicherungsjahr mit dem Kalenderjahr übereinstimmt, muss bei einem Versicherungs-/Umwandlungsbeginn, der zwischen dem 1.7. und 1.12. eines Jahres liegt, die ermittelte Erschwerungsdauer jeweils um ein Jahr verlängert werden.
Sonderzeichen	Eine in Klammern stehende Zahl besagt, dass – unabhängig von der behandlungs- und beschwerdefreien Zeit – eine Erschwerung ab Versicherungsbeginn bzw. Umwandlungsbeginn notwendig ist. Steht anstelle einer Ziffer der Buchstabe **D**, so ist eine Erschwerung stets für die Dauer des Versicherungsvertrages zu vereinbaren. Ist ein Diagnose-Schlüssel mit dem Buchstaben **A** verbunden, so ist der Antrag abzulehnen. In einigen Fällen wird die Rücksprache mit dem Gesellschaftsarzt (R mit GA) empfohlen.
3. Erschwerungen	Erschwerungen sind möglich in Form von versicherungsmedizinischen Zuschlägen (Risiko-Zuschläge = **RiZ**) oder Leistungsausschlüssen **(LA)**. Ein LA kann später nicht mehr in einen RiZ umgewandelt werden - oder umgekehrt. Ausgangspunkt zur Vereinbarung von Erschwernissen ist immer der Gesundheitszustand bei Antragstellung.
Risikozuschläge **(RiZ)**	Risikozuschläge **(RiZ)** dürfen erst nach wenigstens 4 behandlungs- und beschwerdefreien Monaten vereinbart werden. In verschiedenen Fällen sind 2 Prozentsätze angegeben, und zwar einer für den Zustand vor, der andere für den Zustand nach Operation – getrennt mit /.
Leistungsausschlüsse **(LA)**	Leistungsausschlüsse sind nicht bei Übertrittsversicherungen (GKV, freie Heilfürsorge) in der substitutiven Krankenversicherung zu vereinbaren, es sei denn, ein anderer Kostenträger kommt für die Behandlungskosten auf (z. B. die Berufsgenossenschaft bei Arbeitsunfällen). Bei Zusatzversicherungen dürfen nicht mehr als 4 Leistungsausschlüsse vereinbart werden. Ansonsten ist der Antrag abzulehnen. Erforderlich sind **LA**, wenn • der als Voraussetzung für die Vereinbarung von RiZ erforderliche behandlungs- und beschwerdefreie Zeitraum von 4 Monaten noch nicht verstrichen ist oder • kein Prozentsatz in der Risikoliste angegeben ist oder • sie nach Rücksprache mit dem Gesellschaftsarzt festgelegt werden.
Ablehnungen **(A)**	Ein Antrag muss abgelehnt werden, wenn • mehr als 4 Leistungsausschlüsse erforderlich sind, • schon durch weniger als 4 Leistungsausschlüsse der Versicherungsschutz zu stark ausgehöhlt würde, • sich das erhöhte Risiko durch Erschwerungen nicht erfassen lässt. Das Vorgenannte gilt analog auch für „Zurückstellungen", die im juristischen Sinne auch Ablehnungen von Anträgen sind. Sie sollen dem Zweck dienen, nach Ablauf einer im Einzelfall festgelegten Frist einen neuen Antrag aufzunehmen und prüfen zu können. **RiZ** und **LA** können in Kombination für eine zu versichernde Person festgelegt werden, wenn es sich um unterschiedlich risikoerhebliche Krankheiten handelt (z. B. **RiZ** für Galle, **LA** für Herzkreislauf oder **LA** für Gelenke und **RiZ** für Knochenbruch). Für ein und dieselbe Krankheit dürfen nicht gemeinsam **RiZ** und **LA** vereinbart werden. Wenn mehrere Risikozuschläge für verschiedene risikoerhebliche Erkrankungen ermittelt werden, wird nur ein absoluter Zuschlag für alle Erkrankungen erhoben. Die Höhe richtet sich nach der schwerwiegendsten Erkrankung. Die anderen risikoerheblichen Erkrankungen werden bei der Formulierung des RiZ mit aufgeführt, unabhängig von einer Kausalität zwischen den Erkrankungen. Bei beantragtem Wegfall müssen alle Erkrankungen ausgeheilt sein.
Beispiel	Kniegelenksentzündung .... 4 Jahre / 90 % **RiZ**

Risikoliste

Bezeichnung	Diagnoseziffer	Rezidivfrist	Einschätzung
Blasenblutung / Nierenblutung	6304	(5)	Immer R mit GA
Blutdruck, erhöhter (essenziell oder arteriosklerotisch) „Hypertonie und Folgen"	3801	5	**Bis Alter 50 Jahre:** N = 75 % RiZ U = 75 % RiZ **Über Alter 50 Jahre:** N = 150 % RiZ U = 150 % RiZ
Bronchialasthma „Asthma und Folgen"	1501	5	N = LA U = 100 % RiZ
Cholecystopathie (Gallenerkrankung) „Erkrankungen der Gallenblase und Gallengänge und Folgen"	5803	4	N = LA (2 behandlungs-/beschwerdefreie Jahre: 120 % RiZ) U = 120 % RiZ
Coxarthrose (degenerative Hüftgelenkserkrankung) „Hüftgelenkkrankheiten und Folgen"	7801	(5)	N = 200 % RiZ U = 200 % RiZ
Depressionen, endogene „Depressionen jeder Art und Folgen"	2201	D	N = LA U = 120 % RiZ
Depressionszustände, reaktive „Depressionen jeder Art und Folgen"	2501	5	N = LA U = 120 % RiZ
Durchblutungsstörungen, coronare	3601	2	N = 100 % RiZ U = 100 % RiZ
Epilepsie	2701		Nach Ursache forschen, dann R mit GA
Extrasystolie „Herz- und Kreislaufkrankheiten und Folgen"	3201	3	N = LA (RiZ nur nach R mit GA) U = 120 % RiZ
Gallenblasenentzündung „Erkrankungen der Gallenblase und Gallengänge und Folgen"/operiert: „Folgen der OP"	5801	4/3	**Nicht operiert:** N = 90 % RiZ U = 90 % RiZ **Operiert:** N = 25 % RiZ U = 25 % RiZ
Gebärmutterknickung „Retroflexio uteri und Folgen"	6702	(5)/2	**Nicht operiert:** N = 90 % RiZ U = 90 % RiZ **Operiert:** N = 20 % RiZ U = 20 % RiZ
Geschwulst	9302	(5)	Nach Art und befallenem Organ forschen, dann R mit GA
Gicht „Gicht und Folgen"	2101	5	N = 100 % RiZ U = 100 % RiZ
Grauer Star „Krankheiten der Augen und Folgen"	8801	(5)/4	**Nicht operiert:** N = LA U = 120 % RiZ **Operiert:** N = 100 % RiZ U = 100 % RiZ
Grippaler Infekt	4401	0	
Halswirbelsäulensyndrom „Krankheiten und Störungen im Bereich der Halswirbelsäule und Folgen"	8201	5	N = LA (3 behandlungs-/beschwerdefreie Jahre 120 % RiZ) U = 120 % RiZ
Harnblasenentzündung „Krankheiten der ableitenden Harnwege"	6301	2	N = 50 % RiZ U = 50 % RiZ
Herzinfarkt „Herzinfarkt und Folgen"	3302	D	N = LA U = 120 % RiZ
Herzschwäche (Altersherz) „Herz- und Kreislaufkrankheiten und Folgen"	3301	(5)	N = LA (RiZ n. R mit GA) U = 60 % RiZ
Hirnmangeldurchblutung, arteriosklerotische „Erkrankungen der Gefäße und des Gehirns und Folgen"	3901	D	N = LA U = 120 % RiZ

Risikoliste			
Bezeichnung	**Diagnoseziffer**	**Rezidivfrist**	**Einschätzung**
Hüftgelenkserkrankung, degenerative „Hüftgelenkkrankheiten und Folgen"	7801	(5)	N = 200 % RiZ U = 200 % RiZ
Kniegelenksentzündung „Entzündliche Erkrankungen der Kniegelenke und Folgen"	7805	4	N = 90 % RiZ U = 90 % RiZ
Krampfadern „Krampfaderleiden und Folgen"	4101	(5)	N = 50 % RiZ U = 50 % RiZ
Krebs	1001	A	
Kropf „Erkrankungen der Schilddrüse und Folgen"	1701	(5)/3	**Nicht operiert:** N = LA U = 120 % RiZ **Operiert:** N = 50 % RiZ U = 50 % RiZ
Lumbal-Syndrom „Krankheiten und Störungen im Bereich der Lendenwirbelsäule und Folgen"	8202	5	N = LA (3 behandlungs-/beschwerdefreie Jahre: 120 % RiZ) U = 120 % RiZ
Magenblutung	5202	(5)	Nach Ursache forschen, dann R mit GA
Mandelentzündung (akute)	4302	0	
Nierenentzündung (chronische) „Entzündungen der Nieren und der harnableitenden Wege und Folgen"	6101	4	N = 120 % RiZ U = 120 % RiZ
Nierensteine „Nierensteinerkrankungen und Folgen"	6102	(5)/5	**Nicht operiert:** N = LA U = 120 % RiZ **Operiert:** N = 50 % RiZ U = 50 % RiZ
Osteochondritis/-chondrosis der Wirbelsäule „Erkrankungen der Wirbelsäule und Folgen"	7802	5	N = 110 % RiZ U = 110 % RiZ
Papillom der Aderhaut des Auges	9001	(5)	Augenfachärztliches Attest mit Befund und Prognose anfordern, dann R mit GA
Rheumatismus „Rheuma und Folgen"	7901	(5)	N = 180 % RiZ U = 180 % RiZ
Spondylarthrose „Degenerative Erkrankungen von Gelenken und Folgen"	7804	(5)	N = 110 % RiZ U = 110 % RiZ
Tonsillitis chronica „Mandelkrankheiten und Folgen"	4301	3/0	**Nicht operiert:** N = 50 % RiZ U = 50 % RiZ **Operiert:** N = 0 U = 0
Uterusmyom „Unterleibskrankheiten und Folgen"	1201	D/3	**Nicht operiert:** N = LA U = 150 % RiZ **Operiert:** N = 50 % RiZ U = 50 % RiZ
Wirbelgleiten „Krankheiten und Störungen im Bereich der Wirbelsäule und Folgen"	8205	5	N = 150 % RiZ U = 150 % RiZ
Zuckerkrankheit „Diabetes und Folgen"	1801	D	N = LA U = 120 % RiZ
Zwölffingerdarmgeschwür „Geschwürkrankheiten des Darms und Folgen"	5201	5/3	**Nicht operiert:** N = 60 % RiZ U = 60 % RiZ **Operiert:** N = 30 % RiZ U = 30 % RiZ

Bezeichnungen in „…" geben die Formulierungen im Versicherungsschein wieder.

Tarifüberblick

Tabellarische Übersichten der zu ersetzenden Leistungshöhen und Summenbegrenzungen sämtlicher Tarife

Krankenergänzungsversicherung für GKV-Versicherte 276
Vereinbarungen 277
Krankheitskostenvollversicherung für PKV-Versicherte 278

Im Bereich der Krankheitskostenvollversicherung sind folgende Tarife enthalten:

Ambulant (A) 280
Stationär (S) 281
Zahn (Z) 281
Kompakt (KPT) 282
Beamten (A/S/Z) 283
Private Pflegepflichtversicherung (PVN/PVB) 284
Beitragsentlastungsvereinbarung (BEV) 285
Basistarif (BT) 285
Notlagentarif (NLT) 286

Im Bereich Krankentagegeld sind folgende Tarife enthalten:

Krankentagegeld für Arbeitnehmer (KT 43) 287
Krankentagegeld für Selbstständige (KT 8, KT 15, KT 22) 287

Im Bereich der Krankenergänzungsversicherung sind folgende Tarife enthalten:

Ambulant (AEV) 288
Stationär (SEV) 288
Zahn (ZEV) 289
Krankenhaustagegeld (KHT) 289
Gesetzlich geförderte ergänzende Pflegeversicherung (GEPV) ... 290
Pflegeergänzungstagegeld (PET) 290
Anwartschaftsvereinbarung (AWV) 291
Auslandskrankenversicherung (AKV) 291

Tabellarische Übersichten der zu ersetzenden Leistungshöhen und Summenbegrenzungen sämtlicher Tarife

Krankenergänzungsversicherung für GKV-Versicherte

Tarif / Leistung	AEV	SEV	ZEV
Ärztliche Behandlung	100 % bis Höchstsatz GOÄ nach Vorleistung der GKV		
Vorsorgeuntersuchungen	100 % bis Höchstsatz GOÄ nach Vorleistung der GKV		
Heilpraktiker, Osteopathie	80 %, bis max. 1.000 € / Kalenderjahr und Höchstsatz GebüH		
Sehhilfen (Brillengläser und -fassungen oder Kontaktlinsen)	100 % des Rechnungsbetrages, max. 200 €, immer bei Veränderung der Sehschärfe von 0,5 Dioptrien auf einem Auge, sonst alle 2 Jahre		
Sehschärfenkorrektur (Lasik)	100 %, bis 1.000 € nach Ablauf von 4 Kalenderjahren seit Tarifbeginn, im Anschluss 5 Jahre kein Anspruch auf Sehhilfen		
Ein- oder Zweibettzimmer im Krankenhaus		100 %	
Privatärztliche Behandlung im Krankenhaus		100 % bis Höchstsatz GOÄ	
Ersatzkrankenhaustagegeld		50 € bzw. 25 € /Tag	
Zahnbehandlung (inkl. Kronen und Inlays)			100 % bis Höchstsatz GOZ nach Vorleistung der GKV
Zahnersatz			85 % bis Höchstsatz GOZ nach Vorleistung der GKV
Kieferorthopädie			100 % bis Höchstsatz GOZ nach Vorleistung der GKV
Professionelle Zahnreinigung			100 % bis Höchstsatz GOZ, 2x im Kalenderjahr nach Vorleistung der GKV, max. je 50 €

Vereinbarungen

Tarif / Leistung	KT	KHT	GEPV	PET	AKV	BEV	AWV
Übernahme jeglicher Kosten für medizinisch notwendige Versorgung bei Akuterkrankungen und Unfällen im Ausland, inkl. Rücktransport					100 %		
Geldbetrag je Kalendertag eines medizinisch notwendigen Krankenhausaufenthaltes		nach vereinbarter Tarifstufe 5 – 55 €					
Geldbetrag je Kalendertag einer ärztlich attestierten Arbeitsunfähigkeit, wahlweise ab dem 8., 15., 22. oder 43. Tag	Nach vereinbarter Tarifstufe 5 – 260 €						
Geldbetrag je Kalendertag der Pflegebedürftigkeit			Abhängig von den Pflegegraden zusätzlich Pflegegrad 1: 10 % Pflegegrad 2: 20 % Pflegegrad 3: 40 % Pflegegrad 4: 70 % Pflegegrad 5: 100 % der vereinbarten Leistung	Abhängig von den Pflegegraden 10 – 100 € nach vereinbarter Tarifstufe entsprechend dem Grad: Pflegegrad 1: 10 % Pflegegrad 2: 30 % Pflegegrad 3: 60 % Pflegegrad 4: 90 % Pflegegrad 5: 100 %			
Geldbetrag, um den der Gesamtbeitrag für Vollversicherungstarife ab dem 65. Lebensjahr monatlich reduziert wird						50 € bis max. zu zahlender Beitrag	
Vollversicherung zu einem späteren Zeitpunkt ohne erneute Gesundheitsprüfung (AWV – Klein) bzw. ohne erneute Gesundheitsprüfung und auf der Grundlage des Lebensalters bei Abschluss der AWV (AWV – Groß)							Optionsrecht, kein Anspruch auf Versicherungsleistungen

Tabellarische Übersichten der zu ersetzenden Leistungshöhen und Summenbegrenzungen sämtlicher Tarife

Krankheitskostenvollversicherung für PKV-Versicherte

Tarif / Leistung	A0-A2	S1	S2	S3	Z1	Z2	Z3
Absoluter Selbstbehalt	A0 - 0 € A1 - 500 € / Kinder 250 € A2 - 1.000 € / Kinder 500 €	0 €	0 €	0 €	0 €	0 €	0 €
Ärztliche Behandlung	100 % bis Höchstsatz GOÄ						
Vorsorgeuntersuchungen	100 % bis Höchstsatz GOÄ						
Psychotherapie	100 % bis Höchstsatz GOÄ, max. 50 Sitzungen / Kalenderjahr, Leistungszusage notwendig	nach vorheriger Zusage 100 %	nach vorheriger Zusage 100 %	nach vorheriger Zusage 100 %			
Heilpraktiker, Osteopathie	100 %, bis Höchstsatz GebüH						
Arzneimittel	100 %						
Sehhilfen (Brillengläser und -fassungen oder Kontaktlinsen)	100 % des Rechnungsbetrages, max. 200 €, immer bei Veränderung der Sehschärfe von 0,5 Dioptrien auf einem Auge, sonst alle 2 Jahre						
Sehschärfenkorrektur (Lasik)	100 %, bis 1.000 € nach Ablauf von 4 Kalenderjahren seit Tarifbeginn, im Anschluss 5 Jahre kein Anspruch auf Sehhilfen						
Hilfsmittel gemäß § 4.3.3 AVB-MB / KK (ohne Sehhilfen)	100 %						
Heilmittel gemäß § 4.3.2 AVB-MB / KK	100 %						
Mehrbettzimmer im Krankenhaus		100 %	100 %	100 %			
Zweibettzimmer im Krankenhaus		100 %	100 %				
Einbettzimmer im Krankenhaus		100 %					
Privatärztliche Behandlung im Krankenhaus		100 % bis Höchstsatz GOÄ	100 % bis Höchstsatz GOÄ	100 % bis Höchstsatz GOÄ			
Kur- und Sanatoriumsaufenthalte		nach vorheriger Zusage Kurtagegeld 40 € / Tag	nach vorheriger Zusage Kurtagegeld 40 € / Tag	nach vorheriger Zusage Kurtagegeld 40 € / Tag			
3 ambulante oder stationäre Entziehungsmaßnahmen	nach vorheriger Zusage 100 %	nach vorheriger Zusage 100 %	nach vorheriger Zusage 100 %	nach vorheriger Zusage 100 %			
Ersatzkrankenhaustagegeld		50 € bzw. 25 € / Tag	50 € bzw. 25 € / Tag	25 € / Tag			
Zahnbehandlung (inkl. Kronen und Inlays)					100 % bis Höchstsatz GOZ	100 % bis Höchstsatz GOZ	100 % bis Höchstsatz GOZ
Zahnersatz					85 % bis Höchstsatz GOZ	75 % bis Höchstsatz GOZ	50 % bis Höchstsatz GOZ
Kieferorthopädie					85 % bis Höchstsatz GOZ	75 % bis Höchstsatz GOZ	50 % bis Höchstsatz GOZ
Professionelle Zahnreinigung					100 % bis Höchstsatz GOZ, 2x im Kalenderjahr	100 % bis Höchstsatz GOZ, 2x im Kalenderjahr	100 % bis Höchstsatz GOZ, 2x im Kalenderjahr
Beitragsrückerstattung bei Leistungsfreiheit (ohne Vorsorgeuntersuchungen) in einem Kalenderjahr	3 Monatsbeiträge	3 Monatsbeiträge	3 Monatsbeiträge	3 Monatsbeiträge	3 Monatsbeiträge	3 Monatsbeiträge	3 Monatsbeiträge

Tabellarische Übersichten der zu ersetzenden Leistungshöhen und Summenbegrenzungen sämtlicher Tarife

TA 279

KPT	20-50 BA/BZ	20-50 BS	BT/ST	NLT
20 %, max. 1.200 € / Kinder 600 €	0 €	0 €	SB nur im BT: 300 €/600 €/900 €/1.200 € nach Vereinbarung	0 €
80 % bis Höchstsatz GOÄ	20-50 %, nach Tarifstufe, bis Höchstsatz GOÄ		100 % nach Leistungskatalog der GKV	Der VR leistet für Aufwendungen, die zur Behandlung akuter Erkrankungen und Schmerzzustände sowie bei Schwangerschaft und Mutterschaft medizinisch notwendig und erforderlich sind. Die Erstattungspflicht des VR beschränkt sich nach Grund und Höhe auf ausreichende, zweckmäßige und wirtschaftliche Leistungen (siehe Tarif).
80 % bis Höchstsatz GOÄ	20-50 %, nach Tarifstufe, bis Höchstsatz GOÄ		100 % nach Leistungskatalog der GKV	
80 % ambulant, max. 10 Sitzungen/Kalenderjahr, 80 % stationär, nach vorheriger Leistungszusage	20-50 %, nach Tarifstufe, bis Höchstsatz GOÄ, max. 50 Sitzungen/Kalenderjahr, nach vorheriger Leistungszusage	20-50 % nach vorheriger Zusage	nach Leistungskatalog der GKV	
80 %, bis 500 € / Kalenderjahr und Höchstsatz GebüH	20-50 % bis Höchstsatz GebüH			
80 %	20-50 % nach Tarifstufe		100 % nach Leistungskatalog der GKV	
80 % des Rechnungsbetrages, max. 100 €, immer bei Veränderung der Sehschärfe um 0,5 Dioptrien auf einem Auge, sonst alle 2 Jahre	20-50 % des Rechnungsbetrages nach Tarifstufe, max. 200 €, immer bei Veränderung der Sehschärfe um 0,5 Dioptrien auf einem Auge, sonst alle 2 Jahre		Brillengläser nach Richtlinie der GKV	
	20-50 %, bis 1.000 € nach Ablauf von 4 Kalenderjahren seit Tarifbeginn, im Anschluss 5 Jahre kein Anspruch auf Sehhilfen			
80 %	20-50 %, nach Tarifstufe		100 % laut Hilfsmittelverzeichnis der GKV	
80 %	20-50 %, nach Tarifstufe		100 % laut Heilmittelverzeichnis der GKV	
80 %		20-50 %, nach Tarifstufe	100 % nach Leistungskatalog der GKV	
		20-50 %, nach Tarifstufe		
		20-50 %, nach Tarifstufe, bis Höchstsatz GOÄ		
nach vorheriger Zusage Kurtagegeld 40 €/Tag		nach vorheriger Zusage Kurtagegeld 40 €/Tag	nach Leistungskatalog der GKV	siehe oben
nach vorheriger Zusage 80 %, bei stationärer Behandlung im Mehrbettzimmer	nach vorheriger Zusage 20-50 %	nach vorheriger Zusage 20-50 %, nach Tarifstufe	nach Leistungskatalog der GKV	siehe oben
		50 € bzw. 25 €/Tag		
100 % bis Höchstsatz GOZ	20-50 %, nach Tarifstufe, bis Höchstsatz GOZ		100 % nach Leistungskatalog der GKV	siehe oben
50 % bis Höchstsatz GOZ	20-50 %, nach Tarifstufe, bis Höchstsatz GOZ		nach Leistungskatalog der GKV	siehe oben
80 % bis Höchstsatz GOZ	20-50 %, nach Tarifstufe, bis Höchstsatz GOZ		nach Leistungskatalog der GKV	siehe oben
100 % bis Höchstsatz GOZ, 2x im Kalenderjahr	20-50 %, nach Tarifstufe, bis Höchstsatz GOZ, 2x im Kalenderjahr			
3 Monatsbeiträge	3 Monatsbeiträge	3 Monatsbeiträge		

KRANKEN

TA 280

Tarife der Krankheitskostenvollversicherung enthalten:

Hinweise:

Die Versicherungsperiode beträgt ein Versicherungsjahr.

Die Beiträge in den Tariftabellen sind monatlich ausgewiesen.

Die reduzierten Selbstbeteiligungen für Kinder gelten bis zur Vollendung des 14. Lebensjahres.

Die Beiträge weisen ausschließlich den Tarifbeitrag aus. Der gesetzlich vorgeschriebene Beitragszuschlag in Höhe von 10 % ist **nicht** enthalten! Der gesetzliche Beitragszuschlag gilt für alle Tarife der substitutiven Krankenversicherung und wird gemäß § 149 VAG für Personen ab dem 21. Lebensjahr und dem Ende des Kalenderjahres, in dem Versicherungsnehmer sein 60. Lebensjahr vollendet, erhoben. Risikozuschläge sind hiervon ausgenommen. Im Basistarif der Proximus Krankenversicherung ist er bereits enthalten (Höchstbeitrag wird erhoben).

Nachlässe (aus dem Tarifbeitrag):

- bei vierteljährlicher Zahlungsweise: .... 2 %
- bei halbjährlicher Zahlungsweise: .... 3 %
- bei jährlicher Zahlungsweise: .... 5 %

Gebührenrahmen für Ärzte und Zahnärzte (GOÄ/GOZ)

I Persönliche ärztliche Leistungen

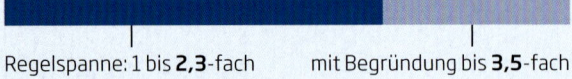

Regelspanne: 1 bis **2,3**-fach   mit Begründung bis **3,5**-fach

II Medizinisch-technische Leistungen

Regelspanne: 1 bis **1,8**-fach   mit Begründung bis **2,5**-fach

III Laboratoriumsleistungen

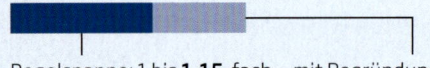

Regelspanne: 1 bis **1,15**-fach   mit Begründung bis **1,3**-fach

Besondere GOÄ-/GOZ-Sätze für den Basistarif

I Persönliche ärztliche Leistungen

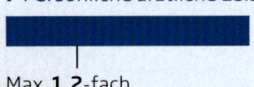

Max. **1,2**-fach

II Medizinisch-technische Leistungen

Max. **1,0**-fach

III Laboratoriumsleistungen

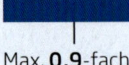

Max. **0,9**-fach

IV Gebührenordnung für Zahnärzte

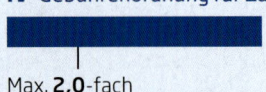

Max. **2,0**-fach

Tarife der Krankheitskostenvollversicherung enthalten:

Ambulant (A)

Leistungen[1]: 100 % der erstattungsfähigen Aufwendungen
Monatliche Beiträge in € (Stand: 2018)

Eintrittsalter[2]	Tarif A0 Ohne Selbstbeteiligung	Tarif A1 jährliche Selbstbeteiligung Erwachsene 500 €/Kinder 250 €	Tarif A2 jährliche Selbstbeteiligung Erwachsene 1.000 €/Kinder 500 €
0–14	111,12	45,90	29,95
15	116,03	43,51	31,68
16	116,03	43,51	31,68
17	116,03	43,51	31,68
18	116,03	43,51	31,68
19	116,03	43,51	31,68
20	253,40	160,53	100,65
21	253,40	160,53	100,65
22	253,40	160,53	100,65
23	253,40	160,53	100,65
24	253,40	160,53	100,65
25	277,40	185,49	119,34
26	277,40	185,49	119,34
27	277,40	185,49	119,34
28	277,40	185,49	119,34
29	277,40	185,49	119,34
30	299,80	198,45	135,88
31	299,80	198,45	135,88
32	299,80	198,45	135,88
33	299,80	198,45	135,88
34	299,80	198,45	135,88
35	313,74	233,33	154,38
36	313,74	233,33	154,38
37	313,74	233,33	154,38
38	313,74	233,33	154,38
39	313,74	233,33	154,38
40	374,03	254,45	177,93
41	374,03	254,45	177,93
42	374,03	254,45	177,93
43	374,03	254,45	177,93
44	374,03	254,45	177,93
45	400,64	282,29	206,80
46	400,64	282,29	206,80
47	400,64	282,29	206,80
48	400,64	282,29	206,80
49	400,64	282,29	206,80
50	451,33	314,13	259,04
51	451,33	314,13	259,04
52	451,33	314,13	259,04
53	451,33	314,13	259,04
54	451,33	314,13	259,04
55	482,93	346,93	292,12
56	482,93	346,93	292,12
57	482,93	346,93	292,12
58	482,93	346,93	292,12
59	482,93	346,93	292,12
60	513,75	378,77	324,46
61	513,75	378,77	324,46
62	513,75	378,77	324,46
63	513,75	378,77	324,46
64	513,75	378,77	324,46
65	536,78	402,36	350,37
66	536,78	402,36	350,37
67	536,78	402,36	350,37
68	536,78	402,36	350,37
69	536,78	402,36	350,37
70	564,51	431,00	383,08

1 Ärztliche Leistungen, soweit die Gebühren im Rahmen der Höchstsätze der amtlichen deutschen Gebührenordnung für Ärzte bzw. Zahnärzte liegen und deren Bemessungsgrundsätzen entsprechen.

2 Sobald eine versicherte Person das 14. bzw. das 19. Lebensjahr vollendet, ist ab Beginn des folgenden Kalenderjahres der Beitrag der nächsthöheren Altersgruppe zu zahlen.

Tarife der Krankheitskostenvollversicherung enthalten:

Stationär (S)

Leistungen[1]: 100 % der erstattungsfähigen Aufwendungen
Monatliche Beiträge in € (Stand: 2018)

Eintrittsalter[2]	Tarif S1 – Ein- oder Zweibettzimmer mit privatärztlicher Behandlung	Tarif S2 – Zweibettzimmer mit privatärztlicher Behandlung	Tarif S3 – Mehrbettzimmer mit privatärztlicher Behandlung
0–14	42,57	32,39	20,46
15	54,78	37,23	30,78
16	54,78	37,23	30,78
17	54,78	37,23	30,78
18	54,78	37,23	30,78
19	54,78	37,23	30,78
20	111,39	91,90	76,66
21	111,39	91,90	76,66
22	111,39	91,90	76,66
23	111,39	91,90	76,66
24	111,39	91,90	76,66
25	121,76	100,94	80,82
26	121,76	100,94	80,82
27	121,76	100,94	80,82
28	121,76	100,94	80,82
29	121,76	100,94	80,82
30	130,68	110,82	88,38
31	130,68	110,82	88,38
32	130,68	110,82	88,38
33	130,68	110,82	88,38
34	130,68	110,82	88,38
35	151,94	119,48	95,75
36	151,94	119,48	95,75
37	151,94	119,48	95,75
38	151,94	119,48	95,75
39	151,94	119,48	95,75
40	168,32	149,47	113,01
41	168,32	149,47	113,01
42	168,32	149,47	113,01
43	168,32	149,47	113,01
44	168,32	149,47	113,01
45	191,09	170,59	129,34
46	191,09	170,59	129,34
47	191,09	170,59	129,34
48	191,09	170,59	129,34
49	191,09	170,59	129,34
50	230,19	195,92	149,23
51	230,19	195,92	149,23
52	230,19	195,92	149,23
53	230,19	195,92	149,23
54	230,19	195,92	149,23
55	264,41	223,47	177,84
56	264,41	223,47	177,84
57	264,41	223,47	177,84
58	264,41	223,47	177,84
59	264,41	223,47	177,84
60	301,98	272,11	205,23
61	301,98	272,11	205,23
62	301,98	272,11	205,23
63	301,98	272,11	205,23
64	301,98	272,11	205,23
65	336,64	298,27	233,02
66	336,64	298,27	233,02
67	336,64	298,27	233,02
68	336,64	298,27	233,02
69	336,64	298,27	233,02
70	375,03	330,32	264,45

[1] Ärztliche Leistungen, soweit die Gebühren im Rahmen der Höchstsätze der amtlichen deutschen Gebührenordnung für Ärzte bzw. Zahnärzte liegen und deren Bemessungsgrundsätzen entsprechen.

[2] Sobald eine versicherte Person das 14. bzw. das 19. Lebensjahr vollendet, ist ab Beginn des folgenden Kalenderjahres der Beitrag der nächsthöheren Altersgruppe zu zahlen.

Zahn (Z)

Leistungen[1]: Erstattungsfähige Aufwendungen
Monatliche Beiträge in € (Stand: 2018)

Eintrittsalter[2]	Tarif Z1 – 100 % Zahnbehandlung (inkl. Kronen und Inlays); 85 % Zahnersatz; 85 % Kieferorthopädie	Tarif Z2 – 100 % Zahnbehandlung (inkl. Kronen und Inlays); 75 % Zahnersatz; 75 % Kieferorthopädie	Tarif Z3 – 100 % Zahnbehandlung (inkl. Kronen und Inlays); 50 % Zahnersatz; 50 % Kieferorthopädie
0–14	62,24	59,07	47,12
15	54,38	51,49	36,96
16	54,38	51,49	36,96
17	54,38	51,49	36,96
18	54,38	51,49	36,96
19	54,38	51,49	36,96
20	80,71	56,29	35,31
21	80,71	56,29	35,31
22	80,71	56,29	35,31
23	80,71	56,29	35,31
24	80,71	56,29	35,31
25	84,42	65,76	39,25
26	84,42	65,76	39,25
27	84,42	65,76	39,25
28	84,42	65,76	39,25
29	84,42	65,76	39,25
30	86,60	68,20	39,61
31	86,60	68,20	39,61
32	86,60	68,20	39,61
33	86,60	68,20	39,61
34	86,60	68,20	39,61
35	88,45	68,63	44,88
36	88,45	68,63	44,88
37	88,45	68,63	44,88
38	88,45	68,63	44,88
39	88,45	68,63	44,88
40	90,84	73,86	43,36
41	90,84	73,86	43,36
42	90,84	73,86	43,36
43	90,84	73,86	43,36
44	90,84	73,86	43,36
45	93,53	73,90	45,70
46	93,53	73,90	45,70
47	93,53	73,90	45,70
48	93,53	73,90	45,70
49	93,53	73,90	45,70
50	96,52	73,91	45,84
51	96,52	73,91	45,84
52	96,52	73,91	45,84
53	96,52	73,91	45,84
54	96,52	73,91	45,84
55	99,31	78,91	48,84
56	99,31	78,91	48,84
57	99,31	78,91	48,84
58	99,31	78,91	48,84
59	99,31	78,91	48,84
60	101,42	78,91	48,84
61	101,42	78,91	48,84
62	101,42	78,91	48,84
63	101,42	78,91	48,84
64	101,42	78,91	48,84
65	101,42	78,91	48,84
66	101,42	78,91	48,84
67	101,42	78,91	48,84
68	101,42	78,91	48,84
69	101,42	78,91	48,84
70	101,42	78,91	48,84

[1] Ärztliche Leistungen, soweit die Gebühren im Rahmen der Höchstsätze der amtlichen deutschen Gebührenordnung für Ärzte bzw. Zahnärzte liegen und deren Bemessungsgrundsätzen entsprechen.

[2] Sobald eine versicherte Person das 14. bzw. das 19. Lebensjahr vollendet, ist ab Beginn des folgenden Kalenderjahres der Beitrag der nächsthöheren Altersgruppe zu zahlen.

Tarife der Krankheitskostenvollversicherung enthalten:

Kompakt (KPT)

Leistungen[1]: Erstattungsfähige Aufwendungen
Monatliche Beiträge in € (Stand: 2018)

Tarif KPT
- max. 1.200 € / Kinder 600 € Selbstbeteiligung
- 80 % ambulante Heilbehandlung
- 100 % Zahnbehandlung (inkl. Kronen und Inlays)
- 50 % Zahnersatz
- 80 % Kieferorthopädie
- 80 % Mehrbettzimmer ohne privatärztliche Behandlung

Eintrittsalter[2]	Tarif KPT
0 – 14	71,31
15	99,13
16	99,13
17	99,13
18	99,13
19	99,13
20	163,17
21	163,17
22	163,17
23	163,17
24	163,17
25	169,49
26	169,49
27	169,49
28	169,49
29	169,49
30	175,70
31	175,70
32	175,70
33	175,70
34	175,70
35	191,66
36	191,66
37	191,66
38	191,66
39	191,66
40	217,38
41	217,38
42	217,38
43	217,38
44	217,38
45	249,84
46	249,84
47	249,84
48	249,84
49	249,84
50	285,51
51	285,51
52	285,51
53	285,51
54	285,51
55	321,29
56	321,29
57	321,29
58	321,29
59	321,29
60	356,22
61	356,22
62	356,22
63	356,22
64	356,22
65	385,64
66	385,64
67	385,64
68	385,64
69	385,64
70	419,70

1 Ärztliche Leistungen, soweit die Gebühren im Rahmen der Höchstsätze der amtlichen deutschen Gebührenordnung für Ärzte bzw. Zahnärzte liegen und deren Bemessungsgrundsätzen entsprechen.

2 Sobald eine versicherte Person das 14. bzw. das 19. Lebensjahr vollendet, ist ab Beginn des folgenden Kalenderjahres der Beitrag der nächsthöheren Altersgruppe zu zahlen.

Tarife der Krankheitskostenvollversicherung enthalten:

Ambulant und Zahn für Beamte (BA/BZ)

Bundesbeihilfesätze

	Beihilfe durch den Dienstherren	Absicherung Proximus
Beihilfeberechtigter	50 %	50 %
Beihilfeberechtigter mit 2 oder mehr beihilfeberechtigten Kindern	70 %	30 %
Beihilfeberechtigter Ehegatte	70 %	30 %
Jedes beihilfeberechtigte Kind	80 %	20 %
Pensionäre / Versorgungsempfänger	70 %	30 %

Leistungen [1]: Kostenerstattung für ambulante und zahnärztliche Heilbehandlung in Prozentsätzen entsprechend der vereinbarten Tarifstufe (z. B. aus Tarif 30 BA/BZ werden 30 % erstattet)
Monatliche Beiträge in € (Stand: 2018)

Eintrittsalter [2]	Tarif 20 BA/BZ	Tarif 30 BA/BZ	Tarif 50 BA/BZ
0 – 14	17,12	29,07	62,24
15	36,96	51,49	54,38
16	36,96	51,49	54,38
17	36,96	51,49	54,38
18	36,96	51,49	54,38
19	36,96	51,49	54,38
20	35,31	56,29	80,71
21	35,31	56,29	80,71
22	35,31	56,29	80,71
23	35,31	56,29	80,71
24	35,31	56,29	80,71
25	39,25	65,76	84,42
26	39,25	65,76	84,42
27	39,25	65,76	84,42
28	39,25	65,76	84,42
29	39,25	65,76	84,42
30	39,61	68,20	86,60
31	39,61	68,20	86,60
32	39,61	68,20	86,60
33	39,61	68,20	86,60
34	39,61	68,20	86,60
35	44,88	68,63	88,45
36	44,88	68,63	88,45
37	44,88	68,63	88,45
38	44,88	68,63	88,45
39	44,88	68,63	88,45
40	43,36	73,86	90,84
41	43,36	73,86	90,84
42	43,36	73,86	90,84
43	43,36	73,86	90,84
44	43,36	73,86	90,84
45	45,70	73,90	93,53
46	45,70	73,90	93,53
47	45,70	73,90	93,53
48	45,70	73,90	93,53
49	45,70	73,90	93,53
50	45,84	73,91	96,52
51	45,84	73,91	96,52
52	45,84	73,91	96,52
53	45,84	73,91	96,52
54	45,84	73,91	96,52
55	48,84	78,91	99,31
56	48,84	78,91	99,31
57	48,84	78,91	99,31
58	48,84	78,91	99,31
59	48,84	78,91	99,31
60	48,84	78,91	101,42
61	48,84	78,91	101,42
62	48,84	78,91	101,42
63	48,84	78,91	101,42
64	48,84	78,91	101,42
65	48,84	78,91	101,42
66	48,84	78,91	101,42
67	48,84	78,91	101,42
68	48,84	78,91	101,42
69	48,84	78,91	101,42
70	48,84	78,91	101,42

1 Ärztliche Leistungen, soweit die Gebühren im Rahmen der Höchstsätze der amtlichen deutschen Gebührenordnung für Ärzte bzw. Zahnärzte liegen und deren Bemessungsgrundsätzen entsprechen.

2 Sobald eine versicherte Person das 14. bzw. das 19. Lebensjahr vollendet, ist ab Beginn des folgenden Kalenderjahres der Beitrag der nächsthöheren Altersgruppe zu zahlen.

Stationär für Beamte (BS)

Bundesbeihilfesätze

	Beihilfe durch den Dienstherren	Absicherung Proximus
Beihilfeberechtigter	50 %	50 %
Beihilfeberechtigter mit 2 oder mehr beihilfeberechtigten Kindern	70 %	30 %
Beihilfeberechtigter Ehegatte	70 %	30 %
Jedes beihilfeberechtigte Kind	80 %	20 %
Pensionäre / Versorgungsempfänger	70 %	30 %

Leistungen [1]: Kostenerstattung für Zweibettzimmer und privatärztliche Behandlung in Prozentsätzen entsprechend der vereinbarten Tarifstufe (z. B. aus Tarif 30 BS werden 30 % erstattet)
Monatliche Beiträge in € (Stand: 2018)

Eintrittsalter [2]	Tarif 20 BS	Tarif 30 BS	Tarif 50 BS
0 – 14	7,09	11,35	20,86
15	9,91	15,76	23,48
16	9,91	15,76	23,48
17	9,91	15,76	23,48
18	9,91	15,76	23,48
19	9,91	15,76	23,48
20	22,07	32,95	50,95
21	22,07	32,95	50,95
22	22,07	32,95	50,95
23	22,07	32,95	50,95
24	22,07	32,95	50,95
25	24,06	36,13	61,48
26	24,06	36,13	61,48
27	24,06	36,13	61,48
28	24,06	36,13	61,48
29	24,06	36,13	61,48
30	25,51	38,43	65,51
31	25,51	38,43	65,51
32	25,51	38,43	65,51
33	25,51	38,43	65,51
34	25,51	38,43	65,51
35	27,35	41,37	75,61
36	27,35	41,37	75,61
37	27,35	41,37	75,61
38	27,35	41,37	75,61
39	27,35	41,37	75,61
40	32,76	50,20	82,29
41	32,76	50,20	82,29
42	32,76	50,20	82,29
43	32,76	50,20	82,29
44	32,76	50,20	82,29
45	35,70	54,90	90,49
46	35,70	54,90	90,49
47	35,70	54,90	90,49
48	35,70	54,90	90,49
49	35,70	54,90	90,49
50	43,17	60,41	105,09
51	43,17	60,41	105,09
52	43,17	60,41	105,09
53	43,17	60,41	105,09
54	43,17	60,41	105,09
55	47,14	71,74	121,12
56	47,14	71,74	121,12
57	47,14	71,74	121,12
58	47,14	71,74	121,12
59	47,14	71,74	121,12
60	54,67	83,96	133,68
61	54,67	83,96	133,68
62	54,67	83,96	133,68
63	54,67	83,96	133,68
64	54,67	83,96	133,68
65	58,98	90,69	145,79
66	58,98	90,69	145,79
67	58,98	90,69	145,79
68	58,98	90,69	145,79
69	58,98	90,69	145,79
70	64,27	99,13	160,48

1 Ärztliche Leistungen, soweit die Gebühren im Rahmen der Höchstsätze der amtlichen deutschen Gebührenordnung für Ärzte bzw. Zahnärzte liegen und deren Bemessungsgrundsätzen entsprechen.

2 Sobald eine versicherte Person das 14. bzw. das 19. Lebensjahr vollendet, ist ab Beginn des folgenden Kalenderjahres der Beitrag der nächsthöheren Altersgruppe zu zahlen.

Tarife der Krankheitskostenvollversicherung enthalten:

Pflegepflichtversicherung (PVN)	
Leistungen: Gesetzlich festgelegte Leistungen gemäß SGB XI Monatliche Beiträge* in € (Stand: 2018)	
Eintrittsalter[1]	Tarif PVN
0-19	13,81
20	14,17
21	14,54
22	14,93
23	15,33
24	15,76
25	16,20
26	16,65
27	17,13
28	17,63
29	18,16
30	18,70
31	19,27
32	19,87
33	20,50
34	21,15
35	21,84
36	22,56
37	23,32
38	24,12
39	24,96
40	25,84
41	26,77
42	27,75
43	28,78
44	29,86
45	31,00
46	32,20
47	33,47
48	34,81
49	36,23
50	37,73
51	39,32
52	41,01
53	42,80
54	44,70
55	46,73
56	48,88
57	51,18
58	53,65
59	56,29
60	59,13
61	62,18
62	65,47
63	69,02
64	72,86
65	77,03
66	81,55
67	86,45
68	91,78
69	97,56
70	103,83

Pflegepflichtversicherung für Beamte (PVB)	
Leistungen: Gesetzlich festgelegte Leistungen gemäß SGB XI Monatliche Beiträge* in € (Stand: 2018)	
Eintrittsalter[1]	Tarif PVB
0-19	8,67
20	8,80
21	8,93
22	9,07
23	9,21
24	9,36
25	9,51
26	9,66
27	9,83
28	10,00
29	10,18
30	10,36
31	10,56
32	10,76
33	10,98
34	11,20
35	11,44
36	11,69
37	11,95
38	12,22
39	12,51
40	12,82
41	13,14
42	13,48
43	13,83
44	14,21
45	14,61
46	15,03
47	15,48
48	15,95
49	16,45
50	16,99
51	17,55
52	18,15
53	18,80
54	19,48
55	20,20
56	20,98
57	21,81
58	22,69
59	22,64
60	24,65
61	25,74
62	26,92
63	28,19
64	29,57
65	31,06
66	32,68
67	34,44
68	36,35
69	38,44
70	40,71

* – Versicherte Personen, die am 01.01.1995 in der privaten Krankenversicherung mindestens mit einem Anspruch auf Kostenersatz für allgemeine Krankenhausleistungen versichert sind, zahlen höchstens den Höchstbeitrag der sozialen Pflegeversicherung; unter denselben Voraussetzungen beträgt die Beitragsbegrenzung für Personen, die nach beamtenrechtlichen Vorschriften oder Grundsätzen bei Pflegebedürftigkeit Anspruch auf Beihilfe haben, maximal 40 v. H. des Höchstbeitrages der sozialen Pflegeversicherung.

– Höchstbeitragsgarantie auch für Neuzugang bei mindestens fünfjähriger Vorversicherungszeit (s. § 8 Abs. 5 MB/PPV 2017).

– Ehegatten oder Lebenspartner gemäß § 1 Lebenspartnerschaftsgesetz, die am 01.01.1995 in der privaten Krankenversicherung mindestens mit einem Anspruch auf Kostenersatz für allgemeine Krankenhausleistungen versichert sind, zahlen bei entsprechendem Nachweis insgesamt höchstens 150 v. H. des Höchstbeitrages der sozialen Pflegeversicherung, wenn und solange ein Ehepartner oder Lebenspartner kein Gesamteinkommen hat, das regelmäßig im Monat ein Siebtel der monatlichen Bezugsgröße nach § 18 SGB IV überschreitet; unter denselben Voraussetzungen beträgt die Beitragsbegrenzung für Personen, die nach beamtenrechtlichen Vorschriften oder Grundsätzen bei Pflegebedürftigkeit Anspruch auf Beihilfe haben, maximal 75 v. H. des Höchstbeitrages der sozialen Pflegeversicherung.

– Nicht erwerbstätige Kinder einer versicherten Person sind unter den Voraussetzungen des § 8 Abs. 2 und 3 MB/PPV 2017 beitragsfrei.

1 Sobald eine versicherte Person das 19. Lebensjahr vollendet, ist ab Beginn des folgenden Kalenderjahres der Beitrag des nächsthöheren Alters zu zahlen. Für bisher beitragsfrei versicherte Kinder ist das bei Beendigung der Beitragsfreiheit gegebene Alter maßgebend.

Tarife der Krankheitskostenvollversicherung enthalten:

Beitragsentlastungsvereinbarung (BEV)

Leistungen: nach Vollendung des 65. Lebensjahres
Monatliche Beiträge je 50 € Beitragssenkung (Stand: 2018)

Eintrittsalter	Tarif BEV
0 - 14	
15	
16	
17	
18	
19	
20	8,41
21	8,71
22	9,07
23	9,49
24	9,97
25	10,45
26	10,99
27	11,53
28	12,01
29	12,49
30	12,97
31	13,45
32	13,93
33	14,35
34	14,83
35	15,37
36	15,85
37	16,45
38	17,05
39	17,65
40	18,31
41	19,03
42	19,75
43	20,47
44	21,31
45	22,15
46	23,05
47	23,95
48	24,97
49	26,05
50	27,19
51	28,39
52	29,71
53	31,09
54	32,53
55	34,09
56	35,77
57	37,57
58	39,49
59	41,59
60	
61	
62	
63	
64	
65	
66	
67	
68	
69	
70	

Leistungen: nach Vollendung des 65. Lebensjahres
Monatliche Beiträge je 50 € Beitragssenkung (Stand: 2018)

Tarif BEV

Basistarif (BT)

Leistungen: Erstattungsfähige Aufwendungen siehe Tarifbedingungen
Monatliche Beiträge in € (Stand: 2018)

Eintrittsalter	Tarif BT
0 - 14	
15	
...	
70	

Die Beiträge können nur über die Antragsabteilung der Proximus Krankenversicherung AG berechnet werden. Sie entsprechen maximal dem Höchstbeitrag der gesetzlichen Krankenversicherung.

Tarife der Krankheitskostenvollversicherung enthalten:

Notlagentarif (NLT)

Leistungen: Erstattungsfähige Aufwendungen siehe Tarifbedingungen
Monatliche Beiträge in € (Stand: 2018)

Eintrittsalter	Tarif NLTN	Tarif NLTB		
		20	30	50
0-14				
15				
16				
17				
18				
19				
20				
21				
22				
23				
24				
25				
26				
27				
28				
29				
30				
31				
32				
33				
34				
35				
36				
37				
38				
39				
40				
41				
42	95,13 €	20,52 €	30,78 €	51,30 €
43				
44				
45				
46				
47				
48				
49				
50				
51				
52				
53				
54				
55				
56				
57				
58				
59				
60				
61				
62				
63				
64				
65				
66				
67				
68				
69				
70				

Tarife des Krankentagegeldes enthalten:

Krankentagegeld für Arbeitnehmer (KT)

Leistungen: Versicherbar ist das durchschnittliche Nettoeinkommen der letzten 12 Monate (Höchstsatz: 260 € pro Tag), bei GKV-Versicherten die Differenz zwischen dem durchschnittlichen Nettoeinkommen der letzten 12 Monate und dem Krankengeld der gesetzlichen Krankenversicherung (z. B. 25 € pro Tag). Wertbeständiger Versicherungsschutz durch Leistungsanpassung. Das Tagegeld kann ohne Gesundheitsprüfung und Wartezeiten alle 3 Jahre entsprechend der allgemeinen Einkommensentwicklung angepasst werden.

Monatliche Beiträge in € (Stand: 2018)

Tarif KT 43
Beiträge für je 5 € Krankentagegeld
Leistungsbeginn ab dem 43. Tag der Arbeitsunfähigkeit (Höchstaufnahmealter vollendetes 60. Lebensjahr)

Eintrittsalter	Tarif KT 43
0-14	
15	
16	
17	
18	
19	
20	2,41
21	2,41
22	2,41
23	2,41
24	2,41
25	2,69
26	2,69
27	2,69
28	2,69
29	2,69
30	3,00
31	3,00
32	3,00
33	3,00
34	3,00
35	3,38
36	3,38
37	3,38
38	3,38
39	3,38
40	4,37
41	4,37
42	4,37
43	4,37
44	4,37
45	5,40
46	5,40
47	5,40
48	5,40
49	5,40
50	6,81
51	6,81
52	6,81
53	6,81
54	6,81
55	8,45
56	8,45
57	8,45
58	8,45
59	8,45
60	8,45
61	
62	
63	
64	
65	
66	
67	
68	
69	
70	

Krankentagegeld für Selbstständige (KT)

Leistungen: Versicherbar ist das durchschnittliche Nettoeinkommen der letzten 12 Monate (Höchstsatz 260 € pro Tag). Wertbeständiger Versicherungsschutz durch Leistungsanpassung. Das Tagegeld kann ohne Gesundheitsprüfung und Wartezeiten alle 3 Jahre entsprechend der allgemeinen Einkommensentwicklung angepasst werden.

Monatliche Beiträge in € (Stand: 2018)

Beiträge für je 5 € Krankentagegeld. Leistungsbeginn ab ... Tag der Arbeitsunfähigkeit (Höchstaufnahmealter vollendetes 60. Lebensjahr)

Eintrittsalter	Tarif KT 8	Tarif KT 15	Tarif KT 22
0-14			
15			
16			
17			
18			
19			
20	15,87	8,78	6,83
21	16,07	8,91	6,96
22	16,32	9,07	7,13
23	16,60	9,25	7,30
24	16,74	9,34	7,39
25	16,81	9,39	7,44
26	16,84	9,41	7,46
27	16,84	9,41	7,46
28	16,88	9,43	7,48
29	16,91	9,45	7,49
30	16,98	9,50	7,55
31	17,08	9,56	7,59
32	17,23	9,66	7,71
33	17,42	9,78	7,83
34	17,64	9,92	7,97
35	19,90	10,09	8,14
36	20,18	10,27	8,32
37	20,49	10,47	8,52
38	20,82	10,68	8,73
39	21,16	10,90	8,94
40	21,51	14,13	12,18
41	21,87	14,36	12,41
42	22,23	14,59	12,64
43	22,57	14,81	12,86
44	22,91	15,03	13,08
45	23,22	15,23	13,28
46	23,53	15,43	13,48
47	23,81	15,61	13,66
48	24,07	15,78	13,83
49	24,31	15,93	13,98
50	27,51	18,06	16,11
51	27,70	18,18	16,23
52	27,85	18,28	16,33
53	27,97	18,36	16,41
54	28,08	18,43	16,48
55	30,16	20,48	18,53
56	30,21	20,51	18,56
57	30,25	20,54	18,59
58	30,27	20,55	18,60
59	30,27	20,55	18,60
60	30,27	20,55	18,60
61			
62			
63			
64			
65			
66			
67			
68			
69			
70			

Tarife der Krankenergänzungsversicherung enthalten:

Tarife der Krankenergänzungsversicherung enthalten:

Ambulant (AEV)

Leistungen[1]: 100 % der erstattungsfähigen Aufwendungen nach Vorleistung der GKV
Monatliche Beiträge in € (Stand: 2018)

Tarif AEV
- Heilbehandlung
- Heilpraktiker / Osteopathie bis 80 % des Rechnungsbetrages
- Sehhilfen bis 200 €

Eintrittsalter[2]	Tarif AEV
0 - 14	2,17
15	3,13
16	3,13
17	3,13
18	3,13
19	3,13
20	9,31
21	9,31
22	9,31
23	9,31
24	9,31
25	10,61
26	10,61
27	10,61
28	10,61
29	10,61
30	11,96
31	11,96
32	11,96
33	11,96
34	11,96
35	13,14
36	13,14
37	13,14
38	13,14
39	13,14
40	14,34
41	14,34
42	14,34
43	14,34
44	14,34
45	15,60
46	15,60
47	15,60
48	15,60
49	15,60
50	16,75
51	16,75
52	16,75
53	16,75
54	16,75
55	17,68
56	17,68
57	17,68
58	17,68
59	17,68
60	18,41
61	18,41
62	18,41
63	18,41
64	18,41
65	19,78
66	19,78
67	19,78
68	19,78
69	19,78
70	21,78

1 Ärztliche Leistungen, soweit die Gebühren im Rahmen der Höchstsätze der amtlichen deutschen Gebührenordnung für Ärzte bzw. Zahnärzte liegen und deren Bemessungsgrundsätzen entsprechen.

2 Sobald eine versicherte Person das 14. bzw. das 19. Lebensjahr vollendet, ist ab Beginn des folgenden Kalenderjahres der Beitrag der nächsthöheren Altersgruppe zu zahlen.

Stationär (SEV)

Leistungen[1]: 100 % der erstattungsfähigen Aufwendungen nach Vorleistung der GKV. Leistet die GKV nicht, werden ausschließlich die tariflichen Wahlleistungen erstattet.
Monatliche Beiträge in € (Stand: 2018)

Tarif SEV
- Ein- oder Zweibettzimmer, Chefarztbehandlung

Eintrittsalter[2]	Tarif SEV
0 - 14	4,82
15	10,79
16	10,79
17	10,79
18	10,79
19	10,79
20	36,85
21	36,85
22	36,85
23	36,85
24	36,85
25	40,82
26	40,82
27	40,82
28	40,82
29	40,82
30	43,75
31	43,75
32	43,75
33	43,75
34	43,75
35	47,67
36	47,67
37	47,67
38	47,67
39	47,67
40	56,01
41	56,01
42	56,01
43	56,01
44	56,01
45	62,74
46	62,74
47	62,74
48	62,74
49	62,74
50	73,59
51	73,59
52	73,59
53	73,59
54	73,59
55	84,52
56	84,52
57	84,52
58	84,52
59	84,52
60	99,56
61	99,56
62	99,56
63	99,56
64	99,56
65	108,94
66	108,94
67	108,94
68	108,94
69	108,94
70	120,91

1 Ärztliche Leistungen, soweit die Gebühren im Rahmen der Höchstsätze der amtlichen deutschen Gebührenordnung für Ärzte bzw. Zahnärzte liegen und deren Bemessungsgrundsätzen entsprechen. Erbringt die GKV keine Leistung, werden die erstattungsfähigen Aufwendungen nach Abzug der allgemeinen Krankenhausleistungen erstattet.

2 Sobald eine versicherte Person das 14. bzw. das 19. Lebensjahr vollendet, ist ab Beginn des folgenden Kalenderjahres der Beitrag der nächsthöheren Altersgruppe zu zahlen.

Tarife der Krankenergänzungsversicherung enthalten:

Zahn (ZEV)

Leistungen[1]: 100 % der erstattungsfähigen Aufwendungen nach Vorleistung der GKV
Monatliche Beiträge in € (Stand: 2018)

Tarif ZEV
- Zahnbehandlung (inkl. Kronen und Inlays)
- Zahnersatz bis zu 85 % des Rechnungsbetrages
- Professionelle Zahnreinigung bis max. 50 €
- Kieferorthopädie

Eintrittsalter[2]	Tarif ZEV
0 – 14	16,63
15	20,18
16	20,18
17	20,18
18	20,18
19	20,18
20	23,16
21	23,16
22	23,16
23	23,16
24	23,16
25	25,69
26	25,69
27	25,69
28	25,69
29	25,69
30	27,93
31	27,93
32	27,93
33	27,93
34	27,93
35	29,80
36	29,80
37	29,80
38	29,80
39	29,80
40	31,56
41	31,56
42	31,56
43	31,56
44	31,56
45	33,37
46	33,37
47	33,37
48	33,37
49	33,37
50	35,15
51	35,15
52	35,15
53	35,15
54	35,15
55	36,69
56	36,69
57	36,69
58	36,69
59	36,69
60	37,86
61	37,86
62	37,86
63	37,86
64	37,86
65	38,43
66	38,43
67	38,43
68	38,43
69	38,43
70	38,43

1 Ärztliche Leistungen, soweit die Gebühren im Rahmen der Höchstsätze der amtlichen deutschen Gebührenordnung für Ärzte bzw. Zahnärzte liegen und deren Bemessungsgrundsätzen entsprechen.

2 Sobald eine versicherte Person das 14. bzw. das 19. Lebensjahr vollendet, ist ab Beginn des folgenden Kalenderjahres der Beitrag der nächsthöheren Altersgruppe zu zahlen.

Krankenhaustagegeld (KHT)

Leistungen: nach vereinbarter Höhe je Kalendertag
Monatliche Beiträge je 5 € Tagessatz (max. 55 €) (Stand: 2018)

Eintrittsalter[1]	Tarif KHT
0 – 14	0,59
15	0,93
16	0,93
17	0,93
18	0,93
19	0,93
20	1,63
21	1,63
22	1,63
23	1,63
24	1,63
25	1,76
26	1,76
27	1,76
28	1,76
29	1,76
30	2,35
31	2,35
32	2,35
33	2,35
34	2,35
35	2,52
36	2,52
37	2,52
38	2,52
39	2,52
40	3,26
41	3,26
42	3,26
43	3,26
44	3,26
45	4,04
46	4,04
47	4,04
48	4,04
49	4,04
50	4,35
51	4,35
52	4,35
53	4,35
54	4,35
55	5,70
56	5,70
57	5,70
58	5,70
59	5,70
60	6,15
61	6,15
62	6,15
63	6,15
64	6,15
65	7,56
66	7,56
67	7,56
68	7,56
69	7,56
70	8,10

1 Sobald eine versicherte Person das 14. bzw. das 19. Lebensjahr vollendet, ist ab Beginn des folgenden Kalenderjahres der Beitrag der nächsthöheren Altersgruppe zu zahlen.

TA 290 — Tarife der Krankenergänzungsversicherung enthalten:

Gesetzlich geförderte ergänzende Pflegeversicherung (GEPV)

Leistungen: %-Satz des vereinbarten Tagessatzes
- Pflegegrad 1: 10 %
- Pflegegrad 2: 20 %
- Pflegegrad 3: 40 %
- Pflegegrad 4: 70 %
- Pflegegrad 5: 100 %

Tarif GEPV

Eintrittsalter	Monatlicher Beitrag inkl. 5 € Zulage (Stand: 2018)	monatliche Leistung in € bei Pflegegrad 5
0 - 14		
15		
16		
17		
18	15,00	1.500,-
19	15,00	1.470,-
20	15,00	1.410,-
21	15,00	1.380,-
22	15,00	1.350,-
23	15,00	1.300,-
24	15,00	1.250,-
25	15,00	1.200,-
26	15,00	1.160,-
27	15,00	1.110,-
28	15,00	1.080,-
29	15,00	1.050,-
30	15,00	1.010,-
31	15,00	960,-
32	15,00	930,-
33	15,00	900,-
34	15,00	870,-
35	15,00	840,-
36	15,18	810,-
37	15,18	780,-
38	15,18	750,-
39	15,18	720,-
40	16,66	690,-
41	16,66	660,-
42	16,66	630,-
43	16,66	610,-
44	16,66	600,-
45	19,43	600,-
46	19,43	600,-
47	19,43	600,-
48	19,43	600,-
49	19,43	600,-
50	23,50	600,-
51	23,50	600,-
52	23,50	600,-
53	23,50	600,-
54	23,50	600,-
55	29,13	600,-
56	29,13	600,-
57	29,13	600,-
58	29,13	600,-
59	29,13	600,-
60	36,78	600,-
61	36,78	600,-
62	36,78	600,-
63	36,78	600,-
64	36,78	600,-
65	47,12	600,-
66	47,12	600,-
67	47,12	600,-
68	47,12	600,-
69	47,12	600,-
70	60,55	600,-

Pflegeergänzungstagegeld (PET)

Leistungen: %-Satz des vereinbarten Tagessatzes (maximal 100 €)
- Pflegegrad 1: 10 %
- Pflegegrad 2: 30 %
- Pflegegrad 3: 60 %
- Pflegegrad 4: 90 %
- Pflegegrad 5: 100 %

Monatliche Beiträge je 10 € Tagessatz (Stand: 2018)

Eintrittsalter	Tarif PET
0 - 14	0,85
15	0,85
16	0,85
17	0,85
18	0,85
19	0,85
20	2,74
21	2,74
22	2,74
23	2,74
24	2,74
25	4,12
26	4,12
27	4,12
28	4,12
29	4,12
30	5,27
31	5,27
32	5,27
33	5,27
34	5,27
35	6,35
36	6,35
37	6,35
38	6,35
39	6,35
40	7,23
41	7,23
42	7,23
43	7,23
44	7,23
45	9,20
46	9,20
47	9,20
48	9,20
49	9,20
50	11,80
51	11,80
52	11,80
53	11,80
54	11,80
55	15,31
56	15,31
57	15,31
58	15,31
59	15,31
60	20,19
61	20,19
62	20,19
63	20,19
64	20,19
65	27,24
66	27,24
67	27,24
68	27,24
69	27,24
70	38,14

Tarife der Krankenergänzungsversicherung enthalten:

Anwartschaftsvereinbarung (AWV)

Leistungen: Siehe Tarifbedingungen
Monatliche Beiträge in € (Stand: 2018)

Eintrittsalter	Tarif AWV-Groß	Tarif AWV-Klein
0-14		
15		
16		
17		
18		
19		
20		
21		
22		
23		
24		
25		
26		
27		
28		
29		
30		
31		
32		
33		
34		
35		
36		
37		
38		
39		
40		
41		
42	je 30 % des jeweiligen Tarifbeitrages	je 5 % des jeweiligen Tarifbeitrages
43		
44		
45		
46		
47		
48		
49		
50		
51		
52		
53		
54		
55		
56		
57		
58		
59		
60		
61		
62		
63		
64		
65		
66		
67		
68		
69		
70		

Auslandskrankenversicherung (AKV)

Leistungen: Erstattungsfähig sind die Kosten für medizinisch notwendige Heilbehandlungen akut im Ausland eingetretener Krankheiten und Unfälle:

- 100 % für ärztliche Behandlung inkl. Arznei-, Verband- und Heilmitteln
- 100 % für stationäre Behandlung inkl. Unterkunft und Verpflegung
- 100 % für den notwendigen Transport in das nächstliegende Krankenhaus oder zum nächsterreichbaren Notarzt
- 100 % für schmerzstillende Zahnbehandlung in einfacher Ausfertigung (nicht für Zahnersatz oder Zahnkronen)
- Krankenrücktransport an den Heimatort bei medizinischer Notwendigkeit, auch für eine mitversichernde Begleitperson
- Übernahme der Bestattungskosten im Ausland oder der Überführungskosten

Kein Versicherungsschutz besteht für Behandlungen, die vor Reiseantritt geplant waren oder deren Notwendigkeit für den Versicherten feststand.

Beitrag in € pro Person (Stand: 2018)

Eintrittsalter	Tarif AKV Auslandsaufenthalt bis 2 Monate
0-14	0,50 € pro Tag
15	1,00 € pro Tag
16	1,00 € pro Tag
17	1,00 € pro Tag
18	1,00 € pro Tag
19	1,00 € pro Tag
20	1,00 € pro Tag
21	1,00 € pro Tag
22	1,00 € pro Tag
23	1,00 € pro Tag
24	1,00 € pro Tag
25	1,00 € pro Tag
26	1,00 € pro Tag
27	1,00 € pro Tag
28	1,00 € pro Tag
29	1,00 € pro Tag
30	1,00 € pro Tag
31	1,00 € pro Tag
32	1,00 € pro Tag
33	1,00 € pro Tag
34	1,00 € pro Tag
35	1,00 € pro Tag
36	1,00 € pro Tag
37	1,00 € pro Tag
38	1,00 € pro Tag
39	1,00 € pro Tag
40	1,00 € pro Tag
41	1,00 € pro Tag
42	1,00 € pro Tag
43	1,00 € pro Tag
44	1,00 € pro Tag
45	1,00 € pro Tag
46	1,00 € pro Tag
47	1,00 € pro Tag
48	1,00 € pro Tag
49	1,00 € pro Tag
50	1,00 € pro Tag
51	1,00 € pro Tag
52	1,00 € pro Tag
53	1,00 € pro Tag
54	1,00 € pro Tag
55	1,00 € pro Tag
56	1,00 € pro Tag
57	1,00 € pro Tag
58	1,00 € pro Tag
59	1,00 € pro Tag
60	1,00 € pro Tag
61	1,00 € pro Tag
62	1,00 € pro Tag
63	1,00 € pro Tag
64	1,00 € pro Tag
65	2,00 € pro Tag
66	2,00 € pro Tag
67	2,00 € pro Tag
68	2,00 € pro Tag
69	2,00 € pro Tag
70	2,00 € pro Tag

Antrag auf Krankenversicherung – Auszug

Proximus Versicherung

Sämtliche verwendete Personenbezeichnungen sind geschlechtsneutral formuliert.

Vermittler/Vermittler-Nr. _____

Versicherungsschein-Nr. | | | | |

Antragseingang _____
Antragsnummer _____

Zutreffendes bitte ankreuzen. Striche, sonstige Zeichen oder **Nichtbeantwortung** gelten als **Verneinung**.

Antragsteller/Versicherungsnehmer

Anrede ○ Herr ○ Frau

Besondere Anredetitel _____

Name _____

Geburtsname _____

Vorname _____

Staatsangehörigkeit _____

Geburtsdatum _____

Straße, Haus-Nr. _____

Geburtsort _____

Postleitzahl, Wohnort _____

Branche _____

Berufliche Tätigkeit *(genaue Bezeichnung)* _____

○ angestellt ○ selbstständig ○ öffentlicher Dienst

Telefon (privat) _____

Telefon (geschäftlich) _____

Telefon (mobil) _____

E-Mail _____

Vermittlerklausel, Kontaktdaten, Kommunikation:

○ Ich bin damit einverstanden, dass Mitarbeiter der Proximus Krankenversicherung AG und der mich betreuende Vermittler meine freiwilligen Kontaktdaten aus diesem Antrag für die Brief-, Telefon-, Fax-, E-Mail- und SMS-Kommunikation im Rahmen der regelmäßigen Kundenbetreuung nutzen dürfen. Erfasst sind neben allen meinen Versicherungsvertrag betreffenden Kontakten auch solche, die auf die inhaltliche Änderung, insbesondere Verlängerung, Ausweitung oder Ergänzung des bestehenden Vertragsverhältnisses sowie auf den Neuabschluss weiterer Verträge bei der Proximus Krankenversicherung AG gerichtet sind. Die Einwilligung nach diesem Absatz kann ich ohne Einfluss auf den Vertrag auch in Teilen streichen oder jederzeit widerrufen.

Besondere Vereinbarungen bzw. Bemerkungen

Mündliche Vereinbarungen haben keine Gültigkeit. Besondere Vereinbarungen bedürfen der schriftlichen Bestätigung durch die Gesellschaft.

Angaben zu den versicherten Personen

	Name, Vorname	m	w	Geburtsdatum	Berufstätigkeit	Berufliche Stellung
1		○	○			
2		○	○			

Leistungsumfang / Prämienberechnung

Versicherungsbeginn: ___.___.20___

	Person 1			Person 2		
	Tarif	Prämie	Anwartschaft	Tarif	Prämie	Anwartschaft
Krankheitskostenvoll						
Ambulant						
Stationär						
Zahn						
Kompakt						
Basistarif						
Beamte						
Ambulant / Zahn						
Stationär						
Zwischenbeitrag						
+ 10 % Beitragszuschlag						
Pflege						
Pflegepflichtversicherung						
Gesetzl. Pflege-Ergänzung (_____ € / Tag)						
Pflegetagegeld (_____ € / Tag)						
Tagegelder						
Krankentagegeld (_____ € / Tag)						
Krankenhaustagegeld (_____ € / Tag)						
Krankenergänzung						
Ambulant						
Stationär						
Zahn						
Weitere						
Beitragsentlastungsvereinbarung						
Gesamtrisikozuschlag						
Gesamtprämie gemäß Zahlungsweise						
Auslandskrankenversicherung						
Summe der Tagesprämie						

Antrag auf Krankenversicherung - Auszug

Sonstige Angaben und Fragen

Bestand, besteht oder ist (bzw. war) beantragt privater* Krankenschutz?

Person	Versicherer, Versicherungs-Nr.	von – bis	Krankheitskostenversicherung	mit allgemeinen Krankenhausleistungen	Krankentagegeld-Anspruch	Krankenhaustagegeld-Anspruch	wenn ja, Höhe
1 ○ nein ○ ja			○ nein ○ ja	○ nein ○ ja	○ nein ○ ja	○ nein ○ ja	
2 ○ nein ○ ja			○ nein ○ ja	○ nein ○ ja	○ nein ○ ja	○ nein ○ ja	

Bestand, besteht oder ist (bzw. war) beantragt gesetzlicher Krankenversicherungsschutz?

Person	gesetzliche Krankenkasse, Ort, Mitglieds-Nr.	von – bis	freiwillig versichert	Krankengeld-Anspruch	wenn ja, Höhe
1 ○ nein ○ ja			○ nein ○ ja	○ nein ○ ja	
2 ○ nein ○ ja			○ nein ○ ja	○ nein ○ ja	

Bestand, besteht oder ist (bzw. war) beantragt eine soziale Pflegeversicherung oder eine private Pflegepflichtversicherung?
(s. a. Nachweispflicht beim Wechsel der privaten Pflegepflichtversicherung zur Proximus Krankenversicherung AG)

Person	Versicherer, Versicherungs-Nr. / gesetzliche Krankenkasse, Ort, Mitglieds-Nr.	von – bis	Nachweis beigefügt?
1 ○ nein ○ ja			○ nein ○ ja
2 ○ nein ○ ja			○ nein ○ ja

Wird ein regelmäßiges monatliches Gesamteinkommen (Summe der Einkünfte i. S. d. Einkommensteuerrechts, Erläuterung s. Seite 6 des Antrages) bezogen, das ein Siebtel der monatlichen Bezugsgröße nach § 18 SGBV IV bzw. bei geringfügiger Beschäftigung überschreitet?   Person 1 ○ nein ○ ja   Person 2 ○ nein ○ ja

Bestand, besteht oder ist (bzw. war) beantragt eine sonstige private Pflegeversicherung?

Person	Versicherer, Versicherungs-Nr.	von – bis	Tarif	ggf. Tagegeld-Höhe
1 ○ nein ○ ja				
2 ○ nein ○ ja				

Die Aufgabe einer bestehenden privaten Krankenversicherung zum Zwecke des Abschlusses einer neuen Versicherung bei einem anderen privaten Krankenversicherungsunternehmen ist im Allgemeinen unerwünscht und für den Versicherungsnehmer unzweckmäßig.

Besteht Beihilfeanspruch?   Besteht Anspruch auf freie Heilfürsorge?

Person	amb. %	stat. %	Beihilfevorschriften? Bund? Welches Land?	berücksichtigungsfähige Kinder (Anzahl)	
1 ○ nein ○ ja					○ nein ○ ja, an wen? _____
2 ○ nein ○ ja					○ nein ○ ja, an wen? _____

Einzelversicherung

Zusätzliche Angaben bei Beantragung von Krankentagegeldversicherungen

Person 1 ○ Arbeitnehmer ○ Selbstständiger ○ Freiberufler   **Person 2** ○ Arbeitnehmer ○ Selbstständiger ○ Freiberufler

Person	Durchschnittlicher monatlicher Bruttoverdienst der letzten 12 Monate als Arbeitnehmer?	Art des selbstständigen Gewerbes / der freiberuflichen Tätigkeit? Seit wann?	Eintragung ins Handelsregister / Gewerbeanmeldung? Seit wann?	Durchschnittliches monatliches Nettoeinkommen in den letzten 12 Monaten aus dieser Tätigkeit?
1				
2				

Einzelversicherung

Für Arbeitnehmer und geschäftsführende Gesellschafter einer GmbH:
Für welchen Zeitraum besteht Anspruch auf Entgeltfortzahlung im Krankheitsfall?

Person 1 _____ Tage / _____ Wochen   **Person 2** _____ Tage / _____ Wochen

Wartezeiten
Ich beantrage, auf die Wartezeiten die angegebene ununterbrochene Dauer der Vorversicherung bei der gesetzlichen Krankenversicherung bzw. des Anspruches auf freie Heilfürsorge anzurechnen, soweit die bedingungsgemäßen Voraussetzungen erfüllt sind.

Person 1 ○ nein ○ ja   **Person 2** ○ nein ○ ja
Nachweis ○ beigefügt ○ wird nachgereicht   Nachweis ○ beigefügt ○ wird nachgereicht

Ich beantrage, die bei folgendem privaten Krankenversicherungsunternehmen: _____
nachweislich ununterbrochen zurückgelegte Versicherungszeit auf die Wartezeit anzurechnen, soweit die bedingungsgemäßen Voraussetzungen erfüllt sind.

Person 1 ○ nein ○ ja   **Person 2** ○ nein ○ ja
Nachweis ○ beigefügt ○ wird nachgereicht   Nachweis ○ beigefügt ○ wird nachgereicht

Ich beantrage den laut jeweiliger AVB frist- und bedingungsgemäßen Wartezeiterlass aufgrund ärztlicher Untersuchung unter den genannten Voraussetzungen.

Person 1 ○ nein ○ ja   **Person 2** ○ nein ○ ja

TA 294 — Antrag auf Krankenversicherung – Auszug

Fragen zur Gesundheit

Einige dringende Bitten und Hinweise an den Antragsteller *(s. auch „Verantwortlichkeit für den Antragsinhalt" und „Vorversicherung")*:
Alle Fragen sind ausführlich zu beantworten. Geben Sie auch Beschwerden, Krankheiten und Unfallfolgen an, die Sie als unwesentlich ansehen. Striche gelten nicht als Antwort. **Reicht der Platz nicht:** Antworten Sie auf einem Beiblatt unter Angabe der Personenziffer und weisen Sie in der Beitrittserklärung / im Antrag auf dieses Blatt hin. Falls Sie dem Vermittler gegenüber gewisse Angaben nicht machen möchten, ist es erforderlich, dies **innerhalb von 3 Tagen schriftlich nachzuholen;** bitte weisen Sie dann in der Beitrittserklärung / im Antrag auf diese beabsichtigte gesonderte Mitteilung hin.

Werden die gestellten Fragen, soweit sie für die Übernahme der Gefahr erheblich sind, nicht wahrheitsgemäß oder nicht vollständig beantwortet, können wir den Vertrag unter Einhaltung einer Frist von einem Monat kündigen, es sei denn, Sie haben die Verletzung der Anzeigepflicht nicht zu vertreten. Bei Vorsatz oder grober Fahrlässigkeit können wir von dem Vertrag zurücktreten. Sie haben dann von Anfang an keinen Versicherungsschutz, es sei denn, durch die Verletzung der Anzeigepflicht ist uns kein Nachteil entstanden. Unser Rücktritts- und Kündigungsrecht ist – außer bei Vorsatz – ausgeschlossen, sofern wir den Vertrag auch bei Kenntnis der nicht angezeigten Umstände, wenn auch zu anderen Bedingungen, geschlossen hätten. Die anderen Bedingungen werden auf unser Verlangen rückwirkend Vertragsbestandteil. Es sei denn, Sie haben die Verletzung der Anzeigepflicht zu vertreten.

Für bereits versicherte Personen brauchen Gesundheitsstörungen und Behandlungen in den letzten 5 Jahren, die durch anlässlich eines bestehenden Versicherungsvertrages eingereichte Rechnungen oder ärztliche Bescheinigungen lückenlos bekannt sind, nicht angegeben zu werden.

		Person 1 nein / ja	Person 2 nein / ja
1	Hat in den letzten 5 Jahren ein Krankenhaus-, Heilstätten-, Kur- oder Sanatoriumsaufenthalt stattgefunden?	○ ○	○ ○
2	Haben in den letzten 5 Jahren Operationen (auch ambulant) stattgefunden?	○ ○	○ ○
3	Wurde in den letzten 5 Jahren eine Psychotherapie oder Suchtbehandlung durchgeführt?	○ ○	○ ○
4	Bestanden in den letzten 3 Jahren oder bestehen gegenwärtig Krankheiten, Beschwerden, Unfallfolgen, sonstige Gesundheitsstörungen oder haben Untersuchungen/Behandlungen stattgefunden?	○ ○	○ ○
5	Werden Arzneimittel (z. B. Tabletten, Salben) angewendet? Wenn ja, welche und aufgrund welcher Diagnose?	○ ○	○ ○
6	Ist eine ambulante/stationäre Behandlung oder Untersuchung angeraten oder beabsichtigt?	○ ○	○ ○
7	Wurde jemals eine HIV-Infektion festgestellt (z. B. durch einen AIDS-Test)?	○ ○	○ ○
8	Besteht eine Fehlsichtigkeit von 8 Dioptrien oder mehr?	○ ○	○ ○
9	Besteht ein körperlicher/organischer Fehler, ein chronisches Leiden, eine Wehrdienstbeschädigung, eine Minderung der Erwerbsfähigkeit/Grad der Behinderung? Wenn ja, bitte Bescheid beifügen.	○ ○	○ ○
10	Größe und Gewicht cm / kg		
	Fragen 11–13 nur beantworten, wenn Tarife mit zahnärztlichen Leistungen beantragt werden		
11	Hat in den letzten 3 Jahren ein Zahnarztbesuch stattgefunden?	○ ○	○ ○
12	Findet zurzeit eine Zahnbehandlung, die Anfertigung oder Erneuerung von Zahnersatz, eine Parodontosebehandlung oder eine Kiefer-(Zahn-)Regulierung statt, oder sind solche Maßnahmen beabsichtigt oder angeraten worden?	○ ○	○ ○
13	Fehlen Zähne, die noch nicht ersetzt sind (außer Milch- und Weisheitszähnen sowie Zähnen, bei denen die Lücken durch benachbarte Zähne geschlossen wurden)?	○ ○	○ ○
	Wenn ja, Anzahl		

Nähere Angaben zu den Gesundheitsfragen 1–9 und 12, wenn mit „ja" beantwortet

Person	zu Frage	Art der Krankheit, Arzneimittel, Verletzung, Beschwerden, Untersuchung (was wurde festgestellt?), Höhe der Dioptrienwerte? Frage 12: Welche Maßnahmen?	Behandlungen/ Beschwerden von–bis	Name, Anschrift der Ärzte, Krankenhäuser, wer kann Auskunft geben?	Seit wann behandlungs- / beschwerdefrei?

Sofern Angaben zu Behandlungen / Beschwerden gemacht worden sind, bitte nachstehend Name und Anschrift des Hausarztes oder des Arztes, der am besten über die gesundheitlichen Verhältnisse orientiert ist, angeben:

_____

Antrag auf Krankenversicherung - Auszug

SEPA-Lastschriftmandat – das Mandat für wiederkehrende Zahlungen

Ich ermächtige die Proximus Krankenversicherung AG, die von der Proximus Krankenversicherung AG auf mein Konto gezogenen Lastschriften einzulösen. Die Mandatsreferenz teilt mir/uns die Proximus Krankenversicherung AG vor der ersten Abbuchung mit.

Zahlungsempfänger: Proximus Krankenversicherung AG
Gläubiger-ID: xxxxxxxxxxxxxxxxxxxxxxxxxxxxxxxxx

Name, Vorname: Antragsteller

Name, Vorname: Kontoinhaber
(falls vom Antragsteller abweichend)

Anschrift: Kontoinhaber

BIC *(8 oder 11 Stellen)*

IBAN *(22 Stellen)*

Name des Kreditinstitutes

Datum/Unterschrift: Antragsteller

Datum/Unterschrift: Kontoinhaber

Hinweis

Ich kann innerhalb von 8 Wochen, beginnend mit dem Belastungsdatum, die Erstattung des belasteten Betrages verlangen. Es gelten dabei die mit meinem Kreditinstitut vereinbarten Bedingungen.

Vor dem ersten Einzug einer SEPA-Lastschrift wird mich die Proximus Krankenversicherung AG über den Einzug unterrichten.

Schlusserklärungen

Bitte überprüfen Sie Ihre Angaben in diesem Antrag auf deren Richtigkeit und Vollständigkeit.

○ Mit meiner Unterschrift gebe ich die auf diesen Seiten abgedruckte Erklärung zur Schweigepflichtentbindung ab. Dies gilt auch für mich (uns) als zu versichernde Person(en).

○ Die auf diesen Seiten abgedruckte Erklärung zur Entbindung von der Schweigepflicht möchte ich nicht abgeben. Ich wünsche, dass mich der Versicherer informiert, von welchen Personen und Einrichtungen eine Auskunft benötigt wird. Ich werde dann jeweils entscheiden, ob ich die genannten Personen oder Einrichtungen von ihrer Schweigepflicht schriftlich entbinde.

Die Entscheidung für diese Alternative kann
1. die Angebotserstellung /den Abschluss des von mir beantragten Versicherungsvertrages zumindest verzögern, wenn sich aufgrund der verbleibenden Informationsquellen eine Risikoprüfung nicht durchführen lässt.
2. zur Verzögerung der Leistungsprüfung, zur Leistungskürzung oder gar zur Leistungshaftungsfreiheit des Versicherers führen, wenn sich aufgrund der verbleibenden Informationsquellen die Leistungspflicht nicht oder nur teilweise begründen lässt.

Ich bin damit einverstanden, dass mir schriftlich und telefonisch Informationen über die Leistungsangebote der Proximus Krankenversicherung AG gegeben werden. Diese Erklärung kann ich jederzeit widerrufen.

○ ja ○ nein

Mit meiner Unterschrift gebe ich auch die auf diesen Seiten abgedruckten Erklärungen (unter anderem Erklärung zum Widerrufsrecht und zum Datenschutz) ab.

Vom Vermittler auszufüllen:

Wurden zu den Fragen in diesem Antrag /in dieser Beitrittserklärung Ihnen gegenüber auch Angaben gemacht, die nicht in diesem Vordruck festgehalten worden sind?

○ nein ○ ja

Wenn ja, welche?

_____
_____
_____
_____
_____

Agentur-Nr.

Datum/Unterschrift Antragsteller
(bei Minderjährigen Mitunterschrift der gesetzlichen Vertreter)

Datum/Unterschrift Vermittler

Empfangsbestätigung

Ich habe die diesem Vertrag zugrunde liegenden Produkt- und Kundeninformationen, das Merkblatt zur Datenverarbeitung, die Versicherungsbedingungen und die Klauseln erhalten. Eine Durchschrift ist mir nach Unterzeichnung ausgehändigt worden. Von den Hinweisen habe ich Kenntnis genommen.

Widerrufsrecht

Sie können Ihren Antrag nach Zugang des Versicherungsscheins widerrufen. Nähere Hinweise können Sie den „Versicherungsinformationen" entnehmen. Eine Belehrung über das Widerrufsrecht sowie die Rechtsfolgen des Widerrufs erhalten Sie mit dem Versicherungsschein.

Anwendbares Recht

Es gilt deutsches Recht.

Belehrung über vorvertragliche Anzeigepflicht nach § 19 Versicherungsvertragsgesetz

Bitte beachten Sie, dass Sie gemäß § 19 des Versicherungsvertragsgesetzes (VVG) verpflichtet sind, dem Versicherer bis zur Abgabe Ihrer Vertragserklärung alle Ihnen bekannten Umstände, die für die Übernahme des Versicherungsschutzes von Bedeutung sind und nach denen in Textform gefragt wird, nach bestem Wissen sorgfältig, wahrheitsgemäß und vollständig zu beantworten. Bitte beantworten Sie unsere Fragen unbedingt zutreffend und vollständig, da wir sonst von dem Vertrag zurücktreten oder den Vertrag vorzeitig kündigen können und Sie dann Ihren Versicherungsschutz gefährden.

Ich bestätige die Richtigkeit der Angaben. Die Rechtsfolgen bei Verletzung der vorvertraglichen Anzeigepflicht habe ich gelesen.

TA 296 — Antrag auf Krankenversicherung - Auszug

Vertragssprache	Vertragssprache ist Deutsch. Alle erforderlichen Informationen werden ebenfalls in Deutsch erteilt.
Aufsichtsbehörde	Etwaige Beschwerden können an die Proximus Krankenversicherung AG, an den Ombudsmann Private Kranken- und Pflegeversicherung, Postfach 0602 22, 10052 Berlin oder an die zuständige Aufsichtsbehörde - Bundesanstalt für Finanzdienstleistungsaufsicht, Graurheindorfer Straße 108, 53117 Bonn - gerichtet werden.

Schweigepflichtenbindung

1. Risikobeurteilung bei Vertragsschluss

Wir überprüfen Ihre vor Vertragsschluss gemachten Angaben über Ihren Gesundheitszustand, soweit dies für das zu versichernde Risiko erforderlich ist und Ihre Angaben dazu Anlass bieten.

Zum Zweck der Risikobeurteilung befreie ich von ihrer Schweigepflicht Ärzte, Pflegepersonen, Bedienstete von Krankenhäusern, sonstigen Krankenanstalten, Pflegeheimen, Personenversicherung gesetzlichen Krankenkassen sowie von Berufsgenossenschaften und Behörden, soweit ich dort in den letzten 10 Jahren vor Antragserteilung untersucht, beraten oder behandelt worden bin bzw. versichert war oder eine Anfrage / einen Antrag auf Versicherung gestellt habe. Ergeben sich nach Vertragsschluss für den Versicherer konkrete Anhaltspunkte dafür, dass bei der Antragsstellung unrichtige oder unvollständige Angaben gemacht wurden und somit die Risikobeurteilung beeinflusst wurde, gilt die vorstehende Schweigepflichtentbindung entsprechend - und zwar bis zu 10 Jahren nach Vertragsschluss. Dies gilt auch über meinen Tod hinaus

Die Angehörigen des Versicherers selbst entbinde ich von ihrer Schweigepflicht, sofern die erhobenen Gesundheitsdaten im erforderlichen Umfang zur Risikoprüfung an ihn beratende externe bzw. medizinische Gutachter, eine Versicherungsgesellschaft der Proximus Krankenversicherung AG oder auch Rückversicherer übermittelt werden.
Sie werden vor einer Erhebung nach den vorstehenden Absätzen unterrichtet und darauf hingewiesen, dass Sie der Erhebung widersprechen können.

2. Prüfung der Leistungspflicht

Zur Bewertung der Leistungspflicht kann es erforderlich sein, dass wir die Angaben prüfen, die Sie zur Begründung von Ansprüchen machen oder die sich aus eingereichten Unterlagen (z. B. Befundberichte, Atteste, Gutachten) oder Mitteilungen beispielsweise eines Krankenhauses oder Arztes ergeben. Diese Überprüfung unter Einbeziehung von Gesundheitsdaten erfolgt nur, soweit hierzu ein Anlass besteht (z. B. Fragen zur Diagnose oder zum Behandlungsverlauf). Zum Zweck der Prüfung der Leistungspflicht befreie ich von ihrer Schweigepflicht Ärzte, Pflegepersonen, Bedienstete von Krankenhäusern, sonstigen Krankenanstalten, Pflegeheimen, Personenversicherern, gesetzlichen Krankenkassen sowie von Berufsgenossenschaften und Behörden, die in den vorgelegten Unterlagen genannt sind oder die an der Heilbehandlung beteiligt waren. Die Angehörigen des Versicherers selbst entbinde ich von ihrer Schweigepflicht, sofern die erhobenen Gesundheitsdaten im erforderlichen Umfang zur Leistungsprüfung an ihn beratende externe bzw. medizinische Gutachter, einer Versicherungsgesellschaft der Proximus Krankenversicherung AG oder auch Rückversicherer übermittelt werden. Sie werden vor einer Erhebung nach den vorstehenden Absätzen unterrichtet und darauf hingewiesen, dass Sie der Erhebung widersprechen können. Diese Erklärung zur Prüfung der Leistungspflicht gilt auch über meinen Tod hinaus.

Erklärungen für mitversichernde Personen

Den vorstehenden Erklärungen gebe ich auch für meine mitzuversichernden Kinder sowie die von mir gesetzlich vertretenen mitzuversichernden Personen ab, die die Bedeutung dieser Erklärungen nicht selbst beurteilen können.

Einwilligungsklausel nach dem Bundesdatenschutzgesetz und zur Bonitätsprüfung	Ich willige ein, dass der Versicherer im erforderlichen Umfang Daten, die sich aus den Antragsunterlagen oder der Vertragsdurchführung (Beiträge, Versicherungsfälle, Risiko-/Vertragsänderungen) ergeben, an Rückversicherer zur Beurteilung des Risikos und zur Abwicklung der Rückversicherung sowie zur Beurteilung des Risikos und der Ansprüche an andere Versicherer und an den Verband der Privaten Krankenversicherung e. V. zur Weitergabe dieser Daten an andere Versicherer übermittelt. Diese Einwilligung gilt auch unabhängig vom zustande kommenden Vertrag sowie für entsprechende Prüfungen bei anderweitigen beantragten Versicherungsverträgen und bei künftigen Anträgen. Ich willige ferner ein, dass die Unternehmen der Proximus Krankenversicherung AG meine allgemeinen Antrags-, Vertrags- und Leistungsdaten in gemeinsamen Datensammlungen führen und an die für mich zuständigen Vermittler weitergeben, soweit dies der ordnungsgemäßen Durchführung meiner Versicherungsangelegenheiten dient. Gesundheitsdaten dürfen nur an Personen- und Rückversicherer übermittelt werden; an Vermittler dürfen sie nur weitergegeben werden, soweit es zur Vertragsgestaltung erforderlich ist. Ohne Einfluss auf den Vertrag und jederzeit widerrufbar willige ich weiter ein, dass der/die Vermittler meine allgemeinen Antrags-, Vertrags- und Leistungsdaten darüber hinaus für die Beratung und Betreuung auch in sonstigen Finanzdienstleistungen nutzen darf/dürfen. Ich bin damit einverstanden, von dem für mich zuständigen Vermittler zu Versicherungsprodukten auch telefonisch beraten zu werden. Ich willige ferner jederzeit widerrufbar ein, dass der Versicherer zur Beurteilung meiner Zahlungsunfähigkeit Auskünfte aus dem Handelsregister, dem Schuldnerverzeichnis und aus dem Verzeichnis über private Insolvenzen selbst oder über eine Auskunftei einholt. Diese Einwilligung gilt nur, wenn ich bei Antragstellung vom Inhalt des Merkblatts zur Datenverarbeitung Kenntnis nehmen konnte, das mir zusammen mit weiteren gesetzlich vorgesehenen Verbraucherinformationen - auf Wunsch auch sofort - überlassen wird. Sie können der Verarbeitung oder Nutzung Ihrer Daten durch Ihren Versicherer zum Zwecke der Werbung jederzeit schriftlich widersprechen.
Datenverarbeitung	Mit der Datenverarbeitung durch den Versicherer bin ich einverstanden.
Nachweispflicht beim Wechsel der privaten Pflegepflichtversicherung	Ich reiche innerhalb von 90 Tagen - gerechnet vom Datum der Antragsstellung an - einen Nachweis ein, aus dem hervorgeht, ob und für welchen Zeitraum die Pflegepflichtversicherung beim Vorversicherer mit Bestandskonditionen geführt wurde bzw. ob und für welchen Zeitraum eine Pflegepflichtversicherung oder private Krankenversicherung mit Anspruch auf allgemeine Krankenhausleistungen bestanden hat. Reiche ich den Nachweis zum Ablauf dieses Termins nicht ein, wird der Antrag ohne Anrechnung der Vorversicherung policiert.
Gesamteinkommen	Darunter fallen Einkünfte aus Land- und Forstwirtschaft, Gewerbebetrieb, selbstständiger und nichtselbstständiger Arbeit, Kapitalvermögen, Vermietung und Verpachtung sowie sonstige Einkünfte i.S.d. § 22 EStG; bei Renten wird der Zahlbetrag berücksichtigt; aus Kindererziehungszeiten resultierende Rentenleistungen bleiben unberücksichtigt.

Antrag auf Krankenversicherung – Auszug

Einzelversicherung	**Vertragsgrundlagen** Für den beantragten Krankenversicherungsvertrag gelten die jeweiligen Allgemeinen Versicherungsbedingungen. Eine Durchschrift des Antrages erhalte ich sofort nach Unterzeichnung.
Zustandekommen des Vertrages	Der Versicherungsvertrag kommt erst zustande, wenn der Vorstand schriftlich die Annahme des Antrages erklärt hat oder der Versicherungsschein ausgehändigt oder angeboten wird. Die Zahlung des Erst-(Mehr-) Beitrages an den Vermittler gilt nicht als Annahme des Antrages. Wird der Antrag auf Umwandlung nicht angenommen, bleibt der bisherige Versicherungsvertrag unverändert bestehen.
Fälligkeit der Erstprämie	Die erste Prämie wird nicht vor Versicherungsbeginn fällig.
Vertragsdauer	Verträge nach Krankheitskosten-, Krankenhaustagegeld-, Pflegeergänzungstarifen und Serviceprodukten werden für die Dauer von 2 Versicherungsjahren abgeschlossen. Sie verlängern sich jeweils um ein Jahr, sofern sie nicht bedingungsgemäß gekündigt bzw. beendet werden.
Umwandlung	**AVB** Bei Umwandlung eines Krankenversicherungsvertrages gelten die Allgemeinen Versicherungsbedingungen (einschließlich Umwandlungsregelungen) der beantragten Tarife von dem im Nachtrag zum Versicherungsschein genannten Umwandlungstermin an. **Widerrufsrecht** Kommt eine beantragte Umwandlung nicht zustande, weil von dem gesetzlichen Widerrufsrecht Gebrauch gemacht wird, besteht der Vertrag mit bisherigem Inhalt fort. **Anrechnung der Laufzeit** Die Laufzeit der bisherigen Versicherung wird bei Umwandlung auf die Fristen der neuen Versicherung angerechnet. **Versicherungsjahr** Bei Umwandlung von Krankentagegeldversicherungen ändert sich das Versicherungsjahr nicht, bei allen anderen Versicherungen ist das Versicherungsjahr mit dem Kalenderjahr identisch. **Zuschläge für erhöhtes Risiko, Ausschlüsse** Waren vor einer Umwandlung der Versicherung Zuschläge für erhöhtes Risiko zu zahlen, werden sie zu den gleichen Prozentsätzen auch von den neuen Tarifbeiträgen erhoben, wenn nicht eine andere Vereinbarung getroffen wird. Etwaige Leistungsausschlüsse bleiben bestehen.
Hinweise für den Übertritt aus der gesetzlichen Krankenversicherung	Haben Sie neben der Krankheitskostenversicherung eine Krankentagegeldversicherung beantragt, so lassen Sie bitte von der Krankenkasse außer Beginn und Ende der Mitgliedschaft auch einen bisherigen Krankengeldanspruch bestätigen. Falls Sie Bedenken haben, ob wir Ihnen Versicherungsschutz bieten können, empfiehlt es sich, bis zur Annahme Ihres Antrages die bisherige Versicherung vorläufig fortzusetzen.

Vertragsspiegel Krankenversicherung

Proximus Versicherung

Antragsteller/ Versicherungsnehmer	Name	Vorname	Geburtsdatum	Beruf	A = angestellt S = selbstständig B = öffentlicher Dienst
Ehepartner	Name	Vorname	Geburtsdatum	Beruf	A = angestellt S = selbstständig B = öffentlicher Dienst
Kinder	Name	Vorname	Geburtsdatum	Beruf	A = angestellt S = selbstständig B = öffentlicher Dienst
Anschrift					

Versicherungsnachweis

- Versicherungsnummer
- Beginn
- Ablauf
- Zahlungsweise
- Prämie
- Prämienkonto

Versicherte Personen

Tarif	VN	Ehepartner	Kind 1	Kind 2
Krankheitskostenvollversicherung				
Ambulant				
Stationär				
Zahn				
Kompakt				
Basistarif/Standardtarif				
Notlagentarif				
Beamte				
Ambulant/Zahn				
Stationär				
Pflege				
Pflegepflichtversicherung				
Gesetzl. Pflege-Ergänzung				
Pflegetagegeld				
Tagegelder				
Krankentagegeld				
Krankenhaustagegeld				

Vertragsspiegel Krankenversicherung

Tarif	VN	Ehepartner	Kind 1	Kind 2
Krankenergänzung				
Ambulant				
Stationär				
Zahn				
Weitere				
Beitragsentlastungsvereinbarung				
Auslandsreisekrankenversicherung				
Anwartschaft				

Leistungsfälle

Behandlungsdatum	Beschreibung	Besondere Hinweise	Leistungsbetrag

TA
300

KRANKEN

HAFTPFLICHT

BEDINGUNGEN

Überblick Haftpflichtversicherung	302
Allgemeine Versicherungsbedingungen für die Haftpflichtversicherung privater Risiken 2016	304
Teil A: Ausgestaltung des Versicherungsschutzes in der Haftpflichtversicherung	305
Teil B: Allgemeine Rechte und Pflichten der Vertragsparteien	322

TARIFE & MATERIALIEN

Tarif für Private Haftpflichtrisiken (Prämien ohne Versicherungsteuer)	326
Antrag auf Private Haftpflichtrisiken – Auszug	328
Vertragsspiegel Private Haftpflichtrisiken	332

Überblick Haftpflichtversicherung

Teil A: Ausgestaltung des Versicherungsschutzes in der Haftpflichtversicherung

Abschnitt 1 Privathaftpflichtversicherung ... 305
1. Versicherte Eigenschaften, Tätigkeiten (versichertes Risiko) ... 305
2. Regelungen zu mitversicherten Personen und zum Verhältnis zwischen den Versicherten (Versicherungsnehmer und mitversicherten Personen) ... 305
3. Versicherungsschutz, Versicherungsfall, Embargobestimmung ... 305
4. Leistungen der Versicherung und Vollmacht des Versicherers ... 306
5. Begrenzungen der Leistungen (Versicherungssumme, Serienschaden, Selbstbeteiligung) ... 306
6. Besondere Regelungen für einzelne private Risiken (Versicherungsschutz, Risikobegrenzungen und besondere Ausschlüsse) ... 307
7. Allgemeine Ausschlüsse ... 313
8. Veränderungen des versicherten Risikos (Erhöhungen und Erweiterungen) ... 314
9. Vorsorgeversicherung ... 314
10. Fortsetzung der Privathaftpflichtversicherung nach dem Tod des Versicherungsnehmers ... 315
11. Forderungsausfallrisiko ... 315
12. Neuwertentschädigung ... 316

Abschnitt 2 Hundehalter-Haftpflichtversicherung ... 316
1. Versichertes Risiko und versicherte Personen ... 316
2. Schäden im Ausland ... 316
3. Mietsachschäden durch Hunde ... 316
4. Veränderung des versicherten Risikos ... 317
5. Vermögensschäden ... 317

Abschnitt 3 Pferdehalter-Haftpflichtversicherung ... 317
1. Versichertes Risiko ... 317
2. Mitversicherte Risiken ... 317
3. Schäden im Ausland ... 317
4. Mietsachschäden ... 318
5. Vermögensschäden ... 318

Abschnitt 4 Haus- und Grundbesitzer-Haftpflichtversicherung ... 318
1. Versichertes Risiko ... 318
2. Mitversicherte Risiken ... 318
3. Sonstige mitversicherte Risiken ... 318

Abschnitt 5 Bauherren-Haftpflichtversicherung ... 319
1. Planung, Bauleitung und Bauausführung durch Dritte ... 319
2. Schäden im Ausland ... 319
3. Bauen in Eigenleistung ... 319

Abschnitt 6 Gewässerschaden-Haftpflichtversicherung ... 320
1. Versichertes Risiko ... 320
2. Rettungskosten ... 320
3. Vorsätzliche Verstöße ... 320
4. Gemeingefahren ... 320
5. Eingeschlossene Schäden ... 320
6. Schäden im Ausland ... 320
7. Vermögensschäden ... 320

Abschnitt 7 Gemeinsame Bestimmungen zu Teil A ... 321
1. Abtretungsverbot ... 321
2. Veränderungen des versicherten Risikos und Auswirkung auf die Prämie (Prämienregulierung) ... 321
3. Prämienangleichung und Kündigungsrecht nach Prämienangleichung ... 321

Teil B: Allgemeine Rechte und Pflichten der Vertragsparteien

Abschnitt 1 Beginn des Versicherungsschutzes ... 322
1. Beginn des Versicherungsschutzes ... 322
2. Fälligkeit der Erst- oder Einmalprämie ... 322
3. Fälligkeit der Folgeprämie ... 322
4. Rechtzeitigkeit der Zahlung bei SEPA-Lastschriftmandat ... 322
5. Teilzahlung und Folgen bei verspäteter Zahlung ... 322
6. Prämie bei vorzeitiger Vertragsbeendigung ... 322

Abschnitt 2 Dauer und Ende des Vertrages/Kündigung ... 322
1. Dauer und Ende des Vertrages ... 322
2. Wegfall des versicherten Risikos ... 323
3. Kündigung nach Versicherungsfall ... 323
4. Mehrfachversicherung ... 323

Abschnitt 3 Obliegenheiten des Versicherungsnehmers ... 323
1. Vorvertragliche Anzeigepflichten des Versicherungsnehmers ... 323
2. Obliegenheiten vor Eintritt des Versicherungsfalles ... 324
3. Obliegenheiten nach Eintritt des Versicherungsfalles ... 324
4. Rechtsfolgen bei Verletzung von Obliegenheiten ... 324

Abschnitt 4 Weitere Bestimmungen ... 325
1. Anzeigen, Willenserklärungen, Anschriftenänderungen ... 325
2. Verjährung ... 325
3. Zuständiges Gericht ... 325
4. Anzuwendendes Recht ... 325
5. Schiedsgerichtsvereinbarungen ... 325
6. Begriffsbestimmung ... 325

Privathaftpflichtversicherung

Mit dieser Untergliederung zu einigen Ziffern soll das Auffinden wichtiger Inhalte zur Privathaftpflicht erleichtert werden.

6. Besondere Regelungen für einzelne private Risiken (Versicherungsschutz, Risikobegrenzungen und besondere Ausschlüsse) 307

- 6.1 Haushalt und Familie 307
- 6.2 Nebenberufliche Tätigkeiten, ehrenamtliche Tätigkeit, Freiwilligenarbeit, fachpraktischer Unterricht und Praktika 307
- 6.3 Haus- und Grundbesitz 308
- 6.4 Vermietung von Immobilien im Inland 308
- 6.5 Schäden an fremdem überlassenem Eigentum 308
- 6.6 Schlüsselverlust 309
- 6.7 Sportausübung 309
- 6.8 Waffen und Munition 309
- 6.9 Tiere 309
- 6.10 Gebrauch von Kraftfahrzeugen und Kraftfahrzeug-Anhängern 310
- 6.11 Gebrauch von Luftfahrzeugen 310
- 6.12 Gebrauch von Wassersportfahrzeugen 310
- 6.13 Gebrauch von Kitesportgeräten, Strandseglern und Eisseglern 310
- 6.14 Gebrauch von Modellfahrzeugen 310
- 6.15 Schäden im Ausland 310
- 6.16 Vermögensschäden 311
- 6.17 Übertragung elektronischer Daten 311
- 6.18 Ansprüche aus Diskriminierungen, Benachteiligungen, Ungleichbehandlungen 312
- 6.19 Allgemeines Umweltrisiko 312
- 6.20 Abwässer 312
- 6.21 Gewässerschäden 312
- 6.22 Sanierung von Umweltschäden gemäß Umweltschadensgesetz (USchadG) 313

7. Allgemeine Ausschlüsse 313

- 7.1 Vorsätzlich herbeigeführte Schäden 313
- 7.2 Kenntnis der Mangelhaftigkeit oder Schädlichkeit von Erzeugnissen, Arbeiten und sonstigen Leistungen 313
- 7.3 Ansprüche der Versicherten untereinander 313
- 7.4 Schadenfälle von Angehörigen des Versicherungsnehmers und von wirtschaftlich verbundenen Personen 313
- 7.5 Verbotene Eigenmacht, besonderer Verwahrungsvertrag 314
- 7.6 Schäden an hergestellten oder gelieferten Sachen, Arbeiten und sonstigen Leistungen 314
- 7.7 Asbest 314
- 7.8 Gentechnik 314
- 7.9 Persönlichkeits- und Namensrechtsverletzungen 314
- 7.10 Anfeindung, Schikane, Belästigung und sonstige Diskriminierung 314
- 7.11 Übertragung von Krankheiten 314
- 7.12 Senkungen, Erdrutschungen, Überschwemmungen 314
- 7.13 Strahlen 314
- 7.14 Kraftfahrzeuge und Kraftfahrzeug-Anhänger 314
- 7.15 Ungewöhnliche und gefährliche Beschäftigung 314
- 7.16 Verantwortliche Betätigung in Vereinigungen aller Art 314

8. Veränderungen des versicherten Risikos (Erhöhungen und Erweiterungen) 314

9. Vorsorgeversicherung 314

10. Fortsetzung der Privathaftpflichtversicherung nach dem Tod des Versicherungsnehmers 315

11. Forderungsausfallrisiko 315

- 11.1 Gegenstand der mitversicherten Forderungsausfalldeckung 315
- 11.2 Leistungsvoraussetzungen 315
- 11.3 Umfang der Forderungsausfalldeckung 315
- 11.4 Räumlicher Geltungsbereich 316
- 11.5 Besondere Ausschlüsse für das Forderungsausfallrisiko 316

12. Neuwertentschädigung 316

Allgemeine Versicherungsbedingungen für die Haftpflichtversicherung privater Risiken 2016

Hinweise zum Aufbau und zur Anwendung:

Maßgeblich für den Versicherungsschutz sind der gesamte Bedingungstext, der Versicherungsschein und seine Nachträge. Die nachfolgenden Abschnitte haben nur Gültigkeit, wenn Versicherungsschutz für diese Risiken vereinbart worden ist und im Versicherungsschein oder den Nachträgen dokumentiert wurde.

Teil A enthält Regelungen zur Ausgestaltung des Versicherungsschutzes in der Haftpflichtversicherung.

- Abschnitt 1 gilt für die allgemeinen und besonderen Risiken zur privaten Haftpflichtversicherung (Privathaftpflichtversicherung/PHV 2016)
- Abschnitt 2 gilt für die Hundehalter-Haftpflichtversicherung
- Abschnitt 3 gilt für die Pferdehalter-Haftpflichtversicherung
- Abschnitt 4 gilt für die Haus- und Grundbesitzer-Haftpflichtversicherung
- Abschnitt 5 gilt für die Bauherren-Haftpflichtversicherung
- Abschnitt 6 gilt für die Gewässerschaden-Haftpflichtversicherung
- (Anlagenrisiko - Anlagen zur Lagerung von Heizöl)

Die in Abschnitt 7 enthaltenen gemeinsamen Bestimmungen zu Teil A enthalten Regelungen zum Abtretungsverbot, zur Prämienregulierung und zur Prämienangleichung.

Teil B enthält Regelungen über allgemeine Rechte und Pflichten der Vertragsparteien.

- Abschnitt 1 regelt den Beginn des Versicherungsschutzes und die Prämienzahlung
- Abschnitt 2 regelt Dauer und Ende des Vertrages/Kündigung
- Abschnitt 3 und 4 enthalten Obliegenheiten des Versicherungsnehmers und weitere Bestimmungen

Teil A: Ausgestaltung des Versicherungsschutzes in der Haftpflichtversicherung

Abschnitt 1 Privathaftpflichtversicherung

1. Versicherte Eigenschaften, Tätigkeiten (versichertes Risiko)

Versichert ist im Umfang der nachfolgenden Bestimmungen die gesetzliche Haftpflicht des Versicherungsnehmers aus den Gefahren des täglichen Lebens als Privatperson und nicht aus den Gefahren eines Betriebes, Berufes, Dienstes oder Amtes.

2. Regelungen zu mitversicherten Personen und zum Verhältnis zwischen den Versicherten (Versicherungsnehmer und mitversicherten Personen)

Die Regelungen für die mitversicherten Personen gelten bis auf Ziffer 2.1.5 nicht bei einer Versicherung von Einzelpersonen (Single-Tarif).

2.1 Versichert ist die gesetzliche Haftpflicht

2.1.1 des Ehegatten und des eingetragenen Lebenspartners des Versicherungsnehmers;

2.1.2 ihrer unverheirateten und nicht in einer eingetragenen Lebenspartnerschaft lebenden Kinder (auch Stief-, Adoptiv- und Pflegekinder), bei volljährigen Kindern jedoch nur, solange sie sich noch in einer Schul- oder sich innerhalb von 12 Monaten unmittelbar anschließenden Berufsausbildung befinden (als berufliche Erstausbildung gilt: Lehre und/oder Studium, auch Bachelor- und unmittelbar angeschlossener Masterstudiengang, Anerkennungsjahr, jedoch nicht Referendarzeit, Fortbildungsmaßnahmen und dgl.). Eine sich innerhalb von 12 Monaten anschließende zweite Ausbildung (Lehre oder Studium) ist ebenfalls mitversichert. Bei Ableistung des freiwilligen Wehrdienstes, des Bundesfreiwilligendienstes oder des freiwilligen sozialen Jahres vor, während oder im Anschluss an die Berufsausbildung bleibt der Versicherungsschutz bestehen;

2.1.3 der in häuslicher Gemeinschaft lebenden unverheirateten und nicht in einer eingetragenen Lebenspartnerschaft lebenden Kinder (auch Stief-, Adoptiv- und Pflegekinder) mit geistiger Behinderung.

Falls das in 2.1.4 genannte zusätzliche Risiko versichert werden soll, kann durch besondere Vereinbarung der Versicherungsschutz im Versicherungsschein oder in seinen Nachträgen wie folgt erweitert werden:

2.1.4 des in häuslicher Gemeinschaft mit dem Versicherungsnehmer lebenden Partners einer nichtehelichen Lebensgemeinschaft und dessen Kinder, diese entsprechend Ziffern 2.1.2 und 2.1.3:
- Der Versicherungsnehmer und der mitversicherte Partner müssen unverheiratet sein.
- Der mitversicherte Partner muss unter der Anschrift des Versicherungsnehmers amtlich gemeldet sein.
- Haftpflichtansprüche des Partners und dessen Kinder gegen den Versicherungsnehmer sind ausgeschlossen.
- Die Mitversicherung für den Partner und dessen Kinder, die nicht auch die Kinder des Versicherungsnehmers sind, endet mit der Aufhebung der häuslichen Gemeinschaft zwischen dem Versicherungsnehmer und dem Partner.
- Im Falle des Todes des Versicherungsnehmers gilt für den überlebenden Partner und dessen Kinder Ziffer 10 sinngemäß.

2.1.5 der im Haushalt des Versicherungsnehmers beschäftigten Personen gegenüber Dritten aus dieser Tätigkeit. Das Gleiche gilt für Personen, die aus Arbeitsvertrag oder gefälligkeitshalber Wohnung, Haus und Garten betreuen oder den Streudienst versehen.

Ausgeschlossen sind Ansprüche aus Personenschäden, bei denen es sich um Arbeitsunfälle und Berufskrankheiten im Betrieb des Versicherungsnehmers gemäß dem Sozialgesetzbuch VII handelt;

2.1.6 von alleinstehenden, unverheirateten und nicht in einer eingetragenen Lebenspartnerschaft lebenden Angehörigen i.S.v. Ziffer 7.4.1, solange diese im gemeinsamen Haushalt mit dem Versicherungsnehmer leben und von der Pflegekasse eine Pflegebedürftigkeit von mindestens Pflegegrad II festgestellt wurde. Die Mitversicherung bleibt bei direkt anschließendem Aufenthalt in einem Pflegeheim bestehen, sofern nicht durch einen anderen Vertrag Versicherungsschutz besteht.

2.1.7 von im Haushalt des Versicherungsnehmers aufgenommenen minderjährigen Gast- und Austauschkindern sowie Au-Pairs während der Dauer des Gastaufenthaltes, maximal für ein Jahr.

Erlangt der Versicherte Versicherungsschutz aus einem anderen Haftpflicht-Versicherungsvertrag, so entfällt der Versicherungsschutz aus dem hier abgeschlossenen Vertrag. Zeigt der Versicherungsnehmer den Versicherungsfall zur Regulierung an, so erfolgt eine Vorleistung im Rahmen des vereinbarten Versicherungsumfanges.

2.2 Alle für den Versicherungsnehmer geltenden Vertragsbestimmungen sind auf die mitversicherten Personen entsprechend anzuwenden. Dies gilt nicht für die Bestimmungen über die Vorsorgeversicherung (Ziffer 9), wenn das neue Risiko nur für eine mitversicherte Person entsteht.

2.3 Unabhängig davon, ob die Voraussetzungen für Risikobegrenzungen oder Ausschlüsse in der Person des Versicherungsnehmers oder einer mitversicherten Person vorliegen, entfällt der Versicherungsschutz sowohl für den Versicherungsnehmer als auch für die mitversicherten Personen.

2.4 Die Ausübung der Rechte aus dem Versicherungsvertrag steht ausschließlich dem Versicherungsnehmer zu. Für die Erfüllung der Obliegenheiten sind sowohl der Versicherungsnehmer als auch die mitversicherten Personen verantwortlich.

3. Versicherungsschutz, Versicherungsfall, Embargobestimmung

3.1 Versicherungsschutz besteht für den Fall, dass der Versicherungsnehmer wegen eines während der Wirksamkeit der Versicherung eingetretenen Schadenereignisses (Versicherungsfall), das einen Personen-, Sach- oder sich daraus ergebenden Vermögensschaden zur Folge hatte, aufgrund gesetzlicher Haftpflichtbestimmungen privatrechtlichen Inhalts von einem Dritten auf Schadenersatz in Anspruch genommen wird.

Schadenereignis ist das Ereignis, als dessen Folge die Schädigung des Dritten unmittelbar entstanden ist. Auf den Zeitpunkt der Schadenverursachung, der zum Schadenereignis geführt hat, kommt es nicht an.

3.2 Kein Versicherungsschutz besteht für Ansprüche, auch wenn es sich um gesetzliche Ansprüche handelt,
- auf Erfüllung von Verträgen, Nacherfüllung, aus Selbstvornahme, Rücktritt, Minderung, auf Schadenersatz statt der Leistung;
- wegen Schäden, die verursacht werden, um die Nacherfüllung durchführen zu können;
- wegen Ausfalls der Nutzung des Vertragsgegenstandes oder wegen des Ausbleibens des mit der Vertragsleistung geschuldeten Erfolges;
- auf Ersatz vergeblicher Aufwendungen im Vertrauen auf ordnungsgemäße Vertragserfüllung;
- auf Ersatz von Vermögensschäden wegen Verzögerung der Leistung;
- wegen anderer an die Stelle der Erfüllung tretender Ersatzleistungen.

Kein Versicherungsschutz besteht für Ansprüche, soweit sie aufgrund einer vertraglichen Vereinbarung oder Zusage über den Umfang der gesetzlichen Haftpflicht des Versicherungsnehmers hinausgehen.

3.3 Es besteht - unbeschadet der übrigen Vertragsbestimmungen - Versicherungsschutz nur, soweit und solange dem keine auf die Vertragsparteien direkt anwendbaren Wirtschafts-, Handels- oder Finanzsanktionen bzw. Embargos der Europäischen Union oder der Bundesrepublik Deutschland entgegenstehen.

4. Leistungen der Versicherung und Vollmacht des Versicherers

4.1 Der Versicherungsschutz umfasst die Prüfung der Haftpflichtfrage, die Abwehr unberechtigter Schadenersatzansprüche und die Freistellung des Versicherungsnehmers von berechtigten Schadensersatzverpflichtungen.

Berechtigt sind Schadensersatzverpflichtungen dann, wenn der Versicherungsnehmer aufgrund Gesetzes, rechtskräftigen Urteils, Anerkenntnisses oder Vergleichs zur Entschädigung verpflichtet ist und der Versicherer hierdurch gebunden ist. Anerkenntnisse und Vergleiche, die vom Versicherungsnehmer ohne Zustimmung des Versicherers abgegeben oder geschlossen worden sind, binden den Versicherer nur, soweit der Anspruch auch ohne Anerkenntnis oder Vergleich bestanden hätte.

Ist die Schadensersatzverpflichtung des Versicherungsnehmers mit bindender Wirkung für den Versicherer festgestellt, hat der Versicherer den Versicherungsnehmer binnen 14 Tagen vom Anspruch des Dritten freizustellen.

4.2 Der Versicherer ist bevollmächtigt, alle ihm zur Abwicklung des Schadens oder Abwehr der Schadensersatzansprüche zweckmäßig erscheinenden Erklärungen im Namen des Versicherungsnehmers abzugeben.

Kommt es in einem Versicherungsfall zu einem Rechtsstreit über Schadenersatzansprüche gegen den Versicherungsnehmer, ist der Versicherer zur Prozessführung bevollmächtigt. Er führt den Rechtsstreit im Namen des Versicherungsnehmers auf seine Kosten.

4.3 Wird in einem Strafverfahren wegen eines Schadenereignisses, das einen unter den Versicherungsschutz fallenden Haftpflichtanspruch zur Folge haben kann, die Bestellung eines Verteidigers für den Versicherungsnehmer von dem Versicherer gewünscht oder genehmigt, so trägt der Versicherer die gebührenordnungsgemäßen oder die mit ihm besonders vereinbarten höheren Kosten des Verteidigers.

4.4 Erlangt der Versicherungsnehmer oder eine mitversicherte Person das Recht, die Aufhebung oder Minderung einer zu zahlenden Rente zu fordern, so ist der Versicherer zur Ausübung dieses Rechts bevollmächtigt.

5. Begrenzungen der Leistungen (Versicherungssumme, Serienschaden, Selbstbeteiligung)

5.1 Die Entschädigungsleistung des Versicherers ist bei jedem Versicherungsfall auf die vereinbarten Versicherungssummen begrenzt. Dies gilt auch dann, wenn sich der Versicherungsschutz auf mehrere entschädigungspflichtige Personen erstreckt.

Die Versicherungssumme beträgt je nach gewähltem Tarif für Personen-, Sach- und Vermögensschäden 15.000.000 € bzw. 30.000.000 €.

5.2 Sofern nicht etwas anderes vereinbart wurde, sind die Entschädigungsleistungen des Versicherers für alle Versicherungsfälle eines Versicherungsjahres auf das Zweifache der vereinbarten Versicherungssummen begrenzt.

5.3 Mehrere während der Wirksamkeit der Versicherung eintretende Versicherungsfälle gelten als ein Versicherungsfall, der im Zeitpunkt des ersten dieser Versicherungsfälle eingetreten ist, wenn diese
- auf derselben Ursache,
- auf gleichen Ursachen mit innerem, insbesondere sachlichem und zeitlichem, Zusammenhang oder
- auf der Lieferung von Waren mit gleichen Mängeln

beruhen.

5.4 Falls vereinbart, beteiligt sich der Versicherungsnehmer bei jedem Versicherungsfall an der Entschädigungsleistung des Versicherers mit einem im Versicherungsschein und seinen Nachträgen festgelegten Betrag (Selbstbeteiligung).

Auch wenn die begründeten Haftpflichtansprüche aus einem Versicherungsfall die Versicherungssumme übersteigen, wird die Selbstbeteiligung vom Betrag der begründeten Haftpflichtansprüche abgezogen. Ziffer 5.1 Satz 1 bleibt unberührt.

Soweit nicht etwas anderes vereinbart wurde, bleibt der Versicherer auch bei Schäden, deren Höhe die Selbstbeteiligung nicht übersteigt, zur Abwehr unberechtigter Schadensersatzansprüche verpflichtet.

5.5 Die Aufwendungen des Versicherers für Kosten werden nicht auf die Versicherungssummen angerechnet.

5.6 Übersteigen die begründeten Haftpflichtansprüche aus einem Versicherungsfall die Versicherungssumme, trägt der Versicherer die Prozesskosten im Verhältnis der Versicherungssumme zur Gesamthöhe dieser Ansprüche.

5.7 Hat der Versicherungsnehmer an den Geschädigten Rentenzahlungen zu leisten und übersteigt der Kapitalwert der Rente die Versicherungssumme oder den nach Abzug etwaiger sonstiger Leistungen aus dem Versicherungsfall noch verbleibenden Restbetrag der Versicherungssumme, so wird die zu leistende Rente nur im Verhältnis der Versicherungssumme bzw. ihres Restbetrages zum Kapitalwert der Rente vom Versicherer erstattet.

Für die Berechnung des Rentenwertes gilt die entsprechende Vorschrift der Verordnung über den Versicherungsschutz in der Kraftfahrzeug-Haftpflichtversicherung in der jeweils gültigen Fassung zum Zeitpunkt des Versicherungsfalles.

Bei der Berechnung des Betrages, mit dem sich der Versicherungsnehmer an laufenden Rentenzahlungen beteiligen muss, wenn der Kapitalwert der Rente die Versicherungssumme oder die nach Abzug sonstiger Leistungen verbleibende Restversicherungssumme übersteigt, werden die sonstigen Leistungen mit ihrem vollen Betrag von der Versicherungssumme abgesetzt.

5.8 Falls die von dem Versicherer verlangte Erledigung eines Haftpflichtanspruchs durch Anerkenntnis, Befriedigung oder Vergleich am Verhalten des Versicherungsnehmers scheitert, hat der Versicherer für den von der Weigerung an entstehenden Mehraufwand an Entschädigungsleistung, Zinsen und Kosten nicht aufzukommen.

6. Besondere Regelungen für einzelne private Risiken (Versicherungsschutz, Risikobegrenzungen und besondere Ausschlüsse)

Ziffer 6 regelt den Versicherungsschutz für einzelne private Risiken, deren Risikobegrenzungen und die für diese Risiken geltenden besonderen Ausschlüsse.

Soweit Ziffer 6 keine abweichenden Regelungen enthält, finden auch auf die in Ziffer 6 geregelten Risiken alle anderen Vertragsbestimmungen Anwendung (z. B. Ziffer 4 – Leistungen der Versicherung oder Ziffer 7 – Allgemeine Ausschlüsse).

6.1 Haushalt und Familie

Versichert ist die gesetzliche Haftpflicht des Versicherungsnehmers

6.1.1 als Familien- und Haushaltsvorstand (z. B. aus der Aufsichtspflicht über Minderjährige);

6.1.2 als Dienstherr der in seinem Haushalt tätigen Personen.

Ausgeschlossen sind Ansprüche aus Personenschäden, bei denen es sich um Arbeitsunfälle und Berufskrankheiten im Betrieb des Versicherungsnehmers gemäß Sozialgesetzbuch VII (Gesetzliche Unfallversicherung) handelt.

6.1.3 als gerichtlich bestellter Betreuer von Angehörigen i. S. v. Ziffer 7.4.1;

6.1.4 aus der Beaufsichtigung von bis zu 5 zur Betreuung übernommenen minderjährigen Kindern im eigenen Haushalt oder im Haushalt der betreuten Kinder („Tagesmutter"), auch außerhalb der Wohnung, z. B. beim Spielen, bei Ausflügen usw. Werden mehr als 5 Kinder zur Betreuung übernommen, entfällt die Mitversicherung; es gelten dann die Bestimmungen zur Vorsorgeversicherung gemäß Ziffer 9. Mitversichert sind die gesetzlichen Haftpflichtansprüche der zu betreuenden Kinder gegen die Aufsichtsperson.

Nicht versichert ist
- die persönliche gesetzliche Haftpflicht der Kinder sowie die Haftpflicht wegen Abhandenkommen von Sachen der betreuten Kinder;
- die gesetzliche Haftpflicht aus der Tätigkeit als Tagesmutter, wenn hierfür besondere Räume angemietet oder angekauft werden (gewerbliches Betriebsstättenrisiko);

6.1.5 aus der Beschädigung oder Zerstörung von ärztlich verordneten medizinischen Hilfsmitteln, die von Krankenkassen, Diakoniestationen etc. für therapeutische oder diagnostische Zwecke (z. B. Blutdruckmessgeräte, Inhaliergeräte, Absauggeräte etc.) zur Verfügung gestellt werden.

Vom Versicherungsschutz ausgeschlossen bleiben jedoch Haftpflichtansprüche wegen Abnutzung, Verschleiß, übermäßiger Beanspruchung und Abhandenkommen.

Die Höchstersatzleistung beträgt je Versicherungsfall 15.000 €, begrenzt auf 30.000 € für alle Versicherungsfälle eines Versicherungsjahres.

Es gilt eine Selbstbeteiligung von 100 € je Schadenfall.

6.1.6 Schadenregulierung bei Ansprüchen gegen minderjährige Kinder

6.1.6.1 Der Versicherer wird sich nicht auf eine Deliktsunfähigkeit von mitversicherten Kindern berufen, soweit dies der Versicherungsnehmer wünscht. Die Höchstersatzleistung beträgt in diesen Fällen 100.000 € je Versicherungsfall, begrenzt auf 200.000 € für alle Versicherungsfälle eines Versicherungsjahres.

Dies gilt nicht, wenn
- der Geschädigte selbst aufsichtspflichtig war oder
- von einem Aufsichtspflichtigen Schadenersatz erlangt werden kann oder
- eine Leistungspflicht aus einem anderen Versicherungsvertrag (z. B. Sachversicherung) besteht.

6.1.6.2 Hiervon ausgenommen sind jedoch Regressansprüche von Sozialversicherungsträgern bzw. privaten Versicherern oder Arbeitgebern aus übergegangenem Recht.

6.1.7 Der Versicherer leistet im Interesse des Versicherungsnehmers aus der Privathaftpflichtversicherung gem. Teil A, Abschnitt 1 – teilweise abweichend von den Ziffern 3.1 und 4.1 – auch dann, wenn der Versicherungsnehmer einem Dritten im Rahmen eines Gefälligkeitsverhältnisses einen Schaden zufügt. Der Versicherer wird sich insoweit nicht auf § 242 BGB berufen.

Dies gilt nicht, soweit ein anderer Versicherer oder ein Sozialversicherungsträger leistungspflichtig ist.
- Die Höchstleistung je Versicherungsfall beträgt 100.000 €, begrenzt auf 200.000 € für alle Versicherungsfälle eines Versicherungsjahres.
- Die Regulierung des Schadens erfolgt auf Antrag des Versicherungsnehmers, der geschädigte Dritte kann aus diesem Vertrag keine Rechte ableiten.

6.2 Nebenberufliche Tätigkeiten, ehrenamtliche Tätigkeit, Freiwilligenarbeit, fachpraktischer Unterricht und Praktika

6.2.1 Nebenberufliche Tätigkeiten

Versichert ist – abweichend von Teil A Abschnitt 1 Ziffer 1 – die gesetzliche Haftpflicht des Versicherungsnehmers aus selbstständigen, nebenberuflichen Tätigkeiten bis zu einem Jahresgesamtumsatz von maximal 10.000 €, sofern hierfür kein Versicherungsschutz durch eine andere Haftpflichtversicherung besteht.

Bei dieser selbstständigen, nebenberuflichen Tätigkeit muss es sich handeln um
- Flohmarkt- und Basarverkauf,
- Änderungsschneiderei, Handarbeiten,
- Zeitungs-, Zeitschriften- und Prospektzustellung,
- Annahme von Sammelbestellungen,
- Markt- und Meinungsforschung, Daten- und Texterfassung,
- die Erteilung von Nachhilfe- und Musikunterricht sowie Fitnesskursen,
- den Vertrieb von Kosmetik, Haushaltsartikeln, Bekleidung, Schmuck, Kunsthandwerk.

Hierbei dürfen keine Angestellten beschäftigt werden.

Sofern der Jahresgesamtumsatz den o. g. Betrag übersteigt, ist der Versicherer von der Verpflichtung zur Leistung frei. Es greifen auch nicht die Bestimmungen über die Vorsorgeversicherung gemäß Ziffer 9.

Ausgeschlossen sind Ansprüche wegen Schäden an fremden Sachen und allen sich daraus ergebenden Vermögensschäden, wenn
- die Schäden durch eine gewerbliche oder berufliche Tätigkeit des Versicherungsnehmers an diesen Sachen (Bearbeitung, Reparatur, Beförderung, Prüfung und dgl.) entstanden sind; bei

Teil A: Ausgestaltung des Versicherungsschutzes in der Haftpflichtversicherung

unbeweglichen Sachen gilt dieser Ausschluss nur insoweit, als diese Sachen oder Teile von ihnen unmittelbar von der Tätigkeit betroffen waren;
- die Schäden dadurch entstanden sind, dass der Versicherungsnehmer diese Sachen zur Durchführung seiner gewerblichen oder beruflichen Tätigkeiten (als Werkzeug, Hilfsmittel, Materialablagefläche und dgl.) benutzt hat; bei unbeweglichen Sachen gilt dieser Ausschluss nur insoweit, als diese Sachen oder Teile von ihnen unmittelbar von der Benutzung betroffen waren;
- die Schäden durch eine gewerbliche oder berufliche Tätigkeit des Versicherungsnehmers entstanden sind und sich diese Sachen oder – sofern es sich um unbewegliche Sachen handelt – deren Teile im unmittelbaren Einwirkungsbereich der Tätigkeit befunden haben; dieser Ausschluss gilt nicht, wenn der Versicherungsnehmer beweist, dass er zum Zeitpunkt der Tätigkeit offensichtlich notwendige Schutzvorkehrungen zur Vermeidung von Schäden getroffen hatte.

6.2.2 Ehrenamtliche Tätigkeit, Freiwilligenarbeit, fachpraktischer Unterricht und Praktika

Versichert ist - abweichend von Teil A Abschnitt 1 Ziffer 1 und teilweise abweichend von Ziffer 7.16 – die gesetzliche Haftpflicht des Versicherungsnehmers aus den Gefahren einer ehrenamtlichen Tätigkeit oder Freiwilligenarbeit aufgrund eines sozialen Engagements. Voraussetzung für die Mitversicherung ist, dass die vorgenannten Tätigkeiten unentgeltlich erfolgen oder steuerfreie Einnahmen nach dem Einkommensteuergesetz für diese erzielt werden.

Hierunter fällt insbesondere die Mitarbeit
- in der Kranken- und Altenpflege, der Behinderten-, Kirchen- und Jugendarbeit,
- in Vereinen, Bürgerinitiativen, Parteien und Interessenverbänden,
- bei der Freizeitgestaltung in Sportvereinigungen, Musikgruppen oder gleichartig organisierten Gruppen.

Nicht versichert sind hingegen die Gefahren bei der Ausübung von
- leitenden Ehrenämtern (z. B. Mitglieder eines Vereinsvorstandes),
- öffentlichen oder hoheitlichen Ehrenämtern (z. B. Gemeinderatsmitglied),
- wirtschaftlichen oder anderen sozialen Ehrenämtern mit beruflichem Charakter (z. B. Betriebs- oder Personalrat).

Der Versicherer leistet keine Entschädigung, soweit für den Schaden eine Leistung aus einem anderen Versicherungsvertrag beansprucht werden kann oder ein Dritter zum Ersatz des Schadens verpflichtet ist.

Versichert ist ebenfalls die gesetzliche Haftpflicht aus der Teilnahme an Schul-, Berufs-, Studienpraktika und am fachpraktischen Unterricht.

Der Versicherungsschutz erstreckt sich auch auf die gesetzliche Haftpflicht des Versicherungsnehmers aus der Beschädigung oder Zerstörung von Ausbildungsgegenständen, die zur Verfügung bzw. bereitgestellt werden.

Vom Versicherungsschutz ausgeschlossen bleiben jedoch Haftpflichtansprüche wegen Abnutzung, Verschleiß, übermäßige Beanspruchung und Abhandenkommens.

Die Höchstersatzleistung beträgt für derartige Schäden je Versicherungsfall 15.000 €, begrenzt auf 30.000 € für alle Versicherungsfälle eines Versicherungsjahres.

Es gilt eine Selbstbeteiligung von 100 € je Schadenfall.

6.3 Haus- und Grundbesitz

6.3.1 Versichert ist die gesetzliche Haftpflicht des Versicherungsnehmers als Inhaber
- einer oder mehrerer im Inland gelegener Wohnungen (bei Wohnungseigentum als Sondereigentümer) einschließlich Ferien-/Wochenendwohnungen,
- eines im Inland gelegenen Einfamilienhauses,
- eines im Inland gelegenen Zweifamilienhauses,
- eines im Inland gelegenen Wochenend-/Ferienhauses,

sofern sie vom Versicherungsnehmer selbst bewohnt und ausschließlich zu Wohnzwecken verwendet werden, einschließlich der zugehörigen Garagen, Carports, Kfz-Stellplätze und Gärten sowie eines Schrebergartens.

Bei Sondereigentümern sind Haftpflichtansprüche der Gemeinschaft der Eigentümer wegen Beschädigung des Gemeinschaftseigentums versichert. Die Ersatzpflicht erstreckt sich jedoch nicht auf den Miteigentumsanteil des Versicherungsnehmers an dem gemeinschaftlichen Eigentum.

6.3.2 Der Versicherungsschutz erstreckt sich für die in 6.3.1 genannten Risiken auch auf die gesetzliche Haftpflicht

6.3.2.1 aus der Verletzung von Pflichten, die dem Versicherungsnehmer in den oben genannten Eigenschaften obliegen (z. B. bauliche Instandhaltung, Beleuchtung, Reinigung, Streuen und Schneeräumen auf Gehwegen). Das gilt auch für die durch Vertrag vom Versicherungsnehmer ausschließlich als Mieter, Pächter oder Entleiher übernommene gesetzliche Haftpflicht für Verkehrssicherungspflichten des Vertragspartners;

6.3.2.2 aus der Vermietung einer Einliegerwohnung und/oder aus der Vermietung einzelner Wohnräume innerhalb der selbst bewohnten Wohnung bzw. des selbst bewohnten Einfamilienhauses;

6.3.2.3 aus der Vermietung einer Wohnung innerhalb des selbst bewohnten Zweifamilienhauses;

6.3.2.4 als Bauherr oder Unternehmer von Bauarbeiten (Neubauten, An-/Umbauten, Reparaturen, Abbruch-, Grabearbeiten) bis zu einer Bausumme von 200.000 € je Bauvorhaben. Wenn dieser Betrag überschritten wird, entfällt die Mitversicherung. Es gelten dann die Bestimmungen über die Vorsorgeversicherung gemäß Ziffer 9. Die zeitliche Begrenzung in Ziffer 9.3.4 findet keine Anwendung;

6.3.2.5 als früherer Besitzer aus § 836 Abs. 2 BGB, wenn die Versicherung bis zum Besitzwechsel bestand;

6.3.2.6 der Zwangs- oder Insolvenzverwalter in dieser Eigenschaft;

6.3.2.7 abweichend von Ziffer 1 aus dem Betrieb einer privat/gewerblich genutzten Solar- oder/und Photovoltaikanlage. Voraussetzung hierfür ist, dass
- die Anlage im Eigentum des Versicherungsnehmers steht und
- sich die Anlage auf dem Grundstück oder Gebäude befindet, das nach Teil A, Abschnitt 1, Ziffer 6.3.1 versichert ist.

6.3.3 Mitversichert sind Schäden, für die der Versicherungsnehmer als Vermieter eines nach Teil A, Abschnitt 1, Ziffer 6.3.2.2 und 6.3.2.3 versicherten Risikos für Schadenfälle aufgrund von Diskriminierung, Benachteiligung oder Ungleichbehandlung verantwortlich gemacht wird – vgl. Ziffer 6.18.1.

6.4 Vermietung von Immobilien im Inland

Falls besonders vereinbart, ist in Ergänzung zum Versicherungsschutz zu Ziffer 6.3 mitversichert die gesetzliche Haftpflicht
- als Inhaber von vermietetem Sondereigentum/Teileigentum;
- aus der gelegentlichen Vermietung mitversicherter Ferienhäuser bzw. von Ferienwohnungen;
- aus der Vermietung von Garagen, Carports und Kfz-Stellplätzen, die zu versicherten Immobilien gehören;
- aus der Vermietung von Garagen

jeweils einschließlich der zugehörigen (Schreber-)Gärten.

6.5 Schäden an fremdem überlassenem Eigentum

6.5.1 Mietsachschäden an zu privaten Zwecken gemieteten Räumen

6.5.1.1 Versichert ist die gesetzliche Haftpflicht des Versicherungsnehmers wegen Mietsachschäden ausschließlich an Wohnräumen und sonstigen zu privaten Zwecken gemieteten Räumen in Gebäuden.

6.5.1.2 Vom Versicherungsschutz ausgeschlossen sind Haftpflichtansprüche wegen
- Abnutzung, Verschleiß und übermäßiger Beanspruchung,
- Schäden an Heizungs-, Maschinen-, Kessel- und Warmwasserbereitungsanlagen sowie an Elektro- und Gasgeräten und allen sich daraus ergebenden Vermögensschäden,
- Glasschäden (auch Schäden an Scheiben und Platten aus Kunststoff, z. B. Plexiglas), soweit sich der Versicherungsnehmer oder mitversicherte Personen hiergegen besonders versichern können,
- Schäden infolge von Schimmelbildung.

6.5.2 Mietsachschäden am Inventar der Reiseunterkunft

6.5.2.1 Mitversichert ist die gesetzliche Haftpflicht wegen der Beschädigung oder Zerstörung von beweglichen Einrichtungs- und Ausstattungsgegenständen in Hotels, Pensionen, Ferienwohnungen und -häusern anlässlich von Aufenthalten auf Reisen.

6.5.2.2 Ausgeschlossen sind Haftpflichtansprüche
- wegen Abnutzung, Verschleiß sowie übermäßiger Beanspruchung;
- wegen Schäden an Heizungs-, Maschinen-, Kessel- und Warmwasserbereitungsanlagen.

6.5.2.3 Die Höchstersatzleistung beträgt je Versicherungsfall 100.000 €, begrenzt auf 200.000 € für alle Versicherungsfälle eines Versicherungsjahres.

6.5.3 Gemietete, geliehene, geleaste, gepachtete, unentgeltlich überlassene bewegliche Sachen

Versichert ist die gesetzliche Haftpflicht des Versicherungsnehmers aus der Beschädigung oder Zerstörung von gemieteten (außerhalb der Reiseunterkunft), geliehenen, gepachteten, geleasten oder gefälligkeitshalber überlassenen fremden beweglichen Sachen.

Vom Versicherungsschutz ausgeschlossen bleiben jedoch Haftpflichtansprüche wegen Abnutzung, Verschleiß, übermäßiger Beanspruchung und Abhandenkommen. Die Höchstersatzleistung beträgt je Versicherungsfall 15.000 €, begrenzt auf 30.000 € für alle Versicherungsfälle eines Versicherungsjahres.

Es gilt eine Selbstbeteiligung von 100 € je Schadenfall.

6.6 Schlüsselverlust

6.6.1 Mitversichert ist – abweichend von Ziffer 6.5.3 – die gesetzliche Haftpflicht aus dem Abhandenkommen von fremden Schlüsseln (auch elektronischen Zugangsberechtigungskarten und elektronischen Türöffnern), die im Rahmen einer ehrenamtlichen Tätigkeit, beruflich, dienstlich, privat oder im Rahmen eines Mietverhältnisses überlassen wurden und – soweit nachstehend nicht etwas anderes bestimmt ist – aller sich daraus ergebenden Vermögensschäden.

Bei Sondereigentümern sind auch Haftpflichtansprüche der Gemeinschaft der Wohnungseigentümer mitversichert, die wegen des Verlustes von Schlüsseln der im Gemeinschaftseigentum stehenden Schlösser bzw. Schließanlagen gegen den Versicherten erhoben werden.

In diesen Fällen erstreckt sich die Ersatzpflicht nicht auf den Miteigentumsanteil des Versicherungsnehmers bzw. Mitversicherten am Gemeinschaftseigentum.

6.6.2 Der Versicherungsschutz umfasst die Kosten für die notwendige Auswechslung von Schlössern sowie vorübergehende Sicherungsmaßnahmen (Notschloss) und – falls erforderlich – einen Objektschutz bis zu 14 Tagen, gerechnet ab dem Zeitpunkt, an welchem der Verlust des Schlüssels festgestellt wurde.

6.6.3 Ausgeschlossen bleiben
- Haftpflichtansprüche aus dem Abhandenkommen von Schlüsseln, die Versicherte im Rahmen einer selbstständigen oder freiberuflichen Tätigkeit verwenden.
- Haftpflichtansprüche aus dem Verlust von Tresor-, Schließfach- und Möbelschlüsseln sowie sonstigen Schlüsseln zu beweglichen Sachen (z. B. Pkw).
- die Folgeschäden, die sich aus dem Schlüsselverlust ergeben (z. B. Einbruch).

6.6.4 Die Höchstersatzleistung beträgt je Versicherungsfall 100.000 €, begrenzt auf 200.000 € für alle Versicherungsfälle eines Versicherungsjahres. Diese Höchstersatzleistung gilt insgesamt für das Abhandenkommen von Schlüsseln (privat, dienstlich, ehrenamtlich).

6.7 Sportausübung

6.7.1 Versichert ist die gesetzliche Haftpflicht des Versicherungsnehmers aus der Ausübung von Sport.

6.7.2 Vom Versicherungsschutz ausgeschlossen sind Haftpflichtansprüche aus
- einer jagdlichen Betätigung,
- der Teilnahme an Pferde- oder Kraftfahrzeugrennen sowie der Vorbereitung hierzu (Training).

6.7.3 Besonderheiten für Radfahrer (auch Pedelecs bis 25 km/h):

Versichert sind Schadensersatzansprüche gegen den Versicherungsnehmer als Radfahrer. Als Fahrräder gelten auch Pedelecs bis zu einer Geschwindigkeit von 25 km/h, und zwar unabhängig davon, ob eine Anfahrhilfe besteht.

Versichert sind auch Schäden, die der Versicherungsnehmer bei einem Radrennen (z. B. Straßenrundfahrt, Triathlon) oder dem Training dazu verursacht. Voraussetzungen für den Versicherungsschutz sind allerdings:
- Das Training und die Teilnahme am Wettkampf erfolgen privat;
- eine Lizenz oder eine andere vergleichbare Startberechtigung ist für die Teilnahme am Wettkampf nicht erforderlich.
- Kein Versicherungsschutz besteht, soweit Versicherungsschutz aus einem anderen Versicherungsvertrag (z. B. Vereinshaftpflichtversicherung) besteht.

6.8 Waffen und Munition

Versichert ist die gesetzliche Haftpflicht des Versicherungsnehmers aus dem erlaubten privaten Besitz und aus dem Gebrauch von Hieb-, Stoß- und Schusswaffen sowie Munition und Geschossen.

Vom Versicherungsschutz ausgeschlossen sind der Besitz und der Gebrauch zu Jagdzwecken oder zu strafbaren Handlungen.

6.9 Tiere

Versichert sind Schäden, für die der Versicherungsnehmer als Halter oder Hüter der folgenden Tiere verantwortlich gemacht wird:
- zahme Haustiere,
- gezähmte Kleintiere,
- Bienen.

Voraussetzung für den Versicherungsschutz ist allerdings, dass der Versicherungsnehmer das Tier weder zu gewerblichen noch zu landwirtschaftlichen Zwecken hält.

Vom Versicherungsschutz ausgeschlossen ist ferner die gesetzliche Haftpflicht als Halter oder Hüter von Hunden, Rindern, Pferden oder sonstigen Reit- und Zugtieren sowie von wilden Tieren.

Abweichend hiervon ist jedoch versichert die gesetzliche Haftpflicht des Versicherungsnehmers
- als nicht gewerbsmäßiger Hüter fremder Hunde oder Pferde,

Teil A: Ausgestaltung des Versicherungsschutzes in der Haftpflichtversicherung

- als Reiter bei der Benutzung fremder Pferde,
- als Fahrer bei der Benutzung fremder Fuhrwerke zu privaten Zwecken,

soweit Versicherungsschutz nicht über eine Tierhalter-Haftpflichtversicherung besteht. Vom Versicherungsschutz ausgeschlossen sind Haftpflichtansprüche der Tierhalter oder -eigentümer sowie Fuhrwerkseigentümer wegen Sach- und Vermögensschäden.

Mitversichert ist die gesetzliche Haftpflicht aus Flurschäden anlässlich der Weidehaltung – einschließlich dem Auf- und Abtrieb – von privat gehaltenem Kleinvieh (z. B. Schweine, Schafe, Ziegen). Diese sind ebenfalls als zahme Haustiere anzusehen.

6.10 Gebrauch von Kraftfahrzeugen und Kraftfahrzeug-Anhängern

6.10.1 Versichert ist – abweichend von Ziffer 7.14 – die gesetzliche Haftpflicht des Versicherungsnehmers wegen Schäden, die verursacht werden durch den Gebrauch ausschließlich von folgenden nicht versicherungspflichtigen Fahrzeugen und Anhängern:

- nur auf nicht öffentlichen Wegen und Plätzen verkehrende Kraftfahrzeuge und Anhänger ohne Rücksicht auf eine bauartbedingte Höchstgeschwindigkeit;
- Kraftfahrzeuge mit nicht mehr als 6 km/h bauartbedingter Höchstgeschwindigkeit (z. B. motorgetriebener Rollstuhl);
- selbstfahrende Arbeitsmaschinen und Stapler mit nicht mehr als 20 km/h bauartbedingter Höchstgeschwindigkeit (z. B. Schneeräumgerät, Kehrmaschine, Aufsitzrasenmäher, Mähroboter);
- Kraftfahrzeug-Anhänger, die den Vorschriften über das Zulassungsverfahren nicht unterliegen.

6.10.2 Für die vorgenannten Fahrzeuge gilt:

Diese Fahrzeuge dürfen nur von einem berechtigten Fahrer gebraucht werden. Berechtigter Fahrer ist, wer das Fahrzeug mit Wissen und Willen des Verfügungsberechtigten gebrauchen darf. Der Versicherungsnehmer ist verpflichtet, dafür zu sorgen, dass die Fahrzeuge nicht von unberechtigten Fahrern gebraucht werden.

Der Fahrer des Fahrzeugs darf das Fahrzeug auf öffentlichen Wegen oder Plätzen nur mit der erforderlichen Fahrerlaubnis benutzen. Der Versicherungsnehmer ist verpflichtet, dafür zu sorgen, dass die Fahrzeuge nicht von einem Fahrer benutzt werden, der nicht die erforderliche Fahrerlaubnis hat.

Wenn der Versicherungsnehmer eine dieser Obliegenheiten verletzt, gilt bei Teil B Abschnitt 3 Ziffer 4 (Rechtsfolgen bei Verletzung von Obliegenheiten).

6.10.3 Eingeschlossen ist die gesetzliche Haftpflicht beim Be- und Entladen des selbst genutzten – auch versicherungspflichtigen – Kraftfahrzeugs. Die Höchstersatzleistung beträgt in diesen Fällen 1.500 € je Versicherungsfall. Nicht versichert sind Schäden am Ladegut und am selbst genutzten Kraftfahrzeug.

6.11 Gebrauch von Luftfahrzeugen

6.11.1 Versichert ist die gesetzliche Haftpflicht des Versicherungsnehmers wegen Schäden, die durch den Gebrauch der folgenden Luftfahrzeuge verursacht werden:

- Flugmodelle, die dazu bestimmt sind, innerhalb geschlossener Wohnräume betrieben zu werden (z. B. batteriebetriebene Hubschrauber);
- Flugmodelle, unbemannte Ballone und Drachen, die nicht durch Motoren oder Treibsätze angetrieben werden und deren Fluggewicht maximal 5 kg beträgt. Dazu zählen z. B. batteriebetriebene Flugmodelle, Segelflugmodelle, Kinderdrachen, Lenkdrachen;
- Multikopter (Drohnen) bis maximal 250 g Fluggewicht.

6.11.2 Kein Versicherungsschutz besteht, wenn der Versicherungsnehmer Versicherungsschutz aus einem anderen Versicherungsvertrag (z. B. Luftfahrt-Haftpflichtversicherung) hat.

6.11.3 Versichert ist darüber hinaus die gesetzliche Haftpflicht des Versicherungsnehmers wegen Schäden, die durch den Gebrauch versicherungspflichtiger Luftfahrzeuge verursacht werden, soweit der Versicherungsnehmer nicht als deren Eigentümer, Besitzer, Halter oder Führer (sondern z. B. als Passagier) in Anspruch genommen wird.

6.12 Gebrauch von Wassersportfahrzeugen

6.12.1 Versichert ist die gesetzliche Haftpflicht des Versicherungsnehmers wegen Schäden, die verursacht werden durch den Gebrauch ausschließlich von folgenden Wasserfahrzeugen:

- fremde und eigene Ruder-, Paddel-, Schlauchboote, Kanu, Kajak, Kanadier und vergleichbare Wassersportfahrzeuge ohne Motor (auch ohne Hilfs- und Außenbordmotoren) oder Treibsätze;
- fremde und eigene Windsurfbretter;
- fremde Wassersportfahrzeuge mit Motoren (z. B. Motorboote, Wassermotorräder, Jet-Ski, Boote mit Hilfs- und Außenbordmotor), wenn der Versicherungsnehmer diese nur gelegentlich gebraucht und für das Führen des Bootes kein Führerschein erforderlich ist;
- fremde Segelboote ohne Motor (auch ohne Hilfs- oder Außenbordmotoren) oder Treibsätze.

6.12.2 Versichert ist darüber hinaus die gesetzliche Haftpflicht des Versicherungsnehmers wegen Schäden, die durch den Gebrauch von Wasserfahrzeugen verursacht werden, soweit der Versicherungsnehmer nicht als deren Eigentümer, Besitzer, Halter oder Führer (sondern z. B. als Passagier) in Anspruch genommen wird.

6.13 Gebrauch von Kitesportgeräten, Strandseglern und Eisseglern

Versichert ist die gesetzliche Haftpflicht des Versicherungsnehmers wegen Schäden, die verursacht werden durch den Gebrauch von fremden und eigenen Kitesportgeräten, Strandseglern, Eisseglern (jeweils ohne Motor), unter der Voraussetzung, dass

- die Kite- bzw. Segelfläche maximal 15 m² und
- bei Kitesportgeräten die Seillänge maximal 30 m beträgt.

6.14 Gebrauch von Modellfahrzeugen

Versichert ist die gesetzliche Haftpflicht des Versicherungsnehmers wegen Schäden, die verursacht werden durch den Gebrauch von ferngelenkten Modellfahrzeugen zu Lande und zu Wasser.

6.15 Schäden im Ausland

Versichert ist die gesetzliche Haftpflicht des Versicherungsnehmers wegen im Ausland eintretender Versicherungsfälle unter folgenden Voraussetzungen:

6.15.1 Der Versicherungsfall ereignet sich bei einem zeitlich unbegrenzten Aufenthalt in den EU-Staaten (auch außereuropäische EU-Gebiete), in der Schweiz, in Norwegen, Island, Andorra, San Marino, Monaco oder Liechtenstein oder

6.15.2 der Versicherungsfall ereignet sich bei einem vorübergehenden Auslandsaufenthalt von bis zu 2 Jahren in allen anderen Staaten.

6.15.3 Versichert sind hierbei auch Ansprüche gegen den Versicherungsnehmer aus § 110 SGB VII (Gesetzliche Unfallversicherung) und die gesetzliche Haftpflicht aus der vorübergehenden Benutzung oder Anmietung (nicht dem Eigentum) von im Ausland gelegenen Wohnungen und Häusern gem. Ziffer 6.3.1 bis zu einer Dauer von 2 Jahren.

Der Versicherungsschutz in den Fällen 6.15.2 und 6.15.3 entfällt, sobald die tatsächliche Dauer des Auslandsaufenthaltes die genannten Zeiten überschreitet. Ist der Auslandsaufenthalt von Beginn an für eine Dauer geplant, die über die genannten Zeiten hinausgehen soll, so besteht von Anfang an kein Versicherungsschutz. Aufenthalte in Deutschland von bis zu 3 Monaten (z. B. Urlaub) gelten nicht als Unterbrechung des Auslandsaufenthaltes.

Die Leistungen des Versicherers erfolgen in Euro. Soweit der Zahlungsort außerhalb der Staaten, die der Europäischen Währungsunion angehören, liegt, gelten die Verpflichtungen des Versicherers mit dem Zeitpunkt als erfüllt, in dem der Euro-Betrag bei einem in der europäischen Währungsunion gelegenen Geldinstitut angewiesen ist.

6.16 Vermögensschäden

6.16.1 Versichert ist die gesetzliche Haftpflicht des Versicherungsnehmers wegen Vermögensschäden, die weder durch Personen- noch durch Sachschäden entstanden sind.

6.16.2 Vom Versicherungsschutz ausgeschlossen sind Ansprüche wegen Vermögensschäden

6.16.2.1 durch vom Versicherungsnehmer (oder in seinem Auftrag oder für seine Rechnung von Dritten) hergestellte oder gelieferte Sachen, erbrachte Arbeiten oder sonstige Leistungen;

6.16.2.2 aus planender, beratender, bau- oder montageleitender, prüfender oder gutachterlicher Tätigkeit;

6.16.2.3 aus Ratschlägen, Empfehlungen oder Weisungen an wirtschaftlich verbundene Unternehmen;

6.16.2.4 aus Vermittlungsgeschäften aller Art;

6.16.2.5 aus Auskunftserteilung, Übersetzung sowie Reiseveranstaltung;

6.16.2.6 aus Anlage-, Kredit-, Versicherungs-, Grundstücks-, Leasing- oder ähnlichen wirtschaftlichen Geschäften, aus Zahlungsvorgängen aller Art, aus Kassenführung sowie aus Untreue oder Unterschlagung;

6.16.2.7 aus Rationalisierung und Automatisierung;

6.16.2.8 aus der Verletzung von gewerblichen Schutzrechten und Urheberrechten sowie des Kartell- oder Wettbewerbsrechts;

6.16.2.9 aus der Nichteinhaltung von Fristen, Terminen, Vor- und Kostenanschlägen;

6.16.2.10 aus Pflichtverletzungen, die mit der Tätigkeit als ehemalige oder gegenwärtige Mitglieder von Vorstand, Geschäftsführung, Aufsichtsrat, Beirat oder anderer vergleichbarer Leitungs- oder Aufsichtsgremien/Organe im Zusammenhang stehen;

6.16.2.11 aus bewusstem Abweichen von gesetzlichen oder behördlichen Vorschriften, von Anweisungen oder Bedingungen des Auftraggebers oder aus sonstiger bewusster Pflichtverletzung;

6.16.2.12 aus dem Abhandenkommen von Sachen, auch z. B. von Geld, Wertpapieren und Wertsachen;

6.16.2.13 aus Schäden durch ständige Emissionen (z. B. Geräusche, Gerüche, Erschütterungen).

6.17 Übertragung elektronischer Daten

6.17.1 Versichert ist die gesetzliche Haftpflicht des Versicherungsnehmers wegen Schäden aus dem Austausch, der Übermittlung und der Bereitstellung elektronischer Daten, z. B. im Internet, per E-Mail oder mittels Datenträger.

Dies gilt ausschließlich für Schäden aus

6.17.1.1 der Löschung, Unterdrückung, Unbrauchbarmachung oder Veränderung von Daten (Datenveränderung) bei Dritten durch Computer-Viren und/oder andere Schadprogramme;

6.17.1.2 der Datenveränderung aus sonstigen Gründen sowie der Nichterfassung und fehlerhaften Speicherung von Daten bei Dritten und zwar wegen
- sich daraus ergebender Personen- und Sachschäden, nicht jedoch weiterer Datenveränderungen, sowie
- der Kosten zur Wiederherstellung der veränderten Daten bzw. Erfassung/korrekter Speicherung nicht oder fehlerhaft erfasster Daten;

6.17.1.3 der Störung des Zugangs zum elektronischen Datenaustausch.

Für 6.17.1.1 bis 6.17.1.3 gilt:
Der Versicherungsnehmer ist verpflichtet, dafür zu sorgen, dass seine auszutauschenden, zu übermittelnden, bereitgestellten Daten durch Sicherheitsmaßnahmen und/oder -Techniken (z. B. Virenscanner, Firewall) gesichert oder geprüft werden bzw. worden sind, die dem Stand der Technik entsprechen. Diese Maßnahmen können auch durch Dritte erfolgen.

Verletzt der Versicherungsnehmer diese Obliegenheit, so gilt Teil B Abschnitt 3 Ziffer 4 (Rechtsfolgen bei Verletzung von Obliegenheiten).

6.17.2 Kein Versicherungsschutz besteht für Ansprüche aus nachfolgend genannten Tätigkeiten und Leistungen:
- Software-Erstellung, -Handel, -Implementierung, -Pflege;
- IT-Beratung, -Analyse, -Organisation, -Einweisung, -Schulung;
- Netzwerkplanung, -installation, -integration, -betrieb, -wartung, -pflege;
- Bereithaltung fremder Inhalte, z. B. Access-, Host-, Full-Service-Providing;
- Betrieb von Datenbanken.

6.17.3 Mehrere während der Wirksamkeit der Versicherung eintretende Versicherungsfälle gelten als ein Versicherungsfall, der im Zeitpunkt des ersten dieser Versicherungsfälle eingetreten ist, wenn diese
- auf derselben Ursache,
- auf gleichen Ursachen mit innerem, insbesondere sachlichem und zeitlichem Zusammenhang oder
- auf dem Austausch, der Übermittlung und Bereitstellung elektronischer Daten mit gleichen Mängeln beruhen.

Ziffer 5.3 findet insoweit keine Anwendung.

6.17.4 Für Versicherungsfälle im Ausland besteht – insoweit abweichend von Ziffer 6.15 – Versicherungsschutz ausschließlich, soweit die versicherten Haftpflichtansprüche in europäischen Staaten und nach dem Recht europäischer Staaten geltend gemacht werden.

6.17.5 Vom Versicherungsschutz ausgeschlossen sind

6.17.5.1 Ansprüche wegen Schäden, die dadurch entstehen, dass der Versicherungsnehmer bewusst
- unbefugt in fremde Datenverarbeitungssysteme/ Datennetze eingreift (z. B. Hacker-Attacken),
- Software einsetzt, die geeignet ist, die Datenordnung zu zerstören oder zu verändern (z. B. Software-Viren, Trojanische Pferde);

6.17.5.2 Ansprüche, die in engem Zusammenhang stehen mit
- massenhaft versandten, vom Empfänger ungewollten elektronisch übertragenen Informationen (z. B. Spamming),
- Dateien (z. B. Cookies), mit denen widerrechtlich bestimmte Informationen über Internet-Nutzer gesammelt werden sollen;

6.17.5.3 Versicherungsansprüche aller Personen, die den Schaden durch bewusstes Abweichen von gesetzlichen oder behördlichen Vorschriften (z. B. Teilnahme an rechtswidrigen Online-Tauschbörsen) oder durch sonstige bewusste Pflichtverletzungen herbeigeführt haben. Ziffer 2.3 findet keine Anwendung.

6.17.6 Versicherungssumme

Die Höchstersatzleistung für Schäden im Zusammenhang mit der Übertragung elektronischer Daten beträgt je Versicherungsfall 15.000.000 €, begrenzt auf 30.000.000 € für alle Versicherungsfälle eines Versicherungsjahres.

6.18 Ansprüche aus Diskriminierungen, Benachteiligungen, Ungleichbehandlungen

6.18.1 Versichert sind Schäden – insoweit abweichend von Ziffer 7.10 – für die der Versicherungsnehmer wegen einer Diskriminierung, Benachteiligung oder Ungleichbehandlung in einem der folgenden Fälle verantwortlich gemacht wird:

- als Dienstherr einer in seinem Privathaushalt tätigen Person,
- als Vermieter gemäß Ziffer 6.3.2.2 und 6.3.2.3,
- als Vermieter gemäß Ziffer 6.4 (soweit vereinbart).

In den genannten Fällen hat der Versicherungsnehmer auch für die Begründung und Beendigung von Vertragsverhältnissen Versicherungsschutz.

Gründe für eine Benachteiligung gemäß § 1 Allgemeines Gleichbehandlungsgesetz (AGG) sind:

- die Rasse,
- die ethnische Herkunft,
- das Geschlecht,
- die Religion oder Weltanschauung,
- eine Behinderung,
- das Alter,
- die sexuelle Identität.

6.18.2 Der Versicherungsfall tritt mit der erstmaligen Geltendmachung eines Haftpflichtanspruchs gegen den Versicherungsnehmer während der Dauer des Versicherungsvertrages ein. Im Sinne dieses Vertrags ist ein Haftpflichtanspruch geltend gemacht worden, wenn gegen den Versicherungsnehmer ein Anspruch schriftlich erhoben wird oder ein Dritter dem Versicherungsnehmer schriftlich mitteilt, einen Anspruch gegen den Versicherungsnehmer zu haben.

6.18.3 Neben der Anspruchserhebung muss auch die zugrunde liegende Benachteiligung während der Wirksamkeit des Versicherungsvertrages erfolgt sein.

6.18.4 Dies gilt ausschließlich für Ansprüche nach deutschem Recht, insbesondere dem Allgemeinen Gleichbehandlungsgesetz (AGG). Soweit diese Ansprüche gerichtlich verfolgt werden, besteht Versicherungsschutz ausschließlich, wenn sie vor deutschen Gerichten geltend gemacht werden.

6.18.5 Keinen Versicherungsschutz hat der Versicherungsnehmer in folgenden Fällen:

- Eine mitversicherte Person nach 2.1.1 bis 2.1.7 macht Schadenersatzansprüche gegen den Versicherungsnehmer geltend.
- Der Versicherungsnehmer hat den Schaden durch eine wissentliche Pflichtverletzung herbeigeführt, z. B. durch wissentliches Abweichen von einem Gesetz oder von Weisungen.
- Es handelt sich um einen Personenschaden wegen eines Arbeitsunfalles oder einer Berufskrankheit im Sinne des Sozialgesetzbuches VII.

6.18.6 Über den unter 6.18.1 bis 6.18.4 beschriebenen Umfang hinaus hat der Versicherungsnehmer keinen Versicherungsschutz.

6.19 Allgemeines Umweltrisiko

Versichert ist die gesetzliche Haftpflicht privatrechtlichen Inhalts des Versicherungsnehmers wegen Schäden durch Umwelteinwirkung.

Schäden durch Umwelteinwirkung liegen vor, wenn diese durch Stoffe, Erschütterungen, Geräusche, Druck, Strahlen, Gase, Dämpfe, Wärme oder sonstige Erscheinungen verursacht werden, die sich im Boden, Luft oder Wasser ausgebreitet haben.

6.20 Abwässer

Versichert ist die gesetzliche Haftpflicht des Versicherungsnehmers wegen Schäden durch häusliche Abwässer und durch Abwässer aus dem Rückstau des Straßenkanals sowie alle sich daraus ergebenden Vermögensschäden.

6.21 Gewässerschäden

6.21.1 Umfang des Versicherungsschutzes

Versichert ist die gesetzliche Haftpflicht des Versicherungsnehmers für unmittelbare und mittelbare Folgen einer nachteiligen Veränderung der Wasserbeschaffenheit eines Gewässers einschließlich des Grundwassers (Gewässerschäden).

Versichert sind Gewässerschäden als Inhaber:

- von Klär-, Sicker- oder Abwassergruben, die ausschließlich für häusliche Abwässer privat genutzt werden;
- von Behältnissen, die ein Fassungsvermögen von maximal 100 Liter oder Kilogramm haben (Kleingebinde). Das Gesamtfassungsvermögen aller vorhandenen Kleingebinde darf allerdings nicht mehr als 1.000 Liter oder Kilogramm betragen. Beispiele für Kleingebinde: Farbeimer, Benzinkanister etc.

Voraussetzung für den Versicherungsschutz ist, dass sich die Anlagen auf dem Grundstück des vom Versicherungsnehmer selbst genutzten Ein-/Zweifamilienhauses bzw. Wochenend-/Ferienhaus befinden.

Wenn mit den Anlagen die o.g. Beschränkungen überschritten werden, entfällt dieser Versicherungsschutz. Es gelten dann die Bestimmungen über die Vorsorgeversicherung (Teil A, Abschnitt 1, Ziffer 9).

6.21.2 Rettungskosten

Aufwendungen für Maßnahmen, auch erfolglose, die der Versicherungsnehmer im Versicherungsfall zur Abwendung oder Minderung des Schadens erbracht hat oder erbringen ließ (Rettungskosten), sowie außergerichtliche Gutachterkosten werden vom Versicherer maximal bis zur Höhe der Versicherungssumme übernommen.

Auf Weisungen des Versicherers aufgewandte Rettungs- und außergerichtliche Gutachterkosten werden auch über die Versicherungssumme hinaus vom Versicherer übernommen. Eine Billigung des Versicherers von Maßnahmen des Versicherungsnehmers oder Dritter zur Abwendung oder Minderung des Schadens gilt nicht als Weisung des Versicherers.

6.21.3 Ausschlüsse

6.21.3.1 Ausgeschlossen sind Versicherungsansprüche aller Personen, die den Schaden durch vorsätzliches Abweichen von dem Gewässerschutz dienenden Gesetzen, Verordnungen, an den Versicherungsnehmer gerichteten behördlichen Anordnungen oder Verfügungen herbeigeführt haben. Abschnitt 1 Ziffer 2.3 findet keine Anwendung.

6.21.3.2 Ausgeschlossen sind Ansprüche wegen Schäden, die mittelbar oder unmittelbar auf Kriegsereignisse, anderen feindseligen Handlungen, Aufruhr, inneren Unruhen, Generalstreik (in der Bundesrepublik oder in einem Bundesland) oder unmittelbar auf Verfügungen oder Maßnahmen von hoher Hand beruhen. Das Gleiche gilt für Schäden durch höhere Gewalt, soweit sich elementare Naturkräfte ausgewirkt haben.

6.22 Sanierung von Umweltschäden gemäß Umweltschadensgesetz (USchadG)

Ein Umweltschaden im Sinne des Umweltschadensgesetzes (USchadG) ist eine:
- Schädigung von geschützten Arten und natürlichen Lebensräumen,
- Schädigung der Gewässer einschließlich Grundwasser,
- Schädigung des Bodens.

6.22.1 Versichert sind – abweichend von Abschnitt 1 Ziffer 3.1 – den Versicherungsnehmer betreffende öffentlich-rechtliche Pflichten oder Ansprüche zur Sanierung von Umweltschäden gemäß USchadG, soweit während der Wirksamkeit des Versicherungsvertrages
- die schadenverursachenden Emissionen plötzlich, unfallartig und bestimmungswidrig in die Umwelt gelangt sind oder
- die sonstige Schadenverursachung plötzlich, unfallartig und bestimmungswidrig erfolgt ist.

Auch ohne Vorliegen einer solchen Schadenverursachung besteht Versicherungsschutz für Umweltschäden durch Lagerung, Verwendung oder anderen Umgang von oder mit Erzeugnissen Dritter ausschließlich dann, wenn der Umweltschaden auf einen Konstruktions-, Produktions- oder Instruktionsfehler dieser Erzeugnisse zurückzuführen ist. Jedoch besteht kein Versicherungsschutz, wenn der Fehler im Zeitpunkt des Inverkehrbringens der Erzeugnisse nach dem Stand von Wissenschaft und Technik nicht hätte erkannt werden können (Entwicklungsrisiko).

Versichert sind darüber hinaus den Versicherungsnehmer betreffende Pflichten oder Ansprüche wegen Umweltschäden an eigenen, gemieteten, geleasten, gepachteten oder geliehenen Grundstücken, soweit diese Grundstücke vom Versicherungsschutz dieses Vertrages erfasst sind.

6.22.2 Versichert sind im Umfang von 6.22.1 die im Geltungsbereich der EU-Umwelthaftungsrichtlinie eintretenden Versicherungsfälle. Versichert sind insoweit auch die den Versicherungsnehmer betreffenden Pflichten oder Ansprüche gemäß nationalen Umsetzungsgesetzen anderer EU-Mitgliedstaaten, sofern diese Pflichten oder Ansprüche den Umfang der o. g. EU-Richtlinie nicht überschreiten.

6.22.3 Ausschlüsse

6.22.3.1 Ausgeschlossen sind Versicherungsansprüche aller Personen, die den Schaden dadurch verursacht haben, dass sie bewusst von Gesetzen, Verordnungen oder an den Versicherungsnehmer gerichteten behördlichen Anordnungen oder Verfügungen, die dem Umweltschutz dienen, abweichen.
Abschnitt 1 Ziffer 2.3 findet keine Anwendung.

6.22.3.2 Ausgeschlossen sind Pflichten oder Ansprüche wegen Schäden,
- die durch unvermeidbare, notwendige oder in Kauf genommene Einwirkungen auf die Umwelt entstehen,
- für die der Versicherungsnehmer aus einem anderen Versicherungsvertrag (z. B. Gewässerschaden-Haftpflichtversicherung) Versicherungsschutz hat oder hätte erlangen können.

7. Allgemeine Ausschlüsse

Falls im Versicherungsschein oder seinen Nachträgen nicht ausdrücklich etwas anderes bestimmt ist, gelten folgende Ausschlüsse vom Versicherungsschutz:

7.1 Vorsätzlich herbeigeführte Schäden

Ausgeschlossen sind Versicherungsansprüche aller Personen, die den Schaden vorsätzlich herbeigeführt haben.

Ziffer 2.3 findet keine Anwendung.

7.2 Kenntnis der Mangelhaftigkeit oder Schädlichkeit von Erzeugnissen, Arbeiten und sonstigen Leistungen

Ausgeschlossen sind Versicherungsansprüche aller Personen, die den Schaden dadurch verursacht haben, dass sie in Kenntnis von deren Mangelhaftigkeit oder Schädlichkeit
- Erzeugnisse in den Verkehr gebracht oder
- Arbeiten oder sonstige Leistungen erbracht haben.

Ziffer 2.3 findet keine Anwendung.

7.3 Ansprüche der Versicherten untereinander

Ausgeschlossen sind Ansprüche

7.3.1 des Versicherungsnehmers selbst oder der in Ziffer 7.4 benannten Personen gegen die mitversicherten Personen,

7.3.2 zwischen mehreren Versicherungsnehmern desselben Versicherungsvertrages,

7.3.3 zwischen mehreren mitversicherten Personen desselben Versicherungsvertrages.

Diese Ausschlüsse erstrecken sich auch auf Ansprüche von Angehörigen der vorgenannten Personen, die mit diesen in häuslicher Gemeinschaft leben.

7.4 Schadenfälle von Angehörigen des Versicherungsnehmers und von wirtschaftlich verbundenen Personen

Ausgeschlossen sind Ansprüche gegen den Versicherungsnehmer

7.4.1 aus Schadenfällen seiner Angehörigen, die mit ihm in häuslicher Gemeinschaft leben oder die zu den im Versicherungsvertrag mitversicherten Personen gehören.

Als Angehörige gelten Ehegatten, Lebenspartner im Sinne des Lebenspartnerschaftsgesetzes (LPartG) oder vergleichbarer Partnerschaften nach dem Recht anderer Staaten, Eltern und Kinder, Adoptiveltern und -kinder, Schwiegereltern und -kinder, Stiefeltern und -kinder, Großeltern und Enkel, Geschwister sowie Pflegeeltern und -kinder (Personen, die durch ein familienähnliches, auf längere Dauer angelegtes Verhältnis wie Eltern und Kinder miteinander verbunden sind).

7.4.2 von seinen gesetzlichen Vertretern oder Betreuern, wenn der Versicherungsnehmer eine geschäftsunfähige, beschränkt geschäftsfähige oder betreute Person ist;

7.4.3 von seinen gesetzlichen Vertretern, wenn der Versicherungsnehmer eine juristische Person des privaten oder öffentlichen Rechts oder ein nicht rechtsfähiger Verein ist;

7.4.4 von seinen unbeschränkt persönlich haftenden Gesellschaftern, wenn der Versicherungsnehmer eine offene Handelsgesellschaft, Kommanditgesellschaft oder Gesellschaft bürgerlichen Rechts ist;

7.4.5 von seinen Partnern, wenn der Versicherungsnehmer eine eingetragene Partnerschaftsgesellschaft ist;

7.4.6 von seinen Liquidatoren, Zwangs- und Insolvenzverwaltern.

Die Ausschlüsse unter 7.4.2 bis 7.4.6 erstrecken sich auch auf Ansprüche von Angehörigen der dort genannten Personen, die mit diesen in häuslicher Gemeinschaft leben.

Insgesamt gilt zu Teil A, Abschnitt 1, Ziffer 7.3 und 7.4: Mitversichert sind jedoch etwaige übergangsfähige Regressansprüche von Sozialversicherungsträgern, Sozialleistungsträgern, privaten Krankenversicherern, öffentlichen und privaten Arbeitgebern so-

Teil A: Ausgestaltung des Versicherungsschutzes in der Haftpflichtversicherung

wie Rückgriffansprüche anderer Versicherer (§ 86 VVG) wegen Personenschäden und Sachschäden an Gebäuden, die beim Versicherungsnehmer durch Mitversicherte, bei mitversicherten Personen durch den Versicherungsnehmer oder andere Mitversicherte verursacht werden.

7.5 Verbotene Eigenmacht, besonderer Verwahrungsvertrag

Ausgeschlossen sind Ansprüche wegen Schäden an fremden Sachen und allen sich daraus ergebenden Vermögensschäden, wenn der Versicherungsnehmer diese Sachen durch verbotene Eigenmacht erlangt hat oder sie Gegenstand eines besonderen Verwahrungsvertrages sind.

7.6 Schäden an hergestellten oder gelieferten Sachen, Arbeiten und sonstigen Leistungen

Ausgeschlossen sind Ansprüche wegen Schäden an vom Versicherungsnehmer hergestellten oder gelieferten Sachen, Arbeiten oder sonstigen Leistungen infolge einer in der Herstellung, Lieferung oder Leistung liegenden Ursache und alle sich daraus ergebenden Vermögensschäden. Dies gilt auch dann, wenn die Schadenursache in einem mangelhaften Einzelteil der Sache oder in einer mangelhaften Teilleistung liegt und zur Beschädigung oder Vernichtung der Sache oder Leistung führt.

Dieser Ausschluss findet auch dann Anwendung, wenn Dritte im Auftrag oder für Rechnung des Versicherungsnehmers die Herstellung oder Lieferung der Sachen oder die Arbeiten oder sonstigen Leistungen übernommen haben.

7.7 Asbest

Ausgeschlossen sind Ansprüche wegen Schäden, die auf Asbest, asbesthaltige Substanzen oder Erzeugnisse zurückzuführen sind.

7.8 Gentechnik

Ausgeschlossen sind Ansprüche wegen Schäden, die zurückzuführen sind auf

7.8.1 gentechnische Arbeiten,

7.8.2 gentechnisch veränderte Organismen (GVO),

7.8.3 Erzeugnisse, die
- Bestandteile aus GVO enthalten,
- aus oder mithilfe von GVO hergestellt wurden.

7.9 Persönlichkeits- und Namensrechtsverletzungen

Ausgeschlossen sind Ansprüche wegen Schäden aus Persönlichkeits- oder Namensrechtsverletzungen.

7.10 Anfeindung, Schikane, Belästigung und sonstige Diskriminierung

Ausgeschlossen sind Ansprüche wegen Schäden aus Anfeindung, Schikane, Belästigung, Ungleichbehandlung oder sonstigen Diskriminierungen.

7.11 Übertragung von Krankheiten

Ausgeschlossen sind Ansprüche wegen Personenschäden, die aus der Übertragung einer Krankheit des Versicherungsnehmers resultieren. Das Gleiche gilt für Sachschäden, die durch Krankheit der dem Versicherungsnehmer gehörenden, von ihm gehaltenen oder veräußerten Tiere entstanden sind. In beiden Fällen besteht Versicherungsschutz, wenn der Versicherungsnehmer beweist, dass er weder vorsätzlich noch grob fahrlässig gehandelt hat.

7.12 Senkungen, Erdrutschungen, Überschwemmungen

Ausgeschlossen sind Ansprüche wegen Sachschäden und alle sich daraus ergebenden Vermögensschäden, welche entstehen durch
- Senkungen von Grundstücken oder Erdrutschungen,
- Überschwemmungen stehender oder fließender Gewässer.

7.13 Strahlen

Ausgeschlossen sind Ansprüche wegen Schäden, die in unmittelbarem oder mittelbarem Zusammenhang mit energiereichen ionisierten Strahlen (z. B. Strahlen von radioaktiven Stoffen oder Röntgenstrahlen) stehen.

7.14 Kraftfahrzeuge und Kraftfahrzeug-Anhänger

Ausgeschlossen sind Ansprüche wegen Schäden, die der Eigentümer, Besitzer, Halter oder Führer eines Kraftfahrzeugs oder Kraftfahrzeug-Anhängers durch den Gebrauch des Fahrzeugs verursacht. Ziffer 2.3 findet keine Anwendung.

7.15 Ungewöhnliche und gefährliche Beschäftigung

Ausgeschlossen sind Versicherungsansprüche aller Personen, die den Schaden durch eine ungewöhnliche und gefährliche Beschäftigung herbeigeführt haben.

Ziffer 2.3 findet keine Anwendung.

7.16 Verantwortliche Betätigung in Vereinigungen aller Art

Ausgeschlossen sind Ansprüche wegen Schäden aus einer verantwortlichen Betätigung in Vereinigungen aller Art.

8. Veränderungen des versicherten Risikos (Erhöhungen und Erweiterungen)

Versichert ist auch die gesetzliche Haftpflicht des Versicherungsnehmers

8.1 aus Erhöhungen oder Erweiterungen des versicherten Risikos. Dies gilt nicht für Risiken aus dem Halten oder Gebrauch von versicherungspflichtigen Kraft-, Luft- oder Wasserfahrzeugen sowie für sonstige Risiken, die der Versicherungs- oder Deckungsvorsorgepflicht unterliegen, mit Ausnahme versicherungspflichtiger Hunde, die gemäß Abschnitt 2 versicherbar sind.

8.2 aus Erhöhungen des versicherten Risikos durch Änderung bestehender oder Erlass neuer Rechtsvorschriften. In diesen Fällen ist der Versicherer berechtigt, das Versicherungsverhältnis unter Einhaltung einer Frist von einem Monat zu kündigen. Das Kündigungsrecht erlischt, wenn es nicht innerhalb eines Monats von dem Zeitpunkt an ausgeübt wird, in welchem der Versicherer von der Erhöhung Kenntnis erlangt hat.

9. Vorsorgeversicherung

9.1 Im Umfang des bestehenden Vertrages ist die gesetzliche Haftpflicht des Versicherungsnehmers aus Risiken, die nach Abschluss des Versicherungsvertrages neu entstehen, sofort versichert.

Der Versicherungsnehmer ist verpflichtet, nach Aufforderung des Versicherers jedes neue Risiko innerhalb eines Monats anzuzeigen. Die Aufforderung kann auch mit der Prämienrechnung erfolgen. Unterlässt der Versicherungsnehmer die rechtzeitige Anzeige, entfällt der Versicherungsschutz für das neue Risiko rückwirkend ab dessen Entstehung.

Tritt der Versicherungsfall ein, bevor das neue Risiko angezeigt wurde, so hat der Versicherungsnehmer zu beweisen, dass das neue Risiko erst nach Abschluss der Versicherung und zu einem Zeitpunkt hinzugekommen ist, zu dem die Anzeigefrist noch nicht verstrichen war.

Der Versicherer ist berechtigt, für das neue Risiko eine angemessene Prämie zu verlangen. Kommt eine Einigung über die Höhe der Prämie innerhalb einer Frist von einen Monat nach Eingang der Anzeige nicht zustande, entfällt der Versicherungsschutz für das neue Risiko rückwirkend ab dessen Entstehung.

9.2 Der Versicherungsschutz für neue Risiken ist von ihrer Entstehung bis zur Einigung im Sinne von Teil A, Abschnitt 1, Ziffer 9.1 bis zur Höhe der vereinbarten Versicherungssumme gegeben, sofern nicht geringere Summen vertraglich vereinbart sind.

9.3 Die Regelung der Vorsorgeversicherung gilt nicht für

9.3.1 Risiken aus dem Eigentum, Besitz, Halten oder Führen eines Kraft-, Luft- oder Wasserfahrzeugs, soweit diese Fahrzeuge der Zulassungs-, Führerschein- oder Versicherungspflicht unterliegen;

9.3.2 Risiken aus dem Eigentum, Besitz, Betrieb oder Führen von Multikoptern (Drohnen) über 250 g Fluggewicht;

9.3.3 Risiken aus dem Eigentum, Besitz, Betrieb oder Führen von Bahnen;

9.3.4 Risiken, die der Versicherungs- oder Deckungsvorsorgepflicht unterliegen, mit Ausnahme versicherungspflichtiger Hunde, die gemäß Abschnitt 2 versicherbar sind;

9.3.5 Risiken, die kürzer als ein Jahr bestehen werden und deshalb im Rahmen von kurzfristigen Versicherungsverträgen zu versichern sind;

9.3.6 Risiken aus betrieblicher, beruflicher, dienstlicher und amtlicher Tätigkeit;

9.3.7 neu hinzukommende Personen bei Vereinbarung eines Single-Tarifs.

10. Fortsetzung der Privathaftpflichtversicherung nach dem Tod des Versicherungsnehmers

Nach dem Tod des Versicherungsnehmers besteht der bedingungsgemäße Versicherungsschutz für die mitversicherten Personen gem. Teil A, Abschnitt 1, Ziffern 2.1.1 bis 2.1.7 bis zum nächsten Termin der Prämienfälligkeit fort. Wird die nächste Prämienrechnung durch den überlebenden Ehegatten oder eingetragenen Lebenspartner beglichen, so wird dieser Versicherungsnehmer.

11. Forderungsausfallrisiko

11.1 Gegenstand der mitversicherten Forderungsausfalldeckung

11.1.1 Versicherungsschutz besteht für den Fall, dass der Versicherungsnehmer oder eine gemäß Teil A, Abschnitt 1, Nr. 2 mitversicherte Person während der Wirksamkeit der Versicherung von einem Dritten geschädigt wird (Versicherungsfall) und der wegen dieses Schadenereignisses in Anspruch genommene Dritte seiner Schadenersatzverpflichtung ganz oder teilweise nicht nachkommen kann, weil die Zahlungs- oder Leistungsunfähigkeit des schadensersatzpflichtigen Dritten festgestellt worden ist und die Durchsetzung der Forderung gegen ihn gescheitert ist.

Ein Schadenereignis ist ein Ereignis, das einen Personen-, Sach- oder daraus resultierenden Vermögensschaden zur Folge hat und für den der Dritte aufgrund gesetzlicher Haftpflichtbestimmungen privatrechtlichen Inhalts zum Schadenersatz verpflichtet ist (schädigender Dritter).

11.1.2 Der Versicherer ist in dem Umfang leistungspflichtig, in dem der schadensersatzpflichtige Dritte im Rahmen und Umfang der Privat-Haftpflichtversicherung sowie dieser Bestimmung zum Forderungsausfall Versicherungsschutz zu gewähren hätte. Vermögensschäden sind in der Forderungsausfallversicherung allerdings nicht versichert. Im Rahmen der Forderungsausfalldeckung finden für die Person des Schädigers auch die Risikobeschreibungen und Ausschlüsse Anwendung, die für den Versicherungsnehmer gelten. So besteht insbesondere kein Versicherungsschutz, wenn der Schädiger den Schaden im Rahmen seiner beruflichen oder gewerblichen Tätigkeit verursacht hat oder den Schaden vorsätzlich herbeigeführt hat.

Mitversichert sind – abweichend von Teil A, Abschnitt 1, Nr. 6.9 – gesetzliche Haftpflichtansprüche gegen Dritte aus der Eigenschaft des Schädigers als privater Halter von Hunden oder Pferden.

11.2 Leistungsvoraussetzungen

Der Versicherer ist gegenüber dem Versicherungsnehmer oder einer gemäß A Abschnitt 1 Nr. 2 mitversicherten Person leistungspflichtig, wenn

11.2.1 die Forderung durch ein rechtskräftiges Urteil oder einen vollstreckbaren Vergleich vor einem ordentlichen Gericht in der Bundesrepublik Deutschland oder einem anderen Mitgliedstaat der Europäischen Union, der Schweiz, Norwegen, Island, Andorra, San Marino, Monaco oder Liechtenstein festgestellt worden ist. Anerkenntnis-, Versäumnisurteile und gerichtliche Vergleiche sowie vergleichbare Titel der vorgenannten Länder binden den Versicherer nur, soweit der Anspruch auch ohne einen dieser Titel bestanden hätte.

11.2.2 der schädigende Dritte zahlungs- oder leistungsunfähig ist. Dies ist der Fall, wenn der Versicherungsnehmer oder eine mitversicherte Person nachweist, dass

- eine Zwangsvollstreckung nicht zur vollen Befriedigung geführt hat,
- eine Zwangsvollstreckung aussichtslos erscheint, da der schadensersatzpflichtige Dritte in den letzten 3 Jahren die eidesstattliche Versicherung über seine Vermögensverhältnisse abgegeben hat oder
- ein gegen den schadensersatzpflichtigen Dritten durchgeführtes Insolvenzverfahren nicht zur vollen Befriedigung geführt hat oder ein solches Verfahren mangels Masse abgelehnt wurde und

11.2.3 die Ansprüche gegen den schadensersatzpflichtigen Dritten in Höhe der Versicherungsleistung abgetreten werden und die vollstreckbare Ausfertigung des Urteils oder Vergleichs ausgehändigt wird. Der Versicherungsnehmer hat an der Umschreibung des Titels auf den Versicherer mitzuwirken.

11.3 Umfang der Forderungsausfalldeckung

11.3.1 Versicherungsschutz besteht bis zur Höhe der titulierten Forderung.

11.3.2 Dabei ist die Entschädigungsleistung je Versicherungsfall für alle Personen- und Sachschäden auf die im Versicherungsschein und seinen Nachträgen vereinbarte Versicherungssumme begrenzt. Das gilt auch, wenn den Schaden mehrere zahlungsunfähige Außenstehende verursacht haben. Die Gesamtleistung für alle Versicherungsfälle eines Versicherungsjahres ist auf das Doppelte der Versicherungssumme begrenzt.

11.3.3 Für Schäden bis zur Höhe von 1.500 € besteht kein Versicherungsschutz.

11.3.4 Dem schadensersatzpflichtigen Dritten stehen keine Rechte aus diesem Vertrag zu.

11.4 Räumlicher Geltungsbereich

Versicherungsschutz besteht – abweichend von Teil A, Abschnitt 1, 6.15 – für Schadenersatzansprüche aufgrund gesetzlicher Haftpflichtbestimmungen privatrechtlichen Inhalts anlässlich von Schadenereignissen, die in einem Mitgliedstaat der Europäischen Union, der Schweiz, Norwegen, Island, Andorra, San Marino, Monaco oder Liechtenstein eintreten.

11.5 Besondere Ausschlüsse für das Forderungsausfallrisiko

11.5.1 Vom Versicherungsschutz ausgeschlossen sind Ansprüche wegen Schäden an
- Kraft-, Luft- und Wasserfahrzeugen, Kraftfahrzeug-Anhängern;
- Immobilien. Dieser Ausschluss gilt allerdings nicht für folgende Immobilien: im Inland gelegenes Einfamilienhaus, Zweifamilienhaus, Wochenend-/Ferienhaus oder Sondereigentum, sofern die Immobilie vom Versicherungsnehmer ausschließlich zu Wohnzwecken benutzt und selbst bewohnt wird;
- Sachen, die der schadenersatzpflichtige Dritte aufgrund eines Miet-, Leasing-, Pacht-, Leih- oder Verwahrungsvertrages erlangt hat;
- Sachen, die ganz oder teilweise dem Bereich eines Betriebes, Gewerbes, Berufes, Dienstes oder Amtes des Versicherungsnehmers oder einer mitversicherten Person zuzurechnen sind.

11.5.2 Der Versicherer leistet keine Entschädigung für
- Verzugszinsen, Vertragsstrafen, Kosten der Rechtsverfolgung (z. B. Rechtsanwaltsgebühren, Gerichtskosten),
- Forderungen aufgrund eines gesetzlichen oder vertraglichen Forderungsübergangs,
- Ansprüche, soweit sie darauf beruhen, dass berechtigte Einwendungen oder begründete Rechtsmittel nicht oder nicht rechtzeitig vorgebracht oder eingelegt wurden,
- Ansprüche aus Schäden, zu deren Ersatz ein anderer Versicherer (z. B. Hausratversicherer), ein Sozialversicherungsträger oder Sozialleistungsträger Leistungen zu erbringen hat, auch nicht, soweit es sich um Rückgriffs-, Beteiligungsansprüche oder ähnliche Ansprüche von Dritten handelt.

12. Neuwertentschädigung

Der Versicherer leistet auf Wunsch des Versicherungsnehmers für Sachschäden Schadenersatz zum Neuwert. Die Höchstentschädigung ist auf 3.000 € je Versicherungsfall und Versicherungsjahr begrenzt. Der beschädigte/zerstörte Gegenstand darf zum Zeitpunkt der Beschädigung/Zerstörung nicht älter als 12 Monate ab Kaufdatum sein. Der Nachweis des Kaufdatums obliegt dem Versicherungsnehmer. Kann das Kaufdatum nicht nachgewiesen werden, besteht lediglich Anspruch auf Zeitwertentschädigung.

Ausgeschlossen von der Neuwertentschädigung bleiben Schäden an:
- Elektronischen Geräten (z. B. mobile Kommunikationsmittel jeglicher Art, Computer jeglicher Art, auch tragbare Computersysteme, tragbare Musik- und Videowiedergabegeräte, E-Book-Reader),
- Film- und Fotoapparate einschließlich Objektive,
- Brillen jeder Art,
- Ferngläser.

Abschnitt 2 Hundehalter-Haftpflichtversicherung

Die Ziffern 3, 4, 5, 7, 8, 9 aus Teil A, Abschnitt 1 sind Vertragsbestandteil.

1. Versichertes Risiko und versicherte Personen

1.1 Versichert ist die gesetzliche Haftpflicht des Versicherungsnehmers als Halter von Hunden zu privaten – nicht gewerblichen oder landwirtschaftlichen – Zwecken.

Nicht versicherbar sind Halter von Hunden, die gemäß Anhang als gefährliche Hunde („Kampfhunde") einzustufen sind.

1.2 Mitversichert ist die gesetzliche Haftpflicht des Tierhüters, sofern er nicht gewerbsmäßig tätig ist. Eingeschlossen sind Haftpflichtansprüche des nicht gewerbsmäßig tätigen Tierhüters gegen den Versicherungsnehmer.

1.3 Nicht versichert sind Haftpflichtansprüche aus Deckschäden.

2. Schäden im Ausland

Versichert ist die gesetzliche Haftpflicht des Hundehalters wegen im Ausland eintretender Versicherungsfälle unter folgenden Voraussetzungen:

2.1 Der Versicherungsfall ereignet sich bei einem zeitlich unbegrenzten Aufenthalt in den EU-Staaten (auch außereuropäische EU-Gebiete), in der Schweiz, in Norwegen, Island, Andorra, San Marino, Monaco, Liechtenstein oder

2.2 bei einem Aufenthalt von bis zu 2 Jahren in allen anderen Staaten.
Der Versicherungsschutz entfällt, sobald die tatsächliche Dauer des Auslandsaufenthaltes die genannten Zeiten überschreitet. Ist der Auslandsaufenthalt von Beginn an für eine Dauer geplant, die über die genannten Zeiten hinausgehen soll, so besteht von Anfang an kein Versicherungsschutz. Aufenthalte in Deutschland von bis zu 3 Monaten (z. B. Urlaub) gelten nicht als Unterbrechung des Auslandsaufenthaltes.

Die Leistungen des Versicherers erfolgen in Euro. Soweit der Zahlungsort außerhalb der Staaten, die der Europäischen Währungsunion angehören, liegt, gelten die Verpflichtungen des Versicherers mit dem Zeitpunkt als erfüllt, in dem der Euro-Betrag bei einem in der europäischen Währungsunion gelegenen Geldinstitut angewiesen ist.

3. Mietsachschäden durch Hunde

3.1 Eingeschlossen ist die gesetzliche Haftpflicht des Versicherungsnehmers als Hundehalter aus der Beschädigung von Wohnräumen und sonstigen zu privaten Zwecken gemieteten Räumen in Gebäuden und alle sich daraus ergebenden Vermögensschäden.

Weitere Schäden an gemieteten, geliehenen Sachen fallen nicht unter den Versicherungsschutz.

3.2 Ausgeschlossen sind

Haftpflichtansprüche wegen
- Abnutzung, Verschleiß und übermäßiger Beanspruchung;
- Schäden an Heizungs-, Maschinen-, Kessel- und Warmwasserbereitungsanlagen sowie an Elektro- und Gasgeräten;
- Glasschäden (auch Schäden an Scheiben und Platten aus Kunststoff, z. B. Plexiglas), soweit sich der Versicherungsnehmer oder mitversicherte Personen hiergegen besonders versichern können.

4. Veränderung des versicherten Risikos

Die Bestimmungen aus Teil A, Abschnitt 1, Ziffer 8 finden für Hunde, die in den einzelnen Landesgesetzen oder Landeshundeverordnungen als „gefährliche Hunde" einzustufen sind, keine Anwendung.

5. Vermögensschäden

Mitversichert sind Vermögensschäden gemäß Teil A, Abschnitt 1, Ziffer 6.16.

Anhang „gefährliche Hunde" (Kampfhunde)

„Kampfhunde" sind grundsätzlich nicht versicherbar. Folgende Rassen gelten als „Kampfhundrassen":
- American Staffordshire Terrier
- Dogo Argentino
- Mastino Napoletano
- Bandog
- Fila Brasiliero
- Pitbull Terrier
- Bordeaux Dogge
- Mastiff
- Staffordshire Bullterrier
- Bullmastiff
- Mastin Espanol
- Tosa Inu
- Bullterrier

Ebenso gelten sowohl alle Kreuzungen/Mischlinge dieser Rassen untereinander als auch Kreuzungen mit anderen Rassen als „Kampfhunde".

Abschnitt 3 Pferdehalter-Haftpflichtversicherung

(z. B. Pferde, Kleinpferde, Ponys, Maultiere, Esel)

Die Ziffern 3, 4, 5, 7, 8, 9 aus Teil A, Abschnitt 1 sind Vertragsbestandteil.

1. Versichertes Risiko

1.1 Versichert ist die gesetzliche Haftpflicht des Versicherungsnehmers als Halter des/der im Antrag angegebenen Tieres/Tiere als Reit- und Zugtier zu privaten – nicht zu gewerblichen oder landwirtschaftlichen – Zwecken.

1.2 Mitversichert ist die gesetzliche Haftpflicht des Tierhüters, sofern er nicht gewerbsmäßig tätig ist. Eingeschlossen sind Haftpflichtansprüche des nicht gewerbsmäßig tätigen Tierhüters gegen den Versicherungsnehmer.

Zur Prämienberechnung müssen sämtliche vorhandene Tiere derselben Gattung angegeben werden.

1.3 Nicht versichert sind Haftpflichtansprüche aus Deckschäden und Ansprüche durch die Teilnahme an Pferderennen sowie die Vorbereitungen hierzu (Training).

2. Mitversicherte Risiken

Mitversichert ist die gesetzliche Haftpflicht

2.1 aus Flurschäden;

2.2 aus dem Betrieb von Kutschen;

Mitversichert ist die gesetzliche Haftpflicht aus dem Besitz und der privaten Nutzung von Pferdefuhrwerken oder Kutschen für bis zu 8 Personen, sofern sich das Pferdefuhrwerk oder die Kutsche in einem technisch einwandfreien Zustand befindet und die Fahrsicherheit gewährleistet ist;

2.3 aus dem gelegentlichen, unentgeltlichen Verleih des Pferdes an einen dritten Reittiernutzer; eingeschlossen sind Haftpflichtansprüche des Reittiernutzers gegen den Versicherungsnehmer;

2.4 aus der Teilnahme an Reitturnieren, Geschicklichkeitswettbewerben oder Reiterspielen;

2.5 aus dem Halten von Fohlen.

Mitversichert ist die gesetzliche Haftpflicht des Versicherungsnehmers als Halter von Fohlen ab der Geburt bis zum Ende des ersten Lebensjahres. Voraussetzung ist, dass die Fohlen im Besitz des Versicherungsnehmers sind und das Muttertier bei Proximus Versicherung AG versichert ist.

3. Schäden im Ausland

Versichert ist die gesetzliche Haftpflicht des Tierhalters wegen im Ausland eingetretener Versicherungsfälle unter folgenden Voraussetzungen:

3.1 Der Versicherungsfall ereignet sich bei einem zeitlich unbegrenzten Aufenthalt in den EU-Staaten (auch außereuropäische EU-Gebiete), in der Schweiz, in Norwegen, Island, Andorra, San Marino, Monaco, Liechtenstein oder

3.2 der Versicherungsfall ereignet sich bei einem vorübergehenden Auslandsaufenthalt von bis zu 2 Jahren in allen anderen Staaten.

Der Versicherungsschutz entfällt, sobald die tatsächliche Dauer des Auslandsaufenthaltes die genannten Zeiten überschreitet. Ist der Auslandsaufenthalt von Beginn an für eine Dauer geplant, die über die genannten Zeiten hinausgehen soll, so besteht von Anfang an kein Versicherungsschutz. Aufenthalte in Deutschland von bis zu 3 Monaten (z. B. Urlaub) gelten nicht als Unterbrechung des Auslandsaufenthaltes.

Die Leistungen des Versicherers erfolgen in Euro. Soweit der Zahlungsort außerhalb der Staaten, die der Europäischen Währungsunion angehören, liegt, gelten die Verpflichtungen des Versicherers mit dem Zeitpunkt als erfüllt, in dem der Euro-Betrag bei einem in der europäischen Währungsunion gelegenen Geldinstitut angewiesen ist.

4. Mietsachschäden

4.1 Eingeschlossen ist die gesetzliche Haftpflicht des Versicherungsnehmers als Tierhalter aus der Beschädigung von Wohnräumen und sonstigen zu privaten Zwecken gemieteten Räumen (einschließlich Pferdeboxen) in Gebäuden und alle sich daraus ergebenden Vermögensschäden.

Weitere Schäden an gemieteten, geliehenen Sachen fallen nicht unter den Versicherungsschutz.

4.2 Ausgeschlossen sind

Haftpflichtansprüche wegen
- Abnutzung, Verschleiß und übermäßiger Beanspruchung;
- Schäden an Heizungs-, Maschinen-, Kessel- und Warmwasserbereitungsanlagen sowie an Elektro- und Gasgeräten;
- Glasschäden (auch Schäden an Scheiben und Platten aus Kunststoff, z. B. Plexiglas), soweit sich der Versicherungsnehmer oder mitversicherte Personen hiergegen besonders versichern können.

5. Vermögensschäden

Mitversichert sind Vermögensschäden gemäß Teil A, Abschnitt 1, Ziffer 6.16.

Abschnitt 4 Haus- und Grundbesitzer-Haftpflichtversicherung

Die Ziffern 3, 4, 5, 7, 8, 9 aus Teil A, Abschnitt 1 sind Vertragsbestandteil.

1. Versichertes Risiko

Versichert ist die gesetzliche Haftpflicht des Versicherungsnehmers als Haus- und/oder Grundstücksbesitzer - nicht jedoch von Luftlandeplätzen -, z. B. als Eigentümer, Mieter, Pächter, Leasingnehmer oder Nießbraucher für das im Versicherungsschein und seinen Nachträgen beschriebene Gebäude oder Grundstück, einschließlich dem Miteigentum an dazugehörenden Gemeinschaftsanlagen (z. B. Zuwege zur öffentlichen Straße, Zuwege zu einem gemeinschaftlichen Wäschetrockenplatz, dieser selbst, sonstige Wohnwege, Garagenhöfe und Stellplätze für Müllgefäße).

Die Ersatzpflicht erstreckt sich bei Schäden an der Gemeinschaftsanlage nicht auf den Miteigentumsanteil des Versicherungsnehmers.

Versichert sind hierbei Ansprüche aus der Verletzung von Pflichten, die dem Versicherungsnehmer in den oben genannten Eigenschaften obliegen (z. B. bauliche Instandhaltung, Beleuchtung, Reinigung, Streuen und Schneeräumen auf Gehwegen, Bürgersteigen und Fahrbahnen).

2. Mitversicherte Risiken

2.1 Mitversichert ist die gesetzliche Haftpflicht

2.1.1 des Versicherungsnehmers als Bauherr oder Unternehmer von Bauarbeiten (z. B. Neubauten, Umbauten, Reparaturen, Abbruch- und Grabearbeiten) bis zu einer veranschlagten Bausumme von 200.000 € je Bauvorhaben.

Wenn dieser Betrag überschritten ist, entfällt die Mitversicherung. Es gelten dann die Bestimmungen über die Vorsorge-Versicherung (Teil A, Abschnitt 1, Ziffer 9). Die zeitliche Begrenzung in Teil A, Abschnitt 1, Ziffer 9.3.4 findet keine Anwendung.

2.1.2 des Versicherungsnehmers als früherer Besitzer aus § 836 Abs. 2 BGB, wenn die Versicherung bis zum Besitzwechsel bestand;

2.1.3 der durch Arbeitsvertrag mit der Verwaltung, Reinigung, Beleuchtung und sonstigen Betreuung der Grundstücke beauftragten Personen für Ansprüche, die gegen sie aus Anlass der Ausführung dieser Verrichtung erhoben werden. Das Gleiche gilt für Personen, die diese Verrichtung gefälligkeitshalber ausführen. Ausgeschlossen sind Haftpflichtansprüche aus Personenschäden, bei denen es sich um Arbeitsunfälle oder Berufskrankheiten im Betrieb des Versicherungsnehmers gemäß dem Sozialgesetzbuch VII (Gesetzliche Unfallversicherung) handelt;

2.1.4 des Zwangs- oder Insolvenzverwalters in dieser Eigenschaft;

2.1.5 des Nießbrauchers, dem der Versicherungsnehmer den Nießbrauch am versicherten Grundstück eingeräumt hat. Erlangt der Nießbraucher Versicherungsschutz aus einem anderen fremden Haftpflichtversicherungsvertrag, so entfällt insoweit der Versicherungsschutz aus diesem Vertrag. Ausgeschlossen vom Versicherungsschutz sind Haftpflichtansprüche des Nießbrauchers gegen den Versicherungsnehmer;

2.1.6 als Inhaber und aus dem Betrieb einer geothermischen Anlage zur Erzeugung von Wärme und Warmwasser für ein mitversichertes Gebäude;

2.1.7 als Inhaber und aus dem Betrieb von thermischen und photovoltaischen Solaranlagen, von Blockheizkraftwerken sowie von Wind- und Wasserkraftanlagen, die im Eigentum des Versicherungsnehmers stehen und mit dem versicherten Grundstück fest verbunden sind.

2.2 Eingeschlossen ist die vom Versicherungsnehmer als Mieter, Pächter oder Leasingnehmer durch Vertrag übernommene gesetzliche Haftpflicht des jeweiligen Vertragspartners (Vermieter, Verpächter, Leasinggeber) in dieser Eigenschaft.

2.3 Eingeschlossen ist die gesetzliche Haftpflicht des Versicherungsnehmers als Mieter, Pächter oder Leasingnehmer aus der Beschädigung von Wohnräumen und sonstigen zu privaten Zwecken gemieteten Räumen in Gebäuden und alle sich daraus ergebenden Vermögensschäden.

Weitere Schäden an gemieteten, gepachteten, geleasten Sachen fallen nicht unter den Versicherungsschutz.

2.4 Ausgeschlossen sind Haftpflichtansprüche wegen
- Abnutzung, Verschleiß und übermäßiger Beanspruchung;
- Schäden an Heizungs-, Maschinen-, Kessel- und Warmwasserbereitungsanlagen sowie an Elektro- und Gasgeräten;
- Glasschäden (auch Schäden an Scheiben und Platten aus Kunststoff, z. B. Plexiglas), soweit sich der Versicherungsnehmer oder mitversicherte Personen hiergegen besonders versichern können.

3. Sonstige mitversicherte Risiken

3.1 Versichert ist die gesetzliche Haftpflicht aus in den EU-Staaten (auch außereuropäische EU-Gebiete), in der Schweiz, in Norwegen, Island, Andorra, San Marino, Monaco oder Liechtenstein vorkommenden Versicherungsfällen.

Die Leistungen des Versicherers erfolgen in Euro. Soweit der Zahlungsort außerhalb der Staaten liegt, die der Europäischen Währungsunion angehören, gelten die Verpflichtungen des Versicherers mit dem Zeitpunkt als erfüllt, in dem der Eurobetrag bei einem in der Europäischen Währungsunion gelegenen Geldinstitut angewiesen ist.

3.2 Bei Gemeinschaften von Wohnungseigentümern (gilt auch für Teileigentümer) im Sinne des Wohnungseigentumsgesetzes (WEG) gilt:

3.2.1 Versicherungsnehmer ist die Gemeinschaft der Wohnungseigentümer/Teileigentümer.

3.2.2 Versichert ist die gesetzliche Haftpflicht der Gemeinschaft der Wohnungseigentümer aus dem gemeinschaftlichen Eigentum.

3.2.3 Mitversichert ist die persönliche gesetzliche Haftpflicht des Verwalters und der Wohnungseigentümer bei Betätigung im Interesse und für Zwecke der Gemeinschaft.

3.2.4 Eingeschlossen sind – abweichend von Teil A, Abschnitt 1, Ziffer 7.3
- Ansprüche eines einzelnen Wohnungs-/Teileigentümers gegen den Verwalter,
- Ansprüche eines einzelnen Wohnungs-/Teileigentümers gegen die Gemeinschaft der Wohnungseigentümer,
- gegenseitige Ansprüche von Wohnungs-/Teileigentümern bei Betätigung im Interesse und für Zwecke der Gemeinschaft.

3.2.5 Ausgeschlossen bleiben Schäden am Gemeinschafts-, Sonder- und Teileigentum und alle sich daraus ergebenden Vermögensschäden.

3.3 Mitversichert ist der Gebrauch von Kraftfahrzeug und Kraftfahrzeug-Anhängern gemäß Teil A, Abschnitt 1, Ziffer 6.10.1 und 6.10.2.

3.4 Mitversichert sind Vermögensschäden gemäß Teil A, Abschnitt 1, Ziffer 6.16.

3.5 Mitversichert sind Umweltschäden gemäß Teil A, Abschnitt 1, Ziffer 6.19.

3.6 Mitversichert sind Gewässerschäden gemäß Teil A, Abschnitt 1, Ziffer 6.21.

Abschnitt 5 Bauherren-Haftpflichtversicherung

Die Ziffern 3, 4, 5, 7, 8, 9 aus Teil A, Abschnitt 1 sind Vertragsbestandteil.
Der Versicherungsschutz erstreckt sich nicht auf Selbsthilfe bei der Planung/Bauleitung.

1. Planung, Bauleitung und Bauausführung durch Dritte

Versicherungsschutz wird nur geboten, wenn Planung, Bauleitung und Bauausführung an einen Dritten vergeben sind.

1.1 Versichert ist die gesetzliche Haftpflicht des Versicherungsnehmers als Bauherr für das im Versicherungsschein und seinen Nachträgen beschriebene Bauvorhaben.

1.2 Mitversichert ist die gesetzliche Haftpflicht als Haus- und Grundbesitzer für das zu bebauende Grundstück und das zu errichtende Bauwerk einschließlich der gesetzlichen Haftpflicht aus dem Miteigentum an dazugehörenden Gemeinschaftsanlagen (z. B. Zuwege zur öffentlichen Straße, Zuwege zu einem gemeinschaftlichen Wäschetrockenplatz, dieser selbst, sonstige Wohnwege, Garagenhöfe und Stellplätze für Müllgefäße).

Die Ersatzpflicht erstreckt sich bei Schäden an der Gemeinschaftsanlage nicht auf den Miteigentumsanteil des Versicherungsnehmers.

1.3 Die Versicherung endet mit Beendigung der Bauarbeiten, spätestens 2 Jahre nach Versicherungsbeginn.

1.4 Eingeschlossen sind – abweichend von Ziffer 7.12 aus Abschnitt 1 – Ansprüche wegen Senkungen von Grundstücken (auch eines darauf errichteten Werkes oder eines Teiles eines solchen), Erschütterungen infolge Rammarbeiten oder Erdrutschungen.

Hinsichtlich Sachschäden und allen sich daraus ergebenden Vermögensschäden gilt dies jedoch nur, falls diese an einem Grundstück und/oder den darauf befindlichen Gebäuden oder Anlagen entstehen und es sich hierbei nicht um das Baugrundstück selbst handelt.

1.5 Mitversichert ist der Gebrauch von Kraftfahrzeug und Kraftfahrzeug-Anhängern gemäß Teil A, Abschnitt 1, Ziffer 6.10.1 und 6.10.2.

1.6 Mitversichert sind Vermögensschäden gemäß Teil A, Abschnitt 1, Ziffer 6.16.

1.7 Mitversichert sind Umweltschäden gemäß Teil A, Abschnitt 1, Ziffer 6.19.

1.8 Mitversichert sind Gewässerschäden gemäß Teil A, Abschnitt 1, Ziffer 6.21.

1.9 Schäden an geliehenen, gemieteten, geleasten und gepachteten Sachen für das Bauvorhaben bleiben vom Versicherungsschutz ausgeschlossen.

2. Schäden im Ausland

Versichert ist die gesetzliche Haftpflicht aus in den EU-Staaten (auch außereuropäische EU-Gebiete), in der Schweiz, in Norwegen, Island, Andorra, San Marino, Monaco oder Liechtenstein vorkommenden Versicherungsfällen.

Die Leistungen des Versicherers erfolgen in Euro. Soweit der Zahlungsort außerhalb der Staaten liegt, die der Europäischen Währungsunion angehören, gelten die Verpflichtungen des Versicherers mit dem Zeitpunkt als erfüllt, in dem der Eurobetrag bei einem in der Europäischen Währungsunion gelegenen Geldinstitut angewiesen ist.

3. Bauen in Eigenleistung

Falls folgende zusätzliche Risiken versichert werden sollen, kann durch besondere Vereinbarung der Versicherungsschutz im Versicherungsschein oder in seinen Nachträgen wie folgt erweitert werden:

3.1 Bauausführung

3.1.1 Mitversichert ist die gesetzliche Haftpflicht des Versicherungsnehmers aus der Ausführung der Bauarbeiten oder eines

Teiles dieser Arbeiten mit eigener Leistung (auch Selbst- und Nachbarschaftshilfe bei der Bauausführung).

3.1.2 Hierbei mitversichert ist die persönliche gesetzliche Haftpflicht sämtlicher mit den Bauarbeiten beschäftigten Personen für Schäden, die sie in Ausführung dieser Verrichtungen verursachen.

Ausgeschlossen sind Haftpflichtansprüche aus Personenschäden, bei denen es sich um Arbeitsunfälle oder Berufskrankheiten im Betrieb des Versicherungsnehmers gemäß Sozialgesetzbuch VII (Gesetzliche Unfallversicherung) handelt.

Schäden an geliehenen, gemieteten, geleasten und gepachteten Sachen für das Bauvorhaben bleiben vom Versicherungsschutz ausgeschlossen.

3.2 Planung und/oder Bauleitung

Mitversichert ist die gesetzliche Haftpflicht des Versicherungsnehmers aus der Übernahme der Planung und/oder Bauleitung (nicht der Bauausführung).

Abschnitt 6 Gewässerschaden-Haftpflichtversicherung

Die Ziffern 3, 4, 5, 7, 8 aus Teil A, Abschnitt 1 sind Vertragsbestandteil.

1. Versichertes Risiko

1.1 Versichert ist die Haftpflicht des Versicherungsnehmers als Inhaber der im Versicherungsschein oder seinen Nachträgen angegebenen Anlagen zur Lagerung von gewässerschädlichen Stoffen und aus der Verwendung dieser gelagerten Stoffe für unmittelbare oder mittelbare Folgen (Personen-, Sach- und Vermögensschäden) von Veränderungen der physikalischen, chemischen oder biologischen Beschaffenheit eines Gewässers einschließlich des Grundwassers (Gewässerschaden).

Prämienfrei mitversichert ist die gesetzliche Haftpflicht als Inhaber von Anlagen zur Lagerung von gewässerschädlichen Stoffen in Behältnissen bis 100 Liter bzw. Kilogramm Fassungsvermögen (Kleingebinde), sofern das Gesamtfassungsvermögen der vorhandenen Kleingebinde 1.000 Liter bzw. Kilogramm nicht übersteigt, und aus der Verwendung dieser Stoffe.

1.2 Mitversichert sind die Personen, die der Versicherungsnehmer durch Arbeitsvertrag mit der Verwaltung, Reinigung, Beleuchtung und sonstigen Betreuung der Grundstücke beauftragt hat, für den Fall, dass sie aus Anlass dieser Verrichtung in Anspruch genommen werden. Das Gleiche gilt für Personen, die diese Verrichtungen gefälligkeitshalber ausführen.

Ausgeschlossen sind Haftpflichtansprüche aus Personenschäden, bei denen es sich um Arbeitsunfälle und Berufskrankheiten im Betrieb des Versicherungsnehmers oder bei der Verrichtung vorübergehender betrieblicher Tätigkeiten auf einer gemeinsamen Betriebsstätte gemäß Sozialgesetzbuch Teil VII (Gesetzliche Unfallversicherung) handelt.

2. Rettungskosten

2.1 Aufwendungen, auch erfolglose, die der Versicherungsnehmer im Versicherungsfall zur Abwendung oder Minderung des Schadens erbracht hat oder erbringen ließ (Rettungskosten), sowie außergerichtliche Gutachterkosten werden vom Versicherer insoweit übernommen, als sie zusammen mit der Entschädigungsleistung die Versicherungssumme nicht übersteigen.

2.2 Auf Weisung des Versicherers aufgewendete Rettungs- und außergerichtliche Gutachterkosten sind auch insoweit zu ersetzen, als sie zusammen mit der Entschädigung die Versicherungssumme übersteigen. Eine Billigung des Versicherers von Maßnahmen des Versicherungsnehmers oder Dritter zur Abwendung oder Minderung des Schadens gilt nicht als Weisung des Versicherers.

3. Vorsätzliche Verstöße

Ausgeschlossen sind Haftpflichtansprüche gegen die Personen (Versicherungsnehmer oder jeden Mitversicherten), die den Schaden durch vorsätzliches Abweichen von dem Gewässerschutz dienenden Gesetzen, Verordnungen, an den Versicherungsnehmer gerichteten behördlichen Anordnungen oder Verfügungen herbeigeführt haben.

4. Gemeingefahren

Ausgeschlossen sind Haftpflichtansprüche wegen Schäden, die unmittelbar oder mittelbar auf Kriegsereignissen, anderen feindseligen Handlungen, Aufruhr, inneren Unruhen, Generalstreik (in der Bundesrepublik oder in einem Bundesland) oder unmittelbar auf Verfügungen oder Maßnahmen von hoher Hand beruhen. Das Gleiche gilt für Schäden durch höhere Gewalt, soweit sich elementare Naturkräfte ausgewirkt haben.

5. Eingeschlossene Schäden

Eingeschlossen sind – auch ohne dass ein Gewässerschaden droht oder eintritt – Schäden an unbeweglichen Sachen des Versicherungsnehmers, die dadurch verursacht werden, dass die gewässerschädlichen Stoffe bestimmungswidrig aus der Anlage (gemäß Ziffer 1 dieser Bedingungen) ausgetreten sind. Dies gilt auch bei allmählichem Eindringen der Stoffe in die Sachen. Der Versicherer ersetzt die Aufwendungen zur Wiederherstellung des Zustandes, wie er vor Eintritt des Schadens bestand. Eintretende Wertverbesserungen sind abzuziehen. Ausgeschlossen bleiben Schäden an der Anlage selbst.

6. Schäden im Ausland

Versichert ist die gesetzliche Haftpflicht aus in den EU-Staaten (auch außereuropäische EU-Gebiete), in der Schweiz, in Norwegen, Island, Andorra, San Marino, Monaco oder Liechtenstein vorkommenden Versicherungsfällen.

Die Leistungen des Versicherers erfolgen in Euro. Soweit der Zahlungsort außerhalb der Staaten liegt, die der Europäischen Währungsunion angehören, gelten die Verpflichtungen des Versicherers mit dem Zeitpunkt als erfüllt, in dem der Eurobetrag bei einem in der Europäischen Währungsunion gelegenen Geldinstitut angewiesen ist.

7. Vermögensschäden

Mitversichert sind Vermögensschäden gemäß Teil A, Abschnitt 1, Ziffer 6.16.

Abschnitt 7 Gemeinsame Bestimmungen zu Teil A

1. Abtretungsverbot

Der Freistellungsanspruch darf vor seiner endgültigen Feststellung ohne Zustimmung des Versicherers weder abgetreten noch verpfändet werden. Eine Abtretung an den geschädigten Dritten ist zulässig.

2. Veränderungen des versicherten Risikos und Auswirkung auf die Prämie (Prämienregulierung)

2.1 Der Versicherungsnehmer hat nach Aufforderung mitzuteilen, ob und welche Änderungen des versicherten Risikos gegenüber den früheren Angaben eingetreten sind. Diese Aufforderung kann auch durch einen Hinweis auf der Prämienrechnung erfolgen. Die Angaben sind innerhalb eines Monats nach Zugang der Aufforderung zu machen und auf Wunsch des Versicherers nachzuweisen. Bei unrichtigen Angaben zum Nachteil des Versicherers kann dieser vom Versicherungsnehmer eine Vertragsstrafe in dreifacher Höhe des festgestellten Prämienunterschiedes verlangen. Dies gilt nicht, wenn der Versicherungsnehmer beweist, dass ihn an der Unrichtigkeit der Angaben kein Verschulden trifft.

2.2 Aufgrund der Änderungsmitteilung des Versicherungsnehmers oder sonstiger Feststellungen wird die Prämie ab dem Zeitpunkt der Veränderung berichtigt (Prämienregulierung), beim Wegfall versicherter Risiken jedoch erst ab dem Zeitpunkt des Eingangs der Mitteilung beim Versicherer. Der vertraglich vereinbarte Mindestbetrag darf dadurch nicht unterschritten werden. Alle entsprechend Ziffer 3.1 nach dem Versicherungsabschluss eingetretenen Erhöhungen und Ermäßigungen der Mindestprämie werden berücksichtigt.

2.3 Unterlässt der Versicherungsnehmer die rechtzeitige Mitteilung, kann der Versicherer für den Zeitraum, für den die Angaben zu machen waren, eine Nachzahlung in Höhe der für diesen Zeitraum bereits in Rechnung gestellten Prämie verlangen. Werden die Angaben nachträglich gemacht, findet eine Prämienregulierung statt. Eine vom Versicherungsnehmer zu viel gezahlte Prämie wird nur zurückerstattet, wenn die Angaben innerhalb von 2 Monaten nach Zugang der Mitteilung der erhöhten Prämie erfolgten.

2.4 Die vorstehenden Bestimmungen finden auch Anwendung auf Versicherungen mit Prämienvorauszahlung für mehrere Jahre.

3. Prämienangleichung und Kündigungsrecht nach Prämienangleichung

3.1 Die Versicherungsprämien unterliegen der Prämienangleichung. Soweit die Prämien nach Lohn-, Bau- oder Umsatzsumme berechnet werden, findet keine Prämienangleichung statt. Mindestbeträge unterliegen unabhängig von der Art der Prämienrechnung der Prämienangleichung.

3.2 Ein unabhängiger Treuhänder ermittelt jährlich mit Wirkung für die ab dem 1. Juli fälligen Prämien, um welchen Prozentsatz sich im vergangenen Kalenderjahr der Durchschnitt der Schadenzahlungen aller zum Betrieb der Allgemeinen Haftpflichtversicherung zugelassenen Versicherer gegenüber dem vorvergangenen Jahr erhöht oder vermindert hat. Den ermittelten Prozentsatz rundet er auf die nächst niedrigere, durch 5 teilbare ganze Zahl ab.

Als Schadenzahlungen gelten dabei auch die speziell durch den einzelnen Schadenfall veranlassten Ausgaben für die Ermittlung von Grund und Höhe der Versicherungsleistungen.

Durchschnitt der Schadenzahlungen eines Kalenderjahres ist die Summe der in diesem Jahr geleisteten Schadenzahlungen geteilt durch die Anzahl der im gleichen Zeitraum neu angemeldeten Schadenfälle.

3.3 Im Falle einer Erhöhung ist der Versicherer berechtigt, im Falle einer Verminderung verpflichtet, die Folgejahresprämie um den sich aus Ziffer 3.2 ergebenden Prozentsatz zu verändern (Prämienangleichung). Die veränderte Folgejahresprämie wird dem Versicherungsnehmer mit der nächsten Prämienrechnung bekannt gegeben.

Hat sich der Durchschnitt der Schadenzahlungen des Versicherers in jedem der letzten 5 Kalenderjahre um einen geringeren Prozentsatz als denjenigen erhöht, den der Treuhänder jeweils für diese Jahre nach Ziffer 3.2 ermittelt hat, so darf der Versicherer die Folgejahresprämie nur um den Prozentsatz erhöhen, um den sich der Durchschnitt seiner Schadenzahlungen nach seinen unternehmenseigenen Zahlen im letzten Kalenderjahr erhöht hat; diese Erhöhung darf diejenige nicht überschreiten, die sich nach dem vorstehenden Absatz ergeben würde.

3.4 Liegt die Veränderung nach Ziffer 3.2 oder 3.3 unter 5 %, entfällt eine Prämienangleichung. Diese Veränderung ist jedoch in den folgenden Jahren zu berücksichtigen.

3.5 Erhöht sich die Prämie aufgrund der Prämienangleichung gemäß Ziffer 3.3, ohne dass sich der Umfang des Versicherungsschutzes ändert, kann der Versicherungsnehmer den Versicherungsvertrag innerhalb eines Monats nach Zugang der Mitteilung des Versicherers mit sofortiger Wirkung, frühestens jedoch zu dem Zeitpunkt kündigen, in dem die Prämienerhöhung wirksam werden sollte.

Der Versicherer hat den Versicherungsnehmer in der Mitteilung auf das Kündigungsrecht hinzuweisen. Die Mitteilung muss dem Versicherungsnehmer spätestens einen Monat vor dem Wirksamwerden der Prämienerhöhung zugehen.

Eine Erhöhung der Versicherungsteuer begründet kein Kündigungsrecht.

Teil B: Allgemeine Rechte und Pflichten der Vertragsparteien

Abschnitt 1 Beginn des Versicherungsschutzes

1. Beginn des Versicherungsschutzes

Der Versicherungsschutz beginnt zu dem im Versicherungsschein angegebenen Zeitpunkt, wenn der Versicherungsnehmer die erste oder einmalige Prämie rechtzeitig im Sinne von Ziffer 2 zahlt. Dies gilt vorbehaltlich der Regelungen über die Folgen verspäteter Zahlungen oder Nichtzahlung der Erst- oder Einmalprämie.

2. Fälligkeit der Erst- oder Einmalprämie

2.1 Die im Versicherungsschein genannte erste oder einmalige Prämie wird unverzüglich nach Ablauf von 14 Tagen nach Zugang des Versicherungsscheins fällig.

Ist die Zahlung der Jahresprämie in Raten vereinbart, gilt als erste Prämie nur die erste Rate der ersten Jahresprämie.

2.2 Zahlt der Versicherungsnehmer die erste oder einmalige Prämie nicht rechtzeitig, sondern zu einem späteren Zeitpunkt, beginnt der Versicherungsschutz erst ab diesem Zeitpunkt. Das gilt nicht, wenn der Versicherungsnehmer die Nichtzahlung nicht zu vertreten hat. Für Versicherungsfälle, die bis zur Zahlung der Prämie eintreten, ist der Versicherer nur dann nicht zur Leistung verpflichtet, wenn er den Versicherungsnehmer durch gesonderte Mitteilung in Textform durch einen auffälligen Hinweis im Versicherungsschein auf diese Rechtsfolge der Nichtzahlung der Prämie aufmerksam gemacht hat.

2.3 Zahlt der Versicherungsnehmer die Prämie nicht rechtzeitig, kann der Versicherer vom Vertrag zurücktreten, solange die Prämie nicht gezahlt ist. Der Versicherer kann nicht zurücktreten, wenn der Versicherungsnehmer nachweist, dass er die Nichtzahlung nicht zu vertreten hat.

3. Fälligkeit der Folgeprämie

3.1 Die Folgeprämien sind, soweit nicht etwas anderes bestimmt ist, am Monatsersten des vereinbarten Prämienzeitraumes fällig.

Die Zahlung gilt als rechtzeitig, wenn sie zu dem im Versicherungsschein oder in der Prämienrechnung angegebenen Zeitpunkt erfolgt.

3.2 Wird eine Folgeprämie nicht rechtzeitig gezahlt, gerät der Versicherungsnehmer ohne Mahnung in Verzug, es sei denn, dass er die verspätete Zahlung nicht zu vertreten hat.

Der Versicherer ist berechtigt, Ersatz des ihm durch den Verzug entstandenen Schadens (z. B. Zinsen, Kosten) zu verlangen.

Wird eine Folgeprämie nicht rechtzeitig gezahlt, kann der Versicherer dem Versicherungsnehmer auf dessen Kosten in Textform eine Zahlungsfrist bestimmen, die mindestens 14 Tage betragen muss. Die Bestimmung ist nur wirksam, wenn sie rückständigen Beträge der Prämie, Zinsen und Kosten im Einzelnen beziffert und die Rechtsfolgen angibt, die nach den Ziffern 3.3 und 3.4 mit dem Fristablauf verbunden sind.

3.3 Ist der Versicherungsnehmer nach Ablauf dieser Zahlungsfrist noch mit der Zahlung in Verzug, besteht ab diesem Zeitpunkt bis zur Zahlung kein Versicherungsschutz, wenn er mit der Zahlungsaufforderung nach Ziffer 3.2 Satz 3 darauf hingewiesen wurde.

3.4 Ist der Versicherungsnehmer nach Ablauf dieser Zahlungsfrist noch mit der Zahlung in Verzug, kann der Versicherer den Vertrag ohne Einhaltung einer Frist kündigen, wenn er den Versicherungsnehmer mit der Zahlungsaufforderung nach Ziffer 3.2 Satz 3 darauf hingewiesen hat.

4. Rechtzeitigkeit der Zahlung bei SEPA-Lastschriftmandat

Ist die Einziehung der Prämie von einem Konto vereinbart, gilt die Zahlung als rechtzeitig, wenn die Prämie zum Fälligkeitstag eingezogen werden kann und der Versicherungsnehmer einer berechtigten Einziehung nicht widerspricht.

Konnte die fällige Prämie ohne Verschulden des Versicherungsnehmers vom Versicherer nicht eingezogen werden, ist die Zahlung auch dann noch rechtzeitig, wenn sie unverzüglich nach einer in Textform abgegebenen Zahlungsaufforderung des Versicherers erfolgt.

Kann die fällige Prämie nicht eingezogen werden, weil der Versicherungsnehmer das SEPA-Lastschriftmandat widerrufen hat, oder hat der Versicherungsnehmer aus anderen Gründen zu vertreten, dass die Prämie nicht eingezogen werden kann, ist der Versicherer berechtigt, künftig Zahlung außerhalb des SEPA-Lastschriftmandates zu verlangen. Der Versicherungsnehmer ist zur Übermittlung der Prämie erst verpflichtet, wenn er vom Versicherer hierzu in Textform aufgefordert worden ist.

5. Teilzahlung und Folgen bei verspäteter Zahlung

Ist die Zahlung der Jahresprämie in Raten vereinbart, sind die noch ausstehenden Raten sofort fällig, wenn der Versicherungsnehmer mit der Zahlung einer Rate im Verzug ist.

Ferner kann der Versicherer für die Zukunft jährliche Prämienzahlung verlangen.

6. Prämie bei vorzeitiger Vertragsbeendigung

Bei vorzeitiger Beendigung des Vertrages hat der Versicherer, soweit durch Gesetz nicht etwas anderes bestimmt ist, nur Anspruch auf den Teil der Prämie, der dem Zeitraum entspricht, in dem Versicherungsschutz bestanden hat.

Abschnitt 2 Dauer und Ende des Vertrages/Kündigung

1. Dauer und Ende des Vertrages

1.1 Der Vertrag ist für die im Versicherungsschein angegebene Zeit abgeschlossen.

1.2 Bei einer Vertragsdauer von mindestens einem Jahr verlängert sich der Vertrag um jeweils ein Jahr, wenn nicht dem Vertragspartner spätestens 3 Monate vor dem Ablauf der jeweiligen Vertragsdauer eine Kündigung zugegangen ist.

1.3 Bei einer Vertragsdauer von weniger als einem Jahr endet der Vertrag, ohne dass es einer Kündigung bedarf, zum vorgesehenen Zeitpunkt.

1.4 Bei einer Vertragsdauer von mehr als 3 Jahren kann der Versicherungsnehmer den Vertrag zum Ablauf des dritten Jahres oder jedes darauffolgenden Jahres kündigen; die Kündigung muss dem Versicherer spätestens 3 Monate vor dem Ablauf des jeweiligen Jahres zugegangen sein.

2. Wegfall des versicherten Risikos

Wenn versicherte Risiken vollständig und dauerhaft wegfallen, so erlischt die Versicherung bezüglich dieser Risiken. Dem Versicherer steht die Prämie zu, die er hätte erheben können, wenn die Versicherung dieser Risiken nur bis zu dem Zeitpunkt beantragt worden wäre, zu dem er vom Wegfall Kenntnis erlangt.

3. Kündigung nach Versicherungsfall

3.1 Das Versicherungsverhältnis kann gekündigt werden, wenn
- vom Versicherer eine Schadensersatzzahlung geleistet wurde oder
- dem Versicherungsnehmer eine Klage über einen unter den Versicherungsschutz fallenden Haftpflichtanspruch gerichtlich zugestellt wird.

Die Kündigung ist nur bis zum Ablauf eines Monats seit der Schadensersatzzahlung oder der Zustellung der Klage zulässig.

3.2 Kündigt der Versicherungsnehmer, wird seine Kündigung sofort nach ihrem Zugang beim Versicherer wirksam. Der Versicherungsnehmer kann jedoch bestimmen, dass die Kündigung zu einem späteren Zeitpunkt, spätestens jedoch zum Ende der laufenden Versicherungsperiode, wirksam wird.
Eine Kündigung des Versicherers wird einen Monat nach ihrem Zugang beim Versicherungsnehmer wirksam.

4. Mehrfachversicherung

4.1 Eine Mehrfachversicherung liegt vor, wenn das Risiko in mehreren Versicherungsverträgen versichert ist.

4.2 Wenn die Mehrfachversicherung zustande gekommen ist, ohne dass der Versicherungsnehmer dies wusste, kann er die Aufhebung des später geschlossenen Vertrages verlangen.

4.3 Das Recht auf Aufhebung erlischt, wenn der Versicherungsnehmer es nicht innerhalb eines Monats geltend macht, nachdem er von der Mehrfachversicherung Kenntnis erlangt hat. Die Aufhebung wird zu dem Zeitpunkt wirksam, zu dem die Erklärung, mit der sie verlangt wird, dem Versicherer zugeht.

Abschnitt 3 Obliegenheiten des Versicherungsnehmers

1. Vorvertragliche Anzeigepflichten des Versicherungsnehmers

1.1 Vollständigkeit und Richtigkeit von Angaben über gefahrerhebliche Umstände

Der Versicherungsnehmer hat bis zur Abgabe seiner Vertragserklärung dem Versicherer alle ihm bekannten Gefahrumstände anzuzeigen, nach denen der Versicherer in Textform gefragt hat und die für den Entschluss des Versicherers erheblich sind, den Vertrag mit dem vereinbarten Inhalt zu schließen. Der Versicherungsnehmer ist auch insoweit zur Anzeige verpflichtet, als nach seiner Vertragserklärung, aber vor Vertragsannahme der Versicherer in Textform Fragen im Sinne des Satzes 1 stellt.

Gefahrerheblich sind die Umstände, die geeignet sind, auf den Entschluss des Versicherers Einfluss auszuüben, den Vertrag überhaupt oder mit dem vereinbarten Inhalt abzuschließen.

Wird der Vertrag von einem Vertreter des Versicherungsnehmers geschlossen und kennt dieser den gefahrerheblichen Umstand, muss sich der Versicherungsnehmer so behandeln lassen, als habe er selbst davon Kenntnis gehabt oder dies arglistig verschwiegen.

1.2 Rücktritt

Unvollständige und unrichtige Angaben zu den gefahrerheblichen Umständen berechtigen den Versicherer, vom Versicherungsvertrag zurückzutreten.

Der Versicherer hat kein Rücktrittsrecht, wenn der Versicherungsnehmer nachweist, dass er oder sein Vertreter die unrichtigen oder unvollständigen Angaben weder vorsätzlich noch grob fahrlässig gemacht hat.

Das Rücktrittsrecht des Versicherers wegen grob fahrlässiger Verletzung der Anzeigepflicht besteht nicht, wenn der Versicherungsnehmer nachweist, dass der Versicherer den Vertrag auch bei Kenntnis der nicht angezeigten Umstände, wenn auch zu anderen Bedingungen, geschlossen hätte.

Im Falle des Rücktritts besteht kein Versicherungsschutz.

Tritt der Versicherer nach Eintritt des Versicherungsfalles zurück, darf er den Versicherungsschutz nicht versagen, wenn der Versicherungsnehmer nachweist, dass der unvollständig oder unrichtig angezeigte Umstand weder für den Eintritt des Versicherungsfalles noch für die Feststellung oder den Umfang der Leistung ursächlich war. Auch in diesem Fall besteht aber kein Versicherungsschutz, wenn der Versicherungsnehmer die Anzeigepflicht arglistig verletzt hat.

Dem Versicherer steht der Teil der Prämie zu, der der bis zum Wirksamwerden der Rücktrittserklärung abgelaufenen Vertragszeit entspricht.

1.3 Prämienänderung oder Kündigungsrecht

Ist das Rücktrittsrecht des Versicherers ausgeschlossen, weil die Verletzung einer Anzeigepflicht weder auf Vorsatz noch auf grober Fahrlässigkeit beruhte, kann der Versicherer den Vertrag unter Einhaltung einer Frist von einem Monat in Schriftform kündigen. Das Kündigungsrecht ist ausgeschlossen, wenn der Versicherungsnehmer nachweist, dass der Versicherer den Vertrag auch bei Kenntnis der nicht angezeigten Umstände, wenn auch zu anderen Bedingungen, geschlossen hätte.

Kann der Versicherer nicht zurücktreten oder kündigen, weil er den Vertrag auch bei Kenntnis der nicht angezeigten Umstände, aber zu anderen Bedingungen, geschlossen hätte, werden die anderen Bedingungen auf Verlangen des Versicherers rückwirkend Vertragsbestandteil. Hat der Versicherungsnehmer die Pflichtverletzung nicht zu vertreten, werden die anderen Bedingungen ab der laufenden Versicherungsperiode Vertragsbestandteil.

Erhöht sich durch die Vertragsanpassung die Prämie um mehr als 10 % oder schließt der Versicherer die Gefahrabsicherung für den nicht angezeigten Umstand aus, kann der Versicherungsnehmer den Vertrag innerhalb eines Monats nach Zugang der Mitteilung des Versicherers fristlos kündigen.

Der Versicherer muss die ihm nach Ziffern 1.2 und 1.3 zustehenden Rechte innerhalb eines Monats schriftlich geltend machen. Die Frist beginnt mit dem Zeitpunkt, zu dem er von der Verletzung der Anzeigepflicht, die das von ihm geltend gemachte Recht begründet, Kenntnis erlangt. Er hat die Umstände zur Begründung seiner Erklärung anzugeben, wenn für diese die Monatsfrist nicht verstrichen ist.

Dem Versicherer stehen die Rechte nach den Ziffern 1.2 und 1.3 nur zu, wenn er den Versicherungsnehmer durch gesonderte Mitteilung in Textform auf die Folgen einer Anzeigepflichtverletzung hingewiesen hat.

Der Versicherer kann sich auf die in den Ziffern 1.2 und 1.3 genannten Rechte nicht berufen, wenn er den nicht angezeigten Gefahrumstand oder die Unrichtigkeit der Anzeige kannte.

1.4 Anfechtung

Das Recht des Versicherers, den Vertrag wegen arglistiger Täuschung anzufechten, bleibt unberührt. Im Falle der Anfechtung steht dem Versicherer der Teil der Prämie zu, der der bis zum Wirksamwerden der Anfechtungserklärung abgelaufenen Vertragszeit entspricht.

2. Obliegenheiten vor Eintritt des Versicherungsfalles

Besonders gefahrdrohende Umstände hat der Versicherungsnehmer auf Verlangen des Versicherers innerhalb einer angemessenen Frist zu beseitigen. Dies gilt nicht, soweit die Beseitigung unter Abwägung der beiderseitigen Interessen unzumutbar ist. Ein Umstand, der zu einem Schaden geführt hat, gilt ohne Weiteres als besonders gefahrdrohend.

3. Obliegenheiten nach Eintritt des Versicherungsfalles

3.1 Jeder Versicherungsfall ist, auch wenn noch keine Schadenersatzansprüche erhoben worden sind, dem Versicherer innerhalb einer Woche anzuzeigen. Das Gleiche gilt, wenn gegen den Versicherungsnehmer Haftpflichtansprüche geltend gemacht werden.

3.2 Der Versicherungsnehmer muss nach Möglichkeit für die Abwendung und Minderung des Schadens sorgen. Weisungen des Versicherers sind dabei zu befolgen, soweit es für den Versicherungsnehmer zumutbar ist. Er hat dem Versicherer ausführliche und wahrheitsgemäße Schadenberichte zu erstatten und ihn bei der Schadenermittlung und -regulierung zu unterstützen. Alle Umstände, die nach Ansicht des Versicherers für die Bearbeitung des Schadens wichtig sind, müssen mitgeteilt sowie alle dafür angeforderten Schriftstücke übersandt werden.

3.3 Wird gegen den Versicherungsnehmer ein staatsanwaltschaftliches, behördliches oder gerichtliches Verfahren eingeleitet, ein Mahnbescheid erlassen oder ihm gerichtlich der Streit verkündet, hat er dies unverzüglich anzuzeigen.

3.4 Gegen einen Mahnbescheid oder eine Verfügung von Verwaltungsgebühren auf Schadenersatz muss der Versicherungsnehmer fristgemäß Widerspruch oder die sonst erforderlichen Rechtsbehelfe einlegen. Einer Weisung des Versicherers bedarf es nicht.

3.5 Wird gegen den Versicherungsnehmer ein Haftpflichtanspruch gerichtlich geltend gemacht, hat er die Führung des Verfahrens dem Versicherer zu überlassen. Der Versicherer beauftragt im Namen des Versicherungsnehmers einen Rechtsanwalt. Der Versicherungsnehmer muss dem Rechtsanwalt Vollmacht sowie alle erforderlichen Auskünfte erteilen und die angeforderten Unterlagen zur Verfügung stellen.

4. Rechtsfolgen bei Verletzung von Obliegenheiten

4.1 Verletzt der Versicherungsnehmer eine Obliegenheit aus diesem Vertrag, die er vor Eintritt des Versicherungsfalles zu erfüllen hat, kann der Versicherer den Vertrag innerhalb eines Monats ab Kenntnis von der Obliegenheitsverletzung fristlos kündigen. Der Versicherer hat kein Kündigungsrecht, wenn der Versicherungsnehmer nachweist, dass die Obliegenheitsverletzung weder auf Vorsatz noch auf grober Fahrlässigkeit beruhte.

4.2 Wird eine Obliegenheit aus diesem Vertrag vorsätzlich verletzt, verliert der Versicherungsnehmer seinen Versicherungsschutz. Bei grob fahrlässiger Verletzung einer Obliegenheit ist der Versicherer berechtigt, seine Leistung in einem der Schwere des Verschuldens des Versicherungsnehmers entsprechenden Verhältnis zu kürzen.

Der vollständige oder teilweise Wegfall des Versicherungsschutzes hat bei Verletzung einer nach Eintritt des Versicherungsfalles bestehenden Auskunfts- oder Aufklärungsobliegenheit zur Voraussetzung, dass der Versicherer den Versicherungsnehmer durch gesonderte Mitteilung in Textform auf diese Rechtsfolge hingewiesen hat.

Weist der Versicherungsnehmer nach, dass er die Obliegenheit nicht grob fahrlässig verletzt hat, bleibt der Versicherungsschutz bestehen.

Der Versicherungsschutz bleibt auch bestehen, wenn der Versicherungsnehmer nachweist, dass die Verletzung der Obliegenheit weder für den Eintritt oder die Feststellung des Versicherungsfalles noch für die Feststellung oder den Umfang der dem Versicherer obliegenden Leistung ursächlich war. Das gilt nicht, wenn der Versicherungsnehmer die Obliegenheit arglistig verletzt hat.

Die vorstehenden Bestimmungen gelten unabhängig davon, ob der Versicherer ein ihm nach Ziffer 4.1 zustehendes Kündigungsrecht ausübt.

Abschnitt 4 Weitere Bestimmungen

1. Anzeigen, Willenserklärungen, Anschriftenänderungen

1.1 Alle für den Versicherer bestimmten Anzeigen und Erklärungen sollen an die Hauptverwaltung des Versicherers oder an die im Versicherungsschein oder seinen Nachträgen als zuständig bezeichnete Geschäftsstelle gerichtet werden.

1.2 Hat der Versicherungsnehmer eine Änderung seiner Anschrift dem Versicherer nicht mitgeteilt, genügt für eine Willenserklärung, die dem Versicherungsnehmer gegenüber abzugeben ist, die Absendung eines eingeschriebenen Briefes an die letzte dem Versicherer bekannte Anschrift. Die Erklärung gilt 3 Tage nach der Absendung des Briefes als zugegangen. Dies gilt entsprechend für den Fall einer Namensänderung des Versicherungsnehmers.

1.3 Hat der Versicherungsnehmer die Versicherung für seinen Gewerbebetrieb abgeschlossen, finden bei einer Verlegung der gewerblichen Niederlassung die Bestimmungen der Ziffer 1.2 entsprechende Anwendung.

2. Verjährung

2.1 Die Ansprüche aus dem Versicherungsvertrag verjähren in 3 Jahren. Die Fristberechnung richtet sich nach den allgemeinen Vorschriften des Bürgerlichen Gesetzbuches.

2.2 Ist ein Anspruch aus dem Versicherungsvertrag bei dem Versicherer angemeldet worden, ist die Verjährung von der Anmeldung bis zu dem Zeitpunkt gehemmt, zu dem die Entscheidung des Versicherers dem Anspruchsteller in Textform zugeht.

3. Zuständiges Gericht

3.1 Für Klagen aus dem Versicherungsvertrag gegen den Versicherer bestimmt sich die gerichtliche Zuständigkeit nach dem Sitz des Versicherers oder seiner für den Versicherungsvertrag zuständigen Niederlassung. Ist der Versicherungsnehmer eine natürliche Person, ist auch das Gericht örtlich zuständig, in dessen Bezirk der Versicherungsnehmer zur Zeit der Klageerhebung seinen Wohnsitz oder, in Ermangelung eines solchen, seinen gewöhnlichen Aufenthalt hat.

3.2 Ist der Versicherungsnehmer eine natürliche Person, müssen Klagen aus dem Versicherungsvertrag gegen ihn bei dem Gericht erhoben werden, das für seinen Wohnsitz oder, in Ermangelung eines solchen, den Ort seines gewöhnlichen Aufenthaltes zuständig ist. Ist der Versicherungsnehmer eine juristische Person, bestimmt sich das zuständige Gericht auch nach dem Sitz oder der Niederlassung des Versicherungsnehmers. Das Gleiche gilt, wenn der Versicherungsnehmer eine offene Handelsgesellschaft, Kommanditgesellschaft, Gesellschaft bürgerlichen Rechts oder eine eingetragene Partnerschaftsgesellschaft ist.

3.3 Sind der Wohnsitz oder der gewöhnliche Aufenthalt im Zeitpunkt der Klageerhebung nicht bekannt, bestimmt sich die gerichtliche Zuständigkeit für Klagen aus dem Versicherungsvertrag gegen den Versicherungsnehmer nach dem Sitz des Versicherers oder seiner für den Versicherungsvertrag zuständigen Niederlassung.

4. Anzuwendendes Recht

Für diesen Vertrag gilt deutsches Recht.

5. Schiedsgerichtsvereinbarungen

Die Vereinbarung von Schiedsgerichtsverfahren vor Eintritt eines Versicherungsfalles beeinträchtigt den Versicherungsschutz nicht, wenn das Schiedsgericht folgenden Mindestanforderungen entspricht:

- Das Schiedsgericht besteht aus mindestens 3 Schiedsrichtern. Der Vorsitzende muss Jurist sein und soll die Befähigung zum Richteramt haben. Haben die Parteien ihren Firmensitz in verschiedenen Ländern, darf er keinem Land der Parteien angehören.
- Das Schiedsgericht entscheidet nach materiellem Recht und nicht lediglich nach billigem Ermessen (ausgenommen im Falle eines Vergleichs, sofern dem Versicherer die Mitwirkung am Verfahren ermöglicht wurde). Das anzuwendende materielle Recht muss bei Abschluss der Schiedsgerichtsvereinbarungen festgelegt sein.
- Der Schiedsspruch wird schriftlich niedergelegt und begründet. In seiner Begründung sind die die Entscheidung tragenden Rechtsnormen anzugeben.
- Der Versicherungsnehmer ist verpflichtet, dem Versicherer die Einleitung von Schiedsgerichtsverfahren unverzüglich anzuzeigen und dem Versicherer die Mitwirkung am Schiedsgerichtsverfahren entsprechend der Mitwirkung des Versicherers an Verfahren des ordentlichen Rechtsweges zu ermöglichen. Hinsichtlich der Auswahl des vom Versicherungsnehmer zu benennenden Schiedsrichters ist dem Versicherer eine entscheidende Mitwirkung einzuräumen.

6. Begriffsbestimmung

Versicherungsjahr: Das Versicherungsjahr erstreckt sich über einen Zeitraum von 12 Monaten. Dies entspricht der laufenden Versicherungsperiode.

Tarif für Private Haftpflichtrisiken (Prämien ohne Versicherungsteuer)

Allgemeine Versicherungsbedingungen für die Haftpflichtversicherung Privater Risiken (PHV 2016) mit den Abschnitten 1-6 (Proximus Versicherung)

Versicherungssummen:

Höchstersatzleistung für die einzelne Person:
- Für Personenschäden ist die Höchstersatzleistung für die einzelne Person auf die entsprechend vereinbarte Versicherungssumme begrenzt.
- Sonstige Begrenzungen der Versicherungssumme ergeben sich aus den Bedingungen.

Nachlässe:

bei jährlicher Zahlung .... 5 %,
bei halbjährlicher .... 3 %,
bei vierteljährlicher .... 2 %,
und bei monatlicher Zahlung .... 0 %
(Bankabruf bei monatlicher Zahlung erforderlich).

Kurzfristige Versicherungen:

Die Versicherungsperiode beträgt 1 Jahr. Für kurzfristige Versicherungen oder vorübergehende Erweiterungen des Versicherungsschutzes werden berechnet:

Bei einer Dauer
- bis zu einem Monat .... 25 %,
- bis zu 3 Monaten .... 50 %,
- bis zu 6 Monaten .... 75 %,
- bis zu einem Jahr .... 100 %

der Jahresprämie.

Dauernachlass:

für Verträge mit 3-jähriger Laufzeit .... 10 %.

Versicherungsteuer:

Die genannten Prämien in Euro sind Jahresprämien **ohne** die gesetzliche Versicherungsteuer
(= Jahresnettoprämien).

Die Versicherungsteuer beträgt zzt. .... 19 %.

Versicherungssummen in Euro	
je Versicherungsfall pauschal	Alternative A
für Personen-, Sach- und Vermögensschäden	15 Mio.
je Versicherungsfall pauschal	Alternative B
für Personen-, Sach- und Vermögensschäden	30 Mio.
Die Gesamtleistung des Versicherers für alle Versicherungsfälle eines Versicherungsjahres beträgt das **Zweifache** dieser Versicherungssummen. **Alle Prämien in Euro.**	

Tarif für Private Haftpflichtrisiken (Prämien ohne Versicherungsteuer)

Privat-Haftpflicht (Abschnitt 1)

Versicherungssumme	Alternative A Prämie	Alternative B Prämie
Kompakt-Modell		
ohne Selbstbehalt	90,60	95,50
mit 150 € Selbstbehalt	66,70	72,50
Einzelpersonen (Singles, unabhängig vom Alter)/ Junge Leute bis 25 Jahre (Alter des VN)		
ohne Selbstbehalt	63,00	66,00
mit 150 € Selbstbehalt	48,00	50,00
Für Angehörige des öffentlichen Dienstes (ohne Amtshaftpflicht)		
Kompakt-Modell		
ohne Selbstbehalt	81,50	85,60
mit 150 € Selbstbehalt	58,30	63,80
Zusatzrisiken - Zuschlag zur Privat-Haftpflichtversicherung		
Zuschläge gemäß Abschnitt 1, Ziffer 6.4 bei Vermietung		
je Garage/Carport/Kfz-Stellplatz	6,00	6,60
Ferien-/Wochenendhäuser oder Ferien-/Wochenendwohnungen je Haus/Wohnung	18,00	21,00
Eigentumswohnungen je Wohnung	18,00	21,00

Hundehalter-Haftpflicht (Abschnitt 2)

Versicherungssumme	Alternative A Prämie	Alternative B Prämie
Je Hund (gefährliche Hunde, sogenannte „Kampfhunde" sind nicht versicherbar)	93,20	96,80

Pferdehalter-Haftpflicht (Abschnitt 3)

Versicherungssumme	Alternative A Prämie	Alternative B Prämie
Je Tier (Pferde, Kleinpferde, Ponys, Maultiere, Esel usw.)	145,00	151,00

Haus- und Grundbesitzer-Haftpflicht (Abschnitt 4)

Für Objekte, die ausschließlich oder mind. zu 50 % zu Wohnzwecken dienen. Die Prämie ist für jedes Objekt getrennt zu berechnen.

Versicherungssumme	Alternative A Prämie	Alternative B Prämie
Wohnhäuser, auch Gemeinschaft von Wohnungseigentümern in Eigentumswohnanlagen		
Einfamilienhaus	40,00	46,00
Zweifamilienhaus	64,00	69,20
Zusatzprämie je weitere Wohnung	24,00	26,00
Wenn Teile der Gebäudefläche gewerblich genutzt werden, erhöht sich die Prämie je angefangenen 50 m² gewerblich genutzter Fläche um	22,00	27,00
Unbebaute Grundstücke (gesamte Fläche)		
bis 2.000 m²	16,50	20,00
bis 10.000 m²	69,60	83,50
über 10.000 m², je angefangene 1.000 m²	7,00	8,40

Bauherren-Haftpflicht (Abschnitt 5)
Einmalprämie für maximal 2 Jahre Bauzeit.

Versicherungssumme	Alternative A Prämie	Alternative B Prämie
Grundrisiko bei einer Bausumme		
bis 250.000 € je Bauvorhaben	91,00	96,80
bis 500.000 € je Bauvorhaben	181,40	190,60
bis 750.000 € je Bauvorhaben	283,20	294,70
bis 1.000.000 € je Bauvorhaben	342,50	350,00
über 1.000.000 €	Direktionsanfrage	
Zusatzrisiken		
Bauen mit eigener Leistung (Selbsthilfe bei der Bauausführung, Planung, Bauleitung)		
Bauausführung Zuschlag je angefangene 1.000 € vom Wert der Eigenleistung einschl. Nachbarschaftshilfe	1,15	1,20
Planung und/oder Bauleitung Zuschlag für die Übernahme der Planung und/oder Bauleitung durch den Bauherrn je 1.000 € Bausumme	0,6	0,7

Gewässerschaden-Haftpflicht (Abschnitt 6)

Anlagenrisiko (Anlagen zur Lagerung von Heizöl)
Auch bei einer gewerblichen Nutzung von bis zu 50 %.

Die Prämien sind für jeden Tank-Lagerbehälter gesondert zu berechnen. Batterietanks gelten als ein Tank.

Versicherungssumme	Alternative A Prämie	Alternative B Prämie
Oberirdische Behälter (auch Kellertanks)		
bis 5 cbm	73,60	79,00
bis 10 cbm	93,60	99,80
bis 20 cbm	124,80	132,90
bis 30 cbm	171,80	180,50
bis 50 cbm	266,50	276,10
Unterirdische Behälter		
bis 5 cbm	107,70	117,70
bis 10 cbm	137,30	146,10
bis 20 cbm	183,90	203,80
bis 30 cbm	245,40	260,50
bis 50 cbm	401,40	416,30

1 Tonne entspricht 1 cbm bzw. 1.000 Litern (bei der Prämienberechnung bleibt das spezifische Gewicht des jeweiligen Stoffes außer Acht).

Ein TÜV-Zeugnis ist bei allen ober- oder unterirdischen Tankanlagen von mehr als 10 cbm (in Wasserschutzgebieten mehr als 1 cbm) nötig.

Antrag auf Private Haftpflichtrisiken - Auszug

Sämtliche verwendete Personenbezeichnungen sind geschlechtsneutral formuliert.

Vermittler/Vermittler-Nr. Versicherungsschein-Nr. Antragseingang
Antragsnummer

Zutreffendes bitte ankreuzen. Striche, sonstige Zeichen oder **Nichtbeantwortung** gelten als **Verneinung**.

Antragsteller/Versicherungsnehmer

Anrede ○ Herr ○ Frau

Besondere Anredetitel

Name

Geburtsname

Vorname

Staatsangehörigkeit Geburtsdatum

Straße, Haus-Nr.

Geburtsort

Postleitzahl, Wohnort

Berufliche Tätigkeit *(genaue Bezeichnung)* Branche

○ angestellt ○ selbstständig ○ öffentlicher Dienst

Telefon (privat) Telefon (geschäftlich) Telefon (mobil) E-Mail

Vermittlerklausel, Kontaktdaten, Kommunikation:

○ Ich bin damit einverstanden, dass Mitarbeiter der Proximus Versicherung AG und der mich betreuende Vermittler meine Kontaktdaten aus diesem Antrag für die Kommunikation im Rahmen der regelmäßigen Kundenbetreuung nutzen dürfen. Erfasst sind neben allen meinen Versicherungsvertrag betreffenden Kontakten auch solche, die auf die inhaltliche Änderung, insbesondere Verlängerung, Ausweitung oder Ergänzung des bestehenden Vertragsverhältnisses sowie auf den Neuabschluss weiterer Verträge bei der Proximus Versicherung AG gerichtet sind. Die Einwilligung nach diesem Absatz kann ich ohne Einfluss auf den Vertrag auch in Teilen streichen oder jederzeit widerrufen.

Besondere Vereinbarungen bzw. Bemerkungen

Mündliche Vereinbarungen haben keine Gültigkeit. Besondere Vereinbarungen bedürfen der schriftlichen Bestätigung durch die Gesellschaft.

Haftpflichtversicherung

Es gelten:
- die Allgemeinen Versicherungsbedingungen für die Haftpflichtversicherung privater Risiken 2016 (PHV 2016 Proximus Versicherung AG)
- die für den vereinbarten Versicherungsschutz jeweils zutreffenden Abschnitte der Ziffern 1-6

Versicherungssummen

○ A 15.000.000 €
pauschal für Personen-, Sach- und Vermögensschäden

○ B 30.000.000 €
pauschal für Personen-, Sach- und Vermögensschäden

Die Gesamtleistung des Versicherers für alle Versicherungsfälle eines Versicherungsjahres beträgt das Doppelte dieser Versicherungssummen.

Antragsfragen zu **A** bis **F** bitte genau beantworten.

Vorversicherung / Vorschäden

Bestehen oder bestanden für den beantragten Versicherungsumfang in den letzten 5 Jahren Haftpflichtversicherungen für private Risiken?
○ ja ○ nein

Falls ja, welche Haftpflichtversicherung besteht oder bestand?

Bei welcher Gesellschaft?

gekündigt zum _____ von / vom ○ Gesellschaft ○ Versicherungsnehmer

Sind bereits früher Schäden eingetreten?
○ ja ○ nein

Anzahl der Schäden in den letzten 5 Jahren _____

Schadenhöhe insgesamt in € _____

Wurden bereits Versicherungen abgelehnt?
○ ja ○ nein

Grund _____

Antrag auf Private Haftpflichtrisiken - Auszug

TA 329

Versicherungsumfang (bitte eintragen bzw. ankreuzen)

A Privat-Haftpflicht/ PHV 2016 - Abschnitt 1

Für _____

Lebenspartner _____

Prämie in €

○ Kompakt-Modell _____

○ Junge Leute / Einzelpersonen _____
Bei der Haftpflichtversicherung von Einzelpersonen entfällt die Mitversicherung anderer Personen

mit 150 € Selbstbeteiligung ○ Ja ○ Nein
Öffentlicher Dienst ○ Ja ○ Nein

Ergänzung des Versicherungsschutzes
nur möglich, wenn auch die Privat-Haftpflicht besteht

○ **Zuschlag für Vermietung von im Inland gelegenen**

Menge | Prämie in €

○ Garagen, Carports, Kfz-Stellplätze _____ _____
   Art / Anschrift
   _____

○ Ferien-/Wochenendhäuser oder -wohnungen _____ _____
   Art / Anschrift
   _____

○ Eigentumswohnungen _____ _____
   Anschrift
   _____

B Hundehalter-Haftpflicht/ PHV 2016 - Abschnitt 2

Ist ein Hund als gefährlicher Hund („Kampfhund") einzustufen?

Menge | Prämie in €

○ Ja (nicht versicherbar) ○ Nein _____ _____

Rasse des Hundes
_____

C Pferdehalter-Haftpflicht/ PHV 2016 - Abschnitt 3

○ Pferde, Kleinpferde, Ponys, Maultiere, Esel

Menge | Prämie in €
_____ _____

D Haus- und Grundbesitzer-Haftpflicht/ PHV 2016 - Abschnitt 4

Liegt der Flächenanteil einer vorhandenen gewerblichen Teilnutzung bei maximal 50 %?
○ Ja ○ Nein

Nutzung/Objektbezeichnung
_____

Prämie in €

○ Einfamilienhaus _____
○ Zweifamilienhaus
○ weitere Wohnung
○ Zusatzprämie für gewerbliche Nutzung
   Anschrift des Grundstücks
   _____

○ unbebautes Grundstück _____
   Größe des Grundstücks _____
   Art/Anschrift des Grundstücks
   _____

E Bauherren-Haftpflicht/ PHV 2016 - Abschnitt 5
Die Versicherung erlischt 2 Jahre nach Baubeginn.

Bausumme in € _____

Bauen mit eigener Leistung
a) Eigenleistung einschließlich Nachbarschaftshilfe _____
   ○ Ja, Wert € _____
   ○ Nein

b) Übernahme der Planung und/oder Bauleitung *(nicht Bauausführung)* durch den Bauherrn
   ○ Ja ○ Nein

F Gewässerschaden-Haftpflicht für private Öltanks/ PHV 2016 - Abschnitt 6

Liegt der Flächenanteil einer vorhandenen gewerblichen Teilnutzung bei maximal 50 %?
○ Ja ○ Nein

Sind Ihnen bestehende oder beseitigte Verunreinigungen des Bodens und/oder des Wassers, auch Grundwasser, bekannt?
○ Ja *(Sanierungsnachweis beifügen)* ○ Nein

Wie wird das Grundstück heute genutzt?
_____

Wie wurde das Grundstück früher genutzt?
_____

Art / Anschrift
_____

○ unterirdischer Behälter | Einbaujahr | Anzahl
   _____ | _____

Fassungsvermögen | Herstellungsjahr | letzte Prüfung
bis _____ cbm | _____ | am _____

○ oberirdischer Behälter | Einbaujahr | Anzahl
   (auch Kellertanks) | _____ | _____

Fassungsvermögen | Herstellungsjahr | Letzte Prüfung
bis _____ cbm | _____ | am _____

HAFTPFLICHT

TA 330 Antrag auf Private Haftpflichtrisiken – Auszug

Prämienberechnung	*Nettojahresprämie nach A in €*	
	Nettojahresprämie nach B in €	
	Nettojahresprämie nach C in €	
	Nettojahresprämie nach D in €	
	Nettojahresprämie nach F in €	
	Gesamtjahresnettoprämie in €	
	Dauernachlass (3 Jahre 10 %) in €	−
		=
	Abschlag gemäß Zahlungsweise in €	−
	Nettoprämie gemäß Zahlungsweise	=
	Versicherungsteuer in €	+
	Gesamtbruttoprämie gemäß Zahlungweise in €	=
	Einmalige Nettoprämie nach E in €	
	Versicherungsteuer in €	+
	Einmalige Bruttoprämie in €	

Belehrung über vorvertragliche Anzeigepflicht nach § 19 Versicherungsvertragsgesetz	Bitte beachten Sie, dass Sie gemäß § 19 des Versicherungsvertragsgesetzes (VVG) verpflichtet sind, dem Versicherer bis zur Abgabe Ihrer Vertragserklärung alle Ihnen bekannten Umstände, die für die Übernahme des Versicherungsschutzes von Bedeutung sind und nach denen in Textform gefragt wird, nach bestem Wissen sorgfältig, wahrheitsgemäß und vollständig zu beantworten. Bitte beantworten Sie unsere Fragen unbedingt zutreffend und vollständig, da wir sonst von dem Vertrag zurücktreten oder den Vertrag vorzeitig kündigen können und Sie dann Ihren Versicherungsschutz gefährden. Ich bestätige die Richtigkeit der Angaben. Die Rechtsfolgen bei Verletzung der vorvertraglichen Anzeigepflicht habe ich gelesen.
Belehrung über die Beachtung von Auskunfts- und Aufklärungsobliegenheiten nach § 28 Abs. 2 und 4 Versicherungsvertragsgesetz	Ich weiß, dass die Proximus Versicherung AG bei Verletzung einer nach Eintritt des Versicherungsfalles bestehenden Auskunfts- oder Aufklärungsobliegenheit durch mich vollständig oder teilweise leistungsfrei sein kann. Auf die Leistungsfreiheit kann sich die Proximus Versicherung AG berufen, wenn ich die Obliegenheit vorsätzlich verletzt habe. Habe ich sie grob fahrlässig verletzt, ist sie berechtigt, ihre Leistung in einem der Schwere meines Verschuldens entsprechenden Verhältnis zu kürzen. Die Beweislast, dass nicht einmal grobe Fahrlässigkeit vorliegt, trage ich.
Zahlungsweise	○ jährlich 5 % ○ halbjährlich 3 % ○ vierteljährlich 2 % ○ monatlich 0 % ○ einmalig für Bauherren-Haftpflichtversicherung
Vertragsdauer	Versicherungsbeginn − 0:00 Uhr − |_|_|2|0|_| Versicherungsablauf − 24:00 Uhr − |_|_|2|0|_| Die Verträge verlängern sich stillschweigend nach Ablauf der vereinbarten Dauer jeweils von Jahr zu Jahr, wenn nicht spätestens 3 Monate vor Ablauf der anderen Partei eine schriftliche Kündigung zugegangen ist. Bei einer Vertragsdauer von 3 Jahren wird ein Dauernachlass von 10 % gewährt.

Antrag auf Private Haftpflichtrisiken - Auszug

TA 331

SEPA-Lastschriftmandat – das Mandat für wiederkehrende Zahlungen	Ich ermächtige die Proximus Versicherung AG, die von der Proximus Versicherung AG auf mein Konto gezogenen Lastschriften einzulösen. Die Mandatsreferenz teilt mir/uns die Proximus Versicherung AG vor der ersten Abbuchung mit. Zahlungsempfänger: Proximus Versicherung AG Gläubiger-ID: xxxxxxxxxxxxxxxxxxxxxxxxxxxxxxxxxx Name, Vorname: Antragsteller _____ Name, Vorname: Kontoinhaber _____ *(falls vom Antragsteller abweichend)* Anschrift: Kontoinhaber _____ BIC *(8 oder 11 Stellen)* _____ IBAN *(22 Stellen)* _____ Name des Kreditinstitutes _____ Datum/Unterschrift: Antragsteller _____ Datum/Unterschrift: Kontoinhaber _____
Hinweis	Ich kann innerhalb von 8 Wochen, beginnend mit dem Belastungsdatum, die Erstattung des belasteten Betrages verlangen. Es gelten dabei die mit meinem Kreditinstitut vereinbarten Bedingungen. Vor dem ersten Einzug einer SEPA-Lastschrift wird mich die Proximus Versicherung AG über den Einzug unterrichten.
Widerrufsrecht	Sie können Ihren Antrag nach Zugang des Versicherungsscheins widerrufen. Nähere Hinweise können Sie den „Versicherungsinformationen" entnehmen. Eine Belehrung über das Widerrufsrecht sowie die Rechtsfolgen des Widerrufs erhalten Sie mit dem Versicherungsschein.
Datenverarbeitung	Mit der Datenverarbeitung durch den Versicherer bin ich einverstanden.
Empfangsbestätigung	Ich habe die diesem Vertrag zugrunde liegenden Produkt- und Kundeninformationen, das Merkblatt zur Datenverarbeitung, die Versicherungsbedingungen und die Klauseln erhalten. Eine Durchschrift ist mir nach Unterzeichnung ausgehändigt worden. Von den Hinweisen habe ich Kenntnis genommen.

_____ _____
Datum/Unterschrift Antragsteller   Datum/Unterschrift Vermittler
(bei Minderjährigen Mitunterschrift der gesetzlichen Vertreter)

Vertragsspiegel Private Haftpflichtrisiken

Proximus Versicherung

	Name	Vorname	Geburtsdatum	Beruf	
Antragsteller/ Versicherungs- nehmer					A = angestellt S = selbstständig B = öffentlicher Dienst
Ehepartner					A = angestellt S = selbstständig B = öffentlicher Dienst
Kinder					A = angestellt S = selbstständig B = öffentlicher Dienst

Anschrift

Versicherungs- nachweis
- Versicherungsnummer
- Bedingungen
- Vertragsbeginn
- Vertragsablauf
- Zahlungsweise
- Prämie
- Fälligkeit
- Prämienkonto
- Versicherungssumme
  - Personenschäden
  - Sachschäden
  - Vermögensschäden
- Produkte
  - Privat-Haftpflicht- versicherung
  - Hundehalter-Haft- pflichtversicherung
  - Pferdehalter-Haft- pflichtversicherung
  - Haus- und Grund- besitzer-Haft- pflichtversicherung
  - Bauherren-Haft- pflichtversicherung
  - Gewässerschaden- Haftpflicht- versicherung
- Zusatzrisiken
- Anmerkungen

KRAFTFAHRT

BEDINGUNGEN

Allgemeine Bedingungen für die
Kfz-Versicherung (AKB 2015) ... 334

- **A** Welche Leistungen umfasst Ihre Kfz-Versicherung? ... 334
- **B** Beginn des Vertrages und vorläufiger Versicherungsschutz ... 343
- **C** Prämienzahlung ... 344
- **D** Welche Pflichten haben Sie beim Gebrauch des Fahrzeugs? ... 345
- **E** Welche Pflichten haben Sie im Schadenfall? ... 346
- **F** Rechte und Pflichten der mitversicherten Personen ... 348
- **G** Laufzeit und Kündigung des Vertrages, Veräußerung des Fahrzeugs, Wagniswegfall ... 348
- **H** Außerbetriebsetzung, Saisonkennzeichen, Fahrten mit ungestempelten Kennzeichen ... 350
- **I** Schadenfreiheitsrabatt-System ... 351
- **J** Individuelle Tarifmerkmale ... 355
- **K** Prämienänderung aufgrund tariflicher Maßnahmen ... 356
- **L** Prämienänderung aufgrund eines bei Ihnen eingetretenen Umstands ... 357
- **M** Meinungsverschiedenheiten und Gerichtsstände ... 357
- **N** Bedingungsänderung ... 358

TARIFE & MATERIALIEN

Anhang 1: Tabellen zum Schadenfreiheitsrabatt-System ... 359

Anhang 2: Tabellen zu den Typklassen ... 362

Anhang 3: Tabellen zu den Regionalklassen ... 363

Fahrzeugschein ab dem Jahr 2005 ... 364

Tarif zur Kraftfahrtversicherung ... 365

Kfz-Haftpflicht und Autoschutzbrief ... 366

Teilkasko ... 367

Vollkasko ... 369

Zweiräder (Haftpflicht/Kasko) ... 378

Campingfahrzeuge/Wohnmobile (Haftpflicht/Kasko) ... 379

Auszug aus dem Verzeichnis der amtlichen Kennzeichen mit den Zuordnungen der Zulassungsbezirke zu den Regionalklassen ... 380

Auszug aus dem Typklassenverzeichnis Pkw ... 382

Antrag auf Kraftfahrzeugversicherung - Auszug ... 397

Vertragsspiegel Kraftfahrtversicherung ... 400

Allgemeine Bedingungen für die Kfz-Versicherung (AKB 2015)

(Stand: 12.10.2017)

Die Kfz-Versicherung umfasst je nach dem Inhalt des Versicherungsvertrages folgende Versicherungsarten:

- Kfz-Haftpflichtversicherung (A.1) mit Kfz-Umweltschadenversicherung (A.5)
- Kaskoversicherung (A.2)
- Autoschutzbrief (A.3)
- Fahrerschutz-Versicherung (A.4)

Diese Versicherungen werden als jeweils rechtlich selbstständige Verträge abgeschlossen. Ihrem Versicherungsschein können Sie entnehmen, welche Versicherungen Sie für Ihr Fahrzeug abgeschlossen haben.

Es gilt deutsches Recht. Die Vertragssprache ist Deutsch.

A Welche Leistungen umfasst Ihre Kfz-Versicherung?

A.1 Kfz-Haftpflichtversicherung – für Schäden, die Sie mit Ihrem Fahrzeug anderen zufügen

A.1.1 Was ist versichert?

▶ *Sie haben mit Ihrem Fahrzeug einen anderen geschädigt*

A.1.1.1 Wir stellen Sie von Schadenersatzansprüchen frei, wenn durch den Gebrauch des Fahrzeugs

(a) Personen verletzt oder getötet werden,

(b) Sachen beschädigt oder zerstört werden oder abhandenkommen,

(c) Vermögensschäden verursacht werden, die weder mit einem Personen- noch mit einem Sachschaden mittelbar oder unmittelbar zusammenhängen (reine Vermögensschäden), und deswegen gegen Sie oder uns Schadenersatzansprüche aufgrund von Haftpflichtbestimmungen des Bürgerlichen Gesetzbuchs oder des Straßenverkehrsgesetzes oder aufgrund anderer gesetzlicher Haftpflichtbestimmungen des Privatrechts geltend gemacht werden.

Zum Gebrauch des Fahrzeugs gehört neben dem Fahren z. B. das Ein- und Aussteigen sowie das Be- und Entladen.

▶ *Begründete und unbegründete Schadenersatzansprüche*

A.1.1.2 Sind Schadenersatzansprüche begründet, leisten wir Schadenersatz in Geld.

A.1.1.3 Sind Schadenersatzansprüche unbegründet, wehren wir diese auf unsere Kosten ab. Dies gilt auch, soweit Schadenersatzansprüche der Höhe nach unbegründet sind.

▶ *Regulierungsvollmacht*

A.1.1.4 Wir sind bevollmächtigt, gegen Sie geltend gemachte Schadenersatzansprüche in Ihrem Namen zu erfüllen oder abzuwehren und alle dafür zweckmäßig erscheinenden Erklärungen im Rahmen pflichtgemäßen Ermessens abzugeben.

▶ *Mitversicherung von Anhängern, Aufliegern und abgeschleppten Fahrzeugen*

A.1.1.5 Ist mit dem versicherten Kraftfahrzeug ein Anhänger oder Auflieger verbunden, erstreckt sich der Versicherungsschutz auch hierauf. Der Versicherungsschutz umfasst auch Fahrzeuge, die mit dem versicherten Kraftfahrzeug abgeschleppt oder geschleppt werden, wenn für diese kein eigener Haftpflichtversicherungsschutz besteht.

Dies gilt auch, wenn sich der Anhänger oder Auflieger oder das abgeschleppte oder geschleppte Fahrzeug während des Gebrauchs von dem versicherten Kraftfahrzeug löst und sich noch in Bewegung befindet.

▶ *Mitversicherung fremder gemieteter Fahrzeuge im Ausland (Mallorca-Police)*

A.1.1.6 Versichert sind auch Schäden, die Sie oder Ihr Ehegatte oder Ihr mit Ihnen in häuslicher Gemeinschaft lebender Lebenspartner als Fahrer eines fremden, versicherungspflichtigen Fahrzeugs (zum Beispiel Mietwagen) auf einer Reise im Ausland verursachen. Wir leisten im Anschluss an die Haftpflichtversicherung des fremden Fahrzeugs bis zur Höhe der vertraglich vereinbarten Deckungssumme. Die Regelung gilt nicht, wenn das versicherte Fahrzeug ein Wohnwagenanhänger oder ein Anhänger ist. Als Ausland gilt der Geltungsbereich gemäß Ziffer 1.4.1 ohne Deutschland.

A.1.2 Wer ist versichert?

Der Schutz der Kfz-Haftpflichtversicherung gilt für Sie und für folgende Personen (mitversicherte Personen):

(a) den Halter des Fahrzeugs,

(b) den Eigentümer des Fahrzeugs,

(c) den Fahrer des Fahrzeugs,

(d) den Beifahrer, der im Rahmen seines Arbeitsverhältnisses mit Ihnen oder mit dem Halter den berechtigten Fahrer zu seiner Ablösung oder zur Vornahme von Lade- und Hilfsarbeiten nicht nur gelegentlich begleitet,

(e) Ihren Arbeitgeber oder öffentlichen Dienstherrn, wenn das Fahrzeug mit Ihrer Zustimmung für dienstliche Zwecke gebraucht wird,

(f) den Halter, Eigentümer, Fahrer, Beifahrer eines nach A.1.1.5 mitversicherten Fahrzeugs,

(g) die berechtigte Begleitperson im Rahmen des begleitenden Fahrens,

(h) berechtigte Insassen, soweit nicht anderweitig Haftpflichtversicherungsschutz besteht. Berechtigte Insassen sind Personen (Fahrer und alle weiteren Insassen), die sich mit Wissen und Willen des Verfügungsberechtigten in oder auf dem versicherten Fahrzeug befinden oder in unmittelbarem Zusammenhang mit ihrer Beförderung beim Gebrauch des Fahrzeugs tätig werden.

Diese Personen können Ansprüche aus dem Versicherungsvertrag selbstständig gegen uns erheben.

Allgemeine Bedingungen für die Kfz-Versicherung (AKB 2015)

A.1.3 Bis zu welcher Höhe leisten wir (Versicherungssummen)?

▶ *Höchstzahlung*

A.1.3.1 Unsere Zahlungen für ein Schadenereignis sind jeweils beschränkt auf die Höhe der für Personen-, Sach- und Vermögensschäden vereinbarten Versicherungssummen. Mehrere zeitlich zusammenhängende Schäden, die dieselbe Ursache haben, gelten als ein einziges Schadenereignis. Die Höhe Ihrer Versicherungssummen können Sie dem Versicherungsschein entnehmen.

A.1.3.2 Bei Schäden von Insassen in einem mitversicherten Anhänger gelten die gesetzlichen Mindestversicherungssummen.

▶ *Übersteigen der Versicherungssummen*

A.1.3.3 Übersteigen die Ansprüche die Versicherungssummen, richten sich unsere Zahlungen nach den Bestimmungen des Versicherungsvertragsgesetzes und der Kfz-Pflichtversicherungsverordnung. In diesem Fall müssen Sie für einen nicht oder nicht vollständig befriedigten Schadenersatzanspruch selbst einstehen.

A.1.4 In welchen Ländern besteht Versicherungsschutz?

▶ *Versicherungsschutz in Europa und in der EU*

A.1.4.1 Sie haben in der Kfz-Haftpflichtversicherung Versicherungsschutz in den geografischen Grenzen Europas sowie den außereuropäischen Gebieten, die zum Geltungsbereich der Europäischen Union gehören. Ihr Versicherungsschutz richtet sich nach dem im Besuchsland gesetzlich vorgeschriebenen Versicherungsumfang, mindestens jedoch nach dem Umfang Ihres Versicherungsvertrages.

▶ *Internationale Versicherungskarte (Grüne Karte)*

A.1.4.2 Haben wir Ihnen eine internationale Versicherungskarte ausgehändigt, erstreckt sich Ihr Versicherungsschutz in der Kfz-Haftpflichtversicherung auch auf die dort genannten nichteuropäischen Länder, soweit Länderbezeichnungen nicht durchgestrichen sind. Hinsichtlich des Versicherungsumfangs gilt A.1.4.1 Satz 2.

A.1.5 Was ist nicht versichert?

▶ *Vorsatz*

A.1.5.1 Kein Versicherungsschutz besteht für Schäden, die Sie vorsätzlich und widerrechtlich herbeiführen.

▶ *Genehmigte Rennen*

A.1.5.2 Kein Versicherungsschutz besteht für Schäden, die bei Beteiligung an behördlich genehmigten kraftfahrtsportlichen Veranstaltungen, bei denen es auf die Erzielung einer Höchstgeschwindigkeit ankommt, entstehen. Dies gilt auch für dazugehörige Übungsfahrten.

Hinweis: Die Teilnahme an behördlich nicht genehmigten Rennen stellt eine Pflichtverletzung nach D.2.2 dar.

▶ *Beschädigung des versicherten Fahrzeugs*

A.1.5.3 Kein Versicherungsschutz besteht für die Beschädigung, die Zerstörung oder das Abhandenkommen des versicherten Fahrzeugs.

▶ *Beschädigung von Anhängern oder abgeschleppten Fahrzeugen*

A.1.5.4 Kein Versicherungsschutz besteht für die Beschädigung, die Zerstörung oder das Abhandenkommen eines mit dem versicherten Fahrzeug verbundenen Anhängers oder Aufliegers oder eines mit dem versicherten Fahrzeug geschleppten oder abgeschleppten Fahrzeugs. Wenn mit dem versicherten Kraftfahrzeug ohne gewerbliche Absicht ein betriebsunfähiges Fahrzeug im Rahmen üblicher Hilfeleistung abgeschleppt wird, besteht für dabei am abgeschleppten Fahrzeug verursachte Schäden Versicherungsschutz.

▶ *Beschädigung von beförderten Sachen*

A.1.5.5 Kein Versicherungsschutz besteht bei Schadenersatzansprüchen wegen Beschädigung, Zerstörung oder Abhandenkommens von Sachen, die mit dem versicherten Fahrzeug befördert werden.
Versicherungsschutz besteht jedoch für Sachen, die Insassen eines Kraftfahrzeugs üblicherweise mit sich führen (z. B. Kleidung, Brille, Brieftasche). Bei Fahrten, die überwiegend der Personenbeförderung dienen, besteht außerdem Versicherungsschutz für Sachen, die Insassen eines Kraftfahrzeugs zum Zwecke des persönlichen Gebrauchs üblicherweise mit sich führen (z. B. Reisegepäck, Reiseproviant). Kein Versicherungsschutz besteht für Sachen unberechtigter Insassen.

▶ *Ihr Schadenersatzanspruch gegen eine mitversicherte Person*

A.1.5.6 Kein Versicherungsschutz besteht für Sach- oder Vermögensschäden, die eine mitversicherte Person Ihnen, dem Halter oder dem Eigentümer durch den Gebrauch des Fahrzeugs zufügt. Versicherungsschutz besteht jedoch für Personenschäden, wenn Sie z. B. als Beifahrer Ihres Fahrzeugs verletzt werden.

▶ *Nichteinhaltung von Liefer- und Beförderungsfristen*

A.1.5.7 Kein Versicherungsschutz besteht für reine Vermögensschäden, die durch die Nichteinhaltung von Liefer- und Beförderungsfristen entstehen.

▶ *Vertragliche Ansprüche*

A.1.5.8 Kein Versicherungsschutz besteht für Haftpflichtansprüche, soweit sie aufgrund Vertrages oder besonderer Zusage über den Umfang der gesetzlichen Haftpflicht hinausgehen.

▶ *Schäden durch Kernenergie*

A.1.5.9 Kein Versicherungsschutz besteht für Schäden durch Kernenergie.

A.2 Kaskoversicherung – für Schäden an Ihrem Fahrzeug

A.2.1 Was ist versichert?

▶ *Ihr Fahrzeug*

A.2.1.1 Versichert ist Ihr Fahrzeug gegen Beschädigung, Zerstörung, Totalschaden oder Verlust infolge eines Ereignisses nach A.2.2 (Teilkasko) oder A.2.3 (Vollkasko). Vom Versicherungsschutz umfasst sind auch dessen unter A.2.1.2 und A.2.1.3 als mitversichert aufgeführte Fahrzeugteile und als mitversichert aufgeführtes Fahrzeugzubehör, sofern sie straßenverkehrsrechtlich zulässig sind (mitversicherte Teile).

▶ *Prämienfrei mitversicherte Teile*

A.2.1.2 Soweit in A.2.1.3 nicht anders geregelt, sind folgende Fahrzeugteile und folgendes Fahrzeugzubehör des versicherten Fahrzeugs, wenn straßenverkehrsrechtlich zulässig, ohne Mehrprämie mitversichert:

(a) fest im Fahrzeug eingebaute oder fest am Fahrzeug angebaute Fahrzeugteile,

Allgemeine Bedingungen für die Kfz-Versicherung (AKB 2015)

(b) fest im Fahrzeug eingebautes oder am Fahrzeug angebautes oder im Fahrzeug unter Verschluss verwahrtes Fahrzeugzubehör, das ausschließlich dem Gebrauch des Fahrzeugs dient (z. B. Schonbezüge, Pannenwerkzeug) und nach allgemeiner Verkehrsanschauung nicht als Luxus angesehen wird,

(c) im Fahrzeug unter Verschluss verwahrte Fahrzeugteile, die zur Behebung von Betriebsstörungen des Fahrzeugs üblicherweise mitgeführt werden (z. B. Sicherungen und Glühlampen),

(d) Schutzhelme (auch mit Wechselsprechanlage), solange sie bestimmungsgemäß gebraucht werden oder mit dem abgestellten Fahrzeug so fest verbunden sind, dass ein unbefugtes Entfernen ohne Beschädigung nicht möglich ist,

(e) Planen, Gestelle für Planen (Spriegel), Aufbauten (ohne Spezialaufbauten),

(f) folgende außerhalb des Fahrzeugs unter Verschluss gehaltene Teile:
- ein zusätzlicher Satz Räder mit Winter- oder Sommerbereifung,
- Dach-/Heckständer, Hardtop, Schneeketten und Kindersitze,
- nach (a) bis (f) mitversicherte Fahrzeugteile und Fahrzeugzubehör während einer Reparatur.

▶ *Abhängig vom Gesamtneuwert mitversicherte Teile*

A.2.1.3 Die nachfolgend unter (a) bis (e) aufgeführten Teile sind ohne Prämienzuschlag bis zu einem Gesamtneuwert der Teile von 10.000 € (brutto) mitversichert, wenn sie im Fahrzeug fest eingebaut oder am Fahrzeug fest angebaut und straßenverkehrsrechtlich zulässig sind:

(a) Radio- und sonstige Audiosysteme, Video-, technische Kommunikations- und Leitsysteme (z. B. fest eingebaute Navigationssysteme),

(b) zugelassene Veränderungen an Fahrwerk, Triebwerk, Auspuff, Innenraum oder Karosserie (Tuning), die der Steigerung der Motorleistung, des Motordrehmoments oder der Veränderung des Fahrverhaltens dienen oder zu einer Wertsteigerung des Fahrzeugs führen,

(c) individuell für das Fahrzeug angefertigte Sonderlackierungen und -beschriftungen sowie besondere Oberflächenbehandlungen,

(d) Beiwagen und Verkleidungen bei Krafträdern, Leichtkrafträdern, Kleinkrafträdern, Trikes, Quads und Fahrzeugen mit Versicherungskennzeichen,

(e) Spezialaufbauten (z. B. Kran-, Tank-, Silo-, Kühl- und Thermoaufbauten) und Spezialeinrichtungen (z. B. für Werkstattwagen, Messfahrzeuge, Krankenwagen).

Ist der Gesamtneuwert der unter (a) bis (e) aufgeführten Teile höher als die genannte Wertgrenze, ist der übersteigende Wert nur mitversichert, wenn dies ausdrücklich vereinbart ist.

Bis zur genannten Wertgrenze verzichten wir auf eine Kürzung der Entschädigung wegen Unterversicherung.

▶ *Nicht versicherbare Gegenstände*

A.2.1.4 Nicht versicherbar sind alle sonstigen Gegenstände, insbesondere solche, deren Nutzung nicht ausschließlich dem Gebrauch des Fahrzeugs dient (z. B. Handys und mobile Navigationsgeräte, auch bei Verbindung mit dem Fahrzeug durch eine Halterung, Reisegepäck, persönliche Gegenstände der Insassen).

A.2.2 Welche Ereignisse sind in der Teilkasko versichert?

Versicherungsschutz besteht bei Beschädigung, Zerstörung, Totalschaden oder Verlust des Fahrzeugs einschließlich seiner mitversicherten Teile durch die nachfolgenden Ereignisse:

▶ *Brand und Explosion*

A.2.2.1 Versichert sind Brand und Explosion. Als Brand gilt ein Feuer mit Flammenbildung, das ohne einen bestimmungsgemäßen Herd entstanden ist oder ihn verlassen hat und sich aus eigener Kraft auszubreiten vermag. Nicht als Brand gelten Schmor- und Sengschäden. Explosion ist eine auf dem Ausdehnungsbestreben von Gasen oder Dämpfen beruhende, plötzlich verlaufende Kraftäußerung.

▶ *Entwendung*

A.2.2.2 Versichert ist die Entwendung, insbesondere durch Diebstahl und Raub.

Unterschlagung ist nur versichert, wenn dem Täter das Fahrzeug nicht zum Gebrauch in seinem eigenen Interesse, zur Veräußerung oder unter Eigentumsvorbehalt überlassen wird.

Unbefugter Gebrauch ist nur versichert, wenn der Täter in keiner Weise berechtigt ist, das Fahrzeug zu gebrauchen. Nicht als unbefugter Gebrauch gilt insbesondere, wenn der Täter vom Verfügungsberechtigten mit der Betreuung des Fahrzeugs beauftragt wird (z. B. Reparateur, Hotelangestellter). Außerdem besteht kein Versicherungsschutz, wenn der Täter in einem Näheverhältnis zu dem Verfügungsberechtigten steht (z. B. dessen Arbeitnehmer, Familien- oder Haushaltsangehörige).

▶ *Sturm, Hagel, Blitzschlag, Überschwemmung, Lawinen, Muren, Erdrutsch, Erdfall*

A.2.2.3 Versichert ist die unmittelbare Einwirkung von Sturm, Hagel, Blitzschlag, Überschwemmung, Lawinen, Muren, Erdrutsch oder Erdfall auf das Fahrzeug. Als Sturm gilt eine wetterbedingte Luftbewegung von mindestens Windstärke 8. Lawinen sind an Berghängen oder von Hausdächern niedergehende große Eis- oder Schneemassen. Muren sind an Berghängen abgehende Geröll-, Schlamm- oder Gesteinsmassen. Unter einem Erdrutsch ist ein naturbedingtes Abgleiten oder Abstürzen von Gesteins- oder Erdmassen zu verstehen. Ein Erdfall ist ein naturbedingter Einsturz des Bodens über natürlichen Hohlräumen. Eingeschlossen sind Schäden, die dadurch verursacht werden, dass durch diese Naturgewalten Gegenstände auf oder gegen das Fahrzeug geworfen werden. Ausgeschlossen sind Schäden, die auf ein durch diese Naturgewalten veranlasstes Verhalten des Fahrers zurückzuführen sind.

▶ *Zusammenstoß mit Tieren*

A.2.2.4 Versichert ist der Zusammenstoß des in Fahrt befindlichen Fahrzeugs mit Tieren aller Art.

▶ *Glasbruch*

A.2.2.5 Versichert sind Bruchschäden an der Verglasung des Fahrzeugs. Folgeschäden sind nicht versichert.

Bei Bruch des Scheinwerferglases ersetzen wir auch die Leuchtmittel, wenn dies erforderlich ist. Außerdem ersetzen wir die durch den Glasbruch bedingten Reinigungskosten. Bei einer reinen Glasbruchschadenreparatur (kein Austausch der Scheibe) verzichten wir auf den Einbehalt einer vereinbarten Selbstbeteiligung.

▶ *Kurzschlussschäden an der Verkabelung*

A.2.2.6 Versichert sind Schäden an der Verkabelung des Fahrzeugs durch Kurzschluss. Folgeschäden sind bis zu einem Betrag von 3.000 € versichert.

▶ *Tierbissschäden*

A.2.2.7 Versichert sind Tierbissschäden an Kabeln, Schläuchen, Leitungen, Dämmmatten und Achsmanschetten. Folgeschäden sind bis zu einem Betrag von 3.000 € versichert.

Allgemeine Bedingungen für die Kfz-Versicherung (AKB 2015)

A.2.3 Welche Ereignisse sind in der Vollkasko versichert?

Versicherungsschutz besteht bei Beschädigung, Zerstörung, Totalschaden oder Verlust des Fahrzeugs einschließlich seiner mitversicherten Teile durch die nachfolgenden Ereignisse:

▶ *Ereignisse der Teilkasko*

A.2.3.1 Versichert sind die Schadenereignisse der Teilkasko nach A.2.2.

▶ *Unfall*

A.2.3.2 Versichert sind Schäden am Fahrzeug durch Unfall. Als Unfall gilt ein unmittelbar von außen plötzlich mit mechanischer Gewalt auf das Fahrzeug einwirkendes Ereignis.

Nicht als Unfallschäden gelten insbesondere Schäden aufgrund eines Brems- oder Betriebsvorgangs oder reine Bruchschäden. Dazu zählen z. B. Schäden am Fahrzeug durch rutschende Ladung oder durch Abnutzung, Verwindungsschäden, Schäden aufgrund Bedienungsfehler oder Überbeanspruchung des Fahrzeugs und Schäden zwischen ziehendem und gezogenem Fahrzeug ohne Einwirkung von außen.

▶ *Mut- oder böswillige Handlungen*

A.2.3.3 Versichert sind mut- oder böswillige Handlungen von Personen, die in keiner Weise berechtigt sind, das Fahrzeug zu gebrauchen. Als berechtigt sind insbesondere Personen anzusehen, die vom Verfügungsberechtigten mit der Betreuung des Fahrzeugs beauftragt wurden (z. B. Reparateur, Hotelangestellter) oder in einem Näheverhältnis zu dem Verfügungsberechtigten stehen (z. B. dessen Arbeitnehmer, Familien- oder Haushaltsangehörige).

A.2.3.4 Versichert sind Schäden am Fahrzeug durch einen Unfall, der durch eine Manipulation der Fahrzeugsoftware durch einen unberechtigten Dritten (Hackerangriff, Cyberangriff) verursacht wurde.

A.2.4 Wer ist versichert?

Der Schutz der Kaskoversicherung gilt für Sie und, wenn der Vertrag auch im Interesse einer weiteren Person abgeschlossen ist, z. B. des Leasinggebers als Eigentümer des Fahrzeugs, auch für diese Person.

A.2.5 In welchen Ländern besteht Versicherungsschutz?

▶ *Versicherungsschutz in Europa und in der EU*

A.2.5.1 Sie haben in Kasko Versicherungsschutz in den geografischen Grenzen Europas sowie den außereuropäischen Gebieten, die zum Geltungsbereich der Europäischen Union gehören.

▶ *Veränderung des Geltungsbereichs*

A.2.5.2 Durch eine gesonderte Vereinbarung zwischen Ihnen und uns kann der Geltungsbereich erweitert oder eingeschränkt werden.

A.2.6 Was zahlen wir bei Totalschaden, Zerstörung oder Verlust?

▶ *Wiederbeschaffungswert abzüglich Restwert*

A.2.6.1 Bei Totalschaden, Zerstörung oder Verlust des Fahrzeugs zahlen wir den Wiederbeschaffungswert unter Abzug eines vorhandenen Restwerts des Fahrzeugs. Lassen Sie Ihr Fahrzeug trotz Totalschadens oder Zerstörung reparieren, gilt A.2.7.1.

▶ *Neupreisentschädigung bei Totalschaden, Zerstörung oder Verlust*

A.2.6.2 Bei Personenkraftwagen (ausgenommen Mietwagen, Taxen und Selbstfahrervermiet-Pkw) zahlen wir den Neupreis des Fahrzeugs gemäß A.2.11, wenn innerhalb von 12 Monaten nach dessen Erstzulassung ein Totalschaden, eine Zerstörung oder ein Verlust eintritt. Wir erstatten den Neupreis auch, wenn bei einer Beschädigung innerhalb von 18 Monaten nach der Erstzulassung die erforderlichen Kosten der Reparatur mindestens 80 % des Neupreises betragen. Voraussetzung ist, dass sich das Fahrzeug bei Eintritt des Schadenereignisses im Eigentum dessen befindet, der es als Neufahrzeug vom Kfz-Händler oder Kfz-Hersteller erworben hat. Ein vorhandener Restwert des Fahrzeugs wird abgezogen. Als Neufahrzeug gelten auch Fahrzeuge, die für einen Zeitraum von bis zu 5 Tagen auf den Kraftfahrzeughersteller oder -händler zugelassen waren und zum Zeitpunkt des Eigentumsübergangs eine Laufleistung von nicht mehr als 500 km aufgewiesen haben.

A.2.6.3 Wir zahlen die über den Wiederbeschaffungswert hinausgehende Neupreisentschädigung nur in der Höhe, in der gesichert ist, dass die Entschädigung innerhalb von 2 Jahren nach ihrer Feststellung für die Reparatur des Fahrzeugs oder den Erwerb eines anderen Fahrzeugs verwendet wird.

▶ *Was versteht man unter Totalschaden, Wiederbeschaffungswert und Restwert?*

A.2.6.4 Ein Totalschaden liegt vor, wenn die erforderlichen Kosten der Reparatur des Fahrzeugs dessen Wiederbeschaffungswert übersteigen.

A.2.6.5 Wiederbeschaffungswert ist der Preis, den Sie für den Kauf eines gleichwertigen gebrauchten Fahrzeugs am Tag des Schadenereignisses bezahlen müssen.

A.2.6.6 Restwert ist der Veräußerungswert des Fahrzeugs im beschädigten oder zerstörten Zustand.

A.2.7 Was zahlen wir bei Beschädigung?

▶ *Reparatur*

A.2.7.1 Wird das Fahrzeug beschädigt, zahlen wir die für die Reparatur erforderlichen Kosten bis zu folgenden Obergrenzen:

(a) Wird das Fahrzeug vollständig und fachgerecht repariert, zahlen wir die hierfür erforderlichen Kosten bis zur Höhe des Wiederbeschaffungswerts nach A.2.6.5, wenn Sie uns dies durch eine Rechnung nachweisen. Fehlt dieser Nachweis, zahlen wir entsprechend A.2.7.1.b.

(b) Wird das Fahrzeug nicht, nicht vollständig oder nicht fachgerecht repariert, zahlen wir die erforderlichen Kosten einer vollständigen Reparatur bis zur Höhe des um den Restwert verminderten Wiederbeschaffungswerts (siehe A.2.6.5 und A.2.6.6).

Beachten Sie auch die Regelung zur Neupreisentschädigung in A.2.6.2.

▶ *Abschleppen*

A.2.7.2 Bei Beschädigung des Fahrzeugs ersetzen wir die Kosten für das Abschleppen vom Schadenort bis zur nächstgelegenen für die Reparatur geeigneten Werkstatt, wenn nicht ein Dritter Ihnen gegenüber verpflichtet ist, die Kosten zu übernehmen. Das gilt nur, soweit einschließlich unserer Leistungen wegen der Beschädigung des Fahrzeugs nach A.2.7.1 die Obergrenze nach A.2.7.1.a oder A.2.7.1.b nicht überschritten wird.

Allgemeine Bedingungen für die Kfz-Versicherung (AKB 2015)

▶ *Abzug neu für alt*

A.2.7.3 Werden bei der Reparatur alte Teile gegen Neuteile ausgetauscht oder wird das Fahrzeug ganz oder teilweise neu lackiert, nehmen wir keinen Abzug vor.

A.2.8 Sachverständigenkosten

Die Kosten eines Sachverständigen erstatten wir nur, wenn wir dessen Beauftragung veranlasst oder ihr zugestimmt haben.

A.2.9 Mehrwertsteuer

Mehrwertsteuer erstatten wir nur, wenn und soweit diese für Sie bei der von Ihnen gewählten Schadenbeseitigung tatsächlich angefallen ist. Die Mehrwertsteuer erstatten wir nicht, soweit eine Vorsteuerabzugsberechtigung besteht.

A.2.10 Zusätzliche Regelungen bei Entwendung

▶ *Wiederauffinden des Fahrzeugs*

A.2.10.1 Wird das Fahrzeug innerhalb eines Monats nach Eingang der schriftlichen Schadenanzeige wieder aufgefunden und können Sie innerhalb dieses Zeitraums mit objektiv zumutbaren Anstrengungen das Fahrzeug wieder in Besitz nehmen, sind Sie zur Rücknahme des Fahrzeugs verpflichtet.

A.2.10.2 Wird das Fahrzeug in einer Entfernung von mehr als 50 km (Luftlinie) von seinem regelmäßigen Standort aufgefunden, zahlen wir für dessen Abholung die Kosten in Höhe einer Bahnfahrkarte 2. Klasse für Hin- und Rückfahrt bis zu einer Höchstentfernung von 1.500 km (Bahnkilometer) vom regelmäßigen Standort des Fahrzeugs zu dem Fundort.

▶ *Eigentumsübergang nach Entwendung*

A.2.10.3 Sind Sie nicht nach A.2.10.1 zur Rücknahme des Fahrzeugs verpflichtet, werden wir dessen Eigentümer.

A.2.10.4 Haben wir die Versicherungsleistung wegen einer Pflichtverletzung (z. B. nach D.1, E.1 oder E.3 oder wegen grober Fahrlässigkeit nach A.2.16.1 Satz 2) gekürzt und wird das Fahrzeug wieder aufgefunden, gilt Folgendes: Ihnen steht ein Anteil am erzielbaren Veräußerungserlös nach Abzug der erforderlichen Kosten zu, die im Zusammenhang mit der Rückholung und Verwertung entstanden sind. Der Anteil entspricht der Quote, um die wir Ihre Entschädigung gekürzt haben.

A.2.11 Bis zu welcher Höhe leisten wir (Höchstentschädigung)?

Unsere Höchstentschädigung ist beschränkt auf den Neupreis des Fahrzeugs. Neupreis ist der Betrag, der für den Kauf eines neuen Fahrzeugs in der Ausstattung des versicherten Fahrzeugs oder – wenn der Typ des versicherten Fahrzeugs nicht mehr hergestellt wird – eines vergleichbaren Nachfolgemodells am Tag des Schadenereignisses aufgewendet werden muss. Maßgeblich für den Kaufpreis ist die unverbindliche Empfehlung des Herstellers abzüglich orts- und marktüblicher Nachlässe.

A.2.12 Selbstbeteiligung

Ist eine Selbstbeteiligung vereinbart, wird diese bei jedem Schadenereignis von der Entschädigung abgezogen. Ihrem Versicherungsschein können Sie entnehmen, ob und in welcher Höhe Sie eine Selbstbeteiligung vereinbart haben.

A.2.13 Was wir nicht ersetzen, Rest- und Altteile

▶ *Was wir nicht ersetzen*

A.2.13.1 Wir zahlen nicht für Veränderungen, Verbesserungen und Verschleißreparaturen. Ebenfalls nicht ersetzt werden Folgeschäden wie Verlust von Treibstoff und Betriebsmittel (z. B. Öl, Kühlflüssigkeit), Wertminderung, Zulassungskosten, Überführungskosten, Verwaltungskosten, Nutzungsausfall oder Kosten eines Mietfahrzeugs.

▶ *Rest- und Altteile*

A.2.13.2 Rest- und Altteile sowie das unreparierte Fahrzeug verbleiben bei Ihnen und werden zum Veräußerungswert auf die Entschädigung angerechnet.

A.2.14 Fälligkeit unserer Zahlung, Abtretung

A.2.14.1 Sobald wir unsere Zahlungspflicht und die Höhe der Entschädigung festgestellt haben, zahlen wir diese spätestens innerhalb von 2 Wochen.

A.2.14.2 Haben wir unsere Zahlungspflicht festgestellt, lässt sich jedoch die Höhe der Entschädigung nicht innerhalb eines Monats nach Schadenanzeige feststellen, können Sie einen angemessenen Vorschuss auf die Entschädigung verlangen.

A.2.14.3 Ist das Fahrzeug entwendet worden, ist zunächst abzuwarten, ob es wieder aufgefunden wird. Aus diesem Grund zahlen wir die Entschädigung frühestens nach Ablauf eines Monats nach Eingang der schriftlichen Schadenanzeige.

A.2.14.4 Ihren Anspruch auf die Entschädigung können Sie vor der endgültigen Feststellung ohne unsere ausdrückliche Genehmigung weder abtreten noch verpfänden.

A.2.15 Können wir unsere Leistung zurückfordern, wenn Sie nicht selbst gefahren sind?

Fährt eine andere Person berechtigterweise das Fahrzeug und kommt es zu einem Schadenereignis, fordern wir von dieser Person unsere Leistungen nicht zurück. Dies gilt nicht, wenn der Fahrer das Schadenereignis grob fahrlässig oder vorsätzlich herbeigeführt hat. Lebt der Fahrer bei Eintritt des Schadens mit Ihnen in häuslicher Gemeinschaft, fordern wir unsere Ersatzleistung selbst bei grob fahrlässiger Herbeiführung des Schadens nicht zurück, sondern nur bei vorsätzlicher Verursachung.

Die Sätze 1 bis 3 gelten entsprechend, wenn eine in der Kfz-Haftpflichtversicherung gemäß A.1.2 mitversicherte Person, der Mieter oder der Entleiher einen Schaden herbeiführt.

A.2.16 Was ist nicht versichert?

▶ *Vorsatz und grobe Fahrlässigkeit*

A.2.16.1 Kein Versicherungsschutz besteht für Schäden, die vorsätzlich herbeigeführt werden.

Bei grob fahrlässiger Herbeiführung von Schäden sind wir berechtigt, unsere Leistung in einem der Schwere Ihres Verschuldens entsprechenden Verhältnis zu kürzen.

Wir verzichten jedoch in der Kaskoversicherung auf den Einwand der grob fahrlässigen Herbeiführung des Schadens. Ausgenommen von diesem Verzicht sind:

- die grob fahrlässige Ermöglichung der Entwendung des Fahrzeugs oder seiner Teile und
- Schäden, die Sie selbst herbeiführen infolge des Genusses alkoholischer Getränke oder anderer berauschender Mittel.

▶ *Rennen*

A.2.16.2 Kein Versicherungsschutz besteht für Schäden, die bei Beteiligung an Fahrtveranstaltungen entstehen, bei denen es auf Erzielung einer Höchstgeschwindigkeit ankommt. Dies gilt auch für dazugehörige Übungsfahrten.

▶ *Reifenschäden*

A.2.16.3 Kein Versicherungsschutz besteht für beschädigte oder zerstörte Reifen. Versicherungsschutz besteht jedoch, wenn die Reifen aufgrund eines Ereignisses beschädigt oder zerstört werden, das gleichzeitig andere unter den Schutz der Kaskoversicherung fallende Schäden bei dem versicherten Fahrzeug verursacht hat.

▶ *Erdbeben, Kriegsereignisse, innere Unruhen, Maßnahmen der Staatsgewalt*

A.2.16.4 Kein Versicherungsschutz besteht für Schäden, die durch Erdbeben, Kriegsereignisse, innere Unruhen oder Maßnahmen der Staatsgewalt unmittelbar oder mittelbar verursacht werden.

▶ *Schäden durch Kernenergie*

A.2.16.5 Kein Versicherungsschutz besteht für Schäden durch Kernenergie.

A.2.17 Meinungsverschiedenheit über die Schadenhöhe (Sachverständigenverfahren)

A.2.17.1 Bei Meinungsverschiedenheit über die Höhe des Schadens einschließlich der Feststellung des Wiederbeschaffungswerts oder über den Umfang der erforderlichen Reparaturarbeiten entscheidet ein Sachverständigenausschuss.

A.2.17.2 Für den Ausschuss benennen Sie und wir je einen Kraftfahrzeugsachverständigen. Wenn Sie oder wir innerhalb von 2 Wochen nach Aufforderung keinen Sachverständigen benennen, wird dieser von dem jeweils anderen bestimmt.

A.2.17.3 Soweit sich der Ausschuss nicht einigt, entscheidet ein weiterer Kraftfahrzeugsachverständiger als Obmann, der vor Beginn des Verfahrens von dem Ausschuss gewählt werden soll. Einigt sich der Ausschuss nicht über die Person des Obmanns, wird er über das zuständige Amtsgericht benannt. Die Entscheidung des Obmanns muss zwischen den jeweils von den beiden Sachverständigen geschätzten Beträgen liegen.

A.2.17.4 Die Kosten des Sachverständigenverfahrens sind im Verhältnis des Obsiegens zum Unterliegen von uns bzw. von Ihnen zu tragen.

A.2.18 Fahrzeugteile und Fahrzeugzubehör

Bei Beschädigung, Zerstörung, Totalschaden oder Verlust von mitversicherten Teilen gelten A.2.6 bis A.2.17 entsprechend.

A.3 Autoschutzbrief – Hilfe für unterwegs als Service oder Kostenerstattung

A.3.1 Was ist versichert?

Wir erbringen nach Eintritt der in A.3.5 bis A.3.8 genannten Schadenereignisse die dazu im Einzelnen aufgeführten Leistungen als Service oder erstatten die von Ihnen aufgewendeten Kosten im Rahmen dieser Bedingungen.

A.3.2 Wer ist versichert?

Versicherungsschutz besteht für Sie, den berechtigten Fahrer und die berechtigten Insassen, soweit nachfolgend nichts anderes geregelt ist.

A.3.3 Versicherte Fahrzeuge

Versichert ist das im Versicherungsschein bezeichnete Fahrzeug sowie ein mitgeführter Wohnwagen-, Gepäck- oder Bootsanhänger.

A.3.4 In welchen Ländern besteht Versicherungsschutz?

Sie haben mit dem Schutzbrief Versicherungsschutz in den geografischen Grenzen Europas sowie den außereuropäischen Gebieten, die zum Geltungsbereich der Europäischen Union gehören, soweit nachfolgend nicht etwas anderes geregelt ist.

A.3.5 Hilfe bei Panne oder Unfall

Kann das Fahrzeug nach einer Panne oder einem Unfall die Fahrt aus eigener Kraft nicht fortsetzen, erbringen wir die unten aufgeführten Leistungen.

▶ *Was versteht man unter Panne oder Unfall?*

A.3.5.1 Unter Panne ist jeder Betriebs-, Bruch- oder Bremsschaden zu verstehen. Unfall ist ein unmittelbar von außen plötzlich mit mechanischer Gewalt auf das Fahrzeug einwirkendes Ereignis.

▶ *Wiederherstellung der Fahrbereitschaft*

A.3.5.2 Wir sorgen für die Wiederherstellung der Fahrbereitschaft an der Schadenstelle durch ein Pannenhilfsfahrzeug und übernehmen die hierdurch entstehenden Kosten. Der Höchstbetrag für diese Leistung beläuft sich einschließlich der vom Pannenhilfsfahrzeug mitgeführten und verwendeten Kleinteile auf 100 €.

▶ *Abschleppen des Fahrzeugs*

A.3.5.3 Kann das Fahrzeug an der Schadenstelle nicht wieder fahrbereit gemacht werden, sorgen wir für das Abschleppen des Fahrzeugs einschließlich Gepäck und nicht gewerblich beförderter Ladung und übernehmen die hierdurch entstehenden Kosten. Der Höchstbetrag für diese Leistung beläuft sich auf 150 €; hierauf werden durch den Einsatz eines Pannenhilfsfahrzeugs entstandene Kosten angerechnet.

▶ *Bergen des Fahrzeugs*

A.3.5.4 Ist das Fahrzeug von der Straße abgekommen, sorgen wir für die Bergung des Fahrzeugs einschließlich Gepäck und nicht gewerblich beförderter Ladung und übernehmen die hierdurch entstehenden Kosten.

▶ *Falschbetankung und Verwendung ungeeigneter Betriebsmittel*

A.3.5.5 Haben Sie Ihr Fahrzeug mit falschem Kraftstoff betankt oder ungeeignete Betriebsmittel verwendet, ersetzen wir zusätzlich zu den Leistungen bei einer Panne die Kosten bis zu einer Höhe von insgesamt 500 € für das Entfernen des falschen Kraftstoffes oder des ungeeigneten Betriebsmittels aus allen betroffenen Bauteilen des Fahrzeugs. Folgeschäden aller Art sind vom Versicherungsschutz ausgeschlossen.

Als Falschbetankung gilt, wenn ein Fahrzeug mit Benzinmotor mit Dieselkraftstoff oder ein Fahrzeug mit Dieselmotor mit Benzin betankt wird.

A.3.6 Zusätzliche Hilfe bei Panne, Unfall oder Diebstahl ab 50 km Entfernung

Bei Panne, Unfall oder Diebstahl des Fahrzeugs an einem Ort, der mindestens 50 km Luftlinie von Ihrem ständigen Wohnsitz in Deutschland entfernt ist, erbringen wir die nachfolgenden Leistungen, wenn das Fahrzeug weder am Schadentag noch am darauffolgenden Tag wieder fahrbereit gemacht werden kann oder es gestohlen worden ist:

▶ Weiter- oder Rückfahrt

A.3.6.1 Folgende Fahrtkosten werden erstattet:

(a) Eine Rückfahrt vom Schadenort zu Ihrem ständigen Wohnsitz in Deutschland oder

(b) eine Weiterfahrt vom Schadenort zum Zielort, jedoch höchstens innerhalb des Geltungsbereichs nach A.3.4 und

(c) eine Rückfahrt vom Zielort zu Ihrem ständigen Wohnsitz in Deutschland,

(d) eine Fahrt einer Person von Ihrem ständigen Wohnsitz oder vom Zielort zum Schadenort, wenn das Fahrzeug dort fahrbereit gemacht worden ist.

Die Kostenerstattung erfolgt bei einer einfachen Entfernung unter 1.200 Bahnkilometern bis zur Höhe der Bahnkosten 2. Klasse, bei größerer Entfernung bis zur Höhe der Bahnkosten 1. Klasse oder der Liegewagenkosten jeweils einschließlich Zuschlägen.

▶ Übernachtung

A.3.6.2 Wir helfen Ihnen auf Wunsch bei der Beschaffung einer Übernachtungsmöglichkeit und übernehmen die Kosten für höchstens 3 Übernachtungen. Wenn Sie die Leistung Weiter- oder Rückfahrt nach A.3.6.1 in Anspruch nehmen, zahlen wir nur eine Übernachtung. Sobald das Fahrzeug Ihnen wieder fahrbereit zur Verfügung steht, besteht kein Anspruch auf weitere Übernachtungskosten. Wir übernehmen die Kosten bis höchstens 60 € je Übernachtung und Person.

▶ Mietwagen

A.3.6.3 Wir helfen Ihnen, ein gleichwertiges Fahrzeug anzumieten. Wir übernehmen anstelle der Leistung Weiter- oder Rückfahrt nach A.3.6.1 oder Übernachtung nach A.3.6.2 die Kosten des Mietwagens, bis Ihnen das Fahrzeug wieder fahrbereit zur Verfügung steht, jedoch höchstens für 7 Tage und höchstens 50 € je Tag.

▶ Fahrzeugunterstellung

A.3.6.4 Muss das Fahrzeug nach einer Panne oder einem Unfall bis zur Wiederherstellung der Fahrbereitschaft oder bis zur Durchführung des Transports in einer Werkstatt untergestellt werden, sind wir Ihnen hierbei behilflich und übernehmen die hierdurch entstehenden Kosten, jedoch höchstens für 2 Wochen.

▶ Kurzfahrten

A.3.6.5 Müssen Sie zusätzliche Fahrten mit öffentlichen Verkehrsmitteln oder einem Taxiunternehmen, übernehmen wir die hierdurch entstehenden Kosten bis zu einer Höhe von höchstens 50 €.

A.3.7 Hilfe bei Krankheit, Verletzung oder Tod auf einer Reise

Erkranken Sie oder eine mitversicherte Person unvorhersehbar oder stirbt der Fahrer auf einer Reise mit dem versicherten Fahrzeug an einem Ort, der mindestens 50 km Luftlinie von Ihrem ständigen Wohnsitz in Deutschland entfernt ist, erbringen wir die unten genannten Leistungen. Als unvorhersehbar gilt eine Erkrankung, wenn diese nicht bereits innerhalb der letzten 6 Wochen vor Beginn der Reise (erstmalig oder zum wiederholten Mal) aufgetreten ist.

▶ Was versteht man unter einer Reise?

A.3.7.1 Eine Reise ist jede Abwesenheit von Ihrem ständigen Wohnsitz bis zu einer Höchstdauer von fortlaufend 6 Wochen. Als Ihr ständiger Wohnsitz gilt der Ort in Deutschland, an dem Sie behördlich gemeldet sind und sich überwiegend aufhalten.

▶ Krankenrücktransport

A.3.7.2 Müssen Sie oder eine mitversicherte Person infolge Erkrankung an Ihren ständigen Wohnsitz zurücktransportiert werden, sorgen wir für die Durchführung des Rücktransports und übernehmen dessen Kosten. Art und Zeitpunkt des Rücktransports müssen medizinisch notwendig sein. Unsere Leistung erstreckt sich auch auf die Begleitung des Erkrankten durch einen Arzt oder Sanitäter, wenn diese behördlich vorgeschrieben ist. Außerdem übernehmen wir die bis zum Rücktransport entstehenden, durch die Erkrankung bedingten Übernachtungskosten, jedoch höchstens für 3 Übernachtungen bis zu je 60 € pro Person.

▶ Rückholung von Kindern

A.3.7.3 Können mitreisende Kinder unter 16 Jahren infolge einer Erkrankung oder des Todes des Fahrers weder von Ihnen noch von einem anderen berechtigten Insassen betreut werden, sorgen wir für deren Abholung und Rückfahrt mit einer Begleitperson zu Ihrem Wohnsitz und übernehmen die hierdurch entstehenden Kosten. Wir erstatten dabei die Bahnkosten 2. Klasse einschließlich Zuschlägen sowie die Kosten für nachgewiesene Taxifahrten bis zu 50 €.

▶ Fahrzeugabholung

A.3.7.4 Kann das versicherte Fahrzeug infolge einer länger als 3 Tage andauernden Erkrankung oder infolge des Todes des Fahrers weder von diesem noch von einem Insassen zurückgefahren werden, sorgen wir für die Verbringung des Fahrzeugs zu Ihrem ständigen Wohnsitz und übernehmen die hierdurch entstehenden Kosten. Veranlassen Sie die Verbringung selbst, erhalten Sie als Kostenersatz bis 0,50 € je Kilometer zwischen Ihrem Wohnsitz und dem Schadenort. Außerdem erstatten wir in jedem Fall die bis zur Abholung der berechtigten Insassen entstehenden und durch den Fahrerausfall bedingten Übernachtungskosten, jedoch höchstens für 3 Übernachtungen bis zu je 60 € pro Person.

A.3.8 Zusätzliche Leistungen bei einer Auslandsreise

Ereignet sich der Schaden an einem Ort im Ausland (Geltungsbereich nach A.3.4 ohne Deutschland), der mindestens 50 km Luftlinie von Ihrem ständigen Wohnsitz in Deutschland entfernt ist, erbringen wir zusätzlich folgende Leistungen:

A.3.8.1 Bei Panne und Unfall:

▶ Ersatzteilversand

(a) Können Ersatzteile zur Wiederherstellung der Fahrbereitschaft des Fahrzeugs an einem ausländischen Schadenort oder in dessen Nähe nicht beschafft werden, sorgen wir dafür, dass Sie diese auf schnellstmöglichem Wege erhalten, und übernehmen alle entstehenden Versandkosten.

▶ *Fahrzeugtransport*

(b) Wir sorgen für den Transport des Fahrzeugs zu einer Werkstatt und übernehmen die hierdurch entstehenden Kosten bis zur Höhe der Rücktransportkosten an Ihren Wohnsitz, wenn
- das Fahrzeug an einem ausländischen Schadenort oder in dessen Nähe nicht innerhalb von 3 Werktagen fahrbereit gemacht werden kann und
- die voraussichtlichen Reparaturkosten nicht höher sind als der Kaufpreis für ein gleichwertiges gebrauchtes Fahrzeug.

Wir übernehmen unter diesen Voraussetzungen auch die Kosten für die Feststellung der voraussichtlichen Reparaturkosten bis 80 €.

▶ *Mietwagen*

(c) Wir helfen Ihnen, ein gleichwertiges Fahrzeug anzumieten. Mieten Sie ein Fahrzeug nach A.3.6.3 an, übernehmen wir die Kosten hierfür, bis Ihr Fahrzeug wieder fahrbereit zur Verfügung steht, unabhängig von der Dauer bis zu einem Betrag von 350 €.

▶ *Fahrzeugverzollung und -verschrottung*

(d) Muss das Fahrzeug nach einem Unfall im Ausland verzollt werden, helfen wir bei der Verzollung und übernehmen die hierbei anfallenden Verfahrensgebühren mit Ausnahme des Zollbetrags und sonstiger Steuern. Lassen Sie Ihr Fahrzeug verschrotten, um die Verzollung zu vermeiden, übernehmen wir die Verschrottungskosten.

A.3.8.2 Bei Fahrzeugdiebstahl:

▶ *Fahrzeugunterstellung*

(a) Wird das gestohlene Fahrzeug nach dem Diebstahl im Ausland wieder aufgefunden und muss es bis zur Durchführung des Rücktransports oder der Verzollung bzw. Verschrottung untergestellt werden, übernehmen wir die hierdurch entstehenden Kosten, jedoch höchstens für 2 Wochen.

▶ *Mietwagen*

(b) Wir helfen Ihnen, ein gleichwertiges Fahrzeug anzumieten. Mieten Sie ein Fahrzeug nach A.3.6.3 an, übernehmen wir die Kosten hierfür, bis Ihr Fahrzeug wieder fahrbereit zur Verfügung steht, unabhängig von der Dauer bis zu einem Betrag von 350 €.

▶ *Fahrzeugverzollung und -verschrottung*

(c) Muss das Fahrzeug nach dem Diebstahl im Ausland verzollt werden, helfen wir bei der Verzollung und übernehmen die hierbei anfallenden Verfahrensgebühren mit Ausnahme des Zollbetrags und sonstiger Steuern. Lassen Sie Ihr Fahrzeug verschrotten, um die Verzollung zu vermeiden, übernehmen wir die Verschrottungskosten.

A.3.8.3 Im Todesfall

Im Fall Ihres Todes auf einer Reise mit dem versicherten Fahrzeug im Ausland sorgen wir nach Abstimmung mit den Angehörigen für die Bestattung im Ausland oder für die Überführung nach Deutschland und übernehmen die Kosten. Diese Leistung gilt nicht bei Tod einer mitversicherten Person.

A.3.8.4 Telefonkosten

Für Telefongespräche, die Sie oder ein berechtigter Insasse anlässlich einer erstattungspflichtigen Schutzbriefleistung im Ausland von dort mit uns führen, erstatten wir die nachgewiesenen Kosten bis insgesamt 30 €.

A.3.9 Was ist nicht versichert?

▶ *Vorsatz und grobe Fahrlässigkeit*

A.3.9.1 Kein Versicherungsschutz besteht für Schäden, die Sie vorsätzlich herbeiführen. Bei grob fahrlässiger Herbeiführung des Schadens sind wir berechtigt, unsere Leistung in einem der Schwere Ihres Verschuldens entsprechenden Verhältnis zu kürzen.

▶ *Rennen*

A.3.9.2 Kein Versicherungsschutz besteht für Schäden, die bei Beteiligung an Fahrtveranstaltungen entstehen, bei denen es auf Erzielung einer Höchstgeschwindigkeit ankommt. Dies gilt auch für dazugehörige Übungsfahrten.

▶ *Erdbeben, Kriegsereignisse, innere Unruhen und Staatsgewalt*

A.3.9.3 Kein Versicherungsschutz besteht für Schäden, die durch Erdbeben, Kriegsereignisse, innere Unruhen oder Maßnahmen der Staatsgewalt unmittelbar oder mittelbar verursacht werden.

▶ *Schäden durch Kernenergie*

A.3.9.4 Kein Versicherungsschutz besteht für Schäden durch Kernenergie.

▶ *Schäden durch Erkrankungen*

A.3.9.5 Kein Versicherungsschutz besteht, wenn das Ereignis, aufgrund dessen der Versicherer in Anspruch genommen wird (Schadenfall), durch eine Erkrankung verursacht wurde, die innerhalb von 6 Wochen vor Beginn der Reise mit dem versicherten Fahrzeug erstmalig oder zum wiederholten Male aufgetreten ist.

A.3.10 Anrechnung ersparter Aufwendungen, Abtretung

A.3.10.1 Haben Sie sich aufgrund unserer Leistungen Kosten erspart, die Sie ohne das Schadenereignis hätten aufwenden müssen, können wir diese von unserer Zahlung abziehen.

A.3.10.2 Ihren Anspruch auf Leistung können Sie vor der endgültigen Feststellung ohne unsere ausdrückliche Genehmigung weder abtreten noch verpfänden.

A.3.11 Verpflichtung Dritter

A.3.11.1 Soweit im Schadenfall ein Dritter Ihnen gegenüber aufgrund eines Vertrages oder einer Mitgliedschaft in einem Verband oder Verein zur Leistung oder zur Hilfe verpflichtet ist, gehen diese Ansprüche unseren Leistungsverpflichtungen vor.

A.3.11.2 Wenden Sie sich nach einem Schadenereignis allerdings zuerst an uns, sind wir Ihnen gegenüber abweichend von A.3.11.1 zur Leistung verpflichtet.

A.4 Fahrerschutz-Versicherung – wenn der Fahrer verletzt oder getötet wird

A.4.1 Was ist versichert?

A.4.1.1 Versichert sind Personenschäden des berechtigten Fahrers infolge eines Unfalls beim Lenken des im Versicherungsschein bezeichneten Fahrzeugs.

A.4.1.2 Ein Unfall liegt vor, wenn der Fahrer durch ein plötzlich von außen auf seinen Körper wirkendes Ereignis (Unfallereignis) unfreiwillig eine Gesundheitsschädigung oder den Tod erleidet.

A.4.2 Wer ist versichert?

Versichert ist der berechtigte Fahrer des Fahrzeugs. Berechtigter Fahrer ist eine Person, die mit Wissen und Willen des Verfügungsberechtigten das Fahrzeug lenkt. Im Todesfall des Fahrers sind seine Hinterbliebenen bezüglich ihrer gesetzlichen Unterhaltsansprüche mitversichert.

A.4.3 In welchen Ländern besteht Versicherungsschutz?

Sie haben in der Fahrerschutz-Versicherung Versicherungsschutz in den geografischen Grenzen Europas sowie den außereuropäischen Gebieten, die zum Geltungsbereich der Europäischen Union gehören.

A.4.4 Was leisten wir in der Fahrerschutz-Versicherung?

▶ *Was zahlen wir?*

A.4.4.1 Wir zahlen für den Personenschaden des berechtigten Fahrers wie ein Haftpflichtversicherer. Dabei leisten wir nach deutschem Recht und nach den gesetzlichen Haftpflichtbestimmungen bis zu einer Höhe von 12 Mio. € je Schadenfall z. B.
- Verdienstausfall,
- behindertengerechte Umbaumaßnahmen (z. B. von Haus, Wohnung und Fahrzeug),
- Hinterbliebenenrente (z. B. Witwen- oder Waisenrente),
- Schmerzensgeld
  Voraussetzung für die Zahlung von Schmerzensgeld ist ein Krankenhausaufenthalt von mindestens 5 Tagen.

Wir erbringen unsere Leistungen unabhängig davon, ob Sie den Unfall selbst verschuldet haben oder nicht, z. B. auch bei höherer Gewalt.

▶ *Vorrangige Leistungspflicht Dritter*

A.4.4.2 Ist im Schadenfall ein Dritter dem berechtigten Fahrer gegenüber aufgrund gesetzlicher oder vertraglicher Bestimmungen zur Leistung verpflichtet (z. B. Unfallgegner, Krankenkasse, Rentenversicherungsträger, Arbeitgeber), gehen diese Ansprüche unseren Leistungsverpflichtungen vor, wenn und soweit sie für ihn in zumutbarer Weise durchsetzbar sind. Andernfalls treten wir ihm gegenüber in Vorleistung.

A.4.5 Fälligkeit und Zahlung, Abtretung

A.4.5.1 Sobald wir unsere Zahlungspflicht und die Höhe der Leistung festgestellt haben, zahlen wir diese spätestens innerhalb von 2 Wochen.

A.4.5.2 Haben wir unsere Zahlungspflicht festgestellt, lässt sich jedoch die Höhe der Leistung nicht innerhalb eines Monats nach Schadenanzeige feststellen, können Sie einen angemessenen Vorschuss auf die Leistung verlangen.

A.4.5.3 Ihren Anspruch auf die Leistung können Sie vor der endgültigen Feststellung ohne unsere ausdrückliche Zustimmung weder abtreten noch verpfänden.

A.4.6 Was ist nicht versichert?

▶ *Vorsatz*

A.4.6.1 Kein Versicherungsschutz besteht für Schäden, die der Fahrer vorsätzlich herbeiführt.

▶ *Ansprüche Dritter*

A.4.6.2 Ansprüche Dritter (z. B. Versicherer, Sozialversicherungsträger, Arbeitgeber) gegen uns sind ausgeschlossen.

▶ *Genehmigte Rennen*

A.4.6.3 Kein Versicherungsschutz besteht für Schäden, die bei Beteiligung an behördlich genehmigten kraftfahrt-sportlichen Veranstaltungen entstehen, bei denen es auf Erzielung einer Höchstgeschwindigkeit ankommt. Dies gilt auch für dazugehörige Übungsfahrten.

Hinweis: Die Teilnahme an nicht genehmigten Rennen stellt eine Verletzung Ihrer Pflichten nach D.2.2 dar.

▶ *Kernenergie*

A.4.6.4 Kein Versicherungsschutz besteht bei Schäden durch Kernenergie.

A.5 Kfz-Umweltschadenversicherung – für öffentlich-rechtliche Ansprüche nach dem Umweltschadengesetz

Die Umwelthaftpflichtversicherung ist Bestandteil des Vertrages über die Kfz-Haftpflichtversicherung.

A.5.1 Was ist versichert?

▶ *Sie haben mit Ihrem Fahrzeug die Umwelt geschädigt.*

A.5.1.1 Wir stellen Sie von öffentlich-rechtlichen Ansprüchen zur Sanierung von Umweltschäden nach dem Umweltschadengesetz (USchadG) frei, die durch einen Unfall, eine Panne oder eine plötzliche und unfallartige Störung des bestimmungsgemäßen Gebrauchs des Fahrzeugs (Betriebsstörung) verursacht worden sind.

▶ *Begründete und unbegründete Ansprüche*

A.5.1.2 Sind die Ansprüche nach dem Umweltschadengesetz begründet, leisten wir Ersatz in Geld.

A.5.1.3 Sind die Ansprüche nach dem Umweltschadengesetz unbegründet, wehren wir diese auf unsere Kosten ab. Dies gilt auch, soweit die Ansprüche der Höhe nach unbegründet sind.

▶ *Regulierungsvollmacht*

A.5.1.4 Im Rahmen der Umweltschadenversicherung nach dem Umweltschadengesetz sind wir bevollmächtigt, alle uns zur Abwicklung des Schadens oder der Abwehr unberechtigter Inanspruchnahme durch die Behörde oder einen sonstigen Dritten zweckmäßig erscheinenden Erklärungen im Rahmen pflichtgemäßen Ermessens abzugeben.

Kommt es in einem Versicherungsfall zu einem Verwaltungsverfahren oder Rechtsstreit gegen Sie, so sind wir zur Verfahrens- und Prozessführung bevollmächtigt. Wir führen das Verwaltungsverfahren oder den Rechtsstreit in Ihrem Namen auf unsere Kosten.

A.5.2 Wer ist versichert?

Die Regelungen unter A.1.2 gelten entsprechend.

A.5.3 Bis zu welcher Höhe leisten wir (Versicherungssummen)?

Die Höhe der für Umweltschäden im Sinne des Umweltschadengesetzes vereinbarten Versicherungssumme beträgt pauschal 5 Mio. € pro Versicherungsfall, höchstens jedoch 10 Mio. € pro Versicherungsjahr. Diese Versicherungssumme ist unsere Höchstleistung für die in einem Versicherungsjahr angefallenen Schadenereignisse unabhängig von deren Anzahl.

A.5.4 In welchen Ländern besteht Versicherungsschutz?

Versicherungsschutz gemäß A.1.1 besteht außerhalb des Anwendungsbereichs des Umweltschadengesetzes auch in den Ländern des Europäischen Wirtschaftsraums (EWR), soweit die EU-Umwelthaftungsrichtlinie (2004/35/EG) gilt oder sinngemäße Anwendung findet.

Versicherungsschutz nach den jeweiligen nationalen Gesetzen besteht nur, soweit diese Ansprüche den Umfang der EU-Richtlinie nicht überschreiten.

A.5.5 Was ist nicht versichert?

Unvermeidbare, notwendige oder in Kauf genommene Umweltschäden.

A.5.5.1 Nicht versichert sind Schäden, die durch betriebsbedingt unvermeidbare, notwendige oder in Kauf genommene Einwirkungen auf die Umwelt entstehen.

▶ *Ausbringungsschäden*

A.5.5.2 Nicht versichert sind Schäden, die durch Lieferung, Verwendung oder Freisetzung von Klärschlamm, Jauche, Gülle, festem Stalldung, Pflanzenschutz-, Dünge- oder Schädlingsbekämpfungsmitteln resultieren, es sei denn, dass diese Stoffe durch plötzliche und unfallartige Ereignisse bestimmungswidrig und unbeabsichtigt in die Umwelt gelangen, diese Stoffe durch Niederschläge plötzlich abgeschwemmt werden oder in andere Grundstücke abdriften.

▶ *Bewusste Verstöße gegen Regelungen, die dem Umweltschutz dienen*

A.5.5.3 Nicht versichert sind Schäden durch bewusste Verstöße gegen Gesetze, Verordnungen oder an Sie gerichtete behördliche Anordnungen oder Verfügungen, die dem Umweltschutz dienen.

▶ *Vertragliche Ansprüche*

A.5.5.4 Nicht versichert sind Ansprüche, die aufgrund vertraglicher Vereinbarung oder Zusage über Ihre gesetzliche Verpflichtung hinausgehen.

B Beginn des Vertrages und vorläufiger Versicherungsschutz

Der Versicherungsvertrag kommt dadurch zustande, dass wir Ihren Antrag annehmen. Regelmäßig geschieht dies durch Zugang des Versicherungsscheins.

B.1 Wann beginnt der Versicherungsschutz?

Der Versicherungsschutz beginnt zu dem im Versicherungsschein angegebenen Zeitpunkt, wenn der Versicherungsnehmer die erste oder einmalige Prämie rechtzeitig im Sinne von Ziffer C.1.2 und C.1.3 zahlt. Dies gilt vorbehaltlich der Regelungen über die Folgen verspäteter Zahlungen oder Nichtzahlung der Erst- oder Einmalprämie.

B.2 Vorläufiger Versicherungsschutz

Bevor die Prämie gezahlt ist, haben Sie nach folgenden Bestimmungen vorläufigen Versicherungsschutz:

▶ *Kfz-Haftpflichtversicherung und Autoschutzbrief*

B.2.1 Händigen wir Ihnen die Versicherungsbestätigung aus oder nennen wir Ihnen bei elektronischer Versicherungsbestätigung die Versicherungsbestätigungs-Nummer, haben Sie in der Kfz-Haftpflichtversicherung und beim Autoschutzbrief vorläufigen Versicherungsschutz zu dem vereinbarten Zeitpunkt, spätestens ab dem Tag, an dem das Fahrzeug unter Verwendung der Versicherungsbestätigung zugelassen wird. Ist das Fahrzeug bereits auf Sie zugelassen, beginnt der vorläufige Versicherungsschutz ab dem vereinbarten Zeitpunkt.

▶ *Kaskoversicherung und Fahrerschutz-Versicherung*

B.2.2 In der Kaskoversicherung und in der Fahrerschutz-Versicherung haben Sie vorläufigen Versicherungsschutz nur, wenn wir dies ausdrücklich zugesagt haben. Der Versicherungsschutz beginnt zum vereinbarten Zeitpunkt.

▶ *Übergang des vorläufigen in den endgültigen Versicherungsschutz*

B.2.3 Sobald Sie die erste oder einmalige Prämie nach C.1.1 gezahlt haben, geht der vorläufige in den endgültigen Versicherungsschutz über.

▶ *Rückwirkender Wegfall des vorläufigen Versicherungsschutzes*

B.2.4 Der vorläufige Versicherungsschutz entfällt rückwirkend, wenn wir Ihren Antrag unverändert angenommen haben und Sie die im Versicherungsschein genannte erste oder einmalige Prämie nicht unverzüglich nach Ablauf von 14 Tagen nach Zugang des Versicherungsscheins bezahlt haben. Sie haben dann von Anfang an keinen Versicherungsschutz; dies gilt nur, wenn Sie die nicht rechtzeitige Zahlung zu vertreten haben.

▶ *Kündigung des vorläufigen Versicherungsschutzes*

B.2.5 Sie und wir sind berechtigt, den vorläufigen Versicherungsschutz jederzeit zu kündigen. Unsere Kündigung wird erst nach Ablauf von 2 Wochen ab Zugang der Kündigung bei Ihnen wirksam.

▶ *Beendigung des vorläufigen Versicherungsschutzes durch Widerruf*

B.2.6 Widerrufen Sie den Versicherungsvertrag nach § 8 Versicherungsvertragsgesetz, endet der vorläufige Versicherungsschutz mit dem Zugang Ihrer Widerrufserklärung bei uns.

Allgemeine Bedingungen für die Kfz-Versicherung (AKB 2015)

▶ *Prämie für vorläufigen Versicherungsschutz*

B.2.7 Für den Zeitraum des vorläufigen Versicherungsschutzes haben wir Anspruch auf einen der Laufzeit entsprechenden Teil der Prämie.

C Prämienzahlung

C.1 Zahlung der ersten oder einmaligen Prämie

▶ *Rechtzeitige Zahlung*

C.1.1 Die im Versicherungsschein genannte erste oder einmalige Prämie wird unverzüglich nach Ablauf von 14 Tagen nach Zugang des Versicherungsscheins fällig. Ist die Zahlung der Jahresprämie in Raten vereinbart, gilt als erste Prämie nur die erste Rate der ersten Jahresprämie.

▶ *Nicht rechtzeitige Zahlung*

C.1.2 Zahlt der Versicherungsnehmer die erste oder einmalige Prämie nicht rechtzeitig, sondern zu einem späteren Zeitpunkt, beginnt der Versicherungsschutz erst zu diesem Zeitpunkt. Dies gilt nicht, wenn der Versicherungsnehmer die Nichtzahlung nicht zu vertreten hat.

Für Versicherungsfälle, die bis zur Zahlung der Prämie eintreten, ist der Versicherer nur dann nicht zur Leistung verpflichtet, wenn er den Versicherungsnehmer durch gesonderte Mitteilung in Textform durch einen auffälligen Hinweis im Versicherungsschein auf diese Rechtsfolgen der Nichtzahlung der Prämie aufmerksam gemacht hat.

C.1.3 Zahlt der Versicherungsnehmer die Prämie nicht rechtzeitig, kann der Versicherer vom Vertrag zurücktreten, solange die Prämie nicht gezahlt ist. Der Versicherer kann nicht zurücktreten, wenn der Versicherungsnehmer nachweist, dass er die Nichtzahlung nicht zu vertreten hat.

C.2 Zahlung der Folgeprämie

▶ *Rechtzeitige Zahlung*

C.2.1 Eine Folgeprämie ist zu dem im Versicherungsschein oder in der Prämienrechnung angegebenen Zeitpunkt fällig und zu zahlen.

▶ *Nicht rechtzeitige Zahlung*

C.2.2 Zahlen Sie eine Folgeprämie nicht rechtzeitig, fordern wir Sie auf, die rückständige Prämie zuzüglich des Verzugsschadens (Kosten und Zinsen) innerhalb von 2 Wochen ab Zugang unserer Aufforderung zu zahlen.

C.2.3 Tritt ein Schadenereignis nach Ablauf der zweiwöchigen Zahlungsfrist ein und sind zu diesem Zeitpunkt diese Prämien noch nicht bezahlt, haben Sie keinen Versicherungsschutz. Wir bleiben jedoch zur Leistung verpflichtet, wenn Sie die verspätete Zahlung nicht zu vertreten haben.

C.2.4 Sind Sie mit der Zahlung dieser Beträge nach Ablauf der zweiwöchigen Zahlungsfrist noch in Verzug, können wir den Vertrag mit sofortiger Wirkung kündigen. Unsere Kündigung wird unwirksam, wenn Sie diese Beträge innerhalb eines Monats ab Zugang der Kündigung zahlen. Haben wir die Kündigung zusammen mit der Mahnung ausgesprochen, wird die Kündigung unwirksam, wenn Sie innerhalb eines Monats nach Ablauf der in der Mahnung genannten Zahlungsfrist zahlen.

Für Schadenereignisse, die in der Zeit nach Ablauf der zweiwöchigen Zahlungsfrist bis zu Ihrer Zahlung eintreten, haben Sie keinen Versicherungsschutz. Versicherungsschutz besteht erst wieder für Schadenereignisse nach Ihrer Zahlung.

C.3 Nicht rechtzeitige Zahlung bei Fahrzeugwechsel

Versichern Sie anstelle Ihres bisher bei uns versicherten Fahrzeugs ein anderes Fahrzeug bei uns (Fahrzeugwechsel), wenden wir für den neuen Vertrag bei nicht rechtzeitiger Zahlung der ersten oder einmaligen Prämie die für Sie günstigeren Regelungen zur Folgeprämie nach C.2.2 bis C.2.4 an. Außerdem berufen wir uns nicht auf den rückwirkenden Wegfall des vorläufigen Versicherungsschutzes nach B.2.4. Dafür müssen folgende Voraussetzungen gegeben sein:

- Zwischen dem Ende der Versicherung des bisherigen Fahrzeugs und dem Beginn der Versicherung des anderen Fahrzeugs sind nicht mehr als 6 Monate vergangen,
- Fahrzeugart und Verwendungszweck der Fahrzeuge sind gleich.

Kündigen wir das Versicherungsverhältnis wegen Nichtzahlung, können wir von Ihnen eine Geschäftsgebühr verlangen.

C.4 Zahlungsperiode

Prämien für Ihre Versicherung müssen Sie entsprechend der vereinbarten Zahlungsperiode bezahlen. Die Zahlungsperiode ist die Versicherungsperiode nach § 12 Versicherungsvertragsgesetz. Welche Zahlungsperiode Sie mit uns vereinbart haben, können Sie Ihrem Versicherungsschein entnehmen.

Die Laufzeit des Vertrages, die sich von der Zahlungsperiode unterscheiden kann, ist in Abschnitt G geregelt.

C.5 Prämienpflicht bei Nachhaftung in der Kfz-Haftpflichtversicherung

Bleiben wir in der Kfz-Haftpflichtversicherung aufgrund § 117 Abs. 2 Versicherungsvertragsgesetz gegenüber einem Dritten trotz Beendigung des Versicherungsvertrages zur Leistung verpflichtet, haben wir Anspruch auf die Prämie für die Zeit dieser Verpflichtung. Unsere Rechte nach § 116 Abs. 1 Versicherungsvertragsgesetz bleiben unberührt.

Allgemeine Bedingungen für die Kfz-Versicherung (AKB 2015)

D Welche Pflichten haben Sie beim Gebrauch des Fahrzeugs?

D.1 Bei allen Versicherungsarten

▶ *Vereinbarter Verwendungszweck*

D.1.1 Das Fahrzeug darf nur zu dem im Versicherungsvertrag angegebenen Zweck verwendet werden.

▶ *Berechtigter Fahrer*

D.1.2 Das Fahrzeug darf nur von einem berechtigten Fahrer gebraucht werden. Berechtigter Fahrer ist, wer das Fahrzeug mit Wissen und Willen des Verfügungsberechtigten gebraucht. Außerdem dürfen Sie, der Halter oder der Eigentümer des Fahrzeugs es nicht wissentlich ermöglichen, dass das Fahrzeug von einem unberechtigten Fahrer gebraucht wird.

▶ *Fahren mit Fahrerlaubnis*

D.1.3 Der Fahrer des Fahrzeugs darf das Fahrzeug auf öffentlichen Wegen oder Plätzen nur mit der erforderlichen Fahrerlaubnis benutzen. Außerdem dürfen Sie, der Halter oder der Eigentümer das Fahrzeug nicht von einem Fahrer benutzen lassen, der nicht die erforderliche Fahrerlaubnis hat.

▶ *Fahrzeuge mit Wechselkennzeichen*

D.1.4 Der Fahrer darf ein mit einem Wechselkennzeichen zugelassenes Fahrzeug auf öffentlichen Wegen oder Plätzen nur benutzen, wenn es das nach § 8 Absatz 1a Fahrzeug-Zulassungsverordnung vorgeschriebene Wechselkennzeichen vollständig trägt. Außerdem dürfen Sie, der Halter oder der Eigentümer das Fahrzeug nur von einem Fahrer benutzen lassen, wenn es das nach § 8 Absatz 1a der Fahrzeug-Zulassungsverordnung vorgeschriebene Wechselkennzeichen vollständig trägt.

D.2 Zusätzlich in der Kfz-Haftpflichtversicherung

▶ *Alkohol und andere berauschende Mittel*

D.2.1 Das Fahrzeug darf nicht gefahren werden, wenn der Fahrer durch alkoholische Getränke oder andere berauschende Mittel nicht in der Lage ist, das Fahrzeug sicher zu führen. Außerdem dürfen Sie, der Halter oder der Eigentümer des Fahrzeugs dieses nicht von einem Fahrer fahren lassen, der durch alkoholische Getränke oder andere berauschende Mittel nicht in der Lage ist, das Fahrzeug sicher zu führen.
  Hinweis: Auch in der Kasko-, Schutzbrief- und Fahrerschutz-Versicherung besteht für solche Fahrten nach A.2.16.1, A.3.9.1 kein oder eingeschränkter Versicherungsschutz.

▶ *Nicht genehmigte Rennen*

D.2.2 Das Fahrzeug darf nicht zu Fahrtveranstaltungen und den dazugehörigen Übungsfahrten verwendet werden, bei denen es auf Erzielung einer Höchstgeschwindigkeit ankommt und die behördlich nicht genehmigt sind.
  Hinweis: Behördlich genehmigte kraftfahrt-sportliche Veranstaltungen sind vom Versicherungsschutz gemäß A.1.5.2 ausgeschlossen. Auch in der Kasko- und Autoschutzbriefversicherung besteht für Fahrten, bei denen es auf die Erzielung einer Höchstgeschwindigkeit ankommt, nach A.2.16.2, A.3.9.2 kein Versicherungsschutz.

D.3 Zusätzlich in der Kaskoversicherung

Ist der Fahrer 17 Jahre alt (begleitendes Fahren), darf das Fahrzeug nicht ohne die vorgeschriebene Begleitung gefahren werden. Außerdem darf die Begleitperson nicht durch den Genuss alkoholischer Getränke oder anderer berauschender Mittel in ihrer Aufgabe beeinträchtigt sein.

D.4 Welche Folgen hat eine Verletzung dieser Pflichten?

▶ *Leistungsfreiheit bzw. Leistungskürzung*

D.4.1 Verletzen Sie vorsätzlich eine Ihrer in D.1, D.2 und D.3 geregelten Pflichten, haben Sie keinen Versicherungsschutz. Verletzen Sie Ihre Pflichten grob fahrlässig, sind wir berechtigt, unsere Leistung in einem der Schwere Ihres Verschuldens entsprechenden Verhältnis zu kürzen. Weisen Sie nach, dass Sie die Pflicht nicht grob fahrlässig verletzt haben, bleibt der Versicherungsschutz bestehen.
  Bei einer Verletzung der Pflicht in der Kfz-Haftpflichtversicherung aus D.2.1 Satz 2 sind wir Ihnen, dem Halter oder Eigentümer gegenüber nicht von der Leistungspflicht befreit, soweit Sie, der Halter oder Eigentümer als Fahrzeuginsasse, der das Fahrzeug nicht geführt hat, einen Personenschaden erlitten haben.

D.4.2 Abweichend von D.4.1 sind wir zur Leistung verpflichtet, soweit die Pflichtverletzung weder für den Eintritt des Versicherungsfalles noch für den Umfang unserer Leistungspflicht ursächlich ist. Dies gilt nicht, wenn Sie die Pflicht arglistig verletzen.

▶ *Beschränkung der Leistungsfreiheit in der Kfz-Haftpflichtversicherung*

D.4.3 In der Kfz-Haftpflichtversicherung ist die sich aus D.4.1 ergebende Leistungsfreiheit bzw. Leistungskürzung Ihnen und den mitversicherten Personen gegenüber auf den Betrag von höchstens je 5.000 € beschränkt. Außerdem gelten anstelle der vereinbarten Versicherungssummen die in Deutschland geltenden Mindestversicherungssummen.
  Satz 1 und 2 gelten entsprechend, wenn wir wegen einer von Ihnen vorgenommenen Gefahrerhöhung (§§ 23, 26 Versicherungsvertragsgesetz) vollständig oder teilweise leistungsfrei sind.

D.4.4 Gegenüber einem Fahrer, der das Fahrzeug durch eine vorsätzlich begangene Straftat erlangt, sind wir vollständig von der Verpflichtung zur Leistung frei.

E Welche Pflichten haben Sie im Schadenfall?

E.1 Bei allen Versicherungsarten

▶ *Anzeigepflicht*

E.1.1 Sie sind verpflichtet, uns jedes Schadenereignis, das zu einer Leistung durch uns führen kann, innerhalb einer Woche anzuzeigen. In der Schutzbriefversicherung sind Sie zur unverzüglichen Anzeige verpflichtet.

E.1.2 Ermittelt die Polizei, die Staatsanwaltschaft oder eine andere Behörde im Zusammenhang mit dem Schadenereignis, sind Sie verpflichtet, uns dies und den Fortgang des Verfahrens (z. B. Strafbefehl, Bußgeldbescheid) unverzüglich anzuzeigen, auch wenn Sie uns das Schadenereignis bereits gemeldet haben.

▶ *Aufklärungspflicht*

E.1.3 Sie sind verpflichtet, alles zu tun, was der Aufklärung des Schadenereignisses dienen kann. Dies bedeutet insbesondere, dass Sie unsere Fragen zu den Umständen des Schadenereignisses wahrheitsgemäß und vollständig beantworten müssen und den Unfallort nicht verlassen dürfen, ohne die erforderlichen Feststellungen zu ermöglichen.

Sie haben unsere für die Aufklärung des Schadenereignisses erforderlichen Weisungen zu befolgen.

▶ *Schadenminderungspflicht*

E.1.4 Sie sind verpflichtet, bei Eintritt des Schadenereignisses nach Möglichkeit für die Abwendung und Minderung des Schadens zu sorgen.

Sie haben hierbei unsere Weisungen, soweit für Sie zumutbar, zu befolgen.

E.2 Zusätzlich in der Kfz-Haftpflichtversicherung

▶ *Bei außergerichtlich geltend gemachten Ansprüchen*

E.2.1 Werden gegen Sie Ansprüche geltend gemacht, sind Sie verpflichtet, uns dies innerhalb einer Woche nach der Erhebung des Anspruchs anzuzeigen.

▶ *Anzeige von Kleinschäden*

E.2.2 Wenn Sie einen Sachschaden, der voraussichtlich nicht mehr als 500 € beträgt, selbst regulieren oder regulieren wollen, müssen Sie uns den Schadenfall erst anzeigen, wenn Ihnen die Selbstregulierung nicht gelingt.

▶ *Bei gerichtlich geltend gemachten Ansprüchen*

E.2.3 Wird ein Anspruch gegen Sie gerichtlich geltend gemacht (z. B. Klage, Mahnbescheid), haben Sie uns dies unverzüglich anzuzeigen.

E.2.4 Sie haben uns die Führung des Rechtsstreits zu überlassen. Wir sind berechtigt, auch in Ihrem Namen einen Rechtsanwalt zu beauftragen, dem Sie Vollmacht sowie alle erforderlichen Auskünfte erteilen und angeforderte Unterlagen zur Verfügung stellen müssen.

▶ *Bei drohendem Fristablauf*

E.2.5 Wenn Ihnen bis spätestens 2 Tage vor Fristablauf keine Weisung von uns vorliegt, müssen Sie gegen einen Mahnbescheid oder einen Bescheid einer Behörde fristgerecht den erforderlichen Rechtsbehelf einlegen.

E.3 Zusätzlich in der Kaskoversicherung

▶ *Anzeige des Versicherungsfalles bei Entwendung des Fahrzeugs*

E.3.1 Bei Entwendung des Fahrzeugs oder mitversicherter Teile sind Sie abweichend von E.1.1 verpflichtet, uns dies unverzüglich in Schriftform anzuzeigen. Ihre Schadenanzeige muss von Ihnen unterschrieben sein.

▶ *Einholen unserer Weisung*

E.3.2 Vor Beginn der Verwertung oder der Reparatur des Fahrzeugs haben Sie unsere Weisungen einzuholen, soweit die Umstände dies gestatten, und diese zu befolgen, soweit Ihnen dies zumutbar ist. Dies gilt auch für mitversicherte Teile.

▶ *Anzeige bei der Polizei*

E.3.3 Übersteigt ein Entwendungs-, Brand- oder Wildschaden den Betrag von 500 €, sind Sie verpflichtet, das Schadenereignis der Polizei unverzüglich anzuzeigen.

E.4 Zusätzlich beim Autoschutzbrief

▶ *Einholen unserer Weisung*

E.4.1 Vor Inanspruchnahme einer unserer Leistungen haben Sie unsere Weisungen einzuholen, soweit die Umstände dies gestatten, und zu befolgen, soweit Ihnen dies zumutbar ist.

▶ *Untersuchung, Belege, ärztliche Schweigepflicht*

E.4.2 Sie haben uns jede zumutbare Untersuchung über die Ursache und Höhe des Schadens und über den Umfang unserer Leistungspflicht zu gestatten, Originalbelege zum Nachweis der Schadenhöhe vorzulegen und die behandelnden Ärzte im Rahmen von § 213 Versicherungsvertragsgesetz von der Schweigepflicht zu entbinden.

E.5 Zusätzlich in der Fahrerschutz-Versicherung

E.5.1 Ärztliche Untersuchung, Gutachten, Entbindung von der Schweigepflicht

Nach einem Unfall sind Sie verpflichtet,

(a) unverzüglich einen Arzt hinzuzuziehen,

(b) den ärztlichen Anordnungen nachzukommen,

(c) die Unfallfolgen möglichst zu mindern,

(d) darauf hinzuwirken, dass von uns angeforderte Berichte und Gutachten alsbald erstellt werden.

E.5.2 Gurtpflicht

Der Fahrer muss während der Fahrt einen vorgeschriebenen Sicherheitsgurt angelegt haben, es sei denn, das Nichtanlegen ist gesetzlich erlaubt.

E.6 Zusätzlich in der Kfz-Umweltschadenversicherung

▶ *Anzeigepflicht*

E.6.1 Sie sind verpflichtet, uns jedes Schadenereignis, das zu einer Leistung nach dem USchadG führen könnte, soweit zumutbar, sofort anzuzeigen, auch wenn noch keine Sanierungs- oder Kostentragungsansprüche erhoben worden sind.

▶ *Aufklärungspflicht*

E.6.2 Ferner sind Sie verpflichtet, uns jeweils unverzüglich und umfassend zu informieren über:
- die Ihnen gemäß § 4 USchadG obliegende Information an die zuständige Behörde,
- behördliches Tätigwerden wegen der Vermeidung oder Sanierung eines Umweltschadens Ihnen gegenüber,
- die Erhebung von Ansprüchen auf Ersatz der einem Dritten entstandenen Aufwendungen zur Vermeidung, Begrenzung oder Sanierung eines Umweltschadens,
- den Erlass eines Mahnbescheids,
- eine gerichtliche Streitverkündung,
- die Einleitung eines staatsanwaltlichen, behördlichen oder gerichtlichen Verfahrens.

▶ *Besondere Schadenminderungspflicht*

E.6.3 Sie müssen nach Möglichkeit für die Abwendung und Minderung des Schadens sorgen. Unsere Weisungen sind zu befolgen, soweit es für Sie zumutbar ist. Sie haben uns ausführliche und wahrheitsgemäße Schadenberichte zu erstatten und uns bei der Schadenermittlung und -regulierung zu unterstützen. Alle Umstände, die nach unserer Ansicht für die Bearbeitung des Schadens wichtig sind, müssen Sie uns mitteilen sowie alle dafür angeforderten Schriftstücke übersenden.

E.6.4 Maßnahmen und Pflichten im Zusammenhang mit Umweltschäden sind unverzüglich mit uns abzustimmen.

E.6.5 Gegen einen Mahnbescheid oder einen Verwaltungsakt im Zusammenhang mit Umweltschäden müssen Sie fristgemäß Widerspruch oder die sonst erforderlichen Rechtsbehelfe einlegen. Einer Weisung durch uns bedarf es nicht.

E.6.6 Im Widerspruchsverfahren oder einem gerichtlichen Verfahren wegen eines Umweltschadens haben Sie uns die Führung des Verfahrens zu überlassen. Im Falle des gerichtlichen Verfahrens beauftragen wir einen Rechtsanwalt in Ihrem Namen. Sie müssen dem Rechtsanwalt Vollmacht sowie alle erforderlichen Auskünfte erteilen und die angeforderten Unterlagen zur Verfügung stellen.

E.7 Welche Folgen hat eine Verletzung dieser Pflichten?

▶ *Leistungsfreiheit bzw. Leistungskürzung*

E.7.1 Verletzen Sie vorsätzlich eine Ihrer in E.1 bis E.5 geregelten Pflichten, haben Sie keinen Versicherungsschutz. Verletzen Sie Ihre Pflichten grob fahrlässig, sind wir berechtigt, unsere Leistung in einem der Schwere Ihres Verschuldens entsprechenden Verhältnis zu kürzen. Weisen Sie nach, dass Sie die Pflicht nicht grob fahrlässig verletzt haben, bleibt der Versicherungsschutz bestehen.

E.7.2 Abweichend von E.6.1 sind wir zur Leistung verpflichtet, soweit Sie nachweisen, dass die Pflichtverletzung weder für die Feststellung des Versicherungsfalles noch für die Feststellung oder den Umfang unserer Leistungspflicht ursächlich war. Dies gilt nicht, wenn Sie die Pflicht arglistig verletzen.

▶ *Beschränkung der Leistungsfreiheit in der Kfz-Haftpflichtversicherung*

E.7.3 In der Kfz-Haftpflichtversicherung ist die sich aus E.6.1 ergebende Leistungsfreiheit bzw. Leistungskürzung Ihnen und den mitversicherten Personen gegenüber auf den Betrag von höchstens je 2.500 € beschränkt.

E.7.4 Haben Sie die Aufklärungs- oder Schadenminderungspflicht nach E.1.3 und E.1.4 vorsätzlich und in besonders schwerwiegender Weise verletzt (insbesondere bei unerlaubtem Entfernen vom Unfallort, unterlassener Hilfeleistung, bewusst wahrheitswidrigen Angaben uns gegenüber), erweitert sich die Leistungsfreiheit auf einen Betrag von höchstens je 5.000 €.

▶ *Vollständige Leistungsfreiheit in der Kfz-Haftpflichtversicherung*

E.7.5 Verletzen Sie Ihre Pflichten in der Absicht, sich oder einem anderen dadurch einen rechtswidrigen Vermögensvorteil zu verschaffen, sind wir von unserer Leistungspflicht hinsichtlich des erlangten Vermögensvorteils vollständig frei.

▶ *Besonderheiten in der Kfz-Haftpflichtversicherung bei Rechtsstreitigkeiten*

E.7.6 Verletzen Sie vorsätzlich Ihre Anzeigepflicht nach E.2.1 oder E.2.3 oder Ihre Pflicht nach E.2.4 und führt dies zu einer rechtskräftigen Entscheidung, die über den Umfang der nach Sach- und Rechtslage geschuldeten Entschädigung erheblich hinausgeht, sind wir außerdem von unserer Leistungspflicht hinsichtlich des von uns zu zahlenden Mehrbetrags vollständig frei. Bei grob fahrlässiger Verletzung dieser Pflichten sind wir berechtigt, unsere Leistung hinsichtlich dieses Mehrbetrags in einem der Schwere Ihres Verschuldens entsprechenden Verhältnis zu kürzen.

▶ *Mindestversicherungssummen*

E.7.7 Verletzen Sie in der Kfz-Haftpflichtversicherung Ihre Pflichten nach E.1 und E.2, gelten anstelle der vereinbarten Versicherungssummen die in Deutschland geltenden Mindestversicherungssummen.

F Rechte und Pflichten der mitversicherten Personen

▸ *Pflichten mitversicherter Personen*

F.1 Für mitversicherte Personen finden die Regelungen zu Ihren Pflichten sinngemäße Anwendung.

▸ *Ausübung der Rechte*

F.2 Die Ausübung der Rechte der mitversicherten Personen aus dem Versicherungsvertrag steht nur Ihnen als Versicherungsnehmer zu, soweit nichts anderes geregelt ist. Eine andere Regelung ist das Geltendmachen von Ansprüchen in der Kfz-Haftpflichtversicherung nach A.1.2 und in der Fahrerschutz-Versicherung nach A.4.2.

▸ *Auswirkungen einer Pflichtverletzung auf mitversicherte Personen*

F.3 Sind wir Ihnen gegenüber von der Verpflichtung zur Leistung frei, so gilt dies auch gegenüber allen mitversicherten Personen.

Eine Ausnahme hiervon gilt in der Kfz-Haftpflichtversicherung: Mitversicherten Personen gegenüber können wir uns auf die Leistungsfreiheit nur berufen, wenn die der Leistungsfreiheit zugrunde liegenden Umstände in der Person des Mitversicherten vorliegen oder wenn diese Umstände der mitversicherten Person bekannt oder infolge grober Fahrlässigkeit nicht bekannt waren. Sind wir zur Leistung verpflichtet, gelten anstelle der vereinbarten Versicherungssummen die in Deutschland geltenden gesetzlichen Mindestversicherungssummen. Entsprechendes gilt, wenn wir trotz Beendigung des Versicherungsverhältnisses noch gegenüber dem geschädigten Dritten Leistungen erbringen. Der Rückgriff gegen Sie bleibt auch in diesen Ausnahmefällen bestehen.

G Laufzeit und Kündigung des Vertrages, Veräußerung des Fahrzeugs, Wagniswegfall

G.1 Wie lange läuft der Versicherungsvertrag?

▸ *Vertragsdauer*

G.1.1 Die vereinbarte Vertragsdauer können Sie Ihrem Versicherungsschein entnehmen.

▸ *Automatische Verlängerung*

G.1.2 Ist der Vertrag mit einer Laufzeit von einem Jahr abgeschlossen, verlängert er sich zum Ablauf um jeweils ein weiteres Jahr, wenn nicht Sie oder wir den Vertrag kündigen. Dies gilt auch, wenn für die erste Laufzeit nach Abschluss des Vertrages deshalb weniger als ein Jahr vereinbart ist, um die folgenden Versicherungsjahre zu einem bestimmten Kalendertag, z. B. dem 1. Januar eines jeden Jahres, beginnen zu lassen.

▸ *Versicherungskennzeichen*

G.1.3 Der Versicherungsvertrag für ein Fahrzeug, das ein Versicherungskennzeichen führen muss (z. B. Mofa), endet mit dem Ablauf des Verkehrsjahres, ohne dass es einer Kündigung bedarf. Das Verkehrsjahr läuft vom 1. März bis Ende Februar des Folgejahres.

▸ *Verträge mit einer Laufzeit unter einem Jahr*

G.1.4 Ist die Laufzeit ausdrücklich mit weniger als einem Jahr vereinbart, endet der Vertrag zu dem vereinbarten Zeitpunkt, ohne dass es einer Kündigung bedarf.

G.2 Wann und aus welchem Anlass können Sie den Versicherungsvertrag kündigen?

▸ *Kündigung zum Ablauf des Versicherungsjahres*

G.2.1 Sie können den Vertrag zum Ablauf des Versicherungsjahres kündigen. Die Kündigung ist nur wirksam, wenn sie uns spätestens einen Monat vor Ablauf zugeht.

▸ *Kündigung des vorläufigen Versicherungsschutzes*

G.2.2 Sie sind berechtigt, einen vorläufigen Versicherungsschutz zu kündigen. Die Kündigung wird sofort mit ihrem Zugang bei uns wirksam.

▸ *Kündigung nach einem Schadenereignis*

G.2.3 Nach dem Eintritt eines Schadenereignisses können Sie den Vertrag kündigen. Die Kündigung muss uns innerhalb eines Monats nach Beendigung der Verhandlungen über die Entschädigung zugehen oder innerhalb eines Monats zugehen, nachdem wir in der Kfz-Haftpflichtversicherung unsere Leistungspflicht anerkannt oder zu Unrecht abgelehnt haben. Das Gleiche gilt, wenn wir Ihnen in der Kfz-Haftpflichtversicherung die Weisung erteilen, es über den Anspruch des Dritten zu einem Rechtsstreit kommen zu lassen. Außerdem können Sie in der Kfz-Haftpflichtversicherung den Vertrag bis zum Ablauf eines Monats seit der Rechtskraft des im Rechtsstreit mit dem Dritten ergangenen Urteils kündigen.

G.2.4 Sie können bestimmen, ob die Kündigung sofort oder zu einem späteren Zeitpunkt, spätestens jedoch zum Ablauf des Vertrages, wirksam werden soll.

▸ *Kündigung bei Veräußerung oder Zwangsversteigerung des Fahrzeugs*

G.2.5 Veräußern Sie das Fahrzeug oder wird es zwangsversteigert, geht der Vertrag nach G.7.1 oder G.7.6 auf den Erwerber über. Der Erwerber ist berechtigt, den Vertrag innerhalb eines Monats nach dem Erwerb, bei fehlender Kenntnis vom Bestehen der Versicherung innerhalb eines Monats ab Kenntnis, zu kündigen. Der Erwerber kann bestimmen, ob der Vertrag mit sofortiger Wirkung oder spätestens zum Ablauf des Vertrages endet.

G.2.6 Schließt der Erwerber für das Fahrzeug eine neue Versicherung ab und legt er bei der Zulassungsbehörde eine Versicherungsbestätigung vor, gilt dies automatisch als Kündigung des übergegangenen Vertrages. Die Kündigung wird zum Beginn der neuen Versicherung wirksam.

▸ *Kündigung bei Prämienerhöhung*

G.2.7 Erhöhen wir aufgrund unseres Pämienanpassungsrechts nach K.1 bis K.3 die Prämie, können Sie den Vertrag innerhalb eines Monats nach Zugang unserer Mitteilung der Prämienerhöhung kündigen. Die Kündigung ist sofort wirksam, frühestens jedoch zu dem Zeitpunkt, zu dem die Prämienerhöhung wirksam geworden wäre. Wir teilen Ihnen die Prämienerhöhung spätestens einen Monat vor dem Wirksamwerden mit und weisen Sie auf Ihr Kündigungsrecht hin. Zusätzlich machen wir bei einer Prämienerhöhung nach J.3 den Unterschied zwischen bisheriger und neuer Prämie kenntlich.

▶ *Kündigung bei geänderter Verwendung des Fahrzeugs*

G.2.8 Ändert sich die Art und Verwendung des Fahrzeugs nach L.5 und erhöht sich die Prämie dadurch um mehr als 10 %, können Sie den Vertrag innerhalb eines Monats nach Zugang unserer Mitteilung ohne Einhaltung einer Frist kündigen.

▶ *Kündigung bei Veränderung der Tarifstruktur*

G.2.9 Ändern wir unsere Tarifstruktur nach K.6, können Sie den Vertrag innerhalb eines Monats nach Zugang unserer Mitteilung der Änderung kündigen. Die Kündigung ist sofort wirksam, frühestens jedoch zum Zeitpunkt des Wirksamwerdens der Änderung. Wir teilen Ihnen die Änderung spätestens einen Monat vor Wirksamwerden mit und weisen Sie auf Ihr Kündigungsrecht hin.

▶ *Kündigung bei Bedingungsänderung*

G.2.10 Machen wir von unserem Recht zur Bedingungsanpassung nach N Gebrauch, können Sie den Vertrag innerhalb eines Monats nach Zugang unserer Mitteilung kündigen. Die Kündigung ist sofort wirksam, frühestens jedoch zum Zeitpunkt des Wirksamwerdens der Bedingungsänderung. Wir teilen Ihnen die Änderung spätestens 6 Wochen vor dem Wirksamwerden mit und weisen Sie auf Ihr Kündigungsrecht hin.

G.3 Wann und aus welchem Anlass können wir den Versicherungsvertrag kündigen?

▶ *Kündigung zum Ablauf*

G.3.1 Wir können den Vertrag zum Ablauf des Versicherungsjahres kündigen. Die Kündigung ist nur wirksam, wenn sie Ihnen spätestens einen Monat vor Ablauf zugeht.

▶ *Kündigung des vorläufigen Versicherungsschutzes*

G.3.2 Wir sind berechtigt, einen vorläufigen Versicherungsschutz zu kündigen. Die Kündigung wird nach Ablauf von 2 Wochen nach ihrem Zugang bei Ihnen wirksam.

▶ *Kündigung nach einem Schadenereignis*

G.3.3 Nach dem Eintritt eines Schadenereignisses können wir den Vertrag kündigen. Die Kündigung muss Ihnen innerhalb eines Monats nach Beendigung der Verhandlungen über die Entschädigung oder innerhalb eines Monats zugehen, nachdem wir in der Kfz-Haftpflichtversicherung unsere Leistungspflicht anerkannt oder zu Unrecht abgelehnt haben. Das Gleiche gilt, wenn wir Ihnen in der Kfz-Haftpflichtversicherung die Weisung erteilen, es über den Anspruch des Dritten zu einem Rechtsstreit kommen zu lassen. Außerdem können wir in der Kfz-Haftpflichtversicherung den Vertrag bis zum Ablauf eines Monats seit der Rechtskraft des im Rechtsstreit mit dem Dritten ergangenen Urteils kündigen.
Unsere Kündigung wird einen Monat nach ihrem Zugang bei Ihnen wirksam.

▶ *Kündigung bei Nichtzahlung der Folgeprämie*

G.3.4 Haben Sie eine ausstehende Folgeprämie zuzüglich Kosten und Zinsen trotz unserer Zahlungsaufforderung nach C.2.2 nicht innerhalb der zweiwöchigen Frist gezahlt, können wir den Vertrag mit sofortiger Wirkung kündigen. Unsere Kündigung wird unwirksam, wenn Sie diese Beträge innerhalb eines Monats ab Zugang der Kündigung zahlen (siehe auch C.2.4).

▶ *Kündigung bei Verletzung Ihrer Pflichten bei Gebrauch des Fahrzeugs*

G.3.5 Haben Sie eine Ihrer Pflichten bei Gebrauch des Fahrzeugs nach D verletzt, können wir innerhalb eines Monats, nachdem wir von der Verletzung Kenntnis erlangt haben, den Vertrag mit sofortiger Wirkung kündigen. Dies gilt nicht, wenn Sie nachweisen, dass Sie die Pflicht weder vorsätzlich noch grob fahrlässig verletzt haben.

▶ *Kündigung bei geänderter Verwendung des Fahrzeugs*

G.3.6 Ändert sich die Art und Verwendung des Fahrzeugs nach L.5, können wir den Vertrag mit sofortiger Wirkung kündigen. Können Sie nachweisen, dass die Änderung weder auf Vorsatz noch auf grober Fahrlässigkeit beruht, wird die Kündigung nach Ablauf von einem Monat nach ihrem Zugang bei Ihnen wirksam.

▶ *Kündigung bei Veräußerung oder Zwangsversteigerung des Fahrzeugs*

G.3.7 Bei Veräußerung oder Zwangsversteigerung des Fahrzeugs nach G.7 können wir dem Erwerber gegenüber kündigen. Wir haben die Kündigung innerhalb eines Monats ab dem Zeitpunkt auszusprechen, zu dem wir von der Veräußerung oder Zwangsversteigerung Kenntnis erlangt haben. Unsere Kündigung wird einen Monat nach ihrem Zugang beim Erwerber wirksam.

G.4 Kündigung einzelner Versicherungsarten

G.4.1 Die Kfz-Haftpflicht-, Kasko-, Autoschutzbrief und Fahrerschutz-Versicherung sind jeweils rechtlich selbstständige Verträge. Die Kündigung eines dieser Verträge berührt das Fortbestehen anderer nicht.

G.4.2 Sie und wir sind berechtigt, bei Vorliegen eines Kündigungsanlasses zu einem dieser Verträge die gesamte Kfz-Versicherung für das Fahrzeug zu kündigen.

G.4.3 Kündigen wir von mehreren für das Fahrzeug abgeschlossenen Verträgen nur einen und teilen Sie uns innerhalb von 2 Wochen nach Zugang unserer Kündigung mit, dass Sie mit einer Fortsetzung der anderen ungekündigten Verträge nicht einverstanden sind, gilt die gesamte Kfz-Versicherung für das Fahrzeug als gekündigt. Dies gilt entsprechend für uns, wenn Sie von mehreren nur einen Vertrag kündigen.

G.4.4 Kündigen Sie oder wir nur den Autoschutzbrief, gelten G.4.2 und G.4.3 nicht.

G.4.5 G.4.1 und G.4.2 finden entsprechende Anwendung, wenn in einem Vertrag mehrere Fahrzeuge versichert sind.

G.5 Form und Zugang der Kündigung

Jede Kündigung muss in Textform erfolgen und ist nur wirksam, wenn sie innerhalb der jeweiligen Frist zugeht.

G.6 Prämienabrechnung nach Kündigung

Bei einer Kündigung vor Ablauf des Versicherungsjahres steht uns die auf die Zeit des Versicherungsschutzes entfallende Prämie anteilig zu.

G.7 Was ist bei Veräußerung des Fahrzeugs zu beachten?

▶ *Übergang der Versicherung auf den Erwerber*

G.7.1 Veräußern Sie Ihr Fahrzeug, geht die Versicherung auf den Erwerber über.

G.7.2 Wir sind berechtigt und verpflichtet, die Prämie entsprechend den Angaben des Erwerbers, wie wir sie bei einem Neuabschluss des Vertrages verlangen würden, anzupassen. Das gilt auch für die SF-Klasse des Erwerbers, die entsprechend seinem bisherigen Schadenverlauf ermittelt wird. Die neue Prämie gilt ab dem Tag, der auf den Übergang der Versicherung folgt.

G.7.3. Die Prämie für die laufende Zahlungsperiode können wir entweder von Ihnen oder vom Erwerber verlangen.

▶ *Anzeige der Veräußerung*

G.7.4 Sie und der Erwerber sind verpflichtet, uns die Veräußerung des Fahrzeugs unverzüglich anzuzeigen. Unterbleibt die Anzeige, droht unter den Voraussetzungen des § 97 Versicherungsvertragsgesetzes der Verlust des Versicherungsschutzes.

▶ *Kündigung des Vertrages*

G.7.5 Im Falle der Veräußerung können der Erwerber nach G.2.5 und G.2.6 oder wir nach G.3.7 den Vertrag kündigen. Dann können wir die Prämie nur von Ihnen verlangen.

▶ *Zwangsversteigerung*

G.7.6 Die Regelungen G.7.1 bis G.7.5 sind entsprechend anzuwenden, wenn Ihr Fahrzeug zwangsversteigert wird.

G.8 Wagniswegfall (z. B. durch Fahrzeugverschrottung)

Fällt das versicherte Wagnis endgültig weg, steht uns die Prämie bis zu dem Zeitpunkt zu, zu dem wir vom Wagniswegfall Kenntnis erlangen.

H Außerbetriebsetzung, Saisonkennzeichen, Fahrten mit ungestempelten Kennzeichen

H.1 Was ist bei Außerbetriebsetzung zu beachten?

▶ *Ruheversicherung*

H.1.1 Wird das versicherte Fahrzeug außer Betrieb gesetzt und soll es zu einem späteren Zeitpunkt wieder zugelassen werden, wird dadurch der Vertrag nicht beendet.

H.1.2 Der Vertrag geht in eine prämienfreie Ruheversicherung über, wenn die Zulassungsbehörde uns die Außerbetriebsetzung mitteilt, es sei denn, die Außerbetriebsetzung beträgt weniger als 2 Wochen oder Sie verlangen die uneingeschränkte Fortführung des bisherigen Versicherungsschutzes.

H.1.3 Die Regelungen nach H.1.1 und H.1.2 gelten nicht für Fahrzeuge mit Versicherungskennzeichen (z. B. Mofas), Wohnwagenanhänger sowie bei Verträgen mit ausdrücklich kürzerer Vertragsdauer als ein Jahr.

▶ *Umfang der Ruheversicherung*

H.1.4 Mit der prämienfreien Ruheversicherung gewähren wir Ihnen während der Dauer der Außerbetriebsetzung eingeschränkten Versicherungsschutz.

Der Ruheversicherungsschutz umfasst
- die Kfz-Haftpflichtversicherung,
- die Teilkaskoversicherung, wenn für das Fahrzeug im Zeitpunkt der Außerbetriebsetzung eine Voll- oder eine Teilkaskoversicherung bestand.

▶ *Ihre Pflichten bei der Ruheversicherung*

H.1.5 Während der Dauer der Ruheversicherung sind Sie verpflichtet, das Fahrzeug in einem Einstellraum (z. B. einer Einzel- oder Sammelgarage) oder auf einem umfriedeten Abstellplatz (z. B. einem geschlossenen Hofraum) nicht nur vorübergehend abzustellen und das Fahrzeug außerhalb dieser Räumlichkeiten nicht zu gebrauchen. Verletzen Sie diese Pflicht, sind wir unter den Voraussetzungen nach D.4 leistungsfrei.

▶ *Wiederanmeldung*

H.1.6 Wird das Fahrzeug wieder zum Verkehr zugelassen (Ende der Außerbetriebsetzung), lebt der ursprüngliche Versicherungsschutz wieder auf. Das Ende der Außerbetriebsetzung haben Sie uns unverzüglich anzuzeigen.

▶ *Ende des Vertrages und der Ruheversicherung*

H.1.7 Der Vertrag und damit auch die Ruheversicherung enden 18 Monate nach der Außerbetriebsetzung, ohne dass es einer Kündigung bedarf.

H.1.8 Melden Sie das Fahrzeug während des Bestehens der Ruheversicherung mit einer Versicherungsbestätigung eines anderen Versicherers wieder an, haben wir das Recht, den Vertrag fortzusetzen und den anderen Versicherer zur Aufhebung des Vertrages aufzufordern.

H.2 Welche Besonderheiten gelten bei Saisonkennzeichen?

H.2.1 Für Fahrzeuge, die mit einem Saisonkennzeichen zugelassen sind, gewähren wir den vereinbarten Versicherungsschutz während des auf dem amtlichen Kennzeichen dokumentierten Zeitraums (Saison).

H.2.2 Außerhalb der Saison haben Sie Ruheversicherungsschutz nach H.1.4 und H.1.5.

H.2.3 Für Fahrten außerhalb der Saison haben Sie innerhalb des für den Halter zuständigen Zulassungsbezirks und eines angrenzenden Bezirks in der Kfz-Haftpflichtversicherung Versicherungsschutz, wenn diese Fahrten im Zusammenhang mit dem Zulassungsverfahren oder wegen der Hauptuntersuchung, Sicherheitsprüfung oder Abgasuntersuchung durchgeführt werden.

H.3 Fahrten mit ungestempelten Kennzeichen

▶ *Versicherungsschutz in der Kfz-Haftpflichtversicherung und beim Autoschutzbrief*

H.3.1 In der Kfz-Haftpflichtversicherung und beim Autoschutzbrief besteht Versicherungsschutz auch für Zulassungsfahrten mit ungestempelten Kennzeichen. Dies gilt nicht für Fahrten, für die ein rotes Kennzeichen oder ein Kurzzeitkennzeichen geführt werden muss.

▶ *Was sind Zulassungsfahrten?*

H.3.2 Zulassungsfahrten sind Fahrten, die im Zusammenhang mit dem Zulassungsverfahren innerhalb des für den Halter zuständigen Zulassungsbezirks und eines angrenzenden Zulassungsbezirks ausgeführt werden. Das sind Rückfahrten von der Zulassungsbehörde nach Entfernung der Stempelplakette. Außerdem sind Fahrten zur Durchführung der Hauptuntersuchung, Sicherheitsprüfung oder Abgasuntersuchung oder Zulassung versichert, wenn die Zulassungsbehörde vorab ein ungestempeltes Kennzeichen zugeteilt hat.

I Schadenfreiheitsrabatt-System

I.1 Einstufung in Schadenfreiheitsklassen (SF-Klassen)

In der Kfz-Haftpflicht- und der Vollkaskoversicherung richten sich die Einstufung Ihres Vertrages in eine SF-Klasse und der sich daraus ergebende Prämiensatz nach Ihrem Schadenverlauf. Siehe dazu die Tabellen in Anhang 1.

Dies gilt nicht für Fahrzeuge mit Versicherungskennzeichen, Sonderfahrzeuge jeder Art, Elektrofahrzeuge (ausgenommen Pkw), Anhänger, Auflieger, Wechselaufbauten, Kraftfahrzeuge, die ein Ausfuhrkennzeichen, ein rotes oder ein Kurzzeitkennzeichen führen, Selbstfahrervermietfahrzeuge, Busse, Abschleppwagen und Stapler in der Vollkaskoversicherung sowie Quads.

I.2 Ersteinstufung

I.2.1 Ersteinstufung in Klasse 0

Beginnt Ihr Vertrag ohne Übernahme eines Schadenverlaufs nach I.6, wird er in die Klasse 0 eingestuft.

I.2.2 Sondereinstufung eines Pkw in SF-Klasse ½ oder SF-Klasse 2

I.2.2.1 Sondereinstufung in SF-Klasse ½

Beginnt Ihr Vertrag für einen Pkw ohne Übernahme eines Schadenverlaufs nach I.6., wird er in die SF- Klasse ½ eingestuft, wenn

(a) auf Sie bereits ein Pkw zugelassen ist, der zu diesem Zeitpunkt in der Kfz-Haftpflichtversicherung mindestens in die SF-Klasse ½ eingestuft ist, oder

(b) auf Ihren Ehepartner, Ihren eingetragenen Lebenspartner oder Ihren mit Ihnen in häuslicher Gemeinschaft lebenden Lebenspartner bereits ein Pkw zugelassen ist, der zu diesem Zeitpunkt in der Kfz-Haftpflichtversicherung mindestens in die SF-Klasse ½ eingestuft ist, und Sie seit mindestens einem Jahr eine gültige Fahrerlaubnis zum Führen von Pkw oder Krafträdern besitzen, die von einem Mitgliedstaat des Europäischen Wirtschaftsraums (EWR) erteilt wurde oder diesen nach I.2.5 gleichgestellt ist, oder

(c) ein Elternteil von Ihnen bereits eines dieser Fahrzeuge bei uns versichert hat, das zu diesem Zeitpunkt mindestens in die SF-Klasse ½ eingestuft ist, oder

(d) Sie nachweisen, dass Sie aufgrund einer gültigen Fahrerlaubnis, die von einem Mitgliedstaat des Europäischen Wirtschaftsraums (EWR) erteilt wurde oder diesen nach I.2.5 gleichgestellt ist, seit mindestens 3 Jahren zum Führen von Pkw oder von Krafträdern, die ein amtliches Kennzeichen führen müssen, berechtigt sind.

Die Sondereinstufung in die SF-Klasse ½ gilt nicht für Pkw, die ein Ausfuhrkennzeichen, ein Kurzzeitkennzeichen oder ein rotes Kennzeichen führen.

I.2.2.2 Sondereinstufung in SF-Klasse 2

Beginnt Ihr Vertrag für einen Pkw ohne Übernahme eines Schadenverlaufs nach I.6, wird er in die SF-Klasse 2 eingestuft, wenn

- auf Sie, Ihren Ehepartner, Ihren eingetragenen Lebenspartner oder Ihren mit Ihnen in häuslicher Gemeinschaft lebenden Lebenspartner bereits ein Pkw zugelassen und bei uns versichert ist, der zu diesem Zeitpunkt in der Kfz-Haftpflichtversicherung mindestens in die SF-Klasse 2 eingestuft ist, und
- Sie seit mindestens einem Jahr eine gültige Fahrerlaubnis zum Führen von Pkw oder von Krafträdern besitzen, die von einem Mitgliedstaat des Europäischen Wirtschaftsraums (EWR) erteilt wurde, und
- Sie und der jeweilige Fahrer mindestens das 23. Lebensjahr vollendet haben.

Die Sondereinstufung in die SF-Klasse 2 gilt nicht für Pkw, die ein Ausfuhrkennzeichen, ein Kurzzeitkennzeichen oder ein rotes Kennzeichen führen.

I.2.3 Anrechnung des Schadenverlaufs der Kfz-Haftpflichtversicherung in der Vollkaskoversicherung

Ist das versicherte Fahrzeug ein Pkw, ein Kraftrad oder ein Campingfahrzeug und schließen Sie neben der Kfz-Haftpflichtversicherung eine Vollkaskoversicherung mit einer Laufzeit von einem Jahr ab (siehe G.1.2), können Sie verlangen, dass die Einstufung nach dem Schadenverlauf der Kfz-Haftpflichtversicherung erfolgt.

Allgemeine Bedingungen für die Kfz-Versicherung (AKB 2015)

Dies gilt nicht, wenn für das versicherte Fahrzeug oder für ein Vorfahrzeug im Sinne von I.6.1.1 innerhalb der letzten 12 Monate vor Abschluss der Vollkaskoversicherung bereits eine Vollkaskoversicherung bestanden hat; in diesem Fall übernehmen wir den Schadenverlauf der Vollkaskoversicherung nach I.6.

I.2.4 Führerscheinsonderregelung

Hat Ihr Vertrag für einen Pkw oder ein Kraftrad in der Klasse 0 begonnen, stufen wir ihn auf Ihren Antrag besser ein, sobald Sie 3 Jahre im Besitz einer Fahrerlaubnis für Pkw oder Krafträder sind und folgende Voraussetzungen gegeben sind:
- Der Vertrag ist schadenfrei verlaufen und
- Ihre Fahrerlaubnis ist von einem Mitgliedsstaat des Europäischen Wirtschaftsraums (EWR) ausgestellt worden oder diesen nach I.2.5. gleichgestellt.

I.2.5 Gleichgestellte Fahrerlaubnisse

Fahrerlaubnisse aus Staaten außerhalb des Europäischen Wirtschaftsraums (EWR) sind im Rahmen der SF-Ersteinstufung Fahrerlaubnissen aus einem Mitgliedsstaat des EWR gleichgestellt, wenn diese nach den Vorschriften der Fahrerlaubnisverordnung ohne weitere theoretische oder praktische Fahrprüfung umgeschrieben werden können oder nach Erfüllung der Auflagen umgeschrieben sind.

I.3 Jährliche Neueinstufung

Wir stufen Ihren Vertrag zum 1. Januar eines jeden Jahres nach seinem Schadenverlauf im vergangenen Kalenderjahr neu ein.

I.3.1 Wirksamwerden der Neueinstufung

Die Neueinstufung gilt ab der ersten Prämienfälligkeit im neuen Kalenderjahr.

I.3.2 Besserstufung bei schadenfreiem Verlauf

Ist Ihr Vertrag während eines Kalenderjahres schadenfrei verlaufen und hat der Versicherungsschutz während dieser Zeit ununterbrochen bestanden, wird Ihr Vertrag in die nächst bessere SF-Klasse nach der jeweiligen Tabelle im Anhang 1 eingestuft.

I.3.3 Besserstufung bei Saisonkennzeichen

Ist das versicherte Fahrzeug mit einem Saisonkennzeichen zugelassen (siehe H.2), nehmen wir bei schadenfreiem Verlauf des Vertrages eine Besserstufung nach I.3.2 nur vor, wenn die Saison mindestens 6 Monate beträgt.

I.3.4 Besserstufung bei Verträgen mit SF-Klassen 2, ½, S, 0 oder M

Hat der Versicherungsschutz während des gesamten Kalenderjahres ununterbrochen bestanden, stufen wir Ihren Vertrag aus der SF-Klasse ½, S, 0 oder M bei schadenfreiem Verlauf in die SF-Klasse 1 ein.

Hat Ihr Vertrag in der Zeit vom 2. Januar bis 1. Juli eines Kalenderjahres mit einer Einstufung in SF-Klasse 2, ½ oder 0 begonnen und bestand bis zum 31. Dezember mindestens 6 Monate Versicherungsschutz, wird er bei schadenfreiem Verlauf zum 1. Januar des folgenden Kalenderjahres wie folgt eingestuft:

    von SF-Klasse 2   nach SF-Klasse 3
    von SF-Klasse ½   nach SF-Klasse 1
    von Klasse 0   nach SF-Klasse ½

I.3.5 Rückstufung bei schadenbelastetem Verlauf

Ist Ihr Vertrag während eines Kalenderjahres schadenbelastet verlaufen, wird er nach der jeweiligen Tabelle in Anhang 1 zurückgestuft. Maßgeblich ist der Tag der Schadenmeldung bei uns.

I.4 Was bedeutet schadenfreier oder schadenbelasteter Verlauf?

I.4.1 Schadenfreier Verlauf

I.4.1.1 Ein schadenfreier Verlauf des Vertrages liegt vor, wenn der Versicherungsschutz von Anfang bis Ende eines Kalenderjahres ununterbrochen bestanden hat und uns in dieser Zeit kein Schadenereignis gemeldet worden ist, für das wir Entschädigungen leisten oder Rückstellungen bilden mussten. Dazu zählen nicht Kosten für Gutachter, Rechtsberatung und Prozesse.

I.4.1.2 Trotz Meldung eines Schadenereignisses gilt der Vertrag jeweils als schadenfrei, wenn

(a) wir nur aufgrund von Abkommen der Versicherungsunternehmen untereinander oder mit Sozialversicherungsträgern oder wegen der Ausgleichspflicht aufgrund einer Mehrfachversicherung Entschädigungen leisten oder Rückstellungen bilden oder

(b) wir Rückstellungen für das Schadenereignis in den 3 auf die Schadenmeldung folgenden Kalenderjahren auflösen, ohne eine Entschädigung geleistet zu haben, oder

(c) der Schädiger oder dessen Haftpflichtversicherung uns unsere Entschädigung in vollem Umfang erstattet oder

(d) wir in der Vollkaskoversicherung für ein Schadenereignis, das unter die Teilkaskoversicherung fällt, Entschädigungen leisten oder Rückstellungen bilden oder

(e) Sie Ihre Vollkaskoversicherung nur deswegen in Anspruch nehmen, weil eine Person mit einer gesetzlich vorgeschriebenen Haftpflichtversicherung für das Schadenereignis zwar in vollem Umfang haftet, Sie aber gegenüber dem Haftpflichtversicherer keinen Anspruch haben, weil dieser den Versicherungsschutz ganz oder teilweise versagt hat.

I.4.1.3 Ein Schaden, der ausschließlich öffentlich-rechtliche Ansprüche nach dem Umweltschadengesetz auslöst, ohne auch private Rechte zu verletzen, die von der Kraftfahrzeug-Haftpflichtversicherung gedeckt sind, führt nicht zu einer Rückstufung.

I.4.2 Schadenbelasteter Verlauf

I.4.2.1 Ein schadenbelasteter Verlauf des Vertrages liegt vor, wenn Sie uns während eines Kalenderjahres ein oder mehrere Schadenereignisse melden, für die wir Entschädigungen leisten oder Rückstellungen bilden müssen. Hiervon ausgenommen sind die Fälle nach I.4.1.2.

I.4.2.2 Gilt der Vertrag trotz einer Schadenmeldung zunächst als schadenfrei, leisten wir jedoch in einem folgenden Kalenderjahr Entschädigungen oder bilden Rückstellungen für diesen Schaden, stufen wir Ihren Vertrag zum 1. Januar des dann folgenden Kalenderjahres zurück.

Allgemeine Bedingungen für die Kfz-Versicherung (AKB 2015)

I.5 Wie Sie eine Rückstufung in der Kfz-Haftpflichtversicherung vermeiden können

I.5.1 Freiwillige Erstattung der Entschädigung

Sie können eine Rückstufung in der Kfz-Haftpflichtversicherung und in der Vollkaskoversicherung vermeiden, wenn Sie uns unsere Entschädigung freiwillig, also ohne vertragliche oder gesetzliche Verpflichtung, erstatten. Erstatten Sie uns die Entschädigung in der Kfz-Haftpflichtversicherung innerhalb von 6 Monaten nach unserer Mitteilung und in der Vollkaskoversicherung innerhalb von 6 Monaten nach der Zahlung unserer Leistung, wird Ihr Kfz-Haftpflichtversicherungsvertrag bzw. Ihr Vollkaskoversicherungsvertrag als schadenfrei behandelt.

Um Ihnen zur Erstattung Gelegenheit zu geben, unterrichten wir Sie in der Kfz-Haftpflichtversicherung nach Abschluss der Schadenregulierung über die Höhe unserer Entschädigung, wenn diese nicht mehr als 500 € beträgt.

Haben wir Sie über den Abschluss der Schadenregulierung und über die Höhe des Erstattungsbetrags unterrichtet und müssen wir danach im Zuge einer Wiederaufnahme der Schadenregulierung eine weitere Entschädigung leisten, führt dies nicht zu einer Erhöhung des Erstattungsbetrags.

I.5.2 Rabattschutz

Sie können für die Kfz-Haftpflicht- und für die Vollkaskoversicherung einen Rabattschutz vereinbaren. Ein Rabattschutz für die Vollkaskoversicherung ist jedoch nur in Verbindung mit einem Rabattschutz für die Kfz-Haftpflichtversicherung möglich.

▶ *Voraussetzungen*

I.5.2.1
- Sie haben bei uns einen Pkw versichert, der in der Kfz-Haftpflicht- und Vollkaskoversicherung mindestens in der SF-Klasse 4 eingestuft ist, und
- Sie haben in den letzten 24 Monaten maximal je einen Schaden zur Kfz-Haftpflicht- und Vollkaskoversicherung gemeldet. Dies gilt nicht bei Fahrzeugwechsel, wenn für den bisherigen Vertrag bereits der Rabattschutz vereinbart war.

▶ *Versichertes Risiko*

I.5.2.2 Wenn Sie den Rabattschutz mit uns vereinbart haben, wird pro Versicherungsjahr und Versicherungsart, für die der Rabattschutz abgeschlossen wurde, ein belastender Schaden bei der Ermittlung der Versicherungsprämie so behandelt, als sei er nicht gemeldet worden. Der Zeitpunkt der Schadenmeldung ist maßgeblich dafür, welchem Versicherungsjahr der Schaden zugerechnet wird. Der Zeitpunkt des Schadenereignisses ist maßgeblich dafür, ob Versicherungsschutz besteht.

▶ *Prämienberechnung*

I.5.2.3 Die Prämie für den Rabattschutz entspricht einem im Tarif festgelegten Prozentsatz der Prämie der Kfz-Haftpflicht- und Vollkaskoversicherung. Bei Anpassung der Prämie in der KFZ-Haftpflicht- oder Vollkaskoversicherung ändert sich die Prämie des Rabattschutzes entsprechend.

▶ *Laufzeit und Kündigung*

I.5.2.4 Der Rabattschutz wird für die Dauer des Versicherungsjahres abgeschlossen. Er verlängert sich jeweils um ein Jahr, wenn er nicht spätestens einen Monat vor Ablauf in Textform gekündigt wird.

I.5.2.5 Endet der Rabattschutz zur Kfz-Haftpflichtversicherung, z. B. durch Kündigung, oder entfällt er rückwirkend, z. B. weil die Abschlussvoraussetzungen nicht erfüllt waren, gilt die Rechtsfolge auch für den Rabattschutz zur Vollkaskoversicherung.

I.5.2.6 Mit der Beendigung der Kfz-Haftpflicht- oder Vollkaskoversicherung endet der Rabattschutz für die jeweilige Versicherungsart, ohne dass es einer Kündigung bedarf. Gleiches gilt, wenn das Fahrzeug veräußert wird.

I.5.2.7 Endet der Rabattschutz, ist die dadurch erreichte SF-Klasse Ausgangspunkt für die künftige Besser- oder Rückstufung des Vertrages.

▶ *Bescheinigung beim Wechsel des Versicherers*

I.5.2.8 Endet der Versicherungsvertrag, wird dem Nachversicherer auf dessen Anfrage die SF-Klasse bestätigt, die sich ohne den Rabattschutz ergibt.

I.6 Übernahme eines Schadenverlaufs

I.6.1 In welchen Fällen wird ein Schadenverlauf übernommen?

Der Schadenverlauf eines anderen Vertrages – auch wenn dieser bei einem anderen Versicherer bestanden hat – wird auf den Vertrag des versicherten Fahrzeugs unter den Voraussetzungen nach I.6.2 und I.6.3 in folgenden Fällen übernommen:

▶ *Fahrzeugwechsel*

I.6.1.1 Sie haben das versicherte Fahrzeug anstelle eines anderen Fahrzeugs angeschafft.

▶ *Rabatt-Tausch*

I.6.1.2 Sie besitzen neben dem versicherten Fahrzeug noch ein anderes Fahrzeug und veräußern dieses oder setzen es ohne Ruheversicherung außer Betrieb und beantragen die Übernahme des Schadenverlaufs.

I.6.1.3 Sie versichern ein weiteres Fahrzeug, das überwiegend von demselben Personenkreis benutzt werden soll wie das bereits versicherte, und beantragen, dass der Schadenverlauf von dem bisherigen auf das weitere Fahrzeug übertragen wird.

▶ *Schadenverlauf einer anderen Person*

I.6.1.4 Das Fahrzeug einer anderen Person wurde überwiegend von Ihnen gefahren und Sie beantragen die Übernahme des Schadenverlaufs.

▶ *Versichererwechsel*

I.6.1.5 Sie sind mit Ihrem Fahrzeug von einem anderen Versicherer mit Sitz im Europäischen Wirtschaftsraum, der Schweiz, den USA, Japan oder Kanada zu uns gewechselt.

I.6.2 Welche Voraussetzungen gelten für die Übernahme?

Für die Übernahme eines Schadenverlaufs gelten folgende Voraussetzungen:

▶ *Fahrzeuggruppe*

I.6.2.1 Die Fahrzeuge, zwischen denen der Schadenverlauf übertragen wird, gehören derselben Fahrzeuggruppe an, oder das Fahrzeug, von dem der Schadenverlauf übernommen wird, gehört einer höheren Fahrzeuggruppe an als das Fahrzeug, auf das übertragen wird.

(a) Untere Fahrzeuggruppe:
Pkw, Leichtkrafträder/-roller, Krafträder/-roller, Trikes, Quads (mit Ausnahme von Fahrzeugen, die ein Versicherungskennzeichen

führen müssen), Campingfahrzeuge, Lkw bis 3,5 t zulässige Gesamtmasse, Krankenwagen.

(b) Mittlere Fahrzeuggruppe:
Taxen, Mietwagen, Selbstfahrervermietfahrzeuge, Lkw und Zugmaschinen im Werkverkehr außer Lkw bis 3,5 t zulässige Gesamtmasse.

(c) Obere Fahrzeuggruppe:
Lkw und Zugmaschinen im gewerblichen Güterverkehr außer Lkw bis 3,5 t zulässige Gesamtmasse, Kraftomnibusse sowie die Sonderfahrzeuge.

▶ *Gemeinsame Übernahme des Schadenverlaufs in der Kfz-Haftpflicht- und der Vollkaskoversicherung*

I.6.2.2 Wir übernehmen die Schadenverläufe in der Kfz-Haftpflicht- und in der Vollkaskoversicherung nur zusammen.

▶ *Zusätzliche Regelung für die Übernahme des Schadenverlaufs von einer anderen Person nach I.6.1.4*

I.6.2.3 Wir übernehmen den Schadenverlauf von einer anderen Person nur für den Zeitraum, in dem das Fahrzeug der anderen Person überwiegend von Ihnen gefahren wurde, und unter folgenden Voraussetzungen:

(a) Es handelt sich bei der anderen Person um Ihren Ehepartner, Ihren eingetragenen Lebenspartner, Ihren mit Ihnen in häuslicher Gemeinschaft lebenden Lebenspartner, ein Elternteil, Ihr Kind oder Ihren Arbeitgeber;

(b) Sie machen den Zeitraum, in dem das Fahrzeug der anderen Person überwiegend von Ihnen gefahren wurde, glaubhaft; hierzu gehört insbesondere
- eine schriftliche Erklärung von Ihnen und der anderen Person; ist die andere Person verstorben, ist die Erklärung durch Sie ausreichend;
- die Vorlage einer Kopie Ihres Führerscheins zum Nachweis dafür, dass Sie für den entsprechenden Zeitraum im Besitz einer gültigen Fahrerlaubnis waren;

(c) die andere Person ist mit der Übertragung ihres Schadenverlaufs an Sie einverstanden und gibt damit ihren Schadenfreiheitsrabatt in vollem Umfang auf;

(d) die Nutzung des Fahrzeugs der anderen Person durch Sie liegt bei der Übernahme nicht mehr als 12 Monate zurück.

I.6.3 Wie wirkt sich eine Unterbrechung des Versicherungsschutzes auf den Schadenverlauf aus?

▶ *Im Jahr der Übernahme*

I.6.3.1 Nach einer Unterbrechung des Versicherungsschutzes (Außerbetriebsetzung, Saisonkennzeichen außerhalb der Saison, Vertragsbeendigung, Veräußerung, Wagniswegfall) gilt:

(a) Beträgt die Unterbrechung höchstens 6 Monate, übernehmen wir den Schadenverlauf, als wäre der Versicherungsschutz nicht unterbrochen worden.

(b) Beträgt die Unterbrechung mehr als 6 Monate und höchstens 7 Jahre, übernehmen wir die SF- oder Schadenklasse, in die der Vertrag vor der Unterbrechung eingestuft war.
Dies gilt nur, wenn Sie uns auf Verlangen nachweisen, dass Sie während dieses Zeitraums lückenlos im Besitz einer gültigen Fahrerlaubnis waren. Erbringen Sie diesen Nachweis nicht, ziehen wir beim Schadenverlauf für jedes volle Kalenderjahr der Unterbrechung des Vertrages ein schadenfreies Jahr ab.

(c) Beträgt die Unterbrechung mehr als 7 Jahre, übernehmen wir den Schadenverlauf nicht. Die Einstufung erfolgt nach I.2.

Sofern neben einer Rückstufung aufgrund einer Unterbrechung von mehr als einem Jahr gleichzeitig eine Rückstufung aufgrund einer Schadenmeldung zu erfolgen hat, ist zunächst die Rückstufung aufgrund des Schadens, danach die Rückstufung aufgrund der Unterbrechung vorzunehmen.

▶ *Im Folgejahr nach der Übernahme*

I.6.3.2 In dem auf die Übernahme folgenden Kalenderjahr richtet sich die Einstufung des Vertrages nach dessen Schadenverlauf und danach, wie lange der Versicherungsschutz in dem Kalenderjahr der Übernahme bestand:

(a) Bestand der Versicherungsschutz im Kalenderjahr der Übernahme mindestens 6 Monate, wird der Vertrag entsprechend seines Verlaufs so eingestuft, als hätte er ein volles Kalenderjahr bestanden.

(b) Bestand der Versicherungsschutz im Kalenderjahr der Übernahme weniger als 6 Monate, unterbleibt eine Besserstufung trotz schadenfreien Verlaufs.

I.6.4 Übernahme des Schadenverlaufs nach Betriebsübergang

Haben Sie einen Betrieb und dessen zugehörige Fahrzeuge übernommen, übernehmen wir den Schadenverlauf dieser Fahrzeuge unter folgenden Voraussetzungen:
- Der bisherige Betriebsinhaber ist mit der Übernahme des Schadenverlaufs durch Sie einverstanden und gibt damit den Schadenfreiheitsrabatt in vollem Umfang auf,
- Sie machen glaubhaft, dass sich durch die Übernahme des Betriebes die bisherige Risikosituation nicht verändert hat.

I.7 Einstufung nach Abgabe des Schadenverlaufs

I.7.1 Die Schadenverläufe in der Kfz-Haftpflicht- und der Vollkaskoversicherung können nur zusammen abgegeben werden.

I.7.2 Nach einer Abgabe des Schadenverlaufs Ihres Vertrages stufen wir diesen in die SF-Klasse ein, die Sie bei Ersteinstufung Ihres Vertrages nach I.2 bekommen hätten. Befand sich Ihr Vertrag in der SF-Klasse M oder S, bleibt diese Einstufung bestehen.

I.7.3 Wir sind berechtigt, die Mehrprämie aufgrund der Umstellung Ihres Vertrages nachzuerheben.

I.8 Auskünfte über den Schadenverlauf

I.8.1 Auskünfte vom Vorversicherer

Wir sind berechtigt, uns bei Übernahme eines Schadenverlaufs folgende Auskünfte vom Vorversicherer geben zu lassen:
- Art und Verwendung des Fahrzeugs,
- Beginn und Ende des Vertrages für das Fahrzeug,
- Schadenverlauf des Fahrzeugs in der Kfz-Haftpflicht- und der Vollkaskoversicherung,
- Unterbrechungen des Versicherungsschutzes des Fahrzeugs, die sich noch nicht auf dessen letzte Neueinstufung ausgewirkt haben,
- ob für ein Schadenereignis Rückstellungen innerhalb von 3 Jahren nach deren Bildung aufgelöst worden sind, ohne dass Zahlungen geleistet worden sind, und
- ob Ihnen oder einem anderen Versicherer bereits entsprechende Auskünfte erteilt worden sind.

I.8.2 Auskünfte an den Nachversicherer

Versichern Sie nach Beendigung Ihres Vertrages in der Kfz-Haftpflicht- und der Vollkaskoversicherung Ihr Fahrzeug bei einem anderen Versicherer, sind wir berechtigt und verpflichtet, diesem auf Anfrage Auskünfte zu Ihrem Vertrag und dem versicherten Fahrzeug nach I. 8.1 zu geben.

Unsere Auskunft bezieht sich nur auf den tatsächlichen Schadenverlauf. Sondereinstufungen – mit Ausnahme der Regelung nach I.2.2.1 – werden nicht berücksichtigt.

J Individuelle Tarifmerkmale

J.1 Art, Verwendung und Beschaffenheit des Fahrzeugs

▶ *Prämienrelevante Merkmale*

J.1.1 Bei der Berechnung der Prämie berücksichtigen wir die Art und Verwendung, den Aufbau, den Hersteller, den Typ, die Motorleistung, den Hubraum und die Anzahl der Plätze oder Nutzlast des Fahrzeugs. Maßgeblich sind diesbezüglich die Eintragungen in der Zulassungsbescheinigung Teil I (Fahrzeugschein), hilfsweise in der Zulassungsbescheinigung Teil II (Fahrzeugbrief) oder in anderen amtlichen Urkunden.

▶ *Mehrere Verwendungsmöglichkeiten*

J.1.2 Ergeben sich aus der Zulassungsbescheinigung oder anderen amtlichen Urkunden mehrere Verwendungsmöglichkeiten, ist für die Prämienberechnung das höher einzuordnende Wagnis ausschlaggebend.

Für Lkw und Zugmaschinen berechnen wir die Prämien des gewerblichen Güternahverkehrs auch bei gelegentlicher Verwendung im gewerblichen Güterfernverkehr bzw. die Prämien des Werknahverkehrs auch bei gelegentlicher Verwendung im Werkfernverkehr, wenn Sie uns die gelegentliche anderweitige Verwendung mitteilen und nachweisen, dass Sie die überwiegend im Fernverkehr eingesetzten Fahrzeuge entsprechend versichert haben.

J.2 Tarifgruppen R und N

Für Versicherungsverträge von Pkw gelten die Prämien der Tarifgruppe R und für die übrigen Fahrzeuge die Prämien der Tarifgruppe N.

J.3 Individuelle Tarifmerkmale

J.3.1 Pkw

Versichern Sie einen Pkw, berücksichtigen wir bei der Ermittlung der Versicherungsprämie der Kfz-Haftpflicht- und der Kaskoversicherung die folgenden individuellen Tarifmerkmale:

▶ *Ein- oder Zweifamilienhaus / Eigentumswohnung / Garage*

J.3.1.1 Die Höhe der Prämie richtet sich danach, ob Sie oder Ihr in häuslicher Gemeinschaft lebender Ehe-/ Lebenspartner Eigentümer eines selbst bewohnten Ein- oder Zweifamilienhauses sind.

J.3.1.2 Die Höhe der Prämie richtet sich danach, ob Sie oder Ihr mit Ihnen in häuslicher Gemeinschaft lebender Ehe-/Lebenspartner Eigentümer einer selbst bewohnten Eigentumswohnung sind.

J.3.1.3 Die Höhe der Prämie richtet sich danach, ob das Fahrzeug nachts regelmäßig in einer verschlossenen Garage (auch Tief- oder Sammelgarage) abgestellt wird.

▶ *Fahrleistung*

J.3.1.4 Die Höhe der Prämie richtet sich nach der jährlichen Fahrleistung des Fahrzeugs (auch Ersatzfahrzeug). Dies gilt nicht für Fahrzeuge, die ein Saisonkennzeichen führen.

Endet der Vertrag vor Ablauf der ersten Versicherungsperiode, so entfällt dieses Tarifmerkmal rückwirkend ab Versicherungsbeginn. Dies gilt nicht, wenn wir den Vertrag aufgrund einer außerordentlichen Kündigung beenden.

Überschreiten Sie die vereinbarte Kilometerleistung, berechnen wir die Prämie rückwirkend ab Versicherungsbeginn bzw. ab Beginn der laufenden Versicherungsperiode entsprechend der tatsächlichen Fahrleistung neu.

▶ *Fahrzeugnutzung*

J.3.1.5 Einzel-/Partnernutzung
Die Höhe der Prämie richtet sich danach, ob das Fahrzeug ausschließlich von Ihnen und gegebenenfalls Ihrem Ehe-/Lebenspartner in häuslicher Gemeinschaft gefahren wird und beide mindestens 23 Jahre alt sind.

J.3.1.6 Familie
Die Höhe der Prämie richtet sich, wenn die Voraussetzungen nach J.3.1.5 erfüllt sind, danach, ob Sie oder Ihr Ehe-/Lebenspartner zum Zeitpunkt der Antragstellung mindestens ein Kind haben, das noch keine 16 Jahre alt ist und mit Ihnen in häuslicher Gemeinschaft lebt. Als Kinder gelten leibliche Kinder, Stief- und Adoptivkinder, nicht jedoch Enkel-, Pflege- oder Tageskinder.

▶ *Fahrzeugalter bei Erwerb*

J.3.1.7 Die Höhe der Prämie bei Pkw richtet sich nach dem Zeitraum zwischen der Erstzulassung des Fahrzeugs und dem Erwerb durch Sie.

J.3.2 Krafträder, Leichtkrafträder und -roller

Versichern Sie ein Kraftrad, berücksichtigen wir bei der Ermittlung der Versicherungsprämie in der Kfz-Haftpflicht- und der Kaskoversicherung die folgenden individuellen Tarifmerkmale:

▶ *Ein- oder Zweifamilienhaus*

J.3.2.1 Die Höhe der Prämie richtet sich danach, ob Sie oder Ihr in häuslicher Gemeinschaft lebender Ehe-/ Lebenspartner Eigentümer eines selbst bewohnten Ein- oder Zweifamilienhauses sind.

▶ *Fahrzeugnutzung*

J.3.2.2 Einzel-/Partnernutzung

Die Höhe der Prämie richtet sich danach, ob das Fahrzeug ausschließlich von Ihnen und gegebenenfalls Ihrem Ehe-/Lebenspartner in häuslicher Gemeinschaft gefahren wird und beide mindestens 23 Jahre alt sind.

J.3.3 Campingfahrzeuge

Versichern Sie ein Campingfahrzeug, berücksichtigen wir bei der Ermittlung der Versicherungsprämie in der Kfz-Haftpflicht- und der Kaskoversicherung die folgenden individuellen Tarifmerkmale:

▶ *Ein- oder Zweifamilienhaus*

J.3.3.1 Die Höhe der Prämie richtet sich danach, ob Sie oder Ihr in häuslicher Gemeinschaft lebender Ehe-/Lebenspartner Eigentümer eines selbst bewohnten Ein- oder Zweifamilienhauses sind.

▶ *Fahrleistung*

J.3.3.2 Die Höhe der Prämie richtet sich nach der jährlichen Fahrleistung des Fahrzeugs (auch Ersatzfahrzeug). Dies gilt nicht für Fahrzeuge, die ein Saisonkennzeichen führen.

Bei der Berechnung der Fahrleistung legen wir eine gleichmäßig über das Jahr verteilte Nutzung zugrunde.

Endet der Vertrag vor Ablauf der ersten Versicherungsperiode, so entfällt dieses Tarifmerkmal rückwirkend ab Versicherungsbeginn. Dies gilt nicht, wenn wir den Vertrag aufgrund einer außerordentlichen Kündigung beenden.

Überschreiten Sie die vereinbarte Kilometerleistung, berechnen wir die Prämie rückwirkend ab Versicherungsbeginn bzw. ab Beginn der laufenden Versicherungsperiode entsprechend der tatsächlichen Fahrleistung neu.

▶ *Fahrzeugnutzung*

J.3.3.3 Einzel-/Partnernutzung

Die Höhe der Prämie richtet sich danach, ob das Fahrzeug ausschließlich von Ihnen und gegebenenfalls Ihrem Ehe-/Lebenspartner in häuslicher Gemeinschaft gefahren wird und beide mindestens 23 Jahre alt sind.

J.3.3.4 Familie

Die Höhe der Prämie richtet sich, wenn die Voraussetzungen nach J.3.3.3 erfüllt sind, danach, ob Sie oder Ihr Ehe-/Lebenspartner zum Zeitpunkt der Antragstellung mindestens ein Kind haben, das noch keine 16 Jahre alt ist und mit Ihnen in häuslicher Gemeinschaft lebt. Als Kinder gelten leibliche Kinder, Stief- und Adoptivkinder, nicht jedoch Enkel-, Pflege- oder Tageskinder.

K Prämienänderung aufgrund tariflicher Maßnahmen

K.1 Typklasse

Richtet sich die Versicherungsprämie nach dem Typ Ihres Fahrzeugs, können Sie Ihrem Versicherungsschein entnehmen, welcher Typklasse Ihr Fahrzeug zu Beginn des Vertrages zugeordnet worden ist.

Ein unabhängiger Treuhänder ermittelt jährlich, ob und in welchem Umfang sich der Schadenbedarf Ihres Fahrzeugtyps im Verhältnis zu dem aller Fahrzeugtypen erhöht oder verringert hat. Ändert sich der Schadenbedarf Ihres Fahrzeugtyps im Verhältnis zu dem aller Fahrzeugtypen, kann dies zu einer Zuordnung in eine andere Typklasse führen. Die damit verbundene Prämienänderung wird mit Beginn des nächsten Versicherungsjahres wirksam.

Die Klassengrenzen können Sie der Tabelle im Anhang 2 entnehmen.

K.2 Regionalklasse

Richtet sich die Versicherungsprämie nach dem Wohnsitz des Halters, wird Ihr Fahrzeug einer Regionalklasse zugeordnet. Maßgeblich ist der Wohnsitz, den uns die Zulassungsbehörde zu Ihrem Fahrzeug mitteilt. Ihrem Versicherungsschein können Sie entnehmen, welcher Regionalklasse Ihr Fahrzeug zu Beginn des Vertrages zugeordnet worden ist.

Ein unabhängiger Treuhänder ermittelt jährlich, ob und in welchem Umfang sich der Schadenbedarf der Region, in welcher der Wohnsitz des Halters liegt, im Verhältnis zu allen Regionen erhöht oder verringert hat. Ändert sich der Schadenbedarf Ihrer Region im Verhältnis zu dem aller Regionen, kann dies zu einer Zuordnung in eine andere Regionalklasse führen. Die damit verbundene Prämienänderung wird mit Beginn des nächsten Versicherungsjahres wirksam.

Die Klassengrenzen können Sie der Tabelle im Anhang 3 entnehmen.

K.3 Tarifänderung

Wir sind berechtigt und verpflichtet, jährlich die Prämien für bestehende Verträge in der Kfz-Haftpflichtversicherung und der Kaskoversicherung zu überprüfen. Dabei berücksichtigen wir ausschließlich die seit der Festsetzung der bisherigen Prämien eingetretene und voraussichtlich im nächsten Versicherungsjahr zu erwartende Schaden- und Kostenentwicklung; der Ansatz für Gewinn sowie die Tarifstruktur bleiben unverändert. Wir wenden die anerkannten Grundsätze der Versicherungsmathematik und Versicherungstechnik an.

Ergibt die Überprüfung eine gesunkene Schaden- und Kostenentwicklung, sind wir verpflichtet, Ihre Prämie entsprechend abzusenken.

Ergibt die Überprüfung eine gestiegene Schaden- und Kostenentwicklung, sind wir berechtigt, Ihre Prämie entsprechend anzuheben. Diese Anhebung ist begrenzt auf die Höhe der Prämie für neu abzuschließende Verträge mit gleicher Tarifstruktur und gleichem Versicherungsumfang.

Die Prämienänderung wird mit Beginn des nächsten Versicherungsjahres wirksam.

K.4 Kündigungsrecht

Führt eine Änderung nach K.1 bis K.3 in der Kfz-Haftpflichtversicherung zu einer Prämienerhöhung, so haben Sie nach G.2.7 ein Kündigungsrecht. Werden mehrere Änderungen gleichzeitig wirksam, so besteht Ihr Kündigungsrecht nur, wenn die Änderungen in Summe zu einer Prämienerhöhung führen.

Dies gilt für die Kaskoversicherung entsprechend.

K.5 Gesetzliche Änderung des Leistungsumfangs in der Kfz-Haftpflichtversicherung

In der Kfz-Haftpflichtversicherung sind wir berechtigt, die Prämie zu erhöhen, sobald wir aufgrund eines Gesetzes, einer Verordnung oder einer EU-Richtlinie dazu verpflichtet werden, den Leistungsumfang oder die Versicherungssummen zu erhöhen.

K.6 Änderung der Tarifstruktur

Wir sind berechtigt, die Bestimmungen für SF-Klassen, Regionalklassen, Typklassen, Stärkeklassen und die in J.3 aufgeführten Merkmale zur Prämienberechnung zu ändern, wenn ein unabhängiger Treuhänder bestätigt, dass die geänderten Bestimmungen den anerkannten Grundsätzen der Versicherungsmathematik und Versicherungstechnik entsprechen. Die geänderten Bestimmungen werden mit Beginn des nächsten Versicherungsjahres wirksam.

In diesem Fall haben Sie nach G.2.9 ein Kündigungsrecht.

L Prämienänderung aufgrund eines bei Ihnen eingetretenen Umstands

L.1 Änderung des Schadenfreiheitsrabatts

Ihre Prämie kann sich aufgrund der Regelungen zum Schadenfreiheitsrabatt-System nach Abschnitt I ändern.

L.2 Änderung von Merkmalen zur Prämienberechnung

▶ *Welche Änderungen werden berücksichtigt?*

L.2.1 Ändert sich während der Laufzeit des Vertrages ein Merkmal zur Prämienberechnung gemäß J.3, berechnen wir die Prämie neu. Dies kann zu einer Prämiensenkung oder zu einer Prämienerhöhung führen.

▶ *Auswirkung auf die Prämie*

L.2.2 Die neue Prämie gilt ab dem Tag der Änderung.

L.2.3 Ändert sich die im Versicherungsschein aufgeführte Jahresfahrleistung, gilt abweichend von L.2.2 die neue Prämie rückwirkend ab Beginn des laufenden Versicherungsjahres.

L.3 Änderung der Regionalklasse wegen Wohnsitzwechsels

Wechselt der Halter seinen Wohnsitz und wird dadurch Ihr Fahrzeug einer anderen Regionalklasse zugeordnet, richtet sich die Prämie ab der Ummeldung bei der Zulassungsbehörde nach der neuen Regionalklasse.

L.4 Ihre Mitteilungspflichten zu den Merkmalen zur Prämienberechnung

▶ *Anzeige von Änderungen*

L.4.1 Die Änderung eines im Versicherungsschein aufgeführten Merkmals zur Prämienberechnung müssen Sie uns unverzüglich anzeigen.

▶ *Überprüfung der Merkmale zur Prämienberechnung*

L.4.2 Wir sind berechtigt zu überprüfen, ob die bei Ihrem Vertrag berücksichtigten Merkmale zur Prämienberechnung zutreffen. Auf Anforderung haben Sie uns entsprechende Bestätigungen oder Nachweise vorzulegen.

▶ *Folgen von unzutreffenden Angaben*

L.4.3 Haben Sie unzutreffende Angaben zu Merkmalen zur Prämienberechnung gemacht oder Änderungen nicht angezeigt und ist deshalb eine zu niedrige Prämie berechnet worden, gilt rückwirkend ab Beginn des laufenden Versicherungsjahres die Prämie, die den tatsächlichen Merkmalen zur Prämienberechnung entspricht.

L.4.4 Haben Sie vorsätzlich unzutreffende Angaben gemacht oder Änderungen vorsätzlich nicht angezeigt und ist deshalb eine zu niedrige Prämie berechnet worden, ist zusätzlich zur Prämienerhöhung eine Vertragsstrafe in Höhe einer Jahresprämie zu zahlen, die bei richtigen Angaben hätte berechnet werden müssen.

▶ *Folgen von Nichtangaben*

L.4.5 Kommen Sie unserer Aufforderung schuldhaft nicht nach, Bestätigungen oder Nachweise vorzulegen, sind wir berechtigt, die Prämie rückwirkend ab Beginn des laufenden Versicherungsjahres nach den für Sie ungünstigsten Annahmen zu berechnen, wenn

- wir Sie in Textform auf die dann zu zahlende Prämie und die dabei zugrunde gelegten Annahmen hingewiesen haben
- und Sie auch innerhalb einer von uns gesetzten Antwortfrist von mindestens 4 Wochen die zur Überprüfung der Prämienrechnung angeforderten Bestätigungen oder Nachweise nicht nachreichen.

L.5 Änderung der Art und Verwendung des Fahrzeugs

Ändert sich die im Versicherungsschein ausgewiesene Art und Verwendung des Fahrzeugs, müssen Sie uns dies anzeigen. Bei der Zuordnung nach der Verwendung des Fahrzeugs gelten ziehendes Fahrzeug und Anhänger als Einheit, wobei das höhere Wagnis maßgeblich ist.

Wir können in diesem Fall den Versicherungsvertrag nach G.3.6 kündigen oder die Prämie ab der Änderung anpassen.

Erhöhen wir die Prämie um mehr als 10 %, haben Sie ein Kündigungsrecht nach G.2.8.

M Meinungsverschiedenheiten und Gerichtsstände

M.1 Wenn Sie mit uns einmal nicht zufrieden sind

▶ *Versicherungsombudsmann*

M.1.1 Wenn Sie als Verbraucher mit unserer Entscheidung nicht zufrieden sind oder eine Verhandlung mit uns einmal nicht zu dem von Ihnen gewünschten Ergebnis geführt hat, können Sie sich an den Ombudsmann für Versicherungen wenden:

Ombudsmann e.V.
Postfach 080632
10006 Berlin
E-Mail: beschwerde@versicherungsombudsmann.de
Tel.: 0800 3696000
Fax: 0800 3699000

Der Ombudsmann für Versicherungen ist eine unabhängige und für Verbraucher kostenfrei arbeitende Schlichtungsstelle. Voraussetzung für das Schlichtungsverfahren vor dem Ombudsmann ist aber, dass Sie uns zunächst die Möglichkeit gegeben haben, unsere Entscheidung zu überprüfen.

▶ *Versicherungsaufsicht*

M.1.2 Sind Sie mit unserer Betreuung nicht zufrieden oder treten Meinungsverschiedenheiten bei der Vertragsabwicklung auf, können Sie sich auch an die für uns zuständige Aufsicht wenden. Als Versicherungsunternehmen unterliegen wir der Aufsicht der Bundesanstalt für Finanzdienstleistungsaufsicht (BAFin):

Bundesanstalt für Finanzdienstleistungsaufsicht
Sektor Versicherungsaufsicht
Graurheindorfer Straße 108
53117 Bonn
E-Mail: poststelle@bafin.de
Tel.: 0228 4108-0
Fax: 0228 4108-1550

Bitte beachten Sie, dass die BAFin keine Schiedsstelle ist und einzelne Streitfälle nicht verbindlich entscheiden kann.

▶ *Rechtsweg*

M.1.3 Außerdem haben Sie die Möglichkeit, den Rechtsweg zu beschreiten.

Hinweis: Beachten Sie bei Meinungsverschiedenheiten über die Höhe des Schadens in der Kaskoversicherung das Sachverständigenverfahren nach A.2.17.

M.2 Gerichtsstände

▶ *Wenn Sie uns verklagen*

M.2.1 Ansprüche aus Ihrem Versicherungsvertrag können Sie insbesondere bei folgenden Gerichten geltend machen:
- dem Gericht, das für Ihren Wohnsitz örtlich zuständig ist,
- dem Gericht, das für unseren Geschäftssitz oder für die Sie betreuende Niederlassung örtlich zuständig ist.

▶ *Wenn wir Sie verklagen*

M.2.2 Wir können Ansprüche aus dem Versicherungsvertrag insbesondere bei folgenden Gerichten geltend machen:
- dem Gericht, das für Ihren Wohnsitz örtlich zuständig ist,
- dem Gericht des Ortes, an dem sich der Sitz oder die Niederlassung Ihres Betriebes befindet, wenn Sie den Versicherungsvertrag für Ihren Geschäfts- oder Gewerbebetrieb abgeschlossen haben.

▶ *Sie haben Ihren Wohnsitz oder Geschäftssitz ins Ausland verlegt*

M.2.3 Für den Fall, dass Sie Ihren Wohnsitz, Geschäftssitz oder gewöhnlichen Aufenthalt außerhalb Deutschlands verlegt haben oder Ihr Wohnsitz, Geschäftssitz oder gewöhnlicher Aufenthalt im Zeitpunkt der Klageerhebung nicht bekannt ist, gilt abweichend der Regelungen nach M.2.2 das Gericht als vereinbart, das für unseren Geschäftssitz zuständig ist.

N Bedingungsänderung

N.1 In welchen Fällen dürfen wir die Bedingungen ändern?

Wir sind berechtigt, einzelne Regelungen dieser Bedingungen mit Wirkung für bestehende Verträge zu ändern oder zu ergänzen, wenn
- ein Gesetz oder eine Rechtsverordnung geändert wird, auf der einzelne Bedingungen des Vertrages beruhen,
- sich die höchstrichterliche Rechtsprechung ändert und dies unmittelbare Auswirkungen auf den Versicherungsvertrag hat,
- ein Gericht einzelne Bedingungen rechtskräftig für unwirksam erklärt und die gesetzlichen Vorschriften keine Regelungen enthalten, die an deren Stelle treten, oder
- die Kartellbehörde oder die Versicherungsaufsichtsbehörde einzelne Bedingungen durch bestandskräftigen Verwaltungsakt als mit dem geltenden Recht nicht vereinbar erklärt und die gesetzlichen Vorschriften keine Regelung enthalten, die an deren Stelle tritt.

Dies gilt nur, soweit die einzelnen geänderten Bedingungen unmittelbar betroffen sind.

Diese Berechtigung zur Änderung oder Ergänzung haben wir in den Fällen der o.g. gerichtlichen oder behördlichen Entscheidung auch dann, wenn es sich um inhaltsgleiche Bedingungen eines anderen Versicherers handelt.

Wir dürfen Bedingungen nur ändern oder ergänzen, wenn die Schließung einer durch die genannten Änderungsanlässe entstandenen Vertragslücke zur Durchführung des Vertrages erforderlich ist oder das bei Vertragsschluss vereinbarte Verhältnis zwischen Leistung und Gegenleistung in nicht unbedeutendem Maße gestört ist.

N.2 Wirksamkeitsvoraussetzung

Die nach N.1 zulässigen Änderungen teilen wir Ihnen schriftlich mit und erläutern sie. Sie finden Anwendung, wenn wir Ihnen die Änderung spätestens 6 Wochen vor dem Zeitpunkt des Wirksamwerdens mitgeteilt und Sie schriftlich über Ihr Kündigungsrecht nach G.2.10 belehrt haben.

Anhang 1: Tabellen zum Schadenfreiheitsrabatt-System

1 Pkw

1.1 Einstufung von Pkw in Schadenfreiheitsklassen und Schadenklassen; Prämiensätze

Dauer des schadenfreien, ununterbrochenen Verlaufs	Klasse	Prämiensatz in %	
		Haftpflicht	Vollkasko
35 und mehr Kalenderjahre	SF 35	23	23
34 Kalenderjahre	SF 34	24	24
33 Kalenderjahre	SF 33	24	24
32 Kalenderjahre	SF 32	24	24
31 Kalenderjahre	SF 31	25	25
30 Kalenderjahre	SF 30	25	25
29 Kalenderjahre	SF 29	25	25
28 Kalenderjahre	SF 28	26	26
27 Kalenderjahre	SF 27	26	26
26 Kalenderjahre	SF 26	26	26
25 Kalenderjahre	SF 25	27	27
24 Kalenderjahre	SF 24	27	27
23 Kalenderjahre	SF 23	27	27
22 Kalenderjahre	SF 22	28	28
21 Kalenderjahre	SF 21	28	28
20 Kalenderjahre	SF 20	29	29
19 Kalenderjahre	SF 19	30	30
18 Kalenderjahre	SF 18	31	31
17 Kalenderjahre	SF 17	32	32
16 Kalenderjahre	SF 16	33	33
15 Kalenderjahre	SF 15	34	34
14 Kalenderjahre	SF 14	35	35
13 Kalenderjahre	SF 13	36	36
12 Kalenderjahre	SF 12	37	37
11 Kalenderjahre	SF 11	38	38
10 Kalenderjahre	SF 10	39	39
9 Kalenderjahre	SF 9	40	40
8 Kalenderjahre	SF 8	41	41
7 Kalenderjahre	SF 7	42	42
6 Kalenderjahre	SF 6	43	43
5 Kalenderjahre	SF 5	45	45
4 Kalenderjahre	SF 4	47	47
3 Kalenderjahre	SF 3	50	50
2 Kalenderjahre	SF 2	55	55
1 Kalenderjahr	SF 1	60	60
	SF ½	70	70
	S	90	90
	0	110	110
	M	150	150

Anhang 1: Tabellen zum Schadenfreiheitsrabatt-System

1.2 Rückstufung im Schadenfall bei Pkw der Kfz-Haftpflichtversicherung

aus Klasse	nach Klasse			
	ein Schaden	zwei Schäden	drei Schäden	vier und mehr Schäden
SF 35	SF 25	SF 9	SF 2	M
SF 34	SF 19	SF 7	SF 1	M
SF 33	SF 17	SF 6	SF 1	M
SF 32	SF 16	SF 5	SF 1	M
SF 31	SF 15	SF 4	SF 1	M
SF 30	SF 14	SF 3	SF ½	M
SF 29	SF 13	SF 3	SF ½	M
SF 28	SF 12	SF 2	S	M
SF 27	SF 11	SF 2	S	M
SF 26	SF 11	SF 2	S	M
SF 25	SF 11	SF 2	S	M
SF 24	SF 10	SF 2	S	M
SF 23	SF 10	SF 2	S	M
SF 22	SF 10	SF 2	S	M
SF 21	SF 9	SF 2	0	M
SF 20	SF 9	SF 1	0	M
SF 19	SF 8	SF 1	0	M
SF 18	SF 7	SF 1	0	M
SF 17	SF 6	SF 1	0	M
SF 16	SF 6	SF ½	0	M
SF 15	SF 5	SF ½	0	M
SF 14	SF 5	S	M	M
SF 13	SF 4	S	M	M
SF 12	SF 3	S	M	M
SF 11	SF 3	S	M	M
SF 10	SF 2	0	M	M
SF 9	SF 2	0	M	M
SF 8	SF 2	0	M	M
SF 7	SF 1	0	M	M
SF 6	SF 1	0	M	M
SF 5	SF ½	M	M	M
SF 4	SF ½	M	M	M
SF 3	SF ½	M	M	M
SF 2	S	M	M	M
SF 1	S	M	M	M
SF ½	0	M	M	M
S	M	M	M	M
0	M	M	M	M
M	M	M	M	M

1.3 Rückstufung im Schadenfall bei Pkw der Vollkaskoversicherung

aus Klasse	nach Klasse			
	ein Schaden	zwei Schäden	drei Schäden	vier und mehr Schäden
SF 35	SF 26	SF 13	SF 5	M
SF 34	SF 21	SF 10	SF 4	M
SF 33	SF 20	SF 10	SF 4	M
SF 32	SF 19	SF 9	SF 3	M
SF 31	SF 18	SF 9	SF 3	M
SF 30	SF 17	SF 8	SF 2	M
SF 29	SF 16	SF 7	SF 2	M
SF 28	SF 15	SF 7	SF 1	M
SF 27	SF 14	SF 6	SF 1	M
SF 26	SF 14	SF 6	SF 1	M
SF 25	SF 13	SF 5	SF 1	M
SF 24	SF 13	SF 5	SF 1	M
SF 23	SF 12	SF 4	SF 1	M
SF 22	SF 12	SF 4	SF 1	M
SF 21	SF 11	SF 3	SF ½	M
SF 20	SF 11	SF 3	SF ½	M
SF 19	SF 10	SF 3	SF ½	M
SF 18	SF 9	SF 3	SF ½	M
SF 17	SF 8	SF 2	S	M
SF 16	SF 8	SF 2	S	M
SF 15	SF 7	SF 2	S	M
SF 14	SF 7	SF 1	S	M
SF 13	SF 6	SF 1	S	M
SF 12	SF 5	SF 1	S	M
SF 11	SF 5	SF ½	0	M
SF 10	SF 4	SF ½	0	M
SF 9	SF 4	SF ½	0	M
SF 8	SF 3	SF ½	0	M
SF 7	SF 3	S	M	M
SF 6	SF 2	S	M	M
SF 5	SF 2	0	M	M
SF 4	SF 1	0	M	M
SF 3	SF 1	0	M	M
SF 2	S	M	M	M
SF 1	S	M	M	M
SF ½	0	M	M	M
S	M	M	M	M
0	M	M	M	M
M	M	M	M	M

2 Zweiräder, Campingfahrzeuge

2.1 Einstufung von Zweirädern und Campingfahrzeugen in Schadenfreiheitsklassen und Schadenklassen; Prämiensätze

Dauer des schadenfreien, ununterbrochenen Verlaufs	Klasse	Prämiensatz in %	
		Haftpflicht	Vollkasko
8 und mehr Kalenderjahre	SF 8	35	45
7 Kalenderjahre	SF 7	40	50
6 Kalenderjahre	SF 6	40	50
5 Kalenderjahre	SF 5	40	50
4 Kalenderjahre	SF 4	45	55
3 Kalenderjahre	SF 3	45	55
2 Kalenderjahre	SF 2	65	75
1 Kalenderjahr	SF 1	65	80
	SF ½	70	80
	0	100	100
	M	125	125

2.2 Rückstufung im Schadenfall bei Zweirädern und Campingfahrzeugen

aus Klasse	nach Klasse		
	ein Schaden	zwei Schäden	drei und mehr Schäden
SF 8	SF 5	SF 2	M
SF 7	SF 3	SF 1	M
SF 6	SF 2	SF ½	M
SF 5	SF 2	SF ½	M
SF 4	SF 1	SF ½	M
SF 3	SF 1	SF ½	M
SF 2	SF ½	M	M
SF 1	SF ½	M	M
SF ½	M	M	M
0	M	M	M
M	M	M	M

Anhang 2: Tabellen zu den Typklassen

Für Pkw gelten die folgenden Typklassen:

1 Kfz-Haftpflichtversicherung

Typklasse	Schadenbedarfs-Indexwerte von	bis unter
10	0,0	49,5
11	49,5	61,9
12	61,9	71,6
13	71,6	79,8
14	79,8	86,6
15	86,6	92,0
16	92,0	97,7
17	97,7	103,7
18	103,7	110,4
19	110,4	118,0
20	118,0	125,4
21	125,4	133,3
22	133,3	144,0
23	144,0	165,4
24	165,4	196,0
25	196,0	und mehr

2 Vollkaskoversicherung

Typklasse	Schadenbedarfs-Indexwerte von	bis unter
10	0,0	39,5
11	39,5	53,1
12	53,1	62,7
13	62,7	69,0
14	69,0	74,3
15	74,3	80,2
16	80,2	88,3
17	88,3	96,8
18	96,8	105,5
19	105,5	116,5
20	116,5	125,2
21	125,2	135,9
22	135,9	145,3
23	145,3	156,2
24	156,2	169,6
25	169,6	184,3
26	184,3	206,3
27	206,3	232,3
28	232,3	276,4
29	276,4	330,1
30	330,1	377,5
31	377,5	438,7
32	438,7	516,6
33	516,6	696,7
34	696,7	und mehr

3 Teilkaskoversicherung

Typklasse	Schadenbedarfs-Indexwerte von	bis unter
10	0,0	36,4
11	36,4	47,5
12	47,5	56,3
13	56,3	65,3
14	65,3	75,2
15	75,2	87,5
16	87,5	97,2
17	97,2	109,7
18	109,7	122,2
19	122,2	133,6
20	133,6	147,8
21	147,8	166,4
22	166,4	183,6
23	183,6	210,9
24	210,9	241,7
25	241,7	271,8
26	271,8	306,7
27	306,7	354,9
28	354,9	416,5
29	416,5	487,0
30	487,0	628,8
31	628,8	763,9
32	763,9	975,5
33	975,5	und mehr

Anhang 3: Tabellen zu den Regionalklassen

Für Pkw gelten die folgenden Regionalklassen:

1 Kfz-Haftpflichtversicherung

Regional-klasse	Schadenbedarfs-Indexwerte von	bis unter
1	0,0	84,7
2	84,7	90,7
3	90,7	93,6
4	93,6	95,8
5	95,8	98,3
6	98,3	100,8
7	100,8	103,9
8	103,9	106,9
9	106,9	111,1
10	111,1	115,4
11	115,4	120,0
12	120,0	und mehr

2 Vollkaskoversicherung

Regional-klasse	Schadenbedarfs-Indexwerte von	bis unter
1	0,0	86,8
2	86,8	93,2
3	93,2	98,0
4	98,0	102,0
5	102,0	107,0
6	107,0	112,6
7	112,6	119,2
8	119,2	127,4
9	127,4	und mehr

3 Teilkaskoversicherung

Regional-klasse	Schadenbedarfs-Indexwerte von	bis unter
1	0,0	64,1
2	64,1	71,7
3	71,7	77,4
4	77,4	83,1
5	83,1	89,4
6	89,4	95,2
7	95,2	104,5
8	104,5	113,8
9	113,8	137,4
10	137,4	154,1
11	154,1	174,7
12	174,7	190,9
13	190,9	214,6
14	214,6	244,5
15	244,5	und mehr

Fahrzeugschein ab dem Jahr 2005

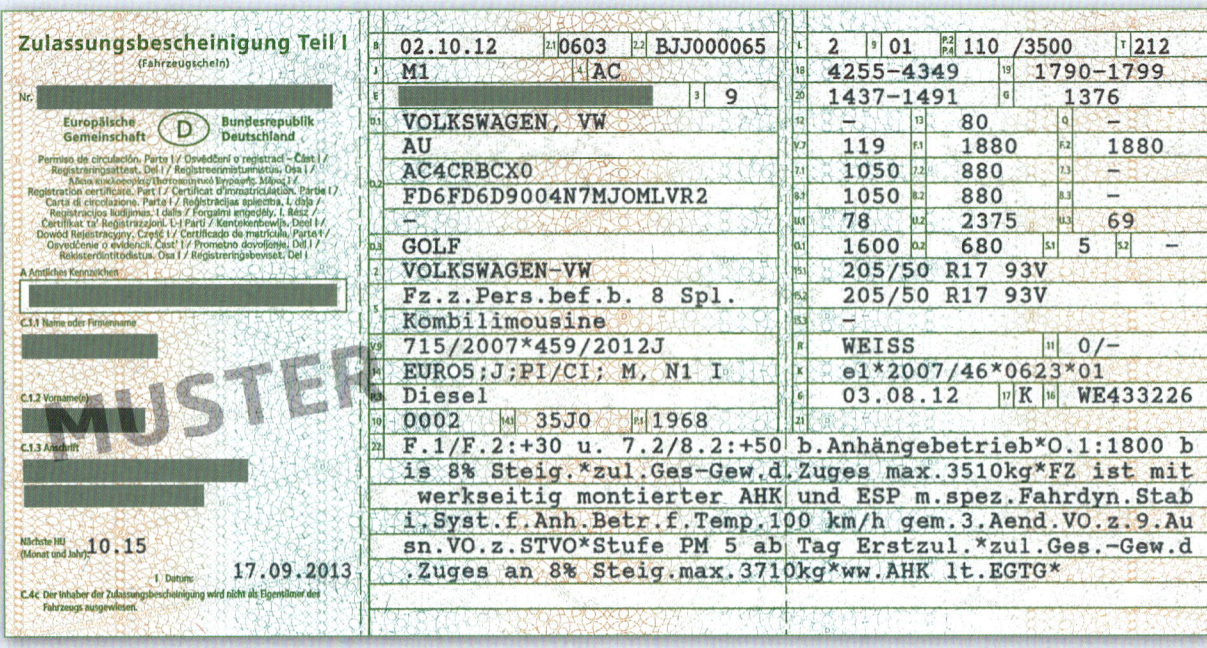

Feld 5	Bezeichnung der Fahrzeugklasse und des Aufbaus
Feld J	Fahrzeugklasse (2 Stellen)
Feld 4	Art des Aufbaus (4-stellig, nur die ersten 2 Stellen)
Feld 2	Hersteller-Kurzbezeichnung
Feld 2.1	Code zu Hersteller-Kurzbezeichnung „HSN" (4-stellig)
Feld D.2	Typ/Variante/Version
Feld D.3	ggfs. Handels-/Verkaufsbezeichnung
Feld 2.2	Code zu Typ/Variante/Version mit Prüfziffer (7-stellig; „TSN" nur die ersten 3 Stellen)
Feld E	Fahrzeugidentifizierungsnummer
Feld B	Datum der Erstzulassung des Fahrzeugs
Feld P.2/P.4	Nennleistung in kW / Nenndrehzahl bei min^{-1}
Feld P.1	Hubraum in cm^3
Feld P.3	Kraftstoffart oder Energiequelle
Feld G	Masse des in Betrieb befindlichen Fahrzeugs in kg (Leermasse); **Hinweis:** *nicht in Zul.-Besch. Teil II enthalten*
Feld F.2	im Zulassungsmitgliedstaat zulässige Gesamtmasse in kg; **Hinweis:** *nicht in Zul.-Besch. Teil II enthalten*
Hinweis: Nutz- und Aufliegelast ist zu errechnen aus Feld F.2 abzüglich Feld G	

Tarif zur Kraftfahrtversicherung

Nachlässe und Zuschläge für individuelle Tarifmerkmale (siehe auch J.3 AKB 2015)			
Tarifmerkmale	Kfz-Haftpflicht	Vollkasko	Teilkasko
Fahrzeugalter-Nachlass/-Zuschlag			
bis 1 Jahr	-10 %	–	–
über 1 – 3 Jahre	-5 %	–	–
über 3 – 7 Jahre	–	–	–
über 7 – 12 Jahre	+5 %	–	+5 %
über 12 – 20 Jahre	+8 %	–	+10 %
über 20 Jahre	-10 %	–	–
Fahrleistungs-Nachlass/-Zuschlag			
bis 9.000 km	-15 %	-15 %	-15 %
über 9.000 – 12.000 km	-10 %	-10 %	-10 %
über 12.000 – 15.000 km	–	–	–
über 15.000 – 20.000 km	+5 %	+5 %	+5 %
über 20.000 – 25.000 km	+10 %	+10 %	+10 %
über 25.000 – 30.000 km	+15 %	+15 %	+15 %
über 30.000 km	+20 %	+20 %	+20 %
Ein-/Zweifamilienhaus · Eigentumswohnung	-10 %	-5 %	-15 %
Garagen-Nachlass	-10 %	-5 %	-15 %
Einzel-/Partner-Nachlass	-10 %	-5 %	-5 %
Familien-Nachlass (J.3.1.6)	-5 %	-5 %	-5 %
Rabattschutz (I.5.2 AKB)	+25 %	+25 %	–

Hinweis:
Alle vorstehenden Nachlässe und Zuschläge sind multiplikativ zu berücksichtigen.
D. h. nach jedem Nachlass/Zuschlag ist ein Zwischenergebnis zu ermitteln.

Beispiel:

Situation:

Der VN hat seinen Pkw (VW) veräußert und als Folgefahrzeug einen Pkw (BMW) erworben. Das Fahrzeug ist 2 Jahre alt. Es soll ca. 22.000 km im Jahr gefahren werden. Das Kfz soll in einer Garage geparkt werden.

Welche Zuschläge bzw. Nachlässe sind zu berücksichtigen?

Lösung:

Tarifprämie KH (gegeben)	880,00 €
Nachlass für Fahrzeugalter 2 Jahre	5 %
Zuschlag für Fahrleistung bis 25.000 km	10 %
Nachlass für Garagennutzung	10 %

Berechnung:

Tarifprämie	880,00 €
- 5 % Nachlass Fahrzeugalter	44,00 €
=	836,00 €
+ 10 % Zuschlag Fahrleistung	83,60 €
=	919,60 €
- 10 % Nachlass Garage	91,96 €
= Gesamtprämie netto	827,64 €

Abschläge für Zahlungsweise:

monatliche Zahlung	0 %
vierteljährliche Zahlung	2 %
halbjährliche Zahlung	3 %
jährliche Zahlung	5 %

Versicherungsteuer:

Den im Tarif genannten Prämien ist die aktuelle Versicherungsteuer hinzuzurechnen. Diese beträgt zzt. 19 %.

Grundprämien in Euro (100 %-Prämiensatz) ohne Versicherungsteuer

Haftpflichtversicherung mit 100 Mio. € Deckung - max. 8. Mio. pro verletzter Person
Die Zuordnung zu den Regionalklassen ergibt sich aus dem Verzeichnis der amtlichen Kennzeichen.

112 Kennziffer

Typklasse / Regionalklasse	10	11	12	13	14	15	16	17	18	19	20	21	22	23	24	25
R1	269,41	433,06	492,31	551,47	652,97	652,96	708,47	750,86	796,89	848,46	903,80	953,36	1.021,45	1.126,11	1.253,41	1.428,82
R2	282,53	457,99	522,25	580,28	643,02	689,83	742,51	786,43	834,59	891,22	951,13	1.010,28	1.075,14	1.181,91	1.313,97	1.502,07
R3	297,34	476,74	561,41	611,74	677,78	731,04	782,37	831,17	881,51	939,14	1.002,93	1.065,20	1.135,11	1.247,12	1.386,23	1.584,68
R4	302,99	487,80	567,81	621,91	690,36	743,21	799,08	847,06	899,85	957,12	1.022,21	1.085,42	1.155,98	1.272,05	1.415,58	1.612,25
R5	308,58	495,85	584,05	636,49	706,88	761,91	817,65	867,10	920,31	978,35	1.046,62	1.109,70	1.181,33	1.298,38	1.440,50	1.650,95
R6	317,16	505,19	602,45	653,66	726,46	783,97	838,99	889,74	945,66	1.004,76	1.073,36	1.141,57	1.214,48	1.333,72	1.478,14	1.687,41
R7	325,34	514,19	618,03	670,60	744,51	803,07	861,17	910,73	967,41	1.031,79	1.103,00	1.172,92	1.246,82	1.371,29	1.519,77	1.730,38
R8	332,86	527,95	634,03	689,64	766,91	828,53	886,97	940,01	997,75	1.062,84	1.135,75	1.204,20	1.281,46	1.412,92	1.568,39	1.786,95
R9	343,03	548,47	655,43	710,46	790,07	853,16	914,32	969,06	1.029,45	1.094,71	1.171,03	1.242,00	1.323,50	1.455,56	1.617,31	1.844,98
R10	352,50	574,93	668,48	714,58	791,55	863,87	932,78	989,23	1.047,03	1.120,23	1.201,01	1.242,94	1.356,71	1.471,44	1.652,94	1.886,97
R11	365,72	591,74	696,41	752,22	840,05	906,50	974,53	1.032,15	1.094,83	1.167,74	1.247,47	1.325,32	1.403,05	1.545,93	1.714,16	1.962,64
R12	370,14	607,15	716,29	770,67	864,04	932,83	1.001,40	1.063,20	1.119,82	1.198,84	1.280,69	1.346,08	1.430,62	1.570,21	1.793,00	2.020,55

Haftpflichtversicherung mit gesetzlichen Deckungssummen
Die Zuordnung zu den Regionalklassen ergibt sich aus dem Verzeichnis der amtlichen Kennzeichen.

112 Kennziffer

Typklasse / Regionalklasse	10	11	12	13	14	15	16	17	18	19	20	21	22	23	24	25
R1	269,12	432,64	491,86	550,94	612,39	652,31	707,76	750,10	796,08	847,64	902,91	952,42	1.020,45	1.124,99	1.252,18	1.427,51
R2	282,23	457,52	521,72	579,69	642,38	689,11	741,74	785,67	833,76	890,33	950,19	1.009,27	1.074,08	1.180,74	1.312,68	1.500,54
R3	297,05	476,27	560,82	611,16	677,06	730,34	781,61	830,36	880,62	938,19	1.001,93	1.064,14	1.133,99	1.245,89	1.384,82	1.583,09
R4	302,69	487,32	567,23	621,26	689,64	742,45	798,25	846,23	898,97	956,18	1.021,21	1.084,36	1.154,81	1.270,75	1.414,17	1.610,67
R5	308,28	495,37	583,45	635,85	706,17	761,15	816,83	866,23	919,38	977,35	1.045,56	1.108,59	1.180,14	1.297,10	1.439,10	1.649,30
R6	316,87	504,67	601,86	653,02	725,75	783,20	838,18	888,86	944,71	1.003,75	1.072,31	1.140,46	1.213,25	1.332,38	1.476,67	1.685,69
R7	324,98	513,66	617,39	669,96	743,74	802,25	860,28	909,85	966,47	1.030,73	1.101,88	1.171,74	1.245,59	1.369,95	1.518,24	1.728,68
R8	332,51	527,42	633,37	688,94	766,14	827,71	886,10	939,07	996,75	1.061,78	1.134,64	1.203,02	1.280,16	1.411,52	1.566,81	1.785,18
R9	342,68	547,94	654,78	709,76	789,31	852,35	913,38	968,12	1.028,45	1.093,59	1.169,86	1.240,77	1.322,20	1.454,08	1.615,73	1.843,16
R10	352,14	574,34	667,84	713,87	790,79	862,98	931,85	968,23	1.045,97	1.119,11	1.199,84	1.241,71	1.355,37	1.469,96	1.651,30	1.885,08
R11	365,38	591,16	695,70	751,44	839,24	905,61	973,53	1.031,09	1.093,71	1.166,56	1.246,23	1.323,97	1.401,64	1.544,40	1.712,45	1.960,99
R12	369,78	606,57	715,58	769,91	863,17	931,90	1.000,40	1.062,14	1.118,70	1.197,7	1.279,40	1.344,72	1.429,22	1.568,62	1.791,24	2.018,56

Autoschutzbrief

Die Jahresprämie für die Schutzbrief-Versicherung ohne Versicherungsteuer beträgt 12,30 €.
Die Schutzbrief-Versicherung kann für PKWs, Krafträder und Campingfahrzeuge abgeschlossen werden. Zuschläge und Nachlässe werden nicht gewährt.

Fahrerschutz-Versicherung

Die Jahresprämie für die Fahrerschutz-Versicherung ohne Versicherungsteuer beträgt 38,50 €. Der Fahrerschutz kann für PKWs, Krafträder und Campingfahrzeuge abgeschlossen werden. Zuschläge und Nachlässe werden nicht gewährt.

Teilkasko ohne Selbstbeteiligung — Kennziffer 112

Typ-klasse	R1	R2	R3	R4	R5	R6	R7	R8	R9	R10	R11	R12	R13	R14
10	42,27	45,16	49,22	52,51	56,33	60,21	63,86	66,98	72,68	77,91	87,61	95,14	105,72	117,30
11	49,34	53,15	58,44	62,73	67,91	72,91	77,73	81,90	89,49	96,31	109,01	118,83	132,83	148,05
12	54,45	58,86	65,09	70,09	76,03	82,09	87,66	92,55	101,37	109,48	124,30	135,94	152,17	170,11
13	61,50	66,85	74,32	80,37	87,61	94,73	101,49	107,36	117,96	127,59	145,65	159,52	179,10	200,62
14	68,56	74,80	83,55	90,67	99,07	107,55	115,43	122,25	134,71	145,94	166,99	183,22	206,26	231,37
15	74,38	81,32	91,08	99,07	108,42	117,89	126,71	134,30	148,29	160,82	184,33	202,45	228,25	256,36
16	79,44	87,14	97,78	106,55	116,66	127,06	136,77	145,06	160,34	174,04	199,74	219,62	247,89	278,65
17	84,49	92,78	104,31	113,77	124,89	136,18	146,52	155,70	172,17	187,09	214,97	236,54	267,12	300,46
18	91,49	100,66	113,42	123,89	136,18	148,64	160,10	170,22	188,51	205,09	235,96	259,83	293,64	330,57
19	98,37	108,42	122,42	134,00	147,41	161,05	173,70	184,69	204,73	222,96	256,71	282,93	319,99	360,49
20	104,02	114,71	129,77	142,12	156,64	171,22	184,81	196,56	218,20	237,54	273,83	301,88	341,68	385,01
21	112,84	124,59	141,12	154,64	170,45	186,62	201,50	214,44	238,07	259,47	299,35	330,15	373,90	421,59
22	118,54	131,12	148,64	163,05	179,80	196,91	212,74	226,49	251,54	274,41	316,57	349,32	395,77	446,40
23	124,83	138,23	156,93	172,28	190,15	208,44	225,26	239,96	266,59	290,88	335,86	370,61	420,23	473,97
24	131,88	146,18	166,22	182,52	201,73	221,02	239,02	254,71	283,18	309,11	357,14	394,36	447,05	504,61
25	137,00	151,88	172,87	189,87	209,97	230,25	249,01	265,42	295,17	322,22	372,49	411,30	466,62	526,72
26	142,17	157,81	179,63	197,44	218,26	239,49	259,13	276,17	307,39	335,56	388,01	428,58	486,27	549,00
27	148,41	164,75	187,62	206,44	228,31	250,65	271,30	289,23	321,98	351,73	406,82	449,45	509,90	575,99
28	153,41	170,40	194,21	213,61	236,49	259,66	281,12	299,82	333,74	364,55	421,88	466,15	529,01	597,63
29	159,57	177,51	202,39	222,79	246,66	270,88	293,34	312,93	348,44	380,78	440,82	487,21	553,06	624,85
30	167,11	185,86	212,08	233,67	258,83	284,29	308,05	328,57	366,14	400,06	463,22	512,14	581,58	657,13
31	177,99	198,09	226,32	249,37	276,30	303,63	329,04	351,08	391,30	427,64	495,37	547,83	622,15	703,11
32	195,57	217,90	249,31	274,77	304,69	335,16	363,38	387,78	432,47	472,97	548,30	606,57	689,11	779,19
33	226,72	253,13	289,94	320,16	355,44	391,30	424,47	453,40	506,08	553,76	642,38	710,99	808,43	914,49

Teilkasko mit 150 € Selbstbeteiligung — Kennziffer 112

Typ-klasse	R1	R2	R3	R4	R5	R6	R7	R8	R9	R10	R11	R12	R13	R14
10	30,11	31,58	33,45	35,04	36,81	38,69	40,40	41,93	44,63	47,22	51,68	55,38	60,39	65,85
11	33,57	35,34	37,93	39,87	42,33	44,69	47,04	48,98	52,62	55,80	61,92	66,56	73,21	80,43
12	35,98	38,10	41,10	43,45	46,39	49,15	51,87	54,21	58,39	62,33	69,38	74,97	82,73	91,25
13	39,40	41,86	45,51	48,39	51,74	55,27	58,39	61,21	66,26	70,91	79,50	86,14	95,48	105,72
14	42,69	45,75	49,86	53,33	57,21	61,27	65,03	68,32	74,27	79,61	89,67	97,37	108,31	120,42
15	45,51	48,81	53,45	57,27	61,80	66,21	70,50	74,08	80,67	86,73	97,96	106,61	118,94	132,35
16	51,09	55,21	60,86	65,39	70,91	76,38	81,56	85,91	94,02	101,32	114,95	125,59	140,53	156,81
17	53,74	58,10	64,26	69,32	75,20	81,03	86,61	91,44	100,19	108,08	122,89	134,35	150,47	168,11
18	57,44	62,33	69,09	74,61	81,09	87,66	93,84	99,19	108,89	117,71	134,06	146,71	164,63	184,22
19	61,15	66,45	73,85	79,97	87,08	94,31	101,02	106,89	117,54	127,18	145,12	158,99	178,63	200,09
20	64,09	69,85	77,79	84,32	91,97	99,79	106,89	113,18	124,53	134,94	154,17	169,05	190,10	213,08
21	72,15	78,84	88,08	95,78	104,72	113,84	122,30	129,59	143,00	154,94	177,46	194,91	219,56	246,54
22	75,38	82,43	92,37	100,54	110,01	119,60	128,65	136,36	150,58	163,40	187,34	205,79	231,96	260,48
23	78,97	86,61	97,07	105,78	115,90	126,12	135,77	144,00	159,11	172,75	198,16	217,84	245,78	276,17
24	82,90	91,02	102,30	111,48	122,36	133,24	143,41	152,23	168,34	182,98	210,15	231,02	260,89	293,34

Teilkasko

Teilkasko mit 150 € Selbstbeteiligung															112 Kennziffer
25	85,79	94,20	106,02	115,71	126,95	138,41	148,99	158,34	175,04	190,34	218,73	240,72	271,88	305,75
26	94,14	103,60	116,83	127,77	140,47	153,34	165,35	175,75	194,74	211,85	243,78	268,48	303,63	341,86
27	97,96	107,84	121,83	133,18	146,59	160,17	172,75	183,63	203,62	221,62	255,19	281,12	317,99	358,20
28	100,90	111,31	125,78	137,70	151,58	165,63	178,69	190,04	210,74	229,49	264,36	291,41	329,62	371,37
29	104,72	115,66	130,71	143,23	157,81	172,51	186,04	198,03	219,73	239,37	275,83	304,11	344,26	387,95
30	109,31	120,77	136,77	149,76	165,16	180,69	195,10	207,56	230,37	251,13	289,52	319,39	361,61	407,65
31	116,07	128,24	145,29	159,34	175,75	192,38	207,85	221,15	245,72	267,82	308,98	340,79	386,07	435,40
32	126,71	140,29	159,34	174,87	193,10	211,61	228,61	243,60	270,77	295,40	341,15	376,54	426,88	481,56
33	145,76	161,76	184,16	202,56	224,02	245,84	265,95	283,65	315,63	344,62	398,53	440,35	499,55	564,11

Teilkasko mit 500 € Selbstbeteiligung															112 Kennziffer
Typ-klasse	R1	R2	R3	R4	R5	R6	R7	R8	R9	R10	R11	R12	R13	R14
10	25,93	26,81	27,93	28,87	29,99	31,16	32,11	33,04	34,70	36,23	39,04	41,10	44,22	47,51
11	27,99	29,11	30,64	31,81	33,28	34,75	36,10	37,28	39,51	41,39	44,98	47,86	51,92	56,27
12	29,46	30,81	32,58	33,98	35,63	37,40	39,04	40,51	42,92	45,28	49,57	52,98	57,63	62,73
13	31,52	33,04	35,22	36,93	39,04	41,10	43,04	44,69	47,75	50,51	55,68	59,74	65,32	71,50
14	33,51	35,28	37,87	39,87	42,27	44,69	46,98	48,92	52,57	55,80	61,80	66,45	73,03	80,26
15	35,22	37,21	39,99	42,27	44,92	47,69	50,21	52,45	56,44	60,09	66,73	72,02	79,50	87,49
16	38,69	41,04	44,39	47,22	50,51	53,92	56,86	59,50	64,45	68,85	77,03	83,43	92,44	102,25
17	40,22	42,80	46,56	49,51	53,10	56,63	60,03	62,92	68,21	72,91	81,90	88,67	98,49	109,07
18	42,39	45,39	49,34	52,80	56,63	60,69	64,33	67,62	73,38	78,67	88,49	96,20	106,95	118,83
19	44,57	47,81	52,27	55,97	60,33	64,62	68,74	72,21	78,61	84,43	95,14	103,66	115,43	128,36
20	48,68	52,45	57,50	61,86	66,79	71,91	76,61	80,67	88,08	94,78	107,36	117,13	130,88	145,82
21	54,10	58,39	64,56	69,56	75,38	81,20	86,73	91,55	100,26	108,08	122,83	134,18	150,17	167,81
22	56,15	60,80	67,26	72,55	78,73	85,15	90,84	95,96	105,19	113,65	129,24	141,17	158,40	176,93
23	58,50	63,39	70,38	76,03	82,62	89,25	95,48	100,96	110,78	119,66	136,36	149,05	167,39	187,22
24	61,15	66,32	73,67	79,73	86,73	93,96	100,54	106,36	116,89	126,36	144,12	157,70	177,22	198,33
25	62,97	68,51	76,20	82,43	89,78	97,26	104,19	110,19	121,24	131,18	149,64	164,05	184,33	206,51
26	68,38	74,55	83,26	90,31	98,60	107,08	114,90	121,72	134,00	145,23	166,16	182,22	205,09	230,08
27	70,85	77,38	86,43	93,96	102,60	111,48	119,66	126,83	139,76	151,64	173,51	190,45	214,50	240,66
28	72,80	79,67	89,02	96,73	105,89	115,07	123,59	131,01	144,59	156,70	179,46	197,16	222,08	249,42
29	79,56	87,26	97,84	106,66	116,77	127,12	136,83	145,18	160,34	174,23	199,86	219,73	247,89	278,53
30	82,73	90,84	102,07	111,25	122,00	132,88	143,06	151,94	167,92	182,45	209,44	230,37	260,06	292,53
31	87,66	96,26	108,25	118,13	129,65	141,29	152,11	161,63	178,74	194,33	223,26	245,72	277,47	311,98
32	100,49	110,78	125,06	136,77	150,52	164,40	177,34	188,45	208,97	227,49	262,00	288,64	326,45	367,72
33	114,77	126,95	143,82	157,64	173,70	190,10	205,38	218,62	242,72	264,53	305,16	336,62	381,25	429,88

Vollkasko

Die Zuordnung zu den Regionalklassen ergibt sich aus dem Verzeichnis der amtlichen Kennzeichen.
Beiträge **ohne** Versicherungsteuer

112 Kennziffer **R1** Regionalklasse

Typklasse	mit 150 €	mit 300 €	mit 500 €	mit 1.000 €	Typklasse	mit 150 €	mit 300 €	mit 500 €	mit 1.000 €	mit 500 €	mit 1.000 €	mit 2.500 €	mit 5.000 €
	einschließlich Teilkasko ohne Selbstbeteiligung					einschließlich Teilkasko mit 150 € Selbstbeteiligung				TK mit 500 SB	TK mit 1.000 SB	TK mit 2.500 SB	TK mit 5.000 SB
10	350,44	318,69	302,29	290,28	10	330,74	287,99	259,95	238,31	240,60	214,03	162,23	119,34
11	432,87	393,07	374,49	359,38	11	402,06	353,56	319,27	291,17	294,34	259,83	193,33	138,17
12	531,36	484,32	458,39	439,10	12	489,33	432,64	389,42	354,14	358,03	314,10	230,20	160,46
13	578,69	527,84	499,73	478,50	13	530,96	472,80	425,24	385,72	390,18	340,79	246,61	167,92
14	658,66	601,92	570,64	545,94	14	602,15	539,18	484,85	438,69	444,11	387,07	277,94	187,15
15	727,51	665,84	631,97	604,51	15	662,60	596,22	536,72	485,09	491,20	427,00	304,87	203,03
16	818,59	774,55	738,62	705,81	16	754,09	695,65	636,90	574,29	581,87	504,08	356,14	233,06
17	900,32	851,05	813,95	777,38	17	829,17	764,91	702,05	632,09	640,55	553,83	388,72	251,48
18	966,64	914,32	874,75	835,23	18	890,62	822,88	755,73	680,18	689,06	595,22	415,89	267,06
19	1.040,55	986,23	943,54	900,80	19	957,77	886,10	813,59	731,10	740,98	638,85	444,16	282,35
20	1.109,29	1.050,43	1.005,81	959,41	20	1.022,98	945,71	870,46	781,08	791,90	681,48	471,21	296,46
21	1.211,13	1.170,56	1.123,58	1.072,13	21	1.103,00	1.034,51	974,41	874,75	886,74	762,97	527,95	332,44
22	1.272,11	1.228,25	1.176,97	1.122,11	22	1.158,68	1.085,17	1.022,63	916,61	929,55	798,25	548,24	340,39
23	1.367,89	1.320,61	1.265,99	1.206,79	23	1.245,06	1.167,15	1.100,54	985,93	999,93	858,11	633,67	364,85
24	1.424,46	1.374,48	1.316,97	1.254,88	24	1.294,62	1.214,25	1.142,93	1.023,16	1.048,20	889,33	653,72	371,96
25	1.508,48	1.456,74	1.396,88	1.330,49	25	1.371,18	1.287,33	1.214,14	1.086,60	1.113,52	944,18	693,89	394,54
26	1.581,03	1.545,16	1.494,95	1.423,99	26	1.423,16	1.359,01	1.297,10	1.160,21	1.189,20	1.007,99	740,57	420,35
27	1.641,00	1.600,67	1.546,41	1.473,55	27	1.478,43	1.407,22	1.340,96	1.199,43	1.228,72	1.041,03	762,09	673,47
28	1.744,08	1.700,22	1.643,53	1.565,69	28	1.570,62	1.494,60	1.425,86	1.274,34	1.306,39	1.141,34	868,40	714,58
29	1.807,71	1.762,66	1.704,81	1.623,72	29	1.627,66	1.549,94	1.477,43	1.319,91	1.352,66	1.181,27	896,79	736,69
30	1.883,67	1.839,57	1.778,02	1.692,70	30	1.693,93	1.615,78	1.540,87	1.376,71	1.411,22	1.231,48	934,66	767,67
31	1.934,47	1.902,61	1.851,21	1.761,66	31	1.793,66	1.737,39	1.674,87	1.495,54	1.532,94	1.336,90	1.012,86	830,23
32	2.121,39	2.085,94	2.028,14	1.929,65	32	1.968,58	1.905,48	1.837,93	1.639,36	1.681,63	1.464,96	1.107,23	905,86
33	2.596,31	2.551,98	2.482,47	2.361,70	33	2.411,56	2.333,78	2.249,10	2.004,21	2.056,13	1.788,88	1.347,43	1.098,88
34	2.928,75	2.896,54	2.796,70	2.659,40	34	2.714,79	2.629,18	2.532,92	2.256,86	2.435,96	2.013,03	1.513,12	1.231,54

Vollkasko

Die Zuordnung zu den Regionalklassen ergibt sich aus dem Verzeichnis der amtlichen Kennzeichen.
Beiträge **ohne** Versicherungsteuer

112 Kennziffer
R2 Regionalklasse

Typ-klasse	mit 150 €	mit 300 €	mit 500 €	mit 1.000 €	Typ-klasse	mit 150 €	mit 300 €	mit 500 €	mit 1.000 €	mit 500 €	mit 1.000 €	mit 2.500 €	mit 5.000 €
	einschließlich Teilkasko ohne Selbstbeteiligung					einschließlich Teilkasko mit 150 € Selbstbeteiligung				TK mit 500 SB	TK mit 1.000 SB	TK mit 2.500 SB	TK mit 5.000 SB
10	363,73	330,80	313,57	301,35	10	342,96	298,82	269,71	246,95	249,60	221,38	167,11	122,06
11	449,75	408,65	389,18	373,37	11	417,65	367,55	331,80	302,40	305,69	269,41	199,62	141,59
12	552,83	503,91	477,15	456,85	12	509,08	450,28	405,29	368,14	372,61	326,39	238,13	164,63
13	602,98	549,94	520,72	498,38	13	553,06	492,44	443,11	401,53	406,35	354,31	255,24	172,70
14	686,71	627,44	594,75	568,87	14	627,50	562,05	505,55	456,92	462,86	402,59	288,17	192,80
15	758,98	694,53	659,25	630,31	15	691,00	621,85	559,93	505,67	512,07	444,58	316,04	209,32
16	854,58	808,48	770,97	736,51	16	787,31	726,10	665,01	598,86	606,98	525,48	369,90	240,66
17	940,13	888,74	850,05	811,42	17	866,10	798,66	733,39	659,89	666,83	577,58	403,95	259,72
18	1.010,10	955,18	914,02	872,63	18	930,60	859,75	789,67	710,23	719,58	620,56	432,58	276,12
19	1.087,95	1.030,68	986,00	941,01	19	1.001,22	925,84	850,34	764,03	774,20	666,84	462,45	292,34
20	1.160,57	1.098,48	1.051,91	1.003,04	20	1.069,96	989,05	910,37	816,59	827,89	711,70	490,80	306,99
21	1.266,70	1.224,07	1.174,62	1.120,70	21	1.153,57	1.081,95	1.018,87	914,15	927,07	796,72	549,88	344,15
22	1.331,02	1.285,40	1.231,42	1.173,56	22	1.212,66	1.135,99	1.069,96	958,59	972,12	834,06	571,40	352,97
23	1.431,75	1.382,23	1.324,73	1.262,76	23	1.303,03	1.221,07	1.151,51	1.031,21	1.045,84	896,85	661,01	378,66
24	1.491,14	1.439,04	1.378,24	1.313,15	24	1.354,95	1.271,16	1.196,67	1.070,78	1.097,18	929,96	682,48	386,37
25	1.579,50	1.525,00	1.462,44	1.392,77	25	1.435,98	1.347,55	1.270,99	1.137,28	1.165,16	987,17	724,28	409,94
26	1.655,89	1.618,02	1.565,45	1.490,84	26	1.490,25	1.422,80	1.357,84	1.213,89	1.244,65	1.054,38	773,20	436,82
27	1.718,92	1.676,47	1.619,73	1.542,70	27	1.548,34	1.473,61	1.404,52	1.255,41	1.286,46	1.089,06	795,83	702,88
28	1.826,81	1.780,95	1.721,33	1.639,30	28	1.644,83	1.565,39	1.493,13	1.334,02	1.367,78	1.193,96	907,26	745,57
29	1.893,96	1.846,81	1.785,65	1.700,63	29	1.704,86	1.623,25	1.547,52	1.382,06	1.416,51	1.236,24	937,48	769,56
30	1.973,57	1.927,30	1.862,92	1.773,19	30	1.774,71	1.692,70	1.614,50	1.441,44	1.477,84	1.289,22	977,41	801,48
31	2.027,14	1.993,74	1.939,48	1.845,39	31	1.879,68	1.820,46	1.754,96	1.566,56	1.605,68	1.400,00	1.059,22	867,40
32	2.223,41	2.186,07	2.125,57	2.022,14	32	2.063,48	1.997,03	1.926,35	1.717,92	1.762,08	1.534,11	1.158,40	946,77
33	2.722,61	2.675,75	2.602,60	2.476,01	33	2.528,10	2.446,84	2.357,88	2.100,69	2.155,26	1.874,39	1.410,41	1.149,22
34	3.071,87	301.684	2.932,94	2.788,52	34	2.847,09	2.757,24	2.656,34	2.366,17	2.554,27	2.110,04	1.584,80	1.288,63

Vollkasko — TA 371

Die Zuordnung zu den Regionalklassen ergibt sich aus dem Verzeichnis der amtlichen Kennzeichen.
Beiträge **ohne** Versicherungsteuer

112 Kennziffer
R3 Regionalklasse

Typklasse	mit 150 €	mit 300 €	mit 500 €	mit 1.000 €	Typklasse	mit 150 €	mit 300 €	mit 500 €	mit 1.000 €	mit 500 €	mit 1.000 €	mit 2.500 €	mit 5.000 €
	einschließlich Teilkasko ohne Selbstbeteiligung					einschließlich Teilkasko mit 150 € Selbstbeteiligung				TK mit 500 SB	TK mit 1.000 SB	TK mit 2.500 SB	TK mit 5.000 SB
10	382,13	347,85	329,74	316,57	10	359,49	313,93	283,12	259,07	261,65	231,61	173,70	125,48
11	473,44	430,17	409,77	392,77	11	439,23	386,95	349,08	317,93	321,39	282,65	208,09	146,29
12	582,87	531,18	503,02	481,74	12	536,13	474,92	427,64	387,72	392,37	343,03	248,84	170,69
13	636,73	580,52	549,94	526,19	13	583,64	520,25	467,98	423,35	428,75	373,26	267,29	179,46
14	725,57	662,78	628,61	600,86	14	662,89	594,04	534,30	482,38	488,74	424,35	301,99	200,39
15	802,60	734,22	696,88	666,13	15	730,69	657,43	592,22	534,19	541,06	468,92	331,91	217,84
16	904,56	855,52	816,30	779,44	16	833,23	768,67	703,82	633,50	642,08	555,17	388,84	250,95
17	996,11	941,37	900,55	859,22	17	917,14	846,23	777,02	698,35	707,94	610,80	425,41	271,47
18	1.070,49	1.012,39	968,59	924,37	18	986,17	911,03	836,88	752,03	762,21	656,60	455,57	288,64
19	1.153,51	1.092,95	1.045,09	997,34	19	1.061,61	981,76	901,91	809,30	820,42	705,81	487,61	306,05
20	1.231,54	1.165,39	1.115,82	1.063,90	20	1.135,40	1.049,26	965,89	865,46	877,86	753,80	517,96	321,86
21	1.344,19	1.298,86	1.246,17	1.188,38	21	1.223,77	1.147,63	1.080,95	968,94	982,70	843,94	580,35	360,90
22	1.413,40	1.364,54	1.307,33	1.245,70	22	1.287,45	1.205,96	1.135,87	1.016,92	1.031,56	884,04	603,74	370,61
23	1.520,36	1.467,55	1.406,46	1.340,31	23	1.383,42	1.296,57	1.222,43	1.094,06	1.109,65	950,72	698,98	397,42
24	1.584,33	1.528,41	1.464,20	1.394,41	24	1.439,39	1.350,31	1.271,05	1.136,64	1.165,09	986,46	722,17	406,18
25	1.678,40	1.620,49	1.553,58	1.478,96	25	1.525,59	1.431,81	1.350,13	1.207,37	1.237,01	1.047,26	766,73	430,87
26	1.760,08	1.719,39	1.663,23	1.583,39	26	1.583,73	1.511,88	1.442,69	1.289,05	1.321,56	1.118,52	818,24	459,39
27	1.827,11	1.782,06	1.721,45	1.639,24	27	1.645,59	1.565,98	1.492,54	1.333,67	1.366,53	1.155,87	842,88	743,62
28	1.942,18	1.893,14	1.830,04	1.742,32	28	1.748,32	1.663,65	1.586,98	1.417,17	1.453,03	1.267,70	961,60	789,13
29	2.014,03	1.963,75	1.898,49	1.807,64	29	1.812,70	1.725,85	1.645,12	1.468,44	1.505,30	1.312,97	994,11	814,72
30	2.099,29	2.049,54	1.980,58	1.884,91	30	1.887,14	1.799,76	1.716,16	1.531,82	1.570,68	1.369,31	1.036,38	848,99
31	2.156,32	2.120,63	2.062,84	1.962,41	31	1.999,39	1.936,30	1.866,32	1.665,18	1.707,28	1.487,43	1.123,76	919,20
32	2.366,17	2.326,31	2.261,04	2.150,91	32	2.195,13	2.124,57	2.049,07	1.826,87	1.873,86	1.630,67	1.229,53	1.003,93
33	2.898,53	2.848,32	2.770,29	2.634,82	33	2.690,86	2.604,24	2.509,76	2.234,93	2.293,20	1.993,69	1.498,43	1.219,71
34	3.271,03	3.212,34	3.122,85	2.968,62	34	3.031,30	2.935,58	2.827,98	2.518,70	2.719,20	2.244,93	1.684,64	1.368,25

KRAFTFAHRT

TA 372 Vollkasko

Die Zuordnung zu den Regionalklassen ergibt sich aus dem Verzeichnis der amtlichen Kennzeichen.
Beiträge **ohne** Versicherungsteuer

112 Kennziffer **R4** Regionalklasse

Typ-klasse	mit 150 €	mit 300 €	mit 500 €	mit 1.000 €	Typ-klasse	mit 150 €	mit 300 €	mit 500 €	mit 1.000 €	mit 500 €	mit 1.000 €	mit 2.500 €	mit 5.000 €
	einschließlich Teilkasko ohne Selbstbeteiligung					einschließlich Teilkasko mit 150 € Selbstbeteiligung				TK mit 500 SB	TK mit 1.000 SB	TK mit 2.500 SB	TK mit 5.000 SB
10	396,19	360,62	341,92	328,21	10	372,43	325,51	293,76	268,24	271,18	239,60	178,86	128,42
11	491,73	446,64	425,64	407,88	11	455,80	401,78	362,73	329,80	333,74	293,00	214,56	149,88
12	605,87	552,41	522,95	500,73	12	557,00	493,61	444,64	402,89	407,77	355,97	257,42	175,10
13	662,42	603,98	572,46	547,41	13	607,10	541,36	487,15	440,40	445,87	387,89	276,77	184,45
14	755,73	690,12	654,32	625,74	14	690,24	618,50	556,47	502,08	508,73	441,16	313,04	206,38
15	836,29	764,80	726,10	693,89	15	761,21	685,01	617,26	556,12	563,47	487,74	344,21	224,66
16	942,84	891,74	850,82	812,42	16	868,74	801,37	734,10	660,25	669,13	577,99	403,65	259,19
17	1.038,91	981,88	939,07	896,03	17	957,01	882,63	810,60	728,10	738,16	635,96	441,75	280,65
18	1.117,05	1.056,14	1.010,57	964,36	18	1.028,97	950,77	873,28	784,25	794,90	684,07	473,39	298,46
19	1.204,02	1.140,64	1.090,95	1.040,68	19	1.108,53	1.024,74	941,31	844,35	855,93	736,06	506,84	316,57
20	1.285,86	1.217,19	1.165,33	1.110,65	20	1.185,73	1.095,95	1.008,63	903,38	916,21	786,26	538,95	333,27
21	1.403,82	1.356,13	1.301,27	1.240,77	21	1.278,23	1.098,37	1.128,58	1.011,39	1.025,74	880,10	603,81	373,80
22	1.476,84	1.425,57	1.365,72	1.301,16	22	1.345,13	1.260,00	1.186,67	1.061,96	1.077,14	922,73	628,61	384,08
23	1.588,74	1.533,47	1.469,55	1.400,06	23	1.445,56	1.354,72	1.277,40	1.142,57	1.159,04	992,16	728,16	412,18
24	1.655,83	1.597,61	1.530,05	1.457,08	24	1.504,53	1.411,17	1.328,26	1.187,32	1.217,01	1.030,03	752,92	421,59
25	1.754,61	1.693,75	1.623,66	1.545,52	25	1.594,74	1.496,37	1.411,34	1.261,23	1.292,75	1.093,59	799,37	447,28
26	1.840,39	1.797,47	1.738,56	1.655,00	26	1.655,71	1.580,27	1.508,01	1.346,78	1.381,17	1.167,92	853,10	476,68
27	1.910,71	1.863,39	1.799,76	1.714,04	27	1.720,39	1.637,24	1.560,40	1.393,77	1.428,45	1.207,60	879,45	775,15
28	2.031,31	1.979,75	1.913,24	1.821,63	28	1.827,75	1.739,32	1.659,36	1.481,26	1.519,12	1.324,50	1.003,40	822,65
29	2.106,58	2.053,95	1.985,45	1.890,14	29	1.895,90	1.804,94	1.720,50	1.535,17	1.574,15	1.372,30	1.037,74	849,52
30	2.196,06	2.143,74	2.071,47	1.971,10	30	1.973,87	1.882,44	1.795,00	1.601,43	1.642,30	1.430,98	1.081,90	885,44
31	2.255,69	2.218,24	2.157,62	2.052,36	31	2.091,64	2.025,55	1.952,23	1.741,26	1.785,24	1.555,10	1.173,68	958,95
32	2.475,78	2.434,02	2.365,64	2.249,99	32	2.296,85	2.222,82	2.143,97	1.910,66	1.960,05	1.705,39	1.284,57	1.047,85
33	3.033,77	2.981,32	2.899,41	2.757,46	33	2.816,63	2.725,73	2.626,47	2.338,48	2.399,57	2.085,30	1.566,16	1.273,81
34	3.424,55	3.362,92	3.268,91	3.107,21	34	3.173,36	3.073,28	2.960,39	2.635,94	2.846,38	2.348,89	1.761,08	1.429,75

Vollkasko — TA 373

Die Zuordnung zu den Regionalklassen ergibt sich aus dem Verzeichnis der amtlichen Kennzeichen.
Beiträge **ohne** Versicherungsteuer

112 Kennziffer **R5** Regionalklasse

Typklasse	mit 150 €	mit 300 €	mit 500 €	mit 1.000 €	Typklasse	mit 150 €	mit 300 €	mit 500 €	mit 1.000 €	mit 500 € TK mit 500 SB	mit 1.000 € TK mit 1.000 SB	mit 2.500 € TK mit 2.500 SB	mit 5.000 € TK mit 5.000 SB
	einschließlich Teilkasko ohne Selbstbeteiligung					einschließlich Teilkasko mit 150 € Selbstbeteiligung							
10	412,83	375,84	356,50	341,79	10	387,54	339,15	305,93	279,23	282,23	248,89	185,04	131,82
11	512,96	466,21	444,11	425,47	11	475,27	419,35	378,60	343,79	347,68	304,93	222,55	154,17
12	633,03	577,23	546,59	522,95	12	581,81	515,84	464,51	420,88	425,94	371,08	267,18	180,52
13	692,94	631,91	598,86	572,64	13	634,79	566,35	509,55	460,45	466,09	404,65	287,88	190,57
14	790,73	722,22	685,01	654,49	14	722,11	647,14	582,52	525,19	532,07	461,04	325,62	213,38
15	875,86	800,89	760,32	726,57	15	797,36	717,46	646,37	581,99	589,81	510,01	358,56	232,48
16	987,99	934,49	891,56	850,99	16	910,50	839,82	769,32	691,53	700,82	604,57	420,99	268,41
17	1.089,36	1.029,62	984,76	939,25	17	1.003,57	925,61	850,17	763,15	773,67	666,13	461,04	291,05
18	1.171,85	1.108,00	1.059,90	1.011,33	18	1.079,72	997,11	916,02	822,18	833,35	716,63	494,37	309,81
19	1.263,53	1.197,02	1.144,51	1.091,59	19	1.163,39	1.075,48	987,99	885,63	897,91	771,09	529,66	329,21
20	1.350,19	1.277,75	1.223,13	1.165,74	20	1.244,89	1.150,51	1.058,67	948,07	961,47	824,35	563,52	346,79
21	1.473,91	1.423,75	1.365,89	1.301,97	21	1.341,79	1.258,05	1.184,91	1.061,37	1.076,42	922,73	631,38	388,65
22	1.551,28	1.497,37	1.434,45	1.366,19	22	1.412,69	1.323,37	1.246,42	1.114,82	1.130,88	967,94	657,96	400,19
23	1.669,18	1.610,72	1.543,46	1.470,14	23	1.518,47	1.422,80	1.341,49	1.199,43	1.217,01	1.040,91	762,68	429,28
24	1.740,09	1.678,70	1.607,79	1.530,77	24	1.580,80	1.482,66	1.395,82	1.247,18	1.278,46	1.081,01	788,84	439,52
25	1.844,09	1.779,77	1.706,09	1.624,13	25	1.676,17	1.572,34	1.482,84	1.324,79	1.357,71	1.148,05	837,65	466,51
26	1.934,47	1.889,37	1.827,05	1.739,03	26	1.740,20	1.660,47	1.584,33	1.414,45	1.451,04	1.225,95	894,26	497,38
27	2.008,97	1.959,05	1.892,03	1.801,65	27	1.808,52	1.721,27	1.640,07	1.464,26	1.500,89	1.268,11	922,14	812,07
28	2.135,50	2.081,35	2.011,25	1.914,72	28	1.921,59	1.828,40	1.744,38	1.556,51	1.596,33	1.391,24	1.052,68	862,05
29	2.215,59	2.159,79	2.087,64	1.987,40	29	1.993,27	1.897,66	1.809,11	1.613,55	1.654,47	1.441,56	1.089,00	890,68
30	2.309,49	2.254,52	2.178,02	2.072,42	30	2.076,00	1.979,52	1.887,44	1.683,40	1.726,45	1.503,60	1.135,58	928,20
31	2.373,05	2.333,13	2.269,10	2.158,15	31	2.199,84	2.130,33	2.053,24	1.830,64	1.877,32	1.634,43	1.232,18	1.005,69
32	2.604,90	2.560,50	2.488,70	2.366,64	32	2.416,21	2.338,48	2.255,33	2.009,21	2.061,18	1.792,47	1.349,02	1.099,47
33	3.192,76	3.137,79	3.050,94	2.901,53	33	2.963,92	2.868,25	2.764,12	2.460,07	2.524,70	2.193,25	1.645,95	1.337,84
34	3.604,82	3.539,79	3.440,83	3.270,31	34	3.340,58	3.234,51	3.116,03	2.773,77	2.995,50	2.471,19	1.851,27	1.501,77

Vollkasko

Die Zuordnung zu den Regionalklassen ergibt sich aus dem Verzeichnis der amtlichen Kennzeichen.
Beiträge **ohne** Versicherungsteuer

112 Kennziffer
R6 Regionalklasse

Typklasse	mit 150 €	mit 300 €	mit 500 €	mit 1.000 €	Typklasse	mit 150 €	mit 300 €	mit 500 €	mit 1.000 €	mit 500 €	mit 1.000 €	mit 2.500 €	mit 5.000 €
	einschließlich Teilkasko ohne Selbstbeteiligung					einschließlich Teilkasko mit 150 € Selbstbeteiligung				TK mit 500 SB	TK mit 1.000 SB	TK mit 2.500 SB	TK mit 5.000 SB
10	428,52	389,95	369,90	354,73	10	401,78	352,08	317,63	289,52	292,81	257,83	190,68	134,77
11	533,07	484,44	461,56	442,05	11	493,44	435,70	393,36	357,09	361,20	316,27	229,84	158,17
12	658,42	600,39	568,76	544,01	12	605,15	536,83	483,44	437,52	442,69	385,48	276,53	185,51
13	721,40	657,89	623,74	596,16	13	660,95	589,81	530,96	479,26	485,27	420,93	298,29	196,10
14	823,83	752,50	713,70	681,89	14	752,27	674,42	606,86	546,65	554,12	479,62	337,57	219,85
15	912,90	834,76	792,49	757,03	15	830,89	747,68	673,77	606,39	614,44	530,71	372,08	239,78
16	1.030,50	974,65	929,84	887,50	16	949,42	875,75	802,48	720,87	730,93	629,97	437,35	277,23
17	1.136,69	1.074,13	1.027,44	980,00	17	1.047,20	965,77	887,10	795,78	807,01	694,17	479,45	300,99
18	1.223,19	1.156,45	1.106,42	1.055,38	18	1.126,93	1.041,03	956,31	857,87	869,52	747,04	514,19	320,57
19	1.319,44	1.249,65	1.194,85	1.139,81	19	1.214,72	1.122,87	1.031,68	924,37	937,08	804,18	551,30	340,62
20	1.410,52	1.334,67	1.277,75	1.217,48	20	1.300,74	1.201,96	1.106,06	989,70	1.003,87	860,22	586,75	359,38
21	1.540,06	1.487,55	1.426,45	1.359,83	21	1.401,76	1.314,21	1.237,71	1.108,06	1.123,76	963,00	657,25	402,76
22	1.621,37	1.565,05	1.499,01	1.427,69	22	1.476,26	1.382,77	1.302,63	1.164,56	1.181,38	1.010,63	685,54	415,23
23	1.744,73	1.683,69	1.612,84	1.536,29	23	1.587,09	1.487,08	1.402,06	1.253,41	1.271,58	1.086,72	795,19	445,52
24	1.819,05	1.755,08	1.680,58	1.599,79	24	1.652,83	1.550,11	1.459,14	1.303,27	1.336,31	1.129,23	822,88	456,57
25	1.928,18	1.861,09	1.783,89	1.697,57	25	1.752,67	1.643,89	1.550,46	1.384,65	1.419,16	1.199,20	873,80	484,38
26	2.023,08	1.975,69	1.910,43	1.818,05	26	1.819,40	1.736,56	1.656,47	1.478,49	1.516,41	1.280,57	932,96	516,60
27	2.101,17	2.048,96	1.978,63	1.883,73	27	1.891,20	1.800,12	1.714,91	1.531,00	1.569,15	1.325,03	962,12	846,87
28	2.233,65	2.176,96	2.103,52	2.002,27	28	2.009,67	1.912,48	1.824,11	1.627,19	1.688,82	1.453,97	1.098,88	899,15
29	2.317,84	2.259,39	2.183,67	2.078,48	29	2.084,82	1.984,98	1.892,14	1.687,11	1.730,15	1.506,78	1.137,05	929,32
30	2.416,68	2.358,29	2.278,56	2.167,55	30	2.171,60	2.070,53	1.974,46	1.760,37	1.805,35	1.571,68	1.185,90	968,30
31	2.482,65	2.441,25	2.373,70	2.257,51	31	2.301,73	2.228,94	2.148,20	1.914,96	1.963,58	1.708,87	1.287,33	1.049,73
32	2.726,08	2.679,57	2.604,01	2.476,24	32	2.528,52	2.447,02	2.359,94	2.101,88	2.156,56	1.874,73	1.409,64	1.147,99
33	3.342,29	3.284,43	3.193,58	3.036,89	33	3.102,45	3.002,20	2.893,12	2.574,61	2.642,23	2.294,68	1.720,45	1.397,70
34	3.774,22	3.706,13	3.602,00	3.423,31	34	3.497,40	3.386,62	3.262,44	2.903,42	3.135,96	2.586,02	1.936,00	1.569,81

Vollkasko **TA 375**

Die Zuordnung zu den Regionalklassen ergibt sich aus dem Verzeichnis der amtlichen Kennzeichen.
Beiträge **ohne** Versicherungsteuer

112 Kennziffer **R7** Regionalklasse

Typklasse	mit 150 €	mit 300 €	mit 500 €	mit 1.000 €	Typklasse	mit 150 €	mit 300 €	mit 500 €	mit 1.000 €	mit 500 €	mit 1.000 €	mit 2.500 €	mit 5.000 €
	einschließlich Teilkasko ohne Selbstbeteiligung					einschließlich Teilkasko mit 150 € Selbstbeteiligung				TK mit 500 SB	TK mit 1.000 SB	TK mit 2.500 SB	TK mit 5.000 SB
10	443,69	403,95	383,36	367,25	10	415,70	364,55	328,74	299,52	302,82	266,36	196,10	137,83
11	552,70	502,43	478,62	458,22	11	511,31	451,87	407,88	369,78	374,37	327,15	236,90	161,93
12	683,07	623,02	590,28	564,47	12	627,33	557,23	501,91	453,69	459,28	399,36	285,46	190,45
13	749,27	683,48	647,84	618,98	13	686,24	612,63	551,47	497,43	503,85	436,64	308,28	201,73
14	856,28	781,67	741,74	708,47	14	781,49	700,76	630,86	567,76	575,52	497,62	349,32	226,26
15	949,07	867,69	823,83	786,78	15	863,81	777,43	700,47	630,38	638,55	551,06	385,08	247,07
16	1.072,08	1.013,69	967,36	922,84	16	987,59	911,20	835,06	749,56	759,85	654,49	453,27	286,18
17	1.183,09	1.117,52	1.069,02	1.019,45	17	1.089,72	1.005,22	923,14	827,83	839,41	721,52	497,09	310,64
18	1.273,46	1.203,73	1.151,58	1.098,35	18	1.173,03	1.083,54	995,22	892,45	904,80	776,85	533,07	331,04
19	1.373,71	1.301,04	1.244,06	1.186,26	19	1.265,05	1.169,27	1.074,08	962,12	975,35	836,52	572,11	352,20
20	1.469,38	1.390,18	1.330,55	1.267,70	20	1.354,72	1.252,05	1.151,92	1.030,56	1.045,26	894,98	609,04	371,61
21	1.604,09	1.548,99	1.485,66	1.415,87	21	1.459,97	1.368,78	1.289,28	1.153,69	1.170,15	1.001,87	682,42	416,47
22	1.689,81	1.630,78	1.561,93	1.487,08	22	1.538,23	1.440,80	1.357,07	1.212,95	1.230,72	1.051,96	712,40	429,81
23	1.818,35	1.754,26	1.680,76	1.600,50	23	1.653,77	1.549,52	1.460,79	1.305,33	1.324,26	1.131,52	826,59	461,22
24	1.896,13	1.829,51	1.751,55	1.667,29	24	1.722,68	1.615,61	1.520,94	1.358,01	1.392,47	1.176,09	855,75	473,16
25	2.010,20	1.940,23	1.859,33	1.769,14	25	1.826,87	1.713,63	1.616,08	1.442,62	1.478,79	1.248,76	908,97	502,02
26	2.109,51	2.059,78	1.991,33	1.895,02	26	1.896,96	1.810,00	1.726,68	1.540,34	1.580,22	1.334,02	970,29	535,30
27	2.191,01	2.136,45	2.062,95	1.963,81	27	1.971,81	1.876,62	1.788,24	1.595,61	1.635,60	1.380,59	1.001,22	880,92
28	2.329,36	2.269,92	2.193,25	2.087,30	28	2.095,17	1.993,86	1.901,89	1.696,04	1.739,56	1.515,07	1.144,04	935,25
29	2.417,04	2.356,18	2.277,26	2.167,43	29	2.174,19	2.070,06	1.973,10	1.759,02	1.803,94	1.570,34	1.184,09	966,83
30	2.520,34	2.459,61	2.376,29	2.260,51	30	2.264,80	2.159,38	2.058,72	1.835,16	1.882,44	1.638,01	1.234,77	1.007,69
31	2.589,55	2.546,16	2.475,71	2.354,65	31	2.400,92	2.324,66	2.240,46	1.996,80	2.047,78	1.781,53	1.340,67	1.092,36
32	2.843,97	2.795,28	2.716,50	2.582,73	32	2.637,77	2.552,68	2.461,60	2.192,07	2.249,29	1.954,87	1.468,73	1.195,14
33	3.488,05	3.427,43	3.332,11	3.168,37	33	3.237,33	3.132,91	3.018,83	2.685,86	2.756,77	2.393,45	1.793,36	1.455,85
34	3.939,15	3.867,89	3.759,28	3.572,36	34	3.650,04	3.534,26	3.404,61	3.029,42	3.272,56	2.698,10	2.018,56	1.635,71

Vollkasko

										112 Kennziffer	R8 Regionalklasse
Die Zuordnung zu den Regionalklassen ergibt sich aus dem Verzeichnis der amtlichen Kennzeichen. Beiträge **ohne** Versicherungsteuer												
Typ-klasse	mit 150 €	mit 300 €	mit 500 €	mit 1.000 €	Typ-klasse	mit 150 €	mit 300 €	mit 500 €	mit 1.000 €	mit 500 €	mit 1.000 €	mit 2.500 €	mit 5.000 €
	einschließlich Teilkasko ohne Selbstbeteiligung					einschließlich Teilkasko mit 150 € Selbstbeteiligung				TK mit 500 SB	TK mit 1.000 SB	TK mit 2.500 SB	TK mit 5.000 SB
10	465,74	424,05	402,30	385,25	10	435,64	382,36	345,09	313,87	317,27	278,53	204,03	142,29
11	580,88	528,07	503,02	481,26	11	536,95	474,97	428,75	388,48	392,96	342,98	247,14	167,39
12	718,75	655,37	621,15	593,86	12	660,08	586,34	528,07	477,15	483,03	419,41	298,34	197,33
13	789,54	719,81	682,71	651,96	13	722,64	645,50	580,99	523,66	530,43	459,05	322,92	209,62
14	902,38	823,77	781,91	746,57	14	823,65	738,98	665,01	598,28	606,45	523,54	366,19	235,43
15	1.001,04	914,73	869,10	829,77	15	911,03	819,95	738,81	664,19	673,19	580,28	404,01	257,24
16	1.131,40	1.069,90	1.021,04	973,88	16	1.042,61	961,71	881,45	790,84	801,67	689,71	475,97	298,57
17	1.249,53	1.180,33	1.128,70	1.076,31	17	1.150,81	1.061,61	975,06	873,75	886,27	760,85	522,48	324,51
18	1.345,19	1.271,75	1.216,42	1.159,80	18	1.239,60	1.144,74	1.051,49	942,25	955,54	819,48	560,88	345,97
19	1.452,27	1.374,77	1.314,62	1.253,47	19	1.336,97	1.235,65	1.135,46	1.016,15	1.030,56	882,80	602,09	368,44
20	1.553,87	1.470,02	1.406,88	1.340,01	20	1.432,74	1.323,90	1.217,95	1.088,95	1.104,71	945,01	641,67	389,13
21	1.696,40	1.638,24	1.570,75	1.496,54	21	1.543,88	1.447,15	1.362,89	1.219,01	1.236,71	1.057,85	718,69	436,23
22	1.787,65	1.725,21	1.652,01	1.573,04	22	1.627,14	1.524,00	1.435,63	1.282,63	1.301,21	1.111,41	750,63	450,75
23	1.923,71	1.856,22	1.777,95	1.692,93	23	1.749,78	1.639,36	1.545,40	1.380,12	1.400,47	1.195,72	871,75	483,79
24	2.006,85	1.935,70	1.853,51	1.764,19	24	1.823,05	1.709,87	1.609,61	1.436,57	1.473,25	1.243,30	903,21	496,79
25	2.127,86	2.053,36	1.967,70	1.871,97	25	1.933,89	1.813,87	1.710,15	1.526,18	1.564,58	1.320,33	959,30	527,25
26	2.233,40	2.180,37	2.107,87	2.005,62	26	2.008,08	1.915,77	1.827,47	1.629,72	1.671,94	1.410,34	1.024,33	562,29
27	2.319,95	2.262,15	2.184,48	2.078,94	27	2.087,30	1.986,74	1.893,02	1.688,46	1.731,38	1.460,09	1.057,38	929,26
28	2.466,83	2.403,68	2.322,37	2.209,83	28	2.218,24	2.110,93	2.013,62	1.795,00	1.841,52	1.602,73	1.208,72	986,76
29	2.560,27	2.495,65	2.411,56	2.294,79	29	2.302,50	2.192,02	2.089,41	1.862,03	1.909,48	1.661,82	1.251,65	1.020,68
30	2.669,92	2.605,30	2.516,52	2.393,45	30	2.398,75	2.287,03	2.180,08	1.942,82	1.992,92	1.733,61	1.305,45	1.064,01
31	2.743,66	2.697,27	2.622,36	2.493,59	31	2.543,33	2.462,66	2.373,17	2.114,46	2.168,61	1.885,61	1.417,51	1.154,22
32	3.013,90	2.961,74	2.878,37	2.736,31	32	2.794,81	2.704,79	2.608,07	2.321,78	2.382,58	2.069,66	1.553,70	1.262,93
33	3.697,43	3.632,99	3.531,73	3.357,87	33	3.431,19	3.320,42	3.199,46	2.846,03	2.921,17	2.535,09	1.898,32	1.539,64
34	4.176,23	4.100,73	3.985,19	3.786,93	34	3.869,53	3.746,70	3.609,00	3.210,93	3.468,77	2.858,56	2.137,45	1.730,68

Vollkasko — 112 Kennziffer — R9 Regional-Kasse

Die Zuordnung zu den Regionalklassen ergibt sich aus dem Verzeichnis der amtlichen Kennzeichen.
Beiträge **ohne** Versicherungsteuer

Typklasse	mit 150 €	mit 300 €	mit 500 €	mit 1.000 €	Typklasse	mit 150 €	mit 300 €	mit 500 €	mit 1.000 €	mit 500 €	mit 1.000 €	mit 2.500 €	mit 5.000 €
	einschließlich Teilkasko ohne Selbstbeteiligung					einschließlich Teilkasko mit 150 € Selbstbeteiligung				TK mit 500 SB	TK mit 1.000 SB	TK mit 2.500 SB	TK mit 5.000 SB
10	496,14	451,93	428,88	410,41	10	443,39	407,41	367,67	333,80	337,67	295,81	215,20	148,29
11	620,09	563,88	536,89	513,73	11	572,64	507,20	457,86	414,00	419,35	365,02	261,36	175,28
12	768,56	700,94	664,37	634,73	12	705,35	627,14	565,00	509,61	516,13	447,34	316,46	207,38
13	845,34	770,85	731,04	698,12	13	773,56	691,30	622,38	560,35	567,64	490,33	343,21	220,49
14	966,94	882,86	837,94	799,78	14	882,40	791,79	712,82	640,38	649,54	559,88	389,65	248,19
15	1.073,36	980,88	931,72	889,16	15	977,05	879,34	792,60	711,64	721,52	620,91	430,17	271,77
16	1.214,37	1.148,05	1.095,82	1.044,91	16	1.118,88	1.032,21	946,24	848,17	859,92	738,81	507,90	315,80
17	1.341,84	1.267,63	1.212,42	1.155,51	17	1.236,01	1.140,17	1.047,44	937,95	951,19	815,83	558,00	343,85
18	1.445,56	1.366,53	1.307,03	1.245,94	18	1.331,85	1.230,01	1.130,05	1.011,75	1.025,86	878,86	599,45	367,08
19	1.561,33	1.477,84	1.412,99	1.346,78	19	1.437,68	1.328,43	1.220,60	1.091,72	1.107,36	947,72	643,67	391,48
20	1.671,64	1.581,27	1.513,07	1.440,97	20	1.541,17	1.424,10	1.310,15	1.170,56	1.187,50	1.014,86	686,77	413,94
21	1.824,81	1.762,02	1.689,45	1.609,08	21	1.660,47	1.556,51	1.466,15	1.310,09	1.329,32	1.135,99	769,20	463,75
22	1.924,24	1.856,86	1.777,95	1.692,23	22	1.751,25	1.640,36	1.545,23	1.379,24	1.399,76	1.194,61	804,48	480,21
23	2.071,06	1.997,92	1.913,90	1.821,58	23	1.883,49	1.764,36	1.663,48	1.484,72	1.506,72	1.285,10	934,84	515,26
24	2.161,44	2.084,77	1.995,69	1.899,25	24	1.963,41	1.841,10	1.733,38	1.546,11	1.585,79	1.337,25	969,42	529,90
25	2.292,15	2.211,65	2.119,11	2.015,62	25	2.082,88	1.953,40	1.841,75	1.642,53	1.684,22	1.419,99	1.029,80	562,46
26	2.406,21	2.348,77	2.270,16	2.159,49	26	2.163,08	2.063,48	1.968,11	1.754,26	1.800,00	1.517,24	1.099,54	599,98
27	2.499,94	2.437,44	2.353,59	2.239,52	27	2.248,87	2.140,51	2.039,43	1.818,17	1.864,27	1.571,21	1.135,58	997,46
28	2.657,98	2.590,19	2.502,17	2.380,75	28	2.390,05	2.274,56	2.169,20	1.932,71	1.982,98	1.725,09	1.299,16	1.059,20
29	2.759,77	2.689,98	2.598,78	2.472,53	29	2.481,24	2.362,35	2.251,69	2.005,57	2.057,30	1.789,24	1.345,49	1.096,12
30	2.878,37	2.808,16	2.712,14	2.579,55	30	2.585,55	2.464,66	2.349,77	2.092,99	2.146,91	1.866,68	1.403,58	1.142,51
31	2.958,16	2.907,76	2.826,75	2.687,56	31	2.742,13	2.654,88	2.558,38	2.278,27	2.337,06	2.031,08	1.525,06	1.240,00
32	3.250,27	3.194,11	3.103,33	2.949,98	32	3.013,72	2.916,70	2.812,45	2.502,47	2.568,15	2.230,11	1.672,00	1.357,66
33	3.989,36	3.919,40	3.809,62	3.621,88	33	3.701,67	3.581,95	3.451,53	3.069,17	3.150,37	2.733,02	2.044,14	1.656,41
34	4.506,68	4.424,95	4.300,17	4.085,80	34	4.175,70	4.043,04	3.594,23	3.463,47	3.742,77	3.082,75	2.302,55	1.862,85

Zweiräder (Haftpflicht/Kasko)

Prämien ohne Versicherungsteuer

Wagnis / Wagnisstärke	Haftpflichtdeckungssumme in €		Teilkasko			Vollkasko				mit SFR N
	100 Millionen	Mindestdeckungssummen (MDS)	ohne	mit 150 €	mit 300 €	mit 150 €	mit 500 €	mit 1.000 €	mit 300 €	mit 500 €	mit 1.000 €	
			Selbstbeteiligung (SB)			Selbstbeteiligung (SB)			Selbstbeteiligung (SB)			
			Teilkaskoschäden **mit 150 €** SB						Teilkaskoschäden **ohne** SB			

001 - Kleinkrafträder und -roller, die ein amtliches Kennzeichen führen müssen, mit und ohne Anhänger, mit einer Höchstgeschwindigkeit **von mehr als 40 km/h**

												mit SFR N
N bis 50 ccm	159,52	159,34	153,47	94,73	1.213,31	1.050,38	729,28	693,59	1.356,01	1.173,09	813,83	763,8

003 - Krafträder und -roller mit und ohne Anhänger, mit **mehr als 50 ccm Hubraum und über 11 kW, ansonsten über 125 ccm** (auch bei Zulassung als Sonderfahrzeug)

												mit SFR N
N bis 7 kW	80,62	80,56	44,33	37,93	410,00	328,80	261,19	243,66	460,33	368,37	291,23	271,30
bis 13 kW	80,62	80,56	57,27	46,22	431,70	355,37	279,76	260,77	484,85	398,66	312,81	291,05
bis 20 kW	120,53	120,42	71,62	55,21	877,16	705,41	559,35	518,60	990,58	795,49	629,79	583,34
bis 37 kW	152,70	152,52	94,48	69,68	1.201,14	944,30	743,27	687,47	1.360,01	1.068,07	839,76	776,15
bis 57 kW	158,59	158,40	129,65	91,84	1.755,37	1.335,20	1.024,97	946,60	1.990,27	1.512,71	1.159,33	1.070,78
bis 72 kW	278,12	277,83	276,47	184,51	4.836,59	3.519,15	2.651,64	2.443,26	5.497,08	3.997,31	3.010,37	2.773,71
über 72 kW	365,49	365,14	432,11	282,82	6.238,88	5.092,25	3.729,30	3.434,96	7.093,05	5.787,95	4.235,85	3.901,34

012 - Leichtkraftroller bis 11 kW mit und ohne Anhänger und Beiwagen, **bis 80 km/h**, Führerscheinerlaubnis **ab 16 Jahren**

												mit SFR N
N über 50 - 80 ccm	175,46	175,28	66,26	45,16	499,61	448,81	302,35	289,29	566,23	507,73	340,03	321,28

016 - Leichtkraftroller bis 11 kW mit und ohne Anhänger und Beiwagen, **bis 80 km/h**, Führerscheinerlaubnis **ab 16 Jahren**

												mit SFR N
N über 80 - 125 ccm	228,14	227,91	66,26	45,16	499,61	448,81	302,35	289,29	566,23	507,73	340,03	321,28

022 - Leichtkrafträder bis 11 kW mit und ohne Anhänger und Beiwagen, **bis 80 km/h**, Führerscheinerlaubnis **ab 18 Jahren**

												mit SFR N
N über 50 - 80 ccm	410,24	409,83	158,64	93,25	1.021,27	885,44	616,56	586,81	1.212,13	1.049,62	729,40	684,83

026 - Leichtkrafträder bis 11 kW mit und ohne Anhänger und Beiwagen, **bis 80 km/h**, Führerscheinerlaubnis **ab 18 Jahren**

												mit SFR N
N über 80 - 125 ccm	513,31	512,79	158,64	93,25	1.021,27	885,44	616,56	586,81	1.212,13	1.049,62	729,40	684,83

Campingfahrzeuge/Wohnmobile (Haftpflicht/Kasko)

Wagnis/ Wagnisstärke	Haftpflichtdeckungssumme in €		Teilkasko			Vollkasko					Diagonaldeckung					mit SFR N
	100 Millionen	Mindestdeckungssummen (MDS)	ohne	mit 150 €	mit 500 €	mit	mit 150 €	mit 300 €	mit 500 €	mit 1.000 €	mit 500 € VK 500 € TK	mit 1.000 € VK 1.000 € TK	mit 2.500 € VK 2.500 € TK	mit 5.000 € VK 5.000 € TK	
				Selbstbeteiligung (SB)			Selbstbeteiligung (SB)				SB	SB	SB	SB	
							Teilkaskoschäden **mit 150 €** SB				Teilkaskoschäden **ohne** SB				

127 - Campingfahrzeuge/Wohnmobile

Alle	560,23	559,65	0,920 %	0,690 %	0,575 %	3,910 %	3,105 %	2,530 %	2,070 %	4,497 %	3,571 %	2,910 %	2,381 %	3,105 %	1,265 %

Vom Neuwert einschließlich der fest eingebauten Einrichtungsgegenstände und Vorzelte

Neuwertermittlung

Mithilfe der nachstehenden Tabelle kann durch Multiplikation des Gebrauchtwagenpreises mit dem jeweiligen Faktor der für die Beitragsberechnung maßgebende Neuwert ermittelt werden.

Beispiel:
Der VN hat gestern ein Wohnmobil (3,5 Jahre) für 15.000 € gekauft. Der Faktor für 4 Jahre alte Wohnmobile ist 1,7. Für die Beitragsberechnung ergibt sich dadurch ein Neuwert von 25.500 €.

Wichtige Hinweise:

1. Bei Fahrzeugen, die zu einem Wohnmobil umgebaut wurden (insbesondere ab einem Wert von 15.000 €), ist die Erstellung eines „Bewertungsbogens" durch einen anerkannten Sachverständigen zu empfehlen, um Probleme im Schadenfall (Unterversicherung) zu vermeiden.

2. Sollte die Multiplikation des Gebrauchtwagenpreises mit dem entsprechenden Faktor bei Wohnmobilen zu einem Neuwert unter 15.000 € führen, so ist trotzdem ein Neuwert in Höhe von 15.000 € anzusetzen.

Fahrzeugalter	Faktoren Campingfahrzeuge / Wohnmobile / Wohnwagenanhänger
Neufahrzeug bis 6 Monate	1,0
bis 1 Jahr	1,2
bis 2 Jahre	1,3
bis 3 Jahre	1,5
bis 4 Jahre	1,7
bis 5 Jahre	1,9
bis 6 Jahre	2,0
bis 7 Jahre	2,2
bis 8 Jahre	2,4
bis 9 Jahre	2,7
ab 10 Jahre	3,2

Auszug aus dem Verzeichnis der amtlichen Kennzeichen mit den Zuordnungen der Zulassungsbezirke zu den Regionalklassen

Kennz.	Zulassungsbezirk	KH	VK	TK
A	Augsburg	12	8	8
AA	Ostalbkreis	3	4	8
AB	Aschaffenburg	7	2	2
ABI	Anhalt-Bitterfeld	1	3	10
AC	Aachen	11	7	9
AN	Ansbach	9	1	6
AUR	Aurich	2	1	4
AW	Ahrweiler	4	4	8
B	Berlin	12	9	10
BA	Bamberg	6	1	1
BAD	Baden-Baden	8	6	8
BAR	Barnim	2	3	8
BB	Böblingen	5	4	6
BC	Biberach/Riss	3	6	11
BGL	Berchtesgadener Land	9	8	10
BI	Bielefeld	9	2	2
BIT	Bitburg-Prüm	2	7	10
BL	Zollern/Albkreis	3	6	10
BM	Erftkreis	8	5	9
BN	Bonn	8	5	7
BO	Bochum	9	4	5
BS	Braunschweig	6	4	5
BT	Bayreuth	9	2	4
BZ	Bautzen	1	4	10
C	Chemnitz	5	5	9
CO	Coburg	3	2	1
CB	Cottbus	1	3	9
CLP	Cloppenburg	4	2	7
COE	Coesfeld	1	1	4
D	Düsseldorf	11	7	6
DA	Darmstadt	7	3	2
DD	Dresden	10	6	8
DE	Dessau-Rosslau	2	2	9
DN	Düren	8	4	8
DO	Dortmund	9	5	6
DU	Duisburg	10	4	7
E	Essen	12	6	7
EA	Eisenach	4	2	5
ED	Erding	8	6	10
EF	Erfurt	3	2	5
EL	Emsland	2	2	8
ER	Erlangen	7	1	1
ERZ	Erzgebirgskreis	2	4	9
ESW	Werra-Meissner-Kreis	2	3	5
F	Frankfurt/Main	11	6	3
FB	Wetteraukreis	7	4	4
FD	Fulda	5	2	4
FF	Frankfurt/Oder	2	5	10
FFB	Fürstenfeldbruck	10	4	7
FL	Flensburg	2	1	5
FN	Bodenseekreis	3	5	7
FR	Freiburg/Breisgau	5	6	8
FÜ	Fürth	12	2	3
G	Gera	6	2	8
GAP	Garmisch-Partenkirchen	10	9	13
GE	Gelsenkirchen	12	5	6
GG	Gross-Gerau	7	2	3
GI	Giessen	5	3	4
GM	Oberbergischer Kreis	9	4	7
GÖ	Göttingen	6	2	2
GR	Görlitz	1	6	11
GRZ	Greiz	1	3	7
GTH	Gotha	3	2	7
H	Hannover	8	4	4
HAL	Halle (Saale)	7	4	9
HAM	Hamm/Westfalen	8	1	2
HB	Hansestadt Bremen	6	3	4
HB	Bremerhaven	8	2	5
HD	Heidelberg	8	5	4
HD	Rhein-Neckar-Kreis	6	4	5
HGW	Hansestadt Greifswald	3	2	8
HH	Hansestadt Hamburg	12	7	6
HI	Hildesheim	2	2	4
HK	Heidekreis	2	1	7
HL	Hansestadt Lübeck	6	2	4
HN	Heilbronn	9	4	4
HO	Hof	9	3	5
HRO	Hansestadt Rostock	2	2	8
HSK	Hochsauerlandkreis	3	2	5
HST	Hansestadt Stralsund	2	2	7
HVL	Havelland	2	3	8
HZ	Harz	2	3	9
IN	Ingolstadt	12	4	2
IZ	Steinburg	2	2	6
J	Jena	5	2	6
K	Köln	11	7	9
KA	Karlsruhe	9	6	7
KE	Kempten/Allgäu	12	6	8
KH	Bad Kreuznach	6	3	5
KI	Kiel	5	3	4
KL	Kaiserslautern	7	2	4
KN	Konstanz	5	5	7

Auszug aus dem Verzeichnis der amtlichen Kennzeichen mit den Zuordnungen der Zulassungsbezirke zu den Regionalklassen

Kennz.	Zulassungsbezirk	KH	VK	TK
KO	Koblenz	6	3	4
KR	Krefeld	9	4	7
KS	Kassel	11	4	3
KYF	Kyffhäuserkreis	1	2	8
L	Leipzig, Stadt	10	7	9
LA	Landshut	11	6	9
LB	Ludwigsburg	6	3	5
LDK	Lahn-Dill-Kreis	6	3	5
LEV	Leverkusen	8	4	6
LG	Lüneburg	1	1	6
LIF	Lichtenfels	2	2	4
LIP	Lippe	4	2	4
LL	Landsberg/Lech	9	7	10
LM	Limburg-Weilburg	8	5	8
LÖ	Lörrach	3	4	7
LU	Ludwigshafen	10	4	4
M	München	12	6	5
MA	Mannheim	10	6	6
MD	Magdeburg	7	4	7
MG	Möchengladbach	10	6	7
MH	Mülheim/Ruhr	9	5	7
MS	Münster/Westfalen	3	1	1
MTK	Main-Taunus-Kreis	8	3	2
MYK	Mayen-Koblenz	3	3	7
MZ	Mainz-Bingen	3	1	2
MZ	Mainz	8	2	2
MZG	Merzig/Wadern	6	5	8
N	Nürnberg	12	4	3
NB	Neubrandenburg	2	3	10
NE	Neuss	7	4	6
NF	Nordfriesland	1	2	7
NOH	Grafschaft Bentheim	4	2	6
NU	Neu Ulm	7	5	9
NWM	Nordwestmecklenburg	1	4	11
OA	Oberallgäu	9	7	8
OB	Oberhausen	10	5	7
OF	Offenbach	12	6	4
OH	Ostholstein	2	3	8
OL	Oldenburg in Oldenburg	6	1	2
OS	Osnabrück	7	2	2
P	Potsdam-Mittelmark	7	6	8
PA	Passau	10	7	10
PB	Paderborn	3	1	3
PF	Pforzheim	12	7	7
PI	Pinneberg	8	3	3
PM	Potsdam/Mittelmark	2	3	9
PR	Prignitz	1	3	11
R	Regensburg	10	5	4
RE	Recklinghausen	7	3	4

Kennz.	Zulassungsbezirk	KH	VK	TK
ROW	Rotenburg/Wuemme	2	3	9
RT	Reutlingen	5	5	7
RZ	Herzogtum Lauenburg	3	3	7
S	Stuttgart	9	5	4
SAW	Altmarkkreis Salzwedel	1	5	12
SB	Saarbrücken	10	5	5
SC	Schwabach	8	2	2
SHA	Schwäbisch-Hall	2	3	7
SHL	Suhl	5	3	7
SI	Siegen	6	2	3
SIG	Sigmaringen	3	7	11
SIM	Rhein-Hunsrueck-Kreis	1	3	9
SK	Saalekreis	2	3	10
SM	Schmalkalden-Meiningen	2	2	6
SN	Schwerin	1	1	6
SO	Soest	3	1	3
SP	Speyer	9	4	5
SPN	Spree-Neisse	1	3	10
STA	Starnberg	12	7	7
STD	Stade	7	2	5
SÜW	Südliche Weinstraße	3	3	7
SW	Schweinfurt	10	3	2
SZ	Salzgitter	5	3	5
TBB	Main-Tauber-Kreis	6	5	9
TÖL	Bad Tölz-Wolfratshausen	10	7	9
TR	Trier	3	4	7
TÜ	Tübingen	2	5	8
UL	Ulm	10	7	9
UM	Uckermark	1	3	11
UN	Unna	7	2	3
V	Vogtlandkreis	4	4	8
VB	Vogelsbergkreis	1	3	7
VEC	Vechta	2	1	6
VR	Vorpommern-Rügen	1	3	11
VS	Schwarzwald-Baar-Kreis	5	5	7
W	Wuppertal	11	5	4
WB	Wittenberg	1	4	11
WE	Weimar	3	3	7
WEN	Weiden/Oberpfalz	6	2	4
WES	Wesel	6	3	7
WI	Wiesbaden	12	5	5
WL	Harburg	3	2	5
WOB	Wolfsburg	8	4	7
WÜ	Würzburg	10	5	1
WW	Westerwald	6	4	9
Z	Zwickau	3	4	9

Auszug aus dem Typklassenverzeichnis Pkw

Kraftfahrzeug-Haftpflichtversicherung
Fahrzeugversicherung

(Stand: 06. September 2017)

KW	PS	CCM	Typ (Verkaufsbezeichnung)	HSN	TSN	Klasse KH	Klasse VK	TK
AUDI AG								
081	110	1395	8V (A3 SPORTBACK G-TRON 1.4 TFSI)	0588	AYC	15	20	21
081	110	1598	8V (A3 1.6 TDI)	0588	AYA	17	20	23
081	110	1598	8V (A3 SPORTBACK 1.6 TDI)	0588	AYB	17	20	23
081	110	1598	8V (A3 CABRIO 1.6 TDI)	0588	AZD	16	21	19
090	122	1395	8V (A3 STH 1.4 TFSI)	0588	AYF	15	23	21
092	125	1395	8V (A3 CABRIO 1.4 TFSI)	0588	AZF	14	19	19
100	136	1968	8V (A3 2.0 TDI)	0588	AXW	16	21	23
100	136	1968	8V (A3 STH 2.0 TDI)	0588	AXX	16	24	23
100	136	1968	8V (A3 SPORTBACK 2.0 TDI)	0588	AXZ	16	21	23
103	140	1395	8V (A3 CABRIO 1.4 TFSI)	0588	AYG	14	19	19
110	150	1395	8U (Q3 1.4 TFSI)	0588	AYE	16	19	19
110	150	1968	8V (A3 CABRIO 2.0 TDI)	0588	AYI	16	21	19
110	150	1968	8V (A3 CABRIO 2.0 TDI QUATTRO)	0588	AZE	16	21	19
132	179	1798	8V (A3 CABRIO 1.8 TFSI)	0588	AYH	14	19	19
132	179	1798	8V (A3 CABRIO 1.8 TFSI QUATTRO)	0588	AZG	14	19	19
140	190	1968	B8 (A4 AVANT 2.0 TDI)	0588	AYJ	17	21	24
140	190	1968	B8 (A4 AVANT / ALLROAD 2.0 TDI QUATTRO)	0588	AYK	16	22	24
140	190	1968	B8 (A4 2.0 TDI)	0588	AYL	20	23	24
140	190	1968	B8 (A4 2.0 TDI QUATTRO)	0588	AYM	20	23	24
140	190	1968	B8 (A5 CABRIO 2.0 TDI)	0588	AYN	18	23	20
140	190	1968	B8 (A5 CABRIO 2.0 TDI QUATTRO)	0588	AYO	18	23	22
140	190	1968	B8 (A5 2.0 TDI)	0588	AYP	18	25	26
140	190	1968	B8 (A5 2.0 TDI QUATTRO)	0588	AYQ	18	25	26
140	190	1968	B8 (A5 SPORTBACK 2.0 TDI)	0588	AYR	18	25	26
140	190	1968	B8 (A5 SPORTBACK 2.0 TDI QUATTRO)	0588	AYS	18	25	26
140	190	1968	4G (A6 2.0 TDI)	0588	AYT	20	25	24
140	190	1968	4G (A6 AVANT 2.0 TDI)	0588	AYU	17	22	23
140	190	1968	8R (Q5 2.0 TDI QUATTRO)	0588	AYZ	20	23	24
170	231	1984	8X (S1 2.0 TFSI)	0588	AZH	16	23	20
170	231	1984	8X (S1 SPORTBACK 2.0 TFSI)	0588	AZI	16	23	20
190	258	2967	4H (A8 3.0 TDI QUATTRO)	0588	AYX	23	29	29
190	258	2967	8R (Q5 3.0 TDI QUATTRO)	0588	AZA	20	24	26
206	280	1984	8V (S3 SPORTBACK 2.0 TFSI)	0588	AXY	15	25	26
206	280	1984	8V (S3 STH 2.0 TFSI)	0588	AZB	15	25	26
221	300	1984	8V (S3 STH 2.0 TFSI)	0588	AYD	15	25	26
228	310	2995	4H (A8 3.0 TFSI QUATTRO)	0588	AYV	19	29	29
283	385	4134	4H (A8 4.2 TDI QUATTRO)	0588	AYY	23	29	29
320	435	3993	4H (A8 4.0 TFSI QUATTRO)	0588	AYW	19	29	29
404	549	5204	42 (R8 PLUS SPYDER 5.2)	7967	ABB	15	32	30

KW	PS	CCM	Typ (Verkaufsbezeichnung)	HSN	TSN	Klasse KH	Klasse VK	TK
BMW BAYERISCHE MOTORENWERKE AG								
075	102	0000	BMWI-1 (I3)	0005	BSI	16	17	17
075	102	0647	BMWI-1 (I3 REX)	0005	BSJ	16	17	17
120	163	1995	1C (220D COUPE)	0005	BSO	19	27	27
120	163	1995	3C (420D COUPE XDRIVE)	0005	BSW	20	28	30
120	163	1995	3C (420D CABRIO)	0005	BTD	20	28	30
120	163	1997	3C (420I COUPE)	0005	BSS	16	26	29
120	163	1997	3C (420I COUPE XDRIVE)	0005	BSU	16	26	29
135	184	1995	1C (220D COUPE)	0005	BSN	19	27	27
135	184	1995	3C (420D COUPE XDRIVE)	0005	BSV	20	28	30
135	184	1995	3C (420D CABRIO)	0005	BTC	20	28	30
135	184	1997	1C (220I COUPE)	0005	BSM	16	24	27
135	184	1997	3C (420I COUPE)	0005	BSR	16	26	29
135	184	1997	3C (420I COUPE XDRIVE)	0005	BST	16	26	29
147	200	1995	1C (220D COUPE)	0005	BSP	19	27	27
147	200	1995	3C (420D COUPE XDRIVE)	0005	BSX	20	28	30
147	200	1995	3C (420D CABRIO)	0005	BTE	20	28	30
155	211	1995	X5 (X5 SDRIVE 25D)	0005	BRT	20	29	31
155	211	1995	X5 (X5 XDRIVE 25D)	0005	BRV	20	29	31
160	218	1995	X5 (X5 SDRIVE 25D)	0005	BRS	20	29	31
160	218	1995	X5 (X5 XDRIVE 25D)	0005	BRU	20	29	31
160	218	2993	X5 (X5 XDRIVE 30D)	0005	BSK	20	29	31
180	245	1997	3C (428I CABRIO)	0005	BTB	17	28	29
190	258	2993	X5 (X5 XDRIVE 30D)	0005	BRW	20	29	31
190	258	2993	3C (430D COUPE)	0005	BSY	20	27	30
210	286	2993	3C (430D COUPE)	0005	BSZ	21	28	30
210	286	2993	X5 (X5 XDRIVE 30D)	0005	BTH	20	29	31
225	306	2979	3C (435I CABRIO)	0005	BTF	17	28	29
225	306	2979	X5 (X5 XDRIVE 35I)	0005	BTM	23	30	31
230	313	2993	X5 (X5 XDRIVE 40D)	0005	BRX	20	29	31
230	313	2993	3K (335D TOURING XDRIVE)	0005	BSL	18	28	29
230	313	2993	3C (435D COUPE XDRIVE)	0005	BTA	21	28	30
240	326	2979	5K (535I TOURING)	0005	BSD	19	27	27
240	326	2979	5K (535I TOURING XDRIVE)	0005	BSE	19	27	27
240	326	2979	5L (535I)	0005	BSF	17	27	28
240	326	2979	5L (535I XDRIVE)	0005	BSG	17	27	28
240	326	2979	X5 (X5 XDRIVE 35I)	0005	BTI	23	30	31
240	326	2979	1C (M235I COUPE)	0005	BTZ	19	28	27
250	340	2979	3C (435I CABRIO)	0005	BTG	17	28	29
280	381	2993	X5 (X5 M50D)	0005	BTK	20	30	31
330	449	4395	X5 (X5 XDRIVE 50I)	0005	BRY	23	30	31
423	575	4395	M5 / M6 (M6 COUPE)	7909	ABD	20	32	31
423	575	4395	M5 / M6 (M6 CABRIO)	7909	ABE	20	32	31
423	575	4395	M5 / M6 (M6 GRAN COUPE)	7909	ABF	20	32	31

Auszug aus dem Typklassenverzeichnis Pkw

KW	PS	CCM	Typ (Verkaufsbezeichnung)	HSN	TSN	KH	Klasse VK	TK
CHRYSLER (USA)								
103	140	1956	KL (JEEP CHEROKEE 2.0 D AWD)	1004	AEF	20	23	22
103	140	1956	KL (JEEP CHEROKEE 2.0 D)	1004	AEG	20	23	22
130	177	2776	RT (LANCIA VOYAGER 2.8 CRD)	1004	AEE	22	22	21
140	190	2987	WK (JEEP GRAND CHEROKEE 3.0 CRD)	1004	AED	23	25	24
184	250	2987	WK (JEEP GRAND CHEROKEE 3.0 CRD)	1004	AEB	23	25	24
CITROEN (F)								
068	092	1560	3 (C4 PICASSO 1.6 HDI)	3001	ATN	18	23	23
070	095	1397	S*8FN (DS3 1.4 LPG)	3001	ATS	15	18	20
070	095	1397	S*8FN (C3 1.4 LPG)	3001	ATT	15	18	20
085	116	1560	S (DS3 1.6 HDI)	3001	ASB	14	18	21
085	116	1560	3 (C4 PICASSO 1.6 HDI)	3001	ATO	18	23	23
085	116	1560	K (DS5 1.6 HD1)	3001	ATU	16	22	26
088	120	1560	S (DS3 1.6 HDI)	3001	ASC	14	18	21
088	120	1560	K (DS5 1.6 HDI)	3001	ATP	16	22	26
088	120	1598	3 (C4 PICASSO 1.6)	3001	ATM	15	21	20
096	131	1199	N (C4 1.2)	3001	ATR	14	18	21
100	136	1997	3 (C4 PICASSO 2.0 HDI)	3001	ATE	17	22	23
110	150	1997	3 (C4 PICASSO 2.0 HDI)	3001	ATG	17	22	23
115	156	1598	3 (C4 PICASSO 1.6)	3001	ATL	15	20	20
133	181	1997	K (DS5 2.0 HDI)	3001	ATQ	19	25	26
DACIA PITESTI (RO)								
055	075	1149	SD (DACIA LOGAN KOMBI 1.2)	8212	ADE	19	12	15
055	075	1149	SD (DACIA LOGAN KOMBI 1.2LPG)	8212	ADF	19	12	15
066	090	0898	SD (DACIA LOGAN KOMBI 0.9)	8212	ADD	16	15	16
080	109	1461	SD (DACIA DUSTER 1.5 D)	8212	ADG	20	18	20
080	109	1461	SD (DACIA DUSTER 1.5 D 4X4)	8212	ADJ	20	18	20
FIAT (I)								
055	075	1248	312 (PANDA 1.3 JTD 4X4)	4136	BAL	17	16	18
055	075	1248	312 (PANDA 1.3 JTD)	4136	BAM	17	16	18
063	086	0875	312 (PANDA 0.9)	4136	BAX	16	16	16
063	086	0875	312 (PANDA 0.9 4X4)	4136	BAY	16	16	16
077	105	0875	955 (ALFA ROMEO MITO 0.9)	4136	BAK	16	16	16
077	105	0875	199 (PUNTO 0.9)	4136	BAV	17	14	16
088	120	1598	199 (FIAT 500L 1.6 JTD)	4136	BAW	19	21	20
110	150	1956	940 (ALFA ROMEO GIULIETTA 2.0 JTDM)	4136	BAR	20	20	20
177	241	1742	960 (ALFA ROMEO 4C 1.8 T)	4136	BAF	17	30	25
177	241	1742	940 (ALFA ROMEO GIULIETTA 1.8 T)	4136	BAS	17	22	23
FORD / EUROPA								
055	075	1560	PJ2 (TOURNEO CONNECT 1.6 TDCI)	8566	BHI	19	20	24
066	090	1499	JK8 (ECOSPORT 1.5 TDCI)	8566	BGY	17	22	22
070	095	1560	PJ2 (TOURNEO CONNECT 1.6 TDCI)	8566	BHH	19	20	24

KW	PS	CCM	Typ (Verkaufsbezeichnung)	HSN	TSN	KH	Klasse VK	TK
Fortsetzung **FORD / EUROPA**								
074	101	0998	PJ2 (TOURNEO CONNECT 1.0)	8566	BHF	18	19	24
082	111	1498	JK8 (ECOSPORT 1.5)	8566	BGX	18	18	22
085	116	1560	PJ2 (TOURNEO CONNECT 1.6 TDCI)	8566	BHG	19	20	24
092	125	0998	JK8 (ECOSPORT 1.0)	8566	BGW	18	18	22
110	150	1596	DYB (FOCUS FLH 1.6)	8566	BGS	18	19	23
110	150	1596	DYB (FOCUS TURNIER 1.6)	8566	BGT	16	18	23
110	150	1596	DYB (FOCUS STH 1.6)	8566	BGU	18	19	23
110	150	1596	PJ2 (TOURNEO CONNECT 1.6)	8566	BHE	18	19	24
GENERAL MOTORS CORP. (USA)								
203	276	1998	GMT166 (CADILLAC ATS 2.0)	1006	ACK	21	27	24
203	276	1998	GMT166 (CADILLAC ATS 2.0 AWD)	1006	ACL	21	27	24
241	328	3564	GMX511 (CHEVROLET CAMARO CABRIO 3.6)	1006	ACM	18	28	25
343	466	6162	Y1BC (CHEVROLET CORVETTE 6.2)	1006	ACN	16	31	27
GM KOREA (ROK)								
050	068	0995	KL1M (CHEVROLET SPARK 1.0)	8265	AEA	17	13	15
050	068	0995	CHIS (CHEVROLET SPARK 1.0)	8265	AER	17	13	15
060	082	1206	KL1M (CHEVROLET SPARK 1.2)	8265	ADZ	15	13	15
060	082	1206	CHIS (CHEVROLET SPARK 1.2)	8265	AES	15	13	15
074	101	1398	KL1J (CHEVROLET CRUZE FLH1.4)	8265	AEM	20	18	19
074	101	1398	KL1J (CHEVROLET CRUZE FLH / KOMBI 1.4)	8265	AEN	20	18	19
074	101	1398	KL1J (CHEVROLET CRUZE STH1.4)	8265	AEO	20	18	19
074	101	1398	KL1J (CHEVROLET CRUZE KOMBI 1.4)	8265	AEP	20	18	19
081	110	1686	KL1J (CHEVROLET CRUZE FLH1.7 D)	8265	AED	22	19	20
081	110	1686	KL1J (CHEVROLET CRUZE FLH / KOMBI 1.7 D)	8265	AEF	22	19	20
081	110	1686	KL1J (CHEVROLET CRUZE STH1.7 D)	8265	AEH	22	19	20
081	110	1686	KL1J (CHEVROLET CRUZE / KOMBI 1.7 D)	8265	AEJ	22	19	20
086	117	1598	KL1J (CHEVROLET CRUZE FLH1.6)	8265	AEC	20	18	19
086	117	1598	KL1J (CHEVROLET CRUZE FLH/KOMBI 1.6)	8265	AEE	20	18	19
086	117	1598	KL1J (CHEVROLET CRUZE STH1.6)	8265	AEG	20	18	19
086	117	1598	KL1J (CHEVROLET CRUZE KOMBI 1.6)	8265	AEI	20	18	19
103	140	1362	KL1J (CHEVROLET CRUZE STH1.4)	8265	AEQ	20	18	19
103	140	1364	KL1T (CHEVROLET AVEO RS FLH 1.4T)	8265	ADW	18	21	20
103	140	1364	KL1B (CHEVROLET TRAX 1.4T)	8265	AEK	18	17	19
HONDA MOTOR (J)								
088	120	1597	RE6 (CR-V 1.6 CTDI)	2131	AAV	17	22	23
088	120	1597	FK3 (CIVIC TOURER 1.6 CDTI)	2131	AAX	16	19	21
104	141	1798	FK2 (CIVIC TOURER 1.8)	2131	AAW	16	19	21
HYUNDAI (KOR)								
049	067	0998	IA (I10 1.0)	5984	AAT	14	15	18
064	087	1248	IA (I10 1.2)	5984	AAU	14	15	18
113	154	1999	LM (IX35 2.0)	8252	AFY	18	18	19

Auszug aus dem Typklassenverzeichnis Pkw

KW	PS	CCM	Typ (Verkaufsbezeichnung)	HSN	TSN	KH	Klasse VK	TK
Fortsetzung **HYUNDAI (KOR)**								
113	154	1999	LM (IX35 2.0 ALLRAD)	8252	AFZ	18	18	19
122	166	1999	ELH (IX35 2.0)	1349	ADI	18	18	19
122	166	1999	ELH (IX35 2.0 ALLRAD)	1349	ADJ	18	18	19
135	184	1995	DM (SANTA FE 2.0 CRDI)	8252	AFW	21	23	24
135	184	1995	DM (SANTA FE 2.0 CRDI ALLRAD)	8252	AFX	21	23	24
JAGUAR (GB)								
405	551	5000	NNA (XJR 5.0 KOMPRESSOR)	1590	ACT	24	32	31
KIA MOTOR (ROK)								
051	069	0998	TA(PICANTO 1.0)	8253	AEY	15	16	19
118	160	1999	YD(CERATO 2.0 FLH)	8253	AEX	17	20	21
150	204	1591	JD (CEE'D 1.6 GT)	1260	ADJ	20	21	23
150	204	1591	YD (CERATO 1.6 GT)	8253	AEW	16	24	24
LAND ROVER (GB)								
155	211	2993	LW (RANGE ROVER SPORT 3.0TD)	1590	ACR	24	34	33
155	211	2993	LG (RANGE ROVER 3.0 TD)	1590	ACX	24	34	33
183	249	2993	LW (RANGE ROVER SPORT 3.0TD)	1590	ACQ	24	34	33
190	258	2993	LW (RANGE ROVER SPORT 3.0TD)	1590	ACP	24	34	33
215	292	2993	LW (RANGE ROVER SPORT 3.0TD)	1590	ACS	24	34	33
250	340	2993	LG (RANGE ROVER 3.0 TD HYBRID)	1590	ACY	24	34	33
250	340	2995	LW (RANGE ROVER SPORT 3.0)	1590	ACO	24	34	33
250	340	2995	LA(DISCOVERY 3.0)	1590	ACU	23	26	28
250	340	2995	LG (RANGE ROVER SPORT 3.0)	1590	ACZ	24	34	33
375	510	4999	LW (RANGE ROVER SPORT 5.0)	1590	ACN	24	34	33
MAZDA MOTOR CORPORATION (J)								
074	101	1496	BL (MAZDA 3 STH 1.5)	7118	AGF	18	23	27
074	101	1496	BL (MAZDA 3 FLH 1.5)	7118	AGJ	18	23	27
088	120	1998	BL (MAZDA 3 STH 2.0)	7118	AGG	18	26	27
088	120	1998	BL (MAZDA 3 FLH 2.0)	7118	AGK	18	26	27
107	145	1998	GJ (MAZDA 6 KOMBI 2.0)	7118	AFG	18	27	29
107	145	1998	GJ (MAZDA 6 STH 2.0)	7118	AFL	18	27	29
107	145	1998	GH (MAZDA 6 KOMBI 2.0)	7118	AFR	18	27	29
107	145	1998	GH (MAZDA 6 STH 2.0)	7118	AFS	18	27	29
110	150	2191	GJ (MAZDA 6 KOMBI 2.2 D)	7118	AFJ	17	26	27
110	150	2191	GJ (MAZDA 6 STH 2.2D)	7118	AFO	17	26	27
110	150	2191	GH (MAZDA 6 KOMBI 2.2 D)	7118	AFX	17	26	27
110	150	2191	GH (MAZDA 6 STH 2.2 D)	7118	AFY	17	26	27
110	150	2191	BL (MAZDA 3 STH 2.2 CRD)	7118	AGH	17	25	28
110	150	2191	BL (MAZDA 3 FLH 2.2 CRD)	7118	AGM	17	25	28
121	165	1998	GJ (MAZDA 6 KOMBI 2.0)	7118	AFF	18	27	29
121	165	1998	GJ (MAZDA 6 STH 2.0)	7118	AFK	18	27	29
121	165	1998	GH (MAZDA 6 KOMBI 2.0)	7118	AFP	18	27	29

KW	PS	CCM	Typ (Verkaufsbezeichnung)	HSN	TSN	Klasse KH	VK	TK
Fortsetzung **MAZDA MOTOR CORPORATION (J)**								
121	165	1998	GH (MAZDA 6 STH 2.0)	7118	AFQ	18	27	29
121	165	1998	BL (MAZDA 3 FLH 2.0)	7118	AGL	16	24	28
129	175	2191	GJ (MAZDA 6 KOMBI 2.2 D)	7118	AFI	17	26	27
129	175	2191	GJ (MAZDA 6 STH 2.2 D)	7118	AFN	17	26	27
129	175	2191	GH (MAZDA 6 KOMBI 2.2 D)	7118	AFV	17	26	27
129	175	2191	GH (MAZDA 6 STH 2.2 D)	7118	AFW	17	26	27
141	192	2488	GJ (MAZDA 6 KOMBI 2.5)	7118	AFH	18	26	29
141	192	2488	GJ (MAZDA 6 STH 2.5)	7118	AFM	18	26	29
141	192	2488	GH (MAZDA 6 KOMBI 2.5)	7118	AFT	18	26	29
141	192	2488	GH (MAZDA 6 STH 2.5)	7118	AFU	18	26	29
MERCEDES-BENZ								
065	088	1598	639/2 (VITO 109 CDI)	1313	EDD	23	23	23
065	088	1598	639/2 (VITO 109 CDI)	1313	EDJ	23	23	23
066	090	1461	245 G (B 160 CDI)	1313	DPI	17	22	21
066	090	1461	245 G (B 160 COI)	1313	DPT	17	22	21
066	090	1461	245 G (A 160 CDI)	1313	DVC	20	23	22
080	109	1461	245 G (B 180 CDI)	1313	DPJ	17	22	21
080	109	1461	245 G (A 180 CDI)	1313	DVD	20	23	22
080	109	1461	245 G (CLA 180 CDI)	1313	DXL	21	24	25
080	109	1796	245 G (B 180 CDI)	1313	DPG	17	22	21
080	109	1796	245 G (A 180 CDI)	1313	DVA	20	23	22
084	114	1598	639/2 (VITO 111 CDI)	1313	EDE	23	23	23
090	122	1595	245 G (B180)	1313	DPK	15	22	20
090	122	1595	245 G (CLA 180)	1313	DQD	20	26	23
090	122	1595	245 G (A 180)	1313	DVE	18	22	21
095	129	2143	906 AC 35/4X4 (SPRINTER 313 CDI)	1313	DPE	22	20	23
100	136	1796	245 G (B 200 CDI)	1313	DPH	17	22	21
100	136	1796	245 G (CLA 200 CDI)	1313	DQC	21	24	25
100	136	1796	245 G (A 200 CDI)	1313	DVB	18	23	24
100	136	1796	245 G (A 200 CDI)	1313	DVK	18	23	24
100	136	2143	245 G (A 200 CDI 4MATIC)	1313	DXJ	18	23	24
100	136	2143	245 G (GLA 200 CDI)	1313	DXP	21	24	20
100	136	2143	245 G (GLA 200 CDI 4MATIC)	1313	DYV	21	24	20
100	136	2143	639/2 (V 200 CDI)	1313	ECV	23	26	23
100	136	2143	639/2 (VITO 113 CDI)	1313	EDF	23	26	23
115	156	1595	245 G (B 200)	1313	DPL	15	22	20
115	156	1595	245 G (B 200)	1313	DPW	15	22	20
115	156	1595	245 G (CLA 200)	1313	DQE	20	26	24
115	156	1595	245 G (A 200)	1313	DVF	17	23	22
115	156	1595	245 G (A 200)	1313	DVO	17	23	22
115	156	1595	245 G (GLA 200)	1313	DXN	19	24	20

Auszug aus dem Typklassenverzeichnis Pkw

KW	PS	CCM	Typ (Verkaufsbezeichnung)	HSN	TSN	KH	Klasse VK	TK
Fortsetzung **MERCEDES-BENZ**								
115	156	1595	245 G (GLA 200)	1313	DYZ	19	24	20
115	156	1595	204 (C 180)	1313	DZD	19	26	25
115	156	1796	906AC35G (SPRINTER KOMBI 316)	1313	ECN	24	20	23
115	156	1796	906AC35G (SPRINTER 316)	1313	ECO	24	20	23
115	156	1796	906AC35G (SPRINTER 316 NGT)	1313	ECP	24	20	23
115	156	1796	906AC35G (SPRINTER 316 NGT)	1313	ECQ	24	20	23
115	156	1991	245 G (B 200 NGT)	1313	DQM	15	22	20
115	156	1991	212 G (E 200 NGT)	1313	DXR	18	23	22
120	163	2143	204 (C 220 CDI)	1313	BQB	22	27	26
120	163	2143	906 AC 35/4X4 (SPRINTER 316 CDI)	1313	DPF	22	20	23
120	163	2143	245 G (B 220 CDI)	1313	DPQ	17	22	21
120	163	2143	245 G (B 220 CDI)	1313	DQB	17	22	21
120	163	2143	245 G (CLA 220 CDI)	1313	DQJ	21	26	25
120	163	2143	245 G (A 220 CDI)	1313	DVI	18	23	24
120	163	2143	245 G (A 220 CDI)	1313	DVR	18	23	24
120	163	2143	245 G (GLA 220 CDI 4MATIC)	1313	DYX	21	24	20
120	163	2143	245 G (GLA 220 CDI)	1313	DYY	21	24	20
120	163	2143	639/2 (V 220 CDI)	1313	ECW	23	26	23
120	163	2143	639/2 (V 220 CDI)	1313	EDA	23	26	23
120	163	2143	639/2 (VITO 116 CDI)	1313	EDG	23	26	23
120	163	2143	639/2 (VITO 116 CDI)	1313	EDM	23	26	23
125	170	2143	245 G (B 220 CDI)	1313	DPP	17	22	21
125	170	2143	245 G (B 220 CDI)	1313	DQA	17	22	21
125	170	2143	245 G (CLA 220 CDI)	1313	DQI	21	26	25
125	170	2143	245 G (A 220 CDI)	1313	DVH	18	23	24
125	170	2143	245 G (A 220 CDI)	1313	DVQ	18	23	24
125	170	2143	245 G (A 220 CDI 4MATIC)	1313	DXK	18	23	24
125	170	2143	245 G (GLA 220 CDI 4MATIC)	1313	DXM	21	24	20
125	170	2143	245 G (GLA 220 CDI)	1313	DYW	21	24	20
125	170	2143	245 G (GLA 220 CDI 4MATIC)	1313	DZC	21	24	20
125	170	2143	204 (C 220 CDI)	1313	DZG	22	27	26
125	170	2143	245 G (GLA 220 CDI)	1313	DZK	21	24	20
135	184	1991	204 X (GLK 200)	1313	DPC	21	23	24
135	184	1991	245 G (B 220 4MATIC)	1313	DQK	16	24	22
135	184	1991	245 G (B 220 4MATIC)	1313	DQL	16	24	22
135	184	1991	204 (C 200)	1313	DZE	19	26	25
140	190	2143	639/2 (V 250 CDI)	1313	ECX	23	26	23
140	190	2143	639/2 (V 250 CDI 4MATIC)	1313	ECY	23	26	23
140	190	2143	639/2 (V 250 CDI)	1313	EDB	23	26	23
140	190	2143	639/2 (V 250 CDI 4MATIC)	1313	EDC	23	26	23
140	190	2143	639/2 (VITO 119 CDI)	1313	EDH	23	26	23

KW	PS	CCM	Typ (Verkaufsbezeichnung)	HSN	TSN	Klasse KH	Klasse VK	TK
Fortsetzung **MERCEDES-BENZ**								
140	190	2143	639/2 (VITO 119 CDI 4MATIC)	1313	EDI	23	26	23
140	190	2143	639/2 (VITO 119 CDI)	1313	EDN	23	26	23
140	190	2143	639/2 (VITO 119 CDI 4MATIC)	1313	EDO	23	26	23
140	190	2987	906 AC 35/4X4 (SPRINTER 319 CDI)	1313	BIU	22	20	23
150	204	2143	221 (S 300 CDI HYBRID)	1313	DXF	22	30	31
150	204	2143	204 (C 250 CDI)	1313	DZH	22	27	26
155	211	1991	204 X (GLK 250)	1313	DPB	21	23	24
155	211	1991	245 G (A 250 4MATIC)	1313	DPM	14	23	23
155	211	1991	245 G (B 250)	1313	DPN	16	24	22
155	211	1991	245 G (A 250 4MATIC)	1313	DPX	14	23	23
155	211	1991	245 G (B 250)	1313	DPY	16	24	22
155	211	1991	245 G (CLA 250 4MATIC)	1313	DQF	17	25	25
155	211	1991	245 G (CLA 250)	1313	DQG	17	25	25
155	211	1991	245 G (A 250)	1313	DVG	14	23	23
155	211	1991	245 G (A 250)	1313	DVP	14	23	23
155	211	1991	245 G (GLA 250 4MATIC)	1313	DXO	18	24	20
155	211	1991	245 G (GLA 250)	1313	DYU	18	24	20
155	211	1991	245 G (GLA 250 4MATIC)	1313	DZA	18	24	20
155	211	1991	204 (C 250)	1313	DZF	18	26	25
155	211	1991	245 G (GLA 250)	1313	DZI	18	24	20
185	252	3498	166 (ML 300)	1313	DOZ	23	28	26
190	258	2987	221 (S 350 CDI 4MATIC)	1313	DXG	22	30	31
200	272	2996	207 (E 320 COUPE)	1313	DYF	17	26	24
200	272	2996	207 (E 320 CABRIO)	1313	DYG	17	24	24
225	306	3498	230 (SL 350)	1313	DQP	14	26	26
245	333	2996	221 (S 400)	1313	DQO	22	30	31
245	333	2996	166 (ML 400)	1313	DXU	23	28	26
245	333	2996	166 (GL 400 4MATIC)	1313	DYH	24	29	30
265	360	1991	176 AMG (A 45 4MATIC)	1313	DMD	18	27	26
265	360	1991	176 AMG (A 45 4MATIC)	1313	DME	18	27	26
265	360	1991	245 G (A 45 AMG 4MATIC)	1313	DPO	18	27	26
265	360	1991	245 G (A 45 AMG 4MATIC)	1313	DPZ	18	27	26
265	360	1991	245 G (CLA 45 AMG 4MATIC)	1313	DQH	19	28	26
265	360	1991	245 G AMG (A 45 4MATIC)	1313	DUX	18	27	26
265	360	1991	245 G AMG (A 45 4MATIC)	1313	DUY	18	27	26
265	360	1991	245 G AMG (CLA 45 4MATIC)	1313	DUZ	19	28	26
320	435	4663	230 (SL 500)	1313	DQT	14	26	26
320	435	4664	221 (S 500 4MATIC)	1313	DPD	22	30	31
335	455	4663	221 (S 500 4MATIC)	1313	DQN	22	30	31
390	530	5513	221 (S 600)	1313	DXH	22	31	31
395	537	5461	230 (SL 63 AMG)	1313	DQR	15	30	30

KW	PS	CCM	Typ (Verkaufsbezeichnung)	HSN	TSN	Klasse KH	Klasse VK	TK
Fortsetzung **MERCEDES-BENZ**								
395	537	5461	230 AMG (SL 63)	1313	DVS	15	30	30
410	557	5461	218 AMG (CLS 63 4MATIC)	1313	DNE	22	31	31
410	557	5461	218 AMG (CLS 63 SHOOTING BREAK 4MATIC)	1313	DNG	22	31	31
410	557	5461	212 K AMG (E 63 T-MODELL 4MATIC)	1313	DNI	21	32	30
410	557	5461	212 AMG (E 63 4MATIC)	1313	DNK	21	32	30
415	564	5461	230 (SL 63 AMG)	1313	DQS	15	30	30
415	564	5461	230 AMG (SL 63)	1313	DVT	15	30	30
430	585	5461	218 AMG (CLS 63 S)	1313	DNC	22	31	31
430	585	5461	218 AMG (CLS 63 SHOOTING BREAK S)	1313	DND	22	31	31
430	585	5461	218 AMG (CLS 63 S 4MATIC)	1313	DNF	22	31	31
430	585	5461	218 AMG (CLS 63 SHOOTING BREAK S 4MATIC)	1313	DNH	22	31	31
430	585	5461	212 K AMG (E 63 S T-MODELL 4MATIC)	1313	DNJ	21	32	30
430	585	5461	212 AMG (E 63 S 4MATIC)	1313	DNL	21	32	30
430	585	5461	221 AMG (S 63)	1313	DXS	20	32	33
430	585	5461	221 AMG (S 63 4MATIC)	1313	DXT	20	32	33
463	630	5980	230 (SL 65 AMG)	1313	DQQ	15	33	30
463	630	5980	230 AMG (SL 65)	1313	DVU	15	33	30
463	630	5980	221 (S 65 AMG)	1313	DXQ	20	32	33
MITSUBISHI (J)								
089	121	1998	CW0 (OUTLANDER 2.0 AWD HYBRID)	7107	AFC	16	23	24
089	121	1998	CW0 (OUTLANDER 2.0 AWD HYBRID)	7107	AFD	16	23	24
094	128	2477	KA0T (L200 PICK UP 2.5 TD)	7431	976	22	18	19
100	136	2477	KA0T (L200 PICK UP 2.5 TD ALLRAD)	7431	977	22	18	19
110	150	2268	GA0 (ASX 2.2 DI-D 4WD)	7107	AFE	17	23	25
110	150	2268	GA0 (ASX 2.2 DI-D 4WD)	7107	AFF	17	23	25
123	167	2477	KA0T (L200 PICK UP 2.5 TD)	7431	978	22	18	19
123	167	2477	KA0T (L200 PICK UP 2.5 TD ALLRAD)	7431	979	22	18	19
NISSAN (J)								
059	080	1198	E12 (NOTE 1.2)	1329	AHN	16	19	18
066	090	1461	E12 (NOTE 1.5 DCI)	1329	AHO	16	20	21
081	110	1461	J11 (QASHQAI 1.5 DCI)	1329	AHR	15	20	22
085	116	1197	J11 (QASHQAI 1.2)	1329	AHQ	15	21	22
096	131	1598	J11 (QASHQAI 1.6 DCI)	1329	AHS	15	20	22
096	131	1598	J11 (QASHQAI 1.6 DCI 4X4)	1329	AHT	15	20	22
106	144	2488	D401 (NAVARA PICK UP 2.5 DCI ALLRAD)	1329	976	23	21	20
125	170	2143	V37 (INFINITI Q50 2.2D)	1329	AHL	19	27	26
225	306	3498	V37 (INFINITI Q50 HYBRID 3.5 AWD)	1329	AHM	19	27	26
225	306	3498	V37 (INFINITI Q50 HYBRID 3.5)	1329	AHP	19	27	26
253	344	3696	Z34 (370Z)	1329	AHJ	17	29	26
309	420	5026	S51 VETTEL (INFINITI FX50)	1329	AHI	23	29	28
309	420	5026	S51 VETTEL (INFINITI FX50)	1329	AHK	23	29	28

Auszug aus dem Typklassenverzeichnis Pkw

KW	PS	CCM	Typ (Verkaufsbezeichnung)	HSN	TSN	KH	Klasse VK	TK
OPEL								
088	120	1796	A-H/MONOCAB (ZAFIRA-B 1.8)	0035	AZM	18	16	16
088	120	1956	OG-A (INSIGNIA STH 2.0 CDTI)	0035	BAI	20	19	22
088	120	1956	OG-A (INSIGNIA 2.0 CDTI)	0035	BAP	20	19	22
088	120	1956	OG-A (INSIGNIA SPORTS TOURER 2.0 CDTI)	0035	BAX	19	21	22
100	136	1598	P-J (ASTRA-J 1.6 CDTI)	0035	BBK	18	19	21
100	136	1598	P-J (ASTRA-J STH 1.6 CDTI)	0035	BBL	18	19	21
100	136	1598	P-J/SW (ASTRA-J SPORTS TOURER 2.0 CDTI)	0035	BBM	18	19	20
103	140	1364	OG-A (INSIGNIA STH 1.4T LPG)	0035	BAB	17	19	19
103	140	1364	OG-A (INSIGNIA SPORTS TOURER 1.4T)	0035	BAQ	18	19	19
103	140	1364	J-A (MOKKA 1.4T)	0035	BAY	17	18	19
103	140	1364	J-A (MOKKA 1.4T)	0035	BAZ	17	18	19
103	140	1956	OG-A (INSIGNIA STH 2.0 CDTI)	0035	BAH	20	20	22
103	140	1956	OG-A (INSIGNIA 2.0 CDTI)	0035	BAO	20	20	22
103	140	1956	OG-A (INSIGNIA SPORTS TOURER 2.0 CDTI)	0035	BAW	19	21	22
120	163	1956	OG-A (INSIGNIA STH 2.0 CDTI)	0035	BAC	20	21	22
120	163	1956	OG-A (INSIGNIA STH 2.0 CDTI 4X4)	0035	BAD	20	21	22
120	163	1956	OG-A (INSIGNIA STH 2.0 CDTI 4X4)	0035	BAE	20	21	22
120	163	1956	OG-A (INSIGNIA 2.0 CDTI)	0035	BAK	20	21	22
120	163	1956	OG-A (INSIGNIA 2.0 CDTI 4X4)	0035	BAL	20	21	22
120	163	1956	OG-A (INSIGNIA 2.0 CDTI)	0035	BAM	20	21	22
120	163	1956	OG-A (INSIGNIA SPORTS TOURER 2.0 CDTI)	0035	BAS	19	21	22
120	163	1956	OG-A (INSIGNIA SPORTS TOURER 2.0 CDTI 4X4)	0035	BAT	19	21	22
120	163	1956	OG-A (INSIGNIA SPORTS TOURER 2.0 CDTI)	0035	BAU	19	21	22
125	170	1598	OG-A (INSIGNIA STH 1.6T)	0035	BAA	17	20	20
125	170	1598	OG-A (INSIGNIA 1.6T)	0035	BAJ	17	20	20
125	170	1598	OG-A (INSIGNIA SPORTS TOURER 1.6T)	0035	BAR	18	20	20
147	200	1598	P-J/SW (ASTRA-J GTC 1.6T)	0035	BBA	18	21	21
147	200	1598	P-J/SW (CASCADA 1.6T)	0035	BBB	18	22	19
147	200	1598	P-J/SW (ZAFIRA-C TOURER 1.6T)	0035	BBC	17	21	19
147	200	1598	P-J/SW (ZAFIRA-C TOURER 1.6T)	0035	BBD	17	21	19
184	250	1998	OG-A (INSIGNIA STH 2.0T)	0035	BAF	16	21	20
184	250	1998	OG-A (INSIGNIA STH 2.0T 4X4)	0035	BAG	16	21	20
184	250	1998	OG-A (INSIGNIA 2.0T)	0035	BAN	16	21	20
184	250	1998	OG-A (INSIGNIA SPORTS TOURER 2.0T)	0035	BAV	16	21	20
239	325	2792	OG-A (INSIGNIA OPC STH 2.8 V6 4X4)	0035	BBE	17	25	24
239	325	2792	OG-A (INSIGNIA OPC FLH 2.8 V6 4X4)	0035	BBF	17	25	24
239	325	2792	OG-A (INSIGNIA OPC SPORTSTOURER 2.8 V6 4X4)	0035	BBG	17	25	24
PEUGEOT (F)								
060	082	1199	L (308 1.2)	3003	ATE	16	20	20
068	092	1560	L (308 1.6 HDI)	3003	ATC	18	21	23
073	099	1560	L (308 1.6 HDI)	3003	ATJ	18	21	23

KW	PS	CCM	Typ (Verkaufsbezeichnung)	HSN	TSN	Klasse KH	VK	TK
Fortsetzung **PEUGEOT (F)**								
085	116	1560	L (308 1.6 HDI)	3003	ATD	18	21	23
088	120	1560	L (308 1.6 HDI)	3003	ATK	18	21	23
092	125	1598	L (308 1.6)	3003	ATA	17	21	23
096	131	1199	L (308 1.2 T)	3003	ATI	17	21	23
110	150	1997	L (308 2.0 HDI)	3003	ATL	18	23	23
115	156	1598	L (308 1.6)	3003	ATB	17	21	23
121	165	1598	8 (508 1.6)	3003	ATF	19	23	24
121	165	1598	8 (508 SW 1.6)	3003	ATG	16	23	24
199	271	1598	4J (RCZ R 1.6 T)	3003	ATH	17	26	26
PORSCHE								
221	300	2967	970 (PANAMERA 3.0 TDI)	0583	AGW	22	30	30
383	521	3800	991 TURBO (911 TURBO CABRIO 3.8)	0583	AGT	16	31	30
412	560	3800	991 TURBO (911 TURBO S CABRIO 3.8)	0583	AGV	16	31	30
419	570	4806	970 (PANAMERA TURBO S 4.8V8)	0583	AGX	20	32	31
RENAULT (F)								
070	095	1461	Z (MEGANE 1.5 DCI 5T)	3333	BCE	20	20	21
070	095	1461	Z (MEGANE 1.5 DCI 3T)	3333	BCH	20	20	21
070	095	1461	Z (MEGANE GRANDTOUR 1.5 DCI)	3333	BCI	18	18	21
070	095	1461	Z (MEGANE FLUENCE 1.5 DCI)	3333	BCJ	20	20	21
080	109	1598	Z (MEGANE 1.6 5T)	3333	BBZ	18	17	19
080	109	1598	Z (MEGANE FLUENCE 1.6)	3333	BCA	18	17	19
084	114	1197	W (KANGOO 1.2)	3333	BCC	18	17	19
127	173	1995	Y (KOLEOS 2.0 DCI)	3333	BCB	22	21	22
162	220	1998	Z (MEGANE 2.0 5T)	3333	BCF	16	20	23
162	220	1998	Z (MEGANE 2.0 3T)	3333	BCG	16	20	23
SEAT (E)								
063	086	1197	5F (LEON 1.2 TSI)	7593	AIJ	18	19	20
063	086	1197	5F (LEON SC 1.2 TSI)	7593	AIT	18	19	20
063	086	1197	5F (LEON ST 1.2 TSI)	7593	AJD	18	17	20
063	086	1390	5P (ALTEA XL 1.4 TSI)	7593	AIB	17	15	16
066	090	1598	5P (ALTEA XL 1.6 TDI)	7593	AHV	18	16	19
066	090	1598	NH (TOLEDO 1.6 TDI)	7593	AIH	17	18	19
066	090	1598	NH (TOLEDO 1.6 TDI)	7593	AII	17	18	19
066	090	1598	5F (LEON 1.6 TDI)	7593	AIO	17	17	22
066	090	1598	5F (LEON SC 1.6 TDI)	7593	AIY	17	17	22
066	090	1598	5F (LEON ST 1.6 TDI)	7593	AJI	17	17	22
075	102	1595	5P (ALTEA XL 1.6 LPG)	7593	AIC	17	15	16
075	102	1595	5P (ALTEA XL 1.6)	7593	AID	17	15	16
077	105	1197	5P (ALTEA XL 1.2)	7593	AHX	17	15	16
077	105	1197	5F (LEON 1.2 TSI)	7593	AIK	18	19	20
077	105	1197	5F (LEON SC 1.2 TSI)	7593	AIU	18	19	20

KW	PS	CCM	Typ (Verkaufsbezeichnung)	HSN	TSN	Klasse KH	Klasse VK	TK
Fortsetzung **SEAT (E)**								
077	105	1197	5F (LEON ST 1.2 TSI)	7593	AJE	18	17	20
077	105	1598	5P (ALTEA / FREETRACK 1.6TDI)	7593	AHW	18	16	19
077	105	1598	5F (LEON 1.6 TDI)	7593	AIP	17	17	22
077	105	1598	5F (LEON SC 1.6 TDI)	7593	AIZ	17	17	22
077	105	1598	5F (LEON ST 1.6 TDI)	7593	AJJ	17	17	22
081	110	1598	5F (LEON 1.6 TDI)	7593	AIQ	17	17	22
081	110	1598	5F (LEON SC 1.6 TDI)	7593	AJA	17	17	22
081	110	1598	5F (LEON ST 1.6 TDI)	7593	AJK	17	17	22
090	122	1395	5F (LEON 1.4 TSI)	7593	AIL	14	19	21
090	122	1395	5F (LEON SC 1.4 TSI)	7593	AIV	14	19	21
090	122	1395	5F (LEON ST 1.4 TSI)	7593	AJF	14	17	21
092	125	1390	5P (ALTEA / FREETRACK 1.4TSI)	7593	AHU	17	17	18
103	140	1395	5F (LEON 1.4 TSI)	7593	AIM	14	19	21
103	140	1395	5F (LEON SC 1.4 TSI)	7593	AIW	14	19	21
103	140	1395	5F (LEON ST 1.4 TSI)	7593	AJG	14	17	21
103	140	1395	6J (IBIZA FR 1.4)	7593	AJN	17	20	21
103	140	1395	6J (IBIZA ST FR 1.4)	7593	AJO	17	20	21
103	140	1968	5P (ALTEA XL 2.0 TDI)	7593	AHZ	18	16	19
103	140	1968	5P (ALTEA XL / 4 FREETRACK 2.0 TDI)	7593	AIA	18	16	19
110	150	1968	5F (LEON 2.0 TDI)	7593	AIR	16	20	22
110	150	1968	5F (LEON SC 2.0 TDI)	7593	AJB	16	20	22
110	150	1968	5F (LEON ST 2.0 TDI)	7593	AJL	16	18	22
118	160	1798	5P (ALTEA XL 1.8T)	7593	AHY	17	17	18
125	170	1968	5P (ALTEA 4 FREETRACK 2.0 TD1)	7593	AIG	18	19	21
132	179	1798	5F (LEON 1.8 TSI)	7593	AIN	14	20	21
132	179	1798	5F (LEON SC 1.8 TSI)	7593	AIX	14	20	21
132	179	1798	5F (LEON ST 1.8 TSI)	7593	AJH	14	17	21
135	184	1968	5F (LEON 2.0 TDI)	7593	AIS	16	20	22
135	184	1968	5F (LEON SC 2.0 TDI)	7593	AJC	16	20	22
135	184	1968	5F (LEON ST 2.0 TDI)	7593	AJM	16	18	22
155	211	1984	5P (ALTEA FREETRACK 2.0)	7593	AIE	17	20	21
155	211	1984	5P (ALTEA 4 FREETRACK 2.0)	7593	AIF	17	20	21
ŠKODA (CZ)								
055	075	1198	NH (RAPID SPACEBACK 1.2)	8004	AOA	15	17	18
063	086	1197	NH (RAPID SPACEBACK 1.2)	8004	AOB	15	17	18
066	090	1598	5E (OCTAVIA 1.6 TDI)	8004	ANO	17	17	18
066	090	1598	5E (OCTAVIA COMBI 1.6 TDI)	8004	ANS	17	17	18
066	090	1598	NH (RAPID SPACEBACK 1.6 TDI)	8004	AOE	17	17	19
066	090	1598	NH (RAPID 1.6 TDI)	8004	AOG	17	17	19
066	090	1598	NH (RAPID 1.6 TDI)	8004	AOH	17	17	19
077	105	1197	NH (RAPID SPACEBACK 1.2)	8004	AOC	15	17	18

Auszug aus dem Typklassenverzeichnis Pkw

KW	PS	CCM	Typ (Verkaufsbezeichnung)	HSN	TSN	KH	Klasse VK	TK
\multicolumn{9}{l}{Fortsetzung **ŠKODA (CZ)**}							
077	105	1598	5E (OCTAVIA COMBI 1.6 TDI 4X4)	8004	ANR	17	17	18
077	105	1598	NH (RAPID SPACEBACK 1.6 TDI)	8004	AOF	17	17	19
090	122	1390	NH (RAPID SPACEBACK 1.4)	8004	AOD	15	17	18
110	150	1968	5E (OCTAVIA COMBI 2.0 TDI 4X4)	8004	ANQ	15	18	20
132	179	1798	5E (OCTAVIA COMBI 1.8 TSI 4X4)	8004	ANP	14	19	21
135	184	1968	5E (OCTAVIA RS 2.0 TDI)	8004	ANU	14	19	22
135	184	1968	5E (OCTAVIA COMBI RS 2.0 TDI)	8004	ANW	14	19	22
162	220	1984	5E (OCTAVIA RS 2.0 TSI)	8004	ANT	13	19	22
162	220	1984	5E (OCTAVIA COMBI RS 2.0 TSI)	8004	ANV	13	19	22
SSANGYONG (ROK)								
114	155	1998	AJ (RODIUS 2.0 D)	8251	ACP	23	23	22
114	155	1998	AJ (RODIUS 2.0 D 4X4)	8251	ACQ	23	23	22
SUZUKI (J)								
066	090	1242	NZ (SWIFT 1.2 ALLRAD)	8306	ABZ	16	18	20
069	094	1242	NZ (SWIFT 1.2 ALLRAD)	8306	ABY	16	18	20
088	120	1586	JY (SX4 1.6)	8306	ACA	14	19	21
088	120	1586	JY (SX4 1.6 ALLRAD)	8306	ACB	14	19	21
088	120	1598	JY (SX4 1.6 DDIS)	8306	ACC	15	21	21
088	120	1598	JY (SX4 1.6 DDIS ALLRAD)	8306	ACD	15	21	21
TOYOTA (J)								
066	090	1364	E15UT(A) (AURIS TS 1.4 D-4D)	5013	AIQ	19	21	23
066	090	1364	E15EJ(A) (COROLLA STH 1.4D-4D)	5013	AIW	19	21	23
073	099	1329	E15EJ(A) (COROLLA STH 1.4)	5013	AIX	19	22	22
082	111	1598	AR2 (VERSO 1.6 D-4D)	5013	AJC	18	21	22
082	111	1598	AR2 (VERSO 1.6 D-4O)	5013	AJD	18	21	22
097	132	1598	E15UT(A) (AURIS TS 1.6)	5013	AIR	17	21	22
097	132	1598	E15EJ(A) (COROLLA STH 1.6)	5013	AIY	17	22	22
133	181	2494	HS19(A) (LEXUS GS 300H)	5013	AJB	19	28	25
147	200	1998	GC/GF (GT 86)	7106	ACW	18	29	30
VOLKSWAGEN-VW								
044	060	0999	6R (POLO V 1.0)	0603	BNR	15	16	17
055	075	0999	6R (POLO V 1.0)	0603	BNS	15	16	17
055	075	1422	6R (POLO V 1.4 TDI)	0603	BNU	16	16	18
063	086	1197	AUV (GOLF VII SPORTSVAN 1.2 TSI)	0603	BMT	15	21	19
063	086	1197	AUV (GOLF VII VARIANT 1.2TSI)	0603	BNX	14	17	17
066	090	1422	6R (POLO V 1.4 TDI)	0603	BNV	14	16	18
066	090	1598	AUV (GOLF VII VARIANT 1.6TDI)	0603	BLW	14	17	20
066	090	1598	AUV (GOLF VII SPORTSVAN 1.6 TDI)	0603	BMY	15	18	21
066	090	1598	AUV (GOLF VII VARIANT 1.6TDI)	0603	BOG	14	17	20
077	105	1197	AUV (GOLF VII VARIANT 1.2TSI)	0603	BNY	14	17	17
077	105	1598	AUV (GOLF VII VARIANT 1.6TDI 4MOTION)	0603	BLO	14	17	20

KW	PS	CCM	Typ (Verkaufsbezeichnung)	HSN	TSN	Klasse		
						KH	VK	TK
Fortsetzung **VOLKSWAGEN-VW**								
077	105	1598	AUV (GOLF VII VARIANT 1.6TDI)	0603	BOB	14	17	20
077	105	1598	AUV (GOLF VII VARIANT 1.6TDI 4MOTION)	0603	BOE	14	17	20
081	110	1197	AUV (GOLF VII SPORTSVAN 1.2 TSI)	0603	BMU	15	21	19
081	110	1197	6R (POLO V 1.2 TSI)	0603	BNT	14	17	17
081	110	1395	AUV (GOLF VII VARIANT 1.4TSI CNG)	0603	BMC	13	17	19
081	110	1395	AUV (GOLF VII VARIANT 1.4TSI CNG)	0603	BOI	13	17	19
081	110	1598	AUV (GOLF VII SPORTSVAN 1.6 TDI)	0603	BMZ	15	18	21
081	110	1598	AUV (GOLF VII VARIANT 1.6TDI)	0603	BOC	14	17	20
084	114	1968	2EC1 (CRAFTER 30 KOMBI 2.0 TDI)	0603	BOK	24	19	21
084	114	1968	2EC2 (CRAFTER 35 KOMBI 2.0 TDI)	0603	BOU	24	19	21
084	114	1968	2EC2 (CRAFTER 35 2.0 TDI)	0603	BOV	24	19	21
085	116	0000	AU (E-GOLF VII)	0603	BMS	15	20	19
090	122	1395	AUV (GOLF VII VARIANT 1.4TSI)	0603	BLX	13	17	19
090	122	1395	AUV (GOLF VII VARIANT 1.4TSI)	0603	BNZ	13	17	19
090	122	1395	AUV (GOLF VII VARIANT 1.4TSI)	0603	BOH	13	17	19
090	122	1968	2HS2 (AMAROK 2.0 TDI)	0603	975	22	22	23
090	122	1968	2HS2 (AMAROK 2.0 TDI ALLRAD)	0603	976	22	22	23
092	125	1395	AUV (GOLF VII SPORTSVAN 1.4 TSI)	0603	BMV	15	21	20
092	125	1395	AUV (GOLF VII SPORTSVAN 1.4 TSI)	0603	BMW	15	21	20
103	140	1395	AUV (GOLF VII VARIANT 1.4TSI)	0603	BOA	13	17	19
103	140	1968	2H (AMAROK 2.0 TDI)	0603	983	22	22	23
103	140	1968	2H (AMAROK 2.0 TDI ALLRAD)	0603	984	22	22	23
103	140	1968	2HS2 (AMAROK 2.0 TDI)	0603	985	22	22	23
103	140	1968	2HS2 (AMAROK 2.0 TDI ALLRAD)	0603	986	22	22	23
110	150	1395	AUV (GOLF VII SPORTSVAN 1.4 TSI)	0603	BMX	14	21	20
110	150	1968	AUV (GOLF VII VARIANT 2.0TDI 4MOTION)	0603	BLP	13	17	21
110	150	1968	AUV (GOLF VII SPORTSVAN 2.0 TDI)	0603	BNA	13	19	22
110	150	1968	AUV (GOLF VII VARIANT 2.0TDI)	0603	BOD	13	17	21
110	150	1968	AUV (GOLF VII VARIANT 2.0TDI 4MOTION)	0603	BOF	13	17	21
118	160	1984	2H (AMAROK 2.0)	0603	974	22	22	23
120	163	1968	2HS2 (AMAROK 2.0 TDI)	0603	977	22	22	23
120	163	1968	2HS2 (AMAROK 2.0 TDI ALLRAD)	0603	978	22	22	23
120	163	1968	2EC2-FAC (CRAFTER 35 KOMBI 2.5 TDI 4MOTION)	0603	BIG	23	20	21
120	163	1968	2EC2-FAC (CRAFTER 35 2.5 TDI 4MOTION)	0603	BIH	23	20	21
132	179	1968	2H (AMAROK 2.0 TDI ALLRAD)	0603	979	22	22	23
132	179	1968	2HS2 (AMAROK 2.0 TDI ALLRAD)	0603	980	22	22	23
132	179	1968	2H (AMAROK 2.0 TDI)	0603	981	22	22	23
132	179	1968	2HS2 (AMAROK 2.0 TDI)	0603	982	22	22	23
180	245	2967	3D (PHAETON 3.0 V6 TDI 4-MOTION)	0603	BMD	23	27	26
206	280	1984	AU (GOLF VII R 2.0 TSI)	0603	BNW	14	25	25
221	300	1984	AU (GOLF VII R 2.0 TSI)	0603	BLZ	14	25	25

Auszug aus dem Typklassenverzeichnis Pkw

KW	PS	CCM	Typ (Verkaufsbezeichnung)	HSN	TSN	KH	Klasse VK	TK
VOLVO (S)								
088	120	1596	M (V40 1.6 T2)	9101	AYS	16	21	21
089	121	0000	E (C30 ELECTRIC)	9101	BAE	16	17	21
132	179	1984	M (V40 CROSS COUNTRY 2.0 T4 4WD)	9101	AYT	13	21	21
133	181	1969	A (S80 2.0 D4)	9101	AZP	19	20	22
133	181	1969	B (V70 2.0 D4)	9101	AZR	17	19	21
133	181	1969	D (XC60 2.0 D4)	9101	AZU	19	19	20
133	181	1969	F (S60 2.0 D4)	9101	AZX	17	19	20
133	181	1969	F (V60 2.0 D4)	9101	AZY	14	19	20
133	181	2400	B (V70 2.4 D4 AWD)	9101	AZQ	17	19	21
133	181	2400	D (XC60 2.4 D4 AWD)	9101	AZT	19	19	20
133	181	2400	F (V60 2.4 D4 AWD)	9101	BAD	14	19	20
180	245	1969	A (S80 2.0 T5)	9101	AZO	17	21	22
180	245	1969	B (V70 2.0 T5)	9101	AZS	18	19	19
180	245	1969	D (XC60 2.0 T5)	9101	AZV	21	21	20
180	245	1969	F (S60 2.0 T5)	9101	AZZ	17	21	22
180	245	1969	F (V60 2.0 T5)	9101	BAA	17	21	22
225	306	1969	D (XC60 2.0 T6)	9101	AZW	21	21	20
225	306	1969	F (S60 2.0 T6)	9101	BAB	19	25	22
225	306	1969	F (V60 2.0 T6)	9101	BAC	19	25	22
WOLGA-AUTOWERK VAZ (RUS)								
064	087	1596	219 (LADA GRANTA 1.6)	1113	AAT	17	19	17

Antrag auf Kraftfahrzeugversicherung – Auszug

Sämtliche verwendete Personenbezeichnungen sind geschlechtsneutral formuliert.

Vermittler/Vermittler-Nr.	Versicherungsschein-Nr.	Antragseingang
		Antragsnummer

Zutreffendes bitte ankreuzen. Striche, sonstige Zeichen oder **Nichtbeantwortung** gelten als **Verneinung**.

Antragsteller/Versicherungsnehmer

Anrede ○ Herr ○ Frau

Besondere Anredetitel

Name

Geburtsname

Vorname

Staatsangehörigkeit   Geburtsdatum

Straße, Haus-Nr.

Geburtsort

Postleitzahl, Wohnort

Berufliche Tätigkeit *(genaue Bezeichnung)*

Branche

○ angestellt   ○ selbstständig   ○ öffentlicher Dienst

Telefon (privat)   Telefon (geschäftlich)   Telefon (mobil)   E-Mail

---

Vermittlerklausel, Kontaktdaten, Kommunikation:

○ Ich bin damit einverstanden, dass Mitarbeiter der Proximus Versicherung AG und der mich betreuende Vermittler meine Kontaktdaten aus diesem Antrag für die Kommunikation im Rahmen der regelmäßigen Kundenbetreuung nutzen dürfen. Erfasst sind neben allen meinen Versicherungsvertrag betreffenden Kontakten auch solche, die auf die inhaltliche Änderung, insbesondere Verlängerung, Ausweitung oder Ergänzung des bestehenden Vertragsverhältnisses sowie auf den Neuabschluss weiterer Verträge bei der Proximus Versicherung AG gerichtet sind. Die Einwilligung nach diesem Absatz kann ich ohne Einfluss auf den Vertrag auch in Teilen streichen oder jederzeit widerrufen.

Besondere Vereinbarungen bzw. Bemerkungen

Mündliche Vereinbarungen haben keine Gültigkeit. Besondere Vereinbarungen bedürfen der schriftlichen Bestätigung durch die Gesellschaft.

Antragsgrund

○ allgem. Kennzeichen   ○ Neuversicherung   ○ Wiederinkraftsetzung   ○ Änderung Zahlungsdaten
○ rotes Kennzeichen   ○ Fahrzeugwechsel   ○ Änderung Deckung   ○ Angebot
○ Kurzzeitkennzeichen   ○ SFR-Übertragung   ○ Änderungsantrag

---

Zahlungsweise

Nachlass: ○ jährlich 5%   ○ halbjährlich 3%   ○ vierteljährlich 2%   ○ monatlich 0%

Vertragsdauer

Von VBK/VB abweichender **Versicherungsbeginn** ___.___.20___ *0:00 Uhr*   **Versicherungsablauf** ___.___.20___ *24:00 Uhr*

Beginn des Versicherungsschutzes   ○ ab Tag der Zulassung/Zuteilung

oder   ○ am: ___.___.20___ *(mind. am Tag der Zulassung/Zuteilung)*

Ende des Versicherungsschutzes bei rotem Kennzeichen am: ___.___.20___   oder bei Kurzkennzeichen nach ___ Tagen

Bei der **Dauer von weniger als 1 Jahr** ○ Vertragsverlängerung (G.1 AKB)

TA 398 Antrag auf Kraftfahrzeugversicherung – Auszug

Fahrzeugdaten

Kennzeichen _____ Fahrzeughersteller _____ Typ/Ausführung bei Pkw *(falls Typschl.-Nr. unbekannt)* _____

Leistung in kW _____ Schlüssel-Nr. für Hersteller *(Marke)* und Typ _____ Fahrzeugart _____

Erstzulassung _____ Saisonkennzeichen gültig von ___.___. 20___ bis ___.___. 20___ Fzg.-Ident.-Nr. *(mind. 8 Stellen)* _____

Hubraum bei Kraftrad _____ cm³ Bei Krädern über 20.000 € Neuwert Kaufpreis in € inkl. MwSt angeben _____ €

Gesamtneuwert bei Campingfahrzeugen in € inkl. MwSt. _____ Zuschlagpflichtige Sonderausstattung (über 10.000 €); ggf. auf Beiblatt _____

und Anfrage Direktion _____

Rechnungsvorlage im Schadenfall _____

Vorfahrzeug

Kennzeichen _____
○ ab-/umgemeldet am: ___.___. 20___
○ verkauft am: ___.___. 20___
○ weiterversichert bei der Proximus Versicherung AG

Versicherungsschein-Nummer _____

Schadenfreiheitsrabatt

○ Versichererwechsel Wer hat den Vertrag gekündigt? ○ VN/Antragsteller ○ Versicherer ○ ungekündigt

VS-Nr. _____ Name des Vor-Versicherungsunternehmens _____

Anzahl **schadenfreie Kalenderjahre** am 01.01. des Beginnjahres Haftpflicht _____ Vollkasko _____ Anzahl **gemeldeter Schäden** seit 01.01. bis jetzt Haftpflicht _____ Vollkasko _____

○ Zweitwagenregelung mit Einstufung in SF 1/2   ○ Führerscheinregelung   gültiger Führerschein Klasse ___ seit: _____

○ Zweitwagenregelung mit Einstufung in SF 2
○ Rabattübertragung von einem anderen Fahrzeug
○ Rabattübertragung von einer anderen Person
○ Rabattübertragung mit mehreren Verträgen (Rabatt-Tausch)

Tarifmerkmale *(gemäß J. 3 AKB)*
Verwendungszweck: private Nutzung

Wohneigentum und / oder Garage
○ selbstbewohntes Ein-/Zweifamilienhaus   ○ Garage
○ selbstbewohnte Eigentumswohnung

Datum des Fahrzeugerwerbs _____

falls abweichend v. Erstzulassung _____

Fahrzeugnutzerkreis
○ VN und Partner
○ Familie mit Kind unter 16 Jahre

km-Leistung pro Jahr (in Tausend) _____

km-Stand bei Antragstellung (in Tausend) _____

Deckungsumfang

Nettojahresprämie in €

Haftpflicht
○ Haftpflicht mit 100 Mio. € pauschal für Personen-, Sach- und Vermögensschäden *(max. 8 Mio € je getötete oder verletzte Person)*
○ Gesetzliche Mindestdeckungssummen _____

Schutzbrief
○ Autoschutzbrief einschließen _____

Fahrerschutz
○ Fahrerschutz-Versicherung einschließen _____

Kasko
○ Vollkasko
○ 150 € SB ○ 300 € SB ○ 500 € SB ○ 1.000 € SB ○ 2.500 € SB ○ 5.000 € SB

○ Teilkasko
○ 150 € SB
○ 300 € SB
○ 500 € SB

einschl. Teilkasko
○ ohne SB ○ 150 € SB ○ 500 € SB ○ 1.000 € SB ○ 2.500 € SB ○ 5.000 € SB
○ ohne Selbstbeteiligung _____

Rabattschutz
○ Rabattschutz einschließen _____

Gesamtjahresnettoprämie in € = _____

KRAFTFAHRT

Antrag auf Kraftfahrzeugversicherung – Auszug

Prämien-berechnung	Abschlag gemäß Zahlungsweise in €	−
		=
	Nettoprämie gemäß Zahlungsweise in €	=
	Versicherungsteuer in €	+
	Bruttoprämie gemäß Zahlungweise in €	=

Vorläufige Deckung in der Kfz-Versicherung

Die vorläufige Deckung nach B.2 AKB endet mit der Einlösung des Versicherungsscheins. Sie tritt rückwirkend außer Kraft, wenn der Antrag unverändert angenommen wird, die im Versicherungsschein erste oder einmalige Prämie nicht unverzüglich nach Ablauf von 14 Tagen nach Zugang des Versicherungsscheins bezahlt wird. Der Versicherer ist berechtigt, die vorläufige Deckung mit einer Frist von 2 Wochen schriftlich zu kündigen. Dem Versicherer gebührt in diesem Fall die auf die Zeit des Versicherungsschutzes entfallende anteilige Prämie. Bleibt in der Kfz-Haftpflichtversicherung die Verpflichtung des Versichereres gegenüber dem Dritten bestehen, obgleich der Versicherungsvertrag über die vorläufige Deckung beendet ist, so gebührt dem Versicherer außerdem die Prämie für die Zeit dieser Verpflichtung.

erteilt ab:

○ Tag der Zulassung oder ab _____ (Datum, Uhrzeit) in der
○ Kasko ○ KH zu den vertraglich vereinbarten Versicherungssummen ○ Autoschutzbrief

Belehrung über vorvertragliche Anzeigepflicht nach § 19 Versicherungs-vertragsgesetz

Bitte beachten Sie, dass Sie gemäß § 19 des Versicherungsvertragsgesetzes (VVG) verpflichtet sind, dem Versicherer bis zur Abgabe Ihrer Vertragserklärung alle Ihnen bekannten Umstände, die für die Übernahme des Versicherungsschutzes von Bedeutung sind und nach denen in Textform gefragt wird, nach bestem Wissen sorgfältig, wahrheitsgemäß und vollständig zu beantworten. Bitte beantworten Sie unsere Fragen unbedingt zutreffend und vollständig, da wir sonst von dem Vertrag zurücktreten oder den Vertrag vorzeitig kündigen können und Sie dann Ihren Versicherungsschutz gefährden.

Ich bestätige die Richtigkeit der Angaben. Die Rechtsfolgen bei Verletzung der vorvertraglichen Anzeigepflicht habe ich gelesen.

SEPA-Lastschriftmandat – das Mandat für wiederkehrende Zahlungen

Ich ermächtige die Proximus Versicherung AG, die von der Proximus Versicherung AG auf mein Konto gezogenen Lastschriften einzulösen. Die Mandatsreferenz teilt mir/uns die Proximus Versicherung AG vor der ersten Abbuchung mit.

Zahlungsempfänger: Proximus Versicherung AG
Gläubiger-ID: xxxxxxxxxxxxxxxxxxxxxxxxxxxxxxx

Name, Vorname: Antragsteller   Name, Vorname: Kontoinhaber
                                            (falls vom Antragsteller abweichend)

Anschrift: Kontoinhaber

BIC *(8 oder 11 Stellen)*   IBAN *(22 Stellen)*

Name des Kreditinstitutes

Datum/Unterschrift: Antragsteller   Datum/Unterschrift: Kontoinhaber

Hinweis

Ich kann innerhalb von 8 Wochen, beginnend mit dem Belastungsdatum, die Erstattung des belasteten Betrages verlangen. Es gelten dabei die mit meinem Kreditinstitut vereinbarten Bedingungen.

Vor dem ersten Einzug einer SEPA-Lastschrift wird mich die Proximus Versicherung AG über den Einzug unterrichten.

Datenverarbeitung

Mit der Datenverarbeitung durch den Versicherer bin ich einverstanden.

Empfangsbestätigung

Ich habe die diesem Vertrag zugrunde liegenden Produkt- und Kundeninformationen, das Merkblatt zur Datenverarbeitung, die Versicherungsbedingungen und die Klauseln erhalten. Eine Durchschrift ist mir nach Unterzeichnung ausgehändigt worden. Von den Hinweisen habe ich Kenntnis genommen.

Widerrufsrecht

Sie können Ihren Antrag nach Zugang des Versicherungsscheins widerrufen. Nähere Hinweise können Sie den „Versicherungsinformationen" entnehmen. Eine Belehrung über das Widerrufsrecht sowie die Rechtsfolgen des Widerrufs erhalten Sie mit dem Versicherungsschein.

Datum/Unterschrift Antragsteller   Datum/Unterschrift Vermittler
(bei Minderjährigen Mitunterschrift der gesetzlichen Vertreter)

TA 400

Vertragsspiegel Kraftfahrtversicherung

Proximus Versicherung

Antragsteller/ Versicherungs- nehmer	Name _____	Vorname _____	Geburtsdatum _____	Beruf _____	A = angestellt S = selbstständig B = öffentlicher Dienst ____
Halter	Name _____	Vorname _____	Geburtsdatum _____	Beruf _____	A = angestellt S = selbstständig B = öffentlicher Dienst ____
Anschrift	_____				

Versicherungsnachweis

- Versicherungsschein-Nr. _____
- Bedingungen _____
- Beginn _____
- Ablauf _____
- Zahlungsweise _____
- Prämie
  - Haftpflicht _____
  - Kasko _____
  - Schutzbrief _____
  - Gesamt _____
- Fälligkeit _____
- Deckungssummen Haftpflicht _____
- Vollkasko / SB _____
- Teilkasko / SB _____
- Schutzbrief _____
- Rabatt-Grundjahr (KH / VK) _____
- Rabattschutz _____
- SF-Klasse
  - Haftpflicht _____
  - Vollkasko _____
- Fahrzeugdaten
  - Kfz-Kennzeichen _____
  - Art _____
  - KW / PS _____
  - Hersteller- und Typschlüssel _____
  - Fz.-Identifizierungsnummer _____
  - Datum Erstzulassung _____
  - Datum Erwerb _____
  - Typklasse
    - Haftpflicht _____
    - Kasko _____
  - Regionalklasse
    - Haftpflicht _____
    - Kasko _____
- individuelle Tarifmerkmale
  - Datum Erstzulassung / Fz.-Alter _____
  - Jahres-Fahrleistung (km) _____
  - EFH / ZFH / Eigentumswohnung _____
  - Garage _____
  - Einzel- / Partnernutzung _____
  - Familie / Kind unter 16 Jahren _____

KRAFTFAHRT

RECHTS-SCHUTZ

BEDINGUNGEN

Allgemeine Bedingungen für die Rechtsschutz-versicherung (ARB 2012)	402

TARIFE & MATERIALIEN

Prämientarif Rechtsschutz	415
Antrag auf Rechtsschutz – Auszug	419
Vertragsspiegel Rechtsschutz	422

Allgemeine Bedingungen für die Rechtsschutzversicherung (ARB 2012)

(Stand: Juni 2017)

1. Welche Aufgaben übernimmt die Rechtsschutzversicherung? ... 402
2. Welchen Rechtsschutz haben Sie? ... 402
   2.1 Welche Personen und Lebensbereiche sind versichert? ... 402
   2.2 In welchen Rechtsbereichen sind Sie versichert (Leistungsarten)? ... 404
   2.3 Leistungsumfang ... 406
   2.4 Voraussetzungen für den Anspruch auf Versicherungsschutz ... 407
3. Was ist nicht versichert? ... 407
   3.1 Zeitliche Ausschlüsse ... 407
   3.2 Inhaltliche Ausschlüsse ... 407
   3.3 Einschränkung unserer Leistungspflicht ... 408
   3.4 Ablehnung des Versicherungsschutzes wegen mangelnder Erfolgsaussichten oder wegen Mutwilligkeit/Stichentscheidverfahren ... 409
4. Was müssen Sie beachten? ... 409
   4.1 Verhalten im Versicherungsfall/Erfüllung von Obliegenheiten ... 409
   4.2 Weitere besondere Verhaltensregeln/Obliegenheiten ... 410
   4.3 Besonderheiten im Verkehrs-Rechtsschutz bei Kauf eines weiteren Kraftfahrzeuges ... 410
   4.4 Besonderheiten im Fahrzeug-Rechtsschutz bei Fahrzeugwechsel oder Verkauf ... 410
   4.5 Besonderheiten im Fahrer-Rechtsschutz bei Fahrzeugkauf ... 411
5. In welchen Ländern sind Sie versichert? ... 411
   5.1 Hier haben Sie Versicherungsschutz ... 411
   5.2 Hier haben Sie Versicherungsschutz mit Einschränkungen ... 411
6. Wann beginnt und endet Ihre Rechtsschutzversicherung? ... 411
   6.1 Beginn des Versicherungsschutzes ... 411
   6.2 Dauer und Ende des Vertrages ... 411
7. Wann und wie müssen Sie Ihre Prämie bezahlen? ... 412
   7.1 Prämienzahlung ... 412
   7.2 Versicherungsjahr ... 412
   7.3 Versicherungsteuer ... 412
   7.4 Zahlung und Folgen verspäteter Zahlung/Erste Prämie ... 412
   7.5 Zahlung und Folgen verspäteter Zahlung/Folgeprämie ... 412
   7.6 Rechtzeitige Zahlung bei SEPA-Lastschriftmandat ... 412
   7.7 Prämie bei vorzeitiger Vertragsbeendigung ... 413
   7.8 Prämienanpassung ... 413
   7.9 Änderung wesentlicher Umstände der Prämienfestsetzung ... 414
8. Wann verjähren Ansprüche aus dem Versicherungsvertrag? ... 414
   8.1 Gesetzliche Verjährung ... 414
   8.2 Die Verjährung wird ausgesetzt ... 414
9. Welches Recht ist anzuwenden und wo ist der Gerichtsstand? ... 414
   9.1 Anzuwendendes Recht ... 414
   9.2 Klagen gegen das Versicherungsunternehmen ... 414
   9.3 Klagen gegen den Versicherungsnehmer ... 414

Die ARB 2012 sind nach dem Bausteinprinzip aufgebaut. Die Klauseln sind den einzelnen Vertragsarten (Privat, Beruf, Verkehr und Wohnen) durch den nachfolgenden Buchstabenschlüssel zugeordnet. Klauseln bzw. Abschnitte, die für alle Vertragsarten einschlägig sind, haben die Zuordnung A:

- Allgemein .... **A**
- Beruf .... **B**
- Privat .... **P**
- Verkehr .... **Vk**
- Fahrzeug .... **F**
- Fahrer .... **D**
- Wohnen .... **W**

---

1. Welche Aufgaben übernimmt die Rechtsschutzversicherung? A

Sie möchten Ihre rechtlichen Interessen wahrnehmen. Wir erbringen die dafür erforderlichen Leistungen. Der Umfang unserer Leistungen ist im Versicherungsantrag, im Versicherungsschein und in diesen Versicherungsbedingungen beschrieben.

2. Welchen Rechtsschutz haben Sie? A

Sie haben folgenden Bereich (Vertragsform) versichert: A

- Privat-Rechtsschutz, P
- Berufs-Rechtsschutz, B
- Verkehrs-Rechtsschutz, Vk
- Fahrzeug-Rechtsschutz, F
- Fahrer-Rechtsschutz, D
- Wohnungs- und Grundstücks-Rechtsschutz. W

2.1 Welche Personen und Lebensbereiche sind versichert? A

Aus rechtlichen Gründen weisen wir Sie auf Folgendes hin:

Versicherungsschutz haben Sie nur, soweit dem nicht die folgenden, auf die Vertragsparteien direkt anwendbaren Maßnahmen entgegenstehen:

- Wirtschaftssanktionen,
- Handelssanktionen,
- Finanzsanktionen oder
- Embargos der Europäischen Union oder der Bundesrepublik Deutschland.

Die übrigen Bestimmungen unseres Vertrages sind davon nicht betroffen.

Dies gilt auch für Wirtschafts-, Handels- oder Finanzsanktionen bzw. Embargos, die durch die Vereinigten Staaten von Amerika in Hinblick auf den Iran erlassen werden. Dem dürfen allerdings nicht europäische oder deutsche Rechtsvorschriften entgegenstehen.

2.1.1 Versicherte Personen

2.1.1.1 Sie als Versicherungsnehmer sind versichert. **A**

2.1.1.2 Mitversicherte Personen **P, B, Vk, F**

Im Privat-, Berufs- und Verkehrs-Rechtsschutz: **P, B, Vk**

Mitversichert sind (sofern ein Familientarif vereinbart ist):
- Ihr ehelicher/eingetragener Lebenspartner,
- im Versicherungsschein genannte sonstige Lebenspartner,
- Ihre minderjährigen Kinder sowie
- Ihre unverheirateten volljährigen Kinder.
- Die volljährigen Kinder dürfen auch nicht in einer eigenen eingetragenen Lebenspartnerschaft leben.
- Die Mitversicherung von volljährigen Kindern endet in jedem Fall zu dem Zeitpunkt, zu dem sie erstmalig eine auf Dauer angelegte berufliche Tätigkeit ausüben und hierfür ein Einkommen erhalten.

Zu den mitversicherten Kindern zählen nicht nur die leiblichen Kinder, sondern auch Adoptiv-, Pflege- und Stiefkinder sowie die Kinder des mitversicherten Lebenspartners.

Im Verkehrs- und Fahrzeug-Rechtsschutz: **Vk, F**

Versichert sind alle Personen in ihrer Eigenschaft als berechtigte Fahrer oder berechtigte Mitfahrer des versicherten Kraftfahrzeuges. *(Berechtigt ist jede Person, die das Kraftfahrzeug mit Ihrem Einverständnis führt oder nutzt.)*

Für Privat-, Berufs-, Verkehrs- und Fahrzeug-Rechtsschutz gilt: **P, B, Vk, F**

Wenn eine mitversicherte Person Versicherungsschutz verlangt, können Sie dem widersprechen. *(Warum können Sie widersprechen, wenn eine mitversicherte Person Versicherungsschutz verlangt? Sie sind unser Versicherungsnehmer und können zum Beispiel bestimmen, ob wir Kosten für mitversicherte Personen bezahlen sollen.)*

Ausnahme: Bei Ihrem ehelichen/eingetragenen Lebenspartner können Sie nicht widersprechen.

Versicherungsschutz besteht außerdem für Ansprüche, die natürlichen Personen kraft Gesetzes dann zustehen, wenn Sie oder eine mitversicherte Person verletzt oder getötet wurden. *(Beispiel: Wenn Sie bei einem Verkehrsunfall schwer verletzt werden, haben Ihre nächsten Angehörigen Versicherungsschutz und können damit Unterhaltsansprüche gegen den Unfallgegner geltend machen. Eine „natürliche Person" ist ein Mensch, im Gegensatz zur „juristischen Person"; das ist zum Beispiel eine GmbH, eine AG oder ein Verein.)* **A**

2.1.2 Versicherte Lebensbereiche **A**

Im Privat-Rechtsschutz: **P**

Sie haben Versicherungsschutz für Ihren **privaten** Bereich. Sie haben hier **keinen** Versicherungsschutz, wenn Sie rechtliche Interessen im Zusammenhang mit einer der folgenden Tätigkeiten wahrnehmen:
- eine gewerbliche Tätigkeit,
- eine freiberufliche Tätigkeit,
- eine sonstige selbstständige Tätigkeit.

Wann liegt eine sonstige selbstständige Tätigkeit vor?
Wenn Einkünfte im steuerrechtlichen Sinne erzielt werden oder werden sollen, die keine Einkünfte aus nichtselbstständiger Tätigkeit (z. B. Löhne oder Gehälter) oder Einkünfte aus Rente sind.

Versicherungsschutz haben Sie und die in Ihrem Vertrag mitversicherten Personen (siehe 2.1.1.2) auch, wenn Sie am öffentlichen Straßenverkehr teilnehmen, und zwar
- als Fahrgast,
- als Fußgänger oder
- als Radfahrer.

Folgende Leistungsarten sind versichert:
- Schadenersatz-Rechtsschutz *(siehe 2.2.1)*
- Rechtsschutz im Vertrags- und Sachenrecht *(siehe 2.2.4)*
- Steuer-Rechtsschutz vor Gerichten *(siehe 2.2.5)*
- Sozialgerichts-Rechtsschutz *(siehe 2.2.6)*
- Straf-Rechtsschutz *(siehe 2.2.9)*
- Ordnungswidrigkeiten-Rechtsschutz *(siehe 2.2.10)*
- Beratungs-Rechtsschutz im Familien-, Lebenspartnerschafts- und Erbrecht *(siehe 2.2.11)*
- Opfer-Rechtsschutz *(siehe 2.2.12)*

Folgende Ausschlüsse sind unter anderem zu beachten:
- Grundstückserwerb *(siehe 3.2.2)*
- Handelsgesellschaften *(siehe 3.2.5)*
- Urheberrechte *(siehe 3.2.6)*
- Kartellrecht *(siehe 3.2.7)*
- Erwerb, Veräußerung und Finanzierung, *(z. B. von Wertpapieren; siehe 3.2.8)*
- Darlehen und Glücksspiel *(siehe 3.2.9)*
- Familien-, Lebenspartnerschafts- und Erbrecht *(siehe 3.2.10)*
- Lebenspartner untereinander *(siehe 3.2.18)*
- Teilnutzungsrecht *(siehe 3.2.23)*

Folgende Bereiche sind mit einem extra Baustein zu versichern und nicht im Privat-Rechtsschutz enthalten:
- Berufs-Rechtsschutz,
- Verkehrs-Rechtsschutz,
- Fahrzeug-Rechtsschutz,
- Fahrer-Rechtsschutz,
- Wohnungs- und Grundstücks-Rechtsschutz.

Im Berufs-Rechtsschutz: **B**

Sie haben Versicherungsschutz für Ihre berufliche, nichtselbstständige Tätigkeit *(z. B. als Arbeitnehmer, Beamter, Richter).*

Folgende Leistungsarten sind versichert:
- Arbeits-Rechtsschutz *(siehe 2.2.2)*
- Disziplinar- und Standes-Rechtsschutz *(siehe 2.2.8)*

Folgende Ausschlüsse sind unter anderem zu beachten:
- Arbeits- und Dienstrecht *(siehe 3.2.4)*
- Handelsgesellschaften oder Anstellungsverträge *(siehe 3.2.5)*
- Urheberrechte *(siehe 3.2.6)*
- Kartellrecht *(siehe 3.2.7)*
- Erwerb, Veräußerung und Finanzierung, *(z. B. von Wertpapieren; siehe 3.2.8)*
- Darlehen und Glücksspiel *(siehe 3.2.9)*

Sie haben **keinen** Versicherungsschutz, wenn Sie rechtliche Interessen wahrnehmen als **P, B**
- Eigentümer,
- Halter,
- Erwerber,
- Leasingnehmer/Mieter,
- Fahrer

von Motorfahrzeugen sowie Anhängern.

Der Verkehrs-Rechtsschutz, der Fahrzeug-Rechtsschutz und der Fahrer-Rechtsschutz sind mit einem extra Baustein zu versichern.

Im Verkehrs-Rechtsschutz: **Vk**

Sie haben Versicherungsschutz, wenn Sie rechtliche Interessen wahrnehmen als
- Eigentümer,
- Halter,
- Erwerber,
- Leasingnehmer/Mieter,

von Kraftfahrzeugen sowie Anhängern.

Die Kraftfahrzeuge oder Anhänger müssen entweder
- bei Vertragsabschluss oder während der Vertragsdauer auf Sie zugelassen sein oder

- auf Ihren Namen mit einem Versicherungskennzeichen versehen sein oder
- zum vorübergehenden Gebrauch von Ihnen gemietet sein.

Sie sind ferner als Fahrer und Mitfahrer fremder oder eigener Kraftfahrzeuge, Motorfahrzeuge zu Wasser oder in der Luft versichert.

Versicherungsschutz haben Sie und die in Ihrem Vertrag mitversicherten Personen *(siehe 2.1.2)* auch, wenn Sie am öffentlichen Straßenverkehr teilnehmen, und zwar
- als Fahrgast,
- als Fußgänger oder
- als Radfahrer.

Folgende Leistungsarten sind versichert:
- Schadenersatz-Rechtsschutz *(siehe 2.2.1)*
- Rechtsschutz im Vertrags- und Sachenrecht *(siehe 2.2.4)*
- Steuer-Rechtsschutz vor Gerichten *(siehe 2.2.5)*
- Verwaltungs-Rechtsschutz in Verkehrssachen *(siehe 2.2.7)*
- Straf-Rechtsschutz *(siehe 2.2.9)*
- Ordnungswidrigkeiten-Rechtsschutz *(siehe 2.2.10)*

Folgende Ausschlüsse sind unter anderem zu beachten:
- Abwehr von Schadenersatzansprüchen *(siehe 3.2.3)*
- Halt- und Parkverstöße *(siehe 3.2.16)*
- Lebenspartner untereinander *(siehe 3.2.18)*

Im Fahrzeug-Rechtsschutz: F

Sie haben Versicherungsschutz für die im Versicherungsschein genannten Kraftfahrzeuge, Motorfahrzeuge zu Wasser oder in der Luft sowie für Anhänger.

Dabei kommt es nicht darauf an, ob
- das Fahrzeug auf Ihren Namen zugelassen ist oder
- das Fahrzeug mit einem Versicherungskennzeichen auf Ihren Namen versehen ist.

Sie sind ferner als Fahrer und Mitfahrer fremder und eigener Kraftfahrzeuge, Motorfahrzeuge zu Wasser oder in der Luft versichert.

Versicherungsschutz haben Sie auch, wenn Sie am öffentlichen Straßenverkehr teilnehmen, und zwar
- als Fahrgast,
- als Fußgänger oder
- als Radfahrer.

Folgende Leistungsarten sind versichert:
- Schadenersatz-Rechtsschutz *(siehe 2.2.1)*
- Rechtsschutz im Vertrags- und Sachenrecht *(siehe 2.2.4)*
- Steuer-Rechtsschutz vor Gerichten *(siehe 2.2.5)*
- Verwaltungs-Rechtsschutz in Verkehrssachen *(siehe 2.2.7)*
- Straf-Rechtsschutz *(siehe 2.2.9)*
- Ordnungswidrigkeiten-Rechtsschutz *(siehe 2.2.10)*

Folgende Ausschlüsse sind unter anderem zu beachten:
- Abwehr von Schadenersatzansprüchen *(siehe 3.2.3)*
- Halt- und Parkverstöße *(siehe 3.2.16)*

Im Fahrer-Rechtsschutz: D

Sie haben Versicherungsschutz, wenn Sie rechtliche Interessen wahrnehmen, bei der Teilnahme im öffentlichen Verkehr
- als Fahrer eines fremden Kraftfahrzeuges, Motorfahrzeuges zu Wasser oder in der Luft sowie Anhängers.

Fremd sind solche Fahrzeuge oder Anhänger, wenn diese weder
- Ihnen gehören noch
- auf Sie zugelassen sind oder
- mit einem Versicherungskennzeichen auf Ihren Namen versehen sind.

Versicherungsschutz haben Sie auch, wenn Sie am öffentlichen Straßenverkehr teilnehmen, und zwar
- als Fahrgast,
- als Fußgänger oder
- als Radfahrer.

Folgende Leistungsarten sind versichert:
- Schadenersatz-Rechtsschutz *(siehe 2.2.1)*
- Rechtsschutz im Vertrags- und Sachenrecht *(siehe 2.2.4)*
- Verwaltungs-Rechtsschutz in Verkehrssachen *(siehe 2.2.7)*
- Straf-Rechtsschutz *(siehe 2.2.9)*
- Ordnungswidrigkeiten-Rechtsschutz *(siehe 2.2.10)*

Folgende Ausschlüsse sind unter anderem zu beachten:
- Abwehr von Schadenersatzansprüchen *(siehe 3.2.3)*
- Halt- und Parkverstöße *(siehe 3.2.16)*

Im Wohnungs- und Grundstücks-Rechtsschutz: W

Sie haben Versicherungsschutz, wenn Sie Grundstücke, Gebäude oder Gebäudeteile in folgenden Eigenschaften nutzen, und zwar als
- Eigentümer,
- Vermieter,
- Verpächter,
- Mieter,
- Pächter,
- sonstiger Nutzungsberechtigter.

Die Eigenschaften und das Grundstück, Gebäude oder der Gebäudeteil müssen im Versicherungsschein angegeben sein. Einer Wohneinheit zuzurechnende Garagen oder Kraftfahrzeug-Abstellplätze sind eingeschlossen.

Wenn Sie das im Versicherungsschein bezeichnete, selbst genutzte Wohnobjekt wechseln, geht der Versicherungsschutz auf das neue Wohnobjekt über und umfasst auch Versicherungsfälle,
- die erst nach dem Auszug aus dem bisherigen Wohnobjekt eintreten oder
- die sich auf das neue Wohnobjekt beziehen und vor dessen geplantem oder tatsächlichem Bezug eintreten.

Folgende Leistungsarten sind versichert:
- Wohnungs- und Grundstücks-Rechtsschutz *(siehe 2.2.3)*
- Steuer-Rechtsschutz vor Gerichten *(siehe 2.2.5)*

Folgende Ausschlüsse sind unter anderem zu beachten:
- Grundstückserwerb *(siehe 3.2.2)*
- steuerliche Bewertung von Grundstücken *(siehe 3.2.12)*
- Enteignungsangelegenheiten *(siehe 3.2.15)*
- Lebenspartner untereinander *(siehe 3.2.18)*

2.2 In welchen Rechtsbereichen sind Sie versichert (Leistungsarten)? A

Je nach Vereinbarung umfasst der Versicherungsschutz folgende Leistungsarten:

2.2.1 Schadenersatz-Rechtsschutz P, Vk, F, D

für die Durchsetzung Ihrer Schadenersatzansprüche.

Solche Schadenersatzansprüche dürfen allerdings nicht auch auf einer Vertragsverletzung oder einer Verletzung eines dinglichen Rechts an Grundstücken, Gebäuden oder Gebäudeteilen beruhen. *(Dingliche Rechte sind Rechte, die gegenüber jedermann wirken und von jedem respektiert werden müssen, zum Beispiel Eigentum.)*

(Das bedeutet zum Beispiel, dass wir Schadenersatzansprüche wegen der Beschädigung eines Fernsehers gegen den Schädiger abdecken, nicht aber Ansprüche bei einer mangelhaften Fernsehreparatur. Diese sind über den Vertrags-Rechtsschutz nach 2.2.4 versichert.) P

(Das bedeutet zum Beispiel, dass wir Schadenersatzansprüche wegen eines Autounfalles gegen den Unfallgegner abdecken, nicht aber Ansprüche bei einer mangelhaften Handwerkerleistung - wie aus einer Autoreparatur. Diese sind über den Vertrags-Rechtsschutz nach 2.2.4 versichert.) Vk, F, D

2.2.2 Arbeits-Rechtsschutz, B

um Ihre rechtlichen Interessen wahrzunehmen aus

- Arbeitsverhältnissen,
- öffentlich-rechtlichen Dienstverhältnissen hinsichtlich dienstrechtlicher und versorgungsrechtlicher Ansprüche.

2.2.3 Wohnungs- und Grundstücks-Rechtsschutz, W

um Ihre rechtlichen Interessen wahrzunehmen aus
- Miet- und Pachtverhältnissen *(z. B. Streitigkeiten wegen Mieterhöhung)*,
- sonstigen Nutzungsverhältnissen *(z. B. Streitigkeit um ein Wohnrecht)*,
- dinglichen Rechten, die Grundstücke, Gebäude oder Gebäudeteile betreffen *(z. B. Streitigkeit um den Verlauf der Grundstücksgrenze)*.

2.2.4 Rechtsschutz im Vertrags- und Sachenrecht, P, Vk, F

um Ihre rechtlichen Interessen wahrzunehmen aus privatrechtlichen Schuldverhältnissen und dinglichen Rechten. *(Ein Schuldverhältnis besteht zum Beispiel zwischen Käufer und Verkäufer. Ein Streit über ein dingliches Recht kann beispielsweise zwischen dem Eigentümer und dem Besitzer auf Herausgabe einer Sache bestehen.)*

Dieser Versicherungsschutz gilt nicht, soweit es sich um eine Angelegenheit aus folgenden Bereichen handelt:
- Schadenersatz-Rechtsschutz (siehe 2.2.1),
- Arbeits-Rechtsschutz *(z. B. Streit aus oder um Ihr Arbeitsverhältnis)* (siehe 2.2.2) oder
- Wohnungs- oder Grundstücks-Rechtsschutz *(z. B. Streit aus Ihrem Mietverhältnis oder wenn Sie als Eigentümer oder Besitzer eines Grundstücks oder Gebäudes betroffen sind)* (siehe 2.2.3).

Im Verkehrs-, Fahrzeug- und Fahrer-Rechtsschutz gilt: Vk, F, D

Es besteht auch Versicherungsschutz für Verträge, mit denen Sie Kraftfahrzeuge und Anhänger zur Eigennutzung erwerben wollen, auch wenn diese später nicht auf Sie zugelassen werden.

Ausnahme: Sie haben keinen Versicherungsschutz im Vertrags- und Sachenrecht, wenn Sie Teilnehmer im öffentlichen Straßenverkehr sind *(Beispiel: Streit um eine Taxirechnung)*. Dies ist nur über den Privat-Rechtsschutz versicherbar.

2.2.5 Steuer-Rechtsschutz vor Gerichten, P, Vk, F, W

um Ihre rechtlichen Interessen im Zusammenhang mit Steuern und Abgaben vor deutschen Finanz- und Verwaltungsgerichten wahrzunehmen, aber erst ab dem gerichtlichen Verfahren *(z. B. Streitigkeiten mit dem zuständigen Finanzamt wegen nicht anerkannter Werbungskosten)*.

2.2.6 Sozialgerichts-Rechtsschutz, P

um Ihre rechtlichen Interessen vor deutschen Sozialgerichten wahrzunehmen, aber erst ab dem gerichtlichen Verfahren. *(Auseinandersetzung mit einem Sozialversicherungsträger, z. B. mit der Berufsgenossenschaft wegen eines Wegeunfalles.)*

2.2.7 Verwaltungs-Rechtsschutz in Verkehrssachen, Vk, F, D

um Ihre rechtlichen Interessen in verkehrsrechtlichen Angelegenheiten vor Verwaltungsbehörden und Verwaltungsgerichten wahrzunehmen *(z. B. Wiedererlangung der Fahrerlaubnis)*.

2.2.8 Disziplinar- und Standes-Rechtsschutz B

für die Verteidigung in Disziplinar- und Standesrechtsverfahren *(Disziplinarrecht: Es geht um Dienstvergehen von zum Beispiel Beamten oder Soldaten; Standesrecht: berufsrechtliche Belange von freien Berufen, zum Beispiel von Ärzten oder Rechtsanwälten)*.

2.2.9 Straf-Rechtsschutz P, Vk, F, D

Für den Privat-Rechtsschutz gilt: P
Versicherungsschutz besteht

für die Verteidigung, wenn Ihnen ein strafrechtliches Vergehen vorgeworfen wird. *(Vergehen sind Straftaten, die im Mindestmaß mit einer Freiheitsstrafe von unter einem Jahr oder Geldstrafe bedroht sind.)*

Sie haben Versicherungsschutz unter **folgenden Voraussetzungen:**
- Das Vergehen ist vorsätzlich **wie auch** fahrlässig nach dem Gesetz strafbar, und
- Ihnen wird ein fahrlässiges Verhalten vorgeworfen.

Wird Ihnen jedoch ein vorsätzliches Verhalten vorgeworfen, erhalten Sie zunächst keinen Versicherungsschutz. Wenn Sie nicht wegen vorsätzlichen Verhaltens verurteilt werden, erhalten Sie rückwirkend Versicherungsschutz. Ändert sich der Vorwurf während des Verfahrens auf fahrlässiges Verhalten, besteht ab diesem Zeitpunkt Versicherungsschutz.

In folgenden Fällen haben Sie also keinen Versicherungsschutz:
- Ihnen wird ein **Verbrechen** vorgeworfen (Straftat, die im Mindestmaß mit einer Freiheitsstrafe von einem Jahr bedroht ist).
- Ihnen wird ein **Vergehen** vorgeworfen, das nur vorsätzlich begangen werden kann (z. B. Beleidigung, Diebstahl, Betrug).

Dabei ist es egal, ob der Vorwurf berechtigt ist oder wie das Strafverfahren ausgeht.

Für den Verkehrs-, Fahrzeug- und Fahrer-Rechtsschutz gilt: Vk, F, D

Versicherungsschutz besteht

für die Verteidigung, wenn Ihnen ein verkehrsrechtliches Vergehen vorgeworfen wird *(das ist eine Straftat, die die Verletzung der Sicherheit und Ordnung im Straßenverkehr unter Strafe stellt und im Mindestmaß mit einer Freiheitsstrafe von unter einem Jahr oder Geldstrafe bedroht ist)*.

Ausnahme: Ein Gericht stellt rechtskräftig fest, dass Sie das Vergehen **vorsätzlich** begangen haben. In diesem Fall sind Sie verpflichtet, uns die entstandenen Kosten zu erstatten.

Sie haben **keinen** Versicherungsschutz, wenn Ihnen ein **Verbrechen** vorgeworfen wird. *(Ein Verbrechen ist eine Straftat, die im Mindestmaß mit einer Freiheitsstrafe von einem Jahr bedroht ist.)*

2.2.10 Ordnungswidrigkeiten-Rechtsschutz P, Vk, F, D

für Ihre Verteidigung, wenn Ihnen eine Ordnungswidrigkeit vorgeworfen wird. *(Beispiel: Sie verstoßen gegen die Gurtpflicht oder verursachen unzulässigen Lärm.)*

2.2.11 Beratungs-Rechtsschutz im Familien-, Lebenspartnerschafts- und Erbrecht P

für einen Rat oder eine Auskunft eines in Deutschland zugelassenen Rechtsanwaltes in Familien-, Lebenspartnerschafts- und erbrechtlichen Angelegenheiten.

2.2.12 Opfer-Rechtsschutz P

als Nebenkläger für eine erhobene öffentliche Klage vor einem deutschen Strafgericht. Voraussetzung ist, dass Sie oder eine mitversicherte Person als **Opfer einer Gewaltstraftat** verletzt wurden.

Eine Gewaltstraftat liegt vor bei Verletzung der sexuellen Selbstbestimmung, schwerer Verletzung der körperlichen Unversehrtheit und der persönlichen Freiheit sowie bei Mord und Totschlag.

Sie haben Versicherungsschutz für die Beistandsleistung eines Rechtsanwaltes im:
- Ermittlungsverfahren,
- Nebenklageverfahren,
- für den Antrag nach § 1 Gewaltschutzgesetz,
- für den sogenannten Täter-Opfer-Ausgleich nach § 46 a Ziffer 1 Strafgesetzbuch in nicht vermögensrechtlichen Angelegenheiten.

Sie haben zusätzlich Versicherungsschutz für die außergerichtliche Durchsetzung von Ansprüchen nach dem Sozialgesetzbuch und dem Opferentschädigungsgesetz.

Aber nur unter **folgenden Voraussetzungen:**
- Sie sind nebenklageberechtigt und
- wurden durch eine der oben genannten Straftaten verletzt und
- es sind dadurch dauerhafte Körperschäden eingetreten.

2.3 Leistungsumfang

Wir erbringen und vermitteln Dienstleistungen, damit Sie Ihre Interessen im nachfolgend erläuterten Umfang wahrnehmen können.

Den Prämien liegt eine Versicherungssumme von 1.000.000 € je Rechtsschutzfall zugrunde. Zusätzlich werden für Strafkautionen bis zu 200.000 € als Darlehen bereitgestellt.

Zahlungen für Sie selbst und für mitversicherte Personen in demselben Versicherungsfall rechnen wir zusammen. Dies gilt auch für Zahlungen aufgrund mehrerer Versicherungsfälle, die zeitlich und ursächlich zusammenhängen.

2.3.1 Leistungsumfang im Inland

Wir übernehmen folgende Kosten:

2.3.1.1 Um Ihnen eine einvernehmliche Konfliktbeilegung zu ermöglichen, tragen wir die Kosten bis zu 1.500 € je Mediation (Mediation ist ein vertrauliches und strukturiertes Verfahren, bei dem Parteien mithilfe eines Mediators freiwillig und eigenverantwortlich eine einvernehmliche Beilegung ihres Konfliktes anstreben), jedoch nicht mehr als 3.000 € für alle in einem Kalenderjahr eingeleiteten Mediationsverfahren. Der Mediator kann von uns benannt oder aber auch von Ihnen im Abstimmung mit der anderen Partei bestimmt werden.

Die Mediation kann in Anwesenheit der Beteiligten, telefonisch oder auch online erfolgen.

Sind am Mediationsverfahren auch nicht versicherte Personen beteiligt, übernehmen wir anteilig die Kosten für Sie und die versicherten Personen.

Für die Tätigkeit des Mediators sind wir nicht verantwortlich.

2.3.1.2 Die Vergütung **eines** Rechtsanwaltes, der Ihre Interessen vertritt. *(Wenn Sie mehr als einen Rechtsanwalt beauftragen, tragen wir die dadurch entstehenden Mehrkosten nicht. Auch Mehrkosten aufgrund eines Anwaltswechsels tragen wir nicht.)* Wir erstatten maximal die gesetzliche Vergütung eines Rechtsanwaltes, der am Ort des zuständigen Gerichtes ansässig ist oder wäre. Die gesetzliche Vergütung richtet sich nach dem Rechtsanwaltsvergütungsgesetz.

Wohnen Sie mehr als 100 km Luftlinie vom zuständigen Gericht entfernt?

Dann übernehmen wir bei Ihrer gerichtlichen Streitigkeit weitere anwaltliche Kosten, und zwar bis zur Höhe der gesetzlichen Vergütung eines anderen Rechtsanwaltes, der nur den Schriftverkehr mit dem Anwalt am Ort des zuständigen Gerichtes führt *(sogenannter Korrespondenzanwalt).*

Dies gilt nur für die erste Instanz.

Ausnahme: Im Straf-, Ordnungswidrigkeiten- sowie Disziplinar- und Standes-Rechtsschutz tragen wir diese weiteren Kosten **nicht**.

Wenn sich die Tätigkeit des Anwaltes auf die folgenden Leistungen beschränkt, dann tragen wir je Versicherungsfall Kosten von höchstens 250 €:
- Ihr Anwalt erteilt Ihnen einen mündlichen oder schriftlichen Rat,
- er gibt Ihnen eine Auskunft oder
- erarbeitet für Sie ein Gutachten.

2.3.1.3 Wir übernehmen Ihre Kosten für einen öffentlich bestellten, technischen Sachverständigen oder eine rechtsfähige, technische Sachverständigenorganisation *(Beispiel: TÜV oder DEKRA)*:
- in Fällen der Verteidigung in einem verkehrsrechtlichen Straf- und Ordnungswidrigkeitenverfahren oder
- wenn Sie Ihre rechtlichen Interessen aus Kauf- und Reparaturverträgen von Kraftfahrzeugen und Anhängern wahrnehmen.

2.3.1.4 Alle Bestimmungen, die den Rechtsanwalt betreffen, gelten auch
- im Steuer-Rechtsschutz vor Gerichten *(siehe 2.2.5)* für Angehörige der steuerberatenden Berufe *(Beispiel: Steuerberater)*,
- in Angelegenheiten der freiwilligen Gerichtsbarkeit sowie im Beratungs-Rechtsschutz im Familien-, Lebenspartnerschafts- und Erbrecht *(siehe 2.2.11)* für Notare.

2.3.2 Leistungsumfang im Ausland

2.3.2.1 Bei einem Versicherungsfall im Ausland tragen wir die Kosten für einen Rechtsanwalt, der für Sie am zuständigen Gericht im Ausland tätig wird. Dies kann sein entweder:
- ein am Ort des zuständigen Gerichtes ansässiger, **ausländischer** Rechtsanwalt oder
- ein Rechtsanwalt in Deutschland.

Den Rechtsanwalt in Deutschland vergüten wir so, als wäre der Rechtsstreit am Ort seines Anwaltsbüros in Deutschland.

Diese Vergütung ist begrenzt auf die gesetzliche Vergütung.

Ist ein ausländischer Rechtsanwalt für Sie tätig und wohnen Sie mehr als 100 km Luftlinie vom zuständigen Gericht *(im Ausland)* entfernt?

Dann übernehmen wir **zusätzlich** die Kosten eines Rechtsanwaltes an Ihrem Wohnort. Diesen Rechtsanwalt bezahlen wir dann bis zur Höhe der gesetzlichen Vergütung eines Rechtsanwaltes, der den Schriftverkehr mit dem Anwalt am Ort des zuständigen Gerichtes führt *(sogenannter Korrespondenzanwalt).*

Dies gilt nur für die erste Instanz.

Wenn sich die Tätigkeit des Anwaltes auf die folgenden Leistungen beschränkt, dann tragen wir je Versicherungsfall Kosten von höchstens 250 €:
- Ihr Anwalt erteilt Ihnen einen mündlichen oder schriftlichen Rat,
- er gibt Ihnen eine Auskunft oder
- erarbeitet für Sie ein Gutachten.

Haben Sie einen Versicherungsfall, der aufgrund eines Verkehrsunfalles im **europäischen Ausland** eingetreten ist, und haben Sie daraus Ansprüche?

Dann muss zunächst eine Regulierung mit dem Schadenregulierungsbeauftragten bzw. mit der Entschädigungsstelle im Inland erfolgen. Erst wenn diese Regulierung erfolglos geblieben ist, tragen wir auch Kosten für eine Rechtsverfolgung im Ausland.

Die zusätzlichen Kosten der Regulierung im Inland übernehmen wir im Rahmen der gesetzlichen Gebühren.

2.3.2.2 Wir tragen die übliche Vergütung eines im Ausland ansässigen Sachverständigen. Dies tun wir, wenn Sie Ersatzansprüche wegen der im Ausland eingetretenen Beschädigung eines Kraftfahrzeuges oder eines Anhängers geltend machen wollen.

2.3.2.3 Wir tragen Ihre Kosten für eine Reise zu einem ausländischen Gericht, wenn:
- Sie dort als Beschuldigter oder Prozesspartei erscheinen müssen und
- Sie Rechtsnachteile nur durch Ihr persönliches Erscheinen vermeiden können.

Wir übernehmen die tatsächlich entstehenden Kosten bis zur Höhe der für Geschäftsreisen von deutschen Rechtsanwälten geltenden Sätze.

Allgemeine Bedingungen für die Rechtsschutzversicherung (ARB 2012)

2.3.2.4 Wir sorgen für die Übersetzung der Unterlagen, wenn dies notwendig ist, um Ihre rechtlichen Interessen im Ausland wahrzunehmen. Wir übernehmen dabei auch die Kosten, die für die Übersetzung anfallen. A

2.3.2.5 Alle Bestimmungen, die den Rechtsanwalt betreffen, gelten auch für dort ansässige rechts- und sachkundige Bevollmächtigte.

2.3.2.6 Wenn Sie diese Kosten in fremder Währung bezahlt haben, erstatten wir Ihnen diese in Euro. Als Abrechnungsgrundlage benutzen wir den Wechselkurs des Tages, an dem Sie die Kosten vorgestreckt haben. A

2.3.3 Darüber hinaus leisten wir im **In- und Ausland** Folgendes: A

2.3.3.1 Wir tragen
- die Gerichtskosten, einschließlich der Entschädigung für Zeugen und Sachverständige, die vom Gericht herangezogen werden,
- die Kosten des Gerichtsvollziehers und
- die Verfahrenskosten vor Verwaltungsbehörden, die Ihnen von der Behörde in Rechnung gestellt werden.

2.3.3.2 Wir übernehmen die Gebühren eines Schieds- oder Schlichtungsverfahrens. Und zwar bis zur Höhe der Gebühren, die im Falle der Anrufung eines zuständigen staatlichen Gerichts erster Instanz entstünden.

Versicherungsschutz für Mediation besteht nur nach 2.3.1.1 und beschränkt sich auf das Inland.

2.3.3.3 Wir übernehmen die Anwalts- und Gerichtskosten Ihres Prozessgegners, wenn Sie zur Erstattung dieser Verfahrenskosten aufgrund gerichtlicher Festsetzung verpflichtet sind.

2.3.3.4 Wir erstatten die von uns zu tragenden Kosten, wenn Sie nachweisen, dass Sie
- zu deren Zahlung verpflichtet sind oder
- diese Kosten bereits gezahlt haben.

2.3.3.5 Um Sie vorübergehend von Strafverfolgungsmaßnahmen zu verschonen, zahlen wir für Sie – wenn nötig – eine Kaution. Dies geschieht in Form eines zinslosen Darlehens bis 200.000 €.

2.4 Voraussetzungen für den Anspruch auf Versicherungsschutz A

Sie haben Anspruch auf Versicherungsschutz, wenn ein Versicherungsfall eingetreten ist.
Diesen Anspruch haben Sie aber nur, wenn der Versicherungsfall nach Beginn des Versicherungsschutzes und vor dessen Ende eingetreten ist.

Der Versicherungsfall ist:

2.4.1 Im Beratungs-Rechtsschutz für Familien-, Lebenspartnerschafts- und Erbrecht *(siehe 2.2.11)* das Ereignis, das zur Änderung Ihrer Rechtslage oder der Rechtslage einer mitversicherten Person geführt hat. P

2.4.2 Im Schadenersatz-Rechtsschutz das erste Ereignis, bei dem der Schaden eingetreten ist oder eingetreten sein soll. P, Vk, F, D

2.4.3 Soweit keine andere Regelung besteht, der Zeitpunkt, zu dem Sie oder ein anderer *(z. B. der Gegner oder ein Dritter)* gegen Rechtspflichten oder Rechtsvorschriften verstoßen hat oder verstoßen haben soll. A

2.4.4 Wenn sich Ihr Versicherungsfall über einen Zeitraum erstreckt, ist dessen Beginn maßgeblich. A

2.4.5 Sind mehrere Versicherungsfälle für Ihren Anspruch auf Versicherungsschutz ursächlich, ist der erste entscheidend. Wenn dieser erste Versicherungsfall innerhalb der Vertragslaufzeit eintritt, erhalten Sie Versicherungsschutz. Wenn dieser erste Versicherungsfall vor Vertragsbeginn eingetreten ist, haben Sie keinen Anspruch auf Versicherungsschutz. A

---

3. Was ist nicht versichert? A

3.1 Zeitliche Ausschlüsse A

3.1.1 Für die Leistungsarten
- Arbeits-Rechtsschutz und B
- Wohnungs- und Grundstücks-Rechtsschutz W
- Rechtsschutz im Vertrags- und Sachenrecht P, Vk, F, D
- Steuer-Rechtsschutz vor Gerichten P, Vk, F, D, W
- Sozialgerichts-Rechtsschutz P
- Verwaltungs-Rechtsschutz in Verkehrssachen Vk, F, D

besteht Versicherungsschutz erst nach Ablauf von 3 Monaten nach Versicherungsbeginn. *(Das ist die sogenannte Wartezeit. Während der Wartezeit besteht kein Versicherungsschutz.)*

Es besteht keine Wartezeit für die Risiken, die bei einem Vorversicherer (Mitbewerber) abgedeckt waren, wenn der Rechtsschutzvertrag ohne zeitliche Unterbrechung an den bei einem Vorversicherer beendeten Rechtsschutzvertrag anschließt.

Eine Wartezeit besteht auch dann nicht, wenn das konkrete Risiko über einen anderen Rechtsschutzvertrag bei der Proximus Rechtsschutz Versicherung AG mindestens 3 Monate versichert war und der Versicherungsschutz ohne zeitliche Unterbrechung fortgesetzt wird *(z. B. bei Umstellung eines bereits versicherten Risikos auf neue Bedingungen oder bei Vorversicherung der betreffenden Risiken im Vertrag eines Elternteiles)*.

3.1.2 Eine Willenserklärung oder Rechtshandlung, die Sie vor Beginn des Versicherungsschutzes vorgenommen haben, löst den Versicherungsfall aus. *("Willenserklärung" oder "Rechtshandlung": Das sind zum Beispiel ein Antrag auf Fahrerlaubnis oder eine Mahnung.)* A

3.1.3 Sie melden uns einen Versicherungsfall, sind aber zu diesem Zeitpunkt länger als 3 Jahre für den betroffenen Bereich nicht mehr bei uns versichert. A

3.1.4 Im Steuer-Rechtsschutz vor Gerichten *(siehe 2.2.5)* liegen die tatsächlichen oder behaupteten Voraussetzungen für die Festsetzung Ihrer Abgaben *(z. B. Steuern, Gebühren)* vor Vertragsbeginn. P, Vk, F, D, W

3.2 Inhaltliche Ausschlüsse A

In folgenden Fällen haben Sie **keinen** Versicherungsschutz:

3.2.1 Jede Interessenwahrnehmung in ursächlichem Zusammenhang mit A
- Krieg, feindseligen Handlungen, Aufruhr, inneren Unruhen, Streik, Aussperrung oder Erdbeben, A
- Nuklearschäden und genetischen Schäden. Dieser Ausschluss gilt nicht für Schäden aus einer medizinischen Behandlung. A
- Bergbauschäden und Beeinträchtigungen aufgrund von bergbaubedingten Immissionen *(das sind Einwirkungen wie z. B. Erschütterungen)* an Grundstücken, Gebäuden oder Gebäudeteilen. W

3.2.2 Jede Interessenwahrnehmung in ursächlichem Zusammenhang mit P, W
- dem Kauf oder Verkauf eines Grundstücks, das bebaut werden soll.
- der Planung oder Errichtung eines Gebäudes oder Gebäudeteils, das sich in Ihrem Eigentum oder Besitz befindet oder das Sie erwerben oder in Besitz nehmen möchten.
- der genehmigungs-/anzeigepflichtigen baulichen Veränderung eines Grundstücks, Gebäudes oder Gebäudeteils. Dieses

Grundstück, Gebäude oder Gebäudeteil befindet sich in Ihrem Eigentum oder Besitz, oder Sie möchten es erwerben oder in Besitz nehmen.

Auch bei der **Finanzierung** eines der unter 3.2.2 genannten Vorhaben haben Sie keinen Versicherungsschutz.

3.2.3 Sie wollen Schadenersatzansprüche abwehren. *(Beispiel: Sie haben einen Verkehrsunfall, und der Gegner will Schadenersatz von Ihnen. Dies ist nicht durch die Rechtsschutzversicherung, sondern im Rahmen der Haftpflichtversicherung versichert.)* A

Ausnahme: Der Schadenersatzanspruch beruht auf einer Vertragsverletzung. *(Beispiel: Der Vermieter des Mietfahrzeuges verlangt Schadenersatz wegen verspäteter Rückgabe. Dies ist aufgrund des Mietvertrages über den Vertrags-Rechtsschutz versichert.)*

3.2.4 Streitigkeiten aus kollektivem Arbeits- oder Dienstrecht *(z. B. das Mitbestimmungsrecht in Unternehmen und Betrieben).* B

3.2.5 Streitigkeiten aus dem Recht der Handelsgesellschaften oder aus Anstellungsverhältnissen gesetzlicher Vertreter juristischer Personen *(z. B. Geschäftsführer einer GmbH oder Vorstände einer Aktiengesellschaft).* P, B

3.2.6 Streitigkeiten in ursächlichem Zusammenhang mit Patent-, Urheber-, Marken-, Geschmacksmuster-/Gebrauchsmusterrechten oder sonstigen Rechten aus geistigem Eigentum. P, B

3.2.7 Streitigkeiten aus dem Kartell- oder sonstigem Wettbewerbsrecht. P, B

3.2.8 Streitigkeiten in ursächlichem Zusammenhang mit dem Erwerb, der Veräußerung, der Verwaltung und der Finanzierung von P, B
- Wertpapieren im Sinne des Wertpapierhandelsgesetzes *(z. B. Aktien, Rentenwerte, Fondsanteile),*
- Wertrechten, die Wertpapieren gleichstehen,
- Bezugsrechten oder
- Beteiligungen *(z. B. an Kapitalanlagemodellen, stillen Gesellschaften, Genossenschaften).*

Ausgenommen hiervon sind:
- Güter zum eigenen Ge- oder Verbrauch,
- Gebäude oder Gebäudeteile, soweit diese zu eigenen Wohnzwecken genutzt werden oder genutzt werden sollen.

3.2.9 Streitigkeiten in ursächlichem Zusammenhang mit P, B
- der Vergabe von Darlehen,
- Spiel- oder Wettverträgen oder
- Gewinnzusagen.

3.2.10 Streitigkeiten aus dem Bereich des Familien-, Lebenspartnerschafts- und Erbrechts. P

Ausnahme: Sie haben Beratungs-Rechtsschutz *(siehe 2.2.11)* vereinbart.

3.2.11 Sie wollen gegen uns oder unser Schadenabwicklungsunternehmen vorgehen. A

3.2.12 Streitigkeiten wegen W
- der steuerlichen Bewertung von Grundstücken, Gebäuden oder Gebäudeteilen oder
- Erschließungs- und sonstiger Anliegerabgaben.

Ausnahme: Es handelt sich um laufend erhobene Gebühren für die Grundstücksversorgung.

3.2.13 Sie nehmen Ihre rechtlichen Interessen wahr A
- vor Verfassungsgerichten oder
- vor internationalen oder supranationalen Gerichtshöfen *(z. B. dem Europäischen Gerichtshof).*

Ausnahme: Sie nehmen Ihre rechtlichen Interessen wahr als Bediensteter internationaler oder supranationaler Organisationen aus Arbeitsverhältnissen oder öffentlich-rechtlichen Dienstverhältnissen. B

3.2.14 Jede Interessenwahrnehmung in ursächlichem Zusammenhang mit einem Insolvenzverfahren, das über Ihr Vermögen eröffnet wurde oder eröffnet werden soll *(z. B. Zwangsversteigerung des Fahrzeuges infolge Ihres Insolvenzantrages).* A

3.2.15 Streitigkeiten W
- in Enteignungs-, Planfeststellungs-, Flurbereinigungs-Angelegenheiten,
- in Angelegenheiten, die im Baugesetzbuch geregelt sind.

3.2.16 Gegen Sie wird ein Ordnungswidrigkeiten- bzw. Verwaltungsverfahren wegen eines Halt- oder Parkverstoßes geführt. Vk, F, D

3.2.17 Es bestehen Streitigkeiten A
- von Mitversicherten gegen Sie,
- von Mitversicherten untereinander.

3.2.18 Streitigkeiten sonstiger Lebenspartner *(nicht eheliche und nicht eingetragene Lebenspartner gleich welchen Geschlechts)* untereinander, wenn diese Streitigkeiten in ursächlichem Zusammenhang mit der Partnerschaft stehen. Dies gilt auch, wenn die Partnerschaft beendet ist. P, Vk, W

3.2.19 Ansprüche oder Verbindlichkeiten werden auf Sie übertragen oder sind auf Sie übergegangen, nachdem ein Versicherungsfall bereits eingetreten ist. *(Beispiel: Ihr Arbeitskollege hat einen Verkehrsunfall und überträgt seine Schadenersatzansprüche auf Sie. Diese wollen Sie gegenüber dem Unfallgegner geltend machen. Dies ist nicht versichert.)* A

3.2.20 Sie wollen die Ansprüche eines anderen geltend machen oder Sie sollen für Verbindlichkeiten eines anderen einstehen. *(Beispiel: Ihr Arbeitskollege kauft ein Fahrzeug. Sie bürgen für den Darlehensvertrag mit dem Autoverkäufer. Streitigkeiten aus dem Bürgschaftsvertrag sind nicht versichert.)* A

3.2.21 Sie haben in den Leistungsarten nach 2.2.1 bis 2.2.8 den Versicherungsfall **vorsätzlich** und **rechtswidrig** herbeigeführt.

Wird dies erst später bekannt, sind Sie verpflichtet, die von uns erbrachten Leistungen zurückzuzahlen. A

3.2.22 Jegliche Interessenwahrnehmung in ursächlichem Zusammenhang mit einer geplanten oder ausgeübten gewerblichen, freiberuflichen oder sonstigen selbstständigen Tätigkeit. A

3.2.23 Sie wollen Interessen wahrnehmen im Zusammenhang mit dem Erwerb oder der Veräußerung von Teilnutzungsrechten *(Timesharing)* an: P
- Grundstücken,
- Gebäuden,
- Gebäudeteilen.

3.3 Einschränkung unserer Leistungspflicht A

Wir können folgende Kosten **nicht** erstatten: A

3.3.1 Kosten, die Sie übernommen haben, ohne rechtlich dazu verpflichtet zu sein. A

3.3.2 Kosten, die bei einer gütlichen Einigung entstanden sind und die nicht dem Verhältnis des von Ihnen angestrebten Ergebnisses zum erzielten Ergebnis entsprechen. *(Beispiel: Sie verlangen Schadenersatz in Höhe von 10.000 €. In einem Vergleich mit dem Gegner erlangen Sie einen Betrag von 8.000 € = 80 % des angestrebten Ergebnisses. In diesem Fall übernehmen wir 20 % der entstandenen Kosten – nämlich für den Teil, den Sie nicht durchsetzen konnten.)* Dies bezieht sich auf die **gesamten Kosten der Streitigkeit**. A

Ausnahme: Es ist gesetzlich eine andere Kostenregelung vorgeschrieben.

3.3.3 Sie einigen sich auch über unstrittige oder nicht versicherte Ansprüche. In diesem Fall zahlen wir die darauf entfallenden Kosten nicht. A

3.3.4 Von den von uns zu tragenden Kosten ziehen wir die vereinbarte Selbstbeteiligung je Versicherungsfall ab. A

Ausnahme: Hängen mehrere Versicherungsfälle zeitlich und ursächlich zusammen, ziehen wir zu Ihren Gunsten die Selbstbeteiligung nur einmal ab.

3.3.5 Kosten von Zwangsvollstreckungsmaßnahmen *(z. B. Kosten eines Gerichtsvollziehers)*, A
- die aufgrund der 4. oder jeder weiteren Zwangsvollstreckungsmaßnahme je Vollstreckungstitel entstehen,
- die später als 5 Jahre nach Rechtskraft des Vollstreckungstitels eingeleitet werden. *(Vollstreckungstitel sind z. B. ein Vollstreckungsbescheid und ein Urteil)*

3.3.6 Kosten für Strafvollstreckungsverfahren jeder Art, bei denen vom Gericht eine Geldstrafe oder Geldbuße unter 250 € verhängt wurde. **P, Vk, F, D**

3.3.7 Kosten, zu deren Übernahme ein anderer verpflichtet wäre, wenn der Rechtsschutzversicherungsvertrag nicht bestünde. A

3.4 Ablehnung des Versicherungsschutzes wegen mangelnder Erfolgsaussichten oder wegen Mutwilligkeit/Stichentscheidverfahren A

3.4.1 Wir können den Versicherungsschutz **ablehnen**, wenn unserer Auffassung nach

3.4.1.1 die Wahrnehmung Ihrer rechtlichen Interessen nach 2.2.1 bis 2.2.7 **keine hinreichende Aussicht auf Erfolg** hat oder

3.4.1.2 Sie Ihre rechtlichen Interessen **mutwillig** wahrnehmen wollen. Mutwilligkeit liegt dann vor, wenn die voraussichtlich entstehenden Kosten in einem groben Missverhältnis zum angestrebten Erfolg stehen. In diesem Fall können wir nicht zahlen, weil die berechtigten Interessen der Versichertengemeinschaft beeinträchtigt würden.

Die Ablehnung müssen wir Ihnen in diesen Fällen unverzüglich schriftlich mitteilen, und zwar mit Begründung. *("Unverzüglich" heißt nicht unbedingt "sofort", sondern "ohne schuldhaftes Zögern bzw. so schnell wie eben möglich".)*

3.4.2 Was geschieht, wenn wir eine Leistungspflicht nach 3.4.1 ablehnen und Sie damit **nicht einverstanden sind?**

In diesem Fall können Sie den für Sie tätigen oder noch zu beauftragenden Rechtsanwalt veranlassen, eine begründete Stellungnahme abzugeben, und zwar zu folgenden Fragen:
- Besteht eine hinreichende Aussicht auf Erfolg und
- steht die Durchsetzung Ihrer rechtlichen Interessen in einem angemessenen Verhältnis zum angestrebten Erfolg?

Die Kosten für diese Stellungnahme übernehmen wir.

Die Entscheidung des Rechtsanwaltes ist für Sie und uns bindend, es sei denn, dass diese Entscheidung offenbar von der tatsächlichen Sach- oder Rechtslage erheblich abweicht.

3.4.3 Für die Stellungnahme können wir Ihnen eine Frist von mindestens einem Monat setzen. Damit der Rechtsanwalt die Stellungnahme abgeben kann, müssen Sie ihn vollständig und wahrheitsgemäß über die Sachlage unterrichten. Außerdem müssen Sie die Beweismittel angeben. Wenn Sie diesen Verpflichtungen nicht nachkommen, entfällt Ihr Versicherungsschutz.

Wir sind verpflichtet, Sie auf diese mit dem Fristablauf verbundenen Rechtsfolgen *(Verlust des Versicherungsschutzes)* hinzuweisen.

4. Was müssen Sie beachten? A

4.1 Verhalten im Versicherungsfall/Erfüllung von Obliegenheiten

Obliegenheiten bezeichnen sämtliche Verhaltensregeln, die Sie und die versicherten Personen beachten müssen, um den Anspruch auf Versicherungsschutz zu erhalten.

4.1.1 Was müssen Sie tun, wenn ein Versicherungsfall eintritt und Sie Versicherungsschutz brauchen?

4.1.1.1 Sie müssen uns den Versicherungsfall **unverzüglich** mitteilen, gegebenenfalls auch telefonisch. *("Unverzüglich" heißt nicht unbedingt "sofort", sondern "ohne schuldhaftes Zögern bzw. so schnell wie eben möglich".)*

4.1.1.2 Sie müssen
- uns **vollständig und wahrheitsgemäß** über **sämtliche** Umstände des Versicherungsfalles unterrichten und
- alle Beweismittel angeben und
- uns Unterlagen auf Verlangen zur Verfügung stellen.

4.1.1.3 Kostenverursachende Maßnahmen müssen Sie nach Möglichkeit mit uns abstimmen, soweit dies für Sie zumutbar ist. *(Beispiele für kostenverursachende Maßnahmen: die Beauftragung eines Rechtsanwaltes, Erhebung einer Klage oder Einlegung eines Rechtsmittels)*

4.1.1.4 Bei Eintritt des Versicherungsfalles müssen Sie – soweit möglich – dafür sorgen, dass Schaden vermieden bzw. verringert wird *(entsprechend § 82 Versicherungsvertragsgesetz. § 82 bestimmt zum Beispiel in Absatz 1: "Der Versicherungsnehmer hat bei Eintritt des Versicherungsfalles nach Möglichkeit für die Abwendung und Minderung des Schadens zu sorgen").*

Das heißt, Sie müssen die Kosten für die Rechtsverfolgung *(zum Beispiel: Rechtsanwalts-, Gerichtskosten, Kosten der Gegenseite)* so **gering wie möglich** halten. Hierzu sollten Sie uns oder Ihren Rechtsanwalt fragen.

Sie müssen Weisungen von uns **befolgen**, soweit das für Sie zumutbar ist. Außerdem müssen Sie Weisungen von uns **einholen**, wenn die Umstände dies gestatten.

4.1.2 Wir bestätigen Ihnen den Umfang des Versicherungsschutzes, der für den konkreten Versicherungsfall besteht.

Ergreifen Sie jedoch Maßnahmen zur Durchsetzung Ihrer rechtlichen Interessen,
- **bevor** wir den Umfang des Versicherungsschutzes bestätigt haben, und
- entstehen durch solche Maßnahmen Kosten?

Dann tragen wir nur **die Kosten**, die wir bei einer Bestätigung des Versicherungsschutzes **vor** Einleitung dieser Maßnahmen zu tragen gehabt hätten.

4.1.3 Den Rechtsanwalt können **Sie** auswählen *(freie Anwaltswahl).*

Wir wählen den Rechtsanwalt aus,
- wenn Sie das verlangen oder
- wenn Sie keinen Rechtsanwalt benennen und uns die umgehende Beauftragung eines Rechtsanwaltes notwendig erscheint.

Wenn **wir** den Rechtsanwalt auswählen, beauftragen wir ihn in Ihrem Namen. Für die Tätigkeit des Rechtsanwaltes sind wir nicht verantwortlich.

4.1.4 Sie müssen nach der Beauftragung des Rechtsanwaltes Folgendes tun:

Ihren Rechtsanwalt
- vollständig und wahrheitsgemäß unterrichten,
- die Beweismittel angeben,
- die möglichen Auskünfte erteilen,
- die notwendigen Unterlagen beschaffen und

uns auf Verlangen Auskunft über den Stand Ihrer Angelegenheit geben.

4.1.5 Wenn Sie eine der in 4.1.1 und 4.1.4 genannten Obliegenheiten **vorsätzlich** verletzen, **verlieren Sie Ihren Versicherungsschutz.**

Bei **grob fahrlässiger Verletzung einer Obliegenheit** sind wir berechtigt, unsere Leistung zu kürzen, und zwar in einem der Schwere Ihres Verschuldens entsprechenden Verhältnis. *(Beispiel für „grob fahrlässiges Verhalten": Jemand verletzt die erforderliche Sorgfalt in ungewöhnlich hohem Maße.)*

Wenn Sie eine Auskunfts- oder Aufklärungsobliegenheit **nach** Eintritt des Versicherungsfalles verletzen, kann auch dies zum vollständigen oder teilweisen Wegfall des Versicherungsschutzes führen. Dies setzt jedoch voraus, dass wir Sie vorher durch gesonderte Mitteilung in Textform *(z. B. Brief oder E-Mail)* über diese Pflichten informiert haben.

Der Versicherungsschutz bleibt bestehen, wenn Sie nachweisen, dass Sie die Obliegenheiten nicht grob fahrlässig verletzt haben.

Der Versicherungsschutz bleibt auch in folgendem Fall bestehen: Sie weisen nach, dass die Obliegenheitsverletzung nicht die Ursache war
- für den Eintritt des Versicherungsfalles,
- für die Feststellung des Versicherungsfalles oder
- für die Feststellung oder den Umfang unserer Leistung. *(Beispiel: Sie haben die Einlegung des Rechtsmittels mit uns nicht abgestimmt. Bei nachträglicher Prüfung hätten wir jedoch auch bei rechtzeitiger Abstimmung die Kostenübernahme bestätigt.)*

Der Versicherungsschutz bleibt **nicht** bestehen, wenn Sie Ihre Obliegenheit **arglistig** verletzt haben.

4.1.6 Sie müssen sich bei der Erfüllung der Obliegenheiten die Kenntnis und das Verhalten des von Ihnen beauftragten Rechtsanwaltes zurechnen lassen. *(Beispiel: Ihr Anwalt unterrichtet uns nicht rechtzeitig. Dann behandeln wir Sie so, als hätten Sie selbst uns nicht rechtzeitig informiert.)*

Dies gilt, wenn Ihr Rechtsanwalt die Abwicklung des Versicherungsfalles uns gegenüber übernimmt.

4.1.7 Ihre Ansprüche auf Versicherungsleistungen können Sie nur mit unserem schriftlichen Einverständnis abtreten. *(„Abtreten" heißt: Sie übertragen Ihre Ansprüche auf Versicherungsleistungen, die Sie uns gegenüber haben, auf Ihren Rechtsanwalt oder eine andere Person.)*

4.1.8 Wenn ein anderer *(z. B. Ihr Prozessgegner)* Ihnen Kosten der Rechtsverfolgung erstatten muss, dann geht dieser Anspruch auf uns über. Aber nur dann, wenn wir die Kosten bereits beglichen haben.

Sie müssen uns die Unterlagen aushändigen, die wir benötigen, um diesen Anspruch durchzusetzen. Bei der Durchsetzung des Anspruchs müssen Sie auch mitwirken, wenn wir das verlangen.

Wenn Sie diese Pflicht vorsätzlich verletzen und wir deshalb diese Kosten von Dritten nicht erstattet bekommen, dann müssen wir über die geleisteten Kosten hinaus keine weiteren Kosten mehr erstatten. Wenn Sie **grob fahrlässig** gehandelt haben, sind wir berechtigt, die Kosten in einem der Schwere Ihres Verschuldens entsprechenden Verhältnis zu kürzen. Sie müssen beweisen, dass Sie nicht grob fahrlässig gehandelt haben. *(Beispiel für „grob fahrlässiges Verhalten": Jemand verletzt die im Verkehr erforderliche Sorgfalt in ungewöhnlich hohem Maße).*

4.1.9 Hat Ihnen ein anderer *(z. B. Ihr Prozessgegner)* Kosten der Rechtsverfolgung erstattet und wurden diese zuvor von uns gezahlt? Dann müssen Sie **uns** diese Kosten zurückzahlen.

4.2 Weitere besondere Verhaltensregeln/ Obliegenheiten
Vk, F, D

Im Verkehrs-, Fahrzeug- und Fahrer-Rechtsschutz gilt:

Wenn wir einen Versicherungsfall für Sie übernehmen sollen, müssen folgende Bedingungen erfüllt sein:
- Der Fahrer muss bei Eintritt des Versicherungsfalles die vorgeschriebene Fahrerlaubnis haben.
- Der Fahrer muss berechtigt sein, das Fahrzeug zu führen.
- Das Fahrzeug muss zugelassen sein oder ein Versicherungskennzeichen haben.

Was geschieht, wenn gegen diese Bedingungen verstoßen wird? Dann besteht Versicherungsschutz nur für diejenigen versicherten Personen, die von diesem Verstoß nichts wussten. Das heißt, die Personen haben **ohne Verschulden** oder höchstens **leicht fahrlässig** gehandelt. Wenn der Verstoß **grob fahrlässig** war, sind wir berechtigt, unsere Leistung zu kürzen, und zwar entsprechend der Schwere des Verschuldens. *(Beispiel für „grob fahrlässiges Verhalten": Jemand verletzt die allgemein übliche Sorgfalt in ungewöhnlich hohem Maße.)*

Wenn die versicherte Person nachweist, dass ihre Unkenntnis nicht grob fahrlässig war, bleibt der Versicherungsschutz bestehen.

Der Versicherungsschutz bleibt auch in folgenden Fällen bestehen:

Die versicherte Person oder der Fahrer weist nach, dass der Verstoß nicht ursächlich war für
- den Eintritt des Versicherungsfalles,
- die Feststellung des Versicherungsfalles oder
- den Umfang der von uns zu erbringenden Leistung.

4.3 Besonderheiten im Verkehrs-Rechtsschutz bei Kauf eines weiteren Kraftfahrzeuges
Vk

Lassen Sie ein weiteres Fahrzeug auf sich zu oder versichern es im eigenen Namen, besteht ab Kauf für dieses Kraftfahrzeug ohne Wartezeit Versicherungsschutz. Die Wahrnehmung rechtlicher Interessen im Zusammenhang mit dem Erwerb dieses Kraftfahrzeuges haben Sie versichert. Voraussetzung ist, dass Sie uns innerhalb eines Monats nach Aufforderung zur Beitragsrechnung das Fahrzeug melden.

4.4 Besonderheiten im Fahrzeug-Rechtsschutz bei Fahrzeugwechsel oder Verkauf
F

Sie haben Versicherungsschutz auch für ein Folgefahrzeug. Wir gehen davon aus, dass Sie ein Folgefahrzeug haben, wenn Sie innerhalb eines Monats vor oder nach dem Verkauf Ihres bei uns versicherten Fahrzeuges ein neues Fahrzeug erwerben. Ihr altes Fahrzeug versichern wir maximal einen Monat ohne zusätzliche Prämie mit.

Versicherungsschutz besteht auch für die Durchsetzung Ihrer Interessen im Zusammenhang mit dem beabsichtigten Fahrzeugkauf. *(Beispiel: Sie machen eine Anzahlung für ein Kfz, der Verkäufer weigert sich aber, dieses auszuliefern.)*

Sie müssen uns den Verkauf oder Verlust Ihres Fahrzeuges innerhalb von 2 Monaten melden. Außerdem müssen Sie uns über Ihr Folgefahrzeug informieren.

Bei Verstoß gegen diese Obliegenheiten haben Sie Versicherungsschutz nur dann, wenn Sie die Meldung ohne Verschulden oder leicht fahrlässig versäumt haben. Wenn Sie grob fahrlässig gehandelt haben, sind wir berechtigt, unsere Leistungen zu kürzen, und zwar je nach Schwere des Verschuldens. Wenn Sie nachweisen, dass Sie nicht grob fahrlässig gehandelt haben, bleibt Ihr

Versicherungsschutz bestehen. *(Beispiel für „grob fahrlässiges Verhalten": Jemand verletzt die im Verkehr erforderliche Sorgfalt in ungewöhnlich hohem Maße.)*

Der Versicherungsschutz bleibt auch in folgendem Fall bestehen:

Sie weisen nach, dass der Verstoß gegen die genannten Obliegenheiten nicht die Ursache war
- für den Eintritt des Versicherungsfalles oder
- für die Feststellung des Versicherungsfalles oder
- für den Umfang unserer Leistung.

4.5 Besonderheiten im Fahrer-Rechtsschutz bei Fahrzeugkauf

Lassen Sie ein Fahrzeug auf sich zu oder versichern eines im eigenen Namen, wandelt sich Ihr Versicherungsschutz in einen Verkehrs-Rechtsschutz um. Die Wahrnehmung rechtlicher Interessen im Zusammenhang mit dem Erwerb des Kraftfahrzeuges haben Sie versichert.

---

5. In welchen Ländern sind Sie versichert?

5.1 Hier haben Sie Versicherungsschutz

Sie haben Versicherungsschutz, wenn ein Gericht oder eine Behörde in folgenden Gebieten gesetzlich zuständig ist oder wäre und Sie Ihre Rechtsinteressen dort verfolgen:
- in Europa,
- in den außereuropäischen Anliegerstaaten des Mittelmeeres (= der asiatische Teil der Türkei, Syrien, Libanon, Israel, Ägypten, Libyen, Tunesien, Algerien und Marokko),
- auf den Kanarischen Inseln,
- auf Madeira.

Ausnahme: Haben Sie Steuer-, Sozialgerichts- oder Opfer-Rechtsschutz *(siehe 2.2.5, 2.2.6, 2.2.12)* versichert, gilt dieser nur vor deutschen Gerichten.

5.2 Hier haben Sie Versicherungsschutz mit Einschränkungen

Für die Wahrnehmung Ihrer rechtlichen Interessen **außerhalb** des Geltungsbereichs nach 5.1 tragen wir die Kosten bis zu einem Höchstbetrag von 100.000 €.

5.2.1 Dies tun wir unter **folgenden** Voraussetzungen:
- Ihr Versicherungsfall muss dort während eines höchstens 12-wöchigen Aufenthaltes eingetreten sein.
- Der Versicherungsschutz darf nicht auf deutsche Gerichte beschränkt sein *(siehe Ausnahme zu 5.1)*.
- Sie nehmen nicht Interessen im Zusammenhang mit dem Erwerb oder der Veräußerungen von dinglichen Rechten wahr.

5.2.2 Soweit Rechtsschutz im Vertrags- und Sachenrecht vereinbart ist, besteht Versicherungsschutz auch bei privaten Verträgen, die über das Internet abgeschlossen werden.

---

6. Wann beginnt und endet Ihre Rechtsschutzversicherung?

6.1 Beginn des Versicherungsschutzes

Der Versicherungsschutz beginnt zu dem im Versicherungsschein angegebenen Zeitpunkt. Voraussetzung für den Versicherungsschutz ist, dass Sie die erste oder einmalige Prämie unverzüglich nach Ablauf von 14 Tagen nach Zugang des Versicherungsscheins zahlen *(siehe 7.4.1)*.

Eine vereinbarte Wartezeit bleibt unberührt *(das heißt: sie gilt in jedem Fall)*.

6.2 Dauer und Ende des Vertrages

6.2.1 Vertragsdauer

Der Vertrag ist für die im Versicherungsschein angegebene Zeit abgeschlossen.

6.2.2 Stillschweigende Verlängerung

Bei einer Vertragsdauer von mindestens einem Jahr verlängert sich der Vertrag um jeweils ein weiteres Jahr, wenn der Vertrag nicht gekündigt wird. Kündigen können sowohl Sie als auch wir. Die Kündigung muss Ihnen oder uns spätestens 3 Monate vor dem Ablauf der Vertragszeit zugehen.

6.2.3 Vertragsbeendigung

Bei einer Vertragsdauer von weniger als einem Jahr endet der Vertrag zum vorgesehenen Zeitpunkt, ohne dass es einer Kündigung bedarf.

Bei einer Vertragsdauer von mehr als 3 Jahren können Sie den Vertrag schon zum Ablauf des dritten Jahres oder jedes darauf folgenden Jahres kündigen. Ihre Kündigung muss uns spätestens 3 Monate vor Ablauf des jeweiligen Jahres zugehen.

6.2.4 Ist der Versicherungsschutz nicht mehr nötig, weil sich die äußeren Umstände geändert haben? *(Beispiel: Sie teilen uns mit, dass Sie kein Auto mehr haben.)* Dann gilt Folgendes *(sofern nichts anderes vereinbart ist)*:

6.2.4.1 Der Vertrag endet, sobald wir erfahren haben, dass sich die äußeren Umstände geändert haben. Prämien stehen uns nur anteilig bis zu diesem Zeitpunkt zu.

6.2.4.2 Der Versicherungsschutz besteht über Ihren Tod hinaus bis zum Ende der Versicherungsperiode. Dies gilt, wenn die Prämie am Todestag gezahlt war und die Versicherung nicht aus sonstigen Gründen beendet ist. Wenn die nächste fällige Prämie bezahlt wird, bleibt der Versicherungsschutz bestehen.

Derjenige, der die Prämie gezahlt hat oder für den gezahlt wurde, wird anstelle des Verstorbenen Versicherungsnehmer. Er kann innerhalb eines Jahres nach dem Todestag verlangen, dass der Versicherungsvertrag vom Todestag an beendet wird.

6.2.5 Kündigung nach Versicherungsfall

6.2.5.1 Wenn wir Ihren Versicherungsschutz ablehnen, obwohl wir zur Leistung verpflichtet sind, können Sie den Vertrag vorzeitig kündigen. Die Kündigung muss uns innerhalb eines Monats zugehen, nachdem Sie unsere Ablehnung erhalten haben.

6.2.5.2 Sind mindestens 2 Versicherungsfälle innerhalb von 12 Monaten eingetreten und besteht für diese Versicherungsschutz? In diesem Fall können sowohl Sie als auch wir den Vertrag vorzeitig kündigen.

Wann müssen **Sie** oder wir kündigen? Die Kündigung muss uns beziehungsweise Ihnen innerhalb eines Monats zugehen, nachdem wir unsere Leistungspflicht für den 2. Versicherungsfall bestätigt haben. Die Kündigung muss in Textform *(z. B. Brief oder E-Mail)* erfolgen.

Wenn Sie kündigen, wird Ihre Kündigung wirksam, sobald sie uns zugeht. Sie können jedoch bestimmen, dass die Kündigung zu einem späteren Zeitpunkt wirksam wird, spätestens jedoch am Ende des Versicherungsjahres.

Unsere Kündigung wird einen Monat, nachdem Sie sie erhalten haben, wirksam.

6.2.6 Versichererwechsel

Damit Sie bei einem Versichererwechsel möglichst keine Nachteile haben, haben Sie uns gegenüber Anspruch auf Versicherungs-

schutz in folgenden Fällen *(dies gilt abweichend von den Regelungen unter 3.1.2 bis 3.1.4)*:
- Der Versicherungsfall ist in unserer Vertragslaufzeit eingetreten. Der Versicherungsschutz gilt auch dann, wenn die Willenserklärung oder Rechtshandlung, die den Versicherungsfall ausgelöst hat, in die Vertragslaufzeit des Vorversicherers fällt.
- Der Versicherungsfall liegt zwar in der Vertragslaufzeit des Vorversicherers, der Anspruch wird aber erstmals später als 3 Jahre nach Beendigung der Vorversicherung geltend gemacht. Die Meldung beim Vorversicherer darf jedoch nicht vorsätzlich oder grob fahrlässig versäumt worden sein. *(Beispiel für „grob fahrlässiges Verhalten": Jemand verletzt die im Verkehr erforderliche Sorgfalt in ungewöhnlich hohem Maße.)*
- Der Versicherungsfall im Steuer-Rechtsschutz vor Gerichten *(Beispiel: Steuerbescheid)* fällt in unsere Vertragslaufzeit, die Grundlagen für Ihre Steuer- oder Abgabenfestsetzung sind, aber in der Vertragslaufzeit des Vorversicherers eingetreten. *(Beispiel: Sie erhalten in unserer Vertragslaufzeit einen Steuerbescheid, der ein Steuerjahr in der Vertragszeit des Vorversicherers betrifft.)*

Voraussetzung für Versicherungsschutz ist in allen eben genannten Fällen, dass
- Sie bei Ihrer vorherigen Versicherung gegen dieses Risiko versichert waren und
- der Wechsel zu uns lückenlos erfolgt ist.

In diesen Fällen haben Sie Versicherungsschutz in genau dem Umfang, den Sie bei Ihrem Vorversicherer versichert hatten, höchstens jedoch im Umfang des von Ihnen mit uns geschlossenen Vertrages.

7. Wann und wie müssen Sie Ihre Prämie bezahlen?

7.1 Prämienzahlung

Die Prämien können Sie je nach Vereinbarung monatlich, vierteljährlich, halbjährlich oder jährlich bezahlen. Die Versicherungsperiode umfasst unabhängig von der Zahlungsweise ein Jahr.

7.2 Versicherungsjahr

Das Versicherungsjahr dauert grundsätzlich 12 Monate. Besteht die vereinbarte Vertragsdauer jedoch nicht aus **ganzen** Jahren, wird das erste Versicherungsjahr entsprechend verkürzt. Die folgenden Versicherungsjahre bis zum vereinbarten Vertragsablauf sind jeweils ganze Jahre. *(Beispiel: Bei einer Vertragsdauer von 15 Monaten beträgt das erste Versicherungsjahr 3 Monate, das folgende Versicherungsjahr 12 Monate.)*

7.3 Versicherungsteuer

Die Versicherungsprämie enthält die Versicherungsteuer, die Sie in der jeweils vom Gesetz bestimmten Höhe zu entrichten haben.

7.4 Zahlung und Folgen verspäteter Zahlung/ Erste Prämie

7.4.1 Fälligkeit der Zahlung

Wenn Sie den Versicherungsschein von uns erhalten, müssen Sie die erste Prämie unverzüglich nach Ablauf von 14 Tagen bezahlen. Ist die Zahlung der Jahresprämie in Raten vereinbart, gilt als erste Prämie nur die erste Rate der ersten Jahresprämie.

7.4.2 Späterer Beginn des Versicherungsschutzes

Wenn Sie die erste Prämie zu einem späteren Zeitpunkt bezahlen, beginnt der Versicherungsschutz erst ab diesem späteren Zeitpunkt. Auf diese Folge einer verspäteten Zahlung müssen wir Sie allerdings aufmerksam gemacht haben, und zwar in Textform *(Beispiel: Brief oder E-Mail)* oder durch einen auffallenden Hinweis im Versicherungsschein.

Wenn Sie uns nachweisen, dass Sie die verspätete Zahlung nicht verschuldet haben, beginnt der Versicherungsschutz zum vereinbarten Zeitpunkt.

7.4.3 Rücktritt

Wenn Sie die erste Prämie nicht rechtzeitig bezahlen, können wir vom Vertrag zurücktreten, solange die Prämie nicht bezahlt ist. Wir können nicht zurücktreten, wenn Sie nachweisen, dass Sie die verspätete Zahlung nicht verschuldet haben.

7.5 Zahlung und Folgen verspäteter Zahlung/ Folgeprämie

7.5.1 Die Folgeprämien werden zu dem jeweils vereinbarten Zeitpunkt fällig.

7.5.2 Verzug

Wenn Sie eine Folgeprämie nicht rechtzeitig bezahlen, geraten Sie in Verzug, auch ohne dass Sie eine Mahnung von uns erhalten haben. Wir sind dann berechtigt, Ersatz für den Schaden zu verlangen, der uns durch den Verzug entstanden ist *(siehe 7.5.3)*.
Sie geraten **nicht** in Verzug, wenn Sie die verspätete Zahlung nicht verschuldet haben.

7.5.3 Zahlungsaufforderung

Wenn Sie eine Folgeprämie nicht rechtzeitig bezahlen, können wir Ihnen eine Zahlungsfrist einräumen. Das geschieht in Textform *(Beispiel: Brief oder E-Mail)* und auf Ihre Kosten. Diese Zahlungsfrist muss mindestens 14 Tage betragen.
Unsere Zahlungsaufforderung ist nur wirksam, wenn sie folgende Informationen enthält:
- Die ausstehenden Prämien, die Zinsen und die Kosten müssen im Einzelnen beziffert sein, und
- die Rechtsfolgen müssen angegeben sein, die nach 7.5.4 mit der Fristüberschreitung verbunden sind.

7.5.4 Welche rechtlichen Folgen hat die Fristüberschreitung?
- Verlust des Versicherungsschutzes
  - Wenn Sie nach Ablauf der Zahlungsfrist immer noch nicht bezahlt haben, haben Sie ab diesem Zeitpunkt bis zur Zahlung **keinen Versicherungsschutz**. Allerdings müssen wir Sie bei unserer Zahlungsaufforderung nach 7.5.3 auf den Verlust des Versicherungsschutzes hingewiesen haben.
- Kündigung des Versicherungsvertrages
  - Wenn Sie nach Ablauf der Zahlungsfrist immer noch nicht bezahlt haben, können wir den Vertrag **kündigen**, ohne eine Frist einzuhalten. Allerdings müssen wir Sie bei unserer Zahlungsaufforderung nach 7.5.3 auf die fristlose Kündigungsmöglichkeit hingewiesen haben.

Wenn wir Ihren Vertrag gekündigt haben und Sie danach innerhalb eines Monats die angemahnte Prämie bezahlen, besteht der Vertrag fort. Dann aber haben Sie für Versicherungsfälle, die zwischen dem Ablauf der Zahlungsfrist und Ihrer Zahlung eingetreten sind, **keinen Versicherungsschutz**.

7.6 Rechtzeitige Zahlung bei SEPA-Lastschriftmandat

7.6.1 Wenn wir die Einziehung der Prämie von einem Konto vereinbart haben, gilt die Zahlung als rechtzeitig, wenn
- **die Prämie zu dem Fälligkeitstag eingezogen werden kann und**
- **Sie der Einziehung nicht widersprechen.**

Was geschieht, wenn die fällige Prämie ohne Ihr Verschulden nicht eingezogen werden kann? In diesem Fall ist die Zahlung auch dann noch rechtzeitig, wenn Sie nach einer Aufforderung in Textform *(z. B. Brief oder E-Mail)* unverzüglich zahlen. *("Unverzüglich" heißt nicht unbedingt "sofort", sondern "ohne schuldhaftes Zögern bzw. so schnell wie eben möglich".)*

7.6.2 Beendigung des SEPA-Lastschriftmandats

Wenn Sie dafür verantwortlich sind, dass die fällige Prämie nicht eingezogen werden kann, sind wir berechtigt, künftig eine andere Zahlungsweise zu verlangen. Sie müssen allerdings erst dann zahlen, wenn wir Sie hierzu in Textform *(Beispiel: Brief oder E-Mail)* aufgefordert haben.

7.7 Prämie bei vorzeitiger Vertragsbeendigung

In diesem Fall haben wir nur Anspruch auf den Teil der Prämie, der dem Zeitraum des Versicherungsschutzes entspricht. Das gilt, soweit nicht etwas anderes bestimmt ist.

7.8 Prämienanpassung

7.8.1 Warum nehmen wir eine Prämienanpassung vor?

Die Prämien sind Ihre Gegenleistung für unser Leistungsversprechen. Wir benötigen die Prämien, damit wir unsere Leistungsverpflichtungen in allen versicherten Schadensfällen erfüllen können. Wir prüfen deshalb jährlich, ob die Prämie wegen einer Veränderung des Schadensbedarfes anzupassen ist.

Die Ermittlung des Veränderungswertes *(siehe 7.8.2)* kann dazu führen, dass die Prämie erhöht oder gesenkt wird oder in der bisherigen Höhe bestehen bleibt.

7.8.2 Ermittlung des Veränderungswertes als Grundlage der Prämienanpassung

Der ermittelte Veränderungswert ist maßgeblich für die Frage, ob die Prämie in der bisherigen Höhe bestehen bleibt.

7.8.2.1 Statistische Ermittlung durch einen unabhängigen Treuhänder

Ein unabhängiger Treuhänder ermittelt bis zum 1. Juli eines jeden Jahres einen **Veränderungswert** für die Prämienanpassung. Der Treuhänder legt bei seiner Ermittlung die Daten einer möglichst großen Zahl von Unternehmen, die die Rechtsschutzversicherung anbieten, zugrunde, sodass der von ihm ermittelte Wert den gesamten Markt der Rechtsschutzversicherung bestmöglich widerspiegelt.

Der Ermittlung des Veränderungswerts liegt folgende Fragestellung *(Berechnungsmethode)* zugrunde:

Um wie viel Prozent hat sich im letzten Kalenderjahr der Bedarf für Zahlungen *(das heißt: das Produkt von Schadenhäufigkeit und Durchschnitt der Schadenzahlungen)* gegenüber dem vorletzten Kalenderjahr *(Bezugsjahre)* erhöht oder vermindert?
   (Als Schadenhäufigkeit eines Kalenderjahres gilt die Anzahl der in diesem Jahr gemeldeten Versicherungsfälle, geteilt durch die Anzahl der im Jahresmittel versicherten Risiken. Mit anderen Worten: Die Schadenhäufigkeit gibt an, für wie viel Prozent der versicherten Verträge ein Schaden gemeldet worden ist. Um den Durchschnitt der Schadenzahlungen eines Kalenderjahres zu berechnen, werden alle in diesem Jahr erledigten Versicherungsfälle betrachtet. Die Summe der insgesamt geleisteten Zahlungen für diese Versicherungsfälle wird durch deren Anzahl geteilt.)

Veränderungen, die aus Leistungsverbesserungen *(z. B. Einschluss einer neuen Leistungsart)* herrühren, berücksichtigt der Treuhänder nur, wenn die Leistungsverbesserungen in beiden Vergleichsjahren zum Leistungsinhalt gehörten.

Der Treuhänder ermittelt den Veränderungswert getrennt für folgende **Vertragsgruppen**:

- Verkehrs-, Fahrzeug- und Fahrer-Rechtsschutz,
- Privat- und Berufs-Rechtsschutz sowie Wohnungs- und Grundstücks-Rechtsschutz,
- Privat-, Berufs- und Verkehrs-Rechtsschutz.

Innerhalb jeder Vertragsgruppe wird der Veränderungswert getrennt für Verträge mit und ohne Selbstbeteiligung ermittelt. Die so ermittelten Veränderungswerte gelten jeweils einheitlich für alle in der Gruppe zusammengefassten Verträge mit bzw. ohne Selbstbeteiligung.

Der Treuhänder **rundet** einen nicht durch 2,5 teilbaren Veränderungswert auf die nächst geringere positive durch 2,5 teilbare Zahl ab (beispielsweise wird 8,4 % auf 7,5 % abgerundet) bzw. auf die nächst größere negative durch 2,5 teilbare Zahl auf *(beispielsweise wird -8,4 % auf -7,5 % aufgerundet)*. Veränderungswerte im Bereich von -5 % bis +5 % werden nicht gerundet.

7.8.2.2 Ermittlung aufgrund unternehmenseigener Zahlen

Auf der Grundlage unserer unternehmenseigenen Zahlen ermitteln wir bis zum 1. Juli eines jeden Jahres den für unser Unternehmen individuellen Veränderungswert. Dabei wenden wir die für die Ermittlung durch den unabhängigen Treuhänder geltenden Regeln *(siehe 7.8.2.1)* entsprechend an.

7.8.3 Welches ist der für die Anpassung der Prämie maßgebliche Veränderungswert?

Grundsatz: Für die Prämienanpassung *(Erhöhung oder Senkung)* ist grundsätzlich der Veränderungswert maßgeblich, den der unabhängige Treuhänder ermittelt hat *(siehe 7.8.2.1)*.

Ausnahme: Wir vergleichen unseren unternehmensindividuellen Veränderungswert mit dem vom Treuhänder nach 7.8.2.1 ermittelten Wert. Unser unternehmensindividueller Wert ist dann für die Prämienanpassung maßgeblich, wenn dieser Vergleich ergibt, dass
- unser Wert unter dem vom Treuhänder ermittelten Wert liegt und
- dies auch in den 2 letzten Kalenderjahren zutraf, in denen eine Prämienanpassung zulässig war.

Die zu betrachtenden Kalenderjahre müssen nicht notwendig unmittelbar aufeinanderfolgen.

7.8.4 Unterbleiben einer Prämienanpassung

Bei Veränderungswerten *(siehe 7.8.2.1)* im Bereich von -5 % bis +5 % werden die Prämien nicht angepasst. Dieser Veränderungswert wird bei der Ermittlung der Voraussetzungen für die nächste Prämienanpassung mit berücksichtigt. *(Dies geschieht, indem das Bezugsjahr so lange beibehalten wird, bis die 5 %-Grenze erreicht wird. Es wird immer der Bedarf für Zahlungen aus dem jeweiligen Vorjahr mit dem Bedarf für Zahlungen aus dem "festgehaltenen" Bezugsjahr verglichen.)*

Unabhängig von der Höhe des Veränderungswertes unterbleibt eine Prämienanpassung bei Verträgen, bei denen seit dem Versicherungsbeginn noch nicht 12 Monate abgelaufen sind.

7.8.5 Erhöhung oder Senkung der Prämie

Wenn der maßgebliche Veränderungswert +5 % oder mehr beträgt, sind wir berechtigt, die Prämie entsprechend zu **erhöhen**. Die angepasste Prämie darf nicht höher sein als die für Neuverträge geltende Tarifprämie.
   Wenn der maßgebliche Veränderungswert -5 % oder weniger beträgt, sind wir verpflichtet, die Prämie entsprechend zu **senken**.

7.8.6 Wann wird die Prämienanpassung wirksam?

Die Prämienanpassung wird zu Beginn des 2. Monats wirksam, der auf unsere Mitteilung über die Prämienanpassung folgt. Sie gilt für alle Prämien, die nach unserer Mitteilung ab einschließlich 1. Oktober fällig werden.

Allgemeine Bedingungen für die Rechtsschutzversicherung (ARB 2012)

In der Mitteilung weisen wir Sie auf Ihr außerordentliches Kündigungsrecht hin *(siehe 7.8.7).*

7.8.7 Ihr außerordentliches Kündigungsrecht

Wenn sich die Prämie erhöht, können Sie den Versicherungsvertrag mit sofortiger Wirkung kündigen. Sie können frühestens jedoch zu dem Zeitpunkt kündigen, an dem die Prämienerhöhung wirksam wird *(siehe 7.8.6)*. Ihre Kündigung muss uns innerhalb eines Monats zugehen, nachdem Ihnen unsere Mitteilung über die Prämienanpassung zugegangen ist.

Wenn sich die Prämie ausschließlich wegen einer Erhöhung der Versicherungsteuer erhöht, steht Ihnen das Recht zur außerordentlichen Kündigung nicht zu.

7.9 Änderung wesentlicher Umstände der Prämienfestsetzung

7.9.1 Wenn nach Vertragsabschluss ein Umstand eintritt, der eine höhere als die vereinbarte Versicherungsprämie rechtfertigt, können wir von da ab diese höhere Prämie verlangen. Denn damit sichern wir eine höhere Gefahr ab. *(Beispiel: Sie haben bisher einen Fahrer-Rechtsschutz und kaufen sich ein Fahrzeug (siehe 4.4), oder Sie haben einen Verkehrs-Rechtsschutz für ein Fahrzeug und kaufen sich ein weiteres.)*

Wenn wir diese höhere Gefahr auch gegen eine höhere Prämie nicht versichern können, müssen wir die Absicherung gegen diese Gefahr ausschließen.

In folgenden Fällen können Sie den Versicherungsvertrag kündigen:
- Ihre Prämie erhöht sich um mehr als 10 %, oder
- wir lehnen die Absicherung der höheren Gefahr ab.

In diesen Fällen können Sie den Vertrag innerhalb eines Monats, nachdem Ihnen unsere Mitteilung zugegangen ist, ohne eine Frist kündigen. In unserer Mitteilung müssen wir Sie auf Ihr Kündigungsrecht hinweisen.

Nachdem wir von der Erhöhung der Gefahr Kenntnis erhalten haben, müssen wir unser Recht auf Prämienänderung innerhalb eines Monats ausüben.

7.9.2 Wenn nach Vertragsabschluss ein Umstand eintritt, der eine niedrigere als die vereinbarte Versicherungsprämie rechtfertigt, können wir von da ab nur noch diese niedrigere Prämie verlangen. Sie müssen uns diesen Umstand innerhalb von 2 Monaten anzeigen. Wenn Sie uns nach Ablauf von 2 Monaten informieren, wird Ihre Versicherungsprämie erst zu dem Zeitpunkt herabgesetzt, zu dem Sie uns informiert haben.

7.9.3 Wenn wir Sie auffordern, uns die zur Prämienberechnung erforderlichen Angaben zu machen, müssen Sie uns diese innerhalb eines Monats zuschicken. Wenn Sie dieser Verpflichtung nicht nachkommen, können wir den Versicherungsvertrag mit einer Frist von einem Monat kündigen. Es sei denn, Sie weisen uns nach, dass Sie nicht vorsätzlich oder grob fahrlässig gehandelt haben. *(Beispiel für „grob fahrlässiges Verhalten": Jemand verletzt die im Verkehr erforderliche Sorgfalt in ungewöhnlich hohem Maße.)*

In folgenden Fällen haben Sie **keinen** Versicherungsschutz:
- Sie machen innerhalb der Frist vorsätzlich falsche Angaben.
- Sie unterlassen vorsätzlich erforderliche Angaben.
- Der Versicherungsfall tritt später als einen Monat nach dem Zeitpunkt ein, zu dem Sie uns über die Gefahrerhöhung hätten informieren müssen. Ihr Versicherungsschutz entfällt **nicht**, wenn uns die zur Prämienberechnung erforderlichen Angaben bereits bekannt waren.

Wenn **Sie grob fahrlässig Angaben verschwiegen oder unrichtige Angaben gemacht** haben, können wir den Umfang unserer Leistungen kürzen, und zwar in einem der Schwere Ihres Verschuldens entsprechendem Verhältnis.

Sie müssen nachweisen, dass Sie nicht grob fahrlässig gehandelt haben. *(Beispiel für „grob fahrlässiges Verhalten": Jemand verletzt die im Verkehr erforderliche Sorgfalt in ungewöhnlich hohem Maße.)*

Ausnahme: In folgenden Fällen haben Sie trotzdem Versicherungsschutz:
- Sie weisen uns nach, dass die Veränderung weder den Eintritt des Versicherungsfalles beeinflusst noch den Umfang unserer Leistung erhöht hat.
- Die Frist für unsere Kündigung ist abgelaufen und wir haben nicht gekündigt.

Die soeben beschriebenen Regelungen werden nicht angewandt, wenn
- die Veränderung so unerheblich ist, dass diese nicht zu einer Erhöhung der Prämien führen würde oder
- ersichtlich ist, dass diese Veränderung mitversichert sein soll.

8. Wann verjähren Ansprüche aus dem Versicherungsvertrag? A

8.1 Gesetzliche Verjährung

Die Ansprüche aus dem Versicherungsvertrag verjähren in 3 Jahren. Die Fristberechnung richtet sich nach den allgemeinen Vorschriften des Bürgerlichen Gesetzbuchs.

8.2 Die Verjährung wird ausgesetzt

Wenn Sie einen Anspruch aus Ihrem Versicherungsvertrag bei uns angemeldet haben, ist die Verjährung ausgesetzt. Die Aussetzung wirkt von der Anmeldung bis zu dem Zeitpunkt, zu dem Ihnen unsere Entscheidung in Textform zugeht. *(Das heißt: Bei der Berechnung der Verjährungsfrist berücksichtigen wir zu Ihren Gunsten den Zeitraum von der Meldung bis zum Eintreffen unserer Entscheidung bei Ihnen nicht)*

9. Welches Recht ist anzuwenden und wo ist der Gerichtsstand? A

9.1 Anzuwendendes Recht

Für diesen Versicherungsvertrag gilt deutsches Recht.

9.2 Klagen gegen das Versicherungsunternehmen

Wenn Sie uns verklagen wollen, können Sie die Klage an folgenden Orten einreichen:
- am Sitz des Versicherungsunternehmens oder am Sitz der für Ihren Vertrag zuständigen Niederlassung
- oder auch am Gericht Ihres Wohnsitzes. Haben Sie keinen Wohnsitz, können Sie die Klage am Gericht Ihres gewöhnlichen Aufenthaltes einreichen.

9.3 Klagen gegen den Versicherungsnehmer

Wenn wir Sie verklagen müssen, können wir die Klage an folgenden Orten einreichen:
- Am Gericht Ihres Wohnsitzes. Haben Sie keinen Wohnsitz, können wir die Klage am Gericht Ihres gewöhnlichen Aufenthaltes einreichen.
- Wenn Ihr Wohnsitz oder Ihr gewöhnlicher Aufenthalt zum Zeitpunkt der Klageerhebung nicht bekannt ist, am Sitz unseres Versicherungsunternehmens oder am Sitz der für Ihren Vertrag zuständigen Niederlassung.

Prämientarif Rechtsschutz

(Stand: Juli 2018)

Annahmerichtlinien

Die bei den jeweiligen Vertragsarten genannten Voraussetzungen zur Versicherbarkeit dienen als allgemeine Richtlinien. Die Fachabteilung behält sich unabhängig davon eine eventuelle Ablehnung nach individueller Risikoprüfung vor.

Es können nur Versicherungsverträge mit Versicherungsnehmern abgeschlossen werden, die ihren ständigen Wohn- oder Geschäftssitz in der Bundesrepublik Deutschland haben.

Verträge, die vom Vorversicherer wegen eines ungünstigen Schadenverlaufes gekündigt wurden, dürfen nicht geworben werden.

Ersatzanträge zu Verträgen, die sich im Mahnverfahren befinden, werden erst angenommen, wenn der Prämienrückstand vom Versicherungsnehmer beglichen wurde.

Bei Ersatzanträgen, Vertragserweiterungen und -verlängerungen muss stets der aktuelle Tarif zugrunde gelegt werden.

Vertragsbeginn/Vertragsdauer

Frühester Versicherungsbeginn kann der Tag nach der Antragstellung sein. Ein rückwirkender Beginn ist nicht möglich. Anträge sind unverzüglich einzureichen.

Ohne Datum gilt der Eingang des Antrages im zuständigen Proximus-Standort als Versicherungsbeginn.

Als Versicherungsperiode gilt der Zeitraum eines Jahres. Bei einer 3-jährigen Vertragslaufzeit ist ein Dauernachlass von 10 % zu berücksichtigen.

Mit Minderjährigen dürfen nur 1-Jahresverträge abgeschlossen werden.

Versicherungsnehmer

Versicherungsnehmer darf nur eine einzige natürliche Person sein. Rechtsschutz-Anträge für 2 oder mehr Versicherungsnehmer (z. B. Eheleute, Geschwister) können nicht angenommen werden.

Prämien

Die Prämien des Tarifes sind Jahresprämien in Euro ohne gesetzliche Versicherungsteuer. Nebengebühren werden nicht erhoben.

Die in diesem Tarif aufgeführten Prämien sind Jahresprämien. Bei jährlicher Zahlungsweise ist ein Ratenzahlungsnachlass von 5 %, bei halbjährlicher von 3 %, bei vierteljährlicher von 2 % und monatlicher Zahlungsweise von 0 % zu berücksichtigen.

Monatliche Zahlungsweise kann nur in Verbindung mit dem SEPA-Lastschriftmandat vereinbart werden. Entfällt diese Voraussetzung, gilt vierteljährliche Zahlungsweise als vereinbart.

Tarifgruppen

Tarifgruppe N: Normaltarif

Tarifgruppe B: Beamte, Angestellte im Öffentlichen Dienst

Bei jeder Antragsaufnahme sind der Arbeitgeber und die Dienststelle des Versicherungsnehmers zu benennen.

Allgemeine Hinweise für Single-Tarife

Ein Single-Tarif kann nur abgeschlossen werden, wenn der Versicherungsnehmer alleinstehend ist und nicht in häuslicher Gemeinschaft mit einem mit Erstwohnsitz bei ihm gemeldeten ehe- oder nichtehelichen Lebenspartner wohnt.

Die Leistungen gelten entsprechend dem Rechtsschutz für Familien, jedoch ohne Mitversicherung eines Ehe-/Lebenspartners. Mitversichert sind minderjährige und volljährige unverheiratete und auch nicht in einer eingetragenen Lebenspartnerschaft lebende Kinder. Volljährige unverheiratete Kinder jedoch längstens bis zu dem Zeitpunkt, in dem sie erstmalig eine auf Dauer angelegte berufliche Tätigkeit ausüben und hierfür ein Einkommen erhalten.

Was passiert, wenn der Versicherungsnehmer heiratet oder eine nichteheliche Lebensgemeinschaft gründet?

Heiratet der Versicherungsnehmer oder begründet er eine nichteheliche Lebenspartnerschaft, kann er verlangen, dass sein Versicherungsschutz rückwirkend ab dem Zeitpunkt der veränderten Lebenssituation in die vereinbarte Form des Rechtsschutzes für Familien umgewandelt wird.

Die rückwirkende Anpassung des Vertrages muss spätestens 6 Monate nach Eintritt der veränderten Lebenssituation beantragt werden. Später ist eine Anpassung nur noch mit Wirkung für die Zukunft zum aktuellen Tarif möglich.

Im Falle der rückwirkenden Anpassung des Vertrages besteht der Versicherungsschutz für den mitversicherten Lebenspartner ohne Wartezeit.

Privat-Rechtsschutz (P)

Versicherte Leistungsarten
- Schadenersatz-RS
- RS im Vertrags- und Sachenrecht
- Steuer-RS vor Gerichten
- Sozialgerichts-RS
- Straf-RS
- Ordnungswidrigkeiten-RS
- Beratungs-RS im Familien-, Lebenspartnerschafts- und Erbrecht
- Opfer-RS

Prämien	Tarifgruppe	ohne SB	150 € SB	250 € SB
Privat-Rechtsschutz für Familien	N/B	162,02	115,07	103,23
Privat-Rechtsschutz für Singles	N/B	137,72	97,80	87,75

Berufs-Rechtsschutz (B)

für die Ausübung nichtselbstständiger Tätigkeiten

Versicherte Leistungsarten
- Arbeits-RS (auch als Arbeitgeber von Hauspersonal; bei öffentlich-rechtlichen Dienstverhältnissen für dienst- und versorgungsrechtliche Ansprüche)
- Disziplinar- und Standes-RS

Prämien	Tarifgruppe	ohne SB	150 € SB	250 € SB
Berufs-Rechtsschutz für Familien				
• in Verbindung mit Privat-RS (als Ergänzung)	N/B	29,34	23,47	20,54
• als Einzelrisiko	N/B	73,35	58,68	51,35
Berufs-Rechtsschutz für Singles				
• in Verbindung mit Privat-RS (als Ergänzung)	N/B	24,94	19,95	17,46
• als Einzelrisiko		62,35	49,88	43,65

VERKEHRSBEREICH

Verkehrs-Rechtsschutz (Vk)

Versicherte Leistungsarten
- Schadenersatz-RS (als Fahrer fremder Fahrzeuge nicht für Ansprüche wegen Beschädigung des benutzten Fahrzeuges)
- RS im Vertrags- und Sachenrecht
- Steuer-RS vor Gerichten
- Verwaltungs-RS in Verkehrssachen
- Straf-RS
- Ordnungswidrigkeiten-RS

Prämien	Tarifgruppe	ohne SB	150 € SB	250 € SB
Pkw, Wohnmobil, Campingfahrzeug, Quad, Trike	N	73,34	52,31	45,68
	B	57,80	41,01	35,25
Krafträder mit Versicherungskennzeichen	N/B	61,89	45,07	40,19
Krafträder mit amtlichen Kennzeichen	N/B	85,31	60,25	53,13
Anhänger (auch Wohnwagen)	N/B	16,22	11,47	10,15

Fahrzeug-Rechtsschutz (F)

Versicherte Leistungsarten
- Schadenersatz-RS (als Fahrer fremder Fahrzeuge nicht für Ansprüche wegen Beschädigung des benutzten Fahrzeuges)
- RS im Vertrags- und Sachenrecht
- Steuer-RS vor Gerichten
- Verwaltungs-RS in Verkehrssachen
- Straf-RS
- Ordnungswidrigkeiten-RS

Prämien	Tarifgruppe	ohne SB	150 € SB	250 € SB
Pkw, Wohnmobil, Campingfahrzeug, Quad, Trike	N	68,44	47,41	40,78
	B	52,90	36,11	30,35
Krafträder mit Versicherungskennzeichen	N/B	56,99	40,17	35,29
Krafträder mit amtlichen Kennzeichen	N/B	80,31	55,35	48,23
Anhänger (auch Wohnwagen)	N/B	11,32	6,57	5,25
Motorboot	N/B	105,11	73,57	63,62
Hubschrauber	N/B	251,79	179,19	154,98

Fahrer-Rechtsschutz (D)

Versicherte Leistungsarten
- Schadenersatz-RS
- RS im Vertrags- und Sachenrecht (bei Fahrzeugkauf)
- Steuer-RS vor Gerichten
- Verwaltungs-RS in Verkehrssachen
- Straf-RS
- Ordnungswidrigkeiten-RS

Prämien	Tarifgruppe	ohne SB	150 € SB	250 € SB
Fahrer-RS	N	62,98	43,75	39,12
	B	54,48	37,84	33,90

Wohnungs- und Grundstücks-Rechtsschutz (W)

Allgemeine Hinweise

Für jedes zu versichernde Objekt muss die Anschrift angegeben werden. Einer Wohneinheit zuzurechnende Garagen bzw. Stellplätze sind in den Versicherungsschutz eingeschlossen, auch wenn diese nicht zum selben Mietvertrag gehören wie der versicherte Erstwohnsitz.

Die Vermietung (auch Untervermietung) von bis zu 3 Zimmern in der vom Versicherungsnehmer selbst bewohnten und im Wohnungs- und Grundstücks-RS versicherten Wohneinheit, z. B. an Studenten, ist prämienfrei eingeschlossen, wenn es sich nicht um eine Wohneinheit, sondern um einzelne Zimmer handelt.

Alle Wohneinheiten eines Gebäudes können nur einheitlich mit bzw. ohne Selbstbeteiligung versichert werden.

Versicherungsschutz besteht auch für Streitigkeiten im Zusammenhang mit dem Kauf von Genossenschaftsanteilen (anstelle Hinterlegung einer Kaution).

Nicht versicherbar

Nicht versicherbar sind nicht selbst genutzte Ferienwohnungen sowie Eigentümergemeinschaften als Gesamtheit.

Besondere Hinweise

Als Wohneinheit gilt eine gemietete oder vermietete oder vom Eigentümer selbst genutzte Wohnung (auch einzelne Zimmer). Auch Einfamilienhäuser gelten als eine Wohneinheit. Dabei zählt eine etwa vorhandene Einliegerwohnung als zusätzliche Wohneinheit. Mietfrei überlassene Wohnungen (z. B. unentgeltliches Wohnrecht) sind zu behandeln wie vermietete Wohneinheiten.

Als Jahresbruttomiete/-pacht gilt die Jahresmiete/-pacht zuzüglich der vereinbarten, an den Vermieter/Verpächter zu zahlenden Nebenkosten (z. B. für Strom und Heizung). Achtung: Falsche Angaben führen zur Unterversicherung.

Der Eigentümer, Vermieter oder Verpächter kann keine Auswahl von Einheiten treffen, er muss vielmehr alle Einheiten seines Gebäudes oder Grundstückes innerhalb eines Vertrages versichern. Auch die vom Grundstückseigentümer selbst bewohnten Einheiten oder gewerbliche Einheiten sind prämienpflichtig.

Der Eigentümer/Vermieter mehrerer Eigentumswohnungen innerhalb eines Gebäudes muss alle ihm gehörenden Einheiten versichern.

Wie wirkt sich die Erhöhung der Jahresbruttomiete auf die Prämie aus?

Jeweils zur Prämienhauptfälligkeit erhält der Versicherungsnehmer bei vermieteten Objekten einen Meldebogen, auf dem die aktuelle Jahresbruttomiete/-pacht abgefragt wird. Nach diesen Angaben erfolgt dann die Berechnung der Prämie für das nächste Versicherungsjahr.

Versicherte Leistungsarten

- Wohnungs- und Grundstücks-RS
- Steuer-RS vor Gerichten

Prämientarif Rechtsschutz

Prämien	Tarifgruppe	ohne SB	150 € SB	250 € SB
zu Wohnzwecken dienende Objekte				
Selbst bewohnte Einheit [1] Eigentümer eines Einfamilienhauses bzw. einer Wohneinheit im eigenen Mehrfamilienhaus; Wohnungseigentümer; Mieter, Pächter oder Nutzungsberechtigter • in Verbindung mit Privat- und/oder Berufs-RS (als Ergänzung)	N/B	54,57	38,72	35,56
• Einzelrisiko	N/B	118,22	81,20	73,61
Vermieter/Verpächter von Einheiten Vermieter/Verpächter einer Einliegerwohnung im selbst bewohnten Einfamilienhaus	N/B	54,57	38,72	35,56
Vermieter/Verpächter von Wohneinheiten in % der Jahresbruttomiete [2]	N/B	5,47 %	4,03 %	3,37 %
Mindestprämie	N/B	127,13	101,48	85,59

Prämien	Tarifgruppe	ohne SB	150 € SB	250 € SB
Garagen, Abstellplätze, Bootsanliegeplätze (soweit nicht bei den Wohneinheiten mitversichert)				
Eigentümer, Mieter, Pächter oder Nutzungsberechtigter je Einheit	N/B	40,32	30,70	26,76
Vermieter oder Verpächter je Einheit	N/B	45,22	35,60	31,66

1) Die gleiche Prämie gilt auch für die vom VN selbst bewohnte Zweitwohnung oder für eine von einem mitversicherten Familienmitglied bewohnte Wohnung, z. B. am auswärtigen Arbeits-, Schul- oder Universitätsort (Je Objekt ist eine eigene Prämie zu entrichten.).
2) Jahresbruttomiete/-pacht = Entgelt lt. Miet-/Pachtvertrag für die Gebrauchsüberlassung inkl. Nebenkosten (z. B. Heizung, Müllabfuhr) sowie Miete für mitversicherte Garagen/Kfz-Abstellplätze.

Antrag auf Rechtsschutz - Auszug

TA 419

Antrag auf Rechtsschutz - Auszug

Sämtliche verwendete Personenbezeichnungen sind geschlechtsneutral formuliert.

Vermittler/Vermittler-Nr.	Versicherungsschein-Nr.	Antragseingang
		Antragsnummer

Zutreffendes bitte ankreuzen. Striche, sonstige Zeichen oder **Nichtbeantwortung** gelten als **Verneinung**.

Antragsteller/Versicherungsnehmer

Anrede ○ Herr ○ Frau

Besondere Anredetitel

Name

Geburtsname

Vorname

Staatsangehörigkeit

Geburtsdatum

Straße, Haus-Nr.

Geburtsort

Postleitzahl, Wohnort

Berufliche Tätigkeit *(genaue Bezeichnung)*

Branche

○ angestellt ○ selbstständig ○ öffentlicher Dienst

Telefon (privat)   Telefon (geschäftlich)   Telefon (mobil)   E-Mail

Vermittlerklausel, Kontaktdaten, Kommunikation:

○ Ich bin damit einverstanden, dass Mitarbeiter der Proximus Rechtsschutz Versicherung AG und der mich betreuende Vermittler meine Kontaktdaten aus diesem Antrag für die Kommunikation im Rahmen der regelmäßigen Kundenbetreuung nutzen dürfen. Erfasst sind neben allen meinen Versicherungsvertrag betreffenden Kontakten auch solche, die auf die inhaltliche Änderung, insbesondere Verlängerung, Ausweitung oder Ergänzung des bestehenden Vertragsverhältnisses sowie auf den Neuabschluss weiterer Verträge bei der Proximus Rechtsschutz Versicherung AG gerichtet sind. Die Einwilligung nach diesem Absatz kann ich ohne Einfluss auf den Vertrag auch in Teilen streichen oder jederzeit widerrufen.

Besondere Vereinbarungen bzw. Bemerkungen

Mündliche Vereinbarungen haben keine Gültigkeit. Besondere Vereinbarungen bedürfen der schriftlichen Bestätigung durch die Gesellschaft.

Familienangehörige

Vorname, ggf. abweichender Nachname   Geburtsdatum   Berufliche Tätigkeit

○ Ehepartner ○ Lebenspartner

○ Kind

○ Kind

○ Kind

Vorversicherung

○ keine Vorversicherung

Bei welcher/welchen Gesellschaft(en) ist oder war der Antragsteller/(Ehe-)Partner rechtsschutzversichert?   Vertragsnummer   Wann endet(e) der Vertrag?

Wurde der Rechtsschutzvertrag durch die Gesellschaft beendet? ○ ja ○ nein

Zahlungsweise

○ jährlich ○ halbjährlich ○ vierteljährlich ○ monatlich
Nachlass: 5%   3%   2%   0%

Vertragsdauer

Versicherungsbeginn - 0:00 Uhr - | | | 2 0
Versicherungsablauf - 24:00 Uhr - | | | 2 0

Die Verträge verlängern sich stillschweigend nach Ablauf der vereinbarten Dauer jeweils von Jahr zu Jahr, wenn nicht spätestens 3 Monate vor Ablauf der anderen Partei eine schriftliche Kündigung zugegangen ist.

Bei einer Vertragsdauer von 3 Jahren wird ein Dauernachlass von 10 % gewährt.

Selbstbeteiligung ○ ohne   ○ 150 €   ○ 250 €

RECHTSSCHUTZ

TA 420 Antrag auf Rechtsschutz – Auszug

Privat-Rechtsschutz (P)	○ Familie	○ Single	○ Lebenspartner	Nettojahresprämie in €
			Name, Vorname, Geburtsdatum _____	_____

Berufs-Rechtsschutz (B)	○ Familie	○ Single	○ Lebenspartner	Nettojahresprämie in €
			Name, Vorname, Geburtsdatum _____	_____

Verkehrs-Rechtsschutz (Vk) — Nettojahresprämie in €

- ○ PKW, Wohnmobil, Campingfahrzeug, Quad, Trike
- ○ Krafträder mit Versicherungskennzeichen
- ○ Krafträder mit amtlichem Kennzeichen
- ○ Anhänger (auch Wohnwagen)

Fahrzeug-Rechtsschutz (F) — Nettojahresprämie in €

- ○ PKW, Wohnmobil, Campingfahrzeug, Quad, Trike
- ○ Krafträder mit Versicherungskennzeichen
- ○ Krafträder mit amtlichem Kennzeichen
- ○ Anhänger (auch Wohnwagen)
- ○ Motorboot
- ○ Hubschrauber

Fahrer-Rechtsschutz (D) — Nettojahresprämie in €

Wohnungs- und Grundstücks-Rechtsschutz (W) — Nettojahresprämie in €

- ○ Selbstbewohnte Wohneinheit
- ○ Vermieter/Verpächter einer Einliegerwohnung im selbstbewohnten Einfamilienhaus
- ○ Vermieter/Verpächter von Wohneinheiten in % der Jahresbruttomiete
- ○ Garagen, Abstellplätze, Bootsanliegeplätze

Prämienberechnung

Gesamtjahresnettoprämie in €	
Dauernachlass (3 Jahre 10 %) in €	−
	=
Abschlag gemäß Zahlungsweise in €	−
	=
Versicherungsteuer in €	+
Gesamtbruttoprämie in €	=
Gesamtbruttoprämie gemäß Zahlungsweise in €	=

Antrag auf Rechtsschutz - Auszug

Belehrung über vorvertragliche Anzeigepflicht nach § 19 Versicherungs-vertragsgesetz	Bitte beachten Sie, dass Sie gemäß § 19 des Versicherungsvertragsgesetzes (VVG) verpflichtet sind, dem Versicherer bis zur Abgabe Ihrer Vertragserklärung alle Ihnen bekannten Umstände, die für die Übernahme des Versicherungsschutzes von Bedeutung sind und nach denen in Textform gefragt wird, nach bestem Wissen sorgfältig, wahrheitsgemäß und vollständig zu beantworten. Bitte beantworten Sie unsere Fragen unbedingt zutreffend und vollständig, da wir sonst von dem Vertrag zurücktreten oder den Vertrag vorzeitig kündigen können und Sie dann Ihren Versicherungsschutz gefährden. Ich bestätige die Richtigkeit der Angaben. Die Rechtsfolgen bei Verletzung der vorvertraglichen Anzeigepflicht habe ich gelesen.
SEPA-Lastschriftmandat – das Mandat für wiederkehrende Zahlungen	Ich ermächtige die Proximus Rechtsschutz Versicherung AG, die von der Proximus Rechtsschutz Versicherung AG auf mein Konto gezogenen Lastschriften einzulösen. Die Mandatsreferenz teilt mir/uns die Proximus Rechtsschutz Versicherung AG vor der ersten Abbuchung mit. Zahlungsempfänger: Proximus Rechtsschutz Versicherung AG Gläubiger-ID: xxxxxxxxxxxxxxxxxxxxxxxxxxxxxxxx

Name, Vorname: Antragsteller   Name, Vorname: Kontoinhaber *(falls vom Antragsteller abweichend)*

Anschrift: Kontoinhaber

BIC *(8 oder 11 Stellen)*   IBAN *(22 Stellen)*

Name des Kreditinstitutes

Datum/Unterschrift: Antragsteller   Datum/Unterschrift: Kontoinhaber |
Hinweis	Ich kann innerhalb von 8 Wochen, beginnend mit dem Belastungsdatum, die Erstattung des belasteten Betrages verlangen. Es gelten dabei die mit meinem Kreditinstitut vereinbarten Bedingungen. Vor dem ersten Einzug einer SEPA-Lastschrift wird mich die Proximus Rechtsschutz Versicherung AG über den Einzug unterrichten.
Datenverarbeitung	Mit der Datenverarbeitung durch den Versicherer bin ich einverstanden.
Empfangsbestätigung	Ich habe die diesem Vertrag zugrunde liegenden Produkt- und Kundeninformationen, das Merkblatt zur Datenverarbeitung, die Versicherungsbedingungen und die Klauseln erhalten. Eine Durchschrift ist mir nach Unterzeichnung ausgehändigt worden. Von den Hinweisen habe ich Kenntnis genommen.
Widerrufsrecht	Sie können Ihren Antrag nach Zugang des Versicherungsscheins widerrufen. Nähere Hinweise können Sie den „Versicherungsinformationen" entnehmen. Eine Belehrung über das Widerrufsrecht sowie die Rechtsfolgen des Widerrufs erhalten Sie mit dem Versicherungsschein.

Datum/Unterschrift Antragsteller   Datum/Unterschrift Vermittler
(bei Minderjährigen Mitunterschrift der gesetzlichen Vertreter)

Vertragsspiegel Rechtsschutz

Proximus Versicherung

Antragsteller/ Versicherungsnehmer	Name	Vorname	Geburtsdatum	Beruf	A = angestellt S = selbstständig B = öffentlicher Dienst
Ehe-/ Lebenspartner	Name	Vorname	Geburtsdatum	Beruf	A = angestellt S = selbstständig B = öffentlicher Dienst
Kinder	Name	Vorname	Geburtsdatum	Beruf	A = angestellt S = selbstständig B = öffentlicher Dienst
Anschrift					

Versicherungsnachweis

- Versicherungsnummer
- Bedingungen
- Vertragsbeginn
- Vertragsablauf
- Zahlungsweise
- Prämie
- Fälligkeit
- Prämienkonto
- Produkte
  - Privat-Rechtsschutz
  - Berufs-Rechtsschutz
  - Verkehrs-Rechtsschutz
  - Fahrzeug-Rechtsschutz
  - Fahrer-Rechtsschutz
  - Wohnungs- und Grundstücks-Rechtsschutz
- Anmerkungen

FINANZ-PRODUKTE

BEDINGUNGEN

Allgemeine Anlagebedingungen (Stand: 01.03.2018)	424
Wesentliche Anlegerinformationen PROXIMUS Bond Invest	430
Besondere Anlagebedingungen PROXIMUS Bond Invest (Stand: 01.03.2018)	432
Wesentliche Anlegerinformationen PROXIMUS Global Invest	434
Besondere Anlagebedingungen PROXIMUS Global Invest (Stand: 01.03.2018)	436
Wesentliche Anlegerinformationen PROXIMUS Balance Invest	438
Besondere Anlagebedingungen PROXIMUS Balance Invest (Stand: 01.03.2018)	440
Wesentliche Anlegerinformationen PROXIMUS Strategic Invest	442
Besondere Anlagebedingungen PROXIMUS Strategic Invest (Stand: 01.03.2018)	444
Spezielle Bedingungen für das Festgeld bei der Süddeutschen Handelsbank AG	446
Spezielle Bedingungen für das Tagesgeld bei der Süddeutschen Handelsbank AG (Stand: 01.03.2018)	448
Bedingungen für den Sparverkehr mit der Süddeutschen Handelsbank AG (Stand: 01.03.2018)	450
Allgemeine Bedingungen für Kredite und Darlehen	452

TARIFE & MATERIALIEN

Verbraucherkredit	457
Vertrauliche Selbstauskunft	460
Preisaushang	462

Allgemeine Anlagebedingungen (Stand: 01.03.2018)

zur Regelung des Rechtsverhältnisses zwischen den Anlegern und der Proximus Invest GmbH, Proximus-Allee 4, 80333 München (nachstehend „Gesellschaft" genannt) für die von der Gesellschaft verwalteten OGAW-Sondervermögen, die nur in Verbindung mit den für das jeweilige OGAW-Sondervermögen aufgestellten „Besonderen Anlagebedingungen" (BABen) gelten.

§1 Grundlagen

1. Die Gesellschaft ist eine OGAW-Kapitalverwaltungsgesellschaft und unterliegt den Vorschriften des Kapitalanlagegesetzbuchs (KAGB).

2. Die Gesellschaft legt das bei ihr eingelegte Geld im eigenen Namen für gemeinschaftliche Rechnung der Anleger nach dem Grundsatz der Risikomischung in den nach dem KAGB zugelassenen Vermögensgegenständen gesondert vom eigenen Vermögen in Form eines OGAW-Sondervermögens an. Über die sich hieraus ergebenden Rechte der Anleger werden Sammelurkunden (Anteilscheine) ausgestellt. Der Geschäftszweck des OGAW-Sondervermögens ist auf die Kapitalanlage gemäß einer festgelegten Anlagestrategie im Rahmen einer kollektiven Vermögensverwaltung mittels der bei ihm eingelegten Mittel beschränkt; eine operative Tätigkeit und eine aktive unternehmerische Bewirtschaftung der gehaltenen Vermögensgegenstände ist ausgeschlossen.

3. Das Rechtsverhältnis zwischen der Gesellschaft und dem Anleger richtet sich nach diesen Allgemeinen Anlagebedingungen (AABen), den Besonderen Anlagebedingungen (BABen) des jeweiligen OGAW-Sondervermögens und dem KAGB.

§2 Verwahrstelle

1. Die Gesellschaft bestellt ein Kreditinstitut als Verwahrstelle; die Verwahrstelle handelt unabhängig von der Gesellschaft und ausschließlich im Interesse der Anleger.

2. Der Verwahrstelle obliegen die nach dem mit der Gesellschaft geschlossenen Verwahrstellenvertrag, nach dem KAGB und den AABen und BABen vorgeschriebenen Aufgaben.

3. Die Verwahrstelle kann Verwahraufgaben nach Maßgabe des § 73 KAGB auf ein anderes Unternehmen (Unterverwahrer) auslagern. Näheres hierzu enthält der Verkaufsprospekt.

4. Die Verwahrstelle haftet gegenüber dem OGAW-Sondervermögen oder gegenüber den Anlegern für das Abhandenkommen eines verwahrten Finanzinstrumentes im Sinne des § 72 Absatz 1 Nr. 1 KAGB durch die Verwahrstelle oder durch einen Unterverwahrer, dem die Verwahrung von Finanzinstrumenten nach § 73 Absatz 1 KAGB übertragen wurde. Die Verwahrstelle haftet nicht, wenn sie nachweisen kann, dass das Abhandenkommen auf äußere Ereignisse zurückzuführen ist, deren Konsequenzen trotz aller angemessenen Gegenmaßnahmen unabwendbar waren. Weitergehende Ansprüche, die sich aus den Vorschriften des Bürgerlichen Rechts aufgrund von Verträgen oder unerlaubten Handlungen ergeben, bleiben unberührt. Die Verwahrstelle haftet auch gegenüber dem OGAW-Sondervermögen oder den Anlegern für sämtliche sonstigen Verluste, die diese dadurch erleiden, dass die Verwahrstelle fahrlässig oder vorsätzlich ihre Verpflichtungen nach den Vorschriften des KAGB nicht erfüllt. Die Haftung der Verwahrstelle bleibt von einer etwaigen Übertragung der Verwahraufgaben nach Absatz 3 Satz 1 unberührt.

§3 Fondsverwaltung

1. Die Gesellschaft erwirbt und verwaltet die Vermögensgegenstände im eigenen Namen für gemeinschaftliche Rechnung der Anleger mit der Sorgfalt eines ordentlichen Kaufmannes. Sie handelt bei der Wahrnehmung ihrer Aufgaben unabhängig von der Verwahrstelle und ausschließlich im Interesse der Anleger und der Integrität des Marktes.

2. Die Gesellschaft ist berechtigt, mit dem von den Anlegern eingelegten Geld die Vermögensgegenstände zu erwerben, diese wieder zu veräußern und den Erlös anderweitig anzulegen; sie ist ferner ermächtigt, alle sich aus der Verwaltung der Vermögensgegenstände ergebenden sonstigen Rechtshandlungen vorzunehmen.

3. Die Gesellschaft darf für gemeinschaftliche Rechnung der Anleger weder Gelddarlehen gewähren noch Verpflichtungen aus einem Bürgschafts- oder einem Garantievertrag eingehen; sie darf keine Vermögensgegenstände nach Maßgabe der §§ 193, 194 und 196 KAGB verkaufen, die im Zeitpunkt des Geschäftsabschlusses nicht zum OGAW-Sondervermögen gehören. § 197 KAGB bleibt unberührt.

§4 Anlagegrundsätze

Das OGAW-Sondervermögen wird unmittelbar oder mittelbar nach dem Grundsatz der Risikomischung angelegt. Die Gesellschaft soll für das OGAW-Sondervermögen nur solche Vermögensgegenstände erwerben, die Ertrag und/oder Wachstum erwarten lassen. Sie bestimmt in den BABen, welche Vermögensgegenstände für das OGAW-Sondervermögen erworben werden dürfen.

§5 Wertpapiere

Sofern die BABen keine weiteren Einschränkungen vorsehen, darf die Gesellschaft vorbehaltlich des § 198 KAGB Wertpapiere nur erwerben, wenn

a) sie an einer Börse in einem Mitgliedstaat der Europäischen Union oder in einem anderen Vertragsstaat des Abkommens über den Europäischen Wirtschaftsraum zum Handel zugelassen oder dort an einem anderen organisierten Markt zugelassen oder in diesen einbezogen sind,

b) sie ausschließlich an einer Börse außerhalb der Mitgliedstaaten der Europäischen Union oder außerhalb der anderen Vertragsstaaten des Abkommens über den Europäischen Wirtschaftsraum zum Handel zugelassen oder dort an einem anderen organisierten Markt zugelassen oder in diesen einbezogen sind, sofern die Wahl dieser Börse oder dieses organisierten Marktes von der Bundesanstalt für Finanzdienstleistungsaufsicht (im Folgenden Bundesanstalt) zugelassen ist (die Börsenliste wird auf der Homepage der Bundesanstalt für Finanzdienstleistungsaufsicht veröffentlicht),

Allgemeine Anlagebedingungen (Stand: 01.03.2018)

c) ihre Zulassung an einer Börse in einem Mitgliedstaat der Europäischen Union oder in einem anderen Vertragsstaat des Abkommens über den Europäischen Wirtschaftsraum zum Handel oder ihre Zulassung an einem organisierten Markt oder ihre Einbeziehung in diesen in einem Mitgliedstaat der Europäischen Union oder in einem anderen Vertragsstaat des Abkommens über den Europäischen Wirtschaftsraum nach den Ausgabebedingungen zu beantragen ist, sofern die Zulassung oder Einbeziehung dieser Wertpapiere innerhalb eines Jahres nach ihrer Ausgabe erfolgt,

d) ihre Zulassung an einer Börse zum Handel oder ihre Zulassung an einem organisierten Markt oder die Einbeziehung in diesen außerhalb der Mitgliedstaaten der Europäischen Union oder außerhalb der anderen Vertragsstaaten des Abkommens über den Europäischen Wirtschaftsraum nach den Ausgabebedingungen zu beantragen ist, sofern die Wahl dieser Börse oder dieses organisierten Marktes von der Bundesanstalt zugelassen ist und die Zulassung oder Einbeziehung dieser Wertpapiere innerhalb eines Jahres nach ihrer Ausgabe erfolgt,

e) sie Aktien sind, die dem OGAW-Sondervermögen bei einer Kapitalerhöhung aus Gesellschaftsmitteln zustehen,

f) sie in Ausübung von Bezugsrechten, die zum OGAW-Sondervermögen gehören, erworben werden,

g) sie Anteile an geschlossenen Fonds sind, die die in § 193 Absatz 1 Satz 1 Nr. 7 KAGB genannten Kriterien erfüllen,

h) sie Finanzinstrumente sind, die die in § 193 Absatz 1 Satz 1 Nr. 8 KAGB genannten Kriterien erfüllen.

Der Erwerb von Wertpapieren nach Satz 1 Buchstaben a) bis d) darf nur erfolgen, wenn zusätzlich die Voraussetzungen des § 193 Absatz 1 Satz 2 KAGB erfüllt sind. Erwerbbar sind auch Bezugsrechte, die aus Wertpapieren herrühren, welche ihrerseits nach § 5 erwerbbar sind.

§ 6 Geldmarktinstrumente

1. Sofern die BABen keine weiteren Einschränkungen vorsehen, darf die Gesellschaft vorbehaltlich des § 198 KAGB für Rechnung des OGAW-Sondervermögens Instrumente, die üblicherweise auf dem Geldmarkt gehandelt werden, sowie verzinsliche Wertpapiere, die zum Zeitpunkt ihres Erwerbs für das OGAW-Sondervermögen eine restliche Laufzeit von höchstens 397 Tagen haben, deren Verzinsung nach den Ausgabebedingungen während ihrer gesamten Laufzeit regelmäßig, mindestens aber einmal in 397 Tagen, marktgerecht angepasst wird oder deren Risikoprofil dem Risikoprofil solcher Wertpapiere entspricht (Geldmarktinstrumente), erwerben.

Geldmarktinstrumente dürfen für das OGAW-Sondervermögen nur erworben werden, wenn sie

a) an einer Börse in einem Mitgliedstaat der Europäischen Union oder in einem anderen Vertragsstaat des Abkommens über den Europäischen Wirtschaftsraum zum Handel zugelassen oder dort an einem anderen organisierten Markt zugelassen oder in diesen einbezogen sind,

b) ausschließlich an einer Börse außerhalb der Mitgliedstaaten der Europäischen Union oder außerhalb der anderen Vertragsstaaten des Abkommens über den Europäischen Wirtschaftsraum zum Handel zugelassen oder dort an einem anderen organisierten Markt zugelassen oder in diesen einbezogen sind, sofern die Wahl dieser Börse oder dieses organisierten Marktes von der Bundesanstalt zugelassen ist (die Börsenliste wird auf der Homepage der Bundesanstalt für Finanzdienstleistungsaufsicht veröffentlicht),

c) von der Europäischen Union, dem Bund, einem Sondervermögen des Bundes, einem Land, einem anderen Mitgliedstaat oder einer anderen zentralstaatlichen, regionalen oder lokalen Gebietskörperschaft oder der Zentralbank eines Mitgliedstaates der Europäischen Union, der Europäischen Zentralbank oder der Europäischen Investitionsbank, einem Drittstaat oder, sofern dieser ein Bundesstaat ist, einem Gliedstaat dieses Bundesstaates oder von einer internationalen öffentlich-rechtlichen Einrichtung, der mindestens ein Mitgliedstaat der Europäischen Union angehört, begeben oder garantiert werden,

d) von einem Unternehmen begeben werden, dessen Wertpapiere auf den unter den Buchstaben a) und b) bezeichneten Märkten gehandelt werden,

e) von einem Kreditinstitut, das nach den im Recht der Europäischen Union festgelegten Kriterien einer Aufsicht unterstellt ist, oder einem Kreditinstitut, das Aufsichtsbestimmungen, die nach Auffassung der Bundesanstalt denjenigen des Rechts der Europäischen Union gleichwertig sind, unterliegt und diese einhält, begeben oder garantiert werden, oder

f) von anderen Emittenten begeben werden und den Anforderungen des § 194 Absatz 1 Satz 1 Nr. 6 KAGB entsprechen.

2. Geldmarktinstrumente im Sinne des Absatzes 1 dürfen nur erworben werden, wenn sie die jeweiligen Voraussetzungen des § 194 Absatz 2 und 3 KAGB erfüllen.

§ 7 Bankguthaben

Die Gesellschaft darf für Rechnung des OGAW-Sondervermögens Bankguthaben halten, die eine Laufzeit von höchstens 12 Monaten haben. Die auf Sperrkonten zu führenden Guthaben können bei einem Kreditinstitut mit Sitz in einem Mitgliedstaat der Europäischen Union oder einem anderen Vertragsstaat des Abkommens über den Europäischen Wirtschaftsraum unterhalten werden; die Guthaben können auch bei einem Kreditinstitut mit Sitz in einem Drittstaat, dessen Aufsichtsbestimmungen nach Auffassung der Bundesanstalt denjenigen des Rechts der Europäischen Union gleichwertig sind, gehalten werden. Sofern in den BABen nichts anderes bestimmt ist, können die Bankguthaben auch auf Fremdwährung lauten.

§ 8 Investmentanteile

1. Sofern in den BABen nichts Anderweitiges bestimmt ist, kann die Gesellschaft für Rechnung eines OGAW-Sondervermögens Anteile an Investmentvermögen gemäß der Richtlinie 2009/65/EG (OGAW) erwerben. Anteile an anderen inländischen Sondervermögen und Investmentaktiengesellschaften mit veränderlichem Kapital sowie Anteile an offenen EU-AIF und ausländischen offenen AIF können erworben werden, sofern sie die Anforderungen des § 196 Absatz 1 Satz 2 KAGB erfüllen.

2. Anteile an inländischen Sondervermögen und Investmentaktiengesellschaften mit veränderlichem Kapital, an EU-OGAW, an offenen EU-AIF und an ausländischen offenen AIF, darf die Gesellschaft nur erwerben, wenn nach den Anlagebedingungen oder der Satzung der Kapitalverwaltungsgesellschaft, der Investmentaktiengesellschaft mit veränderlichem Kapital, des EU-Investmentvermögens, der EU-Verwaltungsgesellschaft, des ausländischen AIF oder der ausländischen AIF-Verwaltungsgesellschaft insgesamt höchstens 10 % des Wertes ihres Vermögens in Anteilen an anderen inländischen Sondervermögen, Investmentaktiengesellschaften mit veränderlichem Kapital, offenen EU-Investmentvermögen oder ausländischen offenen AIF angelegt werden dürfen.

§9 Derivate

1. Sofern in den BABen nichts Anderweitiges bestimmt ist, kann die Gesellschaft im Rahmen der Verwaltung des OGAW-Sondervermögens Derivate gemäß § 197 Absatz 1 Satz 1 KAGB und Finanzinstrumente mit derivativer Komponente gemäß § 197 Absatz 1 Satz 2 KAGB einsetzen. Sie darf – der Art und dem Umfang der eingesetzten Derivate und Finanzinstrumente mit derivativer Komponente entsprechend – zur Ermittlung der Auslastung der nach § 197 Absatz 2 KAGB festgesetzten Marktrisikogrenze für den Einsatz von Derivaten und Finanzinstrumenten mit derivativer Komponente entweder den einfachen oder den qualifizierten Ansatz im Sinne der gemäß § 197 Absatz 3 KAGB erlassenen Rechtsverordnung über Risikomanagement und Risikomessung in Sondervermögen (DerivateV) nutzen; das Nähere regelt der Verkaufsprospekt.

2. Sofern die Gesellschaft den einfachen Ansatz nutzt, darf sie regelmäßig nur die folgenden Grundformen von Derivaten, Finanzinstrumenten mit derivativer Komponente oder Kombinationen aus diesen Derivaten, Finanzinstrumenten mit derivativer Komponente oder Kombinationen aus gemäß § 197 Absatz 1 Satz 1 KAGB zulässigen Basiswerten im OGAW-Sondervermögen einsetzen. Komplexe Derivate aus gemäß § 197 Absatz 1 Satz 1 KAGB zulässigen Basiswerten dürfen nur zu einem vernachlässigbaren Anteil eingesetzt werden. Der nach Maßgabe von § 16 DerivateV zu ermittelnde Anrechnungsbetrag des OGAW-Sondervermögens für das Marktrisiko darf zu keinem Zeitpunkt den Wert des Sondervermögens übersteigen.

Grundformen von Derivaten sind:

a) Terminkontrakte auf die Basiswerte nach § 197 Absatz 1 KAGB mit der Ausnahme von Investmentanteilen nach § 196 KAGB;

b) Optionen oder Optionsscheine auf die Basiswerte nach § 197 Absatz 1 KAGB mit der Ausnahme von Investmentanteilen nach § 196 KAGB und auf Terminkontrakte nach Buchstabe a), wenn sie die folgenden Eigenschaften aufweisen:

(aa) eine Ausübung ist entweder während der gesamten Laufzeit oder zum Ende der Laufzeit möglich und

(bb) der Optionswert hängt zum Ausübungszeitpunkt linear von der positiven oder negativen Differenz zwischen Basispreis und Marktpreis des Basiswerts ab und wird 0, wenn die Differenz das andere Vorzeichen hat;

c) Zinsswaps, Währungsswaps oder Zins-Währungsswaps;

d) Optionen auf Swaps nach Buchstabe c), sofern sie die in Buchstabe b) unter Buchstaben (aa) und (bb) beschriebenen Eigenschaften aufweisen (Swaptions);

e) Credit Default Swaps, die sich auf einen einzelnen Basiswert beziehen (Single Name Credit Default Swaps).

3. Sofern die Gesellschaft den qualifizierten Ansatz nutzt, darf sie – vorbehaltlich eines geeigneten Risikomanagementsystems – in jegliche Finanzinstrumente mit derivativer Komponente oder Derivate investieren, die von einem gemäß § 197 Absatz 1 Satz 1 KAGB zulässigen Basiswert abgeleitet sind.

Hierbei darf der dem OGAW-Sondervermögen zuzuordnende potenzielle Risikobetrag für das Marktrisiko („Risikobetrag") zu keinem Zeitpunkt das Zweifache des potenziellen Risikobetrags für das Marktrisiko des zugehörigen Vergleichsvermögens gemäß § 9 der DerivateV übersteigen. Alternativ darf der Risikobetrag zu keinem Zeitpunkt 20 % des Wertes des OGAW-Sondervermögens übersteigen.

4. Unter keinen Umständen darf die Gesellschaft bei diesen Geschäften von den in den AABen und BABen oder in dem Verkaufsprospekt genannten Anlagegrundsätzen und -grenzen abweichen.

5. Die Gesellschaft wird Derivate und Finanzinstrumente mit derivativer Komponente zum Zwecke der Absicherung, der effizienten Portfoliosteuerung und der Erzielung von Zusatzerträgen einsetzen, wenn und soweit sie dies im Interesse der Anleger für geboten hält.

6. Bei der Ermittlung der Marktrisikogrenze für den Einsatz von Derivaten und Finanzinstrumenten mit derivativer Komponente darf die Gesellschaft jederzeit zwischen dem einfachen und dem qualifizierten Ansatz gemäß § 6 Satz 3 der DerivateV wechseln. Der Wechsel bedarf nicht der Genehmigung durch die Bundesanstalt, die Gesellschaft hat den Wechsel jedoch unverzüglich der Bundesanstalt anzuzeigen und im nächstfolgenden Halbjahres- oder Jahresbericht bekannt zu machen.

7. Beim Einsatz von Derivaten und Finanzinstrumenten mit derivativer Komponente wird die Gesellschaft die DerivateV beachten.

§10 Sonstige Anlageinstrumente

Sofern in den BABen nichts Anderweitiges bestimmt ist, kann die Gesellschaft für Rechnung eines OGAW-Sondervermögens bis zu 10 % des Wertes des OGAW-Sondervermögens „Sonstige Anlageinstrumente" gemäß § 198 KAGB erwerben.

§11 Ausstellergrenzen und Anlagegrenzen

1. Bei der Verwaltung hat die Gesellschaft die im KAGB, der DerivateV und die in den Anlagebedingungen festgelegten Grenzen und Beschränkungen zu beachten.

2. Wenn dies in den BABen vorgesehen ist, dürfen Wertpapiere und Geldmarktinstrumente einschließlich der in Pension genommenen Wertpapiere und Geldmarktinstrumente desselben Ausstellers (Schuldners) über den Wertanteil von 5 % hinaus bis zu 10 % des OGAW-Sondervermögens erworben werden; dabei darf der Gesamtwert der Wertpapiere und Geldmarktinstrumente dieser Emittenten 40 % des OGAW-Sondervermögens nicht übersteigen.

3. Die Gesellschaft darf in solche Schuldverschreibungen, Schuldscheindarlehen und Geldmarktinstrumente, die vom Bund, einem Land, der Europäischen Union, einem Mitgliedstaat der Europäischen Union oder seinen Gebietskörperschaften, einem anderen Vertragsstaat des Abkommens über den Europäischen Wirtschaftsraum oder einem Drittstaat oder von einer internationalen Organisation, der mindestens ein Mitgliedstaat der Europäischen Union angehört, ausgegeben oder garantiert worden sind, jeweils bis zu 35 % des Wertes des OGAW-Sondervermögens anlegen.

4. In Pfandbriefen und Kommunalschuldverschreibungen sowie Schuldverschreibungen, die von Kreditinstituten mit Sitz in einem Mitgliedstaat der Europäischen Union oder in einem anderen Vertragsstaat des Abkommens über den Europäischen Wirtschaftsraum ausgegeben worden sind, darf die Gesellschaft jeweils bis zu 25 % des Wertes des OGAW-Sondervermögens anlegen, wenn die Kreditinstitute aufgrund gesetzlicher Vorschriften zum Schutz der Inhaber dieser Schuldverschreibungen einer besonderen öffentlichen Aufsicht unterliegen und die mit der Ausgabe der Schuldverschreibungen aufgenommenen Mittel nach den gesetzlichen Vorschriften in Vermögenswerten angelegt werden, die während der gesamten Laufzeit der Schuldverschreibungen die sich aus ihnen ergebenden Verbindlichkeiten ausreichend decken und die bei einem Ausfall des Ausstellers vorrangig für die fällig werdenden Rückzahlungen und die Zahlung der Zinsen bestimmt sind. Legt die Gesellschaft mehr als 5 % des Wertes des OGAW-Sondervermögens in Schuldverschreibungen desselben Ausstellers nach Satz 1 an, so darf der Gesamtwert dieser Schuldverschreibungen 80 % des Wertes des OGAW-Sondervermögens nicht übersteigen.

5. Die Grenze in Absatz 3 darf für Wertpapiere und Geldmarktinstrumente desselben Ausstellers nach Maßgabe von § 206 Absatz 2 KAGB überschritten werden, sofern die BABen dies unter Angabe der Aussteller vorsehen. In diesen Fällen müssen die für Rechnung des OGAW-Sondervermögens gehaltenen Wertpapiere und Geldmarktinstrumente aus min-destens 6 verschiedenen Emissionen stammen, wobei nicht mehr als 30 % des OGAW-Sondervermögens in einer Emission gehalten werden dürfen.

6. Die Gesellschaft darf nur bis zu 20 % des Wertes des OGAW-Sondervermögens in Bankguthaben im Sinne des § 195 KAGB bei je einem Kreditinstitut anlegen.

7. Die Gesellschaft hat sicherzustellen, dass eine Kombination aus

a) von ein und derselben Einrichtung begebenen Wertpapieren oder Geldmarktinstrumenten,

b) Einlagen bei dieser Einrichtung und

c) Anrechnungsbeträgen für das Kontrahentenrisiko der mit dieser Einrichtung eingegangenen Geschäfte,

20 % des Wertes des jeweiligen OGAW-Sondervermögens nicht übersteigt. Satz 1 gilt für die in Absatz 3 genannten Emittenten und Garantiegeber mit der Maßgabe, dass die Gesellschaft sicherzustellen hat, dass eine Kombination der in Satz 1 genannten Vermögensgegenstände und Anrechnungsbeträge 35 % des Wertes des jeweiligen OGAW-Sondervermögens nicht übersteigt. Die jeweiligen Einzelobergrenzen bleiben in beiden Fällen unberührt.

8. Die in Absatz 3 genannten Schuldverschreibungen und Schuldscheindarlehen und Geldmarktinstrumente werden bei der Anwendung der in Absatz 2 genannten Grenzen von 40 % nicht berücksichtigt. Die in den Absätzen 2 bis 4 und Absätzen 6 bis 7 genannten Grenzen dürfen abweichend von der Regelung in Absatz 7 nicht kumuliert werden.

9. Die Gesellschaft darf in Anteilen an einem einzigen Investmentvermögen nach Maßgabe des § 196 Absatz 1 KAGB nur bis zu 20 % des Wertes des OGAW-Sondervermögens anlegen. In Anteilen an Investmentvermögen nach Maßgabe des § 196 Absatz 1 Satz 2 KAGB darf die Gesellschaft insgesamt nur bis zu 30 % des Wertes des OGAW-Sondervermögens anlegen. Die Gesellschaft darf für Rechnung des OGAW-Sondervermögens nicht mehr als 25 % der ausgegebenen Anteile eines anderen offenen inländischen, EU- oder ausländischen Investmentvermögens, das nach dem Grundstz der Risikomischung in Vermögensgegenstände im Sinne der §§ 192 bis 198 KAGB angelegt ist, erwerben.

§12 Verschmelzung

1. Die Gesellschaft darf nach Maßgabe der §§ 181 bis 191 KAGB

a) sämtliche Vermögensgegenstände und Verbindlichkeiten dieses OGAW-Sondervermögens auf ein anderes bestehendes oder ein neues, dadurch gegründetes OGAW-Sondervermögen oder einen EU-OGAW oder eine OGAW-Investmentaktiengesellschaft mit veränderlichem Kapital übertragen;

b) sämtliche Vermögensgegenstände und Verbindlichkeiten eines anderen offenen Publikumsinvestmentvermögens in dieses OGAW-Sondervermögen aufnehmen.

2. Die Verschmelzung bedarf der Genehmigung der jeweils zuständigen Aufsichtsbehörde. Die Einzelheiten des Verfahrens ergeben sich aus den §§ 182 bis 191 KAGB.

3. Das OGAW-Sondervermögen darf nur mit einem Publikumsinvestmentvermögen verschmolzen werden, das kein OGAW ist, wenn das übernehmende oder neugegründete Investmentvermögen weiterhin ein OGAW ist. Verschmelzungen eines EU-OGAW auf das OGAW-Sondervermögen können darüber hinaus gemäß den Vorgaben des Artikels 2 Absatz 1 Buchstabe p Ziffer iii der Richtlinie 2009/65/EG erfolgen.

§13 Wertpapier-Darlehen

1. Die Gesellschaft darf für Rechnung des OGAW-Sondervermögens einem Wertpapier-Darlehensnehmer gegen ein marktgerechtes Entgelt nach Übertragung ausreichender Sicherheiten gemäß § 200 Absatz 2 KAGB ein jederzeit kündbares Wertpapier-Darlehen gewähren, als der Kurswert der zu übertragenden Wertpapiere zusammen mit dem Kurswert der für Rechnung des OGAW-Sondervermögens demselben Wertpapier-Darlehensnehmer einschließlich konzernangehöriger Unternehmen im Sinne des § 290 HGB bereits als Wertpapier-Darlehen übertragenen Wertpapiere 10 % des Wertes des OGAW-Sondervermögens nicht übersteigt.

2. Wird die Sicherheit für die übertragenen Wertpapiere vom Wertpapier-Darlehensnehmer in Guthaben erbracht, muss das Guthaben auf Sperrkonten gemäß § 200 Absatz 2 Satz 3 Nr. 1 KAGB unterhalten werden. Alternativ darf die Gesellschaft von der Möglichkeit Gebrauch machen, diese Guthaben in der Währung des Guthabens in folgende Vermögensgegenstände anzulegen:

a) in Schuldverschreibungen, die eine hohe Qualität aufweisen und die vom Bund, von einem Land, der Europäischen Union, einem Mitgliedstaat der Europäischen Union oder seinen Gebietskörperschaften, einem anderen Vertragsstaat des Abkommens über den Europäischen Wirtschaftsraum oder einem Drittstaat ausgegeben worden sind,

b) in Geldmarktfonds mit kurzer Laufzeitstruktur entsprechend dem von der Bundesanstalt auf Grundlage von § 4 Absatz 2 erlassenen Richtlinien oder

c) im Wege eines umgekehrten Pensionsgeschäftes mit einem Kreditinstitut, das die jederzeitige Rückforderung des aufgelaufenen Guthabens gewährleistet.

Die Erträge aus der Anlage der Sicherheiten stehen dem OGAW-Sondervermögen zu.

3. Die Gesellschaft kann sich auch eines von einer Wertpapiersammelbank oder von einem anderen in den BABen genannten Unternehmen, dessen Unternehmensgegenstand die Abwicklung von grenzüberschreitenden Effektengeschäften für andere ist, organisierten Systems zur Vermittlung und Abwicklung der Wertpapier-Darlehen bedienen, welches von den Anforderungen der §§ 200 und 201 KAGB abweicht, wenn durch die Bedingungen dieses Systems die Wahrung der Interessen der Anleger gewährleistet ist und von dem jederzeitigen Kündigungsrecht nach Absatz a) nicht abgewichen wird.

Allgemeine Anlagebedingungen (Stand: 01.03.2018)

4. Sofern in den BABen nichts Anderweitiges bestimmt ist, darf die Gesellschaft Wertpapier-Darlehen auch in Bezug auf Geldmarktinstrumente und Investmentanteile gewähren, sofern diese Vermögensgegenstände für das OGAW-Sondervermögen erwerbbar sind. Die Regelungen der Absätze 1 bis 3 gelten hierfür sinngemäß.

§14 Pensionsgeschäfte

1. Die Gesellschaft darf für Rechnung des OGAW-Sondervermögens jederzeit kündbare Wertpapier-Pensionsgeschäfte im Sinne von § 340b Absatz 2 Handelsgesetzbuch gegen Entgelt mit Kreditinstituten oder Finanzdienstleistungsinstituten auf der Grundlage standardisierter Rahmenverträge abschließen.

2. Die Pensionsgeschäfte müssen Wertpapiere zum Gegenstand haben, die nach den Anlagebedingungen für das OGAW-Sondervermögen erworben werden dürfen.

3. Die Pensionsgeschäfte dürfen höchstens eine Laufzeit von 12 Monaten haben.

4. Sofern in den BABen nichts Anderweitiges bestimmt ist, darf die Gesellschaft Pensionsgeschäfte auch in Bezug auf Geldmarktinstrumente und Investmentanteile abschließen, sofern diese Vermögensgegenstände für das OGAW-Sondervermögen erwerbbar sind. Die Regelungen der Absätze 1 bis 3 gelten hierfür sinngemäß.

§15 Kreditaufnahme

Die Gesellschaft darf für gemeinschaftliche Rechnung der Anleger kurzfristige Kredite bis zur Höhe von 10 % des OGAW-Sondervermögens aufnehmen, wenn die Bedingungen der Kreditaufnahme marktüblich sind und die Verwahrstelle der Kreditaufnahme zustimmt.

§16 Anteilscheine

1. Die in einer Sammelurkunde zu verbriefenden Anteilscheine lauten auf den Inhaber.

2. Die Anteile können verschiedene Ausgestaltungsmerkmale, insbesondere hinsichtlich der Ertragsverwendung, des Ausgabeaufschlages, des Rücknahmeabschlages, der Währung des Anteilwertes, der Verwaltungsvergütung, der Mindestanlagesumme oder einer Kombination dieser Merkmale (Anteilklassen) haben. Die Einzelheiten sind in den BABen festgelegt.

3. Die Anteile sind übertragbar, soweit in den BABen nichts Abweichendes geregelt ist. Mit der Übertragung eines Anteils gehen die in ihm verbrieften Rechte über. Der Gesellschaft gegenüber gilt in jedem Falle der Inhaber des Anteils als der Berechtigte.

4. Die Rechte der Anleger bzw. die Rechte der Anleger einer Anteilklasse werden in einer Sammelurkunde verbrieft. Sie trägt mindestens die handschriftlichen oder vervielfältigten Unterschriften der Gesellschaft und der Verwahrstelle. Der Anspruch auf Einzelverbriefung ist ausgeschlossen.

§17 Ausgabe und Rücknahme von Anteilscheinen, Rücknahmeaussetzung

1. Die Anzahl der ausgegebenen Anteile ist grundsätzlich nicht beschränkt. Die Gesellschaft behält sich vor, die Ausgabe von Anteilen vorübergehend oder vollständig einzustellen.

2. Die Anteile können bei der Gesellschaft, der Verwahrstelle oder durch Vermittlung Dritter erworben werden. Die BABen können vorsehen, dass Anteile nur von bestimmten Anlegern erworben und gehalten werden dürfen.

3. Die Anleger können von der Gesellschaft die Rücknahme der Anteile verlangen. Die Gesellschaft ist verpflichtet, die Anteile zum jeweils geltenden Rücknahmepreis für Rechnung des OGAW-Sondervermögens zurückzunehmen. Rücknahmestelle ist die Verwahrstelle.

4. Der Gesellschaft bleibt jedoch vorbehalten, die Rücknahme der Anteile gem. § 98 Absatz 2 KAGB auszusetzen, wenn außergewöhnliche Umstände vorliegen, die eine Aussetzung unter Berücksichtigung der Interessen der Anleger erforderlich erscheinen lassen.

5. Die Gesellschaft hat die Anleger durch eine Bekanntmachung im elektronischen Bundesanzeiger und darüber hinaus in einer hinreichend verbreiteten Wirtschafts- oder Tageszeitung oder in den in dem Verkaufsprospekt bezeichneten elektronischen Informationsmedien über die Aussetzung gemäß Absatz 4 und die Wiederaufnahme der Rücknahme zu unterrichten. Die Anleger sind über die Aussetzung und Wiederaufnahme der Rücknahme der Anteile unverzüglich nach der Bekanntmachung im elektronischen Bundesanzeiger mittels eines dauerhaften Datenträgers zu unterrichten.

§18 Ausgabe- und Rücknahmepreise

1. Zur Errechnung des Ausgabe- und Rücknahmepreises der Anteile werden die Verkehrswerte der zu dem OGAW-Sondervermögen gehörenden Vermögensgegenstände abzüglich der aufgenommenen Kredite und sonstigen Verbindlichkeiten (Nettoinventarwert) ermittelt und durch die Zahl der umlaufenden Anteile geteilt (Anteilwert). Werden gemäß § 16 Absatz 2 unterschiedliche Anteilklassen für das OGAW-Sondervermögen eingeführt, ist der Anteilwert sowie der Ausgabe- und Rücknahmepreis für jede Anteilklasse gesondert zu ermitteln. Die Bewertung der Vermögensgegenstände erfolgt gemäß der §§ 168 und 169 KAGB und der Kapitalanlage-Rechnungslegungs- und Bewertungsverordnung (KARBV).

2. Der Ausgabepreis entspricht dem Anteilwert zuzüglich eines in den BABen gegebenenfalls festgesetzten Ausgabeaufschlags gemäß § 165 Absatz 2 Nr. 8 KAGB. Der Rücknahmepreis entspricht dem Anteilwert abzüglich eines gegebenenfalls in den BABen festgesetzten Rücknahmeabschlags gemäß § 165 Absatz 2 Nr. 8 KAGB.

3. Der Abrechnungsstichtag für Anteilabrufe und Rücknahmeaufträge ist spätestens der auf den Eingang des Anteilsabrufs- bzw. Rücknahmeauftrags folgende Wertermittlungstag, soweit in den BABen nichts anderes bestimmt ist.

4. Die Ausgabe- und Rücknahmepreise werden börsentäglich ermittelt. An gesetzlichen Feiertagen, die Börsentage sind, sowie am 24. und 31. Dezember jeden Jahres können die Gesellschaft und die Verwahrstelle von einer Ermittlung des Wertes absehen; das Nähere regelt der Verkaufsprospekt.

§ 19 Kosten

In den BABen werden die Aufwendungen und die der Gesellschaft, der Verwahrstelle und Dritten zustehenden Vergütungen, die dem OGAW-Sondervermögen belastet werden können, genannt. Für Vergütungen im Sinne von Satz 1 ist in den BABen darüber hinaus anzugeben, nach welcher Methode, in welcher Höhe und aufgrund welcher Berechnung sie zu leisten sind.

§ 20 Rechnungslegung

1. Spätestens 4 Monate nach Ablauf des Geschäftsjahres des OGAW-Sondervermögens macht die Gesellschaft einen Jahresbericht einschließlich Ertrags- und Aufwandsrechnung gemäß § 101 Absatz 1, 2 und 4 KAGB bekannt.

2. Spätestens 2 Monate nach der Mitte des Geschäftsjahres macht die Gesellschaft einen Halbjahresbericht gemäß § 103 KAGB bekannt.

3. Wird das Recht zur Verwaltung des OGAW-Sondervermögens während des Geschäftsjahres auf eine andere Kapitalverwaltungsgesellschaft übertragen oder das OGAW-Sondervermögen während des Geschäftsjahres auf ein anderes OGAW-Sondervermögen, eine OGAW-Investmentaktiengesellschaft mit veränderlichem Kapital oder einen EU-OGAW verschmolzen, so hat die Gesellschaft auf den Übertragungsstichtag einen Zwischenbericht zu erstellen, der den Anforderungen an einen Jahresbericht gemäß Absatz 1 entspricht.

4. Wird ein OGAW-Sondervermögen abgewickelt, hat die Verwahrstelle jährlich sowie auf den Tag, an dem die Abwicklung beendet ist, einen Abwicklungsbericht zu erstellen, der den Anforderungen an einen Jahresbericht gemäß Absatz 1 entspricht.

5. Die Berichte sind bei der Gesellschaft und der Verwahrstelle und weiteren Stellen, die im Verkaufsprospekt und in den wesentlichen Anlegerinformationen anzugeben sind, erhältlich; sie werden ferner im elektronischen Bundesanzeiger bekannt gemacht.

§ 21 Kündigung und Abwicklung des OGAW-Sondervermögens

1. Die Gesellschaft kann die Verwaltung des OGAW-Sondervermögens mit einer Frist von mindestens 6 Monaten durch Bekanntmachung im elektronischen Bundesanzeiger und darüber hinaus im Jahres- oder Halbjahresbericht kündigen. Die Anleger sind über eine nach Satz 1 bekannt gemachte Kündigung mittels eines dauerhaften Datenträgers unverzüglich zu unterrichten.

2. Mit dem Wirksamwerden der Kündigung erlischt das Recht der Gesellschaft, das OGAW-Sondervermögen zu verwalten. In diesem Falle geht das OGAW-Sondervermögen bzw. das Verfügungsrecht über das OGAW-Sondervermögen auf die Verwahrstelle über, die es abzuwickeln und an die Anleger zu verteilen hat. Für die Zeit der Abwicklung hat die Verwahrstelle einen Anspruch auf Vergütung ihrer Abwicklungstätigkeit sowie auf Ersatz ihrer Aufwendungen, die für die Abwicklung erforderlich sind. Mit Genehmigung der Bundesanstalt kann die Verwahrstelle von der Abwicklung und Verteilung absehen und einer anderen Kapitalverwaltungsgesellschaft die Verwaltung des OGAW-Sondervermögens nach Maßgabe der bisherigen Anlagebedingungen übertragen.

3. Die Gesellschaft hat auf den Tag, an dem ihr Verwaltungsrecht nach Maßgabe des § 99 KAGB erlischt, einen Auflösungsbericht zu erstellen, der den Anforderungen an einen Jahresbericht nach § 20 Absatz 1 entspricht.

§ 22 Wechsel der Kapitalverwaltungsgesellschaft und der Verwahrstelle

1. Die Gesellschaft kann das OGAW-Sondervermögen auf eine andere Kapitalverwaltungsgesellschaft übertragen. Die Übertragung bedarf der vorherigen Genehmigung durch die Bundesanstalt.

2. Die genehmigte Übertragung wird im Bundesanzeiger und darüber hinaus im Jahresbericht oder Halbjahresbericht bekannt gemacht. Die Anleger sind über eine nach Satz 1 bekannt gemachte Übertragung unverzüglich mittels eines dauerhaften Datenträgers zu unterrichten. Die Übertragung wird frühestens 3 Monate nach ihrer Bekanntmachung im Bundesanzeiger wirksam.

3. Die Gesellschaft kann die Verwahrstelle für das OGAW-Sondervermögen wechseln. Der Wechsel bedarf der Genehmigung der Bundesanstalt.

§ 23 Änderungen der Anlagebedingungen

1. Die Gesellschaft kann die Anlagebedingungen ändern.

2. Änderungen der Anlagebedingungen bedürfen der vorherigen Genehmigung durch die Bundesanstalt. Soweit die Änderungen nach Satz 1 Anlagegrundsätze des OGAW-Sondervermögens betreffen, bedürfen sie der vorherigen Zustimmung des Aufsichtsrates der Gesellschaft.

3. Sämtliche vorgesehenen Änderungen werden im elektronischen Bundesanzeiger und darüber hinaus in einer hinreichend verbreiteten Wirtschafts- oder Tageszeitung oder in den im Verkaufsprospekt bezeichneten elektronischen Informationsmedien bekannt gemacht. In einer Veröffentlichung nach Satz 1 ist auf die vorgesehenen Änderungen und ihr Inkrafttreten hinzuweisen. Im Falle von Kostenänderungen im Sinne des § 162 Absatz 2 Nr. 11 KAGB, Änderungen der Anlagegrundsätze des OGAW-Sondervermögens im Sinne des § 163 Absatz 3 KAGB oder Änderungen in Bezug auf wesentliche Anlegerrechte sind den Anlegern zeitgleich mit der Bekanntmachung nach Satz 1 die wesentlichen Inhalte der vorgesehenen Änderungen der Anlagebedingungen und ihre Hintergründe sowie eine Information über ihre Rechte nach § 163 Absatz 3 KAGB in einer verständlichen Art und Weise mittels eines dauerhaften Datenträgers gemäß § 163 Absatz 4 KAGB zu übermitteln.

4. Die Änderungen treten frühestens am Tag nach ihrer Bekanntmachung im elektronischen Bundesanzeiger in Kraft, im Falle von Änderungen der Kosten und der Anlagegrundsätze jedoch nicht vor Ablauf von 3 Monaten nach der entsprechenden Bekanntmachung.

§ 24 Erfüllungsort, Gerichtsstand

1. Erfüllungsort ist der Sitz der Gesellschaft.

2. Hat der Anleger im Inland keinen allgemeinen Gerichtsstand, so ist der Sitz der Gesellschaft Gerichtsstand.

Wesentliche Anlegerinformationen PROXIMUS Bond Invest

Gegenstand dieses Dokuments sind wesentliche Informationen für den Anleger über diesen Fonds. Es handelt sich nicht um Werbematerial. Diese Informationen sind gesetzlich vorgeschrieben, um Ihnen die Wesensart dieses Fonds und die Risiken einer Anlage in ihn zu erläutern. Wir raten Ihnen zur Lektüre dieses Dokuments, damit Sie eine fundierte Anlageentscheidung treffen können.

PROXIMUS Bond Invest

WKN / ISIN: MI261105 / DE0026112005

Kapitalverwaltungsgesellschaft:
Proximus Invest GmbH, Proximus-Allee 4,
80333 München

1. Ziele und Anlagepolitik

Ziel der Anlagepolitik ist die Erwirtschaftung eines mittel- bis langfristigen Wertzuwachses durch die Vereinnahmung laufender Zinserträge sowie durch eine positive Entwicklung der im OGAW-Sondervermögen enthaltenen Vermögenswerte.

Um dies zu erreichen, investiert der Fonds vorwiegend in Unternehmensanleihen mit guter bis sehr guter Schuldnerqualität. Daneben investiert der Fonds in Bankschuldverschreibungen und sonstigen verzinslichen Wertpapieren. Investitionen erfolgen in auf Euro lautenden Wertpapieren oder bis zu 20 % der Anlage in gegenüber dem Euro abgesicherten Wertpapieren fremder Währung. Zu Investitions- und Absicherungszwecken können Derivate eingesetzt werden. In diesem Rahmen obliegt die Auswahl der einzelnen Investments dem Fondsmanagement.

Derzeit investiert der Fonds zu ca. 90 % in Unternehmensanleihen, die auf Euro lauten.

Die Erträge eines Geschäftsjahres werden grundsätzlich ausgeschüttet.

Die Anleger können von der Gesellschaft grundsätzlich börsentäglich die Rücknahme der Anteile verlangen. Die Gesellschaft kann die Rücknahme jedoch aussetzen, wenn außergewöhnliche Umstände dies zur Wahrung der Anlegerinteressen erforderlich erscheinen lassen.

2. Risiko- und Ertragsprofil

typischerweise geringerer Ertrag
geringeres Risiko

typischerweise höherer Ertrag
höheres Risiko

| 1 | 2 | 3 | 4 | 5 | 6 | 7 |

Der Risikoindikator gibt die Volatilität des Fondsanteilpreises in Kategorien von 1 bis 7 auf der Basis historischer Daten an. Die vergangene Wertentwicklung ist kein verlässlicher Indikator für die künftige Entwicklung, und die Einstufung kann sich im Laufe der Zeit ändern. Die niedrigste Risikokategorie bedeutet nicht, dass es sich um eine risikofreie Anlage handelt. Der Fonds ist in die Kategorie 3 eingestuft, weil sein Anteilpreis als Rentenfonds für Unternehmensanleihen mäßig schwankte und deshalb sowohl Verlustrisiken als auch Gewinnchancen relativ niedrig sind.

Insbesondere folgende Risiken können für den Fonds von Bedeutung sein. Diese Risiken können die Wertentwicklung des Fonds beeinträchtigen und sich damit auch nachteilig auf den Anteilwert und auf das vom Anleger angelegte Kapital auswirken. Der Anteilwert kann jederzeit unter den Kaufpreis fallen, zu dem der Kunde den Anteil erworben hat.

- Der Fonds setzt Derivatgeschäfte ein, um höhere Wertzuwächse zu erzielen. Die erhöhten Chancen gehen mit erhöhten Verlustrisiken einher.
- Der Fonds schließt Geschäfte mit verschiedenen Vertragspartnern ab. Es besteht das Risiko, dass Vertragspartner Zahlungs- bzw. Lieferverpflichtungen nicht mehr nachkommen können.
- Der Fonds legt einen wesentlichen Teil seines Vermögens in Schuldverschreibungen oder Bankguthaben an. Deren Aussteller können insolvent werden, wodurch diese Anlagen ihren Wert ganz oder zum Teil verlieren würden.

Zudem kann sich das Marktzinsniveau, das im Zeitpunkt des Erwerbs eines Wertpapiers besteht, ändern. Steigen die Marktzinsen gegenüber den Zinsen des Wertpapiers zum Zeitpunkt des Erwerbs, so können die Kurse der Wertpapiere fallen.

- Durch menschliches oder technisches Versagen, innerhalb und außerhalb der Gesellschaft, aber auch durch andere Ereignisse (wie z.B. Naturkatastrophen oder Rechtsrisiken) können dem Fonds Verluste zugefügt werden.
- Mit der Verwahrung von Vermögensgegenständen, insbesondere im Ausland, kann ein Verlustrisiko verbunden sein, das aus Insolvenz, Sorgfaltspflichtverletzungen oder missbräuchlichem Verhalten des Verwahrers oder eines Unterverwahrers resultieren kann.

Eine ausführliche Darstellung der Risiken findet sich im Verkaufsprospekt.

Wesentliche Anlegerinformationen PROXIMUS Bond Invest

3. Kosten

Aus den Gebühren und sonstigen Kosten wird die laufende Verwaltung und Verwahrung des Fondsvermögens sowie der Vertrieb der Fondsanteile finanziert. Diese Kosten beschränken das potenzielle Wachstum Ihrer Anlage.

Einmalige Kosten vor und nach der Anlage:	
Ausgabeaufschlag	3,00 %
Rücknahmeabschlag	Es wird kein Rücknahmeabschlag erhoben.

Dabei handelt es sich um den Höchstbetrag, der von Ihrem Anlagebetrag vor der Anlage abgezogen wird und somit Ihre Rendite mindert. Im Einzelfall können diese Beträge geringer ausfallen.

Kosten, die vom Fonds im Laufe des Jahres abgezogen werden:	
Laufende Kosten	0,86 %

Die hier angegebenen laufenden Kosten fielen in den letzten 12 Monaten vor der Erstellung dieses Dokuments an. Sie können sich von Jahr zu Jahr verändern und enthalten nicht die Transaktionskosten für den An- und Verkauf von Wertpapieren.

Kosten, die der Fonds unter bestimmten Umständen zu tragen hat:	
An die Wertentwicklung des Fonds gebundene Gebühren	keine

Weitere Informationen über Kosten finden Sie im Verkaufsprospekt im Kapitel „Kosten".

4. Wertentwicklung in der Vergangenheit*

Wertentwicklungen in der Vergangenheit sind keine Garantie für die zukünftige Wertentwicklung. Bei der Berechnung wurden sämtliche Kosten und Gebühren mit Ausnahme des Ausgabeaufschlags berücksichtigt. Der PROXIMUS Bond Invest wurde im Jahr 2000 aufgelegt. Die historischen Wertentwicklungsergebnisse wurden in Euro berechnet.

5. Praktische Informationen

- Die Ausgabe- und Rücknahmepreise des Fonds erhalten Sie bei der Verwahrstelle.
- Verwahrstelle: Süddeutsche Handelsbank AG, Proximus-Allee 7-9, 80333 München
- Kapitalverwaltungsgesellschaft: Proximus Invest GmbH, Proximus-Allee 4, 80333 München
- Weitere Informationen finden Sie im ausführlichen Verkaufsprospekt einschließlich der Anlagebedingungen und in den neuesten Jahres- und Halbjahresberichten, welche bei der Gesellschaft, der Verwahrstelle oder bei den Vertriebsstellen kostenlos angefordert werden können.
- Informationen zur aktuellen Vergütungspolitik der Gesellschaft sind im Internet veröffentlicht. Hierzu zählen die Beschreibung der Berechnungsmethoden für Vergütungen und Zuwendungen an bestimmte Mitarbeitergruppen sowie die Angabe der für die Zuteilung zuständigen Personen. Auf Verlangen werden Ihnen die Informationen von der Gesellschaft auch in Papierform zur Verfügung gestellt.
- Der Fonds unterliegt den deutschen Steuergesetzen. Dies kann Auswirkungen darauf haben, wie Sie bzgl. Ihrer Einkünfte aus dem Fonds besteuert werden.
- Der Fonds ist in Deutschland zugelassen und wird durch die Bundesanstalt für Finanzdienstleistungsaufsicht (BaFin) reguliert. Die Proximus Invest GmbH ist in Deutschland zugelassen und wird durch die Bundesanstalt für Finanzdienstleistungsaufsicht (BaFin) reguliert.
- Sonstige Informationen für den Anleger werden im elektronischen Bundesanzeiger und in einer hinreichend verbreiteten Wirtschafts- oder Tageszeitung bekannt gemacht.
- Die Proximus Invest GmbH kann lediglich auf der Grundlage einer in diesem Dokument enthaltenen Erklärung haftbar gemacht werden, die irreführend, unrichtig oder nicht mit den einschlägigen Teilen des Verkaufsprospekts vereinbar ist.

Diese wesentlichen Anlegerinformationen sind zutreffend und entsprechen dem Stand vom 01.03.2018.

*Grafik zu 4. Wertentwicklung PROXIMUS Bond Invest

2008	2009	2010	2011	2012	2013	2014	2015	2016	2017
-7,00 %	15,50 %	3,80 %	-0,80 %	11,90 %	6,80 %	5,00 %	4,50 %	3,50 %	2,00 %

Besondere Anlagebedingungen (Stand: 01.03.2018) PROXIMUS Bond Invest

zur Regelung des Rechtsverhältnisses zwischen den Anlegern und der Proximus Invest GmbH, Proximus-Allee 4, 80333 München (nachstehend „Gesellschaft" genannt) für das von der Gesellschaft verwaltete OGAW-Sondervermögen

PROXIMUS Bond Invest,

die nur in Verbindung mit den für dieses Sondervermögen von der Gesellschaft aufgestellten Allgemeinen Anlagebedingungen (AABen) gelten.

ANLAGEGRUNDSÄTZE UND ANLAGEGRENZEN

§ 1 Vermögensgegenstände

In das OGAW-Sondervermögen können

1. Wertpapiere gemäß § 193 KAGB,
2. Geldmarktinstrumente gemäß § 194 KAGB,
3. Bankguthaben gemäß § 195 KAGB,
4. Investmentanteile gemäß § 196 KAGB,
5. Derivate gemäß § 197 KAGB,
6. sonstige Anlageinstrumente gemäß § 198 KAGB

aufgenommen werden.

§ 2 Anlagegrenzen

1. Mindestens 51 % des Wertes des OGAW-Sondervermögens müssen in auf die Währung Euro lautenden verzinslichen Wertpapieren angelegt werden. Bis zu 20 % des OGAW-Sondervermögens dürfen in gegenüber dem Euro abgesicherten Wertpapieren fremder Währung angelegt werden. Der Erwerb von Aktien, auch aus der Ausübung von Bezugs-, Options- und Wandlungsrechten, ist nicht zulässig. Die in Pension genommen Wertpapiere sind auf die Anlagegrenzen des § 206 Absatz 1 bis 3 KAGB anzurechnen.

2. Bis zu 49 % des Wertes des OGAW-Sondervermögens dürfen in allen Geldmarktinstrumenten nach § 6 oder Bankguthaben nach Maßgabe des § 7 der AABen gehalten werden. Die in Pension genommenen Geldmarktinstrumente sind auf die Anlagegrenzen des § 206 Absatz 1 bis 3 KAGB anzurechnen.

3. Bis zu 10 % des Wertes des OGAW-Sondervermögens dürfen in allen zulässigen Investmentanteilen nach Maßgabe des § 8 der AABen gehalten werden. Die in Pension genommenen Investmentanteile sind auf die Anlagegrenzen der §§ 207 und 210 Absatz 3 KAGB anzurechnen.

ANTEILKLASSEN

§ 3 Anteilklassen

Verschiedene Anteilklassen gemäß § 16 Absatz 2 der AABen werden nicht gebildet, alle Anteile haben gleiche Rechte.

ANTEILSCHEINE, AUSGABEPREIS, RÜCKNAHMEPREIS, RÜCKNAHME VON ANTEILEN UND KOSTEN

§ 4 Anteile

Die Anleger sind an den jeweiligen Vermögensgegenständen des OGAW-Sondervermögens in Höhe ihrer Anteile als Miteigentümer nach Bruchteilen beteiligt.

§ 5 Ausgabe- und Rücknahmepreis

Der Ausgabeaufschlag beträgt 3 % des Anteilwertes. Es steht der Gesellschaft frei, für das OGAW-Sondervermögen einen niedrigeren oder keinen Ausgabeaufschlag zu berechnen.

§ 6 Kosten (Vergütungen und Aufwendungen)

1. Die Gesellschaft erhält für die Verwaltung des OGAW-Sondervermögens eine jährliche Vergütung von bis zu 1,20 % des Wertes des OGAW-Sondervermögens.

2. Die Gesellschaft erhält aus dem OGAW-Sondervermögen eine jährliche Pauschalgebühr in Höhe von bis zu 0,20 % des Wertes des OGAW-Sondervermögens. Die Pauschalgebühr deckt folgende Kosten ab, die dem OGAW-Sondervermögen nicht separat belastet werden:

a) Vergütung der Verwahrstelle;

b) banküblische Depot- und Kontogebühren, ggf. einschließlich der banküblichen Kosten für die Verwahrung ausländischer Vermögensgegenstände im Ausland;

c) Kosten für den Druck und Versand der für die Anleger bestimmten Jahres- und Halbjahresberichte;

d) Kosten für die Bekanntmachung der Jahres- und Halbjahresberichte, der Ausgabe- und Rücknahmepreise und ggf. der Ausschüttungen und des Auflösungsberichtes;

e) Kosten für die Prüfung des OGAW-Sondervermögens durch den Abschlussprüfer des OGAW-Sondervermögens;

f) Kosten für die Bekanntmachung der Besteuerungsgrundlagen und die Bescheinigung, dass die steuerlichen Angaben nach den Regeln des deutschen Steuerrechts ermittelt wurden;

g) Kosten für die Analyse des Anlageerfolges des OGAW-Sondervermögens durch Dritte;

h) Kosten für die Beauftragung von Stimmrechtsbevollmächtigten;

3. Die Gesellschaft zahlt an die Vertriebsstellen eine jährliche Vertriebsprovision in Höhe von bis zu 1,00 % des Durchschnitts-

wertes des OGAW-Sondervermögens, errechnet aus den Monatsendwerten. Die Vertriebsvergütung wird durch die Verwaltungsvergütung nach Absatz 1 abgedeckt und wird dem OGAW-Sondervermögen nicht gesondert belastet.

4. Die Verwaltungsgesellschaft kann dem Fondsvermögen bis zur Höhe von jährlich 0,10 % des Durchschnittswertes des OGAW-Sondervermögens die an Dritte gezahlten Vergütungen und Entgelte belasten für

a) die Verwaltung von Sicherheiten für Derivate-Geschäfte (sog. CollateralManagement) sowie

b) Leistungen im Rahmen der Erfüllung der Verordnung (EU) Nr. 648/2012 (EMIR = „Verordnung über die europäische Marktinfrastruktur"), unter anderem für das zentrale Clearing von OTC-Derivaten und Meldungen an Transaktionsregister einschließlich Kosten für Rechtsträger-Kennungen.

5. Der Betrag, der jährlich aus dem OGAW-Sondervermögen nach den vorstehenden Absätzen 1 bis 4 als Vergütungen bzw. Kostenpauschale sowie nach dem nachstehenden Absatz 8 Buchstabe f) als Aufwendungsersatz entnommen wird, kann insgesamt bis zu 1,60 % des Durchschnittswertes des OGAW-Sondervermögens betragen.

6. Die Verwaltungsvergütung, die Pauschalgebühr, die Verwahrstellenvergütung und die Kosten nach Absatz 8 Buchstabe f) werden auf der Basis des börsentäglich ermittelten Inventarwertes errechnet und können täglich dem OGAW-Sondervermögen entnommen werden, und zwar auf der Basis 1/365 der vorgenannten Sätze, bezogen auf den jeweiligen Wert des OGAW-Sondervermögens.

7. Neben den vorgenannten Vergütungen und Aufwendungen werden dem OGAW-Sondervermögen die in Zusammenhang mit dem Erwerb und der Veräußerung von Vermögensgegenständen entstehenden Kosten belastet.

8. Neben den vorgenannten Vergütungen gehen die folgenden Aufwendungen zulasten des OGAW-Sondervermögens:

a) Kosten der Erstellung und Verwendung eines dauerhaften Datenträgers, außer im Fall der Informationen über Fondsverschmelzungen und der Informationen über Maßnahmen im Zusammenhang mit Anlagegrenzverletzungen oder Berechnungsfehlern bei der Anteilwertermittlung;

b) Kosten für die Geltendmachung und Durchsetzung von Rechtsansprüchen durch die Gesellschaft für Rechnung des OGAW-Sondervermögens sowie der Abwehr von gegen die Gesellschaft zulasten des OGAW-Sondervermögens erhobenen Ansprüchen;

c) Gebühren und Kosten, die von staatlichen Stellen in Bezug auf das OGAW-Sondervermögen erhoben werden;

d) Kosten für Rechts- und Steuerberatung im Hinblick auf das OGAW-Sondervermögen;

e) die im Zusammenhang mit den an die Gesellschaft, die Verwahrstelle und Dritte zu zahlenden Vergütungen sowie den vorstehend genannten Aufwendungen anfallenden Steuern einschließlich der im Zusammenhang mit der Verwaltung und Verwahrung entstehenden Steuern;

f) Kosten für die Bereitstellung von Analysematerial oder -dienstleistungen durch Dritte in Bezug auf ein oder mehrere Finanzinstrumente oder sonstige Vermögenswerte oder in Bezug auf die Emittenten oder potenziellen Emittenten von Finanzinstrumenten oder in engem Zusammenhang mit einer bestimmten Branche oder einem bestimmten Markt jährlich bis zu einer Höhe von 0,10 % des Durchschnittswertes des OGAW-Sondervermögens.

9. Die Gesellschaft erhält für die Anbahnung, Vorbereitung und Durchführung von Wertpapierdarlehensgeschäften und Wertpapierpensionsgeschäften für Rechnung des Fonds eine pauschale Vergütung in Höhe von bis zu 50 % der Erträge aus diesen Geschäften. Die im Zusammenhang mit der Vorbereitung und der Durchführung von solchen Geschäften entstandenen Kosten einschließlich der an Dritte zu zahlenden Vergütungen trägt die Gesellschaft.

10. Weiterhin erhält die Gesellschaft in den Fällen, in denen für das OGAW-Sondervermögen gerichtlich oder außergerichtlich streitige Ansprüche im Rahmen von Einzel- bzw. Kapitalsammelklagen oder Steuererstattungsansprüchen oder vergleichbaren Verfahren durchgesetzt werden, eine Vergütung in Höhe von bis zu 10 % der für das OGAW-Sondervermögen, nach Abzug und Ausgleich der aus diesen Verfahren für das OGAW-Sondervermögen entstandenen Kosten gemäß Absatz 8 b), vereinnahmten Beträge.

11. Die Gesellschaft hat im Jahresbericht und im Halbjahresbericht den Betrag der Ausgabeaufschläge und Rücknahmeabschläge offenzulegen, die dem OGAW-Sondervermögen im Berichtszeitraum für den Erwerb und die Rücknahme von Anteilen und Aktien im Sinne des § 196 KAGB berechnet worden sind. Beim Erwerb von Anteilen, die direkt oder indirekt von der Gesellschaft selbst oder einer anderen Gesellschaft verwaltet werden, mit der die Gesellschaft durch eine wesentliche unmittelbare oder mittelbare Beteiligung verbunden ist, darf die Gesellschaft oder die andere Gesellschaft für den Erwerb und die Rücknahme keine Ausgabeaufschläge und Rücknahmeabschläge berechnen. Die Gesellschaft hat im Jahresbericht und im Halbjahresbericht die Vergütung offenzulegen, die dem OGAW-Sondervermögen von der Gesellschaft selbst, von einer anderen Verwaltungsgesellschaft oder einer anderen Gesellschaft, mit der die Gesellschaft durch eine wesentliche unmittelbare oder mittelbare Beteiligung verbunden ist, als Verwaltungsvergütung für die im OGAW-Sondervermögen gehaltenen Anteile oder Aktien berechnet wurde.

ERTRAGSVERWENDUNG UND GESCHÄFTSJAHR

§ 7 Ausschüttung

1. Für das OGAW-Sondervermögen schüttet die Gesellschaft grundsätzlich die während des Geschäftsjahres für Rechnung des OGAW-Sondervermögens angefallenen und nicht zur Kostendeckung verwendeten anteiligen Zinsen, Dividenden und Erträge aus Investmentanteilen sowie Entgelte aus Darlehens- und Pensionsgeschäften - unter Berücksichtigung des zugehörigen Ertragsausgleichs - aus. Veräußerungsgewinne und sonstige Erträge - unter Berücksichtigung des zugehörigen Ertragsausgleichs - können anteilig ebenfalls zur Ausschüttung herangezogen werden.

2. Ausschüttbare anteilige Erträge gemäß Absatz 1 können zur Ausschüttung in späteren Geschäftsjahren insoweit vorgetragen werden, als die Summe der vorgetragenen Erträge 15 % des jeweiligen Wertes des OGAW-Sondervermögens zum Ende des Geschäftsjahres nicht übersteigt. Erträge aus Rumpfgeschäftsjahren können vollständig vorgetragen werden.

3. Im Interesse der Substanzerhaltung können anteilige Erträge teilweise, in Sonderfällen auch vollständig, zur Wiederanlage im OGAW-Sondervermögen bestimmt werden.

4. Die Ausschüttung erfolgt jährlich innerhalb von 4 Monaten nach Schluss des Geschäftsjahres.

§ 8 Geschäftsjahr

Das Geschäftsjahr des OGAW-Sondervermögens beginnt am 1. Oktober und endet am 30. September.

Wesentliche Anlegerinformationen PROXIMUS Global Invest

Gegenstand dieses Dokuments sind wesentliche Informationen für den Anleger über diesen Fonds. Es handelt sich nicht um Werbematerial. Diese Informationen sind gesetzlich vorgeschrieben, um Ihnen die Wesensart dieses Fonds und die Risiken einer Anlage in ihn zu erläutern. Wir raten Ihnen zur Lektüre dieses Dokuments, damit Sie eine fundierte Anlageentscheidung treffen können.

PROXIMUS Global Invest

WKN / ISIN: WI2311 / DE0023111977

Kapitalverwaltungsgesellschaft:
Proximus Invest GmbH, Proximus-Allee 4,
80333 München

1. Ziele und Anlagepolitik

Ziel der Anlagepolitik ist die Erwirtschaftung eines mittel- bis langfristigen Wertzuwachses durch eine positive Entwicklung der im OGAW-Sondervermögen enthaltenen Vermögenswerte.

Um dies zu erreichen, investiert der Fonds hauptsächlich auf breit diversifizierter Basis in Aktien von in- und ausländischen Unternehmen. Zu Investitions- und Absicherungszwecken können Derivate eingesetzt werden. In diesem Rahmen obliegt die Auswahl der einzelnen Investments dem Fondsmanagement.

Derzeit investiert der Fonds zu ca. einem Fünftel in Aktien deutscher Unternehmen, zwei Fünfteln in Aktien ausländischer Unternehmen, die auf Euro lauten, und zwei Fünfteln in Aktien ausländischer Unternehmen, die nicht auf Euro lauten.

Die Erträge eines Geschäftsjahres werden thesauriert.

Die Anleger können von der Gesellschaft grundsätzlich börsentäglich die Rücknahme der Anteile verlangen. Die Gesellschaft kann die Rücknahme jedoch aussetzen, wenn außergewöhnliche Umstände dies zur Wahrung der Anlegerinteressen erforderlich erscheinen lassen.

2. Risiko- und Ertragsprofil

typischerweise geringerer Ertrag
geringeres Risiko
←——————————————————→
typischerweise höherer Ertrag
höheres Risiko

| 1 | 2 | 3 | 4 | 5 | **6** | 7 |

Der Risikoindikator gibt die Volatilität des Fondsanteilpreises in Kategorien von 1 bis 7 auf der Basis historischer Daten an. Die vergangene Wertentwicklung ist kein verlässlicher Indikator für die künftige Entwicklung, und die Einstufung kann sich im Laufe der Zeit ändern. Die niedrigste Risikokategorie bedeutet nicht, dass es sich um eine risikofreie Anlage handelt. Der Fonds ist in die Kategorie 6 eingestuft, weil sein Anteilpreis als weltweit anlegender Aktienfonds stark schwanken kann und deshalb sowohl Verlustrisiken als auch Gewinnchancen hoch sind.

Insbesondere folgende weitere Risiken können für den Fonds von Bedeutung sein. Diese Risiken können die Wertentwicklung des Fonds beeinträchtigen und sich damit auch nachteilig auf den Anteilwert und auf das vom Anleger angelegte Kapital auswirken. Der Anteilwert kann jederzeit unter den Kaufpreis fallen, zu dem der Kunde den Anteil erworben hat.

- Der Fonds setzt Derivatgeschäfte ein, um höhere Wertzuwächse zu erzielen. Die erhöhten Chancen gehen mit erhöhten Verlustrisiken einher.
- Der Fonds schließt Geschäfte mit verschiedenen Vertragspartnern ab. Es besteht das Risiko, dass Vertragspartner Zahlungs- bzw. Lieferverpflichtungen nicht mehr nachkommen können.
- Durch menschliches oder technisches Versagen, innerhalb und außerhalb der Gesellschaft, aber auch durch andere Ereignisse (wie z. B. Naturkatastrophen oder Rechtsrisiken) können dem Fonds Verluste zugefügt werden.
- Mit der Verwahrung von Vermögensgegenständen, insbesondere im Ausland, kann ein Verlustrisiko verbunden sein, das aus Insolvenz, Sorgfaltspflichtverletzungen oder missbräuchlichem Verhalten des Verwahrers oder eines Unterverwahrers resultieren kann.

Eine ausführliche Darstellung der Risiken findet sich im Verkaufsprospekt.

3. Kosten

Aus den Gebühren und sonstigen Kosten wird die laufende Verwaltung und Verwahrung des Fondsvermögens sowie der Vertrieb der Fondsanteile finanziert. Diese Kosten beschränken das potenzielle Wachstum Ihrer Anlage.

Einmalige Kosten vor und nach der Anlage:	
Ausgabeaufschlag	4,25 %
Rücknahmeabschlag	Es wird kein Rücknahmeabschlag erhoben.

Dabei handelt es sich um den Höchstbetrag, der von Ihrem Anlagebetrag vor der Anlage abgezogen wird und somit Ihre Rendite mindert. Im Einzelfall können diese Beträge geringer ausfallen.

Kosten, die vom Fonds im Laufe des Jahres abgezogen werden:	
Laufende Kosten	2,01 %

Die hier angegebenen laufenden Kosten fielen in den letzten 12 Monaten vor der Erstellung dieses Dokuments an. Sie können sich von Jahr zu Jahr verändern und enthalten nicht die Transaktionskosten für den An- und Verkauf von Wertpapieren.

Kosten, die der Fonds unter bestimmten Umständen zu tragen hat:	
An die Wertentwicklung des Fonds gebundene Gebühren	keine

Weitere Informationen über Kosten finden Sie im Verkaufsprospekt im Kapitel „Kosten".

4. Wertentwicklung in der Vergangenheit*

Wertentwicklungen in der Vergangenheit sind keine Garantie für die zukünftige Wertentwicklung. Bei der Berechnung wurden sämtliche Kosten und Gebühren mit Ausnahme des Ausgabeaufschlags berücksichtigt. Der PROXIMUS Global Invest wurde im Jahr 2000 aufgelegt. Die historischen Wertentwicklungsergebnisse wurden in Euro berechnet.

5. Praktische Informationen

- Die Ausgabe- und Rücknahmepreise des Fonds erhalten Sie bei der Verwahrstelle.
- Verwahrstelle: Süddeutsche Handelsbank AG, Proximus-Allee 7-9, 80333 München
- Kapitalverwaltungsgesellschaft: Proximus Invest GmbH, Proximus-Allee 4, 80333 München
- Weitere Informationen finden Sie im ausführlichen Verkaufsprospekt einschließlich der Anlagebedingungen und in den neuesten Jahres- und Halbjahresberichten, welche bei der Gesellschaft, der Verwahrstelle oder bei den Vertriebsstellen kostenlos angefordert werden können.
- Informationen zur aktuellen Vergütungspolitik der Gesellschaft sind im Internet veröffentlicht. Hierzu zählen die Beschreibung der Berechnungsmethoden für Vergütungen und Zuwendungen an bestimmte Mitarbeitergruppen sowie die Angabe der für die Zuteilung zuständigen Personen. Auf Verlangen werden Ihnen die Informationen von der Gesellschaft auch in Papierform zur Verfügung gestellt.
- Der Fonds unterliegt den deutschen Steuergesetzen. Dies kann Auswirkungen darauf haben, wie Sie bzgl. Ihrer Einkünfte aus dem Fonds besteuert werden.
- Der Fonds ist in Deutschland zugelassen und wird durch die Bundesanstalt für Finanzdienstleistungsaufsicht (BaFin) reguliert. Die Proximus Invest GmbH ist in Deutschland zugelassen und wird durch die Bundesanstalt für Finanzdienstleistungsaufsicht (BaFin) reguliert.
- Sonstige Informationen für den Anleger werden im elektronischen Bundesanzeiger und in einer hinreichend verbreiteten Wirtschafts- oder Tageszeitung bekannt gemacht.
- Die Proximus Invest GmbH kann lediglich auf der Grundlage einer in diesem Dokument enthaltenen Erklärung haftbar gemacht werden, die irreführend, unrichtig oder nicht mit den einschlägigen Teilen des Verkaufsprospekts vereinbar ist.

Diese wesentlichen Anlegerinformationen sind zutreffend und entsprechen dem Stand vom 01.03.2018.

*Grafik zu 4. Wertentwicklung PROXIMUS Global Invest

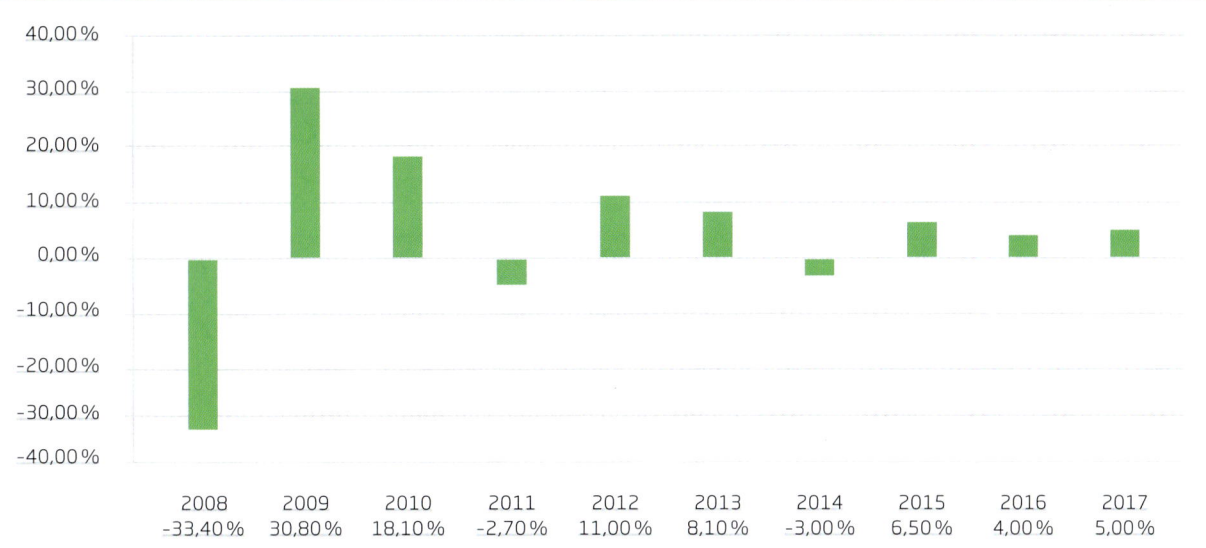

	2008	2009	2010	2011	2012	2013	2014	2015	2016	2017
	-33,40%	30,80%	18,10%	-2,70%	11,00%	8,10%	-3,00%	6,50%	4,00%	5,00%

Besondere Anlagebedingungen (Stand: 01.03.2018) PROXIMUS Global Invest

zur Regelung des Rechtsverhältnisses zwischen den Anlegern und der Proximus Invest GmbH, Proximus-Allee 4, 80333 München (nachstehend „Gesellschaft" genannt) für das von der Gesellschaft verwaltete OGAW-Sondervermögen

PROXIMUS Global Invest,

die nur in Verbindung mit den von der Gesellschaft aufgestellten Allgemeinen Anlagebedingungen (AABen) für richtlinienkonforme Sondervermögen gelten.

ANLAGEGRUNDSÄTZE UND ANLAGEGRENZEN

§1 Vermögensgegenstände

In das OGAW-Sondervermögen können

1. Wertpapiere gemäß § 193 KAGB,
2. Geldmarktinstrumente gemäß § 194 KAGB,
3. Bankguthaben gemäß § 195 KAGB,
4. Investmentanteile gemäß § 196 KAGB,
5. Derivate gemäß § 197 KAGB,
6. sonstige Anlageinstrumente gemäß § 198 KAGB

aufgenommen werden.

§2 Anlagegrenzen

1. Mindestens 51 % des Wertes des OGAW-Sondervermögens müssen in Aktien in- und ausländischer Aussteller angelegt werden, die zum amtlichen Handel an einer Börse zugelassen oder an einem anderen organisierten Markt zugelassen oder in diesen einbezogen sind und bei denen es sich nicht um Anteile an Investmentvermögen handelt. Die in Pension genommenen Wertpapiere sind auf die Anlagegrenzen des § 206 Absatz 1 bis 3 KAGB anzurechnen.

2. Bis zu 49 % des Wertes des OGAW-Sondervermögens dürfen in allen Geldmarktinstrumenten nach § 6 oder Bankguthaben nach Maßgabe des § 7 der AABen gehalten werden. Die in Pension genommenen Geldmarktinstrumente sind auf die Anlagegrenzen des § 206 Absatz 1 bis 3 KAGB anzurechnen.

3. Bis zu 10 % des Wertes des OGAW-Sondervermögens dürfen in allen zulässigen Investmentanteilen nach Maßgabe des § 8 der AABen gehalten werden. Die in Pension genommenen Investmentanteile sind auf die Anlagegrenzen der §§ 207 und 210 Absatz 3 KAGB anzurechnen.

ANTEILKLASSEN

§3 Anteilklassen

Verschiedene Anteilklassen gemäß § 16 Absatz 2 der AABen werden nicht gebildet, alle Anteile haben gleiche Rechte.

ANTEILSCHEINE, AUSGABEPREIS, RÜCKNAHMEPREIS, RÜCKNAHME VON ANTEILEN UND KOSTEN

§4 Anteile

Die Anleger sind an den jeweiligen Vermögensgegenständen des OGAW-Sondervermögens in Höhe ihrer Anteile als Miteigentümer nach Bruchteilen beteiligt.

§5 Ausgabe- und Rücknahmepreis

Der Ausgabeaufschlag beträgt 4,25 % des Anteilwertes. Es steht der Gesellschaft frei, für das OGAW-Sondervermögen einen niedrigeren oder keinen Ausgabeaufschlag zu berechnen.

§6 Kosten (Vergütungen und Aufwendungen)

1. Die Gesellschaft erhält für die Verwaltung des OGAW-Sondervermögens eine jährliche Vergütung von bis zu 2,00 % des Wertes des OGAW-Sondervermögens.

2. Die Gesellschaft erhält aus dem OGAW-Sondervermögen eine jährliche Pauschalgebühr in Höhe von bis zu 0,30 % des Wertes des OGAW-Sondervermögens. Die Pauschalgebühr deckt folgende Kosten ab, die dem OGAW-Sondervermögen nicht separat belastet werden:

a) Vergütung der Verwahrstelle;

b) bankübliche Depot- und Kontogebühren, ggf. einschließlich der banküblichen Kosten für die Verwahrung ausländischer Vermögensgegenstände im Ausland;

c) Kosten für den Druck und Versand der für die Anleger bestimmten Jahres- und Halbjahresberichte;

d) Kosten für die Bekanntmachung der Jahres- und Halbjahresberichte, der Ausgabe- und Rücknahmepreise und ggf. der Ausschüttungen und des Auflösungsberichtes;

e) Kosten für die Prüfung des OGAW-Sondervermögens durch den Abschlussprüfer des OGAW-Sondervermögens;

f) Kosten für die Bekanntmachung der Besteuerungsgrundlagen und die Bescheinigung, dass die steuerlichen Angaben nach den Regeln des deutschen Steuerrechts ermittelt wurden;

g) Kosten für die Analyse des Anlageerfolges des OGAW-Sondervermögens durch Dritte;

h) Kosten für die Beauftragung von Stimmrechtsbevollmächtigten;

3. Die Gesellschaft zahlt an die Vertriebsstellen eine jährliche Vertriebsprovision in Höhe von bis zu 1,00 % des Durchschnittswertes des OGAW-Sondervermögens, errechnet aus den Monatsendwerten. Die Vertriebsvergütung wird durch die Verwaltungsvergütung nach Absatz 1 abgedeckt und wird dem OGAW-Sondervermögen nicht gesondert belastet.

4. Die Verwaltungsgesellschaft kann dem Fondsvermögen bis zur Höhe von jährlich 0,10 % des Durchschnittswertes des OGAW-Sondervermögens die an Dritte gezahlten Vergütungen und Entgelte belasten für

a) die Verwaltung von Sicherheiten für Derivate-Geschäfte (sog. CollateralManagement) sowie

b) Leistungen im Rahmen der Erfüllung der Verordnung (EU) Nr. 648/2012 (EMIR = „Verordnung über die europäische Marktinfrastruktur"), unter anderem für das zentrale Clearing von OTC-Derivaten und Meldungen an Transaktionsregister einschließlich Kosten für Rechtsträger-Kennungen.

5. Der Betrag, der jährlich aus dem OGAW-Sondervermögen nach den vorstehenden Absätzen 1 bis 4 als Vergütungen bzw. Kostenpauschale sowie nach dem nachstehenden Absatz 8 Buchstabe f) als Aufwendungsersatz entnommen wird, kann insgesamt bis zu 2,60 % des Durchschnittswertes des OGAW-Sondervermögens betragen.

6. Die Verwaltungsvergütung, die Pauschalgebühr, die Verwahrstellenvergütung und die Kosten nach Absatz 8 Buchstabe f) werden auf der Basis des börsentäglich ermittelten Inventarwertes errechnet und können täglich dem OGAW-Sondervermögen entnommen werden, und zwar auf der Basis 1/365 der vorgenannten Sätze, bezogen auf den jeweiligen Wert des OGAW-Sondervermögens.

7. Neben den vorgenannten Vergütungen und Aufwendungen werden dem OGAW-Sondervermögen die in Zusammenhang mit dem Erwerb und der Veräußerung von Vermögensgegenständen entstehenden Kosten belastet.

8. Neben den vorgenannten Vergütungen gehen die folgenden Aufwendungen zulasten des OGAW-Sondervermögens:

a) Kosten der Erstellung und Verwendung eines dauerhaften Datenträgers, außer im Fall der Informationen über Fondsverschmelzungen und der Informationen über Maßnahmen im Zusammenhang mit Anlagegrenzverletzungen oder Berechnungsfehlern bei der Anteilwertermittlung;

b) Kosten für die Geltendmachung und Durchsetzung von Rechtsansprüchen durch die Gesellschaft für Rechnung des OGAW-Sondervermögens sowie der Abwehr von gegen die Gesellschaft zulasten des OGAW-Sondervermögens erhobenen Ansprüchen;

c) Gebühren und Kosten, die von staatlichen Stellen in Bezug auf das OGAW-Sondervermögen erhoben werden;

d) Kosten für Rechts- und Steuerberatung im Hinblick auf das OGAW-Sondervermögen;

e) die im Zusammenhang mit den an die Gesellschaft, die Verwahrstelle und Dritte zu zahlenden Vergütungen sowie den vorstehend genannten Aufwendungen anfallenden Steuern einschließlich der im Zusammenhang mit der Verwaltung und Verwahrung entstehenden Steuern;

f) Kosten für die Bereitstellung von Analysematerial oder -dienstleistungen durch Dritte in Bezug auf ein oder mehrere Finanzinstrumente oder sonstige Vermögenswerte oder in Bezug auf die Emittenten oder potenziellen Emittenten von Finanzinstrumenten oder in engem Zusammenhang mit einer bestimmten Branche oder einem bestimmten Markt jährlich bis zu einer Höhe von 0,20 % des Durchschnittswertes des OGAW-Sondervermögens.

9. Die Gesellschaft erhält für die Anbahnung, Vorbereitung und Durchführung von Wertpapierdarlehensgeschäften und Wertpapierpensionsgeschäften für Rechnung des Fonds eine pauschale Vergütung in Höhe von bis zu 50 % der Erträge aus diesen Geschäften. Die im Zusammenhang mit der Vorbereitung und der Durchführung von solchen Geschäften entstandenen Kosten einschließlich der an Dritte zu zahlenden Vergütungen trägt die Gesellschaft.

10. Weiterhin erhält die Gesellschaft in den Fällen, in denen für das OGAW-Sondervermögen gerichtlich oder außergerichtlich streitige Ansprüche im Rahmen von Einzel- bzw. Kapitalsammelklagen oder Steuererstattungsansprüchen oder vergleichbaren Verfahren durchgesetzt werden, eine Vergütung in Höhe von bis zu 10 % der für das OGAW-Sondervermögen, nach Abzug und Ausgleich der aus diesen Verfahren für das OGAW-Sondervermögen entstandenen Kosten gemäß Absatz 8 b), vereinnahmten Beträge.

11. Die Gesellschaft hat im Jahresbericht und im Halbjahresbericht den Betrag der Ausgabeaufschläge und Rücknahmeabschläge offenzulegen, die dem OGAW-Sondervermögen im Berichtszeitraum für den Erwerb und die Rücknahme von Anteilen und Aktien im Sinne des § 196 KAGB berechnet worden sind. Beim Erwerb von Anteilen, die direkt oder indirekt von der Gesellschaft selbst oder einer anderen Gesellschaft verwaltet werden, mit der die Gesellschaft durch eine wesentliche unmittelbare oder mittelbare Beteiligung verbunden ist, darf die Gesellschaft oder die andere Gesellschaft für den Erwerb und die Rücknahme keine Ausgabeaufschläge und Rücknahmeabschläge berechnen. Die Gesellschaft hat im Jahresbericht und im Halbjahresbericht die Vergütung offenzulegen, die dem OGAW-Sondervermögen von der Gesellschaft selbst, von einer anderen Verwaltungsgesellschaft oder einer anderen Gesellschaft, mit der die Gesellschaft durch eine wesentliche unmittelbare oder mittelbare Beteiligung verbunden ist, als Verwaltungsvergütung für die im OGAW-Sondervermögen gehaltenen Anteile oder Aktien berechnet wurde.

ERTRAGSVERWENDUNG UND GESCHÄFTSJAHR

§7 Thesaurierung

Die Gesellschaft legt die während des Geschäftsjahres für Rechnung des OGAW-Sondervermögens angefallenen und nicht zur Kostendeckung verwendeten Zinsen, Dividenden und sonstigen Erträge – unter Berücksichtigung des zugehörigen Ertragsausgleichs – sowie die Veräußerungsgewinne im OGAW-Sondervermögen wieder an.

§8 Geschäftsjahr

Das Geschäftsjahr des OGAW-Sondervermögens beginnt am 1. Oktober und endet am 30. September.

Wesentliche Anlegerinformationen PROXIMUS Balance Invest

Gegenstand dieses Dokuments sind wesentliche Informationen für den Anleger über diesen Fonds. Es handelt sich nicht um Werbematerial. Diese Informationen sind gesetzlich vorgeschrieben, um Ihnen die Wesensart dieses Fonds und die Risiken einer Anlage in ihn zu erläutern. Wir raten Ihnen zur Lektüre dieses Dokuments, damit Sie eine fundierte Anlageentscheidung treffen können.

PROXIMUS Balance Invest

WKN / ISIN: MI1104 / DE0011041980
Kapitalverwaltungsgesellschaft:
Proximus Invest GmbH, Proximus-Allee 4,
80333 München

1. Ziele und Anlagepolitik

Ziel der Anlagepolitik ist die Erwirtschaftung eines mittel- bis langfristigen Wertzuwachses durch die Vereinnahmung laufender Zinserträge sowie durch eine positive Entwicklung der im OGAW-Sondervermögen enthaltenen Vermögenswerte.

Um dies zu erreichen, investiert der Fonds je nach Marktlage weltweit in verzinsliche Wertpapiere (in der Regel Staatsanleihen) sowie Aktien. Mindestens 23 % müssen in auf die Währung Euro lautenden verzinslichen Wertpapieren von weltweiten Emittenten, mindestens 21,5 % müssen in Aktien deutscher Aussteller, sowie mindestens 23 % in Aktien von weltweiten Ausstellern angelegt werden. Bis zu 15 % des Fondsvermögens dürfen in Geldmarktinstrumenten oder Bankguthaben angelegt werden. Zu Investitions- und Absicherungszwecken können Derivate eingesetzt werden. In diesem Rahmen obliegt die Auswahl der einzelnen Investments dem Fondsmanagement.

Derzeit investiert der Fonds zu ca. ein Drittel in Anleihen und zwei Drittel in Aktien. Die Anlage in Anleihen erfolgt dabei vorzugsweise in Wertpapieren, die auf Euro lauten oder währungsgesichert sind. Der Aktienanteil wird derzeit überwiegend weltweit angelegt.

Die Erträge eines Geschäftsjahres werden grundsätzlich ausgeschüttet.

Die Anleger können von der Gesellschaft grundsätzlich börsentäglich die Rücknahme der Anteile verlangen. Die Gesellschaft kann die Rücknahme jedoch aussetzen, wenn außergewöhnliche Umstände dies zur Wahrung der Anlegerinteressen erforderlich erscheinen lassen.

2. Risiko- und Ertragsprofil

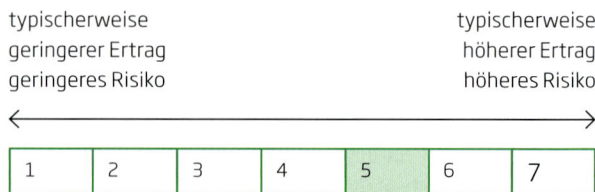

Der Risikoindikator gibt die Volatilität des Fondsanteilpreises in Kategorien von 1 bis 7 auf der Basis historischer Daten an. Die vergangene Wertentwicklung ist kein verlässlicher Indikator für die künftige Entwicklung, und die Einstufung kann sich im Laufe der Zeit ändern. Die niedrigste Risikokategorie bedeutet nicht, dass es sich um eine risikofreie Anlage handelt. Der Fonds ist in die Kategorie 5 eingestuft, weil sein Anteilpreis als Mischfonds mit höherem Verlustprofil stärker schwankte und deshalb sowohl Verlustrisiken als auch Gewinnchancen höher sind.

Insbesondere folgende weitere Risiken können für den Fonds von Bedeutung sein. Diese Risiken können die Wertentwicklung des Fonds beeinträchtigen und sich damit auch nachteilig auf den Anteilwert und auf das vom Anleger angelegte Kapital auswirken. Der Anteilwert kann jederzeit unter den Kaufpreis fallen, zu dem der Kunde den Anteil erworben hat.

- Der Fonds setzt Derivatgeschäfte ein, um höhere Wertzuwächse zu erzielen. Die erhöhten Chancen gehen mit erhöhten Verlustrisiken einher.
- Der Fonds schließt Geschäfte mit verschiedenen Vertragspartnern ab. Es besteht das Risiko, dass Vertragspartner Zahlungs- bzw. Lieferverpflichtungen nicht mehr nachkommen können.
- Der Fonds legt einen wesentlichen Teil seines Vermögens in Schuldverschreibungen oder Bankguthaben an. Deren Aussteller können insolvent werden, wodurch diese Anlagen ihren Wert ganz oder zum Teil verlieren würden.

Zudem kann sich das Marktzinsniveau, das im Zeitpunkt des Erwerbs eines Wertpapiers besteht, ändern. Steigen die Marktzinsen gegenüber den Zinsen des Wertpapiers zum Zeitpunkt des Erwerbs, so können die Kurse der Wertpapiere fallen.

- Durch menschliches oder technisches Versagen, innerhalb und außerhalb der Gesellschaft, aber auch durch andere Ereignisse (wie z. B. Naturkatastrophen oder Rechtsrisiken) können dem Fonds Verluste zugefügt werden.
- Mit der Verwahrung von Vermögensgegenständen, insbesondere im Ausland, kann ein Verlustrisiko verbunden sein, das aus Insolvenz, Sorgfaltspflichtverletzungen oder missbräuchlichem Verhalten des Verwahrers oder eines Unterverwahrers resultieren kann.

Eine ausführliche Darstellung der Risiken findet sich im Verkaufsprospekt.

Wesentliche Anlegerinformationen PROXIMUS Balance Invest

3. Kosten

Aus den Gebühren und sonstigen Kosten wird die laufende Verwaltung und Verwahrung des Fondsvermögens sowie der Vertrieb der Fondsanteile finanziert. Diese Kosten beschränken das potenzielle Wachstum Ihrer Anlage.

Einmalige Kosten vor und nach der Anlage:	
Ausgabeaufschlag	3,40 %
Rücknahmeabschlag	Es wird kein Rücknahmeabschlag erhoben.

Dabei handelt es sich um den Höchstbetrag, der von Ihrem Anlagebetrag vor der Anlage abgezogen wird und somit Ihre Rendite mindert. Im Einzelfall können diese Beträge geringer ausfallen.

Kosten, die vom Fonds im Laufe des Jahres abgezogen werden:	
Laufende Kosten	1,25 %

Die hier angegebenen laufenden Kosten fielen in den letzten 12 Monaten vor der Erstellung dieses Dokuments an. Sie können sich von Jahr zu Jahr verändern und enthalten nicht die Transaktionskosten für den An- und Verkauf von Wertpapieren.

Kosten, die der Fonds unter bestimmten Umständen zu tragen hat:	
An die Wertentwicklung des Fonds gebundene Gebühren	keine

Weitere Informationen über Kosten finden Sie im Verkaufsprospekt im Kapitel „Kosten".

4. Wertentwicklung in der Vergangenheit*

Wertentwicklungen in der Vergangenheit sind keine Garantie für die zukünftige Wertentwicklung. Bei der Berechnung wurden sämtliche Kosten und Gebühren mit Ausnahme des Ausgabeaufschlags berücksichtigt. Der PROXIMUS Balance Invest wurde im Jahr 2000 aufgelegt. Die historischen Wertentwicklungsergebnisse wurden in Euro berechnet.

5. Praktische Informationen

- Die Ausgabe- und Rücknahmepreise des Fonds erhalten Sie bei der Verwahrstelle.
- Verwahrstelle: Süddeutsche Handelsbank AG, Proximus-Allee 7-9, 80333 München
- Kapitalverwaltungsgesellschaft: Proximus Invest GmbH, Proximus-Allee 4, 80333 München
- Weitere Informationen finden Sie im ausführlichen Verkaufsprospekt einschließlich der Anlagebedingungen und in den neuesten Jahres- und Halbjahresberichten, welche bei der Gesellschaft, der Verwahrstelle oder bei den Vertriebsstellen kostenlos angefordert werden können.
- Informationen zur aktuellen Vergütungspolitik der Gesellschaft sind im Internet veröffentlicht. Hierzu zählen die Beschreibung der Berechnungsmethoden für Vergütungen und Zuwendungen an bestimmte Mitarbeitergruppen sowie die Angabe der für die Zuteilung zuständigen Personen. Auf Verlangen werden Ihnen die Informationen von der Gesellschaft auch in Papierform zur Verfügung gestellt.
- Der Fonds unterliegt den deutschen Steuergesetzen. Dies kann Auswirkungen darauf haben, wie Sie bzgl. Ihrer Einkünfte aus dem Fonds besteuert werden.
- Der Fonds ist in Deutschland zugelassen und wird durch die Bundesanstalt für Finanzdienstleistungsaufsicht (BaFin) reguliert. Die Proximus Invest GmbH ist in Deutschland zugelassen und wird durch die Bundesanstalt für Finanzdienstleistungsaufsicht (BaFin) reguliert.
- Sonstige Informationen für den Anleger werden im elektronischen Bundesanzeiger und in einer hinreichend verbreiteten Wirtschafts- oder Tageszeitung bekannt gemacht.
- Die Proximus Invest GmbH kann lediglich auf der Grundlage einer in diesem Dokument enthaltenen Erklärung haftbar gemacht werden, die irreführend, unrichtig oder nicht mit den einschlägigen Teilen des Verkaufsprospekts vereinbar ist.

Diese wesentlichen Anlegerinformationen sind zutreffend und entsprechen dem Stand vom 01.03.2018.

*Grafik zu 4. Wertentwicklung PROXIMUS Balance Invest

2008	2009	2010	2011	2012	2013	2014	2015	2016	2017
-17,10 %	19,80 %	12,90 %	-4,50 %	14,70 %	2,00 %	-2,00 %	3,50 %	4,00 %	4,50 %

Besondere Anlagebedingungen (Stand: 01.03.2018) PROXIMUS Balance Invest

zur Regelung des Rechtsverhältnisses zwischen den Anlegern und der Proximus Invest GmbH, Proximus-Allee 4, 80333 München (nachstehend „Gesellschaft" genannt) für das von der Gesellschaft verwaltete OGAW-Sondervermögen

PROXIMUS Balance Invest,

die nur in Verbindung mit den für dieses Sondervermögen von der Gesellschaft aufgestellten Allgemeinen Anlagebedingungen (AABen) gelten.

ANLAGEGRUNDSÄTZE UND ANLAGEGRENZEN

§1 Vermögensgegenstände

In das OGAW-Sondervermögen können

1. Wertpapiere gemäß § 193 KAGB,
2. Geldmarktinstrumente gemäß § 194 KAGB,
3. Bankguthaben gemäß § 195 KAGB,
4. Investmentanteile gemäß § 196 KAGB,
5. Derivate gemäß § 197 KAGB,
6. sonstige Anlageinstrumente gemäß § 198 KAGB

aufgenommen werden.

§2 Anlagegrenzen

1. Mindestens 23 % des Wertes des OGAW-Sondervermögens müssen in auf die Währung Euro lautenden verzinslichen Wertpapieren von weltweiten Emittenten, mindestens 21,5 % müssen in Aktien deutscher Aussteller sowie mindestens 23 % in Aktien von weltweiten Ausstellern außerhalb Deutschlands angelegt werden, die zum amtlichen Handel an einer Börse zugelassen oder an einem anderen organisierten Markt zugelassen oder in diesen einbezogen sind und bei denen es sich nicht um Anteile an Investmentvermögen handelt. Die in Pension genommenen Wertpapiere sind auf die Anlagegrenzen des § 206 Absatz 1 bis 3 KAGB anzurechnen.

2. Bis zu 15 % des Wertes des OGAW-Sondervermögens dürfen in allen Geldmarktinstrumenten nach § 6 oder Bankguthaben nach Maßgabe des § 7 der AABen gehalten werden. Die in Pension genommenen Geldmarktinstrumente sind auf die Anlagegrenzen des § 206 Absatz 1 bis 3 KAGB anzurechnen.

3. Bis zu 10 % des Wertes des OGAW-Sondervermögens dürfen in allen zulässigen Investmentanteilen nach Maßgabe des § 8 der AABen gehalten werden. Die in Pension genommenen Investmentanteile sind auf die Anlagegrenzen der §§ 207 und 210 Absatz 3 KAGB anzurechnen.

ANTEILKLASSEN

§3 Anteilklassen

Verschiedene Anteilklassen gemäß § 16 Absatz 2 der AABen werden nicht gebildet, alle Anteile haben gleiche Rechte.

ANTEILSCHEINE, AUSGABEPREIS, RÜCKNAHMEPREIS, RÜCKNAHME VON ANTEILEN UND KOSTEN

§4 Anteile

Die Anleger sind an den jeweiligen Vermögensgegenständen des OGAW-Sondervermögens in Höhe ihrer Anteile als Miteigentümer nach Bruchteilen beteiligt.

§5 Ausgabe- und Rücknahmepreis

Der Ausgabeaufschlag beträgt 3,40 % des Anteilwertes. Es steht der Gesellschaft frei, für das OGAW-Sondervermögen einen niedrigeren oder keinen Ausgabeaufschlag zu berechnen.

§6 Kosten (Vergütungen und Aufwendungen)

1. Die Gesellschaft erhält für die Verwaltung des OGAW-Sondervermögens eine jährliche Vergütung von bis zu 2,40 % des Wertes des OGAW-Sondervermögens.

2. Die Gesellschaft erhält aus dem OGAW-Sondervermögen eine jährliche Pauschalgebühr in Höhe von bis zu 0,26 % des Wertes des OGAW-Sondervermögens. Die Pauschalgebühr deckt folgende Kosten ab, die dem OGAW-Sondervermögen nicht separat belastet werden:

a) Vergütung der Verwahrstelle;

b) banktypische Depot- und Kontogebühren, ggf. einschließlich der banktypischen Kosten für die Verwahrung ausländischer Vermögensgegenstände im Ausland;

c) Kosten für den Druck und Versand der für die Anleger bestimmten Jahres- und Halbjahresberichte;

d) Kosten für die Bekanntmachung der Jahres- und Halbjahresberichte, der Ausgabe- und Rücknahmepreise und ggf. der Ausschüttungen und des Auflösungsberichtes;

e) Kosten für die Prüfung des OGAW-Sondervermögens durch den Abschlussprüfer des OGAW-Sondervermögens;

f) Kosten für die Bekanntmachung der Besteuerungsgrundlagen und die Bescheinigung, dass die steuerlichen Angaben nach den Regeln des deutschen Steuerrechts ermittelt wurden;

g) Kosten für die Analyse des Anlageerfolges des OGAW-Sondervermögens durch Dritte;

h) Kosten für die Beauftragung von Stimmrechtsbevollmächtigten;

3. Die Gesellschaft zahlt an die Vertriebsstellen eine jährliche Vertriebsprovision in Höhe von bis zu 1,00 % des Durchschnittswertes des OGAW-Sondervermögens, errechnet aus den Monatsendwerten. Die Vertriebsvergütung wird durch die Verwaltungsvergütung nach Absatz 1 abgedeckt und wird dem OGAW-Sondervermögen nicht gesondert belastet.

4. Die Verwaltungsgesellschaft kann dem Fondsvermögen bis zur Höhe von jährlich 0,10 % des Durchschnittswertes des OGAW-Sondervermögens die an Dritte gezahlten Vergütungen und Entgelte belasten für

a) die Verwaltung von Sicherheiten für Derivate-Geschäfte (sog. CollateralManagement) sowie

b) Leistungen im Rahmen der Erfüllung der Verordnung (EU) Nr. 648/2012 (EMIR = „Verordnung über die europäische Marktinfrastruktur"), unter anderem für das zentrale Clearing von OTC-Derivaten und Meldungen an Transaktionsregister einschließlich Kosten für Rechtsträger-Kennungen.

5. Der Betrag, der jährlich aus dem OGAW-Sondervermögen nach den vorstehenden Absätzen 1 bis 4 als Vergütungen bzw. Kostenpauschale sowie nach dem nachstehenden Absatz 8 Buchstabe f) als Aufwendungsersatz entnommen wird, kann insgesamt bis zu 2,86 % des Durchschnittswertes des OGAW-Sondervermögens betragen.

6. Die Verwaltungsvergütung, die Pauschalgebühr, die Verwahrstellenvergütung und die Kosten nach Absatz 8 Buchstabe f) werden auf der Basis des börsentäglich ermittelten Inventarwertes errechnet und können täglich dem OGAW-Sondervermögen entnommen werden, und zwar auf der Basis 1/365 der vorgenannten Sätze, bezogen auf den jeweiligen Wert des OGAW-Sondervermögens.

7. Neben den vorgenannten Vergütungen und Aufwendungen werden dem OGAW-Sondervermögen die in Zusammenhang mit dem Erwerb und der Veräußerung von Vermögensgegenständen entstehenden Kosten belastet.

8. Neben den vorgenannten Vergütungen gehen die folgenden Aufwendungen zulasten des OGAW-Sondervermögens:

a) Kosten der Erstellung und Verwendung eines dauerhaften Datenträgers, außer im Fall der Informationen über Fondsverschmelzungen und der Informationen über Maßnahmen im Zusammenhang mit Anlagegrenzverletzungen oder Berechnungsfehlern bei der Anteilwertermittlung;

b) Kosten für die Geltendmachung und Durchsetzung von Rechtsansprüchen durch die Gesellschaft für Rechnung des OGAW-Sondervermögens sowie der Abwehr von gegen die Gesellschaft zulasten des OGAW-Sondervermögens erhobenen Ansprüchen;

c) Gebühren und Kosten, die von staatlichen Stellen in Bezug auf das OGAW-Sondervermögen erhoben werden;

d) Kosten für Rechts- und Steuerberatung im Hinblick auf das OGAW-Sondervermögen;

e) die im Zusammenhang mit den an die Gesellschaft, die Verwahrstelle und Dritte zu zahlenden Vergütungen sowie den vorstehend genannten Aufwendungen anfallenden Steuern einschließlich der im Zusammenhang mit der Verwaltung und Verwahrung entstehenden Steuern;

f) Kosten für die Bereitstellung von Analysematerial oder -dienstleistungen durch Dritte in Bezug auf ein oder mehrere Finanzinstrumente oder sonstige Vermögenswerte oder in Bezug auf die Emittenten oder potenziellen Emittenten von Finanzinstrumenten oder in engem Zusammenhang mit einer bestimmten Branche oder einem bestimmten Markt jährlich bis zu einer Höhe von 0,10 % des Durchschnittswertes des OGAW-Sondervermögens.

9. Die Gesellschaft erhält für die Anbahnung, Vorbereitung und Durchführung von Wertpapierdarlehensgeschäften und Wertpapierpensionsgeschäften für Rechnung des Fonds eine pauschale Vergütung in Höhe von bis zu 50 % der Erträge aus diesen Geschäften. Die im Zusammenhang mit der Vorbereitung und der Durchführung von solchen Geschäften entstandenen Kosten einschließlich der an Dritte zu zahlenden Vergütungen trägt die Gesellschaft.

10. Weiterhin erhält die Gesellschaft in den Fällen, in denen für das OGAW-Sondervermögen gerichtlich oder außergerichtlich streitige Ansprüche im Rahmen von Einzel- bzw. Kapitalsammelklagen oder Steuererstattungsansprüchen oder vergleichbaren Verfahren durchgesetzt werden, eine Vergütung in Höhe von bis zu 10 % der für das OGAW-Sondervermögen, nach Abzug und Ausgleich der aus diesen Verfahren für das OGAW-Sondervermögen entstandenen Kosten gemäß Absatz 8 b), vereinnahmten Beträge.

11. Die Gesellschaft hat im Jahresbericht und im Halbjahresbericht den Betrag der Ausgabeaufschläge und Rücknahmeabschläge offenzulegen, die dem OGAW-Sondervermögen im Berichtszeitraum für den Erwerb und die Rücknahme von Anteilen und Aktien im Sinne des § 196 KAGB berechnet worden sind. Beim Erwerb von Anteilen, die direkt oder indirekt von der Gesellschaft selbst oder einer anderen Gesellschaft verwaltet werden, mit der die Gesellschaft durch eine wesentliche unmittelbare oder mittelbare Beteiligung verbunden ist, darf die Gesellschaft oder die andere Gesellschaft für den Erwerb und die Rücknahme keine Ausgabeaufschläge und Rücknahmeabschläge berechnen. Die Gesellschaft hat im Jahresbericht und im Halbjahresbericht die Vergütung offenzulegen, die dem OGAW-Sondervermögen von der Gesellschaft selbst, von einer anderen Verwaltungsgesellschaft, oder einer anderen Gesellschaft, mit der die Gesellschaft durch eine wesentliche unmittelbare oder mittelbare Beteiligung verbunden ist, als Verwaltungsvergütung für die im OGAW-Sondervermögen gehaltenen Anteile oder Aktien berechnet wurde.

ERTRAGSVERWENDUNG UND GESCHÄFTSJAHR

§ 7 Ausschüttung

1. Für das OGAW-Sondervermögen schüttet die Gesellschaft grundsätzlich die während des Geschäftsjahres für Rechnung des OGAW-Sondervermögens angefallenen und nicht zur Kostendeckung verwendeten anteiligen Zinsen, Dividenden und Erträge aus Investmentanteilen sowie Entgelte aus Darlehens- und Pensionsgeschäften - unter Berücksichtigung des zugehörigen Ertragsausgleichs - aus. Veräußerungsgewinne und sonstige Erträge - unter Berücksichtigung des zugehörigen Ertragsausgleichs - können anteilig ebenfalls zur Ausschüttung herangezogen werden.

2. Ausschüttbare anteilige Erträge gemäß Absatz 1 können zur Ausschüttung in späteren Geschäftsjahren insoweit vorgetragen werden, als die Summe der vorgetragenen Erträge 15 % des jeweiligen Wertes des OGAW-Sondervermögens zum Ende des Geschäftsjahres nicht übersteigt. Erträge aus Rumpfgeschäftsjahren können vollständig vorgetragen werden.

3. Im Interesse der Substanzerhaltung können anteilige Erträge teilweise, in Sonderfällen auch vollständig, zur Wiederanlage im OGAW-Sondervermögen bestimmt werden.

4. Die Ausschüttung erfolgt jährlich innerhalb von 4 Monaten nach Schluss des Geschäftsjahres.

§ 8 Geschäftsjahr

Das Geschäftsjahr des OGAW-Sondervermögens beginnt am 1. Oktober und endet am 30. September.

Wesentliche Anlegerinformationen PROXIMUS Strategic Invest

Gegenstand dieses Dokuments sind wesentliche Informationen für den Anleger über diesen Fonds. Es handelt sich nicht um Werbematerial. Diese Informationen sind gesetzlich vorgeschrieben, um Ihnen die Wesensart dieses Fonds und die Risiken einer Anlage in ihn zu erläutern. Wir raten Ihnen zur Lektüre dieses Dokuments, damit Sie eine fundierte Anlageentscheidung treffen können.

PROXIMUS Strategic Invest

WKN / ISIN: MI23062009 / DE0023062009
Kapitalverwaltungsgesellschaft:
Proximus Invest GmbH, Proximus-Allee 4,
80333 München

1. Ziele und Anlagepolitik

Ziel der Anlagepolitik ist die Erwirtschaftung eines mittel- bis langfristigen Wertzuwachses durch ein breit gestreutes Anlageportfolio sowie eine positive Entwicklung der im OGAW-Sondervermögen enthaltenen Vermögenswerte.

Um dies zu erreichen, investiert der Fonds variabel in Anteile von Aktien- und Rentenfonds. In diesem Rahmen obliegt die Auswahl der einzelnen Investments dem Fondsmanagement.

Derzeit investiert der Fonds zu ca. 45 % in Rentenfonds, die überwiegend international anlegen. Die verbleibenden rund 55 % des Fondsvermögens werden derzeit in Aktienfonds investiert, die ebenfalls international ausgerichtet sind.

Die Erträge eines Geschäftsjahres werden grundsätzlich thesauriert.

Die Anleger können von der Gesellschaft grundsätzlich börsentäglich die Rücknahme der Anteile verlangen. Die Gesellschaft kann die Rücknahme jedoch aussetzen, wenn außergewöhnliche Umstände dies zur Wahrung der Anlegerinteressen erforderlich erscheinen lassen.

2. Risiko- und Ertragsprofil

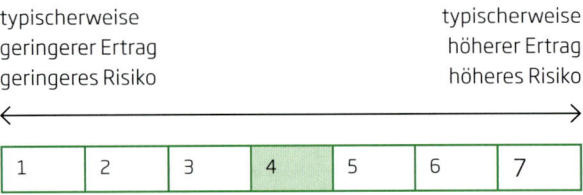

Der Risikoindikator gibt die Volatilität des Fondsanteilpreises in Kategorien von 1 bis 7 auf der Basis historischer Daten an. Die vergangene Wertentwicklung ist kein verlässlicher Indikator für die künftige Entwicklung, und die Einstufung kann sich im Laufe der Zeit ändern. Die niedrigste Risikokategorie bedeutet nicht, dass es sich um eine risikofreie Anlage handelt. Der Fonds ist in die Kategorie 4 eingestuft, weil sein Anteilpreis als weltweit angelegter Dachfonds mäßig schwankte und deshalb sowohl Verlustrisiken als auch Gewinnchancen moderat sind.

Folgende weitere Risiken können für den Fonds von Bedeutung sein. Diese Risiken können die Wertentwicklung des Fonds beeinträchtigen und sich damit auch nachteilig auf den Anteilwert und auf das vom Anleger angelegte Kapital auswirken. Der Anteilwert kann jederzeit unter den Kaufpreis fallen, zu dem der Kunde den Anteil erworben hat.

- Die Zielfonds setzen Derivatgeschäfte ein, um höhere Wertzuwächse zu erzielen. Die erhöhten Chancen gehen mit erhöhten Verlustrisiken einher.
- Die Zielfonds als auch der Fonds selbst schließen Geschäfte mit verschiedenen Vertragspartnern ab. Es besteht das Risiko, dass Vertragspartner Zahlungs- bzw. Lieferverpflichtungen nicht mehr nachkommen können.
- Die Zielfonds legen einen wesentlichen Teil ihres Vermögens in Schuldverschreibungen oder Bankguthaben an. Deren Aussteller können insolvent werden, wodurch diese Anlagen ihren Wert ganz oder zum Teil verlieren würden.
- Durch menschliches oder technisches Versagen, innerhalb und außerhalb der Gesellschaft, aber auch durch andere Ereignisse (wie z. B. Naturkatastrophen oder Rechtsrisiken) können dem Fonds Verluste zugefügt werden.
- Mit der Verwahrung von Vermögensgegenständen, insbesondere im Ausland, kann ein Verlustrisiko verbunden sein, das aus Insolvenz, Sorgfaltspflichtverletzungen oder missbräuchlichem Verhalten des Verwahrers oder eines Unterverwahrers resultieren kann.

Eine ausführliche Darstellung der Risiken findet sich im Verkaufsprospekt.

3. Kosten

Aus den Gebühren und sonstigen Kosten wird die laufende Verwaltung und Verwahrung des Fondsvermögens sowie der Vertrieb der Fondsanteile finanziert. Diese Kosten beschränken das potenzielle Wachstum Ihrer Anlage.

Einmalige Kosten vor und nach der Anlage:	
Ausgabeaufschlag	2,60 %
Rücknahmeabschlag	Es wird kein Rücknahmeabschlag erhoben.

Dabei handelt es sich um den Höchstbetrag, der von Ihrem Anlagebetrag vor der Anlage abgezogen wird und somit Ihre Rendite mindert. Im Einzelfall können diese Beträge geringer ausfallen.

Kosten, die vom Fonds im Laufe des Jahres abgezogen werden:	
Laufende Kosten	1,55 %

Die hier angegebenen laufenden Kosten fielen in den letzten 12 Monaten vor der Erstellung dieses Dokuments an. Sie können sich von Jahr zu Jahr verändern und enthalten nicht die Transaktionskosten für den An- und Verkauf von Wertpapieren.

Kosten, die der Fonds unter bestimmten Umständen zu tragen hat:	
An die Wertentwicklung des Fonds gebundene Gebühren	keine

Weitere Informationen über Kosten finden Sie im Verkaufsprospekt im Kapitel „Kosten".

Wesentliche Anlegerinformationen PROXIMUS Strategic Invest

4. Wertentwicklung in der Vergangenheit*

Wertentwicklungen in der Vergangenheit sind keine Garantie für die zukünftige Wertentwicklung. Bei der Berechnung wurden sämtliche Kosten und Gebühren mit Ausnahme des Ausgabeaufschlags berücksichtigt. Der PROXIMUS Strategic Invest wurde im Jahr 2000 aufgelegt. Die historischen Wertentwicklungsergebnisse wurden in Euro berechnet.

5. Praktische Informationen

- Die Ausgabe- und Rücknahmepreise des Fonds erhalten Sie bei der Verwahrstelle.
- Verwahrstelle: Süddeutsche Handelsbank AG, Proximus-Allee 7-9, 80333 München
- Kapitalverwaltungsgesellschaft: Proximus Invest GmbH, Proximus-Allee 4, 80333 München
- Weitere Informationen finden Sie im ausführlichen Verkaufsprospekt einschließlich der Anlagebedingungen und in den neuesten Jahres- und Halbjahresberichten, welche bei der Gesellschaft, der Verwahrstelle oder bei den Vertriebsstellen kostenlos angefordert werden können.

- Informationen zur aktuellen Vergütungspolitik der Gesellschaft sind im Internet veröffentlicht. Hierzu zählen die Beschreibung der Berechnungsmethoden für Vergütungen und Zuwendungen an bestimmte Mitarbeitergruppen sowie die Angabe der für die Zuteilung zuständigen Personen. Auf Verlangen werden Ihnen die Informationen von der Gesellschaft auch in Papierform zur Verfügung gestellt.
- Der Fonds unterliegt den deutschen Steuergesetzen. Dies kann Auswirkungen darauf haben, wie Sie bzgl. Ihrer Einkünfte aus dem Fonds besteuert werden.
- Der Fonds ist in Deutschland zugelassen und wird durch die Bundesanstalt für Finanzdienstleistungsaufsicht (BaFin) reguliert. Die Proximus Invest GmbH ist in Deutschland zugelassen und wird durch die Bundesanstalt für Finanzdienstleistungsaufsicht (BaFin) reguliert.
- Sonstige Informationen für den Anleger werden im elektronischen Bundesanzeiger und in einer hinreichend verbreiteten Wirtschafts- oder Tageszeitung bekannt gemacht.
- Die Proximus Invest GmbH kann lediglich auf der Grundlage einer in diesem Dokument enthaltenen Erklärung haftbar gemacht werden, die irreführend, unrichtig oder nicht mit den einschlägigen Teilen des Verkaufsprospekts vereinbar ist.

Diese wesentlichen Anlegerinformationen sind zutreffend und entsprechen dem Stand vom 01.03.2018.

*Grafik zu 4. Wertentwicklung PROXIMUS Strategic Invest

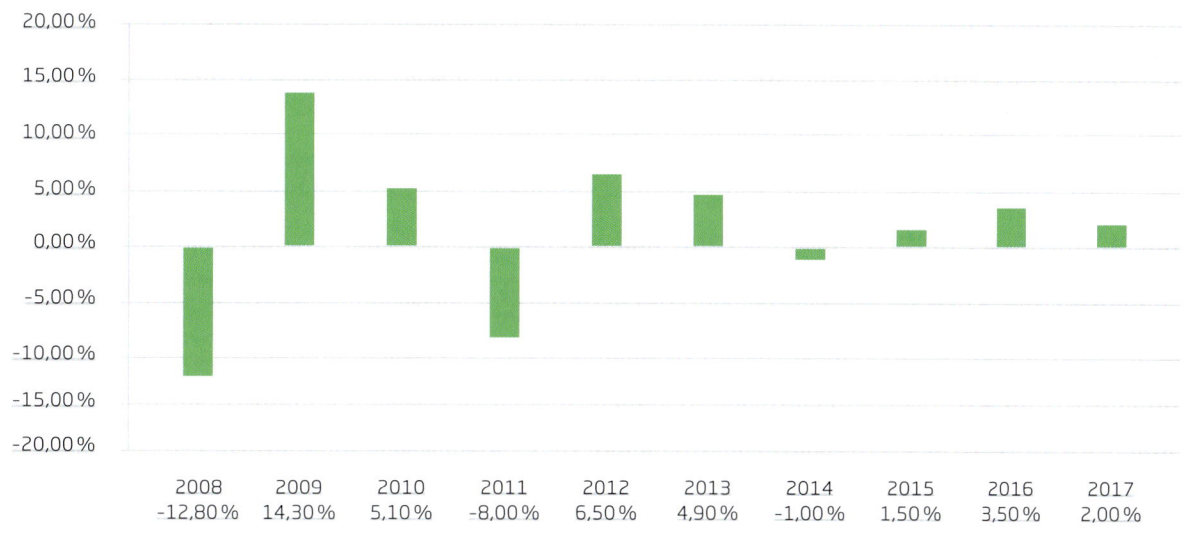

	2008	2009	2010	2011	2012	2013	2014	2015	2016	2017
	-12,80%	14,30%	5,10%	-8,00%	6,50%	4,90%	-1,00%	1,50%	3,50%	2,00%

Besondere Anlagebedingungen (Stand: 01.03.2018) PROXIMUS Strategic Invest

zur Regelung des Rechtsverhältnisses zwischen den Anlegern und der Proximus Invest GmbH, Proximus-Allee 4, 80333 München (nachstehend „Gesellschaft" genannt) für das von der Gesellschaft verwaltete OGAW-Sondervermögen

PROXIMUS Strategic Invest,

die nur in Verbindung mit den für dieses Sondervermögen von der Gesellschaft aufgestellten Allgemeinen Anlagebedingungen (AABen) gelten.

ANLAGEGRUNDSÄTZE UND ANLAGEGRENZEN

§1 Vermögensgegenstände

In das OGAW-Sondervermögen können

1. Geldmarktinstrumente gemäß § 194 KAGB,
2. Bankguthaben gemäß § 195 KAGB,
3. Investmentanteile gemäß § 196 KAGB,
4. Derivate gemäß § 197 KAGB,

aufgenommen werden.

Vermögensgegenstände gemäß §§ 5 und 10 der AABen dürfen nicht erworben werden.

§2 Anlagegrenzen

1. Mindestens 50 % des Wertes des OGAW-Sondervermögens werden in Anteilen an mindestens fünf in- und ausländischen OGAW-Zielfonds investiert, welche aufgrund ihrer Anlagebedingungen oder Satzung zu mindestens 51 % Aktien, die zum amtlichen Handel an einer Börse zugelassen oder an einem anderen organisierten Markt zugelassen oder in diesen einbezogen sind und bei denen es sich nicht um Anteile an Investmentvermögen handelt, und/oder auf die Währung Euro lautende verzinsliche Wertpapiere erwerben. Die in Pension genommenen Investmentanteile sind auf die Anlagegrenzen der §§ 207 und 210 Absatz 3 KAGB anzurechnen.

2. Bis zu 49 % des Wertes des OGAW-Sondervermögens dürfen in Geldmarktinstrumenten nach Maßgabe des § 6 oder Bankguthaben nach Maßgabe des § 7 der AABen angelegt werden. Die in Pension genommenen Geldmarktinstrumente sind auf die Anlagegrenzen des § 206 Absatz 1 bis 3 KAGB anzurechnen.

3. Bis zu 49 % des Wertes des OGAW-Sondervermögens dürfen in Geldmarktfondsanteilen nach Maßgabe des § 8 der AABen angelegt werden. Die in Pension genommenen Geldmarktfondsanteile sind auf die Anlagegrenzen der §§ 207 und 210 Absatz 3 KAGB anzurechnen.

ANTEILKLASSEN

§3 Anteilklassen

Verschiedene Anteilklassen gemäß § 16 Absatz 2 der AABen werden nicht gebildet, alle Anteile haben gleiche Rechte.

ANTEILSCHEINE, AUSGABEPREIS, RÜCKNAHMEPREIS, RÜCKNAHME VON ANTEILEN UND KOSTEN

§4 Anteile

Die Anleger sind an den jeweiligen Vermögensgegenständen des OGAW-Sondervermögens in Höhe ihrer Anteile als Miteigentümer nach Bruchteilen beteiligt.

§5 Ausgabe- und Rücknahmepreis

Der Ausgabeaufschlag beträgt 2,60 % des Anteilwertes. Es steht der Gesellschaft frei, für das OGAW-Sondervermögen einen niedrigeren oder keinen Ausgabeaufschlag zu berechnen.

§6 Kosten (Vergütungen und Aufwendungen)

1. Die Gesellschaft erhält für die Verwaltung des OGAW-Sondervermögens eine jährliche Vergütung von bis zu 2,40 % des Wertes des OGAW-Sondervermögens.

2. Die Gesellschaft erhält aus dem OGAW-Sondervermögen eine jährliche Pauschalgebühr in Höhe von bis zu 0,26 % des Wertes des OGAW-Sondervermögens. Die Pauschalgebühr deckt folgende Kosten ab, die dem OGAW-Sondervermögen nicht separat belastet werden:

a) Vergütung der Verwahrstelle;

b) banklübliche Depot- und Kontogebühren, ggf. einschließlich der banklüblichen Kosten für die Verwahrung ausländischer Vermögensgegenstände im Ausland;

c) Kosten für den Druck und Versand der für die Anleger bestimmten Jahres- und Halbjahresberichte;

d) Kosten für die Bekanntmachung der Jahres- und Halbjahresberichte, der Ausgabe- und Rücknahmepreise und ggf. der Ausschüttungen und des Auflösungsberichtes;

e) Kosten für die Prüfung des OGAW-Sondervermögens durch den Abschlussprüfer des OGAW-Sondervermögens;

f) Kosten für die Bekanntmachung der Besteuerungsgrundlagen und die Bescheinigung, dass die steuerlichen Angaben nach den Regeln des deutschen Steuerrechts ermittelt wurden;

g) Kosten für die Analyse des Anlageerfolges des OGAW-Sondervermögens durch Dritte;

h) Kosten für die Beauftragung von Stimmrechtsbevollmächtigten;

3. Die Gesellschaft zahlt an die Vertriebsstellen eine jährliche Vertriebsprovision in Höhe von bis zu 1,00 % des Durchschnittswertes des OGAW-Sondervermögens, errechnet aus den Monatsendwerten. Die Vertriebsvergütung wird durch die Verwaltungsvergütung nach Absatz 1 abgedeckt und wird dem OGAW-Sondervermögen nicht gesondert belastet.

4. Die Verwaltungsgesellschaft kann dem Fondsvermögen bis zur Höhe von jährlich 0,10 % des Durchschnittswertes des OGAW-Sondervermögens die an Dritte gezahlten Vergütungen und Entgelte belasten für

a) die Verwaltung von Sicherheiten für Derivate-Geschäfte (sog. CollateralManagement) sowie

b) Leistungen im Rahmen der Erfüllung der Verordnung (EU) Nr. 648/2012 (EMIR = „Verordnung über die europäische Marktinfrastruktur"), unter anderem für das zentrale Clearing von OTC-Derivaten und Meldungen an Transaktionsregister einschließlich Kosten für Rechtsträger-Kennungen.

5. Der Betrag, der jährlich aus dem OGAW-Sondervermögen nach den vorstehenden Absätzen 1 bis 4 als Vergütungen bzw. Kostenpauschale sowie nach dem nachstehenden Absatz 8 Buchstabe f) als Aufwendungsersatz entnommen wird, kann insgesamt bis zu 2,86 % des Durchschnittswertes des OGAW-Sondervermögens betragen.

6. Die Verwaltungsvergütung, die Pauschalgebühr, die Verwahrstellenvergütung und die Kosten nach Absatz 8 Buchstabe f) werden auf der Basis des börsentäglich ermittelten Inventarwertes errechnet und können täglich dem OGAW-Sondervermögen entnommen werden, und zwar auf der Basis 1/365 der vorgenannten Sätze, bezogen auf den jeweiligen Wert des OGAW-Sondervermögens.

7. Neben den vorgenannten Vergütungen und Aufwendungen werden dem OGAW-Sondervermögen die in Zusammenhang mit dem Erwerb und der Veräußerung von Vermögensgegenständen entstehenden Kosten belastet.

8. Neben den vorgenannten Vergütungen gehen die folgenden Aufwendungen zulasten des OGAW-Sondervermögens:

a) Kosten der Erstellung und Verwendung eines dauerhaften Datenträgers, außer im Fall der Informationen über Fondsverschmelzungen und der Informationen über Maßnahmen im Zusammenhang mit Anlagegrenzverletzungen oder Berechnungsfehlern bei der Anteilwertermittlung;

b) Kosten für die Geltendmachung und Durchsetzung von Rechtsansprüchen durch die Gesellschaft für Rechnung des OGAW-Sondervermögens sowie der Abwehr von gegen die Gesellschaft zulasten des OGAW-Sondervermögens erhobenen Ansprüchen;

c) Gebühren und Kosten, die von staatlichen Stellen in Bezug auf das OGAW-Sondervermögen erhoben werden;

d) Kosten für Rechts- und Steuerberatung im Hinblick auf das OGAW-Sondervermögen;

e) die im Zusammenhang mit den an die Gesellschaft, die Verwahrstelle und Dritte zu zahlenden Vergütungen sowie den vorstehend genannten Aufwendungen anfallenden Steuern einschließlich der im Zusammenhang mit der Verwaltung und Verwahrung entstehenden Steuern;

f) Kosten für die Bereitstellung von Analysematerial oder -dienstleistungen durch Dritte in Bezug auf ein oder mehrere Finanzinstrumente oder sonstige Vermögenswerte oder in Bezug auf die Emittenten oder potenziellen Emittenten von Finanzinstrumenten oder in engem Zusammenhang mit einer bestimmten Branche oder einem bestimmten Markt jährlich bis zu einer Höhe von 0,10 % des Durchschnittswertes des OGAW-Sondervermögens.

9. Die Gesellschaft erhält für die Anbahnung, Vorbereitung und Durchführung von Wertpapierdarlehensgeschäften und Wertpapierpensionsgeschäften für Rechnung des Fonds eine pauschale Vergütung in Höhe von bis zu 50 % der Erträge aus diesen Geschäften. Die im Zusammenhang mit der Vorbereitung und der Durchführung von solchen Geschäften entstandenen Kosten einschließlich der an Dritte zu zahlenden Vergütungen trägt die Gesellschaft.

10. Weiterhin erhält die Gesellschaft in den Fällen, in denen für das OGAW-Sondervermögen gerichtlich oder außergerichtlich streitige Ansprüche im Rahmen von Einzel- bzw. Kapitalsammelklagen oder Steuererstattungsansprüchen oder vergleichbaren Verfahren durchgesetzt werden, eine Vergütung in Höhe von bis zu 10 % der für das OGAW-Sondervermögen, nach Abzug und Ausgleich der aus diesen Verfahren für das OGAW-Sondervermögen entstandenen Kosten gemäß Absatz 8 b), vereinnahmten Beträge.

11. Die Gesellschaft hat im Jahresbericht und im Halbjahresbericht den Betrag der Ausgabeaufschläge und Rücknahmeabschläge offenzulegen, die dem OGAW-Sondervermögen im Berichtszeitraum für den Erwerb und die Rücknahme von Anteilen und Aktien im Sinne des § 196 KAGB berechnet worden sind. Beim Erwerb von Anteilen, die direkt oder indirekt von der Gesellschaft selbst oder einer anderen Gesellschaft verwaltet werden, mit der die Gesellschaft durch eine wesentliche unmittelbare oder mittelbare Beteiligung verbunden ist, darf die Gesellschaft oder die andere Gesellschaft für den Erwerb und die Rücknahme keine Ausgabeaufschläge und Rücknahmeabschläge berechnen. Die Gesellschaft hat im Jahresbericht und im Halbjahresbericht die Vergütung offenzulegen, die dem OGAW-Sondervermögen von der Gesellschaft selbst, von einer anderen Verwaltungsgesellschaft oder einer anderen Gesellschaft, mit der die Gesellschaft durch eine wesentliche unmittelbare oder mittelbare Beteiligung verbunden ist, als Verwaltungsvergütung für die im OGAW-Sondervermögen gehaltenen Anteile oder Aktien berechnet wurde.

ERTRAGSVERWENDUNG UND GESCHÄFTSJAHR

§ 7 Thesaurierung

Die Gesellschaft legt die während des Geschäftsjahres für Rechnung des OGAW-Sondervermögens angefallenen und nicht zur Kostendeckung verwendeten Zinsen, Dividenden und sonstigen Erträge – unter Berücksichtigung des zugehörigen Ertragsausgleichs – sowie die Veräußerungsgewinne im OGAW-Sondervermögen wieder an.

§ 8 Geschäftsjahr

Das Geschäftsjahr des OGAW-Sondervermögens beginnt am 1. Oktober und endet am 30. September.

Spezielle Bedingungen für das Festgeld bei der Süddeutschen Handelsbank AG

gilt für das SDH-Festgeld bei der Süddeutschen Handelsbank AG, Proximus-Allee 7-9, 80333 München, nachfolgend SDH genannt

(Stand: 01.03.2018)

1. Kontoinhaber

Die Konten werden nur für natürliche Personen eröffnet und geführt. Der Kontoinhaber muss volljährig sein, seinen Wohnsitz oder gewöhnlichen Aufenthalt in Deutschland haben und auf eigene Rechnung handeln. Das Konto darf nur privat genutzt werden, d. h. eine Verwendung als Geschäftskonto bei Freiberuflern, Gewerbetreibenden sowie land- und forstwirtschaftlichen Unternehmen ist nicht zulässig. Gemeinschaftskonten werden nicht eröffnet.

2. Kontoführung

Das SDH Festgeld dient der Termineinlage mit festem Zinssatz, für die zwischen dem Kontoinhaber und der SDH fest vereinbarte Laufzeit. Der Kontoinhaber stellt der SDH für den bei der Kontoeröffnung vereinbarten Anlagezeitraum einen Geldbetrag als einmalige Anlage zur Verfügung, für die eine laufzeitabhängige, fest garantierte Guthabenverzinsung vereinbart wird. Änderungen der Laufzeit und des Zinssatzes bei einem bestehenden SDH Festgeld sind ausgeschlossen. Das SDH Festgeld wird ausschließlich in Euro geführt und erfordert eine Mindestanlagesumme von 1.000 €. Die Laufzeit beginnt mit der Gutschrift des Anlagebetrages auf dem SDH Festgeldkonto. Der gewünschte Anlagebetrag ist in einer Summe zu überweisen. Zuzahlungen oder Verfügungen sind nur am Tag der Fälligkeit möglich. Das Festgeldkonto nimmt nicht am Zahlungsverkehr teil. Zuzahlungen oder Verfügungen über das Guthaben sind während der vereinbarten Laufzeit des SDH Festgelds nicht möglich. Sonstige Zahlungsvorgänge (z. B. Einlösung von Schecks, Einzug von Lastschriften, Überweisungen) sind nicht möglich. Die Durchführung und Bearbeitung von Aufträgen erfolgt an den für die Abwicklung der jeweiligen Auftragsart (z. B. Überweisung) im Preisverzeichnis Privatkunden der SDH bekannt gegebenen Geschäftstagen im Rahmen des ordnungsgemäßen Arbeitsablaufes.

3. Rechnungsabschluss

Der Kontoinhaber erhält von der SDH jeweils am Ende des fest vereinbarten Anlagezeitraums sowie bei mehrjährigen Festgeldanlagen nach Ablauf eines jeden Laufzeitjahres einen Kontoauszug, der als Rechnungsabschluss dient. Der Kontoinhaber hat Einwendungen gegen den Rechnungsabschluss wegen Unrichtigkeit oder Unvollständigkeit spätestens vor Ablauf von 6 Wochen nach dessen Zugang zu erheben. Bei schriftlicher Geltendmachung genügt die Absendung innerhalb der Sechswochenfrist. Das Unterlassen rechtzeitiger Einwendungen gilt als Genehmigung. Die SDH wird auf diese Folge bei Erteilung des Rechnungsabschlusses gesondert hinweisen. Auch nach Fristablauf kann der Kontoinhaber eine Berichtigung des Rechnungsabschlusses verlangen, muss dann aber beweisen, dass das Konto zu Unrecht belastet oder eine Gutschrift zu Unrecht nicht erteilt wurde.

4. Gebühren

Die Eröffnung, Führung und Schließung des SDH Festgelds ist kostenlos. Für Kundenaufträge, die außerhalb der gewöhnlichen Dienstleistungen liegen (z. B. Zweitdruck einer Steuerbescheinigung), kann die SDH ein Entgelt berechnen, dessen Höhe sich nach dem Preis- und Leistungsverzeichnis ergibt. Dieses kann als Aushang im Kassenraum oder unter ⊕www.sueddeutsche-handelsbank.de eingesehen werden. Der Kontoinhaber hat eigene Kosten (z. B. für Telefon, Porti) sowie ggf. anfallende Kosten Dritter selbst zu tragen.

5. Vertragslaufzeit, Fälligkeitstag

Die Laufzeit des SDH Festgelds beginnt mit dem Tag der Wertstellung der Einlage auf dem Festgeldkonto (Valuta). Die Wertstellung erfolgt am Tag der Kontoeröffnung, der stets ein Bankarbeitstag ist. Der Ablauf des Festgeldvertrags errechnet sich aus dem Laufzeitbeginn und der vom Kunden gewählten Laufzeit, wobei der Fälligkeitstag jeweils der Tag des letzten Monats der Laufzeit ist, der durch seine Zahl dem Tag der Kontoeröffnung bzw. der Wiederanlage entspricht. Wurde das Konto am letzten Tag eines Monats eröffnet oder verlängert, fällt der Fälligkeitstag künftig stets auf das Ende des letzten Monats der Laufzeit. Ist der letzte Tag der Laufzeit kein Bankarbeitstag, erfolgt die Auszahlung des auf dem Festgeldkonto befindlichen Guthabens am nächstfolgenden Bankarbeitstag mit Wertstellung zum Fälligkeitstag.

6. Verzinsung

Der feste Zinssatz gilt für die gesamte vereinbarte Laufzeit. Maßgeblich für die Höhe des Zinssatzes und den Beginn der Verzinsung ist der Tag, an dem die Gutschrift des Anlagebetrags auf dem SDH Festgeldkonto erfolgt. Der Zinssatz laufender Festgeldverträge wird dem Kontoinhaber in den Kontodetails im Onlinebanking angezeigt und in den Kontoauszügen ausgewiesen. Die jeweils aktuellen Zinssätze können dem im Kassenraum der SDH ausgehängten Zinskonditionenblatt entnommen werden. Der Monat wird zu 30 Tagen, das Jahr zu 360 Tagen gerechnet. Die zu zahlenden Zinsen werden zum vereinbarten Zahlungstermin ermittelt und je nach Angabe des Kontoinhabers bei Kontoeröffnung dem Verrechnungskonto oder dem Festgeldkonto gutgeschrieben. Der Zeitpunkt der Zinsausschüttung richtet sich nach der gewählten Festgeldvereinbarung:

- Bei Festgeldvereinbarungen mit einer Laufzeit von bis zu 12 Monaten erfolgt die Zinsausschüttung am Fälligkeitstag (siehe Nr. 5)
- Bei Festgeldvereinbarungen mit einer Laufzeit von mehr als 12 Monaten erfolgen die Zinsausschüttungen jeweils an dem Tag der folgenden Kalenderjahre, der dem Tag der Eröffnung oder der Wiederanlage entspricht, sowie am Fälligkeitstag (siehe Nr. 5). Sofern das Konto am letzten Tag eines Monats eröffnet oder verlängert worden ist, erfolgen die Zinsausschüttungen jeweils mit

Ablauf von 12 Monaten, gerechnet ab dem Tag der Eröffnung oder Wiederanlage bzw. der letzten Zinsausschüttung.

7. Steuern

Die anfallenden Zinsen sind im Regelfall als Einkünfte steuerpflichtig. Die SDH ist nach den geltenden gesetzlichen Bestimmungen verpflichtet, die Steuern, die auf die Guthabenzinsen anfallen (sogenannte Abgeltungsteuer) einzubehalten und an das jeweilige Finanzamt abzuführen, wodurch der an den Kontoinhaber zu zahlende Betrag gemindert wird. Dies gilt nur, soweit der Kontoinhaber der SDH keine gültige Nichtveranlagungsbescheinigung vorgelegt hat, keinen ausreichenden Freistellungsauftrag erteilt hat oder der Freistellungsbetrag ausgeschöpft ist.

8. Abtretung / Verpfändung

Die Abtretung und/oder die Verpfändung der Ansprüche des Kontoinhabers aus dem SDH Festgeld gegen die SDH ist ausgeschlossen.

9. Mitwirkungspflichten des Kontoinhabers

Um die ordnungsgemäße Abwicklung des Geschäftsverkehrs sicherzustellen, hat der Kontoinhaber der SDH eine Änderung seiner persönlichen Angaben (z. B. Name, Anschrift, Familienstand) unverzüglich mitzuteilen.

10. Verfügungen zum Ablauf der Festgeldvereinbarung

Bei Kontoeröffnung oder danach durch jederzeitige Verfügung kann der Kontoinhaber bis spätestens 2 Bankarbeitstage vor Ende der Laufzeit zwischen den folgenden beiden Möglichkeiten wählen:
- Rückzahlung des am Fälligkeitstag auf dem Festgeldkonto befindlichen Guthabens. Im Falle der Rückzahlung wird das Festgeldkonto automatisch geschlossen.
- Automatische Wiederanlage des gesamten auf dem Festgeldkonto verfügbaren Guthabens zum Fälligkeitstag mit derselben Laufzeit wie bei der Erstanlage vereinbart, zu den am Fälligkeitstag gültigen Konditionen. Bei Wiederanlage erfolgt kein gesonderter Hinweis auf die dann gültigen Konditionen. Bei Festgeldvereinbarungen mit einer Laufzeit von unter einem Jahr hat der Kontoinhaber das Recht, innerhalb von 7 Tagen, ab einer Laufzeit von einem Jahr innerhalb von 14 Tagen ab erfolgter Wiederanlage die Festgeldanlage ohne Berechnung einer Gebühr oder von Vorschusszinsen aufzulösen. Im Falle der Auflösung wird das Guthaben an den Kontoinhaber zurückgezahlt und das Konto geschlossen.

Die SDH behält sich vor, einen ihr vom Kontoinhaber erteilten Auftrag zur automatischen Wiederanlage nicht auszuführen (z. B. bei Wegfall eines Produktangebots). In diesem Fall wird sie dies dem Kunden rechtzeitig mitteilen sowie die Rückzahlung des Festgeldguthabens und die Kontoschließung veranlassen.

11. Kündigung

Eine ordentliche Kündigung ist während der Vertragslaufzeit weder durch die SDH noch durch den Kontoinhaber möglich. Das Recht zur fristlosen Kündigung aus wichtigem Grund bleibt unberührt. Die Kündigung ist schriftlich an den jeweils anderen Vertragspartner zu richten. Bei einer fristlosen Kündigung aus wichtigem Grund wird die SDH das bestehende Guthaben auf dem SDH Festgeldkonto auf ein vom Kunden zu benennendes Konto überweisen und das Festgeldkonto schließen.

Spezielle Bedingungen für das Tagesgeld bei der Süddeutschen Handelsbank AG

gilt für das SDH-Tagesgeld bei der Süddeutschen Handelsbank AG, nachfolgend SDH genannt

(Stand: 01.03.2018)

1. Kontoinhaber

SDH Tagesgeldkonten werden nur für natürliche, volljährige Personen, die in Deutschland ihren Wohnsitz oder gewöhnlichen Aufenthaltsort haben, eröffnet. Pro Person kann nur ein Tagesgeldkonto eröffnet werden. Das Konto ist auf eigene Rechnung zu führen. Gemeinschaftskonten werden nicht eröffnet. Die Kontonutzung ist nur zu privaten Zwecken gestattet, d. h. eine Verwendung als Geschäftskonto bei Gewerbetreibenden, Freiberuflern oder land- und forstwirtschaftlichen Unternehmen ist nicht zulässig.

2. Kontoführung

Das SDH Tagesgeldkonto ist ein täglich verfügbares Einlagenkonto zur flexiblen Geldanlage und wird in laufender Rechnung ausschließlich auf Guthabenbasis in der Währung Euro geführt. Das Tagesgeldkonto dient ausschließlich der Geldanlage und kann nicht zur Abwicklung des Zahlungsverkehrs verwendet werden. Das Guthaben auf dem Tagesgeldkonto ist täglich fällig. Führt der Kontoinhaber neben dem Tagesgeldkonto noch weitere Konten bei der SDH, so kann das Tagesgeldkonto für diese Konten als Verrechnungskonto verwendet werden.

3. Gebühren

Die Führung des SDH Tagesgeldkontos ist kostenfrei. Der Kontoinhaber hat eigene Kosten (z. B. für Telefon, Porti) sowie ggf. anfallende Kosten Dritter selbst zu tragen.

4. Zinsen

Die Verzinsung wird ab dem ersten Euro gezahlt. Es gibt keine gestaffelten Zinssätze. Der Zinssatz ist für alle Anlagehöhen einheitlich. Der Zinssatz ist variabel. Der aktuell gültige Zinssatz kann dem jeweiligen Kontoauszug, der Konditionenseite der SDH im Internet unter ⊕ www.sueddeutsche-handelsbank.de und dem Aushang im Kassenraum entnommen werden. Die SDH überprüft den Zinssatz monatlich sowie bei Änderungen des Einlagesatzes der EZB und passt diesen ggf. an. Änderungen der Zinssätze werden ohne gesonderte Mitteilung wirksam. Die Zinsen werden jährlich berechnet und jeweils zum Ende des Kalenderjahres dem Tagesgeldkonto gutgeschrieben. Ein Monat wird mit 30 Zinstagen, ein Jahr mit 360 Zinstagen berechnet.

5. Steuern

Die anfallenden Zinsen sind im Regelfall als Einkünfte steuerpflichtig. Die SDH ist nach den geltenden gesetzlichen Bestimmungen verpflichtet, die Steuern, die auf die Guthabenzinsen anfallen (sogenannte Abgeltungsteuer) einzubehalten und an das jeweilige Finanzamt abzuführen, wodurch der an den Kontoinhaber zu zahlende Betrag gemindert wird. Dies gilt nur, soweit der Kontoinhaber der SDH keine gültige Nichtveranlagungsbescheinigung vorgelegt hat, keinen ausreichenden Freistellungsauftrag erteilt hat oder der Freistellungsbetrag ausgeschöpft ist.

6. Rechnungsabschluss

Der Kontoinhaber erhält von der SDH jeweils am Ende des Kalenderjahres einen Kontoauszug, der als Rechnungsabschluss dient. Der Kontoinhaber hat Einwendungen gegen den Rechnungsabschluss wegen Unrichtigkeit oder Unvollständigkeit spätestens vor Ablauf von 6 Wochen nach dessen Zugang zu erheben. Bei schriftlicher Geltendmachung genügt die Absendung innerhalb der Sechs-Wochen-Frist. Das Unterlassen rechtzeitiger Einwendungen gilt als Genehmigung. Die SDH wird auf diese Folge bei Erteilung des Rechnungsabschlusses gesondert hinweisen. Auch nach Fristablauf kann der Kontoinhaber eine Berichtigung des Rechnungsabschlusses verlangen, muss dann aber beweisen, dass das Konto zu Unrecht belastet oder eine Gutschrift zu Unrecht nicht erteilt wurde.

7. Referenzkonto

Der Kontoinhaber hat bei der Eröffnung des Tagesgeldkontos ein Girokonto bei der SDH Bank oder bei einem anderen inländischen Kreditinstitut als Referenzkonto anzugeben. Änderungen des Referenzkontos sind der SDH unverzüglich schriftlich mitzuteilen. Das Referenzkonto muss auf den Namen des Kontoinhabers lauten.

8. Einzahlungen, Verfügungen

Einzahlungen sind zu jeder Zeit und in jeder beliebigen Höhe möglich. Die SDH behält sich vor, Einzahlungen, die zu einem höheren Guthaben als 500.000 € auf dem Tagesgeldkonto führen, ohne Angabe von Gründen zurückzuweisen. Aus Sicherheitsgründen ist die SDH berechtigt, im Online- und Telefonbanking eine Betragsobergrenze für Aufträge festzusetzen. Einzahlungen können ausschließlich in Form von Überweisungen getätigt werden.

Vermögenswirksame Leistungen im Sinne des Vermögensbildungsgesetzes können nicht auf das Tagesgeldkonto eingezahlt werden. Die SDH wird Zahlungseingänge, die als vermögenswirksame Leistung gekennzeichnet sind, zurückweisen.

Verfügungen sind bis zur Höhe des bestehenden Guthabens nur durch Überweisung zugunsten des Referenzkontos möglich. Bei Verfügungen über das Gesamtguthaben bleibt das Konto bestehen, es sei denn, der Kunde gibt einen Auftrag zur Auflösung des Kontos. Verfügungen sind im Online-Banking, im Telefon-Banking unter Angabe der PIN sowie per schriftlichem Auftrag (einschließlich Faxaufträgen) möglich.

9. Abtretung / Verpfändung

Die Abtretung und/oder die Verpfändung des Guthabens auf dem Tagesgeldkonto an Dritte ist nicht, auch nicht zum Teil, möglich.

10. Kündigung

Der Kontoinhaber kann das Tagesgeldkonto jederzeit ohne Einhaltung einer Kündigungsfrist kündigen. Die Kündigung ist nicht möglich, bevor auch alle übrigen Konten des Kontoinhabers bei der SDH, für die das Tagesgeldkonto als Verrechnungskonto dient, geschlossen sind. Die SDH kann den Kontovertrag jederzeit unter Einhaltung einer angemessenen Kündigungsfrist kündigen. Sie wird bei der Bemessung der Kündigungsfrist auf die berechtigten Belange des Kontoinhabers Rücksicht nehmen. Die Kündigungsfrist beträgt mindestens 3 Monate. Das Recht zur fristlosen Kündigung aus wichtigem Grund bleibt davon unberührt. Die Kündigung ist schriftlich an den jeweils anderen Vertragspartner zu richten.

Bedingungen für den Sparverkehr mit der Süddeutschen Handelsbank AG

gilt für den Sparverkehr einschl. SB-Sparverkehr bei der Süddeutschen Handelsbank AG, Proximus-Allee 7-9, 80333 München, nachfolgend SDH genannt

(Stand: 01.03.2018)

1. Spareinlagen

Spareinlagen sind Einlagen, die die Bank als solche annimmt und durch Ausfertigung einer Urkunde als Spareinlage kennzeichnet. Spareinlagen dienen ausschließlich der Geldanlage, nicht aber dem Zahlungsverkehr oder Geschäftsbetrieb.

2. Sparurkunde

2.1 Ausstellung

Die Bank erstellt bei der ersten Einlage eine Sparurkunde und händigt diese dem Sparer aus.

2.2 Ein- und Auszahlungen, Vorlage der Sparurkunde

Die Bank vermerkt in der Sparurkunde mit Angabe des Tages Einzahlungen, Auszahlungen, sonstige Gutschriften und Belastungen sowie den jeweiligen Kontostand. Die Rückzahlung von Spareinlagen und die Auszahlung von Zinsen können nur gegen Vorlage der Sparurkunde verlangt werden. Für Einzahlungen sowie sonstige Gutschriften und Belastungen kann die Bank die Vorlage der Sparurkunde verlangen. Die Vorlage kann die Bank auch sonst jederzeit bei berechtigtem Interesse verlangen. Ohne Vorlage der Sparurkunde geleistete Einzahlungen sowie sonstige Gutschriften und Belastungen trägt die Bank bei der nächsten Vorlage der Sparurkunde nach.

2.3 Sorgfaltspflichten

Der Sparer ist zur sorgfältigen Aufbewahrung der Sparurkunde verpflichtet. Er hat Eintragungen in die Sparurkunde sofort nach deren Erhalt auf ihre Richtigkeit zu überprüfen und ist verpflichtet, Einwendungen unverzüglich zu erheben.

2.4 Legitimationswirkung der Sparurkunde

Die Bank ist berechtigt, aber nicht verpflichtet, an jeden Vorlegenden der Sparurkunde fällige Zahlungen zu leisten und diesen als zur Kündigung berechtigt anzusehen; es sei denn, ihr ist die fehlende Berechtigung des Vorlegenden bekannt oder infolge grober Fahrlässigkeit unbekannt.

3. Verzinsung und Entgelte

3.1 Entgelte

Die Höhe der jeweils maßgeblichen Entgelte ergeben sich aus dem „Preis- und Leistungsverzeichnis". Dieses kann als Aushang im Kassenraum oder unter ⊕ www.sueddeutsche-handelsbank.de eingesehen werden. Der Kontoinhaber hat eigene Kosten (z. B. für Telefon, Porti) sowie ggf. anfallende Kosten Dritter selbst zu tragen.

3.2 Zinshöhe

Soweit nichts anderes vereinbart ist, vergütet die Bank dem Kunden den von ihr jeweils durch Aushang im Kassenraum bekannt gegebenen Zinssatz. Für bestehende Spareinlagen tritt eine Änderung des Zinssatzes, unabhängig von einer Kündigungsfrist, mit der Änderung des Aushangs in Kraft, sofern nichts anderes vereinbart ist.

3.3 Zinslauf

Die Verzinsung beginnt mit dem Tage der Einzahlung und endet mit dem der Rückzahlung vorhergehenden Kalendertag. Der Monat wird zu 30 Tagen, das Jahr zu 360 Tagen gerechnet.

3.4 Zinskapitalisierung

Soweit nichts anderes vereinbart ist, werden die aufgelaufenen Zinsen zum Schluss des Geschäftsjahres gutgeschrieben, dem Kapital hinzugerechnet und mit diesem vom Beginn des neuen Geschäftsjahres an verzinst. Wird über die gutgeschriebenen Zinsen nicht innerhalb von 2 Monaten nach Gutschrift verfügt, unterliegen sie der im Übrigen vereinbarten Kündigungsregelung. Bei Auflösen des Sparkontos werden die Zinsen sofort gutgeschrieben.

4. Kündigung

Die Kündigungsfrist beträgt mindestens 3 Monate. Von Spareinlagen mit einer Kündigungsfrist von 3 Monaten können - soweit nichts anderes vereinbart wird - ohne Kündigung bis zu 2.000 € für jedes Sparkonto innerhalb eines Kalendermonats zurückgefordert werden. Eine Auszahlung von Zinsen innerhalb von 2 Monaten nach Gutschrift gem. Nr. 3.3 wird hierauf nicht angerechnet.

Ein Anspruch auf vorzeitige Rückzahlung besteht darüber hinaus nicht. Stimmt die Bank gleichwohl ausnahmsweise einer vorzeitigen Rückzahlung zu, hat sie das Recht, für diese vorzeitige Rückzahlung ein Vorfälligkeitsentgelt oder Vorschusszinsen zu verlangen. Die Höhe des Vorfälligkeitsentgelts oder der jeweilige Vorschusszinssatz wird durch Aushang im Kassenraum bekannt gegeben.

5. Kennwort, Sperrvermerk

5.1 Kennwort

Um zu verhindern, dass Unbefugte über Spareinlagen verfügen, kann der Sparer bestimmen, dass die Spareinlage nur gegen Vorlage eines besonderen Ausweises oder unter Bekanntgabe eines vereinbarten Kennwortes ausgezahlt werden darf. Das Bestehen einer Kennwortvereinbarung vermerkt die Bank in der Sparurkunde.

5.2 Sperrvermerk

Auf Antrag des Sparers kann die Bank eine Spareinlage sperren. Inhalt und Wirkung der Sperre richten sich nach der Vereinbarung.

6. Verlust, Einbehaltung

6.1 Verlustanzeige

Der Verlust (Abhandenkommen, Vernichtung) einer Sparurkunde ist der Bank unverzüglich anzuzeigen. Die Bank veranlasst unverzüglich eine Sperre. Bis zur Durchführung der Sperre leistet sie vorbehaltlich Nr. 2.4 befreiend an den Vorlegenden.

6.2 Neue Sparurkunde

Im Falle eines Verlustes der Sparurkunde kann die Bank eine neue Sparurkunde ausstellen oder die Ausstellung der neuen Sparurkunde von der Durchführung eines Aufgebotsverfahrens abhängig machen.

6.3 Einbehaltung einer Sparurkunde

Wird eine als abhandengekommen oder als vernichtet gemeldete Sparurkunde vorgelegt oder besteht der Verdacht, dass unbefugte Änderungen der Sparurkunde erfolgt sind, so kann die Bank gegen Empfangsbescheinigung die Sparurkunde bis zur Klärung der Sach- und Rechtslage einbehalten. Nur nach Maßgabe dieser Klärung dürfen auf solche Sparkonten Ein- und Auszahlungen oder sonstige Verfügungen zugelassen werden.

7. Änderung der Bedingungen für den Sparverkehr

7.1 Art und Weise des Hinweises

Die Bank wird den Sparer auf eine Änderung der Bedingungen für den Sparverkehr oder die Einführung zusätzlicher Bedingungen unmittelbar oder, wenn ein solcher Hinweis nur unter unverhältnismäßigen Schwierigkeiten möglich ist, durch deutlich sichtbaren Aushang in den Kassenräumen der Bank hinweisen. Soweit eine Änderung der Bedingungen für den Sparverkehr durch Aushang bekannt gemacht wird, weist die Bank hierauf außerdem in einer Tageszeitung am Ort des Sitzes hin.

7.2 Genehmigung der Änderung

Ist der Hinweis erfolgt, so gilt die Änderung als genehmigt, wenn der Sparer ihr nicht binnen eines Monats schriftlich widerspricht. Die Bank wird dann die geänderte Fassung der Bedingungen für den Sparverkehr der weiteren Geschäftsverbindung zugrunde legen. Die Bank wird den Sparer bei der Bekanntgabe der Änderungen auf diese Folgen besonders hinweisen. Die Frist ist gewahrt, wenn der Widerspruch innerhalb eines Monats nach Bekanntgabe abgesandt worden ist.

8. Nutzung von Selbstbedienungstechniken

Der Sparer kann mit der Bank für Sparkonten, die für diese Verwendungsart freigegeben sind, die Möglichkeit vereinbaren, Informationen und Transaktionen über die Spareinlage an SDH-Bank-Selbstbedienungssystemen mit seiner SDH-BankCard und seiner persönlichen Geheimzahl (PIN) durchzuführen (SB-Sparverkehr).

Die Bedingungen für den Sparverkehr finden auch bei Nutzung der Selbstbedienungstechniken – mit Ausnahme der Regelungen in Nr. 2.4 und Nr. 6.1 Satz 3 sowie der Bestimmung zur Kennwortvereinbarung in Nr. 5.1 – Anwendung.

Im SB-Sparverkehr kann der Sparer Auszahlungen am Bankautomat sowie Umbuchungen zulasten seines Sparkontos bis max. zu einem Betrag von 2.000 € pro Kalendermonat vornehmen. Pro Tag ist der maximale Auszahlungsbetrag auf 1.000 € begrenzt. Zusätzlich kann der Sparer am Automat Sparkontoauszüge erstellen.

Allgemeine Bedingungen für Kredite und Darlehen

Kredit im Sinne dieser Bedingungen sind sämtliche Kredite und Darlehen.

1. Einschränkung der Übertragbarkeit

Der Anspruch auf Auszahlung des Kredits ist nur mit Zustimmung der Bank abtretbar oder verpfändbar.

2. Aufrechnungsbefugnis

Der Kreditnehmer kann gegen Forderungen der Bank nur aufrechnen, wenn seine Forderungen unbestritten oder rechtskräftig festgestellt sind.

3. Kreditkonto und Kostenverrechnung

Die Bank wird dem Kreditnehmer soweit erforderlich Kreditkonten einrichten. Kosten können mit der nächsten fälligen Leistungsrate verrechnet werden. Soweit nichts anderes vereinbart, wird der Kredit dem angegebenen Rückzahlungskonto gutgeschrieben, dem auch fällige Beträge belastet werden.

4. Kreditrahmen, Überschreitungen

Der Kreditnehmer kann Verfügungen nur im Rahmen des eingeräumten Kredits vornehmen. Sollte es dennoch zu einer Inanspruchnahme über den Rahmen des eingeräumten Kredits hinaus kommen, so ist der darüber hinausgehende Betrag unverzüglich an die Bank zu zahlen; für derartige Überziehungen fällt ein höherer Überziehungszins an, der sich nach der mit der Bank getroffenen Vereinbarung und den Informationen richtet, die die Bank dem Kreditnehmer übermittelt. Auch wenn Überschreitungen des eingeräumten Kredits geduldet worden sind, erweitern diese nicht den ursprünglich eingeräumten Kreditrahmen.

5. Tilgungsplan

Ist ein Zeitpunkt für die Rückzahlung des Kredits bestimmt, kann der Kreditnehmer vom Kreditgeber jederzeit einen Tilgungsplan verlangen.

6. Ordentliche Kündigung oder vorzeitige Erfüllung durch den Kreditnehmer

6.1 Kündigung von Krediten mit Sollzinsbindung

Der Kreditnehmer kann einen Kreditvertrag mit einem gebundenen Sollzinssatz ganz oder teilweise kündigen, wenn die Sollzinsbindung vor der für die Rückzahlung bestimmten Zeit endet und keine neue Vereinbarung über den Sollzinssatz getroffen ist, unter Einhaltung einer Kündigungsfrist von einem Monat, frühestens für den Ablauf des Tages, an dem die Sollzinsbindung endet; ist eine Anpassung des Sollzinssatzes in bestimmten Zeiträumen bis zu einem Jahr vereinbart, so kann der Kreditnehmer jeweils nur für den Ablauf des Tages, an dem die Sollzinsbindung endet, kündigen; in jedem Fall nach Ablauf von 10 Jahren nach dem vollständigen Empfang unter Einhaltung einer Kündigungsfrist von 6 Monaten; wird nach dem Empfang des Kredits eine neue Vereinbarung über die Zeit der Rückzahlung oder den Sollzinssatz getroffen, so tritt der Zeitpunkt dieser Vereinbarung an die Stelle des Zeitpunktes des Empfangs.

6.2 Kündigung von Krediten mit veränderlichem Sollzinssatz

Enthält der Kreditvertrag einen veränderlichen Sollzinssatz, kann der Kreditnehmer den Kreditvertrag jederzeit unter Einhaltung einer Kündigungsfrist von 3 Monaten kündigen.

6.3 Kündigung von unbefristeten Verbraucherdarlehen

Der Kreditnehmer kann einen Verbraucherdarlehensvertrag, bei dem eine Zeit für die Rückzahlung nicht bestimmt ist, ganz oder teilweise kündigen, ohne eine Frist einzuhalten. Dies gilt nicht für Immobiliendarlehensverträge gemäß § 503 BGB.

6.4 Unterlassene Rückzahlung

Eine Kündigung des Kreditnehmers gilt als nicht erfolgt, wenn er den geschuldeten Betrag nicht binnen 14 Tagen nach Wirksamwerden der Kündigung zurückzahlt.

6.5 Vorzeitige Rückzahlung

Unabhängig von den dargestellten Kündigungsregelungen kann der Kreditnehmer seine Verbindlichkeiten aus dem Verbraucherdarlehensvertrag jederzeit ganz oder teilweise vorzeitig erfüllen. Dies gilt nicht für Immobiliendarlehen gemäß § 503 Abs. 1 BGB. Bei befristeten Darlehensverträgen mit einem für die gesamte Vertragslaufzeit oder für einen bestimmten Zeitraum gebundenen Sollzinssatz kann eine Vorfälligkeitsentschädigung (vgl. Nummer 11.3) anfallen.

7. Außerordentliche Kündigung des Kreditnehmers

Eine fristlose Kündigung kann der Kreditnehmer nur dann aussprechen, wenn hierfür ein wichtiger Grund vorliegt, der es dem Kreditnehmer – auch unter angemessener Berücksichtigung der berechtigten Belange der Bank – unzumutbar werden lässt, den Kreditvertrag fortzusetzen. Der Kreditnehmer kann einen Kreditvertrag, bei dem ein gebundener Sollzinssatz vereinbart und der Kredit durch ein Grundpfandrecht gesichert ist, nach Ablauf von 6 Monaten nach vollständigem Empfang des Kredits unter Einhaltung einer Kündigungsfrist von 3 Monaten vorzeitig kündigen, wenn seine berechtigten Interessen dies gebieten. Ein solches Interesse liegt insbesondere vor, wenn der Kreditnehmer ein Bedürfnis nach einer anderweitigen Verwertung der zur Sicherung des Kredits beliehenen Sache hat.

8. Ordentliche Kündigung der Bank

8.1 Kündigung unbefristeter Kredite gegenüber Unternehmern

Kredite und Kreditzusagen gegenüber Unternehmern, für die weder eine Laufzeit noch eine abweichende Kündigungsregelung vereinbart ist, kann die Bank jederzeit ohne Einhaltung einer Kündigungsfrist kündigen. Die Bank wird bei der Ausübung dieses Kündigungsrechts auf die berechtigten Belange des Kreditnehmers Rücksicht nehmen.

8.2 Kündigung unbefristeter Kredite gegenüber Verbrauchern

Kredite und Kreditzusagen gegenüber Verbrauchern, für die weder eine Laufzeit noch eine abweichende Kündigungsregelung vereinbart ist, kann die Bank jederzeit unter Einhaltung einer Kündigungsfrist von mindestens 2 Monaten kündigen. Kredite und Kreditzusagen, die auf einem laufenden Zahlungsverkehrskonto gemäß § 504 BGB als eingeräumte Überziehungsmöglichkeit zur Verfügung gestellt werden und die der Verbraucher auf Aufforderung der Bank oder spätestens nach 3 Monaten zurückzuzahlen hat, sowie auf einem laufenden Konto geduldete Überziehungen kann die Bank jederzeit ohne Einhaltung einer Kündigungsfrist kündigen. Die Bank wird bei der Ausübung dieses Kündigungsrechts auf die berechtigten Belange des Kreditnehmers Rücksicht nehmen.

9. Außerordentliche Kündigung der Bank

9.1 Kündigung bei Vorliegen eines wichtigen Grundes

Die Bank kann den Kreditvertrag bei Vorliegen eines wichtigen Grundes (Nr. 19 Abs. 3 AGB), der ihr die Fortsetzung des Kreditverhältnisses bis zur vereinbarten Beendigung oder bis zum Ablauf einer Kündigungsfrist unzumutbar werden lässt, ohne Einhaltung einer Kündigungsfrist kündigen. Soweit der wichtige Grund in der Verletzung einer Pflicht aus dem Kreditvertrag besteht, wird die Bank erst nach erfolglosem Ablauf einer zur Abhilfe bestimmten Frist oder nach erfolgloser Abmahnung kündigen.

Ein solcher Grund liegt insbesondere vor, wenn
- der Kreditnehmer nicht regelmäßig der Offenlegung seiner wirtschaftlichen Verhältnisse nach Nummer 16 dieser Bedingungen nachkommt;
- das von der Bank finanzierte oder beliehene Objekt ohne ihre Zustimmung veräußert wird;
- die Zwangsversteigerung oder Zwangsverwaltung des ganzen Beleihungsobjektes oder eines seiner Teile angeordnet wird;
- Prämien auf eine an die Bank abgetretene Lebensversicherung nicht pünktlich bezahlt werden oder eine solche Versicherung gekündigt wird oder
- planmäßige Sparleistungen auf einen an die Bank abgetretenen Bausparvertrag nicht pünktlich bezahlt werden oder der Bausparvertrag gekündigt wird.

9.2 Kündigung bei wesentlicher Verschlechterung in den Vermögensverhältnissen

Wenn in den Vermögensverhältnissen des Kreditnehmers oder in der Werthaltigkeit einer für den Kredit gestellten Sicherheit eine wesentliche Verschlechterung eintritt oder einzutreten droht, durch die die Rückzahlung des Kredits, auch unter Verwertung der Sicherheit(en), gefährdet wird, kann die Bank den Kreditvertrag vor Empfang des Kredits im Zweifel stets, nach Empfang nur in der Regel fristlos kündigen.

9.3 Kündigung wegen Zahlungsverzugs

Wegen Zahlungsverzugs kann die Bank nur kündigen
- bei Krediten für gewerbliche Zwecke oder eine selbstständige berufliche Tätigkeit, wenn der Kreditnehmer mit der Zahlung von fälligen Leistungen länger als 14 Tage in Verzug ist und auch nach Nachfristsetzung durch die Bank von mindestens weiteren 14 Tagen nicht zahlt;
- bei Immobiliardarlehen im Sinne von § 491 Abs. 3 BGB mit Verbrauchern, wenn der Kreditnehmer mit mindestens 2 aufeinanderfolgenden Teilzahlungen ganz oder teilweise und mindestens 2,5 % des Nennbetrags des Kredits in Verzug ist und die Bank dem Kreditnehmer erfolglos eine zweiwöchige Frist zur Zahlung des rückständigen Betrags mit der Erklärung gesetzt hat, dass sie bei Nichtzahlung innerhalb der Frist die gesamte Restschuld verlange;
- bei allen sonstigen Verbraucherkrediten, wenn der Kreditnehmer mit mindestens 2 aufeinanderfolgenden Teilzahlungen ganz oder teilweise und mindestens 10 %, bei einer Laufzeit von über 36 Monaten mit mindestens 5 %, des Nennbetrags des Kredits in Verzug ist und die Bank dem Kreditnehmer erfolglos eine zweiwöchige Frist zur Zahlung des rückständigen Betrags mit der Erklärung gesetzt hat, dass sie bei Nichtzahlung innerhalb der Frist die gesamte Restschuld verlange.

10. Verfahren und Abwicklung im Kündigungsfall

10.1 Kündigung

Die Kündigung erfolgt durch Erklärung gegenüber dem anderen Vertragsteil. Die Kündigung der Bank erfolgt durch Erklärung in Textform.

10.2 Freistellung

Bei der Beendigung des Kreditverhältnisses hat der Kreditnehmer die Bank von ihren Verpflichtungen freizustellen. Dies gilt auch, wenn die Bank bei einer vereinbarten Laufzeit den Avalkredit vorzeitig aus wichtigem Grund kündigt (Nr. 19 Abs. 3 AGB). Die Bank ist nicht verpflichtet, vor der Kündigung im Rahmen des genehmigten Kredits ausgestellte Wechsel oder Schecks einzulösen, die am Tag der Kündigung oder später vorgelegt werden.

10.3 Rücksichtnahme auf Belange des Kreditnehmers

Die Bank wird bei der Ausübung ihres Kündigungsrechts auf die berechtigten Belange des Kreditnehmers Rücksicht nehmen und ist jederzeit zu einem Gespräch über die Möglichkeiten einer einvernehmlichen Regelung bereit.

10.4 Frist zur Abwicklung

Im Fall einer Kündigung ohne Kündigungsfrist wird die Bank dem Kreditnehmer für die Abwicklung eine angemessene Frist einräumen.

11. Schadensersatz

11.1 Nichtabnahmeentschädigung

Bei Nichtabnahme des Kredits trotz Nachfristsetzung kann die Bank einen daraus entstehenden Schaden auf den endgültig nicht zur Auszahlung kommenden Kreditbetrag ersetzt verlangen.

11.2 Vorfälligkeitsentschädigung/-entgelt bei Immobilienkreditverträgen

Im Fall der vorzeitigen Kündigung eines Immobilienkreditvertrags (vgl. Nr. 8 Abs. 2 AGB) hat der Kreditnehmer der Bank denjenigen Schaden zu ersetzen, der dieser aus der vorzeitigen Kündigung entsteht. Wenn dem Kreditnehmer ein Kündigungsrecht nicht zusteht, kann sich die Bank gegen Zahlung eines Vorfälligkeitsentgelts ausnahmsweise mit der vorzeitigen ganzen oder teilweisen Kreditrückzahlung einverstanden erklären. Die Höhe des daraus entstehenden Schadens bestimmt die Bank nach den dann bestehenden Marktverhältnissen. Das Bearbeitungsentgelt erstattet die Bank nicht anteilig zurück.

11.3 Vorfälligkeitsentschädigung bei Verbraucherkreditverträgen (ausgenommen Immobilienkreditverträge)

Im Fall der vorzeitigen Rückzahlung eines Verbraucherkreditvertrages (vgl. Nr. 6.5) ist der Schaden zu ersetzen, der aus der vorzeitigen Rückzahlung entsteht. Diesen Schaden wird der Kreditgeber nach den vom Bundesgerichtshof für die Berechnung vorgeschriebenen finanzmathematischen Rahmenbedingungen berechnen, die insbesondere

- ein zwischenzeitlich gesunkenes Zinsniveau,
- die für den Kredit ursprünglich vereinbarten Zahlungsströme,
- den dem Kreditgeber entgehenden Gewinn,
- den mit der vorzeitigen Rückzahlung verbundenen Verwaltungsaufwand sowie
- die infolge der vorzeitigen Rückzahlung ersparten Risiko- und Verwaltungskosten

berücksichtigen.

Die Vorfälligkeitsentschädigung wird folgende Beträge nicht überschreiten:

- 1 % beziehungsweise, wenn der Zeitraum zwischen der vorzeitigen und der vereinbarten Rückzahlung weniger als ein Jahr beträgt, 0,5 % des vorzeitig zurückgezahlten Betrags,
- den Betrag der Sollzinsen, den der Kreditnehmer in dem Zeitraum zwischen der vorzeitigen und der vereinbarten Rückzahlung entrichtet hätte.

Ein Anspruch auf Vorfälligkeitsentschädigung ist ausgeschlossen, wenn die Rückzahlung aus den Mitteln einer Versicherung bewirkt wird, die aufgrund einer entsprechenden Verpflichtung im Kreditvertrag abgeschlossen wurde, um die Rückzahlung zu sichern, oder im Vertrag die Angaben über die Laufzeit des Vertrags, das Kündigungsrecht des Kreditnehmers oder die Berechnung der Vorfälligkeitsentschädigung unzureichend sind.

11.4 Schadensersatz wegen Pflichtverletzung

Wird bei einem Kredit mit Sollzinssatzbindung vor Ablauf der Sollzinsbindungsfrist dieser durch die Kündigung der Bank fällig, hat der Kreditnehmer den durch die vorzeitige Rückzahlung entstehenden Schaden (vgl. Nr. 12.2 AGB) zu ersetzen.

12. Verzug

Bei kalendermäßig bestimmten Geldleistungen, die der Kreditnehmer aufgrund des Kreditvertrags schuldet (wie z. B. Leistungsraten und Zinsen), tritt Verzug bei nicht termingemäßer Zahlung ein. Sofern nicht die Bank einen höheren oder der Kreditnehmer einen niedrigeren Verzugsschaden nachweist, sind die Geldleistungen ab Verzug für das Jahr mit 5 Prozentpunkten über dem jeweiligen Basiszinssatz zu verzinsen. Bei Immobiliendarlehen mit Verbrauchern beträgt der Verzugszinssatz für das Jahr zweieinhalb Prozentpunkte über dem jeweiligen Basiszinssatz. Ausbleibende Zahlungen können schwerwiegende Folgen haben (z. B. Zwangsverkauf) und die Erlangung eines Kredits erschweren.

13. Gesamtschuldner

Mehrere Kreditnehmer haften als Gesamtschuldner. Jeder Kreditnehmer kann allein über den eingeräumten Kredit verfügen.

14. Offenlegung der wirtschaftlichen Verhältnisse

Der Kreditnehmer ist während der Laufzeit des Kredits verpflichtet, der Bank auf Verlangen jederzeit alle gewünschten Auskünfte über seine wirtschaftlichen Verhältnisse zu erteilen und alle gewünschten Unterlagen, jeweils unterschrieben und mit Datum versehen, zur Verfügung zu stellen, damit sich die Bank ein klares, zeitnahes Bild über seine wirtschaftliche Lage machen sowie die Anforderungen des § 18 KWG und der Bankenaufsicht erfüllen kann. Bei nicht bilanzierenden Kreditnehmern kann es sich bei den gewünschten Unterlagen insbesondere handeln um die Einkommens- und Vermögensaufstellungen einschließlich aller Verbindlichkeiten, die Einnahmen- und Ausgabenrechnung (Überschussrechnung), die Kopien der Steuerbescheide bzw. der Steuererklärungen sowie bei bilanzierenden Kreditnehmern insbesondere um den testierten oder bestätigten Jahresabschluss mit Anhang und Lagebericht sowie den Konzernabschluss jeweils mit den dazugehörigen Geschäfts- und/oder Prüfungsberichten. Sollte die Vorlage der Unterlagen nicht innerhalb von 9 Monaten nach Ende des Kalenderjahres bzw. des Geschäftsjahres möglich sein, wird der Kreditnehmer die Unterlagen zunächst in vorläufiger Form (z. B. Steuererklärung, Zwischenabschluss, vorläufiger Jahresabschluss) einreichen.

15. Versicherungen

Der Kreditnehmer ist verpflichtet, Sicherungsgut samt Zubehör entsprechend der vertraglichen Vereinbarung in ausreichender Höhe zu versichern und dies der Bank auf Verlangen jederzeit, insbesondere durch Vorlegen der Versicherungsscheine, nachzuweisen. Der Kreditnehmer hat dafür einzustehen, dass diese Verpflichtungen auch dann erfüllt werden, wenn ihm das Sicherungsgut nicht gehört.

16. Miet-/Pachtvorauszahlungen

Jede Art von Finanzierungsbeiträgen, wie beispielsweise Baukostenzuschüsse, Miet- oder Pachtvorauszahlungen, die von Mietern oder Pächtern zu übernehmen sind, bedürfen der Zustimmung der Bank.

17. Auszahlungsvoraussetzungen

Der Kredit kann erst in Anspruch genommen werden, wenn sämtliche vertraglichen Bedingungen erfüllt sind, die vorgesehenen Sicherheiten bestellt wurden und die Bank deren Ordnungsmäßigkeit geprüft hat. Bei Baukrediten erfolgt die Auszahlung üblicherweise nach Baufortschritt. Die Auszahlung des Kredits kann verweigert werden, wenn nach Vertragsabschluss erkennbar wird, dass die Rückzahlung durch mangelnde Leistungsfähigkeit des Kreditnehmers gefährdet ist. Ist eine Zeit für die Rückzahlung des Kredits nicht bestimmt, kann die Auszahlung des Kredits auch aus sonstigem sachlichen Grund verweigert werden.

18. Bestellung oder Verstärkung von Sicherheiten

18.1 Nachsicherheiten bei Krediten über 75.000 €

Bei Verbraucherkrediten mit einem Nettokreditbetrag über 75.000 € und bei Nichtverbraucherkrediten kann die Bank vom Kreditnehmer bei einer Verschlechterung oder erheblichen Gefährdung seiner Vermögenslage oder der eines Mithaftenden oder eines Bürgen oder bei einer Veränderung des Sicherungswerts der im Vertrag vorgesehenen zu bestellenden Sicherheiten, durch die das Risiko der nicht ordnungsgemäßen Rückführung des Kredits gegenüber dem Zustand bei Vertragsabschluss nicht unwesentlich erhöht wird, Bestellung zusätzlicher geeigneter Sicherheiten nach ihrer Wahl verlangen, auch wenn bisher keine Bestellung von Sicherheiten vereinbart war. Das Gleiche gilt, wenn die Angaben über die Vermögensverhältnisse des Kreditnehmers, eines Mithaftenden oder eines Bürgen sich nachträglich als unrichtig herausstellen.

18.2 Fristsetzung für die Bestellung oder Verstärkung von Sicherheiten

Für die Bestellung oder Verstärkung von Sicherheiten wird die Bank eine angemessene Frist einräumen.

19. Sicherungsübereignung

Kreditnehmer und Bank sind darüber einig, dass das Eigentum an dem Sicherungsgut und dem Zubehör mit dem Tag des Vertragsabschlusses auf die Bank übergeht. Die Übergabe des Sicherungsguts wird gemäß § 930 BGB durch die Vereinbarung ersetzt, dass es der Kreditnehmer unentgeltlich und sorgfältig für die Bank verwahrt. Befindet sich das Sicherungsgut im Besitz eines Dritten, so tritt der Kreditnehmer hiermit seinen Herausgabeanspruch an die Bank ab. Im Fall eines Umtauschs des übereigneten Sicherungsguts besteht Einigkeit darüber, dass die Ersatzgegenstände mit Inbesitznahme an die Bank übereignet sind. Falls der realisierbare Wert aller Sicherheiten die Deckungsgrenze nicht nur vorübergehend übersteigt, hat die Bank auf Verlangen des Sicherungsgebers Sicherheiten nach ihrer Wahl freizugeben.

20. Vereinbarung eines Pfandrechts zugunsten der Bank

20.1 Einigung über das Pfandrecht

Der Kunde und die Bank sind sich darüber einig, dass die Bank zur Sicherung aller Ansprüche aus der bankmäßigen Geschäftsverbindung ein Pfandrecht an den Wertpapieren und Sachen erwirbt, an denen eine inländische Geschäftsstelle im bankmäßigen Geschäftsverkehr Besitz erlangt hat oder noch erlangen wird. Die Bank erwirbt ein Pfandrecht auch an den Ansprüchen, die dem Kunden gegen die Bank aus der bankmäßigen Geschäftsverbindung zustehen oder künftig zustehen werden (zum Beispiel Kontoguthaben).

20.2 Ausnahmen vom Pfandrecht

Gelangen Gelder oder andere Werte mit der Maßgabe in die Verfügungsgewalt der Bank, dass sie nur für einen bestimmten Zweck verwendet werden dürfen (zum Beispiel Bareinzahlung zur Einlösung eines Wechsels), erstreckt sich das Pfandrecht der Bank nicht auf diese Werte. Dasselbe gilt für die von der Bank selbst ausgegebenen Genussrechte, für Ansprüche des Kunden gegen die Bank aus nachrangigen Verbindlichkeiten sowie für die Wertpapiere, die die Bank im Ausland für den Kunden verwahrt.

20.3 Zins- und Gewinnanteilscheine

Unterliegen dem Pfandrecht der Bank Wertpapiere, ist der Kunde nicht berechtigt, die Herausgabe der zu diesen Papieren gehörenden Zins- und Gewinnanteilscheine zu verlangen.

21. Abtretung

21.1 Ansprüche auf Arbeitseinkommen

Ansprüche auf Arbeitseinkommen im Sinne von § 850 ZPO sind Lohn- und Gehaltsforderungen sowie auch alle sonstigen auf dem Arbeitsverhältnis mit dem jeweiligen Arbeitgeber beruhenden oder sich aus dem Zusammenhang hiermit ergebenden Ansprüche (einschl. solcher auf einmalige Vergütungen), insbesondere Provisionen, Erfindungsvergütungen, Abfindungsansprüche, Renten und Ruhegehaltsansprüche. Sozialleistungsansprüche sind insbesondere Ansprüche auf Zahlung von Arbeitslosengeld, Arbeitslosengeld II, Insolvenzgeld, Krankengeld sowie Renten der Deutschen Rentenversicherung, berufsständischer Versorgungswerke und privater Rentenversicherungen.

21.2 Anzeige des Arbeitgeberwechsels

Der Kreditnehmer verpflichtet sich, der Bank jeden Wechsel des Arbeitgebers/Dienstberechtigten unverzüglich anzuzeigen.

21.3 Anzeige an Drittschuldner

Die Bank wird die Abtretung dem Drittschuldner zunächst nicht anzeigen. Ist der Schuldner seit 2 Monaten mit der Zahlung in Verzug, so kann die Bank unter Nennung des Betrags, mit dem sich der Schuldner in Verzug befindet, und Fristsetzung von mindestens einem Monat dem Sicherungsgeber die Verwertung androhen. Nach Ablauf der Frist ist die Bank berechtigt, dem Drittschuldner die Abtretung in dem zur Begleichung des genannten Betrags erforderlichen Umfang anzuzeigen und insoweit die abgetretenen Forderungen einzuziehen. Einer Androhung bedarf es nicht, wenn der Schuldner sich nach einer ordentlichen Kündigung seitens der Bank bzw. nach einer einvernehmlichen Aufhebung des Kreditverhältnisses mit seinen Verbindlichkeiten in Zahlungsverzug befindet oder wenn die Bank das Kreditverhältnis aus wichtigem Grund gekündigt hat. Dies gilt nicht, wenn Schuldner und Sicherungsgeber verschiedene Personen sind.

21.4 Freigabe von Sicherheiten

Falls der realisierbare Wert aller Sicherheiten die Deckungsgrenze nicht nur vorübergehend übersteigt, hat die Bank auf Verlangen des Sicherungsgebers Sicherheiten nach ihrer Wahl freizugeben.

22. Auslagen, Kosten, Notarkosten

Alle im Zusammenhang mit diesem Vertrag entstehenden Auslagen und Kosten sind vom Kreditnehmer zu tragen. Dies gilt auch für Notarkosten und Kosten, die sich aus der Beauftragung der zuständigen genossenschaftlichen Treuhandstelle ergeben.

23. Verjährung

Die Ansprüche aus dem Kreditvertrag verjähren nach Ablauf von 5 Jahren, beginnend mit dem Ende des Jahres, in dem diese Ansprüche fällig werden.

24. Abbedingung von § 193 BGB

Die Parteien bedingen die Regel des § 193 BGB ab, wonach dann, wenn an einem bestimmten Tage oder innerhalb einer Frist eine Willenserklärung abzugeben oder eine Leistung zu bewirken ist und der bestimmte Tag oder der letzte Tag der Frist auf einen Sonntag, einen am Erklärungs- oder Leistungsort staatlich anerkannten allgemeinen Feiertag oder einen Sonnabend fällt, an die Stelle eines solchen Tages der nächste Werktag tritt. Durch das Abbedingen dieser Regelung kann beispielsweise die Fälligkeit einer Rate auch an einem allgemeinen Feiertag, einem Sonnabend oder einem Sonntag eintreten.

25. Aufsichtsbehörde

Die für den Kreditgeber zuständige Aufsichtsbehörde ist die Bundesanstalt für Finanzdienstleistungsaufsicht (BaFin), Graurheindorfer Straße 108, 53117 Bonn bzw. Marie-Curie-Str. 24-28, 60439 Franfurt/Main.

26. Einbeziehung der AGB

Für den gesamten Geschäftsverkehr gelten ergänzend die Allgemeinen Geschäftsbedingungen der Bank. Der Wortlaut dieser Bedingungen kann in den Geschäftsräumen der Bank eingesehen werden; auf Verlangen werden die Bedingungen auch ausgehändigt.

27. Sonstige Bedingungen

Jede Änderung oder Ergänzung des Kreditvertrags oder eine Vereinbarung über dessen Aufhebung bedarf, um Gültigkeit zu erlangen, der Schriftform. Gleiches gilt für die Änderung des Schriftformerfordernisses. Sollten einzelne Bestimmungen dieses Vertrags nicht Vertragsbestandteil geworden oder unwirksam sein bzw. nicht durchgeführt werden, so bleibt der Vertrag im Übrigen wirksam. Soweit Bestimmungen nicht Vertragsbestandteil geworden oder unwirksam sind, richtet sich der Inhalt des Vertrags nach den gesetzlichen Bestimmungen.

Verbraucherkredit
bei der Süddeutschen Handelsbank AG

Süddeutsche Handelsbank AG

Sämtliche verwendete Personenbezeichnungen sind geschlechtsneutral formuliert.

Kreditgeber
Süddeutsche Handelsbank AG
Proximus-Allee 7–9
80333 München

Kredit-Konto-Nummer: _____

1. Persönliche Angaben

	Darlehensnehmer (1)	Darlehensnehmer (2)
Name (ggf. Geburtsname)		
Vorname		
Anschrift		
Telefon, E-Mail		
Geburtsdatum, -ort		
Staatsangehörigkeit		
Beruf		
Beschäftigungsverhältnis	○ angestellt ○ selbstständig ○ öffentlicher Dienst	○ angestellt ○ selbstständig ○ öffentlicher Dienst
Familienstand, Kinder		

2. Darlehensbetrag

Auszuzahlender Nettodarlehensbetrag	€
Beitrag Restschuldversicherung	€
Darlehensbetrag	€
Sollzinsen	€
Sonstige Kosten	€
Gesamtbetrag	€

Auszahlung auf folgendes Konto   IBAN _____   BIC _____

3. Tilgung

Laufzeit	Monate
Auszahlungsdatum	
Nominalzins	%
Effektiver Jahreszins	%
Vertragsdauer	Monate
Ratenhöhe	€
Jeweils fällig am	eines Monats

Fällige Zahlungen werden dem folgenden Konto belastet   IBAN _____   BIC _____

I. Ergänzende Vereinbarungen zum Ratenkredit

1. Gesamtschuldnerische Haftung, gegenseitige Bevollmächtigung

(1) Wir haften als Gesamtschuldner für die Ansprüche, die der Süddeutschen Handelsbank AG aus dem Darlehensvertrag zustehen.

(2) Wir bevollmächtigen uns gegenseitig, im Rahmen der Abwicklung des Darlehensvertrages anfallende Kontoauszüge, Saldo-Mitteilungen, Abrechnungen und sonstige Schriftstücke entgegenzunehmen, zu prüfen, anzuerkennen sowie für den anderen Darlehensnehmer rechtsverbindlich zu quittieren. Die Vollmacht erstreckt sich jedoch nicht auf die Entgegennahme rechtsverbindlicher Erklärungen, die den Bestand des Darlehensvertrages betreffen, wie zum Beispiel Darlehenskündigung.

2. Fälligkeit, Zinsen

(1) Die Raten sind jeweils monatlich zu den oben genannten Terminen zur Zahlung fällig. Infolge sofortiger Verrechnung der in jeder Rate enthaltenen Tilgungsanteile verändert sich das Verhältnis von Zins und Tilgung in der Weise, dass bei gleichbleibender Rate die jeweils ersparten Zinsen zur verstärkten Tilgung verwendet werden; der jeweilige Restsaldo bildet die Basis für die Verzinsung bis zur nächsten Ratenzahlung.

(2) Die Angaben zu Laufzeit, Zinsen, Gesamtbetrag und effektiven Jahreszinsen beruhen auf der Annahme, dass die Ratenzahlungen planmäßig zu den vereinbarten Terminen erfolgen.

II. Sicherheiten

Zur Sicherung aller Forderungen der Süddeutschen Handelsbank AG gegen den Darlehensnehmer aus diesem Darlehen sowie aller ihr in Zusammenhang damit entstehenden Forderungen und gesetzlichen Ansprüche werden folgende Sicherheiten gestellt:

III. Informationen zum Widerrufsrecht

Sie können Ihre Vertragserklärung innerhalb von 14 Tagen ohne Angabe von Gründen in Textform widerrufen. Die Frist beginnt nach Abschluss des Vertrages, aber erst, nachdem Sie alle Pflichtangaben nach § 492 Abs. 2 BGB erhalten haben. Sie haben alle Pflichtangaben erhalten, wenn diese in der für Sie bestimmten Ausfertigung Ihres Antrags oder in der für Sie bestimmten Ausfertigung der Vertragsurkunde oder in einer für Sie bestimmten Abschrift Ihres Antrags oder der Vertragsurkunde enthalten sind und Ihnen eine solche Unterlage zur Verfügung gestellt worden ist. Über in den Vertragstext aufgenommene Pflichtangaben können Sie nachträglich in Textform informiert werden; die Widerrufsfrist beträgt dann einen Monat. Sie sind mit den nachgeholten Pflichtangaben nochmals auf den Beginn der Widerrufsfrist hinzuweisen. Zur Wahrung der Widerrufsfrist genügt die rechtzeitige Absendung des Widerrufs. Der Widerruf ist zu richten an: Süddeutsche Handelsbank AG, Proximus-Allee 7–9, 80333 München.

Widerrufsfolgen

Sie haben innerhalb von 30 Tagen das Darlehen, soweit es bereits ausgezahlt wurde, zurückzuzahlen und für den Zeitraum zwischen der Auszahlung und der Rückzahlung des Darlehens den vereinbarten Sollzins zu entrichten. Die Frist beginnt mit der Absendung der Widerrufserklärung.

IV. Einbeziehung der Geschäftsbedingungen der Süddeutschen Handelsbank AG

Für Darlehensvertrag und vereinbarte Sicherheiten gelten die nachfolgenden Allgemeinen Bedingungen für Kredite und Darlehen sowie die Bürgschaftsbedingungen.

SCHUFA-Klausel zu Kreditverträgen

Ich/ wir willige(n) ein, dass die Süddeutsche Handelsbank AG (nachfolgend SDH genannt) der SCHUFA Holding AG, Kormoranweg 5, 65201 Wiesbaden, Daten über die Beantragung, die Aufnahme (Kreditnehmer, Kreditbetrag, Laufzeit, Ratenbeginn) und vereinbarungsgemäße Abwicklung (z. B. vorzeitige Rückzahlung, Laufzeitverlängerung) dieses Kredits übermittelt.

Unabhängig davon wird die SDH der SCHUFA auch Daten über ihre gegen mich/uns bestehenden fälligen Forderungen übermitteln. Dies ist nach dem Bundesdatenschutzgesetz (§ 28 a Absatz 1 Satz 1) zulässig, wenn ich/wir die geschuldete Leistung trotz Fälligkeit nicht erbracht habe/n, die Übermittlung zur Wahrung berechtigter Interessen der SDH oder Dritter erforderlich ist und

- die Forderung vollstreckbar ist oder ich/wir die Forderung ausdrücklich anerkannt habe/n oder

- ich/wir nach Eintritt der Fälligkeit der Forderung mindestens zweimal schriftlich gemahnt worden bin/sind, die Bank mich/uns rechtzeitig, jedoch frühestens bei der ersten Mahnung, über die bevorstehende Übermittlung nach mindestens 4 Wochen unterrichtet hat und ich/wir die Forderung nicht bestritten habe/n oder

- das der Forderung zugrundeliegende Vertragsverhältnis aufgrund von Zahlungsrückständen von der SDH fristlos gekündigt werden kann und die SDH mich/uns über die bevorstehende Übermittlung unterrichtet hat.

Darüber hinaus wird die SDH der SCHUFA auch Daten über sonstiges nicht vertragsgemäßes Verhalten (z. B. betrügerisches Verhalten) übermitteln. Diese Meldungen dürfen nach dem Bundesdatenschutzgesetz (§ 28 Absatz 2) nur erfolgen, soweit dies zur Wahrung berechtigter Interessen der SDH oder Dritter erforderlich ist und kein Grund zu der Annahme besteht, dass das schutzwürdige Interesse des Betroffenen an dem Ausschluss der Übermittlung überwiegt.

Insoweit befreie(n) ich/wir die SDH zugleich vom Bankgeheimnis.

Die SCHUFA speichert und nutzt die erhaltenen Daten. Die Nutzung umfasst auch die Errechnung eines Wahrscheinlichkeitswertes auf Grundlage des SCHUFA-Datenbestandes zur Beurteilung des Kreditrisikos (Score). Die erhaltenen Daten übermittelt sie an ihre Vertragspartner im Europäischen Wirtschaftsraum und in der Schweiz, um diesen Informationen zur Beurteilung der Kreditwürdigkeit von natürlichen Personen zu geben. Vertragspartner der SCHUFA sind Unternehmen, die aufgrund von Leistungen oder Lieferung finanzielle Ausfallrisiken tragen (insbesondere Kreditinstitute sowie Kreditkarten- und Leasinggesellschaften, aber auch etwa Vermietungs-, Handels-, Telekommunikations-, Energieversorgungs-, Versicherungs- und Inkassounternehmen). Die SCHUFA stellt personenbezogene Daten nur zur Verfügung, wenn ein berechtigtes Interesse hieran im Einzelfall glaubhaft dargelegt wurde und die Übermittlung nach Abwägung aller Interessen zulässig ist. Daher kann der Umfang der jeweils zur Verfügung gestellten Daten nach Art der Vertragspartner unterschiedlich sein. Darüber hinaus nutzt die SCHUFA die Daten zur Prüfung der Identität und des Alters von Personen auf Anfrage ihrer Vertragspartner, die beispielsweise Dienstleistungen im Internet anbieten.

Ich/wir kann/können Auskunft bei der SCHUFA über die mich/uns betreffenden gespeicherten Daten erhalten. Weitere Informationen über das SCHUFA-Auskunfts- und -Score-Verfahren sind unter www.meineschufa.de abrufbar. Die postalische Adresse der SCHUFA lautet: SCHUFA Holding AG, Privatkunden Servicecenter, Postfach 10 34 41, 50474 Köln.

Verbraucherkredit

Ort, Datum   Unterschrift Darlehensnehmer (1)   Unterschrift Darlehensnehmer (2)

Ort, Datum   Unterschrift Sachbearbeiter (1)   Unterschrift Sachbearbeiter (2)

SEPA-Lastschriftmandat – das Mandat für wiederkehrende Zahlungen

Ich ermächtige die Süddeutsche Handelsbank AG, die von der Süddeutschen Handelsbank AG auf mein Konto gezogenen Lastschriften einzulösen.
Die Mandatsreferenz teilt mir/uns die Süddeutsche Handelsbank AG vor der ersten Abbuchung mit.
Zahlungsempfänger: Süddeutsche Handelsbank AG
Gläubiger-ID: xxxxxxxxxxxxxxxxxxxxxxxxxxxxxxx

Name, Vorname: Kontoinhaber

Anschrift: Kontoinhaber

BIC *(8 oder 11 Stellen)*   IBAN *(22 Stellen)*

Name des Kreditinstitutes

Datum/Unterschrift: Kontoinhaber

Hinweis

Ich kann innerhalb von 8 Wochen, beginnend mit dem Belastungsdatum, die Erstattung des belasteten Betrages verlangen.
Es gelten dabei die mit meinem Kreditinstitut vereinbarten Bedingungen.
Vor dem ersten Einzug einer SEPA-Lastschrift wird mich die Süddeutsche Handelsbank AG über den Einzug unterrichten.

Legitimation   Darlehensnehmer (1)   Darlehensnehmer (2)

Ausweisdokument

§ 8 GWG Darlehensaufnahme für   ○ eigene Rechnung   ○ eigene Rechnung
                                    ○ fremde Rechnung   ○ fremde Rechnung

Datum, Unterschrift
Sachbearbeiter

TA 460 — Vertrauliche Selbstauskunft

Vertrauliche Selbstauskunft
bei der Süddeutschen Handelsbank AG

 Süddeutsche Handelsbank AG

Sämtliche verwendete Personenbezeichnungen sind geschlechtsneutral formuliert.

1. Persönliche Angaben

	Darlehensnehmer (1)	Darlehensnehmer (2)
Name (ggf. Geburtsname)		
Vorname		
Anschrift		
Geburtsdatum, -ort		
Staatsangehörigkeit	○ deutsch ○ _____	○ deutsch ○ _____
ausgeübter Beruf		
Beschäftigungsverhältnis	○ angestellt ○ selbstständig ○ öffentlicher Dienst	○ angestellt ○ selbstständig ○ öffentlicher Dienst
dort tätig bzw. selbstständig seit		
Familienstand	○ ledig ○ verh. ○ verwitwet ○ gesch. ○ getrennt lebend	○ ledig ○ verh. ○ verwitwet ○ gesch. ○ getrennt lebend
Anzahl der Kinder	____ , Alter: _____	____ , Alter: _____
Güterstand	○ gesetzlich ○ _____	○ gesetzlich ○ _____
Telefon		

2. Einkommensverhältnisse

2.1 Arbeitnehmer

	Darlehensnehmer (1)	Darlehensnehmer (2)
Monatseinkommen brutto in €		
Monatseinkommen netto in €		
Mieteinnahmen in €		
sonstige Einkünfte in €		

2.2 Selbstständige

	Darlehensnehmer (1)	Darlehensnehmer (2)
Geschäftsgewinn im Vorjahr 20____ in €		
Geschäftsgewinn im lauf. Jahr in €	voraussichtlich	voraussichtlich

3. Ausgaben

	Darlehensnehmer (1)	Darlehensnehmer (2)
Lebenshaltungskosten inkl. Versicherungen, Ausgaben für Nahrung, Kleidung, Hobbys, Urlaub, PKW in €		
Miete (inkl. Nebenkosten) in €		
sonstige regelmäßige Ausgaben in €		

Vertrauliche Selbstauskunft

4. Vermögens- verhältnisse

4.1 Haus- und Grundbesitz

Objektlage, Wohnort, Straße	Objektart (EFH/MFH)	Verkehrswert (geschätzt) in €	Restschuld zzt.	Zahlungsverpflichtungen jährlich in €	Mieteinnahmen jährlich in €

4.2 Sonstige Vermögenswerte (Bankguthaben, Wertpapiere, Bausparguthaben, Beteiligungen u. Ä.)

Art	Betrag in €	Jährlicher Ertrag in €

4.3 Bestehende Lebensversicherungen

Art der Versicherung	Abschlussdatum	Versicherungssumme in €	Monatsprämie in €	Laufzeit	Rückkaufswert

5. Verbindlich- keiten

Art (Darlehen, Girokonto)	Verwendungszweck	Restschuld zzt.	Zahlungsverpflichtung	Zahlungsende

Übernommene Bürgschaften   ○ nein ○ ja, Euro _____ für _____

6. Bank- verbindungen

Name und Anschrift

7. Zustimmung zur Bank- auskunft

Der Kunde stimmt zu, dass die _____ über ihn einmalig der Süddeutschen Handelsbank AG eine Bankauskunft nach Nr. 2 AGB erteilt.
Die von der Süddeutschen Handelsbank AG geforderten Unterlagen werden nachgereicht.
Die Bank ist berechtigt, sich bei Behörden, Grundbuchämtern, sonstigen öffentlichen Stellen und Versicherungsgesellschaften Auskünfte einzu- holen, Unterlagen zu beschaffen und dort Einsicht in das Register zu nehmen. Ergänzend gelten die Allgemeinen Geschäftsbedingungen der Bank (AGB). Die AGB können in den Geschäftsräumen der Bank eingesehen werden, auf Verlangen werden sie ausgehändigt.

Ort, Datum   Unterschrift Darlehensnehmer (1)   Unterschrift Darlehensnehmer (2)

Preisaushang (Stand: 01.03.2018)
der Süddeutschen Handelsbank AG

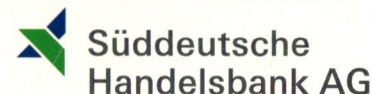
Süddeutsche Handelsbank AG

Auszug der Regelsätze im standardisierten Privatkundengeschäft sowie im kartengestützten Zahlungsverkehr für Privatkunden der Süddeutschen Handelsbank AG, Proximus-Allee 7–9, 80333 München

Privat-/ Girokonten

Überziehungskredit
- Zinssatz für Guthaben (Sichteinlagen) — 0,00 %
- Sollzinssatz für Dispositionskredit — 8,40 %
- Sollzinssatz für sonstige Kontoüberziehungen[1] — 13,00 %

SDH-Konto inkl. SDH-BankCard Grundpreis — pro Monat — **2,00 €**

Darin enthalten
- Auszahlung/Einzahlung an Automaten der SDH Bank
- Überweisungen in Selbstbedienung oder per Online-Banking inkl. Daueraufträge
- Kontoauszug in Selbstbedienung
- Bareinzahlungen

Weitere Preise
- Beleghaft erteilte Buchungen (z. B. Überweisungen Inland, EU-Standard, Lastschriften) — 0,50 €
- Kontoauszug per Postversand — 0,80 €
- sonstige Buchungsposten — 0,25 €

[1] Kontoüberziehung ist die vorübergehende Überziehung des laufenden Kontos ohne zugesagte Dispositionslinie oder über die zugesagte Dispositionslinie hinaus.

Karten
SDH-BankCard	pro Jahr		0,00 €
SDH Visa Card/Master Card	Hauptkarte/-Zusatzkarte	pro Jahr	24,00 €/12,00 €

Allgemeine Zahlungsverkehrsleistungen

Barauszahlung an eigene Kunden — Kasse — Geldautomat
SDH-Visa Card/Master Card, SDH-BankCard — 0,00 € — 0,00 €

Barauszahlung am Geldautomaten an fremde Kunden
- inländischer Kreditinstitute — 2,55 €
- ausländischer Kreditinstitute — 4,55 €

Bareinzahlung zugunsten Dritter
- auf Konten bei der Süddeutschen Handelsbank — 0,00 €
- auf Konten anderer Banken — 2,50 €

Sparkonten — Zinssatz für Spareinlagen

- mit dreimonatiger Kündigungsfrist — 0,10 %
- mit einjähriger Kündigungsfrist (gilt nur für bestehende Verträge) — 0,25 %
- mit zweijähriger Kündigungsfrist (gilt nur für bestehende Verträge) — 0,30 %
- mit fünfjähriger Kündigungsfrist (gilt nur für bestehende Verträge) — 0,40 %

Vorschusszins: Für die vorzeitige Rückzahlung von Spareinlagen sind Vorschusszinsen in Höhe von einem Viertel des jeweils für die betreffende Spareinlage geltenden Zinssatzes bis zum Ablauf der Kündigungsfrist zu entrichten. Von Spareinlagen mit einer dreimonatigen Kündigungsfrist können – soweit nichts anderes vereinbart ist – ohne Kündigung bis zu 2.000 € für jedes Sparkonto innerhalb eines Kalendermonats abgehoben werden. Bei höheren Abhebungen werden für den 2.000 € übersteigenden Betrag für 90 Tage Vorschusszinsen berechnet.

Privatkredite
Kreditbeträge bis 50.000 € — Laufzeiten bis 84 Monate — Effektiver Jahreszins ab 3,69 %

Depot

An- und Verkauf (inländischer Börsen)
- Aktien/Optionsscheine/verzinsliche Wertpapiere — 0,50 % vom Kurswert mind. 15,00 €
- Investmentanteile — zum jeweiligen Ausgabe-/Rücknahmepreis — zzgl./abzgl. 1,75 % vom Kurswert

Depotführung
Depotführung jährlich — 25,00 €

Mindestanlagesummen je Zahlungsweise
- 1/12 — mindestens 25,00 € pro Fonds
- 1/4 — mindestens 75,00 € pro Fonds
- 1/2 — mindestens 100,00 € pro Fonds
- 1/1 — mindestens 150,00 € pro Fonds

Einlagensicherung
Die Bank ist dem Einlagensicherungsfonds des Bundesverbandes Deutscher Banken e.V. und der Entschädigungseinrichtung Deutscher Banken GmbH angeschlossen. Näheres entnehmen Sie bitte der Internetseite der Entschädigungseinrichtung Deutscher Banken GmbH unter www.edb-banken.de.